張公權先生年譜初稿

张公权先生九十岁时摄影

1969 年 7 月 18 日张公权先生在纽约市圣若望大学演讲

1969 年 11 月 30 日张公权先生在旅居旧金山亲友举行之寿宴席上

1954年9月张公权先生在洛杉矶洛亚拉大学校园

1947 年圣诞日张公权先生与夫人周碧霞女士摄于上海

1930 年元月张公权先生与中国银行伦敦经理处同人摄于伦敦

1928 年 3 月张公权先生协助外交部长黄郛解决宁案，与英国驻华公使蓝浦生、英国驻上海总领事巴敦及黄郛摄于上海

张公权先生建议兴建之上海中国银行大厦

（1935 年动工，1943 年竣工）

1943 年 10 月 19 日驻美魏大使道明（左二）邀宴张公权先生（左）介绍美国副总统华莱士（右二）谈话时摄

1963年4月7日张公权先生自港抵台与在机场欢迎人士合影，左二为张群

1963 年 4 月 7 日旅台东北旧寅僚欢迎张公权先生（右五）莅台合影

1970年7月14日张公权先生与老友陈光甫（右）、贝祖贻（后）摄于台北

1970 年 6 月 14 日张公权先生接受台北私立中国文化学院哲士荣誉学位后与李石曾（中）、张其昀（右）合影

國民政府軍事委員會用箋

天翼
公權二兄勛鑒：今晨誦悉運兵計畫，應準備海運與陸運並進，海運決不能以蘇方阻止大連登陸而停止，但除大連一港以外，中意不必在營口等地準備登陸地點。至方認定海運部隊必須在大連一港入口也，此應堅持到底。一面應積極恢復瀋陽至北平鐵路軍運，如能於本月初恢復，則下月六日以前我軍陸運至瀋陽當無問題。亦已作陸運為主之準備。然後兄等一面仍與蘇方交涉由大連登陸，一面準備陸運，須積極恢復北甯路為首要工作也。蘇方顧慮妨礙盟國合作之事與人，應特別注意，竭力避免錯會，使其稍有誤會也。餘詳經國函中。
[illegible] 中正手啟 十月十六日十時

1945 年 10 月 16 日蒋介石致
张公权先生亲笔函
（天翼，熊式辉号）

國民政府軍事委員會用箋

中華民國三十　年　月　日

國民政府軍事委員會用箋

中華民國三十　年　月　日

國民政府軍事委員會用箋

1945 年 10 月 25 日蒋介石致张公权先生亲笔函

國民政府用牋

公權吾兄勳鑒：國大閉幕以後，政府亟待改組，但各黨派尚在猶豫滯延之中，或須待至二月間方能實現。此次經濟重要人事與組織，務望在最近期間部署完妥，以免臨時倉皇。此次可以輸出之物資應積極籌劃實施。將來政府之改組必須對軍隊與公教人員薪給實物制全盤政策方有辦法。此一政策必須排除一切障礙，在此行只要糧食、布服、燃煤與麵粉五者能發給現品，則軍費與政費即可減少紙幣，金融乃能穩定也。詳見為余熟籌之總把握。國而達，不贅。中正

卅五年十二月卅夕

1946 年 12 月 30 日
蒋介石致张公权先生
亲笔函

常有謂弱國無外交之語經此一段交涉乃知一國無武力無富力固不足與強國折衝樽俎而弱國政治組織之脆弱與無有效之決策機構亦無訓練有素之統一民意更無法與強鄰談外交在交涉期間執政黨內部意見紛歧且互相攻訐行政主管部門憚於負責致無一決策唯最高當局是賴而決策之際又為黨部中宣指導之輿論所牽不得其行政組織之脆弱益盡情畢露蘇方復以訛詐之武力以當時東北之天時地利與形勢均不利於我一旦失敗勢必牽動全局其危殆孰甚

1946年4月30日张公权先生手抄“东北接收交涉日记”最后一页

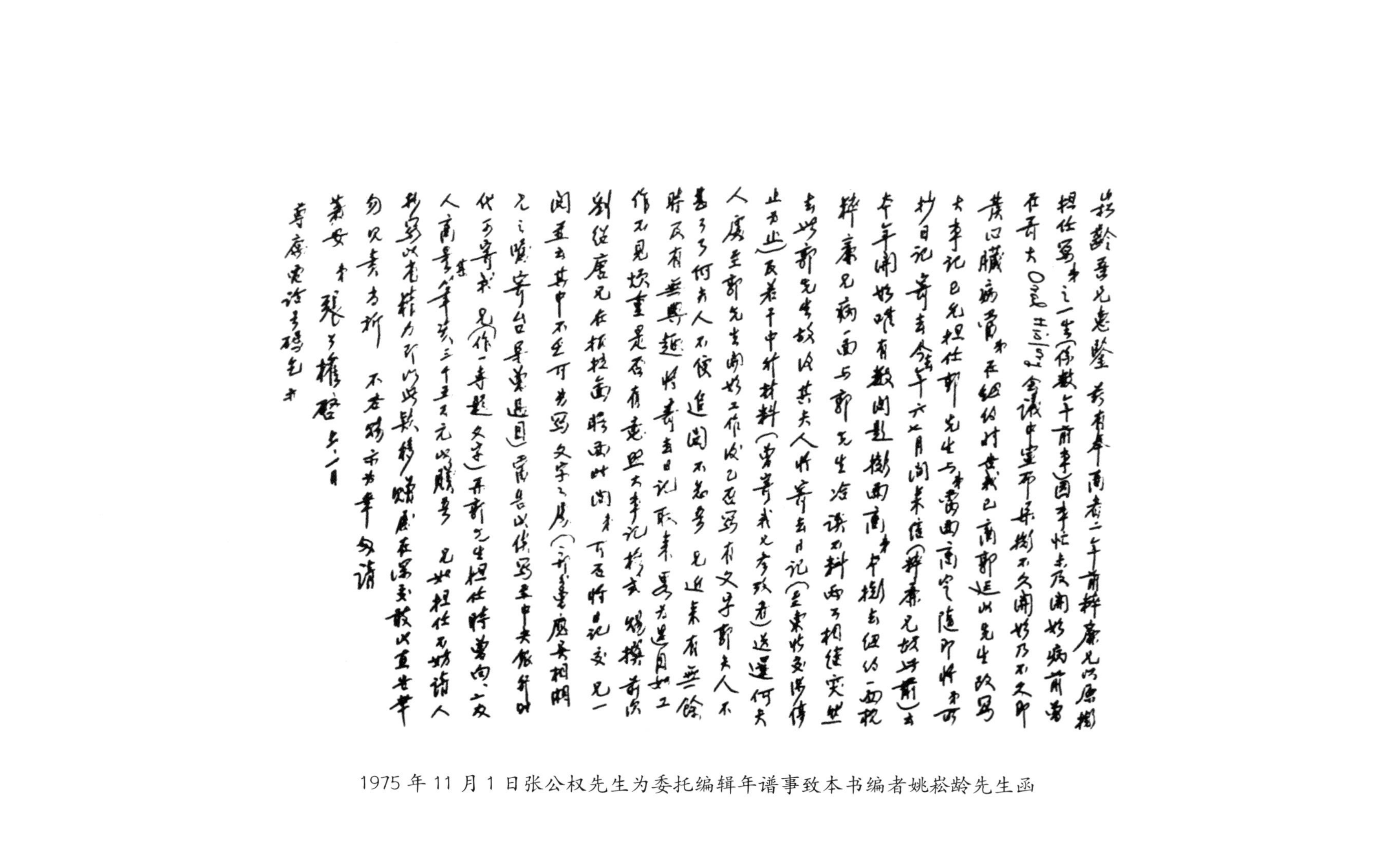

1975年11月1日张公权先生为委托编辑年谱事致本书编者姚崧龄先生函

崧龄吾兄惠鉴：接奉
大示，忻悉中行史已动笔，并已
写就九万字，且参阅英兰银行
史名著，吾兄治学之勤，下笔之快，
使我钦羡。深盼大作完成，能使
从事金融业者知经营银行必须
有为国为民服务之信念，不为威
迫利诱所动摇之德性，广收人才之
器量，坚守原则与适应环境并行
不悖之智慧，洞悉国内外政治经济
变迁之学识，不可自卑以一二[illegible]
商人自居。历数银行于救国民
经济发展之枢纽者，莫有此
抱负而始终未克臻此者。
兄明春来西岸，甚盼将达二十万
字[illegible]为胜，翘企之至，专颂
年祉　弟张公权启　七二、十二、十七
嫂夫人前请安
内子附笔贺年

1972 年 12 月 27 日张公权先生为关切姚崧龄先生另一著作《中国银行二十四年发展史》之亲笔函

中国社会科学院近代史研究所·民国文献丛刊

张公权先生年谱初稿

【上册】

姚崧龄 编著

中国社会科学院创新工程学术出版资助项目

社会科学文献出版社
SOCIAL SCIENCES ACADEMIC PRESS (CHINA)

出版说明

《张公权先生年谱初稿》，由姚崧龄先生编著，繁体字版由台北传记文学出版社 1982 年出版。

此次出版简体字版，（1）显见错衍文字做了更正；（2）部分数字改用阿拉伯数字，以方便排版；（3）记述谱主活动的年祀区分只保留公元纪年；（4）记述谱主幼年时历史事件之文字及原书 32 个附录未收录。另，译名与今译不同，前后亦有不一，维持原貌。

此系历史资料，为研究之便利，几未做其他改动，请使用者自行判断。

社会科学文献出版社

2014 年 8 月

目　录

下 册

叙 例*

一、本谱谱主张公权（嘉璈）先生，怀抱匡济之志，经世之才，英挺早达，复享高年。毕生尽瘁国事，服务人群，经涉既广，建树斯多。生有闻于当时，死应传于后世。

二、先生生于1889年。是年清廷决定兴建芦汉铁路，并在广东试铸银元。先生后来一生事业，不出金融币制、铁路交通。似此两事，不无化成力量。

三、先生殁于1979年。未偿其附葬先茔之宿愿，盖有遗憾焉。

四、先生在其九十年的生命过程中，自韶龄以迄花甲，先后经过中日战争、世界大战各两次。中间更历戊戌维新、庚子拳乱、日俄战争、辛亥革命、洪宪帝制、军阀内哄、南北分裂、五四新文化运动、国民革命军北伐、国民政府奠都南京、九一八东北事变、中共崛起、国民政府“戡乱”① 失败、播迁台湾等重大事变。凡此对于先生志业，莫不发生剧激影响。1949年后先生旅居海外，从事讲学与著述者几三十年。

五、先生所处之时代，信属我国有史以来，转变最剧、祸乱最烈的大时代。顾先生在如此环境中的政治与经济舞台上，迄不断扮演重要角色，始终以福国济民为职志。实事求是，为而不有。不因顿挫而怨憝，不以荣达而淫泆。综其活动与成就，当以在财政、金融、交通、实业，乃至外交方面，献替最多，绩效亦最显著。

六、1976年11月初，先生以书抵编者，嘱为编纂年谱。旋即交来大批资料，包括自述、日记、文稿，及担任公职时所留存之有关

---

* 文字略有删节，改用公元纪年。——简体字版编者注

① 引号为中文简体字版编者所加。相类处理下同，恕不一一注明。

官文书等。奉书之后，颇感踌躇。继念先生年登大耋，一生事业，不特与近代国史难于分离，而其人格学养，在在足资矜式。所贻文件，无论在公家档卷，或私人著述中，又均属不易获致之第一手资料。亟应趁其健在之日，为之编排，俾免散佚。遇有疑义，正可请教。庶几其一生与历史有重要关系之事迹，可得一完整正确之记录，足供史家之搜采。因不揣愚陋，黾勉应命。

七、本谱悉照一般年谱体例，系分年、按月、逐日编排。以每日发生之事件为纲，各冠标题，系以数字，别其发生次第。详细事实，则分别注明于各目之下。不必详者，从略。记事虽分年，按月；然遇一事必须追述过去，或则前后关联至数年者，则分别叙述始末，以明究竟。国内外重大事件，亦按年分别附录，借以反映谱主之时代背景。谱中所系月、日，民国纪元前按照阴历；民国纪元后，遵照阳历。

八、本谱编辑时，充分引用谱主日记、自述、谈话记录、演说辞、专题论著、条陈、文告、公牍、私人信札，及新闻报导等原始资料。引用时，须录全文者，照录原文。仅须摘要者，则将认为关系重要之原文，编入附录，以备参考。如系外文，并附译文。引用各种资料时，随即注明来源。

九、本谱对于谱主之师友寅僚及同时代之人物，皆径书姓名，而注其别号于下。对于国府最高当局，则按照当时职衔，冠以姓氏而不名。外国人名地名，于译名之后，附注外文原名，以便识别。

十、关于谱主之世系及家属情形，资料缺乏，据函询所得，知有男子子六人：庆元（故）、国亨（故）、国利、国贞、国魁、国星；女子子二人：国钧、国兰。均原配陈夫人兰钧所出。

十一、本谱经始于1975年冬初，脱稿于1979年秋末，去谱主辞世之日不及两月。全稿十之八九，经陆续送呈寓目，间承修正。除附录外，全谱正文不下百万言。自清厘资料、属稿，以迄誊正，悉由编者一手经理。望八之年，精力有限，兼以俗务冗杂，不免分心。编写漏误，势所难免。惟叙事属辞，则力求赅备无遗，述而不造，务期传信。署名“初稿”，以示尚非定本。

十二、本谱何时付梓，有待谱主遗族决定。倘获问世，至希博雅读者不吝指教，俾得据以订正，实所祷盼。

1979 年 12 月 20 日，编者谨识

浦　序

所谓三不朽，出自左传。“太上有立德，其次有立功，其次有立言，虽久不废，此之谓不朽。”三者有一，已属难能可贵，若当代张公权先生者，三者全备，自必永垂矜式。

以言张氏对于社会之贡献与值得后代之尊崇，其彰明显著者，固首在事功。盖张氏主持中国银行廿四年，先后出长铁道、交通二部与中央银行，历时十载，莫不艰苦精勤，努力奋斗，而有其卓越成就。即如其膺命为东北经济委员会主任委员，十八月中，冒险犯难，亦有其不可磨灭之劳绩。此皆史实俱在，可以覆按。试读姚著年谱本书，则详尽确实，更是信而有征。

虽然，一切立功之基础与动力，必是品德。此在张氏，亦非例外。必也一则具有抱负，树立目的，并能明了事理，当机立断；再则人溺己溺，推己及人，存心慈爱，大公无私；三则任劳任怨，受谤受谗，置暂时之荣辱于不顾，忘一己之危殆而安然：此即是中庸所云，“智仁勇三者，天下之达德也。”具有智仁勇，始能建树真正事功。

举例言之。张氏“民五拒抗袁世凯停兑钞票乱命。‘九一八’时，赶往沈阳说服本庄繁、土肥原贤二启封中交两银行。‘八一三’时，躬冒敌机轰炸，驰往沪苏前线，督励铁路员工维持交通，努力军运。民国三十四年冬初，长春环境恶化，行营奉命撤退。一般职员争先恐后，强搭飞机，慌张狼狈，秩序恶劣。先生则温言安抚，独留坐镇。至于处脂不润，廉隅自矢，于其旅居海外之生活情况，足资证实。在洛亚拉大学任教时，薪金不丰，曾在南加州大学兼课，经常搭乘学生汽车赶往，时值中午即在车中以三明治果腹。……购置住宅，而苦无力缴纳垫头。迫得向知交十人各贷千元，期能集事。”（以上节录姚仲年先生《敬悼张公权先生》一文，载《传记文学》总号第二一 一号）基于上述，吾人自可想象张氏之立功，正以其立德为基础与动力。四年以前，笔者早曾写过：“大体言之，张氏具备品德、才识与胆量，乃是成功之基础。”“张氏最高明最广大之美德，厥在一个‘公’字。此即同时为公着想，为公服务。”（见拙文《介绍一本值得阅读之新书》——此指姚著《中国银行二十四年发展史》——载《传记文学》总号第一七八号）总之，谓张氏之立功，乃基于其智仁勇之立德，实非夸大。

关于张氏之立言，愚意兼及两项。一指其已经刊载之书册文篇，具有学术功用价值。二指其手写之有关立身治事训诫，足资青年人与公务员警惕修养。前者例如出版风行、士林称誉之《中国通货膨胀经验——一九三九至一九五〇》（英文本）等。后者可于其随笔、日记、函札、演说等文稿中求之。张氏训诫之所以可贵，端在其为自己所曾躬行实践。如能分门别类，汇集贯串，当可刊行一册宝贵之嘉言录。

张氏不特立德、立功、立言，而且福禄寿兼备。果何以而能致此？此则牵涉人生哲学。愚一向认为人生遭遇，不外受着三种相互关联而彼此影响之缘由所支配，即个人性格、时代环境与所谓命运。言个人性格，包括先天之种子遗传（例如躯体之强弱，智慧之高低，性情之良暴）与后天之教养习惯（例如思想、信念、交游）。体健者可能受酒色之戕贼，体弱者可因锻炼而健康。人一己十，人百己千，则愚钝者可远胜聪明而惰学之侪辈。可见先天后天，因素各半，有志竟成，事在人为。以言时代环境，则丰富或贫枯，升平或战乱，专制或自由，在在与个人之思想、信仰、习惯、职业与抱负有关；是否抵牾，能否适应，此自为其得失成败之关键。所谓“命运”（别无适当名词），盖不指命中预定，而指种切未由自主，不能控制，无法招拒之现象事实而言。例如雷殛、地震、轰炸或则遭殃，或则幸免，又例如或则怀才不遇，生活坎坷，或则忽遇伯乐，蓦地成名。

大抵科学家们不愿承认命运（此指命中预定），或称自然，或竟视作偶然。称此项缘由为自然，无甚意义；称作偶然，则偶然即犹诸命运。

归根结底，张氏之所以能兼享福禄寿以及所以能立德、立功、立言，要在其得天独厚，体健智敏，而且幼承家训，早知励志勤学，养成良好性格；及服务社会，又能保持书生本色，遵循君子风度，而适合时代环境之切实需要；至其生平遭遇，所谓“命运”缘由，亦属良好。笔者此种解释，当然默认一项道理，即人生必须尽其在我，而不能求诸命运；此则不言而喻。

吾人今日回顾张氏所处之世代，当知近百年来，由于民族自决、民主宪政、民生改造各大潮流，引起思想冲突，新旧对抗，加之以权力斗争，野心侵略，因而战争迭起，生活剧变。此种空前未有之动荡，迄今尚在继续。语云：物极必反，相反相成。除非核子武器战争竟将陷人类于绝灭，否则整个世界，由于交通运输之方便，电话电视之灵通，种切生活之互赖，大势所趋，必能渐次折衷调和，逐步设立全球政府。于此长期递嬗过程之中，张氏乃为吾中华民族努力复兴之一位具有贡献之卓越斗士，而其谨严立身之修养，认真治事之作风，以及大公无私之精神，既属效法历代先贤，且可启迪世界后进。

本书《张公权先生年谱》乃系姚仲年先生接受公权先生之嘱托，根据其随笔、日记等稿件以及一切已曾刊印之有关材料，加以编纂。计自动笔以迄完成，计费四足年。姚先生本治会计学，曾任天津南开大学、上海商学院等教授，嗣应中国银行之聘，服务总管理处，达二十三载之久。公权先生尊敬有加，引为知交。笔者与仲年先生系清华学校同学，订交迄今盖已逾六十有五年，久佩其道德、学问、才识与文章。兹者承嘱为本书作序，展读之余，发现三大特色，此即体例创新，材料丰富与效用广长。所谓体例创新，盖指每年每月列举国内国外及国际之重要时事，俾读者一目了然，更能体会当时之环境情状与人群心理；而逐月逐日记事，益臻细密。所谓材料丰富，举凡有关国家处境、社会需要、内政外交、财经军需、银行业务、学术思想，以及个人之旅行游览、公私酬应、婚丧喜庆，甚而至于饮食起居、医药治疗，莫不摘录记载。读者披阅，一方面可洞悉各时期之迫切问题与努力措施，另一方面则不啻闻见公权先生之音容笑貌。所谓效用广长，因为此一年谱乃是研究中国近百年史之绝好原始资料，不只可以认识公权先生之品德事功与生活而已。个人认为世界各大学府与各大都市之图书馆，理宜储藏一部，供人研阅。行见洛阳纸贵，风行一时，抑且世代传流，永垂不朽。

逖生浦薛凤序于美国加州

1980 年 2 月 4 日

弁　言

先外子公权，立身处世，崇尚实践，耻自矜伐。一生尽瘁国事，服务人群，坚守立场，努力建树。未尝撰写“自传”或“回忆录”之类，以自表曝。顾世人对其过去事绩，认为难与国史分离，辄欲探其底蕴，究其原委。故旅美期间，时有学人或记者登门访问，叩以过去经历。迎之则迹近标榜，拒之又有失礼貌。且过去事实真相，要非片言可罄。而临时笔记或录音，不可能毫无错漏。况徒事口述，并无机会提供文件佐证，往往易致误解。是以晚年决意编辑年谱，俾毕生活动，有一完整确实之记录，足备身后向历史交卷。“民国六十三年”底，年届八十加六，世味早薄，名心洗尽，荣辱毁誉，久置度外。乃毅然将所存有关一生行谊文件，检交郭量宇先生，请为据以代编“一生大事记”。不幸郭先生属稿未久，即告病逝，事遂中止。次年冬，复商得前中国银行同事姚崧龄先生同意，允予编纂年谱。计自属草以迄脱稿，历时四年。中间遇有困惑，不惮烦琐，或由长途电话，或经航空邮递，往复商询，不遗余力。非至疑似澄清不止，态度极为审慎。惜全稿蒇事，先外子已不及目睹，伤哉！全稿除附录外，不下百万言，先外子一生事迹，悉具于是，而姚先生四年之辛劳，亦可以想见矣。碧霞于料理丧葬之余，即着手醵资刊印。惟所集金额，仅敷印费三分之二。嗣经传记文学出版社社长刘绍唐先生审阅全稿，认为内容丰富，多系未经发表之第一手资料，足供史家搜采，亟应刊布。慨允承印，并愿垫支不敷费用，以促其成。其传布史料之宏愿与热忱，令人感佩。现幸出书有日，不特先外子向历史交卷之遗志可达，即碧霞区区心愿，亦得粗了。回忆先外子昔年从政，公务丛脞，绝少余暇为碧霞作伴，复以通货膨胀，生活维艰，更鲜余赀以供妆饰之需。每一言及，先外子备致歉意。及大陆“沦陷”，“避地”海外，从事讲学、写作；生活清苦如昨，而安贫乐道，彼此相守，反更为愉快。谨于年谱初稿弁言之末，将此琐细为友好一述。兹承张岳军先生垂念过去与先外子深厚交谊，宠赐题签，至感盛情。复荷浦逖生先生惠撰长序，谨此一并申谢。

张周碧霞　1981 年 8 月 20 日

提要

一　出生、教育、旅学

一八八九年至一九〇八年　一岁至二十岁

二　回国、结婚、始任公职

一九〇九年至一九一三年　二十一岁至二十五岁

三　经理中国银行

一九一四年至一九三四年　二十六岁至四十六岁

四　经理中国银行、中央银行、中央信托局

一九三五年　四十七岁

五　掌管铁道部、交通部

一九三六年至一九四二年　四十八岁至五十四岁

六　出国考察、出席国际会议

一九四三年至一九四四年　五十五岁至五十六岁

七　旅外考察，组织投资公司、回国担任东北接收工作

一九四五年至一九四六年　五十七岁至五十八岁

八　主持东北行营经济委员会、综管中央银行、续娶

一九四七年至一九四八年　五十九岁至六十岁

九　出国、著述、讲学

一九四九年至一九七八年　六十一岁至九十岁

十　病卒

一九七九年　九十一岁

一八八九年　先生诞生

十月二十一日（阳历十一月十三日），生于江苏省嘉定县城内本宅。

先生姓张氏，名嘉璈，号公权。兄弟八人，姊妹四人，在兄弟中行四。原籍宝山县，世居县之真如镇。自祖父鼎生公，举人，官四川邛州知州，始迁住嘉定县城。父润之公，讳祖泽，生于发捻乱平之后，性敏悟，出入诸子百家，博览洽闻。时值列强凭陵日亟，炯于国势阽危，知章句之学无补时艰，而志在救人。遂弃儒习医，于县城悬壶问世。不喜治生，所获酬资虽丰，辄以恤孤贫，修道路，建桥梁，服务桑梓，垂数十年。母刘太夫人，同邑史香公之女，性行贤淑，虽读书不多，而义利之办极严。喜阅报章，明晓时事。主持家务，克勤克俭。抚育子女，以身率教。尝佐润之公密制丸散，施送以万计，利沾群黎。

是年先生之师唐文治（蔚芝）二十五岁，袁希涛（观澜）二十四岁，崛江归一十四岁。先生之友陈辉德（光甫）九岁，黄郛（膺白）七岁。同时名人，梁士诒（燕孙）二十一岁，熊希龄（秉三）二十岁，梁启超（任公）十七岁。江苏前辈，盛宣怀（杏荪）四十一岁，张謇（季直）三十七岁。当时政要，李鸿章（少泉）六十七岁，张之洞（香涛）五十七岁。民国伟人，孙文（逸仙）二十四岁，蒋中正（介石）三岁。

一八九七年　先生九岁

仍居嘉定县城内本宅。年初适满八岁，在家塾随仲兄嘉森，从本县杨行乡名儒陈庸伯先生读四书。嘉森字君劢，生于光绪十二年丙戌（一八八六），长于先生三岁。在所撰《权弟七十晋一寿序》中，谓："权弟早岁读书，尝责以记诵或忘。一责之后，鲜有再犯。颜子之不二过，庶几近之。"

是年四月，铁路总公司与"比国银行工厂合股公司"订立借款，建筑芦汉铁路合同。此为我国举借外债兴筑铁路之始。盛宣怀奏准设立“中国通商银行”，成立于上海，由商股董事自行经理，此为我国有商办新式银行之始。

十月，德国传教士在山东曹州被戕，德海军入占胶州湾，并索取助我对日报酬，开始树立势力范围于山东，继以强筑胶济铁路。

十一月，康有为上书请变法。

一八九八年　先生十岁

仍随仲兄嘉森在家塾，从陈庸伯先生继续读四书。

是年二月，湖北铁厂总办盛宣怀与日本制铁所和田，订立合同，以大冶铁矿易日本煤炭。清廷与德国订立胶澳租借条约。

三月，俄人租借旅顺、大连湾。铁路总公司与美商合兴公司 American China Development Co. 订立建筑汉粤川铁路合同，款额美金二千万元。

六月，清廷设立矿务铁路局。

七月，设立农工商局。

八月，清廷命户部将每年出款入款，分门别类列为一表，按月刊报。关内外铁路督办胡燏芬与汇丰银行、中英公司订立关内外铁路借款合同，借英金二百三十万镑。康有为维新运动失败。清慈禧皇太后复垂帘听政。

十一月，总理各国事务衙门奏请将芦汉、粤汉铁路干线，及沪宁、苏浙、浦信、广九等铁路，均由盛宣怀所领铁路总公司承办。关外铁路则责成胡燏芬办理。

一八九九年　先生十一岁

在家塾从陈庸伯先生读五经。

是年二月，英俄两国成立协定，划分我国长城南北区域为英俄建筑铁路范围。

四月，张謇创办之南通大生纱厂开车。督办铁路事务大臣许景澄与英国汇丰银行、德国德华银行订立津镇借款合同英金七百四十万镑。

五月，德人成立胶济铁路公司，在青岛开始兴筑铁路。

九月，义和拳在山东境内蔓延，至直隶阜城滋事。

十月，清廷从盛宣怀奏，命电报公司添设德律风（电话）。

一九〇〇年　先生十二岁

在家塾从陈庸伯先生继续读五经。时仲兄嘉森已于年前考入上海江南制造局之广方言馆，肄习外国语文。先生心窃慕焉。

是年三月，义和拳窜扰近畿，入北京，横暴无法。清廷下令围攻使馆，并对各国宣战。

七月，八国联军入北京，清慈禧皇太后挟光绪帝出奔西安。俄国派兵占领满洲。关外段铁路由俄军占领，关内段铁路由英军占领。两江总督刘坤一、湖广总督张之洞与各国驻上海领事，订立东南保护外人条约。

一九〇一年　先生十三岁

仍居嘉定城内本宅。时吴宗濂先生北京同文馆毕业，在城设帐教授法文，先生特往就学。吴师依嘉定方音，以法文字母拼成先生姓名为Chang Kia-ngau，终身对外使用不改。

是年七月，清廷派奕劻、李鸿章与各国联军，在北京订立和约十二款，是为辛丑和约，赔款银四亿五千万两，开放五口通商。

八月，联军退出北京。清廷下令废除科举，由各省设立大学、中学及小学。俄人在东三省筑成中东铁路，由西伯利亚铁路赤塔以东之开拉罗倭站筑路，经过满洲里入我国境，经哈尔滨、长春、绥芬河，复入俄境达海参崴。

一九〇二年　先生十四岁

年初投考上海江南制造局附设之广方言馆，获录取，与仲兄嘉森同学。此为先生出就外傅，接受新式教育之始。该馆系江苏巡抚李鸿章于同治二年，采纳冯桂芬建议所创办。延致英、美、德、法人士及北京同文馆毕业生教授各国语文。并聘宝山名儒袁希涛（观澜）教授国文。袁先生研习宋儒性理之书，兼治汉儒通经致用之学，旁及天文地理博物。先生从学两年，受其熏陶，获益最深。尝谓："对于孔孟之道，有所领会，实出袁师指导。"尤对其安贫乐道、诲人不倦之儒家精神，终身膺服。

先生随笔云：

> 肄业广方言馆之两年，从未支用家中分文。食宿由馆中供应，零用则恃仲兄嘉森每月领得之膏火银三两分润。终日伏案苦读，孜孜不倦，虽逢例假，仍留馆自修，未尝返家休息。至于今日学生可以享受之一切课余娱乐，当时未尝梦见。即偶尔散步至制造局大门，一瞻路人往来，略纾终日伏案积劳，间或购买花生米一小包，变换口味，已属希有之享受。

是年三月，清廷与帝俄议订交还满洲条约四款。西伯利亚铁路完工。

九月，铁路总公司与华俄道胜银行订立正太铁路借款合同。后二年俄方将此合同权利让渡与法国公司。

十一月，清廷收回电报局，改为官办，是为国营电信事业之始。

一九〇三年　先生十五岁

继续肄业于上海广方言馆。

是年闰五月，东清铁路通车。

七月，设立商部，裁撤路矿总局，并入商部。

九月，中法滇越铁路合同签字。铁路总公司与比国订立建筑汴洛铁路借款合同。

十一月，清廷颁布学堂章程，学生毕业考试合格者，分别给予功名。粤汉铁路先筑之广州三水段支线通车。

十二月，日俄宣战，清廷宣布局外中立。

一九〇四年　先生十六岁

年初转学宝山县学堂。按照当时新颁学堂章程，县学堂毕业生无须参加府县考试，得凭平时在堂成绩，分别授给廪、增、附生功名。此虽转学原因之一，实以袁希涛及沈恩孚（信卿）两先生均在该堂讲授国学，极愿追随，以宏所学。年底卒业宝山县学堂。

先生自述云：

> 吾母刘太夫人对于子女期望殷切。经常勉以“务须为家门争气，好好读书，好好做人”。仲兄嘉森既已毕业广方言馆，入学为秀才，应聘赴湖南担任常德府中学英文教员，属望于我者亦逾切。常举学有成就之表兄刘镜人（士熙）以为榜样。镜人同文馆毕业后，已积资出任驻俄外交官（后任公使）。故我当时希望考入北京译学馆，步其后尘。

是年二月，日俄大战于东三省，历时一年又三个月，俄军惨败。日本擅在东北建筑安奉、新奉等军用铁路。清廷从户部奏，设立银行。

五月，胶济铁路通车。

十一月，日本占领旅顺口。

一九〇五年　先生十七岁

赴北京升学，执贽于唐文治先生之门。

先生自述云：

> 卒业宝山县学堂后，经学政考试策论，入学为秀才。年初赴北京，报名投考译学馆。该馆所收学员，须有举人、进士功

名。限于资格，乃投考北京高等工业学堂，获录取。该堂直隶商部。时太仓唐文治（蔚芝）先生任该部右丞，兼管教务，因以乡里后进执贽拜门。唐先生系光绪壬辰科进士，曾充总理各国事务衙门章京，尝游历英、法、比、美、日诸国，考察列邦风教。回国后，在商部主办新政，任右丞，旋迁左丞。平生淬励于性理文学，极能迎接潮流，以求实学，务实业，从不胶执成见。生活俭朴，不耻恶衣恶食，爱护后进，有若子侄。每周以所作文字晋谒请益，并饫闻持志养气之道。其解释孟子浩然之气一章，认为即是"真诚与骨气"，深入浅出，令人感动。

先生自述又云：

从袁观澜老师处，学得"淡泊宽裕"。从唐蔚芝老师处，学得"至刚至大"。真是终身受用不尽。

是年正月，日军占领沈阳。

四月，清廷以官款兴筑京张铁路，任詹天佑为总工程师，为国人主持铁路巨工之始。

五月，芦汉铁路黄河铁桥完工。袁世凯、张之洞等奏请立宪。

七月，设置户部造币厂。

八月，湖广总督张之洞督办粤汉铁路，特向香港政府借款一百一十万英镑，向美国收回美国合兴公司筑路合同。户部银行于北京开幕。江苏川沙、宝山等县风潮为灾，淹毙数千人。

十月，芦汉铁路举行落成典礼。沪宁铁路、汴洛铁路均开工。清廷令定铸造重库平一两银币为国币本位。

一九〇六年　先生十八岁

获唐文治先生资助，赴日本留学。

先生自述云：

在北京之同乡同学如金其堡（侯城）等，均相约出国留学。仲兄嘉森则已于年前赴日入东京早稻田大学肄业。因亦跃跃思动。商之唐老师，请其资助，俾得留学日本。唐老师一生清廉，境况拮据，然为成全后进志愿，竟慨允资助银七百元，因得成行。抵日后，先在东京学习日语。原拟投考日本第一高等工业学校，冀能升学东京帝国大学，专修机械工程。惟自审对于数学未能深入，遂亦抛弃此念。日本文虽非素习，惟与华文接近，较之学习欧美语文，进步迅速。经过一年努力勤修，已有听讲及应对能力。素闻东京庆应大学为日本私立大学之冠，而其经济理财两科尤负时誉，因决意投考该校。

是年三月，芦汉铁路全路通车，为我国最早之铁路干线。清廷裁撤铁路总公司，派唐绍仪为办理铁路大臣，接管京汉、沪宁、汴洛、正太、道清五铁路。

闰四月，日本设置南满铁道会社。

九月，邮传部成立，专管航、邮、路、电四政。唐文治署农工商部尚书，是年底丁忧，卸职南旋。

十二月，邮传部设立铁路总局，派梁士诒为局长。

一九〇七年　先生十九岁

入东京私立庆应大学肄业，从名师堀江归一及福田德三两教授，专攻货币银行及政治经济。

先生自述云：

庆应大学历史悠久，系日本大教育家福泽谕吉所创办。其理财与银行各科水平，方之英国之伦敦经济学院，及美国哈佛之经济学系，殆相伯仲。与哈佛且定有交换教授契约。哈佛之威寇斯 Enok Howard Wickers 教授时在庆应讲学。我从学于堀江教授两年，勤研苦究，颇多心得。每次考试，幸得名列前茅，时承其青眼。堀江教授倾向“自由主义”。惟对于“国家资本主义”，并不反对，但主张国家一切生产与公用事业，应由“民主监督”。

先生自述又云：

当时日本生活程度尚不甚高，然留学生每人一年费用，不能少于日金三百五十元。我出国时筹备之七百银元，早已支用过半。家中境况既非宽裕，自亦无从接济。我除刻苦自励、节省衣食外，否则难望学业有成。每月食宿所需，决不使之超过日金十五元。每周只食肉一片，平日亦只食鱼一小块。衣着仅恃入学时所置之制服一袭，皮鞋一双。长年服用，别无添补。经时既久，破旧不堪，听之而已。仲兄嘉森时肄业早稻田大学，两人分住，相距甚远。如拟谋面，须事先由仲兄邮寄电车票，方能成行。有时手中不名一文，而房东催缴食宿费甚急，惟有步行两小时至神田区，将手边之教科书向旧书店出售，以资应付。往往原价八元者，店主仅出价三元。迫于急需，只得忍疼牺牲。有时为凑足应缴食宿费七元五角之数，一日之内，且须往返旧书店两三次。狼狈迫促，情状可哂。最后一年应缴庆应学费，因学业成绩优良，竟由拖欠而变为大学贷金。

是年七月，清廷规定新币分两成色章程，采用银元为单位（七钱二分）。

八月，东三省总督徐世昌与美国领事施戴德 W. Straight 成立新民法库铁路借款备忘录。

十一月，邮传部奏请设立交通银行，官商合办，股本银五百万两，官四商六。

一九〇八年　先生二十岁

继续肄业庆应大学政治经济及银行货币科。生活艰苦，一如去年。惟对所学，既多心得，益增兴趣，弥自振拔。

先生自述云：

庆大校训为“独立自尊”，正与昔日袁老师示范的“淡泊明志，行已有耻”，唐老师垂训的“至大至刚，明辨是非”，意义吻合。

又云：

我对校训，终身奉为圭臬，躬行实践，未尝因要名逐利，而自丧所守。

是年二月，外务部、邮传部与中英公司订立沪杭甬铁路借款合同，款额一百五十万英镑。

三月，沪宁铁路通车。盛宣怀奏请创办汉冶萍厂矿公司，请筹的款以充公股。

五月，美国会通过退还庚子赔款。

七月，户部银行改称大清银行，重订则例二十四条，增资本银为一千万两，官商各认一半，亦即中央银行之滥觞。

十月，清光绪帝、慈禧太后相继逝世。溥仪继位，改元宣统。

一九〇九年 先生二十一岁

正月，由日本返国，拟投考游美官费，不果，改就北京《国民公报》编辑。

先生自述云：

本年为大学最后一年，以留学费用不继，应缴学费已欠一年，不能再欠，势将辍学。当时讲授财政学之哈佛大学交换教授威寇斯博士，以余学绩在全班常列前茅，不愿见其中途辍学，一面与哈佛接洽，准予转入该校四年级，一面以我国留美官费尚在继续，促即返国觅取官费。不意返抵国门，政府以业已设立清华学堂，规定清华毕业生方能取得官费，赴美深造。情形如此，遂即留在北京谋食。旋由友人介绍在《国民公报》担任翻译每日之路透电，及每二日撰写社论一篇，月薪三十银元。

五月十七日，陈夫人兰钧来归。由业师唐文治先生证婚。

七月，任邮传部《交通官报》总编辑。

先生自述云：

时邮传部系新政机关，规模宏大，经费充足，一切趋新。部内特置图书室，以供研究，并拟刊发《交通官报》，以广见闻。正在物色一富有新知识，而长于撰述之留学生，主持其事。适有友人认为我最合条件，特为推荐担任官报总编辑。是年十月，游美学务处考选第一批留学生五十名赴美，我以有固定职务，故未参加考试。

是年一月，日本外务部提出东三省六悬案：（一）新法铁路，（二）大营支路，（三）京奉铁路车站，（四）抚顺煤矿，（五）安奉路沿线矿产，（六）间岛问题。（七月成立协约）

四月，张之洞与英、法、德订立粤汉及鄂境川汉铁路借款草约。

七月，度支部制定交通银行发行银票暂行章程。

八月，京张铁路告成。

一九一〇年　先生二十二岁

正月至七月，任邮传部《交通官报》总编辑。

先生自述云：

总编辑月薪银币一百五十元，较之报馆收入，实合五倍。待遇固较优厚，但我并不感满意。盖编辑工作，虽极忙碌，不免纸上谈兵，闭门造车。对于实际工作，殊属隔阂。

八月，被派兼在邮传部路政司办事。

先生自述云：

七月，徐世昌卸邮传部尚书职，由唐绍仪继任，以盛宣怀任右侍郎，并帮办度支部币制事宜。适路政司首长深知我之志趣，并非安于现状而不思有所表现。特调我至该司办事，以便派赴各路实地考察。

九月六日，上海源丰盛银号倒闭，市面吃紧。交通银行总理李经楚族人所经营之义善源银号继之停业。

该号倒欠交通银行巨款。邮传部特派先生为清理员之一，驰赴南通接收抵押品，以便变现抵欠。

先生自述云：

义善源银号规模宏大，各省设有支号不下十余处，产业甚多。此次同行清理员首脑单某，原系旧官僚，油猾贪污，主张将接收之抵押品廉价出售，从中赚取佣金，彼此朋分。闻之大惊，特急电部方，请速添派能员前来监视。公家始免损失。

是年四月，清廷颁行币制则例，国币单位定名曰“元”，暂就银为本位，以一元为主币，重七钱二分，按元、角、分、厘各以十进，永为定价。

九月，度支部与美国财团订立借款草合同七条。

十月，英、美、法、德四国银行团伦敦协议成立，英、德加入币制实业借款。法人所筑滇越铁路竣工，由海防至昆明直达开车。

一九一一年　先生二十三岁

一月至七月，供职邮传部。

一月，尚书盛宣怀撤销梁士诒铁路总局局长及交通银行帮办差事。

四月，尚书盛宣怀宣示铁路政策，规定干路归国有，支路仍准商民量力斟行。干路有四：北京至汉口至广州为南干，北京至张家口至恰克图为北干，北京至齐齐哈尔至珲春为东干，自汉口至成都为西干。旋与英、美、德、法四国银行团订立湖广铁路借款合同，取消粤川境内民办之案（粤境仍维持民办）。因收回川路，引起川民激烈反对。

八月十九日，武昌革命军起事。先生目睹满清倾覆在即，旋离北京赴上海。

九月十三日，上海光复。光复之前，先生已抵上海。

先生自述云：

上海光复后，与友人诸青来、杨景斌等发起一政治团体，标名“国民协进会”，并邀唐绍仪、温宗尧、吴鼎昌等参加，以为人民参政之准备。同时发行《民报》周刊，诠释民治真谛，创办神州法政大学，培植政治人材。

是年九月，资政院奏劾盛宣怀违法行私，贻误大局，诏命革职永不叙用。清廷授袁世凯为内阁总理大臣。革命军成立中央军政府于武昌。

十一月（阳历十二月二十九日），孙中山先生当选为中华民国大总统。

一九一二年　先生二十四岁

一月一日，中华民国成立，改用阳历，孙中山先生就临时第一任大总统职，在南京组织临时政府。

先生自述云：

当时颇思参加选举运动，努力于地方自治，借以巩固民治基础。按照参议院选举法，一半为直接选举，一半为间接选举。江苏名额十名，五名由人民直接选举，五名则由省议会产生。因拟先竞选省议员，再由省议会梯入参议院。于是回籍活动。惟地方封建势力牢不可破，竞选之人，家资雄厚，挥霍应酬，极占优势。我以留学新进，且乏财力，遂废然而返。

四月十五日，发起之“国民协进会”，以经费支绌，难以维持，遂与汤化龙所领导之共和建设讨论会及孙洪伊所主持之共和统一党讨论合并问题，结果成立“民主党”。

七月二十二日，担任浙江都督府秘书职务。

浙江都督蒋尊簋辞职，由朱瑞继任。先生应朱氏之邀，担任都督府秘书职务，并赴北京代表朱氏向中央政府接洽浙江省军政事务，因得与袁世凯晤谈一次。

十一月二十七日，“民主党”举汤化龙为干事长。

先生主持之国民协进会，与共和促进会、共和统一会、共和建设讨论会及国民新政社合并组成之“民主党”举汤化龙为干事长。

是年一月，大清银行商股联合会呈请南京临时政府财政部，将大清银行改为中国银行，承认为国家之中央银行。

二月，上海中国银行开始营业。孙大总统向参议院辞职，并推荐袁世凯以自代。

三月，袁世凯就任第二任临时大总统。

四月，参议院在北京行开院礼。

十月，中国铁路总公司在上海成立，孙中山先生任总理。

一九一三年　先生二十五岁

一月至六月，任浙江都督府代表，往来北京、上海、杭州之间。

四月八日，民国第一次国会在北京正式开幕。

二十七日，财政部与英、法、德、俄、日五国银行团订立善后大借款二千五百万英镑合同，于北京签字。

五月五日，参众两院通电对政府违法借款，不予承认。

七日，总统袁世凯咨参众两院，说明善后借款合同签字手续，并无不合。

二十四日，民主、共和、统一三党，正式合并为进步党，先生任党部组主任。

三党合并成立进步党，举黎元洪为理事长，梁启超、张謇、伍廷芳、汤化龙等九人为理事。分设政务与党务两部，由林长民、孙洪伊、丁世峄、胡汝麟等分任正副部长。先生与王家襄、黄远庸、梁善济、吴鼎昌、汪荣宝诸人，分任法制、财政、外交、军政、庶务、文牍、会计、交际、地方等组主任，人才甚盛。在国会中，国民党与进步党势均力敌，形成两党政治之规模。

七月一日，参议院议长张继离京。王家襄继任，邀先生任参议院秘书长。

十一日，政府特任熊希龄为内阁总理，改组内阁，阁员人选多出进步党，世称第一流内阁。

十二日，参议院众议院联席会议，商讨总统选举法。

十月四日，宣布大总统选举法。

六日，袁世凯经国会三次投票，当选为正式大总统。

七日，黎元洪当选为正式副总统。

十一月四日，总统袁世凯下令剥夺国民党籍议员资格。国会不足法定人数，无形解散。

二十六日，政府派员组织政治会议。

十二月中旬，浙江都督府推荐先生任浙江代表，出席政治会议。审查资格后，认为年龄不符规定。

十二月底，赴上海，就中国银行上海分行副经理职。

先是汤睿于九月被任命为中国银行总裁，对于中行组织与业务，颇思加以整顿推广。知先生精研财政经济，对于现代各国银行制度，时加考察，颇具心得，早有延致之意。适上海分行经理项馨（兰生）调升副总裁，副经理宋汉章坐升经理，因邀先生担任副经理职务。

先生自述云：

> 汤先生邀我加入中国银行，希望我能运用新的学识与技术，将上海分行营业及管理加以改进，使之日趋现代化。不独可以为其他分行树立模范，且足以与列强在上海所设资力雄厚、历史悠久之银行相竞争。我本人亦以个性不宜于政治活动，而对于发展国民经济，则素抱宏愿。故欣然接受，于岁底赴沪就职。

是年一月，政府命令交通银行照中国银行兑换券章程，办理兑换券，因是交通银行亦享受发行权；并规定商业银行纸币发行条例。

二月，政府设财政委员会，以周学熙、梁士诒、梁启超、陈威等为委员。

三月，宋教仁在上海北火车站被刺。

四月，参议院通过中国银行则条三十条，由财政部公布施行。

五月，刺宋案真象暴露。上海讨袁运动日激，国民党人袭击上海制造局失败。

一九一四年 先生二十六岁

一月，任中国银行上海分行副经理。

先生自述云：

我加入上海分行时，宋汉章任经理，胡稑芗任营业主任。宋经理曾服务上海电报局，及外人管理之中国海关。嗣转入外人充任总经理之通商银行任职。于欧美企业管理方法，耳习目染，不无体验。胡主任曾任上海钱庄经理，于钱业历史，各庄号内容，及其营业手续，颇为熟习。公暇与之谈论市面情况，增加知识不少。宋经理则静默寡言，鲜获机会闻其实际经验。惟朝夕相处，得益亦多。他的美德可以概括如下：（一）自奉俭朴，不嫖不赌；（二）操作勤劳，晨九时到行，晚八九时一切账务结清后，方始离行；（三）办事认真，每一笔生意必一再衡量利害，而后决定应否承做；（四）爱惜公物，处处为银行节省，决不滥用分文；（五）公私分明，无论零星开支与业务往来，决无假公济私情事。

先生自述又云：

我毕业庆应大学银行理财专科，于欧美日本金融组织、银行原理，虽极了解，惟求明了实际银行业务，尝于分内职务处理完毕之后，辄检阅前大清银行所存旧档，及过去两年间上海分行与总行及联行往来函牍。复向各部主管人员详询处理职务经验，记入手册，以与所知欧美日本银行一般实施相比较，借资改进。行方原有之优良风尚，如崇尚节约，慎重开支，公私分明，操守谨饬，负责守时，非将当日应办公事办毕，不得离行等，我除以身作则，力予助长，表率同人外，而于采用西式簿记，注意对顾客服务，加强人事管理，擢用才俊之士等，凡足以促进行务日趋现代化之措施，靡不竭力推动，使其实现。

三月，向海关交涉关税存款。

先生认为代理国库本属中国银行重要业务之一，载明则例。国家关盐两大税收，数目甚巨，依法自应存入中行。惟以赔款与外债条约关系，一向汇存外国银行。因与宋经理向总税务司交涉，委托中行于各海关所在地，代收关税，积有成数，再行拨交总税务司转存外国银行。先生谓："虽不能分润存款利益，然借此表示代理国库权能，略取收税手续费。"

六月一日，总裁汤睿请准财政部拨发六厘公债一千万元，折作现金七百万元，连同过去所拨之二百五十万元及五十万元，凑足中国银行官股银一千万元之数，借此以资增招商股之号召。

月初，赴杭州协助杭州分行洽商接收浙省国库事宜。

总行以先生与浙省政要熟稔，特派前往协助杭州分行经理进行接收在浙省之国库。

七月，总裁汤睿辞职。政府简派萨福懋继任。

月中，财政总长周自齐呈请政府，将中国银行改由财政部直辖。

先生对于中国银行改由财政部直辖，视同该部附属机关，不免使国家财政与金融系统混而为一，殊失中国银行理想中欲具之超然独立的中央银行地位，心中颇感不怿。顾以地位关系，一时无法纠正。惟有使上海分行对于凡以政治压力，或个人情面，商借款项，会同宋经理合力予以拒绝。

八月，计划推动银元买卖，吸收银元存款。

先生自述云：

> 当时中国银行资本微薄，上海分行资产仅有汉口路行屋一座，及苏州河岸堆栈一所。银行信誉尚未确立，吸收存款，一时不易。因与宋经理详加考虑后，认为推广营业，应从买卖银元入手，借以平衡市面银元之供求，稳定钱业公会每日之洋厘行市（银元合银两价值）。由于上海分行钞票发行逐渐增加，提供准备之银元亦随之增加。继以本年二月，国币条例公布后，中国、交通两行受造币总厂之委托，收回旧币，改铸新币，两行得以生银送厂铸造新主币。因之上海分行一面有大宗银币来源，供给市面；一面可向市面吸收过剩银元，补充发行准备。

使内地土产上市时，不因骤需银元而洋厘行市过涨。及内地银元向上海回笼时，亦不因供给过多而洋厘行市过跌。中国银行对于上海市面洋厘之涨落，因得随时予以调节。有时外国银行需用银元，亦须向中行商量通融。上海中行之地位因之提高，而引起其他行务之发展。

先生自述又云：

上海外国银行及钱庄当时只对银两存款付给利息，致手存银元者，无法生息，不免向隅。我认为中行正可利用银元存款付息办法，吸收存款。对于存户以银两掉换银元，或以银元掉换银两，概不收取手续费用；即汇款亦可减收汇水。对于巨额存户，如有觅求投资途径者，亦尽量予以指导，供给有关经济消息。

是年一月，政府明令宣布解散国会，另设约法会议，重订约法。

二月，政府公布国币条例及施行细则。任命梁启超为币制局总裁。农商部与美国美孚煤油公司订立合办陕西延长煤油合同。

五月，政府公布《国民约法》。

七月，第一次世界大战爆发。

八月，日本对德宣战，派舰队封锁胶州湾。

十一月，陕西延长石油井开工。

十二月，天津造币厂开铸新银元，上有袁世凯像。

一九一五年　先生二十七岁

一月，结识李铭（馥荪）、蒋鸿林（抑卮）、叶景葵（揆初），与为友。

先生自述云：

上海金融界，每年新正例有春宴。参加人物多为外商银行之华经理，通称“买办”，钱庄经理俗称“档首”，及新设银行之经副理。我系新进，对于与宴各人，非所素稔。周旋其间，颇感孤寂。嗣见同席有一青年，询知系浙江地方实业银行之副经理李君馥荪，浙江绍兴人，日本山口高等商业学校毕业。交谈之后，深为投分，与之订交，竟成终身同志。嗣由李君而结识浙江兴业银行之常务董事蒋君抑卮，与该行之董事长叶君揆初。蒋君浙江杭县人，家资富饶，生性通敏，虽未尝领受新式银行教育，对于银行经营，善能迎接潮流。叶君亦浙江杭县人，进士出身，虽未留学国外，固尝博览译著，富有欧美日本财经知识。曾参东三省总督赵尔巽幕府，历任奉天财政清理处总办等要职，洵属融贯新旧、富有学识之人物。

二月，编辑银行业务手册。

先生自述云：

我加入银行工作后，深感当时一般银行经营业务，往往墨守成规。新进人员应具之业务知识，前辈仅授以习用方法，而不告以究竟。我因有编辑业务手册之动机。鉴于"国内汇兑"既属中行重要业务之一，而各地交易习用银两，名色不一，汇价各别，计算复杂。例如由上海汇款至天津，以天津之"行化银"计算，汇至汉口，以汉口之"洋例银"计算。其汇率即按"行化"或"洋例"银一两，折合上海"规元银"若干。而上海钱业遂凭各地所报行市标示汇率。究竟各地银两与上海"规元"之平价如何，其市价涨落之最高或最低幅度如何，其季节变动之趋势如何，均无记录可考。乃参考国际汇兑计算法，将各地银两，与主要银两间之市价，及一切货币流通状况，以及当地金融情形，汇编成册，署名曰《各地汇兑概略》，俾营业人员得据以熟谙各地汇兑行情，及计算方法，随时应付顾客。原拟继续编辑各种业务手册，以翌年发生停兑风潮，寻升任副总裁，致无暇及此。

三月，结识陈辉德（光甫），与为友。

先生自述云：

陈君光甫，宣统元年留美毕业返国，任职江苏财政清理处。辛亥革命时，江苏都督程德全委任为江苏省银行监督，后称总经理。民国三年，因拒抗江苏都督张勋指令江苏省银行查报存户姓名，辞职。经由杨君廷栋之介绍，得识陈君。接谈之后，彼此倾倒。时陈君组织一转运公司，极愿推动中国、交通两银行发展铁路押汇业务。因特向北京总行推介，于五月中旬，发表其为中行顾问。

四月十二日，政府任命李士伟为中国银行总裁，取消中国银行归财政部直辖之规定。

李士伟（伯芝）为推广纸币发行起见，广设货币交换所四十余处。旋以民间习用硬币，不愿以硬币交换纸币，故交换所功效甚微，而开支浩大，得不偿失，遂即停止进行。然因推行纸币，而统一各省发行，使中行发行额至年底达三千六百余万元。

六月二日，陈辉德创办之上海商业储蓄银行正式开业。

先生与李铭（馥荪）均经竭力协助其成。先生并商得宋经理汉章同意，由上海中国银行在该行开立同业往来户，存入五万元，日久未动。两行遂成关系密切之友行，咸以服务社会、发展国民经济为职志，在银行界居于领导地位。

七月，发起上海各银行正副经理聚餐会。

先生自述云：

> 为谋上海银行同业团结起见，发起各行正副经理聚餐会。由上海商业储蓄银行在其宁波路行址内，预备午餐，于聚餐时，彼此交换有关金融消息，并发表意见。最初参加者为中国、交通、浙江兴业、浙江地方实业、上海商业、新华储蓄及盐业等七家。上海银行公会之成立，实胚胎于此。此外如中国通商、四明、中华商业储蓄、江苏省银行等，虽未尝参加聚餐会，然因此无形中受新思潮之浸润，每遇同业共同问题，常能采取一致步骤，合作解决。

八月，结识钱永铭（新之），与为友。

先生经友人之介绍，结识钱永铭于上海。永铭浙江吴兴人，日本东京高等商业学校毕业。时与王正廷合办一转运公司。

先生自述云：

> 一年之中，得结识如许金融界新人物，私衷极感兴奋。

其联合同志，建立中国近代化金融组织基础之信心，益臻强固。

十七日，中国银行总行发布招募商股章程。

拟募集商股五百万元。一面修改则例，定为商股招足一千五百万元时，始得改选商股董事及监察。同时派员赴南洋各地，劝导华侨投资。是年底收到商股二百三十六万余元。复将大清银行清理处移交京、沪各行之资产，作价一百二十八万一千元，比值抽回政府所交作为股本之公债。

十二月，筹备发行《银行周报》。

先生早有发行《银行周报》之计划，本月开始筹备一切。适翌年发生停兑风潮，遽告终止。直至民国六年五月，始获出版问世。

是年一月，日本向我国提出吞并中国之二十一条要求，并嘱严守秘密。

五月，外交部照会日本驻华公使，接受日本最后通牒。中日新约（二十一条）签字。

八月，美籍顾问古德诺发表《共和与君宪论》。杨度等六人组织筹安会，鼓吹帝制。

十月，袁希涛任教育部次长。

十二月，袁世凯咨复参政院，允僭帝位。云南独立，组织护国军讨袁。

一九一六年　先生二十八岁

一月一日，云南护国军政府成立，唐继尧誓师讨袁。

二月五日，上海市面顿形紧张，中行北京总行召上海分行经理宋汉章赴京开会，商讨稳定金融办法，上海行务由先生摄理。

三月一日，上海交通银行经理张绍莲被刺。

十五日，广西宣布独立，广州市面益形紧张，广州中国银行发生提存风潮。

二十二日，袁世凯被迫取消帝制。

四月六日，（一）广东宣布独立。（二）浙江宣布独立。（三）西南军务院成立于肇庆，合组北伐军，进兵湖南、福建。

十二日，（一）广州海珠惨案发生，前中国银行总裁汤睿被刺身死。（二）广州中国银行停止营业。

该行探知地方政府将强迫借款，因即停止营业，行员潜往香港。其所发行流通市面之钞票，则委托当地银钱行号代兑。

二十三日，袁世凯任段祺瑞为国务总理，并特派周自齐督办中国银行事宜。

袁政府计划以武力镇慑西南，保持北洋系原有势力，亟须宽筹军饷。当时参预财政人员如梁士诒等，献计将中国、交通两行合并，集中现金，并建议发行一种不兑现钞票。适值北方人心动摇之际，此种计划，传闻市面，京津两行钞票兑现增加，而以交行为甚。于是国务院决定采取钞票停兑、存款止付政策。

五月十日，（一）财政部密电天津、上海、汉口中国、交通各分行移驻华界营业。（二）国务院复电令中国、交通两总行，自即日起，对所有两行发行之纸币及应付之存款，一律不准兑现与付现。并令饬将中国、交通两行总分行所存现金准备，一律封存。同时禁止人民拒收纸币，并对纸币不许折扣使用。

当时中国、交通两银行发行之兑换券统计七千余万元，现金准备约二千三百余万元。内中：中国银行存有现银三百五十万两，银币四百八十八万元；交通银行存有现银六百万两，银币五百四十万元。此项现金准备之半数，属于上海中国、交通两分行。

十一日，上海中国银行清晨接到北京总行转来国务院停兑钞票、止付存款命令。命令云："照各国先例，当金融窘迫之际，国家银行有暂时停止兑现，及禁止提取银行存款之法。应由财政、交通两部转饬中交两行，自奉令之日起，所有该行已发行之纸币，及应付之款项，暂时停止兑现。一俟大局定后，再行颁布院令，定期兑付。”

先生自述云：

我与宋经理汉章接读电令后，惊惶万分。详细计议后，认为如遵照命令执行，则中国之银行将从此信用扫地，永无恢复之望。而中国整个金融组织亦将无由脱离外商银行之桎梏。随即核算上海分行所存现金准备，计合发出纸币，与活期存款数额，总在六成以上，足敷数日兑现付存之需，应可渡过挤兑及提存风潮。即使不敷兑现与提存，尚有其他资产可以抵押变现，提供兑现付存准备。纵令竭其所有而仍属不敷，亦必能邀民众谅解，明了经理人员维持信用，负责到底之苦心。而寄其希望于不受政府非法支配之银行，足以维护中国金融之生命。因即与宋经理毅然决定拒受北京命令，照常兑现付存。惟我二人所顾虑者尚有一点。即北京政府以违抗命令，不难将我等免职，勒令离行，使其无时间与机会可以执行所预拟之计划。于是宋经理往访上海会审公堂法官，征询有何方法，使现任经副理有数日时间留行继续工作。研究结果，法官以为：如中国银行利害关系人，如股东、存户、持券人等，向公堂控诉经副理有损害彼等权益行为，要求法庭阻止，即可成立诉讼。在诉讼未判决期间，北京当局不能逮捕现任经副理。兹既由会审公堂指出此一途径，我立即于当日下午，往访浙江兴业银行董事长叶葵初、常务董事蒋抑卮，浙江地方实业银行总经理李馥荪，上海商业储蓄银行总经理陈光甫诸人，商得同意，即由李、蒋、陈三君分别代表中国银行股东、存户及持券人，各请律师向法庭起诉。

先生自述又云：

是晚，行内准备翌晨照常兑现付存。同时我与宋经理以为挤兑提存风潮平息之后，袁政府怀恨在心，势必设计摧残反对停兑之行，不得不借股东作后盾，以相抵制，因偕股东刘厚生（垣）往访张季直（謇），说明组织股东联合会维持中国银行之用意。股东联合会随即成立，公举张氏为会长，叶葵初为副会长，钱新之为秘书长。在报纸刊登公告如下：

顷中国银行奉到总管理处转来国务院令，内称：“令文详前”等语。本会为维持上海金融市面，保全沪行信用起见，已联合全体股东，公请律师代表主持沪行事务，督饬该行备足准备，所有钞票仍一律照常兑现。惟其他分行钞票，以非沪行分内之事，且在政府令饬停止之内，沪行自应停兑。再其他政府应付之款，亦自明日起，一律停付。沪行所有存款，均一律届期照付。要之沪行营业仍悉照旧章办理，望勿误会，以明界线。

十二日，上海分行挤兑。

先生自述云：

晨八时由私寓赴行办公，行至距离行址三条马路时，即见人已挤满。勉强挤到行门口，则挤兑者何止二千人，争先恐后，撞门攀窗，几于不顾生死。乃手中所持者不过一元或五元钞票数张，或二三百元存单一纸。

十三日，上海分行继续挤兑。

先生自述云：

今晨赴行时所见挤兑之人数，并未较昨日者减少。

十四日，上海分行本日延长办公时间。

本日为星期六，上海分行特登报公告延长办公时间，下午照常开门兑现。

先生自述云：

本日挤兑人数，减为四百余人。

十五日，（一）上海分行（1）宣布特别开门半日兑现，（2）向汇丰等银行商借透支，以备不虞。（二）本日为星期日，银行照例停业。惟今日上午中行特别开门半日。

先生自述云：

今日来行所见前来兑现人数不过百余人，风潮似已平息。

然而现金准备消耗几达十分之八。设星期六兑现，仍如前二日之拥挤，则几乎不能继续维持。思之不寒而栗。

足见市民挤兑情势之严重，如措置不当，必酿事端。

先生自述又云：

我与宋经理目睹十三、十四两日挤兑情形，深恐现金准备不敷，难以为继。决由宋经理往访汇丰、德华两银行经理，拟以上海分行行址及苏州河岸之堆栈，与收押之地产道契等，提供担保，商借透支，以备不虞。

（三）是日下午，各外国银行开会集议，一致赞成协助上海中行。惟以此举不免牵涉政治，经电北京公使团征询意见。

十六日，英、德、法领事馆接到北京公使团赞同应予协助之覆电。

惟当日兑现风潮已见平息，上海中国银行毋须外援矣。是日上海《字林西报》曾有报导如下："上海各外国银行于十五日正午，在麦加利银行聚餐，议决外国银行应协助中国银行至必要之限度。惟事关重大，应先请示北京各本国公使。电已发出。是日到会代表，一致赞成协助中国银行。"

十九日，上海中国银行兑现风潮平息。

先生自述云：

上海中国银行之钞票信用，从此日益昭著。南京、汉口两分行鉴于上海分行措施之适当，并获当地官厅之合作，对于发行之钞票，及所收存款，照常兑付现金。影响所及，浙江、安徽、江西三省，对于中国银行在当地发行之钞票，十足使用。

六月一日，北京政府发布安定市面命令。

自国务院命令停止中国、交通两行钞票兑现之后，袁政府希望缓和人心，曾发布命令如下："兹因金融紧迫，曾由国务院通令将中交两银行所发纸币，暂停兑现，实系一时权宜之计，非不兑换纸币可比。维闻迩来商民恐惑，弊窦丛生，于财政前途，大有关碍。现饬国务院筹拟办法，以重市廛。所有该两行纸币，为全国信用所关，本与现金无异，政府负完全责任。一俟金融活动，即照纸币面额定数，担保照常兑现。该商民等切勿疑虑，务当依旧行使，用便流通，而重国币。即由各机关通饬一律遵照，此令。”

先生自述云：

此项命令无补实际。盖自中国、交通两总行奉令停兑纸币之后，其在京津地区所发钞票，已由面价跌至八折，继复跌至六折。不独商民拒收纸币，即政府所辖各铁路，对于顾客购买客票货票，均须搭收现银，显然已视该令为具文矣。

六日，袁世凯愤恚逝世。

七日，副总统黎元洪继任大总统。

十五日，中国银行股东联合总会成立于上海。推张謇为会长，叶景葵、林绛秋为副会长。通过章程二十五条，以“保全商本，巩固行基”为宗旨。议决四事：（一）电请政府实行民国二年参众两院通过之《中国银行则例》，承认中国银行为永远之国家银行，有代理国库、发行纸币之唯一特权；（二）电请政府将筹得之款（如盐税余额及美国借款），拨还中行政府垫款，俾京津两行恢复营业；（三）决议添招商股，扩充商权；（四）电请政府，要求不得发生中交两行合并问题。

三十日，政府任命陈锦涛为财政总长。任命徐恩元为中国银行总裁。

三十一日，中国银行股东联合总会电徐恩元讽其辞职。电文曰：“见命令，公为本行总裁。公于民国三年在财政部向美商订印纸币，价值二百余万元，罄本行股本金以购一千余箱之废纸。此项巨款，至今虚悬。本会今特声明，万万不能承认。”

七月初，股东联合总会与徐恩元龃龉。缘于股东联合总会曾电讽其辞职，徐总裁对于该会之成立，因之不予承认，益启股东反感。股东联合总会遂将总行存放上海分行之现款二百三十余万元，向上海地方审判厅申请假扣押，抵充商股股款。

十八日，徐总裁恩元聘任北京英商麦加利银行经理卢克斯 Sidney Lucas 为京行副经理。股东联合总会表示反对。

徐恩元延任卢克斯为京行副经理，签立合同，任期五年，年俸英金三千镑，外津贴一千镑。股东联合会认为北京钞票尚未恢复兑现，不特国内营业衰弊，无可发展，更谈不到国外汇兑。年耗四千英镑，实属浪费行款，表示坚决反对。总行高级职员复联名致函质问徐氏。

二十六日，中国银行总管理处总稽核卞寿孙、总司账谢霖、总司券范磊对于总裁徐恩元措施，深表不满，不愿与之共事，同时辞职。

八月二十日，众议院议员凌文渊等二十三人提出整顿中国、交通两行之建议案，主张应先恢复中国银行京行所发钞票兑现，并清理交通银行。

十月二十六日，中国银行京行钞票在北京实行兑现。

总裁徐恩元因农商部向日商兴亚公司商借实业借款日金五百万元，指作中行兑现之准备，同时进行向美国银行团接洽实业借款，惟尚无成议。急不暇待，怂恿财政总长陈锦涛在国务会议提议通过中国银行首先恢复京钞兑现，于是日实行。

十一月十一日，众议院对中国银行京钞兑现施行限制，提出质问，并组织特别委员会前往调查。

京钞兑现不及数日，即施行限制。每日限兑四万元，每人一元为限。众议院特提出质问，并组织特别委员会前赴中行调查。

十二月十七日，中国银行总管理处调先生任重庆分行经理。

先生接总管理处通知调任重庆分行经理，所遗职务，以襄理胡稑芗升任。胡氏表示不就。宋经理汉章认为此举，总裁徐恩元显有报复作用，愤而辞职。商股股东联合会特电黎元洪总统抗议。旋由江苏省长转来总统电令，以宋张两经理既与中行信用攸关，自未便遽行更调，已令饬财政部核办。此案遂即搁置。

是年一月，日本阁议严重警告中国延缓进行帝制，否则实力干涉。

三月，冯国璋、李纯、张勋、靳云鹏、朱瑞等联合密电袁世凯取消帝制，以平滇黔之气。袁世凯退还拥戴书于参政院。

四月，明令缉拿帝制祸首杨度、孙毓筠、顾鳌、梁士诒、夏寿田、朱启钤、周自齐、薛大可等八人。

十一月，中美实业借款五百万美元成立。

一九一七年　先生二十九岁

二月十日，财政部发行新辅币。

十四日，（一）外交部照会德国驻华公使，与德国断绝外交关系。（二）财政部通告各省、各部及税务处，停付德款，该款暂存中国银行。

五月三十日，创刊《银行周报》于上海。

先生为灌输金融知识于各业领袖及银行从业人员，并为发表金融主张起见，早于民国四年十二月，即已着手筹划发行一定期刊物。嗣以次年发生停兑风潮，行务纷繁，无暇及此。本年初，始重行筹备，克期实现。

先生自述云：

> 先在上海中国银行内，辟一室为编辑部，本人独任编辑。内容分为：上海金融专论、各地金融专论、上海商情与金融统计、各地商情与金融统计。当时最感困难者，即为训练各业之调查员，即俗称“跑街”，搜集统计资料，加以汇编。其经费则全赖浙江兴业、浙江实业、上海商业储蓄、中孚、盐业等银行之广告费收入。直至民国七年八月，上海银行公会成立，此一刊物遂成公会之喉舌。编辑人员如诸青来、徐沧水、唐有壬、戴霭庐等，均曾久任编务，颇多撰述，徐沧水则系民初所创办之神州大学之高材生。

按该刊继续发行历三十二年，直至1950年，始告停刊。继《银行周报》出版之后，上海钱业公会复有《钱业月报》之发行。

七月一日，安徽督军张勋拥清逊帝溥仪在北京复辟，改七月一日为宣统九年五月十三日。

三日，内阁总理段祺瑞举兵马厂申讨张勋。

六日，副总统冯国璋通告就大总统职。

十七日，段祺瑞续组新内阁，发表梁启超为财政总长。

二十八日，电托在北京之钱永铭“阻止发表本人为中国银行副总裁，即发表亦不就”。

梁启超就任财政总长后，有电邀先生赴北京一行。探知将有财政或金融工作之委任。即先托仲兄嘉森向梁氏婉谢。嗣悉已内定王克敏任中行总裁，以先生任副总裁，故再电托钱氏就近阻止。

三十一日，政府简派王克敏为中国银行总裁，先生为副总裁。

八月一日，电王总裁克敏，请另觅贤能。文曰：

> 本人原在中行服务，遇事义当效力奔走，不必再畀以任何名义。其副总裁一职，应请另觅贤能。

二日，接王克敏复电，文曰：“务请担任新职。其上海分行副经理名义，仍予保留，随时可回本职，并可随时往来南北处理行务。”

先生随笔云：

> 民国六年七月，我被任为总行副总裁，自知本人性情不宜应付政治，且总裁时时更动，副总裁势必随同进退。若不能久于其位，何能有所成就。但以任公先生之敦劝，无法辞却，因请将沪行副经理原职，暂时保留，亦荷允许，乃即就道北上。

按王克敏出任中行总裁，缘于梁启超深知王氏与冯国璋、段祺瑞、倪嗣冲等具有实力之军人，颇有交往。且曾任中法实业银行华经理，常协助政府斡旋中法银行债款，以之担任总裁盖利用其人事关系，可以周旋于各方面。至以先生担任副总裁，则以其在上海中行任副经理时，毅然主张拒绝停兑命令，使中国银行钞票信用得以保持。且素有促进中行成为一健全独立的中央银行之意愿，而上海金融界与中行各大商股股东对之，均极具信心。

月初，由上海赴北京履新。

先生随笔云：

到北京就职后，目睹两种现象，使我彷徨，不知所措。其一，北京、天津钞票于民国五年十月，并未准备充分现金，而即恢复兑现，致不数日，京钞限制兑现，二月后，竟完全停兑。钞票价格，跌至六折。但每日仍在东西南北四城兑现四万元，每人每日限兑一元。每日有四万人携带被褥，自深夜坐卧等候，翌晨兑完始散。其恶劣情形，不堪入目。其二，因财政部责令银行垫款，不兑现纸币发行数目逐日有增加。照此趋势，不兑现纸币将永无整理之望。而中国银行之信用与基础，永远不能建立。深悔不应贸然就任。

月中，向财政当局提出整理中国银行办法三点，并建议由财政部聘请日本庆应大学银行学权威堀江归一教授来华演讲，并备顾问。

先生就职后，即向梁财政总长提出整理中国银行办法三点：（一）修改银行则例；（二）限制中行对政府垫款；（三）整理银行所发京钞。如三者能一一做到，则行基自固，业务不难发达。梁氏对先生所提办法，颇为首肯。随复建议由财政部聘请其日本庆应大学业师、银行学权威堀江归一教授来华演讲，并备顾问。

十月初，堀江归一应邀至北京演讲。

堀江博士接到财政部聘书及先生请柬后，慨然允诺，前来北京，留住三月。在张嘉森等发起之财政金融学会，作公开演讲二十二次。阐明各国银行货币之实际情况与基本原则。其演讲辞按期刊载于《银行周报》。堀江博士归国后，曾撰小册，署名《支那经济小观》。书中第二章，讨论中国银行则例修改经过甚为详尽。

十七日，财政金融学会欢宴堀江博士于北京中央公园。先生与会员六十余人出席，梁启超、熊希龄等均莅陪。堀江博士即席演说，略谓："中国铜币、银币、纸币夹杂其中，则整理之方法，其困难匪可言喻。且欧洲战争结果，各国资本，尽消费于战争，虽以英国之富，尚不免竭蹶，中国在此时机，整理货币，发达富源，诚千载一时之机会也。”

十九日，与堀江博士讨论修改中国银行则例。

先生接任中行副总裁时，总行所发钞票（京钞）及存款共计六千余万元。钞票市价跌至六折七折之间。同时对政府垫款达三千六百六十余万元。堀江博士抵华后，因与讨论恢复京钞兑现，及如何防止钞票滥发问题。堀江博士认为停止增发钞票，必须停止对政府垫款，而停止对政府垫款，必须修改银行则例，变更银行组织，使能保持独立，不随政府为转移。经过数度详细讨论后，决定新订则例必须合乎中国现状，而有“英格兰”及“日本”中央银行则例之精神，应含下列四项要点：（一）官商股份不予严格划分，凡政府之股份得随时售与人民；（二）缩小股额，官商股份招足一千万元，即成立股东总会；（三）董事、监事无官商之分，悉由股东总会选任；（四）由董事中选出常务董事五人，政府就常务董事中，选任总裁、副总裁，任期四年。

以上四点涵义，先生随笔中，均有诠释。其言曰：

> 四点涵义，在使股东总会早日成立，而官商股权各得其半。在政府虽其股份既占一半，足以左右董监选举，复操任命正副总裁之权。政府既有权控制银行人选，不患其独立自主。至于商股股权，虽属分散，而每股有一权，其股权之递减率，较之政府股权递减率为低，仍占股份之一半，则董监事非得商股大多数之同意，不易选出。是商股仍有间接牵制政府任命总裁、副总裁之权。

十一月一日，恢复铜元券兑现，借以稳定零售市价。

整理京钞，既为先生与财政当局所定整理中国银行业务三大要点之一，故自就职后，即积极筹划。然非一蹴可以成功，因决意先从稳定京钞市价着手。

先生随笔云：

> 当时社会各界对于不兑现京钞市价跌落无常，市民称苦，

责言纷起，益不能不先筹稳定票价之对策。同时尤须将每日北京四城兑现四万元，每人每日限兑一元办法，迅速取消。实以四万人每夜露宿街头，待兑钞票一元，不特有损国家体面，且往兑现者纯系市侩所雇之乞丐，对于提高票价，实无裨益。但取消后，必有一部分市民借此攻击银行。因设法将不兑现之铜元券予以兑现，以示银行并不忽视小民利益。适接收大清银行资产中，有一笔长芦盐政机关欠款百余万元，现由盐务稽核所担承，月还七万元。以此作为担保，向北京汇丰银行借银币一百万元，用以收回不兑现之铜元券。此项铜元券原为财政部平市官钱局发行。民国四年三月，移交中国银行货币交换所，市价值六七折。今既兑现，京市零售物价，可望稳定，而京钞价值，或不致再跌。然此亦不过敷衍一时。

五日，呈请财政部转呈大总统修改中国银行则例。

关于修订则例问题，先生将与堀江博士讨论结果，呈报财政当局：（一）银行董事应由股东总会选任。常务董事应由董事推选。总裁及副总裁应由政府于常务董事中任命，任期四年。（二）股本总额定为银元六千万元。先招一千万元，每股百元，计十万股。政府得酌量认购，庶可参酌财政情形，量力入股，俾符事实，而使股东总会早日成立。以上两点，最为重要。政府既无大权旁落之虞，而商股股东仍有牵制政府之权，且使银行首长不致因政潮而随时更易，可以久于其任，负责尽职。当经采纳，并嘱即据以拟具呈文，以便转呈总统核准公布施行。

二十二日，大总统敕令公布修正中国银行则例。

按照公布之修正则例，中国银行股本改为先收一千万元，不分官商股，即成立股东总会。当时由财政部补足现金七十一万九千元，凑足官股五百万元。其元年六厘公债作价部分，则取消不计。一面续招商股一百三十五万六千七百元，俾官商各半，合成一千万元。乃商股应募异常踊跃，截止之日，竟超过二百二十七万九千八百元，实收股本共一千二百二十七万九千八百元。股本总额，董监事选举，及正副总裁任期，均自此确定。当时以无国会，此项修正则例，由总统核定后，以敕令公布。

二十三日，决定中国银行业务方针两点。

修正则例公布后，先生认为中行既获保持相当之独立性，即应有独立之业务方针。特为决定两点：（一）鉴于民五停兑之后果，各地分行发行纸币，应维持相当之独立。各地纸币之式样、颜色、流通区域、兑换准备金，均应独立保持。（二）鉴于国家统一业经破坏，政治一时难望步入正轨，中行业务对象，应由政府转移于商业。不应重视金库收入。不应依赖纸币发行特权。应着重于购买或贴现商业期票，尽量为商人服务。

十二月一日，梁启超辞财政总长职，王克敏继任财政总长，暂兼中国银行总裁。

梁氏就任财长时，抱整理财政决心。极思利用缓付庚款与币制借款，改革币制，整理金融。结果事与愿违。任职不过半年，即挂冠而去。但彼认为“任内引用张嘉璈及王克敏二人，完成修改中国银行则例，使商股在股东总会中增加力量，正副总裁悉由董事会产生，发行纸币，须经董事会通过，不受政府统制滥发钞票，对于国计民生，很有帮助。”此则彼尝以告人而引以自慰者也。惟先生虽仍继续任职，深感京钞整理之不易，政治变化之无常，颇有意于仍回上海分行副经理原职，作局部之努力，故在随笔中有云：

> 旋又感觉修正则例虽经公布，董监事尚未选出，京钞若不迅谋整理，全行信用，实无从恢复。既有负商股股东之期望，亦违为人民服务之初心。因念日本明治维新后，有松方正义之重建币制及中央银行制度。兹个人据此地位，遇此机会，岂可自馁而不努力为国家建立一新币制与新银行制度乎。

是年五月，国务会议议决对德宣战。

六月，美国驻华公使芮恩施奉其国务卿命劝告中国内部应先联合一致，对德宣战乃次要问题。

七月，长江巡阅使张勋称兵复辟，总统黎元洪电令各省出师讨贼。

八月，政府宣布加入协约国，对德奥宣战。

十二月，美国驻华公使芮恩施劝告中国接管中东铁路，以免他国捷足先登。

一九一八年　先生三十岁

二月十七日，中国银行根据新布则例，召集股东总会于北京。是日王总裁因病不能出席，由先生代表致词，略谓：

值此国家多事之秋,本行所招股份，全数招足，实可庆幸。

次复报告业务状况，略谓：

民国元二年，行号之开设者仅京津沪汉等处，开业未久，信用尚未十分建立，是以元年发行仅一百万元。二年亦仅五百万元。三四两年，业务甚佳，本行发行钞票，已占最优等之地位。各种存款、放款款额，亦较元二两年增加不少。五年行务极盛，分行号增至二百余处之多。正积极进行时，忽遭袁氏（帝制）之变，发生停止兑现，我行乃大受影响。上年大局不定，纷扰终岁，尤不得不从事节约。故鲁汴吉奉等省，裁去行号不少。前在北京开兑，准备虽不十分充足，要亦具十之八九。只以奸商捣乱，遂渐不支。晚近钞票不能整理，重以官厅欠款约五千余万，但现已追还过半。

先生报告完毕，即照议事日程依据则例所定章程，进行选举董监事。股东中王涤斋等人起而反对，认为根据则例所定之章程，未经股东总会核议通过，不能成立。亦有股东主张应依照日程进行选举。双方对于用记名连记法，与限制连记法，争议甚烈，秩序大乱。经警察尽力维持，始能进行选举。自下午二时起，至深夜三时止，经十余小时之久，始将董监事分别选出。先生当选为董事。其余董事为施肇曾、王克敏、林葆恒、李士伟、周学熙、冯耿光、潘履园及熊希龄。监事为卢学溥、李劲风、陈辉德、李律阁及张燮元。总裁王克敏虽当选董事，惟以去年十二月改任财政总长，乃由政府任命新选出之董事冯耿光接任总裁，先生仍连任副总裁。

先生随笔云：

此次中国银行股东总会成立，除在中国为最大之股份公司首次组织成功外（过去中国之大公司组织，如汉冶萍有股本一千七百万元，招商局有股本一千二百六十万元，虽属官商合办，而官僚气氛过重，内容腐败，营业均告失败，商股股东咸受损失。结果失去社会信心），尚有一值得吾人注意之现象。即在此次成立会中，有一股东颇望当选为董监事之一，但因开会前，得悉协定被选名单，颇为不满，故在开会选举时，提出投票方法等问题。虽由官商股多数之一致，将本行提出之章程通过，然而已发现股东会运用之不易。盖国人旧思想向以能得一官半职为荣。今视国家银行之董监事为荣誉头衔，而又不习于民主原则，误认“多数”为一部分人之操纵。此种趋势将使中国之公司组织，不易顺利发展。故于培植新企业人才之外，尚须普遍传播新企业组织内容之必要知识于一般投资者。

二十四日，政府简派冯耿光为中国银行总裁，先生为副总裁。

三月中旬，政府发行七年六厘短期公债四千八百万元，指供整理中、交两行京钞之用。

四月中旬，政府继续发行七年六厘长期公债四千五百万元，仍指供整理中、交两行京钞之用。

先生连任副总裁之后，认为收缩京钞与停止政府垫款，必须同时并进。当时京钞已由去年之六一·三折，跌至五九·二折。中行代政府垫款则已达四千一百六十余万元。如垫款继续增加，则京钞发行额亦必随之增加，而票价跌落将无底止。适我国参加欧战，协约国为表示善意起见，允将庚子赔款展期五年。先生睹此机会，即约同交通银行呈请政府，以展期之赔款作为担保，发行五年为期之六厘短期公债四千八百万元，以供收回中、交两行京钞之用。中、交两行各得二千四百万元。

政府公布发行七年六厘短期公债时，中、交两行代政府所垫之款，共达九千余万元，与两行所发之京钞流通额及存款额约略相等。先生以为此项短期公债，既系由展期赔款作抵，担保确实，发行后，债票价格必在百元左右。以京钞购买公债之人，获利不免过厚。于是再行条陈财政部，请由部方每年指拨盐余二百七十万元为担保，续发二十年为期之六厘长期公债四千五百万元，分给中行二千五百万元，交行二千万元，即由两行将收到之长短期两种公债，各按五成搭配出售，收回所发出之京钞。计自七年五月一日至六月二十九日，中行售出长短期债票二千四百八十一万九千六百六十元，收回同额之京钞作为归还部欠。十月十二日起，两行所存之长短期两种公债票移交公债局发行。截至八年十月底止，售出中行所存长期短期公债一千七百四十八万七千七百四十元，收回同额中行京钞。惟在长短期公债发行期间，中行对政府紧急需用，不能坐视不顾，因此自六年九月底至七年九月底，仍行增垫京钞一千七百七十万余元。但无论如何，政府垫款总计减去一千八百万元，亦即京钞流过额与存款额减少之数。此为中行京钞停兑后，政府垫款反增为减之第一次。京钞市价在四、五、六三个月间，均稳定于六折以上。此后因政局俶扰，由六折陆续跌至五折。

八月十二日，冯国璋以代总统任期届满，通电表示无意竞选总统。

九月四日，北京新国会选举徐世昌为大总统。

十月十日，徐世昌在北京就任大总统职，宣言和平统一。

十二日，财政部徇中国、交通两行之请求，以公函声明自十二月起，不再令两行垫付京钞。

七年长短期两种公债发售之后，中行之政府垫款尚有二千九百余万元。是以京钞流通额及存款额尚有四千一百六十余万元（其中一千二百余万元有商欠可抵）。设政府再行要求垫款，则京钞发行额势必增加，票价必再下跌。为釜底抽薪计，必须请求政府停止垫款。先生鉴于是年十月曹汝霖任财政总长，有大宗“西原借款”资金流入，政府不虞匮乏，因约同交通银行共同请求财政部停止垫款。曹氏慨然应允，即致公函于两行如下："径启者，本部为整顿京钞起见，前经订定整理办法，分行遵照在案。兹特声明自七年十二月起，不再令两行垫付京钞。两行除付京钞存款外，亦不得以京钞作为营业资金。"

先生随笔云：

此举实为京钞结束之先声。于整理京钞有极重要之关系。盖中、交两行之各分行知两京行之漏洞已塞，敢将现金接济京行，扩充营业，收缩京钞。在社会方面，知京钞发行，已有限制，迟早有清理之一日，对于两行，渐具信心。自七年十二月起，京钞市价逐月回涨：十二月底为五一·四折，次年一月底为六四·一折，二月底为七二·七折，三月底为六四·八折。

二十三日，参议院议员吴宗濂等提议请政府将中国银行新则例提交新国会追认。

十一月八日，参议院议决咨请政府将中国银行新则例提交国会追认。政府搁置未办。

按北京新国会包括参议院与众议院。两院席次以安福系占绝大多数，交通系次之，研究系仅占少数。所谓安福系者，乃段祺瑞羽翼下之皖系政客王揖唐等所组织之政客集团。该系议员多属缺乏国家思想，仅知争权攘利之官僚政客。尝思攘夺中国银行为筹集该系政治活动费之源泉，并以安置该系党徒，解决其私人生活。且认为此一重要金融机关，不应落入于研究系一派人之手中，必须夺取而后甘心。当时钱能训任国务总理，深知问题复杂，因将该案搁置。

十二月一日，中国银行在外蒙库伦设立分行。

某日，读黄郛所著《欧战之教训与中国之将来》。

先生自述云：

黄膺白先生自民国五年由上海迁居北京后，曾于讌会席间数数相遇，惟少机会长谈。嗣于本年底获读所著《欧战之教训与中国之将来》一书后，深佩其识见之高超，遂时相来往。谈及如何排除中国战后建设之第一障碍——打倒军阀——以及建设之步骤。嗣有建设学会之成立。迨国民革命军开始北伐，彼此讨论时局，及国家建设，意见尤为契合，所拟步骤益臻具体。

是年三月，段祺瑞任内阁总理，曹汝霖任交通部总长兼财政部总长。

四月，交通部与日本订立二千万日元《电信借款条约》。

五月，交通部与日本订立顺济铁路二千万日元借款合同。中日互换照会承认中日陆海军事协定。

八月，农商部、财政部与日本订立吉黑两省金矿森林借款合同三千万日元。

九月，驻日公使章宗祥与日本订立满蒙四路及高徐、济顺两路借款四千万日元合同，又参战借款二千万日元合同。

十月，美总统威尔逊电祝徐世昌就任总统，并劝速谋统一 。

十一月，第一次世界大战告终，协约各国与德国签订休战条约。

十二月，南北会议定名和平善后会议。

一九一九年　先生三十一岁

二月二十四日，中国银行香港支行改为分行。

先生随笔云：

> 广州分行自民国三年六月成立后，本属华南金融重镇。惟经民五停兑风潮之后，该行业务逐渐转移于香港支行。自民六起，广东省境时起内哄，秩序混乱，广州分行业务无法推动，遂将该行改为支行，而将香港支行升为分行。

四月初，与四国新银团代表拉门德 Thomas W. Lamont 交换意见。四国新银团代表拉门德于七日抵京，先生时正任北京银行公会会长，拉氏因与交换意见，并在报纸宣布新银团宗旨。

先生随笔云：

> 美国政府发起新银团出于善意。盖将来中国经济建设，不能不依赖外援，故不应完全反对。惟政府遇有需要借款时，须先尽中国金融同业有优先考虑之权。如中国银行界无力担任，而借款系用于建设方面，且为舆论所赞同者，自不妨与新银团

接洽。至铁路建设，可先募内债，或内外债合募，借中国银团之力，以钳制外国银团之逾分要求。

二十七日，出席中国银行在北京举行之股东总会。散会后，先生记其见闻如下：

股东总会散会之前，在场股东因闻得新国会将有恢复旧则例，推翻新则例之动议。以事关股东血本，特质问董事会如何应付。当由熊董事希龄代表答复，谓："兹事体大，董事会已得有上海商会及股东虞德和等来电反对。应由全体股东研究切实办法，毋任则例动摇。"嗣上海商会会长虞德和赴京与农商部商榷上海交易所问题，特为中国银行则例事，代表商股股东晋谒总统及国务总理，均允为维持，并力图善后办法，对于股东利益决无损失。

二十八日，众议院议决恢复民国二年公布之中国银行旧则例，咨送参议院。

五月四日，中国银行上海股东朱佩珍等二万四千三百六十权特电总统、总理坚决反对众议院恢复旧则例提案。

六月十四日，参议院照众议院提案，决议通过恢复中国银行旧则例。

先生随笔云：

安福系议员以如此迅雷不及掩耳之手段，推翻新则例之用意，不外（一）认为此一重要金融机构不应落于非同派系亦非友系之手；（二）必欲攘夺中行以为筹集党费及安置党徒之用。此实有关中国银行之存亡，更有关中国近代金融组织之成败，必须全力争之。乃一面请求股东集会抗议，要求政府维持新则例，一面请全国商会通电响应援助。

同时上海各大报纸复对参众两院恢复旧则例之不当，及其另有用心，加以指摘抨击。

十八日，中国银行上海股东陈青峰、周香舲、吴继宏、赵竹君等二十二人电呈总统否认恢复旧则例。

上海《申报》报导云："本月十六日旅沪中行股东为本月十四日北京参议院，一日三读，草草通过众议院所提恢复中行二年则例，即日咨送政府一事，开紧急会议。到会股东佥以党派乘机攫夺中行实权，非但股东血本有关，全国金融将立见扰乱，一致反对。宣言对此项两院议案，誓不承认。电呈总统。"

月中，应财政总长龚心湛之约，与徐树铮会谈。

总统徐世昌鉴于国会恢复中行旧则例一案，引起全国舆论激昂反对，特嘱财政当局审慎处理。财政总长龚心湛特约先生与徐树铮会谈。

先生随笔云：

> 财政总长龚心湛（仙舟）为人平正和洽，无党派气味。且曾留学英国，头脑较新，深知我之维持新则例，并非为私。其时可以左右安福系之人物，为段祺瑞之得力助手徐树铮。特约我与徐氏不时见面，交换意见，俾能深切了解中行维持新则例之动机，且借以知我之为人。一面龚氏暂不将参众两院决议案公布，以便徐氏得以从容转圜。结果以增加中行股本至三千万元为调停下场。一部分安福系议员知计不得售，乃转移目标于个人。

七月底，日本庆应大学推举先生为特别学员，列入毕业同学录。

该校以先生于一九一〇年离校，出于特殊原因。现在国内已任重要工作，势难返校补足学分，因由校务会议推选为特别学员，列入毕业同学录。此实该校成立以来之创举。

八月二十七日，梁士诒创立中华银公司。

梁士诒为响应美、英、法、日新银团之成立，特发起组织中华银公司，定资本总额为一千万元，邀中国、交通、中华汇业、金城、盐业、新华、五族、大生、大陆、中孚、华孚、北洋保商、广东等十三家银行，分别认股，呈准政府立案，公推梁士诒为理事长。其主旨为承办或承募国家、地方及公司各种债款。如必须举借外债时，务使该银公司加入，居间调节。各银行所认股份，仍存各银行，并不支用。

先生随笔云：

中国各银行力量薄弱，而一千万元之股本，与各国银团之实力相比，不啻霄壤之别。假使真有举借外债之时，诚恐该银公司纵欲担任一小部分，亦不可得，势将贻笑于中外。故中国银行当时对该公司仅作名义上之认股，而未积极支持。不久梁士诒在政治上失势，该银公司亦遂停止进行。

九月二十四日，龚心湛辞卸财政总长及兼代国务总理职务，国务总理职务由陆军总长靳云鹏兼代，财政总长由财政次长李思浩兼代。

十二月十七日，众议院议员陈嘉言、王伊文、陈懋鼎等提议查办中国银行总裁、副总裁贪利、违法、渎职、殃民等罪状。

安福系议员以恢复中国银行旧则例，借以攘夺中行，以为筹集党费、安置党徒之计划失败。因特提出查办中行案。经大会通过，咨送总统府，请派员澈查。总统徐世昌以年关将届，不愿金融界扰乱，派国务总理靳云鹏审慎办理，并经内阁会议议决，交由主管部议复。嗣王伊文等谒总理靳云鹏，要求指派安福系人员查办，经靳氏以干涉行政婉辞拒却。

二十日，中国银行为京钞跌价，疑谤纷乘，呈请财政部派员澈查，以维银行信用。

查办案发生后，先生与总裁冯耿光极为镇定，希望因查办结果而可使水落石出，真象明白。呈文内详叙出售七年长短期公债、收回京钞经过，并称曾经财政部历次派员到行查核，证实无讹。全文详尽冗长，于十二月二十三日，登载北京各报。嗣经财政部人员查明，议员王伊文等所控各节，并无实据，随即呈报国务总理。

先生随笔云：

安福系此着失败后，一部分议员改在股东会捣乱，预先在市场购进中行股票，准备列席下届股东会。

是年一月，政府派陆征祥、顾维钧、王正廷、施肇基、魏辰组等五人为参加巴黎和会全权代表。

五月四日，北京大学等十二校学生三千余人，闻巴黎和会我国外交失败，举行示威运动，群至交通总长曹汝霖住宅，殴伤驻日公使章宗祥，焚毁曹宅；学生被捕者三十二人，旋北京各学校一律罢课，吁请惩办卖国贼。全国学生及工商界罢学、罢工、罢市响应。是即所谓"五四"运动。巴黎和会中国代表向英、美、法抗议日本有继承德国在山东权利。

六月八日，上海各银行钱庄停止营业，声援学生运动。教育部次长袁希涛辞职。

十二月，邮政总局发表调查所得之民国八年全国人口数目为四二七、六七九、二一四。

一九二〇年　先生三十二岁

二月十四日，中国银行为提高行员学识，并增加其经验，派赴外稽核王澄赴美、陈文彬赴德、上海分行国库主任经润石赴美实习银行业务。实行先生之建议也。

四月二十四日，出席中国银行在北京举行之第三次股东总会。

先生随笔云：

> 到会股东中有安福系党员多人，借口决算报告不详，肆意捣乱，力求延会。多数股东以本年报告，实较上年为详，不主张延会。主席以两说投票取决，而该系党员等竟至拥守票匭，不准投票。且有因投票而被殴者。多数股东在恶势力范围之下，无法律可言，惟有忍辱而散。

先是安福系议员在中行举行股东会之前，曾向财政当局表示要求四点：（一）修改章程；（二）选举修改章程起草委员五人，安福系应占三人；（三）不许增加商股；（四）由股东直接查账。财政当局对于修改章程，谓中行已列入股东总会议事日程。其余各点，无法同意，并劝告安福系议员勿再阻挠开会。

六月二十七日，出席继续举行之中行股东总会。

先生随笔云：

> 四月二十四日股东总会散会之后，距今已六十三日，继续开会讨论利益分配案。表决股东红利九厘，连同官息，共得一分六厘。到会股东以为股息有着，多欣然色喜。

七月二十九日，继续出席中行股东总会。

选出修改章程起草委员十一人，计为唐士行、黄石安、蔡谷清、王家驹、林子有、寿棨林、罗雁峰、黄季默、向伯璋、陆才甫、王鉴藻等。其中有三人代表安福系。决议将修改章程草案分送各股东征求意见，再行定期召集临时股东总会讨论。

同日，政府下令通缉安福系重要分子徐树铮、曾毓隽、段芝贵等十人。

直皖战争结果，皖系失败。北京政府下令通缉安福系重要分子十人，该系议员于是销声匿迹。中国银行新则例风潮，乃告平息。先生对于本年股东总会开会时之纷扰，颇多感慨。

先生随笔云：

> 任何事业之首脑，如宅心公正，不谋私利，且事事可以公开，即稍有瑕疵，必为人所原谅。在政治场合中，任何政团分子，有好有坏。其中必有一二深明大体、主持正义之人。遇到好人好事，必肯挺身而出，主持公道。我拒抗停兑令，得到股东与社会之支持。兹保护新则例，又遇贤明之财政当局。乃知做好人，行好事，不患无人援助。切不可因稍有挫折，而气馁志移。大规模事业之产生，充满正气会社之建立，悉赖执政当局，与事业首脑以国民利益为前提，相互合作。

八月初，建立中国银行分区发行制度。

先生鉴于南北和议决裂，国家统一无望。各地军阀横行，强迫银行借款之事，层见迭出。为巩固银行基础，祛除民众疑虑起见，必须力抗军阀借款，避免呆账。保护发行准备安全，树立纸币信用。因会商各分行，统筹具体办法如下：（一）集中发行准备于通商大埠。（二）银行钱庄共享发行利益，共同监督发行准备。（三）总行及分行当局抱定宁可牺牲个人，不可牺牲银行利益之原则，应付军阀之借款。为实行第一项办法，特指定天津、上海、汉口三分行为“集中发行区域行”，代理总行行使发行职务。所有（一）发行准备之集中保管、配搭、记录；（二）兑换券之印制、输送、调据等事项，均由各区域行负责办理。并规定各区域行所发行钞票之印版、颜色、地名各区不同，以资识别。

九月十六日，财政部发行九年整理金融六厘短期公债六千万元，收毁中国、交通两行跌价京钞。

八月靳云鹏重组内阁后，周自齐接长财政。先生约同交通银行迭次陈请整理京钞。否则财政金融两受其害。财政部因决定：（一）发行整理金融六厘短期公债六千万元，以一部分留充财政部清理京钞押款之用，以一部分拨与交通部，使赎回该部押借现洋之京钞；（二）其余债额三千六百万元，发交内国公债局，克期发售，专收京钞。自本年十月一日起，四个月内，以公债收回京钞，期满不再发行。如果不愿购换债票，可向中国、交通两行换取存单。其利率及分还期限，与公债相同。一面由财政部币制局迅颁发银行兑换条例，严格限制银行发行。

十一月十九日，对记者发表关于九年短期公债发行之意见。

九年整理金融六厘短期公债发行之后，先生对北京各报记者发表意见如下：

> 中国、交通两国家银行自民国五年发生停兑风潮后，银行信用大受打击。其所产生之恶果有三：（一）两行名誉大损。虽停止兑现限于京钞，而财政上信用已完全丧失，行务之进行亦受阻滞。（二）鼓励投机。因京钞市价步跌，商人买卖京钞，皆含赌博性质，而忽略其正当营业，堕落中国商业道德不浅。（三）国库上发生漏卮。财政部每缺经费，恒告贷于国内各银行，借款交付复以（跌价）钞票，利息又厚，银行借此获利，政府与人民则吃亏甚大。统计此类借款共为二千四百万元。因钞票跌价，政府即须蒙受二百五十万元之损失。长此下去，三

五年间，其债额且将加至二三倍。为弥补此项损失，中国、交通两行均要求财政部发行七年长短期公债，以付还一部分借款，而京钞之价，因之立涨。然七年公债数额少于政府所欠银行债额远甚，亦少于流通市面之京钞。此项计划，并未成功。而投机事业种种流弊，则层出不穷，继续未已。去年两行曾续请政府再发公债，用以恢复兑现。顾安福系从中反对，因之搁置。现新内阁成立，新任财长决意整顿财政，特允准两行要求，发行此项九年短期公债，并订有条例六项，办法甚为周密。有人怀疑新公债之担保为关余，是否可靠。须知关税收入，每年在四千万两以上，除付赔款及外债外，尚余一千余万两，担保此项公债，极为可恃，实不足虑。

是年一月，出席巴黎和会代表顾维钧电北京政府，协约国对德和约已批准交换，中国拒签在前，仍未列席。美国因国会未予批准，亦未出席。

四月，上海国民大会反对毁法、卖国、残民之北京及广州两政府。

六月，中国加入国际联盟。

七月，直皖战争在琉璃河、杨村一线爆发。

九月，中东铁路由中国代管。北京政府令限制各省官银钱号发行纸币。币制局呈准设立“货币检查委员会”。

十月，北京政府与华俄道胜银行签订“中东路合同”，规定该路由两国以营业性质合办。中美关税协议在华盛顿签订，进口货价值百抽五。

一九二一年　先生三十三岁

一月十五日，组织购车借款银团。

先是先生对于梁士诒所组织之中华银公司，认为范围夸大，股本薄弱，不切实际。主张应就每一企业计划，个别组织银团，供应周转资金，促其定期完成。时值政府财政异常支绌，举借外债，则条件苛酷。因特团结同业，成立银团，与交通部订立承募购车公债合同，借款六百万元，为京汉、京绥、津浦、沪杭，四路购买货车及机车之用。周息八厘，三年为期，以各路收入为担保。由中国银行领导，参加银行共计二十二家。先生发起组织银团之目的为：（一）表示中国金融界有团结，有组织，对于国家经济建设，乐于援助。（二）监督借款用途，不使借户浪费，同时督促其改良路政，增加收入，可以自给。其办法系仿照外国车辆制造厂家，分期偿付本息原则，供给铁路车辆，而由银行对厂家担负按时偿付价款责任。

二月二十三日，发表整理内债办法。

民国成立以来，财政年年入不敷出，端赖中国、交通两银行垫款，与发行公债以资弥补。公债发行额，截止民国九年底止，计达三亿九千九百万元，未偿还余款计三亿一千七百余万元。按照各项公债条例，依期还本付息，年需三千九百七十万元。财政部每遇付息还本，即向各银行商洽借款。然往往不能如约清偿，致银行拒绝再借。此种竭蹶情形，传播遐迩，政府信用日隳。其时适四国新银团成立，遣派代表来华考察中国财政，有无可以提供新借款之担保财源，及中国政府有无整理财政之能力。当时颇传设有借款，必须由银团派员监督用途，且有指定地丁为借款担保之说。并着重于统一铁道、整理币制两端。

先生闻此消息，戚戚忧虑。深恐政府急不暇择，将铁道及币制行政管理，继关盐二税之后，再落入外人之手。因毅然挺身而出，主张从速整理内国公债。于本年初，在北京《银行月刊》发表文字，题为《国民对于财政改革应早觉悟》。强调：（一）整理财政之责任应由全体国民起而负之，先自整理内债始。整理之方，首先要求政府指定财源。财源一经指定，应如总税务司之于海关，稽核总所之于盐务，由中国之银行组织债权团，代表持票人管理指定财源之收入，并负代为整理之责。（二）公债还本付息事宜，应由一与政治关系较少之人负责办理，以免内债清付随政潮而变迁。（三）公债本息财源一经指定，且管理有人，持票人宜牺牲一部分不可恃之利益，以换取确定之保障，减轻国家之负担。文中对于（一）整理原则、（二）整理办法、（三）基金来源均有详尽建议。先生此项意见提出北京银行公会，取得同意后，即由公会推举先生代表向财政当局磋商。财政总长周自齐遂将此项具体办法，于二月十九日提出内阁会议，议决采行。随于二月二十三日召集交通总长叶恭绰、财政次长潘复、中行总裁冯耿光及先生等在北京银行公会公同对外宣布。

三月三日，总统核准整理内债办法。

财政部呈文内有云："公债一途，为现今东西各国立国之命脉，致富之根基。我国萌芽方始，风气初开，果能整理得宜，则人民重视债票，乐于投资，何事不举。否则凡有设施，皆须仰给于外资，损失权利，何可胜计。"可以概见财政当局深切了解内债整理之重要。

先生随笔云：

此实为中国内国公债史上第一次之整理。若非财政当局与银行界切实合作，何能如此顺利。虽此后全国支离破裂，内战频仍，而公债信用，幸能保全，不得谓非此次整理案所产生之效果。

五日，组织上海造币厂借款银团。

先生随笔云：

金融界深感各省滥铸轻质银币，及行使成色不一之银元，妨碍废两改元。因由银行公会及外商银行要求财政部与币制局在上海设立造币厂。财政部特指定以盐余担保本息，发行国库券二百五十万元，以备购地建厂及装备机器之用。即由中国、交通两行领导组织银团，签订承销该项国库券合同。该项库券三年为期，按月偿还七万元，年息九厘。

四月二十日至二十八日，出席中国银行在上海举行之股东总会。

先生随笔云：

中国银行近两年举行股东总会，开会时均不免发生争执。始则少数股东不明公司组织原理，希冀入股之后可以取得董监事名衔。继则安福系政客亟思攫取中国银行，以资筹措党费，安置党徒。每逢投票取决议案，辄认为银行当局及分行经理收集股权，操纵投票。如非阻止投票，即声言不服从多数表决……此次股东总会举行时，安福系在政治上业已失势，已无从利用派系力量，完成自私企图。然行方则遵照程序，修改章程，延续五日之久。修改要点如下：（一）增加股本为三千万元，即续募股本一千七百七十二万零二百元，先募七百七十二万零二百元，商股尽先认购。（二）股东投票权，每百元为一股，每十股为一权，百股以上，每三十股递增一权。每一股东之权数，不得超过一千五百权。每一股东投票以一票为限。出席股东之代理投票权，不得超过十票。（三）董监事以得三分之二权数者，始能当选。

七月一日，组织通泰盐垦五公司债票借款银团。

先生自述云：

民初变更盐法，凡通（南通）泰（泰州）沿海盐场荡地，向来蓄草供煎，不得私垦。近以盐产日减，准其一律放垦。南通张季直先生昆仲组织公司，提倡投资购买荡地植棉，先则兴筑河堤闸坝，招揽佃户，开始垦殖，以收租息为公司营运资金。惟风灾、病虫害，随时而有，租息收入，难敷支出。经常依赖向钱庄通融短期借款，以供周转。适本年春间，余因续招商股在沪，通州大生纱厂驻沪代表吴君寄尘，掌管南通张氏事业之财务，特以此种情形相告。余以农业经营，不宜依赖短期借款。而植棉事业，极应维持，以塞漏卮。同时使张氏之基本事业大生纱厂不至牵累动摇，而影响及于其全部事业。乃由吴君陪同亲往盐场荡地实际考察。并约金陵大学之病虫害专家同往垦地，当时尚无汽车公路，因乘单轮车巡视各地者旬日。抵通州后，与季直先生昆仲研讨救济方案，决定由通泰盐垦公司发行公司债票五百万元，以田亩地租收入为担保，作为公司清还旧欠高利贷借款，及推广工垦之用。先发行债票三百万元，由中国银行领导上海银行钱庄合组银团承购。

惟通泰盐垦公司之债票发行后，多用以归还旧欠，而用于推广垦殖业务者不多。且内部管理亦欠完善，致债票本息一再愆期。

七月二十四日，出席中国银行在上海举行之临时股东总会。

此次临时股东会对于章程修改案，一致承认，并决议续募股本一千七百七十二万零二百元，决定先募七百七十二万零二百元。

三十一日，在上海向各方进行募股工作。

经向上海浙江兴业、浙江实业、上海商业储蓄等银行，上海证券、金业、粮食等交易所，申新、宝成等纱厂，及其他零星各户，共募得三百余万元。嗣在北京、天津与其他各地，亦会募得二百余万元。截至十二月底，共募得股款五百九十万八千八百元。

九月十二日，美政府向北京政府致送华盛顿会议试拟日程。

十月，出席全国银行公会在天津举行之临时大会，讨论四国新银团问题。

先是先生于去年四月中，与新银团代表拉门德晤谈后，有人以中国银行界应否组织银团加入为问。先生以为国内、国外银团对于政府立场不同，不必加入，惟将来彼此可以互助。遇有必要时，随时可以组织银团，以资处理。并举过去会有车辆借款、造币厂借款、通泰盐恳五公司借款各银团之组织为例，目的即在尝试。迨美国邀请我国参加华盛顿会议，国内各界认为该会议讨论一切问题，将不免涉及远东国家财政经济。全国银行界遂亦趁此时机，召开全国银行公会临时大会于天津，讨论有关四国新银团问题。群推先生起草决议意见，经大会同意，送呈政府参考，并在报纸发表。决议要点如下：（一）中国政府因财政产业之设置，当尽先酌量本国金融界之情形，舆论之向背，如确有必需外国投资时，而不侵及中国主权及自由发展范围以内者，中国政府不吝与新银团作友谊之磋商。凡所谓特殊利益，与势力范围等语，中国人民均不能承认。（二）中国政府对于铁路，因规定路网，自动统一，不承受被动的共同管理。铁道敷设之先后，完全由政府决定。铁道建设，得募内外债。但债权团只有稽核之权，而无管理之权。（三）中国银行界对于四国新银团，遇适当机会时，互相协助。

十一月十二日，（一）华盛顿会议正式开幕。（二）天津中国、交通两银行发生挤兑风潮。

十六日，北京中国、交通两银行发生挤兑风潮。

中国银行以京钞整理，甫经就绪，正可乘时增募股本，扩充营业。不意两日之内，发生京津两地钞票挤兑风潮，来势凶猛。致汉口中、交两行亦同受影响。京津两地当日竟兑出银币百万元。而十七日依然拥挤。天津分行深恐库存现金不敷应付，以致蒙停兑之恶名，乃决定暂时限制兑现。每人以十元为限，一面迅向各分行调集现款。迨十一月三十日，现款调齐，准备恢复无限制兑现前，先请当地著名英籍会计师司塔门检查账目，签字证明资产负债实际情形，登报公告。十二月一日，恢复完全兑现，乃竟风平浪静，一如平时。北京方面，则自十九日起，即由同业宣布组织公库，收兑津钞，作为定存，按照存款数目，由中行拨存抵押品于公库，人心稍定。

先生随笔云：

> （一）各地报载四国新银团认为中国财政已濒破产，所有较为固定之财源，均已抵押殆尽，所剩之零星财源，最多不过可以支持一年。今后除地丁外，无可提供抵押之财源，而内战尚方兴未艾。（二）八月间，新任财长高凌霨公布发行十年公债三千万元，各地银行群起反对，认为基金空虚，势将破坏甫经整理之公债信用。人民深信政府财政已到末路。（三）政治混乱，在北方则直奉两系，暗斗日烈，有一触即发之势。在南方则自军政府成立之后，南北对峙，统一无望。中国、交通两总行无法避免政府之垫款压迫，天津两分行则无力拒绝两总行之挪借。谣言于是发生，掀起挤兑风潮。

先生随笔又云：

> 津钞挤兑中，吾始体会银行论所谓通货膨胀遏止之结果，

为通货收缩之语。京津两处，向有中交两行不兑现京钞数千万流通市面。今一旦收回，市面筹码顿形减少，银根自必紧迫，吾当时尚无此经验。一心注意于收束京钞，而尚未想及收束之后果，致累及津行，铸此大错……新招商股约六百万元，适在挤兑风潮之前。风潮发生后，股票市价由一百元跌至七十元左右。新股东在数月之间，蒙此重大损失，啧有烦言，公开吐骂。尤以纱厂帮股东为甚。虽感惭愧，所幸我在行一无私弊，在外不兼任何银行公司董事，亦无一笔徇私放款。最后仍得到社会与股东之谅解与信任。

十二月一日，京津两地中国银行通告，无限制兑现。

二十四日，北京政府任命梁士诒为国务总理，张弧为财政总长。

是年二月，北京政府查禁各地苏俄共产党宣传。

五月，北京政府下讨伐南方令。

八月，美总统哈丁正式邀请中、日、英、法、意五国参加华盛顿军缩会议，及太平洋会议。

十二月，四国新银团代表拉门德宣言，否认银团希图管理中国财政之说。

一九二二年　先生三十四岁

一月二十日，中国银行总管理处实行紧缩开支。

中国银行总管理处自恢复兑现后，极力整饬内部，紧缩开支。除正副总裁及董监事自动减支半薪外，凡有兼职，不能按时到行办公者，或到行无事可办者，若系低级职员，即按名考核，定其去留；若系高级职员，则讽其自动辞职，而不发表姓名。总管理处原有职员三百人，现则减为一百二十余人。被裁人员各给六个月半薪，以示体恤。分支行处，其地方不靖，业务清淡者，均经分别裁并。预算全年全行开支，可以由四百五十万元减为三百七十万元。

先生随笔云：

去年底，京津挤兑风潮平息后，京津两行信用，实已受损不浅。汉口、河南、张家口、山东各行，当时亦均同遭挤兑，致本行元气益伤。股票市价因之跌落，多数股东虽能原谅当局之苦心支撑，而少数有政治背景，向持成见之股东，则乘此掀风鼓浪，簸弄是非。同时为恢复银行元气，巩固行基，不得不撙节开支，裁汰闲员。于是少数股东串通被裁行员，偷抄账目作歪曲事实之宣传，在报纸对当局肆意攻讦，希图激起一般股东及社会之愤怒，干涉行务。致当局不得不分其经营行务之精力，应付股东，并向社会解释。

二十六日，盐余借款银团成立，代表签订发行“偿还内外短债八厘公债”合同。

先是民国十年二月，先生提出整理公债方案，曾经财政当局采纳，呈报总统于三月三日核准。本年初，政府财政更形竭蹶，公债基金岌岌可危。各小银行贪图厚利，明知抵押之不确实，仍纷纷贷款于政府，及至到期，无法收回，以致周转不灵，影响市面。先生深恐于中交两行挤兑风潮，甫告平息之后，复再发生恐慌，势必影响中行基础。会梁士诒出任内阁总理，其财政计划中，有发行九千六百万元公债，作为偿还内外短期借款之举，由财政总长张弧执行。并宣布“目下整理财政，莫急于腾出盐余以供需要。而欲腾出盐余，必须清偿以盐余作抵之借款。近与财政金融各界讨论结果，决定发行公债九千六百万元，专为清还盐余借款之用。并指定华盛顿会议决议六个月后，关税实行值百抽五所增加之款为还债基金。其在关税未增收以前，仍暂以盐余作抵。其利益在易短期为长期，改重利为轻利，减轻政府负担。”银行银号因公同推举先生为盐余借款银团代表，与财政部签订合同，发行十一年九千六百万元、期限七年、利息八厘公债（简称“九六”公债），规定所有债券全数充作偿还短期内外债务，不得移作别用。

二月八日，在北京银行公会招待新闻记者，宣布盐余借款银团成立经过。

自政府发行“九六”公债后，长江直系各督军反对甚力。除由财政部通电声明发行此项公债原委四款外，北京银行公会亦通电宣布“九六”公债内容。先生特就公会通电所述各节，向新闻记者说明内容。

先生随笔云：

> 本年政府财政更形竭蹶，公债基金，岌岌可危。各小银行贪图厚利，明知盐余抵押之不确实，而纷纷放款于政府。及到期无法收回，以致周转为难。深恐京津金融，再生恐慌，不得不出面与政府商量补救，乃有“九六”盐余公债之发行。终以各方面对于盐余借款，有财政官员与放款银行勾结之嫌，纷纷攻击，未能顺利发行。因此顿感国是日非，前途黑暗，颇萌退志。同业中均觉中交两行，无法脱离政府桎梏，多劝不必枉费心血，愿由各商业银行组织准备银行，以维持社会金融，挽我出面组织。我思之至再，觉得中行流通之兑现券已增至五千五百万元，存款，除京行京钞存单外，已增至一万万三千万元，再加以七百余万元之商股，吾均负有责任，岂能洁身而退。惟有竭其棉薄，做到最后之一日。此实为我一生之转捩点，亦即中国银行复兴之重要关键。我决心留任，奋斗到底。抱定不再好高骛远，而对于建立健全金融制度，统一货币，改进财政，辅助工商建设等，种种理想，暂时搁置。脚踏实地，先将中国银行本身基础使之日臻巩固，静待国家之统一，政治之清明。所幸自挤兑风潮及修改则例风潮平息之后，政府当时已深知中行实力已达限度，代政府受累匪浅，不能再加压力，任意强迫垫款。故政府借款逐渐减少。不可谓不幸中之幸也。

足见“九六”公债之发行与盐余借款银团之组织，实予先生以不少烦恼。

四月十一日，中国银行整理京钞所发存单之持有人，向检察厅起诉。

先是民国九年，发行长短期整理金融公债，同价收回中交两行京钞，但政府实给中行之公债面额，不及所发京钞之数。中行为一举廓清京钞起见，对于所差之八百万元，一概开立中行存单，到期付现。其时社会信任中行过于政府，有宁愿接受存单，而不愿掉换公债者，为数约一千万元。是以两共一千八百万元。每期付款，数额不一 。其付款日期，与金融公债抽签日期，无甚出入。中行即恃抽签所得公债本金，以之应付存单。第一二两期存单约五百万元，均已如期付现。至第三期存单，则以去年挤兑风潮，所存现金须留备兑现，不能动用，而新募股本尚无成数，政府垫款又无法收回，以致到期付现，顿成问题。曾将此案提出股东总会讨论，并无结果。适四月初有国务院职员曲姓持所执存单来行请兑本息。行方以此案正待股东会取决，一时不能付现为辞。曲姓遂联合执有存单者，向地方检察厅起诉。幸各大存户颇能谅解。磋商之后，以九年整理金融公债收回存单，陆续清结。其零星存户，不愿掉换公债者，婉商展期。

先生随笔云：

> 此次存单之顺利结束，均赖存户了解存单之背景，予以同情支持，未尝以失信之恶名加之中国银行。惟在中行当局，则以公债本息指抵，发行定期存单一举，过于冒险，引为惭愧。愿后之主持行务者，引以为鉴诫。

十七日，政府设立“偿还内外短期公债审查委员会”。

先是二月十五日，财政部将盐余抵押之内外短期公债全部公布。惟其数额超过一亿元，与用盐余作为担保发行之“九六”公债数额不符。各方面颇感债务过于复杂，引起疑问，认为其中有一部分债务不应偿还，且指出有政府官员与贷款银行银号勾结图利迹象。盐余借款银团亦感觉公债发行遥遥无期，要求政府收回原约，发还垫款。但政府已将垫款支用，无法照办。因呈准总统，由审计院、检察厅、银行界重要分子合组“偿还内外短期公债审查委员会”，推司法总长董康任委员长。审查结果，除一部分债务，应予剔出外，其余认为合法，应由“九六”公债偿还。于是先照民国十一年一月底止之债额，按照百之六十三，用公债偿付。惟此百分之六十三，尚须再按八四折计算，各债权人实得仅合百分之五十三弱。此项办法，银行拒绝接受。即有接受者，亦未将原押品按成缴回。延至民国十三年，财政部与债权人商定中交两行按九折，商业银行银号按八四折遥抵，不得变卖。俟本息有确定办法，再行冲抵。结果此项公债，在董康接任财政总长后，仍予发行。

先生随笔云：

> 吾记此事，一则说明此时之政府财政，已属日暮途穷；二则盐余借款，种类颇多，确有不实不尽之处。董康报告，关于潘复、张弧之贪污，尽在不言中。本人深悔当初过分勇于任事，亦不能说没有领袖欲。自此之后，不敢再为银团代表矣。

五月二十二日至二十四日，出席中国银行在北京举行之股东总会。

本定于四月三十日开会，因奉直战事发生，交通阻滞，始于二十二日举行，至二十四日散会。先生连日出席，略记会场经过如下：

> 二十二日，总裁冯耿光主席，报告修改章程经过、上年招股情形及上年度营业损益等事项。随即由股东分别提出下列三项问题：（一）检查各项账目及入股细数；（二）改革制度，紧缩开支；（三）每年举行股东总会时，董事会须将全行预算，提出报告。均经主席提付表决通过。最后有股东主张官商股各加红利三厘，亦经表决通过。二十三日，主席报告关于昨日表决之第二点，节省开支案，本年一月业已实行。第三点当由董事会照办。第一点应由股东组织查账委员会。二十四日，照章改选任满董事。结果连任董事为施肇曾，李士伟、张嘉璈、冯耿光、王克敏。新任董事为周作民、李铭、王君直、罗雁峰。候补董事为张謇、金还。

此次股东总会选举，先生连任董事，并由政府简派连任副总裁。惟以经历迭次股东总会开会时之纷扰，京津两地挤兑风潮，及最近盐余借款银团之失败，感慨颇多。

先生随笔云：

经过此次重大政潮（指“九六”公债案），及历届股东总会之纷扰，可谓四面楚歌，何以尚能幸存？乃知完全由于个人之操守廉洁，忠心为行，因之得到政府一二正派人物之谅解，及社会公道之同情。否则焦头烂额，不特早已去职，势将无容身之地。乃知道德之重要，逾于生命……自此以后，我将个人薪津收入，悉数交由行中庶务经管，所有本人零用，家庭开支，全由庶务就整个所得，代为支销。庶几有人指摘，不难随时将私人账目，公开检查。至于股东会议之议论纷纭，乃系训练民主政治之最好机会。应以诚恳及容忍态度，尽力了解对方立场，而一切以公是公非为取决之原则。庶几可免操切从事，加深怨尤。此则五年来，在深受挫折，所得之体认与教训也。

是年一月，华盛顿会议关于中国所提关税案，本日（一月五日）议决如下：（一）华会闭会后四个月以内，在上海开会修正税则，发表后两个月以内，按新税则切实值百征五，满四年后再加修正，此后每七年修正一次；（二）中外会商废除厘金后，关税可值百征一二·五；（三）普通货增收值百征二·五之附加税，奢侈品增收值百征五之附加税。

二月，华盛顿会议关于中国所提二十一条案，日本代表宣言：放弃满蒙筑路借款、顾问、教官各优先权，并确定撤回原案第五项之保留，惟其他各项，仍坚持不允撤销。当经我国代表声明必须废止全约，并提出理由四项。时美代表亦表示不反对，当将日本宣言及中美两国答复，在大会宣读，载入会议记录，并保留他日解决此案之权利。

五月，直奉军队冲突，直军击败奉军，北京政府令奉军即日撤出关外，直军退回原驻地点，候命解决。又以此次战争由叶恭绰等构煽酝酿而成，叶恭绰、梁士诒、张弧褫职，并褫夺勋位，逮交法庭依法讯办。北京政府通电宣布偿还内外债短期八厘债券经过实情。

六月，总统徐世昌通电辞职。曹锟、吴佩孚等通电请黎元洪复职，并劝孙中山先生取消非常总统。黎元洪入北京复任总统。

八月，第一届国会在北京集会，宣布此次开会系继续六年二期常会。

一九二三年 先生三十五岁

二月二十四日，中国银行商股股东劝阻总裁王克敏就任财政总长。

上年五月，股东总会改选董事，王克敏当选，并经政府任命为中行总裁。近以政府有邀其出任财政总长之讯，商股股东深恐中国银行被牵入政治旋涡，特分电政府及王氏劝阻任命及就职。

五月三日，出席中国银行第六届股东总会。

此次开会，先由总裁王克敏主席报告十一年份决算及盈余分配案经过情形，及十一年营业状况。复由监事报告审查决算及盈余分配经过。即由股东刘默存提出检查银行账目意见书。当经依照章程选出股东吕志琴等十三人为检查人，进行检查银行账目，于次年举行股东总会时报告。

先生随笔云：

> 股东选举检查人，彻查行账，正可澄清外间视听，当局无任赞同。

六月十四日，北京政府内务总长高凌霨等宣告摄行总统职务。

先是直系政客军人鼓动北京地方军警，并雇游民组织公民团，于十三日包围总统黎元洪住宅，先断其水电供应，逼其退位离京。旋由卫戍司令王怀庆以兵拥之登车，乃穷蹙赴津。比抵天津，由直隶督军王承斌迫胁发电声明辞职，由国务院摄政。

七月，中国银行成立业务委员会。此为先生对于中行业务方针之第二次变更。

先生随笔云：

> 民国十一年京津两分行发生挤兑风潮后，各分行经理认为总管理处与政府接近，感受压迫，不免时时迁就政府要求，结

果牵累分行。因于本年夏间，在济南举行分行联席会议时，决定设立行务委员会，由分行经理任委员，每年举行会议一次，决定当年行务方针。同时使各分行明了总行与政府之关系。总行不经分行同意，不便移用分行资金。所有对于应付政府借款之困难，由总管理处任之。

二十四日，王克敏恐因奉系反对，影响中行奉天分行业务，接受各分行劝告，不兼任财政总长。

八月十一日，王克敏辞中国银行总裁职，财政部给假三月。

十四日，王克敏辞财政总长职。

十月五日，北京旧国会议员五百余人，开总统选举会，曹锟以重贿当选总统。

六日，政府派金还继王克敏任中国银行总裁。

中行股东深恐王克敏以总裁兼长财政，使财政与金融系统混紊，将中行牵入政治旋涡，初则劝其不就财长，嗣则劝其辞去中行总裁。王氏决就财长而辞总裁。政府因派中行董事金还继任。

先生随笔云：

金董事还（仍珠）浙江绍兴人，曾任梁启超长财政时之次长，一般以其无政治派系彩色，且为人稳健廉洁。

月中，中国银行安定上海市金融。

曹锟就总统职后，奉天、浙江及西南各省驻沪代表，联合通电讨伐，引起上海市面紧张，银根奇紧，现洋现银不敷周转，致银元价格上涨，利率提高。上海中国银行一面以低利放出押款六百万元，一面运银至宁浙两造币厂，添铸银元，压平市价，金融市面，借以安定。

十一月十六日，中国银行驻京董事声明财政部与中行各有职责，不容牵混。

王克敏就任财政总长职务后，先生与驻京中行董事金还、冯耿光、李士伟、罗鸿年、王世澄、李宣威、周作民、王源瀚等致函在沪董监事声明部行各有职责，不容牵混。函云：“启者，王君叔鲁前在本行总裁任内，奉命长财政，时值政局未定，谣诼繁兴。本行因总裁之去留，影响甚大，再三敦劝，迄未就职。兹王君再拜财长之命，业于本月十二日正式就任。还等鉴于前此谣言之来，对于王君不得不叩其对行意见。昨经面询，王君声明此次出任财长，当为国家财政力谋整理；至部行各有职责，截然两事，法章规定极严，绝不容稍有牵混等语。诚恐远道传闻失实，特此奉布。本行股东有询及者，并乞代为转达，实所盼祷。”

十二月底，中国银行官股只剩股票五万元。

本年政府财政奇窘，除过去曾将中行官股股票出售一部分外，年内复经大批出售，本年底只剩官股五万元，故中行股本无异完全商股。

先生随笔云：

> 惟银行当局，与商股股东，仍一秉民国六年则例精神，凡可以为政府谋者，靡不作合法合理之尽力。

三十一日，中国银行本年全年开支较上年节省百分之十五强。

先生随笔云：

> 中行自去年实行节樽开支后，已由前年之四百五十万元，减为去年之三百七十万元。本年复由去年之三百七十万元减为三百二十万元，较上年节省百分之十五强。同时对于财政部，并无垫款。

是年一月，总税务司布告一月十七日起，实行进口货值百抽五新税则。

五月，广州孙大元帅任命林云陔为广东中央银行行长，宋子文为副行长。

十月，奉、浙及西南各省驻上海代表联合通电讨曹锟。

十二月，广州孙大元帅聘俄共鲍罗廷为顾问，实行联俄容共。

一九二四年　先生三十六岁

四月二十七日至二十九日，出席中国银行在北京举行之股东总会。

先生连日出席股东总会，笔记云：

总裁金还主席，照议事日程报告：（一）检查人报告检查账款情形；（二）报告十二年份营业状况；（三）监事报告十二年份决算案；（四）十二年份盈余分配案。检查人检查账款报告，经多数表决通过成立。检查报告不特对于银行当局种种不得已之措施，予以谅解，且提出意见四点：（一）联合股东以定重心；（二）职员久任以贯政策；（三）划分权限以专责成；（四）发行独立以固行基。贡献于股东，扼要切实，均为银行利益着想。足征渐能牺牲小异，而求大同。不特此也。此次开会，已不复见少数股东之无理争执。而讨论提案，咸能遵守秩序，力求产生结果。经过七八年之斗争与教育，始见光明。可见建立大规模之企业之非易。

五月四日，中国银行规定银行钱庄领用中行钞票办法。

先是民国成立之初，政府原有统一纸币发行之意。迟至民国四年，财政部始有《取缔纸币条例》之公布。同时命令中国银行厘订领用兑换券办法，使原享有发行权，嗣因公布《取缔纸币条例》，而被陆续收回之银行，得领用中行钞票。中国银行因之规定同业领取钞券办法二条：（一）凡领用中行钞票之银行、钱庄，须提供现金七成、公债三成作为准备，始得十足领用十成纸币（在现金七成中，可搭本票一成，或道契地产一成）。（二）凡银行、钱庄向中行领用之纸币，须加印暗记。

先生随笔云：

本年上期，上海分行发行之钞票，信用日增，流通日广。适上海银洋两荒，为便利市面周转，因开放行庄领券办法，先以一千五百万元为度。于是浙江兴业，浙江地方实业、中孚，及上海各大钱庄均纷纷向中行订立领券契约，由各该行庄推举代表，每月在中行检查所缴之准备库存，登报公告。此项办法既可使各行庄稍得微利，使市面增加周转筹码，而中行亦得因此推广发行。

八月，密嘱香港分行协助广州中央银行整理纸币。

先生随笔云：

八月一日，广州大元帅府任命宋子文为中央银行行长。宋氏为提高该行纸币信用起见，必须筹划充分现金，俾兑现时不致竭蹶。特派员赴香港与中行香港分行经理贝祖诒商借现金一部分，以作准备。贝经理因向北京总行请示。我即密嘱其往广州一行，与宋氏面洽。获知需借现金二百万元。当即电告港行允予承借四分之一，计五十万元。宋氏借此进行其钞票整理计划。

迨国民革命军出师北伐，宋氏曾电令出发各军，谓："我军到达各地，当加意维持中国银行。"盖含有互助之意。

十月十七日，（一）曹锟对奉天张作霖下讨伐令，吴佩孚即由洛阳至北京就任"讨逆军总司令"，准备分三路出兵。并责令中国、交通两行借款。（二）拒绝吴佩孚强借行款。

先生随笔云：

吴佩孚派其军需邀我至其办公处，迫令借五百万元。我告以京行现款支绌，钞票借出，仍须兑现。无力承借。即被扣留以迄深夜，我仍坚决拒绝，告以尽可派军队到行强劫，但我绝对不能答应借款。彼终无法强迫，只好送我回家。

二十四日，（一）曹锟被迫下令：（1）前敌停战；（2）撤销讨逆军总司令等职。（二）曹锟被冯玉祥部下幽禁。

先生随笔云：

全年满地战争，交通阻滞。上海分行一面须维持沪市，一面须接济内地各分行。而内地各分行多存现金，则虑兵匪强劫，少存则恐挤兑，同时又不能不兼顾当地市面，使其安定。至于政局俶扰，与金融有密切关系之公债，其基金又时有动摇。银行当局责任所在，尝有穷于应付之苦……虽然，否极泰来，照此趋势，北方几无政府，南方似有成立统一政府之望，姑坐以待。

十一月二十二日，段祺瑞入京，自任临时执政，设置国务员，赞襄临时执政，处理国务。

是年一月，中国国民党第一次全国代表大会在广州揭幕，到各省代表一六五人，孙文以总理资格任主席。

二月，北京大学教授四十七人致函北京政府，请速恢复中俄邦交。

六月，北京政府公布《中俄协定》及各项附件。中国国民党中央监察委员张继等，根据共产党之种种决议案，提出弹劾。

八月，广州政府任命宋子文为中央银行行长。江浙战谣引起金融恐慌，公债暴跌，投机家均将破产。

九月，苏浙战事开始。

十月，冯玉祥将所部改称“国民军”，组织临时内阁，黄郛任总理，代摄总统职务。

十二月，广州孙大元帅自天津抱病至北京，发表宣言。

一九二五年　先生三十七岁

三月十二日，孙中山先生病逝北京。

四月二十六日，出席中国银行在北京举行之股东总会。

会后，先生谓：

> 此次股东会议为数年来股东开会最平稳之一次。实以时局扰攘，股东逐渐原谅当局处境之困苦，亟愿银行上下同人努力服务，保全行基。对于上届股东总会提出之行员年终加薪三个月议案，亦予通过。

六月一日，上海罢市、罢工、罢学风潮扩大。

先是五月三十日，上海大中学生三千余人及工人市民各团体，因十七日日商“内外纱厂”日人惨杀工人事，游行演讲，被公共租界英籍巡捕开枪扫射，死伤三十余人，被捕五十余人，造成空前之“五卅惨案”。阅日上海各团体议决以总罢市、罢工、罢学为对抗。公共租界中国商店首先响应罢市。南京路因路人阻止电车行驶，英籍巡捕二次开枪击毙四人（并三十日共死十五人），伤十余人，并拘捕多人，风潮扩大。

三日，上海华商银行、钱庄停止营业。

上海华商银行及钱庄响应全市罢市罢工，停止营业，至二十六日始忍辱开市。市面骚动，人心常感不安。先生深恐停市后，开市之日，兑现提存，必较平时倍增。为免引起市面紧张，因令各地分行多存现金，以资应付。并对工商各业，临时予以救济。幸津沪两行所发行之津钞沪钞，咸能保持向来对外信用，未受丝毫影响。

十五日，国民党中央举行全体会议，议决重要各案：（1）中国国民党中央执行委员会为最高机关；（2）改组大元帅府为国民政府；（3）建国军，党军均改称国民革命军；（4）整理军政财政。

七月一日，中华民国国民政府在广州成立，采合议制，由中国国民党中央执行委员会推定汪兆铭等十六人为委员，以汪兆铭为主席。

三日，国民政府成立军事委员会，以蒋中正等八人为委员。

十月二十六日，任“关税特别会议”高等顾问。

关税特别会议在北京揭幕，到十二国代表（中、美、英、法、日、意、荷、比、葡、丹、瑞、挪）。中国代表十三人：沈瑞麟、颜惠庆、梁士诒、施肇基、王正廷、蔡廷幹、黄郛、王宠惠、曾宗鉴、莫德惠、姚国桢，李思浩、叶恭绰。分三组进行：第一组为关税自主问题。第二组为裁厘加税问题。第三组为税款存放问题。先生任会议高等顾问，上海分行经理宋汉章任参议。

十月底，拒绝张作霖向中国银行勒借巨款。

张作霖为持久防御孙传芳、吴佩孚计，组织第一、二、三、四、五方面军，分驻京畿、直、鲁、热及口北等地。入京后，特邀各银行首脑谈话，勒借巨款。

先生随笔云：

> 彼向我说：“中国银行应领导先认大数，否则将采取非常手

段。”我拒不答复。彼嘱其军需将我带至一办公室，种种胁迫。我告以中行无余款可借，请其到行查看库存，当知实情。结果经人调解，将我释放。

十一月二十七日，“九六”公债市价上涨，做空头各户纷纷攻讦先生。

本月十四日起，“九六”公债市价在北京交易所，逐步上涨。票面由每百元值价二十三元二角涨至二十七元。上海市价亦同时上升。二十七日，北京市价竟涨至四十元以上。一般做空头者大起恐慌。各银行中做空头者，亦复不少。因聘律师出面登报公告，大肆攻击，意谓先生与保管公债基金之总税务司安格联，暗中洽妥“九六”公债付息办法，对同业则密不以告，不免有使中国银行捷足先登，从中取利之嫌。此事经过，先生随笔记述甚详，其辞曰：

十月间，关税会议揭幕，北京银行公会于是月十六日，商请财政部声明：“九六”公债银元部分（该公债在日人手中者为日金）系以关税为担保，毋庸再事整理。并请饬知总税务司于关余有余时，即照条例付息还本。是月三十日，接财政部函覆，谓：“经饬知总税务司遵办，必要时，并由财政部妥筹办法。”银行公会复于十一月十二日函部请“饬总税务司切实遵办，即于本年度关余项下酌提应付息金”。情形如此，“九六”公债市面，自然看好。十一月十九日，银行公会接总税务司覆函，称：“现在关余数目，如须尊重整理案内各公债之优先权，实属不敷‘九六’公债银元部分之用。”十一月二十六日，总税务司函余，告以“银行界如欲将‘九六’公债归其管理，使此项公债立于确实地位，须由银行承垫银洋七百万元，足敷两年息金之用。此项垫款，俟十七年整理公债应需基金数目减少时归还。”余当时因财政总长有事相邀，未及即往公会报告，而市场已有所闻，市价于是飞涨，致有此误会。嗣由财政总长出函解释，而银行界亦不愿担承此项七百万元垫款，公债价格于是回跌。一场风波，始告平息。当时余任银行公会会长。凡与财政部及总税务司来往交涉，均由余出面，致遭此意外误会。乃知主持财政金融之人，不仅自身操守必须严正清白，而更应预防瓜田李下之嫌。此次获此教训，实大有助于日后余在行政机关之立身行事。

先生在随笔中复谓：

实则余对公债信用之维持，早在民国十年，对于整理案之成立，已尽最大之努力。亦以其中所包含之大部分公债，系为整理京钞之用，道德上有其义务。至于“九六”公债案，则以关余早已抵押殆尽，盐税又纷纷为各省截留，已无盐余之可言，实已无法可以为力。此时北京政府每月政费经常支出，至少月须四百万元。而财政收入，几等于零，政府固已名存实亡。余除行务外，早已不愿与闻外事。惟以各地兵连祸接，必须注意维持各地金融，俾国民经济免于整个摧毁。

是年一月，孙中山先生向段祺瑞提出关于善后会议之两项条件：（一）善后会议应加入实业团体、商会、教育会、大学、学生联合会、农会、工会等代表；（二）善后会议涉及军事及财政最后决定之权，还之国民会议。并声明此两项条件如被容纳，则对善后会议当表赞同。

二月，段祺瑞召集之善后会议开幕，到会人员八十六名，不及半数。

四月，中国国民党中央执行委员会任命蒋中正为党军司令官。

八月，广州国民政府军事委员会议决，编组国民革命军。

九月，广东国民政府任命宋子文为财政部长。

一九二六年　先生三十八岁

四月二十日，临时执政段祺瑞下野，逸往天津。外交总长胡惟德兼署国务总理。

五月七日，出席北京银行公会，讨论北京治安会军警借款。

先生与卢学青代表银行界，出席王士珍等所领导之北京治安会，讨论向银行界借款一百二十万元。除扣前欠大陆银行之五十万元外，实交治安会七十万元，以十四年公债基金羡余作抵，由王士珍代表治安会签字。

十三日，曹锟总统时期之国务总理颜惠庆复职，摄行总统职务。

三十日，出席中国银行第九届股东总会于北京。

股东总会原定四月五日在北京举行，因奉直两系军队与冯玉祥之国民军开衅，交通阻滞，改于本日开会。由总裁金还主席，因无重要议案，股东间亦无争执。先生仍当选连任董事，其余董事均连选连任。金还与先生并由政府任命为中国银行总裁及副总裁。

六月初，移驻上海办公，以便指挥南方各分行。

先生随笔云：

> 第九届股东总会散会之后，我与总裁金还及各常务董事会商，认为中国银行之职责，系为全国民众服务。行务行政不应集中北京，宜由正副总裁分驻京沪，就近处理。可由本人以副总裁名义驻沪，指挥南方行务。各常务董事均极赞成，因于六月中携带秘书一人赴沪，在上海分行二楼辟室办公。

七月一日，广州国民政府军事委员会主席蒋中正，下北伐部队动员令。

九日，蒋中正就国民革命军总司令职。

九月中旬，密电南昌支行汇款三十万元至赣州，以备北伐军兑现之用。

先生随笔云：

> 广州中央银行纸币，经行长宋子文向香港中国银行等借得现款二百万元，以为发行准备后，该行纸币逐渐流通，顾仍未敢任意发行。发放北伐军饷时，特另发行一种临时兑换券，配搭使用，以减少中央银行之现金支出与纸币增发。此项临时兑换券，盖有国民革命军总司令部行营方印，并加盖湘、赣、桂，或湘、鄂、桂通行字样戳记，以资识别。该项搭发纸币，由各军所在地之军部附设兑换机关，就近向总司令部领得之少数现

金，限作商民兑现之需，不准移作别用。迨九月初，北伐军抵达赣州后，查悉当地商民习用银元，或能兑换银元之纸币，而该军所携现款有限，需用现银元切迫。蒋总司令因电驻天津正待南下之黄膺白，转嘱我在上海设法汇济。当时孙传芳正在南京调动大军，准备对国民革命军作殊死战，对银行举动，监督至严，加以赣州僻处内地，调汇不易。惟中行在绝对保密之下，卒获如约汇济三十万元巨款。

先是黄郛离天津南下之前，先生曾指示北京总行托由黄氏带信密令汉口分行代理经理汪翊唐，俟蒋总司令抵达武汉后，需用款项时，可予借支一百万元。惟在武汉时，总司令部并未向该地中行借款。

十一月二十四日，汉口中国银行发生挤兑风潮。

先生随笔云：

武汉区域连日谣传国民革命军到汉口后，将干涉中国银行业务，因而发生挤兑情事，来势甚为汹涌。幸该行准备充足，应付裕如，国民革命军方面亦正式分发维护银行布告，风潮即告平息。

是年四月，中国国民党中央与国民政府举行联席会议，推举谭延闿为政治委员会主席，蒋中正为军事委员会主席。

八月，国民革命军总司令蒋中正呈请国民政府，准发中央银行兑换券。

十一月，蒋总司令进驻南昌。

十二月，英驻华新任公使蓝浦生，由沪过宁赴汉视察，将作报告，以供英国政府决定对华外交方针。

一九二七年　先生三十九岁

一月初，密电南昌中国银行拨款二十万元交蒋总司令。

先生随笔云：

蒋总司令于去年十一月初，进驻南昌后，复通过黄膺白转嘱我由沪拨汇南昌现款二十万元济用。当时孙传芳已败退南京，中行行员均同情于革命军。此次拨汇巨款，仍复能绝对保密，孙方毫无所知。

月底，北京政府令免英籍总税务司安格联职。

先生随笔云：

总税务司安格联免职后，以税务司公署秘书长英人易纨士代理。据闻财长汤尔和以指拨关余，必须取得安氏同意，至感不便，且视为有专擅之嫌。再则最近汤氏拟不俟各国同意，即征收进口二·五附加税，恐安氏不予遵行，遂有此举。事后汤氏发表声明，对于公债基金，决予维持。北京政府已到日暮途穷境界，此等举措，已无足轻重矣。

二月十八日，母刘太夫人病卒沪寓，享年六十三岁。

三月二十四日，中国银行第十届股东总会在北京开会，因不及法定人数，延会至五月二十九日举行。

二十六日，蒋总司令莅沪。

月底，国民革命军总司令部军需处向上海中国银行提借款一百万元。

先生随笔云：

关于总司令部军需处处长俞飞鹏向沪行借支一百万元事，曾引起蒋总司令误会。盖沪行不知总行有致汉口分行（可以支用一百万元）之密函，而沪行经理仍照向章索取担保品，致蒋总司令闻之大为不悦，将借款增为五百万元，嘱俞处长在沪行经理办公室坐索，非办到不得离行。我时居丧在家，得此消息，急驱车至行，告知沪行经理宋汉章，曾有在汉口支用一百万元之约。当凭蒋总司令公函，需借一百万元，照付了事。

四月初，蒋总司令亲赴张宅吊唁。

先生随笔云：

四月某日，蒋总司令莅沪，驾临敝寓，向先母灵前吊祭，无任感悚。礼毕，因得有机会略陈中国银行过去对于国民经济，虽小有贡献，而银行基础仍然薄弱，尚待培养。

十七日，武汉政府颁布《现金集中条例》，封存现洋约四百万元。凡缴纳国税及流通市面，均以中央银行发行之汉口通用纸币，及中国、交通两行发行之汉口通用纸币为限。影响所及，等于民国五年袁世凯之停兑命令。

十八日，国民政府成立于南京。

二十六日，（一）陈辉德任“苏沪财政委员会”主任委员。（二）钱永铭就任国民政府财政部次长，并代理部务。

先生随笔云：

自三月二十六日，蒋总司令抵沪后，即成立“苏沪财政委员会”，网罗中交两行及银钱业、商会代表为委员。并以上海商业储蓄银行总经理陈光甫为主任委员。又任命前交通银行协理、现任四行准备库副主任之钱新之为财政部次长。时部长古应芬在粤，即由钱次长代理部务。

二十八日，国民革命军总司令部电令凡印有汉口字样之中国、交通两行之钞票，不得向他省两行任意迫令兑现。

先生随笔云：

中国银行汉口分行因系区域行，库存钞票较多。除发行流通券千余万元外，库存钞券尚有二千余万元，尽被武汉政府提借，甚至将强提未签字之钞票，交由中央银行补签使用。且将所提未经签字之钞票，径行在市面发行。持券人不察，纷纷要求武汉区域以外之中国银行兑现。南京中国、交通两行因特呈请总司令部电令江、浙、皖三省军民各界，凡印有江、浙、皖三省地名之两行钞票，在三省境内，可以随时凭票兑现。至印有汉口，及其他地名之钞票，则不得在三省境内强迫兑现。总司令部因下令禁止。

五月一日，南京国民政府发行以二·五附加关税作抵之国库券三千万元。

先生随笔云：

国民革命军占领宁、沪之后，已掌握金融荟萃之区，不难公开筹款。于是由苏沪财政委员会建议，以江海关所收二·五附加税全部作抵，发行国库券三千万元，月息七厘，分三十个月还清。并由苏沪财政委员会、中央特派员、银钱两业公会，推举代表组织“基金保管委员会”，保管基金，以浙江实业银行总经理李铭为主任委员。此实国民政府发行公债及国库券之开始。

二十九日，中国银行股东总会在北京开会，仍以不足法定人数流会，因遵照到会股东意见，先发官利七厘股息。

六月十五日，出席南京国民政府召集之财政会议。

先生随笔云：

会议时，我与蒋总司令再四讨论中央财政，决定每月不可超过一千六百万元。我估计当时中央收入不足五百万元，每月银行界可吸收公债，或国库券之数，不过七八百万元。我盼望中央支出，每月以一千四百万元为度。惟蒋先生坚持应增加二百万元，只得同意。我因告以照目下财政情形，只能集中力量，完成北伐，不可再有内战。盖当时颇传蒋先生不慊于广西将领，对于白崇禧尤甚。岂知此次谈话，蒋先生误会我偏向桂系，竟然种下民国十七年九月间彼此冲突。

七月一日，中国银行上海分行经理宋汉章以健康关系，自请专任常务董事，以香港分行经理贝祖诒继任。

先生随笔云：

宋经理对于总司令部军需处借款事，既按银行向例作风应付，引起双方不快。诚恐此后应付新政府人物，难免不再发生类似情事。我颇有调香港分行经理贝祖诒任沪行副经理，协助宋氏之意。会宋经理忽患神经衰弱重疾，极需静养，自请专任常务董事，因调贝祖诒继任。

八月初，汉口中央、中国、交通三银行钞票跌至二折，各地汇兑不通，商业停顿，物价腾涨，市民怨声载道。

先生随笔云：

武汉政府自颁布现金集中条例，封存现洋四百万元后，滥发不兑现之中央银行纸币二千万元，中国银行纸币三千万元，交通银行纸币八百万元，流行市面。钞票价值，跌至二折，物价逐日上涨，铜元绝迹。各地银行钱庄宣告对武汉断绝往来，武汉政府无异自行宣告金融封锁。人民所受损失，不可以数计，怨声载道，岌岌不可终日。武汉政府中不乏受过新教育之人物，不知何以竟然下此毫无经济常识之命令。

十二日，蒋总司令通电下野，主张宁汉合作，并力北伐，澈底清党。

十六日，广州中央银行发生纸币挤兑。

蒋总司令下野消息传到广州后，人心不安，中央银行纸币，发生挤兑。据报该行发行额为二千万元。经过半月，风潮始告平息。财政部长古应芬引咎辞职。

九月十五日，财政次长钱永铭辞职，发表报告。报告云："自国府（十六年四月十八日）成立以来，军政所需，支出达四千余万元之巨。财政部筹款异常困难。幸赖财政委员会诸君，暨银钱业、商会，各界协助，得以发行二五库券，于短期内募集足额。此外原拟再发盐余库券，因江北经过敌军扰乱，盐税未能统一，故议而未行，仅以之为垫款抵押品。按所发二五附加库券收入二千余万元，银行垫款一千三百余万元，其他各项收入只一千余万元。军费支出占去四千一百余万元。"

二十二日，武汉政府瓦解，改设武汉政治分会，下置财政委员会。

武汉现金集中令，无形取消，财政委员会因商会请求维持钞票价值，规定中央、中国、交通三银行钞票，准照每元合二角行使。一切税收，准以五成现金，五成中央、中国、交通钞票折价缴内。并令中央、中国、交通三行自十月十二日起，照定价收兑。

先生随笔云：

汉粤两政府理财与金融之失败，其故甚多，不能与金融界合作，要为最鲜著之缺点。南京政府取得金融界之合作，一切措施，遵循正常金融途径，不特筹措军费政费容易，且获增加人民拥护政府之热忱。

十月一日，南京国民政府财政部长孙科就职。发行关税二·五附加税国库券二千四百万元。

二十五日，南京国民政府公布《中央银行条例》。资本定为一万万元，由政府拨付。设监理委员会，由政府特派，以财政部长为主席，设行长、副行长，由政府任命。

是年一月，中国国民党中央政治会议在南昌集会，决议：中央党部与国民政府暂驻南昌。

三月，蒋总司令入南京视察。武汉国民政府为实行财政统一，派财政部长宋子文到上海主持，并令江浙两省财政，非经宋氏办理，概不承认。

四月，中国国民党中央监察委员会在上海开会，讨论共产党在湘、鄂、浙、赣、皖、沪不利于国民党之行为，决将首要各人，请各地军事当局以非常紧急处置，分别看管监视。国民政府在南京成立，蒋中正、吴稚晖、胡汉民均莅会发表演说。

五月，国民政府外交部宣布外交方针：（一）不采暴动手段；（二）于相当时期，提议废止不平等条约；（三）打倒帝国主义非排外性质。

六月，张作霖在北京就大元帅职。国民党中央政治会议决议：特任蒋中正、胡汉民、冯玉祥、阎锡山等四十四人为军事委员会委员。

七月，国民党中央政治会议议决定九月一日为实行裁厘日期，同时宣布关税自主并通过《国定进口关税暂行条例》、《裁厘后国内通过税办法》及《出厂税条例》。

一九二八年　先生四十岁

一月七日，宋子文就国民政府财政部长职。宣布当时中央每月收入不足三百万元，支出须一千一百万元。其估计与先生去年六月财政会议时与蒋总司令所讨论之数字，大致符合。

十日，财政部长宋子文提议发行第二次海关二·五附加税国库券四千万元。利率月息八厘，前二年付息，四年四个月还清。由上海金融界承受，先行垫款，陆续发售。中国银行摊配成分最大。

二月二十七日，国民政府军事委员会任命蒋中正兼任国民革命军第一集团军总司令，冯玉祥、阎锡山为第二、第三集团军总司令，统隶北伐全军总司令指挥。

二十八日，蒋总司令正式复职。

三月初，中国银行上海分行在芜湖、汉口设立中行沪券兑换处。

自汉口中央银行及中国、交通两行钞票停兑后，长江各埠悉以中行沪券为周转筹码，因有专设兑换处之必要。

月中，协助宁案解决。

先生自述云：

> 黄膺白先生任外交部长后，一面为提高国民政府之国际地位，一面为扫除北伐之障碍，亟思与英美协调，解决宁案。但当时英美方面尚未正式承认国民政府，两国公使馆亦尚驻北京。公使与国民政府外交当局来往，及见面会议，不独多所顾忌，抑且难觅相当地点。我以银行家地位，从中折冲，较少痕迹。因与驻沪英美两总领事频相接触，经过彼等转与两国公使沟通消息。嗣两使在沪与膺白先生正式谈判，彼此愿在中立地点举行，遂选择沪西极斯非而路九十四号，为会谈地点。

按极斯非而路九十四号系中国银行为先生预备之住所。黄郛与美国公使马慕瑞于三月二十九日在先生寓所会谈。

二十七日，国民政府财政部公布发行卷烟税国库券一千六百万元。

北伐开始，需款孔亟，特发行以卷烟统税为担保之国库券一千六百万元。利率月息八厘，三年七个月还清，仍由金融界承受，先行垫款，陆续发售。中国银行摊配成分最大。

二十八日，中国银行上海分行发行准备，全部公开。

先生随笔云：

> 上海分行发行纸币数额，在中行各区域行中，所占成分最大。其信用之厚薄，攸关全行安危。今鉴于汉口分行纸币遭遇之重大打击，又鉴于民国十六年八月，广东中央银行之挤兑，而政府财政尚赖发行公债库券度日，致人民对于政府之信用，迄未能即时建立。设或上海中国银行钞票，偶有风吹草动，金融全局将至不堪设想，国民政府亦将无以立足。因决定发行准备公开，邀请商会、银行公会、钱业公会、领券行庄、财政部及本行董监事会推举代表，组织检查委员会定期检查，将发行准备内容登报公告。

自四月一日起，发行准备每月检查一次。

四月一日，中国银行上海分行“发行准备检查委员会”举行第一次会议，随即开始检查，公布发行数字。

先生随笔云：

> 计上海分行本身发行为四千六百五十七万余元，联行领券为二千九百九十六万余元，行庄领券为二千四百三十二万余元，共计一亿零八十五万余元，占全行兑换券发行总额百分之七十以上。

检查委员会出席委员：林康侯、赵晋卿代表上海总商会；吴蔚如、孙景西代表银行公会；谢弢甫、严均安代表钱业公会；张达甫、夏圭初代表领券行庄；李馥荪、徐寄庼代表中行董监事会；陈健庵代表财政部。另聘会计师王梓康一同检查。

先生随笔又云：

> ……此后中国银行全体发行，在国难重重、金融风潮迭起之中，仍能有增无减。而在法币实行之前夕，中行发行且占中

央、中国、交通三行之一半，不得不谓得力于发行准备之公开。日后中央、交通两行相继效法，民众至视三行纸币同于现金……若非七年前，中行首倡发行准备公开检查，厚植券信，曷克臻此，是以动机虽微，而收效实宏。

二十八日，国民政府财政部公布发行军需公债一千万元。以印花税收入作抵，月息八厘，十年还清，分两期发行。第一期计六百万元，第二期计四百万元。第一期定于六月一日发行。仍先由金融界承受。

五月十七日，父润之公病卒沪寓，享年六十二岁。

唐文治撰《张君润之墓碑铭》，文曰："君讳祖泽，号润之，世居宝山真如镇。曾祖讳斗章，祖讳星槎，考讳鼎生，举人，官四川邛州知州，生五子，君其季也。性敏悟，出入诸子百家，博览洽闻，尤擅书画，精鉴别，搜罗金石，藏书宏富。然君志在救人，毕生精力尽萃于医，不以考古家自居。其医学探本岐经，洞见症结，从苏阊曹君智涵游，术益精。其外孙某病革，误服方药，气息仅属，君投以重剂，霍然愈，声誉大振。自疁城而槎溪而歇浦，舟车所至，户限为穿。常自制丸膏，煮炼谨密，不假手于人，施送以万计，利沾穷黎。惟不喜治生，所获酬资，恤孤寡，除道路，筑桥梁，建宗祠，修坟墓，服务桑梓，垂数十载，至今乡人称道弗衰云。昔年余居沪上，为君哲嗣嘉璈证婚，与君晤谈，其容粹然，其言蔼然，其威仪肃然，知其为有道长者也。君生于同治六年丁卯七月八日，殁于中华民国十七年戊辰五月十七日，春秋六十有二。配刘夫人，同邑史香广文女，生子八：嘉保、嘉森、嘉铼、嘉璈、嘉桦、嘉莹、嘉烜、嘉铸；女四：长适何，次适徐，三适董，四适朱。嘉璈问业于余，才器练达，经理中国银行二十余载，成绩烂然。比年掌全国交通事，飙轨星驰，棣通各省。自中日交战后，因应制宜，其难其慎。诸昆季岐嶷英峙，皆卓然有以树立，其积善载福之明征欤。天地生生之机，终古不息，良医好生之德，视人之疾如己之疾。君毕生殚精竭思，以拯人间世之苦厄，厥功不伟且大哉。天步艰难，乱

靡有定，国家痼疾，几于深不可拔。欲图挽救，舍救人心、救民命两大端外，其道莫由。窃愿嘉森辈沐君仁德，扩民胞物与之量，宏济人利物之功，以继君为善之志于无穷也。铭曰：系维张君，抗心岐轩，吴山浙水，活人万千，祥麟继美，交通揆张，金友玉昆，八龙쓰쓰，乾坤阖辟，息阳消阴，大化流迁，善几长新，蓄艾仁风，可以匡国，我铭以贞，百世永式。”

六月五日，国民革命军第三集团军抵北京南苑。

十二日，国民革命军第三集团军接收天津。

二十日，出席财政部在上海召集之“全国经济会议”。研究银行制度，讨论整理旧债，化零为整。均无决议。

二十六日，财政部公布发行津海关二·五附加税国库券九百万元。月息八厘，二年还清，仍先由金融界承受。

二十七日，继续出席“全国经济会议”。开始讨论关于裁兵、统一财政、统一交通三问题。通过：“请国民政府即日裁兵，从事建设事业。”

月底，日本报纸铸造“江浙财阀”一名词之由来。

先生随笔云：

自民国十六年四月至十七年六月，此十四个月之内，国民政府共合发行国库券与公债一亿三千六百万元，均由金融界承受，先行垫款，陆续发售。其中以中国银行所占成分最大。日本报纸及日人著述，时有讽刺国民政府之语，谓：“革命军北伐成功，得力于江浙财阀之支持。”所谓江浙财阀也者，盖指隶籍江苏宝山之我、江苏镇江之陈辉德、浙江绍兴之李铭、浙江吴兴之钱永铭诸人。实则此数人者，并非如日本之三井、安田等家族之拥有实力，号称财阀可比。仅凭借各人之地位，兼得民众之信仰而已。且全国人民因久乱思治，故诸人者不难因势利道也。

七月三日，应蒋司令之邀，赴北京备咨询。

是月一日蒋总司令偕李宗仁抵郑州，冯玉祥迎于新乡，阎锡山迎于长辛店，相与入北京。蒋总司令抵北京后，特电邀先生由上海北上备咨询。

二十三日，中国银行为外传归并中央银行事辟谣。中国银行总管理处电各分支行云：“本日报社称：中国银行将归并中央银行，改为国家银行等语。宋部长现在北京，声明非事实。显有人从中破坏，希注意。”

宋部长子文在北京宣告：“中国银行归并中央银行，并无其事。交通银行改名，亦无所闻。”

先生随笔云：

此项谣言之来，由于宋部长曾与我讨论关于成立中央银行问题，承询应否设立中央银行，抑就中国银行改组。故亦非全无根据。

九月，与蒋总司令发生误会。

先生随笔云：

本年九月间，我与蒋总司令发生一极大冲突。其事起于蒋先生电约我到南京见面。当时国府组织法即将颁布，诚恐其或将要我出任财政部长。同时我认为不应越过财政当局，与我直接商谈财政事项。因覆电请如有事，可嘱财政部长转洽。嗣接来电，仍须前往。我迄未应命。蒋先生大怒，遂电我速筹一千万元。随即莅沪，召集留沪中央委员开会，提出查封中国银行库存，并将下令对我通缉。各委员因问究系何项罪名。大约我过去曾劝以尽量避免内战，蒋先生遂云我有勾结桂系及奉张嫌疑。各委员知系出于误会，不过随便借口。因提议设一茶会，彼此见面，说开了事。我则觉其态度，非所以对待赤诚拥护国民革命军之金融家之道。既不参加茶会，并即请假，不到银行办公。嗣经友人（虞洽卿、黄膺白）调解，复由蒋先生来函解释，一场风波始告平息，我方照常到行。当时我深恐蒋先生以为中国银行实力雄厚，可作政府筹款之源泉，或则要我参加政府，出力筹款。故我亟盼中央银行早日成立，俾能减轻中国银行之责任。

十月五日，国民政府会议通过《中央银行条例》，并任命中央银行正副总裁、理事、监事。

先是国民政府奠都南京后，于民国十六年六月，派周佩箴为中央银行筹备主任。是年十月，孙科任财政部长，将前颁中央银行条例所定资本总额改为一亿元，纯由政府拨给。中央银行设行长、副行长，执行行务；设监理委员会主持大政方针。监理委员会委员，由政府任命。次年三月，宋子文继任财政部长，派陈行为行长，筹划一切。此时承广州及汉口中央银行纸币风潮之后，人民对于中央银行信用，十分薄弱。如政府望能于短时期内收建立国家银行之功效，自以确定现已具有历史，而博得民众信心之中国银行为中央银行，最为便捷。宋氏曾以此一问题商之先生。先生经详慎考虑之后，认为“中国银行”四字，已深入民众脑筋之中，骤予改称“中央银行”，必致引起人民疑虑。至政府股份如规定超过商股之上，不啻打销十余年奋斗所求银行独立之目标。且银行人事势必随财政首长之进退为转移，绝难望能保持长久一贯之政策。是新的中央银行制度未获建立，而固有的“中国银行”基础，将被摧毁无余。因婉予拒绝。而宋氏亦颇能谅解。因建议可将中国银行改组为“特许国际汇兑银行”，交通银行为“特许发展全国实业银行”，与中央银行分工合作。新颁中央银行条例，资本定额二千万元，因业务上之必要，得增加资本，并得招集商股，但不得超过资本总额百分之四十九。总行设于上海。宋子文任总裁，陈行任副总裁。理事九人，监事九人。

十二日，中央银行理事会通过兑换券章程。规定发行准备百分之六十为现金，百分之四十为有价证券及短期确实商业票据。准备完全公开。

十五日，（一）国民政府主席蒋中正视事。（二）国民政府会议通过《十七年金融短期公债条例》，公债金额三千万元。作为政府拨付中央、中国、交通三银行股本之用。此项公债以关税内德国退还赔款，除去已指供担保旧发公债之余款为担保。（三）受托起草中国、交通两特许银行新条例。

先生与财政部长宋子文既经商定另行成立中央银行，作为国家最高金融机关。而将中国、交通两行改组为政府“特许国际汇兑”及“特许发展全国实业”银行。宋氏旋即委托先生起草两银行新条例。先生复向宋氏建议，如政府能将过去中国银行所垫政府用款归还，中行自愿放弃发行权，俾发行早日完全集中于中央银行。惟当时政府财政困难，尚须中国银行垫款周转，深恐取消中行发行，不免引起人民疑虑，发生不利影响，故未予同意。中行新条例中，因仍有经财政部之特许，得发行兑换券之规定。

二十五日，行政院公布中国银行新条例二十四条。要点如下：（一）为特许国际汇兑之银行，业务趋于专业化。（二）股本总额二千五百万元，政府认股五百万元，余由民间承购。（三）董事十五人，监察五人，由财政部指派董事三人、监察一人；董事中互推常务董事五人，由财政部指派常务董事一人为董事长；设总经理一人，由常务董事中互选之。

十一月一日，中央银行在上海开幕。

八日，财政部特发行十七年金融长期公债四千五百万元。

为整理北伐期内中央银行所发行之汉钞，湘、鄂、赣三省通用券，及在汉口所借中国、交通两银行钞票，政府决定发行此项公债。采化散为整办法，指定关余作抵押。年息二厘半，前五年付息，后二十年分期抽签还本。

十六日，行政院公布《交通银行条例》二十三条。要点如下：（一）为特许发展全国实业之银行，业务趋于专业化。（二）股本总额定为一千万元，政府认股二百万元，余由人民承购。（三）组织与中国银行同。

十七日，中国银行举行临时股东总会于上海。先生主席，先向股东会报告十五、十六两年决算，并议决盈余分配案。随即举行临时股东总会，报告中国银行依照政府公布之新条例改组。当即通过依照条例修改之章程，选举新董事十二人、监察四人。财政部所派董事三人、监察一人，亦同时发表。财政部指派之官股董事为：叶瑜、李清泉、陈嘉庚；商股选举之董事为：先生、冯耿光、李铭、徐陈冕、孔祥熙、周作民、周亮、宋汉章、贝祖诒、卞寿孙、吴麟书、陈辉德。财政部指派之官股监察人为：李觉；商股选举之监察人为：卢学溥、薛敏老、顾鼎贞、张文焕。

十九日，中国银行董事、监察人举行联席会议。先生主席，董事互选常务董事。结果：先生、冯耿光、陈辉德、李铭、宋汉章等五人当选，互推先生为总经理，李铭则由财政部指派为董事长。

先生随笔云：

董事长虽由财政部指定，而总经理则由常务董事互推，较之民六则例正副总裁均由政府直接任命，又更进一层，使人事方面不致因政局变化，而发生动荡。为银行首长者得以久于其任，而贯彻其计划，自由发展。至于股本，其中除商股已招足一千五百万元外，连同旧官股陆续售与民间之数，此时计为二千万元。兹由政府交足官股五百万元，合共二千五百万元，适符新条例规定数额。

先生随笔又云：

自拒抗袁世凯停兑命令起，至改组中国银行为特许国际汇兑银行止，经过十六年之奋斗，内则扩展业务，外则周旋抗御，兢兢业业，惟恐陨越，幸将中国银行之独立保全。一般舆论，认为中国银行与海关及邮政局并驾齐驱，成为中国组织最健全之三大机关，实亦中国资本最巨与最成功之民营股份公司。民国十七年（一九二八）底，亦即改组之前夕，其发行额增至二亿七千万元。存款额增至四亿元。在上海金融市场，均足与外国银行相抗衡。以中国银行之奋斗经过，推及于民国以来之政治演变，若能早有巩固统一之政府，有完善健全之法律、公共机关，使主持其事者久于其位，在民间私人企业，任其自由发展，则一切循天演公例，努力推进，何事不可追步欧美，甚或后来居上。自省我个人十八年奋斗，幸有小小成功，重大原因，尤在于尊重私人企业之思想，尚拟结于一般旧式军阀脑筋之中，不敢肆意扩斥。通商口岸所培养之舆论，尚足使军人政客频加尊重，不敢蔑视。及国民党取得政权，自知本身实力尚待养成，不得不利用社会已造就之人才，及具有基础之事业，巩固其地位。

关于中行改组，在过程中，先生亟尽推动协调之能事。其自述云：

在改选董事及监察人之前，曾经考虑董监事会构成分子之分配，应根据四项标准。当以此意商之财政当局，不特得其同意，且允如商股董事监察人不敷分配，可由官股指派。所谓四项标准者：（一）国内南北银行及海外华侨银行界著有声誉，且具近代化眼光者，应使加入为董事，俾中国银行成为团结商业银行之重心。（二）工商业界重要分子。（三）中国银行职员可备总经理之选者。（四）重要商股股东。依据标准（一），经选出浙江实业银行董事长李铭、上海商业储蓄银行总经理陈辉德，浙江兴业银行常务董事徐陈冕，金城银行总经理周作民，中央银行理事叶琢，交通银行董事卢学溥，菲利滨中兴银行总理李清泉、协理薛敏老。依据标准（二），经选出上海纱布交易所大股东吴麟书，颜料业领袖周亮，证券交易所大股东张焕文、顾鼎贞，华侨橡胶业领袖陈嘉庚。依据标准（三），经选出前任上海分行经理宋汉章、现任上海分行经理贝祖诒、现任天津分行经理卞寿孙。依据标准（四），经选出前任中国银行总裁冯耿光、现任实业部长孔祥熙。董监事人选如此构成，不特目前为有目的之分配，且借此一范畴，作为日后选举之准绳，俾可博得中外之信用，提高银行之地位。

月底，变更中国银行内部管理组织。

先生就任中国银行总经理职之后，对于中行内部组织之改革，认为必须参考各国银行之最新组织，方能着手。在未出国调查之前，为过渡起见，经将总管理处组织变更如下：（甲）总管理处置稽核四人，承总经理之命，稽核全行业务。（乙）总管理处设业务、会计、总务、调查四部。除业务部由上海分行经理兼管外，会计、总务、调查三部事务，各以稽核一人兼管。业务部设：设计、调拨两课。会计部设：第一至第六六课。总务部设：文书、股务、券务、人事四课。调查部设调查一课。（丙）原有之国库、发行两大部门，以日后将集中中央银行办理，并非中行之主要业务，故一律取消，并入总务部。同时将全国各地分支行处划分隶于五大区域；每一区域指定一首席行为区域行。第一区域包括上海、南京、杭州、安庆等四分行，指定上海分行为区域行。该区发行之钞票名曰沪钞。第二区域包括天津、青岛、太原等三分行，指定天津分行为区域行。该区发行之钞票名曰津钞。上海、天津两行各设集中发行处。第三区域包括汉口、南昌、重庆、贵阳等四分行，指定汉口分行为区域行。该区发行之钞票名曰汉钞。第四区域包括广州、厦门两分行，指定广州分行为区域行。该区发行之钞票名曰粤钞。第五区域包括沈阳、长春、哈尔滨等三分行，指定沈阳分行为区域行。该区发行之钞票名曰奉钞。

是年二月，国民党二届四中全会会议议决《国民政府组织条例》。

五月，济南中日军队发生冲突。日本阻挠北伐。

六月，张作霖回奉专车，在皇姑屯被炸；后证明实系日本阴谋。

七月，《整理中美两国关税关系条约》，在北京正式签字。

十一月，国民政府通令各机关，谓中央银行为国家银行，中央各机关及省市政府所有公款，均应转存该行。

一九二九年　先生四十一岁

一月十一日，国民政府公布发行赈灾公债一千万元。指定以增加关税作抵，年息八厘，十年还清。由中央、中国、交通三银行经理。

二月一日，国民政府公布发行裁兵公债五千万元。年息八厘，每年付息两次，由关税增加项下拨还，用抽签法分十年还清，指定为政府实行裁兵及抵补预算期内编遣之不敷。交由中央、中国、交通三银行经理还本付息事宜。

月中，美国币制专家凯末尔 E. W. Kemmerer 博士率领财政金融专家顾问团来华。

当时东北易帜，全国统一在望。国民政府特聘美国币制专家凯末尔博士率领财政金融专家十余人，组织顾问团来华，研究中国财政及币制问题，并为设计新的制度。先生对于凯末尔顾问团工作，颇寄希望，因谓：

> 该团设能有切实可行之建议，为政府所采纳，则中国之金融制度，可望有进一步之改善，且将大有利于中国银行专业化之澈底实行。

凯末尔顾问团（亦称凯末尔委员会）对于中国币制，有逐渐采用金本位之建议。主张中国不必待统一银币之后，始改行金本位制，而经过两道手续。不如由现行币制，一跃而改变为金汇兑本位制。其办法：先定一金单位名曰“孙”，作为计算价值，及国外汇兑之标准。国内通行之银币，其法价等于金“孙”之纯金，而成色低于旧币三分之一 。以铸币余利储作金准备。所谓“逐渐”采用者，指分区实行而言。惟多数意见，认为铸造货币利益，非即刻所能得到。而轻质货币，欲使其维持与金单位之比价，并使人民乐于收受，必须先有金准备为其后盾。此时中国无此力量。故其建议与精琦及卫斯林建议，同其命运而被置诸高阁。

三月五日，中央银行纸币发生挤兑。

上月二十一日，武汉政治分会改组湖南省政府，免省政府主席鲁涤平职，谣传将引起内战，人心不安，因而发生挤兑风潮，幸不久平息。

四月十四日，国际商会通过中国商会加入为会员。

该会为战后欧洲各国恢复经济建设及增进合作之主要机关，与国际联盟有密切之关系。创立于一九二〇年，有四十五会员国。定于本年夏间举行第五次大会，专设一中国问题研究会，讨论增进中国与各国间之经济合作问题。现该会通过正式邀请中国商会加入为会员。中国全国商会特组织出席代表团，公推先生及陈辉德为该团正副主席，准备率领团员朱吟江、郭秉文、梁龙、夏奇峰、史悠明、寿景伟、张祥麟、王世鼒等，参加七月一日该会在荷兰京城举行之第五次大会。

五月一日，中国银行上海分行设立虹口办事处。此为中国银行在上海杨树浦一带工厂区域，设立机构，服务民众之创始。

八日，广州中央银行停止兑现。

李宗仁自称护党救国军总司令，通电作战，进攻广州，迫三水，广州中央银行纸币停止兑现。

十六日，国民政府公布疏浚海河（河北省）工程短期公债四百万元条例。由财政部发行，专充河北省疏浚海河工程及收用土地等费用。月息八厘，每年付息两次，每次抽签还本，十年全数清偿。以津海关值百抽五税项下附征之百分之八收入作抵。由北平、天津两地之中国、交通、盐业、大陆、金城、中南等六大银行经理。

二十七日，出国考察欧美日本金融制度与银行管理，并计划在伦敦及大阪两处设立分行。

先生随笔云：

> 出国之目的，除拟在伦敦、大阪两处筹设分行，并向各地接洽海外代理店外，心目中所亟欲研究之问题计有：（一）如何改善银行上层管理机构；（二）如何建立一足以与欧美银行抗衡之国外汇兑部；（三）如何改进会计制度，俾能增加对于顾客之服务效率，以及对于分支行之业务控制；（四）如何建立一健全人事制度，俾能一面提高行员品质，一面使各人安心服务；（五）如何改良研究工作，俾能提高业务人员之国内外经济知

识，以及将国内外经济大势与本行业务进展，报告于股东及顾客；（六）物色专家延聘来华担任中行顾问，革新组织管理，推广业务。

六月中旬，抵莫斯科，参观苏联经济制度，并转往北欧各国，参观其中央银行。

先生随笔云：

由上海乘日轮赴大连，乘火车抵哈尔滨后，适值奉天当局发见苏联利用中东铁路沿线机构，为政治活动，因将苏联在哈尔滨之领事馆封闭，无法取得赴苏联签证。幸由苏联远东银行电达莫斯科疏通，始获允乘西伯利亚火车西行。车行六日，于六月中旬，到达莫斯科。在莫斯科勾留两周，参观中央银行、经济计划局、合作农场、平民住屋等。对于共产经济制度略知大概。由莫斯科至列宁格勒，转赴芬兰、挪威、丹麦、瑞典等国，参观各国中央银行。

七月九日，抵荷兰之阿姆斯特丹。

十日，出席国际商会在阿姆斯特丹举行之第五届大会。

先生笔记云：

本日为讨论中国问题之正式大会。我担任中国全国商会联合会首席代表，陈辉德及上海南市商会会长朱吟江任副代表，郭秉文等为普通代表，一同出席。美国首席代表为摩根公司总经理拉门德，日本首席代表为三井银行总经理池田，英国首席代表为钢铁业领袖贝尔福德爵士。当日我与美国总代表拉门德为主要发言人。我略述："中国财政经济思想变迁之过程，及国民政府不愿为行政经费与无计划之借款。亦不愿各国有共同拘束之财政援助。各国有以平等待遇者，中国人民乐与往来。至无担保借款，我国政府已自动设立整理委员会，现正着手进行。中国地大物博，于开发天然利源，推动物质建设，极愿得中外合作之功用。"美国代表拉门德演说时，深盼中国以自身财力从事建设。如以前对外信用，能早日恢复，则友邦金融界协助更易为力。嗣法英日本各领袖代表相继发言，均表示中国国民革命成功，政府渐臻巩固，希望早日实现各项建设，各国莫不极愿协助云云。

十三日，国际商会第五届大会闭会。

闭会前，各国代表互有宴叙，席间复商榷切实合作进行方针。我国代表团则以英文“三民主义”、名人画册、丝织风景片等分赠各国代表，以留纪念。

十四日，参加荷兰女皇在海牙皇宫之招待会。

十五日，参观鹿特丹海港及海滩扩展与疏浚工程。

月底，离荷兰赴比利时京城布鲁塞尔。旋离布鲁塞尔赴巴黎。

八月初，离巴黎赴伦敦。（一）访问英国财政大臣史诺登 Philip Snowden，洽商在伦敦设立机构。

先生笔记云：

伦敦与纽约同为世界金融中心，惟美国与远东贸易尚在发展中。而中国国际调拨与汇兑款项，则多由伦敦银行经手。为准备日后代政府经理外债收付起见，中行必须在伦敦设立机构。其时外国银行在伦敦设立分支机关，不受限制，只须向财政部注册请领许可证。因特约晤财政大臣史诺登，告以中国银行拟在伦敦设立经理处 agency 之目的，乃在便利中英间，民间资金流通与发展进出口贸易。渠深表赞同。

（二）访问英兰银行总裁洛尔曼 Montague Norman 。

先生笔记云：

于访问财政大臣史诺登之后，随即约见英兰银行总裁洛尔曼，以同样意见相告，亦承表示赞助。遂即电哈尔滨分行经理卞福孙来英，进行注册手续，及租赁办公地址。适前任北京分行副经理之英人卢克斯退休在英，因挽其襄同筹备。惟以事属初创，规模决定缩小，目的在先使伦敦市面，知有中国银行。

九月初，访问伦敦密特兰银行 Mitland Bank 等五大商业银行。

先生笔记云：

我所最注意者，在英国为其商业银行之分支行管理及人事管理。英国各大商业银行所辖分支行众多，与中国银行情形相似，雇用职员人数庞大，亦与中国银行相同。足资效法观摩之处甚多，故特趁此实地考查。而对于银行各部门之如何分工合作，与相互联系 Cooperation and Coordination，特加注意。除与各部门主管人员详细讨论，及亲身实地观察外，并搜集一切有关章则，以供参考。连日访问之银行，计共五家，并经约定为中国银行之国外代理店。各行名称如下：巴克莱银行 Barclay Bank，Ltd.、劳艾德银行 Lloyds Bank，Ltd.、密特兰银行 Mitland Bank，Ltd.、国家行省银行 National Provincial Bank，Ltd. 及西敏士德银行 Westminster Bank，Ltd.。密特兰银行对于中行筹设伦敦机构，尤多协助；彼此殆已建立密切业务关系。尚有美国纽约花旗银行驻伦敦分行、纽约保证信托公司驻伦敦分公司及瑞士银公司驻伦敦分公司，亦经洽妥同意为中国银行之国外代理店。

半月来访问之银行，不下七八家，每家往返费时二三日，均承主管人员对于提出问题，详明答复。招待诚恳，令人感激。连日奔走，虽不免疲困，而所获丰富，乐趣培增。

九月底至十月初，重访荷、比、法首都，并赴瑞、意、奥、捷克、波兰等国，接洽通汇银行。

先生笔记云：

洽妥同意为中国银行之通汇银行如下：在比京有布鲁塞尔银行 Banque de Brusselles，在荷京有第二十银行 De Twentsche Bank，VN.，在法京为国民信用银行 Banque Nationale de Credit，及法义美银行 Bangue Francaist et Italienne Pour L´Amerique du Sud，在义都为罗马银行 Banco di Roma，及义大利信托银行 Societi Italiana di Credite，在瑞士日内瓦为瑞士银行 Societie de

Banque Swisse，在奥京为此奥地利银行 Niederosterreichische Escompte - Gesellschaft，在捷都为史勿洛斯乇斯克银行 Zivnosteuska Bank，在波京为华沙商业银行 Bank Handlowy Warszawie。

十月初，由波兰赴柏林医院割治痔病，留住三周。

月底，由柏林返伦敦。

十一月四日，中国银行伦敦经理处 The Bank of China，London Agency 开幕。

先生笔记云：

伦敦经理处设于伦敦岛德白洛特街三十四号，办公室仅房屋三间，职员不过五人。所以表示实事求是，尚信用，而不讲门面。派哈尔滨分行经理卞福孙任该处经理，以曾任北京分行副经理英人卢克斯充副经理。于民国十八年十一月四日，由我与董事陈辉德共同主持开幕。实为中国银行在海外之首创分支机关，亦即中国金融机关在海外之第一家。

先生笔记又云：

伦敦经理处开业后，即受政府委托经理（一）一八九五年俄法洋债，（二）一八九六年英德洋款，（三）一八九八年英德续款，及（四）一九一三年善后借款俄发部分四分之一，与德发部分全部，四种外债之还本付息事宜。盖以其时道胜、德华两银行业已停业，而此举适使中国银行加强其在海外金融界之地位。因外人将据此推测中国银行日后必可为中国政府海外财务之经理机关，进而为公私事业在海外发行债票之代理机关。不以目前伦敦经理处局面狭小而存轻视之心。

月中，（一）访问伦敦密特兰银行董事长麦金纳 Reginald Makenna，谈会计制度。（二）延聘密特兰银行副总会计尼克尔 Nicols 来华协助改进中行会计制度。

先生认为现行之中国银行会计制度颇多缺点。调查各国银行之会计制度，实为其出国工作之一 。因特访问密特兰银行董事长麦金纳（曾任英国财政大臣），拟向该行借调一会计专家来华，帮助改进。麦氏慨然应允，并推荐该行副总会计尼克尔担任此项工作。先生当即正式延聘尼氏来华为中行会计顾问，半年为期，协助改进会计制度。

月底，访问伦敦银行学会，并延揽该会副总书记格雷 F. W. Gray 来华担任调查及研究工作。

先是中行过去所延致之国内经济学者，从事调查与研究工作，多不能久于其任，难言有何成绩。中行改组后，先生极欲设立经济研究室，作久远之企图。为免蹈覆辙，拟在国外物色专家，约定任职期限，主持其事。因特访问伦敦银行学会，征询意见。适与该会副总书记格雷接谈之后，见其

> 年纪尚轻，于银行理论与实务均有根底，复对训练银行从业人员，颇有研究；且系大学毕业，殊合理想中所欲物色之人。因即延致来华，除使担任银行调查与研究工作外，并令襄助行员教育任务。

十二月初，离英赴德。（一）访问德国达姆斯德银行 Dramstadt Bank 总经理高尔德施密特 Goldsmidt 。（二）延聘该行外汇部副部长罗德瓦尔德 August Rohdewold 来华充任国际汇兑业务顾问。

中国银行改组为国际汇兑银行后，国际汇兑成为主要业务，自应力事扩充。先生出国考察时，极欲物色一外汇业务专家，协助组织国外汇兑部，并担任训练办理外汇业务人员。

先生笔记云：

> 我国外汇市场大部操之于英国银行之手，故拟延致一欧洲大陆之专家，庶可避免利益冲突。

此为先生访问德国达姆斯德银行（德国五大银行之一）总经理高尔德施密特之主要动机。把晤之后，询问该行有无此项可以借用之专家。承渠允诺，并推荐该行外汇部副部长罗德瓦尔德来华协助。经即正式函聘为中行业务顾问，协助成立国外汇兑部，为期一年，如双方同意，可以延长一年。

月底，研究德国一般银行与工业之关系。

先生笔记云：

德国商业银行非如英国银行之专门从事于供给商业资金，除供给商业资金外，尚供给工业资金。其办法颇可应用于中国。盖中国虽有交通银行为发展实业之银行，但恐其力量尚不足应付需要。在过渡期间，中国银行势须担任工业资金供应之责任。达姆斯德银行对于工业放款，颇富经验，故与该行总经理作详细之究讨，颇多启发。

是年一月，国军编遣会议开幕。

二月，海关新税则开始实施。财政部发表中国内外债调查：共为一百零八起，长期者十亿四千六百七十万元，短期者一亿零七百万元，西原借款实数为一亿四千五百万元。

八月，中俄交涉决裂，东北边防司令官张学良下对俄动员令。

十月，西北军将领宋哲元等二十七人反对编遣，实行叛变，出兵犯豫西。国民政府主席兼陆海空军总司令蒋中正发表讨伐“冯军”誓师词。

十一月，苏俄动员飞机三十余架、坦克二十余辆、大炮六十门、步骑兵二万余人，向满洲里等地发动猛攻。

十二月，美、英两国根据非战公约第二条，分别向中俄劝告停战。

一九三〇年　先生四十二岁

一月上旬，离英赴美考察。

先生笔记云：

赴美目的有二：一为考察各大银行之内部组织，及各部门之联系合作。又以美国各大银行，格于法令，不能设立分行于别州，只可于总行所在地之市区内，分设若干办事处。颇欲考究其管理方法，及设立多数办事处所产生之效绩。二为接洽通汇银行，以便委托为国外代理店。

中旬，抵纽约市。参观纽约市花旗银行 National City Bank of New

York、欧文信托公司 Irving Trust Company、大通银行 Chase National Bank 及摩根银公司 J. P. Morgan and Company。均洽妥同意为中行国外代理店。

下旬，抵芝加哥。参观芝加哥第一国家银行 First National Bank of Chicago、芝加哥大陆商业储蓄银行 The Continental Commercial and Savings Bank of Chicago。均洽妥同意为中行国外代理店。

月底，抵旧金山。参观美洲银行 Bank of America National Trust and Savings Association、柯诺冠第一国家银行 Crocker First National Bank、富国银行 Wells Fargo Bank and Union Trust Co.。均洽妥同意为中行国外代理店。

先生笔记云：

参观各地银行时，除向各行首长详究组织系统、管理方法外，并经洽妥各行为通汇之代理店。其中以欧文信托公司与中国银行业务关系最为密切，彼此交往历史最久。参观各行后所得印象有二：一为分层负责之彻底。二为办事处遍设市区，不啻将银行服务送到顾客门前。

先生笔记又云：

在旧金山，曾访问美洲银行创办人吉阿宜理 A. P. Gianini，承告以该行创办及发展经过。并谓彼向来对于存款及贷款小户，十分注意，尽量予以援助。盖今日许多大户，多系由昔日之小户随银行发展而日趋兴旺。吉氏此言，可谓认识正确，足资借鉴。

二月初，赴加拿大温哥华。访问温埠之加拿大商业银行 Canadian Bank of Commerce，约定为中行之国外通汇代理行。

月中，由温哥华乘轮赴日本。

月底，抵日本东京，筹计设立大阪分行。

先生笔记云：

中国银行过去一向委托东京第一银行为国外代理店。虽两国间商务特别发达，早经向日本政府申请设立分行，以系国家银行，迄未得许可。今中行既改组为国际汇兑银行，与日本之横滨正金银行地位相同。因特向日本政府交涉，并承正金银行斡旋，迅即获得大藏省许可，准在大阪设立分行，在神户设立办事处。当在大阪西区，租得前三井银行川口分行旧址，准备本年秋间开幕营业。

三月十五日，离日本返国。

四月十六日，中国银行总管理处暨上海分行同人在银行公会设宴欢迎先生返国，即席演说出国考察观感。先生演说词要点如下：

出国目的为研究各国银行的进步，以为中行改革的借镜。研究时注重三点：（1）各国人民的德性，及银行人员应具之品格。（2）各国银行制度之特色。（3）世界经济之潮流……兹以英、法、德、美、日五国为代表。英国人民最具理性。法国人民则富情感。德国人民精力充沛，力求上进。美国得天独厚，可谓安乐之极的国民。日本土地狭小，人民节俭刻苦，可谓忧患之极的国民……近数十年来，各国银行咸认为银行乃服务公众之机关，顾客实银行之主人。银行职员必须品行端方，操守廉洁，不负公众委托……制度上，各国银行各有其特色。英国采行分行制，全国五大银行分支布满全国，对于顾客重视其人格信用。美国为联邦制，各州法律不同，各州自有其独立之银行法规。全国银行林立，竞争甚烈。凡可为顾客服务者，无微不至。德国亦如英国，其银行逐渐趋于合并。柏林有四大银行，分支播于全国，均参与工业建设，董事中有专门技术人材……至于世界经济潮流，可于各国现行之经济政策窥其趋向。都不外谋画使人民如何能生活，而生活得满意。一面利用科技的发明进步，增加物质的供应与享受，一面大量生产，使成本低廉。然因此不免有生产过剩现象。反观我国，国家经济早已破产，我们（银行从业人员）的责任应从扶助生产、改良人民的生活做起。中国银行为国际汇兑银行，今后方针系扶助国外贸易，以达到扶助生产、改良人民生活为目的。自应采取英国式的纯粹商业银行性质，竭力提倡商业票据，使资金流通敏捷，而放款背景，着重纯粹商业行为。发展原已实行的多数分行制，尽量便利顾客，以服务社会为本职。关于行员同仁的训练，当从理、情、力三者并进。理的方面，由教育着手，使各人的理解步步向上。情的方面，拟提倡音乐、美术、文哲的高级趣味，发展性本善的内性生活。力的方面，当竭力提倡体育，组织各式运动比赛，健全各人的体格。物质方面，衣、食、住、行四者，必将有一整个计划。诸如行员住宅、公共食堂、消费社、行员子女幼稚园、公共交通工具等，如能逐项办到，则物质生活，庶几解决十之八九。同仁诚能克勤克俭，自无后顾之忧。最后一点，无论上级次级同仁，必须相互尊重对方人格。对于服从规章命令，同仁应视为事理之当然，犹如每日饮食睡眠一般。

五月十日，中国银行召集股东总会于上海，先生以总经理名义提出翔实书面报告。

先生笔记云：

民国六年十月，日本银行货币学权威崛江归一博士来华，襄助修订中行则例，曾提及银行之基础在于信用。而博得社会信用之道，在于银行当局以银行真实状况直接报告于股东，并公开于社会。过去中国银行虽于民国八年四月公布《一年半以来之中国银行》，及民国十一年四月公布《中国银行第一届董事会报告书》，但均系临时性质，而非定期报告。且仅敷陈银行现局。而于整个业务进展方针，及其对于发展国民经济所应负之责任与计划，从未涉及。自改组为国际汇兑银行后，势不能不力求立足于国际金融市场，不特应有足以见信于股东与社会之翔实行务报告，抑且报告必须合乎国际水准。因自本年起，对于股东总会之行务报告，特仿照国外各大银行格式，亲自编订。先将民国十八年度之中行实际状况，与民国六年度（即修改则例，成立股东总会之年）之实际状况，作一比较，俾股东、存户、持票人，得知过去十一年之行务进展，与最近之营业情形。庶于阅读今后之年度报告，对于背影先有了解，易于质证。全部报告纲要如下：（一）中国银行之成立及承还大清银行商股商存款项。（二）中国银行履行国家银行职务。（三）民五停兑令与中国银行之重大改革。（四）中国银行业务民国六年与民国十七年之比较。（五）中国银行十八年度之业务。（六）创设海外经理处与今后中国银行之业务方针。（七）民国十八年份之贸易与金融。在论今后中行业务方针一节中，抑有进者，即本行从此以后，业务政策当以服务大众、改进国民生活为前提。所谓服务大众者，在乎使人人能利用银行。银行本为公众钱财之管理者，自应实事求是，以谋大众与本行相互之利益。故首先必须严格训练行员，俾知如何接待顾客，以谋顾客充分的便利；如何指导顾客存放余资，以谋储蓄能力之增进。对于顾客概无等差，一律待遇。所谓改进国民生活者，在乎谋国民生产力之增加。其道固非一端，而在中国银行职务范围内，应为之事，当力谋以低利资金，扶助大小工商，借以图物价低廉，生产发达，出口增加。同时以国内外商品市场消息，供给社会为其耳目，而为经营国际商业者之正鹄。凡此当务之急，敢不黾勉将事……

七月一日，为《中行月刊》撰发刊词。词曰：

本行有通信录，自民国四年一月始，名曰业务会计通信录。以本行业务上会计上，同人应知之事实，应具之智识，灌输于同人。其后改为中国银行通信录，无业务会计之分，而加入译著一门，以外国杂志中足供参考之著述，摘译登载。意将以世界进步之学说，发达之事实，为同人研究改善之参考。二者各有特长，惜以时局纷扰，上下同人忙于应付环境，不暇从事研究，以致通信录之资料日见缺乏，读者兴趣日见减少，遂于民国十年十二月停刊。

考国内外专门杂志，盈千累万，即就银行杂志一门，已无虑百数十种。凡所著述，皆出专家之作，决非我行自办之出版品，所能望其项背。然则欲以银行之新知新说，灌输于行员也，斯奖励行员订阅银行杂志也可，或由银行以杂志中特别之著作，刊发行员阅览也亦可。又何贵乎有此事倍功半、缺而不全之自办出版品。然而吾人不以此而自沮者，盖有深意存焉。夫谓世界一切事事物物，均有一定之原理原则，经营事业者，但依此原理原则而行，自可得同等之效果，则一切事业宜若无优劣成败之分矣。何以同一事业，往往其基础、其环境无不相类，其应用原理原则之程度亦相类，而其事业之成就，乃有相距若天壤者，此何以故。曰：可以致之同者，有形之事物，不可强其同者，无形之精神。精神云者，即一事业之首领及其全体服务人员之思想行动之表现之谓也。其思想行动有发之于首领，而同事效法之者。有发之于下级，而上级赞同之者。有因一团体中，彼此思想行动之不一致，而产生自然之发展者。有为环境所左右，而不得不随之变化者。要之一机关中若干个人之意旨，或以相同而融化，或以相异而冲突，激荡糅合，而形成团体之思想行动，此之谓团体精神。故原理原则如海水，而团体精神则如海潮之波纹，海水不变，而潮流之波纹则变化不测。故欲知原理原则、新组织、新事物，可读一般之刊物。欲知一机关之精神，不能不读此机关之刊物。吾人欲知本行精神之所在，势不能不有自身之出版品，此本刊之所以继通信录之后而复出也。

本刊之目的既在表现自身固有之精神，则有应注意者二事：不偏于多记时事，或多载译著，而在以本行全体之思想行动、事事物物，尽量刊载，此其一。一切材料，不可尽依赖于总处之调查部，必须总处之各部及分支行各同人，尽量供给。各个人如有意思，亦可尽量发挥，此其二。总之本刊为中国银行全体之刊物，亦即为本行全体人员自由意旨发表之机关，由此千数百人之自由意旨，而得全行精神之表现，此鄙人所深切希望于编辑诸君及全体同人者也。

八月一日，撰《银行员的本职——做生意》一文，刊载八月份《中行月刊》。要点如下：

银行亦系商店之一种，出卖的是“信用”及“服务”。存户相信银行，所以去存款，就是买它的“信用”。亦即银行出售它的“信用”。出卖“信用”时，当然应给予顾客种种便利，也就是出卖它的“服务”。银行的一切资产，就是银行的存货。资产不确实，就是信用不好。银行的坏资产，等于商店的底货。因此，银行确是一种生意……我们进银行是学生意，我们在银行是做生意。收存款、做汇兑，就是做生意。管出纳，办会计，也是做生意。甚至于管调查的、管研究的，也是做生意。收存款的可以注意存款进出的情形。如存户要支款汇出，就可指点他如何汇款；如要投资，就可告诉他如何可由银行代办。付汇款的，如知道他取出的款项是按月作为家用，便可指导他如何储蓄。管出纳的，如能对顾客收付敏捷而亲切，可以引起顾客好感，间接招致其多来存款。管会计的，在记账的时候，可以留心每笔款项的来踪去迹，如认为可以发生新的连带业务，便应告诉有关主管人加以注意……总之，希望同仁知道离开“生意”二字，没有银行，在银行的人员，人人应该当银行作生意做……

十五日，（一）财政部长宋子文在上海召集全国税收会议。（二）国民政府公布十九年关税库券五千万元条例。月息八厘，五年还清。面额百分之八十，由各大银行承受。

月底，对分行会计主任演讲《会计主任的本职》。

先生去年十一月向伦敦密特兰银行，借调该行副总会计尼克尔来华襄助改进中行会计制度。尼氏于本月初抵上海，即由总管理处总账室主任刘驷业召集各分行会计主任开会，商讨改进事宜。先生因对到会人员作下列演说。要点如下：

会计主任第一责任是将银行中关于会计部门，组织完善而随时加以督察。第二责任是时时谋会计制度的改进。第三责任是时时研究各种业务的数量，并将全行的营业头寸完全明了。如此，则全行的实际状况，及每日各种业务的增减，可以报告于经理。第四责任是时时注意全行的各种经费支出，是否经济，有无浪费。第五责任是每日须对每笔业务，研究其是否有利可获。第六责任是训练行员，如何使其多增智识……我们改革会计制度的目的，是在求增高服务的效能，推进业务的发展……

九月十八日，阎锡山、冯玉祥因无法对抗中央讨逆军之猛烈攻势，通电表示下野。

二十一日，（一）出席新华储蓄银行临时股东会，议决改组。

该行经理不善，内容空虚，股东会决议将旧股总额折为十分之一，添招新股。在新股未招足之前，商由中国、交通两行暂时接管，先行派员主持该行行务。

先生笔记云：

该行具有历史，未便任其歇业清理，影响市面。先决问题为必须物色一品格能力兼优之总经理，主持行务，则前途始有希望。因思王君志莘，向有为平民服务之志愿，人品学识，足当斯选，特为推荐。经极力向王君劝说后，始允承乏。该行业务，从兹日臻进步，不数年竟成为国内主要之储蓄信托银行之一。

（二）接蒋总司令电邀赴宁。

先生笔记云：

此次中原大战，蒋总司令认为财政部接济军费不力，特电邀我与财长宋子文在宁共同商定继续增发库券。事后我惴惴不安。自中行改组为国际汇兑银行，关于政府财政之筹计，有中央银行首当其冲，直接应付，以为可专心致力于本身业务，建立一有国际地位之银行，外则可帮助公私机构吸收外资，内则可服务社会，改善民生。今忽见召，并商财政，虽曾以个人志愿，婉为陈述，不知能否获得谅解。但财政状况艰窘如此，深虑中行处境，将不免复陷于困难之境。

十月初，发表《他山之石》一文，刊载《中行月刊》。

先生读上海商业储蓄银行增加资本召集股东大会，董事会对于股东的报告，认为"很有足资我们借镜的地方"，特撰《他山之石》一文，勖励行员。其结语有：

> 我们中国银行，向来有偏重上级的趋势。这个错误，应该设法改善，总使大小行员，都有发挥才能的机会。同时当行员的，亦要有像上海银行行员薄七百元厚俸，愿在该行受每月一百数十元之薪给的气概。庶几居乎上者公，居于下者忠，同心同德，保持中国银行为银行界领袖的地位，这亦是我们共同的光荣。

十一月七日，国民政府公布发行关税短期库券八千万元条例。为充调剂财政金融之用，指定由关税所增收入项下还本付息。月息八厘，分五十八个月还清，利随本减。由中央、中国、交通三银行为经理机关。

十日，接黄郛所撰《祈祷和平》文稿，读后送交上海各报，于次日同时登载。

据黄沈亦云《亦云回忆》初稿云："张公权先生甫自海外归来，看了世界情形，对于本国有不少感触。在外国时，他有信给膺白，历述在欧感想，及梦中与膺白剧烈讨论政治情形。他所看到的属于财政金融经济方面的多。他们所拟的小册子《内战所得》，后来直无暇着手。膺白在十一月十日做了一篇《祈祷和平》之文，因次日为第一次世界大战停战纪念。这篇文章交给李石曾、张公权两先生；在上海各大报纸发表。"

十七日，国民政府公布发行善后短期库券五千万元条例。月息八厘，十六个月还清，利随本减，指定由关税增加收入项下如数拨还。由中央、中国、交通三银行经理。

十二月五日，全国内债债权团成立。公推先生，及卢学溥、孙衡甫、周作民、谈荔孙等五人为代表。先在上海银行公会设立事务所，延致专家制订整理方案，准备与财政部接洽。

是年一月，国民党中央政治会议召开临时会议，讨论整理金融方案；财政部长宋子文报告金价高涨情形及整理办法。工商、财政两部会议，决定“救济金融风潮办法”：治标，海关进口税改金本位；治本，废两改元，并准备六年训政期满后，改金本位币制。国民政府令：自本年十月十日起裁撤全国厘金。

二月，北平有裁兵运动之举行，其宣言谓：我国现在兵额二百五十万，年耗五亿元，岁入为四亿五千万元，偿还外债一亿元，除全数用于军费，尚不足一亿五千万元。

三月，西北军鹿钟麟等五十七将领，通电拥阎锡山为陆海空军总司令，冯玉祥、李宗仁、张学良为副总司令。

五月，蒋主席中正以陆海空军总司令名义，发表《讨伐冯玉祥、阎锡山誓师词》。

十月，蒋主席中正发表《告全国父老书》，揭橥肃清共产党等要政五端。

十一月，上海银行界调查：我国内外债总数约合国币十三亿元，内债占十分之三强，外债占十分之七弱。

十二月，财政部长宋子文宣布二十年一月一日实行裁厘，新税则于十二月三十一日实行。

一九三一年　先生四十三岁

一月一日，（一）中国银行《会计内规》修订蒇事，由总管理处公布本日起一律实行。

先生笔记云：

上年（十九年八月）英国会计专家尼克尔到行后，由总账室主任刘驷业帮同研究，尼以英国制度，刘以中行旧制度及实际情形，交换意见，订立草案，召集各分行会计主任，征询意见，加以修正，即令各主任返分行试办。三个月后集会讨论试办结果，乃作最后决定。十九年底将全部《会计内规》修订蒇事公布，于本年一月一日起，总分行一律实行。嗣后中央、交通及商业银行，均相率采用。

（二）中国银行总管理处内部组织，重加调整。

先生笔记云：

由欧美考察完毕返国后，即根据调查所得，参照各国银行最新组织，并顾及本行今后发展目标，于总管理处设：（1）业务管理室，（2）总账室，（3）人事室，（4）检查室，（5）经济研究室，（6）秘书室六个管理单位；及国外部与信托部两个营业单位。业务管理室置总稽核一人，下置分区稽核，按照划分之区域，分别稽核各区业务。秘书室置总秘书一人，下置秘书，并设总务、券务、股务、建筑四课，各置课长。其余各室，各置主任。国外部与信托部与分行并列，各设经理。

（三）准备扩充国际汇兑业务。

先生笔记云：

中行改组为国际汇兑银行后，业务之对手方，或为国外之大银行，或为国外之大商家，必须使一切交易手续，合乎欧美通行之实施与程式。由德国延聘之汇兑专家罗德瓦尔德于去年三月抵华后，即与上海分行经理贝祖诒、总处专员陈长桐，计议设置国外部。所有该部管理章则、业务手续，均由罗氏分别编订，分为业务、账务两门。账务部分，成为《会计内规》之补充条文。业务部分包括国外汇兑业务，及有关票据格式与应用手续等项。当即召集各分行办理外汇人员到总行受训实习。已于上年十一月成立之国外部，由上海分行经理兼任经理。

（四）推进经济研究工作，成立经济研究室。

先生笔记云：

设立经济研究室为总管理处改组方案之重要项目。除由伦敦延致之格雷来行主持研究工作外，并佐以瑞士白恩大学经济学博士张肖梅女士，及美国克拉克大学硕士张嘉铸。一面搜购必要图书杂志，一面录用助理人员，加以训练。发行定期刊物

《中行月刊》公布研究所得。嗣复发行《中国重要银行业务概况》、《中国银行年鉴》、《中国对外贸易研究》，及各种主要农产品调查专刊。研究目的，着重于一事一物之详细调查，以期有裨于银行业务之实施。

（五）建立人事制度，成立人事室。

先生笔记云：

在我任中行副总裁后，以迄中行改组之前，对于人事之改良，仅做到一点，即逐步将老朽及在行兼营私业者，淘汰殆尽。此外并未能作何改进。今欲求中国银行在国际上占一地位，在国内为民众与国家服务，其最要关键在于人事。故人事刷新，实为中国银行革新之最大目标。着手方法：（一）改订行员薪俸，养老退休，及一切待遇规则。（二）建筑总行各部主管人员住宅，及行员宿舍。分支行亦令斟酌当地情形，陆续仿行。务使各级行员生活安定。（三）规定每年考选国内大学及中学毕业生办法，使每年有新血液注入。

（六）注意行员职务训练，与精神修养。

先生笔记云：

……训练方法为：使新行员与旧有经验者"同化"，而保存其新精神，使其物质生活安定，而提高其精神修养。前者利用聚餐会。每星期五晚，由中上级新旧干部一律参加聚餐，旧同事讲其旧经验，新同事报告其在工作时，如何利用新知识，互相交换意见，使新旧溶合一炉。组织新生活俱乐部，备有公共食堂，图书室等，邀请行外名人演讲，发行《中行生活》，传达行员动态，登载行员意见；组织旅行团，参观工厂及名胜，目的在提高生活兴趣，增进工作效率。

以上六端，要为献岁更始，先生导致中行步入崭新阶段之重要措施。

（七）国民政府公布二十年卷烟库券六千万元条例。月息八厘，七十六个月偿清，以卷烟税收为担保，由中央、中国、交通三行经理。

二日，中国银行同人新年同乐会，致开会词。先生开会词要点如下：

总处与沪行同仁共在一处，希望得到彼此切磋竞进的利益。不期而然地化除界限和畛域之见，而溶为一炉。总处为指挥监督、决定方针的枢纽，沪行为进行业务的中枢。和衷共济，中国银行的前途是光明的。一般人总说，以前的成功，都是从艰苦中得来，今后的快乐，也只有由艰苦中去求。其实不然。与其消极的从艰苦中求快乐，毋宁积极地从快乐中求成功。要求年年快乐，其中含有三种条件：第一同仁本身精神上的快乐；第二同仁家庭内的快乐；第三全行整个的安乐。倘若同仁的精神上十分快乐，各人的家庭内十分和谐，那末一定人人奋发做事，全行整个的安乐，就可实现。全行安乐了，行员的报酬待遇，自然提高，而各人与家庭的享受当然随之增进。如此互相推演，循环不已，我们年年同乐的目的，便可达到。要得身心的快乐，第一要使身体十分康健，必须起居按时，饮食有节，少近酒色，多讲体育。第二不做道德上负心的事，免得心中栗栗不安。第三要量入为出，不投机取巧，患得患失，发生精神的毛病。要得家庭的快乐，务须夫妇和睦，家庭组织务求简单。尤应注意子女的健康与教育。必须节制过度生育，以免无力培植子女。应当鼓励子女欣赏音乐、艺术，以免作无益有损的消遣。至于银行的整个安乐，第一要不以不正当或投机性的方法，以求博取厚利。第二要不妄想利用政治上或社会上任何势力为后盾。第三要股东与行员不以争分一时的厚利为主旨，而应行厚储公积，同时双方真实合作，巩固银行基础。

二月一日，发表《指挥与联络》一文，刊载《中行月刊》。全文要点如下：

（甲）首领如何指挥得当，必须注意下列事项：（1）工作分配适当，（2）纠正各人缺点，（3）鼓励工作兴趣，（4）信赏必罚。（乙）部门间如何联络，必须运用下列方法：（1）文字的交换，（2）工作的互换，（3）各部人员之集会，（4）各部门办公室的分配与布置，（5）通信时间之注意。

五月十六日，中国银行举行股东常会于上海银行公会，公布民国十九年度营业报告。先生以总经理名义，在营业报告引言中宣称：

民国十九年，内有西北之战，迁延四五月，弥漫五六省，公私损失，逾数万万。外则市面销沉，存货山积，失业日增，银价狂跌，富力减少，亘全世界，皆呈萧条萎靡之象。凡此两者，我国皆适当其冲，故国家财政、社会经济、工商各业所受之影响，至剧激而深刻，为数十年所仅见。银行业者之职务，既在乎扶助工商，发展社会，则举财政经济工商各业所受之影响，又无不一一浸及于银行。银行将如何屹焉自立，以避免此风涛之震撼，复进而尽其救济援助之责，以奠国家经济组织于磐石之安。斯固银行业者所应负之责，而又自惭其棉薄者。以中国银行与国家社会关系之密切而普遍，益感其责任之重大。同人毕岁兢兢业业，毋敢或怠，犹恐不及其什之一二，此同人所引为深憾，敢不益自警惕，以期本行所尽力于社会者，得与年而俱进。尤冀社会时时加以策励指导，使同人等益知所以奋勉，斯又岂独一行之幸而已。爰将十九年度本行营业之进步状况，与夫是年世界经济及金银价格变动情形，以及我国对外贸易、市场金融、农工业等等状态，分别缕述，借以明中国与世界之关系，即以明本行与国家社会之关系，非敢辞费也。

先生在结论中谓：

综观上述本行营业情形、世界金融趋势以及国内工商实况，虽瑕瑜互见，而自大体上言之，终非健全之象。本行营业虽有进步，固犹不克恪尽其应有之天职。世界市面之衰落，乐观者均谓不久将有转机。然默察病根所在，恐非短期间所能恢复。至中国工商情形，则以科学之幼稚，资本之薄弱，社会之不安，在在足以妨碍其发展。加以外竞剧烈，即欲维持此固有之基础，已非有最大之奋斗不为功。尤可虑者，内地民力极度凋弊，农村复根本动摇。占全国人口百分之八十之农民，其生活程度之低下，疑非复人类所应有，非有数年之平和休养，则国民经济之灭亡，可立而待，而数千年固有独存之国民性，亦将堕落以尽，覆巢之下，孰能幸存，可不惆乎！

按十九年度中国银行营业报告书，除引言与结论外，计项目六、表式八，虽仅两万余字，而要言不烦。所有银行本身业务进度、国民经济状况、世界市场兴衰，包罗无遗。至结论所示严重危机，当时固已令人惊心怵目，岂知十余年后，竟不幸而均言中。天乎，人乎。

六月一日，国民政府公布统税库券八千万元条例。一切条件，与二十年卷烟库券条例同。

八月一日，国民政府公布盐税短期库券八千万元条例。一切条件，与二十年卷烟库券条例同。

九月一日，（一）中国银行大阪分行开幕，接见新闻记者谈话。

先是先生于上年二月，与日本大藏省交涉，取得在大阪设立分行之许可证，当时即租妥行址，并派上海分行副经理居益鋐任经理，复延日人片田吉彦为襄理，一切就绪，于是日开幕营业。

华东社记者特访问先生于中行总管理处。先生谓：

我国与日本一水之隔，交通便利。复以种种历史上之关系，两国间商务特别发达。姑就最近五年之海关报告观之，对于经营中日贸易之日商，裨益实巨。复查日本对华出口货物中，以棉纱、布疋为大宗。次如海味、药品、铜铁机械等，多属制造品。我国对日出口货物中，以茧子、麻、药材、皮革、毛发为大宗，多属原料。大阪为日本工业之中心地，与神户密通，一切货物之起卸，均集中于此。故华商云集。据最近估计，在大阪华商约三千余人，各业皆备，以纱布杂货商人居多数。据银行方面估计，此项直接贸易总额，每年总在一亿二三千万日金上下。此项大宗款项，无一本国金融机关为之调剂，所感不便之点，约如下述：（一）语言不同，习惯各异，交易上每多窒碍；（二）日商银行对于华商情形，不免隔膜，有时条件过苛，华商无从一一接受；（三）日商或其他外国银行，因不明华商真相，每过小小风险，即群起轧账，甚至俨然断绝往来，华商殊感痛苦；（四）华商来自各地，尤以北方为多。日商银行承做汇款，每限于通商大埠，不能深入中国内地。故汇兑颇感不便，辗转尤多损失。为解除上述困难起见，侨日华商，莫不希望本国有一资本雄厚、信用昭著、分行遍布、汇兑灵通之银行，在大阪设立一分行，周转其间，与华商大可收相互之效。复考中日贸易之内容，日本与我国中部及南部之间，则我国输往日本者多，而日本输入我国者少。至日本与我国北部，则我国输往日本者少，而日本输入我国者多。我国对日输入少之原因，由于北方出少入多。至北方出少入多，则由于北方之交通不便。盖北方土货出口，由甘肃经过陕西，或由山西以至河北。其间偶有汽车道及舟楫之便外，其余交通完全恃乎人力兽力。每须经年累月，始能到达口岸。此于货物之销畅，极有妨碍。若有银行为之长期资助，则土货之出口，必可因便利增加而日趋发达。为满足华商之希望及促进出口贸易之发达，中国银行适具备此项资格……此不仅裨益于商务，即于国家体面，亦有光荣。

（二）国民政府以水灾奇重，发表关于救灾命令七种，并决发行振灾公债八千万元，第一批发行三千万元，十二月续发五千万元。

二日，国民党中央政治会议，通过购买美麦四十五万吨案。

六日，国民政府电令驻美公使馆代办容揆全权办理签订《美麦借款合同》。

十日，乘轮赴青岛视查。

十二日，在青岛，召集中行办理外汇业务之分支行经理聚会于青岛分行，讨论如何帮助出口商输出及推进本行外汇业务。

十六日，乘轮赴大连。

十七日，在大连应南满铁路当局邀宴。

先生于青岛行务会议竣事后，即率沈阳分行经理卞福孙乘轮赴大连，应南满铁路总裁内田康哉之招待，晚间宴于日本酒楼。未终席，沈阳事变已起，而先生尚未知晓。

十八日，日本关东军占领沈阳。

天未明，中行大连支行经理陈铭文即以电话，向住在旅馆中之卞经理福孙报告沈阳已为日军占领。旋即亲来星之浦旅馆向先生报告所闻情节。是日先生约晤满铁内田总裁，希望和平了结，事态不可扩大。

十九日，中行沈阳分行电话报告当地中国、交通两银行业被日本军部封闭，听候澈查有无张学良股份或存款。

二十一日，乘南满铁路火车至沈阳。

经过满铁当局之疏通，先生偕卞经理福孙搭乘南满铁路火车，由大连至沈阳。车厢中，除日本军人外，无旅客。

二十二日，约晤日本关东军总司令本庄繁与特务机关长土肥原贤二。告以：

> 中国银行及交通银行几于全部商股，乃一民营企业，张学良无分文股份，亦无丝毫存款，且系经营外汇及实业之银行。应请即日启封，以免久未复业，牵动关内分行业务，引起挤兑风潮。

嗣又一再托满铁友人向宪兵司令部催促，期能于中秋节前开门营业。

二十五日，中国、交通两行之沈阳分行恢复营业。

经过日本宪兵司令部派员检查中国、交通两沈阳分行账目后，准予启封。是日适为旧历八月十四日，乃中秋节之前一日。恢复营业，市民称快。

先生笔记云：

> 复业之日，尚无丝毫提存迹象。关内各行，亦均七鬯不惊。

由于中行自身免于发生风潮，故得有余力，帮助同业安定市面。

十月初，离沈阳赴大连。

先生俟沈阳分行恢复营业后，眼见市面尚称安定，即乘南满铁路火车，经安东赴大连，预备返沪。

先生笔记云：

经安东至大连途中，在各站眼见当地人民手携自治会旗帜，乃知日军占领沈阳，已具分割东北之野心。中国若失去东北，无论政治、经济，均将发生极重大影响，故抵大连后，即往晤南满铁路总裁内田康哉，告以日本如希望中国政府予东北人民以较宽之自治权，敢信政府可予考虑，并愿顾到日本在东北之特殊关系。但如日本具有分割东北之企图，则中国必誓不承认。且英美各国亦不允许，甚至引起世界大战，于日本势亦不利。敦劝其向本国政府建议，勿使此项企图之实现。

六日，由大连返抵上海。

先生迅即接获内田总裁经由日本友人转来消息："东北事件，军部方面，无挽回余地。"

十一月一日，（一）中国保险公司成立。总公司设于上海，股本总额五百万元，实收二百五十万元，中国银行占百分之九十。宋汉章任董事长，先生任常务董事，过福云任总经理。（二）中国棉业公司成立。总公司设于上海，股本总额五十万元，中国银行占百分之九十。中国银行董事荣宗敬任董事长，先生任常务董事，张雩春任总经理。

五日，上海银行业同业公会因东北事变，中央政府丧失东北关盐两税，公债基金减少，牵动公债价格。加以东北出口贸易亦随之丧失，国际收支更见亏损。特召集紧急会议，决议：（一）请求京粤双方早日和平统一；（二）请求政府立即召集财政委员会，议定军政费预算。

十五日，（一）出席财政委员会会议。

是日上午在南京国府举行，蒋主席任该会主席，略谓："本会罗致全国工商金融教育各界人士参加，以期国家财政，得与金融、经济及教育各项事业，互相维系，并收集思广益之效。关于财政远大计划，亟待详细讨论……"出席委员除先生外，尚有李铭、吴鼎昌、宋子文、马寅初、荣宗敬等十六七人。讨论如何紧缩开支，发展经济。规定国难期间，军费限定每月为一千八百万元，党政费每月不得超过四百万元。每月不敷一千三四百万元，由发行公债抵补，此外不再发行公债。

（二）出席经济委员会会议。

是日下午举行，仍由蒋主席任主席，报告准备拟定三年经济计划。出席委员除先生外，有宋子文、孔祥熙、虞德和、吴鼎昌、李铭等十二人。国联秘书处职员拉锡曼列席。决议关于振兴工商业，整理金融，及其他与国民经济有关者，一律组织专门委员会详细研究。划分为实业、交通、卫生、教育、农业等组。

十二月十五日，蒋主席宣告下野，财政部长宋子文亦随同辞职。国民党中央执行委员会公推林森为国府主席，孙科为行政院院长。

是年一月，江西"剿匪"军在龙冈受挫。

九月，日本关东军于十七日晚在沈阳城外文官屯南柳条沟附近南满铁路，阴谋制造爆发事件，于该夜十时三十分突击沈阳，发动九一八事变；沈阳被日军占据。国民党中央电请粤方共赴国难。

十二月，国联理事会通过派遣代表团调查东北事件，由英、美、法、德、意五国委员组织之，英国李顿任团长。国民政府布告召集国难会议。

一九三二年　先生四十四岁

一月一日，孙科就任行政院院长，黄汉梁署理财政部部长。

六日，徐陈冕任中央银行副总裁，代理总裁。

十二日，黄汉梁以筹款维艰，辞署财政部长职，徐陈冕亦随同辞中央银行副总裁职。

十四日，中国银行上海分行公告：发行准备金中之四成保证，内有以关余及盐余各种税收担保之公债与库券，兹以市价变动甚剧，一律抽换，另以道契、金公债及以德俄赔款担保之内国公债，暨押汇票据等加入，以期稳固而昭信用。

当时中行发行总额计达一亿八千余万元，上海分行发行占其中之七成，计一亿二千五百余万元。为使准备益臻确实，决采此项措施。

十五日，上海证券交易所不敢开市；公债、库券市价大跌。

本年开市时，日军进迫锦州，热河亦危在旦夕。公债、库券市价日趋下降。不旋踵有政府停付内债本息之消息。人心益加震动，证券交易所不敢开市。上海各公团如市商会、银钱业两公会，以及债券持票人组织之持票人会，纷纷电呈政府抗议。各地商会、银行公会一致响应，声明反对停付内债本息办法。政府渐知事态严重，于即日特派上海市长吴铁城代表政府，在银行公会邀集银行界、公债基金保管委员会、市商会、钱业公会、新闻界及持票人会等团体代表集议，声称此项停付内债本息拟议，并未成立议案。惟中央财政拮据，为兼顾双方起见，一方面请政府打消此议，一方面请上海各公团对于中央财政，予以尽力协助。在场代表允予从长考虑，再行答复。

二十一日，与友人商谈“新中国建设学会”组织事。

九一八事变之后，先生鉴于国势日益艰危，社会逾趋堕落，时与黄郛、张耀曾诸人交换意见，思有所挽救。因共同提议组织“新中国建设学会”，研究“广义的国防中心建设计划”。先生则就所主持之中国银行，尽先推行下列计划：（1）辅助铁路建设，（2）救济农村经济，（3）协助国货推销。

二十三日，国民政府征聘先生为“国难会议”会员。

二十八日，晚十二时，日军突袭击我上海驻军，强占闸北，我十九路军就地抵抗，沪战爆发。

先是上海市政府答复驻沪日本领事要求，取缔抗日运动等条件四项，日本领事认为满意。乃晚间十一时，日海军司令复要求我撤退驻沪租界外之军队。

二十九日，上海市商会议决一律停市三日。

先生笔记云：

一月二十九日晨十时，接银行公会书记来电话，报告：银钱两业联席会议即将开会，讨论是否执行商会决议，一律罢市。问我是否同意。我答以既为表示同仇敌忾，自应随同办理。电话放下后，私心惴惴。一则顾虑自上年大水灾，与东北九一八事变后，人心惶惶，三日后复业时，若人民预防战事延长，竞相藏现，必引起提存兑现风潮。二则二月五日为阴历除夕，六日至八日为春假，人民为预备渡岁，及春假中之现银元需要，难免不动念将钞票兑换现银元。设有不肖之徒，散布谣言，即可引起挤兑风潮。因此停业期中，于经常办公时间，开启银行后门。如有人前来提存，或取汇款，准其入内，予以通融，以觇人心对于银行有无怀疑。幸数日内未见有人来行提存。吾心稍安。预计二月一日复业，或可幸免风潮。及二月一日晨，接银行公会书记电话，报告：银钱两业联席会议照商会议决，停业无限展期。吾即问是否多数赞成。彼答云，系多数赞成，其中尚有一 二大银行亦不持异议。吾再问有无在坐银行指出久停之危险。彼答云无人指出此点。吾闻此报告后，顿感坐立不安，若大祸之将至。一则停业愈久，开业时更易发生风潮。二则多数银行赞成停业展限，而不考虑期限，深恐有少数银行顾虑本身实力，宁愿延长停业日期，似同业本身先无充分自信力，何能镇摄人心，何以希望存户与持票人不生疑虑。设或复业时群起提存挤兑，金融即可破产。上海金融一倒，则沪杭京沪一带之金融，一齐牵动，适中敌人摧毁上海金融中心之计。思之不寒而栗。因决计坚决主张迅速复业。惟在提出吾主张之前，必须先自估计实力，是否足可协助同业。同时尚须有一同业互助办法，以安同业之心，亦所以安大众之心。因即与兑换店商量，每处酌存银元，代为收兑钞票。二月一日二日两天，所兑中行钞票只七万余元。乃知人民对于本行钞票信心未减。因敢大胆向同业表示，如复业后有困难发生，当全力协助。一面与银行公会主席李馥荪兄研究联合准备办法，表示本行愿提交相当数额之财产。一切大致就绪，即分头与同业接洽，尽阴历年关前复业。二月三日下午召集银钱业联合会议，决定翌日通告复业。各行庄开门时，竟风平浪静，殊出意外。

二月四日，各银行先行复业，并组织财产保管委员会。

先生对于第一次停业三日，已惴惴不安，深恐人心恐慌，引起藏现之念。如再继续无限期停业，势必更增人心不安。复业时，难保不掀起提存兑现风潮。因与各大商业银行密商缩短停业日期，决定二月四日先行复业。同时与银钱业两公会领袖磋商组织联合准备机构，彼此互助，俾免自相惊扰，进而以全体力量安定市面。银行方面组织之财产保管委员会，由各行交入财产，总值国币五千万元。钱庄方面组织之财产特别保管委员会，计有七十余家钱庄加入，交入财产总值国币一千万元。

二十七日，上海二十六家银行组织联合准备委员会，签订公约。

银钱两业既经组织财产保管委员会，成立之后，颇具安定市面力量。于是先生更进一步，发动组织缜密之银行业联合准备委员会，加入银行二十六家。公约规定交存之财产，照市价按七折计算，以之作保证，发行：（一）公单四成，彼此按照现金收付；（二）公库证二成，得作发行银行之保证准备。会员银行得以之向中央、中国、交通等行抵充领用钞券应缴之保证准备；（三）抵押证四成，可作银行间借款之抵押品，亦得作发行之准备。

三月十五日，上海六十九家钱庄组织财产特别保管委员会，签订公约。

钱业之财产特别保管委员会名义仍旧，由六十九家钱庄加入，签订公约：每家交入财产（地产货物等），以价额二十万元为起点，多则听便。交存之财产，制给收据，并将所交财产在市场公告。每日各钱庄间照向例彼此自由斥放，当日结算余额，缺家通知公会，由公会代斥，以交入之财产作抵。

先生随笔云：

如此银钱两方面，不特因应变而产生一永久同业互助之组织，且因此使一部分资产证券化，增加流通周转之筹码。同时天津、杭州金融界亦有此类公库组织，是不得不谓为患难中之意外收获也。

十九日，中国银行举行第十九届股东常会，提出二十年度营业报告，并论繁荣复兴之道。先生以总经理名义，对股东提出二十年度营业报告，宣称：

中国银行成立今届第二十年，不特进步之速度，不能与欧美银行相颉颃，抑且往往有进五步而退十步之感觉，甚至有欲进且止之困苦。回忆中国银行二十年间之历史，在办事人方面，虽时时兢兢业业冀尽厥职，而每年所欲报告之成绩，实不敢谓堪副股东与社会之期望。同人等惭疚之余，不能不有一言为我股东及社会告者。银行在国家社会中所占之地位，无异工厂中凡百机械之一种。而机械之装置，必须地盘坚固，方可运转裕如。银行盛衰成败，虽系乎办事人之才能与信用，而其最重要之基础，实在政治之安定，与社会之繁昌。今日以往，论政治则连年内战，四分五裂，论社会则灾害频仍，匪乱遍地。政治无一年之安定，社会几濒于破产，而谓银行能独自滋长发荣，何异装置机械于泥沙之上，冀其行健不息，安可得乎。民国二十年上半年，虽有宁粤分裂之争，幸赣鄂剿匪，尚能得手，北方各省，年岁中熟，方谓下半年或可苟安。不意六月间长江各省水灾大发，蔓延十余省，九月间东北事变发生，抗日运动，波及全国，此二者于社会经济发生重大影响。百业停滞，商号倒闭，银根奇紧，证券狂跌，于是本行一年来所致力于发展国内外贸易，辅助农工业之种种计划，即受顿挫。且须耗用平日所蓄之实力，以资挹注。故此一年中，本行之工作，虽对于社会服务，不无一二足述，然于营业获利之成绩，实无以告慰股东。要之内忧外患之来，由于政治不良所致，一般社会，同受政治不良之影响，吾中国银行，亦岂能例外哉。

先生在报告中，复论及“世界繁荣之道”。其言曰：

数年以来，世界之政治家、经济家、实业家钩心斗角，研究种种方案，以求世界销沉之挽救，而世界市面，转日趋衰败。迨中日纠纷一起，未卷入欧战漩涡之日本，其商业萧条，更形严重。而安于幼稚经济组织之中国，亦堕入此不景气之狂风骇浪中。世界经济之衰败，遂达全体，距离繁荣复兴之日，逾趋逾远。推厥病源，持论不一。有谓生产过剩，有谓关税障壁，有谓现金分配不均，有谓赔偿问题未决。然若限制生产，则农民减收，工人失业，购买力益减。若排除关税障壁，则各国尤恐本身固有之产业，受人倾覆，致增加国际贷借之不平。若谓债权国不提取应收之现金，则以债务国实力信用之薄弱，有不能收回之顾虑。若各国抛弃德国赔偿，则法比等国，有增加德国再起之危惧。即如东方问题，袒日本者，谓争端之起，由于中国深闭固拒，不予日本以消纳过剩人口及过剩生产之出路。而驳之者则谓日本在中国之发展，曾不以寄居营业为满足，且更进而求领土之扩充。然果使中国自由开放门户，在日本又必曰欲求日本在中国经济出路之安全，必须在中国有政治军事之优势，以防止他国强权之威胁。同时日本果真能抛弃侵略土地之观念，而专求经济发展之便利，在中国则必以民族生存，首求经济之自主，决不能任日本之恣意发展，以妨害中国经济自主之建设。然如何维护经济之自主，应先有充实之防卫。日本方面必须废除其中国领土上之一切军事设备，以免两国之间，时起争执，破坏经济，而致世界市场更趋恶化。是以无论世界问题、东方问题，其受病之源，错综纷纭，决非局部治疗所能解决。根本之道，端在人类心理之澈底变换。盖世界科学物质之进步，皆可以促成国际间利害之共同。如无线电、飞机之发明，促成国际文化智识之沟通，唤起弱小国家独立平等之自觉；机器大量生产之发达，使生产国之发展，不能不赖消费国之繁荣。乃世界之国民心理，仍未脱十八世纪之褊狭利己的国家思想，简言之即人类心理之进步，未能与科学物质有同程度之进步，致造成世界今日悲惨之局。即以日本论，日本于近十年物质之进境，固有赖乎国外市场之发展，而其国民心理，犹明治以前尊皇攘夷之思想，以国家称霸开疆拓土为国民之荣誉。此与经济和平发展之途，不能并立，徒种远东百年祸患之因。故欧美各国国民之心理，若不变换，则不能恢复相互之信用。日本国民心理，若不变换，则不能永绝中日之纷争。此二者有一不得其当，无法恢复世界之繁荣。更以吾中国国民言之，以世界科学突飞之进步，而犹自翔其四千年之文化；以世界经济竞争之剧烈，而犹迷于四百兆人民地大物博之陈说。今后果能上下一体，易其陈腐之心理，利用科学的方法，提倡物质的建设，则不特国内一切猜忌自大之心理，尚空谈而不务实际之惯性，可以改善，内战可以消弭，即与他国国民之思想行动，亦因国际互助之关系，而有接近融化之可能。一切误解冲突，自可化除。庶几中国国民对于远东和平，以迄世界和平，亦有其一分子之助力。是以吾人敢断言之曰，欲恢复世界繁荣，必须澈底变换人类之心理。吾辈营金融业者，生息于世界繁荣之中，而与东方和平之关系尤为深切，故初不视为政治问题，而置诸论列之外也。

二十四日，（一）建议整理公债：延期还本，减低利息，以挽救财政危机。（二）国民政府明令拨发基金，维持债信。

先是金融界希望日人对于东北关税盐税，因牵涉中国内外债，有国际关系与人民生计关系，或能默许其继续摊解应付内外债本息之款。及至三月一日，伪满洲国成立，乃知中央将无法再得东北之关盐两税，且恐华北各省中，或受影响而效尤。先生认为必须早日定一公债还本付息整理办法，以安人心，而固债信。因与公债基金保管委员会主席李铭商议，将公债延期还本，减低利息。此项办法建议政府后，行政院长汪兆铭、财政部长宋子文，均极同意，即由政府明令公布，指拨基金，维持债信。办法要点如下：（1）债票利息一律降低为年息六厘；（2）每月应还本金，减为一半，即将还本期限延长；（3）每月由关税拨出八百六十万元为偿付本息之用。政府明令并经严重声明："此项办法，永为定案，以后无论财政如何困难，不得将前项基金稍有摇动，并不得再有变更，以示大信。"

先生笔记云：

> 公债、库券能否继续按照条例还本付息，为本年度最严重之问题。查民国以来，政府财用不足，专赖发行公债弥补，国民政府成立之后，逐年所发债券，达二十六种。民国二十年，政府实发债券数额，较民国十六年，增加四倍而强，开二十年来之空前纪录。二十年底，未偿还数额达八亿三千六百余万元，占原发行额百分之五四·四二，每月偿付本息需一千六百五十余万元。经此改变，每月减少负担，约达半数。

先生笔记又云：

> 我于民国十年协助北京政府，整理公债一次，今又协助国民政府作第二次之整理。若再有第三次之整理，国信荡然矣。

二十八日，伪满洲国恃日本武力，开始强夺东北关税、盐税。

伪满政府接收驻营口之盐务稽核所，嗣即先后接收大连、营口、安东、哈尔滨、龙井村、珲春各地海关。中国政府于是损失：（1）盐税收入，年约二千五百万元，占全部盐税收入百分之十六；（2）关税收入，年约三千九百万元，占全部关税收入百分之十一。

月底，（一）对于中国银行业务方针之再次修改。

先生笔记云：

> 九一八、一二八两次事变，予我以莫大刺激。对于业务方针，详加思索之后，即外汇业务，非仅为招徕外汇，必须从根本做起，即必须增加外汇之来源。其方法有四：（1）努力吸收侨汇；（2）提倡国货工业，减少洋货进口；（3）改进农业生

产，减少外国农产输入，同时增加国内农产输出；（4）改进铁道交通，便利农产运输，不特使本国各地有无相通，且减轻农产运费，亦即所以降低出口农产成本，提高利润。

（二）发起上海国货厂家星五聚餐会。

先生鉴于新兴之国货工业，在上海一埠，大小近二十家。大都资本微薄，营运资金不足，技术亦殊落后。尤以推销机构不备，无法与洋货竞争。人民抵制日货之热忱，既难以久恃，故必须在各方面予以协助，而银行可以为力之处甚多。因发起星五聚餐会，集合志同道合之国货厂家，按时在上海中行举行，交换经验，研究改进。最初参加者约十余人，嗣后陆续增至六十余人。继即发起“国货产销协会”，谋国货出品商与贩卖商之合作，由银行予贩卖商以资金之便利，以免产品之难得销路。

四月七日，“国难会议”在洛阳举行，先生以事未曾出席。

三十日，西南政务委员会公布发行国防公债三千万元。

自汪兆铭任行政院长后，蒋总司令中正即驻武汉，组织豫鄂皖三省“剿匪”总部，专负剿共之责。表面上宁粤对峙局势，似告缓和，但粤方党政机关，如西南执行委员会与西南政务委员会依然存在，且竟公然独立发行国防公债，宁方亦置之不问。

七月七日，财政部长宋子文召集银行业会议，讨论废两改元。

最近数月来，银元价格低落，影响物价，且显露银元充斥现象，财政当局认为废两之最利时机已到。

八月二日，钱业特别财产保管委员会，改称钱业联合准备库。

月中，任中华国货产销合作协会理事长。

自先生发起国货厂家星五聚餐会后，时常讨论国货推销不易之原因，由于上海各大百货商店，均喜陈列洋货，以其推销容易，而获利富厚，致各地来沪办货者，均愿采办洋货。为解决此一问题起见，决议发起中华国货产销合作协会，共推先生任理事长，以谋国货出品商与贩卖商之合作。协会成立后，即在各地设立推销国货机构，由中国银行予以双方资金融通之便利。凡厂家以制成品运交推销商家时，可以出立承兑汇票，由推销商家承兑，而中行允予贴现，使厂家能有周转资金继续生产。先生为表示中行热心推动国货产销起见，特邀热心服务之杜重远任协会干事。

九月十六日，在中国经济学会第九届年会发表演讲，题为《中国经济目前之病态及今后之治疗》，指出目前经济病态三种，提出治疗方法四项。

十一月中，（一）赴香港与香港分行经理筹划吸收侨汇办法。（二）自香港偕同香港与厦门两分行经理赴新加坡考察侨汇，并协助和丰、华商、华侨三银行合并为“华侨银行”。

先生笔记云：

> 在出发之前，接新加坡本行代理银行“华商银行”电询，“中行愿否续购该行有人让售之股票”。查新加坡共有华侨自办之银行三家：（一）和丰，（二）华商，（三）华侨。我之方针，不愿中行在星设立分行，与华侨以血汗换来资本创立之银行相竞争。若以大制小，更将阻丧华侨之爱国心。派员调查之结果，知三行之中，“华商”为最健全。因购入该行股票十五万元（股本总额为百万元），俾增厚彼此关系。今复有股票出让，似宜慎重从事，因决亲往研究。港行经理郑寿仁，厦行经理黄伯权均赞成添购，当即决定承受。不料甫经决定，而“和丰银行”发生挤兑，来势汹汹。当地侨领深恐牵动其他二行，乃由三行主持人召开紧急会议，商量合并，并推举三行董事与我见面，请求中行放弃“华商银行”权益，以顾华侨全体利益。我立即同意。无奈“和丰”挤兑依然不停。三行再来请求中行允以无限制援助。我亦立即允诺，并予宣布，风潮始息。三行合并遂于翌年一月成立，称“华侨银行”，资金一千万叻币。今日成为星洲最大商业银行。嗣后中行即委托该行为代理行。

该行曾聘先生任该行顾问，勉允担任一年，即宣布解除名义。

十二月中，由新加坡返香港后，转赴厦门分行，研究吸收华侨汇款办法。

先生笔记云：

查民国二十一年，中国入超达五亿五千余万两，为民国十六年入超之六倍。向来金银年有输入，而二十一年，净输出达白银四千六百余万两。重要原因，由于华侨汇款，因世界经济不振而减少。故中行必须急起直追，设法增加。

新加坡“华侨银行”既经中行委托为当地代理行，则星洲之侨汇业务，当由该行帮同设法推广。至于暹罗、菲律宾侨汇，或经过“批局”，或由商号汇划，则决定与汕头、厦门当地之“批局”联络，逐步推广。一方面指示香港、广州、汕头、厦门四处分支行，改进收转及汇兑手续。凡侨眷到行提取汇款时，力予便利。其不能签字者，准其画一十字。如不愿携带现款回乡者，可代为委托“批局”转解。凡此措施，目的在对于侨眷，尽量予以方便，博取其欢心，俾中国银行信誉，经侨眷而传播于南洋各地华侨，然后各地之中国银行可以将原经外国银行，或经“批局”，或经商号之侨汇，逐渐转入中行手中。此则先生所希望于香港、广州、汕头、厦门，各处分支行者也。

是年一月，日军侵入锦州。美国国务卿史汀生发表声明：凡违反对华门户开放政策及条约公约者，均不承认。

四月，国难会议在洛阳开幕，讨论安内攘外方策。

五月，《上海停战协定》正式签字，规定日本撤兵，不附任何政治条件。

六月，宋庆龄等为国际“共谍”牛兰缓颊，干涉司法，宋并逼令司法行政部长罗文幹释放牛兰，罗及次长郑天锡为此呈请辞职。

八月，美国国务卿史汀生重行声明，不承认武力造成之东北地位。

十月，国联调查团报告书在日内瓦、南京、东京三地同时发表。代理行政院长宋子文、外交部长罗文幹向各国公使否认中日直接交涉。

一九三三年　先生四十五岁

三月，（一）国货产销合作协会设立“中华国货介绍所”于上海。在今后七个月内，成立重庆、汕头、福州、广州、汉口等地介绍分所。（二）设立上海中国国货公司于上海大马路大陆商场。

四月一日，豫鄂皖赣四省农民银行正式开幕，供给农民资金，促进农村生产。

六日，国民政府统一币制，明令自本日起，全国改两为元，确定银本位。

先是政府于三月八日公布《银本位铸造条例》，次日财政部决定即日起上海试行废两，改为银元单位。

先生笔记云：

> 民国十七至二十年间，平均银元价格为每百银元值上海规元银两七十三两，民国二十一年降为六十九两九钱五分。银元之购买力低落，即物价上涨，市民称苦，各界盼望从速废两改元。按照现银成分，适为每元合规元六钱九分九厘，铸费尚不在内，故政府废两改元，规定银元价格，只有升值，而无贬值。凡此种种因素，均利于废两改元之实行。顾当时外商银行，及一部分钱业，仍持怀疑之论调。至谓银两废止，难免不生银元滥铸，成色参差，甚至银元流通，增加国家银行纸币之滥发。再则上海造币厂尚未成立，难免不生银元供不应求之现象。中国银行一面向外商银行说明中行发行纸币，实行准备公开检查。中央、交通两行亦同样办理。决无滥发纸币之虞。并告以中国银行库存银元丰富，随时可供应市面，不使匮乏。一面催促政府不再踌躇，毅然实行。终于二十二年三月八日，政府公布银本位铸造条例，四月六日复明令全国改两为元。全国金融业一致遵办，外商银行亦不再反对。中国银本位始告统一，既有助于纸币之流通，无形中增加市面之筹码。

八日，中国银行举行股东常会于上海银行公会，先生以总经理名义，向股东提出民国二十一年度营业报告。其中“国难与国民经济”一章，详论：（1）满洲问题，（2）上海事件，（3）农村衰落与社会经济；翔实扼要，发人深省。报告引言曰：

民国二十一年，遭民国以来未曾见之国难，无异积弱之身，忽染时疫，百病齐发。政治则举国皇皇，几无一日之安定；社会则农村衰落，几至全国人民沦于失业；经济则旧式商业组织奄奄待毙，几于次第崩溃；金融则资金集中都市，内地血脉完全停滞。此种情形，在交通发达、经济组织完密及人民生活程度高腾之国家，种种恐慌骚扰之现象，必早已层见迭出，甚或不免于内乱；然在中国则交通幼稚，信用组织未臻灵敏，产业组织未臻完密，生活程度尚未提高，故虽不免遭受上述之困难，犹能幸免于国民经济之破裂。抑以渴者易为饮，饥者易为食，凭借金融上之小小助力，一切产业与建设，反易于建树欤！本行有见于此，故决定仍采取有进无退之方针，对于金融界巩固及改进金融组织之合作运动，固已尽力援助，以促其成；即凡工业因缺乏资金，不能进展者，则充分接济之；凡农产品因无金融帮助，不能维持相当价格者，则尽量调剂之；凡各省建设事业，需要巨大资金者，亦无不尽力助其完成；一面尽量向内地放款，矫正集中现金于都市之弊病。盖认清信用与产业幼稚之国家，既能幸免于金融与产业之恐慌，即知金融上之继续援助，实可以间接促进社会与秩序之安定。证诸过去一年间之成绩，私幸所取方针，尚无错误。以有二十年历史之金融机关，能于国难最严重之时期中，对于国家社会，稍尽厥职，吾股东与吾同仁当亦同声庆幸者也。过去一年间，在国家社会上，颇有二差强人意者。除四川二刘之战，全国尚无重大内战，实以军人鉴于国难，觉悟内战之非；同时各省均知从事建筑公路，不可谓非军人心理之移转。二十一年度，财政部未再发行公债，一扫二十年来政府借债度日之积习，不可谓非财政当局整顿收入、平衡预算之成功之第一步。政府与社会渐知提倡改良农村之重要，国民爱用国货之趋势，日见热烈。此皆由国难刺激中所得之教训，使国民心理有一重大之变换。深冀因此变换之结果，吾金融界向所遭遇之困难，得以消除；而改良社会经济之种种工作，得因社会之谅解与合作，益使进行顺利。所谓多难兴邦，此尤私心所深切期望者也。

五月五日，出席农村复兴委员会会议。

该委员会以行政院院长为委员长，目的为统一农村救济工作，及加强民间与政府之合作，分为技术、经济、组织三组进行讨论。先生为委员之一，被指定为经济组召集人。该组建议：（1）每省设一合作指导委员会，指导各县之合作社；（2）每省设一农民银行，并尽可能，设立支行；（3）农民银行须在各县设立农业仓库；（4）商请上海银行公会发起设立农村金融调剂委员会，由各银行联合调剂农村金融；（5）各省应尽量支持典当业；（6）设立专门委员会，研究丝、茶、米、麦、棉等之生产成本、税率、生产量、需要量、运费，并建议价格之调剂办法。先生并建议应由行政院院长、有关各部部长及各省主席，成立一农产调剂委员会，研究运费之减轻，内地各项税捐之废除，及进口税之增加。随即在上海银行公会推动成立“农村金融调剂委员会”。

八日，财政部长宋子文赴美晤罗斯福总统，会谈白银问题，中国银行上海分行经理贝祖诒随行。

六月十五日，财政部长宋子文出席在伦敦开幕之世界经济会议，发表演说：希望安定银价，欢迎外资开发中国富源。

七月初，中国银行石家庄支行设立农产仓库，办理小农抵押贷款，每户以五十元为限，不及五十元者，可由数户联合共借，年息九厘。派员在正太铁路沿线宣传办法。

先生笔记云：

以中国银行立场言，农业金融不在其营业范围之内。只以农业衰败，影响工商业，与进出口贸易，不得不分其一部分资力，以资提倡，而作示范。

月中，赴杭州，偕杭州分行经理金百顺视察湖州、嘉兴、温州、宁波、绍兴、余姚等地农村，筹设农产仓库。

先生笔记云：

利用本行八十余处之仓库设备，推广农产品之抵押放款。其押品包括棉花、茧子、稻米、杂粮、烟业、茶业等项目。按二十二年度，中行此项押款金额总计一千九百五十余万元，内以棉花为大宗，计为八百九十万元，实值一千一百余万元，占市面及厂家存棉五分之一。

九月初，赴平汉铁路沿线之定县、正定、清风店等处视察，筹设农产仓库。

先生此行，偕天津分行副经理束云章、石家庄支行经理赵宗溥等同行，筹计农民小额押款。并在距离乡村较近，农产品集散中心，设立农产仓库十五处，推广农民小额放款，其金额大小不拘，年息不逾一分。

十月十一日，任全国经济委员会委员。该会于是月四日成立，计有委员共三十二人。

十六日，全国经济委员会棉业统制委员会在上海成立。陈光甫任主任委员。

是年一月，日本陆海空军联合攻击山海关，三日下午陷落。

六月，财政部长宋子文与美国善后银公司订立棉麦借款五千万美元合同。

七月，外交部公布《白银协定》全文。

十月，宋子文辞财政部长职，中央以孔祥熙继任。

十一月，陈铭枢、蔡廷锴、李济深、蒋光鼐等，在福州通电，宣布成立“中华共和国人民政府”，更定年号为“中华共和国元年”，设首都于福州。

一九三四年　先生四十六岁

一月四日，中国国货公司、中华国货介绍所成立联合办事处。

先生为促进全国各地发展国货起见，以中华国货产销合作协会理事长地位，筹设各地中国国货公司及国货介绍所，并使公司与介绍所成立联合办事处。嗣后五年之中，陆续成立南京、广州、汉口、长沙、重庆、成都、昆明、桂林、贵阳、温州、福州、济南、西安、郑州、徐州、镇江等十六处国货公司。

十三日，国民政府公布发行关税库券一万万元条例。以关税收入作抵，月息五厘，每月还本一次，分八十四个月还清。指定中央、中国、交通三行为经理机关。

同月，财政部以停付意国庚子赔款为担保，向十六家中国银行合组之“意庚款借款银团”订立四千四百万元合同。月息八厘，分期偿还，至民国三十七年为止。中央、中国、交通三行共摊认二千万元，其余由参加各行摊认，自十万元至一百万元不等。

二月二日，上海银行公会电美总统，请对美国复兴计划中之提高银价，慎重考虑。

美国提高银价，人民视藏银有利可图。若此心理逐渐普遍，势必舍纸币而藏银元。其结果将使银行纸币回笼，发行纸币银行之现金准备，逐步降低。首受打击者，将为商业银行所发行之纸币，最后亦必波及中央、中国、交通三行。先生目睹此项危机，明知不能不亟谋补救，顾银价之能否阻止提高，其权操之于美国之手，非中国政府，更非中国金融界所能转移。惟有一面联合同业向美国当局呼吁，一面向政府贡献对策。于是上海银行公会议决，电致美国总统力陈提高银价与中美双方均有不利。电文曰：“本市银行业同人敬致意于贵大总统阁下：自贵总统施行复兴计划，使美元价格下跌，贵国物价果以上腾，失业日渐减少。但敝国物价将继续下跌，白银势将流出，为投机事业者造机会。况敝国数十年来天灾人祸，人民生活已陷于水深火热之中。贵国购银政策，若继续进行，敝国农民生活将益感困苦，国际汇兑亦将有非常之混乱，双方经济均蒙不利。敝国银行同业极盼望贵总统俯察敝国情形，将银价采取稳健之步骤，勿使突然高涨，造成汇兑上之困难。特此电达，敬祈察纳为祷。上海银行公会。”

三月初，中国银行总管理处通函各分行，在所辖营业区内，加紧提倡国货，敦促当地实业界领袖，建立国货工厂，组织国货商店，中国银行当予以金融援助。

先生笔记云：

> 我国小规模的手工业，历史悠远，由于管理容易，开支节省，成本轻，存货少，故在经济衰落时期，尚能维持。惟以缺乏营运资金，时须向外借贷，利息奇高，致发达不易。兹特通饬各分行对于此项手工业厂家，兴办小额低息放款，借额由三百元至二千元，月息不逾九厘。至于规模较大，需要资金较多之国货工厂，如经审查认为前途富有希望，自当予以适当之金融援助。

二十六日，赴南京出席全国经济委员会会议，讨论美棉美麦分配办法。

按棉麦借款原为美棉四千万美元，美麦六百万美元，美粉四百万美元，共计五千万美元，合国币二亿元。经修改合同后，美棉减为一千万美元，美麦美粉共减为一千万美元，合国币八千万元。但按时价只合国币五千余万元，而依照合同规定，则货到三个月以内，尚须还本及除去运费，能派用途者仅四千万元。至请求分配之数目，共十亿零二千五百余万元，超过可以应用之款二十五倍以上，实无法分配。各常务委员经规定分配原则如下：（1）集中资力，先办重要事件，（2）指定地方，办理几桩重要事件，（3）非小数经费所能举办者不办。

四月十四日，中国银行召集第十七届股东常会于上海银行公会。先生以总经理名义，提出二十二年度营业报告。在引言中谓：

> 民国二十二年度之国民经济，一言以蔽之，二十一年度病

态之显著而已！华北一部，河北边境各县及察哈尔略受兵灾；山东黄河区域，稍受水灾；此外各地，均无重大事故，政治渐臻安定，田获亦见丰收。惟一般农产价格跌落，田地贬价，农民日渐困穷；所幸棉花价格之低落，不如其他农产品之甚；故河北、山东、山西、陕西、河南各省之农村状况，较之其他各省，尚能差胜。长江中部、四川、江西，有共匪之蹂躏；湖南、安徽、江苏，受米价惨落及丝茶衰败之打击，农民收入，尤见减少。华南一部，则华侨汇款，退减未已，食米仰给外国，社会经济枯窘，更甚于长江各省。以中国全体言之，则因丧失巨额之满洲出口贸易，致入超数目，日见增加，生金现银，尤多流出；又因农产价格之低落，致人民购买力愈降愈低，国内工业品之销路愈见减色，此固病态变迁中应有之现象，必然之结果。唯所当注目者则二十二年度之病态，泰半由于世界不景气之反响，不过譬之孱躯，其忽于卫生者，外感之侵入尤易。顾事愈穷则变愈亟，二十二年度之病态，二十一年度固已知之；至二十二年度而方知设施之迫切。此一年中，全国上下均知改进农村之不容稍缓；且知改进农村，在消极方面，必须扫除障碍，减轻负担；在积极方面，必须集合各种经济建设，同时并进。于是中央有免除一切苛捐杂税之通令，及铁路运输之改善，运费之减轻，与夫公路铁路之增筑，棉业之统制，合作运动之提倡，凡此各种设施，皆所以为救济农村而连类及之者，虽尚未见有大规模之规画；然政府当轴，迫于切身利害所关，渐悟培养民力之切要；则今日农村破产之痛苦，焉知非他日农村复兴之代价。此二十二年度创深痛巨之中，所见否极泰来之象，充实而光辉之，是在全国国民之奋起耳！

同月，决定建筑一十八层楼大厦以供中行总管理处与上海分行办公及营业之用。

先生笔记云：

中国银行饱经风浪，未见动摇，内部组织，既已革新，银行实力，足与驻在上海之欧美银行相抗衡，必须有一新式建筑，方足象征中国银行之近代化，表示基础巩固，信孚中外。经过董事会决议，决定建一十八层楼之大厦，以供总管理处与上海分行办公及营业之用。其图样经由上海名建筑公司巴马旦拿 Palmer and Turner 及中行建筑课长陆谦受会同拟定。预算营建费六百万元，自民国二十一年起，已在营业盈余项下，逐年提存建筑费基金。

按中国银行上海分行开业以来，向在上海公共租界汉口路五号，大清银行旧址办公营业。第一次世界大战期间，中行向政府购进所接收之上海外滩德国总会会址，经过局部修理后，于民国十二年二月二十一日，迁入办公营业，门牌为黄浦滩仁记路二十二号。嗣中行总管理处于民国十七年南迁上海，亦即同在该址办公。惟该址内部结构与现代银行布置，相去甚远，且年久陈旧，已逾安全期限，亟须翻造。民国二十四年九月举行奠基典礼，中间因中日战争，一度停工，直至民国三十二年夏，始告竣工。

同月，上海极斯非而路中国银行行员新宿舍落成。

中国银行上海分行在沪西极斯非而路，原建有行员宿舍，可容四五十家，名为“中行别业”。总管理处迁沪后，先生为实现其改进行员生活政策，对于行员福利及教育事项特为注意，乃就“中行别业”空地，加建中次级行员住宅十余栋，可容二百余家居住。附设幼稚园及初级小学，并有游艺室、消费合作社等设置。

同月，宋子文发起组织“中国建设银公司”。

先生笔记云：

宋子文离财政部后，决计弃官就商，且具做“中国摩根”意愿，因发起组织“中国建设银公司”，定资本总额为一千万元。要求中国银行承认最大股份，并向我表示其志趣。当告以如真能做“摩根”，以输入外资为目的，我极表赞同。惟兹读所拟发起银公司之缘启，内有“兼营国内银行业务”之规定，无乃与股东银行竞争，颇不合理。嗣将文字稍加修改，中国银行同意认股五分之一，为最大股东。中央、交通两行各认一百五十万元，宋氏本人自认十分之一，计一百万元，余由各商业银行分认。宋氏本人原拟自任董事长，而以总经理畀乃弟子安。迨公司成立，蒋委员长指派孔祥熙为董事长，以宋子良为总经理。及宋子良出任广东财政厅长，方由宋子安继任，宋氏本人始握实权。

月底，乘轮船赴四川考察。先至重庆，继经内江、自流井而至成都。由成都至嘉定，经叙府、泸州，折回重庆，又至北碚。往返费时一月有半。

先生笔记云：

此行所得：（1）与四川境内分行及各支行经理交换意见；决定鼓励上海资金移入四川，从事开发之业务方针。（2）参观卢作孚之北碚事业，及所经营之民生轮船公司；认为颇有辅助之价值。（查民生公司拥有近五百万元之财产，而短期负债甚多，利息则在二分以上。因为筹划发行一笔公司债，清还短期债务。返沪后，即与各银行商洽。决定发行公司债一百万元，于翌年七月一日发行。民生得此协助，逐步发展。抗战时期，对于公运、民运，贡献甚大。造因殆始于此）（3）与刘湘军长认识，建议从速与中央合作，整理四川财政及币制。颇承采纳。（嗣渠任四川省府主席，翌年赴庐山谒见蒋委员长后，中央协助其整理四川财政金融，次第步入轨道。抗战前夕，一切建置，已粗具后方根据地之规模）（4）参观成都华西大学，与美籍校务长皮邱 Joseph Beech 结识，深佩其斩荆披棘、筚路蓝缕之精神。允任该校董事长，以迄民国三十八年。

随先生入川考察人员计有中国银行总管理处分区稽核徐维明，经济研究室代理主任格雷、副主任张肖梅，上海分行副经理史久鳌等。

六月初，离重庆，抵汉口，转石家庄，经济南，返上海。

至石家庄，偕同天津分行经理卞寿孙、石家庄支行经理赵宗溥同赴定县、清风店等处视查农产仓库进行情形。复转乘津浦铁路火车至济南，与济南支行经理陈隽人筹计山东境内农村贷款办法。

十三日，对上海各报记者，发表游川感想谈话。先生云：

此次游历四川，先至重庆，继至内江、自流井，而至成都。由成都而嘉定、叙府、泸州，折回重庆，又至北碚，来往四十五日。各省所固有之通病，如政治不良、租税负担过重、农民生活困难、购买力减低、输出入不能相抵、金融枯竭等，四川当然均兼而有之。特殊之病，共有四点：第一为防区制度，去年以前，四川几分为四五国，有二十一军防区，二十四军防区，二十八军防区，二十九军防区，俨然各自独立。甚至租税货币，均各自为政。商贷转运，经过一防区，即须征收税项一次。自二刘战争终了，刘文辉退居西康，刘湘督办防区大为扩充，即彼之势力，已超出各军之上。其他如杨（森）、邓（锡侯）、田（颂尧），各军势力，迥不如前。但防区制度，依然存在。第二为田赋重征，各防区因财政困难，每年田赋，可征十余次，平均为七次，而人民不得不勉力担负，其困苦可想而知。第三为苛捐杂税，各省均废除厘金，而四川省对于各种货物之通过，几于样样有税。设卡征收，无异变相厘金。第四为货币不统一，现各省均改用大洋，独川省有特殊之川洋，成色较大洋为低，每千元约低一百余元，尚有地区行使小洋者。四川人口几为各省之冠。据云有七千万，较日本一国为多，而其蕃殖力，尚见增加。务农者异常勤苦，吾辈游历所经之田亩，几无旷土，且极整齐，一望而知为勤于工作之国民，次则天产丰富，土地肥沃，全省除棉花外，几于无物不产。所谓有人斯有土，有土斯有财，四川足以当之。惜其财用之养兵，制造内战，有负此终岁勤劳之人民，天赋之宝藏耳。同时有一点可注意者，四川人思想好新，善于追逐潮流，例如现在重庆亦有公库，亦有证券交易所，大致上海之事事物物，输入极易。此亦将来四川革新之一大便利。社会不乏有志之士，如卢作孚君等苦心从事社会工作，努力精神建设，均属值得注意而令人忻快者也。现刘湘督办努力从事剿匪，渠曾表示剿匪完成即从事善后，设法裁减军队，整理内部，而后从事建设。其爱护四川之热诚，及整理四川之决心，与夫其个人立身之不苟，洵属可佩。但尤要者，仍在各军觉悟，共同打破防区制度，使政治统一，财政统一，减轻人民负担，有合理之税则，庶几农民可以稍舒喘息，间接防止人民之流为共产，直接促进生产之增加，然后可以谈善后，可以期剿赤之成功。否则窃恐本末倒置耳。尤盼向来足不出四川一步之军政当局，多到外省游历，使各省与南京上海，多与四川沟通，则四川之进步与建设，更当迅速。以四川人口之众，物产之丰，论其面积，几同德国一国，所以四川一省，当视为上海工业之一大市场。在消费方面，固不必说，即如棉纱一项，若四川一省果能安定，人民购买力稍稍增加，则上海各中国纱厂所出产之棉纱，不难尽为四川一省所吸收。但欲使四川为上海制造品之推销市场，即须增加四川人民之购买力，亦即须增加四川人民之生产力，使之增加出产，推销于外，庶四川之出入口可以相抵。故一方应有技术人才，多往四川帮助其计划种种建设，一方面俟政治稍稍安定，币制稍稍整理，即可逐渐输入资金，以增加其生产力。此为上海实业界应具之眼光。要之外省人当以深切之同情，多与四川人接近，以尽辅导之责。

二十九日，中国银行联合上海商业储蓄银行共同救济申新纺织公司渡过危机。

按荣宗敬所经营之申新纺织公司，拥有纱厂九处，分布于上海、无锡、汉口等地，计有纱锭五十万枚，布机三千余台。在中国棉纺业中，实为巨擘。过去以扩充太骤，外欠甚巨，民国二十一年六月间，到期应还之款约五百万元，若不依约清偿，势将搁浅。同时所辖各厂厂房机器，十之七八，均已抵押殆尽，实已陷于山穷水尽境界。因向中国银行商恳援助。先生以荣氏创业不易，而其事业成败，关系国计民生，乃指定由申新将所辖之第二第五两厂全部固定资产，提供为担保品，订立抵押借款及营运透支借款合同，计定押五百万元，透支四百万元，由中国银行上海分行与上海商业储蓄银行及钱庄两家共同承借，并组织申新第二五两厂借款银团，由中、上两行派员驻厂稽核财务，管理出纳及仓库。一切如约践行，尚属顺利。惟至民国二十三年夏间，申新总公司又有行将到期之借款二百五十万元，急待归还，否则整个公司业务，势将停顿，影响社会及中国萌芽之工业至巨。先生因复决定与上海商业储蓄银行共同续贷该公司二百五十万元，指定由与申新有关联而财务独立之福新、茂新两面粉公司主持人王禹卿担保，负责承还。当时福新、茂新两公司之固定资产虽不及申新之巨，惟既无外欠，而年有盈余，王氏信用亦佳，故有此种安排。同时复要求申新设立管理委员会，由中、上两行各派代表一人参加，负责监督改进一切。

先生笔记云：

> 此项借款，十分冒险。但为扶助国货工业，不得不负此责任，使绝大风潮，勉强渡过。

抗战期间，申新营业好转，所欠中、上两行债款，均能本息全部归还。

七月一日，中国银行与英商汇丰银行共同承销铁道部发行之中英庚款六厘公债，英金一百五十万镑，作为完成粤汉铁路，乐昌至株洲一段未完工程之用。

民国二十二年七月，铁道部与中英庚款董事会订立借用退还英庚款完成粤汉铁路契约，总额为英金四百七十余万镑。其中二百一十四万镑须于民国二十三年四月至三十五年十二月陆续到期。而大部到期之款，均在建筑工期之后。

先生笔记云：

> 因向铁道部建议，以该款为担保，发行六厘英金公债一百五十万镑，每年一月一日、七月一日各还本付息一次，十二年还清。即以公债出售所得，拨充建筑资金。复以担保品，既为英国退还之庚款，自应邀约英商汇丰银行与中国银行各半承摊。

当时汇丰以银价上涨，恐公债不易销售，显示踌躇。当告以如汇丰推销不足定额，余数可由中行承受。磋商几达半年，兹始同意。嗣中央、交通两行亦愿参加。从此粤汉铁路建筑经费有着，而停工二十七年之南北干线，不久有完成之望。此于国家政治、经济裨益匪浅。

十月二十一日，建议组织“浙赣铁路联合公司”，承筑由浙江玉山至江西萍乡，联接粤汉铁路之株萍线。

先生早有建筑由杭州至萍乡成为一长江以南横贯干线，联系其他东南、西南铁路之全盘计划。会德国奥托华尔夫公司 Otto Wolff, Köhn 为觅求钢铁出路于东方，特派代表来华访问先生。因以建筑玉山至萍乡一段铁路计划相告，怂恿其进言于该公司主人奥托华尔夫，担任建筑该路材料垫款，由中国银行为其受托人。至于工程费用，则由中国银行承借。同时先生鉴于杭江铁路原用轻轨，必须改用重轨，以便联系东南及西南干线，因即向铁道部建议，应邀请浙江、江西两省政府，共同组织“浙赣铁路联合公司”，由铁道、财政两部发行铁路建设公债一千二百万元，以国内铁路盈余作抵，另由江西省政府发行玉萍铁路公债一千二百万元，以江西省附加盐税作抵。先以公债面额半数，交由中国银行保管，即由中行联合金城、上海商业、浙江兴业、新华信托、江西裕民等银行，及邮政储金汇业局组织银团，与浙赣铁路联合公司定立合同，合借现款八百万元，作为筑路薪工及收购地产等费用。另由中国银行与德国奥托华尔夫公司订约，由该公司垫借价值八百万元之材料与浙赣铁路联合公司。两种借垫款项还本付息，均由中国银行就所保管之公债本息项下，分别拨付。

先生笔记云：

粤汉铁路与浙赣铁路两笔借款，乃系以银行力量，实行辅助铁路建设政策具体化之开始。

是年一月，闽变敉平，十九路军通电拥护中央。

八月，农业实验所统计报告，本年旱灾区域已有十一省，一百二十九县，损失不下三亿元。内政部调查非正式公布：三个月来水旱两灾损失逾十亿元，灾区遍及全国面积三分之二，计受旱灾十四省，水灾十三省，蝗灾八省，雹霜灾十二省。

十二月，财政部发行关税公债一万万元，年息六厘，偿还期限十年，内五千万元系换回一月间发行之关税库券，将腾出之基金发行此项关税公债。

一九三五年　先生四十七岁

一月三日，中国银行总管理处与上海分行由外滩仁记路二十二号迁入汉口路五号办公营业。仁记路二十二号行屋开始拆卸，预备翻造。

二月三日，中央、中国、交通三行特放巨款，维持金融。

本月二日，上海各业总结账，银行各户提款拥挤，头寸多感短缺，金融逾趋紧急。中央、中国、交通三国家银行，为救济市面计，召集临时会议，决定由三行拆放巨数，总额计一千五百万元。钱业方面申请放款者约四十余家，借额由十万元至五十万元不等。二三两日放出一千万元。

二十一日，中国银行举行农业放款会议。

先生于两年前，指定河北、山东、河南、陕西、安徽、江苏等省境内之分支行处，派员推动农业放款以来，因上述各地社会秩序比较安静，农放业务颇能平稳发展。截至去年底止，放款最高纪录曾达二百余万元，大都为农业仓库抵押，亦兼做小额放款。此次会议，根据各处报告，所得结论，认为复兴农村经济，如无政府协助，甚难收效。

三月二十八日，（一）国民政府令：任命先生为中央银行副总裁。

按中国银行自改组为特许之国际汇兑银行，先生任总经理后，刷新内部，扩充营业，五六年间，进展迅速，已为国内首屈一指之银行。存款实占全国银行存款总额四分之一，发行则占全体三分之一。其为政府注目，遭中央银行嫉妒，自不待言。

民国二十二年十一月，孔祥熙继宋子文任财政部长后，每月筹款，弥补收支不足，必须向中央、中国、交通三行通融借款。中央银行虽在财政部掌握之中，而实力较逊，中国银行实力虽丰，惟不能事事听命，取求如意。正值银价续涨，金融枯竭，乃计划改革币制，统一发行，自必须先置中央、中国、交通三行，于财政部直辖之下，庶几进行便利，乃决定三行一律增资改组，先调先生为中央银行副总裁，而以宋子文为中国银行董事长。

事前，先生曾有电呈蒋委员长，略谓：

> 璈与中国银行历史悠久，即行摆脱，深恐影响行基，踌躇未决。奈孔部长一再敦促，因思当此经济困难时期，苟利党国，捐糜在所不惜。顾又虑在金融尚未安定以前，设以个人进退，影响行务，间接及于财政金融，益增钧座焦虑。万不得已，或暂行兼任中国银行总经理，一俟渡过难关，再行完全摆脱。曾将此意婉陈孔部长。嗣晤宋部长，承面示钧意，欲璈即时脱离中国银行。钧座既有此意，璈无不唯命是从。不日当即辞去中国银行总经理职务……

按上电系三月二十七日，借黄郛与蒋委员长通电密码拍发。

（二）财政部训令中国银行，将政府官股股本，由五百万元增至二千五百万元，股本总额由二千五百万元，增为四千五百万元。训令曰："为令遵事，比年以来，世界经济恐慌，波及吾国，物价跌落，百业衰颓。去岁复受美国提高银价影响，国内存银，巨量流出，益令金融枯竭，市面周转维艰，大有岌岌不可终日之势。本部顾念及此，经令饬该行会同中央、交通两行拆放巨款，借资调剂。工商业各团体环请救济，亦以该行等尽量押借，为应急之必要。顾体察内外经济情形，凋敝之深，杯水车薪，何济于事。复兴无象，来日方长。以三行现有资金力量，维护或有难周。而该行与交行资产负债总额，对资本总额之比率，若照各国银行通例，尤觉有失平衡，于金融关系綦巨。若不熟筹远虑，及时充实资本，增厚信用，势将捉襟见肘，应付难以裕如。查该行原有资本二千五百万元，官股五百万元，应再增二千万元，以民国二十四年金融公债如数拨充，业由本部提经议决在案。兹随文附给二十四年金融公债二千万元之预约券，仰即查收，填具股金收据，送部存查。再该行官股既已增加，原颁条例，自应酌加修正，条文抄发。令仰该行即日召开董事会议决，提交本月三十日股东会议办理具报。切切此令。孔祥熙。”

二十九日，向中国银行董事会辞卸总经理职务。

中国银行接到财政部增资改组训令后，即召集董事会。列席董事纷纷提出异议：（一）政府何能以未上市之公债缴充股本；（二）政府如希望中行增资，理应先尽商股股东认购；（三）原颁中行条例，无异官商合股之契约，何以未经股东同意，即予修改；（四）中行资金并不缺乏，放款总额计达四亿元以上，虽经白银风潮之后，且增加四千万元。因一致主张质问政府。嗣先生报告：

> 孔财长决定派宋子文为本行董事长，调本人为中央银行副总裁，交行人事则未予更动。显见其中尚有人事关系。部行对抗，难免不牵动市面。本人已决定辞职，希望各位董事予以谅解。

中国银行遂于三月三十日，股东大会中接受增加官股，改为国营。嗣财政部为缓和商股股东起见，复将增加官股二千万元数目，减为一千五百万元，合原有官股五百万元，共为二千万元。

四月一日，短文述怀。

先生辞去中行总经理职务后，在笔记中，对于经过，略有记述：

> 此次中国银行增加官股，与更动人事，于三月中旬，孔宋两先生自汉口归来后，方始知之。因在行二十三年，几于年年在奋斗中过生活，与事斗争，即不免牵入人事恩怨。所幸为国家已树立两大财政金融工具之信用：一为公债，一为纸币。为金融界已建立一近代化之金融组织，为中国银行已奠定坚固不拔之基础。眼看国难近在眉睫，何可因小愤而害大局。且因人事斗争，更难登大雅之堂。况天下无不散之筵席，手栽的美丽

花枝，何必常放在自己室内。能让人取去好好培养，何尝不是一桩乐事。所惋惜者，自民国成立后，希望以中行之力，辅助政府建立一完善之中央准备银行，一面能永保通货健全，一面能领导公私金融机关分业合作，创造一力能发展经济之金融系统，庶几内有资金充沛之金融市场，外具诱导外资之坚强信用，足以追踪经济发达后进之日德两国。此志未遂，斯为憾事。

四日，就黄郛商榷出处。

先生四月一日卸去中行总经理职务后，忽接行政院院长汪兆铭约赴南京担任实业部长来电。对于中央任命为中央银行副总裁问题，尚未解决，兹复发生实业部问题，颇有无所适从之感。特赴莫干山访问黄膺白商讨个人出处。黄氏因电蒋委员长代询究竟。电文曰："重庆蒋委员长勋鉴：公权昨忽来山谈一小时，匆匆转京。谓汪先生约赴京，拟劝其就实业部事。彼因中央银行问题，已极困难，忽又发生实部问题，实令彼莫所适从，特来商榷。兄因不知内中情形，未便妄参意见，仅嘱其斟酌取决而去。特再电达参考。弟对此意思如何，能从速示及，或可稍稍代为授意也。郛叩，廿四、四、五。"电中有"特再电达参考"一语，盖在三月二十七日，为先生调任中央银行副总裁问题，曾有电请蒋委员长加以考虑故也。

五月，赴北平休息。

先生离中行后，曾告孔财长，愿出国研究考察，借补所学之不足，惟孔氏则希望其先就中央银行副总裁职后，再行出国。因赴北平小事休息。时华北地方无论政治与经济均受日军牵制，冀察当局有设立华北准备银行之计划，托人前来征询先生能否担任该行总裁，日方亦来怂恿。

先生自述云：

> 我闻之骇然，知华北危机已亟，乃即日离平返沪，径到中央银行就职，以免是非，且放弃出国之念。

六月底，中国银行董事会议决致送"退职赠与金"国币一十六万元。

先生于三月二十九日辞职离行后，董事会为酬报其服务中行二十四年之劳绩及卓越贡献，特提专案决议致送“退职赠与金”一笔，计国币一十六万元。按先生任中行副总裁期间，月支正薪八百元，公费五百元；任总经理后，月支正薪一千元，公费一千元。每月收入，均由庶务经理。一切个人零用，家庭开支，纯就所入支付。惟以职位关系，交际酬应，极为浩繁，公费收入，殊不敷应付。对于似与行务表面无直接关连之公私团体的募化，乡人故旧之告贷，只得以个人名义予以点缀，不能由行方出账。因此历年亏累竟达六七万元之巨。离职后，全家由中行公邸迁往自置值二万元之私宅，而嘉定纺织公司董事会，复以桑梓情谊，一再要求加入股份二万元，是为个人一生仅有之企业投资。此次所得赠与金，除去偿欠、购屋、入股外，所余约四五万元即作子女教养费用。

七月一日，就中央银行副总裁职，并负责筹备中央信托局。

先生就职后，即承总裁孔祥熙之命，筹备中央信托局成立事宜。

该局设理事会、监事会，置局长、副局长。其业务分为：（1）储蓄业务，办理公务人员及军人储蓄，并接办私营之一切有奖储蓄。（2）采办业务，办理各级政府及其所属各机关，与国营事业，或公共团体委托购买事项。（3）信托业务，办理企业信托、信托投资、证券买卖及保管等事项。（4）保险事业，办理公务员及军人之人寿保险。

十月一日，中央信托局开幕。先生兼领该局局长，并以刘驷业任副局长。

六日，中国经济考察团由吴鼎昌率领赴日。

先是三月中，蒋委员长嘱财长孔祥熙传谕先生与吴鼎昌、周作民诸人组织中国赴日经济考察团。先生经即电陈拟先约一日友来华，探询彼方经济方案内容，再行请示核夺。嗣以忙于筹备中央信托局开幕，无法分身，乃由吴鼎昌组织考察团，任团长，率同团员三十四人前往。团员中有中国银行总经理宋汉章、金城银行总经理周作民等。

十四日，蒋委员长由太原飞返南京。

月底，蒋委员长邀赴南京，面挽出任实业部长，婉辞。

先是四月四日，行政院长汪兆铭电邀先生出任实业部长，经由黄郛电陈代询究竟，迄未奉复。兹蒋委员长特面挽出任该部部长。先生以中央信托局甫告成立，业务正待推进，婉辞。

十二月十二日，就行政院铁道部部长职。

先是华北形势恶化，行政院院长汪兆铭辞职，国民党五届一中全会第五次大会开会，推选中央负责人员。行政院院长为蒋中正、副院长为孔祥熙。同时政府希望党外人士参加行政院工作。蒋兼院长特嘱张群征询先生可否就铁道、交通、实业三部中，选任一席。

先生在自述中云：

> 我以国难当前，毫不迟疑，选择铁道部。一则可以贯彻在中行时代所抱辅助铁道建设之志愿，二则希望实行中山先生建筑十万里铁路之大计划。

行政院各部会首长名衔如下：内政蒋作宾、外交张群、军政何应钦、海军陈绍宽、财政孔祥熙、实业吴鼎昌、教育王世杰、交通顾孟馀、铁道张嘉璈、蒙藏黄慕松、侨务陈树人。

十六日，北平冀察政务委员会不经中央同意，径行委任北宁、平绥两路局长。

北平冀察政务委员长宋哲元就职后，未先商得铁道部同意，即径委陈觉生为北宁铁路局局长，张维藩为平绥铁路局局长。先生认为：

> 此举大则导致津浦、平汉北段之分割，促成日人之华北自治梦，小则破坏我之铁道计划。因北宁、平汉两路收入较多，一经丧失，无法获得基金，整理旧债，吸收新债。

故决亲赴北平挽救。在动身前，先将两局长加委，俾易与宋委员长谈判。

是年一月，财政部赋税司报告废除苛捐杂税种类已达二千六百余种。

二月，苏俄与日本伪满成立中东铁路让售草约（售价一亿四千万日元）。

五月，国民政府公布中央银行法。

六月，国民政府公布一亿元关税公债条例。

七月，国民政府公布妨害国币惩治条例。

八月，皖、赣、湘、鄂四省水灾总报告：灾民达一千四百万，灾区面积十万方里，淹死者十万以上，公私损失五亿元以上。

十一月，财政部颁布紧急法令：规定中央、中国、交通三银行钞票为法币，不得再使用现金。国民政府公布公营铁道条例、民营铁道条例及专用铁道条例。

十二月，美国务卿赫尔宣言，华北自治运动，美国不能熟视无睹，请各国尊重九国公约。

一九三六年　先生四十八岁

一月三日，乘车抵北平。

先生日记云：

抵平，冀察政务委员会宋委员长哲元，偕北平市秦市长德纯、天津萧市长振瀛至车站迎接。赴旅馆休息，即往访宋委员长。继访秦萧两市长，告以铁道行政统一之破坏，将中日人华北自治之诡计，而促中日战争之爆发。我已决定承认宋委员长所委之局长，但要求两局长须服从铁道部之命令。秦萧两市长告我：华北日军部强力压迫冀察政委会截留一切中央收入，如关余盐余、铁道收入，及其他中央税收，为华北建设之用。日方所提建设计划中，包括扩展大沽港，便利日本采运山西白煤供给海军之用，及建筑沧石铁路。我告以我可建议中央将华北收入，悉数以之作华北军费，及冀察政委会经费。因当时中央拨发华北军费，与收入总数相差不远。至大沽港扩展，与建筑沧石铁路，不问有无余款，我可负责兴办，幸得彼方谅解。即晚赴宋委员长欢宴，宴毕，四人会谈，一切同意。将拟定大纲，报告中央。

六日，视察平绥铁路。

先生日记云：

抵张家口，察哈尔省政府张主席自忠将军来站晤谈。至大同，绥远省政府传主席作义将军来站晤谈。均将中央对日政策，及在平与宋委员长接洽情形，一一告之。

七日，赴天津视察北宁、津浦两铁路局。

先生日记云：

晤日本驻天津武官多田骏，告以中央决定扩展大沽港，免其压迫宋委员长。

八日，飞青岛视察胶济铁路。

九日，乘车抵济南。

先生日记云：

至济南晤山省政府韩主席复榘将军，告以中央决定筑沧石铁路。又晤日本驻济南领事西田，亦以此告之。

十日，返南京。

十一日，向蒋委员长报告视察经过。

先生日记云：

将此行一切经过，报告蒋委员长，均予同意。随即与有关各部接洽，办理正式手续，以安宋委员长之心。

二十二日，与德商西门子洋行 Siemens China Co. 订立兴筑湘黔铁路材料借款三千九百万元草约。

先生赴华北解决维持各铁路之行政完整问题后，在南归途中，深以与其徒费心力，周旋于华北当局，保持不易久保之路线，何如转移方向，集中力量建筑新路，以作将来国防及长江封锁之准备。不如趁中日局面未破裂之际，先就华中及西南各省之铁路交通，预为规画。认为当时最重要之路线莫如湘黔铁路，即延长玉萍铁路自株洲以至贵阳。惟对于筹措建筑资金办法，虽有继续发行第三期建设公债，可以指充国内工程用款，而国外材料购买之款，一时殊不易得。适前任平绥铁路局长沈昌声称：在先生就任铁道部长之前，西门子洋行代表德国联合钢铁出口公司 Stahl Union Export Co. 曾派翁刚君 Herr von Ungern – Sternberg 与铁道部交涉，愿借值二千至三千万元之材料，整理平汉铁路。盖西门子洋行认为平汉路营业极有希望，亟愿得一地位，承借巨款，不愿奥托华尔夫专美。当查平汉铁路每年收入，除开支及偿债外，尚可敷余三百六十万元，以之充作基金，应无问题。返宁后，即与西门子洋行开始谈判，以整理平汉路名义，向之商订材料借款三千九百万元。内中拟以一部分材料用作整理平汉铁路，而以大部分用以建筑湘黔铁路。西门子洋行欣然承诺，订立草约，要点如下：（1）材料总额：计三千九百万元，六年内分批定购，但声明可续借六百万元。（2）付款办法：规定每批材料定妥时，付价款百分之十。货到时，再付百分之四十五。其余百分之四十五，则付以货到之日后六年满期之期票。期票以海关金单位计算。至续借之六百万元材料，自民国二十九年起，每年约偿还一百万元。确数随后再定。（3）担保：并无抵押品，惟为巩固债权计，设立整理平汉路购料基金保管委员会，债权人得派代表参加。平汉路局按照规定，每年担保基金数目。每月拨交基金会，二十五、六、七，三年每年为三百八十五万元；二十八、九、三十，三年每年为三百三十万元；三十一、二、三，三年每年为四百十八万四千元；三十四、五、六，三年每年为三百六十七万二千元。（4）利息：期票利息定为年息六厘。

二月六日，（一）召集部务会议。

先生日记云：

本日会议要点：（1）决定全部员额，以杜滥进；（2）规定部次长批阅公文程序，及各厅司办理公文稿件接洽次序，以免公文延搁。

按政务次长为曾养甫，常务次长为曾镕圃。

（二）同意协助粤方建筑粤汉铁路支线至黄埔港。

先生日记云：

罗钧任代表粤政委会，请求协助黄埔筑港，允其建筑粤汉路支线至黄埔港码头。

七日，向蒋兼院长陈述拟向德法商家礎商建筑铁路材料借款办法。

先生日记云：

本日行政院会议毕后，向蒋兼院长陈述日新派大使有田不日来华，对于中日关系，或有广泛的意见交换。在讨论期间，可能使欧美铁路投资，意存观望，宜早决定借款方向。现拟与德商礎商延长玉萍线接通株洲后，再展至贵阳路线之材料借款。同时拟与愿意投资成渝路之法商礎商延长由重庆至贵阳，与昆明路线之材料借款。

九日，商拟成渝铁路借款合同初稿。

先生日记云：

与中国建设银公司代表刘景山，及四川建设厅厅长卢作孚会商草拟成渝铁路借款合同。

先生以法国巴黎和兰银行 Banque de Paris et des Pays – Bas 总理费纳莱 M. Horace Finaly 之代表法人梅莱 M. L. Merlet 来华考察，实为中国吸引法国投资之绝好机会。因思择一法人最感兴趣之计划与之商谈，而建筑成渝铁路最为适宜。盖法人蓄意伸长其在云南之经济势力，推及四川。若滇越铁路能与四川铁路衔接，则不特滇越铁路之营业可以增进，即海防海港将为西南各省之吞吐港，有益于越南商务者更巨。同时民国三年（一九一四）所订之钦渝铁路合同，法人认为依然存在。故若提到四川省内之铁路计划，法政府当然感有兴趣，必愿参加。且成渝一线经过皆富庶之区，营业收入，将甚可观，足以保障投资。至于中国建设银公司正思与各银团一一发生关系，而尤愿与法国银团合作投资，对于中国铁路事业，作一商办公司之试验，从而获得沿线开发实业之机会。四川省政府方面，则自先生就任铁道部长后，即经来函请求建筑此线。各方既几抱同一见解，因与建设银公司、法国银团，及四川省当局开始谈判。至借款方式，则已有浙赣铁路与中国银团及奥托华尔夫借垫款合同先例，可供取法。

十日，邀宴李滋罗斯爵士及其随员，商谈津浦铁路债款整理办法。

先生日记云：

> 中午宴李滋罗斯爵士及其随员，并有汇丰银行代表卡塞尔 W. C. Cassels 与财政部顾问杨格 Arthur Young 同席。宴罢，磋商津浦铁路债票整理办法。结果如下：（1）决定将积欠利息取消五分之四，所余四分之一，分二十年摊还。（2）以后利息，第一、第二、第三三年间付一厘半，第四年起付五厘。（3）自一九四〇年起还本，平均分四十年还清。（4）恢复设置洋总工程师，及洋会计各一人，其权限另订。（5）利息以关税为第二担保。李滋罗斯允将此项条件电英债票持有人会，促取同意。兹事解决，可为其他债票整理之标准，亦为打开英国恢复中国铁路投资之门。

按光绪三十四年（一九〇八），津浦铁路原借款本金，截至民国二十四年（一九三五）止，计英发部分结欠一百一十五万六千三百五十镑，德发部分结欠二百四十四万二千七百四十镑。宣统三年（一九一一）续借英发部分结欠八十八万八千镑，德发部分一百六十六万二千七百八十镑，共结欠本金六百十四万九千七百七十镑。历年未付利息共三百七十五万七千零七十九镑。二十四年十一月四日，李滋罗斯致函财政部孔部长，指摘津浦路每年有盈余三百万元，而不以之偿付债务。财政铁道两部会商后，先生因有上项整理方式之提出。

十四日，立法院通过发行第三期铁路建设公债一亿二千万元条例。该项公债分三期发行，每年四千万元，分二十年平均还本，年利六厘。指定为兴筑湘黔、川桂等省境内之干路，及补助平绥、正太、陇海、胶济等路展长旧有路线之用。其还本付息，则以新筑及展长路线收入，及旧路偿还原有债务之余款拨充，不足时，由财政部补足之。

先生笔记云：

……其所以如斯宣布声明展筑华北各旧路者，实有重大政治理由。盖以当时华北铁路行政之完整，正在动摇之际，日人屡次要求华北当局修筑沧石铁路，及济南聊城路线。若借款用途专注意于西南新路，必引起日人反感，压迫华北当局益急，必致阻止华北各路盈余之提用。故不得不将旧路展长之用途，列入其中，以为掩护。

十八日，与中国建设银公司订立建筑成渝铁路借款草约。

先生笔记云：

由铁道部与中国建设银公司，同时由建设银公司与法国银团代表梅莱分别订立草约，包括：（甲）成立“川黔铁路公司”：（1）招集股本，以代借款；（2）股本总额二千万元，商股占五成五，官股占四成五；（3）先筑自成都至重庆之干线，并经营沿线有关实业；（4）设理事会，理事二十一人，铁道及财政两部与四川省政府指派代表八人，余由商股选举；（5）股息年息七厘，商股股息在建筑期间及开始营业后五年内，由铁道部保息；（6）建筑期间及开始营业后五年内，还本付息均由铁道部担保。（乙）铁道部与建设银公司订立建筑成渝路合同：（1）建设银公司担任招募铁路公司优先股商股一千一百万元，公司成立时，先交半数；（2）建筑费计国外材料需二千三百万元，国内需二千八百万元，除由银公司担任五成五股款外，不足之数由银公司担任承受铁路公司发行之债票补足；（3）铁路公司债按年息六厘计算，自通车之日起，开始还本，十三年还清，优先股息定为官利七厘，均由铁道部照甲项(5)（6）两目办法担保，并以一千万元第三期铁路建设公债交由银公司作为担保（此项公债本息以正太铁路收入担保），至公司债则以成渝铁路全部资产及其收入作持票人之第一担保。（丙）中国建设银公司与法国银团所订借款合同：（1）法国银团委托建设银公司为债权委托人，并为铁道部及川黔铁路公司接洽之代表人；（2）法国银团供给材料借款二千三百二十二万元，现金借款九百八十五万元，允以银公司承受川黔铁路公司发行之公司债票承受；(3) 公司债还本付息办法亦照乙项 (3) 目所订办法；(4) 在法购料由银团代办；(5) 法国银团供给有经验之技术专家帮助一切建筑技术；(6) 法国银团给予银公司按照借款总额半厘报酬；(7) 此项草约签字后，四个月内成立正约。

二月，计划组织滇黔铁路公司。

先生笔记云：

商谈成渝路借款合同时，曾以组织川黔铁路公司办法电告云南富滇新银行总理缪嘉铭，询其能否转商省主席龙云，仿照川省成例，出资若干与铁道部及中国银团合组一滇黔铁路公司。当得龙主席复电云，湘黔、滇黔二线希望同时着手，并请早日组织公司，负责进行。并得缪总理覆电谓：云南应参加数目，由部决定，无论如何困难，必全力以赴。云南方面既如此表示，此后与东方汇理银行之谈判，助力不少。

三月二日，伦敦市场中国铁路债票价格大涨。

先生笔记云：

津浦铁路债票本金五百六十五万镑、欠息一百八十二万镑，整理办法公布后，伦敦市场之中国铁路债票价格大涨。此次整理债票，持票人共牺牲一百七十三万镑。

三日，赴杭州视察钱塘江大桥工程，当晚乘浙赣铁路火车，视察该路全线。

四日，晚抵南昌。

五日，视察浙赣路南昌车站毕，乘南浔铁路火车赴九江视察该路全线。

六日，乘轮抵汉口，当日视察江岸机厂、药制枕木厂，及大智门车站与平汉铁路管理局。

八日，(一) 乘粤汉路湘鄂段火车抵长沙，与湖南省政府何主席键晤谈，拟筑湘黔铁路。(二) 至株洲，勘查拟建铁路总机厂厂址。

（三）至渌口，视察渌江桥工。

九日，乘粤汉路株韶段火车至衡州。

十日，视察株韶段工程局。

十一日，乘汽车至砰石，视察五大拱桥工，旋由砰石乘南段所备专车赴广州，即宿车中。

十二日，经韶关，抵广州。

十三日，访陈总司令济棠。

先生笔记云：

> 商定粤汉铁路统一后，拟以凌鸿勋任局长，总局设衡州，承其同意。

按株韶段接轨后，粤汉全线行将通车，自应合并三段，设立粤汉铁路管理局。其时西南与中央尚有隔阂，首任局长有待安排。先生认为凌氏为粤人，系专家，无政治彩色，颇合条件。

十五日，视察黄埔筑港工程。

十六日，飞抵南宁与白副总司令崇禧、省政府黄主席旭初晤谈，拟建筑湘桂及梧州三水段铁路计划。

十八日，飞回广州。

十九日，视察广九铁路管理局。

二十四日，行政院公布川黔铁路公司章程。

先生主张由铁道部与中国建设银公司及四川省政府合作，组织之川黔铁路公司，其章程经行政院核定公布，纲领如下：（1）名称为“特许川黔铁路公司”。（2）业务为先建筑及经营自成都至重庆之干线，及其经铁道部核准之支线，并经营铁路沿线有关实业事业。（3）股本总额二千万元，商股占五成五，官股占四成五。（4）设理事十五人至二十一人，由铁道部派代表二人至三人，财政部派代表一人，有关之省政府派代表二人至五人，商股股东选举八人至十一人。（5）股息年息七厘，商股股息于建筑期及开始营业后五年间，由铁道部保息。（6）建筑期间之借款利息，及开始营业后五年间之还本付息，均由铁道部担保。

先生笔记云：

该公司成立后，即由中国建设银公司代表本身并代表该公司商股股东，与铁道部订立投资成渝铁路合同，并由银公司与法国银团订立借款合同。

四月二十九日，与中央、中国、交通三银行订立湘黔铁路国内建筑费用借款合同。

先生年初自平返宁后，即与西门子洋行开始谈判，以整理平汉路名义，向西门子洋行商订材料借款三千九百万元，经于一月二十二日成立草约。除拟以一部分整理平汉路外，大部分用以建筑湘黔铁路。惟该路国内建筑经费，尚待筹措。适津浦债票宣布整理，而部方原持有德国交回中国政府之德发津浦债票计一百十万镑，及无利小票十万镑，原已准备注销，及整理后，票价回涨，遂以之连同第三期建设公债一千七百万元，提供抵押，向中央、中国、交通三银行借用国币二千二百万元，作为湘黔铁路国内建筑费用，月息八厘。

先生笔记云：

在部方整理债务，一举手之劳，而得到一笔可充抵押之财产，湘黔路因得以开始建筑，宁非天助人助之功耶！

五月五日，道清铁路债票整理就绪。

先生笔记云：

道清铁路自光绪三十一年（一九〇五），向英商福公司借款八十万镑。自民国十五年起，积欠该项借款本金四十九万五千七百镑，息金二十二万三千零六十五镑。民国十四年起，复积欠该公司增购车辆借款本金三万九千零三十五镑，息金四万七千九百五十九镑。民国九年，因展筑清孟支路，又欠该公司本金八万七千三百镑，积欠息金十三万七千三百五十一镑。铁道部与债权人磋商，按照下列办法解决。（甲）一九〇五年债票：(1) 付息办法——自民国二十五年至二十七年，每年各付利息二厘半；如道清铁路收入足敷偿付本息后，尚有盈余，应将应付利息，增为最高五厘；自二十八年起，每年概付五厘。(2)还本办法——借款本金四十九万五千七百镑，自二十五年起，分为二十七年偿清。(3) 剔除惩期利息办法——持票人承认放弃惩期利息五分之四，其不放弃部分，另发小票；二十七年后，本金偿清后，照付。(乙) 清盂借款：(1) 以前结欠利息，减为年息单利三厘，算至整理之日为止。(2) 上项单利连同本金，以后不再计息；自民国二十五年五月起，匀分十二年偿还。(3) 上项应还之数，如不逾六个月拨付，概不给息；否则以年息单利四厘计付。经过整理，债权人牺牲本息两共三十一万一千余镑。为巩固财政基础起见，寻即将道清路局并入平汉路局，以节经费。

八日，铁道部与中国建设银公司及中英银公司合组之银团签订发行英金债票合同。

先生笔记云：

该项债券面额计英金一百一十万镑，除用以偿还上年两项垫款：(甲) 钱塘江大桥工款，及 (乙) 偿清苏浙两路公司收归国有之未付尾数外，即指充：(1) 完成沪杭甬铁路之杭甬线及钱塘江大桥，(2) 建筑南星桥支线，及 (3) 支付经由中英庚款董事会订购车辆之价款。

七月十四日，国民政府令免陈济棠本兼各职，特派余汉谋为广东绥靖主任，林云陔为广东省政府主席（林云陔不就，改派黄慕松）。

先生日记云：

从此广东日与中央意见一致，于增进国际信用，及铁路发展，均有裨助。

十五日，政府成立国防会议，蒋委员长兼任议长。会议议员三十人，由政府任命。先生以铁道部长被任为议员之一 。

二十八日，政府任命铁道部政务次长曾养甫为广州市市长。

八月十一日，蒋委员长飞抵广州，处理粤省军队善后。

十六日，铁道部公布广九铁路债票整理办法。

光绪三十三年（一九〇七），为兴筑广九铁路，向中英银公司订借英金一百五十万镑，发行债票，年息五厘，期限三十年，满十二年半后，分十七年摊还，以全路资产及收入为担保。过去虽还本五期，付息三十五期，尚积欠本金一百十一万一千五百镑，息金五十八万三千五百三十七镑。兹经商妥整理方案，其办法与津浦路债票整理办法相似。持票人欠息项下牺牲约四十六万六千余镑；二十年内假定均照二厘半付息，约牺牲五十五万镑，两共九十六万六千八百余镑。

先生笔记云：

> 广九铁路债票整理办法公布后，伦敦各报均有社评。伦敦泰晤士报谓："本年中国铁路借款之整理，是为第四次中国政府努力恢复铁路债信，实属最可喜之事。"财政时报云："吾英人应充分承认中国政府恢复铁路债信之决心，及铁道当局之勇于负责，能自远处大处着眼。铁路债信恢复，即国家信用恢复，必能鼓励国外之投资……"可见英国舆论重视整理案之一斑。

二十五日，（一）铁道部公布陇海铁路债款整理办法。

陇海铁路自民国元年起，先后与比荷法公司及比荷法银团订立借款合同，历年本息增加，积欠本金合国币一亿五千余万元，利息约合一亿元。在袁世凯当国时代，该路债款挪用抵补政费，用于路政者不及一半，故该路资产所值，与债额相差甚巨。铁道部经与比公司决定整理办法，公布如下：（1）自民国二十五年（一九三六）七月一日起，第一年付息一厘半，以后每年递增半厘，至民国三十年（一九四一）及三十一年（一九四二）止，付至最高年息四厘，以后照给周息四厘。（2）自民国三十六年（一九四七）七月一日起，规定每年以平均数额之款项，用以还本付息，最多分为三十五年还清。每年所规定之数，尽先付息，余以还本。如遇债票价格与票面价值相等，或高于票面价值之时，其还本办法，以抽签行之。如票价低于票面，则由借款经理人商之中国政府之代表，向市场收购。但如应偿债票不能在市场收购，则由借款人刊登广告，公开标购，向报价最低者购入，以每年规定之还本金额全数用尽为度。(3)民国二十五年（一九三六）七月一日以前，愆付各期利息，全数取消。

先生笔记云：

照上述办法，与整理其他各种债票相较，债权人让步较多。其他各路债票利率于若干年限后，仍维持原利率，而陇海则减为永远年息四厘。其他各路欠息取消五分之四，陇海则全数免除。计积欠利息及整理后至开始还本时止，减付利息共约一亿五千万元。在比荷两银团之牺牲与顾全大局，实有足多者。

（二）铁道部与比国银团签订建筑宝鸡至成都之铁路材料借款一亿一千二百五十万比国法郎合同。

先生笔记云：

宝鸡至成都之铁路对于国防及经济均极重要。当时预料一旦中日战争爆发，敌人进击，将潼关以东之陇海铁路切断，则西北国防与民生须赖西南资源接济。此线贯通西南西北，可以便利部队及物资运输，意义之重大，毋待赘言……自陇海铁路债票整理后，比国银团对于参加中国铁路建设深感兴趣，极愿投资。因向比国银团提出新借款为整理旧欠之条件。估计宝鸡至成都四百七十七英里，需用国外材料二千七百六十万元，国内材料六百九十万元，国内工程及运输费八千零五十万元……经由部方与比国银团驻华代表郎勃脱 M. Henrie Lambert 再四磋商后，并经比国内阁核定材料垫款总额，于八月二十五日，与比国银公司 Compagnie Generale de Cheminsde Fer et de Tramways en Chine 签订合同，并由该公司声明会同另一公司名 Societe Belgede Chemins de Fer et de Tramways en Chine 共同办理，称为“展筑陇海铁路购料合同”。合同条件如下：(1) 总额——四亿五千万比国法郎，应于四年内平均分批订购材料，即每年支用一亿一千二百五十万法郎。(2) 期限——分七年还清，第一年还百分之三，第二年还百分之四·八，第三年还百分之八·四，第四年还百分之十二，第五年还百分之十八，第六年还百分之二十四，第七年还百分之二十九·八。(3) 利息——周息六厘，自材料到达之日起算。(4) 担保——(a) 每月付款数百分之三十五，应由一殷实中国籍银行担保；(b) 以宝鸡至成都铁路之收入为第一担保；(c) 以陇海、汴洛两路之收入除去两路已有借款抵押之余数为第二担保。

九月十日，应蒋委员长电邀赴广州商订加速建筑广州至梅县铁路计划，并讨论黄埔港码头工程。

先生笔记云：

民国二十五年六月，广东陈济棠主任去职，西南政委会撤销，两广与中央完全统一。蒋委员长电召赴广州，告以为收拾西南人心，必先自建设始，最要为兴筑铁道，与黄埔开港。至铁道路线以广州至梅县为最有经济价值，系自石滩经惠阳、老隆、兴宁，而至梅县，并由梅县建一支线，经丰顺而至潮安，与潮汕铁路衔接。将来可自梅县展至赣州，与浙赣路相接，贯通粤闽赣浙四省。一旦海岸封锁，中央与粤省交通仍可保持。因即在广州决定开始兴筑"广梅铁路"。并拟由广东商人发起组织公司，提倡建筑，作为商办，由铁道部予以协助。

十七日，离广州返南京。

二十六日，订定整理湖广铁路债票办法。

按湖广铁路借款成立于民国元年五月，发行债票六百万镑，由英德法美四国银团承受，以鄂湘两省之厘金每年四百万两，及盐税每年九十五万两作抵。历年未尝如约偿付本息，截至民国二十四年止，积欠本金五百六十五万镑，息金一百八十一万九千九百七十五镑。二十四年十一月，李滋罗斯函孔财长祥熙希望对债票本息，由关盐两税项下拨付。财政铁道两部会商后，提出整理办法。于二十六年三月，得到美国持票人会之同意，正式订定办法如下：(1) 付息办法——民国二十六年至二十七年，每年付息二厘半，自二十八年起，恢复五厘，由铁路收入项下支付，并以盐税担保，自民国三十年起，以关税担保。（2）还本办法——自民国三十年起，按照定表于三十九年内偿清，债票本金及无利小票由铁路收入项下支付，不足时，由财政部补足。（3）取消过期利息办法——过期利息不照五厘计，统照单利一厘计算，发给无利小票。二十六七两年减利二厘半之五分之一，亦发给无利小票，上项小票自三十一年起，于二十年内付清，中国政府得保留将开始三年应还无利小票之半数，移于最后三年偿还。

先生笔记云：

> 此项债票因系在英法德美四国市场发行，磋商整理办法，颇感困难，尤以美国方面之持票人对于担保问题，颇多争执。经此整理后，持票人牺牲欠息约为一百四十五万五千余镑，减利二年，约为二十八万余镑，两共一百七十三万五千余镑。

十月初，（一）订定津浦铁路德华银行垫款整理办法。

按民国元年，津浦铁路续借款第一批发行之债票债款用罄，以市场状况不能发行债票，遂由德华银行垫款，以未发行之债票一百三十万四千镑作抵，垫借六十八万九千镑。民国五年六月底，结欠本息共计九十万零四百二十四镑。因以此数转作本金，另订归还办法。嗣以对德宣战未曾履行。至二十四年底，结欠本息共计一百十九万七千五百六十三镑，由铁道部与德华银行磋商整理办法如下：（1）本金定为九十万镑。（2）以前欠息一律取消，自二十五年起，三年间免利。（3）二十五年十月一日起，本金十万镑分三年平均还清，未还本金八十万镑，自二十八年十月一日起，以三厘计息。（4）二十八年十月一日起，津浦路每年付五万镑，并出予期票，由铁道部保付。（5）在抵押未发行债票中，提出六十七万八千镑，改为有效债票不在市场发行，其息金由津浦路收入内支付。其余债票，一律交还销毁。

先生笔记云：

> 此项整理办法，德华银行牺牲欠息一百一十九万七千余镑，

再加三年免息，两共一百二十七万七千余镑。惟英方持票人会以增加有效债票，无异加发债票，发生异议，经磋商后，始予同意。

（二）拟订宁湘浦信垫款整理办法。

按民国三年（一九一四）三月，政府向中英银公司签订借款合同，建筑南京至萍乡铁路，定名宁湘铁路，计英金八百万镑。由该公司先后垫付库平银二百万两，半数用以收并株萍铁路，半数用以收赎皖路。又按月垫付宁湘路局测量费用，共合规元四十八万六千两，两共折合银元三百七十四万五千余元。至二十四年止，本息共计四百四十八万九千余元。铁道部与中英银公司代表汇丰银行商定整理办法如下：（1）将收并株萍铁路一百万两，连同利息作为国币二百五十万元，由浙赣路株萍段内分期无利偿还，最初每月偿还十万元，次五年每年偿还十五万元，此后每年偿还二十五万元。（2）其余库平一百万两及规元四十八万六千两，连同利息共作三百六十万元，由中英银公司在承借广梅及贵梅路借款内扣还。未扣还前，付给年息一厘。

民国二年十一月，政府向华中公司签订建筑浦口至信阳铁路借款三百万镑合同，先由该公司垫款不逾二十万镑。截至民国二十六年六月止，积欠本利共计四十一万六千余镑。经与华中公司商减为三十万镑，于正在商借建筑浦口至襄阳铁路四百万镑借款内扣除。

先生笔记云：

以上各项债款整理，债权人方面之牺牲，除陇海路一亿五千万元外，津浦、湖广、道清、广九四项共五百六十余万镑，约合国币六千七百余万元。故于债务方面，中国政府减少负担二亿三千余万元，而外债十分之九，均已整理就绪矣。

月中，论整理铁路积欠外债之必要。

先生笔记云：

中国政府积欠铁路外债本金，截至民国二十四年底止，计合美金二亿六千五百余万元。李滋罗斯来华协助改革币制，表示中国政府：(1) 应健全银行组织，(2) 须平衡预算，(3) 宜吸收外资。三者如能做到，则法币可以稳固。又表示若能整理津浦及湖广债款，则英国愿意设法增加投资。在我则亟欲吸引铁路投资，以扩充新路。尤其对于长江以南及贯通西南与西北之铁路，以为中日战争之准备。故在此一年中，尽力将整理工作，迅速完成。整理就绪，公布办法者，计有 (1) 津浦路债款，(2) 津浦路德华银行垫款，(3) 湖广铁路债票，(4) 道清铁路债票，(5) 广九铁路债票，(6) 陇海铁路债票，(7) 宁湘、浦信垫款。

二十八日，与德国银团签立供给湘黔铁路材料三千万元借款合同。

民国二十五年一月二十五日，铁道部曾与西门子洋行商订材料借款三千九百万元草约，内拟以一部分材料用于整理平汉路，大部分则用以建筑湘黔铁路。嗣以此项草约所定交货期限太长，与湘黔路限定三年完工时间相差太远，因将草约修改如下：(1) 平汉路借款部分，由德国联合钢铁出口公司代表；湘黔路借款部分，由德国奥托华尔夫公司代表。(2) 湘黔路材料借款为三千万元，四年交足；二十五年交材料价值三百万元，嗣后每年交九百万元。(3) 借款周息六厘。(4) 第一年还一百万元，第二、第三、第四年，每年还三百万元，第五年还三百五十万元，第六年还三百七十五万元，第七、第八、第九、第十年每年还四百万元，第十一年还三百七十七万三千元，十年零一个月还清。(5) 除以湘黔铁路筑成后之路产作抵押外，另由铁道部出立一“四千万元面额之信托据”，由借款人委托中国银行代表收执。合同签订后，并经行政院核准。

先生笔记云：

玉南、南萍、湘黔各路借款相继成立，德国厂家获得自杭州至贵阳横贯东西一大干线之材料供应权，遂引起各国之注意。尤以英国资本家与中国铁路投资素有关系者，不得不顾虑今后长江流域铁路投资之为德国攫取，亟思有以补救。故英国方面此后之热心赞助广梅、襄浦等借款，不得不谓德国之插足中国铁路建设，与有助焉。

三十日，伦敦路透社于十一月间，以《中国之惊人进步》Striking Development in China 为题，采录先生为上海《大陆报》撰述《最近中国铁路建设情形》，分发英国各报。文曰："中国现向英伦定购大批材料，以供建筑自南京起点，经由粤汉铁路而连贯广州之新路（京赣铁路），其与怡和机器有限公司订立之合同，业于本月初旬签订。英国厂家供给该路之总数，共计英金九十万镑。该路完成后，将通过中国最富庶之区域，并为已完成计划建筑各路中之一大链节。外国人士，对于中国一九三二年后之铁路建设，殊欠明了。惟铁道部长张公权先生在上海《大陆报》*China Press* 特刊撰文中，曾阐明过去三年中，完成路线共四百六十英里，其余已兴工建筑及计划建筑各路，亦有一千二百四十英里。

"去年最重要之工作，厥为完成粤汉铁路。其中间一段，共长一百八十五英里。该路通过崇山峻岭，工程极为艰巨。其次则为延长陇海铁路，由江苏省北部滨海之海州起，经河南省中部而至陕西省之西安。该路最后将延展至远在西北之甘肃省之兰州。此路完成后，于开发西北方面，极有裨益。此项设施之能于实现，将有赖于英国归还中国一千一百万镑之庚子赔款。粤汉铁路之建筑与设备，其资金殆全出于此款。英国厂家已将能力最大之机关车二十四辆，运交该路。英国厂家并代该路承造能力较次之机关车，及客货车数十百辆。

"行将建筑中之新路，最堪注意者，首推贯通四川成都至重庆之一线。四川为中国面积最大、资源最富之省份。成都为该省之省会，重庆位于扬子江上游，乃该省最大之商埠。铁路筑成后，可与河道连贯，运输方便，中国之经济，当日趋繁荣。

"中国铁路悉为国有。过去三年半中，当局从事划一运价，奖励运输，不遗余力。大部分之建设计划，虽尚在进行中，而去岁各路货运，较一九三二年，已超出百分之二十五。"

十二月七日，与法国银团签订成渝铁路借款计现款一千三百万元，料款一千四百五十万元合同。此项借款，名义上系借给川黔铁路公司，而由铁道部担保铁路公司供给建筑费，并为顾到民国三年所订钦渝铁路借款合同起见，以贵阳至昆明之借款筑路优先权许予中国建设银公司与法国银团。借款合同要点如下：（1）债额共计二千七百五十万元，周息七厘。（2）由铁道部对铁路公司出给法国银团期票，予以全部无条件担保。（3）借款期限为十五年，初二年半中付息，以后平均还本，分十二年还清。（4）应付银团各项服务酬金共计二百二十六万五千元。故借款实收约合九二折强，较之以往借款折扣为低。

先生笔记云：

铁路借款合同之复杂，可谓以此为最。实以不能发行铁路公债之前，无法向国外商借现金。今法国银团于材料借款之外，能搭借现金若干，此例若能打开，则可逐渐开辟国外现金借款之途径……无如法商对国外投资素乏经验，并有若干分润利益之分子参加其间，如中法实业银行，及中法教育基金委员会，故利益唯恐其不敷支配。惟为奖励投资起见，利益不妨稍稍牺牲，只求筑路与管理之权操之于我。同时仿照浙赣铁路借款成例，由中国建设银公司为受托人，设我方因本息愆期而实行管理路产，亦只由受托人之中国建设银公司代为执行。

十一日，签立兴筑京赣铁路借款各合同。

先生笔记云：

我任职铁道部后，蒋委员长以一旦战争爆发，京沪路不通，必须有一自南京往后方撤退之运输路线。最近路线为利用江南铁路自宣城为起点，向南行经宁国、绩溪、徽州，再东折经威坪、淳安，而达龙游、衢县，与浙赣路衔接，名为“京衢铁路”。嗣以此路离海边太近，且沿线无甚出产，缺乏经济价值，因改自徽州径向南行，经休宁、祁门，而入赣境，经浮梁、乐平而达贵溪。不特军事上为优越，且沿线木材、纸张、茶叶、瓷料、煤斤均极丰富。全线长二百九十八英里，称为“京赣铁路”，计需国外材料九十万镑，国内工款三千四百万元。当时可提供抵押之财源，几于搜索殆尽，乃向各方拼凑……由铁道部与中英庚款董事会、怡和洋行、汇丰银行及中国银团（包括金城、盐业、中南、大陆、四行储蓄会、浙江兴业、交通、中国农民等银行）四方面共同签立总合同，另由铁道部与怡和、汇丰及中国银团各签订分合同。

合同大纲如下：（1）借款——向中英庚款董事会借用料款四十五万镑，向怡和洋行及汇丰银行借用料款四十五万镑，向中国银团借一千四百万元。（2）担保——铁道部向中英庚款会所借完成粤汉铁路借款还款办法重行规定，每年应由（a）粤汉铁路广韶段及韶关至湘粤两省交界处一段之营业收入项下，提出国币二百七十万元，（b）首都轮渡营业收入项下提出国币五十万元，（c）国有各路客货运加价收入项下提出国币三百万元，共六百二十万元为担保，如收入不敷时，由部方负责于三个月内补足之。京赣铁路可望于二十七年通车营业，自二十八年起于其营业收入项下每年尽先提出国币二百万元。上述两款，由部路按月拨交基金委员会。委员会收到基金后，先拨付粤汉路向庚款会所借各款之利息，其应还本金数目，即以之转借于京赣路，以之代偿怡和、汇丰及中国银团借款。怡和与汇丰有优先权。中英庚款会应收回之本金，自民国二十六年至民国三十五年，共得国币一千八百七十七万元，此为第一担保。此外并以京赣路全部财产及收入为第二担保。又为使中国银团便于周转起见，由铁道部发行京赣铁路公债一千四百万元，年息六厘，十年为期，基金来源即上述之基金。（3）期限——中英庚款会四十五万镑借款及转借之款，在民国三十六年前仅付利息，自三十六年起，分二十年还清。怡和、汇丰及银团借款，统分十年还清。（4）利息——中英庚款会借款按周息五厘计算，怡和、汇丰借款按周息六厘计算，中国银团借款按月息九厘计算。

先生笔记又云：

此项借款合同之签订系另一方式，可谓无法中之一法。幸有中英庚款会之提倡，怡和与中国银团之协助，否则几于无法成立。盖此项借款之担保，名为中英庚款，实则仍系铁道部各路解款，等于以部之信用担保。惟至此则可供借款之财源已至罗雀掘鼠之境。但京赣路建筑国内工款须二千四百万元，此时只借到一千四百万元，其余一千万元尚待筹措。

按该路于二十五年十一月中分皖赣两段开始兴筑，以两省交界之道湖为界。皖段一百六十八英里，自宣城至道湖土石方及桥涵隧道等工程大体完成，兹已铺轨至歙县，完成行车路线约九十九英里。赣段道湖至贵溪一百二十四英里，以工程进行较皖段为迟，道湖与贵溪两端之运输均极困难，至二十六年十二月只铺三十一英里，不幸战事发生，宣城于十一月失陷，皖赣两段旋即拆毁。

十二日，西安发生重大事变，张学良部队异动，蒋委员长被劫持。

十四日，在铁道部总理纪念周演说，以《决心为完成事业之前提》为题。词曰：

今日举行总理纪念周，同时举行本部同人纠察队宣誓典礼，诸同人本天下兴亡匹夫有责之义，自动组织纠察团体，打破文弱之观念，毅然从事于纪律化军队化之工作，此种文武兼资之精神，出自公务员，实有重大之意义。盖从而可发挥民族之自信力，扩张民族前途之希望也。今日为星期一总理纪念周日，又为本部纠察队成立纪念日，又为鄙人到部以来恰正一年之日。回顾一年中深赖部路同人一体努力，尚有尺寸之进步。惟天下之事，进化无穷，以往种种决不能自认满意。必须依照既定方针，自强不息，精益求精，则事业方有新的发展，而各界对铁道交通，方有新的观念也。

民国二十五年者，为吾国最可纪念之一年，何以言之？盖此一年之中，充分表现吾民族自信自决之力，而此自信自决之表现，实为已往历史所未有。以对外言，因我坚持正义，于不屈辱不让步的原则下，折冲樽俎，用使外交情势，得以化险为夷，前途荆棘，得与希望以俱来。而我国民观感为之转移，民族精神因以振发。环顾世界各国之舆论，亦无不以“新中国”视我，具见我国年来之进步，已有使外人不可轻侮之处。此无他，民族自决自信自尊自立之心主宰之耳。

兹就一年以来整理铁路问题言，余于忝长之初，即奉蒋院长之命，首途北方视察，而耳濡目染，感想万端。归途深觉欲救中国，当先救铁路。挽救之道，固在于旧路之策进；而尤要于新路之建设，然后可望全国脉络之舒展，完成铁路救国之目的。因即于途中抱定造路之决心，首先决定发行公债，继即整理旧债，所以一方减轻负担，一方提高债信，以使外资源源流入，作为建筑新路之用也。

余到部之时，库存支绌，同仁皆知，惟携有整理路债之唯一信念，抱定为事业而努力之唯一决心，因使各项计划得以循序推进，于以见不但整个国家须有民族自决自信之力，方有转弱为强之希望。即以铁路一端而论，亦须坚持信念，抱定决心，方能有以促进也。吾国铁路干线，才长八千余公里，现蒋院长手订之五年铁道计划，拟于五年内赶筑八千余公里。且考从前修筑一路，必须费时数年，方能完成，且有竟永不完成者。现在国难深重，苟并千百事于一日为之，并六七路于一时兴之，是否有济，尚不可必，故吾人益宜如何奋发，方足以副艰困之使命。虽然，以中国目下国力民力之疲乏，此项建筑资金，从何所出，固属疑问。惟吾人苟能抱定百折不回之决心，则事在人为，必有见诸实现之一日。然则将来之纪念本年本日，其意义更将深长为何如也。

此次陕变，国人无不共愤。年来国难严重，赖中央及蒋院长撑柱艰危，得以转危为安。现蒋院长虽一时蒙难，所望诸同仁各持镇定，一如平时之努力，苟能人人以院长之精神为精神，以院长之毅力为毅力，矢心工作，贯彻到底，则目下院长虽未脱险，与已脱险无异。吾人目下亦唯有专注心神，肃然祈祷领袖之安全，早释国人满腔之忧思耳。

按先生演讲之时，距西安事变仅二日，故末段有“吾人目下亦唯有专注心神，肃然祈祷领袖之安全，早释国人满腔之忧思耳”等语。

十七日，上海《大陆报》为文论《成渝铁路之建筑》，对于先生新猷备致钦佩。文曰：“位于四川境内之成渝铁路，因有川黔铁路特准有限公司之成立，及中法工商银行三千四百五十万元借款合同之签订，大约不久即可开始兴建。彼承募商股之中国建设银公司，成立仅逾两年，历史可云甚短，但对于国内种种建设，颇多擘划，而尤以此次之事，比较更大。国人对于铁路建设之投资，将由此而蒸蒸日上矣。

“该公司系根据行政院营业执照组织成立，资本二千万元，营业期限，定为三十年，于期满之后，得铁道部之许可，尚可续展。铁道部及四川省政府虽奉有行政院命令，筹拨资本若干，但对于路政方面，公司实有自主之权，铁道部所有者，不过依法办理而已。因有此种情形，故中国方面之纯粹私营铁路公司，即于焉肇始。铁道部张部长嘉璈目光之远大，与赞助之有力，实堪钦佩。”（下略）

二十日，上海《法文日报》为文论《成渝铁路为中法经济合作之一端》。对于先生努力改良，与延长中国铁路之成就，深致推许。文曰：“吾人于前星期四日，曾记载中法工商银行代表法国银团，与代表川黔铁路公司之中国建设银公司，签订三千四百五十万元合同，以建筑四川省由成都至重庆之铁道。按此事关系重大，殊值得加以评论……铁道部长张嘉璈氏对于中国铁道之改良与延长，已以其努力，收获许多效果。此次尤能以远大眼光，认定新方式之成就，对于发展铁道之关系，故以其权威极力赞助中国建设银公司，及中法银行之计画，而使之得行政院，及中国政府之核准。”

二十四日，上海《字林西报》报导《德国报界对于中德购料借款合同之观感》。极言《柏林地方公报》等，对于先生与德国实业团，签订购料借款合同，于中国经济建设，有莫大贡献。文曰："德国舆论界对于中国铁道部，与德国实业团签订华币四千万元购料借款合同，认为此系德商与中国政府之有价值合作之另一证明。关于此节，《柏林地方公报》谓签订此合同之铁道部张部长，对于中国经济建设，有莫大贡献。《德意志公报》谓张部长向为金融界权威，蜚声国际。于前任中国银行总经理之时，即在一九三〇年，建议于德国实业考察团，谓德商应与中国政府合作，以资金及技术，帮助中国方面之经济建设。结果即由奥托华尔夫钢铁公司领导之德国实业团，从事玉山至南昌段铁路之建筑。该段铁路业于本年一月完成通车。

"按照该新合同之规定，须将该段展筑至湖南省境，兴筑株洲、贵阳段，使与浙赣铁路衔接。"

二十五日，蒋委员长脱险，自西安飞抵洛阳。

二十六日，上海《大美晚报》报导《中国铁路之进步》。详述自先生于二十五年一月接长铁道部，以迄是年底，十二个月之内，"中国方面最有希望之事，厥为铁路建设之复兴"。

是年二月，财政部与公债持票人会共同议决发行"统一公债"十四亿六千万元，掉换旧发债券。又发行"复兴公债"三亿四千万元，以供建设。国民政府特派孔祥熙为整理内外债委员会委员长。

四月，粤汉铁路接轨告成。

五月，中美货币协定成立。

七月，国民经济建设委员会成立。

十月，开始征收"所得税"。

一九三七年　先生四十九岁

一月一日，为《铁道半月刊》新年特大号撰文，题曰《铁道员工的新年新精神》。全文要点如下：

（1）如何牺牲小我，成全大我；抱定为事业而百折不回、努力奋发之决心。(2) 如何部与路间，路与路间，互助兼善，养成内外上下分工合作之精神。(3) 如何以新驭旧，推陈出新，培养开诚布公、声应气求、整个无缺之人才。(4) 如何立谋商业化、国防化之调和，克尽对国家所负重大之使命。(5) 如何自强不息，继续不辍，以求整个事业健全的普遍地不断进步。

二日，接见汇丰银行与中英银公司代表，商谈广梅铁路借款办法。

汇丰银行代表卡塞尔 W. C. Cassels，中英银公司代表台维森 Alec L. Davidson，暨英大使馆参赞霍尔伯器 H C. Hall - Patch 相偕来谒，表示对于广州至梅县之铁路建筑发生兴趣，希望铁道部所派测量队允许广九路英籍总工程师加入。先生提出借款条件如下：(1) 发行英金公债二百七十万镑，按九折发行，可得二百三十万镑。在伦敦发行一百三十万镑为购料之用，在香港发行港币债票二千五百万元至三千万元，为国内建筑费之用。(2) 以粤省盐税附加年约二百七十万元为付息基金，不足时由铁道部补足。(3) 五年后，分十五年还本，由广梅铁路收入及盐税附加拨付。(4) 广梅路完成后，与广九路衔接。(5) 设立基金委员会保管基金。商谈之际，先生曾经考虑日本侵略黄河以北时，为使津浦与平汉两路仍可衔接利用，且可缩短宁汉距离，因特提出建筑浦口至襄阳之铁路计划，希望中英银团一并加以考虑。

七日，召集平汉、津浦、粤汉三路会计处长商讨三路担任各路每年本身债务本息款项，及为浙赣路玉萍线发行之公债二千七百万元本息问题，研究如何节樽开支，增加盈余，拨充偿债基金，以全信用。

先生笔记云：

按照旧日铁路会计独立之成规，铁道部中开支由各路解款应付，新路建筑由部自行筹借，债款本息由部辖各路提解备付。盖当时尚无政府统筹之建设专款，以应新路之需要。而外债之利用，在旧债未经整理之前，亦无从开辟新途径。但若干新路之建筑，实属刻不容缓，则惟有在各路收入方面设法，使之成为一可倚赖而能利用以资建筑新路之财源。以现时情形观察，各路盈余甚微，殊属不敷充作新债基金之需要。故只能在节流方面入手，厉行紧缩开支政策，俾以节减所余之款，作为偿付新债之财源。所谓不能开源，唯有节流，而节流之功用，亦不亚于开源。

先生笔记又云：

各路债务整理之后，最要者为如何增加收入，而开支不随之并进。次则如何使盈余足敷偿债之用。盖各路旧有债务既经整理，由部负责，则各路财务势须由部统筹。查国有各路每月收入约一千五百万元，全年约一亿八千万元。如于财务管理上稍有进步，则年省百分之五，即可得九百万元。欲达此目的，必须从严集中会计管理入手，必须各路有翔实而迅速之报告送部。召集三路会计处长会商之后，对于会计制度方面之改革如下：（一）设立铁道基金总账制度，（二）厘订现金收支状况报告，（三）修订各路编制概算及执行预算规程，（四）整理各路账目，（五）举办全国铁路财产估计。

九日，接见东方汇理银行代表。该行代表要求允许所代表之银团参加贵阳至昆明筑路借款之优先权，不应专给中法实业银行所代表之银团。

先生笔记云：

此事磋商多时，至五月始获协议。

十一日，川黔铁路公司在上海成立。

十四日，（一）为浙赣铁路杭玉段换铺重轨，与捷克维克维思钢铁厂订立赊借材料草约。

先生笔记云：

浙赣路杭州至玉山一段，所用之轨道为三十五磅轻轨，只能行驶十五吨车辆。凡各路普通应用之三十五吨及四十吨之车，均不能行驶。而已完成之玉山南昌段，及行将完成之南昌萍乡段，均采用京沪、沪杭甬、粤汉各路所用之六十三磅重轨。若不将杭玉段轻轨换为重轨，则各路车辆无法交相利用，而于平时商运、战时军运，均有绝大障碍。适捷克维克维思厂 Vitkovice Mines, Steel and Iron Works Corporation of Morava Ostrava 派代表来部兜揽交易，爰与磋商浙赣路换轨借款，因嘱浙赣铁路联合公司与之订立合同，其条件如下：（一）材料总额——关金二百三十二万一千四百四十三元（约合美金一百四十万元）。（二）利息——周息六厘。（三）还款办法——自民国二十六年（一九三七）三月份起，分十五期偿付，至民国三十三年（一九四四）六月偿清。由浙赣铁路出立期票，由铁道部担保。

先生笔记又云：

此项借款并不需银行担保，亦无须抵押品，仅由铁道部担保，足见铁道部之信用已渐增高。所订钢轨均于二十六年二、三月分别运到，即着手开始换轨，故卢沟桥事变发生以后，浙赣路之大量运输已可畅行无阻。至换轨之国内用款需二百八十万元，向杭州中国银行借得一百八十万元，中国农民银行、浙江地方银行各借得五十万元。第一、第二两年付息不还本，自二十八年起还本，至三十一年底还清。

（二）上海《泰晤士报》为文论《宝成铁路之重要性》。文曰："铁道部新近又签订一宗大借款，论其性质，不独于经济方面，日后定收好果，即就中国之整个交通系统而言，其地位亦极重要。其签订该合同之对方，即比国银公司，担任按照赊售铁路材料办法，承借华币五千万元，以为展筑陇海铁路之用。展筑之段，系由陕西之宝鸡起，至四川之成都止，全程六百公里（测量实长九三五公里）。完成之后，既可开发中国之西北各地，且可使向因交通阻滞，川陕两省之落后边区，与内地日形接近，关系非常重大。再该段将使陇海西段终点之宝鸡，与成渝北段终点之成都衔接，于完成之后，吾人即可于南京出发，周游华中大地。总之宝成段铁路之重要性，实无止境。"

十六日，为文申述《蒋委员长之五年铁道计划》。全文要点如下：

蒋委员长总绾行政以来，所筹交通建设之中，有一理想之五年铁道计划。推行之实施方针，定有四大原则：(1) 必选有利之途。(2) 必应国民之需要。(3) 必期抵抗之少。(4) 必择地位之适宜。计划中所列之五大系统如下：(1) 中央铁路系统。(2) 东南铁路系统。(3) 西南铁路系统。(4) 西北铁路系统。(5) 东北铁路系统。五年之内，须筑八千一百三十九公里之铁路。平均每年须筑一千六百二十八公里。由于政府财政困难，惟有利用外资建筑新路。然必须旧路健全进展，使路债本息如期照付，债信提高，外资方自易流入。

二十五日，接见日本驻南京总领事来询广梅铁路借款事。该总领事以英国银团将广梅铁路借款事，通知日本银团，因来询问其中经过。

先生笔记云：

当告以此事发动于广东省政府，组织股份公司，招募商股，建筑广州至梅县铁路，经请求中央政府拨助建筑基金。惟铁道部以本身财力不充，因向中英银公司商借材料及建筑款项，而中英银公司无法长期垫款，建议发行债票，部方对此无异议。

二十九日，设立总机厂，以沈昌任总经理。将沪宁路之戚墅堰机厂、津浦路之浦镇机厂、粤汉路之株洲机厂统归部方直辖，置于总机厂之下，并设理事会，理事除由部员中选派外，聘外界理事二人。

二月六日，草拟铁道部五年计划及经费筹划方法。交行政院政务处处长何廉以备编订国民经济建设计划书概算之用。

九日，接次长曾养甫自广州来电，称：驻广州日本领事面告日本愿意参加广梅铁路借款。

先生前在广州与蒋委员长决定兴筑广梅铁路时，曾虑及日本二十一条要求中有潮州南昌间铁路建筑权一项，而潮汕路又有日本借款关系，深恐日人要求参加。故拟由商人组织公司，而由政府协助，作为商办，庶几可以阻止日本参加。一月二十五日，驻南京日本总领事为此事曾来访询。先生经将借款经过告知。兹驻广州日本领事复往访广州曾市长（时仍兼铁道部政务次长），谓日本已准备加入广梅路借款，且可单独供给材料。曾市长答以筹款方面，已有办法云云。先生即将以上各情通知英方，速筹补救，不必在伦敦发行债票，仍照沪杭甬铁路办法，即在中国发行债票，以免日本参加。

十二日，接见英国银团代表及英大使馆经济参赞。

据称接伦敦电：广梅铁路借款，以所发债票作抵，可先垫付。俟设法将新银团合同取消，再行公开发行，以免日本参加。

先生笔记云：

> 新银团之成立，始终未得中国方面同意。英方亦知新银团中有日本银行参加，必增中国人之反感。向来拥护新银团之英方代表爱迭斯 Charles Addis 爵士亦变更态度，主张改组或取消。

十六日，（一）贵昆路线测量队队长吴承禧出发。（二）派刘驭万充人事科科长。

十八日，与英国银团代表商谈浦襄铁路借款事。

先生笔记云：

> 民国二十五年七月中，汇丰银行董事长及英国银团主席爱迭斯表示英国有向中国投资铁路一千万镑之意愿，故与英国银团商量广梅路借款时，即提及将浦信合同修改为浦襄铁路借款，即自津浦路之乌衣筑至平汉路之花园站，再由花园站展筑至襄阳之老河口，总长约四百六十余英里。襄河一带，素称富庶，可以逐渐开发，且使陕西出通长江。英国对于浦信、宁湘两线以有旧合同关系，沿线情形早已明了。因之与其磋商浦襄借款，比较容易。而浦襄线一旦完成，则自南京至汉口，昔需三日轮运可达者，今不过十小时。由军事政治言，设黄河以北为敌侵占，津浦与平汉两线之南段仍可沟通，可以加强南京武汉之保卫力。由经济言，襄河一带物产，可以由铁路转运经上海出口。于开发皖南、豫南、鄂北产业将有莫大利益。是以磋商广梅借

款时，函向英方提出浦襄铁路借款，英国银团当允同时进行。现在合同条件磋商就绪，借额因增筑花园至老河口新线，较浦信旧合同增加一百万镑，共为四百万镑，以建设事业专款之附加盐税为基金，如有不敷，由盐余项下补足。

二十一日，约晤湖南省何主席键、广西省黄主席旭初，与商谈湘桂铁路事。

先生笔记云：

二十五年三月中，为统一粤汉铁路管理问题赴广州时，曾乘西南航空公司之小型飞机飞南宁，晤白副总司令崇禧，黄省主席旭初。当时彼等表示渴望广西境内有一铁路，以资开发广西。嗣广西大学校长马君武来宁，代表广西人民要求政府早日为广西建筑铁路，甚至谓即有一寸铁路，人民将不胜雀跃欢忭。故为政治全局计，为广西经济计，实有早日兴筑铁路之必要。二十六年上半年，各国银团均热心以铁路材料贷与中国。适有捷克维克维思钢铁厂来华兜揽材料借款，除已与该厂代表订立赊借材料约合美金一百四十万元草约，以备浙赣路杭玉段换轨之用外，兹复订立草约赊借材料一千六百万元，拟供计划建筑衡阳至桂林铁路之用……适湖南何主席、广西黄主席均在南京，特与商谈湘桂铁路事。并向提议发行公债二千八百万元，以两省田赋担保，每省每年各担任基金一百二十万元，由铁路部担任材料借款一千八百万元。

二十二日，约晤广东省余主任汉谋、福建省陈主席仪、江西省熊主席式辉，征询广梅铁路展长路线意见。江西方面希望延长至赣县而达樟树。福建方面则希望由贵溪展至延平。

二十三日，在中央广播电台演讲，以“铁路救国”为题。演讲要点如下：

在统一救国之运动中，不能忽略铁路建设，对于促进统一负重大的责任。在铁路上服务的人员，对于发展交通的重要意义，尤不可不切实的认识，热烈的援助。

三月三日，英国银团表示英国有意向中国铁路投资一千万镑。

先生笔记云：

英方派李滋罗斯爵士来华襄助改革币制时，似英国政府已有默契可借一笔巨款与中国，一面建设铁路，一面充实法币外汇基金。兹既表示有意投资铁路巨数，当为分配如下：广梅路二百七十万镑，浦襄路二百五十万镑，广梅路展长路线三百万镑，其余一百八十万镑可另商用途。

五日，（一）各路会计处改为财务处，下置会计科。

先生笔记云：

主计处所派各路局之会计处长，往往不谙财务，因与主计处商量，将各局会计处改为财务处，下置会计科，科长由主计处选派，受局长之指挥与监督。

（二）在蒋委员长官邸讨论铁路中心工作。

先生笔记云：

委员长提及余所拟之五年计划，应从速进行，并面嘱孔财长协助。五年计划路线如下：（1）广州至赣州，（2）广州至梅县，（3）贵阳至昆明，（4）自成渝线之隆昌至贵阳，（5）自粤汉线之衡阳至桂林，（6）自贵阳至柳州至桂林，（7）海南岛之海口至岛南榆林，（8）粤汉路之黄埔支线，及津浦路之蚌埠至正阳关支线。连同已兴工之路共计八千五百余公里，每年平均建筑一千七百余里。

九日，行政会议通过川黔铁路股份有限公司章程及理事监察人员名单。理事长曾养甫兼任总经理。

十一日，改组机务科为机务处，派杨毅任处长。

先生笔记云：

目的在提高其地位，扩充其范围，以加速各路机务之改进。

十五日，赴日本驻华川越大使介绍日本经济考察团宴会。

先生笔记云：

散席后，团长儿玉谦次约我谈话，询及日本与中国关系之改善途径。余答以枢纽在华北日方必须取消华北五省特殊化观念。不能干涉华北政治。华北经济交涉不妨利用中日贸易协会。

十七日，（一）派凌鸿勋兼湘桂铁路工程处处长。（二）致财政部节略，请拨定铁路五年计划基金。

十八日，（一）中英银公司允借英金三十六万镑作改良沪宁铁路沿路号志及车站、车道，与添购机车车辆等用途。（二）蒋委员长令派蒋锄欧为路警局局长。

十九日，（一）面请蒋委员长令派铁道部专员陈广忠为路警局副局长，俾军方与部方充分合作。获允。（二）蒋委员长面示宝鸡至天水铁路难筑，不如改筑宝鸡至汉中一段，并盼早日完成。

二十二日，与英国银团代表讨论广梅铁路建设公债条例。经决定条例要点如下：（1）债额计三百万镑，定名广梅铁路五厘金镑借款。（2）年息五厘，建筑期内由盐余项下支付，建筑完成后由铁路收入项下支付，如有不足，由盐余项下扣除已有之内外债担负后所余部分补足之。（3）借款期限为三十年，五年之后，开始还本，由铁路收入项下拨付，不足时，由盐税收入余款项下拨付本借款利息之后补足之。（4）手续费于发行价格中扣除百分之五。（5）用途，以一百万镑存伦敦为购料之用，余二百万镑存中央银行充外汇基金，即由中央银行支付法币为建筑用款。（6）设基金保管委员会，委员六人，财政部、铁道部、广东省政府、中英银公司、中国建设银公司各派代表一人，及广梅铁路局局长。（7）由债权人派会计稽核。

二十三日，福建省陈主席仪来晤，传达蒋委员长希望建筑江西贵溪至福建延平之铁路。

月底，对铁路经济调查员训练班致训词。题为《如何调查铁路沿线经济》。训词要点如下：

> 经济调查，是一件很重要的工作。近百年来，欧西各国经济上的神速进步，一部分应归功于他们经济调查的完好……铁路方面的调查，除对于铁路有利害关系的各项事实，固然要加以注意，此外还要在大处着想，注重整个国民经济……就与铁

路业务有关事实而论，在调查时，(1) 应注意货物供求的情形，(2) 应观察供求的结果， (3) 应注意货物保存的问题——种类、数量、季节、地点，(4) 应注意改善装卸方法……调查之前，应定订目标，应计划步骤。对于所调查的对象，应感觉兴趣。制具的报告，应力求详尽确实。

四月二日，赴上海送孔财长祥熙赴英庆贺英皇加冕之行。

六日，接见日本驻华川越大使。

先生笔记云：

川越大使提及铁道部提议胶济路赎路款事，可先由两国派员非正式开始谈判。当即告以本部拟派张彬人及陆渭渔出席。渠云日本拟派大使馆清水参赞，另一人，不日通知。

九日，与中英银公司代表商定旧宁湘路借款合同结束办法。

先生笔记云：

年初，英国驻华大使来函，以浙赣铁路已将延长至萍乡，现政府又另向他方面借款建筑京贵路，是宁湘合同几已失效，应将垫款本利迅速清理。当与中英银公司代表汇丰银行磋商，特收并株萍路一百万两，连同利息，作为国币二百五十万元，由部方决定将株萍段并入浙赣路，与玉萍段衔接，该款即由浙赣路株萍段内分期无利偿还。最初五年内每年偿还十万元，次五年内每年偿还十五万元，此后每年偿还十万元，至全数偿清为止。其余库平银一百万两及规元四十八万六千两，共作三百六十万元，商由中英银公司在承借广梅铁路借款内扣还，未扣还前付给年息一厘。盖当时正与英方商订上述两项借款，将有成议，银公司即予同意。

二十二日，与美国进出口银行总裁皮尔逊 Warren Pierson 谈如何打开美国对华借款之门。

先生笔记云：

二十六年初，美国进出口银行总裁皮尔逊有来华考察之讯，当即致电欢迎。四月二十二日皮氏抵宁。据谈美国近十余年来，以美商在平绥、平汉等路购车垫款未能到期偿付，故对于中国各铁路不论垫款借款，几全停止。余告以现在正值中国铁路复兴之时，深盼从小做起，开一美国投资之新途径。进出口银行系政府机关，自与专事商业利益者不同，如能提倡，与中国铁路发展，必大有裨助。渠云现该行对于美国输出南美各国之出口汇票，如有殷实银行担保，可由该行按半数贴现，普通出口货物以九个月为期，铁路材料机车以三年为期，车辆以五年为期。中国铁路如欲利用美国资金，或可循此途径研究。当与商谈先从最近向慎昌、安利订购机车二十辆价款做起，价款期票由进出口银行贴现，由中国银行担保，期票利息六厘，三年为期。

二十三日，邀宴皮尔逊总裁。

先生笔记云：

美国方面自湖广铁路借款整理之后，空气逐渐转好，皮氏来华考察之后，增加认识，必能使两国经济关系更臻密切。当晚设宴招待，尽欢而散。

五月八日，（一）与法国银团签订贵昆铁路材料垫款五千万法郎草约。

先是铁道部与滇省当局洽妥合组滇黔铁路公司，即与东方汇理银行经理迭罗 De Raux 及巴黎工业公司代表濮佛乐 Pavlovs 接洽借款办法。二人提出草约大纲如下：（1）由商股参加组成之滇越铁路公司约同法国及安南资本家组织银团，供给资金；（2）由滇黔铁路公司发行金镑公债，经财政铁道两部担保，先由银团承受；（3）由滇越铁路公司承包铁路建筑工程。嗣先生以借款合同如系与滇越铁路公司订立，将来滇越铁路对于贵昆铁路不免以债权人关系处于优越地位，将等于南满铁路对所投资建筑之满洲境内中国铁路。因决定借款合同必须由银团出面商订。经过半年磋商，始行签订草约如下：（1）借款人为中国建设银公司与法国银团（由东方汇理银行经理及巴黎工业公司代表签字）；（2）铁道部担任组织滇黔铁路公司，募集资本二千万元；（3）银团担任承受铁路公司所发债票总额四百万镑，三十年为期，债票利息、发行价格及币制兑换，统俟发行时按照市场情形决定；（4）为便于法国银团利用国家信用担保起见，铁道部或铁路公司于债票外，发给债票担保之期票，自签发之日起，以十二年为期。在公债一部或全部未发行以前，铁道部或铁路公司应发给一种短期债票，抵用垫款法金五千万法郎，或其同等金额之货币，期票期限另订之；（5）中国建设银公司保留其参加投资建筑贵昆铁路之权。

（二）上海《字林西报》为文评述先生所撰《蒋委员长之五年铁道计划》，谓为精警之论文，并经节录要点刊布。

二十日，视察京赣铁路工程。

二十一日，经浙赣铁路赴杭州。

二十九日，美国进出口银行总裁皮尔逊来部辞行。

先生笔记云：

临行时，告以英、法、比、德对于中国之铁路借款，已一一开始，甚至捷克亦愿投资。独世界财力最富、与中国友谊最深之美国，对于中国铁路投资依然淡漠。若不从速打开途径，则中国无法利用世界最富厚之资源，助我建设。故此次机车料价虽为数不多，而实属恢复美国投资中国之起点。

按美国投资中国铁路，虽端绪已开，惜不旋踵而中日战事爆发。所幸战争期间，美国对我援助，迭次借款均由进出口银行经手。是皮氏此行，实间接有助于抗战也。

三十一日，与中英银公司商定将前订借款三十六万镑增加为八十万镑。

先生笔记云：

本月十八日，与中英银公司洽妥为改良沪宁铁路沿路号志及车站、车道，与添购机车车辆等借款三十六万镑，现以上海、苏州、无锡间须铺双轨，特与磋商增加借款为八十万镑。

六月四日，派江南铁路公司营业主任周贤颂为京赣铁路运输处处长，使两路业务打成一片。

十七日，英国银团代表来告致函三银团之内容。

先生笔记云：

> 广梅、浦襄两合同商订之际，以英方曾有愿贷一千万镑之表示，除广梅三百万镑、浦襄四百万镑外，尚余三百万镑，可资利用。当以广梅路与浙赣路及京赣路三路若能衔接，则苏浙粤三省可以贯通。于中央与西南之交通及粤赣两省矿产之开发，均有莫大助益。因拟由梅县经闽省之汀州而达赣省之贵溪，与京赣相接，约四百五十英里。同时并以广西方面一再表示，广梅借款担保品之粤省盐税附加，其中一部分系广西人民负担，希望用之建设广西铁路，因广西僻处内地，若无铁路交通，广西在经济上始终与外界隔离，即政治上亦难期有所建树。故拟将广三铁路自三水展筑至梧州，约一百三十七英里。以上二线约共需八百万镑，适等于宁湘旧合同所订数目，因向英国银团磋商，作为修改宁湘合同，俾英国方面对于新银团易于应付，以新银团或反对新借款而不反对修改合同。英方允俟广梅、浦襄两借款债票发行顺利时，即继续进行贵梅与三梧铁路借款。

兹英国银团代表爱迭斯将致三银团函内容报告先生，谓英国银团经过多次会议之结果，拟将广梅借款自二百七十万镑增为一千五百万镑，用以包括建筑自梅县至贵溪及三水至梧州两路，共需八百万镑，及浦口至襄阳线四百万镑。贵梅、三梧两线借款，即代替旧订之宁湘借款合同。以上各项拟于需款时分期发行，惟广梅应照原议首先办理。英国银团向来对于借款合并计划从未反对，故希望其他各国银团对于上项合并计划之建议，予以赞同等语。

先生笔记云：

> 由上观之，可知英国银团对于修筑贵梅及三梧两线，已决定投资。而间接尤有助于法币政策，此实外交上一大转变。

七月五日，抵庐山。行政院各部会均在山办公。

六日，出席行政会议。

先生笔记云：

上午参加行政会议后，中午蒋委员长约午饭。饭后：（1）报告广梅路借款至今尚未签字，由于英方要求以盐余担保，及财政部未允之故。允即电孔财长。（2）奉面嘱：宝鸡至汉中之路，应赶造，限三年完成。当报告已请法国工程公司包工，分五年付款，惟须银行担保。承允即令中央信托局担保。（3）奉面示：胶济路还款，借新还旧。

七日，卢沟桥事变。

十一日，与江西省熊主席式辉商将赣江大桥未完工之七孔（已完二孔）从速完成。

先生笔记云：

因蒋委员长限令玉萍铁路即日通车。熊主席允先搭浮桥。

十三日，出席行政会议。

先生日记云：

蒋委员长报告“日方已由朝鲜调动大军入关，事态必然扩大，中央决派兵北上增援。虽蔓延至全面战争，亦在所不顾”。行政院各部长遂自庐山移返首都办公。铁道部方面决定迅速限令浙赣铁路玉萍段即日通车，桥梁未架就前，先搭浮桥。同时催促浙赣路换轨工程从速进行。

十五日，由南京飞上海面谕京沪、沪杭甬铁路局局长准备应付非常。

先生日记云：

抵沪后，即召集路局局长及高级职员讨论该路应付事变，及运输大军之一切准备。

十九日，由上海飞返南京参加行政院部长会议。

先生日记云：

抵宁后，适各部长官均在外交部官舍讨论应付方针，当即赶往参加。当时决议由外交部向日方提议：中日双方限期同时撤兵，冲突事件由外交正常途径解决；如就地解决，须得中央同意。

先生日记又云：

军政部何部长敬之报告："日驻宁武官喜多来见，提议中央军不得北上，并应将北上队伍即行撤退。空军不能在北方有何行动。"

二十四日，军事方面颁布战时运输办法，铁路方面发表五项指示。

先生笔记云：

军事方面，颁布战时运输办法，成立铁道运输司令部，设司令一人，副司令一人，各路设线区司令。各路运输有关军事事项，均受运输司令之指挥，其以下工作人员悉由各路人员兼任。如何使铁路人员与线区司令和衷共济，以完成此重大使命，实为当前最须顾虑之点。次则战事发生，商运停止，各路收入势必减少，如何使各路财政勉强支持，不至开支无着而影响运输。故于战事发生后，部方特先规定若干项目指示各路如下：（一）劝诫各路员工以英雄抗战精神，实行二事：（1）与军队同进退，（2）无论敌人如何轰炸，必须随炸随修，勿令行车有一日阻断。（二）通令各路不分路别，所有车辆一律共同统筹使用，以期增加运输效能。为地理上之便利起见，分为长江以北，及长江以南两区域，每区设一车辆总调度所，由部派熟习人员主持之。（三）通令各铁路局与运输司令密切合作，并编成若干军用列车交运输司令部统筹支配。军用列车以外，预备若干列车，兼顾人口及物资之疏散，公物及工厂之迁移。军用列车有空间时，亦可帮运其他物资，务使发挥战时铁路之最大能力。（四）设立铁道工程队，担任抢修及破坏任务：计平汉、同蒲、粤汉，各五队；津浦四队；正太、浙赣、京沪、沪杭甬各三队；陇海九队；胶济二队；南浔一队，共四十三队。（五）决定在抗战期间，各路一律减薪，并拟定最低预算，如有余款，一律解部，集中分配，以期维持整理外债信用，并备不时之需。

三十日，常务次长曾镕圃自伦敦来电，报告广梅铁路借款合同今日在伦敦签字。据报签字人：财政部长孔祥熙、铁道部次长曾镕圃、中英银公司代表培诺 Bernard、中国建设银公司代表李德燏。（合同要点，详见三月二十二日与英银团代表所拟定之广梅铁路建筑公债条例）

八月四日，（一）铁道部代表在伦敦与英国华中铁路公司，及中国建设银公司签订建筑浦口至襄阳铁路借款合同。（二）北宁铁路全部沦陷。

七日，出席国防会议。

先生日记云：

> 本日国防会议，讨论作战准备，并于是晚举行国防会议及中政会议联席会议，各省军事长官全体列席。讨论终结时，蒋委员长宣示："战争必具最后决心，乃生死存亡之关键，一切照原定方针进行。或进或退，或迟或速，由中央决定。何时宣战，亦由中央决定。各省与中央须完全一致，各无异心，各无异言。"当时全场起立，一致赞成。全场中举国一致精神之表现，恐为数百年来所未曾有。

十二日，（一）派杜镇远为湘桂铁路工程处处长。指定所有土方枕木归湘桂两省担任，暂时利用杭江铁路拆下之轻轨铺设。一切以国难筑路办法处理之。工程人员薪水最高每月不得超过三百元。（二）与广西省黄主席旭初商定同时建筑广西越南交界那岑至龙州一段铁路。

先生笔记云：

> 二十六年六月十九日，捷克维克维思厂商代表来告，湘桂路材料草约可以履行，但以该厂不造车辆，故只能供给钢料，不能供给车辆。及战事发生，认为必须打开一国际路线，以为粤汉路阻断之准备。决定先筑衡阳至桂林，及镇南关至南宁两段，中间勉以水路衔接。如时间许可，当再续筑桂林至南宁一段。当时以战事已起，深恐捷克厂商观望，不允履行前约，

故拟先利用浙赣路拆下之轻轨铺筑衡桂段。至南宁镇南关段材料，拟仿照成渝路办法，向法商借款。所有土方地亩枕木，均归湘桂两省担任，作为股本。希望以最经济之方法完成此路。八月十二日，适广西省黄主席在京，即与商定上述办法进行。次日即与白健生、黄旭初两先生会同签呈蒋委员长，请由政府拨发湘桂路建筑费一千万元，以便着手。在一年半以前认为决无希望兴筑之铁路，今竟急转直下，开始动工矣。

十三日，（一）上午九时，中日战事在上海爆发，全面战争开始。（二）晨约广西省黄主席旭初晤面，请其转邀白副总司令崇禧会同签呈蒋委员长转饬财政部拨助一千万元，以便赶筑湘桂铁路。（三）约云南省龙主席云午饭，交换建筑云南境内铁路办法意见。

十四日，（一）上午十时，出席国防会议。

先生日记云：

在灵谷寺阵亡将士公墓开会，经指定四院院长，财政、外交、军政三部部长，及宋子文、叶楚伧等九人为常务委员，并指定张群为秘书长。讨论结果，决定：（一）不宣战，只说自卫，（二）政府不迁移。

（二）中央陆军在上海取攻势，夺取公大纱厂、沪江大学、持志大学各要害据点。中央空军中午对敌“出云”旗舰投弹，未命中，误落上海外滩汇中旅馆、华懋饭店门前，及大世界附近，伤亡数百人。

十五日，（一）晨往访后方勤务部俞部长飞鹏。商谈江南各铁路添补机车车辆及紧急材料，以防将来战事吃紧，军运拥挤，有添补不及或无法运入之虞。两部会同签请行政院迅由国库拨款补助。（二）中午十二时、下午三至四时，敌机两次空袭南京，为我方击落三架。上海四郊及杭州亦遭敌机空袭。

十六日，晨六时、上午九时、下午三时至四时，敌机四度空袭南京，为我方击落二架。靖江、扬州上空，亦有敌机出现。

十八日，（一）敌机首次轰炸沪宁、沪杭两铁路。（二）派工务司司长萨福均前往督修。

先生日记云：

> 石荡、正仪二桥被敌炸毁，特派工务司萨司长福均亲往督修，俾路上同人见部中重要职员不避艰险，亲临督工，益加激动。

二十二日，（一）函呈蒋兼院长报告有关铁路运输事项。内称：（1）广九与粤汉两铁路接轨工作已完竣，四五日内可以通车。（2）粤汉路为后方运输集中之路，加以浙赣、京赣两路通车，必须添购车辆，已在公款未筹划之前，订购机车六十辆，车辆一千二百辆，造车材料一千八百辆。（3）为节用车辆之可能增加效率起见，于郑州及南昌设立总调度所。（4）玉萍、京赣两路工程进行顺利。（二）下午，蒋兼院长约见，即以函呈各节口头报告。

二十三日，广九与粤汉两路正式接轨通车。

粤汉路黄埔支线与广九铁路已于二十日接轨告成。所有洛阳、济南等地集中之国库银元专车已到广州，即日经支线过轨，转往九龙。

二十四日，行政会议在铁道部新造坚固之档案室举行。该室系用钢骨水泥建造于地下，可作防空避弹室。

二十七日，蒋兼院长偕夫人莅铁道部官舍宿夜。

二十八日，（一）开始疏散部员及案卷。首都连日遭敌机轰炸，因防空设备不周，特劝导职务次要之部员分批疏散。凡自愿赴战地服务者均听自择。并将女性职员移往四乡。部中案卷则由南京移至武昌及衡阳一带。（二）计划设立运输公司。与军政、实业、交通三部，及资源委员会与兵工署，会商海外运入各项物资之联合转运办法。拟先成立一运输公司主持其事。

九月四日，建议由铁路各机厂协助修理飞机。

连日各地迭遭敌机轰炸，我方飞机损坏甚多，先生特向航空委员会建议，由铁路各机厂帮助修理飞机工作。应由该会指定专员与铁道部洽商办法，并派航空技术人员前往各路机厂视查，实地研究。

九日，（一）派王树芳为铁路总机厂业务副主任，专管修理军用飞机及制造军火事宜。（二）派工程师二人赴美添购修理飞机设备。

十二日，奉蒋兼院长核准以陈延炯任粤汉铁路局局长，兼军运运输司令部副司令。

十三日，奉蒋兼院长手谕：自大场至真如南翔，每公里安置枕木钢轨各三十根，限五日内办妥。即嘱路警局副局长陈广忠负责办理。

先生日记云：

> 军事方面希望在沿路节节抵御，而不及建筑永久防御工事。因令铁路方面供给钢轨枕木。由彭浦至南翔约十英里，每五百码安置钢轨枕木各三十根。惟钢轨过长，须用电锯切断。日间不能从事，只能于黑夜工作。工人以劳绩获得军方犒赏。

十六日，发表陈延炯为粤汉铁路局局长，钱宗渊为副局长。调凌鸿勋为正太铁路局局长。

十七日，决定留部办事及疏散人员数目。全部人员八百余人，留部办事者减为二百四十人，其余五百六十余人一律疏散。

二十日，兼湘桂铁路工程处处长杜镇远来部商决加速湘桂路工程问题。准予先行移用湘黔路已备之材料及款项，以便加速工程进行。

二十九日，杜镇远来部报告将赴新疆，特托其带致新省盛主席世才函，询其对建筑兰州至迪化铁路意见。

十月一日，催促建设委员会早日建筑洛阳附近宜阳煤矿支线。

据郑州陇海铁路局局长电话报告：山西形势日坏，万一敌军直达黄河沿岸，西北交通阻断，陇海用煤将生问题。须先筹对策，以免临时周章。因即促建设委员会早日建筑洛阳附近宜阳煤矿支线，以便运输燃煤。

十一日，曾常务次长镕圃自英返国报告英国铁路借款之作用。

先生日记云：

> 曾次长镕圃前随孔财长出国，今日返宁，报告英国对我铁路借款二千万镑，有两大作用：（一）建筑铁路，（二）借款存在伦敦，以为维持法币之外汇基金。因此主张我国改组中央银行为中央准备银行。借款合同虽经签字，而合同之履行，仍有待于中央准备银行之实现。

十四日，接军方电话，希望疏通沪宁铁路沿途车辆。

敌机连日轰炸沪宁铁路，戚墅堰机厂亦被炸毁。沿途车辆拥挤，军方特请设法疏通。

十六日，（一）随蒋兼院长赴苏州开军事会议，因约沪宁铁路局局长及运输司令部人员在苏见面，商讨有关事项，并予以激励。

先生日记云：

> 经过各车站时，与各站长一一握谈，告以飞机炸弹并不足畏，生死有命，先天注定，俗话子弹有眼，即是此意。希望同人不必惊恐。至将来铁路沦陷，全路出力人员，部中必一一为之安插，弗使失业。部路必同休戚，请同人放心。自此之后，全路员工精神为之一振，盖知各人之运命，将与部及国家共存亡也。

（二）平绥铁路全线五百四十七英里沦陷。

十七日，乘汽车经戚墅堰返宁。

二十一日，沪宁铁路客车暂停二日，以便疏通军运。

二十六日，财政部孔部长返国，自沪抵宁，暂假寓铁道部地下档案室。

二十七日，淞沪我军退驻苏州河以南。

先生日记云：

> 接沪宁、沪杭甬两路局局长电话报告：淞沪我军撤出北站、江湾及闸北，退驻苏州河以南。大场方面我军亦准备撤退。

先生日记又云：

沿沪宁路无军事要塞，作战不易。该路曾于上海北站东北东南两角，及麦根路与中山路交叉点，建造钢骨水泥堡垒四座。在西北西南两角，设置活动钢板堡垒两座。我方军队利用此项建筑作战，延长抵抗时日。迨十月二十七日，大场不支，北站始随之撤退。

又云：

际此三个月战事中，敌机轰炸最烈期间为两个月，共计轰炸二百六十四次，平均每日四次，炸中路基十三次，桥梁涵洞十四次，轨道九十一次，站台三十三次，雨篷十四次，票房三十次，厂房十次，仓库十三次，煤水站十四次，其他项目二十二次，而行车未尝一日中断。于此可见飞机轰炸，并不足以破坏交通。

十一月四日，（一）与李总司令宗仁商谈亟须建筑南宁至安南边境之铁路。

先生日记云：

与李总司令德邻商谈，亟须筑造南宁至安南边境之铁路。原拟以那岑为终点。惟该线山路崎岖，拟改由镇南关至崇善一线。渠表示无意见。

（二）平汉铁路北平至新乡北段沦陷。

九日，正太铁路全线一百五十一英里沦陷。

十日，津浦铁路天津至德州北段沦陷。

十一日，我军退出上海南市，敌军完全占有上海。

十三日，（一）宴四川省刘主席湘，谈叙昆铁路建筑事。

先生日记云：

饭后，提及建筑昆明至叙府或经西昌至成都铁路。告以当开明路线，再交测量队测勘。

（二）敌军千余人在常熟方面登岸，形势日恶。

十四日，军政部预备炸毁钱塘江大桥。

先生日记云：

军政部何部长敬之于晚十时电话索取钱塘江大桥蓝图。当即携图前往，知嘉善已失，嘉兴危在旦夕，杭州势难确保，须准备炸毁大桥。当时想及该桥耗若干专家心血，费时数载，用款七百万元，完成不及一月，乃将一轰而毁！回想预定计划，将于钱塘江大桥完成之同时，浙赣路玉萍段通车，株萍段整理完竣，浙赣路杭玉段调换重轨工程完毕，列车可由上海直达广州。届时举行上海广州直达通车典礼兼以庆祝是年之双十国庆，而今已矣。此一梦想又不知何时始能实现也。

十六日，（一）出席行政会议，讨论各机关疏散办法。经规定：凡铁道部遣散之人员，各发三个月薪金，并为预备舟车。限一星期内疏散完竣。（二）国防会议决议迁都重庆。

先生日记云：

晚间在铁道部防空室举行国防会议，蒋兼院长宣布国府迁驻重庆。林主席即席辞别，乘军舰赴四川。当时全场空气沉郁，有人起谓重庆乃重庆重生之意。迁都重庆，乃更生之兆，最后胜利，可操左券。会中精神，为之一振。

十七日，出席行政会议。

先生日记云：

决定各部部长以院长所在地为驻在地，先到汉口集中。至动身日期，由院长决定。

十八日，向蒋兼院长请示各点，均邀同意。

先生日记云：

向蒋兼院长请示：（1）京赣铁路已筑成之宣城至徽州一段，应否拆除；答云可以拆除。（2）贵溪至景德镇一段应否继续铺轨，以备后方运输；答云可以铺轨。（3）拟将各路拆卸轨道，及京赣路未用之钢轨，凑集作为完成目前最重要之湘桂铁路之用，亦得同意。随即决定分段同时修建。以凌鸿勋、郑华、屠慰曾各主一段工程。所拟部省合作之湘黔铁路公司组织条例，送院核定。

按京赣路自抗战军兴后，仍继续赶工，只以材料运道阻滞，皖段只铺自宣城之孙家埠至歙县为止，计九十九英里，于二十六年十一月初通车。赣段则仅铺三十一英里。及皖省吃紧，全线停止进行。迨南京吃紧，十一月八日，得军事方面同意，决定将已铺轨道全部拆除。至十二月八日，宣城失陷，全路沦亡。该路自二十五年五月兴工，计费时一年有半，耗资已逾三千八百万元。

十九日，（一）李宗仁、白崇禧两总副司令来访。

先生日记云：

当告以完成湘桂铁路计划，并面请协助与督促一切。

（二）经拟定将津浦、沪宁两路工人遣送内地，以备后方调遣，且免资敌。

二十日，国民政府正式发表迁都重庆，以示长期抗战决心。

先生日记云：

敌军早已逼近苏州。昨晚国防会议决定政府即时迁移。下午四时，蒋兼院长邀各部部长谈话，嘱即迁行，其本人滞留数日，先赴衡州。

二十二日，蒋兼院长莅铁道部官舍避警报。

先生日记云：

蒋兼院长在本部官舍避警报，敌机于公园上空投下一小木匣，内置一函，劝其共同反共。

二十四日，约沪宁铁路上级职员会商遣散员工办法，各发遣散费，数目等于三个月薪金。

二十五日，（一）约津浦、沪宁、沪杭、江南各铁路车务处处长谈话，嘱其维持行车至南京军队退出最后一日为止。并发给现款维持费，以备应付。彼等誓约，必维持至最后一日，始行撤退。（二）蒋兼院长在铁道部官舍招待外国新闻记者，说明政府长期抗战决心，决不接受任何屈辱条件。

二十六日，接委员长侍从室钱主任大钧电话，传谕将镇江以东铁路即日拆毁。

二十七日，晚乘“德和”轮船离宁驶汉。

先生日记云：

> 下午九时访留守南京之卫戍司令长官唐生智，夜十一时乘“德和”轮船驶汉口。

三十日，（一）抵汉口寓法租界福煦路十一号平汉铁路局局长住宅，以平汉铁路局为铁道部办公处。（二）驻华德大使陶德曼 Oskar T. Trautmann 托转达政府，德国有意斡旋中日和议。（三）七七事变至南京撤退期间，共沦陷铁路三千二百三十一英里。计北宁路关内段干支线二百八十九英里，平绥路干支线五百四十七英里，津浦路济南以北及蚌埠以南四百六十英里，胶济路干支线二百八十八英里，平汉路黄河以北干支线四百八十八英里，正太路一百五十一英里，同蒲路干支线七百零二英里，苏嘉路四十五英里，沪宁路干支线二百十三英里，上海松江一段十八英里，江南路之南京当涂一段三十英里。

十二月二日，决定来汉部员一律留用，折半发薪。自愿疏散者，按原薪八成发给两个月薪金，作为遣散费。

六日，约浙赣、粤汉两铁路局局长及军事运输司令商谈浙赣铁路设备及人事问题，并决定在株洲设立浙赣、粤汉两路联合调度所。

十二日，铁道部大部分职员遣送湘潭。

十三日，我军退出南京，京沪、苏嘉两路完全沦陷。京沪机车七十二辆，抢出五十五辆，其客货车辆除损毁外，均移于津浦路及浙赣路，一部分材料则移于浙赣路。

十四日，蒋兼院长在武昌召集行政及军事各部首长谈话。

先生日记云：

> 蒋兼院长谈话大致谓：日军进据南京，即其败征。此后深入内地，困难更多。最后勖励同仁多负责任，同甘苦，同患难，同生死。辞气严肃而恳切。

十八日，举行湘桂铁路公司理事会第一次会议。提出侯家源为总经理，何墨林为协理，徐济甫为秘书处处长，萨福均为工务处处长，王国华为稽核处处长，均一致通过。

二十一日，出席行政会议。提出川滇铁路公司组织条例，悉照湘桂铁路公司成例通过。

先生笔记云：

> 抗战军兴，湘黔路不能进行，黔滇路无再筑必要。尤以重庆已为战时首都，则由长江之叙府通昆明之路线，需要更为迫切。二十六年十一月二十二日，四川省刘主席湘适自前方来宁，当告以拟建筑叙昆路计划，组织川滇铁路公司，由两省各出资五百万元，由中央出资一千万元，渠深表赞成，一面商得云南省龙主席云同意，因即仿照湘桂路办法，将川滇铁路公司组织条例提出行政会议通过。

二十八日，奉蒋兼院长嘱非正式通知德国大使陶德曼，对于日本提出议和条件，无法接受。

先生笔记云：

> 敌人将逼近南京之前，曾以我方军队再无余勇继续抵抗，亟思乘此结束中国战事，因托德国政府从中媒介提议中日两国停战谈和。十一月二十八日，驻华德大使陶德曼奉到该国政府训令，劝告中国与日本停战媾和时，德大使已在汉口，蒋委员长特嘱其赴宁面谈。三十日晚专轮离汉，十二月三日抵宁。所提条件，不特破坏中国之领土与行政之完整，抑将沦中国为日本之附庸。中国政府一面拒绝，一面通告英美法俄四国政府。自此中国人民知日本之阴谋旨在毁灭中国之独立。全国民众之抗战意志，更为坚决……由于上月三十日，德大使在汉时曾将斡旋中日和议之意，托我转达政府，故蒋兼院长特嘱我非正式告彼，对于日本所提议和条件，无法接受。

三十日，蒋兼院长决定改组战时行政机构。以孔财长祥熙任行政院院长，国防会议秘书长张群任副院长。铁道部并入交通部。实业部与资源委员会合并为经济部。蒙藏委员会及卫生署改隶内政部。侨务委员会并入外交部。军事委员会之下，设军政、军令、军训、民训及后方勤务部。

三十一日，蒋兼院长约谈嘱担任交通部部长。

先生日记云：

> 蒋兼院长嘱担任交通部部长。当即表示必须有国库补助，方能措手；并提拟以彭学沛任政务次长，卢作孚任常务次长。因悉翁文灏任经济部长，何应钦任军政部长，徐永昌任军令部长，白崇禧任军训部长，陈诚任民训部长，俞飞鹏任后方勤务部长。

是年三月，蒋委员长招待日本经济考察团，赠言该团："己所不欲，勿施于人"。中央政治会议通过《中央储备银行组织法》。

七月，蒋委员长在庐山谈话会报告卢沟桥事件，并阐述所谓"和平未到绝望时期，决不放弃和平，牺牲未到最后关头，决不轻言牺牲"。中美订立稳定货币协定。

八月，国防会议及党政联席会议商决抗战大计，并决定推蒋中正为陆海空军大元帅，以军事委员会为抗战最高统帅部。设立中央、中国、交通、中国农民四银行联合办事处。

九月，国防参议会成立，包括中国国民党、中国共产党、中国青年党、中国国社党代表。

十二月，财政部发行"救国公债"五亿元，认购足额。国军退出南京，蒋委员长发表通电，重申全国一致继续抗战之决心。据上海海关稽查处发表：中国一九三七年关税收入总数为三四二、九〇〇、〇〇〇元，较一九三六年增收一八、二七〇、〇〇〇元。

一九三八年　先生五十岁

一月一日，（一）国民政府为完成战时行政机构，今日实行改组。由孔祥熙任行政院长兼财政部长，张群任副院长。铁道部并入交通部，先生任部长。海军部并入军政部，何应钦任部长。改实业部为经济部，翁文灏任部长。陈立夫任教育部长。卫生署改隶内政部，何键任部长。（二）访交通部俞部长飞鹏，彭次长学沛，询问交部最近情形。（三）全国经济委员会公路处移并交通部。

七日，（一）交通部彭政务次长，卢常务次长到部办公。（二）接见中国航空公司总经理黄宝贤，询问公司内容，并约定明晨再与商订今后方针。

十日，接收交通部。

十一日，（一）派沈昌为材料司司长，何墨林为航政司司长。（二）约张奏农任路政司司长，黄伯樵任人事司司长，均不愿就。（三）张奏农携中国建设银公司与法银团所拟建筑镇南关至南宁铁路借款草约来见。

先生笔记云：

> 张君并以此事与越南政府关系较多，希望能赴河内一行，法银团代表夏第 L. Chardy 亦已通知准备赴越南相晤。张君现任职建设银公司。

十四日，（一）约德国大使陶德曼茶叙。（二）向孔院长报告茶叙经过。

先生日记云：

> 前奉蒋兼院长嘱我非正式通知陶德曼大使，对于日本提出议和条件无法接受后，彼将我国政府答复电知驻日本德大使。对方以我方答复语太空泛，希望再加补充。关于此点，茶叙时交换意见。随即报告孔院长，晚十时召集会议讨论，至深夜始散。

十五日，飞抵长沙，改乘汽车至衡阳。

十六日，（一）由衡阳乘汽车沿新改善之公路抵桂林。先生以中国建设银公司与法银团所订镇南南宁铁路借款草约出示广西省黄主席旭初，交换意见。（二）日本政府因我国拒绝其和谈苛刻条件，无计可施，声明今后不以国民政府为交涉对象。

十七日，乘汽车赴柳州。

十八日，离柳州，抵南宁。接见镇南段工程处凌处长鸿勋，柳南段测量队袁队长梦鸿，商谈湘桂铁路事。

十九日，经镇南关，赴河内。

晨离南宁，中午一时抵伏动庙，南镇路崇善段工程处即设于此。二时抵镇南关。晚七时抵河内。法银团代表与建设银公司代表均已在彼。预备翌日讨论借款合同各条。

二十日，与法银团代表夏第、刘符诚及中国建设银公司刘协理景山等讨论中法合作建筑镇南段铁路事宜。

二十一日，（一）继续讨论镇南段铁路建筑事。（二）安南总督府秘书长代表总督来访。（三）东京省行政长官来访。（四）约滇越铁路公司巴黎经理及驻河内经理茶叙。（五）晚应中法银行经理邀宴。

先生日记云：

> 今日与法银团及建设银公司代表续商镇南关南宁铁路合同时，安南总督府秘书长代表总督来访，声称总督因有公路完成，举行典礼出巡，须二十九日方回河内，问余可否稍待，以便见面。答以当视与法银团所商铁路合同进度如何再定。当即提出两事：（一）我国存香港材料拟由海防转运至广西，希予免税通过；（二）希望海防改为自由港，设一免税区，俾得将自海外运至中国之物料可免付通过税。彼答称第一点可与总督面谈，易于办到；第二点须经立法手续。同日东京省行政长官来谈，因亦提出自由港，或免税问题。彼答称：（一）自由港事，须计划投资若干，及有无利益；（二）免税事，较易办理。彼问中国方面如愿租一码头，何妨先办。彼又谓，许多事中国方面实应早办，如兴筑广西通越南之铁路，即其一例，现在不可再行耽误。

二十二日，（一）续议镇南南宁铁路借款合同。（二）晤总督府政治部长及法国航空公司经理，得知该公司将开辟西贡与河内航线。

二十三日，镇南南宁铁路借款合同议竣，俟法银团报告巴黎得覆，即可签字。

二十四日，赴海防。此地中央信托局设有办事处，专员沈铭盘负责运输汽油及飞机油，专员李叔陶负责接迎由法国运来之飞机。订购之飞机八十架，现只运到二架。

二十五日，（一）勘查海防堆存物资地点。查得旧日招商局码头租地及海关旁有一空地，可供建筑栈房之用。（二）约海防市长午餐。请其注意海防自由港问题。

二十六日，返抵河内，约总督府政治部长午餐。

先生日记云：

渠频频以有无日军在海南岛登岸为问。又云法国政府已请日本政府注意：过去中国曾有海南岛不割让之声明，如日军登陆，法国必联合英美派遣海军前往。目下法国已有巡洋舰二艘、潜水艇二艘驻扎海南岛附近。

二十七日，晤总督府工务部长。请其协助减低建筑广西铁路材料运费。答称当予设法，并谓滇越铁路已将四川方面进出口货物经过滇越铁路之运费，减低百分之二十。

二十八日，我驻河内许总领事来见。报告越南政府催促我方已到军火，应从速运出，不日将有新限制办法公布。先生因托法银团代表探询，得知明日将有正式通知，此后非法国军火概不准通过。当即电知巴黎顾大使及李石曾先生，请速向法国政府交涉，挽救非法国军火概不允通过越境之规定。

二十九日，（一）中午拜访安南总督。（二）晚赴总督招待宴会。

先生日记云：

越督今午回河内，于中午十一时往访，仍提出转运中国铁路材料问题，希望当地政府取消通过税，并在海防设立自由港。渠答称：当由此方面进行。继谈转运军火事，渠痛责我方办事人员不能保密，致有此项限制，不过越方仍愿设法协助……晚宴入席前，又谈及取消通过税问题。渠允考虑定一双方满意办法。又谈转运军火事，告以我方目前已将此间转运机关，切实改善。一俟铁路借款合同成立，当由铁路公司设置驻越办事处，一切由该处出面。至转运手续，则委托法商代办，力求慎密。渠云：政府命令虽到，尚有若干问题正请政府解释中。因再告以如越南通知我方，请用口头通知。渠云照办。

三十日，（一）接顾维钧大使及李石曾自巴黎覆电。

先生日记云：

来电云："法政府慑于日方威焰，对于禁运军火事，不易挽回。"幸昨晚与越督面谈，已获谅解，当可望予以通融。

（二）继续讨论镇南南宁铁路借款合同。

先生笔记云：

法银团所要求若干小节，一律让步，免再拖延。惟告法银团代表，一切系于精神合作，请将此点转达越督。

按对日抗战已全面展开，西南打通国际交通，自有待于与法方之合作。法人对于接通我国西南各省，使越南商务得以繁盛，早有兴趣。遂拟定由法银团除供给材料外，并供给一部分工款，指定付给法国包工商人。至国人所承办之工程，则由我方担负工款。并设一中法建筑公司主持工程期间一切事宜。此种办法颇开借款筑路之新局面，而我方权利损失之处亦稍多。只以抗战局势严重，中国政府之担保不如早时之稳固，银团要求额外担保以便向其本国政府取得信用担保，条件较苛，不得不稍事迁就。此合同于四月二十二日正式签订，其要点如下：(1) 借款——法银团供给料款一亿二千万法郎（约合法币一千二百万元），现款三千万法郎（约合法币三百万元），另由法银团与中国建设银公司合组中法建筑公司承包工程，资本英金二万四千镑（约合法币四十万元），又垫款英金十二万镑（约合法币二百万元），不足工款约法币八百万元，由中国政府补足。（2）偿还——中国政府发行期票，年息七厘，前三年只付利息，第四年起开始还本，十二年内还清。（3）担保——工程期间，以普通盐税拨付，营业后，以路款收入项下拨付，不敷，由盐余补足，并由广西省矿税项下以法币八十万元为附加担保。（4）采购材料——由法银团代购，收取手续费百分之一·五，及经费百分之五·五。（5）建筑工程——由中法建筑公司主办，附加百分之十五为建筑公司之酬益。总工程师及总会计由法籍人员担任，交通部派一工程监督，负责监督工程及稽核工料、款项。每段完工即交我方接管。（6）工程标准——全路完工后，我方得自由决定，随时改为标准轨距。（7）完工期限——限两年内完工。镇南关至明江一段，尽先赶速通车。

三十一日，飞机迟到，不克飞赴桂林。

先生定今日乘欧亚航机飞赴桂林，因来机迟到，未成行。行前指定章祜与沈铭盘驻越南，主持对外交涉。

二月一日，飞机稍有损坏，改乘汽车起行，晚抵南宁。

二日，晨七时半离南宁，晚八时半抵桂林，法银团代表偕行。

三日，（一）晤黄主席旭初为述商订镇南南宁铁路借款合同经过。

先生日记云：

见黄主席旭初，告以磋商镇南南宁铁路借款合同时，法银团要求于广西所收钨矿税内，每年提拨八十万元作为附加担保，并希望法商得照中国矿业条例，在广西经营采矿业务等情。黄主席随即邀同财政、建设两厅厅长，及省银行行长会商，均允照办。法银团亦表示满意。

（二）晚赴黄主席招待宴会，并邀法银团代表参加。

四日，中航飞机因天气不佳，不能起飞，改于下午一时乘汽车离桂林，午夜十二时抵衡阳，清晨一时乘粤汉铁路火车北上。

五日，晨八时抵汉口。

七日，（一）谒蒋委员长报告赴越南经过。（二）晤军训部白部长崇禧，为述商订镇南南宁铁路借款合同经过情形，暨决定采用崇善南宁间之南线。

先生笔记云：

自越南至南宁计有二线，一从龙州，一从崇善。龙州一线曾经详加测勘，路线湾曲太甚，工程浩大，且由龙州接至崇善，工程亦甚困难。因决定放弃龙州，改以越南铁路之同登站为接驳站，由此至中国境之镇南关有二英里半，北行经凭祥、宁明、崇善，而至南宁，计长六十九英里。自崇善至南宁有南北二线：在崇善渡丽江，经同正而达南宁为此线；由丽江南岸起，经扶南县境以达南宁，渡邕江与柳南段衔接为南线。当时广西军事当局盼采北线，以其距离海岸较远，且有丽江之隔，于军事上不无利益。惟测勘结果，以路线较长，须多筑一桥，而工程亦较艰难，故采南线，长七十五英里。

八日，（一）晤军政部何部长应钦，为述赴越南情形。（二）晤外交部王部长宠惠，为述赴越南情形。（三）派王洸为汉口航政局局长。综管鄂湘赣川四省航政，除维持汉浔、汉宜航线外，再开辟汉口至长沙常德、常德至桃源及九江至南昌航线。

九日，研究公路处组织及西北公路特派员组织条例。

先生以战局既已全面展开，原来利用铁路与大江为主要运输路线，今已形格势禁，此后必须依赖公路以供后方军运民运。

十日，规定中国与欧亚两航空公司航线，并改进一切有关事务。

中国航线定为由香港经桂林、长沙而至重庆、成都。欧亚航线规定：（1）由昆明经重庆而至西安，（2）由河内经桂林、梧州而至香港。同时准备增辟中苏航线，由成都经兰州至迪化。

十一日，决定西北公路特派员组织。每月由部助经费一百万元，至招待苏俄人员及运来军用品转运费用，应请军事委员会担任。

十三日，招商局局长蔡增基自上海来电，拟以长江各埠招商局产业及船只统交美商卫利韩 William Hunt 保管。覆以原则赞同，以免敌人攫取，并准其与行驶厦门汕头之德忌利轮船公司商订元亨利贞四艘轮船合作经营办法。

十六日，派黄如祖为武汉电话局局长。

黄如祖原系南京电话局总工程师，与南京最后留守之电话电报人员撤退，最近始抵汉口，因特派充斯职，以资鼓励。

十七日，（一）与孔兼财长商调中央信托局副局长刘驷业为邮政储金汇业局局长，获允。（二）平汉铁路黄河大桥由国军施行爆炸。

先生笔记云：

我方为阻止敌人强渡黄河计，自十七日晨三时起至二十日晨四时止，自动将黄河大桥施行破坏。我国自有铁路以来，首屈一指之巨大桥工，今届三十有一年之年龄，遂告寿终正寝。兹则黄河以北，及道清全路全部丧失。在大桥未破坏之前，曾被敌机于二月十日及十一日炸毁桥墩二次，经两日修复，故平汉路从未中断。平均运量每月为四百八十七列车，计十万吨。在徐州吃紧时，每日军运列车开三十次。津浦、道清、正太、陇海等各路器材南移者，均由平汉为之转运，运务之繁忙，为各路冠。

十八日，（一）指定朱一成研究长途电话扩展线路计划。（二）指定赵祖康研究公路展长及改进计划。

二十一日，邀苏俄驻华大使卢干滋午饭，磋商中苏航空及转运苏方军用品事宜。

三月一日，同蒲铁路澈底破坏。

二日，接见香港英商马斯门公司 Marsman and Co. 代表台伏斯 Robert de Vos，试谈兴筑滇缅铁路计划。

先生笔记云：

湘桂路及南镇段进行之际，即深感滇缅路亟宜准备兴筑，以期多得一国际路线。适过去曾经手陇海及同成、包宁各路借款之台伏斯，现代表香港英商马斯门公司来汉口，提及该公司有意在中国投资。当查该公司在中国尚无任何关系，其资力并不雄厚，顾其代表台伏斯与中国铁道投资有悠久历史，因试与讨论兴筑滇缅铁路计划。惟渠意滇缅路缺经济价值，最好将叙昆路并为一谈，较易引起外人投资兴趣。于是双方进行草拟条件，准备继续谈判。

五日，同蒲铁路全线六百十三英里沦陷。

七日，与英商马斯门公司代表台伏斯签订备忘录。要点如下：（1）交通部决定兴筑自成都经叙府至昆明，由昆明经腾越而至密支那，或经孟定而至滚弄之铁路，与缅甸铁路衔接。交通部发起组织一川滇铁路公司，由部方及川滇两省合筹股本二千万元。（2）马斯门公司担任造价之半数，以现款及材料交付，现款至少占五分之一，至多占三分之一。借款年息五厘，半年一付，以铁路收入为担保，本金三十年还清。（3）马斯门公司担任建筑工程，并为在国外购料之经理人。（4）铁路完工后，交交通部管理，马斯门公司得推荐总稽核一人，稽核银钱出入。并订明七月底以前签订正式合同。

先生笔记云：

此项备忘录之签订，意在便于该代表与资本家方面易于接洽。

二十一日，出席行政会议。提出中法航空协定，组织中法航空公司，航线为由河内飞昆明，飞香港。在中法航空公司未成立以前，准由法国航空公司飞行。经会议通过。

三十一日，接见怡和洋行经理凯塞尔。告以京赣铁路钢轨移用于湘桂铁路，得其同意。

四月一日，（一）设立战时交通员工训练管理委员会，训练并管理战时失业之员工。（二）湘桂铁路南镇段开工建筑，派凌鸿勋任工程监督。

在南镇段铁路借款合同尚未签字之前，因定线已完，决先开工，在凭祥南之隘口破土，以促法方进行合作。广西素以训练民众著称，遂与省方商定大规模征工筑做土方，由省政府设立路工管理处，以建设厅厅长兼处长。征工事宜，获得方便不少。

九日，订定《军邮免费汇兑处理办法》，分饬陕豫苏浙皖各区内军邮局遵照办理。

二十二日，与法银团、中国建设银公司签订修筑湘桂铁路南宁至镇南关段借款及材料合同。

二十九日，（一）陇海铁路连云港码头，由我方自动加以破坏，免资敌用。（二）接见上海邮务长。该员提出意见，希望沦陷区邮局复业，以保全邮务之完整。当即告以蒋委员长有令禁止，应从缓议。

五月三日，与卢次长作孚同谒蒋委员长，陈述沦陷区邮政局复业意见。奉蒋委员长面谕：如有积极作用，可以复业。

六日，出席行政会议，报告沦陷区邮政局决定复业。以邮政与民众及国际公益之关系甚巨，认为应维持战区邮政。经将办理方针呈报蒋委员长核准，通饰沦陷区地方各邮政管理局，在维护国家主权、防止各项弊害原则之下，极力维持业务，以利民众。

六月五日，开封失陷。

八日，花园口黄河堤决，自是黄河泛滥。

十一日，决定早日进行建筑川滇铁路。拟以未用之英庚款五十万镑移购窄轨，先筑自昆明至威宁一段。

十三日，接见苏俄驻华大使卢干滋，据称奉该国政府训令以中国交通部提议之中国飞机飞至哈密，由哈密飞至苏俄边境阿拉木图，组织中苏航空公司一案，苏俄政府同意办理，希望从速研究细则。当即告以一切自当迅予进行。

十四日，谒蒋委员长，报告（1）应否组织中英航空公司，（2）请嘱行政院孔院长拨款协助建筑滇缅铁路，（3）请电知云南省龙主席接洽川滇铁路采取中线。

先生报告英国方面希望开辟昆明至缅甸航空线，或对飞，或组织中英航空公司飞行，奉谕可组织中英公司飞行。复承谕滇缅铁路应早日进行，因请嘱孔院长拨款协助。最后承询及川滇铁路计划，主张采取中线，即由昆明经威宁至叙府，因请电知龙主席洽照。

先生笔记云：

叙昆路可采之路线有东、中、西三线。自昆明从嵩明、曲靖、宣威、威宁、毕节、叙永、纳溪至泸县共长五百八十一英里，经过川境一百二十九英里，黔境二百六十英里，滇境一百九十二英里，是为东线。自昆明沿牛栏江经昭通，沿撒鱼河，经横江，北达叙府共长四百二十二英里，经过川境四十八英里，黔境六十四英里，滇境三百十英里，是为中线。自昆明经嵩明、寻甸、功山、巧家、电波、屏山，沿金沙江而至叙府共长四百四十里，是为西线。西线施工困难，认为无法采用。东线以与公路并行，亦不主张采用。嗣由交通部决定采取东线与中线之混合线，姑名之为中线。即自昆明至威宁系用东线，威宁以上部分为中线。惟以未能经过资源丰富而系重要城市之昭通，殊属缺憾。故最后决定经过昭通。全线长五百二十八英里，自昆明经曲靖、宣威、威宁、昭通、盐津而至叙府，经滇境三百五十二英里，黔境一百三十英里，川境四十六英里。沿途经过多数重要城市，附近矿产丰富，如明良之煤矿，威宁之铁矿，彝良之铜矿，昭通之褐煤矿与铜矿，盐津之煤矿等，而威宁地居要衔，将为接通黔桂湘黔两铁路之重要交叉点。是为采取此线之理由。

十五日，接见驻华法国大使那齐亚，告以我国顾大使与法政府接洽有关建筑滇缅路与叙昆路投资情形，法国以旧有钦渝合同关系，对于叙昆路投资，法国愿意考虑。

先生笔记云：

自三月七日，交通部与香港英商马斯门公司代表台伏斯签订关于兴筑滇缅铁路备忘录后，该公司即派员至英接洽。道经仰光，与缅甸政府当局交换意见，以为越南滇越铁路公司必有意投资叙昆路，而缅甸铁路当有意投资于滇缅路，如此不难使英法合作投资。缅甸铁路方面因索阅详细计划，加以研究。七月中，马斯门公司代表自英返华，经过仰光时，缅甸政府当局对兴建铁路，表示不甚热心，而主张可以协助中国改善公路运输。但缅甸铁路局局长罗兰及商界方面，对于筑建铁路表示赞成，认为延长缅境一段铁路于缅甸商务有益。因建议将来该段铁路完成后之营业亏损，请由中国政府补偿，俾缅甸政府不致有所顾虑。马斯门公司代表到伦敦与各有关系当局接洽，各方似对于铁路与政府及军事方面之关系，并不十分注意，均以铁路展筑后之收入不多为虑，且认为此路并非急切。及与英财部接洽，则答以应与中英银公司接洽，以其系英国在华铁路投资之唯一主体。当时银公司似亦不愿在战争期间再有新的投资。马斯门公司代表复与法国之拉柴兄弟公司 Messrs. Lazard Freres et Cie 接洽。该公司为法国在华铁路投资银团之一分子，因将详情告之法银团。马斯门公司代表复于五月中往见我国驻巴黎之顾大使。顾大使于六月二日往访法外部，希望法方与马斯门公司合作。法外部表示叙昆为钦渝合同所包含之路线，法国极为关心。惟目下法银团正在进行镇南段借款，势难两路同时进行，似以由英银团投资为便。顾大使表示无论如何，滇缅路关系我国抗战，亟须兴筑，如法银团无意投资叙昆线，不妨让与英银团担任。法外部则以如与英银团合作，借款较易进行，仍当敦促法银团勉力从事。兹法国大使既前来访询，故特将顾大使与法外部接洽经过告知。经审查各方情形，知叙昆铁路借款，法国已表示兴趣，而英国方面对于滇缅铁路投资，希望甚少。

十六日，出席行政会议，提出议案三件：（1）出售招商局元亨利贞四艘海轮，以所得售价充滇缅铁路材料价款；（2）请政府月拨二百万元为川滇、滇缅铁路建筑费；（3）任命萨福均为滇缅铁路总工程师。

先生笔记云：

根据我国顾大使与法政府接洽经过，及驻华法大使前来访问动机，对于建筑滇缅铁路既奉蒋委员长面嘱早日进行，必须变更方针。一面利用未用之英庚款五十万镑，及出售招商局所有元亨利贞四海轮之价款，凑足一百十万镑。一面在英国进行出口信用证借款，以期能向英国购足滇缅路所需材料。因即邀请英国钢铁公司 British Iron and Steel Federation、英国机车公司 The Locomotive Manufacture Association、英国车辆公司 The Cammell Carriage and Wagon Co. , and the Head, Wrighton, and Birmingham Carriage and Wagon Co. ，合组供给材料团体，以备接洽出口信用，一面由交通部托伦敦郭大使及驻华英大使向英国政府接洽。至元亨利贞四艘海轮，以海岸封锁，不能航行，且恐敌人攫取，决定出售与英商。

二十九日，国防会议通过川滇铁路建筑费预算。

七月一日，军事委员会设船舶运输司令部于汉口，派后方勤务部部长俞飞鹏兼任司令，统制军民水运。

五日，德籍军事顾问二十人离汉返德。

先生笔记云：

德国自劝告我国与日本媾和不成，即变更态度。五月二十三日，通知中国，停止供给军火。又于六月中，召回在中国之德国军事顾问。先以我方拒绝放回德国顾问，德国政府遂即召回驻华大使陶德曼。我方旋即允许遣回顾问，全部乃于六月底，经粤汉铁路赴广州，转香港返德。查德国应聘来华之军事顾问，第一次为培尔上校 Colonel Bauer。次为克里培尔上校 Colonel Kriebel 。嗣人数加多，扩充为顾问团，以冯塞克将军 General von Seeskt 为首。最后为福镗豪森将军 General von Falkenhausen，即此次返德顾问之领袖。蒋委员长于五月四日国防会议全体大会中，宣称德义不可恃，应倾向英美法苏。

二十一日，接见云南公路处会办杨君，据称滇缅公路经费尚缺一百六十万元，完成时间尚须三个月左右。

二十五日，中美无线电恢复成都与旧金山直接通报。

二十六日，成立战时电信委员会，俾与军方密切联系。

八月一日，（一）敌军逼近九江。（二）汪兆铭离汉口赴重庆。（三）任命张群为四川行营主任。

四日，（一）驻汉口中央各机关全部移往重庆，交通部仍留少数职员驻汉。（二）武穴决堤，阻止敌军。（三）滇缅铁路改设工程局，由萨福均以总工程师兼任局长。

十五日，西北公路局局长谭伯英为人控告舞弊。蒋委员长电令第十七军军团长胡宗南拘办。

十六日，谒蒋委员长为谭伯英解释。

先生日记云：

承蒋委员长允予释放候查。此人言语不慎，往往开罪于人。

十九日，蒋委员长命令密查交通部将钞券运港购买外汇内容。

先生日记云：

四月中，为订购电信电话设备器材，曾由邮汇局提借钞票二百余万元，空运香港，兑成外汇，备付价款，催促经售洋行从速交货内运。今日闻此事有人以私运钞票，密报蒋委员长命令密查详情。当向侍从室钱主任大钧说明原委，以向财政部申请外汇，未获允准，而深恐广州沦陷，或香港封锁，订购材料无法内运，故不避嫌疑，从权办理，目的在能维持今后若干年之后方通讯。

二十日，设立汽车配件制造厂于重庆，以王树芳为厂长。

二十四日，中航公司“桂林”号客机被敌机击落，机师及乘客全部罹难。

先生日记云：

中国航空公司邮航机“桂林”号，自香港飞重庆，在广东中山县横门河上空为敌机扫射，随即折返，嗣又前进，为敌机四架强迫下降，机堕河中，复被敌机枪扫射，机沉河内。乘客中有交通银行董事长胡筠（笔江），及浙江兴业银行总经理徐振飞（新六）罹难。各线客机暂时停航。

二十七日，（一）接见北平邮政局法籍局长。

先生日记云：

> 北平邮政局法籍局长来汉，报告华北伪组织已设立邮政总局，渠建议在上海设一总办事处，派渠为额外副局长主持其事，同时增用一日籍邮务员，用以防止南京伪组织先设邮政总局。当答以如能商得使团支持，可以试办，否则即采其建议，亦无用处。

（二）欧亚航空公司停航两日。德籍驾驶机师要求（1）须保障彼等生命安全，（2）机身须加漆德国国徽。先生难予同意。

二十九日，接见德国总领事。据称日本与德国曾有默契，日机不袭击欧亚邮机，当劝德籍飞机师复航。

三十日，命令欧亚航空公司以小型飞机由华籍驾驶员飞香港，专载邮件。

九月一日，昨日欧亚航空公司飞往香港之邮机，今日飞返汉口。

五日，拟定（1）湘桂铁路公司总经理处职掌章程，（2）衡阳桂林段铁路管理局章程，（3）桂南及南镇两段铁路工程局章程。

先生对于新筑各铁路主创立股份公司制度。湘桂铁路公司即邀湘桂两省政府加入为股东，在桂林设立湘桂铁路公司理事会，自任理事长，下设总经理处。各工程处则直隶于理事会。衡阳至桂林一段轨道铺竣，因将衡桂段工程处改为衡桂段管理局。桂林至柳州、柳州至南宁两段工程均已动工，乃将柳桂及柳南两段归并为桂南段工程局，局址设南宁。南宁至镇南关一段铺轨达凭祥时，中越运输以凭祥为转运点，原有监督处改为南镇段工程局。

六日，（一）欧亚航空公司客机自香港飞昆明，中途遇敌机袭击，在柳州强迫降落。（二）欧亚航空公司停在西安机场之客机，闻空袭警报起飞逃避，遇敌机追击，在湖北嘉鱼县簰洲降落，无人受伤。

十四日，（一）嘱欧亚航空公司客机暂时停航。（二）拟另辟哈密重庆航空路线。

先生日记云：

> 上月德国驻汉总领事称日本与德国有默契，对欧亚飞机飞行不予袭击。惟据九月六日迭发事态，德总领事所述并不可靠。现正通过驻华德使馆，由驻日德使馆通知日方在欧亚飞机加漆德国国徽，以示区别。如三日后尚无复电，决定改在夜间飞行。晨三时由香港出发，天明抵汉口，续飞重庆、成都、昆明。同时交部正筹划另辟一航线，飞行西安、兰州、哈密而返重庆，并在汉口机场装置夜航设备，准备夜间飞行。

二十八日，田家镇要塞失陷，交通部决迁一部分职员至衡阳。

十月一日，晨五时乘欧亚航空公司客机飞往重庆，飞行三小时又半到达。

二日，在重庆孔院长住宅召开公路会议。先生主席，决定先将重要干线整理完善，余暂从缓。预算先需工程费约一千五百万元。至车辆设备拟向美国商借。

四日，出席行政会议，提出中苏航空公司组织案，通过。

八日，核算截至明年六月底止，应需钢轨数量及其价款数目，与全部机车车辆价款数目。

先生日记云：

> （一）湘桂路，桂林至南宁及黎塘贵县支线四九五公里；湘黔路，湘乡至烟溪二一五公里，两共需三五公斤钢轨七一〇公里，已购旧轨二四〇公里，向捷克订购新轨六〇公里，移用京赣路款订购七〇公里，尚缺新轨三四〇公里。旧轨价款二十万镑，新轨价款四十万镑，两共需英金六十万镑。（二）湘黔路，烟溪至贵阳正线八〇五公里，连同其他钢料需英金九十五万镑。（三）川滇、滇缅两铁路，共需二五公斤新轨六五〇公里，需英金四十万镑（明年六月后）。（四）滇缅铁路，正线七九〇公

里，连同其他钢料需英金六十六万镑。（五）叙昆路，正线四四三公里，连同其他钢料需英金四十五万镑。（六）贵威路，正线三八〇公里，连同其他钢料需英金三十万镑。（七）全部机车、车辆共需英金二百万镑。以上总共需英金五百三十六万镑。

十一日，离重庆飞昆明，访云南省龙主席商要公。

先生日记云：

赴昆明主要目的，为与龙主席商量（一）将云南电信、电话及省外交通公路与国际公路、铁路等项归由中央统一管理；（二）受财政部委托向龙主席商量将云南产锡归由中央收购，以便向美国政府磋商以锡块作抵押之信用贷款。

十七日，离昆明飞返重庆，向孔院长报告一切。

先生日记云：

在昆明接洽各事，均获顺利解决。连日视查交通各机关，与各主管人员谈话完毕，今日返渝，到后趋访孔院长报告一切。

十九日，由重庆飞汉口。

先生日记云：

汉口形势日紧，本部尚有留汉人员，特往一视，即嘱彼等撤离。

二十日，谒蒋委员长，报告赴滇经过，承约晚饭。

二十一日，（一）指定留汉最后撤离人员，计有秘书徐济甫、金侯城、杨翼之、薛光前等，并约谈话。（二）卢常务次长作孚率秘书数人乘火车离汉口赴长沙。（三）蒋委员长约晚饭谈话。

二十二日，（一）督饬欧亚航空公司空运疏散各机关留汉人员。（二）敌军在大鹏湾登陆，绕过香港，袭击广州，广州沦陷。

二十三日，接蒋委员长电话，嘱可即离汉。

二十四日，清晨飞渝，上午十时到达。

二十五日，命令民生实业公司调派轮船于宜昌重庆间，分三段抢运入川人员及军品商货。

二十六日，（一）敌占武昌。（二）设立滇缅公路运输管理局。

二十八日，国民参政会第二次大会在重庆开幕。

十一月一日，国民参政会决议拥护蒋委员长领导全国坚决抗战。

十日，美国总统罗斯福致电蒋委员长，对中国人民勇毅抗战与所受痛苦，表示钦佩与同情。

十一日，驻华法国使馆代办毕古 Picot M. 来见，询问马斯门公司建筑叙昆铁路借款，有无其事。先生答云：

> 确有其事。叙昆路系经济线，如与滇缅路合作经营，可以补助滇缅路之亏耗，两路势难分开。因此一并允许与英商接洽借款。对于前次那大使之提议未能予以答复，实缘于此。法方如有较优条件，仍可与法银团开议。

十三日，长沙大火。岳阳失陷后，长沙军警当局误信谣言，以为敌兵将至，于十二日深夜纵火焚烧市区建筑，酿成惨祸，直至十六日，余烬犹未完全熄灭。

十七日，（一）接见驻华德国使馆秘书，据称闻交通部将哈密航线移交中国航空公司，表示不满。先生告以：

> 新疆方面不赞成欧亚航行该区，故改归部办，并非交与中航公司经营。

（二）新任驻华英大使卡尔 Archibald John Kerr 来访，谈及昆明仰光航线及建筑缅甸铁路事。

先生笔记云：

> 新任驻华英大使卡尔来谈，英政府已同意昆明与仰光间双方对飞。中国方面自昆明飞仰光，可展至加尔各答。英国方面由仰光飞昆明，可展至香港。如时局许可，得展至上海。一俟抗战结束，当再商组织中英航空公司。嗣谈及滇缅铁路，彼称英国政府与缅甸政府已同意建筑缅境已成铁路终点。至缅边一段，已令中英银公司进行。随即谈到材料问题，告以现决移用英庚款项下湘桂材料款五十万镑，及出售招商局海轮所获价款三十七万镑，先行购料进行。彼云我方如有困难，可随时告之，当从旁协助。

十八日，答访英大使卡尔。就便托其协助我方经由英国行家，向英政府商量以出口信用，购买滇缅公路汽车及电信材料事项。

二十一日，（一）英庚款委员会对于五十万镑移用于川滇、滇缅铁路，已予同意。（二）派朱一成为湘粤桂三省电政特派员。

二十四日，（一）设立驮运管理所。先生以公路汽车汽油缺乏，决定设立驮运管理所，利用木板大车，以兽力拖运，辅助铁路公路未能达到地方之军运民运。派陈广忠为管理所所长，陈国玱为副所长兼叙府办事处主任，刘吉甫为昆明办事处主任，李敬五为昭通转运站站长。（二）邮政总局局长郭心崧来见，促请早日准予成立上海办事处。当即准予设立，并由上海邮政局法籍局长兼任处长。

二十五日，乘欧亚客机赴桂林，对湘桂铁路决定紧缩维持。

先生日记云：

> 乘欧亚客机赴桂林，与凌局长鸿勋，及湘桂铁路公司沈协理熙瑞会商湘桂铁路进行计划。彼等主张由桂林延长至永福，计二十八英里，有水路可通柳州，因予同意。一面对于桂林以上之地面工程，仍照既定方针进行。及晤黄主席旭初，意见亦同。彼并希望部方早日建设自桂林至韶关、南宁、贵阳各地之长途电话线。允予速办。

时法国政府怵于日焰狂炽，授意中法建筑公司对南镇段工程不取积极态度。日敌亦知湘桂铁路正在全面兴筑中，谋桂日亟。先生因着在事人员集中力量，赶筑桂柳段。

二十六日，视察桂林车站、桂林机厂及材料库。

二十七日，由桂林乘火车至衡阳。

二十八日，赴南岳谒蒋委员长，报告湘桂铁路工程情形。

二十九日，（一）约湘粤桂三省电政特派员朱一成商拟后方分区设立电政特派员办法。（二）视察衡桂铁路管理局，与全局科长以上职员谈话。（三）晚约浙赣、粤汉、湘桂、陇海四铁路局局长会商四路财政统一办法，并商拟撤退员工救济办法。

三十日，（一）视察衡阳材料厂，将各路运来材料四万吨分配用途，指定迁移地点。（二）蒋委员长乘湘桂铁路火车由南岳经衡阳赴桂林，于桂林设行营。

十二月一日，（一）约电政局朱局长一成商订设立电政三特派员：（1）管理湘黔粤桂区，（2）管理陕甘宁晋豫区，（3）管理浙赣皖苏区。（二）决定在贵阳、柳州各设汽车修理厂，并安插撤退至后方之机匠。

二日，由衡阳乘汽车经零陵至桂林。

四日，谒蒋委员长于桂林。建议湘黔铁路筑至新化为止，将原定铺至烟溪钢轨移筑桂柳段。将湘黔铁路工人移筑由威宁至贵阳一段。均获蒋委员长同意。

五日，由桂林乘汽车至柳州。

六日，由柳州乘汽车经宜山至河池宿夜。

七日，由河池乘汽车入黔境至独山，视察公路车站，经马场坪抵贵阳。贵州省吴主席鼎昌特出迎先生于近郊。

八日至九日，住贵阳。连日视察西南公路局各附属机关及电政、邮政各机关。

十日，由贵阳乘汽车经乌江，抵桐梓宿夜。

十一日，由桐梓乘汽车入川境，经綦江，抵重庆。晚间张君劢设席为先生五十初度暖寿。

十六日，约集西南、西北、滇缅三公路局局长商谈三路共同有关问题：（1）汽油供给；（2）一切规章；（3）沿途车站式样标准化。

二十一日，（一）国民党副总裁汪兆铭由昆明潜赴河内。（二）约苏联全国粮食出口协会代表商谈，请苏联供给西北公路汽油。该代表答称：汽油可以运至新疆边境，惟须由中国方面准备铁皮油桶换运。先生告以可委托新疆盛督办世才接运至猩猩峡，油价亦委托盛氏代付。

二十三日，接伦敦我国大使馆来电，获悉滇缅公路所购汽车价款四十五万镑出口信用，业已洽妥。

二十六日，孔院长派宋子良为西南运输处主任，管理由越南及缅甸运入军用物资材料事宜。因恐宋主任与西南公路局发生龃龉，特约其与卢次长作孚会拟合作办法。

二十七日，约财政部徐次长堪谈话，询其对于运输意见。

先生日记云：

渠意一切组织不必变更，可另设一水陆运输审核委员会。余亦同意。彼称现在军费年需二十亿元，收入不过二亿元，相差十倍，上年业已如此。而钞票发行之增加，则达支出之一半，财政前途，殊为可虑。

先生日记又云：

此一年间，土地日缩，交通日益困难。航空与公路运输已较铁路运输为重要。顾航空运输，须防敌机袭击，公路运输则汽车汽油及车辆配件均日感缺乏。如此情势，究不知如何始能满足军民需要也。

是年一月，日方曾透过驻华德国大使陶德曼向中国提出和平条件六项：（一）订结中日经济协定；（二）中国加入反共公约；（三）日本军队得永远在中国驻防；（四）在日本所圈定之区域内，设立非武装区；（五）在内蒙成立独立政府；（六）中国应付战事赔款。

三月，财政部公布《外汇请核规则》，实行外汇管理。

四月，国民政府明令发行“国防公债”及“金公债”。

六月，财政部在汉口召开金融会议。

七月，财政部公布非常时期调剂川盐滞销办法十五条。

十月，国民政府公布《非常时期过分利得税条例》。

十一月，行政院统计室发表，截止本年十月初，战区九省，共七百九十六县，完整者四百八十九县（百分之六一·四四），县长能在辖境内执行职务者二百四十八县（百分之三一·一五），完全不能行使职权者五十九县（百分之七·五）。

十二月，中美成立桐油借款二千五百万美元之协定。中英信用借款成立，首批四十五万英镑。

一九三九年　先生五十一岁

一月一日，约财政部次长徐堪与交通部次长卢作孚，商拟“水陆运输联合委员会”章程。

抗战军兴以来，运输机构层出不穷，系统复杂。去年底军事委员会又有西南进口物资运输处之组织，直接指派人员，未尝经过主管部门。先生恐其与西南公路局发生龃龉，因有此一“水陆运输联合委员会”之组织，目的在审核、联系并调整军政各机关直辖运输机构之工作与效能。委员会将包括交通部、军政部、经济部、航空委员会、兵工署、贸易委员会、西南进口物资运输处等机关之代表。

二日，赴飞机场送别杜重远赴新疆。

杜重远与先生为故交，过去曾协助先生主持国货产销协会事务，兹应盛世才之约，赴迪化创办“新疆学院”。

十日，出席行政会议，提出“水陆运输联合委员会”章程，经议决通过。

十三日，接见中国建设银公司协理刘景山及英法两银团代表，准备谈判川滇、滇缅铁路材料借款事项。

先生日记云：

> 中国建设银公司对于川滇、滇缅两铁路材料借款，出面怂恿英法两银团合作；该公司刘协理景山因偕英法银团代表来渝相见，声言对于川滇、滇缅铁路借款，愿作初步探讨。法代表对于借款担保，除以盐余作担保外，并希望加入矿税及共同经营沿线矿产，以其盈余充作附加担保。至两路估计应需国外材料，约合英金三百万镑，外加运费九十万镑，共为三百九十万镑，国内约需工款一亿四千万元，折合五百万镑，希望由银团承借。

十四日，（一）行政院公布“水陆运输联合委员会”成立。（二）法银团代表离渝。

十五日，开辟叙昆、桂黔、滇黔三线驮运。

交通部自去年十一月二十四日，成立驮运管理所，并派陈广忠、陈国玱分任所长及副所长后，现特开辟昆明至叙府、贵阳至柳州、昆明至贵阳三线，利用旧式舟车，配合人力兽力，补助运输。

十八日，派李法端充材料司司长。

十九日，滇越铁路代表来见，表示将来愿与川滇铁路诚意合作。

先生日记云：

> 滇越铁路设备，仅应平时需要，异常简陋。即如行车志号，亦付缺如，夜间不能行车。平时运量，月只三千吨左右。中日战争发生后，经交通部与法方迭次磋商，增加车辆，扩充运输能力。希望一年之后，能达每月运量接近一万五千吨。但法方不能即时充分增加车辆，运量始终未达预计。

二十二日，与何廉讨论“西南经济建设研究所”组织章程。

先是国防委员会张秘书长群为开发西南经济，与先生交换意见，拟成立一研究机构。因推介前天津南开大学经济研究所所长何廉主持其事。迭于十七日、二十日与何氏讨论组织与进行计划。经定名为“西南经济建设研究所”，并经商定章程及初步计划。

二十八日，完成英国信用贷款五十万镑条件。

去年十一月十八日，先生答访英国驻华大使卡尔时，曾托其协助我国。五月中经由驻英郭大使与英国行家，向英国政府商量用出口信用方式，购买滇缅公路所需汽车等项。今日经我驻伦敦大使馆电告，信贷条件完成，计金额五十万镑，周息五厘半，期限四年，先付定金四分之一 。此项贷款，用以购买英国所造运货汽车五百辆。

二月一日，（一）国防最高委员会成立，张群任秘书长。（二）重庆电话局改归交通部直辖，并派黄如祖任局长。

二日，接见英国驻华使馆代理财务参赞。该员向先生报告：英国出口信用总额原为七千五百万镑，完全用于商业方面，故期限较短。近于总额之内，增加一千万镑，可用于非纯粹商业方面。惟此项出口信用，大部分分配于巴尔干半岛之各小国家。至于分配于中国方面之数额，至多不过二三百万镑。

四月五日，接见贵阳电政局局长及总工程师，商讨黔省电政改善办法。

十日，敌军占领海南岛。

先生日记云：

去年十一月三十日，在衡阳晤何敬之部长，渠云今后敌军进展方向，有在北海上陆，及进攻安南可能，目标在切断吾国际海陆交通线。今日竟然占据海南岛。该岛在南太平洋地位险要。敌人占据此岛后，一面可以作北海登陆之立足点，一面可为进攻越南之根据地。迨其工事完成，军力加强，香港、新加坡、菲律滨、荷属东印度各地，将无时不在日人威胁之中。蒋委员长对于海南岛问题，发表谈话，指出海南岛之被日军占领，不啻太平洋之“九一八”。

十一日，驻华苏联大使来访，先生与之商定中苏航空线，定于十六或十七日试航。

二十一日，出席行政会议，提出宝鸡至天水铁路建筑费预算，经照案通过。

二十四日，（一）接见湘桂铁路公司经理沈熙瑞、衡桂铁路局局长石志仁，报告：衡桂段通车以来，已运军用品十五万吨，估其价值已超过该路造价。

先生笔记云：

衡桂段建筑之始，抱定以最短时期完成为宗旨。全体员工均能谅解此旨，人人以此自励……其路线自衡阳湘江东岸起，跨湘江，转折三塘，趋祁阳之黎家坪，与零陵之冷水滩，由东安入广西之全县、兴安、灵川诸县以达桂林。全路长二百二十四英里，即三百六十一公里。卒于一年之间完成，达到每天完成一公里之速度。该路工款计由部方拨给现款二千零四十二万二十九百三十四元，两省政府以征工征料征地等款移作投资，计湘省投资四百七十七万四千元，桂省投资三百五十三万四千元，部拨材料计值二千三百十三万七千元，共用五千一百八十六万七千元，计每英里需二十三万元，每公里约十四万元。

（二）中苏航空，渝哈线开始通航。

二十五日，出席行政会议聚餐，席间亲闻有人提及外间对于滇缅公路运输及香港购料，办理不善，颇多指摘。

二十六日，军事委员会委员长侍从室钱主任大钧来访，与先生谈及（1）应向苏联订购飞机油，每月二百吨，托新疆盛督办世才协助；（2）希望滇缅公路筑一支线至八莫，以备在缅境附近八莫地方设立飞机制造厂。

三月一日，中英航空公司，昆明仰光航线试航。

六日，西南经济建设研究所董事会，邀先生任该所所长。

八日，“中英平衡基金借款”一千万英镑成立。

十日，赴驻渝苏联大使馆，商讨中苏航空合同，大体就绪。

十四日，中国航空公司，中越航空线开始通航。

十六日，国防最高委员会决议，令饬交通部开始测量西北铁路。

二十日，与法银团代表磋商镇南关至南宁铁路材料借款，加借三千万法郎，作为购买机车之用。

先生日记云：

> 二十七年四月二十二日，与法银团签订修筑镇南关至南宁铁路材料借款计为一亿二千万法郎，合国币一千二百万元，兹复增加材料借款三千万法郎，为购置机车车辆之用。借款总额共为一亿五千万法郎，合国币一千六百万元。

四月一日，黔桂铁路在柳州开工，派侯家源任工程局局长，兼总工程师。

三日，奉蒋委员长面嘱，为前铁道部次长曾养甫位置相当工作。

前铁道部政务次长曾养甫，在铁道部归并交通部之前，出任广州市市长。广州沦陷后，致无相当工作。蒋委员长因有是嘱。先生有意请其出任川滇铁路公司理事长。

十二日，决定改善公路运输，增加车辆。

先生日记云：

> 每车行程以一日为限，约计西南公路需添购客车三百辆。得知陈光甫先生在美所商借款成立，因电请为本部购买二吨半道奇牌大车五百辆。

十三日，接见中央飞机厂美籍经理，据称滇缅公路有建一支路至八莫之必要，以便与八莫水路衔接。按二月二十六日，军事委员会已有此项计划，准备在八莫设立飞机制造厂。

十四日，召集交通部主管各部门商讨美国物资内运办法，指令铁路与公路应联成一气。

十五日，开放昆明仰光间无线电路。

十六日，驮运管理所副所长陈国玱来见，商谈驮运伕马统制问题。

二十六日，叙昆铁路与滇缅铁路在昆明之联合车站举行开工典礼。

五月一日，飞昆明。

二日，（一）举行川滇铁路公司理事会。

按川滇铁路公司组织条例，于民国二十六年十二月二十日，经行政会议通过后，即向两省政府接洽，催交股款，选派董监事。二十七年四月，派员实地测勘路线，九月设立叙昆铁路工程局，并成立理事会，先生任理事长，工程局即直隶理事会。十二月十一日，与法银团签订材料及运费借款四亿八千万法郎合同，与中国建设银公司签订现款二千万元借款合同，并由川滇两省府及铁路公司补充建筑费约九千万元。先生向理事会报告上述经过。

（二）视察滇缅公路局。

三日，与川滇、滇缅两铁路局局长商谈两局业务及管理事项。

四日，由昆明乘汽车出发，经安宁、禄丰、广通各县而抵楚雄。

六日，（一）由楚雄乘汽车出发，经镇南至祥云，视察滇缅铁路西段工程。（二）离祥云至凤仪，经下关抵大理，休息一日。

七日，乘汽车离大理，经漾濞、永平、保山而达惠通桥。

八日，离惠通桥，经龙陵，抵芒市，当地土司昆仲来接，即宿其住宅。

九日，晨启行，经滇缅交界之畹町，下午八时抵腊戌，寓缅甸 Shan State 行政长官官舍。

晚饭后，先生与行政长官谈话，据告：（1）边境公路保证雨季可以通车，（2）车辆相互往来，只需退税，可于缅境抵消，即无问题，（3）腊戌至滚弄公路已派员测勘，一二日该员归来，即可着手改善，但滚弄至苏达一段，因在中缅未定界内，须由缅方修筑，（4）缅方在腊戌之无线电台，可暂用与滇缅路局通报，畹町拟即设立电台，路局可以利用。先生最后告以：希望铁路运来货物，与我方接运汽车妥为配合，随到随载随开，免致来货堆积。

十日，乘火车至梅谋 Men Myo 。

先生日记云：

> 缅甸总督柯克南 Sir Archibald Cochrance 适在此度夏，派副官来接，邀往官邸晚饭。饭前会谈一小时半，先谢缅甸方面种种协助，随即开始问答如下：
>
> 我问：缅人反对华人，及反对建筑公路，是否系受日人煽动？
>
> 柯答：确有其事，希望华方在宣传方面多做工夫。
>
> 我问：如何改善中缅关系？
>
> 柯答：云南省政府捐税太重，无法通商，希望中缅订一商约。
>
> 我说：应请即指定人员，与我方驻缅之曾次长镕圃就近作初步磋商。至划界问题亦宜早作解决。
>
> 柯答：中国主张苏达之炉房一段，须归中国，但缅方早有

军队驻守，应属缅甸。

我说：俟回渝后，当请外交部与驻华英国大使谈判。应请早日兴筑边界铁路。

柯答：此段铁路无任何经济价值，如无伦敦援助，缅甸政府无此财力。实则中国方面只须将公路加强，有充分汽车，足可运输入口各货。

我说：建筑滇缅铁路，不特为应付目前对日抗战需要，并为云南谋一永久出海通路。为开发云南经济，切望有中缅铁路可通。如缅方不能即筑铁路，能否将自腊戍至我边境铁路之终点，先筑公路？

柯答：牵涉划界问题，容当从长考虑。

十一日，（一）晤缅甸国防部参议克饶 H. H. Craw，与谈滇缅铁路问题。

先生日记云：

其意见与总督所述相同。因告以沿线矿藏甚丰，尤以煤矿最富，可以供给缅甸，代替印煤。谈到由腊戍修筑公路达到我边境铁路终点时，对方仍盼早日解决划界问题。

（二）晤缅甸防空司令，询其对我国将中央飞机制造厂移设中缅边界，有无意见，据称并无意见。（三）向总督告别。

先生日记云：

告别时，缅甸总督提及中缅如订商约，关于统制外汇、统制贸易及消费税各问题，拟先在内阁提出讨论，然后向我方提出意见。望我到仰光时，先与缅甸政府内阁各部长一谈。

十二日，抵仰光，访缅甸内阁总理宇普。

先生日记云：

与曾次长镕圃往访缅甸内阁总理宇普 U Pu，谈话时，渠即以铁道通后，中国人民移入缅甸，势必增加为虑。当告以云南人口稀少，现国内建设事业风起云涌，已感觉人工短缺，对于增加移民一点，请其不必顾虑。渠云最好在报纸上宣传此意，以释群疑。答以当照其建议办理。晤财政部长，亦以移民增多为虑。

十三日，（一）晤缅甸铁路委员会英籍委员长。

先生日记云：

询知铁路接至中缅交界共长一百九十公里，需建筑费一百七十余万镑。其中一百七十余公里，约一年余可以完成，最后之二十公里，因有桥梁、山洞，须二年方可完成。由于缅甸铁路每年亏本，此项建筑费，须英国政府协助。一俟英国政府命令到达，即可着手兴工。

（二）晤缅甸邮电总局局长。

先生日记云：

询知八莫至腾冲，每日电报只十余通，目前仅加开外发钟点，即可应付，不必加线。关于无线电报，缅甸政府已允滇缅公路局在腊戌设台。目前无线电话，只能向印度通话。向中国通话，拟先准试办。俟必要时，再行增加设备。如须向欧洲通电报，须由马持斯拉 Meiktila 转。

（三）晤缅甸民用航空局局长。

先生日记云：

询知腊戌机场数日内，可以竣工。中国航空公司可在该处设立办事处。至于检验飞机及机师执照，可暂订临时办法，以二个月为限。

（四）晤伊拉瓦底船公司经理。询知缅甸政府正征询彼等意见，关于铁路建筑时，与该公司运道衔接之路线。

十四日，由侨领邱福泉伴同向缅甸总理宇普，作非正式访晤畅谈。

按邱氏系当地土生华人，曾任缅甸政府森林部部长，现任缅甸内阁总理助理。

十五日，（一）新加坡华侨银行董事长李光前、总经理陈延谦邀先生赴槟榔屿一游，借知国内抗战及建设情形。当日以天气不佳，未能航行。（二）越南铁路已由同登接至镇南关国境。湘桂路南宁镇南关段接轨入国门。

越南铁路铺轨入镇南关国境，我方即接铺入国门之凭祥。越境铁路轨距为一公尺，我方南镇段路基、桥梁及路线标志，均系预定标准轨距。惟因与越路衔接起见，铺入国境时，仍暂钉一公尺轨距，而用标准轨之枕木。路轨陆续铺入国内后，抗战物资由海防输入者，我方不须再在越境接运。因即设立南镇段运输处，派谭宗耀为处长。

十六日，飞抵槟榔屿。

十七日，与李光前、陈延谦畅谈。

先生日记云：

李陈二君表示关心国内抗战及建设情形，询问有无可以为力之处。因劝彼等可鼓励华侨投资开发川滇矿产。彼等面允可由华侨银行准备投资五十万叻币。

按先生任中国银行总经理时，对于华侨银行业务不断予以协助，极得该行股东及董监事之信仰。

十八日，出席新加坡各侨团集会。

先生日记云：

新加坡华侨筹振会发起援助祖国抗战捐款，特出席演说。嗣由各团体联合设宴款待，并向华侨回国服务机工送别会致词。是日得悉德国国家银行总裁沙赫德 Hjalmar Schacht 在来亚洲考察途中，奉其政府命令，不许过仰光，意即不许到中国。

十九日，离新加坡，夜间乘火车赴暹京曼谷。

二十日，抵曼谷。（一）与暹罗国务总理晤谈。

先生日记云：

暹罗国务总理派宣传部长代表来车站迎迓，外交部则派秘书长来接。当日趋访国务总理，询其外间谣传暹罗与日本结盟，有无其事。渠绝对否认。当即告以唯有中国战胜，可以维持亚洲和平，及暹罗之独立。渠答称希望中日暹三国共同携手共存。因告以将来中暹间应该改进交通，增加商务关系。

（二）出席暹罗外交部茶会招待。（三）出席驻暹商务官陈守明谯会，即席接见华侨领袖。

二十一日，（一）约暹罗政府之美籍顾问早餐。

先生日记云：

谈悉日本在暹罗之经济势力，并非如外间传闻之大。现只有一炼油厂由日本供给机器设备，及技工。又对植棉事业曾派来专家指导，并极力怂恿暹罗政府设棉织厂，要求采用日本纺织机器，惟暹人颇感不满。近暹罗政府曾向日本订购军舰，以其报价最廉。最后复谓暹罗外交，异常谨慎，尚无即时偏向一国之可虑。

（二）访晤旅暹国民党中央委员萧佛成。

先生日记云：

据告：暹罗当局有号召缅甸、云南、广西、广东及海南岛之"掸族"联合自决，建立"掸国"之野心，叮咛转报政府注意。

按掸族乃蒙古利亚人种之一族，自称为"泰"Tai，意为高贵者，或自由者，居住于缅甸东部，暹罗、安南西部，及我国云南边境。其在暹罗北部及安南西部者，亦称老挝，在云南者则称摆夷。

二十二日，离曼谷，乘火车抵柬埔寨（高棉）之"安柯尔塘木"城 Angkor Thom。

二十三日，游"安柯尔"巨型石庙古迹。

按柬埔寨 Cambodia 亦称高棉。我国史书所称扶南、真腊、占婆皆其地。文化宿著，早通西欧。当西历第九世纪，即唐末五代之际，有国王 King Yacovarman（889－910），仿印度建筑式样，营造一座规模宏伟、气象巍峨之巨石神宫。石宫之门窗柱壁，刻满奇形怪状之花纹。经过千年的荒芜废置，早为大树野籐蔓草湮没缠绕。最近经过数十年之清理粪除，可以任人游观，竟变为旅行观光胜境。凡曾游观石庙之人，咸认为系一座最壮丽、最有艺术价值之建筑物。

二十四日，抵西贡。

二十五日，由西贡乘火车赴河内。

二十六日，抵河内。

二十八日，（一）接见法银团代表夏第，与中国建设银公司协理刘景山。

先生日记云：

> 晤法银团代表夏第，据云法方已允承借三亿法郎，供叙昆铁路建筑材料之用，惟须担保确实，并以矿产出口偿付本息。同时并表示愿意协助开发沿路矿产。当告以现正候英银团回音，如英方不愿参加，即可与之单独讨论。

（二）面告法银团代表夏第及镇南铁路工程处监督凌鸿勋，镇南段必须于年底通车。（三）乘汽车至谅山。

按先生赴谅山商议镇南段铁路赶工事项时，中国建设银公司协理刘景山、中央信托局驻越代表沈铭盘、邮政储汇局局长刘驷业、叙昆铁路局局长沈昌、交通部路政司司长杨承训、电信总局局长朱一成，粤汉铁路局局长陈延炯、湘桂铁路公司协理沈熙瑞、衡桂铁路局局长石志仁、桂黔铁路局局长侯家源、浙赣铁路局局长杜镇远、镇南段铁路工程监督凌鸿勋，均集谅山，共商今后应办诸事。

二十九日，（一）召集来谅山人员开会讨论前方各路，目前应付事项。

先生日记云：

> 约集粤滇路陈延炯局长、浙赣路杜镇远局长、湘桂路石志仁局长、桂南路工程局凌鸿勋局长、柳筑路侯家源局长，湘桂铁路公司沈熙瑞协理、路政司杨承训司长、南镇段运输处谭耀宗处长、柳州机厂茅以升处长，开会讨论前方各路目前应付事项：（1）统收统支收付情形；（2）材料运输保管与整理方法；（3）机车车辆存放保管办法；（4）新路进行方针；（5）拨款补助柳州机厂；（6）与贵州省政府合办贵州机器厂。

（二）存问国民政府委员马良（相伯）。

先生于赴河内前，特趋访马相伯先生，存问起居，时马先生年届期颐。

（三）水陆运输联合委员会在海防设立办事处，洽运美援物资。

三十日，（一）返抵河内，访越南总督。

先生日记云：

访越督，谈话问答如下：（1）请速修建高平至边界公路，答允即办。（2）请对进口通过越南物资免征通过税，答对于政府物资准予免税；对于商品，以越南政府甫经决定加税，以资扩充当地军备，未便免税。（3）海防码头已由总督接管，应请大加整顿，以为开辟自由港之准备。（4）希望由铁路运往昆明之物资，迅予验关放行，并于运抵昆明后，迅速卸货，答当通知滇越铁路局照办。

（二）当日离河内，飞抵昆明。

三十一日，（一）与曾前次长养甫商谈，决定（1）以萨福均任叙昆铁路工程局局长；（2）以杜镇远任滇缅铁路工程局局长。（二）访龙主席云，请其改良消费税，并早日解决中缅界务，以为改善中缅关系张本。渠允即研究办理。

六月一日，（一）湘桂铁路桂柳段，桂林至永福铺轨完成，开始通车。（二）由昆明飞返重庆。

二日，谒蒋委员长报告出行经过。

三日，访行政院孔院长报告出行经过，渠适在医院养病。

四日，访军政部何部长应钦，告以旅行经过。

八日，国民政府明令通缉汪兆铭，以其卖国降敌。

十日，出席行政会议，讨论滇缅铁路应否建筑问题。

先生日记云：

滇缅铁路应否建筑，抑在公路上铺设轻轨，行驶火车，或在所筑铁路路面，铺设轻轨，行驶火车，均在会议时，加以讨论。军政部何部长主张缓筑，以其需时两年，始可完工，实属缓不济急。不如加强滇缅公路，以救燃眉。行政院孔院长则以建筑费过巨，难以筹措，亦主缓筑。我本人提议将铁路建设计划通盘研究，何者应赶，何者可缓。应赶者须增加预算，充分接济，由军政、财政、经济、交通四部详细审查，同时交通部将需费及时间详细列表，送行政院孔院长核定。

十三日，出席行政会议，讨论四部审议结果。

先生日记云：

四部审议结果，大致谓："滇缅交通关系抗战甚巨，公路及铁路建筑之进行，须同时兼顾，而予以合理调整，俾人力财力得集中运用，而收速效。滇缅铁路务于二十九年底筑至祥云，祥云至边界一段公路，务于二十九年雨季期前，将改良工程办竣，使运输量达到每日六百吨，并能终年通车无阻。"此项决议实以当时情势为根据。盖滇越铁路尚可畅通，滇缅东段材料可由越南运入，不如先赶筑东段铁路。而西段则以英滇态度游移，缅境一段尚无希望，不如改良公路，作较为合理之调整。

上项审议结果，最后由孔院长核定铁路铺轻轨。先生则主张祥云以西铺轻轨。因以两种意见呈请蒋委员长作最后决定。

十七日，接见法国驻华大使戈斯默 Cosme，谈滇越铁路及航空线等事项。

先生日记云：

法大使来晤，申述两点：（1）希望滇越铁路在云南境内之桥梁，由我方注意保护。当告以可将桥名开示。（2）拟请将河内、昆明、香港航线，暂由中国政府津贴开航，表面上不作为中法合办。当告以可正式来函，再行答覆。（3）法国政府已允保证叙昆铁路之材料价款出口信用九亿法郎。

十九日，拟将公路运输与工程分开，交通部专管工程。

先生鉴于政府退至西南后，进口物资运输已由华南移至西南。自广州沦陷，粤汉铁路无从利用，而一切仅赖公路运输，困难日增。尤其军事方面要求军民运输，集中统一，以为一经统制，万事解决。因拟将公路运输与工程分开，交通部只管工程。特约西南公路局薛局长次莘来渝作初步研究。

二十一日，出席孔院长召集讨论上海租界银行提存风潮会议。

先生日记云：

孔院长今日召集会议，有财次徐堪、中央银行副总裁陈行、钱币司长戴铭礼、顾问杨格、盐务署美籍会办、中央银行英籍顾问在座。因接中国银行宋董事长子文自香港来电，称日人有干涉上海租界迹象，致上海各银行发生提存风潮，拟停市三日，一面商量限制提存办法。余反对停市，赞成径即限制提存，以三百元为限，三百元以上，付汇划。孔院长拟征询宋子文意见，将外汇买卖移至重庆。盖海岸几于完全被敌封锁，外汇有出无入，政府在上海供给外汇，维持法币，势难继续。法币运命在日人预料不过六个月，孔氏认为今已延续将及四年，已属匪易。

先生日记又云：

余不问金融已久，今后财政金融，日见困难。每次遇有关于财金之会议，必被邀参加，实无善策，可以贡献。

二十三日，美国首批援华物资：卡车五百一十辆，军布二百吨到达海防内运。

二十六日，军事委员会拟将铁道运输司令部改为运输总司令部。

铁道运输司令部钱司令宗泽来告先生，军事委员会拟将铁道运输司令部改组为运输总司令部，综管铁路、公路、水路之军事运输，另于军事委员会内设立运输总监部，负责军事运输之设计与考核。

二十九日，（一）决定将交通部公路总管理处改为公路司，专管公路工程事宜，另设运输总管理处，专管公路民用运输。（二）招商局之“江新”轮船（三千三百吨）上驶，安抵重庆。是为巨型江轮上驶直抵重庆之首次。

七月二十四日，与苏联代表讨论中苏航空公司合同。决定执行部设迪化，董事部设阿拉木图。

八月二日，与苏联代表继续讨论中苏航空公司事宜。

先生日记云：

苏方要求董事长为中国人，总经理为俄人，合同期限为十二年。我方要求中国政府飞机如在中国领土内飞行，中苏航空公司应予以一切便利。双方意见纷歧，讨论多时，无结果。

七日，接见苏联代表，中苏航空合同，仍未达协议。

十五日，重庆与香港直接通电话。

二十一日，召集滇缅铁路及滇缅公路主管人员开会讨论西段铁路工程，暂缓进行，西段公路工程，加紧进行。

先生日记云：

法币币值，日见减损，筹计经费，日趋困难。特约滇缅铁路，及滇缅公路主管人员开会讨论。决定滇缅铁路西段工程暂缓进行，滇缅公路西段工程应加紧进行，俾明年雨季前，公路可以通车。每日可行驶车辆四百部，运货六百吨，并使雨季不致停驶。计算改善工程，需款一千三百万元。

二十二日，（一）出席行政会议，报告加紧滇缅公路工程计划，经议决准予照办。（二）出席行政院召集之交通会议。议决民运由交通部负责，军运由军事委员会运输总司令部负责，国际运输由西南运输公司负责。

二十六日，与苏联代表继续谈判中苏航空合同。

先生日记云：

决定（1）总经理在二年之内，由中苏两方轮流担任；在此期间，继续商议。（2）中苏航空公司对于中国政府飞机飞行，予以便利一节，不订入合同，改由中苏航空公司具函声明。（3）合同有效期间，以十年为限。

二十九日，行政院核准本月二十二日交通会议议决案。将原有之水陆运输联合委员会改为设计机关。

九月一日，德军进攻波兰，第二次世界大战爆发。

三日，英法对德宣战。

五日，与英美两国各汽油公司接洽增运汽油。

先生日记云：

国内民运军运汽油，月需一万吨，而存油现不过数千吨。

因与亚细亚煤油公司商量于九月份运八千吨，十月份运一万吨；美孚油公司于九、十两月各运五千吨。德士古油公司于九、十两月各运二千吨。于此可见我国燃料方面，战斗能力之薄弱。

六日，继续谈判中苏航空公司合同，允照苏方意见，对于给予我方飞机飞行便利一节，在航空公司建筑期内，从长计议。

九日，签订中苏航空公司合同。

十六日，行政院取消水陆运输联合委员会，另设水陆运输联合设计委员会。

十八日，美国运输专家三人（谢安 M. C. Shean、范百德 G. L. Van-Patre、白熙 W. Y. Basic）抵重庆。此系贸易委员会主任委员陈辉德与美国政府订立桐油借款合同后，建议聘请来华改进公路运输之专家。

二十日，（一）与美国运输专家开始讨论改进运输问题。（二）设立交通部镇南关办事处，派萧卫国为主任。

二十一日至二十五日，召集运输改进问题讨论会。连日讨论有关运输改进问题，出席人员计有：美国运输专家、交通部有关运输人员、军事运输有关人员。第一日，讨论司机训练问题。第二日，讨论汽车保养问题。第三日，讨论运输问题。第四日，继续讨论运输问题。第五日，继续讨论运输问题。

二十六日，外交部得讯，越南有禁止汽油汽车内运消息，通知我国从速将存海防之汽油汽车，早日内运。

十月二日，中央、中国、交通、中国农民四国家银行联合办事总处，在重庆成立，举行第一次会议。

政府特派中国农民银行理事长蒋中正为四联总处理事会主席，中央银行孔祥熙为副主席，先生为理事之一 。

七日，采纳美国运输专家建议，改组公路运输机构。

先生日记云：

美国运输专家建议将交通部所属之川桂公路运输局、川滇公路管理处、财政部所属之复兴公司运输部合并成立中国运输公司。盖认为车辆统一，公司组织，可以提高管理效率。为希望美方增加运输工具之协助起见，采纳其意见。

九日，接亚细亚煤油公司报告：越南尚未禁止汽油内运，现该公司存海防汽油计三万吨，美孚油公司计二千吨。

三十日，暂兼中国运输公司董事长。

先生日记云：

> 运输问题，自美国专家到后，日益复杂，且必须畀以实际工作，借观绩效。因此由余暂兼任“中国运输公司”董事长，邀美国专家一人为副，另专家二人，分任运输及机务工作。

十一月一日，苏联驻华大使馆秘书来告：中苏航空公司理事会即须在阿拉木图开会，请我方派理事前往出席。因即指定新疆省代表张元夫为理事长，交通部航政司帮办吴元超、秘书刘唐领为理事。

九日，约中苏航空公司吴刘二理事，讨论理事会程章中应行注意之点。

十五日，敌军在钦州湾企沙及龙门等地登陆，向南宁推进。

十七日，出席国民党五届六中全会，作交通报告。

十九日，敌军陷钦州。

二十日，国民党五届六中全会决议推蒋委员长兼行政院院长，孔祥熙为副院长。

二十四日，（一）中国航空公司恢复重庆至哈密航线，与中苏航线连运欧亚邮件。（二）南宁陷敌。

二十五日，蒋委员长电令云南省龙主席云，加强守备滇越铁路及重要桥梁。

二十八日，（一）行政会议通过《中国运输公司章程》。（二）出席中苏航空公司理事会之吴刘两理事返渝，报告开会经过。（三）接见驻华法大使戈斯默，将建议改海防为自由港之节略面交。节略要点如下：（1）海防辟作自由港。（2）中国政府与川滇铁路公司得在自由港埠区域内建置公事房、堆栈，与改装打包设备及加工工厂。（3）滇越铁路在自由港埠区域内，应予中国以一切设备便利，凡中国政府之物资出入，须完全自由，不受一切限制。（4）川滇铁路公司于自由港埠之开辟，如得法政府之同意，可酌量投资。（5）中法两政府应会同组织一委员会，讨论节略中所提议各点。

十二月一日至五日，连日与法银团代表讨论叙昆铁路借款合同。

按滇缅铁路与叙昆铁路借款，原经中国建设银公司怂恿英法两银团合作。初步探讨之后，并无具体接洽。嗣与法银团代表会议三次，法代表对于借款担保，一再研究，除以盐余为担保外，并希望加入矿税，及共同经营沿线矿产，以其盈余充作附加担保。嗣英方电告法银团，希望法银团先单独进行叙昆铁路借款谈判。八月间，法银团会同中国建设银公司，提出借款大纲及合同草案如下：（1）借款金额——（a）国外材料及运费两项共计二百四十万镑，合四亿二千万法郎，法银团愿予全部承借，以材料供给。（b）国内材料及工款估计二百五十万镑，其中法银团可供给三十一万镑，合五千五百万法郎。（2）利息七厘。（3）还本期限——第四年起，满十五年还清。（4）担保——除以叙昆铁路财产及收入，与政府之盐余及一般收入为抵押外，由法银团与中国建设银公司协助中国政府开发叙昆铁路沿线矿产，即以此项矿税及矿产收入为附带担保。（5）将来中国政府发行有关新公债时，应以该项公债收入偿还法银团借款。（6）组织中法建筑公司，承包工程。（7）合同其他条文，照镇南合同办理。

该项合同送呈行政院交由财政、经济各关系机关研究后，予以同意者为利息、还本期限，及铁路财产、收入与盐余及一般收入为担保条件。所不同意者，一为中法建筑公司承包工程，以其承包南镇段工程，曾有耽误迟延。至于开发矿产，不能交由任何外国独占，亦不同意。嗣经再四磋商，由交通部设立保证基金，即随时预储足敷偿还一年应还之数，存入中国之银行，作为担保，偿付本息，易购中国出口之矿产。关于将来中国政府发行新债，应以债款收入尽先偿还法银团借款一节，不免对于中国多一拘束，只能将法银团所持之中国政府期票及国库券等掉换新债券。至于对法银团之利益报酬，定明给予三万镑，每年摊付六千镑，以五年为限。

十一日，签订叙昆铁路借款合同。

先生日记云：

除由法银团承借材料及运费四亿八千万法郎外，由中国建设银公司承借国币二千万元。合同内规定由川滇铁路公司，及政府补充建筑费约九千万元。

十三日，缅甸访华团到重庆，接受盛大欢迎。

先生日记云：

由本部邀请来华之缅甸亲善访华团今日抵达重庆。团长、副团长暨团员一行共九人，均系民间团体代表，由缅甸中华商会秘书一路伴同照料。当日重庆各团体在国际联欢社隆重招待。同时我特将中缅交通之重要性，及中国移民入缅之不足顾虑两点，在欢迎会中，详为说明。

十四日，政府公布《公路总管理处组织条例》。

十八日，黔桂铁路桂柳段完工，通车。

该段波寨、旁农各桥于十六日均已通车。次日桂柳段即在波寨一号桥试车，时第五军大炮已陆续沿公路抵达柳州。炮弹车一列则由桂林开抵矮岭，等候波寨路轨试车后，即将南开。因此使第五军得阻敌兵于昆仑关，未克前进。

十九日，举行中缅座谈会。

二十日，中缅文化协会成立。

二十七日，举行中国运输公司董事会。

先生日记云：

选任陈延炯为总经理，潘光迥为副总经理，侯彧华为运输处长，谢文龙为业务处长，汪仲长为稽核处长。

二十八日，接见越南总督署情报员。

先生日记云：

该员谈及越方对于南宁失陷，颇为失望，并谓日方已派员至越，压迫越督停止内运中国军用物资。越督告以军火早已停运，普运物资，仍准照运。日方要求检查物资，越督已予拒绝。

是年一月，财政部通告《偿还海关税收担保债务办法》。

二月，蒋委员长在参政会报告国民精神总动员：国家至上，民族至上；军事第一，胜利第一；意志集中，力量集中；三信条。

三月，第二次金融会议在重庆举行。

四月，国民政府明令发行“建设公债”六亿元。万国邮政联盟第十一届大会，在阿根廷首都举行，我国派员出席参加。

六月，蒋委员长接见中英平准基金委员会英籍委员罗杰士 Cyrie Rogers，告以此次法币贬值风潮，乃因平准基金运用不当之故，嘱其须照审查外汇办法实施。

七月，外汇平准基金管理委员会限制供应外汇，黑市猛涨。蒋委员长电驻美大使胡适，及贸易委员会主任委员陈辉德促请美政府积极增援我国外汇平准基金。

八月，英政府再贷我国英金三百万镑。

九月，蒋委员长以第二次世界大战爆发，特约见行政院长孔祥熙、外交部长王宠惠、国防最高委员会秘书长张群、参谋总长何应钦等研究我国今后之外交方针。

十月，美国参议院通过修正中立法案，各国需要美国军火，须“现购自运”。此法对日本有利，对中国不利。

一九四〇年　先生五十二岁

一月一日，中国运输公司正式营业。除一般军运及西南运输处仍旧外，该公司专办西南各公路货运，与国际贸易运输事务。

十五日，（一）邀英国克利浦斯爵士 Sir Richard Stafford Cripps 午餐，谈滇缅铁路问题。

先生日记云：

英国克利浦斯爵士在英具有地位，现经缅甸、印度来渝，特邀午餐，与谈滇缅铁路问题。渠意见如下：“在缅时，曾与缅督谈过，缅督认为此路缺乏经济价值。但为鼓动缅方兴趣起见，最好请驻华英国大使经由滇缅公路，赴缅一行。并请龙主席赴缅聘问，再请缅督来华一游。”渠又谓：“此事经与其大使谈过，似已首肯。如龙主席愿赴缅一行，当向缅督先容。至缅段铁路可由华缅合组公司兴筑，或由华方保息，则建筑资金或易凑集。华方不妨邀请印度资本家来华一游，劝其投资。”渠希望能赴新疆一行，研究俄人在新疆之势力。克氏在英，向主亲苏。与张元夫商谈后，认为蒋委员长如有电令，当可准其赴新。

（二）成都上饶间无线电话开放。

十六日，晨十时乘中航机飞昆明，研究滇越铁路炸毁善后问题。

先生日记云：

滇越铁路为敌机炸毁桥梁两处，路断，致运输发生严重问题。特赴昆明研究善后。到后，即招滇越铁路驻昆代表，询问炸毁情形，及修复所需日期。据称须两星期可以修复，行驶轻载货车；一月后，可以行驶大机车。当即派李耀祥（原在粤汉铁路办理抢修工程）、唐文悌（滇缅铁路桥工副处长）、金其毅（南镇段工程人员，谙法语）组织抢修队，进行工作。与防空监黄振球将军商洽防空办法。渠云可即拨高射炮五门，高射机关枪十五支。随又增拨高射炮四门，机关枪五十支。

十七日，（一）招滇越铁路驻昆代表谈铁路防空问题。（二）与龙主席商谈铁路防空守卫及征工抢修事宜。

先生日记云：

滇越铁路驻昆代表来见，告以拟定抢修及防空办法。渠谓全路重要桥梁十二处，重要车站六处，防空至少须有高射炮一百门，万不得已，亦不能少于七十门，否则不敷分布。龙主席随即来晤，询其滇省防空设备如何。渠云：全省有高射炮六十门，其中四十门分配于各部队，余二十门系为昆明市防空之用。铁路方面已配二门，可再加二门。当与商议指定一人负责守卫桥梁，并请加紧征工修筑昆明至越南公路。渠均允照办。

十八日，（一）与云南省政府建设厅张西林厅长商议，暂时减少滇越铁路省府及商人每日运量之吨数，以便中央可以多运抗战物资。（二）约集省公路局局长，及叙昆、滇缅两铁路与滇缅公路三工程局长商议，加紧改良滇越公路，以便增加运量计划。

先生日记云：

> 该项计划，估计需经费一千二百万元。查该路自昆明至路南已通车；路南至开远间，桥工未做；开远至鸡街间，已通车；鸡街至河口，路未修。

（三）规定滇越铁路所需抢修材料，由交通部在昆明之铁路与公路各局拨给。

十九日，（一）约滇缅公路谭伯英局长商议，中国运输公司自缅甸运送汽油办法。（二）向云南省政府提议：昆明市内电话改归部省合办，以资改进。

二十日，美运输专家由河内到昆明来见，报告广西河池至越南高平公路情形。

先生日记云：

> 该员报告：交通部与广西省合建之高平至河池公路已通，可补救镇南关交通阻断之损失。惟河池坡度高达百分之三十五，难行卡车。建议应早通广西百色至贵州安龙之公路。并报告政府留存海防之材料共七万吨，汽油一万五千吨，汽车一千二百辆，可运仰光者四百五十辆。

二十一日，滇越铁路提出运量分配成分。其中商货所占成分过多，未予同意。

二十二日，（一）商准龙主席指定专员一人负责保护滇越铁路，并将省方原有运输调整委员会改组，增加滇省军方代表、商会会长及西南运输处与交通部代表。均同意，即日实行。（二）滇越铁路总经理自河内来见，报告滇越铁路炸毁修复，尚须二十日，至机车过桥，尚须更多时日，并希望我方加强防空力量。

二十三日，与滇越铁路、云南省政府举行联席会议，讨论滇越铁路防空问题。

先生日记云：

除滇越铁路总经理外，有滇省刘参谋长、中央防空监高级参谋及本部有关人员，均列席参加。议决：(1) 我方帮助防空设备，计高射炮九门，高射枪四门，机关枪四十支。(2) 航空学校驱逐机一队，由越南供给烟幕。(3) 上海法租界当局曾扣留我方高射炮四门，请越南总督代向驻沪法国领事交涉索回。

二十五日，（一）继续举行联席会议，讨论滇越铁路修理问题。

先生日记云：

会议决定在滇越铁路修理期内，二月份，商运限为一千吨；三月份，限为二千五百吨；此后最多不逾四千吨。据滇越铁路总经理称，自三月份起，每月运量可增至二万四千吨。

（二）访晤卢军长汉。

先生日记云：

得知滇省军队只有四师留省。现因广西吃紧，拟加二师，彼意希望中央补助。余告以中央以滇省征收消费税，外商啧有烦言，因劝取消。彼意中央如能补助军费，消费税自可取消。最后我主张昆明市内电话，由部省共同管理，彼表示赞同。

二十六日，召集会议商讨“运输调整委员会”规程。

先生日记云：

约滇省刘参谋长、西南运输处及本部代表商订“运输调整委员会”章程，规定昆明车站、到货及卸货、疏散与存储办法，以及保护空袭措施。此后即由该会切实负责。

二十七日，召集滇缅铁路、叙昆铁路与交通部负责人员商改两路今后进行计划。

先生日记云：

我因滇越铁路被敌机轰炸，桥断路阻，前往昆明，视察沿线。因思桂南战争发生后，敌人虽退出南宁，而桂越公路无法利用。敌人近又开始轰炸滇越铁路，此仅存之国际路线，时遭威胁，不独运输拥挤，即东段铁路材料，亦无法照原定计划运入，近则更有中断之虞。

兹以滇越铁路运量，既属有限，且不可恃。原定完成叙昆铁路之昆明至曲靖一段，及滇缅铁路之昆明至祥云一段计划，势须修改，拟即先筑滇缅西段。姑不问英缅方面，对于缅路态度如何，决先将材料运至腊戍，由腊戍运至滚弄。再利用南丁河运至孟定，即机车车辆亦拟分拆装运。东段方面，自昆明至一平浪一段，因一平浪产盐产煤，均甚丰富，可以供给昆明需要，既具经济价值，当积极使之完成。

据滇缅铁路工程处报告，由滚弄用汽车运铁路材料至南丁河岸，转由水运，每日可运一百五十吨，月得四千五百吨。而建筑材料共需五万吨，除去雨季不算，按照估计，须至后年春间，方可运竣。至滇缅铁路东段，暂筑至一平浪，需材料一万五千吨。假定滇越铁路每月可运千吨，须十五个月可以运竣。当即按照材料先达数量，分配工款。

二十八日，（一）视察叙昆铁路工程局。（二）约电政、电话两局局长商订昆明市内电话省部合作办法。

二十九日，晨偕滇越铁路总经理乘火车视察沿线。

先生日记云：

晨七时开车，十二时抵盘溪午饭。一时开车，三时半抵炸毁桥梁地点，晤本部所派抢修人员李耀祥、唐文悌正在工次工作，已修复六七成，再需十日，可完全修复。桥梁倾下之一端，已抬起四公尺，尚有十二公尺。每日可举起一公尺半，一星期后，可以通普通货车。但须候桥梁材料运到补上，方可通过火车头。本部职员参加外人管理铁路之工程，此为第一次，实属中国工程人员之光荣。五时抵开远，旧名阿迷州，参观车站布置，及工人宿舍，与法籍员工宿舍，异常完备。晚在车站旅馆宿夜。

三十日，继续乘车视察滇越铁路沿线。

先生日记云：

晨六时开车，八时半经过又一炸毁桥梁，下车视察。此桥在两山之间，当年以运输艰难，桥身系用小件配成，名曰Lace Bridge，有如集锦一般。敌机投弹时，桥被碎石片击损，约数日可以修复。十一时经河口，晤云南省政府所派之河口督办。十二时抵老开，在车站午饭。一时开车，八时抵河内。

三十一日，因南宁失陷，约法银团代表及中国建设银公司代表商订南宁至镇南关铁路结束办法。

先生日记云：

约中国建设银公司代表刘竹君（景山），与法银团代表夏第，讨论南镇段铁路结束办法：（1）二月底将工程及材料运输事宜结束，有关账目于四月底结束。（2）设立保管委员会，自三月起开始工作，向法银团方面接收一切材料及款项。由于南宁之沦陷，法银团方面参加沟通中越路线之一番心血，至此付之流水。

按湘桂铁路依照合同，于二十七年（一九三八）六月一日，将南宁至镇南关一段开始之工程，移交于中法建筑公司。其时已完成土石方十分之七，桥梁工程材料已有一部备齐，共支出一百一十三万九千余元。及中法建筑公司接收之后，积极督促赶工，于二十八年（一九三九）五月间，开始铺轨，十月间，通达明江。原期十二月前，铺至崇善，不意铺至宁明时，敌人已在钦州湾登陆，继之南宁失陷，一切工程停顿。当时全路土方全部完成，已铺轨四十二英里。明江大桥墩座工程，亦已完成。计共用借款一亿五千万法郎，一十三万英镑，及政府拨款八百万元。此项用款中，计有存在越南未运而为越南政府征用之路料计值四千余万法郎，于三十年十一月间与法银团代表商定，将此项价款抵付债款。其存在越南未经征用之材料，尚值二千七百万法郎，一并委托法银团代售，以抵债务。

当敌军于二十八年十二月十八日，迫近明江时，即将明江便桥焚毁。十九日崇善告急，将所有机车退至同登。自十一月二十三日起，至十二月十八日止，抢出沿线物资，运至同登，计路料七千余吨，其他政府物资五千余吨。即此区区物资所值，已足补偿所耗之建筑费而有余。及敌军退出南宁，即由湘桂铁路组织抢修队，拆运已铺钢轨，为兴修黔桂铁路之用。

二月一日，抵海防，视察存料、仓库及码头。

先生日记云：

> 但见仓库材料堆集如山，码头亦狼藉不堪。许多商货因候车太久，已见腐烂。

二日，（一）西南运输处宋处长子良来见，提议在越南有关运输工作，对外交涉统归该处出面洽办。当告以原则同意，惟交通部一切工作，仍归部方所派人员负责。（二）离海防，乘火车经谅山、同登至那岑，改乘汽车经七溪、东溪至高平。

先生日记云：

> 九时离海防，一时抵谅山，得悉昨日滇越铁路八十二号桥，又被轰炸。当即派员赴河内与滇越铁路商量，应预备便桥，便利各项设计工作，以备遇炸后，可以随时修理，不致久停车运。三时自谅山起身，经同登至那岑，此处系越南铁路终点。自那岑改乘汽车，经七溪、东溪，至高平，已届晚六时半矣。到后，当地省长夫人代表省政府设茶会招待，并邀留宿省长官舍。省长以为余明日始到，故先日出巡。回忆七个月前，赴缅甸，曾留宿于边境腊戌之长官官舍，周旋于殖民地边境长官之间，兹复如此，亦一可纪念之事也。

三日，晨八时启身离高平，晚抵平马。

先生日记云：

> 当地侨民帮长游清海醵资三千元，筑一便桥，以备汽车过河，热心可嘉。由高平经广渊（三十六公里）、重庆府（四十二公里），至边界之岳墟（二十公里），时已中午十二时，适有空袭警报，稍停，乃经靖西（三十三公里）、天保（五十四公里）而至平马，中间有三十五公里绕山而行。该路甫于十五日

前竣工，尚未铺路面，亦未做水沟，弯度、坡度、路基均不合格。天雨行车，甚为危险。西南运输处急不及待，已有九十余辆卡车驰过此路，其中四辆出事。可见当时需要对外通路之迫切。晚六时抵平马，在当地之国民中学留宿。离平马三公里为右江渡口，用渡船渡过右江，上通百色，距离七十余公里，下通南宁，距离一百三十公里。现经济部正在疏浚右江，据称三个月后，可通三十吨民船。

四日，清晨离平马，晚到三石屯，在车上宿夜。

先生日记云：

晨七时二十分启行，经田州（二十余公里），至万冈（八十公里）。十一时在万冈县政府午餐。饭后十二时二十分启行，出万冈境，过凤凰关后，公路只有土方，无路基，未铺碎石块。以西南运输处卡车甫经驰过，致路面高低不平，凸凹尤甚，泥泞阻滞，车行极感困难。行至近三石屯之山顶，汽车即无法上驶，加以细雨蒙蒙，路益滑溜。七时天黑，仍图前进，经过两小时之久，仅行得一公里。只好停驶，即在车上休息过夜。乡人复言此地有虎，不时出没，因此同行各车，均将车头大灯开亮。

五日，步行八小时，抵东兰县。

先生日记云：

清晨，该段路工段长在山下招集乡民数十人上山，帮同推车，奈每推数十步，即以泥泞阻滞，无法前进，因舍车步行三公里。见前途情形相同，乃决计步行，有美国财政部代表布克Lossing Buck相随。计上午九时半起步，至下午六时抵达东兰县境，每小时行十华里。东兰县长出郊相迎，因至县公署宿夜。据告该县自民国十三年起，至二十一年止，为土共盘据，居民由十六万人，减至十二万人。县政府系用木板搭成，门窗无一块玻璃，只有煤油灯两盏，余均用豆油点灯。经济之困穷，可以想见。

六日，在东兰休息一日，等候同行人员聚齐。

先生日记云：

同行各汽车，因天已放晴，均相率下山，驶至县城。昨夜有汽车司机果见虎出，奔逃竟夜来城。

七日，离东兰，抵河池，与黔桂铁路局侯局长家源商议河田、平岳公路，与黔桂铁路进行计划。

先生日记云：

晨七时动身，乘汽车行三十余公里，黔桂铁路派卡车来接。至三旺镇，西南公路运输局局长薛次华、专员萧卫国来，同车经长老镇、大厂、车河（西南公路界），下午一时抵河池。黔桂铁路局局长侯家源在此守候。商议今后河田、平岳公路，及黔桂铁路进行方针：（1）河（河池）田（田州）、平（平马）岳（岳墟）公路，即此次视察之路线，为海防内运物资要道，决定全力改善，希望于四个月内，雨季之前，改善完工。在未改善以前，为便利海防新车内驶起见，派工随时抢修。（2）黔桂铁路，柳州至河池已全部开工，预计九月可以通车，决定加紧进行。盖仍属望于越南路线不致阻断，可由桂省进入后方，较由昆明进入后方为便捷也。

是日传报敌军由永淳抄至宾阳后路，有骑兵数千进至上林、隆山，几达都安，再进即至东兰。似此河田、平岳公路已入危境。

八日，（一）晨离河池，晚抵柳州，晤陈诚司令长官。

先生日记云：

自河池乘汽车出发，中午十二时抵宜山，离公路五公里，为黔桂铁路局所在地，张丹霞山洞即在附近。宾阳失守后，宜山震动。召集员工谈话，劝告路局员工切勿恐慌。如铁路停工，可调筑公路。（由柳州至河池一七六公里，由河池至贵州独山二三〇公里，由独山至贵阳二〇〇公里，共六〇六公里，全路工程已合标准，行车顺利）下午五时抵柳州，陈诚长官在此，共进晚餐，长谈，告以河田、平岳公路之重要。渠云已派军队三师至都安一带防守。

嘱侯局长家源目前暂移调工人修筑河田公路，及安八公路。嘱萧卫国设立河田、平岳公路专员办公处，负责赶急内运现存海防卡车。

（二）晚十时乘火车赴桂林。

先生日记云：

桂柳段铁路长一七三公里，二十七年八月七日开工，二十八年十二月十八日完工。中间先以广州沦陷，省方迟疑观望六个月之久，实际工作时间，仅十二个月。又以草圩一段山崩，土方坍塌数十万方，耽搁几两个月。军方因南宁陷落，亟须输送援兵，希望本年一月十五日通车，凌局长鸿勋与罗副局长日夜督工，将枕木安放在土方之上，缓缓拖通车辆，未误军方限期。最近宾阳失陷，由粤调运援军，再疏散存柳物资，总算用得其时。

先生对于该路工程进行之经过，在其笔记中，尚有记述如下：

……二十八年十一月一日，即逐步向北开始通车，十二月一日通车至雒容，同时南北两端对向铺轨，开山架桥，昼夜赶工。十二月十六日全线试车。该路工程人员所遭遇之种种困难，殆为铁路历史中所罕见。今全路通车矣，其享受该路之便利者，曾复念及惨淡经营，心力交瘁之全路工程人员，与夫死亡枕藉之无名英雄乎！

九日，下午四时抵桂林。

先生日记云：

此行以全路石子尚未铺齐，而草圩一段土方坍塌，尚未修复，加以兵车拥挤，故行车甚缓，共行十八小时。平时每日可以往来对开七八列车。

十日，行营白主任崇禧来访，谈敌军企图。

先生日记云：

白健生主任来谈，此次宾阳失守由于叶肇队伍不能按时到达永淳，截断敌军后路。此后敌之企图，不外（1）冲田东河池，（2）进攻柳州，（3）打通西洋江（右江）。当告以田东河池，必须派兵防守。

按三月二十五日，柳州军事会议，嘉奖桂南作战有功，及惩处作战不力将领。第三十五集团军总司令邓龙光、第四十六军军长何宣各记功一次。第二十七集团军总司令叶肇扣留法办。

十一日，举行湘桂铁路公司理事会于桂林，议决准侯家源辞总经理职，以协理沈熙瑞升任。

十二日，（一）晨六时离桂林飞重庆，十时到达。（二）下午五时，晋谒蒋委员长，报告此行经过及沿途决定事项。

十三日，接军政部讯，敌军已退出宾阳；又讯敌机轰炸滇越铁路，未被炸断。

十四日，派赵祖康、王国华赴昆明，会商叙昆铁路工程局萨局长福均、滇缅铁路工程局杜局长镇远，共同移拨部分经费，修理滇缅公路路面，务使车运畅通，便利向美所购铁路材料，得以运入。

十六日，决定整理驮运办法。

先生日记云：

驮运办理以来，因人员缺乏经验与训练，加以经费不裕，沿途驮夫住宿，及货物屯留设备不周，又驮运管理所所长陈广忠不善人事管理，必须全盘加以整顿。（1）决将管理所之中间机关如：黔桂、川桂、川黔、叙昆等驮运分所，改为车驮运输所，直属于本部公路运输总局之业务组。其下设置运输课，负监督策划之责。（2）大量制造可以载重五百公斤之胶轮板车，用以代替人伕最高不逾四十公斤之担量。（3）与水路新制之木船配合。（4）开办市郊客运马车，以代汽车，节省汽油。预料今后汽车配件与汽油日缺，不得不依赖各种运输工具也。

十七日，（一）召集中国运输公司同人谈话，劝诫各人在陈总经理延炯领导之下，共同合作。

先生日记云：

自交通部所辖川桂公路运输局、川滇公路管理处，与财政部所属之复兴公司运输部合并为中国运输公司后，内部人事不甚融洽。因在该公司约集同人谈话，劝勉大家在陈总经理领导之下，共同合作。该公司运输部设于贵阳，其余部分，暂设重庆。

（二）接今日桂林电话称：敌军有自南宁撤退模样。（三）出席四行联合办事总处会议，讨论农贷问题。

先生日记云：

四联总处理事会开会，讨论农贷问题。决定农贷总额四亿元，内中国农民占三成半，中国二成半，交通、中央信托局各一成半，农本局一成。惟农本局资金一向依赖向各国家银行商借，如此划分，来源缺乏，且地区被其他银行分割，难以生存。因提议各行应尽量利用农本局各地已有机构，托为代放。

十八日，（一）吊唁德国奥托华尔夫钢铁公司代表毕克博士Beeck之丧。

按毕克博士代表德国奥托华尔夫钢铁公司，在华接洽铁路材料借款，对于浙赣铁路杭江段之兴筑，南萍段之完成，协助良多，厥功甚伟。第二次大战爆发后，对于纳粹穷兵黩武，颇不赞成，暂居重庆南岸，不久暴卒。先生特往其寓所吊奠，以示轸念。

（二）接桂林电话称：今日南宁大火，敌军似已准备撤退。

十九日，嘱美国运输顾问白赛 Bassi 每日到交通部办事。

二十日，滇越铁路山洞，被敌机轰炸。

二十一日，（一）蒋委员长飞桂林，转柳州。（二）邀苏联大使馆武官伊凡诺夫 Ivanov 及行将返国之汉文秘书斯柯阿尔索夫 Skvortsoff 与其后任费多任柯 Fedorenko 午饭。

二十二日，蒋委员长驻节柳州行营。敌机五十余架狂炸柳州羊角山行营所在地。

二十三日，召开驮运会议，决定先行清理旧货，暂时停运新货。

运输总局召开驮运会议，据主管叙昆驮运线之报告：（1）在途中不能寻获之运货价值一百九十余万元。（2）在途无伕马搬运之货件，积至七八千件。（3）板车以在国外所购之木料不能运入，无法增加车辆数目。已制成之板车仅五百余辆。（4）车伕难觅。应募者均系逃兵。由于上述情形，因决定先行清理旧货，暂时停运新货。先生认为新得经验不少。

二十六日，（一）约苏联大使馆新任商务代表巴克温 Bakwin 及其助理洛克霍诺夫 Pnokhoroff 与秘书艾格芮夫 Agreeff 茶叙。

先生日记云：

> 苏联派遣商务代表人员驻华，实中苏订立商约后始有之组织。席间询其有无在西北供给汽油、电信材料之可能。据称由苏运入汽油，费用甚巨，应改用煤气车。又云兰州、新疆间运输能力，全年只达六千吨。骆驼现有二万至二万五千匹，最多可加到四万匹。

（二）接见驻华法国大使柯斯美 Cosme，据告法国政府有关各部已同意叙昆铁路借款合同，不日可正式核准。

二十七日，（一）外交部接驻英郭大使电告：英外次表示滇缅铁路借款，或可在出口信用贷款项下设法，供给钢料。（二）军政部何部长应钦在行政会议报告：中共要求增加所管陕北县份。共方要求陕北管辖县份自十二县，增为十八县。名称定为陕北行政边区，直隶行政院，不愿隶属省政府。军队数目，中央原允其成立三军六师，共方要求再加六团。中央提出五项原则：（1）服从中央命令。（2）人事经理悉照中央章制。（3）饷项照中央章制。（4）饷项不得移充宣传之用。（5）新编军队，须将一切杂色队伍包括在内。（三）卢次长作孚拟辞交通部次长职。

先生日记云：

> 卢作孚次长以最近民生公司船只时有撞伤，由于本人无暇照管，且外间浮言其利用地位，偏护“民生”，因此希望摆脱次

长之职。当劝其先将兼职辞去，同时以保护整个航业之责自任，则浮言自息。渠允考虑。

二十八日，决定设立滇越公路工程处，隶属于省公路局。

先生日记云：

> 王国华自昆明来，报告：滇越公路决定设工程处，隶属省公路局。由交通部派处长兼总工程师，由省政府推荐副处长兼副总工程师。预计工程费需一千四百万元，由滇缅铁路协助三百六十万元，叙昆铁路协助三百四十万元，余由部方拨补。

三月四日，英国克利浦斯爵士 Sir Richard Stafford Cripps 返自苏联，来访。据告：在新疆未获与盛世才见面；苏联边境至伊犁公路，路面甚好。

九日，嘱交通部各司拟具应提议案，以备提出军事委员会行将召集之运输会议。提案要目如下：（1）公路管理之统一。（2）发给汽车牌照与司机执照，军用与民用应互相联系，统一办理。（3）公路养路费，军用车应同样照交。（4）各运输机关之任务划分。

十日，西北公路局局长宋希尚来见。报告：（1）卡车计有一千二百辆（内俄式车九百辆，柴油车一百四十辆，杂牌车一百余辆），可用者约八九百辆，军方留用二百辆，客车只二三十辆。（2）汽油依赖苏联供给，由迪化用骆驼运至猩猩峡，行四十七日。（3）玉门油矿每日出产原油只十万加仑，可炼汽油二万加仑。（4）西北公路局每月需用汽油约八万加仑。

十二日，奉蒋委员长面谕，拟一明日举行之运输会议之意见书。当日送出。纲要如下：（1）统筹机关之设立。（2）运输任务之分配。（3）指挥监督之统一。（4）人力兽力运输之集中。（5）沿海私运组织加强。

十三日，上午九时，蒋委员长莅临运输会议致开幕词，下午四时继续开会，何部长应钦担任主席，列席各机关报告有关事项。

十四日，运输会议继续举行，蒋委员长莅会任主席，指示各点如下：（1）调整运输机构，俾克统一事权，其职责应注意监督与支配。（2）调查每年进出口物资数量，准备运输应需工具。（3）维持客运，使每一公路均有客车行驶。（4）海防存料何以不能源源运入，应速谋改善。（5）军车免征养路费，但宜另拨专款补助养路。（6）统一水运，由交通部负责。（7）各工厂内运器材油料，应统一管理。（8）司机统一训练。（9）稽查职权应予统一。以上指示各点，均与交通部提议各案及先生所拟意见符合。

十八日，晚间蒋委员长招集运输会议主席团各员会餐，宣示对于调整运输机构、统一事权、明定职责、注重监督等具体办法。决定调整机构如下：设立运输统制局，以参谋总长为主任委员，运输总监、交通部长为副主任委员。下设参谋长，以俞飞鹏任之。另设指挥处，以俞飞鹏兼任，陈延炯副之。设稽核处，以曾养甫任之，张其元为副。设国内运输处，以钱宗泽为正，赵祖康为副。设国外运输处，以宋子良为正，龚学遂为副。指挥处下，设车务管理组，以钱宗泽兼任，由交通部推荐一人为副。再设仓库管理组，以陈体诚为正，由资源委员会推荐一人为副。

十九日，（一）出席行政会议，决定公路预算如下：（1）滇越公路预算一千四百万元，除原定预算之四百五十万元外，由中央补拨二百五十万元，叙昆、滇缅两铁路各协助三百五十万元。（2）河田公路建筑费加拨一百十九万元。（3）滇缅西段同时开工，由叙昆铁路每月拨助六十万元，尚不足六百四十万元，容再筹拨。（二）约见苏联商务代表，商订汽油三千吨，仅允九百吨。

二十日，（一）滇缅铁路工程局局长杜镇远来见，商定该路西段开工起点，应在南丁河北岸。（如在南岸，须经中缅未定界）（二）踏勘滇越公路线之周技士凤九来见，报告昆明至蒙自一段，一个月后可以通车，蒙自至老开一段工程，并不甚困难。

二十二日，交通部新生活协会举行理事会，讨论为职员预储粮食一年。

二十三日，华西大学校务长毕启 Joseph Beech（一作皮邱）博士自成都来访。

先生日记云：

> 谈及彼即将返美，拟以张凌高任校长，由执行委员会及教职员从旁相助，并盼董事会主席成为一中美联系之桥梁，多多接洽实际校务。校中每月有一简单校务报告送交董事会主席。余任该校董事会主席已近十年，毫无贡献，殊感惭愧。毕启博士筚路蓝缕，创立此校，今已年近七旬，将告老返国。张君凌高系华西毕业，希望能继续完成毕启博士未竟之志愿，庶可不负西友之一番苦心。

按毕启博士于一九一〇年，由美国圣公监理会 Methodist Episcopal Mission 派来成都华西大学服务，一九一四年被任为华西校长。嗣因教育部取缔外籍人士担任大学校长，乃改任华西校务长，以迄于今。

二十六日，（一）苏联商务代表来见，声称允将我国订购汽油每月九百吨运至猩猩峡，由我方派骆驼接运，计须骆驼一万五千匹。现兰州至猩猩峡之间，骆驼为数太少，不敷接运。（二）滇缅铁路工程局局长杜镇远来告：滇缅铁路西段起点，决定走南丁河北岸。

二十七日，出席四行联合办事总处理事会，蒋委员长以理事长地位，亲临主席。四国家银行报告本年二月底之存款、放款及发行余额如下（单位百万元）：

行别	放款	存款	发行
中央银行	三、七九〇	三、三八九	一、八〇〇
中国银行	二、六九〇	三、八〇〇	一、二二〇
交通银行	一、一四〇	一、三七〇	六〇〇
中国农民银行	六〇〇	一九六	三六五
总计	八、二二〇	八、七五五	三、九八五

二十八日，出席经济委员会会议。

遵照蒋委员长指示，讨论（1）外汇，（2）物价，（3）对敌人经济作战三点。决定建议在行政院内设一经济会议，于各封锁线设立稽核处，并于各省设立贸易局。

二十九日，召开华西大学董事会。

先生日记云：

在张岳军先生住宅，召开华西大学董事会。出席董事，除余（董事长）及何北衡（副董事长）外，计有张岳军、宗诚之（圣公会会督）、杨重熙（求精中学校长）、卢作孚、卓伟（O. Stockwell，美以美会布道使）、宋明道（J. W. Sparling，华西协会神学院院长）、杨少全（退休中学校长）、陆德礼（A. Lutley，圣公会布道使）、范琼英（华美女中校长）、张禹九（前中国银行重庆分行襄理）、罗伯敦（W. D. Roberston，副校务长）、卜莱丝（Miss Priest，会计）。缺席董事，计为：乔安慰（Mrs. A. M. Salquist）、黄岛晴（医生，校友会代表）、吴恒久（印刷业）、黄安素（Bishop Ward）。当经出席董事选出张凌高为华西大学校长，毕启博士为名誉总长（Chancellor）。公推邝先生（S. H. Fong）及罗伯敦为名誉副总长。黄岛睛、吴恒久、范琼英、杨少全、宋道明为执行委员会常务委员，席伯德（E. Hilbard）及富兰克（G. M. Frank）为查账员，张禹九为校董会名誉会计。

余随即提议筹募国币十万元为"毕启博士纪念基金"，充华西病院病人及学生免费诊病之用。一致赞成通过。

此为余列席华西大学董事会之最后一次，特志之以供将来华西大学校史之参考。

三十日，（一）出席四行联合办事总处理事会会议，蒋委员长亲临主席。决议：设立战区经济委员会于韶关、宜昌、洛阳、金华等地，加强货运检查。各省设置贸易机关，隶属于贸易委员会。（二）与教育部陈部长立夫合谦毕启博士，孔院长祥熙即席致惜别词，并代表政府颁赠四等采玉勋章，美国驻华大使詹森亦有演说。

四月三日，中国运输公司报告车辆情形如次：（1）原川桂公

司　可用车辆计二七六辆，正待修理车辆计五〇〇辆，尚存海防车辆二六〇辆，在同登路寻获车辆三七辆，总共一、〇七三辆。（2）原复兴公司　行驶滇缅路车辆计八〇辆，行驶昆贵路车辆计二四〇辆，行驶渝贵路车辆计一九〇辆，行驶六寨贵阳段车辆计四〇辆，行驶河岳路车辆计六六辆，总共六一六辆。

先生日记云：

> 全部车辆统计：交通部及所属各机关计六、〇〇〇辆，军政部计一〇、〇〇〇辆，西南运输处计二、五〇〇辆，其他机关计二、三〇〇辆。以上总共二〇、八〇〇辆。每年需添置配件，约合美金四百万元，需用汽油六八、〇〇〇、〇〇〇加仑，机油六、八〇〇、〇〇〇加仑。每加仑汽油行车八公里。照上述数字计算，汽车之损坏添补，以及汽油内运之两大问题，正不知如何解决。

六日，奉蒋委员长面嘱，每部举荐得力人员十名。因举荐交通部得力人员：陈延炯、杜镇远、侯家源、凌鸿勋、薛次莘、赵祖康、潘光迥、刘驷业、朱一成、陶凤山等十人。

七日，率领所举荐之得力人员至浮图关中央训练团，参加国父纪念周，由蒋委员长分别传见，训勉数语。

八日，交通部曾次长镕圃自仰光电报：腊戍至滚弄公路，缅方已着手改善，五星期后，可望竣工，滚弄至苏达段，预备开始测量。当即约英驻华大使来谈，请其再从旁催促。

十一日，法国航空公司代表马丁 Martin 来见，声言愿加开河内香港线。

先生日记云：

> 法大使偕法国航空公司代表马丁来谈，谓法国航空公司可加开河内香港线，并展飞至昆明，每周一次。关于贴费，可照本部所提办法办理。惟对本部要求欧亚航空公司得飞河内一节，以欧亚非中国政府所办，恐越南政府难以同意。本部所提办法：每年开行五十二次，补助二百五十万法郎，其多开次数，按每

公里二十法郎计算。营业总收入，除扣百分之十五交本部外，余由部方与法航均分。

十七日，交通部航政司与法国航空公司签订合同，并具函声明交部自办之航空公司可飞河内（指欧亚收归部办而言），法大使复函同意。

十八日，约西昌行营张主任笃伦来谈修筑乐山至西昌公路事。

五月三日，约曾前次长养甫来谈，请其早日就滇缅铁路督办职，答允就职。

四日，法国雷诺 Renault 汽车制造厂代表法斯尔 Fassier 来见，希望滇越公路完成后，继续添购该厂汽车。过去交通部曾向该厂购车五百辆，欧战起后，继续交货，颇守信用。

六日，与法国雷诺汽车制造厂代表续谈，如照原条件，可续购五百辆。

七日，驻华英国大使馆希望我国能运出原料，用以抵偿滇缅铁路借款。

先生日记云：

> 外交部接驻英大使馆电告：克利浦斯爵士返国后，对于滇缅铁路借款，热心鼓吹。惟此间英国大使馆非正式表示，如我国可运出原料偿还借款，当可在出口信用方面设法。孔院长意，我方无法供给原料。故此事成功，尚属窎远。

十日，路透电：德军已攻入卢森堡，同时进攻荷兰、比利时。

十八日，（一）约曾前次长养甫与外交部徐次长谟，商谈滇缅铁路西段起点问题。

先生日记云：

> 缅甸方面闻悉我方决定从南丁河以北开始筑路后，大为不满，以为我方有意躲避解决界务问题，正式致函本部曾次长镕圃要求说明。经与曾养甫兄及徐叔谟次长商谈后，决定由外交部拟稿复曾次长。同时由本部函告英大使，大致谓本部可自南丁河南岸起筑，或在未定界中起筑。将来界务问题解决

时，决定路线，可依划界决定谁属，但与目下界务，截然分为两事。

又先生笔记云：

英国政府于三月间，通知缅甸政府，将腊戌至滚弄公路从速改善，并嘱测量滚弄至苏达间未定界内公路。交通部方面因急于解决铁路材料之运输，并避免未定界之纠纷起见，决定以南丁河北岸为起点，则苏达至滚弄一段公路，可以不筑。缅方表示不甚赞同，我方遂亦有放弃此意之表示。并请英国政府不必等待界务问题之解决，即可进行兴筑滚苏间公路。一俟将来界务问题解决后，此项地段属于何方，则其筑路费用即归何方担任。盖以缅方之愿意公路铁路起点均在河之南岸，即所以希望界务之能早日解决，亦含有缅境铁路，与界务问题同时解决之意。故中国政府即予以让步，用示好感，而中缅间对于铁路问题之见解，乃渐有接近之可能。

（二）函告叙昆铁路工程局，速与滇越铁路接洽，暂时停运叙昆材料，应先抢运政府物资，尽于两个月内赶运完毕。因欧战扩大，越南形势或有变化。

二十一日，新疆张交涉员元夫来见，报告新疆近况。

先生日记云：

张交涉员元夫自新疆来，报告：法币流入新疆约一千万元，近以法币币值低落，新疆所发纸币亦随之跌价。现新疆拟将新疆纸币及法币一律收回，改发一种新纸币。但恐影响法币，特来与中央商订一折衷办法。又云：有中央人员两名被诬为受汪伪组织指使，探听新疆内情，经拘押未放。杜重远亦受嫌疑被拘。

二十三日，（一）接叙昆铁路局沈局长昌报告：已与滇越铁路接洽妥当，叙昆铁路材料暂时停运，先运西南运输处物资。（二）运输统制局开会，决将汽油订购事宜，集中于行政院之液体燃料管理委员会办理。

二十六日，敌机九十六架轰炸渝市化龙桥一带，交通部材料司、无线电台、配件厂、各处房屋，均有损伤。

二十七日，敌机百余架轰炸渝市小龙坎工厂区，兵工厂、军政部所属之纺织厂、大鑫铁工厂、豫丰纱厂等，均波及。

二十八日，敌机百余架轰炸渝市南区公园、上清寺及附近两路口，以及市政府，死伤二百余人。交通部职员眷属失所者十余家。北碚亦被轰炸，死伤八十余人，复旦大学教务主任孙寒冰及学生等被炸死者共四十余人。

二十九日，敌机轰炸重庆大学一带，死伤不多。

三十一日，接材料司李司长木园报告存香港材料处理办法。

先生日记云：

> 据报：（1）枕木已委托怡和洋行售与建业公司。（2）钢轨统运仰光。（3）造车材料暂时抵押与慎昌洋行，觅主出售。（4）电料八百吨已运宁波。（5）续运汽油五十万加仑至宁波。

先生日记又云：

> 东南联运处于二十八年十一月成立于衡阳，负责东南沿海各省接运后方各地公路之联运业务。成立后，业务不多。近以宁波海口可以利用，运入汽油稍被重视。该处事务交由湘桂铁路理事会照料。经向该会询明，诸暨、溪口间有汽车二十一辆；鹰潭、曲江间有汽车四十二辆；曲江、老隆间有汽车三十一辆。现由宁波进口汽油日多，鹰潭、曲江间，须加车辆。

六月十日，敌机轰炸渝市上清寺一带。先生所寓新村四号住宅，因敌机掷弹击中附近山头，致一巨石飞落，将卧室屋顶打穿，隔壁五号，系蒙藏委员会吴委员长忠信住宅，则被炸毁一半。两路口沿街房屋，多被焚毁。

十一日，新村又被敌机轰炸。先生四号住宅，门口墙壁被震倾倒，屋内门窗玻璃全被震碎。新村一号、二号、三号住宅后半均中弹。六号、五号住宅或全毁，或毁一半。

十二日，敌机继续轰炸渝市。国民政府照壁、牌楼炸毁。行政院门前落一弹，交通部交通人员训练所炸毁。

十三日，布置渝市电话、电报，不使因敌机轰炸而中断。决定办法如下：（1）将纯阳洞之自动电话五百号迁至金钢塔下防空洞内，再加装五百号。长途电台亦移至洞内。（2）设长途电话帮电站于南岸及成渝公路之适当地点。（3）在迁建区装置五百号磁石式电话，在南岸装三百号。（4）紧急时，利用南区马路所设之五百号电话。

十四日，决定将部中工作次要之部员及眷属，迁居于渝市附近廖家店疏建区，交通部所建之三十栋住屋。

十六日，（一）敌机两次轰炸渝郊白市驿广阳坝飞机场。（二）敌军侵入宜昌。（三）日本广播法国已宣布投降。（四）驻华法大使向我外交部报告，日方压迫越南政府禁运汽油入华，越方已有允意。

十九日，行政院孔副院长邀集军政、经济、外交、交通四部部长，及兵工署署长、运输总司令讨论越南将有变化后之运输问题。讨论结果：（1）美国运来汽油，未运入者，交回复兴公司作为美国所有。（2）要求滇越铁路停运商货，赶运政府物资。（3）要求越南总督发给出口证，以便将到越之货物转口。

二十日，接昆明电话：滇越铁路因受日方压迫，对我方物资，几于全部停运。形势日益恶化。

二十一日，（一）日本广播，日本要求越南：（1）停运中国政府物资。（2）日人得在越境检查中国物资。（3）日人得在谅山、老开各边界派检查员检查人员及物资出入。越方已完全接受。（二）接昆明电话：滇省龙主席准备将滇越铁路之范寨桥拆卸，并扣留一部分车辆。（三）派沈昌赴河内，向越督询明禁运实情。

二十二日，派交通部财务、材料两司司长赴越：（1）设法将所存路料作为抵偿法银团欠款。（2）设法将汽油在名义上转入各汽油公司户名。(3) 能运出之路料，仍设法尽量抢运。

二十三日，接沈昌报告有关越南禁运情形。据报：（甲）于二十一日下午七时，偕河内许总领事同访越督，越督口头声明八点：(1) 决不许日本假道攻华，如日兵进入越南，决予抵抗。(2) 海防不易登陆，因须顾虑后方我军在谅山截击；最可虑之地点为桂粤交界之蒙街，该处附近敌有水陆两军约十万人，加上海南岛驻军，两共十五万人。(3) 越南无空军，如敌军全力进攻，东京省恐将不保，届时希望中国出兵；如能有飞机三百架，不难阻止敌军前进。(4) 停运命令，仅执行于越境，华境滇越铁路仍可继续运输。(5) 如日越发生战事，华方认为必要时，可拆毁滇越铁路。(6) 至越南应允日本要求，实为缓兵之计。(7) 目前惟有请求美国政府出面干涉。(8) 日如攻越，必先将越南中部截断，不使越南军、民、物资退入华境。

（乙）所得有关运输消息如下：(1) 出口货仍准继续。(2) 进口货种类将由日政府规定。(3) 日方派文官二员，一驻海防，一驻老街，检查出入货物。(4) 越军已在海防、桃山等海口及谅山、茫街各要隘驻防；西贡军队已有三分之二集中北部。(5) 经与滇越铁路交涉，要求不得减少在中国境内之机车车辆，如有减少，当采取必要行动。

（丙）经代表滇省府与滇越铁路代表商订：(1) 滇境客货车照常行驶。(2) 滇越间客车照常行驶，但机车出境，只以庸买为止，须于次晨开回滇境。(3) 单兜（即十吨车）准出境一百辆，于三日内分批开回，其拖带之机车照 (2) 项办法办理。(4) 其他机车车辆均不得出境（时滇境有车辆七百辆）。

二十四日，日本要求英国封锁滇缅公路。

二十五日，敌机轰炸渝市上清寺一带。先生新村住宅隔壁之外交部官舍防空洞，不甚可靠，改往陶桂林住宅之防空洞。又住宅被炸后，正在修理，拟在南岸租屋暂住。

二十七日，敌机轰炸渝市化龙桥、小龙坎一带。

二十九日，在运输统制局讨论汽油缺乏补救办法。决定装置柴油车二千辆，煤气车八百辆，木炭车四百辆。柴油车拟尽量改用植物油。

三十日，陈辉德（光甫）自美归来，报告一般美人最近对华态度及借款问题。

先生日记云：

> 光甫自美返重庆来谈："美国人民除知识阶级外，对于中国战争，渐已不甚注意，对于欧洲问题，异常关心。甚至有人主张应与日本接近，以免太平洋上发生磨擦。关于借款问题，国务院方面有人条陈，美国应支持法币。而财政部方面则持反对论调。财政部有外汇基金二十亿美元，该款可由财长自由处置。但财长曾向国会声明，不得议会同意，决不自由处置。故即使政府有意帮助中国，仍须国会通过。照目下情形，国会未必能予同意。宋子文已抵美，拟设法获得币制借款。姑观其进展情形如何。"

七月五日，国民党五届七中全会决议，设置"中央设计局"及"党政工作考核委员会"，并通过行政院拟增设"经济作战部"等要案。

九日，出席行政会议。外交部王部长宠惠报告：（1）驻英郭大使来电，据英外次述及英政府对于日方要求缅甸禁运物资进入华境一节，已以无法阻止缅甸自由贸易，及缅甸不能封锁邻境交通为理由，予以拒绝。（2）驻美胡大使电报，美方已同意德国要求，撤回驻比荷两国公使，故中国亦准备撤退。

十二日，陈辉德来晤，希望：（1）中国运输公司履行契约，每月可以运出桐油四千吨赴美；（2）桐油借款所购美国材料，运至仰光后，由彼在美所设世界贸易公司 Universal Trading Corporation 之仰光分公司经理。

十三日，（一）军事委员会召集驿运会议，蒋委员长亲临致词。大致谓海口既被封锁，滇缅通路亦将遭遇封锁，今后惟有尽量利用人力兽力，因地制宜，因时制宜，自力更生。推行之始，必须着重组织与训练。出席会议人员，计有军事委员会、国民党中央宣传部及组织部、行政院、内政、军政、财政、交通、经济、军令、政治、后方勤务各部，及运输统制局各首长，暨川、滇、黔、桂、粤、湘、鄂、闽、赣、苏、浙、皖、豫、陕、甘各省代表，以及交通部已设立之叙昆、陕甘、滇渝、黔桂、川黔、滇越各车驮运输所主任。（二）日本宣布英国已允封锁缅甸通路，行将正式通告，并称自十六日起，封锁宁波、温州、三都澳各海口。

十六日，出席行政会议，外交部王部长宠惠报告英国封锁缅甸通路经过。据报："接驻英郭大使电：（1）英外长面告：'英政府为顾到英国自身之利害关系，不得不权衡轻重，先将缅甸入华之车用物资，停运三个月，好在不久雨季将临，暂时停运，予中国之妨碍不大，亦不影响英国协助中国之精神。若于此三个月内，形势转变，有利于英，则不难设法补救。同时设或能因此而促进中日和平，则更为佳事。'（2）英外次面告：'数日前，英政府尚坚决主张不理日人要求，但以阁议中顾虑澳洲之利害，且澳洲开赴英国之军队，正在途中，更须顾及其安全，不得不作此一决定。'"

先生日记云：

> 似此英国已无能力顾及亚洲，只好作此饰词。其结果无非步武法国后尘。从此吾方无出海通路，原有交通计划，将根本变更矣。

十七日，驿运会议主席团开会审查各组报告。审查结果：（1）组织以各省为主体，每省设立驿运管理处，下设驿运段，国际路线，或重要联运路线，特设国际联运线，由交通部拟定计划交省方切实办理。（2）交通部设驿运总管理处为监督指挥机关。（3）国际联运路线由省建设厅厅长兼任处长，由交通部派副处长，主要办事人员由部指派，并由省方委派协助人员。（4）先办通海口及转运军食之路线。（5）伕子由各军区视同征兵征募，并得派军队充任。

(6) 干线经费由国库担负，支线经费由省方担负，并得由中央酌予补助。其行政经费在运费内扣支。

十八日，(一) 驿运会议闭幕。(二) 中国航空公司美方经理邦德 Bond 来商，预防汽油不能内运时之补救办法。决定办法如下：自香港开出飞机装足来回油量，一面减少载客数目（例如 DC3 飞机，装油一千加仑，乘客由三十一人减为十二人；DC2 飞机装油一千加仑，乘客由十二人减为八人）。现行航班，计重庆仰光每周一班，重庆河内每周一班，重庆香港每周四班。

十九日，(一) 欧亚航空公司总经理李景枞来告，为预防汽油不足，拟减少航班，计重庆河内每周一班，重庆香港每周六班，昆明重庆哈密每周一班。(二) 约滇缅公路局谭局长伯英商谈：如何协助陈辉德实现每月运出桐油二千至四千吨计划。

先生日记云：

> 据称：估计每一“三吨半”卡车，因需装载自用汽油，只能装载桐油三吨半，如有卡车三百辆，由彼调用，则每车每月往返两次，可运桐油一千五百吨。彼表示愿代中国运输公司办理。商之陈延炯，原则同意。

(三) 派张冲霄为四川驿运管理处副处长。

先生日记云：

> 据其估计，泸州昆明线长九百公里，须行四十五天。每日开出板车三十辆，每辆载重四百五十公斤，每辆佚子四人，需一百二十人。每日对开，以四十五日计，需板车二十七百辆，佚子一万零八百人。

二十一日，政府决定设立粮食管理局，局长人选将为交通部次长卢作孚。

二十三日，(一) 出席行政会议，军政部何部长应钦报告与第十八集团军商定妥协条件。条件计六项如次：(1) 陕甘宁边区改称“陕北行政区”，设公署，隶属行政院，受陕西省政府之指导。区公署主任及各县县长，由第十八集团军保荐，由政府任命。(2) 冀察战区归并第二战区，仍以阎锡山为司令长官，朱德为副。（3）陕北行政区包括：葭、米脂、吴堡、绥德、清涧、延川、延长、安定、肤施、甘泉、鄜、安塞、保安、合水、环、靖边、庆阳（半县）、定边（半县）等十八县。（4）第十八集团军及新四军队伍，悉数调赴朱德防区，不得暗中遗留武装团体于离防境内。（5）军队数目核实照编。（6）区内法令及军队编制一律受中央法令之拘束。（二）派张冲霄兼管驿运渝黔线。其中一段，拟利用水路，即自重庆至盖石洞之一百十六公里。水低时，航行四吨木船，洪水时，可航行十吨木船。盖石洞至羊蹄洞，洪水时可航行六吨木船，羊蹄洞至松坎只能最多航行一吨木船。松坎以上，须用板车。（三）派徐望来管理驿运川陕线，自绵阳经广元至宝鸡，共六百余公里。

二十四日，（一）召集驿运有关负责人员，讨论板车需要数量及供应数量。

（1）需要数量

川陕（广元至宝鸡）	月运 300 吨	需车 1560 辆	需夫 2000 名
（广元至绵阳）	月运 300 吨	需车 1560 辆	需夫 3500 名
黔桂（三合至贵阳）	月运 400 吨	需车 1600 辆	需夫 6400 名
泸昆（泸县至昆明）	月运 300 吨	需车 2000 辆	需夫 3750 名
		（一部分用汽车接运）	
叙昆（叙府至昆明）	月运 300 吨	需车 750 辆	需马 12000 匹

共需车 7470 辆

（2）可供应数量

已制成		1190 辆	
黔中板车厂	可加造	500 辆	
陕甘线就地自造		300 辆	（已发交轮胎 200 副）
乐山板车厂	可加造	500 辆	
已备制车材料	可以造	5700 辆	

共可供应 8190 辆

（3）供应来源

川黔线	已有600辆	黔中厂制造中1000辆
黔桂线		贵定厂制造中1000辆
泸昆线	中央造车厂加造100辆	泸厂制造中1200辆
川陕线	新民厂制造350辆	泸厂制造中210辆
		就地自造400辆
		胶轮车600辆
叙昆线		渝厂制造中400辆
川康线	乐山厂制造500辆	另供应500辆

（二）检查汽油供应量及需要量。

（1）供应量

自宁波已进口		37万加仑
茫市龙陵共存	（原存55万加仑减去耗用1/5）	44万加仑
滇缅公路沿线共存		55万加仑

共存136万加仑

（2）目前急需量

中国运输公司	20万加仑
其他东南、西南运输机构	11万加仑
运输耗用油	6万加仑
桂林、贵阳、重庆电政机构需油	8万加仑
交通部材料司需油	7万加仑

共需51万加仑

先生日记云：

此情此景，好似一家越来越穷，每日油盐柴米，不能不日日核计，否则即有断炊绝食之虞。

可见当时因国际通路被封锁后，汽油供应短缺情势之严重。

二十八日，外交部发表声明，日军如进入越南，中国即派兵前往。

三十一日，陇海铁路局局长兼军事运输司令钱宗泽患狭心症去世。

八月四日，美国务卿赫尔声明关切越南情形。

七日，交通部曾次长镕圃自仰光来函，报告缅方对于停运军用物资，拟定应付办法，惟尚未经英政府核准。所拟办法如下：（1）停运进口之五种物品，仍可在缅境内自由移动。（2）未经停运进口之物资，由腊戌往昆明或重庆之卡车所需往返汽油，得在腊戌购置足。（3）上项卡车尽先雇用缅车，惟须保证仍回缅甸，不得中途出售。缅车不敷时，可用我方车辆。（4）卡车往昆明者，准在腊戌装油一百六十五加仑，往重庆者，可装三百一十五加仑。（5）雇用之车，不肯去昆明、重庆，可在中途换车，但准其装足全程用油。（6）中国境内行车用油，可用我方存缅减税之油。（7）中航班机往返仰光重庆间所用机油，及渝港班机所用机油，得在腊戌购买。惟后者，缅方坚持须由飞机带去，我方主张车运。（8）垒允运输，除机油受限制外，余均维持常态。（9）在缅境之我方汽车装配厂，照常工作。（10）红十字会运输药品车用油，照常供给。

十八日，民生公司总副经理魏文瀚、童少生来部，报告该公司困难情形。据称："自宜昌陷落后，货运大减，每月收入减少一半，只有八九十万元，而支出月须一百八十万元，长期债务计八百余万元，股本计七百万元。现正建造浅水船十四艘，须付工价三百余万元。现须增加政府运输差费及客票票价，一面招徕客货，以期收支适合。希望部方予以贷款，完成新船，同时发行公司债，整理旧有债务。"

十九日，敌机一百九十余架狂炸重庆市区，城内热闹大街九条，均遭燃烧弹，毁房屋八百余幢。

二十日，（一）敌机一百七十余架又狂炸重庆；市区大火，民众损失惨重。小梁子、大梁子、新半街一带，尽成灰烬。商业区毁损十之八九，较之去年五月三、四两日轰炸有过无不及。（二）参加运输统制局会报，重申下列四项原则：（1）政府进口物资由西南运输处负责。(2) 国内各公路普通运输，由交通部各运输机构负责。(3) 后方军运由后方勤务部负责。(4) 汽油以负责各机构自备自运为原则，由液体燃料管理委员会集中收购。

二十八日，(一) 驻法顾大使维钧来电：日本要求法方准许日军假道越南，法方请其提出具体办法；希望政府发表强硬反对宣言。(二) 出席行政会议；通过对法国允许日军假道越南抗议宣言稿。(三) 与军统局戴局长笠商拟利用走私路径，增加运输，并为防止流弊，拟设联运稽核处，由军统局推荐一人为副。

三十日，(一) 发表薛光前为运输总局副局长，兼驿运总管理处设计主任。(二) 接交通部驻越南代表电称：越督声言法政府对日要求，有让步意，但渠本人反对。

按法国政府原则上已允日军假道越南。实行办法，则由越南总督与日方商洽。惟日方限期解决，故越督表示不满。

三十一日，今日起，开始撰写抗战交通史。

九月一日，交通部材料司李司长法端视察东南交通情形归来，报告宁波海口封锁前后运输状况。据称："自七月份起，材料司曾由此（宁波海口）抢运得电料八百吨、油料三千二百吨。至已运入之汽油，七月底运抵衡阳二十五万加仑，八月一日起，陆续运入三十三万加仑，共计五十八万加仑。此三十三万加仑中，预计九月份可以运到湘西五万加仑，十月份可以运到三合十万加仑，十一月份可以运到桂林五万加仑，十二月份可以运到彭水十三万加仑。""宁波虽被封锁，东海口走私尚未绝望，估计东南联运处尚有柴油车五十辆、国际牌卡车十七辆、道奇牌卡车十二辆、运输队用车五十辆、中国运输公司用车四十九辆，共计一百七十八辆，拟分三段联运：(1) 丽水、金华、溪口、义乌；(2) 鹰潭、曲江；(3) 老隆、曲江。"

四日，(一) 接沈昌转来河内许总领事所得有关日军进入越南及使用越南机场消息。日军假道越南原则，已由维琪政府允许，实行办法，交由越南总督与日方洽商。乃日方向越督用哀的美敦书形式，因此越督不满，声言反对。嗣日方向越督道歉，要求继续谈判。今日与越南法军司令获得协定如下：（1）登陆海陆日军不得停留；（2）安沛至老开铁路以东三十公里，作为日军根据地；（3）日方得在越南占有三机场，除河内外，由日方指定；（4）登陆日军以三万四千人为限。

九日，蒋委员长命令云南省龙主席云破坏滇越铁路桥梁涵洞及滇越公路。省府已奉命执行。

十日，出席行政会议，提出越缅两地情形变更后，叙昆滇缅两铁路紧缩预算办法。决定：（1）叙昆铁路为利用滇越铁路拟即拆卸之一百五十公里材料，铺设曲靖段，准月拨工程费二百万元。（2）滇缅西段认为不必进行，移人力修筑祥云至西昌公路。

十一日，滇越铁路河口铁桥炸毁。

十八日，外交部接驻华英大使通知：日人假道越南条件，又有修改；机场改为五处，谅山、老开、海防、河内及老开附近，海防驻军五千人，河内驻军二万人，限二十二日下午十时答复。

二十一日，近以身体时感不适，特往驻重庆之武汉疗养院检查身体。据医生云："心脏大动脉稍大，余均无恙，系过劳所致。嘱多休息。"

二十二日，法日签订越南军事协定细则，日军进驻北越。

二十三日，（一）沈昌自昆明电报：日军将登陆，先控制机场。（二）河内许总领事报告日军进入越南情形：日本第一批入越军队为六千人，先上陆者一千人，分派驻河内、老开、谅山三机场，并声言不攻昆明，意在威胁诱惑昆明当局。

二十四日，命令欧亚、中国两航空公司仍须继续河内航班。

二十五日，日军六千人在海防登陆，占谅山，自是我方不能再利用越南港口，西南国际路线中断。

两年来先生努力打通西南国际路线，初则滇缅铁路兴筑受阻，继则南宁失守，嗣遭滇缅公路之封锁，既已备受打击，兹复见日军入驻北越，广西、云南对外交通全断，一切尽成泡影。

先生自述云：

今年为交通作战最不幸之一年，至感痛心。

二十七日，约西康行营张主任笃伦商谈赶修乐山至西康公路，希望明春完工。

二十八日，德、意、日三国政治、经济、军事同盟成立公布。

三十日，中国航空公司美籍常务董事邦德 Bond 来见，商订：若香港有变，拟改飞小吕宋、新加坡、仰光；若昆明有事，拟由仰光飞昆明附近地点，并请指定地点。

月内，伦敦英国皇家经济学会选举先生为该会会员 Fellow of Royal Economic Society 。

先生日记云：

本月接伦敦皇家经济学会通知，当选为该会会员。

按该会之前身为英国经济学会 The British Economic Associates，成立于一八〇〇年。一九〇二年改称“皇家经济学会”Royal Economic Society 。其宗旨为研究各种经济问题，促进经济调查。发行《经济学报》*The Economic Journal*，所载论文，均属权威著作。现代名经济学者凯因斯 John Maynard Keynes 曾任该学报总编辑。前任我国财政部顾问之李滋罗斯 Frederick William Leith – Ross 亦系该会会员之一 。先生当选为该会会员，实属一种荣誉。（经函该会“会员登录秘书”Membership Secretary，嘱查明先生当选日期。接覆称：一九四〇年会员录载有先生姓名，但一时无法查出入会日期。又谓该会会员现对外均称 Member of Royal Economic Society，而不称 Fellow of Royal Economic Society ）

十月一日，出席行政会议，提出西康至祥云公路预算。

奉蒋委员长令，限期完成西康至祥云公路。盖以国际形势遽变，重庆可能受到威胁，不可不作迁往西康打算，故祥云西康与乐山西康两公路，将成为重要路线。

二日，出发视察由成渝公路至天水及兰州一带公路运输情形。

先生日记云：

上午九时出发，王帮办文山及蔡君承新同行。经青木关、璧山、永川，而荣昌，在中国银行办事处午膳。膳后行经永福镇、隆昌、椑木镇、涪江，而至内江，在成渝铁路局招待所过夜。

三日，抵成都。

先生日记云：

九时启行，十时至资中，参观周大瑶所办之复兴酒精厂。下午五时半抵成都，即驶赴华西大学牙医科学院吉尔邦 L. G. Killborn 主任住宅休息。

四日，天成铁路局凌局长鸿勋来见，报告车行川陕公路经过。

先生日记云：

接见凌鸿勋局长，彼适经川陕公路归来，报告车经渡口，往往候一二小时；宁羌至沔县一段，雨后路面甚坏，车行每小时仅一二十公里；渠自天水至成都，竟行五日。

五日，（一）接见驻成都邮电机关主管人员，听取各员报告。（二）接盛世才来电，因病不能见客。

先生日记云：

敌机二十余架来袭，分批投弹。成都尚无防空洞设备。周金台陪往其西门外十公里之住宅暂避。闻市民遇有警报，即相率散往四乡躲避。乃知居住大城市者，不知乡民之苦。

接渝转来盛世才电，谓因病不能见客，如余赴迪化，当派员招待。意此颇与最近克利浦斯爵士 Stafford Cripps 赴迪化时之情形相同，似不愿与欧美人士及中央人员见面，惹起苏联方面之猜疑。因决定缓作迪化之行。

六日，（一）成都行营贺主任国光来谈，希望交通部多多协助四川公路以及川康公路之早日完成。（二）赴灌县参观二郎庙堆堰工程，庙中墙上刊有治水六字要诀：“深淘滩，低作堰。”

七日，（一）凌局长鸿勋来见，建议先将已测量之广元天水铁路线，先筑土方，作为公路，可较经汉中缩短二百公里。（二）西北公路办事处主任来见，报告运输司令部向西北公路局借去卡车一百五十辆，以缺油，只行驶三分之一。（三）请中央大学医学院戚院长寿南检查身体，据云血压低，有几根血管硬化，宜服药，防止增加硬化。（四）华西大学张校长凌高邀谯，并请与该校各院系主任见面。

八日，约四川公路局牛局长会商改良四川省内公路办法。

九日，与牛局长商定部省合作办法两项：（1）各总段养路受交部督察工程师之监察，川陕段归交部川陕公路改善工程处兼办。养路经费由部方补助，每月五万元，经费不敷时，再随时补助。（2）运输方面，部省合作。重庆广元直达联运，由部方补助每月二万元，改良成渝段运输，由省方补助每月六万元，部方四万元。

十日，建议华西大学同人组织“边疆乡村改进会”。

先生日记云：

> 连日感觉万一敌人深入，政府有暂时退驻川边可能，亟应提早开发川边松理茂，由此推及青海，以抵制苏联在新疆之势力。开发边区，当从卫生农业改进着手。适华西大学西人中有一“边疆研究所”之组织 Border Research Society，因动意建议华西学友发起一“边疆乡村改进会”。

十二日，（一）与华西张校长商谈“边疆乡村改进所”进行办法。（二）参观布克 John Lossing Buck 与乔启明主持之金陵大学农业经济系。

十三日，（一）与华西大学各学院院长谈话，并与法学院院长商拟加强经济系办法。（二）参观赵莲芳主持之农业改进所。（三）考虑改善成都电政员工生活办法，拟先办公共食堂，供给宿舍，并成立新生活协进社，照料员工福利。先生认为此等办法，远较加薪为切于实际。

十四日，（一）离成都，抵绵阳。

先生日记云：

晨九时半离成都，经德阳，下午五时抵绵阳，蜀汉大将军安亭侯蒋琬墓即在公路车站附近，前往一视。晚住中央银行宿舍。

（二）英国宣布正式重开滇缅公路。

十五日，离绵阳，抵广元。

先生日记云：

晨七时三刻启行，过梓潼，经七曲山、八曲水、文昌帝君庙（传文昌帝君张亚子出生于此）、剑阁（剑阁关口有姜维祠，传维曾屯兵于此，山头有七十二峰），过何家渡（离广元二十里），而至广元，宿中国旅行社招待所。

十六日，（一）清晨接见后勤部线区司令，商定将西北公路局借与线区之一百五十辆卡车收回，同时由西北公路局随时准备车辆供给军用，俾车辆得以经济使用。（二）接见陇海铁路西安机厂厂长，嘱将该厂设备疏散一部分，移置广元，计划制造机车配件及电信材料。（三）离广元，抵汉中。

先生日记云：

晨八时半启行，车行十余公里，有千佛崖古迹，惜为筑路毁坏，上有旧建栈道，及龙洞背古迹。旋过七盘关，立有"西秦第一关"石碑。一时许，抵宁羌（宁强），再经大安驿至沔县，谒诸葛武侯祠，惜其墓在定军山，离祠约十里，未及前往。祠之附近有蜀汉骠骑将军、斄乡侯马超之墓。经褒城，抵汉中（南郑），鄂陕甘边区警备司令部祝司令绍周驻此。

十七日，（一）晨接见祝司令绍周，彼提供四项意见：（1）西北公路局应予以用人及用款全权。（2）邮电各机关工作尚好。（3）安康至白河公路，应注意汉中至西乡一段；西乡至安康一段及安康至白河一段，不妨稍次。（4）应加制木炭车。（二）参观交通部向工程师试验木炭车，及制造厂；木炭车已可应用。

（三）接见公路局骆主任，报告车辆情形及行车状况。

（1）车辆情形：

木炭车　改装四五辆　可用二〇辆

柴油车　原有二〇辆　可用八辆

汽油车　原有七六辆　可用六一辆

以上全系卡车，司令部借去十辆，陕南工程处借去十辆，航空站租去二十辆。另有客车三十辆。

（2）行车状况：

宝鸡至汉中　两天行程　每天开车二辆。

汉中至广元　一天行程　每天开车一辆。

（四）离汉中，抵庙台子。

先生日记云：

下午二时动身，行十余里，过石门，乘木筏渡河一视，购《石门颂》一套。六时抵庙台子，宿留侯庙。

十八日，离庙台子，抵天水。

先生日记云：

离留侯庙，经双石铺，参观西京机器修造厂，及西京高级机械职业学校。经徽县，下午六时抵天水。

十九日，（一）往贺中国银行天水分行开幕。（二）往视天水中央银行。（三）参观天水唯一泉眼，全城饮水仰给于此。（四）离天水，抵华家岭。

先生日记云：

闻李广墓、伏羲祠均在天水附近，以时间局促，不及游览。十二时启行，过秦安，下午五时半，抵华家岭。此处为天兰公路与西兰公路交叉点，山巅甚高，仅有一车站，及招待所。天气已如严冬。据云为甘肃最冷之地。

二十日，抵兰州。甘肃省朱主席绍良来接，至励志社休息。

二十一日，（一）西北公路局宋局长希尚来见，告以该局内部人事不和，外界纷纷指摘，应自加检讨。对于局务，工程与运输应予分开，以期确立养路制度。运输应分段管理，由副局长各任一段。（二）接见朱主席，据告：（1）西北公路局宋局长气量褊狭，副局长刘如松不善处人。（2）电政办理尚好。（3）甘肃公路须继续修筑，甘新公路养路工程可由部收回办理。

二十二日，视察西北公路局，决定养路与运输分段办理。养路分为二段，天水以北为一段，天水以南及陕南安白段为一段。运输分为三段，天水以北、平凉以西为一段；平凉以东及以北为一段；宝鸡至成都及汉中至双石铺又为一段。

二十三日，（一）约见甘肃省政府建设厅李厅长世军，商谈驿运事。渠希望国际路线与省线合并，统收统支，及对于人员有奖惩之权。原则同意。（二）接见苏联使馆商务代表，据称希望增加木炭车于甘新路，以便增加运输量。当告以由兰州至猩猩峡之骆驼，或则等待回程货，或则无货空回，故均不愿前往。渠答已建议重庆使馆改善。

二十四日，离兰州，抵西宁。

先生日记云：

> 晨八时自兰州出发，经河口至享堂、乐都，七时半抵西宁。青海省马主席步芳率领各厅厅长，至二十里外来接。全程只一百二十公里，以享堂以上之路，正在修理，行车甚为迟缓。当晚宿省政府内。

二十五日，（一）与马主席谈甘青公路事，渠希望由建设厅负责，经予同意。惟以交通部注意养路，故养路拟交由交通部之改善工程处办理。至甘青公路原设有督办公署，马主席以兼任督办，实则挂一空名，愿将督办名义取消。（二）马主席陪往参观塔尔寺、清真寺及回教中小学校。

二十六日，（一）晨马主席陪往参观其壮丁训练营。（二）离西宁，经享堂、河口，七时半抵永登。（三）接重庆来电，报告重庆新村寓所屋顶，被炸全毁。

二十七日，（一）离永登，十时半抵凉州（武威）。（二）马军长步青出郊来接，当告以甘新公路改善工程，请其以督办名义主持，养路则由西北公路局办理。马军长愿将公路督办名义辞去。

二十八日，（一）马军长陪往参观清真寺及清云中学，并邀往其别墅“平苑”午饭。（二）晚马军长来谈，仍愿辞去督办名义。

二十九日，（一）晨七时离凉州，下午二时许抵兰州。（二）朱长官绍良来谈，赞成准马军长辞去督办名义，以收政令统一之效。决定会同签呈蒋委员长鉴核。（三）敌军退出南宁。

三十日，（一）苏联全国粮食出口协会代表来晤，晚间设宴款待。（二）至西北公路局讨论调整方案及今后财务情形。

三十一日，（一）兰州市各界举行庆祝蒋委员长五十晋五寿辰大会，与朱长官一同出席致词。（二）参观西北公路改善工程处。（三）与甘肃建设厅李厅长商谈驿运工作。

十一月一日，（一）面嘱西北公路工程处刘兼处长如松，务于年内赶完西兰及兰新公路。（二）朱长官来谈，以刘副局长如松与马军长步青感情不洽，兰新公路工程交渠担任，恐有问题。

二日，晨七时离兰州，中午抵华家岭，晚七时抵平凉，宿内地教会住宅。

三日，离平凉，抵邠州。

先生日记云：

> 晨往视左文襄所建之柳湖书院，内有温泉，旁立石碑，上有左书“暖池”二字。八时半启行，过罗汉洞，尚未铺路面，又值天雨，泥泞难行。虽临时略铺路面，仍无法行车。自此往东，大都路面尚未铺就，因当地只有小包工，分段甚多，以致工程迟延。下午始抵大佛寺，距邠州城六公里。寺传系唐贞观间，尉迟敬德奉敕监修。石佛金身高八丈五尺。明嘉靖及清康熙间，曾两次重修。三时半抵邠州，离西安尚有一百七十公里，当以不及赶到，遂在此留宿于中央银行。

四日，大雨，无法行车。

五日，离邠州，抵西安。

先生日记云：

晨八时出发，经监军镇、乾县、醴泉，而至咸阳。交通部所属各机关，及各银行同人，在此迎候。二时半抵西安，陕西省蒋主席鼎文，及胡总司令宗南来谈。至陇海铁路局所备寓所休息。晚运输司令陆福廷来谈陇海铁路积弊及纠正办法。

六日，接见蒋主席鼎文，请其批评交通部在陕各机关工作。据告：钱前局长宗渊兼军运司令，久不在局，对副局长并不赋以权力，以致尾大不掉，积弊甚深，必须逐步纠正，不宜操之过急。

七日，（一）视察陇海铁路局及其附属各机关。（二）听取驻西安交通机构负责人员报告。

十日，（一）应第三十四集团军胡总司令宗南之邀，阅兵并讲话。

先生日记云：

晨与胡宗南总司令早餐，餐后阅兵。同乘马巡视一周，检阅炮、骑、步与机械化各部队，共八九千人，均年轻力壮，精神饱满。阅兵毕，即举行纪念周，余略述一生经验所得。散会后，参观其军部，嗣举行余兴，有国术比赛，又参观炮术训练。在军部午饭。饭后与胡总司令同返省城。

（二）离西安，夜乘火车驶潼关。

先生日记云：

三时半，乘火车赴洛，胡总司令到站送行。八时过潼关。在此附近，曾筑有一长山洞（隧道），费时六个月，耗款六十余万元。火车驶经山洞，历时二十分钟，以防敌人隔河炮击行车。是晚月明如昼，尚无炮击。出洞后，全车熄灯驶行，过关底镇，始再开灯。经陕州、灵宝两处，对岸敌人均有炮位，因又熄灯，亦均未遭炮击。潼关至会兴镇一段，频近黄河，对岸开始为风陵渡，终点为茅津渡，终年受隔河敌炮威胁，铁路设备，屡被击毁，均经员工奋勇抢修，始终未使车运中断。

十一日，抵洛阳。

先生日记云：

抵洛阳后，至陇海铁路局官舍略事休息，即往陇海车站及机厂视察，并往观各电政机关。午后聚集交通部所属驻洛各机关负责人员谈话。晚卫司令长官立煌返城来访，随即同车赴省府，应渠宴会。有学生话剧及京戏等余兴。

十二日，（一）约河南省建设厅长谈公路问题，公路局主管人员亦在座，均希望中央补助养路费，并请拨款补助修复洛阳至郑州，及洛阳至老河口两公路。（二）卫总司令来长谈，并同至其寓所进午餐。（三）午后举行总理诞辰纪念周，到者八千人，应卫总司令之邀致词。（四）晚应省政府卫主席及各厅处长公宴。

十三日，上午十一时，乘火车离洛阳，返西安。夜十二时抵潼关，过山洞，晨三时，敌军向潼关连发十五炮。

十四日，晨七时抵西安，晚九时半离去。

先生日记云：

蒋主席铭三、民政厅赵厅长次骅来接。十时至胡总司令处，约定长谈一次，研究为人处世，及养气修身之道，达四时之久。并约晚饭后长谈。此君近颇研究性理之学，向上心切，送我书籍多种，深寄厚望。上次（即十日）阅兵后，纪念周之演讲词，因司令部发行之刊物《王曲》要求登载，经将笔记稿略加修改，交与赵厅长。晚九时半，登车启行。

十五日，抵汉中。

先生日记云：

晨六时抵宝鸡前一站之十里铺，参观申新纱厂及面粉厂。厂房均装置于山洞中。经宝鸡抵庙台子，下午六时许抵汉中。

十六日，留汉中，待飞机。

先生日记云：

汉中天气极坏，兰州开出飞机勉强飞至天水。因机件有损坏，不能在汉中降落。

十七日，离汉中，抵重庆。

先生日记云：

重庆开出飞机来接，下午三时启飞，离汉中，五时抵重庆。

十八日，发表吴绍曾任陇海铁路局局长，并约谈，劝其就职。

二十日，谒蒋委员长，报告西北之行经过；对于马步青辞公路督办，仍主挽留。

二十六日，出席行政曾议，提议接收滇越铁路，决议从缓。

二十九日，约华西大学张校长凌高商谈边疆研究所章程，定名“华西边疆社会经济研究所”。

十二月三日，赵祖康处长来见，报告：乐山至西昌公路明年一月可以粗通，三四月间可以畅通。

六日，驻英郭大使电告：滇缅铁路借款问题，英方主张：（1）将吾方所存缅段钢轨借与缅方使用，（2）华段钢轨可向英商请出口信用，（3）中英双方商请美国合作。

八日，法大使偕滇越铁路华段经理来见，谓：（1）云南省政府拆卸铁路过度，有报复法方对日让步之痕迹，（2）中国所派铁路线区司令发出布告，有凡铁路员工妨碍军事行动者，不论中外，一律按照军法从事，不免妨碍治外法权。

先生日记云：

当告以不妨在战争状态期内，设立共同委员会，共同管理，可由滇越铁路局局长草拟章程，提出讨论。

九日，出席行政会议。军政部何部长报告：经与白副参谋总长会同驳复朱毛来电，限定长江以南之新四军，移长江以北；黄河以南之第八路军，移黄河以北；前者限二个月内执行，后者限一个月内执行。

十一日，与法大使谈海南岛日军动向。

先生日记云：

邀法大使午饭，席间询其敌军集中海南岛，是否将南进。

> 彼云，日人目的在防美，如美在新加坡及荷属东印度有行动，日军必南进阻止。复询其暹罗越南间，有无冲突可能。彼云暹罗兵力薄弱，越南则准备稍作让步，故不致有大冲突。又问日敌是否将助暹罗进攻越南。彼云日人不愿暹胜越败，故不致助暹。彼谓德法已成立协定，德将以机器帮助法之工业。

十二日，运输统制局会报，西南运输处要求将腊戍茫市间，原定每月运量七千五百吨，减为三千五百吨。如是，则进口物资将益见减少。

十三日，中国航空公司拟开辟密支那与昆明航班。

中航公司美籍董事邦德 Bond 来告，财政部向英国订购之康道 Condore 机一架，日内可到，尚有二架，约在下月可到。彼拟即飞往仰光，筹备密支那与昆明间之航班。

十四日，蒋委员长召集财政、经济、交通各有关部门人员，讨论物价问题。

先生日记云：

> 今晚蒋委员长召集财政、经济、交通各有关部门人员，讨论物价问题，责备各部门不负责任，大发雷霆。实则此乃通货膨胀之结果，非行政力量所能遏止者也。

十六日，美共记者史特朗 Anna Strong 向先生畅论苏联可资效法之优点有四：（1）组织能力，（2）民主化之长成，（3）拔擢有技能之人才，（4）工作竞赛。先生颔之而已。

十七日，（一）蒋委员长令行政院今后以物价问题为中心，每周须讨论一次。（二）嘱黔桂铁路局侯局长家源，速修河池至独山一段铁路。渠希望由湖南征工两万人。当与军事委员会洽办。

十八日，与侯局长家源谈，可将浙赣铁路拆卸之钢轨，凑一百公里；镇南段拆卸之钢轨，凑八十公里；连同粤汉铁路北段所存钢轨，再凑数十公里；期足敷筑通贵阳之用。如尚有敷余钢轨，再为展筑柳州来宾支线，以资救济煤荒。

二十日，召集各铁路及公路主管，与部中有关人员开会，检讨今后铁路公路工程，及运输推进办法。出席人员计有：黔桂铁路局局长侯家源，天成铁路局局长凌鸿勋，衡桂铁路管理局局长石志仁，湘桂铁路公司总经理沈熙瑞，西南公路局局长薛次莘，西北公路局局长宋希尚，交通部顾问章祜、沈昌，及有关员司。

二十二日，连日敦促天成铁路局凌局长鸿勋兼任西北公路管理处处长，已允就职。

先生以天成铁路局尚在测量时期，局长工作无多，而西北公路交通，日形重要，至西北各公路机构则有专办工程者，亦有兼办运输者，计有机关五六个，统属不一，工量不能集中，因特设西北公路管理处，所有陕、甘、宁、青四省国道之修筑维护，以及行车管理，均隶属于此一机构。

二十三日，前成都市长杨全宇，以囤积粮食，判处死刑，执行枪决。

二十四日，出席行政会议，蒋委员长交议统制物价条陈。内容着重必需品之公卖，设一物资统监部，另设一经济会议。决议拨款购买湘米平粜，并购储日用物资，至机关问题，请委员长核示。

二十六日，（一）视察土桥中国运输公司所存汽油、配件及车辆情形。盖以燃料时有不济，客车常见停驶。（二）视察在“七公里”地方之西南公路管理处。

二十八日，蒋委员长颁发手令，登记囤积粮物，限旧历年底完全出售，不尊令实报，决予严惩。

按手令指示社会部、全国粮食管理局、平价购销处及市政府等机关，严切办理；要点如下：（1）所有商店、行号及各个私人，如囤有各种粮食，与日用重要物品者，统限于三十年一月二十六日（即旧历除夕）以前，尽量出售，如预计在此期间，不能完全售出，应将所余数量，据实登记。（2）如不遵令出售，又不据实登记，即作囤积居奇论罪，照军法严惩。（3）凡遵令登记者，由政府保障其合法利润。

二十九日，（一）平价购销处职员章元善、寿墨卿被拘询。

先生日记云：

中午蒋委员长约往聚餐前，寿毅成、王性尧来报告，蒋委员长不满经济部平价购销处工作，将该处主管人员章元善、寿墨卿拘询。聚餐时，翁部长咏霓因向委员长声称章元善为人规矩。委员长答以俟询查明白再说。

（二）蒋委员长手谕拘传平价购销处及农本局办理棉布粮食平价人员八名。

先生日记云：

晚十时，何淬廉来言，下午委员长又有一名单拘传蔡承新、王性尧、吴味经、朱伯陶，及平价购销处与农本局办理棉布粮食平价人员四人，共计八人。除蔡承新外，均已传至四行联合办事总处办公室候询。

三十日，经济部翁部长文灏等，决计辞职。

先生日记云：

上午承新来告，彼亦被传，愿即前往投到。中午淬廉来，神色颓丧，叹谓此乃书生参加政治之末路。晚作孚自成都赶回。淬廉又来报告，翁部长已决计辞职，秦次长景阳亦联带请辞。因请秦次长来询，知系属实，并知翁部长明日不出席行政会议。余亦决定明日不出席，觅彭次长浩徐不获，因请卢次长作孚代表出席，以表示对于此举之态度。作孚决辞粮食管理局局长职，淬廉决辞农本局局长职。

三十一日，（一）作长函呈蒋委员长，请对拘传各员案予以考虑，并先行释放。

先生日记云：

昨晚终夜未成寐，觉得蒋委员长查究平价购销处，及农本局措施与其账目，原属正办。惟执行者将各人拘置一处，搜查各人随身什物，禁与外间往来，与处理现场刑事犯人无殊，实属侮辱士人。且拘传之前，未尝通知主管长官，不独损削其威信，甚至怀疑其可能走漏消息，帮助属员逃避，实使热心任职者灰心。此于行政效率，及罗致人才，大有关系。因特写一长达十七页之详函，送呈蒋委员长，申说此事之影响，请予考虑，将拘传各员，先行释放。本日深夜，得知蒋委员长已命令将被拘各人释放。闻之欣然。（长函未留底）

按此事经过，农本局局长何廉在所撰英文回忆录 *Reminiscences of Franklin Lien Ho* 中，记述甚详。据称蒋委员长接阅先生长函后，大发雷霆，对于执行者颇加申斥，以其手令仅“集中询问”四字而已。

（二）岁暮感言——追述一年来打通国际运输路线所受之打击。

先生日记云：

余本年之计划，在（一）建筑滇缅铁路，（二）完成南宁镇南关铁路，及（三）加强滇越铁路运输能力。故属望于缅越两地境内之无恙，及敌军之不侵犯桂边。不料一年之内，情势遽变，而敌人之行动殆以打破此一计划为目标。始则于上年十一月下旬，大举侵入南宁，切断桂越公路交通，阻止我南宁镇南关铁路之建筑。此时该路业已完成三分之一。嗣后敌军虽曾退出南宁，然随时可以威胁，而该路工程遂亦告中断。因此不得不改筑镇南关以北之公路，希冀桂越间仍有公路可通。及本年五月内，法军在欧洲失利，敌人即着着进逼越南，对我方物资加以禁运。九月间，敌军则一面由镇南关进攻，一面在海防登陆，于是桂越交通全面中断。同时本年初，敌机开始轰炸云南境内之滇越铁路，使铁路运输时时中断。我方虽曾极力加强滇越公路之运输能力，而越南政府因受敌方压力，又宣布禁运我方物资。迨敌军在海防登陆，则滇越运输亦遂随之中断。

滇缅间运输所倚赖之滇缅公路，幸于战争开始后，即告完成。二十七年十二月通车，已开始运输军需物资。此路自昆明至边界之畹町，长达九百五十九公里，经过横断山脉，跨越怒江、澜沧江、漾濞江等河道，有惠通、功果、漾濞三大桥。虽已开始运输，仍不断在改善整理中，所以力求其能增加运输能力也。乃本年敌机亦时来轰炸桥梁，幸赖护桥员工随炸随修，尚能不使运输中断。缅甸铁路之终点腊戌，至畹町计有一百八十七公里之公路，经与缅甸政府交涉改善，全路加铺柏油，车行较前迅速。同时计划建筑滇缅铁路，分东西两段。自昆明至清华洞，计四百一十公里为东段，自清华洞至南丁河之滚弄，计四百七十公里为西段。惟以自缅境铁路终点至国境边界，尚有二百公里之铁路未筑，正与英方交涉，进行建筑。而缅甸政府则以中缅划界问题尚未解决，而此段地方贫瘠，无营业可言，非由英国政府补助不允承筑。英国政府则碍于对日关系，始终踌躇不决。我方只得先筑东段，开始进行路面工程，并将一部分材料由滇越铁路内运。不意七月间，敌方压迫英政府封锁缅境运输军用物资，英方允予封锁三个月，于是滇缅间交通因而阻断，公路运输，与铁路运输均受打击。

因此两年来对于打通国际运输路线，在外交、财政、人事、工程、材料上之种种努力，咸成泡影。实为吾人交通作战方面最不幸之一年。我个人之垂头丧气，可想而知。

国际运输之重要通路，既受窒塞，势不能不谋补苴罅漏，退而继续加强内地运输，借资增益作战能力。在铁路方面，（一）首为叙府至昆明铁路之筹划；费尽九牛二虎之力，于本年三月，与法国银团完成材料借款合同后，正在开始订购材料之际，敌兵在越登陆，滇越铁路中止运输，借款合同无法履行，一切失效。遂将滇越铁路河口至芷村一段正线一百五十公里之钢轨拆卸，以之移铺昆明至曲靖一段，并运用滇越铁路之机车车辆，于本年内得以通车。一方面完成曲靖至宣威一段路基，所谓得寸则寸进，得尺则尺进，不敢稍存懈怠也。（二）次为贵阳至柳州铁路之兴筑；二十八年四月起动工，本年十月铺轨至宜山，预计明年二月可达金城江，与公路衔接。此路幸有前方各路拆卸之钢轨，及后撤之机车车辆，均由湘桂铁路转运而来，故无须依赖外国接济。

南方国际交通阻断，影响于军需民需之汽油，以及车辆配件之供应至剧。设无补充，将至血脉停滞，死亡立待。故不得不打开苏联通路。重庆与苏联边境相隔三千余公里，必须先将西北公路改善，并赶筑兰新公路。再则敌军计划，不可测度，是否由桂入黔以攻渝，又不得不作政府撤退入西康之准备。必须早日将乐山至西昌之公路完成，然后再展筑至康定。

预料汽油与汽车之不易运入，不得不等而下之，利用旧式工具，如板车与木船，配备人力兽力，加以组织。先于二十八年初起试办驮运，至二十九年九月，乃大量扩充，使之成为一有力之补助运输工具。然运量究属细微，运输速度亦极缓慢，管理复多困难。凡此事实，固已早在意料之中。

运输困难，亦为物价上涨之一因素，致有岁暮拘询主管物价官员之举。

要之，本年实为交通运输遭遇厄运之一年，亦即抗战环境最黑暗之一年。

是年一月，汪兆铭决从事局部“和平”。《日汪密约》揭露。

二月，美国国会通过对华贷款美金二千万元。

六月，蒋委员长函美总统罗斯福，派宋子文代表赴美，交换时局意见。

七月，美国扩大对日禁运，美总统罗斯福宣布将汽车、废铁、油产品及其他破碎金属，列入禁运品。

九月，美国贷华美金二千五百万元，以钨砂偿还。

十月，英美成立太平洋协定以谋制日。

十一月，日本承认汪兆铭领导之伪组织，宣布敌伪密约。

十二月，美国宣布贷华信用借款美金一亿元。不久英国亦贷华平准基金及信用借款各英金五百万镑。

一九四一年　先生五十三岁

一月一日，本日起，六月二十一日止，先生因精神欠佳，停写日记。惟际此期间，重大事件，仍有记录。

十三日，中苏航空公司在阿拉木图开董事会，决定缩短莫斯科与重庆间航行时间，为五十小时。

十五日，缅甸政府代表抵重庆。

二十日，（一）设西北公路管理处，管理陕、甘、宁、青四省公路干线之行政，及改善、修养工程。以凌鸿勋任处长，借示郑重。

按西北公路管理处所辖公路路线，计（1）自川陕路省界之棋盘关起，经沔县、褒城、留坝，至宝鸡，为昔日之西汉公路。又（2）自褒城入汉中，沿汉江而下，经城固、安康，而至白河，为昔日之汉白公路，工程尚未完竣。又（3）自西安经平凉，至兰州，为西兰公路，完成较早，运输较繁。又（4）自双石铺经天水、秦安，接自西兰路之华家岭，为华双公路，抗战后始完成。又（5）自平凉经固原、中宁，至宁夏，为平宁公路，仅具路形。又（6）自兰州西经河口、享堂以达西宁，为甘青公路。此外在工程中者，尚有（7）甘川公路，由兰川经岷县入川。以上全部共辖公路路线四千余公里。管理处所管为修筑、养护及交通管理。至运输事项，则由西北公路运输处主持。

（二）设立川江造船处，办理贷款造船，增进运粮木船。派王洸兼任处长。

二十五日，陈文宽驾中国航空公司飞机，试航中印空运，成功。

二月一日，政府公布取缔日用重要物品囤积居奇办法。

七日，美总统罗斯福代表居里 Lauchlin Currie 飞抵重庆，谒见蒋委员长，详谈各项重要问题。

八日，行政院设经济会议。

十日，蒋委员长接见居里，详谈各项重要问题，并表示第一目的为抵抗日寇，求取最后胜利，第二目的为阻止中国成一赤化之共产国家。

十五日，（一）美国成立租借法案。

先生日记云：

今后我国可望获得美国租借物资，有利于交通运输器材之购置。

（二）派袁梦鸿踏勘由西康通印度之中印公路。并作沿线经济调查。（三）黔桂铁路铺轨至金城江。

十八日，设立钢铁配件厂于重庆，以补救各项进口交通器材之不足。派戴中孚为厂长。

二十一日，滇缅公路昆明腊戍间，开办逐日邮政。

二十四日，设立川中公路运输总局，办理内江至乐山公路运输，预作乐山至西康公路完成通车之准备。

三月十五日，罗斯福总统演说，中国必可获得美国租借物资援助。

二十日，叙昆铁路昆曲段通车。昆明至曲靖一段，计长一百六十公里，开始通车。虽距离不长，惟对军用品之运输，实有相当帮助。

四月三日，设西祥公路工程处，派杜镇远为处长。该处办理西昌至祥云公路之修筑，俾西昌与滇缅公路衔接，可备政府撤退至西昌之准备。

十二日，制定驿道工程设计准则。凡供人力或牲畜挑运用者，为驮运驿道，供人力或畜力车辆运输用者，为车运驿道。

十五日，美总统罗斯福与胡适、宋子文商洽对华租借物资运输问题。

二十九日，中国国防物资供应公司 Chinese Defense Supplies, Inc.，在美成立。该公司系依据美国军火租借法案成立，负责中美联络事宜。

三十一日，东南联运处无法工作。

本月内，浙江之宁波、镇海、温州、台州，福建之福州、连江、长乐、福清等县，相继沦陷。由海口入内地之路线，几全部中断。因此二十八年十一月成立之东南联运处，希望由闽浙等省各口岸，输入少量物资，经由公路运至后方之计画，又受打击。

五月一日，滇缅公路监理委员会成立。以美籍人员贝克代理主任委员。

越南运输路线始终断绝。滇缅路线禁运三个月后，现已重开。滇缅公路成为唯一国际通路。军、公、商车辆集结于途，拥挤不堪。本年二月，美总统罗斯福代表居里来渝后，建议改良该公路运输。曾有人向蒋委员长推荐，前美国红十字会驻华委员会主任干事贝克 John Earnest Baker，曾在华北办理以工代赈，督建公路；又尝任北京政府交通部顾问，制订铁道会计规例，且为美籍人士，以之担任改进公路运输工作，最为合式。于是政府决定成立滇缅公路监理委员会，管理运输、卫生、工厂、仓库等事项。以后方勤务部部长为主任委员，交通部部长、西南运输处主任、贝克及缅甸政府代表为委员。嗣以主任委员不克常川到会，遂由贝克代理。当时政府倚赖美国之心至切，不得不尊重居里意见。交通部则以事愈困难，军方之责望更深，遂益感应付之不易，而不得不同意借助外人参加运输管理。

二日，敌机六十余架空袭重庆。

十六日，敌机狂炸渝市，“重庆新村”四号住宅全毁。

二十一日，政府公布滇缅铁路金公债条例。

美国租借法案成立，允借铁路材料值美金一千五百万元，运费值美金三百万元。先生因计画以金公债向美通融工款，或在国内抵借，以便迅速完成滇缅铁路建筑工程。

三十日，政府公布航空法。

六月五日，敌机夜袭渝市，校场口大隧道发生窒息惨案，市民死伤约三万人。

十二日，令天成铁路工程局测定天水至兰州路线。一以缩短中苏运输距离，二以开发玉门油矿。故先作路线测勘，以为建筑铁路之准备。

十六日，中英滇缅划界条约在重庆签字。

二十二日，（一）本日恢复续作日记。（二）德国对苏联宣战。（三）白崇禧约晚饭。

先生日记云：

白健生将军约晚饭，在座军方友人均主张建筑中印铁路。余告以购料运输，均属不易。不妨先拟轻便铁路计画。

二十三日，（一）询德国海通社记者德苏决裂原因。

先生日记云：

晨约德国海通社记者沈克 Shenck 来谈。渠云："德苏决裂有三种原因，(1) 苏联对巴尔干国家作种种煽惑，(2) 牵制德国兵力，计陆军二百万，空军三分之一，(3) 不允德国假道出波斯至印度。其近因则为对南斯拉夫之政策。"又云："苏联运输组织不健全，军队全部集中，需时六个星期。德军可能在两个月内，攻入莫斯科。此时正值夏季，不能在非洲作战。希望先解决苏联。"继谓："德国作战计画，有两种主张：(1) 先攻英国本土，(2) 分割大英帝国，因欲分割大英帝国，必须假道苏联，以出近东。此实对苏联作战之重要原因，已如上述。至德国对于日本，并无期待。"

（二）蒋委员长约各部长官午饭，征询各人对于德苏战争之意见。

先生日记云：

在座各人意见如下：委员长：日必攻苏，为苏计，应先制人，应以此意告知苏友。冯焕章：中苏英美及自由法国，应速联合抵抗轴心国家。何敬之：日本不出三途：(1) 攻俄，(2) 先解决中国，(3) 南进。应注意第二途，并早日解决共党问题。余谓：日本将暂取观望。除国际共党问题外，应注意新疆，预防德国攻入苏境，亦为预备援俄。

（三）询苏联大使潘友新对于日苏关系看法。

先生日记云：

五时半，为中苏航空事，往晤苏联大使，因询其对于苏联与日本关系看法。渠云："苏联不愿两面作战，与邻邦当谋亲善。惟日本若背盟约，苏必反攻，准备东西作战。"渠意日方暂时必取观望态度。

（四）得讯，英国已同意更换平准基金英方委员罗杰士 Cyril Rogers 。

二十四日，（一）出席行政会议，以昨日与苏联大使谈话，在会中报告。（二）接见荷属东印度糖商建源行经理黄江泉，得悉日本要求该地石油产量之半。

先生日记云：

荷属东印度糖商，建源行经理黄江泉来谈，据告："荷属东印度年产石油二百八十万吨。日本要求平分一百四十万吨。谈判尚未就绪。当地政府又不敢破坏油池，因若破坏，须四年时间，方可恢复。"足见日方垂涎东南亚之资源。又云："当地统制粮食，甚为澈底，远胜于我国政府之统制。"

（三）约粮食管理局卢局长作孚、东南联运处萧处长卫国商定，将东南联运处现有车辆百辆交川湘水陆联运处运米。（四）与英国《财政时报》*Financial Times* 记者斯汀 Gunther Stein，及交通部专员周凤图，商榷修订所撰之《中国铁道建设》。

二十五日，与粮食管理局换文，将东南运输处车辆交川湘水陆联运处运米。

按川湘联运线为宜昌失守后，川湘交通之重要路线，由交通部督饬办理。共有二线：一由重庆至涪陵（一百二十一公里），至龚滩（二百七十五公里），利用水运。由龚滩至龙潭（龙祥）（七十公里），利用驮运。龙潭至沅陵（辰州）（二百八十五公里），而至常德（二百零三公里），利用水运。一由重庆经涪陵至彭水，利用水运，彭水经酉阳至龙潭，或沅陵，利用川湘公路车运。龙潭，或沅陵至常德，利用水运。

二十八日，（一）设川滇公路管理处，办理由泸县经毕节、威宁至昆明之干线公路，行政及改善与养护工程。（二）成都发生抢米风潮。（三）约前任德国驻华大使馆参赞、现任德国外交部东方司科长毕德尔 Bidder 午饭。

先生日记云：

毕德尔奉德外部命，来远东调查政情，约其谈话。谈话如下：

余问：对日本南进，或北进之看法如何。

毕答：德方曾询松冈洋右，据答日本暂不南进，以免与美国冲突，致日本经济发生困难。德苏既冲突，则无人可阻日本不北进。松冈访德前，日驻德大使大岛曾允进攻新加坡，松冈抵德，完全翻悔。

余问：德国政府有无承认汪伪组织意向。

毕答：三四月前，义大利曾就此事询问德国政府意见，德国政府搁置尚未答复。

余问：德国对法国之政策如何。

毕答：决不分割其殖民地。

余问：德国对苏联之政策如何。

毕答：德国曾要求苏联，订约供给粮食油料若干年，苏联未允。

余问：德国之最终目的为何。

毕答：希望收回原有殖民地，建立欧洲新秩序，此外并无其他目的。

三十日，（一）交通部奉令自明日起，所辖之公路总管理处及运输总局，改隶军事委员会之运输统制局。

先生日记云：

明日起，交通部之公路总管理处及运输总局，奉命改隶军事委员会之运输统制局。良以国际交通线阻隔，车轮、油料、配件之供应日缺，军方以为公路行政统一，公商车辆集中，运输业务统一，路警保卫集中，即可增加运输效率，故有如此改革。效果如何，当俟实施之后，方能证明。今晨特举行全部联合纪念周，因就此事，对于同仁致词慰勉。

按全国公路由交通部移归军事委员会运输统制局接管，军政部何部长应钦兼任统制局主任，后方勤务部俞部长飞鹏兼副主任。各路分设工务局及运输局。至国内公路举办多年，迄无基础，皆由过去十年间，辄每年变更机构一次，以致人事不能安定，章制不能久行，今又改归军事管理，前途困难益多，成败如何，无法预言。

（二）约晤湖北财政厅赵厅长志垚，商谈湘米运输事。（三）徐堪就粮食部部长职。

七月一日，（一）出席行政会议。外交部部长报告接柏林陈大使介来电，德国政府准备承认汪伪政府。（二）广播消息，德、意、罗马尼亚，宣布承认汪伪政府。（三）苏联大使潘友新来晤，商苏联寄美国邮件，托为转运。（四）中国对德、意绝交。

四日，（一）约香港怡和洋行经理纽毕康 Newbigon 午饭。因敌机空袭，改在江边美孚油公司经理住宅晤谈。（二）赴美国大使馆致贺独立国庆纪念。

五日，（一）上海浙江兴业银行总经理徐陈冕由沪抵渝来访。（二）"重庆新村"住宅又受敌机轰炸中弹。

六日，（一）徐陈冕再来访。（二）敌机空袭渝市，两路口、上清寺等区中弹。

七日，国府纪念周，蒋委员长致训词。指摘行政机关（1）不知利用已有人力；每举办一事，动辄请求巨款。（2）不能澈底贯彻命令。（3）主管长官不知领导同人，改进智识，增加经验。今后每周须举行业务与学术会议。又谓我国对德绝交，实以该国承认汪伪政府，且为表示吾人立场，不使有人希望德国重作调人，俾重庆与南京可以合流。

八日，（一）出席经济会议，讨论人民凭证购物及限制涨价办法，无结果。（二）新任外交部长郭泰祺来访。（三）访行将出使澳洲之外交部次长徐谟。

十三日，（一）访英国驻华大使，商谈扩充密支那飞机场及踏勘中印公路事。

先生日记云：

往访英大使，请其转达缅甸政府，希望密支那飞机场早日扩建。又中印公路踏勘，印度政府要求我方用航空测量，而我方则以如非实地踏勘，无法得知实际地形。请其转达印度政府，不必坚持航测。英使馆房屋被炸毁，暂时移住其航空武官寓所办公，亟形简陋。

（二）赴苏联大使馆晚宴。

十四日，参加中午蒋委员长招集之定期聚餐。

先生日记云：

在聚餐中，委员长仍认为日必北进，而以南进为辅，借以牵制美国。立法院孙哲生院长认为德不能胜俄，日若攻俄，吾人应即与俄订立军事同盟，仿照今日报载英苏将订之协定行动。外交部郭部长泰祺则以吾国与民主国家，尚无一共同之敌人，未能发生军事同盟。若日攻俄，则时机已至。

十五日，（一）出席行政会议。（1）提议欧亚航空公司德籍人员，一律解职，准其暂居境内；又改善电政员工待遇，请予补助二百五十万元。（2）外交部郭部长泰祺报告：英国政府允于和平后，讨论废除治外法权，交还租界。（3）军政部何部长应钦报告：敌方抽调其在中国之军队约七师半，不知何往。自广州抽调之军队，系运往海南岛。（二）出席经济会议，粮食部提议平抑物价，须在秋收之后，方可着手。（三）接见中国银行主管运输之专员林炜。据报：目前滇缅公路运到昆明之货，每月只六千吨，半系商货，半系政府物资，其中半数为汽油。

十六日，视察川康藏电政管理局疏迁情形。

先生偕电政司陶司长凤山、川康藏电政管理局张局长，视察该局部分迁移情形。报务部分移在渝郊歇台子山洞内，国际无线电台机器移装沙坪坝山洞内。此为抗战以来，第一次安全处置。

十七日，请假获准，赴香港就医。

先生头颈有一小块，颇不放心。因向蒋兼院长请假，赴香港就医。今日得侍从室陈主任布雷电话通知，已获准。

十八日，约外交部傅次长秉常及蒙藏委员会代表，讨论如何疏通藏方，建筑康印公路。决定先由蒙藏委员会电驻藏代表向藏方疏通。

二十一日，（一）财政部美籍顾问兼中航公司董事杨格 Arthur Young，由美归来，购得客机两架。（二）召集各秘书及总务司主管人员，研究（1）改良公文收发手续，务须迅速，（2）各司厅间联系合作，务须密切，（3）改良员工生活，提高工作效率。

二十二日，出席行政会议，提出修筑康印公路，改建轻便铁路，议决通过。

先生日记云：

> 此事若成，可为开发边疆，挽回西藏政权之大举。惟藏方至今尚未表示同意。英方亦尚踌躇，无所可否。蒋兼院长即席面嘱蒙藏委员会吴委员长礼卿，于一个月内向藏方交涉办妥。会后吴委员长来部商讨应付办法。提议（1）于筑路期间，对于藏方，酌予财政补助，以示酬报；（2）路成后，每年续予补助，作为利益分配；（3）建筑与完成后管理，均可由藏方派员参加。决定如此，向藏方接洽。

二十三日，访孔副院长祥熙，告以将赴香港就医。

二十四日，（一）约欧亚航空公司总经理李景枞来谈。告以：（1）德籍职员一律解雇，送往安南居住，由公司负担六个月日用费。（2）公司之德方资本，由交通部接收，俟和平后，与德方商订解决办法。（二）下午二时半，乘中航机 DC3 飞港，于香港时间九时半到达。

先生抵香港后，由交通部驻港代表汪仲长洽定怡和洋行山顶房屋以供居停，地点颇为幽静。

（三）李煜瀛来访，并称希望有长时间畅谈。（四）徐陈冕、王晓籁相继来访。经遵孔副院长嘱转告徐君，可任彼为中央银行理事；

王君则请其帮助货运至内地。

二十五日，（一）访驻香港之奥国医生甘纳威 Canaval，请其检验。

按甘纳威医生系由英国《财政时报》记者斯汀 Gunther Stein 所介绍，检验结果，知颈核系脂肪质，绝对不严重，但日久可能长大，应早割。血压不高，惟须检验大小便。

（二）平准基金委员会英籍代表罗杰士 C. Rogers 来访。据称："孔副院长以其在美一切行动，过于接近宋子文，曾在蒋兼院长前颇多指摘。因此蒋兼院长通知英国大使，谓英国政府如仍派罗某为代表，殊于中英邦交不利，坚决拒绝其续任。"（三）请香港大学医科教授狄格白 Digby 检验颈核，结果与甘纳威医生意见相同，主张割去。（四）电王国华嘱其担任川湘水陆运输处副处长，早日前往任事，加紧米运。（五）上海老友虞和德、林康侯，及中国银行旧同事宋汉章、冯耿光先后来访。

二十八日，陈笮霖来谈。据告："拟将所办中国汽车公司之资本由原额国币六百万元，升作九百万元，再增资二千一百万元，凑足三千万元。现南洋方面可招集一千余万元，尚缺八百万元，中国银行有意加入一部分，确数尚未决定。"

二十九日，（一）杜月笙、徐陈冕来访，同进午饭。（二）张彬人来见，自称曾一度奔走和平。

三十日，欧亚航空公司决收回自办，仍派李景枞任总经理。

三十一日，访李煜瀛。渠建议我国应利用美国租借法案，向美国要求贷予若干船只，由中国募集华侨股份兴办航业。

八月二日，（一）中国航空公司总经理黄宝贤来见。询其外间对于中航货运有所指摘之来源，嘱其从速查明，严加整顿。（二）中国银行香港分行经理郑寿仁来见。询其该行外汇状况及一般市面情形。

五日，上午赴香港圣玛利医院，由医生狄格白 Digby 检视。下午六时移住该院。

六日，在圣玛利医院施行手术。系局部麻醉，费时一小时半。开刀结果，证明确系脂肪质。惟四围红肿，晚间体温达一百零一度。

七日，（一）红肿依然，热度稍退。（二）敌机对重庆施行“疲劳轰炸”。

八日，体温恢复正常，红肿略减。

九日至十九日，留住医院静养。医生嘱留院静养，发现血管受伤，聚积汙血，红肿未退。

二十日，（一）仍住医院。（二）杜镇远自美归来见，携来胡适所赠相片一帧。报告在美交涉滇缅铁路材料经过。并以该路一时不能动工，请辞局长名义。经嘱其忍耐暂留，一面兼任康印公路局局长。（三）邮政储金汇业局营业处处长刘建华，偕同副处长来见。报告（1）该局外汇已被美政府冻结，正与中央银行接洽解冻。（2）新加坡侨汇向由该局经星洲华侨银行吸收，现则中国银行正在争取独家经汇，亦正在交涉之中。

二十一日，（一）新任外交部次长钱泰，自美经港赴渝就职，来访。承告：“美国方面，政府领袖有参战意，人民大多数表示反对。苏德战事，如十月前，德军不能获胜，此后更难有把握。英则筋疲力竭。今冬欧洲将发生粮食缺乏问题。”（二）下午七时出医院，移居香港山顶一九一二号怡和经理戴勒 Taylor 住宅。

二十二日，（一）上午约中国航空公司总经理黄宝贤，来商稽核空运商品办法。（二）赴圣玛利医院覆视。（三）约派驻澳洲公使徐谟午饭。

二十六日，（一）徐陈冕来访。因中央银行孔总裁祥熙来电，招其赴渝，特来商行止。（二）陈辉德来访。据告平衡基金委员会职务，诸多困难。政府方面，有人主张征用私人外汇者，美国政府之新派人士，亦有赞成者。（三）周作民来访。

九月二日，（一）敌军退出福州。（二）攻苏德军围莫斯科，苏联政府迁都古比雪夫 Kuybyshev。

四日，蒋委员长派俞飞鹏兼运输总局局长。

七日，第二次长沙会战开始。

九日，（一）交通部驻仰光专员沈铭盘来见。报告：滇缅公路目前行驶车辆，计商车九百辆，西南运输处车四百至五百辆。每月运量约四千吨至四千五百吨。昆明商货，价已大涨。（二）约见吴健陶，告以照料浙赣铁路董事会事务。（三）约见香港交通界人士夏光宇、黄伯樵、张奏农、邹安众谈话。讨论后方交通计画。夏光宇建议中印公路应照一米达设计，遇有困难，照轻便铁路设计。

十四日，（一）香港东亚银行总经理简东浦来访。据告：（1）闻政府中有人主张战后，大企业改为国有；此事影响外资，万不可行。（2）战后整理法币，可照德国整理马克办法。（3）广东政治腐败，必须切实整顿。（二）麦加利银行经理汤姆士 Thomas 来见，为罗杰士 C. Rogers 诉冤。（三）下午六时赴飞机场，乘中航飞机返重庆。

十五日，清晨六时抵重庆。

十六日，（一）出席行政会议。

先生日记云：

> 先与孔副院长谈罗杰士问题。余意此人口快心直，往往固执己见。在政府对于外汇基金尚须倚赖英国政府之援助，且即使英方允予换人，而后继者，未必完全顺从我国政府意见。望孔先生能从中转寰。渠允考虑后，与蒋兼院长熟商。
>
> 外交部郭部长泰祺报告：驻渝美大使接美国务卿复电云，美日谈判，尚在试探期间，未达到谈判基础。如日本对于造成美国经济制裁之原因，不予改善，美国经济制裁，无法放松。美国外交方针，决于国会，不能任意改变，请中国政府放心。

（二）下午访王宠惠，适美总统推荐之顾问拉铁摩尔 Owen Lattimore 在座，与同谈话。

十七日，（一）陇海铁路工务处吴处长士恩来见，询其宝天路工程进行状况。

按陇海铁路自通车宝鸡后，未几抗战军兴，东路阻断，路局即有意将宝鸡以西展筑，庶东段材料、钢轨等，可以拆下西运，而人员亦可安插工作。遂于二十八年底，开始进行，由工务处负责办理。顾宝鸡至天水一段，虽长仅一百五十余公里，而路线自宝鸡以西九公里起，即入渭河山峡，须凿隧道多至一百余座，工程极为艰巨，进度自亦迟缓，且因包商工款欠付，工作时陷停顿。

（二）邮政局余副局长来商讨，邮资加价，邮务员工待遇调整问题。

十八日，（一）公路处陈处长树玉来见，报告西昌旅行团在途中所遇困难情形。（二）访军事委员会参事室主任王世杰，商谈罗杰士之平准基金委员会，英方代表一席，有无转寰办法。（三）嘱重庆市电话局黄局长念祖将改良电话工程，限于十月十日前竣工。

十九日，决定十月十一日召集电政管理局局长会议。

二十二日，中缅移民协定成立，中国人民可移居缅甸。

先生于民国二十八年五月中，为滇缅公路通车事，在仰光访缅甸国务总理宇普。渠颇以滇缅铁路筑成后，中国移民入缅为虑。经告以云南人口稀少，国内建设需用人工，已感不足，请其不必过虑。嗣先生于是年十二月十三日邀请缅甸亲善访华团到重庆观光，接受盛大欢迎。访问团团员甘甲新返缅后，在议院中极力赞成建筑滇缅铁路，并谓中国与缅甸素称亲睦，中国决非侵略国家。以中国之大，即照现在之人口增加率，恐今后数百年间，中国人民只足敷中国之用，决无大量移民入缅之虑。年来中缅间之亲善工作，已收相当效果。故此次中缅协定顺利成立，特许中国人民可以移住缅甸。

二十三日，出席行政会议，军政部何部长应钦报告湘北战事形势好转。

二十四日，准邮政总局外籍顾问李齐辞职返国。

二十五日，（一）出席经济会议，讨论蒋兼院长交议订定一般物价之平价办法，决定大纲数条。（二）接衡阳电话，敌人向长沙捞刀河前进。

二十六日，（一）湘北敌军进抵长沙附近，大战开始。（二）大公报主编张季鸾逝世，今日开吊，前往行礼。

二十七日，上午接衡阳电话，敌军逼近长沙外围数十里。下午接电话，敌军于五时抵城郊，薛长官岳已撤离长沙至渌口。

二十九日，（一）参加国府纪念周。军政部何部长应钦报告：敌人先头部队于二十七日抵长沙，已被驱逐。继有降落伞部队来袭，亦被驱击。现敌军与我军正在长沙外围交战，我方援军陆续开到，即日反攻。（二）杭立武来访，谈罗杰士问题及转寰办法。（三）接见荷属东印度外汇管理员莫尔德 J. T. Mulder，及上海《大美晚报》财政栏主笔艾德勒 John Adlers。

三十日，（一）出席行政会议。军政部何部长应钦报告：敌军抵长沙南门，惟湘江以西，仍有我军。接衡阳电话，株洲亦发现敌军。我军有二师过湘江，并有军队开到渌口，可望反攻在即。（二）邮政储金汇业局刘局长驷业来见。报告：邮汇局已与新加坡华侨银行、中国银行签订协定，共同吸收侨汇。

十月一日，（一）敌我两军在长沙与浏阳之间，永安附近激战，我军向北推进。浏阳仍在我军手中。（二）新任驻华法国大使馆参赞博德特来拜访。据告：渠自越南边界乘小舟，一日到龙州。由龙州亦乘小舟，行二日抵南宁。敌军在越南约三万人，均集结于越南之西南部。（三）与宝天铁路工程处吴处长士恩商谈宝天工款。决定先付前欠之三个月包商工费四百八十万元。俟预算确定，再行赶工，估计完工，需法币三亿元。

二日，（一）敌军今日自长沙撤退，电报局预备进城，市街燃放爆竹庆祝。（二）资源委员会专员莫衡来见。报告：该会原有旧车三百辆，现增购新车五百辆，每月可运出口物资二千吨。惟能否运入同等数量之进口物资，尚难确定。（三）约荷属东印度外汇管理员莫尔德午饭。据称：当地华侨共有一百一十万人，政府允许汇回中国之款，每年为二千万盾，另准汇回捐款，每月为三十万盾。

四日，（一）长沙敌军退至白水以北。（二）蒋委员长晚赴桂林。

五日，孔副院长约纽约华昌公司总经理李国钦来谈。

按李氏系应孔氏之招返国，请其担任贸易部部长。李坚拒不就。

七日，出席行政会议。

先生日记云：

今日行政会议各项报告如下：

（甲）军政、财政两部报告：本年度军费预算，粮食、服装、器材等费用，均须增加，待遇亦比照公务员者略增。概算如次：（1）军官五十万人，每人米钱自十元加为四十元。（2）军队编制六百五十万人，实际为五百二十九万人。（a）服装：平均每人二十元，以六百万人计，年需一亿二千万元。（b）饷项：士兵每月三元，现加一元；排长每人四十元至五十元；连长六十元；营长八十元；团长一百二十元；旅长二百元；师长二百四十元；军长三百二十元。士兵菜钱每人原为六元至八元，现加二元。医药费每人加二元。（3）去年度军费为四千五百万元，现须加倍。（4）财政部收入计一十四亿元，支出计七十五亿元。

（乙）请李国钦君报告美国近况。据称：美国外交可分为四个时期：（1）观望时期，（2）希望免祸时期，（3）备战时期，（4）战争时期。现已步入第三时期。飞机制造目标，每年五万架，现达三万架，明年四、五月，可达目标。造船目标，每月五十八万吨，现已达三十七万吨，明年可达目标，此后拟至每月一百万吨。发行公债，原拟每月二十亿美元，现增至六十亿美元，尚须增至一百亿美元。

十日，接报告，我军已抵宜昌城附近，占据青菁关、鸦雀岭，夺回当阳，正在激战。

十二日，谯请美大使高斯、苏联大使潘有新、李国钦、拉铁摩尔及何部长应钦。何部长报告宜昌恐难坚守。

十三日，（一）参加国府纪念周。何部长应钦报告：攻长沙敌军已退回原防，转而进攻宜昌。我军虽攻入宜昌，但全军覆没，死营长一人，伤营长三人。各路反攻一律停止。郑州方面敌人，正在建筑工事，无前进模样。（二）今日报纸公布我军自动退出宜昌。（三）赴机场送别李国钦返美。

十四日，（一）出席行政会议。军政部何部长应钦再报告：宜昌我军自动撤退，并谓我方炮火与飞机不足，抵抗力薄弱，实为主因。（二）交通部路政司帮办袁梦鸿来见。报告中印公路测量队至边境，为藏方阻止，不能前进。西昌至中甸一段，山坡太大，仍以经由丽江南线，较为平坦。（三）中国运输公司开股东会，准备移交与运输统制局。该公司去年一月一日成立，至今计一年又十个月。

十七日，英国财政代表团团员尼迈亚爵士 Sir Otto Niemyer，与美国财政部代表柯克郎 Cocklane 及巴克德 Baxter 等同来拜访。

按各人均系应中国政府邀请而来。尼迈亚系英兰银行董事，抵华后，任中央银行顾问。

十八日，赴贵阳，出席中国工程师学会年会。

先生日记云：

> 晨八时半起身，赴贵阳出席中国工程师学会年会。所乘汽车，先则机件损坏，嗣又车胎破裂，无备胎可换。幸途遇申新纱厂汽车，借得车胎，始复成行。不久机件又坏，抵黔境松坎，已届晚八时半。以一中央长官，而所乘之车如此，可见时下交通问题之严重。

十九日，抵贵阳。自松坎改乘申新纱厂章经理剑慧之汽车，与西北公路工务局凌局长鸿勋同行。晚七时抵贵阳。

二十一日，出席中国工程师学会，并演说。

先生日记云：

工程师学会年会开会，凌竹铭局长以本届会长任主席，致开会词。贵州省政府吴主席达铨宣读各长官训词，并致词。余与教育部陈部长立夫，及国民党中央执委罗家伦均有演说。散会后，下午参观林可胜主持之红十字会救护总队。晚约赵曾珏、胡瑞祥两特派员，询问各人所属之电政情形。

二十二日，（一）参观贵阳各名胜，并出席欢迎会。（二）与黔桂铁路局侯局长家源讨论黔桂铁路工程费问题。

二十三日，离贵阳。

二十四日，抵重庆。

先生日记云：

二十三晨八时启行。因车坏，复回贵阳修理。下午带同机匠同行，随坏随修，当晚九时抵桐梓。二十四日晚七时返重庆。

二十七日，出席国府纪念周。冯玉祥讲述士兵生活之苦。

三十日，（一）奉蒋委员长手谕，嘱装置曲靖经师宗至邱北电话线，预备敌人自越侵滇。（二）出席经济会议。以连日物价上涨，决议应从取缔囤积居奇及疏通滇缅路运输着手。

三十一日，（一）滇缅公路运输工程监理委员会主席贝克 John Earnest Baker 来见，谈及任职以来，时局变化，办事难以奏效，拟向政府请辞。

按该监理委员会成立之后，历时数月，未收预期效果。一因贝克系外籍人士，虽旅华多年，仍然不明中国实情。且与主任、副主任委员未能澈底合作。再则由于缺乏中下级干部，一切人手均系临时凑合，难收指臂裕如之效。盖战时运输，必须有共患难、同甘苦之中级干部，流汗不辞其劳，流血不辞其苦，一心一德，协力迈进，方足有所成就。贝氏自知不能满足各种条件，惟有辞职。该委员会遂于次年二月撤销。

（二）参加中美协会茶会，欢迎美国军事代表团团长麦克鲁德少将 Major General John Magruder。

十一月一日，（一）交通部电政会议开幕，会期四日。（二）运输统制局设中缅运输局于昆明，以俞飞鹏为局长。

五日，（一）澳洲驻华大使艾格斯登爵士 Sir Frederic Eggleston 偕秘书威勒 Keith Weller 来访。（二）中国航空公司美籍常务董事邦德 Bond 来见。报告：美国已有驱逐机一百架运到，驾驶员已到百人，尚有轰炸机三十七架，不久可到。

六日，电政会议同人，谳请军事及后勤有关通讯人员。

八日，（一）出席军政部召集之各机关所需美援物资会议。

军政部何部长应钦以接宋子文由美来电，嘱开示各机关所需应向美国租借法案，提出之材料及原料估计单。因特邀集各机关首长会商讨论。

（二）出席张君劢在云南大理创立之文化书院董事会会议。今日在陈布雷住宅举行。

九日，出席蒋委员长之午餐会。由军事委员会参事室各参事，报告外交形势。多数意见认为敌人不南进，亦不与苏开衅，而先切断滇缅交通线。

十日，出席行政会议。外交部郭部长泰祺报告：申说美国不致与日本妥协。

十一日，（一）出席行政会议。各部报告如下：（甲）军政部何部长应钦报告：（1）越南敌军已到十万至十二万人左右，均集于南圻，企图不明。（2）四川兵役额原定每年四十万人，现只有十三万人，照此情形，惟有将军额减少六七十万人。（3）各机关工役太多，平均每一个半职员，约有工役一人至二人。（乙）粮食部徐部长堪报告：重庆市日需平价米三千余担，连疏建区在内，月需二十万担。（二）法银团代表佛兰柯 Francois 来见。（三）接见云南电政局萧局长，告以最近派特派员驻昆明，完全为办理军事电讯。

十二日，筹设战后航业复兴计画委员会。约航政司主管及招商局负责人员，商拟设立战后航业复兴计划委员会。经查战前共有轮船吨位为六十万吨。阻塞工作，沉没用去十五万吨，挂外商旗帜者约二十万吨，悬挂伪旗者十万吨，尚余十五万吨。

十三日，（一）出席行政会议。商决事项如下：（甲）通过设立物资局，隶属经济部。（乙）决定修改电政特派员章程，取消专为应付军事字样。（二）约驿运处主管，商决今后驿运方针。

十八日，出席国民参政会第二次大会，作交通报告。

十九日，美国军事代表团团长麦克鲁德将军来商，滇缅铁路枕木问题。建议尽先由缅甸购买，少向美国及菲律宾采购。美方可供给缅甸伐木工具，与运木汽车，以期经济。

二十日，准备引退。

先生日记云：

> 数月来，目睹国际交通线日见阻塞，仅剩滇缅公路一线，而何日阻断，尚不可知。因汽车配件，及汽油材料之难于进口，国内公路交通，亦日感困难。而军政方面，相率责难，于是集中于变更组织，转移管辖。交通行政，建设既非其时，应付目前，亦权责不专。拟早日引退，借免素餐尸位。适张岳军兄将自蓉来渝，当造访，请其斟酌，婉陈极峰。

二十四日，部内会报，讨论员工生活问题。先由充分供给平价米入手。

二十五日，（一）出席行政会议，各部处报告如次：（甲）外交部郭部长泰祺报告：最近美、英、中、荷四国代表，曾在华府集议，美方报告，日本曾向美国提议缓和经济封锁，但未提及中日间问题。此为协约国，所谓ABCD共同集会之嚆矢。（乙）政务处蒋处长廷黻报告：（1）军费已由蒋委员长核定为八十亿，此外（2）省县经费十五亿，（3）普通预算二十五亿（包括内债费十亿）。（4）建设费二十亿，总共一百四十亿元。另加（1）以货易货款十亿（合美金五千万元），（2）预备费五亿，两共一百五十五亿元，较之上年度，增加八十亿元。英国财政顾问尼迈亚 Sir Otto

Niemyer 认为预算最多不可超过一百二十亿元。现拟将省县经费除外，总数减为一百三十五亿元。（二）中国航空公司美籍常务董事邦德来见。报告：丽江至塞地亚间已试航，高度约一千四百公尺。塞地亚至腊戌飞行二小时又十八分钟，塞地亚至丽江，因绕过山顶，飞行二小时。并称，如日本进攻滇缅公路，英方愿派飞机一队助战。

二十六日，（一）谳法银团代表及法国大使馆人员。（二）张群将先生辞意，报告蒋委员长。蒋委员长询问辞职后，愿任何种工作。张代答愿任研究工作。

二十七日，（一）第二届国民参政会，第二次大会闭幕。（二）与中国航空公司美方代表磋商，加一副董事长。先生以中航公司总经理因病不能执行职务，拟加一副董事长执行一切。美方以合约中无此规定，婉拒。拟先派包可永代理总经理。

十二月一日，（一）条陈发行美金储蓄券，或美金库券。

先生日记云：

> 目睹预算膨胀之危险，拟一说帖，呈委员长，大致提议发行美金储蓄券，或金库券二亿元，由平衡基金委员会担保，偿还美金。同时与英美两政府商量，恳予增加援助，俾此项储蓄券，或金库券可在市面流通。

（二）英国作战部驻新加坡经济作战代表克勒莱 Killery 来见，谓日本如进入暹罗，英日必启衅。

二日，（一）出席行政会议。

先生日记云：

> 郭外长报告：美政府曾一度有与日本订结三个月临时协定之意，以日在越减少驻军至六千人，不对暹罗、缅甸及滇甸路威胁为条件。委员长对此意曾表示反对。罗斯福总统曾向胡适大使，及宋子文提及此事，谓："在谈判期内，日本仍运输大军至越，实毫无诚意，故已取消临时协定之计划。并于上月二十七日，向日本提出原则之照会：（1）不用武力侵略，不干涉内

政，不侵犯领土主权之完整，（2）对于中国撤销各种武力，取消不平等条约与租界，承认重庆为唯一合法政府，（3）俟中、美、英、苏、荷缔结互不侵犯条约后，可与日本缔结商约，解除冻结，（4）经济方面以机会均等、资源共同利用为原则，（5）日本须脱离轴心关系。”

（二）招商局承租人卫利韩 William Hunt，偕其同事麦克唐 McDonald 来见。

三日，出席经济会议。蒋委员长痛责政府人员之无能，致物价益上涨。（十一月初，物价平均上涨百分之十，以粮价为最）

四日，访孔兼财政部长，说明建议发行美金储蓄券及金库券之用意。

五日，决定由交通部财务司，与法银团换函，结束叙昆、成渝、南镇各铁路借款契约。

八日，（一）太平洋战争爆发。

先生日记云：

晨八时由住宅下山，途遇美友，据告晨五时半，无线电广播：日已向美开战，珍珠港、香港均被炸，敌舰进攻夏威夷及关岛。到部后，得知香港自晨起，未解除警报。上海租界已由日军接收。美商行报告，上海自晨六时起，已不能收发电报。本部在港有客机十二架（中航公司有九架：DC3 二架，DC2 三架，康达四架；欧亚公司有三架），在港境以外者，有昨晚三时自港飞出之欧亚机一架，及在仰光之 DC3 一架。本部存港物资共一万六千吨，其中（1）将交英国之造车材料八千吨，（2）已交滇缅公路待运之桥梁材料四千吨，（3）笨重机器二千吨。

日本广播：九龙机场已轰炸，有飞机十二架被毁。下午三时接香港电，嘱将 DC3 再飞港一行；似此香港尚不十分紧张。晚九时接香港电，DC3 二架，及 DC2 一架已飞南雄，欧亚一架，准备飞离港。

（二）敌方广播：天皇下诏，对美宣战，内阁总理大臣东条英机演说宣战理由。（三）蒋委员长招英、美、苏三国大使谈话。表示中国决不避任何牺牲，竭全力与英、美、苏及其他友邦对侵略者共同作战，并提交书面建议。（四）敌机轰炸新加坡，死七十人，伤一百三十人。敌进攻暹罗，未遇抵抗。（五）通宵与香港通电话，探明飞机行动。

九日，（一）平衡基金委员会中外委员及中国银行总经理宋汉章，由香港飞抵重庆。（二）紧要机件及飞行人员，由飞机二架运载离香港，飞抵南雄，前后继续五次。（三）出席行政会议。

先生日记云：

郭外长报告：罗斯福总统于六日招胡适大使，告以“接日本覆文，对于越南撤兵事之语气，显示将决裂。设美国参战，希望中国哀矜勿喜，否则无以对美国人民。并希望中国人民知责任之重大。”

（四）国府发布文告，正式对日宣战。并同时宣布对德、意立于战争地位。

十日，（一）留香港要人眷属，脱险飞抵重庆。

先生日记云：

知昨晚飞香港之客机三架均返渝。其中一机载孙夫人（宋庆龄）、孔夫人（宋蔼龄）等，一机载中航公司同事，及孔夫人介绍之乘客，一机载美籍飞机师，及泛美航空公司人员。许多重庆要人往机场接亲友者，均未接得。惟见有人携狗下机，大起责难。有谓狗属孔夫人，有谓狗属美机师，事涉极峰。接委员长电话，属查究明白。当即往中航公司调查，并规定自今日起，不许运载公司职员，并规定运客办法。

（二）商英国大使电香港总督，将机场再予开放数日。

接香港电，阻止飞机前往。午后七时，特商英国大使电请香港总督，将机场再予开放数日。即派郑宝南、刘驷业在英国大使馆，坐俟电稿，并代为携至南岸，译成密码，再携回电报局，于十二时发出。

十一日，香港总督来电，仍阻止飞机前往。

先生日记云：

上午接英大使电话云：港督已有覆电，今晚可将机场开放，由九时起，至十二时止；如形势许可，再开放二夜。希望开送乘客名单。当约吴铁城、戴雨农共同提名，分为甲乙两单，交郑宝南送往。及晚八时，接英大使电话云：接港督电，又阻止飞机前往。当与韶关通电话，询悉九龙已闻炮声，沙田有激战。

十二日，港渝电报不通。

先生日记云：

晨与英大使通电话，请其再电港督，准飞机前往一行。乃此电，以港方无法叫通，不能发出。当将飞机不能去港情形，报告蒋委员长，请派员与英武官接洽。下午接戴雨农电话，已遣人与英武官接洽。据云：已被破坏之跑道，或已修好，可先备一名单。因再约吴铁城、戴雨农开单，杜月笙亦来参加。同时直接询英大使及英武官，知并无特别消息。晚七时，接李大超电话，知敌人今日上午十二时到尖沙嘴，下午五时占领九龙，英兵退守香港。

十三日，（一）晨敌广播，已占领九龙。

先生日记云：

陈策自港电余汉谋云：港政府已宣布放弃九龙，死守香港，盼望中国军队从速反攻。当即报告蒋委员长、孔副院长、何军政部长及吴铁城。并对委托派机营救在港眷属各人，分别以电话通知。

（二）访苏联大使潘友新，商请由苏联政府借给飞机数架，为加强西北航线之用。

十四日，接英国大使通知，九龙确已放弃。

十五日，（一）宋子文自美来电告，美原允拨飞机十架，现须重行分配。（二）嘱中国航空公司美籍常务董事邦德，即日赴美催索美国允拨之飞机十架。

先生日记云：

约中航公司常董邦德来部，告以目前只剩飞机二架，必须设法补充。适接宋子文电，美国原拟拨飞机十架，现须重新分配。因嘱其即日赴美坐催。

十八日，（一）敌军在香港登陆。（二）交通部材料司驻香港办事处职员汪仲长、谢奋程、石寿欧、邹樾等，为敌军惨杀。（三）中国航空公司，由重庆经腊戌至加尔各答之航线开航。

十九日，蒋委员长向国民党五届九中全会演说。

先生日记云：

九中全会开会，蒋委员长演说要点如下：（1）机关并不见多，而在人谋不臧。不必专谈裁并。（2）延揽党外人才，改组国防最高委员会，或恢复以前政治会议，使党外人士参加。（3）经济封锁不足虑；食料及日用必需品，国内可以自给，军火可由同盟国供给。（4）各省不可专以法令烦多，责备中央，且以此为不能推进行政之借口。（5）各省军、政、党、团四者之间之摩擦倾轧，须予纠正。（6）总动员委员会须加强，地政方面，须注意改进。

二十日，访美国军事代表团团长麦克鲁德将军。告以滇缅铁路原拟在美购枕木九十万根，现决定减为四十万根，余在缅购。至卡车及运输材料，希望缅甸政府免征通过税，请其从旁说项。再拟自美购无线电发射机二只，亦请其协助。

二十一日，行政院人事局部调整。外交部部长郭泰祺调任国防最高委员会外交专门委员会主任委员，以宋子文为外交部部长。农林部部长陈济棠辞职，以沈鸿烈继任。以陈仪任行政院秘书长。昨日各报对于郭泰祺私人行为，有所指摘，或为调任之原因。

二十五日，日军宣布正式占领香港。

二十六日，（一）接见陇海铁路局陆局长福廷。据报：咸同（由咸阳接同官煤矿）铁路已接至煤矿区。该矿每日产煤二百吨，明年可望增至四百吨。（二）接见西南运输处仓库组主任陈体诚。据报：西南运输处已撤销，归并于中缅运输局，俞飞鹏任局长，沈士华、陈香涛任副局长。（三）蒋委员长兼代外交部部长。（四）熊式辉任驻美军事代表。

二十七日，与财政部顾问杨格谈发行美金储蓄券，或金库券办法。

先生日记云：

> 约杨格顾问谈话。告以余建议发行美金储蓄券，或金库券二亿元，其数额虽巨，但目前国际形势，支出日巨，收入日减，若无弥补之策，通货膨胀，将至不可收拾。此项库券或储蓄之基金，必倚赖由英美协助，以坚持券人之信用。基金应组织一保管机关，以中外代表组织之。请其先与英国顾问尼迈亚爵士熟商。

按次年二月八日，美驻华大使高斯致国务卿霍尔函中，提及先生关于中国财政现况，曾有意见签呈蒋委员长及孔副院长。并谓得见签呈副本，认为所拟在国内发行债券，而以向英美取得之信贷，作为偿付基金办法，足以坚定持券人之信心，可以收缩通货，消灭囤积，理论健全，似可施行。（该项签呈，未留底稿）

二十九日，蒋委员长以重庆《大公报》报道，孔夫人此次乘机由港抵渝，携带箱箧甚多，且有门仆及洋狗随来，曾亲询孔夫人，知绝无其事。嘱交通部致函该报更正，并嘱先将函稿送阅再发。

《大公报》经将交通部去函照登。

是年一月，美总统罗斯福向国会咨文，决增强国防，并全力援助各民主国家，反对新秩序，使美国成为民主国家之兵工厂。

三月，美国成立租借法案，以协助协约国取得物资。

四月，苏日两国在莫斯科签订中立友好条约。

六月，德国向苏联宣战。

八月，蒋委员长发布命令，将陈纳德指挥之美国自愿空军，正式组成中国空军部队。

十月，美政府拨五千万美元供援华之用。

十一月，日本政府派特使来栖三郎赴美，协助驻美大使野村进行美日谈判。美总统正式声明，撤退其驻北平、天津、上海之海军陆战队，并严令在上海侨民作最后一次之撤退。

十二月，太平洋战事爆发。加拿大、澳大利亚、荷兰、自由法国、海地、萨尔瓦多、瓜地马拉、洪都拉斯、希腊、哥斯达黎加等国对日宣战。英国对日宣战。美国对日宣战。多米尼加、尼加拉瓜、比利时、南非、巴拿马、古巴、纽西兰、智利等国对日宣战。玻利维亚对日宣战。英印度军总司令魏菲尔、美陆军航空总司令勃兰德，在重庆举行中、美、英军事代表会议，由蒋委员长主持，并通过“远东联合军事行动初步计划六条”等要案。美总统罗斯福电蒋委员长，建议成立中国战区最高统帅部，并请蒋委员长担任中国战区盟军最高统帅。

一九四二年　先生五十四岁

一月一日，（一）中、美、英、苏等二十六国，在华盛顿签订共同宣言，承认共同使用资源，不与敌军单独言和。（二）长沙敌军入东门，电报局迁岳麓山，只留话务人员二三名于长沙。

四日，蒋委员长任盟军中国战区总司令。

五日，与何应钦、白崇禧、朱绍良诸将军商谈中印公路事。

先生日记云：

> 约朱一民、吴礼卿、白健生、贺贵严、何敬之、熊天翼诸君晚饭，谈中印公路事。因蒋委员长令嘱移滇缅铁路工人建筑西昌中甸一段公路。究竟滇缅铁路应否缓修，及康印公路是否应走北线，打通西藏。在座各人均主张西昌中甸段，可先筹备进行。同时应布置由青海以武力压迫西藏，第一步先占领昌都。

六日，召集总务司同人讨论本年节省庶务支出办法。

七日，召集电政司同人讨论本年电政中心工作：（1）完成云南全省线路，加装载波设备；（2）训练电务员。

八日，召集邮政司同人讨论本年邮政中心工作：（1）准备材料；（2）加速邮递信件行程；（3）便利文化邮件；（4）增进员工办事效率。

九日，召集路政司同人讨论本年中心工作：（1）督促新路工程；（2）修理机车；（3）储存材料；（4）增加用煤供应，及减低煤价。

十日，贺耀祖来告，奉蒋委员长批准，青海军队先进驻玉树。

十二日，美军事代表团认为滇缅铁路仍应赶筑。

接曾养甫电称："与美军事代表团谈滇缅铁路缓修事，彼方认为仍应赶修；中印公路不妨筹备。"因与军政部何部长应钦会签报告蒋委员长。

十六日，中国航空公司美籍常务董事邦德来见，报告有美国飞剪式 Clipper 飞机装运轰炸机配件来华，由美至印度航行八日。

十九日，（一）派凌鸿勋为宝天铁路工程局局长兼总工程师，吴士恩为副局长兼副总工程师。

按自太平洋战事发生，中央注意西北交通之开发。蒋委员长令嘱宝天铁路仍应继续建筑，期于二年内完成。先生因即设立宝天铁路工程局。

（二）派王承黻为中国航空公司总经理。

二十二日，黔桂铁路局侯局长家源送来赶工预算，计需二千七百万元。

二十七日，出席行政会议，报告并决议事项如下：（甲）报告滇缅铁路局杜局长镇远条陈。

先生日记云：

> 昨日杜镇远局长条陈：由印度之雷多筑一公路经南渡至密支那约五百公里，以防仰光之沦陷。再筑一公路经丽江至中甸为筑路之运输线。当将其建议于今日行政会议时，面陈蒋委员

长，获其同意，并告西昌中甸公路仍应同时进行。当晚起草致英大使节略，告以建筑雷多密支那公路事，请其协助。

（乙）决议通过：(1) 黔桂铁路经常及赶工预算一亿五千万元，(2) 宝天铁路预算一亿三千万元。

二十八日，访英大使面致节略。希望英政府与印缅两政府交涉，从速建筑雷多密支那公路。或由印缅两政府承担建筑，或由印缅支付建筑费，而由中国代筑均可。

二月二日，蒙藏委员会吴委员长忠信来访。承告中印交通现既注重南线，故原定由马步芳派兵二团至玉树，现改为一团。惟同时令驻河西之马部队伍往藏移动，以贯澈统一河西计划。

六日，成都国际电台开始与印度新德里通报。

十日，出席行政会议。

先生日记云：

孔兼财长报告："曾于上月七日电英美两政府予我国政府一笔政治借款。"按此事系余承蒋委员长垂问，对于今后财政办法，余当即建议太平洋战事爆发，英美应加强我国地位，似宜直告罗斯福、邱吉尔要求美国借给美金五亿元，英国借给同值英镑。委员长采纳此议，即今日孔兼财长报告之由来。

十七日，出席行政会议：（甲）通过建筑龙陵至密支那公路预算一亿元，是为中印公路之一部。（乙）外交部报告：顾大使以英政府允借我五千万镑，向邱吉尔表示谢意时，邱云此区区之数，不足以酬答中国抗战之功。

十八日，接英大使馆通知请派员与印缅代表会商建筑雷多密支那公路事。当答以希望于本月二十八日举行会议。

二十三日，向委员长侍从室陈主任果夫说明不宜指派调查统计局局员管理部中人事。

先生日记云：

蒋委员长手谕：拟以中央调查统计局局员在部办事、兼任劳工科科长之季源溥为人事司帮办。因往访陈果夫主任，告以季君人极干练，可胜帮办之任。惟一部长官管理人事之权，不可分辖。尤以调查统计局局员管理人事，深恐造成部员互相侦察攻讦之风，使人人自危，降低工作效率。陈主任允暂时搁置不提。

二十四日，出席行政会议。孔兼财政部长报告：美国允借给我国五亿美元，惟我国须承诺下列条件：（1）加强币制银行及一般经济制度。（2）防止囤积居奇；平抑物价，防止通货膨胀。（3）改善运输交通。（4）改善一般社会经济设施。（5）妥慎使用于必要之军事及作战支出。（6）将借款用途随时通知美国财长；美国财长得发表意见，或建议。（7）借款不计利息；俟和平后，另行讨论如何还本。

二十六日，出席经济会议。据报物价又涨，以布疋及食糖为最甚。

二十七日，中国航空公司王总经理承黻来见。据称：美国已有DC3飞机六架可以运华，先到二架，备美国军事代表团使用，其余四架可拨交中航公司。

二十八日，参观民生公司船厂及停泊江边待修之损坏船只。

三月二日，自由法国代表纪保 A. Guibautt 来见。陈述中印公路应采由大理至维西至塞地亚（萨地雅）路线，因渠曾游历此路，颇有所知。

三日，（一）出席行政会议。外交部报告：美国拟仿照对南美各国遣派专家办法，派六人至十人来华。（二）鼓励青年部员设立读书会，今日开始。

四日，撰《中国铁道建设》，完成数章。因约英国《财政时报》记者斯汀 G. Stein 及张君劢、张禹九校阅，参加意见。

五日，决定中印公路缅段路线。据滇缅公路局杜局长镇远来电，已往密支那会见缅甸代表，决定中印公路缅段路线自雷多（列多）经孟拱至密支那。

九日，参加国府纪念周。蒋委员长报告上月访问印度经过。曾与甘地会谈，并接见印回领袖，促成共同抗日，加强中印邦交。

十日，出席行政会议。蒋兼院长主席，通过（1）发行美金公债一亿美元，于最近美国借款五亿美元中，指定一亿美元为偿还基金。（2）发行国币公债十亿元。两者均十年为期，前者周息四厘，后者周息六厘。

先生日记云：

> 余即席建议美金公债应设法在纽约、伦敦两证券市场揭晓行市，俾易流通。此点如能办到，可规定与国币公债对搭发行，俾国币公债不致仅为中央银行之财政部垫款担保品。惟财政当局对于此项建议，未予注意。

十一日，（一）派萨福均代理粤汉铁路局局长，并嘱早日到任。（二）接沈昌电话报告：缅甸铁路员工怠工。（三）王国华报告：川陕与川滇东线两驿运线办理不善。

十二日，出席经济会议。通过（1）改造煤汽车一千辆；（2）以桐油改造汽油；（3）以实物配给公务人员。

十四日，中缅印战区美军司令史迪威将军派员调查电政情形，建议统制公私无线电台。

十五日，中国航空公司自昆明飞重庆之客机失事。

接中航公司电话报告：自昆明飞重庆客机 DC3，上午九时起飞，离机场六里，忽然焚毁。飞机师三人、乘客十七人遇难。乘客中有英国军事代表团团长邓尼斯将军 General Dennys、美国军事代表团团员乔治上校 Col. H. George、缅甸政府官员福嘉德 Fogarty、中央银行美籍顾问林契 F. B. Lynch，及中国乘客巫启圣、张曾原等。

十六日，（一）晨赴英大使馆吊邓尼斯将军之丧。（二）派韦技监以黻会同航空委员会代表于次日赴昆明调查飞机出事原因。（三）慰问在香港死难之汪仲长家属。

十七日，（一）奉蒋委员长手谕：中印公路之滇缅段工程归曾养甫负责；运输事宜归俞飞鹏负责。（二）派王炳南赴保山、八莫筹备驿运。

十九日，蒋委员长面嘱：缅甸铁路须派人前往准备参加工作。

二十日，（一）与卢作孚、王国华商谈驿运进行方针。决定：（1）嘱各省调查必要路线；（2）配合工具；（3）疏浚河道，利用水运；（4）改良组织及工具；（5）改进人行道路。（二）美孚油公司代表来见，希望交通部筹办中印公路驿运，以利油运。

二十一日，（一）派萨福均兼任技术标准委员会主任委员，拟订组织规程，即予公布。（二）决定设立中印公路驿运处。

二十三日，（一）参加国府纪念周。

先生日记云：

> 今日蒋委员长在纪念周痛斥金融界，谓十五年来，银行以租界为护符，不能推行国策。今日银行人员仍享受优越待遇，不能实行经济管制办法，此后必须痛改。

（二）先生与吴铁城以大夏大学校董代表资格，商请教育部陈部长立夫将该大学改为国立，或将其工学院并入国立大学。会商结果，采取后一方案。

二十四日，出席行政会议。通过发行黄金储蓄券一亿元。

二十七日，（一）蒋委员长拟以徐恩曾任交通部次长，调原任次长彭学沛为中央设计局副秘书长。（二）缅甸铁路前线缅甸工人畏怯不前。

先生日记云：

> 沈昌来见，报告缅甸铁路前线工人，畏怯不前，已派中国司机前往，准备接替。当决定于参谋团下，设一随军铁路特派员，准备接管路务。与俞樵峰部长及林蔚参谋长商定，即以沈昌任特派员，派刘传书任运输副司令。

二十八日，（一）决定缅甸铁路人事布置。

先生日记云：

> 约沈昌、运输司令陆福廷，及路政司杨司长承训会商布置缅甸铁路人事。拟以萧卫国任车务，唐文悌任工务，顾启文任机务。即由主管从速征集各部分必需人员，并招集司机数十班。

（二）电嘱刘传书即日前赴缅甸工作，所遗川湘联运处职务，以任显群接任。

三十日，奉蒋委员长命，劝彭次长学沛勉就中央设计局副秘书长职。

四月三日，（一）土耳其大使馆代办来见。据告：苏联恐进攻保加利亚时，与土国发生冲突，要求土国撤退沿苏联边境之驻军，并订立互不侵犯条约。现条约已经签订，当可避免纠纷。（二）蒋委员长电话，催询昆明、祥云及西昌、祥云间装置电话完成日期。

五日，蒋委员长飞腊戌视察战局。

按四月二日，蒋委员长派罗卓英为远征军司令官，协助史迪威指挥国军作战，因于五日飞缅境视察战局。次日在梅谋接见史迪威及英军司令官亚历山大 Sir Harold Alexander 。

六日，（一）英大使馆财政参事霍伯器 Hall - Patch 来见。据告：中印公路缅段经费可由印度军部垫付，将来可在最近英政府所允借给中国政府英金五千万镑内转账。（二）晤白副参谋总长崇禧。承告：我军在缅甸前方有第五、第六两军。在北部有第六十军。敌军在缅甸后方有四师团，在缅甸前方作战有三师团。敌若使用四师团攻曼德勒 Mandalay，恐被攻下。

七日，出席行政会议，提出中印公路建筑经费预算，经通过。

九日，追悼在香港遇难之交通部职员汪仲长、谢奋程等。

十三日，蒋委员长面嘱：（1）准备接收缅甸路电两政人员，应早日前往。（2）贵阳至重庆铁路，先事测量。（3）欧亚与中国两航空公司限期合并。

十四日，出席行政会议。孔兼财政部长报告：接宋子文自美来电，美国财长反对提用美国五亿元信用借款，充作发行黄金公债及黄金储蓄券之用。

十五日，蒋委员长面告：重庆腊戌间长途电话未装成之前，可先分段传递。

十九日，缅甸英军放弃仁安羌 Yenangyaung 。

按仁安羌为北缅重镇，距曼德勒二百零九公里。

二十日，（一）新任交通部次长徐恩曾到部就职。

按徐恩曾原任国民党中央党部调查统计局局长。

（二）与中国航空公司王总经理承黻商谈：（1）每隔一日开重庆腊戌班机，以便传递军令。（2）中航欧亚两航空公司合并及吸收欧亚公司人员办法。

二十一日，（一）滇缅公路局谭局长伯英来见，报告：龙陵、畹町段已铺设柏油路面，尚存柏油可铺三百公里。（二）军方报告：沿伊洛瓦底江之英军已退至克遥克柏当 Kyank - Padamng，我军为之掩护，一面退至平马 Pyinmana。在罗衣考 Koikaw 之敌军来攻，颇有损失。

二十四日，交通部存龙陵之物资三千余吨，英方无力供给汽油，无法运出。

二十五日，腊戌焚劫，军方嘱派赴该地电政人员速撤。

二十六日，中国航空公司报告：昨日自仰光飞回之飞机二架，曾在腊戌水田降落，四顾无人影，即启飞返渝。当嘱再飞垒允，与加尔各答。

二十七日，蒋委员长命中国航空公司飞机仍照常飞腊戌。

二十八日，外交部报告：缅甸政府已决定自麦边迁至密支那。

二十九日，日军占领腊戌，中缅交通断绝。

五月一日，拟在长江航政局内设立川江木船管理处，以王洸兼处长，洪瑞涛、李元杰为副。

三日，在畹町之政府机关奉令撤退。

四日，滇缅公路车辆拥挤，龙陵形势紧张，已入恐慌状况。交通部材料司李司长法端由昆明赶赴龙陵抢救部方所存材料。

五日，（一）出席行政会议。军政部何部长应钦报告："此次敌军过平马，冲至察叶特模 Thayetmyo，即折东至雷列姆 Loilem。第六军未予注意，为敌冲破。第六军之五十五师损失过半。第五军之第三师死伤共约五千人。现我军决仍留缅，增送军队三师前往。决守保山，并停修八莫密支那公路线。至雷多经户拱至密支那路线，暂观形势再定。雷多南渡一线，仍旧进行。”（二）敌军进至保山惠通桥之东岸。

八日，敌军占领密支那。

十日，敌军攻占腾冲。

十二日，出席行政会议。

（甲）何部长应钦报告缅甸战况。

先生日记云：

何部长报告：此次缅甸战事失败，（1）由于第六军不谙地形；（2）由于史迪威将军注意曼德勒正面，致腊戍方面空虚，幸第五军安全撤退（据美使馆人员告我，史迪威将军不赞成第五军后撤）。滇缅公路方面，过惠通桥之少数敌军已被击退。自龙陵窜腾冲之敌军，虽予系散，而龙陵之敌军仍然尚在。

（乙）讨论建筑中印公路办法。

先生日记又云：

当询何部长对于中印公路之今后方针，渠意下关至中甸路线仍须兴筑。又询蒙藏委员会吴委员长礼卿之意见。渠云：昨晤委员长，已决定由马步芳出兵压迫西藏。又云：英政府曾向西藏建议假道运送军火至中国，为西藏拒绝等语。昨晤英国军事代表团代表布鲁斯 Bruce 将军，渠意中印公路逾北逾佳，最好中英两方会同劝告西藏。似此，各方面均一致赞成打通西藏。因决定函何部长，建议中英会同压迫西藏，并派兵护送测量人员入藏，将西昌至中甸路线即时动工。下关至中甸线则俟军事形势稍稳，再行决定。如阿沙密 Assam 受威胁，即派兵直趋拉萨，或由昌都入藏，请其与英方从速接洽。

十三日，（一）呈请蒋委员长速商美国政府，提前拨送我国巨型飞机数架，以便维持中印航班。（二）航政局王局长洸建议，不必另设川江木船管理处，可由其兼任船舶总队长。当照允。（三）派电政司陶司长凤山赴昆明注意电讯交通。

二十六日，出席行政会议。军政部何部长应钦报告：滇缅境内战事状况，未见改善。现拟夺回腾冲、龙陵。浙东敌军已逼近金华。

二十七日，美大使馆参赞范宣德 John Carter Vincent 来见，询问中苏运输情形。先生告以：

> （1）须经苏境铁路。（2）须有苏联汽车接运至哈密。（3）假定月运物资五千吨，必须阿拉木图 Alma Ata 与哈密间，及哈密与兰州间各有汽车一千辆，始能达到三千五百吨运量。如阿密间能增加汽车五百辆，益以哈兰间之驿运补充，则五千吨之运量，可以达到。（4）由哈至兰，及由哈回阿，每月汽车须汽油二十四万加仑。此项汽油须由飞机载运。

二十八日，（一）命中国航空公司增开兰州成都及成都桂林班机，至少每星期一次。（二）出席四行联合办事总处理事会。政府决定自七月一日起，发行集中于中央银行。中国、交通及中国农民三银行则遵照条例规定，各营专业。

二十九日，敌军进占浙江兰谿。

三十一日，晤中国银行天津分行经理卞寿孙。

先生日记云：

> 卞白眉兄来，承告天津中国银行，已由伪组织之联合准备银行派员监理，所有用人行政均归其指挥。北平中国银行有改为华北中国银行总行之说。所有天津中国银行发行之钞票，及所收存款，概以伪联银券四折清还。现津行存款尚有四千万元左右。渠系四月十六日离港，由广州湾经桂林到渝。

六月二日，（一）出席行政会议。军政部报告：（1）金华龙游沦陷，敌军有进攻衢州模样。（2）怒江方面，敌军炮火甚烈，无法驱逐。第五军有一师长阵亡。（二）中美租借法案签字。

四日，接上饶电话：（1）敌军尚在衢州外围。（2）南昌方面敌军有进犯鹰潭模样。

五日，敌军占据江西进贤。

七日，敌军占据衢州。

八日，（一）招集川湘、川陕联运处，与嘉陵江运输处主管人员会商改进驿运办法。

先生日记云：

> 海外通路断绝，汽车配件与汽油供应日缺。内地运输将惟驿运是赖。持招集川湘、川陕联运处处长薛光前、副处长任显群、嘉陵江运输处处长王炳南会商改进办法。

（二）约见法大使馆参赞。因据刘传书报告，滇越铁路运输办理不善，告以交部拟对滇越铁路派一副局长，兼运输处处长。

九日，出席行政会议。军政部何部长应钦报告：（1）敌军到衢州后，未前进。（2）江西方面，敌军到东乡亦未前进，我军为避免损失起见，退到铁路两侧。（3）滇边敌我两军仍在怒江隔岸对峙。

十一日，白副总参谋长崇禧来谈，不日赴宁夏、青海，商由青海派兵至青藏边境，压迫西藏先开空运。

十五日，出席行政会议。军政部何部长应钦报告：（1）敌军已占上饶，有向江西南面进攻我主力军模样，惟尚未进至浙赣路。（2）八路军在陕北聚集二十团兵力，声言中央一俟日苏开战，决将八路军解决，不能不预为戒备。

十七日，（一）军事委员会召集外交、经济、交通三部，航空委员会，行政院秘书处，及委员长侍从室代表，讨论对苏联交涉运输问题。经济部报告：曾与苏方接洽，希望以运美之钨砂、锡块交苏联易汽油，并请其准许我国物资经过里海铁路，转运新疆。惟苏方以恐我国不能如期交货，不肯遽允。会议决定由各部将：（1）借道苏联铁路，（2）开辟中苏航线，（3）以货易货三问题，分别研究，提出意见，再行讨论。（二）与航空委员会商议保留欧亚航空公司，作为中苏开航准备。

十八日，（一）与资源委员会商议，有关建筑轻便铁路之钢料供给问题。（二）前北平市长袁良自上海来见，谈及曾晤敌后宫参谋长，据云日必攻苏；如国府愿和，日方可先撤兵。

十九日，（一）与英军事代表团布鲁斯将军谈西藏问题。

先生日记云：

> 约英军事代表团布鲁斯将军午饭，谈西藏问题。渠意中英双方会同通告西藏，告以先办驿运，自拉萨至巴安，并保证不干预其内政，或可办通。当答以俟与政府有关主管会商后，再行决定。

（二）法大使馆代办来见。声称：滇越铁路法当局以华方既有沈昌任运输司令，不应再派副局长兼管运输，否则应取消运输司令名义。当告以此实避免有全部接收之举，应请法方谅解。

二十三日，出席行政会议，向军政部建议拆卸粤汉铁路韶关坪石间，与陇海东段路轨。

二十四日，（一）军事委员会二次召集有关机关，讨论中苏运输问题。交通部建议如下：（1）铁路方面希望经伊朗之 Bandar E Shaper，Tehran，Bandar Shah，或自 Chah Bahar 及 Karachi 经公路以衔接苏联铁路，俾美国物资可以每月运三千吨至新疆。国内接运，亦以此数为目标。（2）希望中苏航线能有运输机四十架，并供给汽车一千五百辆，在新疆境内使用。（3）希望能定购汽油四千吨，以锡块交换。（二）接盛世才督办电，同意中央开辟南疆航线。

二十五日，美军事代表团空军顾问毕赛尔 C. L. Bissell 将军建议将欧亚航空公司机师，调至中国航空公司，帮同飞行新疆航线。并请将欧亚公司所用之德国德律风根一具，带至美国仿制，以备试飞南疆。

二十六日，（一）约新疆代表张元夫来商复盛世才电：（1）决先飞南疆北路。（2）开始准备开辟南路。（3）请于焉耆、和阗，准备汽油，并加宽跑道。（二）呈准蒋委员长：（1）复盛世才电文。（2）暂时保留欧亚航空公司。（3）中印航空运货，由中国航空公司与美军事代表团随时联系。

二十七日，约美军事代表团空军顾问毕赛尔将军商谈航运联系办法。

先生日记云：

告以此后中航公司与美方对于运输，应密切联系。余建议在印度喀拉蚩 Karachi 与代因 Dijing，及昆明与重庆四处，双方各派一人随时接洽吨位，以免虚縻。并告以欧亚公司仍旧保留，以便开辟新疆航线。渠警告谓：美方拨予中航公司之运输机，应专供运输抗战物货之用，否则停止拨予。

二十八日，（一）与蒙藏委员会吴委员长忠信商定进行西藏驿运事宜，即拟就函稿，候与英方接洽后即发。（二）蒋委员长嘱备飞机为第五军运粮至新背洋 Shingbwiyang 。

三十日，（一）盛世才来电，希望经济部翁部长文灏、第八战区司令长官朱绍良、交通部、航空委员会、西北公路运输局代表赴新疆一行。（二）邮政储金汇业局刘局长驷业来告，蒋委员长命其担任四行联合办事总处秘书长。

七月一日，派交通部技监韦以黻、参事潘光迥为赴新疆代表。

二日，（一）派徐子青为邮政储金汇业局局长，沈熙瑞为副局长。（二）何总参谋长应钦召集有关机关继续讨论西藏驿运事宜。据蒙藏委员会代表报告：英驻西藏代表已与藏方洽妥驿运，一俟我方告以路线、运量及运货种类，即可决定。交通部代表当告以（1）运路系自拉萨至昌都，（2）运量先定为三千吨，（3）运货系军需品。（三）接白副总参谋长崇禧自青海来电，康青公路不赞成经大河坝。当交运输统制局决定。（四）经济部翁部长文灏偕同交通部所派代表，于下午四时启行赴新疆。

三日，蒋委员长命迅派中国航空公司运输机三架，飞缅北第五军阵地投粮。

六日，晋见蒋委员长，报告美军事代表团毕赛尔将军不赞成拨机运粮。

先生日记云：

> 晋见蒋委员长，报告奉令拨中航公司之美运输机二架，交与航空委员会，惟美军事代表团空军顾问毕赛尔不予赞成，未能照拨。委员长闻之大为不悦，嘱严令中航公司绝对服从政府命令，不能听从毕赛尔之言。

七日，孔兼财政部长祥熙报告：英国允贷予我国之信用借款英金五千万镑，只许以一千万镑充作发行公债之基金，其余四千万镑须储存备购买英货之用，故尚未谈妥签字。

八日，接滇越铁路运输司令沈昌函称：接收滇越铁路方案，拟将川滇、滇越两路联合办理。

十三日，与美总统罗斯福代表居里之助手芮君 Mr. Ray 交换有关运输问题意见。

先生日记云：

> 芮君云：到华后，即往印度视察，知存喀拉蚩货物有三万吨，存定疆货物有七千吨，而滇缅公路存油有限，故只能自保山运出存货六千吨至下关，自下关运出三千吨至昆明。昆明存货尚有三万吨。照此情形，非改良运输，则美国物资无法再来。

十四日，英国驻新疆疏附领事吉勒特 Gillett 来见。询以印度新疆间交通情形。

二十日，蒙藏委员会来文，称西藏摄政拒见该会驻藏之孔处长，嘱其到新设立之外务局接洽，孔愤不去。

二十八日，出席行政会议，决定否认西藏摄政所设之外务局；运输问题，改用商业组织方式进行。

三十日，蒋委员长出示宋子文自美来电，关于中国航空公司问题。电称：美军部主张可将运输机拨交中国航空公司使用，惟中航公司须予改组，加入可与美方接洽之人。渠愿任公司董事长，并拟向美方要求飞机增至一百十架，另拨四引擎运输机五十架等语。

先生当日与孔副院长祥熙、何军政部长应钦接洽，渠等主张维持原案，至多拨予中航公司飞机五十架。至中航公司董事长，仍由交通部政务次长兼任，以符原则。

三十一日，约居里面谈，渠对于中美间不能融洽情形，深感惋惜。当将关于运输机移拨经过告之。

八月六日，（一）中国航空公司美籍常务董事邦德来见，报告美军方面拟拨军用运输机办法：美军部主张以军用运输事宜交由中国航空公司办理，可由存印度之军用运输机中拨给三十五架，先拨二十二架。此外每月拨二架，拨足九十九架。美军方面于每架拨飞机师一人，中航公司拨一人。此项办法与宋子文前电所述接近，邦德并不赞同。（二）蒋委员长嘱加强欧亚航空公司；速开兰州迪化航班。

七日，约中国航空公司王总经理承黻商定开兰州重庆航班。

十九日，（一）蒋委员长偕夫人飞抵兰州。（二）航空委员会周主任委员至柔来告，蒋委员长曾要求居里转达美政府供给军用飞机五百架。渠认为同时必须有汽油、配件接济，否则无法作战。现在衡州停留之美机，以汽油不济，不能行动。

二十二日，重庆兰州航班开始。

二十八日，（一）蒋委员长及夫人自兰州经西宁，飞抵酒泉，转嘉峪关。（二）敌军退出浙江衢州。

九月四日，与国民党财政委员会主任委员徐堪谈明年交通部预算。

先生日记云：

> 徐可亭约谈本部明年预算，告以：（1）宝天铁路五亿元，（2）黔桂铁路二亿二千六百万元，（3）綦江铁路一亿一千万元，（4）电政费二亿五千万元，（5）航空费一千万元，（6）驿运费二千万元，（7）水陆联运费五百万元，（8）造船及绞滩五百万元，（9）修整机车二千万元，（10）机厂一千万元，总计

一十一亿五千六百万元。

五日，盛世才通知驻迪化苏联总领事，要求撤退在新疆之苏联人员。

十二日，孔副院长祥熙召开平抑物价会议。先生主张“选择管制”先自金融、原料、运输、工资四项着手，不可骤行全面管制。

十五日，与滇缅铁路督办曾养甫商讨滇缅铁路结束所需款项。

十六日，法大使馆秘书归自昆明，为滇越铁路事来见。据称：铁路方面，中国政府积欠运费不还，若再加一副局长，又须增加负担。不如派一顾问，任联系工作。滇越本身已欠东方汇理银行四亿元。现东方汇理昆明分行行将停业，无法再垫款项，必须请中国银行设法还欠。

十八日，川康公路工程局杜局长镇远来见，报告工程进度及需款数目。据称：川康路尚须一年方可完成，并须追加经费一亿元。若造康青公路，第一年只能做筹备工作。筑路工作需时二年以上，工款需五亿元，工人需十万名。加以通货膨胀，边疆地形崎岖，施工困难，亟求打通，殊非易事。

二十二日，出席行政会议。

先生日记云：

> 蒋兼院长主席，为行政院全体参事、秘书，愤于徐堪、谷正纲两部长之时加责难，致全院办事人员同时辞职，因一面责备孔副院长一番，一面痛哭流涕劝告全院同人。次讨论美总统特使威尔基 Wendell Lewis Willkie 访华，欢迎程序。嗣孔副院长报告：美国渐有不利于我国之言论出现。最近《大西洋杂志》即载一文，诋责中国。

二十三日，云南丽江经营西藏贸易之商人李立三，应召来见。报告西藏交通路线如下：（1）自印度噶伦布至拉萨，共二十一站，需二十一天，加一天休息，共二十二天。（2）自拉萨往东，有以下数路：（甲）水路——拉萨至玉树，须行四十余天；玉树至康定须行五十余天；此路可利用青海牛马站，沿途水草多，且有自青海运羊毛来藏牲口，地势亦平坦，故运输须用此路。（乙）北中路——拉萨至昌都四十余天，昌都至康定四十余天。（丙）北南路——拉萨至洛隆宗、妹里、巴安五十余天，巴安至康定三十余天。（丁）南路——拉萨经维西至丽江八十余天。运价冬天比夏天贵十分之四。因夏天有征集牛马用乌拉制（包括人畜两种，人供服役，畜供运输，人不给资，畜每头每日藏银四钱），可得二万头，私家驴马仅数千头。西藏军队有常备兵二万人；民兵各地征集，枪有二万余支。

二十四日，续与李立三谈，研究有无利用商人办理运输之可能。

先生日记云：

据称：经营滇藏与康藏间贸易之商家，除渠本人经营之李永兴远记字号外，有裕恒、裕兴昌、张翰藻及张孺温等。西藏帮有邦达昌、桑达昌二家。邦达昌与藏方有关系……惟大量运输，必须用乌拉制。沿途换伕换马，货物必有损失，且需时间五六个月。热振已于四月间辞职，由旧达赖之老师，七十余岁，继为西藏之元首。币制用藏洋，每元合银三钱，现值法币二十元，值印度卢比二元。西藏交易，通用卢比。每年滇茶入藏约四万包，每包重约三十公斤。川茶入藏约二万包，每包重约二十五六公斤。经过北路者约三万包，均在印度交货。滇茶每包售价三十八卢比。入藏商货，尚有川丝、滇糖。询其能否秘密带人入藏。答云现多困难。中国欲打通西藏，必须收复西藏，只须军队三四万人，因藏方只有二万常备军，装备均不齐全，且缺乏训练。

二十九日，出席行政会议。

先生日记云：

孔副院长报告：对于威尔基到后谈话之要旨，（1）中共问题——政府方面，力主宽大，只须服从中央政令军令，决不歧视。至于游击队系有民众参加，共军不能独占其功。(2) 民主政治——取渐进步骤：例如现在先有参政会，然后召开国民大会，进而议订宪法。(3) 敌人占领区域——必须收回，恢复九一八以前原状，旅大当然在内。(4) 国际贸易——在不妨碍中国工业化之前提下，对于各国一律自由平等，并欢迎各国以已用之机器供给中国。(5) 币制决定维持法币，其汇率务使有益于国际贸易。(6) 战事必须解决日本，收回东北。

孔副院长又报告：委员长手令，军费须减三分之一，各行政机关公务员，亦须缩减三分之一。所有裁减人员，移往边区工作。嘱各部拟具办法。

三十日，出席动员会议。

先生日记云：

蒋委员长亲临主席，痛述物价高涨，预算膨胀之危险。决定以经济会议为主管物价之机关，由渠亲自主持。首由中心地点，施行限价。其物品先从军需及日用品下手，分期、分级、分区逐步推行。公用事业、国营事业与专卖事业，均须限价。工资亦须管制。预算方面须核实樽节。骈枝机关一律裁并，冗员送往边区工作。

十月二日，美总统特使威尔基抵重庆。政府竭诚欢迎。

三日，(一) 上午，威尔基拜访行政院孔副院长，各部部长被邀列席晤面。(二) 蒋委员长宴威尔基于军事委员会大礼堂。威尔基在答词中赞扬蒋委员长有二大美德：(1) 有不屈不挠之精神，(2) 有远大之眼光。

五日，白副总参谋长崇禧宴第八战区司令长官朱绍良将军，邀先生作陪。席间谈及西北运输军队入藏之种种困难。似此以兵力压迫西藏就范之计划，已无希望。

十二日，中午动身赴成都疗治牙疾，夜宿内江。

十三日，抵成都，赴华西大学，住医科主任林赛医生 Dr. A

W. Lindsay 家中，医牙。

十四日，（一）检查牙疾。（二）华大文学院罗院长忠恕，与边疆研究所主任李安宅来商扩充该所计划。

十五日，与华大文学院各系主任谈话，并与经济系主任讨论经济研究所进行方针。

十六日，与华大理学院各系同人见面谈话，并约边疆研究所同人商讨进行步骤。

十七日，召开华西大学董事会，讨论一九四二年度预算。并函请各教会联合机关之拓殖部补助亏绌之一百万元。

按华西大学现有男学生五百七十三人，女学生三百七十二人，专任教员男性一百二十三人，女性四十八人，兼任教员男性二十人，女性十二人，职员男性七十人，女性十九人，兼任职员男性四人，女性二人，共有教职员二百九十八人。

十八日，（一）与四川省政府张主席群赴新津美军飞机场，已到美空军百余人，及新到之四引擎轰炸机。（二）出席华西同学会，提议募集教职员宿舍基金二十五万元。

十九日，（一）出席华西大学纪念周，讲“教育之重要”。（二）邀请华大教职员茶叙，并讲华西之优点与缺点。先生认为华西之优点为：（1）管理人员不受外界之干预；（2）经费固定；（3）教育方针自主。其缺点为：（1）外界视为教会学校，不能符合政府教育方针；（2）社会方面视为经费来自教会，毋予援助；（3）毕业生出路，不及非教会学校之广。今后当提高教职员品质及学生程度，使外界知华西水准不亚于非教会学校。外籍教员应使之明了中国社会之需要，俾所教之学理与技术可以适用于中国社会。

二十日，离成都，晚宿内江。

二十一日，参观自流井盐井，晚宿自流井。

二十二日，返抵重庆。

二十三日，照蒋委员长核定之中国航空公司运输机使用办法，通知该公司照办。办法如下：飞机归政府支配，有余时，归美军事代表团使用。汽油归美军供给，中国酌给油价。并希望美军承认，国内如有需用时，亦同意中国政府自由调动。

二十七日，出席行政会议。外交部报告：英国政府允取消在华治外法权，条约草稿不日送来。

二十八日，西南公路管理局陈局长延炯来见，报告液体燃料缺乏及涨价情形。据称："该局每月需用酒精七十万加仑，而液体燃料委员会只能供给四千加仑，且须备办装桶八千只，每只由贵阳运至重庆需费二百六十元。每吨公里须耗酒精价值九元。每吨货运费九元四角，扣去养路费八角，实收八元六角，客运每公里每人收十元零五角，抵酒精费外，所余无几。在昆明以曲靖路局尚存汽油二万六千吨。每吨运费需一万七千元。昆明市面，汽油售价已涨至每加仑六百元。照此情形，公路运输实难维持。"

二十九日，召集各区电政特派员讨论电政方针。经指示下列各点：（1）电政员工待遇，仿照资源委员会贷金办法，酌予调整；（2）行政事项，划归特派员处理，电局专办改善业务；（3）从速建设无线电网。

十一月一日，中印公路在中、英、美三国协力合作之下，自印度雷多开始兴筑。

八日，与张群商谈辞职问题。

先生日记云：

> 张主席岳军兄自成都来渝，与其细谈去年十一月曾托转达蒋委员长准予辞职。嗣以时局日趋紧张，未便再提。现已勉强拖延一年，请其再为转建，准予退休。

十日，出席行政会议。通过黔桂铁路追加预算，限定于阴历年底通车至贵州独山。现在铺轨共计二百九十公里，已达侧岭，离独山尚有一百七十八公里。

十四日，《铁路建设》全书脱稿。

先生日记云：

所写之《铁路建设》一书，今日全部告成，幸公余之暇，每日执笔，无日停止，得观厥成。拟将全稿托董君显光带美，并致函胡适之兄，托其协助出版。另函托《时代》杂志发行人亨利·鲁斯 Henry Robinson Luce 代为审阅，并请夏君筱芳代为接洽一切。

按先生所撰《铁路建设》一书，正式名称为《中国铁路建设之奋斗》，起稿于民国二十九年秋，完成于三十一年多。其动念由于主绾铁路、交通两部时，深知抗战胜利以后，铁道建设为国家复兴之枢纽。无论政治秩序之重建，文化水准之提高，国民经济之发展，无一不惟铁道之恢复与扩建是赖。奈我国经此次长期抗战，民力疲弊，国库空虚，环顾世界各国，其能有余力资助他国者，仅美国一国而已。中国为及时开始复兴大业，争取国际地位，惟有以战后铁道建设之重要，向美国朝野呼吁，以期不失时机，取得援助。因之该书以英文起草。书名 *China's Struggle for Railway Development*。

十七日，（一）派杜镇远代理粤汉铁路局局长，以川滇铁路公司总经理沈昌于九月十日病故，所遗之缺，以粤汉铁路局局长萨福均继任。（二）经济会议召集各省主席，参加讨论实施限价问题。各省主席意见，归纳如下：（1）对于掌握物资及增加生产，须先有把握，方可实施限价。（2）须全面限价，不能从点线入手。（3）各省政府须有执行权力。（4）中央政府须有决心。（5）须从物资之多余、不足，善为调剂，并利用民力。

二十日，军事委员会命令甘肃省谷主席正伦，兼任甘新公路督办，西北公路局局长凌鸿勋兼任会办。接管甘新全路，修护甘肃河口至甘肃新疆交界之猩猩峡公路干线。

三十日，（一）约在渝之粤、桂、湘三省建设厅厅长，及桂省黄主席旭初，会商增加煤产办法。（二）王国华力辞驿运处处长，派谭炳训接替。

十二月一日，（一）出席行政会议，提出建造湘江大桥及临时便桥预算，经照案通过。（二）约交通部顾问章祜来谈，嘱其赴陇海铁路局督促整理，并研究修改宝天铁路工程计划。

三日，（一）行政院秘书长陈仪来告，蒋委员长兼行政院院长已允先生辞卸交通部部长职。（二）访委员长侍从室第二处主任陈布雷。

先生日记云：

告以此次不称病言辞，政府亦不须为之安排职位，决意出国研究战后经济建设，政府如予以闲散名义，俾便接洽，于愿已足，请其转呈。

四日，访行政院孔副院长祥熙，告以辞职经过。

先生日记云：

中午访孔副院长，告以辞职经过，并请辞中央银行副总裁名义。渠不允，并问愿否回中央信托局，或任将设立之国营保险公司董事长。告以拟休息一年，再任工作。

七日，蒋兼行政院院长聘先生任行政院顾问。

八日，（一）谒蒋委员长。

先生日记云：

下午四时半往见委员长，谢其允我辞职，并告以愿出国一行，承表同意。附带述及：（1）自任职铁交两部以来，优秀技术人员，十九均已网罗。（2）抗战五年半期间，交通部各部门未尝遗误军事。（3）交通部各部门所存材料，尚足敷二年之用。至余个人，则从未私用一人，不耗用公款一文，不私弄一权。尚能为部中树立一新风气。现在交通路政方面工作人员，如凌鸿勋、杜镇远、陈延炯、侯家源、石志仁、萨福均等，均属一时之选，请予随时维护。承询及后继之人，当答以曾养甫在部有相当时日，俞飞鹏久任军事运输，均可胜任。又承告欲余多多研究经济财政，随时与陈布雷、王世杰诸人接触。

（二）当晚蒋委员长来函慰勉。文曰：“公权吾兄勋鉴，溯自二十五年起，吾兄初掌路政，继综交通，先后七载，贤劳备至，匡助实多。尤以抗战以还，运事纷繁，交通业务，相需更切，所有路航邮电各部门之员司职工，在兄指导之下，精神奋发，尽瘁奉公，且多躬冒险艰，迅赴机宜，裨助军事，良非浅鲜，每深佩慰。中央此次允兄卸去部务，聘任行政院顾问，追念同寅之谊，益弥眷念勋勤之思。惟冀珍卫之余，随时抒陈卓见，以匡不逮为幸。即颂台祺。蒋中正启。十二月八日。”

十四日，陪同新任交通部部长曾养甫到部，并在纪念周致欢迎词。中央发表曾养甫继任交通部部长，徐恩曾任政务次长，潘宜之任常务次长。

十六日，（一）宋子文约早餐。

先生日记云：

> 日前在蒋委员长处与宋子文相遇，约我一谈。因定今晨在渠寓中共进早餐。席间，渠云，余辞交部事太迟，应在公路运输被分割时，即行辞职。并谓如余经济困难，可与接洽，愿为帮忙，深表关切之意。

（二）卢作孚来告，渠昨辞交通部次长职，未获准。（三）华西大学张校长凌高来见，请渠转知皮邱（即毕邱）博士，本人决定赴美考察。

二十四日，与兄弟朋友欢度耶诞。

先生日记云：

> 今晚为在重庆最后一次耶诞晚餐，有家人森哥、二嫂、禹九、肖梅及小女；并约蔡承新、何淬廉、徐广迟、潘光迥夫妇、沈熙瑞与许继廉侄婿等参加。

三十日，政府决定撤销运输统制局。公路事务仍归由交通部管辖。一年之中，组织上又一变动。

是年一月，侵菲律宾日军占领马尼拉。

二月，美国贷我国五亿美元，英国贷我国五千万英镑。日军攻陷新加坡。

四月，美国空中堡垒首次轰炸东京。

十月，英美两国同日宣布放弃在华特权。

十一月，英美联军在北非登陆。

一九四三年　先生五十五岁

一月二日，中国银行副总经理贝祖诒来谈。据称："我国与英美交涉取消不平等条约，因曾提出九龙问题，遂致迟延。英方认为九龙问题，不便牵入。现我国已决定让步。本月五日可望宣布取消不平等条约。"

四日，拟向蒋委员长说明赴美考察目的。

先生日记云：

> 日来拟将赴美考察之重要目的三点，向蒋委员长陈述，并请示意见。(1) 战后各国经济关系，尤其英美与中国及日本之经济关系。盖以战后，吾国必须与各国调整商约，不能不先行详加研究。(2) 战后中国经济复员，势须赖美国协助，究竟两国将采何种政策，及美国能以何种材料、何种机器供给中国，并在何种条件之下，予以帮助。(3) 美国社会各方面对于和平条件之意见。

六日，部务交代完毕，检讨五年来之部务措施与外界之批评。

先生日记云：

> 日来因部务交代完毕，检讨五年来之部务措施，与外界批评如下：(1) 力求融洽新旧人员，一面以感化方法改进旧人，一面引用新人，不使躐等。盖非此无以安旧人之心，协力抗战。而新进少年，则有不能充分用其所长之感。因此有人批评余用人不能澈底除旧布新。(2) 尽量收容前方撤退人员，以安未撤退人员之心。因此有冗员之讥。(3) 有能力人员，均派在战区服务，以应军事及紧急工程之需，致部内阵容显见薄弱。(4) 部内工作人员以中下级为多，因物价高涨，生活困难，精

神不易振作。而为维系人心起见，不能责之过严，致有待部属过宽之讥。(5) 交通各部门，以工具、材料、汽油供应日缺，不特不能改进工作，且无法维持现状，当更谈不到改革。只有补偏救弊，移东搪西，惟求事之有成。遂不免有敷衍了事之责言。(6) 公路运输，原有中国运输公司之设置，嗣因有西南运输处之成立，由宋子良主其事，以系直接隶属军事委员会，致运输组织分割，事权不能统一 。最后全部运输改属军事委员会，而部方则担负养路、修路之重责，功则归之军方，罪则加诸部方。(7) 交通人员，均专心致志于技术学问，与工作效率。对于政治活动，不感兴趣。尤其在抗战期间，人人以尽职报国为第一目标，致党部有交通部工作人员缺乏政治训练之讥评。

上述各种批评，虽由战时环境所致，大部分亦由于主管部务之人，任职太久，不特难以引起外界发生耳目一新之观感，且于不知不觉中，产生惰力于无形。因此得一经验，凡主持中央行政部务者，任期不可超过四年，庶几外界对于当事者，初时之拥护热忱，不致日久而趋冷淡，而感失望，而启责难。

九日，函呈蒋委员长，申谢馈赠年金及颁发奖章。

先生日记云：

蒋委员长送来年敬二万元，特函陈出国考察在即，尚须请予资助，此项年金二万元，不敢具领。并知其已在行政会议提出交通人员，有功抗战如余者，应予奖章，因在函中一并申谢。

十日，访孔副院长祥熙长谈，同进午餐。

先生日记云：

晨十一时往晤孔副院长长谈，同进午餐。告以刻正料理私事，筹款出国。出国目的，拟研究战后经济建设问题。回国后，拟集社会力量，兴办实业，为政府建设之辅助。渠则详述其与党国关系之深，历年国家重大事故，无役不与，自问贡献不浅。余亦述北伐前后，有关财政调度，金融建设，对于政府与社会种种贡献。即在政府要我离开中国银行后，仍秉只知有国，不知有己之一贯精神，为抗战尽力。渠闻我将处置藏书，表示可由中央银行承购。

十一日，（一）中美新约在华盛顿签字，同日中英新约在重庆签字。取消治外法权，废除辛丑条约、内河沿海航行特权及交还租界等。（二）日本与南京伪组织亦于九日订立同样协定。

十七日，美国戴约翰 John Day 书店承印先生所著《中国铁路建设之奋斗》一书。

先生日记云：

陈光甫兄携来夏筱芳兄自纽约来电，称戴约翰书店主人韦尔契 Walsh 对于余著《中国铁路建设之奋斗》一书，甚感兴趣，允为承印，已与签订草约。惟此类书籍，销路不广，声明著作人不易有多大收益。该书店曾承印林语堂之著作，在出版有关中国之书籍方面，已有相当地位。

十九日，沈熙瑞、蔡承新来谈，战后兴办实业，应先联合企业界已有基础之友人，共同组织"企业联合公司"，吸收资本。

二十一日，沈熙瑞来谈，商定组织"中国企业联合公司" China Industries Combine, Ltd.，拟邀民生实业公司、金城银行、中国农工银行、华侨银行、华义公司、南洋企业公司等加入。

二十七日，与民生实业公司代表卢作孚、何北衡，金城银行代表戴自牧、徐国懋，中国农工银行代表齐云青、钱祖龄，及沈熙瑞等讨论"中国企业联合公司"章程。

二月二日，（一）王蓬自印度归来，报告西藏货运困难情形。据称：藏方对于普通货件运输，并不热心鼓励。非经拉萨当局同意，商人不敢承运政府任何物资。现因政府准备施用压力，故未向藏方作何交涉。（二）法大使馆参赞班科 Bancour 来见。据告：越南日兵只有二万人，无力进攻云南。最近德国压迫维琪政府，驱逐中国驻法代办。又上海法大使正与南京伪组织商订取消不平等条约协定。中法邦交恐破裂在即。

五日，约王陵基军长午饭。

先生日记云：

今日约王方舟军长午饭。渠适自江西修水军次归来。谈及敌人沿长江分三段防御：自上海至九江为一段，九江至汉口为一段，汉口至宜昌为一段。敌人在中国兵力约三十师。惟我方因物偿高涨，连排长无力赡家，以致妻室纷纷弃逃。用餐时，士兵争先上饭。按照规定，必须坐齐始能上饭，并规定用食时间，以节省饭米。现在情形可虑。

九日，张大同来见，谈甘新边境驻兵情形。

先生日记云：

胡宗南总司令部之政治教官张大同，自陕西来重庆参加中央训练团高级训练班，特来晤谈。得知胡辖部队已达八十万人，编为三集团军。其中一集团已开赴河西、新疆边境，希望中央队伍早日开赴南疆。现苏联尚有一师半驻哈密，半师驻精奇一带，不允撤回苏联。

十日，朱恺俦来见，谈西南公路运输退化情形。

先生日记云：

在西南公路运输部门服务之乡人朱恺俦来谈，近来公路运输之退化，由于政府注意于机构与人事之变更，而忽于下层工作人员之培养，与车辆之调度及保养，以致现在政府所有车辆能行驶者，不及十分之一 。

十一日，戴笠来见，询问如何扑灭黑市。

先生日记云：

戴君雨农来见，谈攻缅甸计划，已决定在雨季以后。目下军方正忙于整理补充。并称渠现负责经济检查，同时担任动员会议之军法执行总监。渠询问如何扑灭黑市。当告以只能择其尤者处分之，以为惩一儆百之戒。一面须谋增加生产，节制消费，减轻货物成本（包括运输费用，与劳工工资）。庶几物价不致狂涨，黑市可以逐渐消灭。否则罚不胜罚，徒滋民怨。

二十五日，（一）接陈布雷通知，应俟将赴美考察范围，呈奉蒋委员长批示后，再行出国。（二）夏鹏自美函告：（1）《中国铁路建设之奋斗》一书，将于两星期内与戴约翰书店订约出版；（2）《幸福》杂志 *Fortune Magazine* 有意将全书摘要发表。

三月九日，陈诚将赴缅甸任远征军司令长官，特来话别。

四月十五日，往贺中央银行孔总裁祥熙就任十周年纪念。

二十六日，（一）张嘉森来告，答覆张群所询对国事之意见。

先生日记云：

君劢家兄来云，昨岳军兄询其对于国事之意见，渠意：（1）应改造内阁，加入在财政金融方面有信用之人；（2）邀英美两国派遣代表，共同商议如何维持法币；（3）容纳各党各派参与国事。属为转覆。

（二）拟定出国考察计划，托陈布雷代呈蒋委员长。

二十八日，参加讨论英美两国提出之“国际货币基金” International Monetary Fund 方案。

先生日记云：

上午孔副院长邀出席参加讨论英美两国提议之“国际货币基金”问题。陈光甫兄发言谓，案中所定各国出资额，似太小，货币不应贬值，外汇管理应取消，贸易互惠，应一并讨论。贝淞孙兄发言，谓此项协定，不妨俟战事结束再行参加。余谓此项提案，美方注重货币汇率，英方注重贸易，而中国对于外汇基金，及贸易差额，均需外助，故应加入。惟中国尚缺乏过渡时代之复员资金，及初步开发资金，亟宜提出一混合英美两案之方案，加以长期资金之安排。至将来该项机关之管理与运用，必须为国际的，而非由美英两国垄断的。中国更须提出税则问题，使之同时解决。要之，货币问题与经济问题，无法分离。

二十九日，张群来告，蒋委员长问先生愿否担任重庆市长，已代推辞。

三十日，（一）奉蒋委员长通知，派往美国考察，其川旅各费，可径与孔副院长祥熙接洽。文曰："张副总裁公权兄：四月二十六日呈悉，所拟出国研究方案，可准照办。已电孔副院长，由院派兄赴美考察，即予筹发川旅各费。希径洽为盼。中正卯卅。"侍秘第一七一九六号。（民国三十二年四月三十日，国民政府军事委员会代电）（二）伦敦《财政时报》记者斯汀 G. Stein 来谈世界战局，及中央政府必须改变政治作风。

先生日记云：

伦敦财政时报记者斯汀来午饭，述彼之观察如下：（1）联军在欧洲大陆登岸，须俟地中海肃清，及防止德国潜艇方法改进后，方能开始。（2）日本不致攻苏联，因苏联与英美之嫌隙，日本正可利用。（3）不愿造成美国利用苏联东海滨省为空军根据地之机会。（4）印度方面，难保日军不攻阿塞姆省。反攻缅甸，则因须海陆空并进，日本未必愿意耗如此兵力。（5）中国本身必须改变政治作风。西南各省与中央并不水乳交融。以往数年，因剿匪相当成功，地方安谧，建设渐见进展，人民亦趋繁庶，与中央之嫌隙，随之渐见消除。奈近以征实，农民无利可获，征兵则各省称苦，故极堪虞。

五月一日，孙鉴秋来访，谓日本决不进攻苏联，因（1）无胜利把握，（2）难保美国不利用海参崴为空军根据地。

四日，蒋委员长派人送来节敬四万元。以曾辞却一次，此次未便再辞，因照收。

十一日，熊式辉来告，将担任中央设计局秘书长。

十二日，熊式辉约陈辉德来谈目下经济问题。

先生日记云：

熊天翼兄约光甫兄来寓谈目下经济问题。光甫谓通货发行增加，势难遏止，惟有先增加运输机二十架，源源由国外运货进口，交与同业公会发售，以安人心，而平市价。一面尽速改善士兵待遇，及加强军队训练，此外实无良策。

十四日，吴开先自沪脱险来渝，往晤。据告：日人希望经过汪精卫做到：（1）使国府同意讲和；（2）吸引国府优秀军政分子；（3）增加沦陷区人民对伪政府之拥护，减少对日方之敌视。惟此三者，汪氏均不能做到，故日人对之并不热心支持。

十六日，陈辉德为美大使馆代办范宣德饯行，应邀作陪。席间范氏谓欧洲战事，将急转直下。

十七日，（一）天津电政特派员王若禧脱险抵渝，报告所见所闻。据称："上年底离津，今方抵渝。日苏间关系张弛已久。去年史太林格勒将为德军攻下时，苏方拉拢日本，因有松冈赴苏签订不侵犯条约之举。同时德方极力怂恿日本攻苏。日本持重派与海军派力阻。而苏方在史太林格勒战场渐见稳定，又复远日。在日方则以史太林格勒未下，告德不能攻苏。因此，除非日本忽然冲动冒险，否则决不攻苏。日本船只缺乏已极，观其由天津开出船只，均须结队，由护航舰保护，足见英美潜艇已予日本重大威胁。东三省缺乏工人，现由关内征去大批工人，适以冀鲁二省有灾荒，工人愿意出关。大沽港扩充已完成。北平大沽间铁路已筑双轨。北平热河承德间，铁路已通。南京伪政府国旗，原有反共二字，因日人欲敷衍苏联，已除去。"（二）孔副院长祥熙希望先生出国考察时，对于中央银行组织及战后经济建设，多为研究；并劝仍留国内主持中央银行设计委员会及中央信托局。

十八日，财政部国库司通知，拨赴美考察费美金五千元。

十九日，晤熊式辉、王世杰，得知英美政府对于同盟国家战时所受损失，战后将有救济方案提出。

二十一日，孔副院长祥熙约谈，"国际货币基金"英美两国所提方案，及财政部与杨格顾问所提对案。先生主张，对于落后国家需要经济援助，希望在国际货币会议中，有明确之规定。

二十二日，（一）参加蒋委员长官邸聚餐例会。

先生日记云：

参事室报告：罗斯福邱吉尔会议，大致除开辟第二战场外，对于远东，仅轰炸日本以作攻势模样。对于反攻缅甸，将先加紧准备。对于苏联，希望其将来参加攻日。苏联已允取消第三国际，以取悦英美，缓和世界之猜疑。蒋委员长云："苏联取消第三国际，为罗斯福外交之大成功。至开辟第二战场，并非易事。最有利之登陆地点，当为土耳其。"又云："苏联在新疆之军队，业已撤退。"

（二）蒙藏委员会吴委员长忠信来告，关于处理西藏情节。

先生日记云：

蒙藏委员会吴委员长礼卿来告：青海有三千马队入藏境后，藏方来电要求政府勿再增遣部队。蒋委员长曾招西藏驻渝代表，告以派兵理由，系（1）藏方阻挠交通；（2）勾结日本；（3）设立外务局；（4）对待政府驻藏官员，不予礼貌。如能一一改善，情势自可缓和。今日又嘱彼告知西藏代表勿受英人诱惑。

（三）王蓬来见，称日内出发视察新印公路路线，将由南疆经阿富汗至印度。

二十六日，（一）交通部职员郑方珩来告，美方管理物资，现有三个供应站。每月飞机运物资三千五百吨，其中美军用品占一千三百吨，财政部订印之钞票占五百吨。（二）近来籼米价，每新斗涨至一百六十四元（每老担合新担两担七，即每老担籼米涨至四千四百二十八元，去年阴历年底为一千二百元），因此平价米由每斗五十元，提至六十元。先生深虑物价如此日涨，前途困难，真不知如何克服。

二十七日，经济部翁部长文灏约晚饭，出示工业计划纲领。

先生日记云：

翁咏霓兄约晚饭，出示"工业计划会议"决定之战后工业建设计划纲领。彼意将来国营与民营同时并进，不必多作原则上之争论。故资源委员会与管理民营事业之工矿调整处，将来同时存在，分别主持。

二十八日，黔桂铁路局侯局长家源来告，铁路已通至贵州独山。

三十日，英大使馆财政参赞霍伯器，与汇丰银行代表某某来见。

先生日记云：

两人均曾任平准基金委员会英方代表。霍谓日本必死守中国沿海口岸，以防英美军队登陆。即令其海军悉被英美击毁，亦不肯自动退出。某则谓英国必先打通缅甸。

六月一日，政府发行胜利公债三十亿元。

十三日，蒋委员长约午餐，并询出国计划。

先生日记云：

中午，蒋委员长约午饭，在坐有顾孟余、陈布雷、蒋纬国诸位。饭后，委员长询及出国计划。答以到美后，拟稍休息，同时先研究最近世界经济思潮，然后照经济交通两部委托调查各节，分别接洽。惟今后各国民间前来中国投资，亟欲明了中国政府之方针，例如能否在中国设厂营业，及参加各项事业之股份，有无限制。委员长继提及欲余研究国际金融，例如货币问题，与银行制度问题。并谓有信介绍美国当局。最后余报告发起组织企业联合公司经过，渠云可以进行。

二十五日，赴成都，参观沿公路工厂，晚宿内江。

二十六日，抵成都，宿华西大学。

二十八日，（一）上午参加华西坝五大学联合毕业典礼，代表华西大学致词。（二）下午参加华西大学同学会欢迎本届毕业同学茶会。（三）应邀参加“东西文化学社”，罗忠恕、钱穆、倪青原、何文俊等晚宴。

三十日，（一）上午参观华西坝燕京大学及华西大学理学院。（二）下午参加华西大学“稻麦改进计划”，与农业改进所讨论合作计划条件。（三）傍晚赴布克教授 John Lossing Buck 茶会。

七月一日，下午四时出席华西大学教职员茶会，讨论大学兴革事宜。

二日，离成都，晚宿五通桥。

三日，参观资源委员会犍为炼油厂、永利化学工业厂、制硷厂。晚宿内江。

四日，参观中国银行内江制糖厂。晚宿泸县。

五日，参观泸州电信机件修理厂、第三十三兵工厂之化学工业部门、光大磁厂及板车厂。

六日，返重庆。

十日，（一）工业联合公司举行创立会。

先生日记云：

> 三个月来，与各方洽商之工业联合公司（原名企业联合公司），渐见端倪。本日下午三时，开创立会，选举董事监事如下：董事长，卢作孚；常务董事，戴自牧、齐云青、王振宇、刘国钧、徐济甫、吴健陶；董事，徐仲宣、沈熙瑞、沈铭盘、薛次莘、蔡承新、何淬廉、顾吉生、何北衡；监事，钱祖龄、徐国懋、孔士谔。

（二）交通部交代手续完竣，在政绩交代表上，与新任曾部长养甫及党政考核委员会沈主任委员鸿烈共同签字盖章。

十五日，王卓然、黄炎培来告，盛世才将判决杜重远死刑，或无期徒刑，意在置之死地。

十六日，教育部陈部长立夫来访，发表有关金融及实业意见。

先生日记云：

> 陈立夫先生来晤，发表有关金融实业意见：（1）金融机构须与政治机构配合，应以县银行为发展单位，中、中、交、农四银行设立分行，应以专员区为止。（2）凡人民不能举办，或

无力举办之工业，由国家经营。(3) 资本节制问题，主张用间接方法节制。

十七日，晚间出席“水峰社”社友欢送会

先生日记云：

出席“水峰社”社友举行之欢送会。计到戴志骞、刘攻芸、霍亚民、何墨林、沈熙瑞、徐广迟、蔡承新、陈庸孙、林旭如、陈隽人、祝仰辰、张禹九、张肖梅等十三人。回忆十二年前，余以改进中国银行，罗致一般新人，为切磋琢磨起见，组织此社，无社章，仅标出“高”、“洁”、“坚”三字为共同信念。今余虽不在中行，而社友均能卓然自立。是晚各人述其感想，甚有兴趣，实为足资纪念之一晚。森哥（君劢）亦被邀参加。渠谓余之性格为人所不知者，(1) 智识广博，(2) 洞察事物，(3) 毅力坚忍。渠复用英文三字加以诠释：(1) Comprehensive，(2) Penetrating，(3) Perseverance 。

十八日，璧还中国银行所送程仪。

先生日记云：

往晤卞白眉兄，托其退回中国银行总管理处所致程仪美金五千元。因无工作可为中国银行尽力，未敢收受。

二十四日，旅渝中国银行旧同事为先生祖饯。列席者有周询（宜甫），前重庆分行经理，时年七十三岁；宋汉章，总经理，时年七十一岁；许伯明，前南京分行经理，时年六十七岁；徐鼎年（青甫），前杭州分行副经理，时年六十五岁；陈其采（蔼士），前总文书，时年六十三岁；汪振声（楞伯），前总稽核，时年六十岁；卞寿孙（白眉），副总经理，时年五十九岁；黄伯权，新加坡分行经理，时年五十八岁。尚有其他中年同事多人在座。

二十五日，中央设计局秘书长熊式辉来商，由美运入黄金之用法。

先生日记云：

熊天翼兄来谈，美政府已允在美援五亿美元内划出二亿美

元，购买黄金运华，特来商讨如何使用。余主张不以货币为对象，即不赞成用作收回法币。应以物资为对象，即以之为保证，而发行一种证券，收购物资。一面设立基金保管委员会，以社会公团代表为委员。一面设立物资局，专任照市价收购物资。如黄金价涨，可多购物资。政府既把握多量物资，即可稳定物价。如但用以收回法币，则法币在市面流通已经太多，势将有利于操纵法币者。

按美国经援五亿美元协定，于一九四二年三月二十一日签字。其拨付日期与款额及用途如下：

（1）1942 年 4 月 15 日	2 亿美元	美金储蓄券基金
（2）1943 年 2 月 1 日	2000 万美元	购买黄金
（3）1943 年 3 月 2 日	2000 万美元	购印法币券料
（4）1944 年 10 月 13 日	2000 万美元	购买黄金
（5）1945 年 5 月 22 日	6000 万美元	购买黄金
（6）1945 年 6 月 12 日	6000 万美元	购买黄金
（7）1945 年 7 月 18 日	1000 万美元	购买布匹
（8）1945 年 7 月 27 日	6000 万美元	购买黄金
（9）1945 年 8 月 3 日	3500 万美元	购印法币钞券
（10）1946 年 2 月 7 日	150 万美元	购买布匹
（11）1946 年 3 月 13 日	1350 万美元	购买棉花

根据上表，一九四三年至一九四五年间，购买黄金共支二亿二千万美元。

二十八日，民生实业公司经理魏文瀚来谈，请先生与美国商订造船计划。据称："中国原有造船设备，只有三万吨能力。香港船坞有八九万吨能力。此时应向美国商订造船只一百五十万吨，分期交船，一面补充本国造船设备。则十年之内，中国不难有五百万吨船只。又美国希奇孙船厂派来技师观测川江水运，认为若船只构造，略加改良，可航深水三百尺。其方法将船头改为圆式，加推进机，再加拨水机，并可改用煤气，如此亦可夜间航行。同时上游下来货物，可仿羊皮筏式，用木制筏。”

八月一日，国民政府主席林森卒。

三日，决定所藏书籍出让与上海商业储蓄银行。

先生日记云：

晤光甫见，允照其意，将所藏书籍让与上海银行，其价值随后再定，以之补充余之留美费用。渠谈美财部已同意中国政府之请求，取消平衡基金委员会，并嘱美方代表辞职。

四日，熊式辉来告，蒋委员长嘱其起草黄金物资证券办法。并称蒋委员长决定自兼国民政府主席；明年双十节召开国民大会，宣布宪法。

五日，（一）蒋委员长约见，询问黄金用途。

先生日记云：

蒋委员长约见，告我如旅费不济，可随时请拨，已备介绍美财长摩根韬，及密电码一本，嘱早日启程。关于研究事项，除上次所嘱之银行制度、货币问题外，又加上国际贸易，及工业建设。复询及出国为期若干时。告以约需一年，如须延长，当再请示。最后问我黄金用途。当答以应以物资为对象，发行物资证券，照黄金市价，以货物掉换证券。证券有期限，付利息，应设基金保管委员会，以中外银行代表组织之。并令商家组织物产公司，劝其收受证券。如是可保证券流通，且可吸收游资。因又提及平衡基金委员会取消，甚为可惜。盖中英美合作机构存在，有利于来日之财政金融处理。随即建议现在补救办法，只有邀请英美银行家加入黄金证券基金保管委员会。至工业建设，必须吸收外资。将来规定外人投资，限制不可过于严格。同时须奖励国民兴办工业，予以补助。

（二）熊式辉来寓，会同商拟黄金物资证券办法。

七日，与经济部翁部长文灏谈吸收外资方针。翁氏意见如下：（1）石油工业可以允许外资参加，但产品须由政府专卖。

（2）普通工业，中外合办，外资不应超过百分之五十，但如政府特许，不在此例。（3）国际贸易，除少数主要物品外，应一律自由。

十日，孔副院长祥熙来晤，送来考察费美金五千元。又交阅熊式辉所拟呈委员长之黄金物资证券办法，及财政部所拟之中央银行发售黄金存单，搭购物资办法。并询问意见。当告以主张采用黄金物资证券办法。

十一日，（一）遵蒋委员长嘱，访晤陶希圣谈交通建设。

先生日记云：

往晤陶希圣兄，因委员长开出题目，交渠与我讨论：（1）铁路建设——当告以余拟有建设计划，主张吸收外资，可仿照浙赣铁路成例办理。（2）航运建设——余意须先定内河航行权是否收回，此一前提决定后，再商外人在华已有产业如何处置。（3）航空建设——余意中国航空公司之中美合作办法，恐须继续。至应否再与英苏合办航线，须由政府决定方针。（4）商约修订——余意主要问题为外商之营业居住权，须详加研究。

（二）陈布雷送来蒋委员长致美财长摩根韬介绍信及密电本。

十八日，卢作孚来谈，据告经济部翁部长文灏认为"工业联合公司"章程，对于业务方面，似太空泛。

先生日记云：

作孚兄来告，渠适与翁咏霓兄晤面，谈及余提倡之"工业联合公司"，渠意所订章程，对于业务方面，似太空泛，资金方面，又恐不易招集巨数。且欲与美方合作，又须有地位之工业参加。故作孚意主张先事准备，俟余抵美后，看情形再行开始。

二十日，约刘鸿生、吴蕴初、刘汉堃、章剑慧、卢作孚、何廉谈"工业联合公司"事。

先生日记云：

日前与作孚兄谈后，今日约刘鸿生、吴蕴初、刘汉堃、章剑慧诸君，及作孚与淬廉两兄作一讨论。刘鸿生君主张各公司单独委托，不必作为股东，较更有力。因前数次会谈中，有人提议各工厂认股后，将股款仍存在认股之工厂，无异虚股，俾易凑集。

二十一日，约加拿大公使欧德伦 General Aldum 午饭。

欧氏观察欧洲战事，明年可见分晓，日本战事恐尚需二年，方可结束。对于中国长期建设，应注重交通、卫生、重工业与教育四大端。须有一“二十年之长期计划”。

九月一日，“工业联合公司”开发起人会。公推吴蕴初、余名钰、卢作孚、何廉、王志莘、王振芳、章剑慧为业务筹备员。其余到场各人，均为筹备员。已认股本计法币六千万元。

二日，访杜月笙，谢其所馈程仪，合美金五千元。

三日，离重庆，飞抵加尔各答。

先生日记云：

清晨到机场，七时半启飞，十时抵昆明，下午二时抵定疆。周贤颂来机场报告：中航运输机有二十五架，每月运货一千一百吨；美军有四百五十架（?），月运四千七百吨。运货次序，先运航空器材四千吨，次运飞机及汽车用油。六时抵加尔各答。总领事保君健、西南运输处代表陈质平、中央信托局代表沈祖同、中国银行经理潘祥河等来接。宿大东旅馆。

四日，往访总领事保君健。据告：英方对我国态度，在非洲战事吃紧时最好。去年渐形冷淡，近又恢复原状。西藏交涉，毫无进步。商货虽可运入，但须经印度政府许可。

五日，（一）听取驻加尔各达政府人员报告。

先生日记云：

陈质平兄来云，自美运来物资，均交美军。王慎名兄来告，每月运到国外物资约五百吨，中国所得约五分之一，但均交美军集中于新德里之美军供应部。中航公司有运输机二十三架，美军有运输机八十余架。此与周贤颂所告数目略有不同。并云运量甚差。陈质平又告，在缅中国军队有三万人，百分之二十患脚气及疟疾。美人直接管理，中国参谋长不能全权指挥。

（二）仰光省长患病，特派代表前来致意。

六日，与仰光准备银行经理谈印度金融经济。

先生日记云：

仰光省长代表白鲁恩 Pridean Brune 请晚饭，座中有仰光准备银行经理（英人），渠提及不久印度金融实权，将操于印度资本家如大达 Tata、毕拿 Bela 等五家之手。战后印度若得自治，必将提高关税，排斥外货。印度所产纱布，若能保持南洋与非洲市场，可不致过剩。印度农民遇丰收年份，多以产品易取手饰，与消耗品。往往预售产品于商家，故农民鲜有节储。

七日，（一）参观克尔文麻织厂 Kelvin Jute Mill 织造军用麻袋部门。（二）凯璧妥尔 *Capital* 报记者戴森 Taison 约午饭。据告："战后印度为保护战时增建之工厂起见，将大增关税。英人所营轻工业，将逐步移转于印度人。精细工业将仍由英人保留。印度人排外之心甚烈，英人投资将逐年减少或逐渐移转。"

八日，（一）参观克尔文麻织厂织造民用品部门。（二）晚乘火车赴大吉岭。

九日，抵大吉岭。

先生日记云：

晨六时四十分抵西里古芮 Siliguri，驻大吉岭之副行政官到站迎接。随有大吉岭华侨钟达夫 Tenduf Lee 备车来接，于十时半驶抵大吉岭。有当地警察所副所长及侨民代表来晤，往山岭饭店 Hotel Mount 。前中航公司职员丁武如在此经商，与钟达夫同来旅馆，询知钟之祖父在锡金经商，渠本人娶锡金女子，其妻父在西藏曾任要职。

十日，（一）上午出席中华会馆欢迎会。（二）下午侨民钟达夫妻舅 Landen Lee 邀请茶会。（三）晚侨民钟达夫请在家中食西藏菜。藏人以面为餐中上品。

十一日，（一）离大吉岭，抵加仑堡（葛仑铺）。

先生日记云：

上午九时自大吉岭出发，十一时抵葛仑铺 Kalingpan。当地商人五家及中国银行经理来接。据一商人云：春初曾向英政府官员申请允许经西藏运至中国棉纱一千包（每包四百磅），只核准二百包。二月中，西藏政府曾禁止货物内运。五月间开放，但须交与西藏商号邦达昌代运。又一商人云，渠以护运商货名义，请准予入藏，而英政府官员答复须问西藏政府。至今未见答复。据各商号估计，藏境内可集骡、马、牛五万头。骡马每头可负载一百六十磅，牛每头可负载四百磅。假定每头平均载二百磅，总计亦不过载运四千吨左右。现邦达昌规定自加仑堡（葛仑铺）至康定需七个月；至拉萨须一个月，每年可走二次。藏商运货至拉萨，毋须出口证。云南商人均先将货运至拉萨，再转运云南之丽江。现因货多，牲口少，而西藏币跌价，故运费日贵。照此情形，即使藏方允我经藏运货至云南或四川，而数量既微，时间又长，实无多大裨益也。

（二）离加仑堡（葛仑铺），抵刚渡。

先生日记云：

下午三时乘汽车，自葛仑铺出发，沿途山塌，七时半始到刚渡（甘笃克）Gantok，此为印度政府所派之政治专员官署所在地。政治专员高尔德 Sir Basil Gauld 曾在波斯供职，来此已八年，研究西藏语文，著有藏语书籍二本。晚饭后，谈及西藏问题，询其将来交通能否用飞机往来。渠谓西藏山高，均在二万余尺以上，不特航行不便，且无平地建筑机场。次谈能否建筑公路，行驶汽车，渠云沿途均系沙漠，汽车引擎易于积塞灰沙。再谈能否建筑铁路。渠云如此高原，工程艰难。照渠看来，新式交通，几无一可以应用。我乃问其若无新式交通工具，如何开发西藏。渠云藏人对于现状，并无不满，何必多所建设。各民族之欲望既异，不必强之使同。西藏应令其自治。至目前运输问题，可交西藏商人承运，不必有藏人以外之人入藏。因一人入藏，他人必相率要求前往。故英印两国人民均不许入藏，并非偏苛华人。有一次，有一英人入藏，引起藏民恶感，从此英人自动停止入藏，所以顺从藏人之所好也。至任何外国人赴藏游历，均须得藏方当局之许可。此一席谈话，乃恍然知英人始终欲西藏成为封锁独立地区，成为中印苏之缓冲地带，无丝毫开发西藏之意向。开发愈迟，愈利于印度局势。吾人在国内种种策划，均非英人所愿也。

十二日，（一）参观刚渡喇嘛寺及市集。（二）参加刚渡政治专员酒会。（三）晤不丹驻印度专员。

先生日记云：

刚渡土司郎果尔 Maharaja Sir Laohi Namgol 派车接至官邸，略为寒暄，即由其子陪同参观其私邸与喇嘛寺。又同至市集，见有藏人、锡金人、不丹人、尼泊尔人、印度人，荟萃于市。下午政治专员在其官邸，举行酒会。适有不丹之驻印专员自葛仑铺来，亦寓于此。据告不丹只有土司，并无元首，英国亦无代表驻不丹。所有不丹政务，均由锡金主持。晚间同席晚饭，渠告我不丹至刚渡距离不远，因无公路，须步行十五日。可见英人不愿在藏印边境有便利之交通，以免多生事故。

十三日，离刚渡，抵西里古芮 Siliguri。

十四日，返抵加尔各答。

十五日，（一）参观加尔各答大学。（二）与大达公司总理谈战后中印工商业合作。

先生日记云：

大达 Tata 公司总理大达 J. R. D. Tata 及其董事德拉尔 Ardisbor Dalal 来访，谈及：（1）战后印度工业必须由政府设法保护。

(2) 印度无力投资国外，只可出售旧机器。(3) 照印度经验，外人投资不可超过百分之五十。(4) 战后中印两国可合组一公司，谋工商业之合作。

十七日，访自美返华途经印度之美大使高斯 Clarence Gauss 。告以将赴美考察。渠允即电美国务院东方司副司长范宣德照料一切；并谓美国实业家对于战后在中国投资，尚不感兴趣。

十八日，自加尔各达飞抵喀拉蚩。

二十三日，自喀拉蚩经亚丁 Aden，飞抵喀土穆 Khartoum，宿夜。

先生日记云：

在喀拉蚩待机四日，今晨有四引擎之大客机可乘。五时到机场，六时半启飞，十时一刻已越海至非洲境，停亚丁一小时，续飞。下午三点四十五分抵喀土穆。战争开始后，泛美航空公司在此新建有航站，有营房，有水电。在此停留至晚，知所乘客机将飞阿拉伯，接该国皇子赴美，须另换 DC3 较小之飞机。

二十四日，自喀土穆飞抵麦德古芮 Muidguri，续飞抵喀罗 Kano，宿夜。

先生日记云：

天明接通知，飞机将于清晨七时启飞，须按时上机。乃起飞后，因引擎略有损坏，不及二小时折返修理。十时一刻续飞，十二时至麦德古芮，停二小时，再修理引擎，下午二时启飞，七时一刻到奈及利亚 Nigeria 之喀罗 Kano，夜宿营房。

二十五日，飞经非洲西岸最后一站亚克莱 Accra，当夜飞越大西洋。

二十六日，飞抵巴西之纳塔耳 Natal，在此宿夜。

二十七日，飞抵巴西之比仑姆 Belem，在此宿夜。

二十八日，飞抵美国佛罗里达州之迈亚米 Miami，住罗耶卜拉沙旅馆 Hotel Royal Plaza 。

十月二日，由迈亚米乘火车赴纽约。

三日，抵纽约。正值全美棒球大比赛，纽市各旅馆悉告客满。乃移住康州格林威琪镇 Greenwich，Connecticut 之康德旅社 Kent House 。

七日，赴纽约，与李铭谈发展工业计划。

先生日记云：

> 在纽约与李馥荪兄详谈发展工业计划。并约新加坡华侨银行董事长李光前及云南富滇新银行董事长缪云台同谈。

八日，安诺德 Julius Arnold 来谈，美方工商业家将有“中美实业协会”之组织。

先生日记云：

> 前驻华美国使馆任商务参赞之安诺德来谈，美方工商业家已决定组织“中美实业协会”China American Council of Trade and Industry，主要目的为发展战后中美经济，欲余帮忙，当允之，并告我方亦将有具体组织，以发展中国工业。

十日，（一）蒋委员长就国民政府主席职。（二）访李煜瀛与张人杰，长谈，同进午饭。（三）美国际情报组副秘书金白利 Kimberly 来访。

十一日，（一）夏鹏偕德士古油公司经理莫费特 James Moffett 及克莱斯勒 Chrysler 汽车公司经理巴克斯达 William J. Baxter 来访。（二）前德国达姆斯德特银行总经理高尔德施密特 Goldschmidt 来访。

先生日记云：

> 前德国五大商业银行之一之达姆斯德特银行总经理高尔德施密特来访。余于一九三〇年改造中国银行，访问德国时，拟请外汇专家帮助建立外汇部，渠即以该行之外汇部副主任借我。中行之外汇业务组织，得其助力甚多。渠本人为纳粹党排斥，不得不避居美国，经营商业。闻之叹息。

十二日，（一）“中美实业协会”请午餐。（二）下午赴华盛顿，晚访居里 Lauchlin Currie 长谈。

先生日记云：

中美实业协会请午餐，餐后，乘火车赴华府，寓霄汉旅馆 Shoreham Hotel。当晚往访曾代表罗斯福总统来华之总统助理居里，告以此行专为蒋主席所嘱研究之问题，从事考察研究：(1) 战后中国所应采之经济政策。(2) 工业化问题，着重鼓励私人企业，促进私人企业组织之革新，及人才之培养，俾政府机关亦随之企业化。(3) 改进中美关系，使两国间建立更深厚之友谊，在各方面相互合作。(4) 技术教育方面，希望美国切实协助，以补中国教育之不足。居里答谓所提问题，均属切要，当尽力相助。并告摩根韬财长及怀德 Harry D. White 司长适不在华府，须三星期后方归。容俟归来后，代为约见。

十三日，德士古油公司驻华府代表尼菲芮 Phil Lefevre、美国战时经济部采购组主任施劳特 Charles Slaughter 与其后任麦克多米特 McDermitt，先后来晤。

十四日，美国务院东方司副司长范宣德来访。当将此来任务告之（与告居里者同）。渠称赫尔国务卿适赴苏联，俟其返美后，再为约见。

十五日，（一）访苏联驻美大使葛罗米柯 Andrei Gromyko 。（二）访美国进出口银行总经理庇尔逊 Warren Pearson 。（三）美国务院主管国际文化关系专员裴克 Willys R. Peck 来访，长谈。

按裴克曾任美国驻北京公使馆及驻南京大使馆汉文参赞多年，擅长中国语文。开罗会议三巨头谈话时，充罗斯福总统之中文传译。

十六日，（一）访美国商务部部长琼斯 Jesse Jones。

先生日记云：

告以此来任务，并告以我国政府注意战后国际贸易之发展，与战后美国之剩余工业设备，拟逐步与进出口银行总经理庇尔逊接洽。渠答云，此系双方有利之问题，尽可与庇尔逊开始商讨。

（二）德士古油公司代表尼菲芮来谈，中国战后对于油料问题之政策。(三) 魏道明大使来告，最近定疆昆明间行驶之运输机为敌机系毁七架。

十七日，(一) 访居里，询问美国外交方针。

先生日记云：

(1) 问美国战后是否重建国联。渠云，多数人不主张有一世界机构，而愿有多数国际合作机构。(2) 问美苏关系如何。渠云，美倾向与苏联协调，且愿见中苏合作。(3) 问美国对外如何援助。渠云，将限于救济性之帮助，以少数必需品为限。此外将需现款购买。中国不可希望再有五亿美元类似之美援。(4) 问对滇缅铁路建筑，能否继续帮助。渠云，滇缅铁路离海岸较远，为中国计，应先恢复沦陷区铁路。

(二) 卫利韩 William Hunt 来谈。

按卫利韩系代招商局管理财产之美人。据称渠正与美国海轮委员会 Maritime Commission 接洽，准许总统号轮船公司，由中国政府参加百分之四十股份，俾中国战后有船只行驶远洋及沿海。美国海轮委员会对于原则，表示同意。

十九日，(一) 约史特莱 Eugene Staly 教授晤谈，拟聘其任顾问。

按史特莱系波士顿特佛特大学佛来邱学院经济学教授 Professor of Economics, Fletcher School, Tuft University。现任美国救济总署顾问。系由前天津南开大学教授方显廷所介绍。先生拟请其担任顾问二年，照其现在年薪七千九百元致酬。渠允考虑。

(二) 上海纺织业代表张文潜来告美国纱厂现状。据称："美国纱厂拥有纱锭一千九百万枚，不特全部开工，且加工百分之四十。纺机与织机，百分之六十已换新机。纺织机制造厂已接受战后二年间纺织机之定货。"(三) 参观美国国会图书馆。(四) 魏道明大使邀晚饭，并介绍美国副总统华莱士 Henry A Wallace，及参议院外交委员会主席布伦姆 Leon Blum 。

二十日，(一) 前美国驻华使馆商务参赞室职员施密斯 Viola Smith 女士来访。(二) 由方显廷陪往布鲁金研究院 Brookings Institution，访晤院长摩尔顿 Harold G. Moulton 博士，并向商借办公室一间，承允照办。

按布鲁金研究院系纯学术研究机关，着重研究政府组织及经济活动各问题，成立于一九二七年，曾发表不少有价值之专题研究论文。摩尔顿博士系银行货币学权威。

二十一日，离华盛顿，返纽约。

二十二日，（一）约美国进出口银行总经理庇尔逊同进早餐。托其介绍二人：一为研究工业化进行办法；一为调查战后美国剩余之工厂及设备如何可以利用。（二）胡适来访，同进午餐，晚间又来长谈中美关系。（三）赴华昌公司总经理李国钦晚宴，晤美国实业界重要人士五十余人，由庇尔逊致词介绍先生行谊。

二十三日，《幸福》杂志 *The Fortune Magazine* 编辑莫诺尔 H. Mouror 来访。

按先生所撰《中国铁路建设之奋斗》（*China's Struggle for Railway Development*）一书，由其摘要，在《幸福》杂志发表。

二十四日，所雇之英文秘书高尔德夫人 Mrs. Gould 到职。其夫君曾任上海英文《大美晚报》主笔。

二十五日，（一）访纽约大通银行 Chase Bank 董事长奥尔芮奇 Winthrop W. Aldrich，并参观该行。该行系美国第三位最大银行。（二）访太平洋联合铁路公司 Union Pacific Railway 董事长查尔斯克 F. W. Charske。

按查氏任职该公司已四十二年，公司拥有铁路线九千余公里，每年收入约十亿美元。

（三）泛美航空公司 Pan American World Airway 总经理储芮卜 J. T. Trippe 邀请午饭。在座有该公副总经理四人及总稽核一人。对于战后中国如何发展航空，及中国航空公司如何与之合作，约定隔日详细讨论。

二十六日，《时代》杂志 *Time*, The Weekly Newsmagazine 主人亨利·鲁斯 Henry R. Luce 设晚宴招待。

先生日记云：

时代杂志主人亨利·鲁斯请晚饭，偕其公子来接至华尔道夫旅馆 Waldorf Astoria。共设八桌，约有客人八十余位，均系美国工商金融界巨子。由其女弟莫尔夫人 Mrs. Maurice Moore 代作女主人。客人中有共和党总统候选人威尔基之夫人、造船大王亨利·凯撒 Henry J. Kaiser，摩根银公司之重要股东拉曼德 Thomas W. Lamont 等。先由主人发言，介绍余之履历事业。余致谢词，赞扬其发行杂志之成功，及其杂志受中国读者之欢迎。希望其今后对于中国建设，予以提倡。次由亨利·凯撒演说，谓战时，美国生产大为增加。妇女工人在战后约占百分之四十八，将继续予以工作。加上军人自战场归来，就业人数更加增加。则生产力自必随之扩大。如何增加就业机会，实为美国战后之一大问题。惟有向外国发展，方可解决，中国当然在内。嗣由拉曼德演说，略谓战前美国国外投资，偏向欧洲，今后将注意远东。不过远东各国能否吸引美国投资，全视其政治状况为转移。晚餐自七时开始，至十二时半方散。

二十七日，（一）约美国制造业协会 National Association of Manufacturers 秘书沙进特 Noel Sargent 晤谈，询该会组织及今后政策。（二）美孚油公司总经理白克尔 Philo Parker 约午餐。

二十八日，（一）参观美国制造业协会，并与该会研究室主任纪白赫德 John C. Gebhart 长谈，收集各项资料。（二）摩根银公司财东拉曼德约午餐，同席有其同事，及英国出席万国商会代表安德生 Anderson。（三）美国国际电报电话公司 International Telephone and Telegraph Co. 顾问毕尔 Louis Beale 来访，表示愿尽义务帮忙。先生请其代为研究国际贸易政策。

二十九日，（一）赴花旗银行董事长及总经理午宴。（二）专栏评论记者索柯斯基 George Sokolsky 来访，询问中国近况，并述美国对中国舆论。

按索氏曾在上海《字林西报》任主笔，现在《纽约太阳日报》

写专栏评论。

（三）赴美国无线电公司 Radio Corporation of America 总经理晚宴。

先生日记云：

主人谈及资源委员会提议与该公司合作，询余意见。余答以最好由美国有力之工商团体组织一考察团赴华，与我国政府机关首长交换意见，然后由各单位自行决定进行方针。

十一月一日，（一）赴化学银行 Chemical Bank（按该行现在台北设有分行，称华友银行）总经理午宴。（二）美军部情报室及宣传室分别派员前来询问，中国各铁路之重要桥梁及交叉点。（三）李铭约北美转保险公司 North American Reinsurance Corporation 总经理及其纽约经理，来谈战后中美保险事业合作问题。（四）胡适来长谈。

二日，晚乘火车赴加拿大之多仑多 Toronto。

三日，（一）晨抵多仑多，皮邱博士及夫人来接。（二）赴贸易银公司 Traders Finance Corporation 总经理米恩 Arthur Meighen 与蒙特娄银行 Bank of Montreal 副总经理麦法德 W. T. A. MacFadyer 联合午宴。

先生日记云：

主客二十余人，英格里斯公司 John Inglis Co. 主人韩恩 J. E Hahn 在座；散席后，约往其工厂参观。该厂制造柴油引擎及涡轮，兼造军舰内部各项机械及设备。

四日，出席华西大学基金董事会。

先生日记云：

华西大学基金董事会上午开会，对于国内青年团要求在学校内建筑办公室，提出反对，怀疑政府是否尊重基督教大学。余建议先询问我政府对于此事之态度。下午继续开会，余报告华西近况，一致表示满意。余提议华西大学各教会所有之房产，应统一管理，及每年应选派教授出国进修。以上二事，董事会允予考虑。晚董事会主席请晚饭。席间，主席演说，赞扬皮邱博士之功绩，应由董事会表示感谢，一致通过。嗣映演皮邱博士携来华西全校及风景电影片。并有董事迪克尔演讲《基督教在中国》。

五日，（一）继续出席华西大学董事会。

先生日记云：

竟日继续开会。董事威尔齐主教 Bishop Herbert Welch 辞职，公推董事会书记阿尔纳卜博士 Dr. Jesse H. Arnup 继任。晨间此地麦克理恩杂志公司 The Maclean Publishing Co. 副总经理查尔茂 Floy I. Chalmers 及总编辑欧文 W. H. Irwin 来访，表示拟派人赴中国搜集资料，以便发表论文，将中国战后建设需要，灌输于人民脑中，并希望蒋主席作一短文，在其杂志发表。散会后，往加拿大制造业协会，访晤总干事施德瑞 I. T. Sterrett，告以希望以后随时联系。随有农业机械制造公司 Massey Harris Co. 代表郎约翰 John L Long 及卫廉斯 W. S. Williams 来访，希望战后到中国设厂。

（二）午后乘火车赴底特律 Detroit。

六日，清晨抵底特律。

先生日记云：

晨七时五十分抵密歇根中央车站，有克莱斯勒汽车公司 Chrysler 派人来接。其出口部经理汤姆斯 C. B. Thomas 约至底特律俱乐部早餐。嗣到该厂新建之大卡车厂参观，巡视其装配车辆程序，及装配完毕后之试验结果，是否完全合于标准。参观毕，其总经理克勒 K. T. Keller 请午餐。谈话间，渠表示该公司无意在国外设厂，亦不拟投资国外。但愿以技术及配件帮助他国，自力设厂制造。饭后参观其研究所，研究全车所有机件与材料。渠告我此为全厂最基本之工作，根据研究所得结果，庶几可以改良品质，减轻成本，更新式样。每年研究所经费，需五百万美元。继邀至底特律俱乐部晚饭。

七日，继续参观克莱斯勒汽车厂，详询财务情形。

先生日记云：

在该厂服务之中国工程师茅松恭来见，报告该厂内容与汽车工业之前途。茅君系交通大学毕业，先在国内铁路服务，自费赴英留学，继转入美国大学。中午与该厂之财务股长哈契孙D. E. Hutchison同进午餐，详询该厂（公司）之财务情形。四时至总经理家中茶叙，长谈。知其在该厂服务已三十余年，工人出身，从下层做起。其子亦在座，年三十岁，学校毕业后，在厂服务，现已升至军用坦克厂厂长。又请晚饭。

八日，（一）继续参观克莱斯勒汽车厂之制造引擎，及汽艇与拖船部门。

先生日记云：

参观该厂之引擎制造厂，及制造小汽艇与拖船厂。经乘坐一个引擎及两个引擎之汽艇，及带拖驳与不带拖驳之快艇，均系备军队在各战场登陆之用。其中有一部分系为缅甸伊拉瓦底江航行之用。此类小汽船，将来可以适用于黄河及长江上游。

（二）下午五时乘火车返纽约。

九日，（一）晨抵纽约。（二）晚索柯斯基George Sokolsky请晚饭。

先生日记云：

索柯斯基请晚饭，有前总统胡佛在座。渠意战后中国须有一强有力之〔中央〕政府维持秩序与安宁。经济建设首须注重交通，应先造公路，因成本较铁路为轻。次则须输入农产种子，改良品种。渠年近七十有四，而精力尚强，所言均极扼要。

十日，参加美国政治学会American Political Science Association年会及晚餐。

十一日，（一）西联West Union电报公司总经理威廉斯Williams请午餐。（二）美国机车公司American Locomotive Co. 总经理迪寇曼Dickerman来访。

十二日，华美协进社请午餐，并演说。

十三日，（一）居里偕其友洛德迈亚 Rodmyer 来晤，共进早餐。据告：罗斯福总统出游，约两星期后返美，大致与史太林晤面；如欲访国务卿及财政部长，不妨稍缓到华府。（二）访亨利·鲁斯，谢其款待盛意。

先生日记云：

> 鲁斯询余，其杂志文字如何，是否于中国有益。有时不能不有所批评，如何方不致引起中国政府之误会。当告以如有必要，当随时贡献意见，以供参考。

（三）美国纽约联邦准备银行研究室研究员塔马咯莱 Frank M. Tamagna 来访，长谈。

先生日记云：

> 塔君深以中国要求美国在美援五亿美元中，提用二亿美元购买黄金一举，殊失计较。渠谓出售黄金，并不能阻止通货膨胀，徒然消耗有用之黄金。而使战后建设，少此一笔资金。并云现在美国政府须还中国政府所垫军事用款之法币，每月等值美金一千万元，日积月累，其数可观。中国在美国之存款，连同未运之黄金，实达八亿美元。其中商业银行与个人之存款约有七千万美元。渠系义大利人，原在义大利银行服务，来美后，入耶鲁大学研究。曾赴中国研究中国金融组织，著有《中国之银行与财政》一书，一九四二年出版（*Banking and Finance in China*，1942，New York）。

十七日，居里之友，洛德迈亚介绍奥斯汀 Atwood Austin 来见。

十八日，（一）奥斯汀来见，长谈。

先生日记云：

> 与之长谈，其人常识丰富，可以帮助调查工作。商订试用一年，年薪八千美元，十二月一日，开始工作。

（二）李铭来告，美国奇异公司 General Electric Co. 有意与中国金融集团合作，组织工业投资公司。奇异公司拟任资金六成，中国方面可占四成，改组原在上海设立之慎昌贸易公司，成为中美合办。

二十二日，侯德榜送来托拟之战后化学工业建设方案。

二十三日，泛美航空公司副总经理卜莱雅 Samuel F. Pryer 请在家中晚饭。

先生日记云：

> 渠谈及渠与现任总经理储芮卜 J. T. Trippe 同年毕业于耶鲁大学。两年后，在街头相遇，互述拟做之事业，而苦无资本。嗣决定合筹少数资金，约为美金七万元左右，创办纽约至波士顿之航线，略有成就。因拟添招资本，扩充营业，而股东不允。乃赴南美，经营美国与南美间航线。逐步扩展，先开太平洋航线，一九三九年，开大西洋航线。美国参战前，渠建议应从速开辟南美北非航线。今日中美交通，即基于此。嗣招英人嫉妒，建议北非航线应归军部管理，美国政府遽予同意，泛美公司遂受一重大打击。现在美国有四大航空公司，其他公司要求航行海外，如获政府允许，则泛美公司必须要求行驶国内，以示同等待遇。渠意海外航线应集中于一家公司，且进一步，应联合火车、轮船，共同联系经营国外客货运输业务。如此方足以与其他各国独家经营国内外航空运输业务者，相抗衡。

二十四日，（一）赴汉诺埠银行 Central Hanover Bank and Trust Co. 午饭，与该行所介绍之美国橡胶公司 U. S. Rubber Co. 副总经理韩福瑞 Humphreys 谈美国橡胶工业情形。（二）赴阿特拉斯公司 Atlas Corporation 总经理奥德兰姆 Odlum 晚宴。奥氏系新起之投资银行家。

二十七日，租得纽约花园道 Park Avenue 二七七号公寓一间，作办公室。

二十九日，访问前美国总统胡佛于纽约华尔道夫大旅馆之顶层公寓。

先生日记云：

渠询我在美居留多久。余告以拟住至和平条约签字后为止。渠云，如此则为期甚远。渠云，据彼之意见，停战后，必须敌人之军事力量全部毁灭，而使战败国家恢复安定，恐须四五年时间。同时各大强国应领导组织一世界集团，共同作和平建设工作。但不必急急于订立和平条约。因匆促订立，将再种未来战争之种子。例如日本，必须毁灭其军阀势力，铲除人民之迷信武力。数年之后，确知其人民心理，已根本改变，方能知道如何订立和约。余询其中国军备应如何建立。渠云，中国应有防御侵略之自卫能力。至于国际军队维持世界和平之说，未可置信。盖所谓国际军队，将在各国军队之上，好似太上军队，此为美国人民所反对。如是，每一国家必须有自卫力量之武力。不过军队数目，与武器种类及数量，可由国际协商限制之。继询其日本工业，对于重工业当然不许其存在，但对于轻工业应如何限制。渠云，日本人民生活当令其维持最低限度，但不可过于宽裕。日本人民当知军阀存在之日，其负担甚重，生活从未能十分宽裕。又询其朝鲜人民若一时未能有自治之能力，而须有一过渡时期，应如何安排。渠云，恐须由国际管理，以资过渡，但反对委任统治。再询中国今后经济建设，是否应照美国之自由企业，抑采苏联式之国营企业。渠云苏联军需品，仍仰给于美国，即此一端，可以证明国营之不如民营。渠谈及中国建设民主政治，应从乡村做起，即乡村自治，民选村长。最后谈到彼之赴华原因。渠谓张燕谋（翼）拟开采金矿，询一英人应向何处取材。此英人答以最好聘用美国技师，以美人无政治彩色。嗣决定开办开滦煤矿，英工程师以渠应聘，遂自澳洲来中国，时年仅二十四岁。在华工作，约有二载。曾建议设钢铁厂，并到山西、陕西两省调查八个月，制有报告。嗣拳乱起，遂即离华。

三十日，加拿大驻纽约总领事陪同多仑多农业机器制造公司 Massey Harris Co. 代表郎约翰 John L. Lay 来谈，希望在中国推广农具。

先生日记云：

因约适在美国出席美国救济会议之邹代表秉文同谈，劝该公司可先派人至中国研究现用农具之改善，与新式农具之试用，然后介绍拖拽机。同时应与南京中央农业实验所联系，并与中国机器制造厂家合作。

十二月二日，《时代》杂志主人亨利·鲁斯约晚餐，并作长谈。

先生日记云：

亨利·鲁斯约晚饭，欲与我细谈，无外客。先以该杂志驻重庆记者寄来关于通货膨胀之报道见示，欲余读后发表意见。渠深以经济影响政治军事为虑。问我当局何以不求改善。余答以（1）在战时状况之下，不欲亦不敢多所更张；（2）用人方面，对于亲信之人，不免偏信，而惮于更易；（3）居高位之亲信部下，相互摩擦，无调和处理之方，致意见纷歧，公务丛脞，此种缺点，不容讳言。渠又云，蒋夫人在美时，美国对华舆论之好，达最高峰。但所发表之演说，理论虽似崇高，实质不免空泛。凡关心实际问题之人，咸感觉中国政府对于目前切要问题，无解决之方案，于是舆论日趋冷淡。

渠继问我对于太平洋战事之看法。余答以美国或能击破日本之海军，或能进攻日本本土，但恐日军坚守朝鲜、满洲与华北，而美国则以已遭受巨大牺牲，不愿再在中国陆地作战，则中国或须经过长期时日，付极大代价，方能将日军逐出中国大陆。倘再使日军由常德进攻长江，打通粤滇、湘桂全路，有力补给香港、安南，则驱逐占领大陆之日军，将更困难。渠深不以美海军战略为然；例如进攻 Kiska，使用二万五千人兵力登陆，结果该处并无日军一人。而最近攻占 Tarawa，则付极大代价，死伤五千余人。故渠对海军金上将 Admiral Ernest J. King 之将材，不免置疑。渠认为应采麦克阿瑟将军之战略，先攻菲律宾，再攻香港，然后由中国大陆攻击日本；且极不以美国最近乐观见解为然。又云渠之编辑部同人，均认为欧战尚有一年；欧战胜利之后，再有一年，即可结束日本战争。此皆过于乐观之见解，将日本战事看得太轻。亨利·鲁斯所谈，均表示其关怀中国之殷切。故余亦坦率以答之。

按 Kiska 岛系北太平洋阿留申群岛 Aleutian Islands 之一，美军于一九四二年六月三日对该岛发动登陆攻势，于六日占领，七日战事结束，一无所获。至 Tarawa 岛，系中太平洋吉尔柏特群岛 Gilbert Islands 之一，面积不过三百英亩，平沙一片。惟日人在岛上建有地下钢骨水泥防御堡垒四百余处，内置机关枪，及自新加坡移来之八英寸口径大炮。环岛系珊瑚礁，近岸水浅，登陆艇难以靠岸。日军于水底布满水雷，各滩头则阻以铁网，守军计四千七百人。美军海军陆战队第二师五千人，于一九四三年十一月二十日，发动登陆攻势。由于所用地图及所得情报，均欠正确，致进攻时登陆艇搁浅，士兵涉水前进，日军在岛上以机关枪扫射，美军死伤官兵一千五百余人。次日后备队续进，又死伤三百四十四人。战事于二十四日结束，美方海军陆战队死九百八十五人，二千一百九十三人受伤。日方被俘人数为一百人，惟其中仅十七人为兵士，其余非阵亡，即自杀。在美国第二次世界大战战役中，Tarawa 一役，若按照使用军队人数之伤亡率而判断战果，斯役所付代价，实属奇高，故亨利·鲁斯特慨乎言之。

三日，（一）伯斯利罕 Bethlehem 钢铁公司总理葛芮斯 Eugene G. Grace 约午餐，谈新旧钢轨、钢车及造船各问题。

先生日记云：

余询其新旧钢轨之比较。渠答宁愿买新轨。又问新旧机车之比较。渠答，如有熟谙机务者，不妨比较价格；如旧机车便宜，可以购用。又询其战后美国自由轮 Liberty Ship 太多，势将拆售，可否以材料重造小船。渠答，不合算，因小船钢板价较廉之故。

（二）美国航业协会 American Maritime Association 会长阿戴孙

John Atterson 来谈中国战后航业方针。阿氏主张中国可购自由轮，因售价必廉。虽航行速率较缓，好在中国船员工资便宜，可以相抵。

四日，（一）约奥斯汀与洛德迈亚讨论，如何指示加拿大制造厂赴华工作方针。

先生日记云：

> 约奥斯汀与洛德迈亚二人共同商讨，对于加拿大农具制造之 Massey Harris 及制造引擎之 John Inglis，如愿赴华设厂，应如何与以指示。彼等认为轻拖拽车 Tractor，必须在中国农村推广，因可利用其动力作种种用途，如运输、榨油、斩树、挖泥等，应帮助其在中国设厂。但亦不必专让一家前往经营，可多约几家分区经营，鼓励彼等竞争。至英格里斯厂，可请其拟一中国经济建设计划。

（二）全球无线电公司 Globe Wireless 总理高福曼 Kauffman 来谈，战后拟赴中国设厂制造无线电机。

按该公司股东为：（1）美国无线电公司 RCA，（2）国际电报电话公司 ITT，（3）国际果品公司 International Fruit Corporation，（4）大莱轮船公司 Dollar Company，及芝加哥论坛报 *Chicago Tribune*。

六日，（一）美国战事情报局 OWI 派人来询钱塘江大桥情形，为将来轰炸之参考。（二）美国（国外）电力公司 American and Foreign Power Co. 高级职员约午饭，并询中国政府对于上海电力公司之方针。

先生日记云：

> 美国电力公司副总经理罗伯森 W. S. Robertson 约与其总经理柯尔德 C. Calder 及高级职员同进午餐。询及我国政府战后对于上海电力公司之方针。因该公司为美国电力公司之子公司。柯尔德复提及美国战后不能大量投资国外，希望我政府注意。座中尚有凯摩尔 E. W. Kemmerer 及赫丁格 Albert John Hattinger Jr. 两位名教授，亦颇同意其说。

按凯摩尔时任普林斯顿大学经济学教授，赫丁格曾任哈佛大学商业管理学院教授。

八日，（一）美亚保险公司主人史带 C. V. Starr 请午饭，座中客人多以中国时局为问。

先生日记云：

前在上海主持美亚保险公司之史带请午餐，对于国内之通货膨胀，与政府对外态度，表示怀疑。因最近多数过去旅华之美人有种种不满意之言论。

（二）托管招商局产业之卫利韩 William Hunt 请晚饭。

先生日记云：

座中有大通银行、美孚油公司、共和钢铁公司、普尔满卧车公司、西屋电机公司、英美烟公司等负责人员，对于最近国人孟某在纽约报纸发表反对外资之言论，表示不满。余劝各人赴华一行，亲自与政府当局见面，当能了解一切。

九日，奇异公司总经理施渥朴 Gerard Swope 请午饭。

按施氏本已退休，因继任之威尔逊 Charles G. Wilson 为美国政府征调主持战时生产管理 War Production Board，故由其暂行代理，现已年逾七旬。

十一日，与任国联研究室研究员方善桂，讨论战后国际货币问题。

十三日，花旗银行总经理请晚饭。

先生日记云：

计六桌，宾主四十余人，有纳尔逊·洛克裴勒 Nelson A. Rockefeller 及洛氏集团各机构之负责人均在座。金融与工业巨子，荟萃一堂，可称盛会。

十四日，中午乘火车赴华盛顿。

十五日，（一）赴美国务院，与项伯克 Stanley K. Hornbeck 谈今后美国与各国之关系。

先生日记云：

上午赴国务院，先至裴克处小坐后，旋往晤项伯克。渠云经济问题与政治问题，息息相通。政治上无良好表现，经济难望顺利推进。美国今后对于各国之关系，完全看各国自身之政治是否健全，及其对于国际上有无贡献为转移。要之美国政府之政策，须视民意之所向，自非慎重不可。中国对于抗战之牺牲，博得世界尊敬。惟近来对于中国之批评日增。有如海底依旧，而波涛日高。美国对于中国之爱护，基本并无变动，但中国必须善自努力，以尽其所得国际地位之责任。所谈十分率直，值得吾人深思。

（二）见居里，托代约美财政部长摩根韬、司长怀德晤面。

十六日，（一）访英驻美大使赫里范克斯勋爵 Earl of Halifax（Edward Frederick Lindley Wood）（二）晤美财政部司长怀德及科长戴勒 Taylor 与福理曼 Friedman。

十七日，再访项伯克，询以美国舆论不满中国近状，要点何在。

先生日记云：

上午再访项伯克，询以美国舆论不满中国之近状，要点何在。渠答：（1）为法币与美金之折价——在中国各地，美国支出之军事费用，以及美国各种（在华）机关之费用，均由中国政府垫借法币，照中国政府官价折合美金，致美国政府与人民大受损失。（2）在中国之美人，受种种不平等之待遇与苛扰。余告以曾劝美国实业界组织团体，赴华实地考察，与我国政府主管机关当面接触，借以减轻误会与隔阂。渠云，彼并不反对此举，但关键仍在政府速图改善。继询其对于商约之意见。渠云，应及早准备。嗣晤远东司司长白伦廷 Joseph Williams Ballentine，及副司长范宣德。

十八日，史特莱 Eugene Staley 教授请午饭，并约有柯艾尔 John E. Coil，与梅司提 Stey May 讨论中国战后经济政策。

按史特莱系波士顿特佛特大学教授，先生原有聘其为顾问之意。柯艾尔系美国国民计划学会 National Planning Association 董事，梅司提系美国国际委员会 International Committee 主席。三人均主张公用事业具有独占性者，可归国营；制造工业可归民营。再则国营事业，应采企业组织，如美国之 TVA 制度。并主张中国应从速研究利用美国之剩余机械。

二十日，（一）晤美财政部长摩根韬。（二）晤美国务院副国务卿艾奇逊 Dean Acheson 。

先生日记云：

> 下午二时半，赴财政部晤财长摩根韬，随交蒋主席介绍信，并代致意；告以来美目的。渠以总统府开会，不及多谈，面嘱司长怀德妥为招待。继接电话，副国务卿艾奇逊约谈，因赴国务院，亦以此行目的告之。见面前，项伯克之助理赫斯 Alger Hiss 来陪。谈话毕往远东司晤司长白伦廷。

二十一日，（一）返纽约。（二）赛珍珠 Pearl Buck 夫妇请晚饭。

先生日记云：

> 晨返纽约，晚赛珍珠及其夫君瓦尔齐（即戴约翰 John Day 出版公司主人）请晚饭，同席有胡适之兄，太平洋学会总秘书卡特尔 Edward C. Carter 及费尔德 Field 诸人。

二十四日，政府意欲先生担任联合国救济善后总署副署长。

先生日纪云：

> 蒋廷黻兄自渝抵美，来电话，称蒋主席与孔副院长意欲余担任联合国救济总署副署长。该署组织，署长为美人，副署长三人，英苏法各占一席。余再四考虑之下，（1）以战后经济建设较为重要，不愿半途而废；（2）国内办理善后救济，若无人在外发言，将无力量。故覆电请婉辞。

二十七日，方善桢来谈，并介绍周舜莘协助先生作经济研究。

按周舜莘，哥伦比亚大学博士，专攻财政经济，经与先生商定每日前来办公。

二十九日，前德国达姆斯德特银行总经理哥尔德斯密特来谈，建议组织一中美银行。

是年一月，美总统罗斯福、英首相邱吉尔在北非卡萨布兰卡会晤，决议德、意、日三国须无条件投降。

三月，蒋委员长著《中国之命运》出版。

五月，北非战事结束，盟军大胜。

七月，盟军在西西里及意大利半岛登陆。

九月，意大利无条件投降。

十一月，中、美、英三国举行开罗会议，发表联合声明，日本投降后，东北及台湾、澎湖须归还中国，并使朝鲜独立。

十二月，英、美、苏三国举行德黑兰会议。

一九四四年　先生五十六岁

一月四日，（一）英美烟公司白赛特 Basset 约午饭，与李铭同往。饭后李铭以与奇异公司合作办法相告。（二）福开森农具公司 Ferguson Farm Equipment Co. 代表罗杰士 Rogers 来见，约明日长谈。

五日，（一）罗杰士来谈，如何在中国推广农具。当告以先作准备工作，邀中国农业专家共同研究进行步骤。一俟滇缅路开通，再由公司派人前往实地考察。（二）花旗银行副总经理马凯 Mackay 约午饭，有美国共和钢铁公司出口部经理在座，询问中国战后对钢铁事业之方针。

八日，李铭约午饭，有居里在座。居里谓德国战败后，日本不能持久，中国政府应有准备。李铭谓适晤前英国驻华大使，告以英、美、中三国攻日时，苏联决不肯落后，结果必对日作战。中国宜加注意。

十日，美孚油公司派人来邀往参观各地油池及一切设备。该员谓联军将先攻夺苏门答腊及波里阿两产油区，以绝敌人油源。

十一日，（一）美国航业协会 American Maritime Association 会长阿戴孙 Atterson 来访，同进午餐，谈中美航业合作方针。

先生日记云：

饭后续谈航业问题，其意欲促美国航业界，与中国民间航业团体合作。因将中国航业情形告之。渠意美国军用自由轮，中国绝对可以利用，可由中国政府向美国政府租借，将一部分转让于民间。再美国造船厂不乏愿至中国经营造船业之厂家。造船既与钢铁业有密切关系，故可约集共同研究。现美国有六十四家造船厂，战后只须有二十家即足应付，故一部分船厂可拆移至中国开工。

（二）晚赴华美协进会会所，出席中国工程学会欢迎会，并发表演说。略谓中国战后经济建设，虽有计划，但面对四个问题：（1）经费来源；（2）罗致人才；（3）财与人及机械三者之综合计划；（4）计划实行时，如何培植新人才。（三）蒋廷黻敦劝就联合国善后救济总署副署长。

先生日记云：

延黻嘱寿毅成告我，此次渠出席联合国善后救济会议，在会议中，各国只允予中国以秘书长一席，经渠力争，始得到副署长。坚嘱转劝允就。余再四考虑之下，除前述两种理由外，尚有一种理由，即党员中不乏觊觎此席之人，必将借故攻击，多生枝节。故先托毅成转为婉辞，并代致感歉之意。

十三日，由电话告蒋廷黻不能就善后救济总署事之苦衷，并举荐郭秉文以代。

先生以郭秉文善于处理事务，长于应付外人，特举荐以自代。蒋允将不能就职理由陈报中央，并与行政院孔副院长祥熙洽商郭秉文问题。

十四日，（一）高尔德施密特约赴拉柴兄弟投资公司 Lazard Freres and Co. 午饭。与该公司负责人威尔 Weill 谈中国需要外资。该公司曾经参加成渝、叙昆两铁路借款，希望继续提倡中国铁路投资。（二）哈佛大学约先生于本月二十七日在该校举行之战后经济讨论会演讲。以事忙，不能分身，辞之。（三）上海商业储蓄银行汇来收购先生藏书价款美金五千元。

十五日，参观美孚油公司纽泽西之炼油厂、运油船、输油管、炼油机械、实验室等。先生以该公司派来领导参观之职员毕尔特Belt曾在中国服务，因问其对于中国炼油意见。渠云：（1）应在川陕详加测勘。（2）四川天然瓦斯，如发现更大之产量，可用以推广化学工业。（3）如欲建设油管，应再增加玉门产量。（4）中国产油价贵，进口油价廉，其差额可征进口关税解决之。

十六日，约方善桂、周舜莘研究战后币制问题。

先生日记云：

> 究竟战后国币对外价值，应照当时汇率抬高，或降低Over Value，or under Value。彼等意见，中国一时不易有大量出口，同时应鼓励进口，及稳定物价，故拟抬高。而国内物价，应使降低。大致外汇抬高率，不妨小于物价之降低率。假使物价降低百分之五十，外汇可抬高百分之四十。战后势须发行新币，新币对外价值，基于上述不必压低之理由，自毋须使其低于战前价值。外汇管理，仍须继续，以防止不必要之外汇支出。最难预测者为外资问题，战后能否大量获得。如其能有，则不妨不加关税，或竟降低关税。否则只好提高（进口）关税，鼓励外人直接投资。

十七日，托王志莘转告国内各工业家，取消离渝前提倡之“国民工业联合公司”。

先生认为招致外国投资合作之事，必须俟战事结束方可进行。目前悬此招牌，而无实际工作，徒负虚名，殊为不妥。

十九日，（一）应美国亚洲协会The Asia Society午餐之约，并发表简单演说。

按亚洲协会会长富比斯Forbes，战前曾率领经济访问团到过中国。

（二）访蒋廷黻，谈苏联在满洲未来之行动。

先生日记云：

廷黻兄在纽约，往访，告以不能就联合国善后救济总署副署长之苦衷。渠云，已电重庆。顺便询其对苏联今后行动之意见。渠与我均以苏联最后必然参加对日作战，且必染指朝鲜及满洲，制造亲苏政权。彼此均虑一旦实现，中国将遭遇第二日本。

二十日，（一）吴蕴初自重庆来电，邀先生担任其主持之“中国工业复兴会”之驻美代表。（二）中华通讯社驻旧金山代表沈剑虹，代卡内基国际和平基金会 Carnegie Endowment for International Peace 总干事德布乐特 Tabblot，电询先生愿否参加战后将在美西成立之战后和平机构，并发表演说。

二十二日，接行政院孔副院长祥熙电，促担任联合国善后救济总署副署长。

二十三日，李国钦邀赴其长岛寓所晚餐并宿夜。客人有胡适、李铭及蒋廷黻。因顺便告知蒋廷黻，对昨孔副院长来电，俟考虑后再覆。

二十四日，（一）参观李国钦所办之华昌炼钨厂。

先生日记云：

李国钦兄陪同参观所办之炼钨厂。该厂专为供给美国政府所需钨砂而设。其资金由美国战时生产局供应。由炼砂而扩展至制造钨丝，所用原料，采自美国及南美之玻利维亚 Bolivia 与阿根廷、中国及非洲。中国产钨曾占世界产量百分之七十，今减至百分之十。

（二）电覆孔副院长祥熙，恳辞联合国善后救济总署副署长。

二十五日，（一）电话告知蒋廷黻电孔恳辞理由。（二）探悉联合国善后救济经费，难达中国政府期望数额。

先生得自美国务院消息，国际善后救济经费，国会恐只能通过二十五亿美元，中国名下最多得到十亿美元，难达中国政府期望数额。

二十六日，（一）费城制造铁路车辆及飞机机身之布德公司

Budd Co. 总经理布德 Edward G. Budd 来晤，表示愿在中国设厂。（二）李铭来告已与奇异公司签订合作合约。规定将来合作经营之事业，为在中国设厂制造，并代理美国厂家在中国之进口贸易。上海商业储蓄银行总经理陈辉德亦同意参加。

二十七日，国际电报电话公司总经理白尔恩 Bern 约午饭，询问中国政府战后对于电工器材制造及电话公司事业之方针。

按该公司战前在中国有两项事业：一为与交通部合办之中国电气公司，制造电工材料，一为该公司所投资之上海电话公司。先生嘱其备一节略，以备转寄交通部与经济部核覆。

二十八日，赴美国制造业协会董事会聚餐会。计到该会董事十余人，先生即席演讲《中国工业之发展历史，及今后发展之步骤》。

二十九日，参加罗斯福总统寿辰庆祝会。

三十一日，（一）与李铭、夏鹏赴费城，应彭雪斐尼亚铁路公司 Pennsylvania Rail Road Co. 总经理克尼曼特 Clement 午餐之约。餐后谈该路营业状况及管理方法。该铁路公司路线长一万余英里，克氏在该路服务已四十余年。（二）午后参观费城北美转保险公司各部门。晚间该公司总经理戴曼德 T. A. Diamond 设宴招待。该公司资力雄厚，有一百五十年之历史。

二月一日，上午参观费城之布德公司，由其总经理布德导引。

先生日记云：

> 该公司创始于一九一二年，由一小规模工厂而逐步扩充，专造不锈钢客车及餐车，与汽车车身及飞机机身。所造之轻客车，不特增加行车速率，且减低维持费用。每客车一辆，价约七八万美元，餐车价须增加二万美元。近为政府建筑一飞机装配厂，每日可装配四架。该厂技术精良，难与竞争。总经理布德学徒出身，现年七十二岁。于读我所著之《中国铁路建设之奋斗》一书后，感觉中国战后铁路发展，大有希望，颇有推广其产品，及在中国就地设厂之意愿，故函欲与我一谈。

二日，美国进出口银行总经理庇尔逊托李国钦转告，中国政府应有一统一采购机器之机构，对外接洽。

先生抵美时，曾向庇尔逊提及战后美国可将剩余机器供给中国。最近与中国政府间接或直接有关系方面，纷纷前往询问，并希望美国无偿供给，致庇尔逊难以应付。故建议中国政府应有一统一机构，向美国接洽此项事宜。

三日，奥斯汀拟就钢铁建设计划。

四日，顾翊群、潘光迥来电，请与福特福开森 Ford，Ferguson 农具制造公司接洽合作。缘国内新成立之农具制造公司，由顾翊群任董事长，潘光迥任总经理，特来电请代向福特福开森农具制造公司接洽合作办法。

五日，电告行政院孔副院长祥熙，美国工商界有“中美工商协会”之组织，希望中国方面亦有同样组织。

六日，约福特福开森农具制造公司总经理凯斯 Kyes，与其出口部经理罗杰士 Rogers 午餐，谈中国新成立之农具制造公司，愿与该公司合作问题。

十四日，与纽约联邦准备银行研究专员塔马咯莱研究方善桂与周舜莘所拟之币制问题意见书。

十六日，与奥斯汀研究所拟之机器制造工业建设计划。

先生认为中国应建一机器制造厂，先造小机器及配件，至母机制造暂缓，可先向外国购买。

十七日，胡适与驻纽约总领事于焌吉合宴新抵美国之王世杰、胡霖、李惟果诸人，先生被邀参加。

先生日记云：

> 饭后与雪艇兄略谈，告以美国对我国空气不佳，不可再在无关大计之小节上，惹人讨厌。至战后建设，美国对于南美，恐将着重。因在此区域之德日势力已被排除。对于苏联将维持相当友好关系，不得不予以帮助。似此，中国能否得到大量帮助，全视今后我国政治之表现。

十八日，纽约市卫生局局长克芮 W. F. Carey 约午饭，并介绍李门兄弟投资公司 Lehman Brothers，Investment Broker 主人。

按克芮曾在美国及加拿大包工建筑铁路多起。一九一四年，获得纽约资本家之支持，前往北京接洽中国铁路建筑借款及包工，颇具雄心。与梁士诒、周自齐等交际周旋，并与交通总长曹汝霖签订与导淮有关之铁路建筑借款合同。由于中国当时政局动荡不安，无所成就而归。

十九日，奥斯汀拟就造船工业计划。

二十日，任职中美工商协会之霍腾夫人 Mrs. Houghton 约茶叙，并介绍其婿曾任西非奈及利亚总督之克明将军 General Cumming 。

先生日纪云：

> 前充美国驻北京使馆商务参赞助理之霍腾夫人，现任筹备中美工商协会进行事务，约茶叙；介绍其婿克明将军。克氏曾任西非奈及利亚 Nigeria 总督，适在美演讲。因询其战争情形。渠云反攻缅甸，必须用海空军进攻沿海口岸。而调动海军，须俟义大利战事顺利，及欧洲登陆完成之后。故反攻缅甸及东南亚，须在今冬或明春。尤以运输工具，及运输机械与人才，现均不敷分布，无法即时集中海军于印度洋。

二十一日，（一）美国外交协会 The Council of Foreign Relations 总干事马乐利 Mallory 约午饭，商谈战后和平计划。

先生日记云：

> 适之及华美协进社干事孟治均在座。该会拟约中、苏、英、加四国人士，与美国专家会同商讨战后和平计划。邀请每国十人，分组讨论，最后集合讨论，开会四次。第一次题目为“应付战后之日本”，第二次为“战后中国财政之改善”，第三次为“战后国际贸易之恢复正常”，第四次为“战后国际和平机关之建立。”

（二）华西大学前校务长皮邱博士介绍美国制铝公司 Aluminum Co. of America 总经理戴维斯 Arthur V. Davis 来谈。

按戴维斯系与美国发明炼铝新法之霍尔 C. M. Hall，共同发起美国制铝公司之人。该公司乃美国最大制铝公司。

二十二日，（一）参观乌尔提飞机制造公司 Consolidated Vultee Aircraft Corporation 之轰炸机及运输机制造厂。（二）卫利韩来告，美国国务院同意实业家组织考察团赴华考察。

二十三日，（一）亨利·凯撒邀请参观其西岸造船厂，因与派来人员排定日程。（二）寄发呈蒋主席及行政院孔副院长祥熙货币问题意见书。（未留底稿）

二十五日，夜乘火车，离纽约西行。

二十六日，（一）下午抵芝加哥，参观美国运输公司 American Transportation Corporation 工厂。（二）夜乘火车，离芝加哥西行。

二十八日，抵阿尔布寇克 Albuquerque，接乌尔提飞机制造公司来电，因天气不佳，不能派飞机来接前往圣地耶哥 San Diago 。

二十九日，下午五时抵洛杉矶 Los Angeles。

三月一日，（一）参加洛市中美人士座谈会。

该会由洛市泰西学院 Occidental College 教务长孔斯 Arthur Coons 任主席，中国方面出席者，有克乃亚蒙特学院 Claremont College 教授陈受颐、洛杉矶加州大学 U. C L. A. 教授韩玉珊及驻洛市之张总领事紫常。

（二）午后参观华纳电影导演厂 Wagner Movie Studio 。（三）晚出常演讲会，由加州大学麦克亨利 E. McHenry 院长主席。先生讲题为“中美经济关系”。

二日，（一）晨参观凯撒钢铁厂。厂设在洛市南部之方达拉 Fontana，落成不过两年。（二）下午赴道格拉斯飞机制造厂 Douglas Aircraft Factory，晤该公司总经理道格拉斯 D W. Douglas 。（三）晚间中美两国工程师及工人代表组织之中美工程师协会代表来访。（四）夜乘火车赴旧金山。

三日，（一）晨抵旧金山。（二）出席座谈会，演讲“中美贸易”。（三）参观亚美利加银行（美国商业银行）Bank of America

National Trust and Savings Association 。

按该行创始于一九〇四年。一九三〇年始改称今名，现为全球民营银行之魁首。

四日，（一）参观凯撒造船厂。见有新近建造完工之军队运输舰。（二）中午出席座谈会，演讲“中国工业化”。由加州大学副校长多艾旭 Monroe E. Deutsch 任主席，并有同行之汉百诺 Carl J. Hambro 及韦德教授 Professor L. Langdon White 演说。（三）四时三刻乘火车离旧金山，赴波特兰 Portland 。

五日，中午一时抵波特兰。

六日，（一）中午当地商会设宴招待，仍以“中美贸易”为题，发表演说。

先生日记云：

> 来宾中，有人对于中国通货膨胀、中国统一问题、中苏关系、中国能否代替日本之出口贸易及其国际地位，以及中国是否将向日本索取赔偿等问题，提出询问。

（二）下午三时在当地图书馆举行讨论会，再以“中国工业化”为题，对众演讲。听众仍有询问。

七日，（一）晨往凯撒之温哥华 Vancouver 造船厂参观，得见正在建告之小型航空母舰。四小型航空母舰之功能，可抵一巨型大舰，借此可以减少损失。（二）往凯撒之奥勒冈 Oregon 造船厂参观，得见正在建造之胜利 Victory 运输舰，每艘载重一万余吨，值美金三百余万元，较自由轮之结构更佳。（三）联合国协进会分会邀请午餐，作简单演说。（四）下午四时乘火车离波特兰，赴西雅图 Seattle 。（五）晚抵西雅图。

八日，（一）赴西雅图“中国俱乐部”午宴，并演讲“中美贸易”。（二）下午赴朴里茅斯联合礼拜堂 Plymouth Congregation Church，参加座谈会，讲“中美经济关系”。（三）晚参加太平洋协会讨论会，讲“永久和平之根本条件”。

先生日记云：

> 西雅图之“中国俱乐部”China Club邀集当地实业界领袖午餐，由市长介绍来宾。余讲“中美贸易”。下午三时，在朴里茅斯联合礼拜堂举行座谈会。同行之韦德教授讲“美国与南美经济关系”。余讲“中美经济关系”。艾契儿白格尔Eichelberger讲“未来世界和平组织”。晚参加太平洋协会讨论会，由该会副会长凯撒主持。余讲《永久和平之根本条件》。

九日，（一）赴达科马Tacoma普格特尚德学院Puget Sound College院长汤姆生博士Dr. Thompson午宴。由华盛顿州州长郎基里斯Arthur Langlis介绍来宾。（二）下午参观迈尔霍受Meyerheuser锯木厂。（三）晚在达科马市政厅演讲。

十日，（一）上午在华盛顿州立大学演讲。（二）驻西雅图江总领事易生招待午餐，作简单演说。（三）下午参观尚德囿Sound View纸浆厂。（四）傍晚西雅图信托公司总经理白纳孙Albert Baillaryson，邀集当地实业界领袖与先生谈话。（五）夜乘火车离西雅图，东返。

十二日，抵明尼阿波里市Minneapolis 。

十三日，（一）晨参观通用面粉厂General Mill。（二）下午参观斯威福特Swift肉食品厂。（三）通用面粉厂设晚宴招待。

先生日记云：

> 参观通用面粉厂，见其麦粉升降机、打包机。有一打包机系中国侨生青年所发明。下午参观斯威福特肉食品厂，自宰牲起，至打包止，均用机器，易于大规模制造。晚间通用面粉厂总经理浦立德Bullitt招待晚餐。

（四）夜十时乘火车赴芝加哥。

十四日，（一）晨抵芝加哥。（二）晨十时参观万国农具制造公司International Harvester Co. 。先生所见该厂各种机械中，对于收花（棉花）机最感兴趣。由该公司总经理麦考米克B. McCormick招待午餐，长谈，希望能至中国设厂合作制造农具。（三）华西大学前校务长皮邱博士约赴家中晚饭。

十五日，（一）晨美国政府前派往重庆研究公路及滇缅铁路运输之专家白熙及范百德先后来访。（二）山打菲 Santa Fe 铁路公司总经理恩格尔 E. J. Engel 招待午餐。客人中有《芝加哥论坛报》*Chicago Tribune* 总理麦考米克 Robert McCormick、《芝加哥太阳报》*Chicago Sun* 总主笔迪米特伦 E. Z. Dimitnan、《芝加哥前锋报》*Herald - American* 总经理柯锡娄 H. A. Kochler、伊利诺州理工学院 Illinois Institute of Technology 院长希尔德 Henry T. Heald、芝加哥第一国民银行 First National Bank of Chicago 总经理布朗 Edward E. Brown、芝加哥大陆商业储蓄银行 Chicago Continental Commercial and Savings Bank 董事长耿林斯 Walter J. Cunnings、西北大学 Northwestern University 校长施耐德 F. B. Snyder 等。（三）参观吉辛 Keeshin 汽车运输公司，主人吉辛请晚饭。

十六日，（一）晨九时乘火车离芝加哥，下午三时抵底特律。当地各报记者来访问。（二）福特福开森农具制造公司代表罗杰士于旅馆设宴招待。

十七日，参观福特福开森农具制造公司工厂。

先生日记云：

> 罗杰士陪同参观福特、福开森合伙之农业机械及拽引车制造厂，又参观福特汽车制造厂。余十四年前，曾到福特厂参观。今已扩充，不知若干倍。汽车厂总经理开斯 Kyes 约午饭。饭后，至其办公室与老福特之孙福特二世 Henry Ford II 商谈合作办法。因老福特在南方避寒未归，不能谈具体办法。当俟其祖父归来，再谈详细合作办法。

十八日，（一）参观福特职业学校、绿野村 Green Field Village、福特博物馆。

先生日记云：

> 上午参观福特职业学校，其仪器、机械、设备等于一大型工厂。该校出身之技工，成绩极佳。又参观福特建设之绿野村，系将若干美国古迹，及名人遗迹，原封不动，移置于此。

如林肯总统业律师时代之法庭，及其被刺时之坐椅，艾迪生之试验室，老福特本人四十年前之小工厂等，以供后人景仰。嗣后参观福特博物馆，所有一二百年来，历年演进之各种交通工具，均一一陈列其中。意在鼓励后人追踪前人，努力创造，精益求精。并使知前人之一切成就，决非幸致，悉有代价。老福特其人，有大智，有气魄，有思想，实美国工业界之来出人物。

（二）诺希迈尔 Rosh Myer 约午饭。客人有名工程公司 Albert Kahn Associated Architectsand Engineers 之副总理林顿 Robert E. Rinton、工业设计专家华克 George W. Walker，与道氏化学公司 Dow Chemical Co. 之副总经理马柯尼斯特 Frank McCallester 。

十九日，返抵纽约。

二十日，接行政院孔副院长祥熙来电，征询组织中美实业协会意见。

先生日记云：

来电拟将余所建议组织之中美实业协会，附在国际经济协会之内，分设中美、中英、中苏各分部，征询余之意见。并告已指定陈光甫、顾季高、钱新之、宋子良、刘鸿生、冀朝鼎、陈炳章诸人负责筹备。

二十四日，中国国防供应公司驻加拿大代表皮尔斯 Peers 来见，询问中国愿否在加订购轮船。并称加拿大造船业、化工业、造纸业、机械制造业，均愿与中国工业界合作。

二十五日，电复孔副院长祥熙，主张中美实业协会应单独设立，不宜附设于国际经济协会之内。

三十一日，居里来访，谓中国现时不宜再向美政府商谈借款。

先生日记云：

上午罗斯福总统特别助理居里来访，提及最近重庆方面来向美政府探询能否再予借款。恐重庆方面未悉近来华府方面空气极为冷淡，迥非五亿美元贷款时情形可比。其冷淡之原因不外：（1）在华美国军人及普通美人受到不合理汇率之痛苦。（2）中国军事机关办事，不能与美方配合，因有不肯热心合作之嫌。（3）在中国之教会学校教员，及外国新闻记者受种种束缚，以及教育趋于党化，因此引起种种反感。（4）左派宣传，极力描绘重庆政府之腐败。彼最后提及美国剩余机器之处分清单，已拟就，可供吾人阅览。

四月四日，（一）约甫自重庆归来之林语堂午饭。渠深以最近美国一般对华舆论，日见恶化为忧。（二）将最近在美西演讲时，美人提出有关我国之各项问题，电陈蒋主席。（三）凯撒托人来询，中国方面是否有人愿意投资合作，购买“总统”号邮船。

九日，与为威尔基竞选总统运动之主持人卜莱雅 Samuel Pryer 谈威尔基竞选失败之原因。

先生日记云：

下午在泛美航空公司副总经理卜莱雅家中间谈。渠系威尔基竞选运动之主持人，因询其威氏失败之原因。渠云：（1）威氏注意大局，而疏于应付地方及个人关系。（2）对于美国内政缺乏明确的政策。（3）共和党内保守派势力依然强固，向来拥护威氏之新派，均当选州长，老派渐渐抬头，不恰于威氏。

十日，英国卜内门公司驻重庆代表法尔茂 Farrrer 来见。据告：曾与行政院孔副院长商谈，拟在中国设厂制造肥料。孔氏主张应与中国农民银行合作，各投资本一半，自任董事长。惟卜内门方面希望中农出资十分之一，免涉政治。

十一日，邹秉文来告，万国农具制造公司表示愿设立奖学金额三十名，以便中国选派学生至该厂实习。

十三日，（一）与卜内门公司代表法尔茂讨论中国肥料及颜料工业计划。

先生日记云：

中午与卜内门代表法尔茂同午饭，讨论中国肥料工业计划。

渠意中国第一五年，应投资一亿一千万美元，内用于制造氮气者，二千五百万美元，用于造硷者，二千五百万美元，用于分配销售者，二千五百万美元，用于氢化者 Hydrogenation，一千五百万美元，用于制造颜料者，一千五百万美元。其余五百万美元，应设氮气肥料厂及制硷厂各四，或各两大一小。大厂年产十万吨，小厂减半。设厂地点，大致可在上海、浦口、天津、四川等处。主要原料为煤、石灰石、盐与水。

（二）美国外交协会 The Council of Foreign Relations 第一次召集中美联合讨论会，题目为“战后之日本”。

十四日，福特福开森农具制造公司代表罗杰士来谈所拟之合作计划。

先生日记云：

渠云，在底特律所拟之合作计划，系再四研究之结果，福开森方面已同意，决愿见诸实行。惟仍盼与福特共同进行。老福特已休假归来，决定派其孙福特二世 Henry Ford II 为执行副总经理。现正召开分公司经理会议。俟会议毕，当请老福特表示最后方针。惟罗杰士本人认为现在成立之中国农具公司，类似政府经营办法，深恐受政治影响，而起变动。不如由中国农具公司与福特厂方订一技术合作契约。余因想到，不如由中国农具公司制造农具，由福特设厂制造拽引车。彼此互入小额股份，以示合作，而免牵制。渠颇以此项办法为然。

十五日，接蒋主席电，嘱出席战后民用航空会议。电文云：“美政府邀请我国参加战后民用航空问题之初步会议。兹请兄与毛邦初同志代表参加，并请任首席代表，希担任勿却是盼。”

十六日，电覆蒋主席，遵命出席民航会议。

先生日记云：

蒋主席电中有“勿却”之语，当系指余辞联合国善后救济总署副署长而言。好在此仅系出席会议，自难再辞。故即复一电云："电敬悉，既承谆嘱，自当遵命，会同邦初兄参加，随时请示办理，谨复"。

十七日，（一）夏鹏约午饭，介绍经营桐油进口之查朴 Charles C. Chapp 。查氏系世界物产贸易公司 The World Products Trading Co. 总经理。（二）道德重整会会长路特主教 Bishop Roots 约茶叙。介绍会中少数会员。

十八日，（一）大通银行上海分行经理舒麦科 Schumaker 新自上海归来，约午饭。（二）奥斯汀所拟之造纸业计划完成。

十九日，赴费城参观包尔文火车机车制造厂 Baldwin Locomotive Works。

先生日记云：

十时乘火车至费城，参观包尔文火车机车制造厂，晤其董事长布令理 Charles C. Brinley 与总经理克莱 Kelly 。在午餐席上，询知美国年产机车四千个，该厂产二千个，每月平均出产一百五十个。苏联参战后，已向美国订制二千个。该厂曾造六十吨重之坦克，因太重，不易运转，已停制。亦造柴油引擎机车与母机。全厂规模宏大，设备齐全。董事长布令理招待晚餐，介绍当地金融实业界重要人士。彼等均愿获知中国最近情形，与战后经济方针。

二十日，（一）上午参观施高德造纸厂 Scott Paper Mill。（二）下午参观专制特种钢板之路金斯钢铁厂 Lukens Steel Co. 。

二十一日，中国国防供应公司驻加拿大代表皮尔斯来见。据称：加拿大船厂有意帮助中国建设造船厂，及供应中国运输船只数艘，约需美金二千万元，不识中国实业界可出资若干。特来探询。当答以无法即时作答。

二十四日，与泛美航空公司总经理储芮卜谈国际民用航空问题之趋势。

先生日记云：

晚赴泛美航空公司总经理储芮卜处晚饭，顺便向渠请教最近国际民用航空问题之趋势，以作出席会议之准备。渠云英国主张民用航空在国际间，应准自由行驶，犹如海洋航行之随地可以停泊加油。美国主张外国飞机在国境内飞行，须经当地政府之许可。

二十六日，（一）驻华府大使馆通知，国际民用航空会议系由美国国务卿特别助理、前驻日大使格鲁 Joseph C. Grew 主持。正候中国方面回音，以便定期开议，并寄来议程一纸。（二）参观太平洋学会会所，并晤该会执行秘书卡特 Edward C. Carter 与贺兰德 Willian Holland。（三）赴道德重整会会友莫理斯 Du Bois S. Morris 家中茶叙。

二十八日，（一）柯尔柏 Alfred Kohlberg 约午饭。

先生日记云：

> 经营中国花边进口商柯尔柏热心研究中国问题，约午饭。座中有进出口商普尔 O. M. Poole（杜德尔公司 Dodwell and Co. 董事，兼德芮斯公司 Derris Co. 总经理）及韦尔娄 Richard F Warner（福来沙儿德进出口公司 Frazard and Co. 总经理）二人，欲明了中国战后贸易政策。彼此讨论甚久。

按柯尔柏在中日战前，尝采购中国抽纱花边针织品输入美国。旅游中国多次，到过天津、汕头、上海等通都大邑，亦曾到过内地穷乡僻壤。抗战期间，为调查大后方情形，足迹遍及四川、湖南、贵州、广西、云南等省。对于国际共产党颠覆中国政府之阴谋，不断揭发，尤以对于太平洋学会内之左倾分子调查最为清楚。（二）托泛美航空公司副总经理卜莱雅介绍一熟谙航空法律之专家，以便遇事商谈。

五月一日，（一）约泛美航空公司总经理储芮卜及副总经理卜莱雅午饭，征询对于国际民用航空，吾国应取之立场，并促其代觅一航空法律专家。（二）伦敦《泰晤士报》驻新基尼 New Guinea 记者莫礼逊来见。

先生日记云：

此人系清末驻北京之外国访员，民初任政府顾问莫礼逊 G. E. Morrison 之子。曾任中英银公司代表，现经美返英，来谈，认为太平洋战事将在一九四六年终结。

三日，经人介绍与熟习航空法律之律师阿康诺尔 Basil O' Connor 晤谈。

四日，美国外交协会晚间开会，继续讨论战后世界和平机构问题。

五日，（一）函告中央设计局熊秘书长式辉，关于美国指摘情形，并建议应即自行改革之点。

先生日记云：

致中央设计局熊天翼兄信，告以美国舆论指摘情形，及吾国应自行改革之点：（1）从速提早宣布宪法。（2）刷新政治；（a）不许兼差，（b）党政分开，（c）不许官商混杂，（d）选用有经验资望之人，充任行政人员。（3）宣布经济政策；（a）除一二种矿砂外，均归民营，（b）对于外资，不可限制过严，（c）应归国营之事业，可由国家经营，但不必限制不许民营。希望作其设计之参考。

（二）中午美国制造业协会邀请参加讨论"美国对外投资方针"。（三）美国中美工商协会主席贝特孙 Paterson 约谈，并告知该会不久将派人赴华考察。（四）晚六时半乘火车赴华盛顿。

六日，晨与美国务院东方司帮办范宣德通电话，约定明日十二时半与赫尔 Cordell Hull 国务卿会晤。

七日，（一）晨接美国务院电话，赫尔国务卿今日有事，改订后日会晤。（二）约福特福开森农具公司代表罗杰士来谈。告以重庆来讯内容：（1）中美合资定资本为美金五百万元，第一年缴一百万美元，逐年递增，中国占百分之五十一，美国占百分之四十九。（2）董事九人，中五美四，董事长华人，副董事长华美各一，华人兼总经理，美人兼副总经理，总工程师为美人，副总工程师为华人。

罗杰士答以俟与福特福开森农具公司商量后再复。

九日，（一）偕刘锴与毛邦初赴美国务院，访晤国务卿特别助理格鲁等，谈民用航空会议事项。（二）见范宣德，据告华莱士副总统将访华。

先生日记云：

上午十一时，偕刘锴公使及毛邦初兄同赴美国务院，晤主管航空事务之国务卿特别助理格鲁大使。在座有助理次长毕尔 Adolf A. Berle，及航空股主任摩尔根 Stokley Morgan。余首询美方对于各项议题之意见。格鲁答称，已有印就之意见书，因连同毕尔在英磋商结果之意见节略，一并交我，并谓各件完全秘密。渠询我方准备何时开议。答以俟将两意见书详细研究后，再行通知。又询其已否与加拿大及苏联谈过。渠答与加拿大仅匆匆一谈，与苏联则尚未谈过。随即与辞。嗣访东方司帮办范宣德，约同午饭。据告华莱士副总统不日将奉命赴中国，预定耽搁十六天；重庆三日，成都、昆明、西安、兰州、迪化、桂林各二日。目的在观察近状，并与蒋主席面谈。渠与拉铁摩尔将随同前往。经过西伯利亚，拟稍作逗留。

十日，（一）上午十时半，斐尔斯冬橡胶轮胎公司 Firestone Tire and Rubber Co. 副总经理波尔特克 G. E. Porteck 经范宣德介绍来见。据称：该公司在印度投资五百万美元，设立一橡胶轮胎制造厂。兹拟在中国亦设立一小规模工厂，愿投资一百二十五万美元。但希望独资经营，以期事权统一。经劝其不如中美合办。渠谓不久将赴印度，拟顺道赴重庆一行。当允为备函介绍有关方面。（二）十二时半晤赫尔国务卿。

先生日记云：

渠首云我到美后，各种情形，均已明了，极愿帮忙。关于民用航空问题，当事事通知我方，免使隔阂。我告以投资与贸易为中美合作基础，希望早日订一双方满意之商约。渠云极是，美方已向中国政府示意矣。

（三）下午二时三刻往访华莱士副总统。

先生日记云：

当告以蒋主席连年遇到不易解决之问题，为急求应付当前事态起见，必须采取各种不同之政治组织，如民主与集权。为贯彻三民主义起见，必须民主，为行政便利起见，倾向集权。又如多党与一党，为实行民主，应许多党存在，为强固国民党，又不得不维持党制。至于极权主义与民主精神，矛盾冲突，由于采纳苏联与德国顾问之意见，往往趋于极权。但以接近英美，又必须培养民主精神。因此发生种种矛盾，引起许多误解。深盼渠在渝与蒋主席晤面时，一面将美国如何建国，如何抵御外患，一面将今后美国政府对华政策开诚阐述，俾我国政府不至时感不安，左右徬徨。而最近美方对于我国之误会亦可消除。渠云三星期后即启行。

（三）约刘锴、毛邦初商讨国务院出示之意见书，并准备约见毕尔助理次长时之谈话要点。

十一日，（一）中午往访项伯克，略表慰藉之意。

先生日记云：

因闻项伯克最近发表为国务卿特别助理，系与格鲁对调，任研究战后问题。其调动原因，为其部下年轻一派指摘其对于远东无确定主张，过于被动，联合反对之故。渠主持东方事务二十余年，与中国关系甚深。今受挫折，特往访候，表示慰藉之意。

（二）下午五时半德士古油公司驻华府代表那费斐尔 La Fivierre 来见。据告：美国已取得沙乌地阿拉伯油权，拟造一油管，正在参议院研究中。

十二日，（一）访美国务院经济司司长霍铿斯 Harris Hawkins，拟与研究管理外资办法。

先生日记云：

告以我国政府正研究管理外资办法，询其意见，并索取有关资料。渠云可先与财政军事股正副主任柯拉直 Callads，及斐尔卜 Phelps，或商业政策股正副主任福勒 Fowler 及威劳伯 Willowby 一谈，再与彼谈，庶几易获要领。

（二）访美国务院助理次长毕尔，询其关于国际民用航空机构，与英国商讨内容。

先生日记云：

上午访国务院助理次长毕尔，询其关于国际民用航空机构，与英国商谈内容如何。渠答云："英国先主张设一国际民用航空机构，为调查世界航空业务之用，否则由各国或数国间订一协定。用意在防止美国获得竞争优势，亦且防止国际间之尖锐竞争。嗣以美方反对，乃改为除同意美方主张将来之国际机构，限于技术研究及搜集资料外，设置区域组织。美方为使英国安心起见，（1）允在战后供给英国以高速度长距离之运输机，使英国得以恢复世界航线。（2）允以檀香山为加拿大与澳洲间航线之停留地点。盖以英国非此无法开辟太平洋航线。（3）在战争期内，美国不向任何国攫取航空权利。"此外尚有许多次要问题，详载记录（已交我方）。可知此次会议，英美各有主张。今则彼此已有互让谅解。如是，战后之世界，民用航空事业，美国当然立于较优地位，而英国地位亦不致削弱。渠又云：此次赴英，系第一次正式谈判。加拿大方面，仅于赴英途中经过时，略为交换意见。苏联尚未表示意见。其代表本月二十四日可抵华府。渠继询我国战后，国内航空是否独办，抑仍允许加入外股。当答以中国方面有两种意见。军事方面为容纳战时中国所训练之航空人才，希望独办，以期建立一国防运输机构。非军事方面，主张准许小数外资加入合作，以期得到技术及设备之帮助，易于加速发展。目前对于此两种主张，正在研究之中。渠云：深愿一知中国决定之方针。渠以地图示我，指出由美国至中国之航线，今可经阿拉斯加，越日本，而至中国，仅需十余小时可达。勿须再用苏联航线。嗣访航空股主任摩尔根，适不在，晤其助手，取得若干资料。

十三日，任茂尔教授 C. F Remer 约午饭，座中有美国务院财政军事股副主任斐尔卜 Phelps。

按任茂尔战前曾在上海圣约翰大学任教，著有《外国在华投资》（*Foreign Investment in China*）及《中国国际贸易》（*International Trade of China*）等书。现任国务院战后中国经济研究专员。

十四日，（一）与毛邦初会同电呈蒋主席，报告与美国务院接洽航空会议情形。（二）道德重整会请看新编之《劳资合作》电影片。

十五日，晤美国商务部次长包尔登 William A. M. Burden，询问"过境权"与"技术上之停留"之关系。

先生日记云：

> 往美国商务部晤东方股股长莫索尔 Charles K. Moser，由其引见该部次长包尔登（专管民用航空）。询其"过境权" Right of Transit，与"技术上之停留" Technical Stop 二者，是否相联，抑有此，必有彼。渠云相联；有过境权，当然有技术上之停留权。又询其若允以技术上之停留权，是否有进一步要求在内地航行之顾虑。渠云不能要求，故不足虑。不过中国目下情形，内地民用航空极不发达，应借外助，使其发展。

十六日，访居里于国外经济事务局 Foreign Economic Administration，由其介绍会晤主管处理剩余物资人员。

先生日记云：

> 上午十时往访居里于国外经济事务局，由其介绍主管剩余机件之芮福特少校 Major Rift 及其助手斐金斯 Perkins 晤谈。据告所谓剩余机件有二类：（1）在战场堆存之物件，战后或有剩余，可以移充他用者。（2）战后多余之机件。此两类物资，名目繁多，不易编成目录。再政府所有物资固然属于政府管理，即私人欲（自行）处分之机件，亦须由其机关核定，发给出口许可证，方准出口。又访其主管各地善后计划之主任保罗 Paul。据云："某种物资准许出口，须先得军事机关同意，不过可由其

机关作研究工作。所谓研究工作，例如荷属东印度收复后，应需物资甚多，而研究结果，决定最先需要者为炼油设备，俾免由美国用运输机运载飞机用油前往。”至此处又晤机械工程部分主管员陶布亚力克 Alex Toub 及其助手陶布爱德华 Edward S. Taub，得知彼等已为中国详细计划四十八种工业。彼等谈及战后中国不应与外人合办工厂，而应取得技术合作，即购买机器设备时，要求制造厂家一并供给技术（顾问）。此语大可供参考。彼等又告正在计划为外国训练办厂人才，每班以十八个月为期。

十七日，（一）访美国商务部民航局 Civil Aeronautic Administration 主任卜洛格 Plogue，询问民航管理委员会 Civil Aeronautic Board 组织内容。据告：该委员会设委员五人，由总统任命，任期六年，其职务为（1）决定民航公司之航线，及承运邮件之津贴，并核定公司合并事项。（2）制订航空保安法规，与规定航空人员之资格。此外民航局局长由总统任命，管理：（1）民航机场之建筑与设备。（2）颁发航空人员执照。（3）核发航线许可证。（4）训练航空人员。（二）拉铁摩尔约午饭。

先生日记云：

拉铁摩尔约午饭，询其中国政府应如何应付国共纠纷。渠云：“应先实施地方自治，培植宪法基础。”询其宪法是否以三民主义为基础。渠云：“当然如此，以别于共产主义之宪法。”又询其蒙藏问题应如何安排。渠云：“应予以自治权，尊重其语言习俗，庶几不致外向，即新疆亦应如是”。

十八日，华莱士副总统约午饭。中国客人除先生外，有魏大使道明、蒋廷黻、刘锴、黄秉衡、邹秉文。美国客人有参议院外交委员会主席康纳利 Tom Connally 及参议员十一人。此外尚有居里、拉铁摩尔及范宣德。

十九日，（一）上午参观福特福开森农具表演。各国来参观者有百余人。（二）下午出席美国务院国务卿特别助理格鲁大使茶会招待。到有国务院助理次长毕尔、商务部主管民航事务之次长包尔登及民航局主任卜洛格，以及助理航空事务人员与国务院东方司人员。

二十日，电告设计局熊秘书长式辉，应准备与美副总统华莱士谈中国农业问题。先生以范宣德昨告，华莱士一行今日启程赴渝，拟与设计局主管人员谈论中国农业问题。

二十二日，赴美国务院参加国际民用航空会议预备会。

先生日记云：

> 下午三时半至国务院开会。我方出席者，除本人外，有毛邦初、刘锴、周舜莘，及周凤图诸人。美方除召集人格鲁外，有助理次长毕尔及民航局主任卜洛格。美方提出重要之点二项：(1) 通过自由权问题；(2) 战后美国远东航线问题。除旧有太平洋航线外，再开经过阿拉斯加 Alaska、阿留申 Aleutian、日本、马厄拉、上海、广州、河内、仰光、加尔各答一线。同时再准备开经苏联以入我国境内，经奉天而南之线。此系为准备苏联同意而设。美方备有节略，由格鲁逐一朗诵，加以讨论。吾方一一答复，暂作为个人意见。

二十三日，（一）赴纽瓦克 Newark 参观国际电报电话公司之电线及真空管制造两工厂。（二）返纽约。（三）国际奇异公司主持人迈勒 Clark Miner 约晚饭。迈勒拟邀先生与李铭、缪嘉铭诸人为该公司在中国所设之附属机关慎昌洋行之董事。先生以现任政府公职，不便担任，婉谢。

二十四日，美国社会科学协会 Social Science Research Council 颁授奖章，邀请观礼。

获授该会奖章者计三人：(1) 前美国战时生产局局长、现任临时动员局局长之巴鲁克 Bernard M. Baruch，(2) 曾在美国红十字会服务二十年之戴维德孙夫人 Mrs. Henry Pomeroy Davidson，及(3) 现任美国参谋总长之马歇尔 General George C. Marshall。

二十五日，访泛美航空公司总经理储芮卜，探询其对中美民用航空问题之意见。

二十六日，接蒋委员长电示交通部与航空委员会签具对于国际航空会议之原则，并告所拟原则尚属妥洽。主要原则：（1）交通部希望战后二年内，美方供给 DC3 飞机三百架，DC4 飞机二百架，附带汽油三万吨及配件；（2）希望供给资金，协助中国民航及飞机制造厂。

二十七日，下午由纽约乘火车赴纳克斯维尔 Knoxville，转往参观田纳西河流域管理局 Tennesee Valley Authority。同行有蒋廷黻、吴景超、李卓敏。

二十八日，参观管理局总事务所。

先生日记云：

昨日下午四时半开车，今晨六时半到纳克斯维尔，此为田纳西河流域管理局 TVA 总事务所之所在地。在旅馆稍事休息，即赴总事务所。董事长李彦硕 David E. Lilienthal、董事摩根 Dr. Harcourt Morgan 及波卜 James P. Pope 出而招待。说明该组织之最大目的系为人民谋福利，其任务为疏浚田纳西河道，及开发田纳西河流域之资源。其工作为防止水灾，疏通航运，开辟能源，改进农林，改良卫生；将此种种工作汇成一体，而为有计划之推动。随放映电影，表演推动中之各种工作。嗣参观附近之诺芮斯 Norris 蓄水坝。下午参观农田，比较施用磷肥与不施用磷肥耕地之区别。又往参观求饶契 Cherokee 水坝。

三十日，上午九时至总事务所，听取各股主任讲述工作情形。

先生日记云：

上午九时赴总事务所，首由商务股主任福芮斯 Ferris 演讲如何在区域内鼓励大工业之建设，与小工业之推广，及电力之发售。次由人事股副主任开士 Case 讲述该局职员升迁，悉凭工作成绩为标准。及开办时如何选择人才，嗣后如何安插旧人，如何引用新人，因此得到许多优秀分子。对于劳工职员，准其组织工会，诱导合作，同时保护职工权益。最后由治河工程技术主任贝克 Baker 讲述如何推广磷肥，与该区域内之肥料工业进展情形，以及推广与保护森林工作。

中午董事长李彦硕请午饭。饭后由总工程师布理 Blee 讲述水利工程之进展，与如何平均水位，及积水量。据云平均水位约在二十五呎，蓄水量约五呎（?）。最后至总经理克拉朴 Gordon R. Clapp 办公处，由董事长及董事二人伴往，听其讲述所遭遇之种种困难，内则有不同之意见，外则有未经明悉内容之反对。继述其感想，认为合作为人类进步之基础。

三十一日，赴总事务所，听区域研究所及政府研究室主任讲述建筑方打拉 Fontana 水坝之经过。

先生日记云：

由区域研究所主任孟辛力克 Howard K. Menhinick 及政府研究室主任窦瑞西 L. L. Durish 陪同至位于邻省（北卡洛莱那，North Carolina）之方打拉水坝。该坝动工两年，本年底可完成。明年二月左右可以开始水力发电，用款已达六千万美元。以地区荒僻，职工之住所、餐厅、学校、医院均由公家建造，计耗费四百万美元。为求工程迅速完毕起见，多数房屋均系用预制之门窗墙壁综合装配。每所三间，一客室、一卧房、一小厨房及浴室。其装配时间，仅须四小时。家具亦予供给。每所需费二千美元。工程需用之碎石，就地开山取给，洋灰、机械、铁管及运输用之小铁路，则由外运来。全部费用中，洋灰及种种材料约占三分之一，机械工具约占三分之一，人工约占三分之一。

六月一日，（一）参观莫斯尔肖艾尔 Muscle Shoals 肥料厂。

先生日记云：

晨乘管理局自备飞机至莫斯尔肖艾尔。该处系肥料厂所在地，共有四厂，制造磷酸及氮气肥料。最初政府耗费四千五百万美元，设立磷酸肥料厂，在第一次大战期间完成。嗣交由田纳西河流域管理局 TVA 接管，陆续扩充，现值七千余万美元。第二次大战期间，大部工作系为军部制造炸药。

（二）午后参观预防疟疾试验室，嗣飞往恰他露格 Chattanooga，参观卫生部之防疟电影。

二日，（一）赴卫生部听取各股主任讲述卫生工作情形。（二）参观地图部制图。（三）参观契卡卯格 Chukamauga 水坝。乘船游契卡卯格湖。（四）乘飞机回恰他露格，设宴答谢管理局上级职员。（五）夜十时三刻乘火车离恰他露格，赴华盛顿。

三日，晤魏大使道明，据告接蒋主席电，敌军大举进攻长沙。

先生日记云：

> 电内提及敌攻长沙，有三师军力，洞庭湖有二师，在汉口集中有十二师，广东有四师，香港有一师，河内有一师，正向关外抽调六师，形势严重，为七年来最困难之一日。

五日，（一）交通部曾部长养甫来电，称前电希望战后美国帮助供给 DC3 飞机三百架、DC4 飞机二百架，系经蒋委员长亲自核增，望照此向美提出。（二）项伯克来谈。

先生日记云：

> 渠谓敌攻长沙等处，在珍珠港事变前，已警告吾方，认为敌人迟早必有此举。又云，美国希望中国自己努力，成一强国。此为赫尔国务卿之一贯政策。无论何事，必置中国于四强之列，即基于此一政策而来。

六日，（一）与毛邦初商议曾养甫来电事。拟先调查美国民航机平时保持数目，以资比较。（二）赴美财政部访怀德司长，请其介见联邦准备银行负责人，及农业放款机关之负责人，以便分别洽谈。（三）美英联军在法国北岸诺曼蒂 Normandy 登陆，开辟欧洲新战场。

七日，（一）访美国民航局 Civil Aeronautic Administration 主任施丹登 Stanton，研究美国民航设备。

先生日记云：

> 据告：(1) 美国民航机场共分五等，第一等跑道自一千八百至二千五百公尺长，五十公尺阔；第二等自二千五百至三千五百公尺长；第三等自三千五百至四千五百公尺长。均须柏油

铺路面，须阔五十公尺，并须有若干分支路道，以备降落。至第四第五等，均须四千五百公尺长。(2) 训练飞行及技术人员，早年由军方训练，招收航空志愿生，合格者不及应考生百分之三十。因此每次招生，不甚踊跃。嗣由民航局提倡私立航空学校，招生训练。其训练飞行时间达百余小时。毕业后，由民航局发给执照。于是习航空者大为增加。南美国家曾遣派三百余人来美，由民航局为之分发各地私立航空学校训练。每一学生训练费用约为三百五十美元。

（二）赴加拿大驻美大使馆访皮尔逊 Pearson 公使，询其对发展民用航空之意见。（三）访居里，告以最近国际民航会议情形，及中国政府希望美方帮助供给所需之飞机。居里答称：美国政府对于剩余飞机及机械，系由复兴贷款局 Reconstruction Finance Corporation，（RFC）及国外经济事务局 Foreign Economic Administration，（FEA）两机构分别掌管。至对国外处分及握有租借物资之所有权，则属国外经济事务局。

八日，（一）蒋主席覆电，同意先提请美方协助我国发展民航原则，及美方希望在我国境内开辟航线。（二）与甫自重庆归来之泛美航空公司董事毕克司比 Bixby 午饭，并谈话。据告：在重庆晤交通部曾养甫部长，告以中国当继续与泛美合作，但亦应与英苏合作，组织与"中国航空公司"相同之公司。"中航"仍得保持以前所开之航线权利。彼曾向曾氏表示可减少美方出资成分至最低十分之一为止。（三）与美国战时生产局局长纳尔逊 Donald M. Nelson 谈话。

先生日记云：

午后晤生产局局长纳尔逊。渠意中国战后，必须仿照美国战时促进生产办法，使用迅速之手段，扩充生产。渠已建议请罗斯福总统派一实业考察团至中国，与中国政府当局研究战后开发计划。此不特可予中国有力声援之表示，且为美国计，亦有此必要。

九日，（一）电陈蒋主席，关于我国要求美方战后供给民航飞机办法，并电曾部长养甫洽照。电报要点如下：（1）美国战前只有航机三百六十余架，而航行甚多之里程。（2）我方要求美方供给飞机，用何方式，似应预为筹及。（3）汽油滑润油不便要求，不如改为机场设备。（4）制造航机，可并入毛邦初所拟制造计划之内。（5）建议如要求供给飞机，最好一半要求利用旧机改造，而援用租借法案；一半要求新机，用长期付款方式。（二）赴魏大使款待苏联驻美大使宴会。获悉苏美讨论民航问题虽已开会三次，尚未谈到“通过权”。

十日，访晤格鲁大使，希望美方协助中国建立民航。

先生日记云：

> 上午十一时半，往晤格鲁大使，告以吾政府覆电已到，正在整理意见，准备随时可以开会。并告以政府意见，对于商航入境权与美华航线二事，中国尚无享受互惠权利之资格，希望美方助其建立民航。促其考虑。至开会日期，请其指定。又询以与苏方讨论情形。渠答正在讨论中。苏方代表亦正在请示莫斯科，恐不能即时结束。

十二日，返纽约，晚赴荷兰俱乐部参加夏晋麟发起之聚餐会。

十三日，中午赴美商聚餐会 Shanghai Tiffin Club，发表演说。

美商聚餐会，组织已二十余年，由曾在上海经商之美国商家为主体。是日参加聚餐者共百余人。

十四日，泛美航空公司董事毕克司比邀往纽约航空俱乐部 Wings Club 午餐。饭后由发明直升机之希可尔斯基 Igor Ivan Sikorsky 讲述其发明之经过，并放映电影。

十六日，泛美航空公司总经理储芮卜约午饭，谈中美合作发展汽车飞机制造。

先生日记云：

> 中午应泛美航空公司总经理储芮卜午餐之约。渠对于国际民用航空会议议题，恐多发言论，受政府指责，不愿讨论。仅

谈及将来中国如欲发展汽车飞机制造，彼意汽车制造，推举克莱斯勒 Chrysler，飞机制造，推举卜内特·惠特莱 Pratt Whitney。如各该厂愿意合作投资最好，否则可另组投资机构，而由厂家专任经理。

十七日，由纽约乘火车赴华盛顿。

十八日，（一）约周凤图、周舜莘来寓，整理答复美方节略。先生对美方提议，应以（1）过境权利，因中国未能即时建立国外航线，无从享受互惠权利。目前拟先开辟中美航线。（2）中国政府希望美国政府供给中国民航飞机及设备，并帮助训练航空人员，同时帮助建立飞机制造工业。作为答复纲领。（二）约刘锴公使来寓商酌节略文字。（三）得讯犯湘之敌已进占长沙，守将薛岳退至南岳。

十九日，（一）约毛邦初来寓，示以节略文字，拟改节略为备忘录，毛同意。（二）约阿康诺尔 O' Conner 律师之助手顾瑞安 Henry Kurion 研究民航“过境权”与“入境权”之关系。（三）与美国战时生产局纺织部主任史梯文斯 R. T. Stevens 午餐。

史氏系史梯文斯纺织公司 J. P. Stevens and Co. 之总经理。其副总经理班莱特 W. N. C. Bennett 与曾任州长之盖登勒 O. Max Gardner（办有纺织厂）亦在座，均有意至中国设纺织厂。

（四）谯项伯克夫妇，并邀裴克夫妇作陪。

二十日，（一）访美国前任经济作战局 Office of Economic Warfare 局长白金斯 Perkins，询问南方贫瘠地区，农民贷款办法。

白氏曾任农业安全局 Farm Security Administration 局长，据告对于美国南方贫瘠地区农民，予以农贷，最高为七百美元，并指导其农业技术，选择耕地，并施以普通教育，不数年后，变为富农。

（二）晤美国务院助理次长毕尔，告以蒋主席希望美方帮助中国民用飞机五百架。

先生日记云：

渠答云，美国民用航空事业已历十五年之久，迄今持有飞机不过三百余架。吾方提出之数，虽分数年使用，亦觉太多。允为转告赫尔国务卿。余再告以可否请美方先赞成原则，随后讨论细则。渠未置可否。

（三）下午四时晤美国预算局局长毕耷 Louis H. Bean。（四）下午五时访任茂尔 C. F. Remer 教授。询以战后经济复兴方针。据告：（1）调查资源，（2）培养技术人材，（3）予人民以良善之法律保障。

二十一日，（一）约居里午饭。渠谓：孔副院长祥熙不日抵美，希望中国友人将美国对华心理告之，殊有裨益。（二）在美国务院讨论中美民航问题。

先生日记云：

> 下午二时半，在国务院讨论中美民航问题。出席人员与上次相同。余先述吾方可照美方希望，准予开辟中国航线，指定广州、上海、沈阳为降落地点。继述吾方希望美方协助建设民航。并附带申述吾方愿意参加美英之民航技术会议。美方代表先述感谢吾方准许美国开辟中国航线。至于协助吾方建立民航事业一节，希望另由双方专家会商。并由吾方提出计划，美方必尽力协助等语。最后美方提出中美商航合约一纸，希望吾方研究后，予以答复。

二十二日，（一）福特福开森农具公司代表罗杰士来见。经询以中国农具公司与该公司合作，有无希望。渠云彼公司内部变动甚大，一时恐无希望。（二）参观美国会参众两院及大理院。（三）访美财政部顾问马康乃尔 McConnell。马氏系研究美国战时剩余机件之如何处分。据告：美国战后有剩余之镁、铝等金属之制成品，及飞机与轮船之机件，与制造工具之机器。（四）电陈蒋主席，报告中美民用航空会议经过。

二十三日，与魏大使道明同赴机场迎接孔副院长祥熙。随同孔氏来美人员，计有外交部次长胡世泽、经济部次长谭伯羽、财政部次长顾翊群、中国银行副总经理贝祖诒、军事委员会参军朱世明、中央银行经济研究处副处长冀朝鼎及秘书医官等。美方前往迎接者，计有国务院格鲁大使、中国科科长迈尔 Myer 及专员裴克 Peck。飞机到达时，美财长摩根韬亦到，同乘汽车至中国大使馆。

据贝祖诒告先生，孔氏此来，除出席“国际货币金融会议”外，（1）为接洽增加飞机吨位，运进物资，以平物价；（2）为磋商美方在华用款之法币折合美金汇率问题；（3）为挽回此间对政府之恶劣舆论。并谓闻乘来飞机将开回重庆，运载蒋孔两夫人来美。

二十四日，（一）孔副院长约先生谈话，并邀其参加即将举行之“国际货币金融会议”。当复愿以顾问名义参加。（二）访美国务院航空股股长摩尔根，请其解说美方提交合约内不甚明白各点。

二十五日，（一）孔副院长来访，并邀任出席“国际货币金融会议”代表。仍请但予以顾问名义。（二）竟日校阅民航会议文件译文，并拟呈报蒋主席函稿，附去对美方提出合约之修正意见，以便交由开返重庆之飞机带往。

二十六日，（一）访美国外经济事务局机械工程主管人陶布 Alex Taub，询其对中国建设工业之步骤。（二）访联邦准备银行董事长艾克理斯 Marriners S. Eccles 与董事辛玛捷克 M. S. Szmaczeck，及研究室主任韩孟德 Hammond。

二十七日，赴芝加哥，参观共和党总统竞选人提名大会。

先生日记云：

> 上午乘泛美航空公司副总经理卜芮雅之自用飞机，同赴芝加哥，住联合俱乐部。晚间同至大运动场，参观共和党总统竞选人提名大会。主要演说者有前总统胡佛及时代杂志主人亨利·鲁斯夫人 Clare Booth Luce。散会后，参加卜芮雅为鲁斯夫人所设之晚宴。

二十八日，（一）参观共和党竞选总统提名大会，并聆竞选人杜威 Thomas Dewey 接受提名竞选总统演说。（二）返抵纽约。

二十九日，（一）参加缪嘉铭招待居里夫妇午宴。（二）晚乘火车赴布莱顿森林 Bretton Woods N. H.

七月一日，随同孔副院长出席“国际货币金融会议”。

先生日记云：

> 晨八时半到华盛顿山峰旅馆 Mount Washington Hotel，殊嫌嘈杂，改住枫林旅社 Hotel Maple Woods。下午三时，货币会议开会，先由秘书长宣读罗斯福总统演说词，次由孔先生及捷克代表致答词。嗣选举美财长摩根韬为主席。墨西哥、巴西、加拿大、苏联代表相继致词。最后摩根韬演说。散会。

按会议目的为讨论战后国际货币金融问题，结果成立（1）国际货币基金 International Monetary Fund，及（2）国际建设开发银行 International Bank of Reconstruction and Development 两国际组织。会议地点选在美国东部纽罕卜夏州布莱顿森林镇之华盛顿山峰旅馆。构成此次会议协定之主动人物为英国之经济学者凯因士 Lord Keynes 及美国财政部司长怀德 Dr. Harry White。该项协定普通称为《布莱顿森林协定》Bretton Woods Agreements。

三日，“国际货币金融会议”举行分组讨论会。

先生日记云：

> 上午开分组讨论会，第一组讨论平准基金，美代表怀德为主席。第二组讨论建设银行，英国凯因士为主席。第三组讨论其他合作问题，墨西哥代表为主席。下午六时，中国代表团讨论各国出资成分问题，因法国、印度均主张增加成分，使与中国相同。会议中佥主张中国为第四强国，应保持第四位成分。对于规定各国之汇兑率，均主张从缓规定。

四日，继续开会。

先生日记云：

> 上午开会，印度及埃及代表提议，两国在战事期间存于伦敦之英镑，应由行将成立之“基金”Fund 帮同清理。英代表反对。下午讨论修改黄金与主要国家货币比价。墨西哥代表主张须多数国家投票同意，方可修改。

五日至六日，继续开会。

七日，继续开会。

是日为我国七七抗战纪念日。晚间由美国务院副国务卿艾契逊介绍我国首席代表孔祥熙及前驻美大使胡适演说。并放映中国战场影片“Battle of China”。

八日，中国代表团开会。

先生日记云：

> 晨中国代表团开会，孔首席代表报告：昨日美代表邀谈，告以苏联方面要求增加基金摊额，由十亿增至十二亿美元，英国增至十三亿美元。原定摊额，苏联为九亿美元，英国为十二亿五千万美元。因此希望中国方面由六亿美元减为五亿美元。中国仍然保持第四位，并使第五位较中国少一亿美元。会议结果，均主张中国仍保持六亿美元之数。当再向美国交涉。下午郭秉文与怀德商谈，彼云美方始终未曾应允六亿美元之数。以前估计中国可得四亿七千万美元。现在中国成分可增至五亿二千万至五亿五千万美元之数。
>
> 今日孔先生报告法币发行额已达一千七百二十二亿元（172200000000），准备金为四亿或五亿美元（美金一元约换法币三百四十元至四百三十元），每月须增加发行一百亿元。

九日，（一）中国代表团开会讨论基金摊额成分问题。（二）怀德向孔副院长表示中国战后不可再有内战。

先生日记云：

> 上午中国代表团开会讨论基金摊额成分问题。佥主张中国须坚持六亿美元之数，盖以苏联已增加至十二亿美元，而总额已增至八十五亿美元，吾方若再减少，势必引起国内舆论反感，应再向怀德交涉。
>
> 孔先生报告：今晨曾与怀德谈话，渠意中国战后不可再有内战。政治必须趋向民主，庶可得到外助。此实中国战后财政经济之根本问题。
>
> 散会后，顺便将民用航空会议经过报告孔先生。

十日，（一）孔首席代表报告与美财长谈话经过。（二）蒋廷黻主张孔首席代表早日返国。

先生日记云：

晨孔先生报告：昨日晤摩根韬财长，关于基金问题，摩氏允与美方团员接洽，当竭力帮忙。摩氏今日赴华府晤罗斯福总统，想必代为报告关于中国各问题，希望能得协助。

下午蒋廷黻兄来谈，曾与孔先生谈话，希望其早日返国。返国以前，只须得到罗斯福总统表示，战后可供给中国以各项剩余机器及物资，值价五十亿美元，其价格条件从优，日后再行从长讨论，有此允诺，则此行已大成功。至孔先生则提及目前迫切使命：（1）为增加物资航运吨位达每月二千吨，以便返国后可负起稳定物价责任；（2）代垫美军在中国建筑机场及其他军用全部垫款达法币百亿元以上，希望商定以美金归垫之折合率，能得到法币一百元折合美金一元为最后让步。

今日上午，第一委员会议决定于十三日结束基金会议。下午，第三委员会开会，墨西哥代表提出金银并用，英美代表反对，法国及印度代表赞成。印度代表提出组织清理战时结存金镑委员会案，英代表反对，因此搁置未议。

十一日，李国钦来谈。出示美报所载居鲁·皮尔申 Drew Pearson 短评，诋毁中国，并涉及蒋主席家庭。深恐蒋孔两夫人不日抵美，更有不利之言论。

李氏时任中国代表团顾问。

十二日，中国代表团开会，讨论本团出席参加讨论建设银行各小组之人选与分配。

十三日，中国代表团开会，先开第一委员会，次开第二委员会，开始讨论建设银行案。

十四日，（一）今日报载孔蒋两夫人抵巴西，寓一小岛上之旅馆。（二）居里来谈。

· 先生日记云：

晚居里来，因住同一旅馆，得畅谈一切。据告孔先生希望解决飞机运量，并多运消费物品，以期稳定物价。军方甚为反对，认为应运军用品。彼正在尽力协助中。至希望美方答应以战后多余机器机件物料供给中国，为战后建设之用一节，此时军方尚不能表示一定数量。

十五日，（一）中国代表团开会，孔首席代表报告华府之行。（二）“国际货币金融会议”通过中国货币基金摊额为五亿五千万美元。

先生日记云：

晨中国代表团开会，孔先生报告其华府之行。谓见到罗斯福总统，适在罗氏晤华莱士自华返美作报告之后。罗氏形容言语殊非前次见面时可比，颇有不快之表示，甚至谓照目前中国情势，将走上崩溃之路。孔先生又报告自华莱士归后，罗总统曾有电报致蒋主席，希望任命史迪威为总司令。蒋主席覆电反对；力说以往数年抗战经过，种种难关。目前局势虽属困难，但不严重，彼可负责维持抗战到底等语。孔又报告曾晤霍浦金斯 Harry Hopkins，渠提及居鲁·皮尔申之报道，颇不利于中国，应予更正。孔结论谓，美国报纸言论，非任何人所能左右，惟有由在美之中国人士出面抗辩，或有效力，如何无人起而行之。余询其曾与华莱士晤谈否，孔云华态度极冷淡。

今日代表团团员宋子良、席德懋往晤摩根韬财长，要求维持基金摊额六亿美元之数。摩氏答可与美国副代表文生 Fred M. Vinson（小组委员会主席）一谈。见文生后，不得要领。及开会时，文生报告力言分配之种种苦衷。中国代表蒋廷黻与伊拉克代表起而表示不能承认摊额。荷兰、印度、纽西兰、法国各代表，相继发言反对。惟言词较中国与伊拉克为婉转。结果照报告案通过，中国摊额由六亿美元减少五千万美元，计为五亿五千万美元。

十六日，中国代表团开会，孔首席代表对削减中国基金摊额表示不满。

先生日记云：

> 今晨代表团开会，孔先生对于基金摊额减少事，表示不满。甚至谓美亦不足恃。余云中国处境极为危险，昨日投票情形，英有自治联邦赞助，美有中南美国家协助，苏联亦有联邦自治国，法比亦有领地赞助。中国既无友邦，亦无属地，等于孤立。摊额多寡并非重要，所应顾虑者为今后中国在世界之地位。促其注意。

十七日，（一）约范宣德早餐，谈话。（二）劝告孔副院长对美欠中国垫款，早日予以了结。

先生日记云：

> 晨约范宣德早饭，据告蒋主席一再责备美国援助不力，致中国军队战斗力日见薄弱。又责美国舆论何以只知压迫中央与中共妥洽，而不知压迫中共与中央妥洽。假使共党能顺从中央，则宪法早已颁布。似将一切责任诿之外力。又称孔先生向美索欠算账，现美政府已决定每月支付中国垫付美军费二千五百万美元，一切包括在内。目前结欠法币一百二十亿元，拟以一亿二千万美元了结。若尚不足，作为租贷法案，美欠中国之账。希望孔先生早日允予了结，即使拖延，亦所增无几云云。
>
> 嗣与孔先生谈，渠云成都机场建筑费共垫法币四十亿元；此外各项垫款共法币八十亿元。两项拟作六十对一了结，是彼此相差尚在半数。

按范宣德所谈各节，见华莱士副总统六月二十二日与蒋主席之谈话记录，时范氏在座任传译。（可参阅美国务院所编之《中美关系——一九四四至一九四九》，页五五一至五五四）

十九日，（一）中国代表团开会，孔首席代表报告苏联拒绝接受中国分让货币基金摊额。（二）前驻美大使施肇基来谈，美国务院方面对于国民政府之看法，极为悲观，认为恐有崩溃之可能。

二十日，赴波士顿，参观哈佛大学及威尔斯来女子学院。

二十一日，（一）叶达卿来陪往其尊翁琢堂（瑜）墓前行礼。（二）参观哈佛燕京图书馆。（三）离波士顿，仍回康州克林威琪镇之康德旅馆小住。（四）国际货币金融会议闭会。

二十四月，返纽约，晤孔副院长祥熙。据告："国际货币金融会议闭幕前，各国对基金摊额不满声明保留者，经英美代表呼吁后，概予取消，以示全场一致。中国曾首先赞同。"

二十七日，（一）遇福特福开森农具公司代表罗杰士，询其与中国农具公司合作事。据答称：中国政治不稳定，难有确切计划。（二）晚中美工商协会在纽约华尔道夫大旅馆欢宴孔副院长祥熙，参加者千余人。

先生日记云：

> 可见美人对于中国战后经济建设兴趣之浓厚。

八月一日，（一）参加中国银行纽约分行招待该行孔董事长祥熙宴会。（二）往晤美孚油公司主管中国业务之白克尔 Parker，告知经济部意见。

先生日记云：

> 下午往晤美孚油公司主管中国方面营业之白克尔，告以关于该公司希望与中国政府合作开发油矿事，接翁咏霓兄覆信云，因油矿均在西北，顾虑苏联猜忌，目前未便与他国谈判。

三日，中国航空公司总经理王承黻自重庆抵美，报告航空委员会秘书长周至柔反对他国民航机有自由过境权。

按先生曾向联合社发表谈话，承认他国民航机过境自由，系互惠的，并须彼此先有协定。国内尚未十分了解，故有此误会。

五日，偕长女国钧赴底特律转麦金纳岛 Mackinac Island，应道德重整会之邀，参加其夏令会。

七日，出席道德重整会欢迎会，并演说。

先生日记云：

> 上午十一时，道德重整会会友集会欢迎余到。由会友艾伦

Len Allen 致介绍词，并有红布写上（1）欢迎，（2）高、洁、坚三大道德信条（系余在中行训练高级行员之信条），（3）努力建设新中国等词句。余简单致答词。下午茶会，听为该团服务之主任人员演讲。内有厨房、庶务、木匠、漆匠等，均系团友纯尽义务。

八日，讨论我国之“新生活运动”。

据鲁植主教 Bishop Roots 之女公子佛兰西斯 Frances 云，蒋主席曾与其父谈话数次。“新生活运动”之产生，与该项谈话有无关系，不得而知。

九日至十五日，道德重整会连日集会，由领导人讲述各人在国外工作经验及意义。再由到会各人讲述自身感想，并批评各种极权政治制度。

十六日，道德重整会干部拟在中国推进工作。先生告以可改称为“民德复兴运动”，而以四德为标榜，即“至诚”“无私”“纯洁”“博爱”。应使道德精神与物质生活融合为一。并告以此四德者，中国孔孟之教训中已谆谆言之。深愿以此四德，时时提醒自己。

十七日，与毛邦初通长途电话，请其转告刘锴公使，向美国务院探询美苏对民用航空谈判情形。

二十四日，在鲁植佛兰西斯女士 Miss Frances Roots 生辰茶会中，阐述中国“修”“齐”“治”“平”意义。先生演说要点如下：

中国近数年为德义苏联等国，自力更生之说所迷惑，于是徬徨于纳粹、法西斯与共产主义之间。一俟战争终了，人民脑筋当渐清晰，亟宜恢复固有道德。其推动办法，大可参考道德重整运动。类如孔子弟子曾参曰“吾日三省吾身”，犹如此间每日必有若干次静默沉思。中国所谓大仁、大智、大勇，犹如此间之四德：至诚、纯洁、无私、博爱。中国之“天听自我民听”“天视自我民视”，亦即此间之“上帝指示”。中国之修身、齐家、治国、平天下，即此间之建树新人、新家庭、新国家、新世界之意。可见道德规律，中外相同，要视实行如何耳。

先生继复表示，只须实践力行中国固有道德，自能改造个人，改造政府，改造环境，初不必加入道德重整会，方能改造一切。

二十九日，与道德重整会领袖谈道德重整运动之由来及其意义。各人希望先生入会。先生告以该会标榜之至诚、纯洁、无私、博爱，均属中国所固有，应实践方行，不必定要改信基督，加入基督教。

三十日，返抵纽约。

三十一日，晤居里。据告：（1）最近美国武官赴延安，目的在考察将来如在华北作战，第八路军有无协同作战可能。（2）纳尔逊赴重庆协助我国工业生产，重在研究战后中国有何需要。旨在一面鼓励中国抗战，一面劝告中国亟图改进。赫尔利 Patrick Jay Hurley 驻华，旨在折冲蒋主席与史迪威间之关系。

九月二日，报载苏联反对"过境自由"；国际民航问题不能解决。一般协定，只能由各国相互订立个别协定，彼此开辟航线。

七日，接孔副院长祥熙送来和平机构会议中国代表团顾问聘书。

十日，访泛美航空公司副总经理卜芮雅，询问对于苏联过境自由权之主张，有无所闻。又询加拿大意见如何。据答：彼知苏联坚持航空主权之原则，反对他国飞机有过境自由权，只能飞达边境。如美国政府准其公司与苏联接洽，可商允飞至苏联。至于加拿大意见，与苏联相同，故美政府在加建筑之若干机场，已由加政府备价收回。

十一日，（一）复孔副院长祥熙函，接受和平机构会议中国代表团顾问名义。（二）晤军事代表团主任商震。据告：赫尔利赴华，为解决（1）中国战场作战指挥权问题。美方希望照欧洲战场办法，交给史迪威将军。蒋委员长原则同意。现商细则。（2）同时商议租借法案物资之管理权问题。美政府主张亦交史迪威。蒋委员长不予同意。现拟交于赫尔利。（三）魏大使道明来谈。据告："纳尔逊之派赴重庆，重在研究中国经济现状，究竟可以支持几时，及孔先生所要求之增加航空运输吨位。至研究中国战后经济建设尚在其次。”（四）接美国务院助理次长毕尔来函。据告：“中国政府希望美国政府代为训练航空技术人员之预算，业已通过。”当即电告交通部曾部长养甫。（五）蒋孔两夫人抵美。

十四日，参助太平洋学会纽约分会讨论中国外资问题。

十五日，（一）前交通部人事科科长刘驭万新自重庆抵美，来见。据告：交通部内部工作，秩序紊乱，人心涣散。国防物资供应处驻印度代表陈质平已辞职。（二）接美商务部次长普尔登电话，承告：此次美国政府预算，所列训练民航技术人员费用四百八十万美元，业已通过。希望中国派送人员来美受训。（三）中国航空公司常务董事邦德 Bond 来见，称在渠返美两个月期间，由杜威得尔 Sweedle 代理其职务。

十六日，（一）约中国航空公司总经理王承黻，及对于无线电、机场建筑设计与建筑工程有经验之中国专家，共同讨论航空会议之技术问题。（二）约律师恩允 Onion 来见，面交民航合约及本人修改意见，嘱其研究。

十九日，（一）与居里早饭，谈话。

先生日记云：

> 询其外间传说，美政府可能有十亿美元剩余日用品及机器设备，供给中国，及国外经济局 FEA 有二年援助中国建设计划之说，是否确实。渠云：“国外经济局曾有协助受战事毁坏之国家，恢复交通及工业计划。就中国而言，计算二年间，需要机械物料设备约七亿或八亿美元。或者即因此误传，至讨论已久之训练学生及技术人员办法，至今未见确定。而中国方面已认为定局，正作种种准备。”照此看来，战后援助，尚在渺茫之中。

（二）中美工商协会财政组委员会欢迎孔副院长祥熙及其随员。

先生日记云：

有美方实业家参加，讨论外人在中国投资问题。孔先生宣布政府政策，除少数重工业归政府经营外，余均开放民营。即政府经营之事业亦可与外人合作。有人询问公用事业可否准许民营。孔答云：当然可以。

二十二日，参观美国制铝公司 Aluminum Co. of America 之纽泽西炼铝轧片厂。该公司总经理戴维斯 A. V. Davis 有意战后在中国设厂。

二十三日，十六日所约航空有关技术人员作成之报告，特来面交。

二十四日，与在哈佛研究经济学之王念祖畅谈，获知其对于经济学识确有根底。

二十五日，与律师恩允商谈民航合约条文。

二十六日，与李铭同访曾在上海充证券经纪人之施望 Swan，商谈如何可使中美工商协会工作，有裨益于中国。

二十七日，偕资源委员会专员徐宗涑、张宝华访美国制铝公司总经理戴维斯，谈中国制铝原料及储藏量与出产地。

二十八日，赴华盛顿。

二十九日，与毛邦初商讨修改中国建设民航计划。

三十日，（一）驻美大使馆商务参赞李榦来见。据称：美国民间主持之“实业会议”，中国方面已指定陈辉德为首席代表。当告以俟全部代表到齐后，再行正式通知美方。（二）中午驻英顾维钧大使约午饭。渠云英国一般舆论对于中国，亦极端不利。（三）午后约同人讨论民航建设计划修正案，以便电报重庆。

十月一日，陪孔副院长祥熙访凯撒公司 Kaiser Center 驻华盛顿代表施柯尔 Scoll，讨论战后中国所需交通工具。

二日，（一）访美国务院助理次长毕尔，谈国际民航会议情形。先生日记云：

(1) 询其美政府发出各国之民航会议请帖，已有若干国家答复。据答：正陆续而来。惟苏联向来最后答复，至今未到。

(2) 询其英国将派何人为代表。据答：大约为前任航空部长裴佛罗。(3) 询其美方代表为何人。据答：渠本人外，尚有航空局局长、商务部次长、陆海空军三部次长，及国会两党代表。(4) 询其开会议程如何。据答：(a) 某一国希望对外航线缔结一国际共同协定；(b) 航行规约，类如巴黎和约，连同英国提出之世界民航管理机构，一并讨论；(c) 技术标准与合作问题；(d) 国际机构未成立前，临时委员会之设立。毕尔复附加说明，上述航线当然为临时性质，战后可重行讨论。(5) 询其以前所议合约是否继续讨论，并各国有无已签订者。据答：尚无签订者，即有数国虽已赞同原则，亦尚未签字。并云中国政府如能继续讨论，并以中美两国关系密切，能先签订，固美国所愿。(6) 询其中国政府希望美方供给多数运输机，美国政府意见如何。据答：此时希望多拨运输机，必为军方所反对，战后则易于商洽。再询其现在印度中航公司所用之运输机，能否一部或全部拨归中国政府。据答：如现在已归中航使用者，或可设法。(7) 询其美方必有多余地上航空设备，是否可以拨让。据答：美国在世界各地建造之机场，有许多地点并未使用，可以拆除，盖军方往往务多，而不计费用，战后可从长计议。(8) 告以中国政府拟定之民航建设计划，业已寄到，一俟整理就绪，即行送交美方。

(二) 晤范宣德。据告："纳尔逊最近返国述职，依渠观察，中国目前确属困难重重，但并非绝望。纳氏推荐曾养甫为生产局局长。"又提及国共问题不能解决，影响及于中苏关系，深为可虑。

三日，凯撒公司代表施柯尔来谈。据告："美国战时船只吨位增加至五千万吨。现有自由轮三千五百万吨，十八海里快轮一千五百万吨至二千万吨之间，其中油轮占一千二百万吨左右。战后如何运用，乃一绝大问题，势必影响于世界造船业。中国方面应与军方接洽，探知其（美军）在中国登陆后，交通运输计划如何。凯撒本身拟预备若干艘货轮在美国西部，与中国南部及南洋各埠之间，希望与私人企业合作。”

四日，（一）率领航空技术人员至美商务部，访晤次长普尔登，由其将各员一一介绍与各部主任，分别谈话。

先生日记云：

> 余与渠长谈：(1) 询其航空会议之技术议题，渠将重要各题目，一一详告；(2) 次询其所拟之民航技术人员之训练方案。彼亦详询吾方所遣送受训人员之学历与经验。

（二）与孔副院长祥熙及凯撒公司代表施柯尔，商讨交通部所拟加强运输工具计划，并询问运输机之目前供给及战后剩余飞机之处分等问题。（三）赴普鲁金研究院 Brookings Institution，访晤民航专家范任莱 Parker Van Zenet。范氏著有《全球空运地理》*The Geography of World Air Transportation* 一书，对于民航问题，深有研究。（四）赴居里家中晚饭。据告：“纳尔逊曾与蒋主席提及中国应奖励民营企业。又建议生产局组织应仿照美国办法，上设局长，下设理事会，中间有一美人综揽一切，并由美国派遣专家协助之。”

五日，（一）电呈蒋主席，建议先开辟国际航空线。将航空委员会所拟计划，加以修改，采用交通部所拟需用民航机数，一地一站办法，建议先开辟国际航空线。（二）晤范宣德，据告：“国际民用航空会议将于十二月中举行。”（三）泛美航空公司董事毕克斯比，与中国航空公司常务董事邦德，约午饭，介绍美国全国商会会长詹斯登 Eric A. Johnston。（四）与凯撒公司代表施柯尔谈航业经营，获益颇多。

六日，（一）民生实业公司经理魏文瀚来谈，报告在美考察所得。据告：“最近中国航业界托其来美考察，参观航业公司及造船厂甚多。并与负责人交换意见，颇为广泛。渠主张中国政府应从速设立航业公司，向美国政府多要船只。并将美国政府拟供给中国之自由轮，收归自管，以便训练人才。若能表现自管能力，方易多要船只。次则应向美方多要求供给修理及港埠设备。”（二）约民航专家范任莱与同人谈话。范氏主张航空自由，认为来往旅客愈多，则国家收入愈丰。

七日，（一）约潘文渊来谈，请其研究航空无线电。（二）访美国全国商会会长詹斯登，询问国际实业会议议程。据告：尚未整理就绪，俟中国代表到后，当约一谈。渠愿往中国一游。（三）访美国务院助理次长毕尔，询其已否接到苏联对于国际民航会议之意见。据告："有一节略交来。苏联不愿外机入境。美俄间如开航线，只允美机经亚速尔群岛 Azore Islands 及开罗而至波斯，以达俄境，再由苏机接运。"

九日，与王承黻、周舜莘，及技术专家王瑞骧、潘文渊等，参观华盛顿飞机场。

先生日记云：

> 由美国民航局局长，及各部主管陪同参观其管理台、气象报告室、无线电台。商务部次长普尔登赶来陪同午饭。询知该机场隶属民航局，建筑费计一千五百万美元，每日上落飞机四百次。各航空公司租用站屋，缴纳租费。

十二日，（一）与毛邦初商拟呈蒋主席电稿，建议在国际民用航空会议中，应提出吾国之国际航线计划。（二）约道德重整会会友麦金赛 McKinzie 与英国驻美大使馆秘书阿比尔 Opier 午饭。询问阿氏英国战后经济政策如何。据答：英国在战后有相当岁月之过渡时期，继续采用统制政策，以康复战时所受创伤。惟长期政策仍与美国取同一步骤，鼓励贸易自由。

十三日，（一）财政部美籍顾问杨格 Arthur N. Young 约午饭。（二）晚宴美民航局局长芮特 Wright 夫妇。邀中国航空公司美籍常务董事邦德夫妇及大使馆萧武官夫妇作陪。

十六日，（一）约凯撒公司代表施柯尔午饭。据告："美国航业如造新船，政府可以补助半数，其余半数只须交现款十分之二点五，其余十分之七点五，可分二十年摊还，利息只三厘半。"如此看来，中国航业，若非政府补助，无法发展。（二）访美国剩余物资处理委员会 Surplus Property Disposal Board 飞机组主任哈丁 Col. W. Y. Harding，询其战后剩余飞机及地面设备大概情形。据告："战后剩余飞机必不在少数。至地面设备，则远近不等，近者在中国，即有剩余。"（三）居里询问中国人士，有无愿意捐助民主党竞选经费者。

十七日，赴机场，迎接我国出席国际实业会议代表陈辉德、卢作孚及范旭东。并与卢作孚在旅馆长谈。

先生日记云：

> 今日我国出席国际实业会议代表光甫、作孚、旭东三兄，将于中午十二时许抵纽约，前往机场迎接。知八弟禹九及葛敬中在印度逗留未到。随即邀同各人赴艾舍克斯 Essex 旅馆午饭，饭后与作孚兄详谈。

十八日，（一）晨在艾舍克斯旅馆集会，讨论国际实业会议宗旨，及吾方代表应表示之意见。（二）中午，国际实业会议我国另一代表张嘉铸抵纽约。（三）晚与范旭东、张嘉铸分别长谈。

二十日，接大使馆通知，政府来电派先生及毛邦初，为我国出席国际民用航空会议正副代表。

二十一日，薛次莘来见。据告："资源委员会与西屋电机公司 Westinghouse Electric Corporation 订立技术合作契约，购买该公司各种专利特许执照，计价三十五万美元。由该公司设计建厂，预算须筹资金三千至四千万美元。"

二十二日，与方善桂、王念祖研究国际实业会议动机，及我国代表应行准备事宜。

二十三日，（一）与我国出席国际实业会议各代表会议，并说明方、王二人研究结果。（二）晚在广场饭店 Plaza Hotel 宴请美国全国商会会长詹士登 Eric A. Johnston、美国制造业协会会长盖福德 Oswald Robert Gayford 及美国国际贸易协会会长汤姆斯 Eugene Thomas，与我国出席国际实业会议各代表。我国代表陈辉德即席说明我国战后经济政策。

二十四日，赴华盛顿，与毛邦初商定国际民用航空会议我国代表团人选。经决定加入刘锴公使为副代表，李卓敏为顾问，王承黻、周舜莘、刘敬宜、陈枢翼、杨龄、徐近之、潘文渊为专员，周凤图、乐俊铼为秘书。

按刘敬宜系航空委员会参事，陈枢翼系机场建筑师，徐近之系地理学家，杨龄系航空委员会专员，潘文渊系无线电专家。

二十五日，（一）中国航空公司美籍常务董事邦德来见，表示愿意参加出席国际民航会议，并转达美民航局职员摩尔根 Morgan 意见。摩尔根建议：中国目前虽尚无意开辟国际航线，但对于各国宜要求直达权利，以免各国仅以其殖民地为终点或起点，与中国交换通航权利。先生认为所见甚是。（二）泛美航空公司副总经理卜莱雅推荐前威尔斯理大学校长麦克拉莱 James McNougly 帮同研究国际民航问题。先生以其地位太高，无法位置，姑允考虑。（三）与居里午饭，谈及国内军事政治问题。渠提出两点：（1）必须去何应钦部长，方可改换军事局面，实现设立中美联合参谋团办法。（2）战后中国欲求取得外资，必须政治统一，收支平衡，经济安定。（四）与美国务院主管国际教育专员裴克，接洽训练我国民航技术人员办法。渠云可以增加人数。（五）凯撒公司代表斯柯尔来告，已拟具一中美航业合作计划，送交美国商航委员会 Maritime Commission。

二十六日，（一）与施特莱 Eugene Staley 商酌国际航空会议演说稿。（二）与美国务院助理次长毕尔通电话，告以中美民航合约可在芝加哥开会时，当面磋商。

二十七日，（一）美国剩余物资处理委员会飞机组主任哈丁上校，约同国外经济事务局飞机组主任波金克霍夫 Brinkerhoff 来见，谈中国民航建设需要。经告以容俟芝加哥会议毕后，当来华盛顿详谈。（二）大使馆萧武官来告：美军部已决定调回史迪威将军。并告："缅甸与中国战场之指挥权分开，缅甸战场归苏尔丹中将 Lieut. General Daniel I. Sultan 指挥，中国战场归魏德迈少将 Major

General Albert C. Wedemeyer 指挥。”（三）先生所聘之设计专家奥斯汀任期届满，自愿解约。（四）返纽约。

二十八日，与李铭同访孔副院长祥熙，报告准备出席国际民航会议经过。渠谓无意见，并称不久将入医院检查身体。

三十日，（一）赴华盛顿，陪卢作孚访纳尔逊。纳氏称：“不日须赴中国一行，并邀同钢铁、酒精及汽车专家同往，研究如何在短期内，增加生产及运输能力。明春再约若干实业家赴重庆。”（二）与施特莱及李卓敏商订国际民航会议大会演说稿。

三十一日，（一）闻苏联拒绝出席国际民航会议。

先生日记云：

> 因与美国务院掌管民航事务之摩尔根通电话，询问原因。渠答称非关会议本身，恐有其他原因，嘱询格鲁大使。即与格鲁大使通电话，嘱晤国务院专管苏联事务之包伦 Charles E. Bohlen。下午往晤，适彼有事，由其副手杜尔波诺 Elbridye Durbrow 代见。据告或因西班牙问题，借此予共党以声援，而予佛郎哥以打击。因苏联代表已到，且苏联政府固早知西班牙、葡萄牙、瑞士均在被邀之列。

（二）晤范宣德。据称：“史迪威将军召回，恐美方舆论有重大反响。中国政府若不早日革新，恐舆论将日见恶劣。”（三）电报政府，苏联拒绝出席国际民航会议。

十一月一日，抵芝加哥，出席国际民用航空会议。

先生日记云：

> 中午十二时抵芝加哥，赶即整理大会演说词。下午二时开预备会，英国主张应以国际民航合约及国际民航机构，列为首要议题。加拿大提议国际民航事务题目，应改为民航路线。主席宣布议程委员会 Steering Committee 参加国家名单。嗣讨论会议用语。法国主张英法并用，南美国家主张加用西班牙、葡萄牙语。结果决定四种并用。下午四时开大会，由毕尔次长任主席，宣读美国总统演说词，继致开会词。嗣由比利时、墨西哥、

中国三国代表致答词。词毕，检定各国代表身份证，提名推选副主席，通过大会章程，及各委员会委员人选。下午六时，美代表团招待各国代表茶会。

二日，（一）中国代表团开会，分配出席各委员会人选，并讨论与新闻记者谈话稿。（二）下午三时，国际民用航空会议举行大会，中国当选为大会副主席。会议分设四个委员会。

先生日记云：

下午三时开大会，法国与中国当选为副主席。分设四个委员会：（1）国际民航合约及国际民航机构（英国任委员会主席，哥伦比亚任副主席，嗣英国让与南非）；（2）技术标准（荷兰正，加拿大副）；（3）国际航线（美国正，法国副）；（4）国际临时机构（巴西正，中国副）。各国代表分别发表意见：首美，次英，及加拿大、墨西哥、纽西兰、澳大利亚、印度、法国、挪威、波兰、巴西、巴拿马等。六时至九时休息。九时开会，十时散会。

（三）当晚发电报告政府。

三日，出席会议，预备主要问题意见书。

先生日记云：

上午开各组委员会。第一组委员会由南非主席，下设三小组，第四组委员会由巴西主席，下设三小组。除列席会议外，全部时间预备两主要问题之意见书：（1）国际机构；（2）航空过境自由权。至清晨三时始毕。

四日，（一）出席第一组委员会。（二）代表团自行集会。

六日，（一）晨出席第一组委员会，讨论航行原则。（二）与法国代表晤面。商定国际临时组织须五大国平等。不能同意英、美、苏各占二席，而我国与法国只各占一席，中法两国取一致行动。（三）中午约范任莱 Van Zenet 午饭。据告："英国及其联邦主张以加拿大提案为主，并主张每一国家均有不可剥夺之航线权利，因此须有一国际机构分配航线。"（四）下午访阿富汗代表。据告："南美各国主张临时国际机构，须允许出席国家一律参加，应设一常务委员会，而不应有永久席位。同时反对美国提案，亚非国家在国际机构内合占一席之主张。”（五）晚英国代表团请各国代表晚餐。（六）夜间荷兰代表团请茶会。

七日，（一）与巴西首席代表见面，告以国际组织之临时委员会 Interim Council 之席次，应求一折衷解决办法，俾免争执。（二）下午二时半，议程委员会开会，决定电邀巴黎之国际航空组织之秘书长到会列席。（三）四时，第一、第二两委员会开会。（四）六时半，代表团开会，讨论应付各主要问题之方针。（五）参观美国人民选举总统投票手续。

先生日记云：

> 今午在前华西大学校务长皮邱博士家中午饭。饭后陪去（参观）投选总统票，获知投票手续。晚间，悉罗斯福当选连任总统。

八日，（一）出席会议，讨论澳洲及纽西兰提案：国际航线归国际经营问题；否决。（二）通知美方代表摩尔根，中国对于他国飞机通过国土之中国立场。（三）通知美国首席代表毕尔，中国在临时国际组织中，须得常任席次，并提出对于席次分配之意见。（四）阿富汗代表请午饭。（五）法国代表请晚饭。

九日，（一）决定中国对于过境权声明书文稿。要点如下：

> 第二次大战以前，我国顾虑日本之侵略，对予外国航线之伸展至中国国境，不得不采取限制政策。我国政府现鉴于国际合作发展民航事业之重要，如在不妨碍国家安全与领土主权范围以内，极愿欢迎外国充分服务之航线扩展及于中国。因此中国政府建议：外国民航机应在不妨碍国家利益，与下述各项条件之下，始能取得过境权及技术性降落权，与商航入境权。
>
> （1）外国欲取得过境权，须先达成商航入境权之谅解。
>
> （2）外国飞机如须定期过境，其飞行必须遵从当地国家指定之入境地点，及准许技术性降落机场之路线；非经当地国家

之许可，不得航行新路线，或变更旧路线。

（3）外国飞机之不定期过境，不论商航或私人航行，必须遵守当地国家在申请过境时，所指定之航行路线与降落机场。

（4）当地国家可经预先通告，变更已指定之过境路线。

（5）外国飞机如因紧急事故而过境，或未得许可，或未遵从指定路线者，必须尽速在附近机场降落，如降落在非为技术性降落之机场，该机须在机场停留，俟检查完毕，并得许可后，方准飞离。

（6）凡国际航线取得商航入境权者，其航行路线与起落机场，须经当地国家指定之。

（7）国际航线使用指定之机场，与机场设备，以及指定路线沿途之航行设备，应受当地国家所定之最惠国待遇。

（8）外国飞行员与飞机入境后，须遵守当地国家法律规章。

（9）国家遇有国家安全之必要时，得经事先通知，暂时停止外国飞机之过境权，与商航入境权。

依照上述各项建议，凡商航之定期过境，与技术性降落，可不必每次事先取得当地政府许可。商航或私人航行之不定期通过，与技术性降落，目前仍须取得许可。再商航入境权之准许条件，应尽量予以宽大。

上述之若干建议，纯由国家安全立场而设，并无丝毫欲以阻碍国际航空合理发展之企图。中国代表团深望世界安全计划，能见诸实行。庶今日认为必要之规章，可逐步放宽，促进航空自由之发展。

（二）下午将中国此项声明书送交大会秘书厅。一面报告政府，并建议在广州、上海、沈阳国际路线之外，加入昆明至上海线。

（三）法国代表团来接洽关于国际临时机构委员会席次。

先生日记云：

法国代表团来洽，拟建议国际机构临时委员会席次，由加拿大、中、英、美、法、巴西、荷兰、苏联八国为常任委员。

其余由欧洲国家合选三名，中南美国家合选二名，澳洲海洋洲合选一名，亚洲非洲国家合选一名，希望吾方赞同。余告以常任八席，无异议。对于选举各席分配，吾方未能完全赞同。

（四）美国首席代表不赞成法国建议。

先生日记云：

晚美国民航商会请晚餐，余与美首席代表毕尔并坐，渠提及临时委员会委员应一律选举，不赞成法方建议。并谓美国希望帮助中国提高国际地位，乃既定政策。惟中国内部必须统一。

十日，（一）国际民用航空会议通过国际航空临时委员会委员之选举，应一律平等，不应差别待遇。（二）会议通过英国及加拿大代表提议，当选委员国家之标准：（1）航空业务，（2）地理位置，（3）技术贡献。（三）准备明日对记者发表谈话之文字，与问题答案。

十一日，招待新闻记者，先分发书面宣言，次口头解答问题。美国首席代表毕尔次长在旁协助，应付顺利。

十二日，（一）约美参议员布鲁斯特 Alson Brewster（参议院商务委员会委员，美国国际民航会议代表之一）茶叙，告以已接重庆经济部来电，欢迎美国全国总商会会长詹士登访华。（二）函告陈辉德，以现在出席国际民航会议，虽列名我国国际实业会议代表团，未能出席，请代主持。

十三日，（一）与毛邦初副代表研究国际民航公约稿，及中国代表团拟提出之修正条文。（二）宴请英国及南非代表团。（三）访法国首席代表，长谈。渠主张国际组织临时委员会委员十六名，应分配如下：（1）最主要国家，美、英、苏、中、法、巴西、荷兰、加拿大计八席；（2）北欧之瑞典、中欧之捷克、南欧之希腊计三席；（3）中美之古巴、南美之智利计二席；（4）北非以比利时代表，近东以阿富汗代表，计二席；南太平洋以澳洲代表，计一席。

十四日，研究如何将限制“空中自由”意见，加入公约，并与美国代表交换意见。

十五日，（一）与美国代表团团员民航局局长薄古 L. Welch Pogue 商酌中国拟提出有关“限制空中自由之保留”意见之文字。（二）出席芝加哥美术馆招待国际民航会议代表会。先生见该馆所陈列联盟国赠贻之珍品中，有我国所赠之夏珪山水立轴。

十六日，（一）与美国代表团律师商定我国在公约中，拟予保留之事项。

先生日记云：

> 今日与美代表团律师商定吾方拟于通过公约时，提出保留意见：（1）过境权与商航权须相联；（2）不定期航行与私人飞行通过，必须事先得政府之许可；（3）航路与航站须经政府指定。美方希望此项保留意见至最后再提出，以免其他国家纷纷提出保留文字。

（二）招待菲律宾代表团午餐。（三）宴请美国代表团晚餐。席间据美国代表称，与英国协商条件，大致就绪；惟会议结束，尚须十日左右。

十七日，（一）出席民航会议议程委员会。美国首席代表毕尔报告：“关于民航公约，因其他国家代表团未经提出有系统之草案，故自十一日起，美国代表团因即根据美、英、加三国所提公约草案，共同修订，渐趋一致，不日可以提出公同讨论。希望与会各国代表耐心略待。至国际机构临时委员会选举事，拟交各分组委员会主任委员研究方案，再向议程委员会报告。经议决指定若干国分任通知其他各国。”先生与阿富汗代表分任通知远东及近东各国。由先生通知埃及、黎巴嫩、叙利亚、印度、菲律宾及泰国。由阿富汗代表通知伊拉克、伊兰及土耳其。（二）比利时首席代表来晤，希望帮忙当选。

十八日，邀宴二十八年秋间应聘赴华协助改良公路运输之专家谢安 Maurice Shean 及白熙 W. Y. Bassie 夫妇，并约灰狗公共汽车公司总经理莘马克 Sheinmack 夫妇相陪。莘马克与先生长谈谓：“罗斯福四次连任总统，第一由于其外交政策之成功，第二由于自其当政以来，市面繁荣，人民收入增加。至于中国获得美国人民之同情，由于孙中山之三民主义提倡民权。近来美国人民怀疑国民政府趋于极权独裁，以致失去同情。”

十九日，（一）乘火车至纳波村 Naperville，Ill.，应北中学院院长饶尔 Edward Everett Rall 之邀，至其家午餐。（二）下午赴艾文斯顿 Evanston，Ill. 纺米德尔顿夫人 Mrs. Middleston，由彼介绍与山打佛 Santa Fe 铁路总经理晤谈。（米德尔顿夫人系先生长子庆元及三妹昔日旅美时之房东）

二十日，（一）参观北中学院（先生长子庆元之母校），并对员生演说。（二）返芝加哥。（三）阿富汗代表来谈，谓国际机构临时委员会席次，近东国家须有二席，土耳其须有一席。（四）伊朗首席代表邀请晚餐。

二十一日，（一）研究美、英、加三国对国际航空公约折衷案内容，关于航空自由及航运等，均未列入，知英美意见尚不一致。（二）出席芝加哥中国学生会茶会，并演讲。（三）芝加哥华侨餐馆业及洗衣业同人合组之“民生社”邀请晚饭。（四）美、英、加三国代表对于国际航空机构职权，未获一致结论。

按美国代表主张设立一国际航空机构，其任务限于有关技术问题，及承受咨询。加拿大代表主张设立一国际航空机构，赋予（1）分配国际航线，（2）检定航运价率，（3）规定航运班数等权。但对其权限，规定限制程式。英国代表主张赋予国际机构之权限，与加拿大主张相同。惟在执行上，较有伸缩。

三国主张既未能获得一致结论，乃产生一共同提案，放弃（1）分配路线，与（2）检定航运价率两权。即规定航行班次权亦不采取肯定主张。于是此一国际机构，仅为备顾问与咨询之机构而已。至对于此一机构之组织，则建议设一大会，每一会员国有投一票之权，选举一“常任委员会”，以向占航运重要地位之国家组织之，负责发布有关国际民航之新闻，如运费、成本及公家津贴等项。

此外尚有下列各项建议：（1）每一国家得保留其国内航运，归国内航机营运。(2) 常任委员会得设置区域或附属机构，从事研究有关航运一切事宜。(3) 常任委员会得接受对于降落设备不完备之控诉，并建议改善之方法，及与以财政援助。(4) 旅客与货物运率，得由每一区域民航公司联合会议，订一合理运价。常任委员会得应一国或一国以上国家之请求，予以修改。如有关公司不予遵守时，委员会得自订一运率，促其遵守。如遇当地国家不予赞同，则不在此限。

二十二日，(一) 出席国际民航会议议程委员会，讨论国际组织临时委员会选举法。决定 (1) 由空运发达之国家选举六席，内保留苏联一席；(2) 由地理关系之国家选举九席。(二) 出席全体委员会，通过技术合作、国际临时机构及航运原则。(三) 中国代表团招待全体代表茶会，到来宾二百余人。

二十三日，出席国际民航会议分组委员会联席会议，讨论国际组织临时机构。

二十四日，(一) 出席分组委员会联席会议，讨论民航公约条文。(二) 研究英美提出之民航营业分配办法草案。

二十五日，(一) 出席分组委员会联席会议，继续讨论民航公约条文。(二) 埃及代表请午饭。

二十七日，出席分组委员会联席会议，讨论外国民航飞机飞经某国领域，装卸货物权问题。英美均主张须有限制。先生表示倾向美国意见，不必限制过严。

二十八日，继续讨论民航公约条文。

二十九日，美国首席代表于讨论民航公约时，临时提案，商请中国代表团支持。

美方临时提案，系订一运务协定，作为附件，由各国自由签字。经美国代表薄古商请先生支持，当即以一简单便条交换意见。彼此同意，因于午夜赶拟声明书。

三十日，(一) 美国首席代表说明美方临时提议用意，并声明愿意加入中国代表之意见。

美方提案要点：会员国同意将以下各种权利许予对方：（1）飞行经过对方国家，而并不降落之权利。（2）非载运客货，而在对方国境降落之权利。（3）准许在对方国境卸下由本国起运客货及邮件之权利。（4）准许在对方国境装载客货及邮件运至本国之权利。（5）在对方国家装载客货，及邮件运到其他国家，与卸下来自其他国家之客货，及邮件之权利。

中国代表团声明：第五种权利之运用，应俟积有丰富经验之后，再行列入公约。此时可另订一运务协定，作为公约与临时协定之附件，听会员自由签字。为澄清美方提案用意起见，建议下述两点：（1）每一会员国开辟直达航线时，承允密切顾到其他国家之利益，使该国之区域航线不受干扰，并使该国之直接航线之发展，不受阻碍。（2）继续研究关于第五种权利之一切问题，将其研究结果报告大会，以期他日可将此项协定加入公约条文之内。

美方代表表示接受中国之声明建议，加以修改。嗣纽西兰、澳洲分别声明，此项附件不能列入正约。加拿大调停谓可由大会议决，交由行将组织之临时委员会接受。

（二）执行委员会议决一切文件，英、法、西三种文字并用，并决定临时委员会选举，改用预选法。（三）主席报告：航空运务协定，乃完全独立文件，不与正约相关。

十二月一日，国际航空机构临时委员会举行预选。中国代表团推举委员国名单如下：（1）航空主要国家：美、英、法、加拿大、荷兰、巴西等六国。（2）能供给机场与航空设备之国家：墨西哥、比利时、印度等三国。（3）占重要地理位置之国家：中国、古巴、智利、秘鲁、哥伦比亚、萨尔瓦多、伊朗、土耳其、澳洲等九国。

二日，（一）出席联合委员会，讨论第一、第二两种权利。英属各国主张另订附约，如美国提议之运务协定。法国主张将运务协定之第一、第二两种权利抽出，另订附约。均交起草委员会。（二）下午继续讨论公约。（三）晚邀加拿大与泰国代表晚餐。（四）敌军陷贵州独山。

三日，电报政府开会经过，请示签约时有无应行保留之点。

四日，（一）大会通过：（1）公约条文。（2）美国提议之五种权利中之第一、第二两种。（3）附约条文。（二）执行委员会决定：（1）公约及临时国际机构合约，须经二十六国同意始生效力，（2）临时国际机构设置地点，商请法国让出。（3）预选常任委员国结果，交大会投票裁定。（三）国民政府发表宋子文代理行政院院长。

六日，（一）大会选举临时国际机构常任委员国。第一类航空发达之国家，选出英、美、荷兰、法、巴西、墨西哥、比利时等七国。第二类供给航行设备之国家，选出加拿大、古巴、挪威、伊拉克、秘鲁等五国。第三类占重要地理位置之国家，选出中国、澳洲、埃及、捷克、土耳其、智利、萨尔瓦多、哥伦比亚等八国。（二）与前华西大学校务长皮邱博士参观芝加哥天文台 Planetarium。（三）敌军退出贵州独山。

七日，（一）代表中国签字于（1）国际民航公约，（2）国际机构临时组织合约，与（3）五种权利附约（但未签两种权利附约）。（二）挪威声明愿以当选常务委员席次让与印度。

先生日记云：

> 因印度在二类居第六位，落选；在第三类居第九位，又落选；而南美国家获选占七席，印度愤忿不平，有退出意，故挪威有此声明。

（三）国际民用航空会议闭幕，中国代表与英国代表致闭幕词。先生致词曰：

> 本会由美总统之倡议，美首席代表毕尔及其全体团员之努力，以及全体会员之合作，得有此意想以上之成就。当然有人认为本会尚可达成更大之成就，不过在我看来，本会已确立国际民航共同发展之广大原则，已草成一公约，已拟有解决彼此争执之方法，已有临时国际组织，可随会员国知识经验之进步，不特可处理种种问题，且可使今日分歧之意见渐趋一致。我等

悬想他日航空发展，速度愈速，高度愈高，距离愈长，今日感觉困扰之问题或将归于乌有。曾闻美国铁路发轫之初，美东某市集定有律令，火车将达该市之前，须有人在机关车前，步行摇铃。在今日视之，岂不可笑。而在当时之市区当局固认为乃彼应尽之职。今日我辈在此所议订之计划与政策，岂非应留余地，以备他日之修改。

无论他日航空如何发展，此次会议对于机构，及处理问题之程序，实可供合作之依据。敢信日后必能达到吾辈所盼望之更广大的共同一致，以加强永久和平之机构。

中国受战争之苦，其期间较任何国家为长。今日敌寇尚未驱除，故希望由政治、经济、文化合作，而得到世界和平之信念，较任何国家为强。因此对于此次会议成就之欣感，亦较任何国家为深。

按大会于十二时半闭幕，综其成就，计（1）民航公约之订立，其完备细密，远在一九一九年十月十三日之巴黎空航公约之上，从此国际航空有一宪章。（2）国际民航机构之产生。（3）国际航线之规定，成为国与国间双边协定之根据。（4）国际空航各项技术标准之划一。

（四）下午七时半，乘火车返纽约。

九日，访卢作孚，知正在起草电稿，促国内各界电美总统呼吁增加对华援助。

十日，接魏大使道明电话，据告美政府已允出兵中国。

十一日，（一）大通银行董事长奥尔得芮奇 Winthrop W. Aldrich 招待中国出席国际实业会议各代表午餐。（二）前上海《大美晚报》主笔高尔德 Gould 自重庆返美，来见。据称：重庆已准备美军官一千人住所，又谓立法院院长孙科提议重要工业无必须国营之必要。

十三日，范宣德来谈。渠谓："最近中国国民政府行政院改组，宋子文代理院长，变总比不变好。惟宋氏虽精神充沛，但一般批评，其人无与人合作之精神，缺少良友辅佐，恐难有所作为。”

按此次行政院改组，陈诚代何应钦任军政部部长，俞鸿钧代孔祥熙任财政部部长，朱家骅代陈立夫任教育部部长。

十四日，应纽约《外交季刊》*Foreign Affairs Quarterly* 之请，开始撰写《中国战后交通建设》一文。

按该文系以英文撰写，标题作“China's Needs for Transport”。

十五日，卢作孚送来有关交通建设部分资料。

十七日，中国文化与实业界领袖张伯苓、胡适、蒋梦麟、钱永铭、林语堂、吴蕴初、卢作孚、胡霖等发表宣言，促同盟国注意中国战局。

二十一日，（一）连日撰写《中国战后交通建设》。（二）访孔祥熙谈话，语气不无牢骚。渠谓：“出国时，法币发行额只一千一百亿元，现已增至一千八百亿元。本年度提出之预算为四千四百亿元，现削减至二千四百亿元。但尚有种种支出未计在内，恐非三千亿元不可。如是有如黄河决口，不知伊于胡底。宋子文代理并无实权，俞鸿钧来电叫苦。”

二十四日，张孟令夫妇、翁谊安、乐俊镤及长女庆云（国钧）来旅寓治馔，共度耶诞前夕。

二十五日，与八弟嘉铸早餐，二兄君劢突至。

按张君劢由重庆来美，昨晚抵纽约，以所乘飞机提早到达，故先生不及往接。

二十六日，（一）《中国战后交通建设》第一段脱稿。（二）接魏大使道明电话，称张群来电奉蒋主席命，催先生即日返国。

二十七日，（一）张群来电转到，又接妹夫朱文熊电，称蒋主席邀先生担任中央银行总裁。（二）与薛次莘商讨《中国战后交通建设》关于公路部分。

二十八日，（一）访孔祥熙，探听渠有无辞中央银行总裁之意；渠只字未提。（二）电复张群，请陈蒋主席准予在国外继续考察研究；另函朱文熊嘱向张群说明不能即日返国苦衷。

二十九日，约李铭、陈辉德分别午晚餐，谈商出处。李陈二人均主张先生暂留国外，将战后经济建设，诱导美国投资事宜，接洽稍有头绪，再行返国，庶几不负此行。

三十一日，与二兄君劢、八弟嘉铸长谈竟日，同吃过年饭。

是年一月，中、英、美联军反攻缅甸。

二月，中加互助协定签字。

三月，中美联军收复缅甸北部之孟关、加迈、孟拱、密支那。

四月，中、英、美公布建立国际货币基金联合宣言。

六月，美副总统华莱士访华。美空中堡垒首次由中国基地起飞，轰炸日本本土。

七月，国际货币基金及金融会议在美国布莱顿森林举行，并签立协定。

八月，中、美、英、苏四国在美国顿巴敦橡树园举行会议，确定战后世界永久和平安全机构草案。

九月，美总统派赫尔利与纳尔逊赴华。中国政府聘纳尔逊为战时生产局顾问。

十月，中、美、英、苏公布联合国组织。中国战区参谋长史迪威奉调返美。

十一月，敌军陷桂林、柳州、南宁，沿黔桂路深入黔境。

十二月，美国在租借法案内指拨经费，为训练中国青年干部，备战后复员之用。

一九四五年　先生五十七岁

一月一日，缮陈蒋主席函，申述不能即行回国之苦衷，特托贝祖诒返渝之便带去。

二日，（一）卢作孚致书立法院孙院长科、设计局熊秘书长式辉，对于国营民营事业之分界，有所申述，约先生一同列名。（二）陪张君劢、张嘉铸赴华盛顿。

三日，（一）与张君劢、张嘉铸同访前驻美大使施肇基。渠提及美国一般意见，认为此次行政院改组，尚欠澈底，未能尽满人意。（二）赴美国务院重签国际民用航空公约，以上次误签于智利 Chile 地位。（三）与张君劢参观布鲁金研究院。先约该院航空问题专家范正宜 Van Zenet 午饭，饭后由院长摩尔顿博士 Harold G. Moulton 导引参观各部门。（四）访居里、范宣德、裴克谈话。（五）晚约白伦廷、范宣德、裴克、施肇基与二兄君劢晚饭，以便其与诸人长谈。

四日，（一）军事代表团团长商震来谈，据告美国出兵昆明一事，不易办到。（二）访孔祥熙，谈及纳尔逊对于增加生产意见。据告："赴中国研究增加生产之纳尔逊称，中国目前不必谈重工业，应先提倡轻工业与手工业，代替日本之廉价倾销商品。所谓轻工业，指纺织业等而言。并云应使民富而后国强。又其对于扬子江上游水电计划，甚为赞成，但须有一批美国重要人物赴中国调查，返国提倡，然后可以吸引美国资本。"（三）陪张嘉铸访美商务部东方司司长莫叟 Charles Moser 长谈，渠对于中美工商协会甚为赞许，认为对于中国工商各业将有贡献。（四）陪张君劢至美国务院访格鲁大使。渠殷殷问及共产党问题，并谈到中苏关系。并认为惟有设法贯彻开罗会议宣言，方可使满洲不致发生问题。（五）孔祥熙宴请杜鲁门副总统，约先生作陪。

五日，返纽约。

六日，居里约"国外经济局"工程研究组主任陶布亚力克 Alex Taub 来谈。居里不久将离该局，因约李铭、陈辉德一同午餐。

九日，先生所撰英文《中国战后交通运输》China's Needs for Transport 全文脱稿，计六千余字，日内将送交《外交季刊》总编辑亚姆司徒朗 Hamilton Fish Armstrong。

十一日，与陈辉德、李铭、夏鹏等午饭，谈今后应共同策进中国战后经济建设工作。

十二日，（一）美国小麦管理局主任韦康 Wickam 之婿赫尔 Rock Hill 来见，表示愿往中国工作。（二）参加资源委员会旅美工程师星期聚会。（三）赴世界（环球）贸易公司参加欢迎陈辉德茶会。

十三日，（一）魏大使道明来纽约，往访。得知：蒋主席电孔副院长祥熙，征其同意，邀先生任中央银行总裁。（二）纽约歌剧公会Opera Guild发起名人广播，请晏阳初演讲，邀先生、魏道明、卢作孚旁听。

十九日，应孔祥熙约，赴华盛顿谈话。

先生日记云：

> 孔先生秘书自华盛顿来电话，谓孔先生因病休养，希望我到华府晤谈。今晨接魏大使电话云：孔先生接蒋主席电，欲余替代其总裁之职，而孔先生认为系代理之意，因此欲与余面谈。

二十日，（一）赴白宫参观罗斯福总统就职典礼。

先生日记云：

> 上午十一时四十五分抵白宫，参观罗斯福继续当选就职典礼。此系由居里安排，余与光甫、馥荪三人得到请柬。典礼在白宫面对草坪之阳台上举行，来宾均立于草地。先为副总统杜鲁门就职，嗣罗斯福宣誓就职，有演说，约五分钟，极扼要，不过面容较为憔悴。

（二）赴医院晤孔祥熙。

先生日记云：

> 渠恳切表示希望我早日回国，代理其总裁之职。余答以我（在美）之研究工作，尚须若干时日，且代理其职务一节，远隔重洋，遇有重大问题，以函电磋商，殊属不便，恐误行务。但渠一再劝促，我仍坚持不克胜任，并劝其早日返国。万不得已，即由陈行副总裁代理。谈两小时，无结果而散。

二十一日，居里来早饭，长谈。据告："已脱离'国外经济局'Foreign Economic Administration，将赴瑞士与该国订立贸易协定，希望瑞士不运货物至德国。"

二十二日，（一）参加陈辉德宴请出席太平洋学会年会之英国代表午餐。英国代表有怡和洋行之凯斯韦克Keswick、皇家化学公司之福内门 Freeman 及太古洋行之施可德 Scott。（二）约李卓敏帮同研究金融币制。（三）参加李国钦宴请出席太平洋学会年会之英国首席代表怀特爵士 Sir Frederick White 及其他英国代表晚餐。

二十三日，出席中美工商协会运输交通组会议。

先生日记云：

此项分组讨论系孔先生到后提议设立，由凯撒 Henry J. Kaiser 主席，仅由组员代表报告研究结果，声明对于战时（中国）需要，无法由该会讨论。殊不知孔先生乃希望着重讨论中国战时运输。而孔先生亦不知该会目的，在于讨论战后中美工商关系。真是牛头不对马嘴。

二十四日，今日起阅读银行货币书籍，并搜集资料。先读凯末尔 E. W. Kemmerer 所著之《美国之联邦准备银行制度》*Federal Reserve Banking System of America*。

二十五日，（一）居里与技术专家洛斯迈尔 Rothmyer 同来午餐。（二）约王念祖谈，嘱其搜集有关银行及货币资料。（三）得知张君劢住医院检查身体，一切良好。

二十八日，（一）约方善桂、王念祖、周舜莘谈，拟成立一小组织研究中国战后之银行币制，并搜集资料。（二）汉口怡和洋行代表杜卜莱 Dupre 约午饭，有该洋行主人凯斯韦克在座。饭后谈战后怡和营业计划，拟放弃内河航运与沿海航业，极愿与招商局及民间航业界密切合作。至于工业亦拟与华方合作。贸易方面，则照旧经营。（三）与方善桂、周舜莘、王念祖续谈所拟研究之间题，由各人分别选择担任，并物色一二人协助。（四）访泛美航空公司副总经理卜莱雅，为张君劢欲研究纽约州行政，托其介绍访问州长杜威。当承电话介绍。

二十九日，与张君劢往听华莱士、罗斯福夫人及工党首领演说。

三十日，托纽约联邦准备银行研究专员塔马咯莱 Frank

M. Tamagna 接洽参观该行，并与有关主管讨论中国战后银行货币问题。

三十一日，与李铭、陈辉德讨论组织投资公司计划。

先生日记云：

下午与光甫、馥荪两兄讨论馥荪兄之组织投资公司计划。据馥荪兄告，曾与阿德郎姆 Adlum（地球投资公司 Atlas Investment Corporation 之重要分子）讨论此事。彼谓美国法律，凡投资公司投资于其他公司，参加成分不得超过其（股本）总额百分之五，故不能参加大数。只好由中国方面自行组织，再邀美方参加。吾辈未曾与已经与中国发生较深关系之财团及企业界接洽，而与一后起之新人谈判，盖欲避免为已在中国占有势力之财团所操纵。观此情形，吾辈理想恐不易实现。

二月一日，陪张君劢赴纽约州首府阿尔本莱 Albany 访州长杜威，并参观州政府之审核及税务两科。

先生日记云：

晨乘火车，陪君劢至纽约州首府阿尔本莱。到后往州长公署，晤州长秘书。嗣由秘书长引见杜威州长，道明来意。渠云可指定一人陪同参观各部门，并云现忙预算，以州财政近存积余不少，州政府各部门及州议员均想染指，但渠主张应多节储，以备战后复兴之用。随返旅馆休息。二时半，先往审计科，由主任引导先参观各部：（1）审核各市乡账略组，（2）审核州公署各部门账略组；该组对于全州所得税纳税人之缴税报告表，均一一齐备。嗣参观财政税务科。晚约其秘书长拉克武德 Lockwood 晚饭，听其讲述州长办公程序，以及有关州政府之政治情形。并云今日中央（政府）扩充权限，而地方（政府）主张保持地方权限，要为今日最尖锐之争论。

二日，（一）陪张君劢参观纽约州议会上下两院、州政府法制与预算两科。

先生日记云：

上午参观州议会上下两院，及州政府之法制科。该科审核政治、民刑各案之处理，是否合法，为州长最重要之咨询机关。嗣参观预算科。先与科长谈该州财政历史。据云二十年前，美国各州收入，亦依赖地租。个人财产亦有借用他人名义者。该科职责在审核州政府各部门所拟预算，平日并研究各项开支是否可能节省。有审核员若干人，研究员若干人。参观毕，科长包顿 Burton 约往午饭，又详谈。饭后乘火车返纽约。车行约四小时半。

（二）与张君劢同赴华美协进社晚饭。饭后君劢向该社主办之建国学术讨论会政治组会员，演讲国内政治情形。

三日，中央银行孔总裁祥熙邀在美之中央银行理监事午饭。

先生日记云：

孔先生邀中央银行在美之理监事午饭。有光甫、馥荪、李国钦、席德懋、宋子良及余。席间孔谈及中央银行发行额，在以往七个月中，计增七百余亿元，二个月后，将增至二千亿元。而对于财政部之垫款，亦月有增加。又云重庆政府中，有人建议借用人民所存外汇。据其所知，人民所存外汇只七千余万美元，所持投资证券约为一亿二千余万美元，其中包含中国之银行所有外汇资产。并知已向美政府探询意见，答称只须存户自愿，自无问题。但渠不以为然，希望同人一致反对。席散，问余何时返国。

四日，毛邦初不日返国，与通电话。

五日，（一）出席国际实业会议中国代表张嘉铸宴请中美工商协会干事长休士夫人 Mrs. Hughes 及秘书西门夫人 Mrs. Simmon 午餐，先生往陪。（二）邀李卓敏来纽约，商谈组织银行货币研究机关。

六日，（一）赴纽约联邦准备银行总经理施朴饶 Allen Spraul 午宴。

先生日记云：

中午与周舜莘兄同到纽约联邦准备银行，应该行总经理施朴饶午餐之招。在座有副总经理克洛克 L. W. Knoke（主管国外业务）及经济学者威廉斯 J. H. Williams。余先告其来意，拟研究银行货币问题，为中国战后金融改革之参考。饭后与威廉斯长谈，询其准备银行如何能为财政部消纳巨额公债，及如何统制商业银行。嗣晤副总经理费朗 A. Phelan（主管放款），并参观存金地库。（与威廉斯谈话有记录，已佚）

（二）卢作孚自加拿大归，来谈。据告：加政府愿贷款一千二百万美元，为民生公司造船，惟须交垫头十分之一，余由中国政府担保。（三）与罗泊尔 Ralph Loper 晚饭。罗氏行将赴中国为生产局研究如何增加纺织生产。

八日，（一）途遇泛美航空公司总经理储芮卜。承告：芝加哥国际民航会议议定之公约，与五种权利合约，恐难通过国会。因请其酌拟意见，以备报告政府参考。（二）伦敦《财政时报》记者斯汀 Gunther Stein 来访，报告访问延安所见所闻。据称："八路军之政绩可观，美军政界去延安者，抱同样意见。经济政策采三三制：（1）公用事业及主要重工业，如铁路及钢铁业归国营；（2）农工事业能归合作经营者，尽量鼓励合作组织；（3）其他一切归民营。共产党员已由七千人增至四十万人。"（三）蒋主席来电，促于四月底返国。

九日，（一）访纽约联邦准备银行国外部及公债部经理，并参观两部工作。

先生日记云：

上午十时再往纽约联邦准备银行，先与国外部经理晤谈。渠专管各国中央银行之往来事务。嗣晤公债部经理，由其说明战时所发各种公债种类，与各商业银行代收公债款项手续。

（二）参观纽约联邦准备银行放款贴现部。

先生日记云：

中午与塔玛咯莱午餐，餐后参观放款贴现部，由该部经理说明贴现及放款种类，主要者为政府之战时工业放款。又至国外部，参观该部冻结及封锁外国存款手续。

（三）与李卓敏晚饭，商谈组织银行币制研究机构事。

十日，与纽约联邦准备银行经济研究专员塔玛咯莱，讨论中国战后银行货币问题。

先生日记云：

下午四时，塔玛咯莱来讨论中国战后银行币制问题，略获结论如下：(1) 中央银行股本拟参照以前李滋罗斯在中国时所拟中央储备银行条例内规定办法。(2) 董事由政府推选五人，由工商农各界推选五人。由银行股东推选五人。总裁及副总裁，就政府推选之董事五人中指充。(3) 中、交、农三行股本，可定为官商各半，董事亦三方面各推选五人。(4) 货币问题，最好在上海、天津、汉口、广州等地收复后，先发行一种变相军用券，定一与美元及法币之比价，流通市面，以美国应付中国所垫之美军费用为准备。一俟完全胜利，大局底定，再另发行新币，收回贬价之法币。

十三日，赴纽约联邦准备银行参观其检查部。

先生日记云：

下午至联邦准备银行参观其检查部。该部有常驻检查员百余人，一半经常赴外检查各银行。薪水待遇较优，均系由行训练成熟之青年。

十五日，陈辉德自华盛顿归，来谈。

先生日记云：

光甫自华盛顿归，谓曾晤美财部助理次长怀德 Harry White，渠对于我政府指摘甚多，尤其对于美金储蓄券之发售，批评更甚。且谓中国银行界购进储蓄券为数不少，含有不满之意。

十七日，（一）李大明自旧金山来访，同午饭。（二）卢作孚、范旭东、薛次莘来谈，交换对大局意见。

十九日，（一）伦敦中国银行经理处经理李德燏来见，谓伦敦尚偶有空袭轰炸，人心仍未臻安定。（二）与北美转保险公司 North America Reinsurance Corporation 总经理芮德 Reed 谈美国保险事业。

先生日记云：

下午四时，与北美转保险公司总经理芮德谈话，询问美国保险业情形，据云：(1) 美国人寿保险与水火险完全分开，人寿系取之中产阶级收入。至政府公务人员，有国家社会保险。(2) 美国保险公司投资证券，须依照政府之规定。(3) 美国转保险大部向英国转保。近来保险公司增加，设法自保，故向国外转保之成分不太大。(4) 国营转保险公司过于呆板，不如民营保险公司之议价，较有伸缩。苏联国营保险公司尚有向美国转保者。

二十日，（一）与张君劢赴普林斯顿，访艾因斯坦 Albert Einstein。

先生日记云：

与君劢哥乘上午九时二十分火车同往普林斯顿。晤方善桂兄，由渠导引，于十一时半，访艾因斯坦。见其坐在狭小之公事房，只木桌一张，木椅二只，桌上空无所有。仅纸一张，铅笔一枝。知其每日到公事房，即思索写公程式。或有研究员向其询取意见。脚穿不结鞋带之皮鞋（当系 loafer）。每日回家，途遇小孩，即与玩笑。在家时，喜玩奏小提琴乐器。我与君劢久慕其名，今日见到，实一快事。

（二）由方善桂约见前联邦准备局研究室主任司徒瓦特 Walter W. Stewart 及其助手芮福莱 Winfield W. Riffler 同午餐。先生记与司徒谈话如次：

余问：将来中国之中央银行应否参加商股，抑完全官股？

司徒答：中央银行虽与财政部不能分离，但经营管理以有独立性为宜，故不必完全官股。

余问：战后中国整理纸币，是否于美军在中国海岸登陆后，先整理一次，抑俟战事完全结束后，一次整理？

司徒答：在美军登陆后，不妨先发行一种临时地方纸币，规定与法币之比值，同时流通行使。而整理币制，必须俟货物畅通后，方可规定币值，发行新币。至新币对外价值，更须俟物价稳定，方可规定，要之币制跟物价而上下。

余问：为收缩贬价货币起见，能否限制商业银行所收新存款，一律转存中央银行？若以新存放款，须随政府意旨。

司徒答：如政府有此限制，人民可收藏纸币，不存银行。故整理币制必须自货物畅通、供求相应、稳定物价着手。

（三）访国际联盟经济组主任罗威德 Alexander Lovedy，渠谓希望国际新机构成立后，可将其机构并入。（四）访曾任中国财政币制顾问之凯末尔教授 Edwin Walter Kemmerer，长谈。

先生日记云：

下午三时半，往访凯末尔博士于其寓所，谈两小时。谈话要点如下：(1) 中央银行应有商股，渠在中国时，曾起草中央准备银行法案，主张加入银行业及工商业之股份。(2) 中央银行对政府垫款，须有限制。否则中央银行必致丧失信用。(3) 中、交、农三行，须保持独立性，不可完全受政府节制。如不能维持独立，必致丧失其功用。(4) 战后中国整理币制，应俟大局底定后，一次整理。惟青黄不接时，不妨发行一种地方券。当着手整理时，先定新旧币比价，不必即定外汇率。新旧币比价规定时，可宣布以旧币充作辅币。(5) 伪币可按照当时黑市价格定价，换取新币，或在征税时搭收。(6) 新币保证准备应用商业票据，不可用公债，以避免人民怀疑。(7) 政府不可因中央银行垫款有限制，而直接发行纸币，如通用券之类。(8) 政府如在战后，以人民因战事而有不当利得，或因通货膨胀而发横财，而征收其利得，不可用一次征收资本办法，宜应用所得税或财产税征收之。(9) 外国银行之设立，不必禁止。惟可规定其所收存款，如用以放款，须合于政府规定之放款种类。

二十一日，（一）参观盖洛普 Gallup 舆论测验所。据告：有工作人员三千名担任访问工作。此类工作人员，大都为家庭主妇及小学校教师，给予相当酬劳。该所将所得测验结果，售与五百家报馆。（二）访普林斯顿大学教授葛莱翰 F. G. Graham 博士，谈话。据告：安定物价，当在稳定币值以前。德国发行新币时，每一美元兑换旧币一万亿 Trillion 马克。新旧币同时并用，以免通货突然收缩，波动物价。

按葛氏曾于一九三〇年发表名著《德国一九二〇至一九二三年间高度通货膨胀中之汇兑、物价及生产情况》*Exchange, Price, and Production in Hyper - Inflation: Germany, 1920 - 1923* 一书。

（三）访国际联盟经济组编辑员娄克赦 Ragum Nurkse，谈话。据告：“比国统制物价较严格，故物价膨胀低于通货膨胀。目前比国限制人民，每人只许存二千法郎新币，所存旧币，须一律交存政府。因此促进物价之低落。法国统制物价不力，故物价膨胀，与通货膨胀并进。为法国计，应一面统制物价，一面增加物资来源，不必汲汲收缩通货。中国整理币制，应先定新旧币之比价。而对于外汇率，应定一暂时汇率，俟物价稳定，再定正式汇率。”

按娄氏在国联经济组担任编辑《世界大势调查》*World Survey*。

（四）下午五时，离普林斯顿，返纽约。

二十三日，（一）约美国外交政策协会 Foreign Policy Association 中国问题研究员柔逊格 Rosinger 谈话。（二）与张君劢同赴华盛顿。

二十四日，（一）访进出口银行副总经理兼法律顾问艾芮 Howthorne Arey，谈话。据告：“该行最高层有一监理委员会 Board of Trustees，由政府有关各机关推举代表组织之。总经理、副总经理由监理委员会推选。银行资金由复兴银公司 Reconstruction Finance Corporation 供给。（复兴银公司属于商务部）放出国外之款，均由各该国政府或该国之银行担保。对于南美各国已放之款，涉及建筑公路、改进农业水利等等，期限恒在十年以上。”（二）访复兴银公司董事长韩德生 Charles B. Henderson，谈话。

先生日记云：

渠先讲该公司所属各机关大概情形，嘱先研究该公司内容，然后再研究其所属机构。并告，为增加战时生产及搜集原料，几于无事不做。甚至开发地下资源，亦予放款。

按美国复兴银公司系根据一九三二年元月二十二日国会通过之法案成立。其宗旨为供应任何财金机构所需要之紧急资金，用以接济农工商矿各业之一切需要。理事会设理事五人，由总统提名，经过参议院同意。截至一九三九年元月，该公司计贷出款项七十二亿六千余万美元，其中五十二亿八千余万美元已经收回。该公司贷款范围逐年依法扩充，包括农业信贷，及各州、县、市、城、镇之赈济及建设计划。凡属自力更生负责还债之事业，均得申请贷款。

二十六日，（一）赴复兴银公司访威莱特 W. E. Willet，谈话。

先生日记云：

上午十时至复兴银公司，晤威莱特，承告关于该公司情形如下：(1) 各州放款统归各地分公司接洽，其限度为每笔十万美元。如商业银行能搭借百分之二十五者，可扩充限度至二十万美元。(2) 总公司有审查员，下设放款、本息偿付、债本清理各部及分部主管员。各地申请放款，先由审查员审查，再由覆核委员会覆核，然后移送董事会核定。董事会每星期集会三次。(3) 凡商业银行搭放之款，复兴银公司允其随时转入银公司账内，称为“递延搭放”Deferred Participation。(4) 放款期限，短者五年，长者十年。还本方法，可允在最初三年不还，或则前数年少还，到期多还。(5) 放出之款，倒账不多，只有千分之六。(6) 矿山亦可抵押。(7) 董事不许兼差。(8) 职员薪金每三十个月加百分之二十五。

（二）赴复兴银公司所辖之金属矿产储备公司 Metal Reserve Co.，访其副总经理秀克 De Witt Shirck，谈话。

先生日记云：

据告该公司专为战时收买金属矿产品及增产而设。其经理方法如下：（1）先交定金与生产者，作为营运资金。（2）规定战时收买之数量，如因战事终了而收买之数不足预定之量，允交罚款，或补偿生产者之损失。（3）如因政府限价，或运费增加，致生产者遭受损失，可付补助金。（4）研究如何将低级矿产，提高其品质。

二十七日，（一）赴参议院旁听对于制铝及制镁工业之"听证"Hearing。（二）赴复兴银公司所辖之国防供应公司 Defense Supplies Co.，访其副总经理施登诺 George Stoner，谈话。

先生日记云：

据告该公司代政府收购物资有三百余种。分国内购货、国外购货及经理三部门。购买数量由战时生产局规定。购货均用议价方法。此类机关，战后恐尚须继续。

（三）赴复兴银公司所辖之橡皮储备公司 Rubber Reserve Co.，访其副总经理格劳斯兰德 StanleyGrossland，谈话。

先生日记云：

据告战事发生后，即开始为政府收买橡皮。先设一委员会，邀各厂主人加入为委员，共同研究，并委托进出口商代收。一面由政府投资研究人造橡皮之改良与增产。前后投资二百亿美元。此项工作，战后仍须继续，并求改进。中国不必设厂自造，不如购买存储，因生产成本甚大，而中国之重化学工业尚未发达之故。

二十八日，（一）赴驻美苏联大使馆，询问赴苏联手续。

先生日记云：

上午十一时往晤苏联大使，告以曾有信请接洽赴苏联手续。渠云因返国，未接洽，当查明与莫斯科洽办。复问去苏联之目的。当告以拟研究苏联农工业进步情形，与战时生产状况。又问滞留期间。告以拟住两月。

（二）与李卓敏研究金融问题。（三）赴美财政部，访币制股主任柯佛兰克 Frank Coe，谈话。

先生日记云：

下午三时，赴美财政部晤币制股主任柯佛兰克，请其介绍政府之金融机关。柯佛兰克系新任此席，原由怀德担任。

按怀德于一九三四年加入美财政部担任货币研究处处长，嗣任财政部助理次长。一九四三年，布莱顿森林会议所采取之国际货币计划，多出其手。国际货币基金机构成立后，怀德代表美国任基金之执行干事 Executive Director。柯佛兰克，芝加哥大学经济学博士，继怀德任财政部货币研究处职务后，不久亦转任国际货币基金秘书。一九四八年怀德因涉参加共产党嫌疑，正当美国国会进行调查之际，突于是年八月暴卒。柯佛兰克后亦由美国国会查出曾经参加共产党，遂被停职，因而避往墨西哥、古巴。嗣于一九六〇前后，寄居中国大陆，曾在北京天安门大会演说反美。

（四）赴国防工厂公司 War Plants Corporation，访副总理罗兰 Frank Ronan，谈话。

先生日记云：

据告美国战时新设工厂，系由海陆军两部及商船委员会将所需制造品数量，交由各大工厂设计（生产），经国防工厂公司核定后，即行建筑。该公司派工程及会计各一员驻厂，按照工程进度，核付工款。一俟建筑完竣，即租与担任设计之工厂经营，径与各机关接洽。如产品并无固定需要，厂家不愿（直接）经营，则由国防工厂公司委托经营。该公司最大贡献，为先订制大批母机，以备建筑新厂之用。否则国防工厂建筑进展决不能如是迅速。

三月一日，罗斯福总统向美国国会报告雅尔达 Yalta 巨头会议经过。

二日，（一）赴物价管理局 Office of Price Administration，访施兰特 Walter Slant，谈话。

先生日记云：

由其说明管理物价办法，并给予许多资料，随一同午饭。

（二）赴战时小工业工厂公司 Small War Plants Corporation，访董事长马维芮克 Manny Maverick，谈话。

按自一九四二年元月，美国政府成立战时生产部 War Production Board 后，若干小型工厂大受打击。政府为保障其利益起见，特成立战时小工业工厂公司，由该公司与各小工厂订立生产合同，分别贷予资金，并协助解决工程技术问题。

三日，离华盛顿，乘火车赴大西洋城 Atlantic City。与陈辉德、李铭会商战后在国内树立中美经济合作基础事宜。

先生日记云：

晨乘火车至大西洋城，因光甫、馥荪两兄约在该处晤面。十时开车，一时四十分到达。先由馥荪兄报告与柯尔德 E. Calder（美国电力债券股票公司总经理）商定，请其出面组织，邀约美国银行界及工业界组织一中美投资公司，定资本为二千万美元，先收四分之一，由上海商业储蓄银行及浙江实业银行先行缴足。目的为吸收美国资金，及中国人民游资，从事中国战后经济建设。柯尔德需要写一节略，说明事业计划、吾三人履历及事业关系。彼认为吾三人在社会信用，足以鼓动美国资本家兴趣。吾三人闻之甚为感动，觉得中国经过长期抗战，民穷财尽之余，若能树立一中美经济合作基础，重建中国，亦算对于国家作小小贡献。

四日，继续讨论战后树立中美经济合作基础事宜。

先生日记云：

三人继续再谈，在结束时，吾向光甫、馥荪慨言吾三人在以往有一段建立近代金融最光明之历史，及公而无私之结合。今日尚有此志趣，为国家战后经济建设创一新局面，此一集会不得不谓为一奇缘。但望他日小有成就，能影响于后代，则此一结合为不虚矣。馥荪兄先返纽约，余与光甫再留宿一晚。

五日，（一）离大西洋城，乘火车赴华盛顿，应魏大使道明晚宴之约。

先生日记云：

晨与光甫兄早餐后，即乘车至华府，应魏大使晚餐之约。请有美国上议院外交委员会主席布鲁姆 Sol Bloom 及佛罗里达参议员裴阜 Claude Peffer。裴阜一向拥护华莱士，在上议院任小企业委员会主席。余因与长谈小企业问题。君劢、禹九均被邀。

（二）大使馆转来熊式辉电，传达蒋主席旨意，催先生速归，勿顾虑。

六日，（一）赴复兴银公司所辖之战事损失保险公司 War Damage Insurance Corporation，访其董事克罗斯诺尔 Howard Klossnor，谈话。据告：“该公司系为保险工厂遭遇战事损失而设，在各地委托各大保险公司经理，由政府负责，故无须转保险。其保险率为百分之十。”（二）赴家庭及乡村用电管理局 Electric Home and Farm Authority，访其法律顾问陶格德 James Daugherty，谈话。

先生日记云：

至正在结束清理之家庭及乡村用电管理局，晤其法律顾问陶格德，据告：“该局系自田纳西河流域管理局 TVA 发展后，为鼓励人民用电而设。因恐人民无力购置各项有关设备，乃由政府贷款于售货之商家，使用收购买主所出期票方式，委托各地电力公司于收取电费时，附带收取期票还款。惟购货价值至少须在四十五元以上。电力公司亦可收买期票。至期票期限，长短不一，视货物之性质而定。战争期中，以各种使用电力之器具设备，不许制造，故停止进行。”

（三）赴复兴银公司所辖之产业抵押公司，晤其审查主任。据告："该公司办理两种放款，一为有收入之房地产，一为有收入之事业押款。"

七日，（一）中国银行伦敦经理处经理李德燏来谈最近英国财政币制情形。据告："（1）最近英法汇率，订为一英镑对二百法郎；战前为一百二十五法郎。对比汇率为一百三十七比法郎；战前为一百八十五比法郎。（2）黑市：每一英镑钞票可换法国币四百至五百法郎，每一英镑硬币可换法国币一千五百法郎。（3）每一盎司纯金可换英币八镑八先令五便士，在印度可换英币二十镑以上。（4）中国汇款官价每镑合法币一百六十元，使馆加为八百元。（5）战时英国贷与中国之款共四笔：（a）购买汽车贷款计十八万八千镑，年息三厘半，将还清。（b）购货贷款计二百八十八万九千镑，年息五厘，十年期，中国银行担保。（c）外汇平准基金贷款五百万镑，已用四百万镑，无银行担保。（d）太平洋战事发动后，与美国五亿美元贷款并行之贷款英金五千万镑，尚未支用。"（二）参加魏道明大使招待魏德迈将军晚宴。

先生日记云：

> 晚在魏大使处晚饭，系欢迎魏德迈将军。据魏将军告：现拟为中国装配三十六师。今日已由军部核准。每师设置美军官四十人，总司令部亦设置军官四十人。并云延安八路军无接济，故实力薄弱。将来美军登陆，大约总在长江以南，故与八路军不致有接触。现敌军正自缅甸撤至安南。

（三）电复熊式辉，告以中央银行完全为财政部附属机关，无法实行欧美中央银行职权，本人实难担任。

九日，赴农业安全局Farm Security Administration，访其正副局长谈话。据告："该局之设立，乃系为救济贫农、小农，兼办农民福利、卫生、教育等事。"

按该局成立于一九三七年，直隶农务部。各州贫农愿意接受该局有关家事及农作技术上之指导者，皆可获得贷款。目的在使其自力更生。长期贷款数额，平均为五千元，周息三厘，四十年内拔还。短期贷款数额较小，多为供应购买种子、牲畜、农具等用途。截至一九四五年六月，贷出之款百分之九十，到期均能如数归还。

十日，约财政部币制股主任柯佛兰克 Frank Coe 午饭，谈话。

先生日记云：

> 今日中午约财政部币制股股长柯佛兰克午饭，录其谈话要旨如下："今日纽约时报载莫斯科消息，谓延安八路军要求美军登陆后，夺得日本军火交与八路军。美已同意，惟蒋委员长反对。又重庆消息，中央方面有不署名之宣言，促蒋委员长辞职。似中国内部情形日见恶劣，如是中国不特不能统一，且战后建设将延缓若干时日。同时苏联不久将与美政府协商加强共军实力，以期迅速驱逐日军。如美政府不能接济共军，则苏联将取单独行动。以渠个人看来，苏联无领土野心，尤其满洲问题，必与美政府洽商。不过中国必须有一代表各党各派强有力之政府，俾易于对外。至于中国战后金融问题，势不能离战后之政治经济而独立讨论。例如税制与征收等事，均须政治革新，方能谋财政之改善及金融之改进。国际货币会议议案已在下议院审查中，大致可以通过。"

十一日，偕美友福勒 Walter W. Fowler 及麦克高恩 William McGovern，与张君劢同游华盛顿故居。

十二日，李卓敏来见，谈研究银行币制应取步骤。

十三日，（一）再赴农业安全局，访副局长赫金斯 Robert Watts Hadgens 谈话。

先生日记云：

> 下午重往农业安全局，晤其副局长赫金斯，谈话要点如下：农民最注意者为耕地，所谓耕者有其地。次则农民势散力薄，故必须鼓励组织合作社，再则供给资金。农民要求资金，势须由政府补助。至农民安全 Security 方面，最重要者为农产。因受世界农产品价格降落之影响，而与工业消费品价格发生差距，

惟有由政府补贴其损失。再则向政府机关借款者，必须令其接受技术指导。至于平均地权方法，可采下列措施：(1) 限制大农占有地亩之数量。(2) 征农产税，或农业机械税、肥料税，应用累进税制。(3) 补贴小农，及保护佃租长期契约。

（二）往访范宣德，以其事忙，匆谈数语。据告："赫尔利报告称中共力量不足，不必过于畏惧。目前对于国共关系之解决，尚未绝望。"

十四日，（一）赴国民住宅总署 National Housing Agency，访其副署长吴德保 Coleman Woodbury，谈话。

先生日记云：

据告该署管辖三个机构：(1) 联邦民宅贷款管理局 Federal Home Loan Administration，管理（a）联邦民宅贷款银行总管理处 Federal House Loan Bank System，及（b）联邦储蓄贷款保险公司 Federal Savings and Loan Insurance Corporation。(2) 联邦民宅管理局 Federal Housing Administration。(3) 联邦公共房产管理局 United States HousingAdministration。

（二）陪张君劢往访美国明尼苏达州众议院议员周以德 Walter Judd。据告："适晤赫尔利大使，知美政府已决定援助国民政府，对于苏联，如有举动，当设法应付。惟预料其不至公开支持中共，借以避免损伤美苏情感，影响及于战后美国对于苏联之援助。"（三）访范宣德，代熊式辉托为设计局物色一二美籍专家顾问。

十五日，（一）麦克高恩 W. McGovern 偕熟谙美国中小型工业情形之汉米尔顿 Fowler Hamilton 同来午饭。汉氏拟设计一推进中小工业计划，在中国实行。（二）参加魏道明大使招待赫尔利大使晚宴。赫氏称国共尚有妥协余地。

十六日，（一）接张肖梅电，告张君劢夫人在渝因生产病逝。

先生日记云：

纽约转来八弟媳肖梅自重庆来电，报告君劢夫人因生产时，心脏太弱，病故，婴孩因先天不足，出世后二日即夭折。君劢正在国外研究民主政治组织，兴高采烈之际，不敢即告，免使悲悼，伤及健康。人生五十以后，不如意事，往往接踵而至，吾辈岂能例外。

（二）前上海会审公堂之美国法官海尔密克 Judge Helmick 甫自重庆返美，来谈。据告："在重庆时，曾与各有关方面讨论战后中国公司法之改订，及中外合资公司之过渡法之拟订，颇有进步。"（三）与王志莘赴联邦民宅贷款银行 Federal Home Loan Bank 参观。

十七日，（一）福勒 Walter W. Fowler 来谈。据告：已与中国建设银公司商定，在中国设一造车厂，希望由交通部参加，托为转商。

按福勒战前曾代表芝加哥造车厂出售机车与平绥铁路，嗣因赴华向该路索债，旅居中国多年。

（二）赴联邦民宅贷款银行总管理处 Federal House Loan Bank System，访其总裁陶莱 John Towley，谈话。据告："其组织与联邦准备银行及农贷银行相似，分十区设立机构，包括贷款银行与储蓄贷款会。储蓄贷款会 Savings and Loan Association 本身收受储蓄存款，贷放房屋押款，以有存款保险，故得以本身资金，充作贷款之用。如需款时，可向政府民宅贷款银行转押。该行类似一转抵押机关。至联邦储蓄贷款保险公司之作用甚大，其本身并不直接放款。"（三）访晤名经济学者韩生 Alvin H. Hansen。先生记与其谈话如下：

余问：中国通货膨胀，如何缓和？

韩生答：所有反通货膨胀各种措施，人人能言之，但运用之道，因各国政治情形而有异同。

余问：通货膨胀率有人云十分之一，尚无危险。

韩生答：既可减为十分之一，为何不减为二十分之一。

余问：中国之中央银行应否加入银行及工商业股份？

韩生答：在政府未稳固以前，可如此办理以加强银行信用。俟政府稳固，走上法治轨道，不妨完全官股。

余问：中央银行应否广设分支机构？

韩生答：不必广设。应奖励民间金融机构，以期多多吸收储蓄。

余问：省银行应否准设？

韩生答：如不发行纸币，不妨准设。

余问：中国目前应否积极推行所得税？

韩生答：在中国工商业尚未发达，大资本家尚未产生以前，仍以着重间接税为宜。

余问：中国、交通两银行工作重点如何？

韩生答：中国、交通两行，闻各有专责，仍应分工合作。而最重要者，须着重长期工业贷款，及提倡证券市场，每年除人民投资外，政府应提倡发行证券，由银行信用以补私人投资之不足。

十八日，赴福勒 Walter W. Fowler 处茶叙，谈及美军登陆后，铁路运输问题。据告："此一问题，曾与纳尔逊谈过。现正在注意中。又谓最近美国'国外经济局'，曾邀集到过中国之实业家，讨论陶布 Alex Taub 所拟之中国战后工业建设计划。多数意见认为应先订中美商约。"

十九日，（一）约会到中国访问之美国财政部官员福礼门 Irving Friedman 午饭谈话。据告："中国货币问题症结在政治。远则中国之政治统一，近则自由区与沦陷区之物资流通，与税制之改善，均为当前急待解决之间题。货币问题尚属次要。至中国要求美政府在五亿美元借款中，提运黄金，俾可在市场出售。殊不知埃及、伊朗、印度等国家，售金吸收通货之成功，实由于其国内物资畅通无阻。至其增加通货发行，则由于外国军队驻在当地之军费支出，故出售黄金以之吸收一部分通货。至于中国则一面海口受封锁，一面生产萎缩，欲以出售黄金抑止通货膨胀，实属杯水车薪，无补于事。目前中央银行应从速储备人才，为战后收复地区设立支行之用。同时研究室工作，应速予扩展。”（二）赴联邦公用房屋管理局，晤局长克鲁兹尼克 Philip Klutznick，谈话。据告：该局系管理长期巨额低息借款，以供各地区建筑大规模贫民公寓之机关。战时政府需用之房屋建筑，亦由该局掌管。（三）赴联邦民宅管理局，晤局长福开森 Abner Ferguson，谈话。据告：“该局系掌管民间房屋贷款机关之担保，俾该贷款机关敢于放手贷款。”

二十日，（一）访候庇尔逊 Warren Pierson。

先生日记云：

> 庇尔逊君已辞进出口银行总裁，特往寒暄。在我任铁道部长时，彼曾应余邀请来华，对中国有第一次之贷款，促使两国经济关系更臻密切。到美后，复时相往来，交换意见。

（二）赴联邦银行存款保险公司 Federal Deposit Insuranse Corporation，访董事哥尔德保 Goldborough 及其复查部主任葛令武德 Greenwood。承告该公司工作概要，并取得检查手册一本。

按该公司系根据一九三三年国会葛拉斯与施特果银行法案成立。其业务为担保存户存入该公司所保证之储蓄银行存款之安全。最初保额为二千五百美元。一九三四年增为五千美元。保额年有增加。理事会设理事三人，二人由总统选派，一人由联邦币制局总裁 Comptroller of the Currency 兼任。该公司有权随时检查所保证各储蓄银行之账目。

（三）科保威尔德钢铁公司 Copperweld Steel Co. 之董事长布朗伯 S. C. Bramber 与总经理费利卜 Hugh Philip 来见。

按该公司系制造合金钢铁之电报线及电话线，拟在中国寻觅代理经销之人。特由美国佛罗里达州之参议员裴阜 Claude Pepper 介绍二人来见。经允为设法觅人。

（四）联邦公共房屋管理局派人陪同参观业经改造之贫民住宅。

二十一日，（一）约在美国西岸开设飞机装配厂之胡声求来谈。

先生日记云：

青年技术家胡声求君曾于本月十三日来谈。渠在西岸所办之飞机装配厂已能立足。每星期可造飞机后身约二十架，惟不久飞机将减产，恐须停工，拟计划改造（美国所存）旧机，为中国建立民航。今晨约其来谈，询其能否参加合作小工业计划。因余意中国亟须振兴小工业，渠答可以参加。

（二）赴联邦准备局晤韩孟德 Hammond，讨论银行制度。

先生日记云：

渠云英国与加拿大采用大银行制，例如加拿大只有十三个大商业银行，各地遍设分行，故鲜有银行风潮。美国以各地开发，需要资金输入地方。人民极富开拓精神，纷纷要求设立银行，是以小银行风起云涌。自一九三〇年风潮后，始渐少见新设之银行。渠颇主张加拿大制度；并云中国宜慎重发给银行许可证，以防金融风潮。

（三）美国上议院议员布鲁斯特 Owen Brewster 约午饭，并为张君劢介见共和党领袖马丁 Joseph Martin。据告：明年美国参众两院将组织视察团赴菲律宾，渠拟顺道至中国一游。经即席表示欢迎。（四）访居里，谈设计局拟聘美籍顾问事。（五）美国物价管制局之施兰特 Slant 来谈，同至刘大中处晚饭，谈物价管制。据施氏称："加拿大政权集中议会，可以投不信任票，而不能吹毛求疵，故易于推行管制。英国则人民恪守纪律，且在战时，人民更为守法。因此英加两国均较美国易于管制物价。美国管制物价，最困难者为管理菜蔬。此类管制，必须从生产第一步做起。在中国似可用登记制度。"

二十二日，（一）再与联邦准备局韩孟德讨论银行制度。韩氏以银行管理人才难得，力主对于新银行之设立，及颁发营业执照，应采严格办法。（二）访农业金融总署 Farm Credit Administration 总裁伊文思 R. M. Evans，谈话。

先生日记云：

> 渠意中国可向美国政府商借棉花。余答以中国愿借麦粉。渠允介绍与农业部次长一谈，并云中国管理物价，须有冷藏设备，大可利用山洞作为冷藏库，美国堪萨斯 Kansas City 即有此办法。

（三）美参议员裴阜 Claude Peffer 邀午饭，座中有科保威尔德钢铁公司之总经理费理卜 Hugh Philip 等。（四）访美国战时小工业工厂公司 Small War Plants Corporation 副董事长波德威尔 Bordwell，介绍胡声求与谈合作问题。（五）访美国证券交易管理委员会 Security Exchange Commission 主席贝赛尔 Ganson Percell，略谈该会工作大概。

按美国于一九三三年对于管理证券交易，始有所谓《证券信实法案》The Truth – in – SecurityAct 之公布。惟此法案只管制新发行之证券交易。及一九三四年，始再公布《证券交易法案》The Securities and Exchange Act of 1934，成立证券交易管理委员会，管理旧有及新发之证券交易事宜。该会设理事五人，不限党籍，由总统提名，国会同意，任期为五年。其重要工作为（1）供给投资人以有关发售证券公司之正确消息于交易市场；（2）防止由证券交易而引起之投机行为，影响国家信用；（3）取缔在证券交易市场上之一切操纵行为。

二十三日，（一）与麦克高恩 William McGovern 同访裴根斯 M. Perkins，谈中美合作小工业事。（二）居里来寓，长谈国际局势。（三）离华盛顿，返纽约。

二十四日，（一）出席资源委员会旅美专家组织之“一社”年会，演讲国营、民营工业之合作问题。（二）《时代》杂志主人亨利·鲁斯约先生与张君劢茶叙。

先生日记云：

渠告我辈云，向来彼之杂志拥护中国，近来颇受各方批评。兹欲检讨今后立言方针，特征求吾辈意见。当告以彼既系中国之友，如作善意的忠告，中国方面极愿接受，不必顾忌。

（三）约英美烟公司董事长寇生 Curson 晚饭，彼适自重庆来美。

二十五日，（一）函亨利·鲁斯，申述昨日谈话未尽之意。

先生日记云：

昨日答复亨利·鲁斯之语，恐辞不达意，因拟一函，详为解释，俾其今后立论，有一方向。略谓："近来美方对于蒋委员长颇多指摘，实则蒋先生已在努力改进。惟彼今日面临两大问题：（一）与中共之关系，（二）苏联态度暧昧莫测。欲解决中共问题，惟有早日实行民主政治。在民主宪法未颁布以前，采一过渡办法，俾用政治方法解决。同时在行政方面，澈底实行廉洁政治，以缓和民众反感。必先安内，方可攘外。庶几苏联不能有何阴谋。若能秉此方针立言，不特有助于中国，且可巩固中美之友好。"

（二）函张君劢，告以其夫人噩耗。

二十六日，赴绮色佳 Ithaca，N. Y.，研究农业经济，邹秉文在车站接待。

二十七日，（一）与邹秉文、王志莘参观纽约州西北区农业金融各项组织。

先生日记云：

晨王志莘亦来，同偕秉文兄参观生产信用组合 Production Credit Association 及国民农贷组合 National Farm Loan Association。该两机关由一人兼管，共辖三县 County。每县举一理事，由理事会聘任一秘书，另雇办事员一人。凡农产贷款，由理事会就地决定。放出后向中期农贷银行 Federal Intermediate Credit Bank 转抵押。凡属土地贷款，须陈请长期农贷银行 Federal Land Bank 核准。每年召开组合会员大会一次。理事会秘书对于农产放款，有规定限额，及先后贷放之权。

次参观农贷保证管理局 Farm Security Administration。据主管员告，近来农产涨价，农民有处借款，无公共机关辅助之必要，故此一机关，似已减少功用。

（二）康乃尔大学农学院那吾教授 Professor Harry Houser Love 招待午饭。（三）访康大农业经济系主任梅尧教授 Professor Myer，讨论农贷问题。

先生日记云：

询其农业银行应否有总行，渠以为不必有总行。又询中国如何可以普及农贷，渠云必须有合作组织，透过合作组织，教育农民，使农民感觉共同合作之兴趣；在合作组织未发达以前，只有政府金融机关直接放款之一法。又询土地改革应如何进行，渠云农民收益不在土地面积之大小，而在经营之是否得法；故农民教育实为必要。现在土地改革派均标榜耕者有其田，此固重要，而农民为减轻投资与成本起见，往往喜做佃农，故土地改革，不妨用渐进方法，逐步进行。

（四）出席康大中国学生会，并演讲。

二十八日，（一）参观土壤保存区公所 Soil Conservation District Office。

先生日记云：

上午参观土壤保存区公所。由主持人陪同参观实验土壤保护地点，所用各种保护方法。或在种植方面，或在引水方面，凡遇有不能耕种之地，由政府收购植树。次参观农地问询所。该所系由各镇选举管理委员组织管理委员会，任命之管理员主持。所内壁上悬挂地图，将土地分等标示，何地不宜耕种，何地农民已逐渐他迁，因之一切公用事业亦将迁移等等。凡农民欲购地者，一览此图，即知何区可买，何区不可买，不致吃亏。同室办公者，尚有农民家事问询所 Home Bureau，及四健俱乐部 Four H. Club。农地问询所便利农民，家事问询所便利农妇，四健俱乐部便利农家子女。

按“四健俱乐部”系联邦政府农业部推动组织。其宗旨在指导农村男女青年，以现代耕种生产技术。四“H”代表“头”Head、“心”Heart、“手”Hand及“康健”Health。

（二）参观县政机关办公厅及农事调整所。按农事调整所Agricultural Adjustment Agency主管农民购买肥料贷款及改良土壤贷款等事宜。（三）参观康乃尔大学工业学校及GLF合办之生产消费合作社。

按GLF系农村公益社Grange、农村共进社League及农民法益促进会Farm Bureau三种农民公共组织之缩写。

先生日记云：

> 三种组织合办之生产消费合作社，系由前任康乃尔大学教授巴布柯克博士Dr. Babcock所发起。各合作社再合办合作总社，及总批发所与乡村零售所。当即参观附近之总批发所、食品合作社及冷藏合作社。

（四）离绮色佳，返纽约。

二十九日，（一）李铭来告中美投资公司事，接洽已有八九成成功之望。（二）接熊式辉来电，催问返国日期。

三十日，与李铭、张嘉铸同往医院，探视孔祥熙施行手术后病况。

先生日记云：

> 上午与馥荪兄及禹九弟同赴医院，视孔先生开刀后病状。据云经过良好，惟尚须开刀一次。渠谈中央银行发行日见增加。去年八月出国时只一千一百亿，现增至二千五百亿。本年元二两月，中央银行垫款为七十七亿，而国库收入只一十四亿。如照此数计算，本年中央银行垫款，势须增七十七亿（？）。物价日涨，香烟已自每包六十五元，增至五百元；鸡蛋已涨至每个三十元。闻之不寒而栗，使我返国任职之念，益感冷淡。

三十一日，（一）复熊式辉电。略谓不敢膺中央银行重任，请其转陈蒋主席，准予稍缓回国。（二）接张肖梅来电，称：吴鼎昌、张群及贝祖诒均盼先生早日返国。

四月一日，胡声求来见，讨论其个人事业方向及小工业进行计划。

二日，赴洛克斐勒基金会，访其政治社会系主任威理芝 Joseph Willits 及其同事伊文思 Roger Evans。为张君劢拟办一民主政治研究所，请其予以财力协助。

三日，赴花旗银行访著名之财政金融专家步济时 W. Randolph Burgess 谈话，同进午餐。

先生日记云：

> 兹述其谈话要点如下：（1）目前既有中国、交通、农民三行，应将业务照原订条例划分清楚，各有专责。中国银行只能经营外汇，不能管理外汇。（2）中央银行欲建立信用，必须对于政府垫款有所限制。（3）发行纸币，准备不必过高，但须稳定于一定成数；而根本在乎确立信用。（4）战后通货整理，仍在平衡预算，恢复内债信用。外债之有无，尚在其次。第一次大战后，法国整理币制，即循此途径。

六日，（一）参加纽约总领事于焌吉招待顾维钧、王宠惠等午宴。

先生日记云：

> 中午于总领事焌吉谳请顾少川兄、王亮畴兄等一行。据少川兄云，中苏关系正在改善中，苏联驻华新大使已派出。宋子文拟赴苏，至今尚未得到邀请，故一再展期。重庆经济情形日趋严重，战斗力依然薄弱。此次旧金山会议代表团，政府原不拟邀中共参加，嗣为众议所迫，乃有今日代表团之组织。

按联合国国际组织会议，我国遣派代表团包含各党各派，共有一百余人。首席代表宋子文，代表：顾维钧、王宠惠、魏道明、胡适、吴贻芳、李璜、张君劢、董必武、胡霖。

（二）卢作孚来谈。据告：“加拿大造船信用借款，已作最后决定，俟宋子文来美正式许可，即可签订合同。美国进出口银行亦有同样表示，即美加两方面，均需政府担保。又亨利·凯撒愿与民生公司合办一船坞，不日可签合同。”

九日，往洛氏基金会访威理芝及伊文思。承告：“经对张君劢计划加以研究，颇觉有宣传政治意味，似不易得到捐款。”

十日，（一）卢作孚与亨利·凯撒签订合办船坞合同，各出资五十万美元，并相机合营航业，邀先生参观签字。（二）约裴金斯 Miles Perkins 谈合组小工业公司事。

十一日，接熊式辉来电，传达蒋主席嘱告先生行期，可展至旧金山和会以后。

十二日，（一）卢作孚不日返国，约共午饭长谈。（二）交通部滇缅路西段工程处处长张海平来谈。据称：“重庆物价情形，米价由去年年底每斤（?）五千元，最近涨至一万五千元。贵阳米价为五万八千元，昆明为二万五千元。重庆肉价去年年底，每斤（?）为一百三十元，现涨至三百元。昆明、贵阳均为一千元。”（三）约王志莘商谈组织小工业辅导公司，拟邀新华银行参加。（四）下午五时无线电台广播报告：罗斯福总统于下午四时五十分脑溢血逝世于乔治亚州之温泉村。副总统杜鲁门定于七时就总统职。

先生日记云：

> 罗氏生于一八八二年一月三十日，享年六十三岁。第四任总统就职后，仅三个月。以往数年，因战事、外交、内政，辛劳过甚，促其寿命，可称为国牺牲。

十三日，张君劢来函，将民主政治研究所改名社会科学研究院。

十四日，（一）访来自重庆之贝祖诒。

先生日记云：

> 淞孙自重庆来，往访。询知重庆政治情形依然如故。生产局近以物价腾贵，不易积存原料，开办后，仅支用二十五亿元。

去年政府收购生金，及吸收金币存款，约合法币四百亿元。照其计算，本年支出恐须达三千亿余元。行政方面，上下相蒙，彼此推诿之积习，有增无减。加以通货膨胀之结果，人人忙于生活，万事不能推动。

（二）张君劢约胡适、陈辉德、晏阳初、卢作孚、李铭、李光前、王志莘诸人为社会科学院发起人，宣告正式成立。

十七日，（一）约王家桢午饭。得悉彼任旧金山和会我国代表团顾问。（二）旧金山和会我国代表团代表李璜来谈。（三）晏阳初来商讨社会科学研究院缘起文字。（四）李璜来长谈国际局势及和会应付方针。（五）卢作孚来告已见行政院宋代院长子文。得悉宋氏对于民生公司向加拿大借款造船，须交垫头百分之十五，请政府援助一节，认为须加研究，并须得蒋主席核准来电，方可照办。

十八日，（一）美国联合铁道转辙器及志号制造公司 Union Switch and Signal Co. 之总经理路透伯赫 L. C. Rutterbach 及其同事彭诺德 Penrod 来见，据称拟在中国推广营业。（二）约华美协进社干事孟治，洽商社会科学研究院纽约分院章程。

十九日，（一）中午乘火车赴华盛顿。（二）与张君劢同赴魏道明大使处晚饭。（三）与郭秉文在旅馆长谈。

二十日，（一）偕张君劢赴美国务院访裴克，谈社会科学研究院宗旨及拟在美成立分院。裴氏表示同意，惟主张先在中国成立总院，再来美国捐款，设立分院。（二）与张君劢同赴施前大使肇基处午饭，请其担任社会科学研究院董事及纽约分院董事，均获同意。施氏席间提及旧金山和会我国代表团组织，有各党各派代表，完全由于罗斯福总统一电之力。（三）晤居里谈话。渠称已呈请辞职，或将脱离政界。又云二三月后，美国政府人事将有更动。（四）下午六时往晤行政院宋代院长子文。据告："今日国事，须先顾目前。因无目前，即无将来。但手段非杀辣不可。"（五）与张君劢同晚饭，饭后视其乘火车赴旧金山，出席和会。

二十一日，（一）访毛邦初，渠适自重庆归来。据告："此次发表宋子文为行政院代理院长，完全为贵阳告警。不料发表后，贵阳局面即见稳定。若缓二三日，即无此举。至外间谣传最高当局家庭不和一节，完全因极峰对孔夫人作为不满。而蒋夫人从旁袒护。如蒋夫人与孔先生返国，则固极峰所愿。至于发展航空工业，政府已拨美金千余万元。”（二）约福勒 Walter W. Fowler 与韩密尔顿 Hamilton 谈辅导小工业发展事。

二十三日，与胡霖午饭，谈话。其忧国之忱，溢于言表。

先生日记云：

中午胡政之兄来午饭，谈及此次和会代表问题。原只有其本人及君劢二人。嗣罗斯福总统有电，希望容纳各党各派，始有今日之配合。又云共方在华方之势力，已日见扩大，大有非我莫属之势，而在华中、华南，亦节节蚕食，甚为可虑。深望委员长广开贤路，一扫用人非党即亲之作风。其忧国之忱，溢于言表。

二十四日，（一）卢作孚本日飞返重庆，托其转陈蒋主席数事。

先生日记云：

作孚兄今日下午四时飞返重庆。在其行前，往晤，托其转陈委员长数事：(1) 余将于回国前，赴英一行，已与英国实业界约定，未便中止，致生误会。(2) 和会方面，君劢与幼椿兄已决定力求一致，彼二人已与董必武代表谈过，务使彼此一致，以示中国为政治统一之国家。(3) 如时间许可，拟再（由英）返美稍留，以杜鲁门就任后，各部首长将有更动，似应与新当局略有周旋。(4) 由众议员周以德 Walter Judd 方面得到消息，雅尔达会议中，罗斯福总统与史太林讨论波兰问题，史太林曾云是否美苏再将一战，致罗总统不能不让步。及罗总统返美后，史太林又违反罗总统让步之决定。罗总统大受激刺，亦其致病原因之一。同时史太林表示满洲、朝鲜新政府须为与苏联亲善之政权。此种态度，咸使美当局惴惴不安，对苏联唯有采取强硬政策。以我看来，中国务须速图自力更生，以增美国对我国之热诚。换言之，使美国认我国为真正友人，并非彼之累坠。如此最后当可得到更大之援助。

（二）与律师研究张君劢所发起之社会科学研究院章程。

二十五日，（一）胡声求来研究“小工业辅导公司”事宜。（二）与胡声求同访王志莘，请由新华银行对于“小工业辅导公司”投资美金五万元。（三）赴大通银行代新华银行说明提出存款美金五万元之理由。

二十六日，（一）往晤孔祥熙，谈话。

先生日记云：

> 往晤孔先生，渠提及见罗斯福总统时，罗氏曾云，德黑兰会议时，史太林表示希望在太平洋有一不冻港。此次雅尔达会议，史又提及东三省铁路本有苏联投资，此后仍望有权益关系，大有得寸进尺态度。而邱吉尔亦提出上海租界权益，须从长研究，是英苏两国均有不肯放弃在中国原有权益之表示。

（二）纽约联邦准备银行研究专员塔玛咯莱来长谈。据告：“（1）中国私人存美之活期存款，约为七千五百万美元（原有一亿一千余万美元，陆续提出，售与中央银行，结存此数）。中国政府机关所存外汇，约为六亿美元。（2）渠推测苏联对于朝鲜满洲，希望有一亲苏或与苏合作之政权。因此恐华北将成共产党之地方政府，而遂产生若干地方（政治）单位。为防微杜渐计，不如建立一联合政府，可以控制地方政权，否则将招致地方割据，甚至发生内战。深望日本败退之后，美苏两国能有一互不干涉中国之协定。”

三十日，（一）陈辉德、李铭约午饭，有宋以忠在座。宋妻在时代杂志编辑部工作，因询及该杂志对中国之意见。宋称：“大致可归纳为三点：（1）从速整理军队。（2）革新政治。（3）改善农民生活。以上三事，若不从速进行，恐难恢复政府信用。”（二）晚乘海轮离纽约赴伦敦。

先生日记云：

晚八时到码头，始知所乘赴欧之船名“法国小岛”号 Ile de France，仅三万余吨。在码头办理一切手续。同行者为周舜莘、李德燏二兄，三人同一房间，卧铺已改成军用式，幸无其他旅客，尚属安适。

（三）为纽约《外交季刊》所撰《中国战后交通建设》China's Need for Transport 一文，登载于四月份该季刊之四六五至四七五页。

五月一日，晨九时开船，下午练习救生圈使用法，并排定操练地位。

二日，操练一小时。

三日，读《苏维埃与和平》*Soviet and Peace* 一书。上操半小时。

四日，上操半小时。读《苏联经济理论基础》一书。（原书名不详）

五日，读完《苏联经济理论基础》。

先生日记云：

今日风大，船身倾侧，读完《苏联经济理论基础》一书后，略有感想。以为大陆国家，拥有广大土地者，人民偏于有广泛之幻想，同时有伟大之体魄。列宁乘帝俄腐败政治之反响，以及战败之人民反感，造成革命。又值各国嫉视包围，益加强其国家主义之坚韧精神，与自力更生之决心。史太林富有实际头脑，补救列宁理论之不足，集中精力于实际建设，并建立完密之政治组织，得有此次战争之成果。所可虑者，其支配世界之野心，将日益加炽耳。

六日，今日天气渐冷，上午无操练。无线电台广播希特勒已死。

七日，无线电台广播德军投降。

先生日记云：

船北行，天气更冷。读完《苏联经济理论基础》一书。无线电广播德军已投降。英美等国政府宣布明日为欧战胜利日 V－E Day，闻之不胜感触。人后我而战，先我而获胜利。我则困难之日，方自今日始。

八日，邱吉尔广播，发表胜利演说。晚英皇广播。船上有宗教祝贺胜利祈祷。均云今日暂时休息，而太平洋战事未了，尚须努力。

九日，船抵格拉斯哥，搭火车赴伦敦。

先生日记云：

上午十一时抵苏格兰之格拉斯哥，下午乘渡艇登陆。四时乘火车到达格拉斯哥中心。晚九时许，再乘火车赴伦敦。车中铺位均改为军用卧铺，订不到铺位，闭目静坐待旦。车中不特一切陈旧，且无暇保持清洁，一片战争现象。

十日，（一）抵伦敦，住克拉瑞吉 Claridge 旅馆，约中国银行伦敦经理处职员格雷 F. W. Gray 午饭，谈话。

先生日记云：

约前中国银行同事格雷来午饭，听其意见如左："太平洋战事，恐尚须一年。苏联将在最后五分钟，方肯参战。且到时必将提出要求，使英美无法拒绝。对于满洲至少将要求恢复以前之东清铁路权益。甚至要求恢复苏联一九〇〇年对于旅顺大连所占之地位。亦即决不放弃满蒙之优越地位。新疆恐亦在其野心囊括之中。总之，苏联希望其亚洲之邻境，均为亲苏之区域。"

（二）中国银行伦敦经理处前经理卢克斯 Sidney Lucas 来见，适以前上海证券经纪人海因斯 Ellis Hayins 在座，约其明日来谈。

先生日记云：

据海因斯谈，伦敦人民经五年战争，备感物资缺乏之痛苦。衣着材料分配，每人每七个月只得二十四点，而一套衣服须二十六点，故几于人人未购新衣。每年收入在四百英镑以上者，即须缴纳所得税，逐步递增。最高收入，除付所得税外，不得超过五千镑，故战后贫富相差，不至悬殊。而富人对于贫民渐增同情之感，此为战事中之一良好现象。

十一日，（一）卢克斯来谈，同午饭。渠认为日本本土不堪美机轰炸，加以自身缺乏油料，故战争结束，将较预期提前。（二）由李德熽陪同巡视伦敦市区被轰炸各处。其面积较重庆为广，受灾程度较重庆为烈。防空洞设置则不如重庆之多。伦敦市民之抗战精神，要与吾人殆相伯仲。（三）赴我国驻英大使馆拜访。（四）中国银行伦敦经理处同人邀宴于中国餐馆。

十二日，伦敦怡和洋行总行主持人凯斯威克 Tonny Keswick 约午饭，长谈四小时。

先生日记云：

触及各项问题，如下：（1）怡和在中国所办工业，拟采三三制，即英国厂家占资本三分之一，怡和与中国资本各占三分之一，颇愿与浙江实业及上海商业储蓄两银行合作。（2）中英银公司经手之各项铁路债款，希望中国政府自动提出偿付本息办法。只须先表示关切债务，则英国方面必更表示好意。因知战后中国困穷，决不要求即时开始付息。且将以中国政府不忘履行旧债义务之意，通知美国政府，以利中国向美国请求经济援助。怡和则愿劝导英国制造铁路配件厂家在中国设厂。（3）现正拣选有技术学识之中国人员二十名来英实习，其中一部分，拟用以为各厂家将来驻华之代表，与洋员同等待遇。（4）英国战后五年，人民必加倍工作，吃苦奋斗，海外贸易，必须努力争取。（5）下次大选，劳工党或可胜利，惟当政之后，如采极端政策，势必失败下台。以英国人民之保守心理，根深蒂固，难以转移。（6）日本战事结束，恐尚须一年。美国海军首脑厄米兹与陆军首脑麦克阿瑟，意见相左。海军方面主张直捣东京，不必经过中国，故美军在中国登陆之举，未必实现。（7）苏联对于日本，不外二途：（a）由日付极大代价，出而为调人，例如：两蒙权益让与苏联，而日本维持朝鲜权益，借以维持远东均势，而彼从中操纵，甚至造成日中满三国均衡局势；（b）乘日本战败之最后五分钟，长驱直入满洲，攫取帝俄时代在满所得之权利。

嗣渠复提出两个问题，询我意见：（1）怡和愿集资二百万英镑，创办一中英航空公司，以与美国投资之中国航空公司并行，同时英国政府可派一航空高级武官驻重庆，以示英国政府关切中国航空事业之意。我答以中国对于战后民航政策，尚未有一定计划，是否国内航线与国际航线分设公司，或国内航线与国际航线合设一公司，或两公司，均尚无定议，故劝其从缓提出。（2）怡和在中国营业，是否可照旧进行，抑从缓进行。我答以中英两国为共同作战之友邦，战后关系，必更密切。故怡和营业不妨照旧进行。惟望能与中国政府之经济政策相配合。我并告以曾与光甫、馥荪两兄在美，告知彼邦实业、银行两界领袖，战后中、英、美三国应密切经济合作，以恢复战时损失，并提高人民生活水准。故怡和如有利于中国之营业计划，均愿协助合作。

十四日，（一）英美烟公司董事罗斯 Archbald Ross 来午饭，长谈四小时。

先生日记云：

此人注意国际问题，在太平洋学会中，甚为活动，在英国外交协会内，亦颇活跃。渠认为苏联对于今日日本之态度，关系各方，十分重要。究竟苏联是否仍许日本维持生存能力，抑使之溃灭。若仍令日本维持相当实力，则中国在战后仍须维持军备。否则中国在战后只须与各国维持友好，而求取得经济协助。其次，苏联在国际关系上，恐仍继续其已往之经济孤立政策。今日报载美国对于苏联，不再予以租借物资。同时英国警告狄托 Tito 让出的里雅斯得 Trieste。此即对于苏联之一种示威。对于中国之政治，渠认为应保持省权，则统一可保。至与渠本人攸关之事业，除英美烟公司外，尚有麦加利银行，渠亦在董事之列，希望战后仍返中国，重振旧业，惟视中国政府是否欢迎而定进止。

（二）中英庚款购料委员会代表王景春，与新任驻荷兰公使董霖来谈。（三）驻英大使馆代办邀请晚饭。

十五日，（一）驻英大使馆陈参事维城来谈，同午饭。

先生日记云：

我十四年前来英时，此君适任使馆代办，承其招呼备至。中午约与其女公子同来午饭。谈及我国拟派顾少川兄为驻英大使，英政府颇示踌躇，实为其夫人关系。嗣其夫人抵英，英政府通知报纸不必登载，免招物议。

（二）英外交部亚洲司顾问，中英银公司董事长浦洛特爵士 Sir John Pratt 来访。

先生日记云：

渠曾著有关中国问题书籍二本。现正写第三本。虽年逾七旬，不特写作不辍，且骑自行车往来代步。谈及中国宪政不能顺利进行原因，认为由于外患频仍，受外交影响，亟思应付，取悦外人，而非真正出诸民意。所言相当深刻，颇具见解。

（三）世界道德重整会重要干部郝华德 Peter Howard 来谈，晚同至该会伦敦本部用膳，获见会员多人，略悉该会在伦敦活动之一斑。

十六日，（一）英国基督教大学协会总书记施奈特牧师 Rev. Noel Slater 来陪往该会办公处谈话，复同赴午餐会。

先生日记云：

同席有协会主席卫廉臣博士、巴克利（传教会外事秘书）、狄克孙牧师（传教会会议秘书）及施奈特牧师。此四人中，卫廉臣曾在陕鲁二省传教二十余年，巴克利曾居日本二十余年，狄克孙曾在华中及云南各地传教，施奈特则在福建传教三十余年。与该会有关之中国教会大学为华西、齐鲁、岭南、华中、燕京等五校。因余曾任华西董事长，故有此一聚会。

（二）下午参观英国下议院。

十七日，（一）海因士 Ellis Hayins 约往茅茨俱乐部 Thatched

House Club 午饭。同席有汇丰银行总行总经理摩尔斯 Arthrur Morse、战时上海汇丰经理韩契曼 Henchman、麦加利银行总经理卡克本 Cackburn 及前北平麦加利经理巴克尔 Burkel 与汤姆斯 Thomas 诸人。（二）赴英兰银行访曾任中国政府财金顾问之奥托·尼迈尔爵士 Sir Otto Niemyer。（三）前驻荷兰公使金问泗来谈。据告："适见英国驻波兰公使，提及苏联对于远东政策，认为中国将遭遇极大困难。"（四）怡和洋行主持人凯斯威克邀晚饭。同席有前印度孟买总督施卡尔堡勋爵 Lord Scarborough、英国外交部远东司司长班莱德 Sterndal Bennett 及浦洛特爵士 John Pratt。

十八日，（一）前麦加利银行北平分行经理，后任中英平准基金委员会委员之汤姆斯来谈，同进早餐。据告："英国因战争所受资金损失，非二十年不能恢复。际此期间，恐无余力对外长期投资。不过短期商业信用，当然必须继续供给。同时未尝不可利用辗转所得美金，供给扩充对外贸易之用。中国通货膨胀，若从早预防，未尝不可减轻恶果，现则为时太晚。惟有打通出口海岸，增加消费品之输入，方能稍稍补救。并称不久将赴中国任英国使馆财政参赞。"（二）中国基督教大学协会召开执行委员会，由布朗牧师 Rev. T. Cocker Brown 主席，特邀先生出席报告华西大学近状。

十九日，（一）范旭东、侯德榜来谈。据告："永利制碱公司向美国进出口银行借得美金一千六百万元，但仍须自筹美金五百万至一千万元。如建厂完成，足可供给中国所需之烧碱及硫酸铔。此后所须依赖英国者，仅颜料而已。"（二）乘火车赴沙佛克 Suffork 之伊卜斯威克 Ipswick，参观罗斯 Archbald Ross 自办之穆尔特农场 Mort Farm。

先生日记云：

> 抵火车站后，再乘汽车，约行二十余公里，方达罗斯住家，乃一农场，名"穆尔特"，面积约五百英亩。据告，英国最小农场约占四十余英亩，足敷经济耕种之用。较大者有一百五十英

亩，最大者达一千五百英亩。晚陪到一大农人家晚饭。承告在战争期间，每一农家只能宰屠猪羊各一头，超此数目，即须报告官厅，田亩收获，须一律售与政府。罗斯之穆尔特农场虽占地五百英亩，仅用帮工四人。家中有助手一名，帮忙打扫清洁。家用一切家具，均甚陈旧。英人之保存旧物，与战时之省吃俭用，实可钦佩。

二十日，（一）与太古洋行主人施怀尔 Warren Swire 适同住一旅馆，约定一同早饭，谈话。据告："太古洋行在中国行驶之海轮损失四艘，现已开始建造新船。本年底可完成三艘，余一艘，明年完成。英国政府补偿船只损失，系照一九三九年船价，先贴补四分之三，余四分之一，俟新船建造时再付。行驶中国长江船只尚存三艘。香港船坞年终拟开始准备复工材料。一俟收回，即行动工修理。太古保险公司、香港制糖厂、油漆厂，均拟一一复业。中国轮船业务亦拟恢复，俟中国政府政策决定后，再定方针。"（二）晚七时乘火车回伦敦，十时一刻到达。

二十一日，浦洛特爵士 Sir John Pratt 邀至其寓所午饭，长谈。先生记与其谈话如下：

余问：今日国际形势已十分明显，苏联对于满洲不肯放手，中国应取何种态度？

浦氏答：目前英美对于苏联，决无办法。中国只好忍耐应付，不必诉诸公论。

余问：假定延安在华北建树势力，中央应否效法英国之对付爱尔兰，让其正式成立独立政府？

浦氏答：应听其自然，不必承认，亦不加否认。中央政府惟有迅速改善行政，尤其对于下层行政，必须从速改善。农民租税负担及佃租，应澈底改革。小工业应切实辅助。上述数端，如能实行，中央政府自必强固，对共对苏，均不足虑。尚有一点，欲进忠告者，即一九一七年苏联革命成功，共产制度建立之后，风靡世界，咸予同情，政治家及学者，纷纷从事研究。以中国之文化大国，应自立政治制度，不必抄袭。

余问：战后中英合作基础，应建立于何种因素之上？

浦氏答：中英民族性情，最长于互让，如彼此澈底认识此点，一面沟通文化，一面促进经济与贸易，自能密切合作，不必有盟约，或防守协定之类。中国战后，应积极采取自动立场，不可再如以往事事受外界牵制或压迫。国民政府成立，在外人观之，以为可以奋起，采取自动，惜未能办到。

余问：香港问题，尊见如何？

浦氏答：此乃中英全部问题之一环。必须在时机成熟时，彼此心心相应，顺水推舟，不必出之要求，以免弄巧成拙。

先生日记又云：

最后渠提及中英民航问题，谓中英银公司拟在中国发展民航事业。其办法为设一中英航空公司，中英两方各出资本一半，董事人数各半，华人任董事长，英人任总经理。当即答以我国政府对于国际民航事业尚无确定政策，且中美合办之中航公司正在商量改订合约，英方不妨待中美合约改订后，再行商讨。渠云现已觅得驻缅航空司令，请其赴重庆主持其事。不过感困难者，目下中国政治情形未臻安定，招集股本不易等语。彼赠所著书一本，名《中国与英国》。

二十二日，（一）英美烟公司董事长奥文爵士 Sir Hugounleffe Owen 约午饭。座中有其副董事长米勒 Gray Miller，董事罗斯 Archbald Ross。先生记与奥文谈话如下：

奥文问：中国战后，政治能否稳定？

余答：战后中国恐有长时间之政治纠纷，及随之而来之演变，但不至有内乱。

奥文问：战后中国能否统一？

余答：战后中央政府对于某种区域，或将予以有限制之地方政权，或予以较宽泛之地方权力。

奥文问：币制取何方针？

余答：战后须有一个时期之外汇管理，以中国需要输入衣食原料，及复兴扩建主要工业，均需外汇。而出口一时不易增加，恐贵国情形，亦复相似。不过为外人投资利益，必能许其汇出。

奥文问：今后外国公司在中国营业，如何组织为合宜？

余答：最好改组为中外合办公司，公开欢迎华股。

（二）福公司董事长伍都鲁夫将军 General Woodruff 来访，语多牢骚。

先生日记云：

承借道清铁路筑路借款之福公司董事长伍都鲁夫将军来访，留同晚饭。谈及渠派赴中国之代表白尔 Bell，因过江失足跌毙。又渠代表中国政府在英镑区域购料费，计超过二万英镑，其中约一万镑，不知向何处请求弥补。同时彼公司贷与中福公司法币三百万元，不知将来依照何汇率偿还。又谓以往种种为中国奔走鼓吹，而反受损失甚大。满腹牢骚，倾吐无余。惟对于驻英使节，颇称赞郭复初大使，谓较其他大使为肯负责。

（三）今日初见蒋硕杰。

二十三日，（一）伦敦中国协会总书记米契尔 Mitchell 来访，并请指定日期聚餐。（按米契尔曾任太古洋行上海分行经理）（二）访伦敦万国商会分会会长奎莱斯 Arthur R. Guinness。询下届万国商会大会日期，以便我国方面事前安排出席代表。据答系八月十二日。（三）麦加利银行董事长葛饶登 V. A. Grouthem 约午饭。座中有甘培尔 F. Campbell，系伦敦“国民省银行”董事长，兼银行公会会长 Chairman, National Provincial Bank, and President of Bankers' Association。（四）伦敦《观察报》*Observer* 所辖《曼撤斯特晚报》*Manchester Evening News* 之东方主笔格林 O. M. Green 来访。据称：苏联未必即参加太平洋战事，战事如早日结束，国民政府或易应付共产党。（五）驻英大使馆转来法国驻英大使馆公函，称法国财政、建设及交通三部，邀先生赴法一游。

二十四日，（一）前海关总税务司总司账芮特 Stanley F. Wright 来访。

先生日记云：

芮特为余在北京时代常交往之老友，曾著《赫德与中国海关》*Hart and the Chinese Customs*, Belfast, Mullan, 1950，及《中国关税自主之奋斗》*China's Struggle for Tariff Autonomy 1843 - 1938*，Shanghai，1938 等书，长于著述。退休后，返挪威居住，多年不见，忽来访。据云大战开始后，曾重返上海，嗣转回英国。

（二）花旗银行伦敦分行经理哈登 Haden 约午饭，谈话。据告："英国国内损失、修复所费，尚非甚巨。在国外之投资证券，虽经售去一大部分，然英国保险公司在国外所存美金证券，仍不在少数。至出口则以德日两国所丧失之海外市场，英国正可取而代之。故战后英国贸易，应当有进无退。至所欠印度、埃及等英镑集团之债务，其中一大部分系用以购存原料，如埃及棉花、澳洲羊毛等。尚有一部分已由英兰银行代购。故英政府债券，战后如政府与债权各国商订分期摊还办法，不出五年至十年，可以恢复战前地位。在中国之汇丰、麦加利两银行，麦加利损失较少，汇丰较大，英政府必将援助两行，使其恢复战前地位。"

二十五日，英国海外商务部部长盛茂斯 Spencer Summers 约午饭，有范旭东同席。

先生日记云：

渠致词云：英国政局无论如何变迁，誓必打倒日本而后已。英国海外贸易必用全力恢复。所苦者，战争期内，一切不易更新，不免有落后之处，不过亦有进步之处。余答谓：战事以来，各国人民心理均有变迁，希望在友谊及商务两方面谋求进步。中英两国人民性格均尊重公道、忍耐、持久与不务近利，不无相似之处。敢信两国友谊与商务必能日见进步。中国方面则深愿得知英国之经济政策，俾资借镜。

二十六日，（一）赴牛津访阿与尔（凸窗）学院 Oriel College 院长、哲学家洛斯爵士 Sir David Ross。周舜莘与道德重整会会友叶兹 Yates 同行。

按洛斯曾任有关劳工问题职务，因嘱先生一阅英国劳工法令，借知英国劳工立法历史。

（二）三一学院 Trinity College 学生邓克斯 Geoffrey Dankes 约午饭。

先生日记云：

> 与两青年学生同餐，一系保守党，一系自由党，均为学生领袖，俨然已有政治主张。据云牛津大学学生，属于保守派者约四百人；属于自由派者约同数；属于社会主义者约百五十人；属于共产主义者约数十人，惟不露面公开活动。

（三）赴全灵学院 All Souls College，访院长亚丹斯教授 Professor Adams。据告："渠于一九三一及三二年，曾游中国。该院系高级研究院，阁员出身此院者，不下数十人。渠对于中国颇感兴趣，现在觅请教授讲授中国语言及历史，着手编著中国历史。"（四）访全灵学院教员寇蒂思 Lionel Curtis，听其详述政治意见。

先生日记云：

> 寇蒂思系首创英国联邦 Commonwealth 组织者。曾赴中国游历，因述其国际政治意见如下："战后苏联在国际间之横暴，惟有联合全世界民主国家之力量，共同裁制。首须大英帝国内部自己解放，切实团结，归政于各自治领。而印度尤须及早成为自治领之一员。伦敦政府只管军事与外交。西欧国家之民主化，希望逾益澈底。而美国对于中南美国家尤应尽力领导。更希望中国早日趋于民主化，庶几力量伟大，可以共同制服苏联。至国际和平组织，在今日情况之下，既难产生一致心理，殊难倚赖。总之在欧在亚，必须英美协力，始能共同抵制苏联之残暴侵略。不过英美团结一致，谈何容易。至所谓各国民主化，亦

不能希望彼此程度相等。惟重要之点，民主国家对财政负担，须直接向人民征取，不可取之于各省。如此则中央政府始能与人民接触，方可达到真正统一，彻底民主化。”渠将所著之《世界大战——其造因与疗治》一书（*World War: Its Cause and Cure*）相赠。

（五）参观全灵学院学生演说辩论会及学舍。

先生日记云：

中午饭后曾参观学生演说辩论会，内部布置完全仿照国会议场式样。牛津各学院均有四百年历史，建筑虽外观陈旧，而内部整齐清洁，使人身临其地，肃然起敬。

二十七日，（一）往神学院与学生同进早餐。

先生日记云：

早餐饮食时，学生实行“食不语”，听院长读书一章。餐后院长万瑞雅女士 MissL Grier 告以明年拟赴中国游历。

（二）访白礼阿尔 Balliol 学院院长林赛勋爵 Lord Lindsay。据称：渠有一子在延安帮助延安政府管理无线电台，曾在燕京大学教授经济学，娶一中国女子。最近时在报纸发表通讯，盛赞八路军政绩。复提及延安选举人民代表，系采取三三制，即党员、农民、地主各占三分之一。若国民政府与延安政权不能和洽妥协，恐日军退出中国后，华北地区，将为延安控制。其本人亟思一见其儿子媳妇，不知有无办法，能使其子至重庆，以便彼此谋面云云。（三）访牛津大学副校长理温斯顿爵士 Sir Richard Livingston，谈教育。

先生日记云：

渠谓教育，须先使人民有求知之心，有向上及造福社会之志。此则惟宗教是赖，等于汽车之必先有汽油。至于农民教育，应对于实际务农者，施以教育，则灌输较易。著有《一个漂荡中的世界之教育》*Education for a World Adrift* 一书，曾赠我一本。

（四）全灵学院亚丹斯教授 Prof. Adams 约在院内晚饭。

先生日记云：

余坐在英国前殖民部长阿茂莱 Amery 及名经济学者韩德生爵士 Sir Herbert Handerson 之旁，因与后者长谈。座中名教授二十余人，有年逾七十或八十者，皆一代权威，我列席其间，自惭学识浅陋。

先生日记又云：

与韩德生爵士谈经济政策及银行货币问题，特记要点如下。(1) 对于国营民营之分界：渠意对于交通、运输、大水电工程，甚至电力厂，不妨国营；惟一般工业则可不必。一则与民主国家政策不合，易遭误会，二则不似公用事业，根本无有受国家管制之必要。(2) 对于利用外资：渠意国营公用事业，可用借债方式，尽量利用外资。至于工业，既非国营，即不妨允许私人投资。若苏联因求自力更生，不愿利用外资，使人民遭受莫大牺牲，而使工业化因此迟缓。中国似可不必采用。(3) 中央银行应否完全国营：渠意一般趋势，中央银行应与政府密切合作；但仍须保持其独立性。即如英兰银行与政府之关系，乃取协商方式，不取命令态度。(4) 发行准备制度：渠意若已设置平准基金，原可不必再有现金准备。惟中国有若干成现金准备习惯，不妨姑沿用之，可将准备比例成数减少，如二成半，或二成之类。(5) 中国通货收缩办法：渠意可参用以前德国及现在比国办法。同时顾到农民，不妨定一最低额，为农民应换之数，再加若干，或为持券多者交换之数。一面将超过换额以上之数冻存，或征战时利得税，或发行半厘息之长期公债收回。至币值稍形稳定时，再发行新券，再经相当时期，始定汇率。

（五）陈夫人兰钧病逝上海，享年五十八岁。

二十八日，（一）参观牛津大学新建之图书馆，馆内收藏中国书籍甚多。（二）访某学院院长包瑞 Bowra，由其介见农业经济系主任阿尔文博士 Dr. Orwin。

先生日记云：

晤某学院（院名忘记）院长包瑞，其父曾在中国海关总税务司署任主任秘书，系余老友。由其介绍农业经济系主任阿尔文博士，以英国农业经济情形概况见告如下：英国政府从关税方面帮助农产，不注重农业金融。大地主因遗产税之征收，日见减少。农民消费合作，正在发展中。农产贩卖合作，并不发达。农会系一种政治活动组织，目的在反对工党，并不注意农业。各地有农业指导员，由地方公举。不似美国之以大学为中心，故学与术不能同时并进。农业机械化逐渐发达，以节人工。

二十九日，（一）李光前自纽约来，同早餐。据称英国官方消息，明春可回新加坡。（二）约伦敦《泰晤士报》国会访员贝克Baker午饭，谈英国政治动态。

先生日记云：

中午叶兹Yates介绍伦敦泰晤士报国会访员贝克来谈，一同午饭，渠讲述英国政治动态如下："劳工党要求国会改选，其重大理由：(1) 战时联合内阁，人民对之或有不满，加以战后困难重重，势将受民众指摘。(2) 联合内阁时期，颇多迁就保守党之处，致劳工党不能发挥其独立主张。虽明知改选未必胜利，但为保持其独立面目，宁愿不计成败。工党人物中，贝文Ernest Bevin最称能干，但难得党中大多数之支持，莫尔逊Herbert Stanley Morrison则颇富组织能力，故二人适在伯仲之间。于是艾德礼Clement Richard Attlee乘隙而出，但非领袖之才。将来或推克里浦斯Sir Richard Stafford Cripps为全党领袖。保守党中，邱吉尔之后，当数艾登Anthony Eden为最有希望，次则白特勒Butler亦为有希望之人物。至两党政策不同之点，最重要者为国有与非国有问题。将来改选结果，劳工党在国会中或可增加六十席。保守党须较劳工党多五十至六十席，方可在国会制胜。"

（三）往访范旭东，渠今日返重庆。据告："在伦敦与皇家化学公司商谈，该公司重在与永利共同推销产品。但在永利方面，以烧碱及硫酸铔二种，早已定有永利占四九，皇家化学占五一之成分，不必再有共同推销之协议。此外只有药品与颜料，而皇家化学之颜料，早已有人推销，故不必再由永利推销。永利既不愿共同推销，则目前不需有进一步之合作商谈。但对于中国化学工业之建设，仍极愿共同合作。”（四）比利时银行 Society Generalle de Belgium 董事长克伦斯 Auguste Callens 来访，询以比国整理币制情形。据告：“比国战前发行计二百五十亿比国佛郎。被德占领期间，因强令担任军费，及代为搜购物资，付出价款，增至一千亿比国佛郎。战后整理，减至三百亿比国佛郎。现以盟军入境，及恢复重建，又增至五百七十亿比国佛郎。惟盟军军费垫款，有外币作抵。至于战后整理办法：(1）所有人民手中之钞票，命令一律交出，每人得领取新币二千佛郎。(2）五佛郎、二十佛郎、五十佛郎面额之钞票，暂准通用。(3）人民交出之旧币，除去所领之二千比国佛郎外，余额暂予冻结，稍缓可提用四成供付税款之用，所余六成，将来可换购长期公债。(4）五佛郎、二十佛郎、五十佛郎三种小券总额为三亿比国佛郎。(5）持有旧币钞票者，如查明并未与敌交易，或曾做黑市，可一律承认其所有权。如查出曾与敌人交易，则一律没收。如查出曾做黑市交易，则没收七成半。(6）战前存在银行之款，一律承认，战争期间存入银行之款，照手存钞票同样办理。(7）黄金存款、股票、债票等，一律登记，应抽战时利得税百分之二五，递增至百分之七五。(8）不动产与战前所存外币，一律抽百分之五之财产税。(9）钞券登记时，计有一百亿比国佛郎未来登记。”

三十日，(一）英庚款购料委员会主任委员王景春，会同全体委员招待午餐。餐后芮维德尔勋爵 Lord Riverdale 及王景春博士各有演说，先生简单致答。(二）福公司董事长伍都鲁夫 General Woodruff 来见，托为代向经济部商请将购料费增加一万镑，当代电重庆翁文灏部长。(三）太古洋行主人施韦尔 Swire 请晚饭。

先生日记云：

在座有怡和洋行主人凯斯威克 Tonny Keswick 及前上海工部局总办费理卜 Phillip。费氏谈及希望战后上海英租界仿照汉口英租界办法，工部局董事由西人纳税人推举，规定人数参加董事。上海土地道契，一律更换新契，并酌用西籍人员。

（四）吴元黎来谈。

三十一日，（一）陈源来谈。（二）汇丰银行总经理摩尔斯 Arthur Morse 请午饭。

先生日记云：

在座有李滋罗斯及英国财政部管理中国财政事务之杨格 Norman Young，与英兰银行管理与中国往来业务之费修 John Fisher。彼此交换战后中国币制问题意见。

（三）参观英国广播无线电台之中国广播室，有中国职员五人。（四）重庆传来消息，宋子文真除行政院院长，翁文灏任副院长。

六月一日，（一）万国商会英国分会主席奎莱斯 Arthur Quinness 请午饭。同席有万国商会名誉会长安德孙爵士 Sir Allen Anderson，前伦敦商会会长、现任万国商会理事克拉克爵士 Sir Geoffrey R. Clarke，皇家化学公司总秘书詹姆士少校 Major James 等。席间谈话，均不主张使战后之德国困穷过甚，致欧洲之贸易市场随之丧失。（二）基督教大学协会开会，邀请致词。告以教会大学在战后之中国，仍有其前途，不必过分悲观。

二日，与道德重整会会友叶兹 Yates 赴沙佛克 Suffork 之尼温罕村 Levenham 参观乡村自治组织，并留住会友郝华德 Peter Howard 农场。

先生日记云：

先访一铁匠店主人，询其村会组织。据告村会有会长及委员。所有当地教育、卫生、街灯及有关贫民事务，分设委员会管理。并举出代表参加乡村联合会，及“州”会。又至一面粉厂主人处，彼系当地审判官。据告面粉厂在战时之盈利，只准照战前五年之平均数为准。所出产之面粉，即照成本加应得盈利，售与政府。又云对于村民如犯轻罪，最多判徒刑两年，缓刑；如犯重罪，则须追查旧罪一并惩罚。总之务使青年不轻易入狱。又至一市镇晤其市长。据告市长一年一选，市有长老Alderman，五年一任；有市参议会，议员一年一选。市收入大宗为房地捐；房地价值，每五年估价一次；空地税极轻，徒有其名。公路与教育，由“州”负责。市如发行公债，须经“州”核准。市长系名誉职，准其兼营本业。警察由“州”雇派，经费由市担负。嗣至市公所，其对门之教堂，系一二一五年英国大宪章Magna Charta起草之处，惟教堂早毁，只剩大门。

三日，（一）在郝华德农场田间散步，与道德重整会会友茶叙。

先生日记云：

上午在居停主人农场四围散步，据农场管理员告，每年耕种亩数与农产种类，均由政府规定。现加种甜萝卜，为制糖之用，共占二百八十余英亩。饭后与道德重整会会友茶叙毕，乘车返伦敦。

（二）接张群、熊式辉电，得知被选为国民党中央执行委员会委员。

先生日记云：

接岳军、天翼两兄电告，余被选为国民党中央执行委员会委员，深感诧异。不知国民党是否将根本改造，抑仅罗致少数与党关系较浅之人而已。

四日，（一）伦敦韦理斯、发比尔、杜马斯保险公司Willis, Faber and Dumas之副董事长窦威尔请午饭。

先生日记云：

此公司有百余年历史，窦威尔本人曾到过中国，询及其公司在中国所收保费，不能汇出，如何办法。当告以可联合同业向中国政府请求，如无办法，只好暂时停保。

（二）与英兰银行董事奥托·尼迈尔爵士 Sir Otto Niemyer 讨论中国金融币制。

先生日记云：

> 午后至英兰银行，晤奥托·厄迈尔爵士，谈一小时半，谈话如下：(1) 中央银行组织与人事：渠意中央银行股本总以参加民股为宜，至商业银行股本，表面似系用款人不宜为中央银行股东。惟恐商业银行外，将无担任入股之机关，只好容纳。股本成数中，官股愈少愈好，二成半左右似已足矣，至人事问题，总裁、副总裁虽由股东会选出，但如英兰银行选举总裁，事前须先询财长意见，如不谓然，则另推他人，故亦等于取得同意。中国亦不妨先经同意，或予政府以任命之权。至商业银行代表及工商界代表，各人经验大有价值，银行中有此等人参加，可得不少利益。(2) 平准外汇机关与中央银行关系：渠意外汇平准，应由中央银行代为管理（不妨隶属财政部），因中央银行有两种任务，(a) 平衡外汇；(b) 调整国内通货与物价。故平准工作，不能与中央银行分离。(3) 钞票准备，沿用固定成数准备制，抑用英国额外发行制：渠意额外发行制，参用外汇平准基金，乃英国战时所采用之新制。中国外汇平准基金未必充裕，而人民对于硬货观念尚未消除，故不能完全废止固定成数准备制。惟准备比例，不妨稍低。(4) 法比两国整理币制办法，何者于中国为宜：渠意比国办法较为直截了当。法国办法较为温和。恐比国办法似收效较速，惟比系小国，同时在德占领时期，物价管制亦紧。法国则农民较多，钞票散诸小民，交通亦非便利，欲令人民登记钞票，以便分别收缩，颇不容易。中国欲照比国之抽收以往战时利得，亦恐不易举办。(5) 中国将来稳定币价，应以何为标准；渠意应参照战前与整理时之物价指数为标准。同时参照美金真值，战前与当时价格合并计算。(6) 中国中央银行之权能能否即时增进：渠意中国有如希腊，国内尚有外国银行，又有中交两行，中央银行并未做到信用与

准备之集中源泉地步，故不易发挥权能。

嗣复与奥托·厄迈尔爵士谈论战后中国法币汇率问题：(1) 汇价标准：应以 (a) 钞票发行数目，及存款数目多寡，(b) 物价指数，(c) 工资指数，(d) 商业数量，(e) 美金实值较战前减低成数等项，作为参考，而定汇率。(2) 先定偏低汇价：其利益 (a) 增加侨汇，(b) 增加出口，(c) 鼓励外资，(d) 如通货一时不易收缩，或预算不易平衡，仍可继续维持，而易于修改，(e) 逐渐提高，国内经济易于稳定。至定偏高汇价，仅有利于进口货，因可少付货价。(3) 渠意战后暂时汇价新币一元，可定为美金一角五分，即战前之一半。余告渠若战后物价涨至二千倍，新币一元换旧币五百元，则只可定新币一元合美金一角。

五日，(一) 伦敦中国协会请午饭。除该会会长、总董外，尚有汇丰、麦加利两银行总经理，太古、怡和两洋行主人等。(二) 参观伦敦泰晤士报馆全部组织，并与其国外部主笔谈话。

六日，(一) 美国大通银行伦敦分行经理华莱士 John Wallace 请午饭。(二) 曾游中国之怀德爵士 Sir Frederick White 来谈。

先生日记云：

怀德爵士素研究中国问题，来谈，其谈话要旨如下："在渠看来，目前中国共产党系一急进改造派，不能与苏联视同一律。至于满洲问题，惟有希望苏联能承认中国主权。若苏联采取侵略政策，则列强惟有坐视而已。设使此次旧金山和会，美苏英不能得到合作，则今后世界纠纷，难望有解决之策。结果将恢复战前之强权政治及局部合作。此则难免苏联不以在他方面之让步，交换在太平洋之权益。此点极为可虑。"

(三) 现任英国殖民部战后香港复员顾问之斯密士 N. L. Smith 来谈，据称正在草拟各项香港复员计划。(四) 前任中英平准基金委员会之英国代表罗杰士请晚饭，谈话。

先生日记云：

谈及过去渠曾参与草拟中央银行条例，关于官股所占成分，与董事分配，今后恐须酌量修改。即政府势求官股成分较多，但渠仍认为不可全属官股。至发行准备，似可仍取比例准备制，使其较有伸缩。中国、交通、农民三行股份，则应视国家经济政策而定。若仍尊重私人企业，则宜多收民股，否则势必趋于官办。

七日，（一）英国铁道委员会主席安德生爵士 Sir Allen Anderson 约午饭。

先生日记云：

有运输方面主管部高级人员作陪。渠之办公室系在地下。略谈英国战后制造铁路机车车辆情形。大致铁路附属工厂，年可造机车四百个，私家工厂约同数。两数足敷英国战后五年内本身需要。英属领及殖民地之需要则不在内。至于欧洲各国之需要，更不计其数。

（二）英国外交部议会次长道格拉斯勋爵 Lord Douglas 约在下议院茶叙，两党议员到者甚多。

八日，前新加坡商会会长连瀛洲来访，因约李光前同赴剑桥。

先生日记云：

上午新加坡前商会会长连瀛洲兄来，同至李光前兄处，与光前兄同乘火车至剑桥。蒋硕杰、陈纮两兄来接，同至中国学生会茶叙，晤堂铃学院 Downing College 院长芮启蒙爵士 Sir Hubert Richmond，经济学教授罗滨孙夫人 Mrs. Joan Robinson、魁利邦 C. W. Guilleband、斯克瑞佛 P. Scraffa 及中国专家胡龙 G. Huloan 与学生十余人。晚间在陈纮君寓所，与蒋硕杰、杨志俟、张自存诸君长谈。

九日，（一）访魁利邦 C. W. Guilleband 教授，谈话。先生记谈话要点如下：

余问：巴尔干及中欧国家能否投入苏联经济组织圈内？

魁氏答：巴尔干国家及波兰等人民均属小农，不宜于集体农制，暂时或倾向苏联，未必能长久。

余问：中国经济政策之方向如何？

魁氏答：交通、运输、电力不妨国营，其他工业包含钢铁，不宜国营，以免引起英美怀疑。

余问：今后世界经济制度之趋势。

魁氏答：今后英美将逐渐加多国家管理与统制，苏联则增加个人私有及享受，结果资本主义与共产主义渐趋接近。

（二）访经济学教授鲁滨孙夫人 Mrs. Joan Robinson，谈话。先生记谈话要点如下：

（1）国营民营企业：渠意交通运输与其他公用事业，联同若干大工业之最后阶段企业（如汽车制造之装配），应归国营或统制。（2）中国利用外资：渠意今后中国欲利用外资，惟有美国。但恐美国垄断，而扩展其政治势力，则中国应从速改进农业，逐渐扩展工业，庶不致为外资所挟持。（3）整理币制：渠意应俟物资畅通，然后整理。届时政府须把握一部分物资，以稳定物价。物价稍定，然后换发新币。或抽收一部分利得税，以减少发行额，亦可并用。（4）英国工党经济政策之最终目的：渠意英国工业陈旧，不能与美国竞争，而保守之工业家又不肯弃旧换新，故国家不得不出而干涉。例如英兰银行实际已属国家统制，但总裁尚未由政府任命而已。

（三）参观三一学院 Trinity College，访院长佐治·储维良 George Maconlay Trevelyan。

先生日记云：

三一学院为剑桥最大之学院，院长佐治·储维良系英国名史学家，时年六十有九岁。其父奥托，储维良爵士 Sir George Otto Trevelyan 亦系英国史学界有名人物。储氏赠我所著《一七八二至一九〇一之英国史》*Breitish History in the Nineteenth Century, 1782－1901*（1922）一册，并签名于上。

（四）参观剑桥大学图书馆，藏书一百七十五万册，中有中国古籍不少。

十日，（一）参观克来雅学院 Clare College，与神学教授毛礼 Moule 略谈。（二）参观女皇学院 Queen's College，晤院长阿契布爵士 Sir John Archibald，并访经济学教授罗伯森 Prof. D. H. Robertson，谈话。

先生日记云：

十二时往访经济学者罗伯森教授。此人谈话较简，大略如下：(1) 整理币制办法：渠意比法两国办法，或均不适用，反以德国战后整理办法为切实。至新汇价应俟国内物价稳定时，再行订定新汇价。(2) 工业化应否急进：渠意应取缓进主义。对于各方面均须加以配合。否则有如印度之工业政策，过于夸大而遭失败。(3) 国际货币会议：英国反响似已被人忘怀，无人十分注意。且该案尚未送交下议院讨论。大致一般英国人民倾向于求自力恢复英国经济，巩固英镑集团实力。(4) 中国战后经济恢复资金之筹措：渠认为中国欲求外援，除美国外，恐无可帮忙者。但中国必须自力更生，求预算出入平衡，以及国际收付平衡，此为根本要图。

（三）访凯恩斯教授 John Maynard Keynes，长谈。

先生日记云：

六时往晤凯恩斯教授。因在国际货币会议相识，抵英后，有罗斯 Archbald Ross 先容。渠住所在一小楼，极为简陋。患心脏病之后，睡在靠臂椅上谈话。其夫人告我，谈话不可逾一小时。乃一小时之后，彼仍滔滔不绝。夫人两次进来示意，余不得不自动停止。七时，渠夫妇在国王学院 King's College 等候，同出席院长晚餐之邀。餐后复陪我同去音乐会，欣赏演唱，十时方散。渠之殷勤招待，实使我感动兴奋，因在下午谈话中，提出一私人问题请教。我问其我个人正彷徨于改就私人企业，与重回政府担任公职。渠即问我政府将要我担任何项职务。余答以政府有意要我担任中央银行总裁。渠云："如政府要你担任中央银行，我劝你抛弃私人企业，而毅然接受不疑。因任中央银行职位之人，必须品性纯洁无疵，而具有丰富银行经验，你二者兼而有之，不必怀疑。”我遂告以目前政府尚未表示要我回去担任何职。如就中央银行，将有许多问题，向彼请教，并望英国政府予以援助。此一席谈话，不免使我惭愧，但加强我返国意念。关于货币金融之谈话，摘要如下：(1) 暂时汇率：渠意目前官价殊不合理。今后滇缅路陆续打通，贸易渐增，应平定一暂时汇价。渠询及何价较妥。当告以如物价涨到一千倍，同时外币估跌百分之三十，则法币一千元，应值美金一元。假使暂定法币一千元合美金四角，是否恰当。渠云尚属合理。(2) 整理法币办法：渠意惟有俟大局稳定，物资流通时，速换新币，故宜早日订印新钞券。至于整理，或可采用德国战后整理办法。(3) 中央银行组织：渠意中央银行不能与政府脱离，恐亦不能不让政府多加股本，与派任总裁及副总裁。但须保持其独立性，不能为财政部之附属机关。英兰银行之有今日，一面与政府密切联系，一面保持独立，前任总裁洛尔曼 Montagu Norman 之功实多。(5) 振兴出口贸易：渠意中国可多种烟叶出口，定可抵消大部入超。渠看到此点，使我惊讶。(6) 汇价标准：渠意汇价标准，不能只以物价为准。此外如就业及其他经济因素亦应计及。且须经相当期间之试验，方能得一正确之汇价。目前法国所定汇价偏高，然在国内经济状况改善时，或可凑合。(7) 中央银行业务：渠意若国内商业银行尚未普遍发展，中央银行不妨兼营商业银行业务，并多设分行。(8) 英国与欧洲国家订立货币协定：英国与法国、土耳其、瑞典等所订之货币协定，系暂时补助国际货币协定之先锋。一俟国际计划推行顺利，则个别货币协定，将渐减其作用。(9) 澳洲管理银行法令：渠谓最近澳洲管理银行法令，完全为间接管理工业而发生。

十一日，（一）晨乘火车，返抵伦敦。（二）英国皇家国际问题研究会 The Royal Institute of International Affairs 招待午宴。

先生日记云：

艾斯托动爵 Viscountess Nancy Lang'horne Astor 坐主人席位。同席者有东亚问题研究专家，与中国贸易有关之重要商家，及在中国设有分行之银行家二十余人。先由主席致欢迎词。余答词如下："英国立国，全赖有勇敢果毅坚忍不拔富于理智之国民性，足为吾国训育国民之模范。中国战后，预料将废除一党专政；经济上，将趋向工业化，并将分散工业于内地。国际上，则将加强中英合作。惟政治方面，因立宪政治未有根基，难免不发生内部党派纠纷。经济方面，难免不分先后缓急，同时并举之弊。国际方面，难免因法律习惯之不同，而发生隔阂龃龉。以上各点，希望在座各位，不吝赐教。"

嗣由列席各人，提出意见如下：（1）曼穆爵士 Sir Asborne Mame：中国战后建设以交通为首，但如何得到材料，及如何偿还货价，中国亟应注意。（2）摩尔斯 Arthur Morse：因此中国有早日表示维持旧债信用之必要，否则人们宁愿购入低价旧债票，不肯放出新债。（3）雨果与亨顿爵士 Sirs Hugo and Hinton：中国应早日定一暂时合理汇价，俾贸易可以发动。（4）欧文少校与毕哈芮尔 Major H. Y. Irvine and Sir George Beharrell：中国如与外人合办工业，如不予外人以管理权，恐外人原有之商标、商誉（国际性）及技术专利等，均不敢交与中国企业家。（5）马克范迪康爵士 Sir Andrew McFadycan：战后各国复兴，均须补充材料设备，尤其欧洲各国，及苏联、印度等。苏联可付现款，印度在英有存款，美国势将应接不暇。故中国如能向美国借到资金，仍须将贸易分配于其他各国，方可获得充分供给。（6）安德孙爵士 Sir Anderson：中国曾表示原则欢迎外资，但若无详细法规，外人仍不敢投资。（7）尚善爵士 Sir George Sanson：中国何时可以出产低价之货物销售给殖民地土人，以代替日本货物。（8）曼克林 Manclin：中国是否对于外人新投资，将予特别待遇。

十二日，（一）中英银公司驻中国代表戴维生 Davidson 来谈，并介绍最近发起组织中英商会之友人晤面。（二）沙士布莱勋爵 Lord Salisbury 函邀下周赴其乡居度周末。（三）英国军运司令麦纽纶少将 Majar General D. Macnullen 请午饭，介绍其寅僚。（四）怀德爵士 Sir Frederick White 约晚饭，谈话。

先生日记云：

席间怀德爵士谈话要点，特记如下："十一月间，中国开国民大会，制订宪法之消息，英国朝野对之深为注意，均盼望蒋委员长诚意拥护，使宪法公布后，中国有真正代表民意之政府，与世界民主国家趋向同一目标，自将一新世界耳目。盖在西方国家看来，中国若有一民主国会，则内争将有一最终裁决之机关，而内战可不至发生，国家可从此安定，走上建设之路。至于中英关系，最要者在使商业往来，日见活跃，毫无隔阂。次则马来亚华侨不必要求与土人立于同等地位，参与政治。再则香港问题不由中国方面提出要求，而由两国政府协商解决之策。渠个人意见，英方不妨承认中国领土主权，而在条约中，则订明系属永久性之发展贸易、自由商埠，一切行政由商埠民意机关决定。"上述谈话，吾人未便忽视，实足反映现时英国政府之意见。

十三日，（一）晤英国民用航空部部长斯文登勋爵 Lord Swinton，谈话。

先生日记云：

晨十一时晤英国民用航空部部长斯文登勋爵，谈话要点如下：据告英政府正在与自治联邦及殖民地商讨发展民航计划，将各地设备及技术人员与飞机等，作通盘筹划。并将长距离航线与短距离航线，妥为配合。所有国内航线、国外航线，包括南美航线，均由政府规划。除英国海外航空公司 BOAC 由政府出资，及指派管理人员外，其他航空公司由英国海外航空公司酌量入股，庶政府可以间接控制，所选出之董事，须经政府核准。远东航线亦归英国海外航空公司经管。印度国内短距离航线或须由印度经营。彼最后询及中国政府何以同意美国提议之五种航空自由。我答以含有政治性用意，在对付苏联。

（二）福公司 Peking Syndicate 董事长伍都鲁夫将军 General Woodruff 请午饭，同席有金融界首领十余人。（三）参观英国贵族院，由艾尔文勋爵 Lord Ailwyn 介绍议长西门勋爵 Lord Simon 茶叙。参加茶会议员中，曾有旅游中国者，纷纷以中国政治近状为问。

十四日，（一）参观英国电机制造公司 English Electric Corporation，由其董事长纳尔逊爵士 Sir George Nelson 陪同巡视各厂。（二）伦敦米兰银行 Midland Bank 董事长林里果勋爵 Lord Linlithgow 与副董事长兼总经理沙德 C. T. A. Sadd 请午饭。（三）英国工业协会会长吉尔爵士 Sir Frank Gill 偕董事阮斯丹 Ramsdan 来谈战后英国工业复员计划；并告现为中国训练工程人员。（四）美新派驻荷兰大使项伯克 Stanley Hornbeck 约晚饭。

先生日记云：

晚美驻荷大使项伯克约同晚饭。渠最近外调，过英，住同一旅馆，相遇。渠谈及中国对苏联政策，在苏联未解除动员以前，应绝对采和协态度。

（五）夜乘火车赴毕令罕 Bilingham，参观皇家化学公司。

十五日，参观皇家化学公司各工厂，并与其总经理克林 Kiling 交换如何发展中国化学工业意见。

先生日记云：

晨七时抵新寨 New Castle，候公司汽车来接。到后即乘之至毕令罕，晤总经理克林，聆其说明该厂设在此地之理由。盖地近海，近煤矿，地下复有丰富之钙藏，而附近又产盐。具此种种因素，故择定厂址于此。上午参观动力厂及硫酸铔厂，下午参观人造汽油厂及肥料厂，与存货仓库。五时与克林对于中国化学工业，交换意见。要旨如下：据告中国化学工业应以增加农业生产为主要目标，即以制造肥料为主。氮 nitrogen 与磷酸盐 phosphate 均须制造。南方农田，须要磷酸盐较多；北方农地，须要氮素较多。该公司愿与中国合作；共同制造，共同推销，资本各半。惟目前英国资本缺乏，愿约美国资本家参加。希望中国方面能澈底合作，庶几英美方面能以技术、知识充分交换。至人造汽油及颜料制造，不妨从缓。不过中国如因国防关系，而必须附带生产，则规模不必太大云云。余答以必与英方继续合作，并使中英美三方合作实现。

十六日，（一）返抵伦敦。（二）接张嘉铸来电，称政府当局催促早日返国。（三）陈源约晚饭。

十八日，（一）利阜兄弟公司 Liver Brothers 主人赫维斯 Hayworth 兄弟约午饭，谈话。据告："该公司辖有二百余单位，荷兰亦设有公司。中国方面，拟在四川设一分厂，惟不拟与人合资。"

按利阜兄弟公司主要业务为制造罐头食物及人造牛奶油 margarine。

（二）答访怡和洋行主人凯斯威克 Tonny Keswick，并谈话。

先生日记云：

上午回访怡和主人凯斯威克，谈话要点如下：渠问，怡和仍拟在中国复业，不知总公司应否与中国人合办一母公司，对于一事业，并设一独立单位。当答以不妨先办事业，俟进行顺利，再约中国方面具有相同志趣者，合办母公司。并劝其怡和纱厂应改纺细纱，不必在粗纱方面与中国纱厂竞争。

（三）英国电机制造公司董事长纳尔逊爵士 Sir George Nelson 邀往斯达佛 Stafford，参观该公司各工厂。

先生日记云：

下午英国电机制造公司，派人来接至斯达佛，到已六时。即由该公司董事长纳尔逊爵士陪同参观全厂。其主要出品为发电机，亦造潜水艇电机及坦克车。设有研究部及训练班，一切与美国奇异电机制造公司相仿。各厂布置均整齐紧凑。晚饭时谈论中国经济建设。告以最初数年，恐须外国厂家给予信用放款。渠答最初二三年，英国财力无法对外放账。即印度、埃及在英存有巨额英镑者，亦不能得到信用放款。当告以中国为顾全中英邦交，即使英国厂家不能放款，中国亦必酌量购买英国产品。该公司如到中国设厂制造，亦必尽力相助。

十九日，（一）上午返伦敦，应李德燏午饭之约。

先生日记云：

中国银行伦敦经理处经理李德燏约午饭。座中有汇丰、麦加利及伦敦米兰银行之总经理，与纽约花旗银行伦敦分行经理。均以中国战后对于外国在华之银行态度为问。当答以在纽约曾与孔副院长祥熙谈及此事，孔氏表示战后对于在华银行之待遇，仍照向来办法，宽予待遇，可以放心。

（二）参观利阜兄弟公司 Liver Brothers 制造人制牛奶黄油工厂。

二十日，（一）赴英国财政部访李滋罗斯爵士 Sir Frederick Leith-Ross，略谈整理币制问题。

先生日记云：

渠云：俟物资流动，有出口货时，应定一暂时汇率。法币整理时，应换发新券。中国对外债务应酌量还本。并约改日到其家中晚饭，以便细谈。

（二）上海汇丰银行经理韩契曼 Henchman 来谈。

先生日记云：

渠谓目前法币可暂时维持，以安人心。俟可定暂时汇率时，再行取消官价。伪币应一律取消，但为救济贫民起见，不妨酌量准予掉换法币，以少数为限，完全为救济性质。外汇应予管理，只准购买机器与原料。

（三）前英国银团驻北京代表胡巴德 Hubbard 约往其乡间家中住宿。

先生日记云：

渠对于中国之意见如下：国民政府年来受到种种诋毁，其原因，一为行政上有贪污；二为《中国之命运》一书，英美方面均致不满；三为中国国民党徒事宣传，不务实际，致生反动。故中国亟应改良文官制度，整饬吏治，不妨聘用外国顾问。对外发表宣言，必须实事求是，不可欺人自欺。再彼对于满洲问题极为忧虑。万一发生事故，而美国出予援助，英国势必随之，则从此又将多事矣。

二十一日（一）自乡间返抵旅馆。（二）参观德拉鲁钞票印制公司 De La Rue Banknote Co. 之塑胶工厂。（三）李滋罗斯爵士约在家中晚饭谈话。

先生日记云：

晚李滋罗斯爵士约在其家中晚饭，记与其谈话如下：

余问：中国整理币制，采用德国战后整理办法，抑采用比国办法？

渠答：照中国情形，仍以德国办法为宜。即大户或较沾便宜，然愈大则损失亦比例愈大，故尚公平。比国办法系收缩通货，降低物价，此点宜予注意。

余问：中国在战后对申请外汇核准，以何为标准？

渠答：应以购买机器及原料为限。

余问：中国对于汇价，应于何时改订？

渠答：应俟物资流通，有出口货时，即行改订一暂时汇价。

余问：罗吉士前为中央银行所定则例，是否今后尚属适用？

渠答：在平时中央银行必须有独立性，故仍以减少政治性为宜。

余问：中央银行准备制度，是否比例发行制，抑制限外发行为宜？

渠答：不妨用制限外发行，参用外汇平衡基金制度。

余问：英国战后能否对外投资，及贷与中国之五千万英镑信用，如何利用？

渠答：英国战后，本国政府需用恢复资金，实业机关需要添购设备资金，地方政府与属地政府需要建设资金，均不在少数，故四五年内，决无余力向外投资。至于英国政府许与中国之五千万英镑信用贷款，系专充战时之用。和平之后，即不能利用。中国唯一可以利用之途，乃在战时用以充作担保发行公债。但以英镑与法币价格意见不一，至今尚未实行，殊为可惜。

余问：印度、埃及出售黄金成效如何？

渠答：效果不大；因若大批出售，则人民将益迷信黄金，影响纸币信用，若仅出售少数，则无济于事。中国之出售黄金，未能见效，即其明证。且中国、印度等国，钞票散诸农民，售金徒利少数富商大贾。

最后渠对于规定外汇价格，认为应先定一暂时汇率，俾其逐步稳定，最初或定美金一角半等于新币一元。渠意中国战后华侨汇款，恐不易达到战前之数；出口亦不易即增。如以所存外汇，抵充向来入超，恐不过数年，即行告罄，亟宜慎重。

二十二日，（一）德拉鲁钞票印制公司董事长韦特洛 Phillip Waterloo 约午饭。（二）怡和洋行主人凯斯威克 Tonny Keswisk 请晚饭，讨论铁路借款问题。

先生日记云：

约有中英银公司董事长卜拉特爵士 Sir John Pratt、董事芮德 Reed，及汇丰银行总经理摩尔斯 Arthur Morse，讨论中国铁路借款问题。在座各人表示，应由中国政府自动提议，与债权代表商量应付办法。如此可表示中国政府并未忽视债务，且使持票人知中国政府有意维持信用。至详细办法，可从长计议。惟持票人注重付息，票价以付息为转移。余告以李滋罗斯建议酌量还本。彼等认为不合持票人心理，倘能还本又付息，当然更好。否则宁先付息。余询若海岸打通，需要修复铁路，一切设备美国愿意供给，但要求以铁路收入为担保。英国债权团将持何意见。彼等佥谓若不先定整理办法，持票人决难同意。反之，为中国打算，若债票已恢复信用，则向美国借款，可得较低利息。此一席话，可作战后应付铁路债务之参考。

二十三日，（一）晤孙立人将军。渠系应英军之邀，参观德国战场。（二）约英国财政部管理中国事务之杨格 Norman Young 午饭，谈话，并邀英国银行管理中国业务之费修 John Fisher 作陪。

先生日记云：

与杨格谈话要点如下：（1）中国工业化问题：渠意中国应考虑各种因素，先作通盘计画。第一中国应开发交通，使农民可得廉价肥料，增加农产，同时农产品可转运全国，酌盈剂虚，减少进口，增加出口。第二改进农业，如供给肥料，奖励农产加工，开发水利。第三辅助侨务，吸收侨汇（此点余增加）。第四消费工业，尤以纺织业为要。（嗣余谓改良农民负担，限制大地主土地所有，应加入农业政策之内）（2）日本纺织工业代替问题：渠意日本纺织品市场，中国是否愿取而代之。若有此意，应早作准备。否则恐被他人夺取，或日本仍继续进占市场。（3）五千万英镑信贷问题：渠云此五千万英镑中有一千万镑，为中国政府发行公债，或库券准备，自无问题。惟须长期库券，且须有适当法币与英镑换算率。其余四千万镑，则须用于抗战方面。若所购物资，并非即时用于抗战，或交货须延期至二三年后者，则难以同意。（4）英国出口信用问题：渠意英国一旦不得租借法案，即须付现金向外购买，必致周转困难。故战后二三年，英国决无能力对外放给信用。中国惟仰仗国际银行周转短期信用，借以向各国购货。同时向美国进出口银行借款，直接购买美国产品，不必向英国有所希冀。（5）中国印制钞票用款：渠谓中国在英印制钞票，以印数过大，交货期间延至一九四七年，故英国财政部不愿即允给信贷。（6）缅甸伪券问题：渠意英军入缅之前，缅民抢劫伪钞及准备，故英国对之不得不宣布一概作废。

（三）英国商家有人来商组织中英商会，请予协助。

二十四日，中午乘火车赴哈特斐尔德 Hatfield，应沙士布莱勋爵 Lord Salisbury 邀宴。

先生日记云：

沙士布莱勋爵住宅原为伊利沙白女皇故居，系一六一一年建造，庞大无比。午餐陪客有其兄，及曾任驻华公使之贾德干爵士 Sir Alexander Cadogan。饭后主人引导参观全屋一周，陈列古物甚多。主人之祖父沙侯，曾任首相 Marquis of Salisbury。其叔祖父即闻名之西希尔勋爵 Lord Cecil，其子为克任邦子爵 Viscount Cranbarne，乃上议院保守党领袖，将来有出任外相或首相之希望。一门人物辈出，非家庭传统及国家教育有根底者，曷克臻此。据贾德干爵士告我，宋子文拟于秋间赴苏联，转来英国。似此赴苏联之行已展期矣。

二十五日，晨乘火车赴曼彻斯特 Manchester，应前上海纶昌染织厂经理哈葛瑞福 Hargreaves 之招待，并参观卜拉特纺织机械制造公司 Platt Brothers。

先生日记云：

此行专为中国纺织业战后添补纺织机械而来。大致上海纺织业界均积有美金，以备战后复业扩展，且以先得新机器，借可争取机会。荣尔仁、李申伯自重庆来电，希望订购纱锭五十万枚。经晤卜拉特公司出口部经理辛格尔顿 G. Singleton，告以此事，问其可否定约，先交定金五成，余五成分五年半付，由交通银行担保。渠答目下英国工厂因工人均制造军需品，故至早须至一九四七年，方能恢复平时工业生产，至分期付款，更谈不到。

二十六日，（一）晤纶昌染织总公司 Calico Printing Association 董事长李氏 Lennox B. Lee。

先生日记云：

据李氏云，该公司系若干单位合并而成，资本八百万英镑，在印度、埃及、澳洲、中国均有分厂。上海分厂有纱锭五万枚，另有织布机及染印设备，计占资本七十万镑。现在造价将数倍于此。李氏本人年八十岁，在公司服务已四十年。复据哈葛瑞福谈，上海纶昌厂机器房架，均被日人拆去。战后希望中国政府为之索取赔偿，或拆取日厂机器抵偿。

（二）参观曼彻斯特保卫报社 *Manchester Guardian*。

先生日记云：

午后参观著名之曼彻斯特保卫日报社，规模并不太大，销路只十万份，惟其社论恒为社会所重视。抗战期间，其言论对我国颇表同情，故特访之，与社论主笔华尔瓦兹 Walsworth 一谈。

（三）伦敦外交协会曼彻斯特分会请晚饭。在座各人，纷纷询问上海租界及香港，战后中国政策，以及中国人将来对德国人民之态度。

二十七日，（一）参观曼彻斯特大学。（二）参观卜拉特纺织机械制造厂及其展览室。（三）参观纶昌总厂之染织两厂。（四）行政院宋院长子文一行，由重庆飞赴莫斯科与史太林会晤。

二十八日，（一）下午二时半返抵伦敦。（二）卜拉特纺织机械制造公司出口部经理辛格尔顿 G. Singleton 来谈。

先生日记云：

据告该厂产量最高，年产纱锭一百五十万枚至二百万枚。其他各厂并计，不过年产五十万枚。至定货条件：定货时先交机价百分之五，作为定金。俟机器开始制造，再付百分之十。如每星期工资涨一先令，应增交百分之一点五。惟此项增加之数，以交货前四星期为限。同时定货时，须由银行出立信用状。装船前，或已通知装包后三十日内，须将货价全数付清。一切交涉，须由厂商直接接洽。出货恐须自一九四七年开始。如订购五十万锭，所需时间，少则一年，多则两年。在渠看来，中国战后十年之内，可增纱锭至二千五百万枚。英国出品多销国外，非同美国之一部分出品，须供给国内。

二十九日，（一）正午十二时由伦敦起飞，下午三时到巴黎。我国驻法钱大使泰（阶平）与法国外交部礼宾司官员来接，住法政府代定之旅馆。（二）钱大使泰约晚饭，并谈法国通货膨胀情形。

先生日记云：

晚至钱大使处晚饭，据告法国通货膨胀情形如下：战前每套西装价一千法郎，现需二万至二万五千法郎，每双皮鞋战前价二百法郎，现需三千至四千法郎。领带每条去年价一百二十五法郎，现需二百四十法郎。食品限制，面包每人每月三百五十格兰姆、油五百格兰姆、肉二百至三百格兰姆（只够每星期吃肉一次），鸡蛋每个官价五个半法郎，黑市为十五个法郎。法国人民道德水准不如英国。有钱者购藏现金、现银、古董、家具等。钱大使又云，法国朝野对于收回安南，举国一致。

三十日，（一）偕钱大使泰拜访法国外交部部长毕珠 Budion Bitsu。先生日记云：

寒暄后，谈话如下：（1）余问，协约国政府考虑之处置德国办法，尊意以为是否合理，可否应用于日本？毕答，各国意见不一，苏联独自行动。实则德国重工业已摧毁殆尽，已不足虑。至法国，除协约国共同要求外，必须要求赔偿抢去之物资：如抢去五千个机车，必须偿还。甚至民间被劫去之什物，亦须索还。如无力偿还，可由德国人民服役做工抵偿。至此种办法，是否适用于日本，不敢下断语。因美国尚未表示态度，苏联意旨更为暧昧不明。最困难者，为决定赔偿数目。（2）余问，战后南欧及东欧将被划入苏联势力圈内，与西欧及英国之经济利益，是否冲突？毕答，此等国家之贸易，将一切归于国营。余问，中国政府希望中法两国邦交重建于稳固基础之上，尊意如何？毕答，敝国政府已决定尊重中国为大国，依此原则，正在重新考虑中法之关系，一俟议有端倪，即通知钱大使。

（二）美军驻法航空人事部部长麦柯密克将军 General John H. MaCormick 请午饭。（三）钱大使泰请晚饭。

七月一日，钱大使泰约往郊外，参观拿破仑故居 Palais de la Malmaison。

二日，（一）约法国银团前代表夏第 Francois Chardy 来谈。（二）约“荷兰银行”Banque de la Pays - Bas 董事长康都里弗 Candriliev 午饭，询其目前法国经济情形。

先生日记云：

据告：法国缺乏者为煤，每年消费四千五百万吨，大都依赖进口。次为油料与橡皮。因国内生产钢铁，目下须向英国占领之鲁尔区 Rhur 购煤。法国输出仍以奢侈品为大宗。法国国际收支不难平衡。美国租借法案内，可以供给机车与棉花，但无法供给煤斤。政府对于银行虽未实行管理，惟商业银行需要大宗资金，须依赖政府银行接济，故实际不啻间接管理。敌人占领期间，公私银行存款均见增加，大都以之购存政府债票。法国银行制度，除“法兰西银行”为政府所有之中央银行外，尚有二政府银行，一为“中期信用银行”Credit National，一为“长期信用银行”Credit Foncier。另有商业银行五家吸收存款，经营短期信用业务。尚有两家工业（放款）银行，“荷兰银行”即其中之一。按“荷兰银行”乃法国大银行之一。

（三）东方汇理银行总经理脑润 Jean Lourient 来谈。

先生日记云：

渠询及中法实业银行与中国所订各项借款合同，是否仍可继续。当答以须俟战后铁道建设计画确定后，方可决定，而借款条件，有若干必须修改。彼又询及在中国原有之法国银行如须复业，有无生意可做。当答以应先派员赴中国视察。再询及能否在重庆设立分行，答以现财政部以银行太多，正限制新设银行，但不妨径向财政部一询。

（四）访法国建设部部长道诸芮 Dautry。

先生日记云：

据告该部专管重建房屋。十年内，拨款二十亿法郎，以发行公债所得，充建筑费用。凡受敌人毁坏之房屋，政府担任造价八成，余二成由房主分年摊还。

（五）赴钱泰大使公宴。座客中有法国外交部长、航空部长、财政部长、殖民部长、交通部长、建设部长、宣传部长、内阁秘书长、前任越南总司令、外交部秘书长及外交部经济、人事、东方各股股长。

三日，（一）访法兰西银行 Banque de France 总裁曼尼克 Monik，谈法国整理贬值纸币问题。

先生日记云：

谈话集中于法国整理贬值纸币问题：（1）整理办法：渠云，法国先发行一种自由公债，吸收过剩纸币。此种公债只付利息，不还本金。大宗均系普通人民购买，并非强令银行承销。今后尚须发行胜利公债。自去年以来，钞票流通额已减至四千亿法郎，同时存款确已增加。不过法国情形与英美不同，支票流通不多，故存款大部分为储蓄存款，将来仍可用以购买政府公债，结果可以减少通货。至于此次换发新券，用意在分配均匀，使有大宗存款者可用于帮助政府建设复兴，福利平民，即由银行陆续劝导购买公债。今后尚须征收战时利得税，及不正当利得税。前者税率温和，务使人民不怀畏惧，且感觉付税之后，其财产更有保障。至抽收不正当利得税，一般人民均视为理之当然，业已收入一百五十亿法郎，尚可续有增加。法国发行数目增加不多，故不采用比国办法。至于中国发行数目庞大，人口众多，交通不便，或以采用德国换发新券办法为宜。法国发行公债，收回钞票，政府负担并不十分加重。缘法国向持低利政策，银行存款利息极小，公债利息亦不高。而新发公债，既只付息而不还本，正符合法国人民储蓄习惯，不致影响财政信用。此后建设需要大宗款项，更宜采用低利息公债办法。（2）外汇汇率问题：渠意总以一次定妥，不多变更为宜。如发行新券，势必同时规定新汇率。此则必须审视当时情形，新券券值是否可望稳定，否则以缓发为宜。如能取得国际协助，如布莱顿森林协定，或英美支持，则稳定当较容易。（3）银行信用与外汇管理：渠谓今后商业信用，及工业放款，与夫外汇进出，将仿照英国办法，悉由中央银行分别管理。（4）国际货币协定：渠谓法国一俟英美政府核准，即行加入。

（二）钱泰大使特设午宴，邀请法国商业银行及政府所辖金融机构主管人员，与先生晤谈。出席者有巴黎银行总经理、东方汇理银行总经理、中法实业银行总经理、拉柴公司总秘书、外汇管理委员会主任委员、出口信用担保局局长、Fires - Lette 银公司及 Ci'l General 银公司主人等。

四日，（一）驻法大使馆孟参事鞠如来谈其研究苏联所得。据云："苏联对事业重'量'，对党员重'质'。选择党员有下列条件：（1）必须有职业，（2）必须职业有成绩者，（3）对于服务公众有兴趣者，（4）操守可靠，私生活谨严者。党内对于党员监察严密。由上而下，由下而上，彼此侦查。每年淘汰党员甚多。"（二）法外交部部长请午饭，在部内设席。饭后约游拿破仑墓。

五日，（一）参观法国外汇管理委员会，访主任委员，谈话。

先生日记云：

据告管理手续如下：（1）凡进口需要外汇，须经有关主管部核准，委员会方能核给。（2）旅行及国外家属需用外汇，由法兰西银行核付。（3）国民在国外应缴税款，须将付税通知单寄回证明，方准给付。（4）凡出口外汇，须经关系主管部核准，于一定期间将外汇交存银行。（5）进口商所得盈余，应以十分之八交国库，以之津贴出口商之损失。（6）管理委员会按照地域分为三部；会内设审核、研究、分析等部门。

（二）东方汇理银行董事长来访。据告："渠在埃及工作三十年，对于阿拉伯情形，甚为熟习。阿拉伯国家每一国莫不想以领袖自居。埃及以地大，欲居首。叙利亚以人民有智能，欲居首。而沙乌地阿拉伯以产油多，欲居首。互不相下，难以团结。所谓阿拉伯联盟一时不易实现。”（三）法国新借款银团 Groupe Uni（即最近铁路借款银团），请午饭。

六日，（一）访法国财政部长卜尼文 Pleven，谈话。

先生日记云：

谈话要点如下：(1) 法美租借 Lend and Lease 法案：渠谓此项合约，业已开始。现美政府正派员来法，调查存在欧洲之物资，何者可以归法国承受。至法国所需器材，其价格当按其是否全新或已经用过，为计算标准。如已用过，则应折旧，再加运费计价。法国需向美国购进物品，大致为机器与钢料（需五十万吨）。惟现缺煤，或需购煤。美军存在法国之汽车，拟全部承受。(2) 英法财政协定：渠谓协定中有如法欠英，应将法存英镑抵算，即私人所存外币，亦须征用抵欠。惟现尚未征用。如须征用，当照法定汇价赔偿。如对英还欠款时，三分之一应交现金，盖以英国有一部分原料，须以现金向外购买。至英法贸易，尚未能充分推动，缘英国不许法方输入奢侈品。(3) 法国汇率问题：渠谓法国如加入国际货币协定，需规定汇率，拟采用暂时汇率，俾可伸缩。不愿如英美之规定固定汇率。现在英国趋势，偏向帮助荷、比等国，对于法国，并不十分帮助。似此情形，法国当更不欲订立固定汇率。(4) 法国对于国际银行：渠谓不拟利用该行借款。(5) 法国今后国际收支：渠谓今后五年之内，法国国际收支恐属不利，惟五年后，或可有利。(6) 法国经济政策：渠谓法国首须恢复战时所受损坏，同时顾到社会福利，两者互有关系。次则倘如国际银行能予协助，拟利用借款扶助殖民各地开发。至对外投资，则暂无能力。(7) 国营企业政策：渠谓对于存款最巨之银行，以其所收公众存款，等于公众信托，拟由国家管理。工业中如电力事业，事关公用，利润不丰，人民不愿投资，拟归国营。次则铁路，亦在其列。惟国营方案，拟仍用商业组织，政府参加董事会，私人仍许投资，对于经理人员，予以保障，厚其报酬。并拟开办国家信托投资，借以间接推广国营事业。故法国拟采取一种混合政策，既非苏，亦非美。（8）征收战时利得税：渠意拟视人民能否缴现。如不能时，当组织机关，予以融通，俾能缴纳。一切货物，按战时以前价格，与现在价格比较，相差之盈余，即须缴纳战时利得税。房产及首饰等，均须缴纳战时利得税。

（二）滇越铁路公司总经理格廷 Gettin 来访。据称："法国政府拟派刻任法国国有铁路总理，前往重庆与我国政府讨论滇越铁路善后问题。"（按格廷系建筑滇越铁路时之总工程师）（三）参观法国咨询院 The Council of The Republic。（按目前法国之咨询院即前上议院。下议院已炸毁，不在原处）（四）约巴黎银行总理来谈，询问联合银团 Groupe Uni（在战前组织之中国铁路借款银团），今后营业方针如何。据答称："现拟派员至中国，除已订合同而未实行之铁路借款外，并调查水电事业，有无合作可能。法国之五金工业及铝制造业，均可与他国竞争。此后东方汇理银行及中法实业银行，在中国拟分工合作。详细办法正在讨论中。"（五）约法国外交部秘书长乔维尔 Chauver 来谈。据告："法国在中国之租界，拟照英美办法，另订条约，与英美采取同一步骤。广州湾拟照英国交还威海卫办法，退还中国。滇越铁路拟对行政管理，修改方式；惟仍保留法国权益。至海防铁路，力图予中国以便利。总之，安南当力图予中国以出海通路便利。"

七日，乘美军飞机至德国佛兰克府 Frankfurt，参观战后情形。

先生日记云：

晨七时至美军用飞机场，越半小时起飞，十时一刻到德国之佛兰克府，参观战后余烬。先至美军司令部，适遇道德重整会会友两军官，同乘汽车引导，观看被轰炸区域。市街建筑毁坏十之五六，较大之房屋，均已炸毁。只剩一所最高之建筑，乃德国颜料组合公司 I. G. Farben 办公大楼，故意不炸，留供占领军司令部之用。佛兰克府大学亦全被炸毁。嗣同乘汽车至巴登 Baden。该城系美军总部所在地，晤经济监理官史克莱 Leonard T. Scully。据告目下最感困难之问题为缺煤，因人工缺乏，不能增产，致交通不能恢复，分配不能平均。德国西部向感粮食不足，今年年底恐有粮荒。工业方面，被毁工厂能恢复者，已陆续恢复开工。由军部监督食料，沿用德国配给旧制，由德人自行管理。物价并未高涨，马克钞票照常流通。又晤财政监理官（未记姓名），系美国哥伦比亚大学商学院院长，据告原有银行，准其照常营业。除纳粹人员存款一律冻结外，其余存款，准许支取。最初只许每人支取二百马克，嗣以不敷使用，增为五百马克，现已不加限制。军用券限于军队本身使用，每四十马克合美金一元。晚宿司令部指定旅馆，风景绝佳。

八日，（一）赴美军总司令部，晤经济监理委员会主任委员祝来伯准将 Brigadier General Draper。

先生日记云：

晨乘军部汽车至总司令部，晤经济监理委员会主任委员祝来伯准将。据告：协约国对德经济政策，主旨在使德国重工业一律摧毁，大工厂悉令分散成为小单位，各自独立经营。所有已复业之小工厂，归德人经营，受军部监督，盈亏由德人自理。其不能生存者，任其淘汰。今后德国经济构成，将为农业与小工业。银行方面，不设中央银行，将来或设一银行监理官。现有马克钞票照常使用。目前问题为缺乏燃煤与粮食。午饭后，赴机场，飞返巴黎。

（二）返抵巴黎。

九日，（一）飞返伦敦。

先生日记云：

十时半，钱大使来陪至航空公司办理手续毕，至飞机场。一时半起飞，三时半抵伦敦。

（二）赴大使馆晚饭，晤新自重庆抵英之桂永清将军。据告：共产党问题，战后必出于一战，方能解决。

十日，（一）约叶公超谈话。据告："近日中共军队与国军在福州及温州一带冲突，故意将所截获国军所用美式武器送至美国，宣传国军使用美国军械消灭共军。"（二）赴驻英美军航空管理处，洽办返美航行手续。拟十五日离英返美。

十一日，（一）前上海《字林西报》主笔，现任印缅协会总书记郝华德 Howard，同上海沙逊洋行经理倭委迪 Ovadia 与其伦敦董事来访。（二）皇家化学公司职员欧文 Irwin 及法茂 Farmer 来谈。据告：如范旭东不能与该公司合作，询问能否与陈辉德合作。（三）皇家化学公司董事长麦高温勋爵 Lord McGovern 请午饭。同席有英国财政部长，及其公司各董事，均系伦敦实业界巨子。主客各有简单演说。

十二日，（一）赴英国外交部，访次长贾德干爵士 Sir Alexander Cadogen，辞行。（二）福公司董事长伍都鲁夫将军 General Woodruff 陪往参观鲁蔼德银行 Lloyd Bank。（三）鲁蔼德银行副董事长毕恩爵士 Sir Francis A. Beane 请在行内午饭。（四）晚与顾维钧大使长谈。

十三日，（一）参观鲁蔼德保险总会 Lloyd's，并晤其副董事长。

按十七世纪初叶，英国业水运保险之掮客，时常聚会于伦敦之爱德华·鲁蔼德 Edward Lloyd 所开之咖啡馆，接洽保险生意。一六八八年，一般保险掮客组织保险总会 Insurance Association，即用"Lloyd's"为总会之名。最初该会只保水险，现则所保之险，项目繁多，歌星之歌喉，舞星之脚趾，均可投保。参加总会之保险业团体 Syndicate，计二百家，全体会员有二千人，每一会员出资二万或三万英镑不等。开始三年不分利益，每年请会计师查账，所有资金由总会保管，现已积至二千五百万英镑。

（二）参观罗斯契尔德 Rothschild 银公司。（三）参观爱尔郎格 Erlanger's 私家银行。

十四日，（一）顾维钧大使请午饭。（二）中英商会发起人戴维生 Davidson 请茶会。（三）赴中国银行伦敦经理处同人聚餐会。

先生日记云：

> 到者中英行员三十余人。回忆十五年前，余来伦敦创办该经理处时，职员只有卞福孙、卢克斯、李德燏及打字员与伺应生，总共五人而已。

十五日，（一）访王景春。（二）旅英德国友人郎德保 Landberg 来访。建议中国可派人至彼所开办之塑胶工厂实习。以其所制成品，均系手工，适合中国需要。（三）桂永清将军来谈，约赴其家中晚饭。

十六日，原定今日返美，以天气不佳，美机停航。

十七日，（一）行政院宋院长子文自莫斯科匆匆返国，对中苏谈判，向中枢有所请示。（二）离英返美。

先生日记云：

> 上午十时赴喀诺登 Croyden 机场，十一时起飞，下午二时抵爱尔兰之休曼 Shermon 机场。午餐后，三时乘汽车，五时抵法里斯 Foynes 机场，六时换乘泛美航机起飞。该机系水上机，有睡铺，甚为舒适，乘客二十余人。

十八日，（一）下午二时抵纽约。

先生日记云：

> 晨五时抵纽芬兰之白特岛得 Betwood 机场，休息并进早餐，六时许起飞，一时半抵加拿大之西底阿克 Sediac 机场，下午二时抵纽约。

（二）李铭、王志莘、薛次莘等来谈。

十九日，（一）贝祖诒夫人电话，报告前中国银行总管理处总稽核汪振声（楞伯），病逝重庆。

先生日记云：

> 中国银行老同事，又弱一人。

（二）交通部职员王树芳新自重庆抵美，来见。据告：“所有自美运到之汽车，只剩一千余辆，现统归美军管理。战时运输局徒有其名。”

二十三日，资源委员会派赴英国考察及实习之技术人员，来见，询问英国情形。

二十四日，（一）看医生，用电气除去面部一痣。（二）胡适约晚饭。

二十六日，奇异电气公司所辖之国际奇异电气公司 International General Electric Co. 总经理迈诺尔 Minor 约晚饭。同席有该公司董事长芮德 Reed 与李铭，谈在中国合作发展工业之方针。

二十七日，花旗银行管理远东区业务之副总经理麦凯 Mackay 约午饭。

先生日记云：

> 有馥荪、光甫两兄及柯尔德 Curtis Calder 在座，介绍利门兄弟公司 Lehman Brothers 之股东摩尔南 George Mornane，商讨合组投资公司事宜，均表示同意。

三十一日，答访出席旧金山和平会议代表董必武。

先生日记云：

> 渠以所著之小册一本见赠，并云共方经济政策，重在适合国民需要，并不固执废止私有财产制度，亦从未有此主张。即如共方曾提倡简易字，以不合人民胃口，已放弃。至国共和谈之破裂，由于国府方面主张在美国军官监督之下，改组共方军队，明明偏护国府方面之军队，而不利于共军，并非同等待遇。再则共方提议之联合政府，亦未被接受。现共方顾虑者，为国民政府利用美军消灭共军。

八月一日，（一）与李铭同赴花旗银行，晤拉柴银公司 Lazard Brothers 代表莫曼德 Mohmand 与迈尔 Meyer，谈合作投资公司事。（二）约自重庆回美之密西根大学教授任茂尔 C. F. Remer 晚饭，谈其在重庆与设计局人员讨论外国公司在中国营业合作问题。

先生日记云：

> 任茂尔来同进晚饭，渠告在重庆与中央设计局人员讨论外

国公司在中国营业，是否可与中国人同样待遇，不加差别一节，颇有争执。中国方面，因国人技术落后，资本薄弱，势须让外国公司稍占优势，故须加以差别。再则日本人在中国扩展事业，压倒中国人事业，不能不用差别待遇，以限制之。彼之主张，认为第一点，可在某种事业经营法内，规定限制，不能在普通法内规定。对于日本人之防范，可在中日条约加以规定。在重庆时，亦曾谈到外国公司在中国营业，其遵照中国法令者，与遵照外国法令者，应加以区别。如遵照中国法令者，除董事长需用中国人外，不应再有其他限制。又中外合办事业，彼意只应与私人合办，不宜与政府合办。因与政府合办，对手方既为政府，难于交涉。且恐一有官方力量，不免即有独占趋势。渠复提到我国政府去年所颁外人投资之原则，内有尊重政府计画，设立某种工业。惟至今尚未颁布该项计画，似应早日颁布，以便外人有所适从。在渠观察，今日中央设计局实变成一综合预算机关。渠曾与翁咏霓部长谈过，战后设计，似可请美国专家襄助，翁氏赞成此意。

二日，欧文信托银行 Irving Trust 总经理艾斯储伦 Estron 请午饭。

五日，（一）行政院宋院长子文，偕外交部王部长世杰及沈鸿烈、熊式辉等，由重庆飞莫斯科，继续中苏谈判。（二）与李铭、陈辉德谈投资公司进行步骤。佥以外人方面已有利门兄弟公司及拉柴银公司愿意加入，中国方面亟宜决定方针。

六日，（一）与李铭、陈辉德继续长谈投资公司组织问题。（二）美机向日本广岛投掷第一枚原子弹。

七日，（一）与李铭、陈辉德同至拉柴银公司午饭。

先生日记云：

主人为迈尔 Meyer 与莫尔南 Mornam，客人中有柯尔德 Curtis Calder 及白来雅 Blair。彼此交换意见后，柯尔德提及迪伦 Dillon 银公司向喜居于领袖地位，未必能来，最好先决定邀哈理曼 Harriman 及拉柴公司加入，因该两银公司均与花旗银行接近，先请律师研究组织合约，由加入者签字。

（二）接交通部俞部长飞鹏电，嘱参加即将在加拿大举行之国际民航临时组织会议。（三）访居里于其新组织之国际开发公司 The International Development Co.。

八日，（一）接魏道明大使电话，转告蒋主席来电嘱参加国际民航会议。（二）报载美总统宣布苏联已宣布对日作战。

九日，（一）李铭、陈辉德约谈投资公司事。据告：已与律师接洽拟订合同，并与美方加入单位洽妥，确定认股数目。（二）布克 Lossing Buck 约晚饭。（三）美机向日本长崎投掷第二枚原子弹。

十日，（一）日本投降。

先生日记云：

> 晨起，无线电广播日本已准备投降，要求不犯皇室。下午无线电报告，协约国要求日本无条件投降。七年前，何至想到有今日。蒋主席领导抗战，全国人民一心一德，得有今日，实为中国历史最值得纪念之一页。

（二）赴波士顿附近马布尔赫德 Marble Head 休息，住洛克米尔 Rockmere 旅馆。

十一日，赴驻波士顿领事馆王领事恭守处，约吴大业谈，拟集合少数经济学学生继续研究经济金融问题。

十三日，返纽约，遇张君劢。

十四日，（一）贝祖诒来谈。据告：“中苏协定不日签字，大致（1）中东铁路中苏合办；（2）大连海港与旅顺军港准苏联使用；（3）中国承认外蒙独立，交换使节；（4）订立中苏友好条约。”（二）李光前来晚饭。（三）接张嘉铸电，催速归。

十五日，秦宝桐来午饭，谈中小企业公司组织事。

十六日，（一）飞抵蒙特芮 Montreal，住温沙 Windsor 旅馆。（二）毛邦初来谈开会事。（三）刘国钧新自重庆来，相遇。

十七日，（一）出席国际民航会议。

先生日记云：

下午二时半，国际民航会议开会。先由英代表包赫尔爵士 Sir Frederick Bowhill 提名美代表华格勒 R. F. Wagner 为理事会会长，余赞成，当即投票当选。巴黎“万国航空组织”秘书长诺泊尔博士 Dr. Albert Roper 当选为秘书长。

（二）晚访美代表华格勒，询问明日副会长三人，中国应占一席，有无问题。

先生日记云：

渠答云，希望中国当选，并希望各国先垫会费若干。中国能先垫六万美元最好。至经常会费，英美拟各任二十单位，希望中国能任十个单位。

（三）蒙特芮市长设宴招待各国出席会议代表。美、英、中、捷克代表均有答词。

十八日，（一）先生当选为国际民航会议理事会第二副会长，并任会议第一小组委员会委员。

先生日记云：

上午十时开会，选举副会长三人。第一席为荷兰代表范哈斯尔博士 Dr. Capss van Hassel，由英国代表提名。第二席为余，由印度代表提名。第三席为南美哥伦比亚代表舒芮 G. E. Suarey，由秘鲁代表提名。无形中各地区均有代表，且由当地区域之国家提出，可见策划之周密。嗣后讨论组织，分设三小组委员会：（1）组织，（2）人事，（3）财政。余参加第一小组委员会。

（二）与道德重整会会友艾伦 Len Allen 晚饭，谈今后世界趋势。

先生日记云：

道德重整会会友艾伦随我旅行美国各地，协助匪浅。此次开会，亦请从旁帮忙。同晚饭时，渠发表对于今后世界，有一种看法；即各强国有各种不同之统制世界政策。除德国已战败外，今后美国将以工业扩充势力于世界，即以工业经济称霸于世界。英国将以殖民地政策扩展势力。苏联将以共产主义统一全世界。最可虑者，为苏美两种不同之政策，如发生冲突，中国将首遭其殃。美苏如不参加中国内争，或可希望有自决之机会。否则将为西班牙第二。美国之对外政策，随其国内之经济情势为转移。若不景气，则对外更形积极，不利于中国。此一段谈话，极有意义，特记录之。

十九日，（一）国际民航会议招待出席代表乘船游河，来往三小时。（二）华西大学医科毕业之曹宗亮医生来见。（三）刘国钧约晚饭。

二十日，国际民航会议举行小组委员会，讨论组织表。

二十一日，（一）接蒋主席来电，嘱提前返国。（二）国际民航会议先举行小组委员会，嗣开大会。（三）与曹宗亮医生同往访眼科医生，检查两眼，据告无病状。

二十二日，（一）国际民航会议举行联合委员会，讨论组织。（二）华西大学医科毕业、在加实习之各医生合请晚餐。

二十三日，（一）与张君劢乘火车赴加京渥太华 Ottawa，驻加大使刘锴与中国银行纽约经理处前经理夏屏方来接。在大使馆晚饭。

先生日记云：

晚饭时，遇物资供应局驻加代表皮尔斯 Peers，据云宋子文院长与加政府商议出口信用贷款一亿八千万美元，内建设四大水电厂三千五百万元，造船一亿一千万元，余四千万元，作为建造硫酸铔厂、水泥厂、电力厂、兵工厂等，及购买若干军械之用。借款期限三十年，利息约在三四厘左右。民生公司造船借款，恐包含在内。但加政府希望与民生直接接洽。

（二）军事委员会参事室奉蒋委员长命，来电嘱即归，开会事务移交刘敬宜。（三）接张群来电，与参事室电同。

二十四日，（一）访加拿大中央银行总裁陶尔 Graham Ford Tower，谈话。

先生日记云：

上午十一时访加拿大中央银行总裁陶尔，谈话如左：

余问：贵行董事十一人，是否分别代表各业？

陶答：否，内一人为财政部次长，九人系在九省中提选。

余问：贵行是否管理商业银行放款？

陶答：因各商业银行放款，均十分谨慎，故无管理必要。将来如放款过滥，或有此必要。

余问：银行检查归财政部，抑由中央银行负责？

陶答：由财政部之银行检查委员会负责。惟中央银行有调阅检查报告，及有关文件之权。

余问：管理外汇归财政部，抑归中央银行负责？

陶答：有外汇管理委员会，由中央银行总裁兼任主席。邮政总局检查长，外交、工商两部次长，国税局局长，及驻美国纽约总领事为委员。

余问：发行准备是否列入现金及外汇？

陶答：事实上，当然将现金及外汇包括在准备之内；但并不明白规定成数，亦不对外公布。

余问：贵行有附属工业银行，是何意义？

陶答：意在以长期贷款，扶助工业。

（二）访加拿大中央银行总裁之助理 Executive Assistant 芮敏斯基 Rasminsky，询其对目前中国币制之意见。

先生日记云：

下午三时访中央银行总裁执行助理芮敏斯基，询其对于目前中国币制之意见。其答复如次：中国情形特殊，（1）法币价值跌落过甚；（2）生产一时无法增加；（3）金融机关不普及，金融组织不健全。故整理币制，惟有照德国办法，即另发新钞，定价收回旧钞。余询其在战时获有不当利得，及持有外汇者，应否征收资本收益税。渠意如可能，不妨酌量征收。渠意应早换发新券，因目下法币跌落过甚，不容再缓。若发行新券，其汇率不必说暂时汇率，亦并不固定，俾可随时变更。再汇价以偏低为妥。

（三）访加拿大建设部部长郝威 Howe，询以交通建设方针。

先生日记云：

渠答云：(1) 民航方面，国外航线及国内干线归国营，国内四支线归民营，因地方支线，一切设备可以从简，民间力能担负。(2) 铁路拟将一线归国营，一线归民营。航业拟全归民营。总之凡竞争之业务，以民营为宜。次询其对于贷款与中国之意见。渠答云：加政府愿意贷款与中国之目的，希望扩展中加贸易，生生不已。同时希望与民间企业发生关系。因与一企业发生关系后，可以连带发生其他新企业，亦即生生不已之意。民生公司借款，因宋子文院长商谈大借款，故暂时搁置，甚为可惜。至加政府对于战后加拿大之工业方针：对于汽车工业，决予以帮助；次则铁路材料，五金工业及造船业，亦拟继续扶持。

（四）与魏道明大使通电话，托代定返国飞机票。

二十五日，（一）最高国防会议及立法院分别开会，通过中苏各项协定。

重庆《中央日报》于二十七日登载：中苏同盟友好条约，附换文两件；又关于中国长春铁路协定；大连及旅顺协定各全文。其要点如下：(1) 中苏同盟友好条约——中苏对日作战，至完全胜利为止。为制止日本再度侵略，规定如他日一方再被日本攻击，他方即予军事援助，有效期间三十年。(2) 苏联对华三项声明——(a) 苏联声明予中国以道义、军需及其他物质援助，此项援助完全给予中央政府，即国民政府。(b) 苏联重申尊重中国在东三省之主权及行政之完整。(c) 苏联声明关于新疆问题，苏方无干涉中国内政之意。(3) 外蒙问题——外蒙如依公民投票，证实其独立愿望，中国当承认其独立。苏方尊重外蒙之政治独立与土地完整。(4) 关于中东铁路及南满铁路——中东、南满两路干线，合称中国长春铁路，由中苏共有共营，以三十年为期，期满无偿归还中国。此路为商业性质之运输事业。路警由中国政府组织。除共同对日作战期间外，不运苏联军队。共有共营应以中东铁路在俄国与中苏共管时期，与南满铁路在俄国管理时期所筑之铁路辅助线为限，其他支线与附属事业归中国政府所有。（5）关于大连——中国宣布大连为自由港，行政权属于中国。惟港务长由苏籍人员担任。开放期为三十年。（6）关于旅顺——作为中苏共同使用之海军根据地。民政归中国管辖，设中苏合组之军事委员会，处理有关共同使用问题。有效期间为三十年。

（二）访加拿大财政部部长艾司礼 I. L. Iseley，询以农民众多之国家，可否推行所得税。

先生日记云：

余询其根据加拿大经验，如农民众多之中国，是否可以积极推行所得税。渠答云：美国雇用多数人员，协助农民填写纳税表，加拿大收税官吏顾虑农民诿过于填表员，故不敢帮助填表。实则美国办法可以采用。加拿大取之于农民者，为数不小。中国似可不必顾虑农民而不推行。惟税额之所得起点不妨从高，即如三千五百元以下之所得，不予抽税。又询加拿大如何征收盐税。渠云并不特别征收盐税，但照普通销售税，不论进口或土制，一律征收百分之八。此外则照奢侈性加征。想中国亦可采用。继询其世界普遍需要资本，美国一国何能供应。渠云美国势难逃避此责，只好分别酌量供给。继询其中国若遇荒年，加拿大能否以过剩麦子贷与中国。渠云加拿大今年收成不佳，首须供给英国，为数甚巨，次则须供给美国，然后救济其他国家。故今年难有敷余。

（三）中国国防物资供应公司驻加代表皮尔斯来午饭，谈及加拿大政府愿以一亿八千万美元出口信用贷予中国。

先生日记云：

据告昨日有关各部联合会议，均主张不签订协定，不写明总数，而愿每项各别讨论。现在加政府方面就中国所开种类，分配数目如下：（1）发电厂计六百万美元，（2）工具机计一千万美元，(3) 五金材料计二千五百万美元，(4) 造船船坞计一千万美元，(5) 水泥厂两座计三百八十万美元，(6) 民生公司造船计一千五百万美元，(7) 招商局造船计四千八百万美元，(8) 水力发电厂四座计三千四百万美元，(9) 机械工程服务计一千万美元，(10) 运费计一千五百万美元，(11) 铁路客车计七百七十万美元。并告一俟宋子文院长于本月底到加后，商订原则。

（四）返蒙特芮 Montreal。

二十六日，（一）赴维多利亚 Victoria，访在医院实习之华西毕业生曾宗亮、杨白均；并晤在医院养病之谭伯英。（二）返蒙特芮。

二十七日，（一）上午出席国际民航会议委员会。（二）晚八时半飞抵波士顿。

三十日，参加哈佛大学中国学生组织之“一社”聚会。

三十一日，（一）上午乘火车返纽约。（二）李铭来告投资公司成立。

先生日记云：

馥荪兄来告，投资公司事已完成。内容如下：(1) 定名为中国工业投资公司 China Industries Co.；(2) 资本共五百万美元，中国方面占六成，由浙江实业、上海商业储蓄两银行各半分担；美国方面占四成，由国际通用电气公司 International General Electric Co.、通用汽车公司 General Motors Corporation、拉柴兄弟公司 Lazard Freres 及利门兄弟公司 Lehman Brothers 共同担任。按通用电气公司及通用汽车公司均为美国首屈一指之大工业。前者为世界最大之电气设备、电气家庭用具、电气工业用具之制造公司，拥有资产将近十亿美元。后者与美国福特汽车公司并到，为美国最大之汽车制造公司。除制造汽车之外，复造柴油引擎及家庭所用之炉灶、冰箱及冷气设备等，拥有资产十四亿美元。此两大公司在抗战期内，为政府制造海陆空各种军事用件，对于民生及军备具有巨大贡献。且有完备之研究实验机构，不断有新技术之发明。故与此两公司合作，不特有助于输入资金，且可得技术上之帮助。拉柴及利门两公司为私人合伙之投资公司，前者发轫于巴黎，现在纽约及旧金山均有独立机构。利门公司于一九二九年在纽约成立。两公司本身资产雄厚，信用卓著，在纽约资金市场，常为各大公司经销新发行之股票及债券，恒居于领袖地位。有此两公司参加，将来“中国工业投资公司”不难在纽约资金市场，以发行债券方式，吸收外资。中国工业投资公司，选举柯尔德 Curtis Calder 为董事长，馥荪兄为总经理，光甫兄及余为董事。此事之成，得力于馥荪兄之奔走，而光甫兄竭诚赞助，毫不迟疑，可谓我来美最大之收获也。

九月一日，（一）约董必武午饭。（二）钱昌照新自重庆来，告政府已内定先生为东三省经济委员会主任委员。（三）梁敬錞来谈。据告：“宋子文院长原向美要求借款二十亿美元，美政府以英苏均有要求，尚待考虑。故目前只能照租借法案，贷予中国以五亿九千万美元，由进出口银行承借。”又云：“魏道明大使请辞，宋院长属意顾维钧继任。”（四）胡声求来继续谈中小企业公司事。

二日，（一）贝祖诒来谈。据告：“宋子文院长进行之五亿九千万美元借款，拟作为三年计画之三分之一，美方未予同意。对于币制问题，拟俟交通恢复，物资畅通，善后物资到后，再定整理办法。对于伪币，拟全数冻结。”（二）美国麦克阿瑟将军代表盟国，在米苏里战舰接受日本投降，我国派军令部部长徐永昌将军参加受降。

三日，（一）乘火车抵华盛顿，张君劢来接，同午饭。（二）毛邦初来商先生返国后，国际民航组织副主席由何人代表出席。

四日，（一）访美商务部东方贸易司司长莫叟 Charles Moser。

先生日记云：

告以或将有至东三省工作之使命。渠闻之，极表赞成。谈话中有几点可注意：（1）东三省实业应归民营，否则有妨美国传统精神，（2）美国继续主张满洲门户开放，（3）美商家向在满洲有事业者，必仍返复业，(4) 美国长期投资须视将来中国政策，及有无保障，(5) 满洲农产品如不能出口，可加工制造。

（二）赴美国务院晤范宣德。

先生日记云：

告以东三省之工作使命。渠亦极赞成。谈话要点：(1) 我询美苏有无默契承认满洲为苏联之势力范围。渠云渠参加波茨丹 Potsdam 巨头会议，知绝无此默契，美方亦无视作势力范围之意。(2) 希望中国政府对满洲一切经济政策及立法，不因迁就当地情形而特殊化，形同独立。亦不可求统一，而抹杀向来社会习惯。(3) 美国领事馆不久将重开。

五日，（一）往美商务部，访华莱士 Henry Wallace 部长。

先生日记云：

谈话要点如下：(1) 此次中苏订立之条约，与其在中国面告蒋委员长，及一年前罗斯福总统告蒋委员长者，无大出入。(2) 今后中国能否使满洲收复后，民心归向中国，全视中国之行政，尤其能否提高农民之生活水准，与其农业技术知识。否则将为外蒙第二。

（二）访进出口银行总裁戴勒 Wayne Taylor，询问该行借款方针。据告：第一条件为外汇之保障，即本息以原币归还。第二条件为计画之合理。第三条件，须有银行担保。向来该行要求中国银行担保，以中行在纽约设有机构。（三）赴美农业部晤司长迈尔 Meyer。渠谓农业最要者，为增加出口。并允代约部次长一谈。（四）赴美财政部，晤司长怀德 Harry White，询其对整理满洲伪币意见。

先生日记云：

渠云 (1) 满洲伪币币值较中国法币为高，故只好暂准其照常使用，俟中国整理币制时，再行改换。(2) 满洲伪币与法币应定一比价，而须使满币较现在市面价值稍低；假定满币一元市价换法币五十元，应定为二十五元。(3) 日本人与中国人在满洲存款，应一律冻结；对日本人酌予少数生活费，对中国人可从宽。(4) 如有大面额之满洲伪币，可宣布作废。(5) 满洲伪币新存户，可不予冻结。(6) 满洲伪币债权，可规定一成数为清结标准。渠又提及中国整理币制，其症结仍在国共内争问题。此问题不解决，物资不能畅通，外资不能输入，币值即无法安定。

（五）在美财政部晤管理中国事务之科长费理曼 Irving Friedman，谈中国外汇准备。渠谓："如中国能严格管理外汇，则目下所存外汇可以敷用。如须逐渐放松，必先改善国际收支，而租税制度，亦应改善。"

六日，（一）访美财政部部长文生 Frederick Moore Vinson，告以将返国担任工作，惟工作性质尚未确定，希望美国政府予以协助。

先生日记云：

十二时半往晤财长文生，告以即将返国，担任何种工作，尚未确定，希望美国政府予以协助。渠云："极愿帮忙；至美国现负维持世界安定与繁荣之责，希望各国共同作此贡献。美国对各友邦，极愿尽力协助。惟美国自身用途浩繁，又限于政治环境，一切举措必须通过国会，方能有效；希望中国自身努力，早日使政治安定。"询我中国目前经济情形。当告以战后问题：(1) 整理币制，(2) 经济建设，(3) 对外发生良好经济关系。渠答以整理币制，最为急要；币制若不安定，一切经济生活无法恢复正常。至经济建设，须使之逐步滋长，不可急切从事，作无计画之发展。渠云：不可如 Mushroom 式之发展。（意谓不可如黄梅而后，蕈菌之暴生暴死）

（二）赴美国农业部，晤国际合作处主任摩尔博士 Dr. Moore，同访次长赫德生 Hudson。

先生日记云：

下午二时往农业部，晤国际合作处主任摩尔博士，同访次长赫德生，告以希望美政府恢复满洲领事馆时，农业部派一农业专家，且有能主持通盘计画之人，在馆工作，足备我国之顾问。赫氏认为领馆职员，同时充任外国顾问，或有困难。惟摩尔博士谓南美使馆有此先例，竭力赞助。

（三）赴美国务院访国务卿，适因病不在，因由东方司主管中国事务之科长庄莱德 Drumwright 陪同往晤次长艾契逊 Dean Acheson，有助理次长若尔卜 Thorp 及经济顾问桑茂 Summer 在座。

先生日记云：

余告以希望美国政府派工业、农业、财政专家各一人，在领事馆工作，以备随时咨询。艾氏答称，极能谅解吾之用意。嗣到若尔卜处长谈，提及听到满洲工业将归资源委员会经营，如是悉归国营，将无外资愿意投于满洲，嘱特别注意。又询对于苏联有无合办工业之约定。最后庄莱德告我，此次宋子文院长提出借款计划，其中二亿五千万元分配于资源委员会，曾惹起许多美方疑虑云云。

七日，（一）上午至航空运输管理处，办理乘机手续。（二）离华盛顿，返纽约。（三）国际通用电气公司总经理迈诺尔 Clark Minor 倡议组织“中国工业拓展公司” Manufacturing Enterprises of China。

先生日记云：

今日尚有足可纪念之一事，即“中国工业拓展公司”之组织。在商谈投资公司时，国际通用电气公司总经理迈诺尔提及上海慎昌洋行 Anderson and Meyer Co. 在中国经营进出口贸易有年，其代理或经理之厂家，计有二百余单位。其最著者为通用电气公司、万国农具公司、包尔温铁路机车制造厂、共和钢铁公司等，所有各厂制造品，均系中国工业化过程中所必需。其制造技术，更为中国工业建设所不可少，而必须取得者。慎昌洋行在上海设有爱迪生电灯泡制造厂及铁路货车与小型机车制造厂。通用电气公司为慎昌洋行之主要股东，今通用电气公司既为“中国工业投资公司”之股东，深愿将其已有事业，与中国金融界合作，作为中美合作发展之起点。我与光甫、馥荪两兄认为有此具体事业，则“中国工业投资公司”之中美经济合作，可以早日实现。因决定同意迈诺尔之建议，设立“中国工业拓展公司”。股本定为美金一千万元，内通用电气公司出资六百万元，上海商业储蓄与浙江实业各出资一百万元，云南富滇新银行之有关事业，有意发展云南工业，亦愿投资一百万元，余一百万元，留待有志者参加。设董事十人，美六华四。一俟中国政局安定，即行成立，将慎昌改组。在未改组以前，先由认股之股东参加慎昌董事会。并决定新公司成立后，爱迪生电灯泡厂，改为电气用具制造厂，铁路货车及小型机车制造厂改为铁路机器工具制造厂。

（四）中国工业投资公司股东设宴为先生饯行。

先生日记云：

晚参加中国工业投资公司股东之两银公司，拉柴兄弟公司代表迈尔 Andre Meyer 及利门兄弟公司代表李曼 Robert Lehman 作主人之晚宴。一面为纪念投资公司成立，一面为余祖饯。即席，董事长柯尔德 Curtis Calder、国际通用电气公司代表迈诺尔 Clark Minor 与薄来雅 Blair，以及两主人均有演说。余与馥荪、光甫两兄一一作答。

八日，离纽约，飞抵卡沙布朗卡 Casablanca。

先生日记云：

晨十时半到机场，一时半起飞，乘 C 5，〇一四〇二，四引擎飞机，五时半抵百慕达 Bermuda。停一小时半，起飞，四小时后，抵卡沙布朗卡 Casablanca，当地时间为下午三时半。所寓旅馆即罗斯福与邱吉尔聚会之处。

九日，陆军总司令何应钦将军代表最高统帅，在南京接受日本投降。

十日，卡沙布朗卡旅馆主人伴车游全市一周。晚飞开罗。

十一日，晨抵开罗。晚飞喀拉蚩 Karachi。

先生日记云：

晨抵开罗，在机场休息一小时后起飞。经一小时半，以飞机有一马达损坏，折回开罗修理。晚九时换一运输机，起飞，无座位，终夜未睡。

十二日，下午三时半抵喀拉蚩，宿飞机场旅舍。

十三日，抵加尔各答 Calcutta，见报知政府已发表前往东北担任接收工作。

先生日记云：

晨八时半上机，下午七时抵加尔各答。在陈质平领事官舍休息。见报始知政府已正式发表余为长春铁路理事长，兼东北经济委员会主任委员。

按八月三十日，国府颁行收复东北各省处理办法要纲六项，其中要点：（1）军事委员会在长春设立行营，内设政治及经济两委员会。（2）东三省重行划分为辽宁、安东、辽北、吉林、松江、合江、黑龙江、嫩江、兴安等九省。（3）在长春设外交部特派员公署。九月三日，国府明令派熊式辉兼任东北政务委员会主任委员，张嘉璈为中国长春铁路理事长，兼东北经济委员会主任委员，王澄为助理理事长。

十四日，（一）经昆明，抵重庆。

先生日记云：

清晨三时半至机场，四时乘中航机飞昆明，中午十二时到达，即在机场午饭，饭后起飞，四时抵重庆。

（二）向外交部当局探询中苏友好条约签订后，有无与苏联讨论具体接收东北程序。

先生日记云：

据告仅有对苏方撤兵及我军接防问题有交换文件。而对于我军如何进入东北，行政人员如何接收政权，及经济事业如何移交，并无协议。良以我政府认为我军队一到东北，一切可以迎刃而解。

十五日，蒋主席约午饭。

先生日记云：

今日蒋主席约午饭，见面后，告以未经同意，任命业经发表，使我十分为难。渠云此席责任重大，不易得适当人选。劝我担任。答以容予考虑。返寓后，随即缮具节略，陈述接收东北后之经济政策，及经济委员会组织大纲。同时声明个人只能担任至接收完毕为度。

十九日，谒蒋主席，送呈十五日所拟节略。（节略未留底）

二十日，（一）蒋主席约午饭。

先生日记云：

蒋主席约午饭，席间一再申明暂时担任接收，接收后，仍请另选贤能。

（二）外交部蒋特派员经国来谈。

先生日记云：

下午五时，蒋特派员经国兄来谈；承告长春铁路中苏合办，为期定明三十年，但何尝不可在未到期前，提早收回。当视我方之能否善于应付。至东北工业之今后发展，应从全国整个工业着眼，不可专以东北独立设计。经国兄曾参加中苏条约会议，推其语气，似重视今后之中苏关系。

二十二日，东北行营政务委员会与经济委员会举行联席会议，讨论接收办法。

二十三日，外交部通知交通部，苏联所派中长铁路委员如下：(1) 议订章程委员：列瓦硕夫（交通部局长）、伯伊尼次基（交通部司长）；(2) 议订资产委员：柔拉夫略夫（沿海省铁路局长）、马利依（交通部局长）、结列尼洛夫（交通部副司长）。

按交通部根据中苏关于中长路之协定，双方应于签字后一个月内，各派代表三人，共同议订共营铁路章程，于两个月内拟订完毕。又各派代表三人，共同议订共有与共营之资产，于开始共营后三个月内完成其工作。交通部于九月一日，派次长凌鸿勋、局长陈延炯、参事王辅宜为章程委员会委员；司长萨福均、总稽核高纶瑾、处长裘维莹为估算资产委员会委员。按照苏方所开名单，议订章程委员尚有一人未派定，时已逾签订协定一个月以上。

二十五日，（一）东北行营主任熊式辉谳请苏联驻华大使彼得罗夫 Petrov，先生在座。（二）访沈鸿烈谈话。据告："中苏条约讨论时，吾方首席代表（宋子文）亟求会议成功，于各项细节均未经细密研究。尤其对于外蒙边境界线之如何划分，毫无准备提示意见。"

二十六日，访苏联大使彼得罗夫，谈话。

先生日记云：

九月二十五日，熊行营主任天翼谳请彼大使，相识后，次日下午三时往访，谈一小时许。彼告我："自九月二十四日起，驻东北苏军司令部已发行军用券。因宋子文院长在苏讨论中苏条约时，史太林曾提议请中国政府担任占领军军费，宋拒绝，不得已采用此办法。至军用券与法币比价如何规定，正与中国财政部磋商中。"闻此使我发生疑问，苏军是否即时撤退。设吾方人员一到，即可接收，为时不过二三星期，何必发行军用券。同日谈话中，彼大使又提及："按照中苏条约，关于长春铁路合办章程，应在条约签字后一个月内，各派代表三人会同讨论，于二个月内呈请两方政府核定。至长春铁路各项财产，何种应归合办公司所有，亦应同样各派代表三人讨论，在三个月内决定，呈请两方政府核定。两委员会均须在重庆举行。望中国方面照约履行。"嗣又云："长春铁路理事长关系政治经济，责任重大，希望阁下大有成就。"

先生日记又云：

关于苏军发行军用券事，因向外交部查询原由。外交部送来节略，大致谓："本年八月九日，驻苏傅大使电告云：据苏外部面告，苏军进入东三省已有三星期，食物粮草在在需款，现苏政府饬由在东三省之红军司令部发行中国之币券，式样与颜色与法币稍异，其数足敷红军三月之需。将来由华方收回，在日本赔款内支付等语。当经报奉委座核可，并电傅大使通知苏外部，将现准备发行数量告知我方。九月一日，本部王部长亦面告苏大使。九月十五日，傅大使电告：苏政府已派驻华大使彼得罗夫为全权代表，与我政府商订关于中苏维持中国境内红军费用办法协定。同日苏联大使馆参事米克拉金夫斯基来部，面交苏方所拟财政协定草案，签奉主席派财政部俞部长代表与苏方商谈。”如是，既有“足敷红军三月之需”一语，我始觉放心。

先生日记复云：

照彼大使末段谈话语气，苏联视长春铁路理事长，犹如日本时代之满铁总裁。中国与苏联对于东北之一切政治经济关系，寄托于理事长一人身上。而苏联视今后之东北，犹如满洲国以前日人之视东三省，并非一经接收即可收回东北。

二十八日，东北行营政务委员会与经济委员会举行第二次联席会议，继续讨论接收办法。

关于两次联席会议讨论接收程序，似均未获具体办法。事后，先生日记中有云：

自九月十九日送呈蒋主席节略后，至十月十日离渝赴东北止，此三星期中，曾有二次政务经济两委员会联席会议：一为九月二十二日，一为九月二十八日，均讨论接收办法，而从未闻外交当局对于苏联如何交还政权，如何交还占领之经济事业，有何指示。大致我外交当局及熊主任均认为苏方撤兵，绝无问题。而对于苏大使节略中“关于苏军自东三省撤退问题之谈判”一语，未加深切研讨。我对于已往中苏交涉，不甚了了，仅由与彼得罗夫大使及沈成章先生谈话中，得到若干暗示而已。

按九月间，外交部曾接苏联驻中国大使交来备忘录，声明：（甲）苏联统帅业已开始将苏联军队自东三省部分撤退；（乙）苏军主力将于本年十月下半月自东三省开始撤退，以便于本年十一月底撤退完毕；（丙）苏联政府已派马林诺夫斯基元帅为全权代表，进行关于苏军自东三省撤退问题之谈判。马林诺夫斯基元帅预备于本年十月十日至十五日，与中国统帅关于该项问题所派定之适当全权代表等在长春会晤。外交部即以中国政府已派熊式辉将军为军委会委员长东北行营主任，即中国国民政府代表，复告苏联大使。

二十九日，与财政部俞部长鸿钧商谈东北单独发行一种纸币。

十月三日，外交部甘次长乃光晤苏联大使彼得罗夫。告以："东北行营主任熊式辉可于本月十日左右到长春，并请苏联军队俟我方军队到达东九省接防时，逐步撤退。"

按外交部曾告苏联大使，中国军队定于十月十日前后，自九龙乘美国运输舰，前往大连登陆。

五日，驻苏傅大使秉常电外交部王部长世杰："苏外交次长面询，中国运兵由九龙往大连登陆，究往何地，目的何在。"

六日，苏联大使彼得罗夫面询外交部甘次长乃光："大连为运输商品，而非运输军队港口，中国军队在彼登陆，实系违反中苏友好条约。"

七日，（一）与行政院宋院长子文商定东北单独发行一种东北流通券，与苏联发行之军用券及其他流通之纸币，并行使用。

先生日记云：

因苏联在东北既已发行军用票，其票值必与法币有差别。而东北财政经济情形，势必异于关内。在中央对法币未有整理办法以前，东北发行宜暂独立。九月二十九日，与财政部俞部长鸿钧商议，得其同意。兹与宋院长会议，亦予同意。决定单独发行一种纸币，与目下东北流通之纸币并行使用。

（二）谒蒋主席，报告拟定东北行营经济委员会委员，及长春铁路理事会理事与监事会监事人选，均获核准。

先生日记云：

谒见蒋主席，报告拟定（1）东北行营经济委员会委员：何廉（经济部次长）、凌鸿勋（交通部次长）、钱天鹤（农林部次长）、庞松舟（粮食部次长）、霍宝树（四行联合办事总处代表）、张振鹭、齐世英、王家桢、马毅（以上四人均东北籍代表）。(2) 长春铁路理事会理事：刘哲、刘泽荣、黄伯樵。(3) 长春铁路监事会：副监事长莫德惠，监事：高纶瑾、裘维莹。均承核准。至于委员会各处处长人选，因中央正在复员，而东北接收，尚欠明朗，故一时不易物色。

十日，（一）与东北行营熊主任式辉、外交部蒋特派员经国及东北宣慰使兼行营政务委员会莫委员德惠，自重庆飞抵北平。

先生日记云：

下午一时，与熊主任天翼、蒋特派员经国、莫宣慰使柳忱，自重庆启飞，下午三时抵北平。留平二晚。

（二）长春举行国庆大会，正式升旗。由行营董副参谋长彦平主持典礼。

十二日，与熊式辉、蒋经国、莫德惠飞抵长春。

先生日记云：

晨十时半，与熊主任天翼、蒋特派员经国、莫宣慰使柳忱自北平启飞，下午三时抵长春。将抵长春时，在飞机上俯视机场，充满苏联红军将领与兵士，中国人士寥寥可数。代表占领军总司令马林诺夫斯基 Malinovsky 元帅来接者，为总司令部副参谋长巴佛洛夫斯基中将。我与熊主任住宿于前伪满交通大臣丁鉴修之住宅，即作为临时办公处。住宅内厨子、卫队，均系苏军司令部所派俄人，语言不通。而长春市长曹肇元及公安局长又均系苏军最近所派。行动既不自由，当亦无法与当地工商界人士及经济事业机关主管接触，直同身处异国。旋知长春中国、交通两银行已为苏军命令停业，致法币不能使用。行营手无分文，一切开支无法取给。行营董副参谋长彦平虽负有为行营进驻长春，预作一切必要部署之任务。但渠系于三日前到达长春，自不及以当地实况报告中央。中央各部，尤其外交部，对于此类接收失地之大政，缺乏经验，未能于事前缜密准备，致接收人员面对如此尴尬环境。

当日得到报告，苏联红军正在抢劫工业设备。丰满大电厂发电机八部已取其六，抚顺炼钢炉已拆取二只，长春广播机正在拆卸。所有各机关汽车、家具，亦均搬运一空。长春物价尚称便宜，惟物资颇感缺乏。普通家用，最高（每月）约需军票一千元。

当晚，熊主任、蒋特派员与我，三人会商与苏方交涉程序：（1）要求迅速恢复交通，及给予运输便利，并保证行营人员之安全。（2）供给一部分军械及服装。（3）给予东北境内之空运便利。

十三日，（一）与熊主任式辉、蒋特派员经国，偕董副参谋长彦平，同访苏军总司令马林诺夫斯基元帅，作第一次会谈。

先生日记云：

下午三时，熊主任、蒋特派员与我，偕董副参谋长彦平同访马林诺夫斯基元帅于苏军总司令部，作第一次会谈。先由熊主任申明行营代表中国政府，根据中苏条约办理东北政治经济收复事宜，希望苏方予以善意协助。并提出下列五项：（1）询问苏方撤兵程序。（2）我方将由海上船运军队到东北接防，拟在大连、营口、安东、葫芦岛登陆，请其协助；并拟准备空运少数部队至沈阳、长春各地，须在各地设置航空站，亦请其协助。（3）东北境内各地交通，希望早日恢复，以便军队到后可分运行政人员前往各地接收。（4）我方东北各省市行政人员已陆续到达，将往各省市接收行政机构，请其协助。（5）请苏方拨借火车车辆、飞机、轮船以便运输中国军队，并拨让一部分日人遗留之汽车，供应行营人员之使用。

马林诺夫斯基元帅答复如下：（1）撤兵事宜，因铁路车辆或为日人破坏，或为日人运至朝鲜，公路亦多破坏，故撤兵不能迅速办理。惟决定大致程序如下：（甲）十一月二十日起，驻南满之兵向北撤至沈阳；（乙）十一月二十五日，由沈阳撤至哈尔滨；（丙）十一月三十日，撤至中国境外。（2）大连登陆问题应由两国政府间解决。安东区域非彼管辖，无法表示意见。

营口、葫芦岛无问题。彼并表示我方军队应循由铁道运入东北。至在沈阳、长春、大连、哈尔滨设立航空站一节，须先请示莫斯科。(3) 各地铁路现正忙于运兵，且博科纳及王爷庙两地发生鼠疫，不能开行客车。(4) 接收各地行政机构一节，在军事期内，苏联占领军必须管理行政，同时各地原有行政人员，或已逃遁，或有不利于苏军之行为，不得不由苏军派人补充，或撤换易人。沈阳与热河即其一例。故接收各地行政问题，亦须请示莫斯科。(5) 苏方接济运输工具一节，苏方向缺乏海上轮只，无力帮助。至苏联所有之运输机均系由美购买，为数有限，难以抽拨。惟此事可按照中苏条约由两国政府商洽。再敌人遗留之汽车为数甚少。

关于经济方面，我提出三事，彼之答复均极含混。(1) 请其将敌人遗留之满洲中央银行钞票拨让一部分。马答：可由吾方开出需要数目，再行商办。(2) 请其准许各地中国银行及商业银行复业。马答：须请示上峰。(3) 请其将伪满印刷局让我方接收。马答：亦须请示上峰。

最后马林诺夫斯基元帅向我方代表提出一警告，谓吾方在东北之秘密组织，必须停止行动。若不停止，特有严厉措置。

（二）分析第一次会谈后所发生之感想。

先生日记云：

会谈之后，经将马氏答复，加以分析，感想如下：(1) 对于我方输送军队，无积极援助之意。且明知关内外铁路交通为共军在山海关方面阻断，而欲我方由铁路运输，含有不愿我方有大批军队进入东北之意。(2) 对于接收地方行政机构，设词延宕，且谓各地交通尚有阻碍。似苏方在各地尚有行动或布置，不欲我方知晓。(3) 博科纳与王爷庙有鼠疫，及热河行政人员撤换，是否在内蒙古与热河另有企图。(4) 限制吾方秘密组织，用意似在苏军撤退以前，吾方在政治军事方面，不容有丝毫自由行动。(5) 苏方斩钉截铁宣布撤兵日期，是否已定有计画，在此期内完成其既定之策略。

按马林诺夫斯基 Rodion Yakovlevich Malinovsky，一八九八年生于敖得萨 Odessa。第一次世界大战时，曾志愿参军。后在伏伦塞陆军大学毕业。第二次世界大战时，曾任白俄罗斯军司令官，指导退却作战，后在特纳浦罗卡脱罗夫斯克附近击溃敌军。嗣以军司令官资格参加史太林格勒会战。又在罗马尼亚战线突破中欧，击溃在匈牙利与捷克的德军。因而获升为元帅。寻任叶拜格尔（西伯利亚）一方面军司令官，指挥对驻满洲日军作战。

十四日，（一）函报蒋主席关于与苏军总司令第一次会谈经过。

先生日记云：

汇总各种报告，并述个人感想，函报蒋主席，大意如下：伪满钞票全为苏方提去，印刷局亦被封闭，市面全停。哈尔滨以北路轨已改为苏联所用之宽轨。工厂机器大宗均被拆迁。即电厂电机亦已部分拆走。交通通讯工具，多数拆迁。甚至各机关家具亦多被搬走。都市成一空城。似苏方已在准备将内蒙热察制成一特殊政权，将东北九省团团围困。即海岸线亦有被封锁之虞。如此情势，东北全境悉被包围。内则合办之中长铁路犹如利刃一柄刺入胸膛，将周身血液抽空，使整个东北形成苏联囊中之物。

（二）接见曾在伪满工作之财经人员，及在长春担任地下工作人员。

先生日记云：

上午接见伪满洲中央银行调查课课长吴金川，及在伪经济部服务之孟庆恩与盖万钟，均由长春中国银行经理葛祖兰介绍来见。又接见在长春担任地下工作之董果良、宋立生、姜燕维、刘鹏翼等。

十五日，（一）蒋特派员经国晤马林诺夫斯基元帅，来告马氏提出促其注意之点。

先生日记云：

蒋特派员来告，今日曾晤马林诺夫斯基元帅，渠提出三点促其注意：(1) 向来帮助日本之中国人现转向国民政府投效。(2) 东北脱离中央已十四年，有种种特殊情形，须特别注意。(3) 今后之日本犹如第一次大战后之德国，不难死灰复燃，须预为防范。推测上述三点用意，凡在敌满工作之文武人员均不应再予录用。国民政府对于东北今后之一切措施，未必能采用所运用于关内本土之政策。再则中国须尽量与苏联合作，以防止日本之再起。

（二）长春市商会副会长李墨林、裕昌酿酒厂厂长刘润丰等来见，报告当地市面情形。据告："东北人民不得棉布已四五年之久，药品及日用品亦极缺乏。目下物价较之一九三八年，已涨达十倍乃至百倍不等。例如米价由每斤一元涨至十五元，肉价由每斤二三角涨至三十元，木柴每百块价由五六元涨至六十元。"（三）伪东北电话公司理事长董毓舒、参事兼长春管理局局长王家栋、长春邮政管理局局长董铭舒、满洲电业株式会社理事郑锦荣等来见。各人报告所服务机关之近况。

十六日，（一）伪满洲中央银行副总裁许绍卿来见。报告："该行原发出钞票约八十亿元，日人撤退前，发给各机关人员遣散费约四十亿元，苏军取去约二三亿元，现库存只有二三百万元之谱，旧废钞票有一亿余元。尚有最近换新版后，正在印刷中者。现存有券纸约五十吨，可印钞票二十亿元。该行后面有一印刷局，可用以印券。"（二）伪大陆科学院副研究官史书麟来见。报告：该院有四个实验工厂，所存原料均为苏军取去。试验室一部分器材，亦被取走。惟大体尚完整。（三）伪兴农金库金子纲来见。送来满洲中央银行钞券一百万元，系日人留给之遣散费，声明供给行营支用。（四）伪林产公社王家鼎来见。（五）前哈尔滨中国银行副经理马子元，搭乘苏联飞机至长春，来见。据称："哈尔滨以北铁路轨距，已由四英尺八英寸半之标准轨距，改为五英尺宽轨，与苏联境内铁路同轨。用意莫测，或为便于军运，或为便于运送苏军所抢劫之物资。”

十七日，（一）与熊主任式辉、蒋特派员经国偕董副参谋长彦平，与苏军马林诺夫斯基元帅作第二次会谈。

先生日记云：

下午一时，中国代表重与马氏见面，作第二次会谈，约三小时。以双方语言均须翻译，故费时较久。首由熊主任就吾方运送军队及接收各省市行政，提出下列各点：（1）吾方拟海运军队两个军来东北，大约十一月初可在大连登陆，另两个军经山海关陆运开入东北。海运部队登陆后，希望苏方协助推进，同时希望苏方将山海关至沈阳之铁路早日修复。（2）中国方面拟先空运若干宪兵警察派驻各大城市，俾可在苏军撤退后，维持地方治安。并由行营派员赴各地将反正军队改编为若干保安队，希望苏方予以便利及协助。（3）希望苏方对于吾方接收各省市行政，表示具体意见。同时行营拟先派员视察重要城市，作接收前之必要准备，希望苏方亦予以协助。（4）吾方希望先接收伪满政府及日本所经营之工业，以及中国人与日人合办之工业。同时希望苏方表示对于恢复中国银行及商业银行营业，与吾方接收伪满中央银行与印刷局之意见。

马林诺夫斯基分别答复如下：（1）苏方重述其撤兵程序——马云：“上次已申明十一月十五日至二十日，将苏军由南满撤至多伦诺尔、赤峰、沈阳、通化一线。十一月二十日至二十五日，撤至长春。希望中国军队先头部队，于是日到达该线。苏军有一部分运至旅顺。二十五日更将撤至王爷庙、哈尔滨、林口一线。至迟将于十二月三日，退至苏境。希望中国军队俟苏军撤退后，再行接防，不使两军相遇。自十一月十日起，每日当将苏军撤退状况，通知华方。”（2）中国军队登陆及集合地点——马云：“华军可于十一月初在葫芦岛、营口登陆，惟苏军在此两地无强大兵力；安东则属东战区，不在其管辖之内。

华军亦可由陆路进达承德。至到达沈阳、哈尔滨等处，迟早数日，不成问题。”（3）苏军对于吾方运送军队可帮忙之程度——马云：“准许华方用飞机运送少数队伍，惟须在苏军撤退时办理。如仅运少数宪兵，亦可在苏军撤退前四五天办理。苏军可帮忙将山海关至沈阳，及承德至北平铁路早日修复。中长铁路以外之铁路，中国方面可派员接收。苏方担保交通线内不容有非正式军队；如有，必令缴械。”（4）苏方不反对吾方接收行政——马云：“各省主席、各市市长可以分别到任。惟望各地长官与苏军取密切联系。至改编反正军队为保安队，须请示莫斯科后再复。”（5）日人所办工厂均应视为苏军战利品——马云：“除日人所办工厂，均应视为苏军战利品外，即中国人与日人合办之工厂，此等中国人皆系与敌人合作之人，故亦应视为敌产。抚顺煤矿须供给中长铁路用煤，将来应归中长铁路经营。”（6）对于中国银行及商业银行复业，与接收伪满中央银行及印刷局——马云：“希望华方将详细计画通知苏军司令部。”（7）关于电信电报邮政——马云：“电信业已解体，电报邮政现只限于军用，希望华方早日派员恢复。”（8）关于军事与经济事项之接洽——马云：“此后军事，由行营副参谋长与苏军司令部副参谋长接洽。经济将由苏军司令部派专员担任接洽。（苏军副参谋长为巴佛洛夫斯基中将）”（9）关于中长铁路——马云：“中长铁路苏方副理事长业已到局，中国方面理事长可约期会晤。”

（二）分析第二次会谈后所发生之感想。

先生日记云：

我对于第二次会谈之分析如下：（1）苏方不愿我有大批军队运入东北，故处处予以阻碍。即营口、葫芦岛登陆，亦暗示无法协助。其不容许我方在东北有强大武力，已十分明显。（2）苏方意欲借战利品为名，攫取东北工业，继承日本在满洲经济所占有之特殊势力。（3）苏方表示我方可由陆路运送军队至承德，并愿帮助修复承德至此平铁路，似苏联对于热河内蒙，尚无企图。(4) 苏方表示担保交通线内，不容许有非正式军队，含有交通线以外，则不能保证无非正式军队之意。且表示必须俟苏联军队撤退，中国方可接防，更含有不愿协助我军推进之意。

按此次会谈后，蒋特派员经国曾告先生：在讨论中苏条约时，宋子文奉蒋主席命，向史太林申明所有满洲工业应归中国所有。史答满洲各项企业属于特权公司组织者，应归苏联所有，充作战利品；属于日本私人者，可交回中国，赔偿中国人民战争损失。宋未与史作进一步之讨论，仅将史语载入会议记录。先生认为史太林所谓属于特权公司组织者，系指伪满洲国之特殊与准特殊会社而言。此两种会社均系伪满洲国政府与法人投资。其他会社系私人投资，不能作特殊或准特殊会社。先生对于特殊与准特殊两种会社曾下有界说如下：(1) 所谓特殊会社（形式上）系经政府为某一事业颁布特殊会社法，置于政府管理之下。其董事监察人由政府任命（实质上）。政府认为某种企业或为有关军用，或为与民生有重大关系，赋与一种独占或统制权利，代政府执行统制，或推行计画经济。除满洲重工业会社有关系之飞机、汽车、轻金属三种会社以外，原则上均有伪满洲国政府投资，会社职员视同公务员，不得擅自行动。(2) 所谓准特殊会社（形式上）虽无政府颁布之特别法令，但董事及监察人人选，须经政府同意（实质上），且不得任意经营与产业及民生有重大关系之事业。政府如认为所营事业，与产业开发及民生有统制之必要者，得赋以一种权利与义务。上述两种会社包括特种金融机关、重工业、军需工业、交通及通信事业、拓殖事业、特种农产改进事业、电影图书事业等，几于无所不包，统称之为国策会社，占有资本七、〇六七、三〇二、〇〇〇元。普通公司占有三、五三五、六五三、〇〇〇元（一九四五年，六月底数目）。其比例为六七与三三之比。其中南满铁路为特殊会社，属于交通事业，占有资本一、六五〇、〇〇〇、〇〇〇元。

复查八月十八日，外交部与苏联大使馆交涉，要求外蒙军队停止前进。八月二十二日，苏联代办通知外部，谓：奉苏联政府复示，“吾人无意向北平及张家口前进。若我军在满洲以外攻占若干城市及地点，实因我人不能在我军后方留有日本部队，不得不予以俘虏。一俟蒋委员长之军队到达各该地区，各该地点即将交与蒋委员长之军队。”

（三）伪长春兴农合作社送来伪满中央银行纸币一百万元，供给行营使用。该款原系日人发放遣散费余款，说明供给行营使用。（四）伪吉林铁路维持委员会会长袁嵩瑞、副会长孙幼丹，铁路局电气部部长孙祺荫来见，报告该路情形。据报：“该局管理铁路一千余公里，开支月需二百余万元。现在进款减少，希望行营接济。车辆亦日见减少，苏方采取不理态度。”（五）伪长春市兴农合作社主任吴熯，率子吴泽霖来见。吴泽霖系东京芝浦电气公司保管人。

先生日记云：

细察连日接见在伪满机关任事之中国人员，大都未经训练。可见各机关实权均在日人之手，中国人徒供点缀门面而已。

十八日，嘱哈尔滨中国银行副经理马子元返哈尔滨，与苏军接洽银行复业。

先生日记云：

行营用款问题因既无满洲中央银行券，又不得苏方同意，无法开印新券，同时又不便向苏方借用红军票，实无法解决开支。因嘱马子元返哈尔滨与苏军交涉。告以中国银行系我创办，该行多数股款系属商股。且为维持哈埠市面起见，应请苏方准许哈埠中行早日复业。

先生日记又云：

伪满机关中国职员送来伪满中央银行钞券二百万元，暂济行营急需，不无小补。

十九日，（一）接蒋主席十月十六日手示，告知海陆运兵同时并进，海运不能以苏方阻止而停顿。函云：“天翼公权二兄勋鉴：手书诵悉。运兵计画应准备海运与陆运并进。海运决不能以苏方阻止大连登陆而停止。但除大连入港以外，中意不必在营口等地另觅登陆地点。吾方认定海运部队必须在大连一港入口也。此应坚持到底。一面应积极恢复沈阳至北平铁路运输。如能于本月杪修复，则下月二十日以前，我军陆运至沈阳，当无问题。兹已作陆运为主之准备矣。请兄等一面仍交涉由大连登陆，一面准备陆运，积极恢复北宁路为首要工作也。至苏方顾虑妨碍两国合作之事与人，吾人应特别注意，竭力避免，总勿使其稍有误会也。余详经国函中，请参阅。中正手启。十月十六日十一时。”（二）熊主任式辉晤马林诺夫斯基元帅，作第三次会谈。

先生日记云：

当日熊主任往晤马林诺夫斯基元帅，作第三次会谈，告以中央政府坚决主张在大连登陆。马云可转达莫斯科。同时马意最好熊主任亲自返渝面陈苏方意见，以便中央军队运来东北问题，早日得一解决。意在不必坚持大连登陆。

二十日，（一）东北行营董副参谋长彦平与苏军副参谋长巴佛洛夫斯基中将会谈：提出（1）大连登陆，（2）在大连设立航空站，及（3）派大连市接收委员王治民赴当地视察等三项问题。（二）缮呈蒋主席函，报告有关东北经济各问题，托熊主任式辉明日赴渝代递。函云：

查与苏方讨论接收工厂时，马元帅表示日方所办工业应为苏方战利品。又询其抚顺煤矿如何。渠云可归入长春铁路经营范围之内。照上述口气，东北所有工厂势必均归苏有，视同战利品。即或将来苏联让步，允与我方共同合办，则几等全体工业与苏合办，我方丧失经济自立。

查东北工矿分为二种：（1）满铁附属事业；（2）满洲国政府特许公司之事业。满铁事业当然为日人产业，而满洲国政府特许公司事业，有完全为日股，有参加一部分日股。故若苏方认日产为战利品，则几全部重要工业归入在内。据经国兄谈及当莫斯科会议时，主座曾有电令注意及此。史太林曾答复凡属于日人私人之财产，可同意（以之）赔偿中国战时损失，凡属于公司组织者，应视作战利品。嗣我方仅将史语载入会议纪录，未再讨论。今若照史语，则东北工矿几无一不属公司组织，不过仅日本公司与满洲特许公司之分而已。同时苏军已将各工厂及电厂机器拆卸迁走。

建议政府迅由外交部向苏方提出下列各点：(1) 满洲之繁荣有利于中苏两国之经济，有利于中苏合办之长春铁路。故满洲已有之工矿事业不可破坏或减少之。(2) 满洲所有敌产，应以抵偿所负人民债务，如有剩余应以之赔偿中国八年战争之损失。故一切敌产，应归中国没收。(查伪满洲国中央银行发行钞票约一百三十余亿元，其他发行公债、储蓄债票、邮政储金、人民存款，尚有二三十亿元。是中央政府对于东北人民将负有一百五六十亿之债务。而东北全部工矿如数保存其现有财产，不过百亿元) (3) 若苏联为出兵帮助我方收复满洲，只能由中国政府偿以出兵费用，不便予以工矿股份。因一经合办，不特我方无自由发展主权，且他日无法招致他国技术资本。(4) 满铁附属事业最重要者为抚顺煤矿。今中央政府已（对长春路）担保煤之供应，不能再以矿产归入长春路。其他矿产，情形亦复相同。(5) 请苏联政府通知前方军队，从速停止拆卸机器。(6) 苏联所谓战利品，只能以已拆卸之机器为限。其他产业不能再认为战利品。

东北军事政治因时势所迫，处于不利地位。若经济再落空虚，则真名存实亡矣。刍荛之见，是否有当，尚请钧裁。

二十一日，(一) 熊主任式辉飞北平转重庆，托带呈蒋主席函。(二) 苏军副参谋长巴佛洛夫斯基中将答复我方提出各点。

先生日记云：

今日下午苏军副参谋长巴佛洛夫斯基中将，答复（我方）提出之大连登陆；大连设航空站；派员视察主要城市，及沈榆段铁路；改编反正队伍；安东、营口、葫芦岛登陆；奉天、长春、哈尔滨设航空站；以及借用军服为改编队伍之用各点如下：(1)大连在中苏友好协定中规定为自由商港，如允许我军登陆，即是违反协定。(2)根据同样理由，大连设航空站亦不能同意。(3)派往奉天、吉林调查人员可予便利。派往调查奉天山海关段铁路之人员，可派苏军陪同前往，惟锦州以上之治安，不能负责。派赴大连之军事人员，难予同意。(4)改编反正军队无法同意。借用军服亦无法允办。(5)营口、葫芦岛可以登陆，并可在苏军未撤退前开始。(6)奉天、长春、哈尔滨三处航空站可在苏军撤退前二三日设立。

(三)对于大连登陆问题交涉之绝望及其意义。

先生日记云：

大连登陆，在我辈抵长春前，苏方早已表示坚决拒绝。十月一日，外交部依照军委会意旨，照会苏联驻华大使。告以：吾第十三军部队定于十月十日前后自九龙乘美国船只，由海道前往大连登陆，同时电傅大使洽告苏外部。嗣接傅大使十月五日电告：苏外部洛次长面询我运军由九龙往大连登陆后，究赴何地，其目的何在。十月六日，苏大使（彼得罗夫）见甘次长面告："按中苏条约，大连为运输商品，而非运输军队之港口。无论谁的军队在大连，均系违反中苏条约。故苏联政府坚决反对。"十月八日，傅大使电告：六日晚，苏联外部洛次长面告各节，与彼大使所告相同。

照上述经过情形，苏方拒绝我军在大连登陆之态度，已极鲜明，而且坚决。不知熊主任是否以为直接与马林诺夫斯基折冲，尚有转圜之朝，而在会议中提出。至苏外部洛次长问："我方登陆军队，究往何地，其目的何在。"似暗示不欲吾方以武力接收，甚至不欲吾方在东北建植武力，其意固甚明显，我外交当局何竟未注意及之。

(四)长春商会会长王荆山来见。据称：渠为萨尔瓦多 Salvador 在东北推销咖啡，并担任该国名誉领事。昨日被捕，旋即释放。(按萨尔瓦多为中南美唯一承认伪满之国家）（五）伪哈尔滨电政管理委员会委员长朱连贵来见。报告："哈尔滨市电政局之中国职员，大部分已由苏籍人员接替。"（六）长春铁路护路警察总监孙九思来见。报告：渠系经长春市长介绍，得任斯职。（按长春市长曹肇元系苏军所派）（七）参观大陆科学院。（该院今改称东北科学院。中国职员保护院内设备，十分努力）

二十二日，（一）熊主任式辉抵重庆。（二）蒋特派员经国来商谈答复苏军副参谋长拒绝大连登陆问题。

先生日记云：

> 蒋特派员经国兄来商，对于昨日苏军副参谋长拒绝大连登陆一点，应否即予以答复。当决定由董副参谋长以书面答复。大致谓苏联在友好条约中，保证中国在东三省之全部主权，视为中国不可分离之部分。中国军队自有登陆之权。关于此事，正由中苏两国政府协商中等语。并对于拒绝中国政府派遣代表至大连视察一节，亦予以抗议。一面将苏联不允在大连设机场一节，由董副参谋长报告中央。

（三）辽宁地方治安维持会会长辛广瑞来见，报告沈阳情形。据称："八路军在沈阳附近已有十万人左右，系由苏联红军背后支持，蹂躏地方，人民怨恨。"（四）满洲电业株式会社理事郑锦荣又来询问何时可以接收该会社。（五）印刷局职员文钟礼来见，报告印刷局情形。

二十三日，（一）苏联大使彼得罗夫谒蒋主席，声明不同意我军在大连登陆。蒋主席告彼再向史太林报告，根据友谊关系，予以回答。（二）大陆科学院研究官史书麟、何芳陔来见。据称：该院尚有日本博士八人，研究官数十人。（三）中国银行总管理处派戴超，交通银行总管理处派庄权前来筹划两行接收后之复业办法。

二十四日，（一）驻长春苏军搜查国民党设在长春之吉林省党部及中央党部特派员办公处。

先生日记云：

今日苏军搜查设在长春之吉林省党部，及中央党部特派员办公处。将党部办事人员一律传去询问。其中有二人为主要人员。所有党部卷宗，亦被取去。据云系为党部发行之《光复报》登载史太林因健康关系，不能问政，所有行政，悉交莫洛托夫掌管。实则苏方嫉视国民党部已非一日。今日关于史太林之报道，乃其近因。

（二）苏方阻止东北行营派员赴热河收购皮张，备制军服。声称热河路线最近治安不宁，劝勿前往。（三）财政部所派之财政金融接收委员杨德荣、朱懋灦来见。（四）哈尔滨中国银行副经理马子元自哈尔滨来见，报告苏军已许该行复业。

先生日记云：

马子元自哈尔滨归，报告苏军已允许中国银行复业。如此，行营可商中行通融款项，略可放手做事。马之勇于任事，在任中行黑河支行经理及哈尔滨分行副经理时，已有表现。惟其做事，往往不循轨道，致不能久于其任。际此非常时期，正可利用其长。

二十五日，（一）苏军传询之党部人员已释放。

先生日记云：

昨日被传去之党部人员，兹已释放。苏方警告党部人员，谓此次事故，系因未得苏军司令部同意，印发宣传文字，违反条例。此后党部须停止一切活动。

（二）苏军通知东北行营拟派往各地调查人员，均不能去。

先生日记云：

苏军部告行营杨作人秘书，谓行营欲派往各地调查人员，及往奉山路调查路务人员，因治安关系，均不能去。是否为昨日事故，而变更态度，抑为欲予八路军便利，均无由推测。

（三）伪满洲公卖局姜文涛代表吉林治安维持会，报效行营，送来伪满中央银行纸币二百万元。（四）哈尔滨铁道局副局长杨策来见。报告：苏方有将哈尔滨路局改为总局之意。

二十六日，（一）苏军政治顾问告蒋特派员经国，不许行营拟派人员视察各地之理由。

先生日记云：

苏军部政治顾问邀蒋特派员谈话，告以行营到长春后，各处反苏运动纷起。哈尔滨且有“打到莫斯科去”之标语传单。沈阳附近有三四百人纠合袭击枪杀苏联工人。其他各处亦发现有反苏组织。因此马元帅不能不亲往各地肃清此类不良分子，故对行营拟派往各地视察人员，不能许其前往。蒋特派员询其是否怀疑行营有指使反苏运动情事。彼答云：虽无证据，不过如此凑巧，不能不引起推测。上述谈话，是否仅为昨日事故而发，抑真怀疑行营有反苏行动，或中央政府仍持对苏不友善态度，抑意欲制造亲苏政权，以对抗行营，殊难预测。

（二）熊主任式辉由重庆飞返长春，带来蒋主席手书。并得知政府不愿消耗时间讨论大连登陆问题。

先生日记云：

今日熊主任返长，知重庆外交部与苏大使讨论大连登陆问题，毫无进展。因此政府决定不再消耗时间于讨论大连登陆问题，以免耽误东北之接收。将先在营口、葫芦岛两地运兵登陆。带回蒋主席致余复信，文曰：

公权吾兄勋鉴：二十一日手书读悉。所谈各节，已令外交部切实研究后，再定交涉步骤。以理度之，对方当不致过分如此也。但东北问题，此时只可做一步算一步，以待时势变迁何如。吾人惟有尽其心力，不必以此着急或失望也。余托天翼兄面详一切。第一要务还在使国军如何速入东北。故修复北宁路，必须竭尽一切方法，期其完成也。中正手启。十月二十五日。

（三）行营董副参谋长彦平通知苏军副参谋长巴佛洛夫斯基，我军将在营口及葫芦岛登陆。

先生日记云：

今日晚间，董副参谋长邀巴佛洛夫斯基中将于熊主任官邸谈话，告以“大连登陆问题未商妥以前，我军决先在营口及葫芦岛登陆，系借用美国船只运送。自十月二十七日起，我方须借用美国侦察机开始空中侦察，以明了两港设备状况。业已由我外交部通知重庆苏大使。”巴中将复称当将此通告，立即报告马元帅，俟有指示，立即通知我方。

二十七日，（一）与苏军司令部经济顾问斯拉特阔夫斯基 Sladkovsky 第一次晤谈。

先生日记云：

今日下午四时，与苏军司令部经济顾问斯拉特阔夫斯基第一次晤面。彼此语气均含有试探性质。此人系苏联国外贸易部远东司司长。一九三五年曾至南京、上海，人极精干。谈话经过，大致如下：

余：此来拟致力于中苏两国在满洲经济上之合作。

斯：对于东北未来之经济政策如何？

余：我之目标在将以东北之有余产品，供给中国与苏联之不足。东北所需要之物品，亦由中苏两国供给，使东北成为中苏两国之共同良好市场。故第一步拟与苏联缔结一以货易货协定，互通有无。

斯：对于东北之工业政策如何？

余：东北重工业已由日本因军事关系，加速发展。此后只须维持现状，应多发展轻工业，以提高人民生活程度；所需机器可向苏购置。

斯：对于日人在东北所建之工业如何处置？

余：日本建设之工业应以之赔偿中国抗战之损失。所谓日本建设之工业，即由日人投资者。若为满洲国政府投资者，应以之清理满洲国政府所欠人民之债务。

斯：照此办法，苏联将无可分润以赔偿苏联之战争损失。

余：此点在协定中并无规定。且中国八年抗战，人民损失不知凡几，理应有所补偿。

斯：苏联之战争损失等于其他协约国损失之总额。

余：苏联在东北已拆迁之机器资财，是否将视作赔偿苏联损失之一部？

斯：此事甚为复杂，原应由两国政府解决，不过今日顺便提及而已。同时当知东北工业大部分已为敌人破坏。

余：此事重大，应由政府解决。再则不知苏方对于东北何种工业愿意合作，故对于工业问题，恕未提及。惟既谈合作，我方极愿使苏方之希望得以满足。但亦愿苏方对于吾方不能为力之处，予以谅解。

斯：东北工业是否可让苏联专家参加；不知中国专家是否敷用？

余：极愿借用苏联技术人才，不知苏方供给何种人才？

斯：冶金、电机、建筑等，均有人才可以供给。

余：苏联在战后亟须复兴，西伯利亚亦须开辟，恐人才供不应求。我方希望能得优良专家来东北协助。

斯：当告工业部。

余：有无其他意见？

斯：苏方确需要东北粮食，例如大豆即所需要。乌苏里省亦需大豆。至东北需要之消费品，苏方可以供给。要之在工业方面，姑不论赔偿问题如何解决，苏联必能尽其帮忙之义务。以上所谈问题，愿进一步作具体之讨论。

余：双方既愿意合作，希望苏方开诚以意见相告。至赔偿问题，并非与苏方斤斤计较。实以中国工业毫无基础，与苏联相较，不啻天壤之别，故欲多多保留，归中国所有而已。

（二）蒋主席来电：停止党务活动，党务人员归东北行营指挥。

（三）交通部送来中长铁路章程草案。

按此章程草案经交通部四次修改后，并与外交部会商最后修正，成为第五稿；除送呈行政院外，特抄送先生，为与苏方委员作初步磋商之腹稿。内容注重在加重理事会职权，使理事长能名符其实，我方之管理局副局长亦须有副署之权。至各处处长虽中苏各半，但运输处处长必须由华员充任。

二十八日，（一）蒋特派员经国面告苏军政治顾问，东北行营系以增进中苏邦交为职志。

先生日记云：

今日蒋外交特派员经国兄往晤苏军政治顾问，告以行营方面，以增进中苏邦交为职志。苏方所告种种反苏宣传与行动，必系汉奸与日人所挑拨。极愿共同努力消除之。请苏方随时以所得消息见告。附带告以蒋主席已有电令东北党部由行营指挥监督，如有不服从中央政策，及有反苏行为者，即解送中央。如有不服从中央之党部，一概停止其活动。该顾问听后答复之语气，仍不见信，暗示行营与反苏有间接关系。

（二）葫芦岛中共军队向中央载兵之运输舰射击，兵员未能登岸，运输舰退回待命。

二十九日，（一）与行营熊主任式辉，往晤马林诺夫斯基元帅，作第四次会谈。

先生日记云：

今日偕熊主任于下午一时，往晤马林诺夫斯基元帅，作第四次会谈。先由熊主任告以自重庆归，蒋委员长嘱为致意。马表示感谢。嗣答复熊主任提出各项问题，并声明在职权范围以内者，可明确答复。其答复熊主任所提各节之语如下：（1）大连登陆问题——已得政府训令，不希望中国军队在该地登陆。因遵照中苏协定，苏联认为大连乃一完全商务的自由港，不应充作军用。故不论中苏军队均不许通过或登陆。乃近发现大连航线有美国军舰行驶入港，并有军舰人员登陆，其舰长为西脱尔。苏方极为惊讶，认为有碍中苏邦交。因无论港内或航线上均不应有任何国之军舰。（2）营口及葫芦岛登陆一节——苏方早已声明不反对，至华方所提葫芦岛登陆安全问题，上次已明告锦州尚有少数苏联部队，苏方愿使中国军队在葫芦岛安全登陆，但不能保证。闻锦州以南中国军队已与当地军队冲突，并闻该处军队系八路军，数不在少。苏方对于八路军无力可以左右，因苏联早已声明对于中国内政不加干涉。营口登陆之中国军队，希望于十一月十日在营口城内集合。据报中国军队今日或在葫芦岛营口登陆，谅上陆无问题。至中国方面拟派员至营口葫芦岛照料上陆部队一节，拟即日报告莫斯科请示。(3) 中国方面要求在锦州以南指定地区驻兵一节——锦州以南任何地区，中国军队均可驻扎。苏联在锦州城内之军队，十一月十日如数撤退。在此以前，不希望中国军队进入锦州城。苏方未尝不想遣派锦州苏联部队到葫芦岛，使中国军队安全登陆。但部队数目太少，不足保证安全。(4) 中国方面希望苏方在营口锦州供给铁路车头车辆一节——今日不能答复。希望中国方面从天津多运车头车辆出关。(5) 中国方面希望改编地方保安部队一节——苏方不希望在苏军未撤退以前，有此举动。(6) 中国方面所提拟用飞机运送先遣部队至长春奉天一节——苏政府并不反对，惟要求在苏军撤退前三天降落。至于地面上一切工作，可由苏联空运航空站员负责。(7) 中国方面要求苏联及外蒙军队退出察哈尔及热河一节——张家口以北之苏联部队决定经察哈尔往北撤退，蒙古军队亦同时撤退。(8) 所询旅顺委员会及旅顺市长人选，以及划界一节——旅顺军港不属本人管辖范围之内，请向莫斯科交涉。划界自必照协定办理。(9) 所询行政人员往各地接收一节——查行营送来之东北行政机构及人员名早，已报告莫斯科，尚无回音，敢信无阻碍。(10) 承告国民党行动一节——查国民党在长春有许多组织，有说真的，有说假的，究竟谁真谁假，无从分晓。苏军只有一条件，即不许有反苏行动与宣传。岂知此种行动与宣传仍在继续进行之中。此次搜查党部，查出武器及各种文件，乃知系有计画之行动。苏方被牺牲者已有二百余人。最近每日晚间均有袭击红军之情事，因此不能不采取严厉之手段。

如再有此种情事，当采取更严厉之处置。而查获之反苏分子，其中并无日人，乃为满洲国之官吏与解散之士兵。最近尚有拆毁铁路，击毁火车情事。此种情形，必有一中心机关发动指使。颇有利用行营威权，广播其势力之嫌疑。最近又发现在粮食包内，隐藏火药。因此苏军照军事协定第一条规定，执行其军事时期之权力，已令饬地区司令部严厉执行。岂知长春方面之反苏行动，尚在积极化。最近有中苏友好协会之组织，其中心人物为无党无派分子，某日竟在警察局内为人打死。故决将市长及公安局长一并撤换。此种不愉快之事，本人因顾到中苏友好前途，勉力忍受。

嗣熊主任对于未得满意答复各点，重复申说如次：(1) 希望苏方将中国军队在葫芦岛、营口登陆情事用命令通知苏联驻军。(2) 希望苏军在营口供给铁路车辆。(3) 希望苏方同意中国军队由营口铁路直运长春，并放宽到达期限。(4) 希望苏军部派员陪同行营人员到营口。(5) 希望苏方同意改编地方军队，专为维持地方治安。(6) 希望苏方解决各地非正式部队。(7) 希望吉林省长与长春市长即可接事。

马氏依次答复如下：(1) 葫芦岛方面早已通知。(2) 在营口供给车辆，当予设法，但不敢保证。锦州所存车辆并不准备北移，当可供给中国军队之用。(3) 苏方不希望在苏军未撤退前，中国军队由铁路运输，仍盼由飞机输送。至宽限日期一节，当请示。(4) 派员陪同行营人员至营口一节，当请示莫斯科。(5) 改编地方军队一节，当请示政府；惟个人意见不赞成此举。因若改编，所留者无非原来伪满队伍，此种分子实不可靠。(6) 苏军对于接近苏军前线之非正式队伍，或则解除其武装，或则令其他迁。即如热河曾发现有非正式队伍，即令其南移。(7) 吉林省长、长春市长接事，个人并无意见。吉林省长愿去接事，尽可前往。长春市长容加考虑。马氏于答复第一点时，又复提及大连曾有美军舰舰长西脱尔登陆视察。熊主任答以此乃大连登陆问题，未解决前发生之事，今可不问。

（二）分析此次会谈各点。

先生日记云：

马林诺夫斯基一再提及美军舰驶入大连港，及舰长登陆之事，可见其对于我方借助美国力量，运送军队进入东北之不满。更显见苏联不愿见美国势力侵入东北。马氏怀疑东北党部有反苏色彩，且疑及行营。可见苏联对于我政府，尚未能深信可与苏联亲善。因此尚不愿见我方军队迅速顺利运入东北。其对于我方部队在葫芦岛登陆，不能协助，营口需用车辆亦不能确切允诺供给。且劝我方仍由飞机运兵，意在延缓我方部队之到达东北，灼然可见。至对于长春市长尚不能即时答复，可以接事，仍对于我方之行政接收，亦有所待。今日苏方将长春市公安局局长赵万斌免职，易以共产分子张庆和，其不愿我行营即时在东北接收行政，更为明显。

（三）东北保安司令长官杜聿明中将飞抵长春，与行营熊主任式辉会商军队登陆计画。（四）中国银行奉天分行经理朱秀夫来见。据称："苏方因奉天中国各银行均停业，特指定商会陈会长出面主办一东北实业银行，惟并无资本，业已开门营业。益发、功成玉两商业银行已应当地苏军司令部之要求，定于今日开业。交通银行亦拟开业。"（五）备函报告蒋主席，与苏军部经济顾问斯拉特阔夫斯基会谈经过。

三十日，（一）重庆来电通知行营，谓美国已通知重庆苏联大使馆，派水陆两用艇赴葫芦岛。（二）与中国银行商定派员赴营口、葫芦岛，接济登陆军队用款，并与杜聿明长官商定接济数目。（三）安东省主席高惜冰、辽宁省主席徐箴、吉林省主席郑道儒、松江省主席关吉玉均于昨日抵长春，今日来见。

三十一日，（一）行营熊主任式辉接蒋主席二十九日函，知中央已与美军商定由秦皇岛与葫芦岛各登陆一个军，负责保护山海关至沈阳交通。（二）行营接重庆电，知苏联大使已通知外交部，谓葫芦岛、营口登陆可保证安全。又讯美军舰已往葫芦岛察看，似我军登陆即在目前。（三）行营接中央指示，应以登陆葫芦岛，打通北宁铁路为对苏军交涉重心。熊主任式辉认为交涉可得到顺利结果。（四）行营人员全体聚餐，庆祝蒋主席五九华诞。市上有人贴出“庆祝东亚盟主万岁”标语。（五）行营董副参谋长彦平于本日下午一时会晤苏军副参谋长巴佛洛夫斯基中将。据告：“在一小时前，我军尚无登陆消息。苏方曾派有兵士一排赴葫芦岛，已于二十九日到达。”

十一月一日，（一）苏联大使彼得罗夫通知外交部，营口已被来历不明之武装部队占领。（二）与行营熊主任式辉、外交部蒋特派员经国会商苏军撤退，及国军未到时，长春治安维持办法。熊主任要求苏方留部分军队负责长春治安。（三）招伪东北电信电话公司理事长董毓舒、邮政管理局局长董铭舒来见。

先生日记云：

告以接收两机关人员已到，应由彼等欢迎前往接事，借可避免接收形式。意在采取如此方式，向伪满人员手中接收各经济机构。彼等唯唯而退。

（四）伪哈尔滨铁道局局长窦青林来见。报告：“哈尔滨以北路轨改轨工作，自九月三日开工，十月九日完工。十月十一日，莫斯科直达通车开到。苏联政府交通委员会代表到齐齐哈尔，向路局人员训话。先问路局工作人员是否了解中苏协定精神。又谓三十年内，中国如能自管，可交中国人管理。”（五）在北平物色熟谙俄国语文之人员四名抵长春。（六）行营熊主任式辉夜间得悉长春城内中共军队积极活动，约蒋特派员经国共商应付。

二日，（一）得悉吉林丰满电厂已有八路军前往骚扰，深虑有不能发电之一日。又讯奉天电话局，曾由八路军派员接收，嗣为苏军驱逐。（二）交通部特派员陈延炯率同事来见。

先生日记云：

当告以铁路一时尚不能接收，只好先调查研究应补充之材料。邮政或可先行接收。长春总局至分局暂任原有人员维持现状。电信电话亦或可以接收。一切维持现状。因昨日曾面告两局原主持人之故。民用航空，目前更谈不到。

（三）面嘱陈特派员延炯先派人至锦州营口，准备接收铁路，并协助军队运输。（四）美国第七舰队司令率部抵营口。

三日，（一）行营接苏军部通知：（1）中国空运部队可于苏军撤退前四日在长春降落。（2）行政人员即可莅任。（3）电灯、电报候苏军撤退后交代。行营要求我国空运部队，改为可于苏军撤退前两星期在长春降落，否则将借用美军飞机。至接收行政可研究具体办法。邮电则须先行接收。（二）行营通知苏军部，美军部代表将来东北。苏方认为行营要求准许美机来长春，即提抗议。经行营解释后，始无事。（三）苏军部新派之长春市政府经济局局长吴望孙来见，报告已令若干小工业复业。

先生日记云：

长春市政府经济局局长吴望孙来见，表示愿为行营设法多运煤斤，使燃料不至匮乏。又云已令若干小工厂复业，归经济局管理，接济资金等语。此人系哈尔滨工业大学毕业，一向自行经商。最近出任局长颇得苏方信赖。当予以慰勉，告以此后中苏势须合作，凡苏军占领期间，帮忙苏方之人，仍须借重，不予歧视。

（四）伪兴业金库理事启彬来见，报告所管兴农合作社组织及业务情形。

先生日记云：

兴业金库理事启彬，现主管兴农合作社，由金子刚陪同来见，报告合作社组织情形。东北一百数十县，每县有一合作社，下设支社及营业所，两共七千余处。经费由政府拨付，年需十亿元。农民下种时，由合作社派员指导，规定耕种种类及亩数。收成时，由各村农业组合代为收购。农民将粮谷交与粮商组织之机构。每粮一吨，可照官价配给布十五平方码，农民以之照六七十倍价钱售出，弥补所收官价之损失。至日用品之平时配给，有豆油一斤或半斤，灯油一斤或半斤，火柴二包，盐一斤或二斤，棉花一斤，棉线一束。兴农合作社贷款七亿余元，兴农金库贷与兴农合作社三亿余元。农民存入合作社储蓄约达十亿余元，系照收成所得存储其中十分之八。此次苏军办粮，系委托粮商承办，每吨给价三元〔?〕，另给手续费六角，办公费四角，合为一元。近来棉花跌价，自五十元跌至三十元，麻袋异常缺乏。

四日，蒋特派员经国往晤苏军部政治顾问，商谈接收行政问题。

先生日记云：

今日下午蒋特派员经国兄往晤苏军部政治顾问。渠告蒋特派员，谓营口发现有大批第八路军，苏方驻营口军队不多，无法抵抗，故已在撤退中。又谓各地续有发现反苏运动之组织，故行营欲改编反正队伍一节，无法同意。由此谈话看来，苏方在葫芦岛营口，有意纵容八路军阻碍中央军登陆，已极明显。

五日，（一）与行营熊主任式辉、蒋特派员经国同访马林诺夫斯基元帅，作第五次会谈。

先生日记云：

今日下午一时，熊主任、蒋特派员与余同晤马林诺夫斯基元帅，作第五次会谈。马氏表示：（1）营口出现之第八路军，系来自关内，经锦州而入营口，为数甚众，且曾经抗日作战者，故苏军无法缴彼等之械。留驻营口之少数苏军，只好为八路军逼走。即葫芦岛之苏方少数部队，亦为八路军逼走。因苏军若欲采取行动，必须调回军队，将致延缓撤兵期限。此则苏军所不愿为。（2）熊主任询其如中央军与八路冲突，苏方采何态度。马氏答云，苏方不加干涉。（3）继续谈行政人员往各省接收问题。马氏答称可以前往接收，惟只能利用当地警察，不能改编队伍，因恐收容亲日分子之故。(4) 又云，各地方邮电机构亦可接收，惟长春总机构尚不能接收。再铁路以尚在苏军统一军运组织之下，亦不能接收。(5) 续谈空运中央军队问题。马氏表示中央队伍尽可空运来东北，即借用美国飞机运输，亦不反对。但美方空运人员，不能在地面工作。

（二）对于第五次会谈之分析。

先生日记云：

苏方自始表示吾中央军队可在葫芦岛营口登陆。马氏在第一第二两次会谈中已有声明。十月二十一日，苏军副参谋长亦同样向董副参谋长作此声明。虽对于吾方商请苏军对于中央军在任何两地登陆，及由营口至沈阳铁路运输，予以协助，未作肯定答复，固未敢断其表示完全虚伪。但何以演变至今日之情势。苏方已公开承认葫芦岛营口有八路军，且认八路军为对日作战之中国军队，苏方无法阻止。无异使中央军并此两地亦无法登陆。推其演变经过，不外 (1) 苏方不愿吾方依赖美国运输军队。换言之，即不愿美国插足东北。美军舰人员之在大连登陆视察，激起苏方之反感。十月二十九日，第四次会谈时，马氏提及美军舰人员登陆时，声色俱厉。十月二十六日，董副参谋长已通知苏方，我方决定借用美国运输舰运送军队至葫芦岛营口，当亦为苏方所不满。故战后美苏之敌对，及吾方之不能不依赖美国，或成为阻碍我军进入东北之一重要因素。(2) 党部人员行动，虽不敢谓毫无不慎之处，惟中央自始并无反苏之指示。或者八路军暗中指使潜伏地下人员，制造反苏行动，离间中苏关系。苏方早已存有怀疑国民党之心理，自不难火上加油。

（三）根据本日与马林诺夫斯基元帅会谈经过，特就苏联观点加以推测，认为苏联目的不外三点，函陈蒋主席如下：

(1) 使今后东北成立之政权，不能有与苏联不友好之意思与行动，更不能与苏联作敌对之准备。(2) 使今后东北不能为美国所染指，一方面预绝他国利用东北觊觎苏联之野心，一方面亦预绝中国利用东北作以夷制夷之幻想。(3) 使中国不能在关外植一雄厚之武力，以夹击关内之八路军。函末认为我方对策，固有“武力进攻”与“忍耐妥协”二途。但武力使用必须兼顾关内各地八路军之全局；忍耐妥协，亦有其最后之限度。故宜向史太林剀切商量，先求澈底之精神了解。如果了解绝望，则惟有退出东北之一法。

（四）行营熊主任式辉将本日与马林诺夫斯基元帅会谈经过，报告蒋主席。略谓：“鉴于本日谈话情形及参考各地现状，苏方用意如下：(1) 为应付国际视听，表面上许我空手接收行政。(2) 不愿我兵力进入东北，巩固政权。故利用八路军阻我军前进。一面普遍扶植各地八路军，以为此后有力牵制之准备。(3) 当苏军撤退，我军未能到达时，三种形势将有可能：（甲）将东北各地行政交与傀儡——八路军；（乙）扶植当地各种势力，成立自主政权；（丙）造成各地变乱，使我无法立足。(4) 在国军出关与八路军冲突之际，鼓动各地发生变乱，遂即借口维持治安，将苏军留下一部分，出面调停。基于上述各点，建议请主座电告史太林，望其仍本中苏友好条约之精神，主持改善接收之现状。”（五）蒋特派员经国将本日与马林诺夫斯基元帅会谈经过，函陈蒋主席。略谓：“自苏方声明对我军在葫芦岛与营口登陆不能负安全之责，并宣告以上两处皆已被第十八集团军（即八路军）占领之后，东北情势，必有变化。儿自马林诺夫斯基及苏方人员谈话中知东北局势之变化，系受美苏关系及国共冲突之影响。苏方恐我军进入东北三省后，将支持美国在东北之利益。甚至在未来战争中，我军有被美国所用之可能，故不愿我国大军开入东北。但根据条约，苏方不得不撤兵，亦无法长禁我军进入东北。故决定利用八路军，造成混乱局面，使我一时不能顺利接收东北，此乃苏联最近设施之策略。马林诺夫斯基屡次对儿作不满美国之表示。并在语气中，常含有‘中国不应过于倚赖美国’之意思。伊对第十八集团军认为系抗战有功部队，苏联不能以武力解决之，致蹈干涉中国内政之诮……马林元帅及其参谋长又曾屡次向儿暗示甚愿出面调解中央与中共在东北之关系。儿认决不可为，亦曾以适当方法表示反对……近日长春治安甚乱，暗杀团到处活动。儿之住所附近，今日即有警察被杀。今日尚有武装共产党二百名由沈阳来此参加保安工作。”（六）陈特派员延炯自长春密报交通部，东北各铁路破坏程度，甚于平津区，中共八路军在大城市附近活跃，行营人员无法出长春半步。（七）登陆营口之中央军队被阻，东北保安司令长官杜聿明中将返天津。

六日，（一）长春共产党公开活动，切断东北行营电话线，声称驱逐行营人员出境。（二）行营接蒋主席来电，嘱令对于营口登陆必须坚持到底，要求苏方负责。（三）中长铁路苏方副理事长喀尔根来见，商定本月九日到局就职。

先生日记云：

> 今日十二时，长春路苏方副理事长喀尔根来晤，告以已接政府电令，通知派定苏方理监事名单，当与商定十一月九日，余到局就职，一俟中苏两方同意议事日程，即召开理事会。喀云，关于铁路路警组织，依照协定，应由两国政府协议议定。现为权宜起见，已由渠暂行组织，委派前市政府公安局副局长孙九思主持其事，已募集华警六百名，在长春一带沿线执行职务。其他区域正在编组中。余以既系临时性质，不与争持。渠亦声明一俟永久组织决定，当由理事长主持办理。余更声明如苏军撤退后，我军未到前，设有非正式部队拆路轨，破坏桥梁，应由现任之路警人员负责。意即以此责任加诸苏方，以防将来借口铁路安全，延缓撤兵期限，或派苏军护路。喀忽提及铁路两旁护路地区问题。彼云因路警使其联想到此一问题。余答以铁路两旁划出特别区域，系帝俄及日本欲利用借款，或合办铁路，以扩充其势力范围而设，现在已不适用于二十世纪之今日。且协定第九条关于路警条文中，无此规定。喀又提及理事会拟

设于长春，管理局拟设于哈尔滨，以哈尔滨为商业中心，且已有路局房屋及一切设备。并称铁路局长按照协定，由苏联人员中遴选，已选定茹拉锡达夫，彼系海参崴与伏洛希罗夫段之铁路管理局局长。

按苏联派出中长铁路理监事如下：副理事长喀尔根，理事马利（助理副理事长）、加斯洛夫、叶维斯梯哥涅夫，（尚有一理事，人选未定）监事长列瓦硕夫，监事特鲁毕新、李法诺夫。

（四）东北各省主席索款，以便到任。先生告以此来未带分文之原因，并婉劝各省主席在此过渡期内，务须尽量节省。

七日，（一）行营熊主任式辉致送马林诺夫斯基元帅备忘录。内开列七点如下：（1）苏方同意于撤兵前五日，由中国空运部队至长春、沈阳。（2）苏方于十日前，将撤退日期通知中国。（3）苏方保证空运部队飞行安全。（4）中国可用美国飞机空运部队。（5）苏方负责解除营口方面非政府军队之武装。（6）中国政府所派行政人员，即赴各地到任，苏方已通知其军队协助，请作准备。（7）行营即派员至哈尔滨、长春、沈阳等地，筹组地方团队。（二）约中长铁路理事刘哲、助理理事长王澄、理事万异及经济委员会委员王树人午饭。

按刘泽荣原系中长路理事之一，以系驻新疆外交部特派员，任务重要，不能离职，改派万异。

（三）与熊主任式辉、蒋特派员经国及董副参谋长彦平，同往苏军总司令部，道贺苏联十月革命纪念日。

先生日记云：

下午五时，赴马林诺夫斯基元帅招待会。席间马元帅演说，大致谓："苏联系第一国家放弃治外法权，最近又缔结中苏协定，均为苏联爱好和平正义之象征。"熊主任继起致词，大致谓："苏联不特为第一国家放弃治外法权，亦系第一国家帮助中国抗战，再加以中苏友好协定之缔结，中国政府与人民之感激，固不待言。此次马元帅在东北之使命，更有重大之历史意义。”

饭后有前线红军战士歌舞戏剧团，表演歌舞。在开始前，有十五分钟休息，马元帅忽来与我谈话。彼云：“此后第一幕工作为阁下之工作。阁下向在经济界负有声望，富有经验，闻名已久。且知阁下为有思想之人，必能解决一切。但望勿为金元（即美元）所左右。”余答以：“人民与土地为每一国家之经济源泉，金元并非重要因素，我当先利用中苏两国之人力物力，不足时再借助于金元。”马又云：“精神为上。”余继云：“中苏两国之生产，势须与世界各国交易有无，故势难与金元完全脱离关系。希望苏方如有意见，尽量直告；免生隔阂。”马答云：“当然。好在凭阁下之思想，已可解决一切。”余云：“深为感谢，希望元帅继续予我以信任。”马答云：“当永久予阁下以信任。”

此段谈话，颇耐寻味，不知有何经济问题提出，更不知何以在其语气中，如此注重我之工作。

八日，与熊主任式辉、蒋特派员经国会谈接收各地行政问题。熊主任决定所有东北各省主席，均应履任。蒋特派员不以为然。

九日，（一）今日到中长铁路理事会开始办公。（二）熊主任式辉招待马林诺夫斯基元帅，暨苏军官三十人。

先生日记云：

下午五时，熊主任招待苏方马元帅，与参谋长暨红军军官三十人，陪客三十人。先由熊主任致欢迎词，马元帅随致谢词。嗣我起立致词，大致谓：中苏两国，有国交以来，已近三百年，其不能建立密切关系之理由有三：（1）交通不便；（2）除边界贸易外，无经济关系；（3）两国之领袖，彼此思想不同。今日飞机交通，中苏两国近在咫尺。又有广大之东北，可供经济合作之试验场，加以两国贤明领袖思想精神，并无歧异。敢信经济合作，必能成功。由经济合作，进而凝结两国之一切关系，益将收水到渠成之效。惟欲达此目的，有三大条件：（1）公平，（2）两利，（3）坦白（无隐藏）。我方必遵守此三大原则。敢信马元帅必能以促成两国合作之媒人自任。顷马元帅告我，苏方已决定先以邮电、印刷局交还我方，无异赠送嫁妆与新娘。兹新娘敬祝两国百年友好。

（三）缮呈蒋主席函，报告最近东北情形，以便明日熊主任回渝带往。

十日，（一）熊主任式辉飞重庆。

先生日记云：

今日熊主任飞重庆，预定四五日后返长春。

（二）行营董副参谋长彦平与苏军巴佛洛夫斯基中将接洽空运部队事宜。决定自十一月十七日起，先在沈阳降落。自同月二十日起，在长春降落。沈长两机场之地上勤务及警备，均由苏方负责。苏方并准备在两地划出地区，以备空运部队驻扎。苏方服务在沈阳以十一月二十日为限，长春以十一月二十三日为限，此后即归我方负责。（三）出席中长铁路理监事联席会议。

先生日记云：

上午到长春路局理事会办公，准备下午理事会成立会演说。下午四时开理监事联席会议，首由余致词，继由副理事长喀尔根 Kargan 致答词。嗣监事长列瓦硕夫 Levashoff 致词，副监事长莫德惠致答词。此外到会者有理事马利 Malie、叶夫司基格涅夫 Efstiznef、柯兹洛夫 Kozlov、刘哲、万异，监事特鲁必新 Trubihin、李法诺夫 Lifanoff、高纶瑾、裘维莹。会毕酒叙，摄影而散。

十一日，（一）苏军副参谋长巴佛洛夫斯基中将通知蒋特派员经国，允协助中国空运，并将哈尔滨之枪械三千支交给行营。（二）蒋特派员经国出示蒋主席手函，令其赴莫斯科一行。特函呈蒋主席赞成此举。

先生日记云：

> 蒋特派员经国兄出示蒋委员长致渠信，拟令其赴莫斯科一行。余极为赞成，认为与苏方须得一精神上之谅解，否则种种交涉，均是枝节。即使空运部队到达，亦可发生阻碍。即使沈长两地有少数部队，其他各地，又将如何。不如与苏方领袖对于东北今后，作一澈底了解。即以此意函呈蒋委员长。适航委会王副主任德铭来长筹备空运事宜，既毕返渝，此信即托带往。

（三）美舰运国军抵秦皇岛，登陆。（四）中共干部五百余人自烟台潜到长春。（五）得报沈阳中国银行被八路军监视。又哈尔滨中国银行开而复闭。（六）苏军部将长春市市长曹肇元撤换，易以共产党员刘居英，并以共产党员贺贵藩为公安局保安大队队长。

十二日，（一）据报由沈阳开来之八路军二千余人，潜入长春城内，另一千五百余人潜伏机场附近。共产党员控制之长春市保安大队，亦在招募队员，扩充实力。

先生日记云：

> 因此人心惶惶，认为苏方另有阴谋，将阻碍我方空运部队来长。甚至纵容反政府武装匪军监禁中央接收人员。

（二）长春中共刊印之《光明日报》出版，指责国民政府。（三）中长铁路副理事长喀尔根约商请求苏军展缓撤退北段车务队问题。

先生日记云：

> 上午至中长铁路理事会，因苏方副理事长喀尔根约商北段红军展期撤退问题。缘于北段行车，向由红军车务队担任。现苏军即须撤退，而中国员工尚待募集，请求展缓三个月。一俟中国员工募到，即行撤退，希望中国政府以此意向苏联政府提议。推度苏方先已决定如此办理，惟表面上为尊重中国主权关系，希望由我方提议。余以此系事实问题，当即允电外交、交通两部，并以电稿示苏方副理事长，彼即电

告莫斯科。

十三日，（一）苏方准备移交电信电话株式会社。

先生日记云：

今日苏方来告，准备将电信电话株式会社移交。适于今晨接熊主任电，主张缓接。当设词向苏方推延。惟苏方仍要求明日接收，并声明苏方负责至本月二十四日为止。因与蒋特派员经国兄商量，决定明日接收。余与经国兄有相同之看法，认为苏方对于东北，有一整个策划。此等小问题，无关宏旨。

（二）获得苏方强迫满洲重工业会社，与电业株式会社移交苏联之经过文件。

先生日记云：

今日得到苏方强迫满洲重工业会社与电业株式会社当事人，以上项企业均系帮助战争为理由，自动移交于苏联之经过文件。分录如次：

壹、重工业会社高碕达之助总裁叙述与远东贸易公司代表斯拉特阔夫斯基（即苏军司令部经济顾问）之交涉经过报告。

（1）一九四五年十月二十四日，斯拉特阔夫斯基上校向高碕满业总裁要求将属于满业之各事业移交于苏联。

（2）高碕对此作口头答复如下："满业所属各事业，现既亦成为战争结果之一部分，则其由苏联或中国接收，自属不得不然之事。惟进而将其移交，则当满洲国既已解散之今日，满业总裁实无权办理。但若协约国方面下令接收，自应遵从将事业内容陈述，及准备忠实办理事业之交代。并可随接收方面之希望，通知在职人员，即从事交代业务，且以适当办法转达所属各公司，使其交代。"

（3）斯上校要求将以口头答复用书面提出，高碕总裁答复如下："移交之要求既出自苏联，自当由苏联提出命令书，我方可以战败国之地位，出具承认文件。"

（4）斯上校对此加以否认，谓"苏联本可用实力接收，无须采用发给命令书，而要求取得承认文件形式之必要。以书面呈请移交，可认为接收之合法形态，故应照此办理。”

（5）高碕更质以“若交与苏联，将来中国方面必有异议，将如何应付。”斯上校答云：“对于中国方面之问题，由苏联负责解决。”始终要求单方提出呈请书。

（6）乃于同月二十六日，作成下列草案提出：“与满业有关各公司之多数，系为军事目的而经营，故本人见解认为得由协约国军队代表之苏联军接收之。若因此办理，切望使有关各公司速恢复正常状态，并使职员各归职守，更安定其生活。”

（7）斯上校以为右列字句不适当，而提出下列对案：“属于满业之各公司，系应关东军之需要而工作，即为军事目的而工作。故吾人在原则上以此为对苏联军事对象，根据苏军与关东军之约定条件，应将此等公司制具详表，作为苏军司令部之财产，而移交之。属于满业之各公司复工时，当将所有技师、职员、工人如数开列备用，尚祈保证其生活。”

（8）满业方面将右列苏联对案检讨之结果，以为所谓与关东军之约定，满业毫无所知。希望苏方予以删除。再移交之对手方，望苏方修改为协约国在满洲之代表者苏联军。

（9）斯上校云：“虽不插入代表一语，苏军在事实上乃协约国军队在满洲之唯一存在者，故交与苏军，即系交与协约国，无修正之必要。”

（10）于同月二十八九两日，种种折冲之结果，达成下列定案：“在满业所辖之各公司，亦曾为关东军之需要而工作，为其公司之业务执行者之我辈，将我等对于全部财产之权利，移交与苏联。此等公司之财产包含其事业所、事务所、住宅及其他各种建筑物。此等公司之名簿，及应交与苏联之事业所一览表，一并附上。我等希望当记载于前列名簿中之事业开工时，对于所有之专门家、技术者、事务员、工人等，向在此等事业中工作者，不问其民族如何，均予以职务，且保证其生命财产与生活。一九四五年十月二十九日，满业总裁及各公司代表者连署。（此致）苏联军红军司令部。”

（11）对右列文件之签名盖章，在长春各公司之代表，于十月二十八日办竣，在各地者，于同月三十一日至十一月六日间，在辽宁、抚顺、鞍山、大连、阜新及哈尔滨，分别办竣。

（12）高碕总裁更于十一月九日，提出下列书件：“由阁下及阁下幕僚诸君极大之厚意，得有十月三十日至十一月六日间，实地视察满业有关各公司之机会，与八月来不通音讯之各公司最高干部会面，而明了其实况，深为感谢。对于十月二十九日之文件，各公司干部均已承认签名竣事。此等公司之干部，当其签名时，曾陈述其希望。兹综合于下，谨呈台览：（甲）请迅速对于各公司决定其事业方针，及对于各公司代表之希望事件，早日予以答复。（乙）为备制成财产目录起见，请将已由各公司所撤去之部分，与今后尚将撤去之部分，以及应留存于现地之部分，分别示明。（丙）在决定事业方针时，同时亦望决定应保留之职员，与解雇之职员。且至决定为止，望能保证现在人员之最低生活，及在彼等获得新住所以前，准其住于目前之住所。（丁）工作停止中，暴民损害之危险甚大，望设法维持治安。（戊）接收各公司时，除各公司之债权外，望对于各公司所负之债务，亦加以充分考虑。尤其对于公司职员债务，如职员存款、退职金等，望能继续支付。一九四五年十一月九日，满业总裁高碕达之助。〔此致〕苏联红军司令部。”

（13）斯上校事务所（在大兴大楼）内，已开始准备设立东北中苏工业公社，满业方面总裁及若干职员担任协助工作。

贰、电业株式会社当事人签署之承认书：“满洲电业株式会社在终战前，亦为应关东军之必要而工作。今余为其公司业务执行者，将对于全部财产之权利，移交于苏维埃社会主义共和国联邦。公司财产之中，包含其事业所、事务所、住宅、仓库及其他各种建筑物。余代表职员希望当事业开始时，公司之专门家、技师、技能者、事务员、工人等，凡以前服务于该事业者，不论民族如何，均予以职务，并保障其生命、财产与生活。一九四五年十月三十日，满洲电业株式会社理事长平岛敏夫。”

余阅上述文件后，乃知苏方注意满洲工矿业，必欲染指，实为排斥美国势力之侵入，阻滞我方军队运输之一重大原因。苏方设计以战利品名义，先自日本手中攫取工矿之所有权。同时又恐计不得逞，再拆卸重要机件入于掌握之中。故经济问题不先解决，即接收问题无法解决，已灼然可见。十一月七日，马元帅谓："此后第一幕工作为阁下之工作"之语，余得其端倪矣。

（三）得报告，苏方以军票一百万元强迫收购远东贸易公司房屋，作为办公之用。（四）外交部将国军登陆及接收人员被阻情形，通知苏联大使彼得洛夫。（五）苏联大使彼得洛夫通知外交部，中国空运长春等地部队，以宪兵及警察为限。（六）日人报告：一九四四年六月，美机开始轰炸鞍山矿厂，共计三次，焦炭炉被炸毁，损减生产百分之五十以上；沈阳铁路各工厂亦被炸受损。

十四日，（一）中长铁路副监事莫德惠来谈，报告所见危机。

先生日记云：

上午莫柳忱先生来谈，认为东北情形险恶，几等于九一八前状态。必须先即表示不再运送军队来东北，以安苏联之心，然后再由经济政治上求转机，因告我何妨赴渝一行。渠似已看到症结所在。

（二）与中长铁路苏方副理事长喀尔根谈论章程委员会及估价委员会等事宜。

先生日记云：

下午与长春铁路苏方副理事长喀尔根谈章程委员会及估价

委员会事。渠意章程议订仍照原议，先彼此交阅草案，议有端倪，再至重庆开会。估价委员会可先在长春开会，最后至重庆开会决定。然后分送两政府核定。次谈用人，渠意先将理事会组织大纲议定后，即布置理事会之人事。次及于局之组织与其人事。余告以可照此程序办理。余提及副局长人选。渠属意杨策。余告以杨年事已老，此席必须择一精力充沛、可以贯澈余之主张之人。渠云无成见。又谈路警事，渠意路警经费应归中国担任。同时路局理事会拟设警务视察室，设一总视察。余答以可赞成，并同意以苏籍人员担任，而加一副视察，以华籍人员担任。余之同意以苏籍人员为总视察，盖以路警局长归我方决定人选，如此可谋权力之平衡。渠又提及路警局方面，应设一刑事侦察科，余答以无成见。渠最后谓理事应分责处理事务，余表示可同意。

（三）苏军部经济顾问斯拉特阔夫斯基约谈苏方商业机关，拟向中国政府立案，并拟备飞机往来东北各地营业。

先生日记云：

下午六时，苏军部经济顾问斯拉特阔夫斯基约谈，先提苏方各商业机关，如远东银行、远东运输公司、粮食出口公司、国际旅行社、国际图书公司，拟向中国立案。答以可帮忙。又提粮食出口公司拟自备飞机三架，往来东北各地，供经营业务之用。答以容考虑再复。最后略提在工业方面，拟以没收敌人财产为苏方战利品，以此财产与我方合作。

十五日，（一）外交部向苏联大使彼得洛夫，另提接收东北办法。（二）蒋主席命令长春行营及政府人员撤退至山海关，并由外交部通知苏联大使。（三）国军自秦皇岛进抵山海关。（四）延安《解放日报》指斥美舰运送国军登陆青岛及秦皇岛。（五）苏军部经济顾问斯拉特阔夫斯基陪同苏联国家银行代表及远东银行代理经理来见，声称远东银行将复业，并将在东北各地设立分行，又询粮食公司自办空运事，可否照准。

先生日记云：

下午苏军部经济顾问斯拉特阔夫斯基陪同苏联国家银行代表叶木臣阔及远东银行代理经理叶立片次来见。叶木臣阔表示远东银行总行原设于哈尔滨，前因日本干涉，暂行停业。昨在哈尔滨开临时股东会，决定复业。此后该行理事会及总行移设长春，哈尔滨改设分行，视业务进展，在沈阳及大连设立分行。该行主要业务，系为长春路服务及发展中苏贸易。并云行址已觅定前正金银行行址。明后日拟将该行牌匾悬出。最后声明该行为纯粹商业性质，供给商业需要。

余先告以设立银行应照中国法律注册，希望将银行章程，及恢复营业之办法送来，以凭转报财政部。叶代表云：该行在中国境内设立分行，早于一九二七年向我财政部立案许可，此项许可，并未撤消。在满洲境内分行之停业，出于被迫，想中国政府对于该行复业，不应有任何问题。我答以当将此项细情向财政部陈明，仍望将何时复业，及总行由哈移长，与设立分行地点各情，早日送来，以便转报重庆。渠允照办。并述希望不致妨碍其业务之开始。我告以不必担忧，当尽力帮忙。

余询斯拉特阔夫斯基有无事谈。渠云：彼深以苏联银行家与中国银行家见面，有此愉快之谈话为忻幸。复询昨日所谈粮食公司请求自办航运，可否今日予以答复。余告以已电交通部，一俟复到，即予答复。

（六）蒋特派员经国出示熊主任式辉来函，指示东北行营移驻山海关办法，并由董副参谋长彦平通知苏军部行营撤退日期。

先生日记云：

下午四时半，蒋经国兄约余到外交部特派员公署，告我顷接熊天翼行营主任由飞机递到之亲笔手启：“（1）行营奉命移驻山海关，所有人员除留为军事代表团者外，一律空运回北平转山海关。（2）留一军事代表团随同苏军总司令部进止，以保持联系。(3) 以董副参谋长彦平为军事代表团团长，胡世杰为团员，其他人员由董副参谋长与张蒋两先生商定之。”当夜十时，董副参谋长约晤巴佛洛夫斯基中将通知撤退日期。

（七）蒋特派员经国出示蒋主席亲笔手谕。略谓：“东北行营决定撤退。一二日后看其反应如何。如尚有转圜之望，则我方可表示并不欲在东北建树武力，亦并不愿与何人启衅。地方政治机构可用民选制度。经济可与苏方合作。行营撤退日期，已由外交部正式通知苏大使。”

先生日记云：

推测蒋委员长用意，撤退行营是一种反攻苏方阻碍接收，暗助八路军之策略，且试探其真实态度。同时吾方准备在军事政治经济三方面予苏方以定心丸，祛除其对于国府之猜疑。在此轮廓之中，吾外交当局如能灵活运用，未始不可有一转机。且看今后之发展如何。惟熊主任在重庆参与此撤退之决定，不免因苏方更易长春市长、公安局长，及长春聚众反政府部队谣言，引起行营人员恐慌，为其中一部分之理由。余始终以为苏方有一蓝图在其胸中。在长春或沈阳纵容八路军示威，皆属一时手段。决不至任其反政府部队监禁中央人员，负破坏中苏协定之恶名。亦决不因行营撤退而变更其原定计画。若照蒋委员长指示意见，开诚与苏方说明，或较撤退行营为更有效。蒋委员长指示三点，军事与经济两点，余十一月十一日，上蒋委员长函中亦曾提及此意。

（八）行营董副参谋长彦平以行营决定撤退通知苏方。苏军巴佛洛夫斯基中将之反应异常镇静。渠并通知尚存敌俘数目，及我空运部队到达长春后，俟十一月二十四日以后，再进入市区等语。

十六日，（一）晨十时，召集东北行营所属全体接收人员，宣布撤退命令。

先生日记云：

晨十时，召集东北行营所属全体接收人员，由余宣布撤退命令。大意谓：奉委员长命令，本行营暂时撤退至北平待命。余知全体接收人员闻此消息，必人人愤怒，因再申述经过，及劝告采取镇静态度，以免引起事端，使中苏关系恶化，至不可挽回："我们到东北来，是根据中苏友好同盟条约，以及同盟之间一贯友好互信的精神，办理祖国领土收复的事务。但是东北沦陷已经十有四年，地方秩序未臻恢复，难免有不良分子乘机扰乱。所以政府为确保建立行政机构，必须配置相当数量的兵力，方能安定秩序。我们最初考虑运输军队到东北，最便捷的途径是从大连登陆。但马林诺夫斯基元帅强调大连是自由港，中国军队不能在彼登陆，屡经交涉，毫无结果。熊主任提出大连登陆问题，暂作保留。中国军队先在营口葫芦岛登陆。乃我运兵船只于十月二十七日、二十八日，驶抵葫芦岛海面，竟遭岸上不明来历之武装队伍射击，运输舰登岸受阻，被迫回航。本月五日，马元帅突然通知我们，说：营口现有某种武装部队，由沈阳开到布防，故中国军队在营口登陆，苏方不负安全责任。试想：我们假如仍照预定计划执行，就一定不能避免发生大规模战斗行为。东北同胞陷于水深火热之中，已经十有四年，我们实不忍再见有任何性质的战争，以及任何增加人民痛苦的事态，重现于东北。今天我们委员长，我们政府以大智大仁大勇的精神，为东北同胞的生命安全而忍让，为继续保持同盟国之间的友好关系而忍让。决定将行营移驻到山海关。其他接收人员，都一律撤到北平。我们今天虽然离开东北，但我们已经得到许多珍贵的智识。我们犹如父母来探望分别了十四年的儿女，虽然只是看了一看就回去，但已经表示我们骨肉相亲的十四年关切眷念的感情。总之我们应无所遗憾，欣然而来，亦欣然而去。最后我还有一点希望，就是诸位到了北平，乃至重庆，对于此次接收东北主权的经过，不多说一句话，保持一种容忍的政治家风度。"

（二）派员通知苏军部经济顾问斯拉特阔夫斯基，苏联粮食公司自办空运，已承交通部允准。

先生日记云：

上午派耿秘书匡往晤苏军经济顾问，告以苏联粮食公司自办航运一节，已得交通部许可，可照办。以示我方对苏友好并不因行营撤退而影响。

（三）蒋特派员经国、中长铁路莫副监事长德惠，离长春赴北平。（四）长春举行国民大会，被苏军驱散。（五）苏军部经济顾问斯拉特阔夫斯基来见，催询经济合作事宜。

先生日记云：

下午八时，苏军部经济顾问来见，催询经济合作事。似苏方闻知我行营撤退，急欲解决经济合作问题，以决定苏方对我接收之态度与步骤。谈话内容如下：

斯：承派员转告关于苏联粮食公司飞机三架飞行事已得圆满解决，至为感谢。但关于工业合作问题，阁下有无正式建议？

余：余已将上次谈话及个人意见，陈明政府，请政府设法觅求对此问题，双方充分合作之途径。

斯：根据何种条件合作？

余：余请政府对此问题研究一方案，备作谈判根据。惟未悉阁下有无方案？

斯：余已接到指示，关于工业合作最紧要者，为求得一合理组织之办法。

余：请将大概意见见告。

斯：在多种前归日人所有之工厂，而现已派有苏联经理者，现苏方希望由中国方面参加，按照平均原则参加各该工厂之经营。

余：上次余已谈过，此间工业有两种：(1) 为属于南满铁道者，(2) 为属于重工业株式会社者。后者系遵照伪满政府法律而组成者，内包含数十单位。阁下所指究属于何种之工业，抑属于上述两种工业以外者，亦包含在内？

斯：关于满铁经营之工业，因与长春路有关，系属另一问题，当另行协商。今日拟谈者，乃指满铁所属工业以外之各种工厂。

余：究竟所指为属于重工业株式会社者，抑连各项轻工业工厂在内，请具体说明。

斯：所指之工业乃系前曾属于日本人所有者，约计全体工业资本，日人占七成，满洲占三成。现苏方愿与中国依两国平均原则经营上项工业。

余：重工业会社内包含数十单位，余曾加以调查。计日本所投资本仅三分之一，而满洲实占三分之二。在此种情形之下，是否满洲股本应归诸中国？

斯：余所得情报与阁下所述，略有不同。重工业会社所营各种企业，占满洲全部工业百分之八十以上，此外百分之十属于满铁，另百分之十属于他方面之投资。至重工业会社之企业，百分之七十以上属于日方投资，而满洲资本仅占百分之三十以下。

余：日人异常精明，自己出资不多，而利用中央银行、兴业银行以贷款方式，取得资金投入工厂。如将此类贷款及发行之公司债券统计在内，即足证明余所述重工业会社资本，满洲占百分之七十，而日本仅占百分之三十之说，确有根据。

斯：在上次谈话中，阁下曾提出中苏合办工业具有可能性。

余：余愿先明了合办之范围如何。余主张轻工业应移归人民经营，可将其让渡于私人。一则可使私人有经营企业之机会，次则可以让渡所得价款清偿银行债务。此系余个人意见。未悉尊见如何？

斯：但关于轻工业以外之其他工业，应如何办理？

余：依照余个人意见，在中国政府愿与苏方合办重工业之条件下，应先将日人经营之二百六十余种轻工业单位移归私人经营。因人民受战祸甚深，应使其有恢复私人经济之机会。

斯：然则重工业如何?

余：须待吾政府有指示后，再行讨论。但阁下如能以较详细之办法见示，余当一并报告政府，似更易觅得解决途径。

斯：余已表示意见，即组织公司，依平均分配原则经营之。

余：余前次会谈，曾询苏方愿意参加何种工业，即苏方愿意参加者以苏方为主体，而其他工业以华方为主体，分别经营。

斯：此系细则问题。而现在之问题为苏方已派人管理之各工厂问题，应如何解决?

余：如厂主已为苏方，吾方即使加入，其地位等于一普通股东，有何合作之可言。

斯：亦即因此，愿与阁下讨论，依新原则、新的管理方法共同合作经营之办法。

余：在阁下认为细则，而余则认为原则。因如每一工厂悉由苏方主持，则中国技术专家将无发展技能之机会。故余主张有的工厂，华方资本占多数，以华方为主体，苏方副之。反之则以苏方为主体，华方副之。此种办法，其目的在予中国人以负有发展其技能之机会。苏联工业，性质与中国不同，悉集中于国家之手。中国则私人企业得以自由发展。此间有许多工厂本为华人资本，而为日人强迫收买或没收，故现在理应还诸人民。

斯：关于此节，虽阁下认为原则，而我仍认为细则。

余：何不将原则与细则一并讨论。

斯：余认为阁下所提某种企业由华方主办，某种企业由苏方主办，乃极饶兴趣之问题。

余：可否请阁下提出苏方拟予合办之企业单位名称。

斯：余目下尚无此项名单，但现在我方欲对此问题，谋求迅速解决之办法。因若干工厂已派有苏联经理。

余：恕余在无具体方案前，无法笼统作答。

斯：余当于下次谈话时，作详细报告。

余：尚有一法，即将此间原有企业作成一表，指出究系何者应归合办。

斯：但余仍欲对于现在已派有苏联经理之工厂，究应如何办理，作一解决。

余：须予一并解决方可，未便此时草率从事。仍盼有一整个方案之解决。

斯：余意在未得整个解决以前，以便所派苏联经理仍留在各工厂为妥。

余：当予以考虑，并郑重研究之。俟接到政府复示后一并解决。

斯：下次晤面时可将企业各单位名单，交换阅看。

余：此来目的，原为觅求中苏诚意之合作。凡为达此目的可能为力之处，当尽力以赴之。

斯：阁下所提各项意见，确可为双方诚意经济合作之基础。

余：但政治环境可以妨碍此种经济合作发展。

斯：诚然，但余所主管者，仅为经济事项，故所谈亦仅限于此。

余：阁下似可将此意转达主管当局。

斯：是否关于政治与经济有密切关系之意。

余：然。

斯：阁下之意是否指政治问题与经济问题须同时解决。

余：即是此意。试作譬喻：如余仅将经济情势报告，而忽略政治问题，政府必将责我观察不周。

斯：余当遵命转达。

余：尚请转达下列数语：余曾数度参加我政府代表与马元帅之谈话。凡马元帅意中不欲之事，余每从旁建议政府，不勉强为之，致拂苏方之意。即可证明余对中苏合作实具十分诚意。

斯：俟下次相见时，当互相交换阅看企业清单。

余：甚善。

斯：（出门时，复提及）阁下看来是否经济合作有成功希望？

余：此次行营撤退，完全表示我方友让态度，为转换空气之最好机会。希望转告马元帅善用之。

斯：已十分了解尊意。

（六）对于今日与苏军部经济顾问斯拉特阔夫斯基会谈之分析。

先生日记云：

斯顾问将苏方希望透露，显见对方因吾方将行营撤退，亟求将经济问题解决，进而解决我方接收问题。足征经济问题为重要关键。我则坚持苏方指出愿意合作之工业，以备将少数工厂容纳苏方为主体之合作经营，庶几工厂数目可有限制。而斯则坚持将已派苏人经理者，统归合办。意在重工业会社所属工厂，一律合办。斯表示我所提意见确可为双方诚意合作之基础，看来颇有磋商余地。

（七）苏军在占领期间所辟航线，拟请改归民营。

先生日记云：

今日董副参谋长彦平与苏军巴佛洛夫斯基中将会谈时，提及苏军在占领东北期间，曾辟下列航线：（1）由赤塔经齐齐哈尔、哈尔滨、牡丹江，至海参崴；（2）由伯力经佳木斯、哈尔滨、长春、沈阳，至大连。请将以上二航线改为民营。

十七日，（一）行营人员开始撤退，离长春者一百六十余人，情形不免慌张。先生留守不动。

先生日记云：

日来东北行营方面，风声鹤唳，情势紧张。据报长春公安局警察一名，被人暗杀。满街张贴布告，指为国民党所指使，并有驱逐行营之标语。又于十六日，将原派守卫行营之警察，易以武装警察。行营自来水中断，电话不通等情事，咸以为大难将至，中央接收人员将为池中之鱼，均愿早日脱离虎口。

（二）苏军部副参谋长巴佛洛夫斯基中将口头通知行营董副参谋长彦平，苏方将加强各处城防保卫，以便中国政府在东北建立政权。

先生日记云：

十二时，巴佛洛夫斯基中将约晤董副参谋长，作口头通告："奉马林诺夫斯基元帅命，将以下之决定，通知阁下，并请报告贵国政府：根据莫斯科命令，苏军在未得其他命令以前，缓行撤兵，并加强数处城防之防卫，以便中国政府在东北建立政权，并稳固其基础，以协助中国政府履行一九四五年八月十四日签订之中苏友好同盟条约。"

（三）深夜苏军部巴佛洛夫斯基中将偕城防司令卡尔洛夫少将来晤行营董副参谋长彦平，表示苏方决澈底消除一切不规则之暴乱举动。

先生日记云：

本晚深夜，巴佛洛夫斯基中将偕城防司令卡尔洛夫少将来晤董副参谋长，表示苏方决澈底消除一切不规则之暴乱举动。对中央各机关及住宅严加保护，对于不利中央之宣传亦加取缔。又表示长春市政府及公安局希望由我方接收。

（四）对于上述苏方两次表示之分析。

先生日记云：

第一次通告，意在表明苏方未背中苏友好条约，以祛除国际不良反应。第二次通告，系答复董副参谋长对于巴中将，提出关于公安局近来一切行为之质问，借此表明其并非暗助八路军。

（五）苏联大使彼得罗夫照会外交部王部长世杰，否认苏军支持中共，并表示东北苏军可延缓一二月撤退。（六）蒋主席与何应钦、陈诚、张群、熊式辉、阎锡山、王世杰等商谈东北问题。及获苏联大使照会后，决先提出空运部队至长春，以考验对方诚意。

十八日，（一）行营尚未撤退人员纷纷要求撤退，并提出质问。

先生日记云：

今日留此未撤人员纷纷要求送回，并以今日更改撤退人员排列次序，先将军人撤出，一部分同人竟来质问。公务员如此慌张，殊为可叹。

（二）接重庆来电，嘱一律缓撤，因请每日仍来飞机三架，以安众心。

先生日记云：

接重庆来电，嘱一律缓撤。想政府与苏联大使间有所接洽，情形变更。但我深知同人心绪，因电渝请每日仍来飞机三架，以安众心。今日来机三架。

（三）接蒋特派员经国来电，告外交部正与苏联大使折冲。

十九日，（一）苏军长春城防司令卡尔洛夫少将召集新闻记者，宣布宣传方针。

先生日记云：

今日苏军长春城防司令卡尔洛夫少将召集新闻记者，宣布宣传方针：（1）不许反对国民政府。（2）不许反对蒋委员长。（3）不许反对中苏友好。（4）不许反对英美盟邦。（5）不许刺激国共关系。（6）只许解释中苏友好条约之精神，及苏联解放东北之意义。至街上所贴诋毁中央各项标语，应一律撕下，而易以拥护联合政府及国际合作之标语。按苏方上项行动，无非表示履行诺言，惟新易标语殊难索解。是否写此标语者系苏方授意，抑系共党所为。

（二）苏军副参谋长巴佛洛夫斯基中将询问我方，空运沈阳、长春部队，是否如期办理。

先生日记云：

本晚，巴佛洛夫斯基中将询问我方，前通知苏方空运部队，十七日抵沈阳，二十二日抵长春，是否如此办理，希望予以答复。当系苏方亟欲得知我方是否不愿继续谈判也。董副参谋长答以容电重庆请示。旋得覆云："关于东北接收事，我政府正与苏政府商谈中。在双方政府尚未商妥以前，空运部队，暂不派遣。”

（三）中长铁路护路总队长孙九思为长春市公安局局长张庆和撤换。

先生日记云：

> 今日发生一小问题，长春路护路总队长孙九思为长春市公安局局长张庆和撤换，易一于天放。当即询问长春路苏联副理事长，答称并不知情。因请董副参谋长质问苏军副参谋长。

（四）外交部部长王世杰告苏联大使彼得罗夫，如苏方协助接收，可同意苏军缓撤一个月。（五）出关国军抵绥中。

二十日，（一）苏联大使彼得罗夫照会外交部：（1）保证中国空运部队在长春、沈阳顺利降落。（2）非政府军队从未开入长春。（3）尚须商讨之问题，照旧由马林诺夫斯基元帅与中国代表在当地办理。（二）访苏军部经济顾问斯拉特阔夫斯基，以示不因行营撤退停止经济合作谈判。

先生日记云：

> 前次苏军部经济顾问询问工业合作事，曾告以未接到政府指示。惟事隔数日，不便再行迁延，因于下午六时往访，借表我方并非因行营撤退而不谈。兹记双方谈话如次：
>
> 余：关于上次所谈经济合作问题，余已接到本国政府回答，谓中国政府极愿与苏联在经济上密切合作。惟所谈之事，其中包含战事赔偿问题，成为所谈问题之中心。应由两国政府间交涉解决。因此请贵方将尊处之意见通知贵国驻华大使，与敝国政府商讨。
>
> 斯：当遵命转达。惟关于经济合作是否贵方已在原则上同意承认。且所谓经济合作，是否指上次所谈工业合作而言。
>
> 余：以鄙人解释命令文字，似所谓经济合作，具有广泛性质，而尤其关于战事赔偿问题，及一切合作问题，均与此攸关。
>
> 斯：目前工厂管理问题如何解决？
>
> 余：因其与一切问题有连带关系，自应一并解决。

斯：余亦知此事可由中央解决。但目前有迫切问题亟待解决。因许多工厂全被破坏，无人管理，急须设法保护。

余：当再电重庆，请示详细办法。

斯：可否由本人与留在各工厂之苏联人员连络，使彼等设法保护工厂财产，并保持厂内正常秩序？

余：尊意是否谓在两政府未解决以前，由阁下设法照管维持？

斯：在两国政府未解决以前，余当令留在工厂内之少数苏联人员，努力维持各厂一切财产。

余：阁下所述一节，容转陈政府。此外尚有其他问题否？

斯：过去与阁下数次谈话，均系私人谈话性质。现鄙人当将苏联政府关于工业合作之正式意见向阁下转达如下："苏方认为须组织一中苏合办之股份公司，以经营以前属于满洲重工业开发株式会社及满洲电业株式会社之各项事业为目的。上述两会社原为日本关东军所有，但苏联政府基于对华亲善之关系，愿使上述两会社之事业，由中苏两方代表依平等所有权之原则，共同经营之。其财产应由双方平均分配。即苏方占有百分之五十，华方占有百分之五十。为管理上项事业起见，组织一中苏合办之公司，其条件如下：（1）公司依平等原则组织之，公司资本各半，此项比例，在公司存在期内，不予变更。（2）苏方由若干经济组织，如伯利煤业公司、远东动力公司、远东银行等为该公司之参加人，预料华方亦得由自然人与法人参加。（3）苏方以上述两会社日本人所有之资产之百分之五十，缴作该公司股本。华方所缴股本，应与苏方相等，自日本人所有及其他方面所有之资金余剩部分缴纳之。（4）参加该公司之苏方，将供给相当之专家，并予该公司以技术上之援助，以恢复并发展该公司所属之各项事业。（5）上述两会社所属事业，应用之地面土地，及其地下之一切权利，均应移转于新组织之公司。（6）中苏两方参加者，将共同参加管理公司事务。该公司上级干部，双方各有平等之表决权。华方代表为该公司总裁，苏方代表为该公司副总裁。(7) 执行公司事务，由苏方指定之总经理，及华方指定之副总经理负责办理。”

余：当即转呈政府，谅贵方亦将此事由驻华大使转向吾政府协商。鄙人希望在重庆对此一问题作有原则之解决。再贵方所提出合作办法，是否仅指此两会社所有事业而言，抑对于其他公司如满铁所属各事业，有何意见?

斯：目下仅提出关于上述两会社之事业。

余：南满铁路所属企业问题，最好亦同时一并由中央商讨解决。

斯：余当予以注意。阁下是否将离此间?

余：余至现正为止，尚无离此之意。如此间环境不予妨碍，余当勉力留此工作。

斯：环境可借丰满之工作克复之。

余：在佳良环境下，余当尽力谋取双方合作之基础。

（三）根据斯拉特阔夫斯基顾问提出之苏联政府所提工业合作意见，电陈政府。电文如下：

蒋特派员经国兄转天翼兄并转呈主席钧鉴：上次与经济顾问谈话记录，已寄天翼兄转呈。今日晤谈后，告以中国政府极愿与苏方密切合作。惟苏方所提，内中牵涉没收敌人在满资产，充作苏方战利品问题，故政府意见，认为应由两政府间解决。请由苏大使径向中央政府直接交涉。当时经济顾问声明以前所谈，均为私人意见，今日正式奉到莫斯科命令，其要点如下：（全文见上节）……当即告以应为转达政府，惟兹事体大，请径由苏大使与我政府接洽，彼允照办，特先电陈，余函陈。

二十一日，（一）研究满洲重工业及电业两会社所属事业之内容，以备供献意见于政府。（二）行营董副参谋长彦平再告苏军副参谋长巴佛洛夫斯基中将，我方暂不空运部队；并提出长春铁路警察总队长孙九思被撤换事，苏方允将孙九思复职，此后关于此席人选，由中长路理事长决定。

二十二日，（一）接熊主任式辉自重庆来电，报告苏联大使照会外交部要点。文曰："苏俄驻华大使曾于十一月十七日照会我外交部，其要点：（1）中国政府军队能无阻碍在长春及沈阳降落，苏军将予以应有之协助。（2）苏军严守中苏条约，对于东三省之共产党过去未曾予以任何协助，现在亦然。其撤退区内之共党活动，乃由中央政权未树立之故。（3）如中国政府希望苏军缓撤，可延缓一月或二月。同月十九日，我外部覆苏大使照会，其要点为：（1）苏军须负责解除长春沈阳市区及其飞机场附近非政府承认之各种武装部队，并允中国运送飞机地面工作人员先到长春、沈阳，指挥飞机起落。（2）中央如须利用北宁路各港口，苏军须予以可能之便利。（3）对我方接收人员，予以道义及物质的协助，并协助该项人员等赴各地筹组团警。以上如经苏方同意，则苏军撤退时间，可延长一个月等语。"（二）行营董副参谋长彦平以军事代表团团长资格，率领团员八人对苏军马林诺夫斯基元帅作首次公式访问。马氏表示对长春市民愿尽保护之责。

先生日记云：

> 今日下午二时，董副参谋长依照中央命令，行营撤退后，以军事代表团团长之资格，率领团员朱新民、邱楠等八人访晤马林诺夫斯基元帅，作首次公式访问。马云："余已下令撤换公安局长，希望贵方介绍可继任之人选，但此并非意味贵方接收长春市公安局，仅系协助物色继任人选。其目的在对于贵代表团及市民尽保护之责。"马又表示希望行营早日返长，苏军在中国政府军队未到达，及中央政府行政基础未确实奠立之前，暂不撤退。

（三）熊主任式辉来电，行营限明日撤退完竣，并望先生明日离长春。

先生日记云：

熊主任天翼兄来电，行营撤退以明日为限，希望余于明日离长。当覆电，告以一俟撤退人员运毕，即离长。并电催助理理事长王澄、理事万异早日来长，以余离后，长春路事须有人照料。

二十三日，（一）往苏军总部晤马林诺夫斯基元帅辞行，并有谈话。经济顾问斯拉特阔夫斯基亦在座。

先生日记中所记谈话如下：

余：自就职长春路理事长以来，一切工作，正在开始。余拟不日赴重庆一行，特来辞行，同时拟向阁下略表个人意见。

马：阁下是否完全离此？

余：仅短期间赴重庆报告而已。余从铁路观点与经济观点，极盼政治环境改善。目下中苏两国间似有一层雾障，盼望能消除之。

马：以余看来，并无雾障，苏方绝对遵守中苏条约。

余：余拟以私人意见，奉询上次苏方通告中，提及暂缓撤兵，帮助中央建立政权，具何意义？

马：沈阳以南，因中央军未到，故有十八集团军。如苏军撤退一地，而中央军不予接防，十八集团军势必乘虚而入。故苏军只好暂不撤退，一俟中央军队开到后，认为足以维持秩序后，苏军再行引退。贵方何以有二十余架飞机来长春接撤退人员，而不将军队运来。

余：请允许我说老实话，山海关有八路军，营口不能登陆，长春、沈阳用飞机运送队伍，数目不能多运，且当地又有非法军队，降落后，难免不有冲突。

马：不能发生冲突。

余：又如沈阳有地方政府，且有军队，同时利用东北实业银行发行钞票。

马：沈阳现仅有苏联军队，关于发行钞票一节，确有其事，且以十与一之比例通用，此种非法钞票，余已下令停止行使。

余：各省主席无丝毫武力，虽贵元帅一再催促前往接收，但彼等如何敢去接收。

马：亦即因此，苏军暂留此间。

余：鄙人不明军事，假使能运五万军队，在苏军协助之下，当可足敷前往各地接收。

马：不答。

余：余曾与经济顾问谈过数次，最近复提出接到莫斯科训令关于工业合作条件。余已电重庆报告。此次回渝，自当听取政府意见。

马：此间日人工业内日本资本超过半数以上，但苏联政府愿依平均原则，与中国合作，即苏方所占资本不超过百分之五十，此足证苏方友好精神。

余：余深愿政治问题早日解决，经济工作可以早日开始。

马：阁下拟何日返长？

余：不久即返，但望到重庆时，政治情况业已好转。

马：一定即能好转。

余：首先应注意者为使山海关与沈阳之铁路交通，早日恢复。因从经济立场，实十分重要。最好使八路军退出铁路线以外。

马：此点确极重要。

（二）对于今日马元帅谈话之分析。

先生日记云：

马对于沈阳共军发行钞票，下令禁止，又云政治情况一定能好转，并谓我方有飞机撤退人员，而不早运军队来，其不愿我空运军队发生阻碍，甚为明显。更望行营返长，继续谈判。至于试探其对我方运五万军队来东北之反应一节，渠不置答，似已默许。因其言词向极锐利，如不赞成，往往立即拒绝。余更进一步主张八路军退出榆关至沈阳沿线，渠亦不加可否。似亦不致帮助八路军久占铁路线。

（三）根据上述马林诺夫斯基元帅谈话分析，电熊主任式辉、蒋特派员经国，催空运军队早到东北。（四）苏军部下令将原任长春市长曹肇元复职。

二十四日，（一）函马林诺夫斯基元帅，谢其昨日谈话之诚恳，盼早日消除雾障。（二）下午二时，离长春，飞北平。

先生日记云：

晨收拾行李，写信致马林诺夫斯基元帅，谢其昨日谈话诚恳之表示，并述希望早日雾散天青。下午二时乘军用机起飞，五时抵北平，宿南长街石志仁特派员预备之招待所。

（三）晚间北平行营李主任宗仁来访长谈。

先生日记云：

晚间李德邻先生来长谈，提及北方共党势力日见增长，北平四围均有共党。平汉路一时未能打通，设东北不能掌握，华北必生问题，影响及于全局。

二十五日，（一）离北平，飞重庆，谒蒋主席，报告东北局面有转机。

先生日记云：

晨九时半自北平起飞，五时抵重庆。天翼、经国两兄来机场，同至林园谒蒋委员长，报告东北局面有转机。中央军五万人去东北，应无问题。经济合作方案，宜早决定，庶几省市接收，可望顺利进行。

（二）获知苏联大使彼得罗夫十一月二十日覆外交部十九日照会内容。略曰："（1）苏联政府已指示空军司令部采取必要办法，保证中国军队无阻碍，在长春及沈阳降落。中国方面派地面工作人员至长春及沈阳飞机场，照料中国军队之来往飞机，苏联政府毫无反对之意见。（2）任何非政府军队从未开入长春。中国军队在长春降落之阻碍，过去未曾存在，现在亦不存在。（3）可能仍须商讨之个别问题，认为仍由马林诺夫斯基元帅与中国方面代表在当地决定，当有裨益。”

按该照会系先生与熊主任式辉、蒋特派员经国在重庆见面后，方始得知。

二十六日，（一）国军抵锦州。（二）与蒋主席共午饭，决定锦州必须占据。

先生日记云：

中午在蒋主席官邸午饭，商谈决定锦州必须占据。现自山海关前进之军队，先至锦州为止。拟定由外交部以下列各点，答复苏联大使：（1）我方正准备以空运部队至长春及沈阳。（2）沈阳以南地区，苏联政府现声明苏军已撤退，我军已派队伍进入该地区，并于日内即可到达锦州一带。（3）其他未经商定问题，及苏军撤退延期一个月问题，我方当照苏方提议，即派代表来长春就地商定。饭后赴外交部与王部长雪艇拟覆文稿。

（三）赴外交部与王部长世杰拟覆苏联大使照会文稿。

二十七日，（一）美驻华大使赫尔利辞职，美总统杜鲁门派前参谋总长马歇尔将军为特使，令其调停国共之争。（二）与资源委员会副主任委员钱昌照商谈中苏工业合作问题。（三）交通部俞部长飞鹏、外交部王部长世杰来谈有关东北问题。（四）陆军总司令何应钦来访。（五）草拟中苏东北工业合作初步办法及第二步办法。

二十八日，（一）应蒋主席之召，与行政院宋院长子文、外交部王部长世杰、东北行营熊主任式辉、外交部东北特派员蒋经国，共商中苏东北工业合作问题。

先生日记云：

十一时，蒋委员长约宋院长子文、外交部长王雪艇，及天翼、经国两兄，共商东北工业合作事。宋院长云：“对于东北解决，不外二途：（1）一则静待大局转变。（2）一则委曲求全，惟有以日人东北投资为苏方战利品，作为合作投资，出乎中苏条约范围之外。无论如何，不能同意。”王部长云：“在未顺利接收以前，谈经济合作，无异甘受苏方之高压力，必引起人民反感，是以必须政治问题解决之后，方可谈到经济合作。”会议无结果。

（二）赴外交部与王部长世杰继续讨论中苏东北工业合作问题。

先生日记云：

下午四时，至外交部与王部长继续讨论。决定：先提出初步办法，讨论经济合作原则。并向苏方声明处理敌产问题，事关赔偿，牵涉不止一国。且莫洛托夫在本年十月一日，接到分致协约国之吾方备忘录后，曾承认赔偿问题应在将来组织之协约国管理日本委员会中讨论，故不便由中苏两国间单独解决。至于经济合作具体办法，可在政治问题解决后讨论。

（三）访行政院宋院长子文，渠重申前论，中苏经济合作，目前万不能谈。

先生日记云：

宋王两先生意见，与马林诺夫斯基元帅希望，恰恰相反。宋王两先生主张，于法于理确是正当。而马元帅则亟欲在撤兵前解决经济问题。实则同时并谈，亦未尝不可。在宋王两先生，则深恐苏方得到经济合作权，而仍不让我接收，致政府所负之责任太大。且苏方之种种阻挠，已使我方无法信任。惟以我个人接触所得之印象，则经济解决，虽不敢谓可完全顺利接收，然可望解决问题之一大半。今政府负责者既如此主张，只有照办。所拟答复苏方之经济合作，讨论原则为下列三点：（1）在苏军未撤退，中国政府对于东北之接收，未完竣以前，此类问题之讨论，将予外间以不良之误会。（2）中国政府愿于东北行政接收完竣以后，与苏方详商经济合作办法。（3）在中国政府今年所通过公布初期经济建设方案，所许可之范围以内，中国政府将尽力与苏方合作。

按一九四五年九月十八日，中国政府致美苏两外长备忘录，叙述对于日本赔偿问题之希望，提出下列建议：（1）凡属日本帝国及日本国民在中国领土内所有之全部产业权、契据、利息及种种财产，包括房屋、发电厂、各种工厂、粉厂、纺织厂、船坞、船只、造船厂、机器、矿业、有线及无线电设备材料、铁路、车辆、修理厂等等，应认为已让与中国。日本国民之因此而受影响者，由日本政府补偿之。（2）凡属同盟国约定归还中国之任何中国或台湾领土，如有盟国军队驻扎者，应采取切一必要及紧急之办法，防止敌人从事摧毁破坏隐藏移动及转让等行为。（3）关于分配日本国内各种资产，包括轻重工业机械、矿业设备、车辆、一切船舶、原料及制成品等等，作为同盟国损失之局部赔款。中国应享受优良之百分法及交货优先权，以抵偿中国国家及人民所受之长期牺牲与损失。

又按外交部王部长世杰与苏联外交部部长莫洛托夫往来函全文如下：

Letter of Foreign Minister Wang Shih - chieh to Premier V. M. Molotov

September 18, 1945

With reference to our conversation on September 15th, I have the honor to enclose herewith for your consideration a memorandum on the views and proposals of the Chinese Government regarding Japanese reparations. I should be grateful if you could give an indication of your opinion relating thereto, as my government regards this question as one of urgency and importance.

Reply from Premier V. M. Molotov to Foreign Minister Wang Shih - chieh

October 1, 1945.

I hereby acknowledge receipt of your letter of September 18, and of the memorandum annexed to it on the question of reparations from Japan. I fully realize China's interest in the hastening of the settlement of the question of reparations from Japan. I deemed it necessary to say on my part that the consideration of this question should be one of the tasks of the Allied Control Council of Japan. The Soviet Government in the memorandum of

September 24 of this year, which is already known to you, has expressed its view about the necessity of creating it without delay. With the aid of the Allied Control Council, the Governments of the four powers could most successfully define their agreed action of reparations from Japan, including the working out and putting into force of concrete measures concerning the forms and order of reparation payments referred to in your memorandum.

又按国防最高委员会第一百四十八次常务会议，通过之第一期经济建设原则，内有关外资者为下列四条：（1）中外合资事业，其外人投资数额之比例，应不加固定拘束。公私组织除董事长外，其总经理人选亦不限定为本国人。（2）经政府按照建设总计画审核后，国营事业得由主管机关洽向国外借款，或洽由国外投资。民营事业亦得自行洽商呈请主管机关核准备案。（3）外人在中国直接投资，单独经营之事业应依照中国法令办理。其特种事业须经特许方得经营者，应先呈经我国政府审核后特许之。（4）凡民力有所不胜，或政府认为须特别重视之事业，如大规模之石油厂、钢铁厂及航运事业等，政府仍得单独经营，或与民资合办。

二十九日，（一）访孔祥熙。（二）访龙云。

三十日，（一）晤中共驻渝代表董必武，请其转告在沈阳锦州区内之八路军，退出铁路线以外。

先生日记云：

> 下午晤中共驻渝代表董必武，告以马元帅认为榆沈间铁路打通，有其必要。苏军正待中央军到后，可自锦州向北撤退。请其劝八路军在沈阳锦州间，退出铁路线以外。渠允转达延安。余觉苏方既已默许我方打通沈榆铁路，八路军闻之，自必变更态度，不致阻碍吾军前进，庶几中央军可早日开到，帮同接收。苏方撤兵期限甚促，凡可争取时间者，必须尽力为之。

（二）左舜生来访。谈及最近共方在各地发动战争，且有攫取华北政权之意，似对于联合政府不甚热心。为共方计，殊属不智。

（三）约东北行营经济委员会全体委员晚餐。

十二月一日，（一）与资源委员会副主任委员钱昌照商量补充中苏经济合作讨论大纲。

先生日记云：

> 晨至钱乙藜兄处，商量补充中苏经济合作讨论大纲。大致拟许以（1）商务合作，其办法订立以货易货协定；（2）技术合作，其办法尽量聘用苏籍技术专家；（3）资金合作，即照中央颁布经济建设原则，欢迎苏方资本，投资东北；（4）工业合作，得由中苏两方会同指定工业种类，商议合作。

（二）谒蒋主席，报告拟定中苏东北经济合作大纲。承示同意。（三）与钱昌照同往晤宋院长子文，报告拟定中苏东北经济合作大纲。宋意第四点，应改为得由中苏两方提出协议之。（四）访外交部王部长世杰，示以拟定中苏东北经济合作大纲。王意第四项，应加关于敌产问题，须由两政府间协商，并得协约国同意；另再声明加一条，谓经济合作，必须俟顺利接收后，方可谈判。先生除将第四项依照宋、王二人意见修改外，上述商定之三项不动，是为数日来磋商之结果。（五）访财政部俞部长鸿钧，谈苏军发行之军用券收回办法。据告："正与苏方磋商苏军发行军用券收回办法。苏方声称所发军用券已达二十八亿元，希望撤兵后二个月内，由我方收回。"渠主张在六个月内收回。（六）访苏联大使彼得罗夫，谈苏军发行之军用券收回办法。苏方仍主张于撤兵后二个月内收回。当即与俞部长在电话内决定照苏方主张办理。

二日，离重庆，飞北平。

先生日记云：

> 晨八时半抵机场，九时半起飞，下午四时半抵北平，仍宿交通部特派员招待所。

三日，（一）北平市市长熊斌来访。（二）召集东北行营及东北各省政府留平重要人员谈话，报告在重庆接洽情形。（三）约中央、中国、交通三银行主管人员商谈，国军开入东北后，使用法币，期能避免激刺物价，并望从速遣派人员前往料理。（四）军事委员会调查统计局局长戴笠来见。（五）与北平行营李主任宗仁长谈。

先生日记云：

晚至李德邻先生处长谈。渠谓政府对苏交涉太懦弱。可见局外不明真相，易于批评。

四日，（一）与交通部东北特派员陈延炯、平津特派员石志仁同至戴笠处，商谈东北各铁路路警问题。

先生日记云：

晨八时至戴雨农兄处早饭，并约陈地球、石志仁两交部特派员同往，商量东北各铁路路警问题。因雨农有忠义军二万五千人，希望改编为护路警察。

（二）离北平，与蒋特派员经国同机，飞抵长春。

先生日记云：

上午十时至机场，十一时起飞，蒋特派员经国同行。午后三时半抵长春。苏军部派卫戍司令及城防司令来接，沿途警戒。

五日，（一）与蒋特派员经国、行营董副参谋长彦平同访苏军总司令马林诺夫斯基元帅会谈。

先生日记云：

下午一时，与经国兄、董副参谋长彦平同访马林诺夫斯基元帅。会谈两小时半。记录经过如次：

首由经国兄告以下列各点：（1）空运步队即将来长。（2）省市行政人员到任，准备带少数宪兵和警察，为维持地方秩序须编组若干保安团队；莅任时希望苏方派联络官同去。（3）希望苏军解除区内非法武装。（4）省市行政人员莅任后，凡未经中央承认之政权，一律取消。如有拒抗，苏军协助解除之。

同时余述及吾方运长春军队为一师，沿铁路至沈阳队伍为二师。

马元帅答复如下：（1）中国空运部队到达长春，愿负保证安全责任。陆军二师至沈阳，亦无异议。（2）对于非政府承认之武装部队，正在加紧缴械中。（3）筹组保安团队及遣派联络官当请示莫斯科。

余乘机告以余在重庆，曾与董必武谈话，希望其间接劝告延安八路军退出北宁路沿线，勿滋扰阻碍国军进入东北。盼望苏方亦作同样劝告。

马答：沈阳以南无苏军，无法接洽。但中国军队如向沈阳前进，可随时将进展程度告知，以便中国军队到达沈阳前，苏军司令部可派员联络。

照此语气，苏方对于吾军队由铁路运至沈阳，已无问题，则中共方面亦不至阻碍。我军可以顺利北运。此为最可喜之事。因国军抵达沈长，即为接收之象征。

余告以沿长春路各站，如大连、沈阳、长春、哈尔滨各市，拟先行接收。

马答：市长尽可前往接收，尤其长春市，现市长亟欲求去，尽可先行接事。惟对于经济问题，切盼早日解决，希望与经济顾问从速进行谈判。

其言外之意，经济问题与接收行政，有不可分离之关系。余深致疑经济问题之解决，必俟各省接收后之主张。余乃申述吾方解决经济问题之方案如下：我外交部长于一九四五年九月十八日以前，曾致贵国驻华大使照会，声明日本在东北一切工业资产，均作赔偿中国作战损失之用。惟俟接收完竣，苏军撤退以后，愿就以下各点，与苏方商议合作办法：（1）中苏在东北九省接收后，订立以货易货协定，以一年或二年为限。（2）可延用苏方技术人员。（3）东北工矿如需开发资金，苏方可根据吾国法令，投资经营。（4）苏方对东北实业，以何种企业最感兴趣，可即具体提出讨论。附带声明者，以上各点，所以必须于东北接收完竣，苏军撤退后，方可开议之理由，乃为避免引起国民之误会起见，希望苏方谅解。

马答：经济问题仍盼先开始商讨。

关于撤兵日期问题，巴佛洛夫斯基中将提出下列意见：苏军奉命加强数处城防防卫之后，已有数量庞大之军队陆续到达。如决定在一九四六年一月三日撤退完竣，则苏军撤退工作，须即日开始。而中国方面亦须于一月三日以前接收完竣。否则苏军势须留置一部分军队协助中国政府接收。

余答：余当以苏方认为适当之步骤，报告政府。

马云：总以协助中国政府建立在东北之政权为依归。

余答：当即向政府请示。

（二）与蒋特派员经国会衔，分电蒋主席及行营熊主任式辉，报告会谈情形，并保荐董文琦任沈阳市长。

先生日记云：

当与经国兄会同分电蒋委员长及熊主任，将谈话情形一一报告。并请熊主任转报宋院长及外交部王部长。再请其催各市长即日来长。奉天（沈阳）市长为便于筹备军队住宿给养，在致委员长电中，特保荐董文琦担任该职，希望即予发表。并建议空运部队，自十日起即开运。到达锦州部队，一俟立脚稳定，即开始北进。撤兵期限，展至二月一日。

（三）对于今日与马林诺夫斯基元帅谈话之感想。

先生日记云：

我中央与苏方见解有两大分歧之点：一为苏方坚持先解决经济，然后谈接收大连、沈阳、长春、哈尔滨各市。以其沿长春路，可让吾方先行接收，而各省则仍尚有待。我中央如宋院长、王部长则坚持先接收，后谈经济。一为苏方因撤兵期限急迫，处处争取时间。如十一月十五日，我方以行营撤退决定通知苏方，苏方即于十七日通告我方苏军缓撤，帮助我在东北建立政权。此一通告，含有两种作用：一以表示其遵守中苏条约之精神，一则可有从容时间，讨论经济问题。其外交手段之敏捷，令人钦佩。而吾方则行动迟缓，手段呆板。徒知主张原则，而不知运用方法以贯澈原则。尤以宋院长认为对于苏方交涉，不能有所成就，结果无非徒劳，王部长谨慎小心，处处从法理观点立论，今在重庆与各方接触后，深虑中苏交涉或将归于失败。

（四）中苏友好盟约在重庆交换。

六日，（一）到中长铁路理事会办公，晚在蒋特派员经国处晚饭。饭后，中长铁路苏方副理事长喀尔根约听音乐。（二）接王世宪电告，董必武转告已接延安覆电，八路军可自北宁路沿线撤退。

先生日记云：

今日接王世宪电告：董必武托其转告已接延安覆电，八路军可自北宁铁路沿线撤退，希望吾军不予追击，借免战衅。如是八路军方面已有安排，则吾军向北进展，更可顺利。余与董接洽，未先得蒋委员长谅解，但以苏军撤退期迫，时不我许，不得不出此一着也。

七日，（一）至中长铁路理事会研究路局组织大纲。苏方副理事长喀尔根来谈，希望将组织大纲早日决定，然后再讨论整理路警及职员宿舍等问题。（二）苏军部经济顾问斯拉特阔夫斯基约谈，其帮办拉姆札意且夫在座，由我方耿匡、朱新民两秘书任传译。

先生日记云：

苏军部经济顾问要求即予时间见面。因于下午五时往访。谈话如左（在座者，苏方为斯顾问及其帮办拉姆札意且夫，吾方有耿匡、朱新民两俄文秘书）：

余：本欲来奉访，适阁下相约，故特来一谈。关于苏联粮食出口公司、远东国外运输公司、苏联旅行社及国际书籍公司，拟在东北设立分公司一节，已代向经济部接洽，惟应由各该公司正式向经济部请求立案。一切立案手续，余当派员协助。

斯：阁下拟派何人协助？

余：改日当由耿秘书前来接洽。

斯：甚善。

余：关于苏方所提出之经济合作方案，余赴重庆时，向政府详细报告，但其时空气不佳。其原因有二：（1）东北行政机构接收事宜，发生问题，（2）谣传苏联已夺取东北工矿。故与政府商谈时，政府认为经济合作，在原则上是可能的，而具体商谈，当在苏方撤兵以后。此点在与马元帅谈话时，已经提及。其时阁下亦在座，想已听到。余始终认为经济合作须出自双方意愿，并合乎双方愿望。否则此项合作之基础，恐不能坚固而永久。故中苏合作，须使双方舆论均认为公平，且使世界人士视此项合作，于中国之体面与利益并无损害。贵国上次所提出之方案，使中国政府及在野人士得一感觉，即假使仍照日本重工业会社前例，将一切重工业、工厂包括于一机构之内，无异继续日本帝国主义之故技。是以余个人意见，吾人应尽量力图避免，不使一般舆论会发生此与日本帝国主义大同小异之感觉。

斯：请举例言之。

余：中国舆论始终不明了何以须将以前日人集中重工业于一处之办法，仍须继续。

斯：阁下将苏方所提之方案，与日本帝国主义之手段，相提并论，余甚为惊讶。阁下须知日本在东北所办工业，并非对华，纯具反苏作用，完全为军事需要而举办。

余：但煤矿为和平时代绝对需要之工业，又如机器工业、肥料工业、电力厂，亦均并无军事关系。

斯：余着重于阁下日苏并行看法之一点。余若以阁下之言报告政府，则非但苏联政府，即苏联舆论均将认为莫大侮辱。

余：阁下认为侮辱，余有何法解说，只有惋惜而已。但余系实告中国舆论方面之反应情形。余诚意欲使双方取得了解。

斯：平行之看法，余颇不赞同。以前日人所办之工业，完全掌握于日人之手，所谓满方投资，仅系表面文章，岂能与苏方所提之经济合作方案，相提并论。中国舆论十分庞杂，议论毫不一致。但余想中国人士均知东北工业，完全与军事有关，且此项军事工业，并非对华，而系反对苏联。

余：余之本意，乃欲将中国方面之舆论与意见向阁下明告。

上次与马元帅谈话时，亦曾提及中国方面之此类议论。

斯：从阁下与马元帅之谈话，及与鄙人历次谈话中，余明了中国政府已在原则上赞成经济合作，余现愿知其细则。

余：曾向马元帅表示四项办法。

斯：余今欲知其详细内容。

余：余上次与马元帅所谈，阁下既然在座，谅为阁下所深悉。切盼阁下对于中国人士之反响与心理，予以顾及。关于四项办法，再覆述之。（1）苏联在重工业会社所辖各工厂内，已派有工程师者，各该工程师可继续留驻各厂，且于必要时，可再添聘。（2）在将缔结之以货易货协定中，我方不仅可将农产品供给苏方，即工矿产品除我方自行需用者外，亦可以其多余者，供给苏方。（3）将来我方倡办新工业，如愿与外国资本合作，亦可尽量与苏联洽商。（4）现有之工矿事业，如苏联对某种工业有特别兴趣，愿与中国合作者，请开单指示，以便报告政府，予以考虑。

斯：阁下之意，是否指在工业合作问题，双方未得解决以前，现已在苏联掌握中之各项工业，中国方面无意参加？

余：苏军未撤退前，贵方人员可留厂代为维持。

斯：苏方所提方案之基本理由，乃因苏方认为此类工业为苏方之战利品。但苏政府基于对华友谊关系，向中国政府作合办之提议，其意即请华方加入已在掌握中之工业。

余：在重庆时，我方经济专家曾表示意见，谓煤矿及电厂决非军需工业。且所谓战利品问题，与赔偿问题有关，加以赔偿问题，不仅属两国政府讨论之范围，且须在数国政府间提出，共同讨论。此外对于吾国人民之愿望，亦不能忽视之。中国人希望将来中国人能办重工业。设于苏方协助中国收复失地之后，仍无自办重工业之机会，将感觉最大之失望。阁下毋以此为空谈，阁下须知数千万东北人民之自动发挥能力，较之工厂机械设备之生产能力为强大多多。苏联之方案仅重视现实。

余则以远大合作前途为目标，故愿使双方之出发点取得调和。

斯：余不能赞成阁下之论点。(1) 贵方经济专家谓煤电与军事无关，余有证件，可以证明此类工业系适应军需；(2) 战利品由各国共同参加讨论一节，余亦不能赞成。须知此项战利品既在红军手中，中国方面惟有两途可择：一为设法合作，继续经营；一为任使其尽数破坏。要知工业一经恢复，民众取得工作，则民众之恶感自可消灭。余不愿作政治论辩，因不在余权限之内，但感觉阁下所谈，前后缺乏逻辑。因中国一面请求苏方派联络员协助接收政治机构，一面又拒绝参加已在苏方手中之工厂，实际上经济合作，更可帮助中国政治机构之巩固。故经济问题如能解决，政治问题亦随而解决。余愿向阁下实告，余对中国之立场，可能完全明了。

拉姆札意且夫：请允许余表示意见。战利品与赔偿系两个不同之问题。战利品乃指现在或将来有助于战事进行之一切财产，其所有权属于夺获之一方。

余：按吾人之意见，战利品仅指动产而言。

拉：并不限于动产，此次欧洲作战已有先例。

斯：日方厂长已签有书面证据，证明此类工厂系为供应军需而设。

余：以煤矿为例，有战前开办者，亦有不久以前开办者，岂能一概视作日人军需工业。

斯：尽人皆知，此两三年东北所有工业，悉为军备而经营。以煤矿而论，仅将煤末供给民间，其余悉供军需。

余：煤一部分输出境外，一部分亦供铁路应用。

斯：抚顺煤矿并未列入重工业会社机构之内。日本铁路运输几全供军运。

余：本溪湖煤矿本由中国创办，其后被日人强占。

斯：现在本溪湖煤矿之规模，不能与以前相比。现在设备悉系日人所置。

余：认为战利品问题须由两国政府间谈判解决。至余本人有两点希望：(1) 请将证件交余作为参考资料。(2) 请开列贵方认为最有兴趣之工矿名单，以便转呈政府考虑。此项提议名单可作对于贵方原提案之修改答案。在余本人极愿与苏联诚意合作。故余之意见业已顾及苏联之利益，同时希望阁下亦顾及中国人民之愿望。余初到东北时，东北人民来告，苏军将工厂机器拆迁，余当时答以毋公然加以指责，因苏方行动或另有其理由，或出于仇恨日人而起，亦未可知。

斯：余极信阁下之诚意，故苏方上次之提议亦基于友谊精神。

余：阁下须顾及两国国情之殊异。中国人民对于土地十分重视，故对矿产异常爱护。且中国现尚无重工业，而苏联已备有庞大之重工业，请阁下对此重加考虑。

斯：此事本须依双方之意愿，始能予以解决。但实际上，中国方面应明了中国须赖苏方帮助，始能恢复东北之重工业。苏联与日本，及与日本之同盟国作战，所受损失极大，必须予以补偿。如从此点观察，愈可明了苏方此举之善意。苏方现愿将其所得之一半让与中国，实系基于对华友谊之精神。

余：无论何国人民均愿得独立经营其工业之机会。此点务请予以考虑。

斯：综括上述各节，余明了华方暂无意参加共营苏方已掌握之工业。

余：根本问题，仍在战利品一点。此点未取得解决以前，无法谈到参加经营与否之问题。但苏军未撤退以前，可准贵方工程师继续留厂，代为照料，即已表示可解决问题之一半。

斯：但苏军撤退后又如何？

余：余所愿讨论者，亦即此点。

斯：余始终不明了阁下之观点。

余：阁下之所以不明了，因阁下对于根本之观点，持不同之见解。

斯：如此，苏方当自行管理工厂。

余：余今日谈话之目的，即欲使阁下明了余所表示观点之来源。

斯：苏方所提者为具体方案，故须得贵国具体答复。

余：因战利品之定义，具有不同看法，故暂不能有具体之答复。

斯：余明了在问题未解决前，现在之状况应予继续。总之我方认为此类工业，系属苏联之战利品，亦即苏联之所有物，提议合办，完全出于友谊精神。

余：将战利品与经济合作放在一起，总觉意味欠佳。

斯：定议以后，可不再提及战利品之名词，而可视作合作品。

余：最好将方式予以修改，或可使双方接近。

斯：余再重申苏方已提出具体方案，故须由华方作具体答复。阁下与马元帅谈洽时，表示具体谈判须俟苏军撤退后完成。余认为此说并无根据。

余：余不欲使人民得一印象，关于经济合作之协定，系在苏联武力压迫之下成立。

斯：关键乃在于现在可先得具体结论，公布可在苏军撤退以后。

余：余并不反对目前仍可交换意见。但希望阁下将允予供应之资料早日赐下，以备参考。

斯：余愿先知中国政府已于原则上，赞成苏方所提之经济合作。至协定之缔结可在苏军撤退以前商妥，公布一节可予展缓，不使外间知道。

余：余当将尊意转陈政府。

斯：余日内即将与军事有关之工厂名单，送交阁下。

余：尚有数语，顺便一提。东北汽车与飞机工业，规模极小，似可不必列入单内，因与苏方并无出入，而于中国人民心理上，可使得一好感。

斯：余当慎重考虑之。

余：余个人意见，一部分工厂可归中国独办，一部分由中苏合办。至战利品问题，目前暂不牵涉，或者双方易于接近。此乃余之苦心，而欲诚意促成两国之合作。

斯：以前双方交换意见，极为接近。阁下与余谈话，亦属表示赞成双方合作之意。适苏联政府对此问题所表示之意见，正与吾人所谈者相吻合，故苏方正式提出方案。为从速顺利解决问题起见，务请华方迅作具体答复。

余：余当转陈政府。但同时亦请阁下考虑余之意见。上次余曾送交阁下之东北工业表册，阁下可发现日本所办会社，实际上，其资金之来源均系伪满所供给。

斯：自法律观点言之，并不尽然。所谓伪满资本，仅为烟幕作用。此间大部分之工业，概属于三井、安田等系统所倡立。至机械制造工业，完全由日本迁至东北。

余：余送与阁下之表册，即系余费去一星期日夜工作之结晶，请阁下予以仔细研究，以明真象。

斯：余所得之证据，可于日内送与阁下。为便利造成此项文件起见，余不拟以工厂为单位，而以公司为单位。

余：尚须补充一点，电力工业应归各市政府办理。

斯：小电厂数处确系应市民需要而设。但吉林与鸭绿江两水电厂，并非地方性质。

余：一俟阁下将材料送来，余即转达政府。在未得政府答复以前，如余等有何意见，亦可随时交换。

斯：尚有一问题，拟向阁下请教，在贵国各省市，如上海、汉口、天津、广州等处，存有不少外人经营之事业，现在是否仍归外人经营？阁下谓苏方提出合办方案，使华人不快，然则何以允许外人在各省市经营企业？

余：以前租界内外人已办之事业，现在须依法登记，至创办新事业，应先得政府之许可。至矿业与电力事业，另有法令，须依据法令办理。租界外虽亦有外人经营之事业，但现居极少数。至中苏合办事业，在原则上，余固不反对也。

（三）与斯拉特阔夫斯基谈话之分析。

先生日记云：

斯顾问已将经济问题与接收各省市行政问题，相提并论。且明白说出吾方何必请苏方派联络员协助各省接收人员。意谓经济问题解决，则政治问题亦同时解决。惟余所怀疑者是否经济问题解决，东北九省行政即可全部接收。

八日，（一）接蒋主席电复十二月五日与马林诺夫斯基元帅会谈报告之电。文曰："一时到，蒋特派员，并转张主任委员：熊主任转呈微亥电悉。（1）空运部队俟准备完妥，即可开始，机场地面勤务及部队设营人员，日内即可飞长春准备。（2）由锦州前进部队，须待铁路交通恢复，方能决定日期，向沈阳开拔时，当先饬派员与苏军切实联络。（3）苏军撤兵日期，如嫌太促，可由外交部与苏大使再商变通办法，即将苏军最后撤完日期，改为二月一日。但开始撤兵日期，不必规定，此系双方之同意，吾方可在口头表示赞同，俟本月底再交换文书。此时不必对外宣布，因所议定一月三日之限期宣布不久，不宜又即予改期。（4）各特市人员已令准备飞长春候命。（5）董文琦可任为沈阳市长。（6）经济合作问题仍照指示方针进行。（7）在东北，尤其对苏方切不可再提董必武与共党有关事宜。中正。阳。"（二）电呈蒋主席，报告昨日与苏军部经济顾问谈话详情。

先生日记云：

今日发电报告蒋委员长昨日与经济顾问谈话详情。请中央从速决定方针，是否应在经济上让步，以换取政治上之顺利接收。再何种工业、矿业可让与苏方合作。并请派资源委员会正副主任委员翁咏霓、钱乙藜两先生来长春主持解决经济合作问题。

（三）电熊主任式辉，说明与马林诺夫斯基谈话时，提及董必武之用意。文曰：

日前与马谈话最要之点，为探明苏方对于吾军自锦州前进之态度，但不得要领，嗣璈声明私人曾与董必武谈话，始渐引出彼之答语。前途荆棘正多，有时不能不迂回曲折也。

（四）往伪满国务院址察看，预备空运部队抵长春后，一部分警备队伍驻扎该处。眼见内部家具、文件等毁弃殆尽。（五）熊主任式辉自重庆飞抵北平，电告蒋特派员经国将于二十日前回重庆，准备前往莫斯科。

九日，（一）偕蒋特派员经国、董副参谋长彦平往访马林诺夫斯基元帅，告以接奉政府训令，特来通知各点。

先生日记云：

下午一时，偕蒋特派员、董副参谋长往晤马元帅，告以已接政府训令，通知下列各点：（1）苏军自东北撤退完了日期，我国同意延期至一九四六年二月一日，将由我外交部与苏驻华大使交换文件。（2）我国空运部队拟自本月十二至十五日之间，开始运送。（3）我国军队自锦州进驻沈阳之日期，一俟确定，随时通知苏方。（4）拟先接收大连、沈阳、长春、哈尔滨四市，各省主席候命赴任。

马元帅答复如下：（1）苏军于一九四六年二月一日，自东北撤退完了一节，当即报告政府。（2）中国空运军队至长春，随时可来。（3）已有命令通知驻沈阳苏军，随时与中国自锦州前进军队取得联络。（4）长、沈、哈三市可先接收。大连归第一军区司令管辖，当即请示莫斯科，能否由彼接洽。

嗣余告以经济问题，以对于战利品及赔偿问题，在根本观念上，双方意见纷歧。即中国方面认动产可为战利品，不动产不能为战利品，实物可为战利品，权利不能为战利品。且赔偿问题不能由中苏两国间解决。已将最近与苏方经济顾问谈话报告政府，同时拟与经济顾问继续商谈，希望得一双方同意之途径。

马元帅答云：过去东北曾为反苏之根据地，苏联要求经济合作之目的，仅为获得本身之安全，我方必顾到贵国舆论对于土地不愿占有，即矿山只要地上机器设备，并不占有地下资源。且可以一部分工矿归贵国独办。仍望此事以迅速及简单之方法解决之。至第三国若为和平经济开发，而在东北有所经营，并不反对。苟有破坏中苏两国友好之企图，则苏联不能不有所警惕。贵国如愿继续留用日本技师，苏方亦不反对。

马元帅上述谈话异常开诚爽直。胸中感觉无限痛快。于此谈话中，苏方态度可得十之八九矣。

（二）第五师师长李则芬（虞夫）来访，准备空运部队事宜。

十日，（一）约见伪满洲国中央银行副总裁长谷川长治，谈该行清理事。经派该行理事森为伪中央银行主任清理员，另派每科一人或二人为助理清理员。（二）财政部部长俞鸿钧与苏联大使彼得罗夫签订财政协定：苏军在东北发行之军用票，将来由中国兑换收回，其损失由日本赔偿。

按关于苏军在东北发行之军用券收回办法，经由财政部与苏俄驻华大使在重庆签署《中俄财政协定》如次：

一、苏联陆海军部及其他在中国东三省之经费，苏军照所需数量发行钞票一种，以圆（国币）为单位，将与当地货币共同流通，其比价为一比一。中国政府颁发必要之命令，使苏军司令部在东三省所发行之钞票，有法定支付地位。

二、苏军司令部所发行之钞票，由中国政府收换之，中国政府此项开支，将由中国向日本提出要求负担偿还。上项钞票，至迟自苏军从东三省撤退后二个月，以中国政府所发行之东三省流通券收换该苏军司令部钞票，并将该项已经收换之钞票交还苏联政府。

三、苏联政府暨苏军司令部须将发行钞票之数目通知中国政府。

四、本协定自签定之日起半年后，自一九四五年八月九日实行。本协定于一九四五年十二月十一日在重庆以中文俄文各缮二份，中文俄文具同等效力。

十一日，苏军部经济顾问斯拉特阔夫斯基及其帮办拉姆扎意且夫来晤，续谈经济合作问题。

先生日记云：

> 下午五时，苏军总司令部经济顾问斯拉特阔夫斯基偕其帮办拉姆札意且夫来见。吾方有朱新民、耿匡两秘书任传译，其谈话如下：
>
> 余：上次谈话时，阁下允予供给之资料，已否备齐？
>
> 斯：今日可将此项资料奉告。苏方提议中苏合办之股份公司内，除属于满洲重工业开发株式会社及满洲电业株式会社之各项事业以外，尚拟加入其他属于关东军经营之工业，如一九四三年及一九四四年建成之大连造船厂（建筑年份待查）、四平街炼煤厂、锦州炼油厂。此外尚有本溪湖、大连、哈尔滨与抚顺四处之洋灰厂。凡各该事业所属房产，自亦应划归新组织之公司。至其余日本人所办之事业，与伪满政府所办之公司，虽亦曾为关东军所利用，但苏方愿放弃参加此项事业之权利。仍交与中国政府处理。惟在东北各地俄人所办之事业，即非属于苏联国家所有，而为俄人私人经营者，自亦不在放弃之列。例如哈尔滨之啤酒厂、长春之面粉厂，其为数不多，规模亦不大，鄙人以为应归入新组织之合办公司。至于满洲重工业开发株式会社，及满洲电业株式会社所属各事业之名单，可由中苏专家双方会同研究后，加以确定。惟据我个人预作统计，以合办所属工矿产量，与全部同类工矿产量比较，计煤矿合办公司所属煤矿产量占全部产量百分之十八，机器制造工业占全部事业百分之三十三，金属矿产量占全部产量百分之八十一，洋灰工业占全部事业百分之三十七，电气工业占全部事业百分之八十九。

余：请问有几个煤矿拟加入此公司？

斯：阜新、鹤岗、密山、西安、北票、本溪湖、溪城、城子河、鸡西、麻山、扎赉诺尔、穆林、珲春、老黑山，及其他二三处煤矿，其名称现尚未知。余希望双方派专家予以确定。

余：机器制造工业有几厂？

斯：尚未确定。

余：抚顺煤矿未列入名单，是否亦不属长春路？

斯：长春路所属事业问题，不在余职权之内。

余：有色金属工业如何？

斯：凡重工业株式会社所属有色金属工业，均加入在内。

余：最好能将煤矿、有色金属工业各矿厂及其他各工矿之名称，用中文书写，开一详细名单见示。

斯：黑金属工业，非依产量而依其工厂价值而言，应加入之事业，将占百分之九十四。

余：电业会社，除直辖工厂外，尚有附属事业，如吉林省电气化学工厂，由电业会社加入资本，是否亦加入合办之公司？

斯：吉林省之企业，未加入在内。

余：余愿得一精确之名单。

斯：明日下午，可将此名单送上。

余：余与马元帅谈话时，曾表示个人意见：从前日人在东北所办之重工业会社，将一切关于重工业之全部事业，悉予网罗。实际上此种组织，并非公司性质，而等于变相之政府机关。余亦向马元帅表示，须任华方有独办一部分重工业之机会，故愿得一名单，借知苏方认为有兴趣之工矿为何，已否尽行开列在内。中国人民均认日人此种事业组织，乃欲借此占取满洲之全部资源，故对之颇不表示同情。

斯：阁下所见甚是。重工业会社之成立，其用意确欲统制满洲之全部工业。不仅统制其直属之事业，抑且欲管辖其他公司所办之事业。故该会社不啻成为政府机关。但吾人现拟组成之公司，并不将该会社之整个计画予以继续，且非苏联独办，而系为中苏合办，此其一。合办公司内，将任华人为董事长，此其二。苏方并无统制全东北工业之意。该合办公司系为纯粹商业机关，此其三。故将昔时日人作风，与现拟合办之办法，相提并论，似嫌不当。

余：曾告马元帅，在中国人民眼光看来，尽管中苏双方依平等原则合办工业，但合办究与独办不同。华人现极愿得有独立经营其重工业之机会。类如独办一钢铁厂，故其愿望为合理的，有根据的，吾人须予以重视。

斯：阁下曾表示食品工业、纺织工业，一切属于轻工业范围者，应留于华人手内。苏联业已尊重华方之愿望，未将此类工业加入在内。虽其中有大多数属于三井、三菱所有，而其产品之大部分或全部，供作日军之用者，苏方均愿予放弃。即拟加入合办之工业，亦非全部，而仅为一部，至其成数，前已提及。

余：如以钢铁而论，假使鞍山与本溪湖均加入在内，即无异包括全部钢铁工业。再东边道开发公司系一种开发公司，包含甚广，如以之列入，则等于将东边道所有矿山、实业全行加入。又满洲矿山公司为一行政机关，凡欲领矿山开采者，须得其允许，实等于一矿业部。

斯：个人意见，现拟组织之公司，将与以前不同，不致超越其所办事业范围之外。

余：但如将上述各机关列入，则世人何能认为有所分别？

斯：一经仔细研究以后，自知有不同之点。未知华方究竟有何具体提议？

余：上次谈话各节，余因须待阁下送交详细名单，故尚未报告政府。惟据余私人意见，未尝不可酌分若干事业归中苏合办。例如设有煤矿四所，或酌选二所归中苏合办，二所归华方独办。又假如有钢铁厂二所，一所由中苏合办，一所归华方独办。又如鸭绿江与松花江各有水电厂一所，如鸭绿江一厂或可合办，松花江一厂即归华方独办。余深愿于此种办法中，寻求一双方妥协之途径。

斯：余已将苏方之见解详细言明，与阁下讨论数次，而阁下始终谈原则，从未提出具体答案。现请阁下即提出具体办法。

余：余极愿尊重贵方之意见，屡次谈话，均在探明贵方意向，欲由贵方先作确切之表示。

斯：阁下所处之地位，较余为有利。余已奉有政府之指令，而阁下则无之。余之行动，须受政府指令之约束，而阁下之行动较为自由。故盼阁下提出具体办法，俾得报告政府。

余：余已电陈政府速予指示。余亦极盼吾政府能予我以具体答案。惟总希望贵方开诚见示，使双方意见接近至六七分，则一经提出正式答案，即可谈妥。

斯：请阁下明了余所处之地位，截至现在为止，余仅能将阁下个人之表示，报告政府。此层实使我为难，现苏方已明白表示其意见，现须由华方表示具体意见，以便确实报告吾政府。

余：俟明日接到名单，即当报告政府。

斯：明日下午当将名单送交尊处。余认苏方提议，已顾及阁下初次所表示之意见，一则仅将两会社归入中苏合办事业之内，二则完全未涉及轻工业。

余：余始终不赞同将两大会社笼统包括在内。余且屡次主张应留出一部分归华人独办。

斯：极大部分事业，已不包括在内。

余：重工业关系较重，华人愿得一部分可归自办。

斯：即以重工业而言，其中有多数工厂，属于南满铁路经营者，如制造特殊钢铁公司，即未列在内，可归华人自办。

余：容纳中国人民愿望一点，为将来长久计，希望阁下予以尊重。

斯：合办公司即为谋中国人民福利，开发东北经济而设。

余：如华人能有一部分自办之重工业，此亦人情之常。余与阁下初次晤谈，即曾直觉的指明，若将重工业包括在一个组织之内，不合我政府与人民之愿望。

斯：余仅能再行复述一次，东北一切工业，悉系苏军之战利品，现既未将其全部加入，即已表示苏方极大之让步。须知日人在东北所办之工业，其目的非为对华，乃系反苏联。现苏方仅欲划出全部工业之一部分，即此一部分，亦系双方合办。

余：余亦承认此点，日人一切设施，诚如阁下所言，目的在于反苏。但四千万东北人民之血汗，不能不承认其对于东北工业建设之贡献。

斯：余亦承认此点，故红军对于华人表示善感。但实际上日人所办工业，实为准备对苏战争，故苏联有绝对之权利将此项工业认为战利品。现苏联并不欲全部据为己有，而所求者仅为合办。

余：余对苏联友善之意，深为感谢。在一般中国人民看来，中国政府之愿将长春路由中苏合办，亦即对苏友好之表示。惟合办工矿问题，较为重大，值得双方多费时间与唇舌。

斯：解决此问题，确需要相当之时间。

余：余为此事，头发几已苍白。

斯：但在完成后，阁下将重返青年。

余：办理此事，责任极为重大，须顾及政府之意旨，与人民之舆论。不特顾现在，尚须顾后世之批评。

斯：将来合办成功后，所得结果，可予中国政府与人民以现在合办，并非错误之印象。

余：将来虽或能得到良好结果，但现在应避免足以引起一切舆论反感。不论此反感有无理由，均应顾及之。

十二日，（一）蒋主席与熊主任式辉抵达北平，蒋特派员经国来告今日将赴平晋谒。（二）中长铁路苏方副理事长喀尔根来见，长谈。

先生日记云：

长春路苏方副理事长来见，长谈。中间提及抚顺煤矿事。余告以此矿应归中国政府所有。渠云愿先研究其历史。余告以将来此矿产煤当然先尽铁路应用。

（三）长春市长曹肇元偕秘书长阎德顺来见。（四）约第五师师长李则芬及副师长兼政治部主任邱行湘晚饭，谈饷章问题。

十三日，（一）苏军总部经济顾问送来东北工矿事业及电气事业清单，内含：（甲）拟由中苏合办之事业清单，（乙）交还中国政府之事业清单，（丙）备忘录。

（甲）拟由中苏合办之事业：（1）煤矿——九矿。（2）电厂——除丰满水电厂及其他各发电线路与变电所外，各地蒸气电厂十四所。鸭绿江水电厂未列在内。（3）钢铁工业——钢铁制造厂三所，选矿工厂二所。（4）铁矿——三矿。（5）砖厂——二所。（6）非金属与轻金属工业——十九所。（7）机器制造厂——六所。（8）化学工业厂——八所，内有炼油厂二所，页岩油工厂二所。（9）盐场——一所。（10）洋灰厂——四所。（11）民用飞机场——八处。以上共计工矿七十三单位，民用飞机场八单位。

（乙）交还中国政府之事业：（1）电厂——十七处。（2）煤矿——二十六处。（3）钢铁厂——一处。（4）机器制造工厂——二十三处。（5）电机制造工厂——十一处。（6）其他制造厂——六处。（7）洋灰厂——七处。（8）炼油厂炼煤厂——各一处。（9）纺织厂——十二处。（10）食品工厂——四十一处。以上共计工矿一百四十七（六）单位。

（丙）备忘录要点：（1）归入中苏合办之事业，估计价值为三十八亿元，交还中国政府之事业，估计价值为二十二亿元。（2）组织下列合办公司：（a）北方煤矿公司，（b）南方煤矿公司，（c）钢铁公司，（d）非铁金属公司，（e）机器制造公司，（f）水电厂公司，（g）火力发电公司，（h）化学工业公司，（i）洋灰工业公司，

(j) 民用航空公司，(k) 松花江轮船公司。(3) 钢铁、非铁金属、水电厂、民用航空及北方煤矿各公司，苏方占股份百分之五十一，余为百分之四十九。凡苏方占百分之五十一股权者，董事长及总经理由苏方代表中选任之，华方选任副董事长及副总经理。(4) 苏方参加各股份公司之机关为伯利煤矿公司、乌拉尔金属公司、焦煤总局、远东电力公司、远东银行、机车总局、机器制造总局、铁路运输总局、铝矿总局、洋灰工业总局、民用航空局、黑龙江下游轮船公司及远东对外运输公司。

(二) 中央银行特派员王钟到长春，携来印就之流通券五百万元，并偕行员十二人同来。(三) 东北中苏友好协会会员甘雨沛来见。

十四日，(一) 约满洲制铁会社理事八木来见，询其对于苏方要求合办之各项工矿事业之内容与重要性，以便缮制报告寄呈中央。

先生日记云：

竟日约满洲制铁会社理事八木来谈。询其对于苏方要求合办之各项工矿事业之内容，与重要性。当即参酌其意见，对于苏方所指为军用而设一点，究竟使用之程度几何，而苏方要求合办之矿业，究占整个矿产之成分几许，特制成报告，寄呈中央，俾作参考。

(二) 对于苏方提议加入中苏合办工矿事业之分析意见。

(壹) 煤矿：(1) 苏方开列希望合办之矿——苏方所开之煤矿属于重工业会社者计三十五矿，分掌于十二附属公司，其位于北部者，为瑷珲、鹤岗、三姓、札赉诺尔四矿。位于东部者，为密山五矿，及东宁、老黑山、珲春、和龙等九矿。位于中部者，为本溪湖、五道、石人、湾沟、松树镇、铁厂、营城子、西安、长安、田师村，牛心台十一矿。位于西部者，为阜新、八道壕、兴隆、北票、南票、锦西六矿。(2) 较有重要性之矿——以上三十五矿，于一般用煤有较大关系，质量较好，地位便利者，为阜新、八道壕、三姓、鹤岗、西安五矿。于制钢用煤有重大价值者，为本溪湖、北票、湾沟、松树镇四矿，及密山五矿。（甲）吾方应保持之矿——在一般用煤方面，为阜新、八道壕、鹤岗三矿。阜新、八道壕近在一处。一九四四年产额为四百四十万吨。埋藏量至少为十四亿吨。产量虽不及西安，而埋藏量甚富。鹤岗煤质不差，一九四四年产额为二百七十万吨。埋藏量至少十七亿吨。在制铁方面，为北票、湾沟、松树镇三矿。北票原为中国人自办之矿，煤质为强粘结性沥青炭。一九四四年产额为一百二十三万吨，埋藏量为二亿八千万吨。湾树沟、松树镇，以铁道尚未筑通，故尚未大量出煤，埋藏量为二亿吨。（乙）可与苏方合作之矿——（a）瑷珲近黑河边境，与长春路东边，用煤尚属必要。一九四四年产额为十万吨，埋藏量为八百万吨。（b）三姓沿松花江，于长春路用煤，及松花江航行用煤，较有关系。一九四四年产量为十八万吨，埋藏量为二亿吨。（c）西安中部产量较大煤矿，为抚顺、阜新、西安三矿。今吾方若保持抚顺、阜新，则西安不妨与苏方合作。一九四四年产额为一百二十六万吨，埋藏量为二亿七千万吨。（d）本溪湖东北重要制铁厂为本溪湖与鞍山。二者中拟以本溪湖一厂与苏方合作。其理由详下述。故本溪湖煤矿当然亦与苏方合作。一九四四年产额为九十五万吨，埋藏量为三亿五千万吨。（e）密山东接苏属沿海州，从经济地理观点，可与苏方合作。一九四四年产额为二百九十万吨，埋藏量为十五亿吨。照上述计算，中国方面自办之矿，年产额为八百三十三万吨，埋藏量为三十四亿八千万吨。中苏合办之矿，年产额为六百三十九万吨，埋藏量为二十四亿二千八百万吨。（3）次要之矿——（甲）吾方应保持之矿；（a）田师村与牛心台煤矿原属本溪湖，现分离独立，规模不大。一九四四年产额为七十七万吨，埋藏量为二亿六千万吨。（b）营城子煤质不差，规模亦不大，惟接近长春，关系长春市民用煤。一九四四年产额为三十六万吨，埋藏量为一亿五千万吨。（c）铁厂、五道、石人、湾沟、杉松岗五矿在东边，与将来开发有关。其中铁厂、杉松岗、湾沟（接连松树镇）均宜于制铁用。一九四四年产额为二十万吨，埋藏量为二亿六千万吨。石人、五道煤，系一般用煤。一九四四年产额为七十二万吨，埋藏量为一亿七千万吨。（d）东宁在牡丹江东宁县，并不完全适于制铁，质非上等。一九四四年产额为十八万吨，埋藏量为五千万吨。（e）老黑山在间岛省，近于边境，质非上等。一九四四年产额为九万吨，埋藏量为一亿五千吨。（f）兴隆在热河省，靠近长城，煤质宜于制铁。一九四四年产额为七万吨，埋藏量为一亿吨。（g）南票在锦西附近，煤质尚佳，一九四四年产额为八万吨，埋藏量为一千二百万吨。（乙）可与苏方合作之矿——（a）珲春靠近边界，煤质不佳，一九四四年产额为三十五万吨，埋藏量为五千万吨。（b）札赉诺尔靠近西北部边界，矿质不佳，专为制铁之用。一九四四年产额为二十六万吨，埋藏量为三十亿吨。（c）和龙靠近朝鲜边境，范围不大，质品不佳。一九四四年产额为三十五万吨，埋藏量为五千万吨。（d）瑷珲近黑河，新开之矿供长春路，及附近人民之用。一九四四年产额为十万吨，埋藏量为八百万吨。照上述计算，中国保持之矿，年产额为二百五十万吨，埋藏量为十亿九千二百万吨。与苏方合作之矿，年产额为一百零六万吨，埋藏量为三十一亿零八百万吨。

（贰）制铁制钢：（1）东北制铁事业，原来集中于本溪湖、鞍山两厂。最近在东边道设立分厂。本溪湖铁矿在一九四四年生产二百六十五万吨，内中富铁矿五十万吨，贫铁矿二百一十五万吨。由贫铁矿制成富铁矿六十二万吨。埋藏量八亿三千七百四十六万吨，内富铁矿九百八十一万吨。制铁厂装有高炉四台，生产能力年为五十五万吨。新建宫原工场制造特殊钢二万六千七百一十吨，设备已为苏军取去。（2）鞍山所属天长岭、樱桃园、大孤山、东西两鞍山等，生产能力为四百九十九万五千吨，内富矿一百四十九万五千吨，贫铁矿三百五十万吨，内人造富铁矿一百四十一万吨。埋藏量二十八亿五千三百五十一万六千吨，内富铁矿五千零三十三万七千吨。制铁厂制铁生产能力为一百九十六万吨，制钢块一百三十三万吨，钢料五十六万吨。置有制铁炉九台。已被苏军取去六台。(3) 本溪湖矿石不特贫铁矿成分多，埋藏量亦少。制铁厂机器已旧。新建之宫原工场已为苏军取去。鞍山富铁矿多，埋藏量亦丰，制钢设备虽为苏军取去，惟地面易于扩充，故如与苏方合作，可择本溪湖矿。(4) 东边道铁矿生产能力，年为一百万吨，埋藏量一亿一千一百九十万六千吨，内富铁矿九千万吨。制铁工厂只有二十吨电气炉二台，生产能力年为一万四千吨。将来可利用小丰满及水丰电力制造特殊钢，故东边道制铁应归中国方面保持。

（叁）采金与铜矿：金与铜同时开采，产金本来不多。战争以来，更不采金。计夹皮沟年产铜二千吨，合纯铜一百五十吨。老金厂年产铜二千吨，合纯铜一百十吨，王龙金矿尚未开采。芙蓉、华铜两矿，量多而质不佳，计年产铜九千吨，合纯铜八百十吨。全部铜矿埋藏量一百万吨，合纯铜不到十万吨。中国产铜不多，应归中国自办。

（肆）铅、锌：(1) 安东青城子铅矿，年可产铅九千吨，合纯铅五千五百吨。岫岩年可产铅二千四百吨，合纯铅二千三百五十吨。桓仁年可产铅四千吨，合纯铅二千六百吨，埋藏量三百七十万吨。(2) 青城子锌矿，年可产六百吨，含纯锌三百吨。岫岩锌矿年可产三千吨，合纯锌一千四百吨。桓仁锌矿年可产锌八千吨，合纯锌四千四百吨，埋藏量为一千二百二十万吨。中国产铅、锌均不多，应归自办。

（伍）钼，钡：(1) 钼为制特殊钢必需品，锦州杨家杖子钼矿，号称为东方第一，年产额为一千二百吨，以六十八折计，合纯钼八百十六吨。埋藏量五十万吨。(2) 钡为制铁必需品，热河省滦平矿山生产能力为十二万吨，埋藏量二百万吨。钼与钡，中国亦无出产，必须保持，归中国自行开采。

（陆）铀：奉天海城附近，新发现铀矿，尚未开采。此为制造原子弹原料之一，自应归中国保持。

（柒）铝：(1) 本溪县牛心台，小市泉水之矿共产矾土铝十四万吨，由抚顺满洲轻工业金属会社炼铝。其生产能力年为一万吨。安东轻金属矿会社正在建筑工厂中，预计生产能力每年四十万吨，尚未生产。(2) 锦西榆树沟矾土矿只造耐火粘土，尚未开采。铝原料中国华北所产者，较此为佳。将来中国各省如有充分电力，不难发展。故与苏方合办，或分一地与之合办，均无不可。

（捌）镁：(1) 营口满洲制镁会社向由海水用电力制镁，年产八百吨。现已发明由菱苦土制镁。大石桥有菱苦土矿，可以利用，较之用海水作原料者需用地面较小，生产费亦可以减轻。故或须另建新厂。如苏方愿意合作，尚无不可。(2) 奉天满洲轻合金制造会社系造轻合金板及块条，正在完成中，生产能力年为四千五百吨。机器已被苏军取去，合作与否，无关重要。

（玖）炸药工业：满洲炸药制造工业会社在奉天、辽阳、阜新及安东共有四厂。奉天生产能力三千吨，辽阳三千吨，阜新一千二百吨，安东二千吨。内计硝酸炸药一万二千二百吨，引火线三万基罗，工业雷管四千八百万件。在和平时代，若造工业用之炸药，以运送危险，不如在煤矿附近设立制造厂。此次苏方提出二厂，拟以一厂与之合作。辽阳一厂有山洞地下设备，故拟保持。

（拾）化学工业：(1) 鞍山南满化成工业会社用煤制沥青炭电极、石炭酸。工厂甫完，尚未出货。生产能力，沥青炭一万二千吨，石炭酸五百吨。(2) 本溪湖大陆化学工业会社有生产沥青炭一千五百吨设备，工厂正在完成中，尚未出货。工厂机器闻均已为苏军取去。如苏方欲合作，拟以本溪湖工厂与之合作。因本溪湖铁路工厂或将与之合作。(3) 葫芦岛硫酸制造工厂原备蒸馏杨杖子矿所产铅锌，其设备生产能力，蒸馏锌年可产四千五百吨。现建筑尚未完成，先出硫酸年可一千五百吨。

（拾壹）人造石油：(1) 四平街炼煤厂原由八幡制铁所技师，拟用低温蒸馏法以煤炼油。试验失败，由军部接收，继续研究，尚未出货。(2) 锦西炼油厂系由军部设立，乃用南方开来原油，精炼汽油而设，规模较大，尚未出油。战事结束后，汽油可以由国外输入，人造汽油成本太大，殊不合算。故四平街一厂，苏方如欲合作，亦无不可。锦西以接近关内，且将来用原油精炼，势将发展，故拟由吾方保持。

（拾贰）洋灰工业：东北洋灰工业有九个公司，十四工厂。哈尔滨、牡丹江、吉林、锦州、泉头、鞍山、小屯、抚顺、辽阳、本溪湖、宫原、庙岭、安东、大连等处各有一厂。全部生产能力为一百八十二万吨。苏方提出本溪湖、大连、哈尔滨、抚顺四厂，生产能力共八十二万五千吨。此项工业，无甚重要，拟允其合作。

（拾叁）机器制造：(1) 飞机制造——满洲机器制造会社先在奉天设厂，月出高等练习机七十架，均系将自日本运来部分品装配而成。又出产发动机一百台。及去年美机轰炸后，将全厂分散至公主岭及哈尔滨。公主岭厂生产高等能力练习机，月计三十架，发动机一百台。哈尔滨厂生产高等能力战斗机，月计十架，发动机一百台，略造部分配备品。三厂机件均为苏军取去。(2) 汽车制造——汽车制造会社在奉天、安东各设一厂。安东工厂规模较大，惟只有一部分厂房设备完成。其他主要都市设有修理工厂，年可装配汽车八千辆，修理一万二千辆，制造配件不计其数。现则所有机器悉被苏军取去。(3) 重机器——满洲重机器会社系制造铁质之机器，其设备自美购来，大小机器八十三件，电气炉三个，制造炉三个。最近始完成，年可出价值五千万元之货品，但尚未正式生产。所有机器亦被苏军取去。(4) 工作机——满洲机械会社系制造旋盘精密机械。

近数年改造军械及炮弹。有工作机六百台，年可出价值二千万元之货品。其机械亦被苏军取去。(5) 满洲工厂——满洲工厂系制造矿山机械、搬运机、起重机等。其工作机有一百六十二台，电气炉十台。年可出价值四千万元之货品。其机器据闻亦被苏军取去。以上各项制造工业全赖完善之设备，熟练优秀之技师。东北熟练工人缺乏，机器又为苏军取去。与其恢复旧有，不如向美国输入新机器，比较经济简捷。故上项工厂，一时实无恢复必要。若苏方欲合作，不妨同意。(6) 大连造船厂——大连造船厂仅造铁筋洋灰船，设备简陋，并不重要。苏方如欲合作，似无不可。

（拾肆）电气事业：满洲电业会社原有水力发电者六十一万六千基罗瓦特，火力经送电网者计七十二万零八百五十基罗瓦特，单独发电者计十七万四千七百四十九基罗瓦特，共合一百五十一万一千五百九十九基罗瓦特。在电业会社以外者，只十五万八千七百四十基罗瓦特。现在大部机器已为苏军搬去，所存实只八十三万一千五百九十基罗瓦特。电气为公用事业；发电、送电、卖电应分别办理。发电分为三种：(a) 矿山所有之电力，仍归各矿。(b) 其余之火力发电应统一于一个公司，归政府与地方合资经营。(c) 水力，吉林丰满，镜泊湖（桓仁）三水力发电应归同一公司自办。鸭绿江丰满可与苏方合作。送电应归上述之公司集中办理。卖电归各省市县自行办理。苏方之欲将电业公司继承经营，极不合理。

十五日，(一) 美总统杜鲁门发表对华政策，声明希望中国和平统一，实施民主宪政。(二) 蒋特派员经国由北平飞返长春，来告奉到蒋主席指示各点。

先生日记云：

经国兄抵平谒蒋主席后，返长春，告我以所奉指示要点：(1) 苏联要求战利品，不能承认。但可作为苏方因战事受到损失，由中国政府许其得到日本投资之一部分作为补偿。(2) 组织中苏合办工矿公司可以商谈。(3) 苏方要求合办事业之种类，能挽回若干，即做若干。

（三）约长春中国银行经理葛祖兰、益发合银行经理李墨林、哈尔滨中央银行于副经理、中国银行经理田益民、哈尔滨银行董事长兼银行公会会长何治安、奉天中国银行经理朱秀夫等，商讨发行流通券问题。结果一致同意决定：(1) 不许法币行使。(2) 流通券与法币比价，随时由各银行共同协议。与内地通汇汇率，亦随时由各银行议订。(3) 汇兑暂时不做大数交易。（四）晚间与蒋特派员经国合谦中长铁路副理事长、苏军参谋长、长春城防司令等。席间蒋特派员正式通知苏方，蒋主席夫人于近期内，将莅临长春宣慰民众，劳问苏军。

十六日，（一）长春市市长赵君迈自北平来晤，同赴蒋特派员经国处晚饭，便谈。（二）美、英、苏三国外长会议于莫斯科。（三）中共出席政治协商会议代表周恩来等自延安飞抵重庆。

十七日，（一）访苏军总司令马林诺夫斯基元帅辞行，告以将赴北平转重庆、南京一行。马氏询及经济合作问题。

先生日记云：

上午十二时，往访马元帅辞行，告以拟赴北平转渝、宁一行。渠云经济问题，苏方曾认为均属苏方战利品，但愿将一部分交还中国。即重工业中，亦允将吾方愿意自办者，提出一部分归我方自办。如此苏方已表示十分宽大。至大连接收问题，因尚未接到训令，故未能答复云云。

（二）下午一时登机飞北平，发动机受冻，不能发动，折回，改于次日再飞。（三）晚将十四日所拟《对于苏方提议加入中苏合办工业之分析意见》加以校阅，作为报告，准备携渝商讨。

十八日，（一）与蒋特派员经国同机飞北平。

先生日记云：

清晨与经国兄乘军用机，于九时起飞北平，接蒋主席电，希望十句钟前抵北平。惟飞机在锦州稍停，抵平已在下午三时，蒋主席已于三句钟前飞宁，只好飞宁晋谒。

在锦州停留时，顺便与杜聿明长官商谈发行流通券，及收回其军部盖印之法币，以及每月军饷应需流通券数目。抵平后，与熊天翼主任交换各项问题意见。

得知是日董副参谋长曾与苏方特罗增科中将见面，告以东北保安司令部，为与苏军保持联络起见，拟于新民至沈阳段，义县至阜新通辽段，与赤峰与多伦诺尔林西段，各派联络人员一组，并告以人员姓名。渠答俟研究后再复，并称十一月以后，苏军已自锦州撤回新民，新民沈阳间之铁路，可保证完整移交。抚顺、沈阳、新民、彰武、赤峰、多伦一线以南地区，我军可随时进驻。辽阳、鞍山、海城等地，仅有少数苏军看守财产，绝无妨碍我军进驻之顾虑。及询以安东地区，则称系属东战场，不归其军部管辖云云。如是，苏军在南满与热河南部部队，已向北撤，殆成事实。

（二）蒋主席由北平飞抵南京，此为胜利后之第一次。

十九日，（一）离北平，飞南京，谒蒋主席，商定各事项。

先生日记云：

十时半自平起飞，在徐州午饭，稍停，午后三时抵宁，至励志社休息。八时至蒋委员长官邸晚饭，有王雪艇外长及蒋经国兄。饭后长谈，至十一时半始散。决定事项如下：（1）年内先接收长春、沈阳、哈尔滨、大连四市。各省政府于下月初陆续接收。（2）空运军队自二十五日起，先运一团至沈阳。每日以十架飞机装运，下月十日运齐。（3）经济问题，关于合办事业种类，由经济部派员至长春研究，并与苏方讨论。（4）战利品问题，改为由我方与苏方以一笔酬劳，作为补偿延期撤兵费。其数目以国币十亿元为度（国币指东北流通券而言）。（5）合办事业分成若干单位，不成立一个公司。电力业务不加入合办之内。（6）一俟撤兵完竣，双方派员商谈，取公开谈判方式。散后，雪艇外长又同至励志社略谈。

（二）苏联《真理报》称苏联军队驻扎满洲，较任何他国军队驻扎华北，更有理由。所谓他国，实指美国。

二十日，（一）蒋主席召见，重申昨晚商定之第三、第四、第五等三点。

先生日记云：

早餐后至机场，接蒋主席电话，盼望于行前，再晤谈一次。即趋官邸，谈二十分钟。主席重申昨晚商定各点，嘱告苏方：（1）与苏方以延期撤兵，补偿费用约国币十亿元左右。（2）中苏合办事业种类，由经济部考虑后，派员至长春与苏方讨论。（3）可成立合办公司，但须分成若干单位，不可成立一个公司，如伪满时代之重工业会社。电力事业不可再入合办之列。

（二）离南京，飞北平。

先生日记云：

九时半起飞，一时抵平，略休息。随至熊天翼主任处，并约东北各省主席聚会，报告在宁接洽经过，及蒋委员长指示各点。后约资源委员会孙越崎兄见面，将以上情形告之。

二十一日，（一）离北平，飞抵长春。

先生日记云：

晨八时由平起飞，一时抵长春，即与董副参谋长彦平、李师长则芬、长春市长赵君迈晤谈。赵市长于前日甫抵长春，决定明日就职，接收长春市政府。下午晤苏方委任之市长曹肇元，嘱其交代，略予安慰。

（二）苏方通知已派定三联络组：（1）赤峰组，（2）彰武组，（3）新民组，并指定地点，以便我方联络组人员前往晤面。（三）美国派华特使马歇尔将军由美抵上海，旋飞重庆，进行调解国共问题。

二十二日，（一）中央银行长春分行开幕，苏方人员出席观礼。

先生日记云：

晨十时，中央银行长春分行正式开业，由余持钥匙开启大门，举行开幕礼。苏军部经济顾问及其同事、远东银行经理、中长铁路苏方副理事长、苏军城防司令部代表、我方各机关首长及银行界代表均来道贺。

（二）十二时，赵市长君迈接收长春市政府，即日开始办公。曹前市长改任市政府参议。（三）莫德惠、王家桢自北平飞长春。（四）电重庆行政院宋院长子文，报告在南京与蒋主席晤谈经过，并告拟组织兴业公司，恢复东北中小工业。（五）电财政部俞部长鸿钧，报告拟准苏方所发军用券，与我方所发流通券同价合法行使，并告中央银行长春分行开业情形。（六）赵市长君迈来谈，今后长春市政措施。（七）蒋特派员经国来电表示推崇。

先生日记云：

接蒋经国兄来电，表示推崇之意，语极诚恳。因复一电赞誉其为人，沉毅果敢。此乃数月来共事中，观察感想所得，确具此美德，非谀语也。

二十三日，（一）出外散步，竟日休息，对于今后问题，加以思索。（二）蒋主席由南京飞返重庆。

二十四日，（一）访苏军部经济顾问斯拉特阔夫斯基，告以已奉到中央指示。

先生日记云：

下午四时，往晤苏军部经济顾问斯拉特阔夫斯基，告以已得中央指示。兹记录谈话如次：

余：此次赴宁，已将尊处开单，及谈话经过报告蒋委员长，及主管长官。现政府已决定交由经济部考虑，派员来长讨论。

斯：为何仍须派员另行讨论？

余：前次阁下曾提及何种事业，应加入合办，可由专家讨论。

斯：此为苏方未开送事业种类名单前之意。现既开送详单，自无再派专家讨论之必要。

余：记忆马元帅曾提议中国方面，对于何种事业愿抽出自办，可再讨论。阁下亦有此语。故政府有此决定。

斯：既然如此，鄙人不再持异议。请问所派何员，及何时可来，是否不因此拖延？

余：当不致太久。今拟将政府指示之若干合作原则奉告。(1) 贵国若提出战利品问题，中国国民必多误会。即使将来合作成功，以后中国国民将认为苏方所占股份，乃从战利品得来，永久有一不良印象。故中国政府提议对于苏军偿以一笔兵费，其名义为苏军延期撤兵费，其数目拟定为东北流通券十亿元。将来合办事业种类确定后，苏方即以此十亿元充作苏方资本，苏方不再提出战利品问题。所有苏方开列拟合办之事业，如工矿之类，在撤兵时，先移交于中国政府接收。所以希望如此办理，完全为欲使中国国民对于苏联存一敬爱之心。(2) 将来合办之事业，希望分为若干单位，不要将一切事业并入于一大公司。因中国人民对于英国侵略印度时之东印度公司，日本侵略满洲时之南满铁路公司，以及伪满时代之重工业公司，认为都带有一种经济侵略性质。此次中苏两国在撤兵后，若成立一个大公司，中国人民将同样视之。故希望成立数个单位，将来时机成熟，可于各公司之上，设一联合办事处，可得同样效果。但在中国国民看来，觉得苏联愿与中国多方面经济合作，不含有经济侵略之意图。(3) 电力事业，中国向认为一种公用事业，应归中国政府或市政府经营。现在中国政府已决定除租界内，已有之中外合办电力事业，不再允许有新的中外合办之电力事业。即使租界内之中外合办电力事业，营业期限届满后，亦不再继续许可。故盼望对于电力事业勿加入合办之内。(4) 在撤兵以前，经济部派员到达后，即可讨论，并决定合作事业之种类，同时讨论合办公司之如何组织。(5) 有一草案后，一俟苏方撤兵完竣，即公开由双方派正式代表讨论，俾世界各国及中国人民知悉并未有何秘密撤兵交换条件，如是则合作基础，可格外光明而稳固。

斯：将来合作事业资产如何作价，照原价，抑照目下所存财产实价？

余：鄙意照以前原价减去折旧，及此次损失。

斯：假定一事业几全破坏，如何办法？

余：假定值百万元之事业，被破坏后，只值五万元，则需添资本九十五万元方可恢复原状，当由中苏各半分任。

斯：假定苏方不愿意斥资恢复，是否苏方可预先表示不愿之意？

余：既是中苏合办公司，一切须经双方同意，似可不必预先决定。

斯：最好预先决定。

余：不妨由专家讨论。

斯：中国提议各节，当转达政府。惟派员讨论，是否手续过于繁重，再是否形成一种会议性质？

余：草案决定后，公开讨论时，当不致有何困难。

斯：现在各工厂日有破坏，最好贵方迅速派员前往主持，姑暂不论是否正式接收。因如此可增加人民良好印象。

余：当予考虑。

斯：关于电力事业，大部分电力用于工业，并非完全市用电力，尚请考虑。

余：电力事业中包括（甲）火水力电厂，（乙）市内电厂，（丙）煤矿附属电力厂，性质复杂，可由专家从长讨论。

斯：甚好。

余：鄙人日内拟赴沈阳、哈尔滨一行。返长春时，如尊处已得有政府覆电，可再讨论。

（二）赴长春铁路理事会，与苏方副理事长商妥推荐王竹亭为铁路局副局长。（三）沈阳市长董文琦今晚由长春赴沈阳，准备接收沈阳市政府，苏军部派联络官偕往。

二十五日，（一）赴长春铁路理事会，与苏方副理事长说明抚顺煤矿归我方经济委员会接收，并派张莘夫前往主持，渠表示同意。

（二）与苏军部接洽，明日乘机赴沈阳。（三）晚约行营各主要人员晚餐。

二十六日，（一）今日天气不佳，不能飞往沈阳。（二）与交通部陈特派员延炯研究中长铁路局章程草案。

二十七日，（一）接见中长铁路苏籍局长茹拉抚略夫 Hlypafref。（二）飞抵沈阳。

先生日记云：

> 十二时乘机赴沈阳。抵沈时，苏方城防司令郭甫屯少将来接，即至市政府。董市长甫于数小时前举行就职典礼。稍坐，至中央银行，该行亦今日开幕，行长为韩立如。嗣回拜苏军城防司令致慰劳之意。晚董市长宴请苏军城防正副司令，及远东贸易公司代表等。郭甫屯少将演说，表示愿协助董市长，俾克建树独立自主之行政权。

二十八日，（一）接见沈阳市现任公安总队队长及警察局局长等。（二）在中央银行接见沈阳市各界代表。（三）赴中国银行午饭。饭后赴机场，拟飞哈尔滨。以天气不佳，未能起飞。（四）晚七时乘火车赴哈尔滨。（五）毛泽东命令中共中央东北局，建立政治根据地。（六）莫斯科美、英、苏三国外长会议，发表公报：满洲境内苏军撤退延期至二月一日，华北美军俟日军解除武装并遣送后，撤退。

二十九日，乘火车经过长春，抵哈尔滨，应中长路局长晚宴。

先生日记云：

> 晨八时过长春，因须换机车，至十二时始开行，下午五时抵哈。当晚中长路局长宴请晚饭，在座有各处长：总务处长沃日尔夫 Onurob、车务处长斯切齐宁 Ujegwisc、财务处长佛尔者士诺夫 Gsokyywnef、车务处副处长叶尔麻阔夫 Rovangupsyu、铁路守备队队长俩佩恩 Ncsysenun 及当地苏联总领事。饭后有电影。

三十日，接见哈尔滨市绅士。

先生日记云：

巡视哈尔滨市区一周。回忆一九二九年五月出国，考察欧美银行制度，经哈尔滨乘西伯利亚铁路火车赴欧洲，相隔已十六载。前次过哈，知市区以外，时有抢劫情事，今似已绝迹矣。接见哈市绅士。

三十一日，（一）视察中长铁路各局处。（二）偕同董副参谋长彦平访晤苏方哈尔滨城防司令喀茶科夫中将。

先生日记云：

上午至中长路局，由苏籍局长陪同往各局处视察。下午，偕董副参谋长访晤哈尔滨城防司令喀茶科夫中将。此人曾在中国任苏使馆武官，人极雅重，表示对于新任市长愿充分合作。并与商更换市政府警察局长，渠表示愿予协助。

（三）参观苏方所设之消费合作社。（四）滨江省实业厅长马英麟来见。

先生日记云：

现任滨江省实业厅长马英麟来见。马系北京大学学生，言语甚锐利。略予抚慰，许将来予以工作。

（五）出席铁道俱乐部苏军主持之晚会。

先生日记云：

晚十一时，出席铁道俱乐部苏军主持之晚会。苏方文武官员暨当地苏侨，以及眷属，约有二千人参加。北满警备司令马克西莫夫中将坐于余之对面，以主人身份，一再举杯作种种祝颂，强令干杯。饭后开始跳舞，余已不能站立。舞后，主人又复拉我坐下，提出种种问题，余力避答复。返寓已三时许。

是年一月，中缅国军会师南坎。中印公路首次通车。

二月，美总统罗斯福在雅尔达会议，不征取中国同意，将满蒙利益，片面许给苏联，作参加亚洲战场之条件。

三月，我入缅军占领乔姆克，与英军会师。

四月，中、美、英、苏在美国旧金山开会，组织国际集体安全机构。

五月，德国无条件投降，欧战结束。

六月，旧金山会议通过联合国宪章。

七月，美、英、苏三国举行波茨坦会议，讨论占领德国各区管制原则及有关问题。中、美、英对日本提出劝降牒文。

八月，日本天皇接受无条件投降。中苏订立友好同盟条约。蒋主席发表对全国国民广播词，主张发挥“不念旧恶”及“与人为善”之精神；对战败国之日本，不采取报复政策。蒋主席电约毛泽东来重庆会谈。

九月，划全国为十五受降区，先后分别受降。

十月，联合国宪章业经二十九个国家批准，宪章依法生效。台湾正式光复，重归版图，列为行省，决设九市八县。

十二月，国际货币基金及国际复兴建设银行协定，由三十一个国家在美京华盛顿签字。

一九四六年（一～二月）　先生五十八岁

一月一日，（一）哈尔滨市市长杨绰庵就职，先生监誓。

先生日记云：

> 今日哈尔滨市长杨绰庵在市政府宣誓就职。余晨起，尚呕吐，勉强出席监誓。勉以排除官僚恶习，改移风气，实行中苏友好，准备建立民选市长基础。

（二）中央银行哈尔滨分行开幕，先生前往行揭幕礼。

先生日记云：

> 今日中央任命之市长到任，中央银行开幕，市民欢呼鼓舞。一面回忆国土沦陷十有五载，其内心之悲喜交集，可以推想。

（三）偕董副参谋长彦平，访晤苏军北满警备司令马克西莫夫中将，承其款以酒餐。

先生日记云：

午后偕董副参谋长访晤北满警备司令马中将，渠当即款以酒餐，并邀杨市长、城防司令喀茶科夫中将、苏籍铁路局长，及原任哈尔滨省副省长之李兆麟参加。李系共产党员，负在北满参加抗日工作之责。苏军入满后，令其任副省长。最近讽其辞职，改任中苏友好协会会长。席间，余告马中将，谓：吾方所派北满各省主席，将分别到任。渠答称愿尽力协助。又问兴安省主席是否同时到任。暗示海拉尔附近有独立运动。余闻此语，觉到邻接苏境之省份，苏方或有培植非中央势力之举。故接收该省，尚有问题。

（四）接由长春转来熊主任式辉收到外交部王部长世杰二十八日电。文曰："美苏僵局已于莫斯科三外长会议打开。今后苏方当不易作独立自由之行动。国际全局好转，国共商谈重开，停止军事行动，双方意见接近，其他问题，似可望妥协。"

先生日记云：

读此电后，知王外长始终不明了苏方对于东北，有其局部之策略。任何国际局势之变动，不能动摇其既定之局部策略。

（五）关于成立东北兴业公司事，致电熊主任式辉。文曰：

东北兴业公司事，已面呈主席核准。返长后，曾电陈宋院长，迄未得复。可否就近面催，以便着手进行。

按此一公司组织之用意，在将苏方交还之轻工业，交给民间公司，集资经营，以轻国库担负。且令东北地方有资力者出资，有能力者出力，以免有关内人垄断经营、独占利益之嫌。

二日，（一）离哈尔滨，乘火车返抵长春。（二）中长铁路助理理事长王澄，经济委员会委员王树人，中长铁路副监事长莫德惠，监事高纶瑾、裘维莹，辽北省主席刘瀚东，长春市市长赵君迈来晤。

三日，（一）偕军事代表团董团长彦平，访苏军总司令马林诺夫斯基元帅，贺新年，并谈话。

先生日记云：

下午三时晤马元帅贺年，并谢沈哈两地苏方将领招待之盛意。并告以蒋主席夫人将来长春慰劳苏军，及抵长日期。又告以保安队来长日期。渠提及各地土匪蜂起，苏军因剿匪而遭受死伤甚众。又云苏方等待国军之到达已久，何迟迟未来。最后谈话中，所应注意者，即所谓各地土匪。显然共方军队已在各地动作矣。谈话纪录附后：

余偕董团长与马林诺夫斯基元帅会谈纪录：时间，三十五年一月三日下午三时；地点，长春苏军总司令部；参与者，我方，邱楠、许培尧；苏方，特罗增科中将。

马：阁下沈阳、哈尔滨之行愉快否？

余：多谢元帅给予乘坐飞机之方便，自沈阳返长春后，因身体不适，即改乘火车至哈尔滨。

马：借此机会视察铁路亦好。

余：赴哈尔滨时，原定去年十二月二十九日可返，因城防司令希望市政府在元旦日接收，故延迟至昨日始返。在沈阳时，曾见城防司令郭甫屯中将，在哈尔滨时，曾见城防司令喀茶科夫中将及北满警备司令马克西莫夫中将。相处均甚愉快。在哈尔滨贵军俱乐部中，吾人共度一九四五年之除夕，情绪至为欢乐。是夜，余不觉饮酒至醉。

马：如此甚好。

余：沈阳及哈尔滨两市均已接收，经过情形甚好。城防司令均告以当与市政府合力维持地方秩序。大致一二日内，各省主席即可陆续前往接收。此间工作即可告一段落。

马：如此最好，盼望不仅限于城市，各省亦复如此。

余：余意大连问题如可早日解决，全部工作即可完成。以余揣度，解决之期，当不在远。

马：余对此未加注意，因大连非属余管辖区域之故。此事已转知大连负责当局。

余：吾人所悬置之问题仅此一地。如获解决，则余之旅行即可告结束。

马：此事或正在向莫斯科请示中。莫斯科之作息时间与此处恰为相反。此处工作时，莫斯科尚在睡眠，如此时莫斯科不过上午九点钟耳。

余：余今顺便向元帅通告两事：（1）蒋主席夫人将于本月十五日左右来长春慰劳苏联盟军。至抵长后之一切有关招待程序及警卫办法等，当由董副参谋长与贵军参谋长特罗增科中将商洽。（2）中国空运部队现准备先运保安第二总队三个团来长，当酌量配置于各省政府运用。

董：（补充）总数约四千人，将随各省主席分赴各地，每地约一二百人。

马：最近各地股匪骚扰甚烈。每股率多至四五百人，且均以中央政府部队名义活动，甚难处置。

余：余在哈尔滨亦曾听到同样情形。各地难免有人趁机假冒名义，掌握若干兵力，俾将来向政府要挟地位。此辈悉系投机分子耳。

马：哈尔滨北部有一煤矿，竟为匪决水淹没。有若干处苏军已被迫与匪战斗，而在此种剿匪行动中，苏军伤亡甚大，有多至二百人者。

余：以元帅看法，肃清此项土匪，当用何种方法最为有效？

马：如何肃清，余并未考虑及此，只土匪扰乱过甚时，苏军即不得不被迫作战。因此，各地尤其沈阳，现由苏军警戒之多数工厂，于苏军撤退时，切盼贵军立即接防，以免为奸人所乘，而使中苏利益均受损失。余已命令特罗增科中将与贵军董副参谋长会商详细办法，以便妥为接防保护。前次余致贵行营熊主任函，为本国与旅顺军港通讯便利，拟沿长春铁路架设专用电线一事，至今月余，未见复示，究竟如何？

余：政府因此事与长春铁路关系密切，经交余研究，余因近日忙于其他事务，歉未及提早办理。现已嘱长春铁路局茹局长派电务主管员，提出各项有关资料，容即着手研究，并尽速将所得意见报告政府。

马：盼望尽速办理，盖本军即将撤退，以后恐无机会面洽也。

余：余当饬尽速办理。

马：我方商业机构在沈阳、长春、哈尔滨等地，购置其本身业务上必需之房产，彼等与业主所办手续均甚完备，并已付清价款，惟循例向当地政府办理登记时，悉以未奉中央政府核准，遭受拒绝。吾人之观点，认为业主均有自由处理其所有房产之权，似无须中央政府核准。昔时如荷兰等小国尚可在贵国自由购置房产，乃苏联视彼等尤不如乎？此实余疑惑不解者。

余：今日奉访，原为向元帅贺年。关于房产处理问题，余本拟俟后向贵军经济顾问提出讨论。今元帅既询问及之，即就便略予申述。自日本投降后，我中央政府曾颁有法令：凡敌伪产业均一律归政府没收。现贵方购置房产，而当地政府未敢遽予登记者，即因有此法令之故。一九四二年在伦敦发表之联合国宣言，贵国亦曾参与在内，吾人曾相约凡敌产均不得任意处分，其办法有二：（一）为防止敌产变卖逃避，不准自由买卖，（二）凡敌产应俟敌人投降后，由各该本国政府处置。余去沈阳、哈尔滨前，即知有房产纠纷之事。因蒋特派员不在长春，曾代为致电外交部请示。余之观点，认为现有两项事实，其一为苏方需用是项房舍，其一为禁止买卖敌产。吾人应求如何使之分开处理，而各不相扰。可否俟与贵军经济顾问详细研究。余信吾人对待苏联，绝不较其他国家坏，只有更好，请放心可也。

马：如此甚好。

余：余来意原为贺年，余事当俟与贵军经济顾问洽谈。董副参谋长尚有若干军事问题，拟与特罗增科中将接洽。

马：吾人等待中国军甚久，不悉何故，乃迟迟不来。

余：大致关于御寒装备一时不易办妥，及运输困难之故。

马：现在各国报纸均纷纷揣测，以为苏军阻止中国军进入东北，实不知吾人等候中国军甚为焦急也。

余：所幸接防日期现已确定，就余所闻，各市接收后，中国各处反响甚为良好。

马：吾人目前之任务只一等字，俾早日返国也。

余：吾人亦复如是。余八年未返家乡，亦盼早日归视。

马：君虽离家，尚在国内。而我等则在国外也。闻蒋经国先生现在莫斯科，信然否？

余：然。

马：仍将来此乎？

余：然。蒋先生宜在此，因渠通晓俄语，而余则不谙。

马：俟一年半载之后，即可谙达。

余：余恨未能更学新外国语，但余甚愿多结识苏联之友人。

（二）熊主任式辉转来外交部王部长世杰电。文曰："苏军自东北撤退完成期，改为二月一日事，已于去年十二月三十日函苏大使确定。"（三）董副参谋长彦平与苏军参谋长特罗增科中将会谈，关于撤兵及接防事宜。

先生日记云：

今日董副参谋长与特罗增科中将谈话，面告：(1) 苏军撤退完成日期延至二月一日，已奉到政府训令。我方军队定于一月十五日接防沈阳。(2) 辽北省主席不日到任，请其派联络官伴送。(3) 我方为确保地方治安，已着手编组东北保安第四总队。(4) 我方原拟空运到长之第五师，暂行缓运。先派遣东北保安第二总队官兵四千名空运来长，五日起，开始运送。特中将答复如下：(1) 苏军详细撤军计画，将于一、二日内送专华方。沈阳苏军将自一月十日起，开始撤退，但未必能于十五日撤完。届时两军同时同地不免相见。再华军是否仅由北宁路进入沈阳，抑亦由他路入沈。(2) 辽北省主席赴四平就职，联络官当照派。(3) 华方筹编保安第四总队，及先派遣保安第三总队来长，自无异议。

四日，（一）熊主任式辉电告，空运部队五日开始。文曰："部队空运已改于五日开始，每日派机十架，先空运东北保安第二总队，分派赴各省担任警卫。进兵计画，应根据撤兵计画而定。希望此间将沈阳以外之苏军撤兵计画日期，与苏军商定电告。"（二）赴中长铁路理事会，讨论路警组织大纲及路员薪给问题。（三）询问中长铁路苏方副理事长，究竟中长路何时开始营业。据复称，俟苏军撤竣开始。（四）长春市新委警察局局长张炯、中国银行大连支行经理窦瀚庠、益发合银行经理李墨林、财政部特派员陈公亮陆续来见。（五）东北保安第四总队成立。

五日，（一）保安第二总队官兵二百二十三员名，今日空运抵长春。（二）电行营熊主任式辉，第五师仍望照原议运长春。文曰：

> 闻第五师不再运长，深为诧异。谅以军队不日开入沈阳，可由铁路北运之故。上次曾电我公，如长沈两地均已有中央军队，则长沈间铁路输送军队，对于苏方，易于措词。若专赖由南向北，设临时发生枝节，或路有故障，而苏军已自长北撤，尔时景象不堪设想。务祈重加考虑。一俟保安队运竣，即继续运送第五师。事关大局，不敢缄默。

（三）与中央银行商拟东北流通券汇率。拟定东北流通券与北平之汇率为一元对法币十一元。对于关内其他各地之汇率，依远近递加。在山海关设立兑换所，备关内外出入旅客兑换之用。（四）接苏方通告，大连市亦可接收，旅顺口归中苏两国共同使用，设立中苏军事委员会，共同处理使用事项。（五）往市中，察看苏方所需购之房屋。查得其中有大楼一所，备作办公之用；电影院三所，备作戏院之用；另有房屋一所及住宅一所，似非重要。

六日，（一）派经济部接收工矿特派员张莘夫接收抚顺煤矿。

先生日记云：

以吾军抵沈阳后，将增军运，苏军撤退，亦需铁路运送。如此，铁路需煤将增。上年十二月二十五日，与苏方副理事长谈妥，抚顺煤矿（前属南满路）归我方接收。因嘱经济部接收工矿特派员张莘夫赴沈阳转抚顺接收该矿。由董副参谋长派二人，陪同前往。

（二）接外交部王部长世杰来电。文曰："苏方需购房屋，可用租赁方式，租价不妨从廉。"（三）赴伪满康德宫散步视察。

先生日记云：

今日星期日，乘暇往康德宫散步。到后方知经红军与土匪两次洗劫，已一无所有，连电灯泡均被卸去。因曾闻宫内有图书馆，乃询问看门者，导我前往。开门后，但见地上均是书箱与画箱劈开之木板木条。将木板木条检开，发现残书数本，阅之均是明版。携归后，令庶务员次日再继续在木板木条及灰尘中搜寻，则所有字画，均已尽数抢走，只将垂轴撕下，弃置地上。

七日，（一）国共代表与马歇尔将军组织之三人委员会，首次会谈。

马歇尔将军到华后进行调处。连日在重庆决定由政府代表一人（张群），中共代表一人（周恩来）及马歇尔本人，组织三人委员会。本日首次会谈。先协商恢复交通问题，并决定在北平设军事调处执行部，颁令停止与共产党军队冲突。

（二）董副参谋长彦平通知苏军总部特罗增科中将：（1）松江、嫩江两省政府人员明日前往两省接事，请其知照当地苏军，并派联络官陪同前往。（2）长春中央银行之自用电台，拟即日与重庆通报。据特罗增科中将答称：关于（1）项，当照办。关于（2）项，无异议。俟请示上峰后，再正式作复。同时特中将提出铁路缺乏燃料，苏军原定一月十五日，开始作撤退之准备，现在是否能照计画进行，尚是疑问。热河、张家口一带苏军，准可于二月一日前撤至外蒙。（三）顿觉无法完成任务，拟请辞职。

先生日记云：

此间交涉，在中央外交部方面，事事循平时正规方式应付。在军事机关方面，缺乏准备与联系。距苏方撤兵终了日期，不过二十二日，乃一切均无眉目。顿觉无法完成任务，因函岳军兄为我设法解脱。蒋主席处亦同时函陈困难，暗示难以胜任之意。中长铁路助理理事长王文伯来云，拟返渝一行，谋一联合国职务出国。

（四）嫩江省主席彭济群及省政府委员刘博昆、梁中权来晤。

八日，（一）辽北、松江两省接收人员分别到达四平街与哈尔滨；松江省政府设在哈尔滨。（二）约晤李墨林、迟实夫、陈楚材、马子元商谈，拟设立东北兴业公司筹备员名单，并征集东北流通券汇价意见，均主张以法币十三元对流通券一元为相宜。（三）函财政部俞部长鸿钧，商议设立管理房产之信托公司章程，与东北流通券之汇兑管理法两草案。（四）苏军总部要求旅顺军港与苏联通电话用之专线，由苏方管理，当函交通部俞部长飞鹏核办。（五）晚谦中长铁路全体理监事。

九日，（一）重庆《大公报》报导魏德迈将军拟赴东北一行消息。

先生日记云：

今日读重庆大公报，登载魏德迈将军抵华后，招待记者谈话，谓杜聿明将军军队将由美方协助，运送东北。又云，不久拟赴东北一行。此项谈话，将更刺激苏方，而予苏方以美国势力将侵入东北之疑虑。在魏将军未悉去年十月间，美军舰驶入大连港视察，及舰长登陆一事，已使吾人与马元帅第一次见面时，渠已暗示愤懑。嗣复向我表示不愿美国政治影响，借美元势力，渗入东北。今则此项报导，适以证明美国将扶植中国在东北之武力，而更增加苏方猜忌之程度。

（二）派员通知苏军总部经济顾问：（1）苏方在东北购置地产事，已电重庆询问商约条文，是否适用于购置房地产；（2）经济部将派孙越崎前来商谈经济合作事宜。（三）今日空运飞机两架，飞临长春上空时，首尾相互撞击，堕落长春近郊，死三十六人，伤十一人。（四）吉林省财政厅长王宁华来见，告以省政府主席郑道儒因病不能即来，彼应以代理主席名义前往接收。（五）接行营熊主任式辉自北平来电，称关于继续空运第五师部队事，已电中枢主张。（六）电复熊主任式辉，以接收长春外围，必须有军队担负此项任务。

先生日记云：

接熊主任关于继续运送第五师来长事，已电中枢主张。适同时苏方长春城防司令面告赵市长君迈，谓长春外围应先接收，必须有一部分军队担任此项任务。既与余前电意见相符，因复其一电，将苏方主张告之。

十日，（一）政治协商会议在重庆召开，包括政府代表，青年党、民主同盟、共产党及无党派人士代表，讨论有关国民大会及国府组织等问题。（二）蒋主席来电，告以经济合作问题，翁部长文灏已签注意见，嘱与宋院长子文会商决定。文曰："经济部特派员孙越崎，已由翁部长电令来渝面谈后，再行前来。并经嘱令于十五日以前赶到长春。关于东北经济合作方针，前据翁部长拟呈，大致赞同兄所持态度，事业种类亦已拟有轮廓。已嘱与宋院长会商决定速办。方案可由孙带来。至房屋问题，已令外交部速定解决办法具报矣。"（三）苏方以交通工具及燃料缺乏，声称沈阳苏军须至本月十五日始能开始撤退，且无法预算自长春、哈尔滨两地撤退日期。

先生日记云：

苏军参谋长特罗增科中将告董副参谋长，谓："沈阳苏军因缺乏交通工具，须至本月十五日始能开始撤退。如铁路每日可拨十列车，则需十五日始能撤完，目前最大困难为燃料问题。

苏方已在沈阳、长春、哈尔滨三地囤集用煤，尤以哈尔滨为换车中心，需煤特多。现正由中长路苏方理事调查燃煤供给情形，尚未得复，因此无法预计自长春、哈尔滨两地撤退之日期。现抚顺煤矿产量甚微，同时机车亦成问题，希望张主任委员令其他铁路暂停客运，俾节机车燃料，移供中长路运送苏军之用等语。”特中将又告加卜寺、多伦、赤峰线苏军可自本月二十三日开始撤退。八天内可撤出中国国境。

十一日，（一）晤中长铁路苏方副理事长，询问煤之供给情况。

先生日记云：

晤中长路苏方副理事长，询其煤之供给情况。渠称中长路每日全路需煤一万五千吨，希望抚顺与西安两矿每日能供给各四千吨，然不及半数。哈尔滨以北，原利用穆陵矿产煤，但近为匪盘踞，破坏甚烈。札赉诺尔矿煤产不佳。现以木柴补充等语。如此，燃料供给确成问题。其咎不能不归苏军任令土匪猖獗，造成目下现象。而今乃借口为撤兵迟延之理由。

（二）草拟没收敌人不动产布告。（三）苏军部特罗增科中将通知董副参谋长彦平，称王爷庙、洮安一带发现鼠疫，请我方派军队前往扑灭。

先生日记云：

不知苏方有无其他用意。

（四）中央颁令停止与共产党军队之冲突。

先生日记云：

今日国共两方协议，决定下停战令，并停止阻碍交通行动。在北平设军事调处执行部，由军令部厅长郑介民代表政府，叶剑英代表共方，罗伯逊 Walter Robertson 代表美方组成之，执行停战命令。附带声明，对于国民政府在扬子江以南整军计画之实施，及恢复中国主权，而开入东北九省，或在东北九省境内调动军队，并不妨碍。

（五）晚谯吉林省代理主席王宁华及省政府委员尚传道、胡体乾、吴至恭。

十二日，（一）苏军通信司令李亚那上将来晤，希望对苏军拟利用中长铁路之电报及电话线为传达消息之用问题，速予解决。

先生日记云：

> 苏方通信司令李亚那上将来晤，谓苏军拟利用长春路之电报电话线为传递消息之用，曾由马元帅致熊主任函中详述，希望速为解决。当答以事实上，当予以便利，惟方式上，不能有侵犯中国主权之形迹。拟建议中长路理事会，由会下一命令与路局局长，准苏方有直达线数条，优先使用；吾方亦有同等权利。俟详细研究后，再行作最后决定。

（二）东北保安司令杜聿明长官电行营，报告苏方援助非法武装队伍事实。文曰："有非法武装约四五百人，向营口袭击，在激战中，驶出卡车一辆。迨将匪徒击退后，发现系苏军乘车，并伤亡苏军士兵各一名。显示各地苏方培植之非法武装，将处处予我以接收之阻碍。在苏方认为不重要之地点，却不予积极援助，任其时现时隐。营口乃苏方认为可让我接收者。不过此等非法武装，散在乡村，将酿成我占城市，而彼占乡村之现象。"

十三日，（一）苏军通信司令李亚那上将来商苏军利用中长铁路电报电话线通信办法。经决定方式如下：由中长铁路理事长训令铁路局局长，说明所用之线路系直达线路。惟沿路所装之加强站及转发站设备，归由苏方装置。目前中国路局局员尚未谙习运用此项设备，得用苏籍人员管理。中国政府有同等优先使用之权等语。因李司令曾一再要求沿路对于通信应严守秘密，经由理事会允予通饬照办。（二）外交部电告："苏方在国境内购置不动产，因受现行法律与条约之限制，无权作其他之处置，苏方当能了解。"

先生日记云：

关于苏方拟在沈阳、长春、哈尔滨三市区购置房地产事，在外交部最初意见：国境内之日本公私财产，我决定没收，作为赔款之一部分。行政院三十四年十一月二十三日公布之《收复区敌伪产业处置办法》第四条第三款，规定产业为日侨所有，或已归日伪出资收购者，其产权均归中央政府。所有苏方所请，以格于上项法令，未便登记（一月三日电）。嗣余研究敌伪产业处置办法中，对于盟邦要求使用，或购置敌伪产业，并无规定。而苏方表示各国人民均得在中国置产，为何独对苏方歧视。因电外部询商可否告苏方，如需购置敌伪产业，应俟该项产业由吾方接收后，再向市政府接洽商购，或先租用，而准予优先让购（一月四日电）。嗣得复电云：行政院及其所属部分，无法变更法律，仍以租用或借用之方式解决为宜（一月八日电）。因据外部电，向苏方解释后，苏方答谓：照一九三九年六月十六日所订中苏商约，第十二条关于苏联国营经济机关，及苏联人民在身体及财产方面，应享受任何第三国人民，及相当法人同等优惠待遇之规定，暨该约附件，关于任何第三国之解释，谓任何第三国一语，应认为自一九二八年以来，根据平等原则，与中国缔结条约之各国，故声明英美既能在华购置不动产，苏联亦可依约援例享受此项权利。现苏方愿将所购敌产先行交还中国政府机关，再由苏方向我方购买。但因已将价款拨付日人，无法索还，只能付极少代价。以此答复，电告外部（一月九日电）。本日外部复电："中苏商约第十一条，虽侧重于身体及财产最惠国待遇之规定，但中英新约中，购置不动产条款，系以英国允许华人在其领土内，有同样权利为条件。苏联法律不准外人购置不动产，故我国亦碍难给予此项权利。否则他国援例要求，政府将无法拒绝。且我国境内敌产，即由英人购买，我国亦不能同意。现苏方既愿将所购敌人房屋先行交还，我方可以宽大之条例，借与或租与苏方使用，而不采用出售方式。又外人购买不动产问题，正由立法院拟订新法律，其对于苏联政府人民之置产，必不致歧视。目前本部因受现行法律与条约之限制，无权为其他之处置，苏方当能了解。”

十四日，（一）与中长铁路苏方副理事长商量，关于苏军需用直达电报电话线路，训令铁路局局长文字。

先生日记云：

上午与中长铁路苏方副理事长商量，关于苏方需用直达电报电话线路训令文字。渠对于优先使用一节，提出异议，谓苏联与旅顺港之通信，既是直专线，即只有苏方可以使用，何必用优先字样，徒使执行者不能得正确指示。坚持指定若干线，供上项目的之用。下午李亚那上将又来，即告以已采用苏方副理事长提出之修改。惟余拟将“如无谙此项设备之华人”，改为“在无谙此项设备之华人时，得用苏籍人员”。

（二）苏军经济顾问斯拉特阔夫斯基，对于外交部覆电关于苏方购置房地产意见，大不满意，并催促继商谈中苏合作工业事宜。

先生日记云：

下午五时往晤苏军经济顾问，告以苏方购置房地产事，已得外部覆电，并告以电文大意。渠大不满意，坚持中苏商约第十二条，明白指出财产方面之最惠国待遇，不能另有解释，只能以尚未交清日人之款，交与中国政府作为购价。又谓接莫斯科训令，催促继续商谈中苏合办重工业事。并云苏联以值二十二亿余之工矿，交还中国政府，仅以值三十八亿之工矿作为中苏合办，其中有让中国占百分之五十一者，并以华人为总经理；有苏联占百分之五十一者，以苏籍人士为总经理。何以吾方尚犹豫不决。推其语气，似甚着急，并不无让步余地，不过希望将抚顺煤矿加入。嗣又云中苏合办航空公司，及松花江航轮公司必须加入。

十五日，（一）接行营熊主任式辉转来蒋主席一月十日所发手令。内开："我政府代表与中共代表，对于停止冲突及恢复交通，业经商定办法，并予公布。同时颁发下开之命令：（1）一切战斗行动，立即停止。（2）除下列第五项附注，另有规定者外，所有中国境内军事调动，一律停止。惟对于复员换防，给养行政，及地方保安必要军事调动，乃属例外，（3）破坏与阻碍一切交通线之行动，必须停止。所有阻碍该项交通线之障碍，应即拆除。（4）为实行停战协定，应即在北平设立一军事调处执行部。该部由委员三人组成之。一人代表中国国民政府，一人代表共产党，一人代表美国。所有必要训令及命令，应由三委员一致同意，以中华民国国民政府主席名义，经军事调处执行部发布之。（5）附注：（a）本命令第二节，对于国民政府在长江以南整军计画之继续实施，并不影响。（b）本命令第二节对于国民政府军队，为恢复中国主权，开入东北九省，或在东北九省境内调动，并不影响。（c）本命令第二节内所云之交通线，包括邮政在内。（d）国民政府军队在上项规定之行动，应每日通知军事调处执行部。（6）上开命令，应自即日起，至本年一月十五日下午十二时止，务必在各地完全实施，仰恪切遵行，不得违命为要。"

先生日记云：

> 此停战命令已见各报。全国反应良好，民众均以为从此可见和平。惟余所顾虑者，东北境内苏方培植之非法武装势力，已布满九省。由烟台渗入营口安东附近之八路军，及由内蒙渗入北满之八路军，与苏方培植之非法武装，随时可以合流，亦随时可由中共宣布其为中共军队。并见此项命令发布后，周恩来在重庆招待记者，发表谈话，有"停战后，中共军队除公告另有规定外，仍留驻原地，以待政治协商会议解决"之语。设中共一旦宣布东北境内，一切非中央武力，悉为中共军队，则可以要求仍留驻原地。结果中共武力在中央军队未到以前，已先立足，并可要求合法之地位。

（二）接行营熊主任式辉十四日自秦皇岛来电。内称："准备随时可以一个师车运来长春。请与苏方商谈接防日期。最好于苏军撤退前即能开往，并准备车辆。沈阳准十五日接收，并随即接收辽阳、鞍山、铁岭、抚顺各地。”（三）又接行营熊主任式辉来电，称：“十四日，匪四千攻营口，陷盘山。”（四）接保安司令杜长官聿明来电，报告匪军袭击营口情形。文曰：“非法武装七千人袭击营口，又五千人攻占盘山，并破坏阜新附近沙拉车站，及沟帮子以东铁路。再非法武装近万人，进入鞍山，强迫鞍山电厂停止锦州以西电源。”

先生日记云：

> 对于非法武装人数，余颇怀疑，不过中共军力已逐渐涨大。而如此公开袭击，无异间接为苏联示威，且邀苏联之欣赏。经济合作问题，若已早日解决，则南满铁路两旁，当不致有此等事态发生。

（五）派秘书耿匡与朱新民往晤苏军经济顾问，嘱告以昨日提出抚顺煤矿加入合办，使我为难，请其慎重考虑。（六）（1）为苏军要求之苏联与旅顺港直接通信，需用铁路电报电话线路事；（2）经以中长铁路理事长名义签发致铁路局局长命令；（3）同时检同命令副本，函知马林诺夫斯基元帅。（七）国军二千余人，于本日下午进入沈阳城，乘车驶近沈阳车站时，曾有苏军开枪击死三人。（八）晚谳黑龙江省主席韩骏杰，省政府委员朱汉生（秘书长）、刘时范（民政厅长）、吴越潮（财政厅长）、刘绍兴（黑河市长）、董学舒（警务处长）、李之山（保安处长）；合江省主席吴瀚涛，省政府委员富伯平（秘书长）、祝步唐（财政厅长）、杨大乾（教育厅长）、李德润（建设厅长）、李龙飞（警务处长）。

十六日，（一）经济部特派员孙越崎抵长春。携来中央指示对于经济合作问题之应付方针，及经济部翁部长文灏签呈蒋主席之意见书各一件。

先生日记云：

> 今日经济部代表孙越崎君抵长，携来中央指示对于经济合作问题之应付方针，及翁咏霓部长签呈主席之意见一件。大致

赞成以本溪湖、珲春、札赉诺尔三矿合办一中苏煤矿公司。以本溪湖铁厂合办一中苏钢铁公司。再以沈阳、安东、哈尔滨汽车修配及制造工厂，与金州重机械制造工厂合办一中苏机械制造公司。

中央指示对苏谈话要点，及翁部长签呈如次：

（甲）指示张主任委员对苏谈话要点：（1）中国东北领土内，日伪所设工矿资产皆为中国所有。中国政府为敦睦中苏友谊起见，愿提出具体工厂，与苏联政府商订合办办法。（2）俟苏联军队在东北撤退后，中国政府即与苏联政府商订此项合办办法。（3）在苏联军队尚未撤退完竣以前，中国方面先由东北行营经济委员会，预作初步谈话，交换意见。（4）谈话时，应注意东北电力联贯已广，须由中国自行经办，不在合办之列。（5）东北矿业宜避免合办。如因苏联坚持，可合办少数煤矿。但应规定华股成分较高，董事长、总经理皆由中国方面选用中国人充任。（6）可允合办者，为本溪湖钢铁厂，及一部分机械制造厂。所有合办公司之董事长皆由中国人担任，总经理应保留由中国人充任之机会。

（乙）翁部长分条陈明意见如下：（1）合办工矿之意义——苏方代表历次主张，其基本理由，谓东北工业为苏方之战利品，但基于苏方对华友谊关系，向中国政府提议，请中国加入已入苏联掌握中之工业。中国如不参加，则此项工业必被尽数破坏。且谓日本厂长已签有书面证据，证明此类工厂专供军需，专为反对苏联。苏方愿将所得之一半，给予中国，实出好意云云。其提出应行合办之事业，种类极多，范围尤广，连热河省煤矿，皆开列在内。此种主张，张主任委员公权始终不予接受。且主张（a）如果合办，双方协定之若干工矿，系出于两国合作之诚意。（b）合办并非独办，仍须予中国人以经营重工业之机会。苏联不能独占满洲全部资源。（c）具体合办事业，不能以从前满洲重工业开发会社、满洲电业会社等组织为标准，只能实际商定若干工矿事业。依张主任委员此项态度，极为合理，自应继续主张，以维持吾国之根本立场。（2）合办工矿之方式——苏方提议以从前满洲重工业开发会社为基础，中苏两国各半合办东北（热河在内）之重要工矿电多种事业。此类办法，系承袭以前日本侵略办法，于理不合。吾国自难接受。吾国认东北完全为吾国领土，但基于亲仁善邻之友谊，愿与苏联合办若干重要工矿事业。并参考苏方所看重之事业种类，愿提议设立三个合办公司，其组织取因事制宜之方针，俾中国国民可以安心合办事业，亦可以安定此三个公司之制度。分列如左：（a）中苏合办钢铁公司——此公司之事业为本溪湖所属各铁矿，及其钢铁制炼事业。此为东北铁产较佳，经营最为现成，成效可以立见之事。故愿提供两国合办。公司组织，中苏资本各占半数，董事长为中国人，总经理两国人皆得充任。但初办时期，如有才力优长之苏联人，中国亦愿接受。此外如鞍山、大孤山、樱桃园等地，以及东边道等钢铁事业，皆纯由中国自为经营。（b）中苏合办煤矿公司——近代各国对于有关煤权之组织，皆特重本国股权。此意张主任委员已向苏方代表明白言之，因此此类公司，应明定中国股额六成，苏联四成，其董事长及总经理两职，皆当由中国人充任。此为吾国必须坚持之条件。如果苏方允为照办，则可允此公司经营：①本溪湖煤矿，此为东北钢铁业最需要之煤矿，以此合办，苏方应可安心；②珲春煤矿及札赉诺尔煤矿，此二煤矿，皆在中苏两国边界，居中东铁路之两端，两国合办，自于双方有益。（c）中苏合办机械制造公司——苏方提案亦重视机械制造。中国亦愿合办若干事业。但重件机器之制造，与其他工业，具有重要之关系。故组织办法，亦宜酌为审慎。兹拟股份华方占五成半，苏方占四成半。董事长、总经理亦皆为中国人。其制造技师，自可任用苏联专家，以增效率。其实际任务，拟以制造汽车，及重件机器为中心。以上事业，已具有较重分量，足为吾国对苏友谊之实证。但极重要之抚顺、西安、鹤岗等煤矿，鞍山东边道等铁矿，有关各种事业之电力，关系农业基本之化学肥料事业等，皆完全保留，足为吾国在东北自力生存之基础。热河省各事业，自应划出，不列入合办范围以内。又与石油有关之事业，亦均一律划出。（3）合办工矿之协定——东北九省中苏两国关系，关于铁路及海港者，前已正式订立协定。经济范围内，可分为工矿与贸易二项。关于两国贸易者，遇有必要，可商订一年或少数年份之协定。关于工矿者，苏联方面欲望较多。为两国友谊长久安定起见，似可与彼方订立协定，俾各项主要原则范围及事业制度，皆可有明文依据，以为实地推进之标准。如能双方同意，可俟苏军在东北撤退时，即将协议签订。兹本此意，拟具草案，即所附之办法大纲。

中苏合办东北工矿事业办法大纲草案：（1）中国政府为促进中国东北九省经济之发展，愿将一部分重要工矿事业，与苏联政府联合经营。（2）中苏合办重要工矿事业，应尊重左列原则：（a）尊重中国有关法规。（b）尊重中苏两国实际需要。（c）事业目的，在促进经济发展及人民利益，切实扫除从前日本军事侵略之意义。（d）各合办事业不取专营方式，亦不投资于其他事业。（3）中苏合办工矿事业，当按事业性质，分别组织公司，以纯粹商业方式经营之。（4）中苏合办公司之股东、董事长及经理之国籍分配，列举如下：（a）中苏合办钢铁公司——股东中苏各半，董事长应为华籍，总经理及协理以适当人才为标准，不以国籍为限，由董事会选任。但总经理如为华籍人员充任时，应以苏籍人员为协理。如总经理为苏籍人员时，协理应以华籍人员充任。（b）中苏合办煤矿公司——股东中国六成，苏联四成。董事长、总经理均由华籍人员充任，但得设副董事长及协理，由苏联人员充任。（c）中苏合办机械公司——股东中国五成半，苏联四成半。董事长由华籍人员充任，总经理亦由华籍人员充任。协理由苏籍人员充任，并得设副董事长，由苏籍人员充任。（5）上列合办公司接合办事业，协定如左：（a）中苏合办钢铁公司接办①本溪湖金属综合工厂（即前满洲制铁株式会社之满洲制铁金属综合工厂）。②本溪湖制铁工厂（即前满洲制铁株式会社之本溪湖制铁工厂）。③本溪湖铁矿（即前满洲制铁株式会社之本溪湖铁矿）。（b）中苏合办煤矿公司接办①本溪湖煤矿（即前满洲制铁株式会社本溪湖支社经营之煤矿）。②珲春煤矿（即前珲春炭矿株式会社经营之煤矿）。③札赉诺尔煤矿（即前札赉诺尔炭矿株式会社经营之煤矿）。（c）中苏合办机械制造公司接办①沈阳、安东、哈尔滨汽车修配制造厂（即前满洲自动车制造厂株式会社）。各厂均应以制造民用汽车为目标，不造战车。②金州重机械制造工厂（即前满洲机械制造株式会社）。（6）中苏合办公司购用苏联器材，或以所出产品运销苏联，均应依照中国政府所定一般进出口货物通常办法办理。（7）中苏合办公司在中国境内所有开支，均应用中国东北通用之货币。（8）中苏合办公司均为股份有限公司，每年所获纯利应归苏联部分，中国政府允其汇往苏联。（9）中苏合办公司合办期限三十年，期满时所有事业全部资产均无偿作为中国所有。

先生日记又云：

照中央指示，与苏方所提，相距太远。当晚写呈蒋主席及致翁部长信，力陈目前东北情势，危机四伏，大局岌岌可危。请将我方所提，再加放松。至二时半始写完，盖距离苏方撤兵期，只有半月。如此迁延，徒使苏方作种种不利于我方之准备与布置，将更增接收之困难。（呈蒋主席函及致翁部长函均未留底稿）

（二）苏方态度变易，不允派兵协同接收吉林省属之九台矿区，并俘缴吉林省编组之保安警察队。

先生日记云：

今日发生数种事件，显示苏方变易态度：（1）我方请其派兵协同我保安队接收吉林省属之九台矿区，苏方答称不能派兵，因蒋主席与中国共产党已下令双方停止冲突，苏方立场为不参加中国内战。苏方与中国共产党毫无联系，如彼不攻击苏军，苏方即不予顾问。以往苏方谈话中，从未露出中国共产党字样。今日公然提出，即所谓非法武力，已公开化。亦即苏方将以不愿与中共军队冲突为词，而拒绝协助我方接收。（2）吉林省编组保安警察总队约五千人，在长春县辖境大屯小双城一带编组，返长春市区时，为苏方城防司令派人缴械，将队员送往俘虏收容所。以其未先通知苏方；且表示苏军未撤退前，吾方任何武力行动，须先通知苏方。苏方对缴械理由，则谓当队员被盘问时，答称系警察，继问警察局，答称不知，因而缴械。凡此无非不友好之迹象。

要之在去岁十二月中，苏方提出经济合作案后，中央即应派一小组，包括有关部会来长，日夜讨论，就地磋商，迅予解决，则中共非法武装之滋长，不致如此迅速。苏联扶植中共，势必略存观望。当然苏方态度更不致有如今日之恶化。

十七日，（一）约日人八木来谈，对于恢复轻工业问题，征取其意见。（二）陪经济部特派员孙越崎，访苏军总部经济顾问斯拉特阔夫斯基，作寒暄谈话。

十八日，蒋特派员经国来谈，此次代表蒋主席赴莫斯科晤史太林，两次谈话，约六小时。

先生日记云：

经国兄来谈，此次赴苏，代表蒋主席，晤史太林二次，谈约六小时，所谈大致如下：（1）关于东北经济问题，渠云战利品字样，不能取消，合办企业可分为若干公司，一切在撤兵前商妥，撤兵后发表。（2）关于共产党问题，渠云国民党可与共产党共存，因无共产党，则国民党将日趋腐化。此后端看两党如何竞赛，终久必有一党获胜。（3）关于门户开放问题，渠云此为帝国主义之侵略手段。中国一面开放门户，一面应准备关闭门户。(4) 关于中苏关系问题，渠云中国表面与苏联亲善，暗中实在反苏，如此无法永久。

经国兄携来蒋主席亲笔手示，内云："经儿回来，所有在苏经过情形，当能面详，不赘。关于经济合作方针，此时只可缩紧，不宜太宽。此事已考虑再三，不能不如此。惟兄独当其难，自受苦痛，此乃中无时不在体会与想念之中。请兄勿加过虑，总要使我主权与法理不发生恶影响，不为他人引以为例则得矣。"

在中央辅助蒋主席作东北问题之决策者，为行政院长宋子文、外交部长王雪艇及经济部长翁咏霓。宋王二人，因当签订中苏友好条约之冲，惟恐再受攻击。宋则取极端冷淡态度。王则取极端谨慎态度。翁则以宋王态度为转移，而仅作工矿合办事业选择之贡献。使蒋主席为主权与法理两理论所拘束，因有只可缩紧，不宜太宽之指示。

十九日，（一）与蒋特派员经国午饭，谈东北经济合作问题迁延不决之危险，与我国所提条件之不易得到苏方之同意。（二）晚与孙特派员越崎研究我方让步之程度。第一步拟允许：（1）煤矿——除本溪湖、珲春、札赉诺尔外，加密山矿中之垣山、麻山、鸡西三矿。（2）电气——鸭绿江水电厂，苏方所开单内，并未列入，意在独占，拟提议归中苏韩三国合办。松花江水电八部电机，已拆六部，必须补充，拟向苏联以信贷方式购买电机，并酌用苏方技师。（3）非铁金属工业——加入安东制铝工厂。（4）化学工业——加入本溪湖炼炭工厂，及本溪湖与哈尔滨两洋灰厂。第二步让步办法：（1）再加密山矿之滴道与城子河两矿本溪湖附近之溪城所属牛心台、田师村两矿及西安一矿。（2）再加本溪湖蒸气电厂。（3）再加本溪湖特殊钢厂。至民航与松花江航运，事关交通，不予讨论。

先生日记云：

上项意见与孙越崎兄会函翁部长，转呈蒋主席。全文如下：“翁副院长转呈主席钧鉴：对苏工矿合办事，经璈与越崎再四研究，因撤兵期近，此时彼方急要解决，商谈较易。否则撤兵以后，彼方借口战利品，按照开列合办原单各事业，派兵保护接收，尔时交涉，恐更困难。若中央决策，照越崎携来指示，始终不再让步，本无不可。否则不如趁彼方希望解决之时，先作让步，表示诚意与坚决，能得一气呵成，反可少受损失。以免重蹈以往对外交涉，愈拖延愈吃亏之经验。商之经国兄，亦以为然。兹姑拟第一步办法：（甲）煤矿方面——（1）密山矿中之恒山、麻山、鸡西三矿；（2）札赉诺尔；（3）珲春；（4）本溪湖。（乙）电气方面——（1）鸭绿江水电，在交还与合办两清单内，均未列入，当非遗漏，似有独占之意。拟提出中苏韩三国共同合办；（2）松花江水电，八部电机，已拆六部，必须补充。拟向苏添购电机，取信用贷款方式，十年还清。在此期内，酌用苏方技师。如此使苏方虽有关系，而非合办。（丙）钢铁方面——拟以本溪湖钢铁厂包括庙儿沟铁矿，与选矿工场合办。（丁）非铁金属方面——仅安东制铝工厂合办。（戊）机器制造方面——除原单内，大连机车厂与鞍山机械工厂外，其他四厂合办。（己）化学工业方面——仅本溪湖炼炭工厂合办。（庚）洋灰厂方面——拟以本溪湖、哈尔滨两厂合办。至民航与松花江航业，事关交通，未便讨论。万一彼方不允让步，拟第二步退让如下：（甲）煤矿加密山之滴道与城子河两矿，本溪湖附近之溪城所属牛心台、田师村两矿，及西安一矿。（乙）电气加本溪湖蒸气电厂。（丙）加本溪湖特殊钢铁厂。以上第二步，作为吾方最大之限度，成败听之。是否有当，仍候钧裁，并祈迅速指示。职张嘉璈、孙越崎同叩皓亥印（十九）。”

（三）与中长铁路苏方副理事长讨论理事会章程草案。

二十日，（一）与经济部及资源委员会派来东北之技术人员，交换意见。（二）邀蒋特派员经国来寓晚餐，讨论蒋主席夫人莅长春招待程序。（三）接外交部王部长世杰电，对苏方在长春购屋问题，有转圜意。指示：苏方可以购屋，而不能购地。因即着手拟一方案，请中长路万理事异帮同起草。

二十一日，（一）苏军参谋长特罗增科中将，面告行营董副参谋长彦平，谓苏军因交通非常困难，完全撤退日期，不敢预定；并称抚顺等地方，非法武装及土匪甚多，希望我方有军队进驻。

先生日记云：

今日董彦平副参谋长与苏军特罗增科中将会面，据特中将告：苏军已自一月十五日开始撤退，因交通非常困难，何日可以撤完，不敢预定。又对于吾方接收抚顺，谓该区非法武装，及土匪甚多，盼望我方派遣装备良好之有力部队进驻。在我方未确实巩固防务以前，苏方军队暂不撤退。对于我方接收黑龙江、合江两省，谓佳木斯、北安两处非法武装甚多，均自称政府部队，苏方正在清剿，盼望我方待一星期至十天，再行接收。再对于接收大连，告以我方人员拟于一月二十七、二十八日派人前往接收，余亦前往。特中将答以即通知主管当局，并照派联络官陪往。

（二）苏军特罗增科中将对我方质问资源委员会特派员张莘夫下落，答称已派有力部队前往搜索。

先生日记云：

关于我方向彼质问张莘夫下落一节，特中将答称张等一行，于本月十一日到抚顺，当日又乘火车返沈阳。三日前，沈阳市董市长曾向沈阳城防司令高福同少将通报（张莘夫失踪事），苏军总部接高少将报告后，即派少将军官一员，带同有力部队前往搜索，结果如何，尚未据报。特中将又告赤峰苏军决自本月二十三日起，开始撤退。营口苏军于一月十三日退出。

（三）接蒋主席二十一日电示，关于苏方所提东北合办事业新方案。文曰："关于苏方所提东北合办事业新方案如下：（1）苏联备忘录所提东北日本事业资产皆为红军战利品，归苏联所有一节，吾国不便承认，应不予提及，仅与商谈合办事业，及具体办法。（2）前南满铁道株式会社之附属事业，以及抚顺煤矿，决不在合办之列。以前在莫斯科商订协定时，业经言明，应由中国收回。（3）前南满铁路路线以西之事业，皆不合办。因此远在热河境内之北票煤矿，自不在合办之列。（4）东北航空及松花江航运，并非工矿事业，不应列入合办案内。（5）各种工矿合办公司，吾国因法律及成例关系，吾国股份不能在百分之五十以下（一律应占百分之五十一），董事长及总经理皆中国人担任。此为吾国重要期望。苏联对此期望能加尊重，则协商较易成功。事业亦较易推进。应向苏方代表切实说明。（6）对于合办之具体事业，注意要点如下：（a）鞍山钢铁应由中国经营。（b）非铁金属矿产，此时不谈。（c）木粕工厂及一部分之化学肥料工厂应归中国经营。（7）上次提示之中苏合办工矿办法大纲内第二条及第六至第九条，仍应向对方提出。（8）凡应由吾国接收之事业，应向苏方提请为事实上之协助，使可顺利接收，而不为非正式组织或武力所盘踞。（9）此项商谈之结果，应俟东北接收完竣后，始得成立正式协议。"（四）读外交部王部长世杰二十日致蒋特派员经国电抄件。文曰："二十日电悉。（1）关于东北经济合作事，主席已就苏方备忘录详细考虑，并以一切实方案致张主任委员，谅能获致协议。（2）苏大使昨日面陈主席，声明谓行营经济委员会公布关于东北诸省敌产，收归中国政府所有一节，事关投资，且牵涉曾为关东军服务，现为苏军战利品之日本企业，故苏政府认为无效。又谓苏政府为顾及中苏间现存友好关系，已向我提议组织中苏合股公司，以经营曾为关东军服务之日本企业。并以一半价值让予我方。更以一大部分日本企业，划归我政府所有。望我对此问题，迅速处理等语。（3）我方对经济合作事业处理，就实际项目磋商。对战利品问题，我方不可放弃理论的立场（即日人在满洲经营之事业，应视为对华赔偿品），否则将来此事如提出远东委员会，或其他国际机构时，我将失却立场，务望注意，并转达张主任委员。”

先生日记云：

由此电可知外交部之尚在斤斤于原则与法理，而昧于东北中苏关系之特殊，与国家大局之危急。

二十二日，（一）蒋主席夫人下午五时半飞抵长春，旨在借慰劳苏军将士，以增进两国睦谊，并抚慰沦陷十有四年之东北同胞。

先生日记云：

苏军总部预先通知我方，谓马元帅赴赤塔投选举票，因是日适值苏联举行大选，恐未能赶归，将由通信兵总监李亚那上将代表至机场迎迓。余闻此消息，知此为苏联一种不亲热之暗示。否则何尝不可赶归。

（二）蒋主席夫人下机后由苏军李亚那上将陪同检阅仪仗队，礼毕，由长春城防司令驱车前导，送至行馆。当晚长春市赵市长君迈就行馆设宴欢迎。（三）接苏军总部经济顾问斯拉特阔夫斯基来函，开具中苏合办公司名称。文曰：“径启者，兹谨将中苏合办各股份公司，苏方参加人（?）之完全名称附后，请查照为荷。此致经济委员会主任委员张。计开：（1）伯利煤矿组合，（2）远东区电气管理局，（3）远东银行，（4）机车制造总管理局，（5）焦煤化学总管理局，（6）石灰工业总管理局，（7）炼钢机器制造总管理局，（8）人造液质燃料总管理局，（9）民用航空管理局，（10）南黑龙江航运公司，（11）远东对外运输公司，（12）乌拉尔钢铁工业总管理局，（13）铅矿总管理局。（一九四六年一月二十二日）”（四）接行政院翁副院长文灏来电，希望对中苏合办工业问题，继续出面商谈。

先生日记云：

接翁副院长咏霓二十一日电，其意仍欲余出面继续商谈。电文如下：“函件均敬悉。迭奉主座面洽，仍请兄对苏方继续商谈。关于苏方所提合办方案，当由主座专电指示。特先电复。”

二十三日，（一）举行茶会欢迎蒋主席夫人，并由夫人对苏军将领举行授勋。

先生日记云：

> 上午陪同夫人参观长市街市。下午三时，与蒋特派员、董副参谋长会同在中央银行举行欢迎茶会。苏军参谋长特罗增科中将代表马元帅到会致词，并陈述歉意，谓马元帅未能赶到。余致欢迎词后，宣读苏军将领受勋名单，由夫人举行授勋并致词。特中将致答词。

（二）晚在蒋主席夫人行馆设宴欢迎。（三）接蒋主席二十日手示。文曰：“公权先生：十七日函奉悉。长春交涉，此时只有兄折冲协商。好在非正式，故未有主管之责任。若由经济部正式派员负责办理，则更为不便也。余详经国函中，请照此原则进行。至于具体办法，则待明日经济部方案到后，再派员送来。但大概当亦不出此原则范围之内，以此为最大限度也。中正。一月二十日十时。”

二十四日，（一）蒋主席夫人出席长春市民欢迎大会。（二）蒋主席夫人举行慰问各界民众代表茶会，发表广播演说。（三）蒋主席夫人赴苏军总部招待宴会。

先生日记云：

> 主席夫人上午参观苏军兵营及病院。十二时，长春市民举行欢迎大会。二时三十分，举行慰问各界民众代表茶会，发表广播演说。晚七时，苏军总司令部招待宴会，夫人致词，谓“中国为苏联之真正友人，将来在经济上、文化上，必能获致密切之合作”等语。宴毕观电影。

（四）研究外人在东北购置地产问题，并拟就变通办法。

先生日记云：

> 抽暇研究外人在东北购置地产问题。根据外交部来电，可

购屋而不能购地原则，拟就变通办法如下：(1) 为特别表示友好起见，中央政府特准苏方在东北，有买定额之房产（房产所定着之土地须租）之权利。此项权利，以一次行使为限，不能作为成例，亦不能视为约定之权益。将来关于外人在华置产，中国法律有明白规定时，再依规定办理。(2) 为避免纠纷，应请苏方具体明白提出拟买之房屋，及附租之地皮面积位置，由我方派员会同查勘。如确无发生产权纠葛之可能者，即作为公有财产，然后议订合同。(3) 租地之期限定为十年，期满如需续租，得由双方约定延长。但至多不得超过三十年。(4) 租期满后，房屋应无偿交还中国。租期届满前，如房屋灭失而须重建时，应得出租人同意，至租期届满时，仍应无偿交还中国。(5) 土地之使用，限于地上，不得挖掘探采，亦不得架设电台及军事设施。(6) 须负担中国法律所课之义务。(7) 不得转让、出卖、典押或出租。(8) 房价及租金于订立契约时议定之。(9) 订约当事人，中国方面为市政府指定之代理人。以此原则，并附说明节略，呈报外交部。

二十五日，(一) 蒋主席夫人离长春，飞锦州。

先生日记云：

主席夫人于上午九时乘机离长春，蒋特派员与董副参谋长随同赴锦州。苏方仍由李亚那上将代表恭送，并云马元帅以天气关系，未能及时赶到，如再待二小时，即可赶到送别。

(二) 与经济部孙特派员越崎，将递交苏方之《中苏合办东北工矿事业办法原则》内容，作最后之决定。(三) 往访苏方经济顾问，当面递交《中苏合办东北工矿事业办法原则》，并将《租地购产备忘录》与《订立租约之原则及办法》同时交给。

(甲) 中苏合办东北工矿事业办法原则——(1) 中国政府为促进中国东北九省经济之发展，愿将一部分重要工矿事业，与苏联政府联合经营。(2) 中苏合办重要工矿事业，应尊重左列原则及中国人民旧有之权利：(a) 尊重中国有关法规；(b) 尊重中苏两国实际需要；(c) 事业目的在促进经济发展及人民利益，切实扫除从前日本军事侵略之意义；(d) 各合办事业，不取专营方式，亦不投资于其他事业。(3) 中苏合办工矿事业，当按事业性质分别组织公司，以纯粹商业方式经理之。(4) 中苏合办公司，其事业有关国家资源者，股份成数，中国应占百分之五十一，董事长、总经理应用中国人，苏方为副董事长及协理。其他合办工厂，董事长应为中国人，副董事长为苏籍人员。总经理得由苏籍人员担任。保留中国人有充任之机会。股份各占半数。(5) 中苏合办公司之一切文件及款项出入，董事会方面，由董事长与副董事长；经理部方面，由总经理与协理共同签字。(6) 中苏合办公司，购用苏联器材，或以所出产品运销苏联，均应依照中国政府所定之一般进出口货物通常办法办理。(7) 中苏合办公司，在中国境内所有开支，均应用中国东北九省流通券。(8) 中苏合办公司均为股份有限公司，每年所获纯利，应归苏联部分，中国政府允其汇往苏联。(9) 中苏合办公司，期限为二十年，期满前一年，如双方同意，得延长十年。期满后，由中国政府得无偿收回。

(乙) 租地购产备忘录——(1) 关于苏方欲在我国购买不动产一事，我国立场以为并无条约上之根据。苏方前次提出中苏商约第十二条之规定，以为依最惠解释，可以享有此项权利。姑不论中苏商约第十二条所称之身体财产，是否包括购置不动产权在内，即照该条规定，从最惠解释，亦无法认为苏方有取得此项权利之充分根据。其理由如下：(a) 条约上的理由——查一九三九年六月十九日，中苏签订之商约，附件内所称“自一九二八年以来，根据平等原则，与中国缔结条约之各国”一节意义，明了中国政府自一九二八年以来，要求各国仿照苏联放弃不平等条约先例，另订新约。迨至一九四三年始有中英、中美等平等条约之订立。此项新约中，我国虽以购置不动产之权畀与英方，惟声明须照中国法律。此因关于外人置产权之法律，中国政府正在议订。故英国现亦未能行使此项权利。

因之苏方所谓他国取得之权利，苏方亦有权取得之主张，殊嫌无据。盖此项权利，如指平等新约订立后而言，则英国固尚未取得。如欲返溯至不平等条约时代，即中苏商约之附件，固确切声明最惠待遇，限于平等新约以后之待遇也。（b）法律上之限制——查土地法第七条规定，中国领域内之土地属于中国人民全体。第十七条规定，农林渔牧盐矿以及要塞边区之土地，不得转移，设定负担，或租赁于外国人。第十三条规定，公有土地，非经政府核准，不得处分。而第十二条规定，私有土地须所有权消灭，始为公有土地。第三十三条规定，土地权利之取得（所有权、地上权、永佃权、地役权、典权、抵押权），必须依法登记。第二十四条规定，未经依法为地籍测量之土地，不得为所有权之登记。土地施行法第十条规定，对于外国人，不得为条约所未许可之土地权利之移转，设定负担，或租赁。第三十一条规定，外国人依条约租用之土地，应由主管地政机关，为公有土地所有权之登记，再由租用人为租用之登记。不动产登记条例第三条规定，不动产权利之移转、变更，或处分，应为登记。目前，我国东北土地，因经敌伪十余年来之强占、强买、转让、分割，已形成光复后，急待清理之严重问题。不加清理，即无从确定所有权之归属。所有权不确定，即不能登记。不能登记，则任何处分，均将无法无据。故即照租地买屋办法，须先查明产权有无纠纷。就东北特殊情形论，则尚有地权归属之待决问题。最合法之途径，莫如先行租借，租期十年一转，可延长为三十年。并为顾全友谊起见，如外人置产权法律制定，外人有权置产时，承租人有优先承购之权利。

以上理由，可以说明（1）依中苏商约，即照苏方之解释，因苏联政府早已放弃旧日之不平等条约，尚不至要求平等新约订立前之不平等条约时代之片面的最惠待遇。（2）平等新约所给予（互惠的）英人之购置不动产权利，目前中国法律尚未制定，故苏方尚不能援引。

（丙）订立租约之原则及办法——（1）为特别表示友好起见，

我中央政府特准苏方在东北有买定额之房产（房产所定着之土地须租）之权利。此项权利以一次行使为限，不能作为成例，亦不能视为约定之权益。将来关于外人在华置产，中国法律有明白规定时，再依规定办理。(2）为避免纠纷，应请苏方具体明白提出拟买之房屋，及附租之地皮面积位置，由我方派员会同查勘。如确无发生产权纠纷之可能者，即作为公有财产，然后议订合同。(3）租地之期限，定为十年，期满如需续租，得由双方约定延长。但至多不得超过三十年。(4）租期满后，房屋应无偿交还中国。租期届满前，如房屋灭失，而须重建时，应得出租人同意。至租期届满时，仍应无偿交还中国。(5）土地之使用限于地上，不得挖掘探采，亦不得架设电台及军事设施。(6）须负担中国法律所课之义务。(7）不得转让、出卖、典押或出租。(8）房价及租金于订立契约时议定之。(9）订约当事人，中国方面为市政府指定之代理人。

（四）军事代表团接苏军总部通知，张特派员莘夫一行七人，在自抚顺回沈阳途中，被八路军架去，七人被害，恐张氏亦在七人之中。

先生日记云：

> 今日苏军参谋长面告代表团杨秘书树人，谓张莘夫一行七人，在自抚顺回沈阳途中，为八路军架去，七人被害，恐张君亦在被害之列。闻之不胜惊骇，张君为著名之技术人才，设竟不幸遭难，虽余在张君出发赴抚顺之前，作种种安全布置，而张君因我派遣，而遭此不幸，吾何能逃良心上之责备。终夜不能安睡。

按张莘夫遭难经过，陈嘉骥在所撰《张莘夫殉国三十年》一文中，记述甚详（载台北《传记文学》杂志第二十八卷，第二、三、四、五期，“民国”六十五年二月至五月）。

（五）赴中长铁路理事会，与苏方副理事长交换对于理事会组织章程意见。

二十六日，（一）在中长铁路理事会继续讨论理事会及路局组织章程。（二）约集经济委员会金融处同人谈话。（三）访苏军总部经济顾问斯拉特阔夫斯基，交换对于吾方提出合办东北工矿事业办法原则之意见。

先生日记云：

下午五时，往访苏军经济顾问，交换对于吾方提出方案之意见。谈话纪录如下：

余：昨日送上经济合作办法及内容，谅已见过。阁下感想如何？

斯：因时间短促，尚未与莫斯科通讯，故今日所表示者，完全为个人意见。(1) 苏联政府对于敌人在东北之工矿事业，用以帮助关东军者，均视为战利品。惟为顾全中苏友好起见，愿将一部分工矿交还中国，另有一部作为中苏合办。今中国所开来之合办种类，有多数苏联所开列之合办事业，均未列入。苏联不能不认为所有未列入之事业，即中国方面不愿与苏联合办。因此苏方不能不认为所有剔出之事业，均归苏方所有。(2) 贵方所提与资源有关之字样，不知作何解释。因一切企业无一不与资源有关。(3) 蒸气电厂，贵方提及或为工厂附属事业，或为公用事业，是否工厂附属事业，将为应归工厂管理。(4) 贵方所谓水电厂，水闸地区，淹没田地，人民受到损失一节，是否对于损失之人民给予赔偿，以后此项损失可以消灭，即可合办。(5) 贵方谓民用航空公司及松花江船运公司，目前不宜讨论，是否将来由交通部出面讨论。

除以上各点之外，对于贵方提案，一般的感想，不能不为阁下奉告如下：

苏方战胜日本，对于日本敌人所办之各项工矿事业，此项事业十余年来，完全用作反苏之用。今苏联战胜敌人，得到此项战利品，一部分交还中国，一部分照平等原则，与中国合办。今中国方面，对于此项根本精神，抹煞不理，深为惋惜。照此情形，深恐无法达到同意之途。如中国方面所提出合办之煤矿，大部含有灰质，产量不多，设备不充，估计全部产量只有百分之十·五。若苏方接受此项提议，将来所办之公司，完全无商业基础，等于在沙漠地带种红萝卜，势将中苏合作精神，完全牺牲。此种事业组织，若为科学试验，固未尝不可，若从商业立场，则根本不易成立。又贵方提案，将鞍山铁矿剔出，无异拒绝与苏联合办钢铁事业。又将电气事业剔出，将最要之丰满水电不加入其内，则将来各重要工业之用电，如何配合。再将非金属各矿剔出，试问各工厂所需之资源，将向何处取得。至于贵方提议航空公司不宜讨论，是否永久拒绝讨论。尚有许多较为次要之点，将来若与专家讨论，可指出许多不合理之点。如洋灰工厂，中国方面只提出两个，如何值得组织一公司，又关于组织方面，中国方面提出分为两类，一类中国方面须占股份百分之五十一，董事长及总经理均为华人，是否不合平均用人之原则。

昨晚研究中国方面之提议，觉得中国所提出之事业，无法使每一公司有发展之基础，实在不敢报告政府。希望中国政府再加考虑，并予修正。要之此项讨论，拖延已久。若再拖延，势必影响军事政治一切问题。为双方利益计，实须迅速觅到解决途径之必要，鄙人极愿与阁下讨论，但希望必须有一可得协议之根据，然后讨论方有结果。鄙人不能不坦白的奉告阁下，凡一切交涉，最后不能不拿出苦的真理来。

余：对于阁下所提各点，兹拟简单答覆：（1）苏方所提战利品问题，中国方面无法同意。但不愿因对于此点之争执，而阻碍讨论。故拟将此点暂不讨论，而先讨论合办事业。（2）我方所提，所谓资源有关之意义，系指矿产而言。（3）蒸气电厂如为工矿之附属电厂，可归入该工矿所营。（4）水电厂水闸，人民所受之田地淹没损失，不可以金钱计算。盖人民观念，以为既受损失，当取偿于事业之光荣。且水力发电，与水及土地发生关系，中国人民对于土地观念甚重，鄙人已一再奉告。(5) 关于民航公司及松花江轮船公司，因苏方向未提及，中国方面向未加以考虑，故目前无法讨论，并非拒绝，而永久不予讨论。(6) 至于非金属矿之剔出，实系此项矿产数量不多，故中国方面甚需此项矿产。但将来工业方面，如有需要，此项矿产，仍可供给。(7) 有关资源之公司，中国方面应占股份百分之五十一，此系中国矿产法所规定。中国内地与英美人合办之矿，大都如此。(8) 中国方面之提议，实已煞费苦心，亦已表示极大热忱。在阁下认为不甚满意，但在鄙人所知，我政府方面已尽最大之努力。

顷阁下提到此事若再拖延，恐将影响于政治及军事。鄙人亦有极大苦痛的感想。兹因阁下提到此点，故我亦愿一提，即我方在各省接收政权，因无充分武力，处处为八路军所阻碍。若带充分武力，又恐苏方当地军队发生猜疑。因此目下在各地接收政权，等于虚饰。望阁下与军事长官一提。关于阁下所提矿产工业，何种为何不列入，事关技术，拟明日约孙特派员越崎与阁下一谈。

（谈话至此，已告结束，各人起立时，斯顾问又有所述）

斯：苏方所以欲与华方密切经济合作，实系苏方不愿有第三国再搀入，并非苏方欲一手霸占利益。

余：中国方面拟以自力建设东北，苏方如能交还东北，使我方顺利接收，自由建设，鄙人敢担保一年之内，可不借外力，而能恢复经济，请阁下放心。

二十七日，约苏军经济顾问斯拉特阔夫斯基与孙特派员越崎会谈。

先生日记云：

下午五时，约苏方经济顾问与孙越崎兄长谈，其语气中，对于鞍山钢铁厂矿，及鹤岗煤矿，异常注意，似不肯放松。

二十八日，（一）约经济委员会同事商定工作进行程序。

（二）沈阳市董市长文琦报告张特派员莘夫一行人等，于一月十六日下午八时，自抚顺返回沈阳途中，于李石寨车站，被当地非法武装拖下，乱刀刺死。

先生日记云：

接沈阳董市长报告，张莘夫一行人等，于一月十六日下午八时，自抚顺返回沈阳途中，于李石寨车站，被当地非法武装拖下，乱刀刺死，判明业已遇难。此事显然表明苏方不愿我方在经济合作问题未解决以前，接收抚顺煤矿，非法武装迎合苏方意旨，表现其能力，作此残暴行为，当即拟一函稿，由军事代表团团长董副参谋长出面质询苏军部。

文曰："敬启者，兹查经济委员会代理工矿处处长兼经济部接收工矿持派员张莘夫，带同技术人员五人，前往接管抚顺煤矿。于一月七日，由长春与中长路助理副理事长马利同往沈阳。抵沈后，马利先生一人独往抚顺。越二日，张嘉璈先生询问副理事长加尔金先生，张君是否不能前往。加尔金先生答云，尽可前往，恐张君不敢前往。嗣据沈阳市长董文琦电话报告，十四日下午三时半，张君偕技术人员七人、护路警中队长二人、警察七人出发。事先马利先生曾告张君可去抚顺，该处苏军经已接洽。张等一行抵抚顺后，苏方派车送至煤矿俱乐部暂住，但所带警察枪枝，经当地公安局缴去，即改由苏军守岗。中间，苏军门岗曾一度撤去。十六晚八时，苏方军官带同当地警察，向张莘夫声述，此地不能接收，劝即速回沈阳，于当晚八时四十分带至车站。在车站休息室耽搁近一小时，遂搭乘原自长来沈之专车。惟苏方派兵系在另一车厢。车行至离抚顺二十五公里处之李石寨车站，八路军上车将张等八人拖下，剥去衣服，用枪刺刀乱刀刺死等语。查此事曾由张理事长面托加尔金副理事长，向贵司令部查询，并由本人面向贵参谋长提出此事。复承贵参谋长面告本团杨团员，谓张莘夫一行，于自抚顺归沈阳途中，为八路军架去被害，只有一人脱身，并已觅得尸骨一具等语。兹复据董市长电告前情，闻悉之下，不胜惊骇。查此案，事前曾因该矿接济中长铁路，该路以最近该矿不能充分供给用煤，中长路副理事长加尔金屡向该路张理事长嘉璈表示，应派员前往整顿，遂决定苏方派马利助理副理事长，华方派张莘夫前往视察整理，以期中长路用煤充足，可以帮助苏方军运，及普通商运。

再张君系中国矿业专家，为中国有数之人才。中央政府选派张君前来东北，主持接收工矿事宜，为中央重要人员之一。今兹遇害，不特中国政府失去一工矿专门人才，且将影响一般民众之情感，及全国之舆论。该地李石寨车站，适在贵军防区之内，且在贵军护送之下。今乃发生如此不幸事件，实引为重大遗憾。拟请贵司令部派员查明真相，及经过情形，详细见复，以便报告政府，无任公感。此致特罗增科中将阁下。中华民国国民政府军事代表团团长董彦平。中华民国三十五年（一九四六年）一月〇〇日。”

（三）中苏友好协会主持人甘雨沛来告，苏军以尚有若干问题，未达解决，撤退恐须展期。

先生日记云：

中苏友好协会主持人甘雨沛来，报告听到奔走中苏友好协会之苏人谈话，谓苏军撤退恐尚须展期。因中长路燃料供应不敷，同时中国军队到达不多，苏军一旦撤退，中央军队与接收行政人员，将受威胁。此外尚有若干问题未达解决等语。可见撤兵展期症结，在若干问题尚未解决。

（四）往晤苏军总部经济顾问斯拉特阔夫斯基，商请将苏方原提案加以修改，作最大之让步，吾方亦再考虑，作最后之让步。

先生日记云：

午后五时，往晤苏经济顾问请其将苏方原提案加以修改，作最大之让步。吾方亦再考虑，作最后之让步。因已届撤兵之期，不能不用快刀斩乱麻之手段。渠谈话中提及由经济合作，消除满洲予苏联之威胁一语，乃苏方之今后对东北与新疆之基本方针，不可不注意及之。谈话纪录如下：

余：今日鄙人来访阁下，拟将个人感想非正式与阁下交换意见。关于中国方面提案，其精神在于不使国民失望。盖以东北光复以后，人民以为可以恢复权利。若所有重要工矿事业一律合办，人民不免感觉虽光复，仍一无所得。其次中国技术界，希望光复以后，中国人自己亦可以经营若干重工业。若一律合办，则将使彼等不满。故必须以一部分重工业交由中国人自办。鄙意苏方果欲与中国方面经济合作，无妨多用几种方式，不必样样合办。譬如某种事业，可用苏方技术人员；某种事业，可以用信用方式，购买苏方机器，某种事业，可以出产品供给苏方。虽方式不同，但可达到苏方愿望。主要者，无论任何国际问题，国内舆论，不能不顾。今尚拟请问鸭绿江水电厂何以尚未列入。再松花江轮船公司究系造船，抑系船运公司。若系船运公司，则与中国取消内河航运权原则相背。

斯：鸭绿江水电厂因在朝鲜境内，故未列入。松花江轮船公司系经营船运。松花江联接黑龙江，直达苏境，与内河似有区别。至于阁下所表示之意见，似乎对战利品之观点，始终不同。在中国人民看法，好似苏联要求种种事业，由苏方参加，此实错误。实则苏方愿分出若干事业，让华方参加。阁下提到人民感想，鄙人不能不说明苏联人民之感想。在苏联边境上，最多事之地，莫过于中苏边境。十年来，满洲之军队及工业，对于苏联予以极大之威胁，结果造成战争，苏联人民受到莫大之牺牲。故苏联心目中认为满洲问题不解决，远东无和平可言。故为苏联计，最重要之问题，即如何消除满洲之威胁。故必须切实经济合作，以期将来满洲不再发生不愉快之事件。前次曾提及经济合作不但应建筑在政治上，更应建筑在商业上。假使某种事业之合作，仅作为政治上之相互让步，而无商业基础，此种事业则不能永久生存。例如合办公司，不能加入鞍山铁矿、丰满水电及重要煤矿，以及若干非铁金属，有综合的配合，则根基不固，不能发展。即如以本溪湖煤矿而言，鄙人并不否认该矿是一好矿。但其产量只能供给本矿之用。又如贵方提议密山、珲春、札赉诺尔，假定以此三矿组织公司，如何能与鹤岗煤矿公司相竞争。所以鄙人认为照中国方面提议，无法成立有商业性之企业。故无法接受贵方之提议。

对于阁下所提议之方式中，所谓以产品供给苏联。在苏方并不希望独占各种产品，愿将一部分产品供给中国之用。故苏方并不欢迎此种方式。

为中国人民利益计，当然以发展轻工业，提高人民生活程度为上策。与国防有关之重工业，并不能予人民以直接之利益。今苏方愿予参加者，乃为与军事有关之重工业，如鞍山铁厂，完全为军事制造之用。丰满水力发电，完全用以扩充军需工业。至轻工业方面，苏联不但不欲染指，且极愿帮助其发展。例如食品工业、纺织工业，苏联在任何条件之下，准备协助。最后愿告阁下，满洲有关军事之工业，苏联决不能放松。

余：阁下所提不受满洲威胁一节，据鄙人看来，方法甚多，并非必须事事合办，方可解除威胁。至每一事业，应使配合适当，具备商业基础，鄙人并非不赞成。不过满洲重要的工矿事业，为数不多，中国方面必须得一部分，可以独立经营。例如钢铁厂，只有两所，中国必需占有一所。如北满煤矿大者不过两所，中国必须亦占一所。至非铁金属产品，将来工业方面，如有需要，尽可供给。中国方面之观念，对于地下资源之矿产，十分重视；对于制造事业，尚可放松。故鄙人深盼阁下报告政府，将提议加以修正，作最大的让步。鄙人亦当将阁下意见报告政府，请求政府作最大的让步。双方如能具此精神，或有达到解决之希望。

斯：鄙人亦极愿早日得以解决。当将尊意报告政府。盼望阁下再加努力。（散会）

（五）约经济委员会各部门同事谈话，决定工作进行程序。（六）接蒋主席二十八日致苏军总司令马林诺夫斯基元师电，遵命照转。文曰："苏军总部马林诺夫斯基将军暨全体官兵均鉴，此次蒋夫人代表中正向贵军表示慰劳，荷将军及官兵诸君予以热烈之接待，不仅夫人忻感不置，而我中苏两国人民之友谊益见增进，两国邦交益趋亲密，尤为余所确信，而特表感忱者也。中正。"

二十九日，（一）军事代表团团长董副参谋长彦平晤苏军参谋长特罗增科中将，面交质询张莘夫被害事公函，并提出口头质问。

先生日记云：

今日董副参谋长晤苏军参谋长特中将，将质问张莘夫被害事公函递交，并口头质询。特中将答称："苏方已采必要措置，逮捕罪犯。现已捕到二人。俟事体全部调查竣事，再另作书面答覆。"又称："有一点声明，张莘夫系中央要员，其行踪则并未通知苏军总司令部。"经董副参谋长驳以张君系与中长路苏方助理副理事长同往，且在贵军护送之下，何得谓贵司令部不悉其行动。彼乃强词夺理，谓："马利是中长铁路职员，与苏军总部无关。张莘夫既系中央要员，似应与其他接收大员同样通知苏军总部，派联络员护送。"

（二）董副参谋长彦平询问苏军参谋长特罗增科中将，我方接收大连人员旅途是否安全。

先生日记云：

董副参谋长次询特中将，接收大连人员，旅途是否安全。特中将答称：据其揣度，无不安全问题。但因沈阳以南，苏方部队甚少，不能保证绝无非法武装滋扰情事。如我方认为由铁路前往过于危险，是否可改用其他方法运送前往，由我方自行决定。至于大连市内，想不致发生问题。

（三）大连市市长沈怡来晤，对于前往接收大连，意颇踌躇。（四）中长铁路理事会讨论理事会及路局组织。（五）苏军总部来函坚拒我沈阳国军接收当地秘密武装队伍。

董副参谋长彦平今日接苏军参谋长特罗增科中将送来公文一件，对于沈阳我军部向奉天城防司令，询问我方能否下令，命令一切秘密武装队伍集中在我军部指定地点，等候接收一节，表示绝对不许。

三十日，（一）中长铁路苏方副理事长喀尔根及局长茹拉夫立夫，同意国军使用北宁铁路车辆，由沈阳运长春。（二）中长铁路理事会继续讨论理事会及路局组织章程，但未竣事。（三）蒋特派员经国自沈阳来电，谓："关于吾方所准备之经济合作第二步可能方案，请派飞机送渝，不宜用电报传达。"

三十一日，（一）外交部王部长世杰三十日来电。文曰："二月一日，为苏军撤退完成之期，请兄转告董副参谋长彦平，于二月一日，向苏军询明苏军撤退情形电示。董君询问时，可力持友好态度。但必需询明。如苏方有所表示，可告以当转陈政府，不必径复。除已面陈蒋主席外，特先电达。"（二）中长铁路理事会继续讨论路局组织章程，已议完。对于增设助理局长，大起争辩，无结果。

先生日记云：

> 今日中午继续开中长路理事会，讨论路局组织，已议完。最后苏方提出拟增设助理局长，大起争辩，约费二小时半，无结果。吾方提出呈请政府解决。苏方坚持吾方须赞成设置。余谓我方无权赞同。最后约明日再谈。

（三）政治协商会议在重庆闭幕，通过和平建国纲领。共方对国民政府委员名额，要求有三分之一以上控制权。（四）东北苏军延缓撤退，接收工作停顿；国共政治问题无法解决。瞻念前途，不胜杞忧。

先生日记云：

> 明日已届撤兵之日，而苏军尚无自长往北撤退迹象。各省行政接收，毫无进展。此一个月，匆匆过去。以余观察，自一月十日政协会议开始后，东北问题，除中苏关系以外加入国共

关系。设在十日以前，与苏方谈判，得一解决，可不掺入国共政治问题。虽苏方暗揣其扶植之武力，必反应于政治，然不能表面化。今停战协定成立，政治协商会议开始，任何地点之中共武力，均非待政治协商，不能否认。读一月二十日之《解放日报》，有下述一段议论，标题《重庆各界人士主张成立地方性联合政府，以解决东北问题》。文曰："东北政治建设协会于本月五日，对政治协商会议提出建立地方民主政治机构，建立东北政务委员会，以确能代表东北人民及各党各派人士组织之。东北政务委员会成立后，东北行营及其所属机构即行撤消。东北各省市县各级民意机关同时成立。于一年之内，筹备人民普选各级民意机构及各级政府首长。俟各级民意机关民选政府成立后，东北政务委员会之任务终了，即行撤消。东北一切经济金融企业机构，应以东北人民福利为前提。东北工业之处理、币制之规定，应求公平合理。"

以上意见，可认为中共对于东北之方案。如是，在苏方尽可将中长路沿线城市，让与我方，而将各省区让由中共武力盘踞，与我争持，彼则扬长而去。窃恐在此一个月间，苏方已在准备此一着矣。在中央或以为在停战协定中，有东北例外之规定，可以开入军队，收回主权。岂知中共武力，早因苏方之暗中扶持，而日长月大。加以与苏联接壤边境之广阔，中共易得接济。而我则仅恃北宁铁路线，与一二小小港口之运输，供应困难。军事胜负，难以预料。此岂中央决策各主管所能见及。瞻念前途，不寒而栗。

二月一日，（一）军事代表团团长董副参谋长彦平访苏军参谋长特罗增科中将，询问苏军撤退情形；证明苏军故意拖延撤退日期。

先生日记云：

今日为苏联撤兵日期，亟须知晓苏方意向。因由董副参谋长于下午一时往访苏军参谋长特罗增科中将，询其苏军撤退情形。渠答称："关于苏方撤兵情形，热河境内苏军，现已全部撤至外蒙古。沈阳苏军亦自一月十五日，开始撤退。截至今日止，仅撤出八十列车，亦曾遭遇最大困难。若干列车，因等候煤斤及更换机车之故，有在途中停留二三日之久者。至新民、彰武方面，苏军现已撤退净尽。”再询以可否将沈阳撤完日期，及长春、哈尔滨撤退日期见告。渠答称：“现尚无法奉告。”如是，苏军之故意自动延宕撤退日期，已十分明了。

（二）往访苏军经济顾问，先谈购屋租地问题，借探其对于经济合作问题之口气。

先生日记云：

余一时往访经济顾问，探探口气。先谈房屋问题。渠坚持凡已将所购各房产价款付清者不能重付。允其付一总数，一并统算。渠问至市政府办手续时，有无障碍。答以无障碍。嗣谈及经济合作问题，渠云马元帅愿与我一谈。当即约定下午四时相见。

（三）与马林诺夫斯基元帅谈话，默察对于经济合作谈判，不能再事拖延。决返渝，向当局报告，取决进止。

先生日记云：

今日与马元帅谈话二小时半，极为重要。苏方意见，尽情透露。吾方主管当局怀疑即使经济合作谈妥后，苏方可能仍不撤兵一节，照马元帅语气，实不尽然。而最重要之点为（苏方）只承认奉天以南，及热河方面之非法武力为八路军。谈话纪录如下：（三十五年二月一日下午四时，与马元帅谈话，斯顾问在座）

马：蒋夫人此次来长，鄙人未得亲行谒见，极为遗憾。对于蒋夫人之访问，鄙人深表谢意。

余：夫人莅长，承贵军参谋长代表接待，深为忻感，可惜阁下适不在长，未得与夫人见面为憾。

马：闻阁下拟返渝一行。

余：拟乘春节放假时间前往，因有许多问题，须向政府报告，借获得解决。

马：阁下抵渝时，请向蒋主席及夫人代致鄙人谢忱。

余：当为转陈。顷在斯顾问处，渠谈及阁下愿与鄙人一谈。鄙人亦以久未与阁下见面，亟愿一谈。

马：在阁下离长前，愿与阁下交换关于中苏经济合作问题之意见。此问题，阁下与斯顾问已作长时间之谈判。苏联政府委托鄙人与斯顾问全权办理此事，现为时甚久，所谈极多，而毫无进展。兹先请斯顾问报告此案谈判情形。

斯：谈判自上年十一月即行开始，十一月二十日，苏方提出清单，除满洲重工业会社，及满洲电业会社所属各事业外，尚有若干前曾供应关东军，且纯为军事性质之工厂，列入单内，归由中苏两国合办。在谈判时，张君表示华方欲独办若干工厂。本人当将此意报告政府。政府在第二次所提清单内，应归合办事业之总数，已大为减少。余曾告张君，此类事业既为反苏军需工业，故苏方认为战利品。但有多数工厂虽曾充作军需之用，惟苏方仍愿交还与中国。张君表示华方不愿成立形如独占性质之大公司。故苏方提议组织十一个公司。第二次清单中，煤矿自二十二处减为九处；电厂自五十四处减为十六处；机器制造工业，自十处减为六处；钢铁工业自三个综合（东边道、鞍山及本溪湖）减为二个（鞍山及本溪湖）。但华方答案，根本对战利品之观点予以抹杀。实际上，华方将苏方清单内重要事业，均予剔出。如依华方提议，决不能造成具有商业价值之公司。余与张君曾会议多次，敝处专家与孙越崎君会谈一次。张君亦谓华方所提单内煤矿尚可略为增加。至于华方对于电厂完全剔出，其理由谓电厂系公用事业，水电厂因水闸区域，有淹没之私人田地，故未列入，其实毫无根据。又清单内，有许多未列入之事业，据称因其以前属于私人产业之故。最重要之鞍山铁矿，未予列入。此无异于拒绝钢铁工业之合作。其他门类，亦均将多数工厂剔出。且华方提议将公司组织，改变为二种方式，对于与资源有关之事业，中苏不能平等。余对此提议，应下一结论，即华方提议，不能作为可使谈判成功之基础。

余：讨论开始以后，对于战利品之解释，我方不能同意。辗转磋商，耽延若干时日。嗣余由宁返长，曾向斯顾问表示，须改为他种方式。但斯顾问谓苏方坚持战利品一点。因向斯顾问提议暂且撇开战利品不谈，而讨论具体合作之事业种类。因由经济部仔细研究结果，始有华方对案送达贵方。而此案之精神，大致华方认为中国人民重视地下资源，而地下资源不能认为战利品。故如矿山大部分若交与中苏合办，在人民心目中，将视为矿权悉数让于外人。故孙越崎君表示，愿将一部分优良之矿交与中苏合办，其他归华方自办。其详细情形，已由孙君面告斯顾问。至于华方自办之矿，其矿产品将来仍可供给贵方，且可聘苏籍工程师。至关于钢铁工业，两个钢厂之中，华方必须自办一处。水电厂将来如需补充机器时，可向苏联采购，即聘用苏联工程师，亦未尝不可。总之中国政府不能不顾到人民之舆论，及青年技术人员之期望。因此吾方愿在可能范围内，用多种方式，与苏方合作，但不可专用一种合办方式。

鄙人若返渝与各方面商谈时，除应付经济方面之意见外，尚有政治方面之意见，须预备应付。故鄙人愿乘此机会，与阁下一谈政治问题。实因政治与经济有密切关系。中国政府现陷于极困难之地位，因一般人士责难政府，数月内在东北，仅接收数市，至接收之省份，则名存实无。盖除省城以外，其他区域内八路军异常猖獗，因此中央政府仅负条约的义务，而不能享受应得之权利。故今如订立经济合作办法，恐仍是只有义务，而他人享其权利。此乃华方一般人士之见解，我今乃率直言之。再撤兵问题，今已届应行撤退之期，不知苏方最近撤兵计划如何？

马：各县接收，在上月十三日以前，似并无困难。

余：最近接收九台县，曾被当地非法武力所拒绝。

马：当代为解决。

本人并不愿久留此地，深愿早日回国。关于战利品问题，我方可暂予撇开不谈，而欲使经济合作办法，从速解决。凡一切在中国领土内之实物，无论地上地下，早晚终属中国，苏方并无拥为己有之意。但为造成有生命之经济合作，必须有健全而合理之组织。如煤矿中，将鹤岗剔出；铁厂将鞍山剔出；则根本不必谈经济合作。水电厂不能视为公用事业，应视为主要发动力之基础，故亦不能剔出。华方愿得独办工业之机会，此种心理，余极明了。但合办并非归苏联所有之意。合办事业所出产品，仍将供给华方之需要。关于产品之进出口问题，当另订协定。须知苏联不愿东北九省，再成为反苏之根据地，并非对东北含有经济侵略之野心。此种合作计画，仅为对自身安全之一种戒备手段。满洲工业为纯粹供给军用之工业。满洲地形与苏境衔接，插入苏境极深，故必须借经济合作，使满洲不再对苏联有所威胁。余深悉中苏决不至作战，但惧有狼披上羊皮之外国势力侵入满洲。且日本虽已战败，难保数年后，不再成为作战之因素。日本天皇政府及人民，不像德国之已被击败，而不能再成为一完整之国家。故苏方亟欲与华方成立经济合作机构，毫无野心存于其间。此问题解决愈早，经济基础愈可早见巩固，于中国愈有利益。

至关于政治问题，阁下所述贵方接收各省市困难情形，余极明了。但苏方并不妨碍中国运输军队，亦不阻碍华方接收各地，且反予以多方援助。苏军留此，亦即为帮助华方完成此项工作。贵方自空中运来之军队三四千人，开入奉天之两师，决不足巩固华方在满洲之势力，因八路军及其他武力，号称五十万人，华方应自行设法予以解决。如欲使苏联代为解决，则我人无权干涉中国内政。对于东北政治情形之复杂，苏方不能任其咎。至苏军撤退一层，苏军现正在实行撤退中。赤峰、多伦等地驻军，及铁路线之外之驻军，如新民、彰武，业已撤尽。

仅铁路线上，为保持交通线起见，不能全撤。

总之关于经济合作问题，如仍拖延不决，犹作赌牌式钩心斗角之种种举动，则工业停顿，且继续遭受破坏，东北秩序，始终不能恢复。设应对此问题，谋诚恳的、现实的解决。而华方所提对案，决不能使此问题获得解决。

余：华方无意与苏方作赌牌式之交涉，极欲对经济合作，谋双方同意之解决途径。关于政治问题，因我军一时不能开到，故无法解决各地非法武力。即以接收而言，苏方应在每一省份，协助接收省城四周之若干县城。

马：苏军并不阻碍华军开进，尽可由奉天开入各地，数量上，苏方亦无任何限制。

余：此间以前本无八路军，故各县武力应认为非法武力。

马：据我方消息，奉天以南，及热河方面有正式之八路军。至奉天以北，均系杂牌军队，甚至有自称为中国中央政府所属之军队。此类军队，据闻与中央政府代表暗中均有联络。有郭查升（译音）其人，自称为东北军总司令，后经苏方查明，彼为杜聿明将军之参谋长。此类军队每与苏军为难，杀害苏军将士。华方应设法取缔。

余：如何取缔？

马：可下令解散。谅华方与彼等终可觅得妥协途径，苏方不能干涉中国内政，实际上苏军不多，故不能派许多队伍到各县帮助中国接收。要之接收困难，不能全归咎于苏方。贵方目下，应迅速运入大军。往外县接收官员应大胆些。

余：苏军拟于何时离长？

马：尚未有确期。

余：余返渝后，可否向政府报告，苏军在铁路线以外者，业已撤退。其他各地，正在撤退中，仅铁路线上，因确保交通之故，暂缓撤退。是否可以如是说法？

马：然。总之我方希望从速解决一切问题，俾苏军可从速撤退。余再愿问民航公司及松花江轮运公司何以拒绝不谈？

余：并非永久拒绝。因事关交通，尚未经主管部予以研究，故不能即时讨论。且中央对于民航之政策，拟逐渐归由自办。水运尚有内河航权关系，均须从长研究。

马：民航可照新疆中苏航空公司办法办理。至松花江航运，系一与苏联黑龙江下游乌苏里江通航之河流，不能完全作为内河看待。

余：愿再询阁下，苏方最大让步之程度。譬如苏方坚持要将鞍山铁厂加入，是否鞍山加入合作后，本溪湖铁厂是否可归我方自办？

马：（略为沉思后回答）最好由华方再拟一代表中央之方案，犹如苏方方案为代表苏联政府之方案。目前贵方方案，只能视为经济部之方案。一视贵方提出代表中央政府之方案，再行讨论。（谈话至此，各人起立，准备散会。临别时，马元帅复有补充）

马：希望早日解决，使鄙人及军队可即离此。

此次谈话，无异苏方之最后通牒，不能再事迁延不决矣。故决定即返渝一行。

（四）军事代表团团长董副参谋长彦平，为九台接收问题，与苏军参谋长特罗增科中将折冲。

先生日记云：

今日董副参谋长，为九台接收问题，与苏军参谋长特中将交涉。九台有煤矿，可供给长春，且为通吉林要道。一月三十日，该县县长带同行政人员及保安警察五个中队，抵达车站时，为当地伪政权之非法武装将车站包围，拒绝我方人员下车。自称系当地政权之县长，并谓："在政治协商会议未得结果以前，不能移交。"可见政治协商对于东北，不特为八路军之护身符，即其他非法武力，可在八路军掩蔽之下，而要求存在。董副参谋长谈话中，称九台当地政权为伪组织，并非正式共产党。特中将驳辩云："苏军进入东北时，各地已无合法政府，苏方不得不允许人民组织临时政府，以维持地方治安，故不能称为伪组织。"嗣董副参谋长答称："所谓伪组织，系意指未经政府承认之不合法组织。"特中将又驳复谓："沈、长、哈各市临时组织，均服从中国政府，顺利移交。根据苏方理解，应认为满洲国推翻后，人民为维持地方秩序所组织之临时政权。"照此情形，苏方未撤兵以前，各地方行政接收，非借苏方力量不可。最后特中将谓："容询明吉林地区司令，再将九台接收事件答复。"

（五）中长铁路理事会开会，通过路局全部组织章程。关于添设助理副局长问题，不作决议。

二日，离长春，飞抵北平，与行营熊主任式辉长谈。

先生日记云：

本日系旧历元旦，各同事纷纷前来贺年，分别话别。十二时至机场，一时半起飞。二时半抵锦州，杜聿明长官来机场谈半小时许，即启飞。四时抵北平，至寓所休息。至熊主任寓所晚餐，并详谈各项问题，至十二时始散。

三日，（一）上午略游琉璃厂、北海等处，行人稀少，迥非十四年前景象。使馆界及六国饭店，全为美军所占。（二）中午访交通部石特派员志仁，详询华北铁路状况及运输情形。

四日，（一）离北平，飞重庆，谒蒋主席，报告与马林诺夫斯基元帅谈话经过。

先生日记云：

晨八时半自平起飞，下午二时抵渝，五时至蒋主席官邸，报告与马元帅谈话经过。主席谓："如苏方不撤兵，吾方即不前进，亦不谈经济合作问题，任其搁置再说。"余告："今后苏美两国对峙，已为不易之事实。且彼此争相扩充势力范围。在中国方面，苏必利用共产党扩充势力于长城内外。若东北全赤，则华北亦赤。将来中国即为美苏角逐之场。目前苏联在东北可利用八路军建立地方民选政权，置中央政府于不闻不问之列。故请主席重加考虑，决定方针。一则绝对不再与苏方讨论经济合作；一则再提答案，作最大之让步。同时亦提出希望苏方必须履行之条件，再与苏方商谈一次。商谈地点，应在北平，或在重庆，免有对外交涉地方化之形迹。”主席谓俟考虑后再谈。

（二）行政院翁副院长文灏来谈，当以与蒋主席谈话告之。

五日，外交部王部长世杰约午饭，讨论马林诺夫斯基谈话及今后应付办法。决定请苏方派代表至北平作非正式谈判，由行政院翁副院长文灏主持。

六日，（一）莫德惠来探询最近与苏方谈判情形及中央决策，以大略告之。（二）约军政部军需署署长及财政部国库司司长会商东北军饷支付办法。

七日，（一）蒋主席约晚饭，讨论对苏方案。

先生日记云：

蒋主席邀去晚饭，在座有翁副院长咏霓、王外交部长雪艇、蒋特派员经国。并约有君劢家兄。饭前讨论对苏方案，决定对于苏方希望之鞍山钢铁厂，及鹤岗煤矿允予加入合办之列，由翁副院长重拟一对案。民航允可照中国航空公司办法合办，惟不得违背国际航空协定。此为最后之让步。论理在此种情势万分紧急之际，应以最迅速之方法，与苏方开谈。盖既付如此代价，允以鞍山、鹤岗加入，不如早早通知苏方，以求挽回局势于万一。不应再经拟案、会商、呈报核示等种种手续。余以经济委员会主任委员身份，何能越俎代谋。衷心焦灼而已。

（二）奉蒋主席面告，第五师暂缓运长春，当即电告董副参谋长彦平。

先生日记云：

奉主席面告：“苏军撤退尚无确期，第五师暂缓运长。”当即电告董副参谋长。可见中苏两方，猜疑日深。吾方军队不敢前进，恐为共军切断，投入陷阱。苏方在沈军队不敢尽撤，惟恐吾方接收其所欲合作之事业。

八日，（一）周恩来、董必武来谈，探询中苏谈判情形，并称东北问题，应用政治方法解决。

先生日记云：

今日上午十时，周恩来、董必武来谈，探询中苏谈判情形。隐约告以中苏两方，尚有歧见。彼等谓东北问题，应用政治方法解决。即东北政治委员会加入各党各派，在行营内组织小组，由中共方面及国府方面派代表参加，就地解决一切军事问题。观其气概，与去年十一月三十日晤面时迥异。谅彼方已估计其在东北之武力，足以抵抗吾方；且有停战协定与政治协商为其张目，故有此建议也。

（二）与行政院翁副院长文灏，讨论对苏最大让步方案。（三）参加卢作孚招待加拿大驻华大使欧德伦 General Victor W. Adlum 午宴。

先生日记云：

欧德伦大使谓，国民党之生存，应从精神上着想。其意似指摘政治未见清明，行政效率不高。

九日，（一）与行政院翁副院长文灏及外交部王部长世杰会商，拟具对苏联经济合作最后方案。（此一方案系根据昨日与翁副院长谈话，再参以外交部意见而完成）（二）东北政治建设协会代表来见，建议东北问题应先由政治协商解决，再经外交途径与苏联折冲。先生当将中苏谈判经过及经济合作应顾到国民利益，不可过于让步一点告之。（三）军事代表团团长董副参谋长彦平报告，苏方通知可以接收九台及农安两县。

先生日记云：

接董副参谋长报告，苏方于昨日通知我方云九台县可于二月十二日接收。农安县接收，吾方于一月一日曾向特中将要求派遣联络官陪同前往。彼当以苏方在农安无驻军为理由，予以拒绝。昨日忽派联络官前来接洽，称奉命听候差遣。以余看来，此等一二县之接收，实无关宏旨。

（四）美国分别照会中苏两国，谓：中苏协商管理满洲之工矿企业，违反门户开放原则。此一问题之解决，须有美国参加。（五）美国务卿贝尔纳斯在记者招待会，重申对华门户开放政策，各国同享平等贸易机会。

十日，（一）蒋主席召谈昨日拟定对苏方案。在座有行政院宋院长子文、翁副院长文灏、外交部王部长世杰及蒋特派员经国。

先生日记云：

下午五时，蒋主席邀谈。有宋院长子文、王外长雪艇、翁副院长咏霓及蒋特派员经国。商讨昨日拟定之对苏方案。惟关于由翁副院长至北平与苏方商谈一节，恐苏方经济顾问不能在北平有所表示，仍须返长请示。如此仍将迁延时日，不能速决。因决定一面将所拟方案由外交部通知驻渝苏大使，告以此为最后让步。一面由余携回长春与苏方接洽。

此方案之内容最重要者为将鹤岗煤矿加入，而抚顺煤矿必须交还中国。鞍山钢铁事业（包含鞍山炼钢厂、辽阳铁矿、鞍山火砖厂、鞍山神户机械厂）允予加入合办。而中国股份须占百分之五十一，董事长总经理均须由华人担任。钢铁厂长及矿场场长可用苏人。大连炼油厂可合办，惟须遵从中国政府所颁布之一切有关汽油法令。辽东半岛盐场及东北九省民航，可允合办，由我方另提合办条件。

（二）张莘夫夫人来见。除将被害经过告之外，深感无言可以安慰张夫人。（三）南京、上海两地又发生物价及币值波动。白米每担价法币三十三万元，美金每元兑法币二千四百元，黄金每两值法币十八万元。（四）政治协商会议重庆各界协进会等团体在渝市校场口举行政治协商会议成功庆祝会，发生殴打，多人受伤。

十一日，（一）美、英、苏三国同时公布雅尔达秘密协定。

先生日记云：

美、英、苏三国同时公布雅尔达秘密协定。内有关中国方面者为：（1）外蒙古（现为人民共和国）之现状应予保存。（2）苏联应恢复以前俄罗斯帝国在满洲之权利；此项权利，因一九〇四年日本之诡谲攻击，而受破坏。（3）大连应辟为国际港，苏联在该港之优越权利并予保障。（4）旅顺仍复为苏联所租用之海军基地。（5）中东铁路以及通往大连之南满铁路，应由中苏双方共同组织之公司联合经营；苏联之优越权利应予保障。（6）中国对满洲应保持全部主权。美、英、苏三国，未得我政府同意，订此秘密协定，致有一九四五年八月十四日，中苏友好同盟条约之签订。今一般人民睹此雅尔达秘密协定，必大起愤懑无疑。

（二）蒋主席自重庆飞抵上海。

十二日，（一）访行政院宋院长子文，询其对东北流通券汇率及发行准备意见，并谈中苏经济合作问题。

先生日记云：

上午十一时，往访宋院长子文，询其对于东北流通券一对法币十三元之意见。渠谓此项汇率可任商场自由开价汇兑，不必由政府规定，以免中央政府负一义务。又询可否以敌产充作发行准备。渠意恐苏联收集流通券，向我方要求执管产业，故不便公开承诺，渠继谓苏方要求经济合作事，恐交涉不能有结果。若继续交涉，徒使我方愈陷愈深，不如置之不理。

（二）访外交部王部长世杰。据告："美国务院有一公文致中苏两国政府，声明中苏两国目前交涉关于经济问题，不能妨碍门户开放，及各国均等接近原料与市场机会之原则。再赔偿问题，应由赔偿委员会解决。希望中苏两国将交涉情形通知美政府。"

十三日，（一）访立法院孙院长科，询其对于中苏经济合作交涉之意见。

先生日记云：

晨访孙院长哲生，询其对于苏联交涉之意见。渠谓："苏联政府不信任国民政府，所以有经济合作之要求。若一二年后，苏联对于吾政府有信用，则未必有此要求。"又询其政治协商。渠答谓："尚须相当时日。"对于中苏经济合作，复询以应否继续商谈。渠谓："未尝不可继续商谈。"且谓："以前满洲经济为日人垄断，今日分若干与苏联，何尝不可。"其意见与宋子文院长，完全相反。

（二）财政部钱币司司长戴铭礼来见。据称：东北流通券汇价，须由行政院下一院令，方可正式实行。再流通券汇兑，若设汇兑管理委员会，该会须不离四行联合办事总处系统。（三）在蒋特派员经国处午饭。（四）莫德惠来谈，交换对于东北交涉之意见。（五）蒋主席在上海接见中外记者，告以中苏经济合作商谈在进行中；苏军本已相约在二月一日前撤出东北，现国军一时未能开入接防。

十四日，（一）再访行政院宋院长子文，续谈东北流通券汇率问题。

先生日记云：

上午十一时，再访宋子文院长继续谈东北流通券汇率，告以财政部钱币司戴司长意见。渠仍持前日所表示之意见，谓恐中央负东北币制责任，故不愿由中央宣布汇率，将中央牵涉。当告以此乃汇率，并非对于法币之兑换率。渠仍坚持若由银行自由开价，行政院对于一对十三之汇率，并不反对。再对于以东北敌产抵充东北流通券发行准备一事，余告以东北流通券并不兑现，苏方不能收集流通券，要求东北敌产。渠谓不可不防，故不能赞成。且谓渠对东北交涉，十分悲观，劝我不必再回长春。

（二）访外交部王部长世杰。据告："昨接美国务卿贝尔纳斯通牒，内称：'苏联关于东北之权利，只限于中苏友好条约范围以内。现闻中苏两国商谈东北经济与工业之管制，若违背门户开放原则，美政府不能承认。若苏方要求牵涉赔偿，则应由远东委员会解决。希望中国政府将商谈经过，随时通知美国政府。'"（三）各报登载华盛顿十二日报导，关于中苏双方处置东北敌产及赔偿问题。

先生日记云：

今日各报登载华盛顿十二日报导，美国务卿答复新闻记者谈话："蒋主席曾表示中苏双方已就处置东北财产与配备问题，进行谈判。美方请求中国随时以谈判情形见告。我方现已自中国获得报告一起。我人认为此项问题，应由远东委员会（尤其在该方面成立之赔偿委员会）加以讨论。"

此项消息之公布，使外交当局对于战利品之要求，更受一种束缚。同时使主张对苏采取强硬态度者，觉得吾方可借美国助力，以抗苏联。此后谈判将益增困难矣。

十五日，（一）外交部王部长世杰约午饭，与在座诸人对于东北问题交换意见。

先生日记云：

中午王雪艇外长请午饭，到者有孙哲生院长、前外长王亮畴、邵力子（政治协商议会代表）、陈布雷、翁咏霓、蒋经国诸公。先由主人报告中苏交涉最近经过，及美方通牒。孙院长发言谓："今日之东北等于伊朗，即控之国联，亦无结果。"王亮畴先生谓："仍应继续商谈。"邵力子先生亦赞同。陈布雷先生谓："国家主义派之激昂，不能轻视。"最后主人谓："赴宁向蒋主席请示，再决定方针。"

谈话间，陈布雷先生所谓国家主义派，大致意指国民党之干部。在干部方面，对于政治协商会议容纳中共，与各党各派于未来之政府组织，参与政权、军权，认为实一危险之举。一则国民党与中共无法合作。二则中共参加政府将酿成政治不安。今见中共对于东北之野心，更增愤怒。如何爆发，实堪注意。

（二）《大公报》社论谓今日中国决不容再有势力范围。（三）《纽约时报》抨击雅尔达秘密协定。（四）《纽约时报》谴谪苏联在满洲延不撤兵。（五）延安中共发言人对东北问题，提出四项主张：（1）改组东北行营政治委员会、经济委员会及各省政府；由东北民主人士、各党派、无党派人士参加。（2）承认并整编现有抗日民主部队（据云抗日联军及八路军共三十万人，由东北共产党领导）。（3）承认各县自治政府。（4）国民政府开入东北之军队，应限制数量。如国民党固执武力解决，冲突将继续发生。军事调处执行部之工作范围，应推及东北。

十六日，（一）访国府文官长吴鼎昌，告以日来所闻各方面关于中苏交涉之意见，及昨日在王外长席上各人谈话情形。吴氏谓，应将事实尽量宣布，一面继续商谈。否则各方纷纷揣测，反增误解。（二）东北旅渝同乡召集大会，讨论收复东北及张莘夫被杀害问题，提出要求五项。

先生日记云：

> 今日东北旅渝同乡为讨论收复东北，及张莘夫惨被杀害问题，召集大会，到者甚众。邀请莫柳忱先生报告东北情况。其报告当然激起听众之悲愤情绪。会后全体游行，至国府请愿。此为民众对东北交涉表示不满之开始。大会决议要求：（1）请政府照会苏联，请其切实说明杀害张莘夫的真相。（2）要求苏联赔偿张莘夫生命损失。（3）要求苏联对于张莘夫被害事道歉。（4）要求苏联保证不再发生同样事件。（5）要求苏联按期撤退军队。

（三）延安《解放日报》登载中共发言人对东北问题之四项主张，激起国民党东北人士之反感与愤怒。

先生日记云：

> 更有一事，激起国民党干部，尤其东北国民党人士之反感者，为十四日中共发言人谈东北概况，登载于延安解放日报。内有中共对东北问题主张：（1）现在国民政府接收东北的各级机构，是国民党一党包办，不合东北与全国的民意。因此从行营及其政治委员会、经济委员会，到各省政府，都应该改组，

尽量吸收东北民主人士，与国内各党派、无党派人士参加。使一切民主分子享有公平有效的代表权。(2) 对于东北现有抗日民主部队，应予承认并整编，使与国民政府派去的军队共同维持地方治安，消灭伪军土匪，避免军事冲突。(3) 对于东北各县民主自治政权，应予承认。如认为他们的基础尚不够广泛之处，应采取协商改组办法，或另行选举，不应不予承认，或坚持委派的不民主办法，而反对人民选举的民主办法。(4) 现在中苏友好，国共停战，全国要求裁兵复员，东北治安又有地方部队协力维持，故国民政府为恢复主权而开入东北的军队，应限制在一定数量之内，以轻民负，以利和平。

十七日，(一) 重庆《中央日报》社论反驳昨日《新华日报》所载中共对于东北之要求。要点如下：(1) 在日本投降时，东北并无中共军队，今日他们自称的武力，乃他们在日本投降后，招兵聚众制造出来的。因此东北独立的队伍，与地方区域，不在政治协商解决与军事调处范围以内。(2) 东北问题是中苏友好条约及各种附件，怎样实行的问题，目的为取得中苏两国三十年的和平，与政治协商问题，根本性质不同。(二) 访加拿大大使欧德伦，询其对于东北问题之看法。

先生日记云：

下午往访加拿大大使欧德伦，询其对于东北问题之看法。渠谓："满洲恐终成第二外蒙。为今之计，蒋主席应与美总统及英首相见面一谈，彼此有一切实了解。假定苏联不顾信义，攫取东北，英美应取何种应付办法帮助中国。至目前对付苏联，一面须避免正面冲突，一面须不承认无理要求。宁任其霸占，不能情让，以待日后解决。"余不便告以交涉实情，且彼亦不知苏联计画，并非直接霸占，而系经由中共盘踞。至于彼建议蒋主席应与美英当局见面一谈，其意未始不可采用。不过际此政协正在进行，国共军队之冲突频繁，焉有余暇可以出国。

十八日，(一) 外交部王部长世杰自南京带来蒋主席手谕。文曰：“公权吾兄勋鉴：雪艇兄来京，详悉一切。即照兄等所拟办法，作为最后之尝试。但切不再有一字之增加。否则兄等此行，不仅徒劳，而且今后彼方更以为我留有余地。较之往昔，困难倍甚。必须以此为最后一步之决心。至要。中正手启。二月十七日。”

先生日记云：

> 晚八时，王外长雪艇自宁谒见蒋主席后，返渝携来主席手示。雪艇兄并云：“主席意，经济合作办法，应俟撤兵完竣，政权接收后，方可实行。嗣与雪艇兄研究所谓接收进行之程度，究竟指东北全部县份而言，抑仅指省城而言。全部各县接收，照目下情形，势不可能。若仅接收省城，则接收有名无实。余谓万不得已，只能接收每省之中心地点，此外待政治解决。”

（二）外交部转来苏联大使二月十六日关于《大连协定》签发之照会抄件。内称：“敬启者，依照一九四五年八月十四日中苏《关于大连之协定》，及关于大连协定之议定书之规定，关于大连港口之相当工事及设备，租与苏联，及大连港口之管理诸问题；苏联政府认为宜开始签订协定之谈判。为进行此项谈判起见，苏联政府建议每方各派代表三人，即于最近在大连开始工作，对于阁下关于苏联政府上开建议之迅速回答，本大使将十分感谢。”（三）北平新华社发表消息，谓“新六军开入辽宁省沟帮子、打虎山、新民一带，为向辽东平原之人民武装进攻，违反停止冲突协议。”

先生日记云：

> 显然中共已表示准备与开入东北恢复主权之国军作战。

（四）《纽约时报》记者窦丁 Tillman Durdin 来见，探询东北交涉情形。

先生日记云：

> 今日下午，纽约时报记者窦丁来见，探询东北交涉情形，实难答复，只能以概括笼统之语答之。

（五）重庆《大公报》发表社论，标题《东北之阴雾》，要求苏联撤兵，并批驳中共之主张。

十九日，（一）外交部王部长世杰告苏联大使，希望苏联军早日撤退，至经济问题当再度讨论。

先生日记云：

今日下午，王外长邀苏联大使到部，告以渠已尽最大之努力，希望苏方早日撤兵。至经济问题，将由张主任委员与蒋特派员返长，与苏方再作一度讨论。惟吾方对案已属最大范围。苏大使又提出战利品问题，谓："此为问题中心，此不解决，则一切不能解决。"又抗议日前有反苏游行。（谅指东北同乡游行中或有反苏标语）

（二）董必武来访，坚决主张为顺利接收东北政权，应先改组东北行营政治委员会。

先生日记云：

渠意谓中央对于东北中共武力，须用政治方法解决，不用武力。

（三）国民党组织部陈部长立夫来访，托告东北行营主任熊式辉，党部应在东北开始活动。（四）蒋主席自南京由长途电话，嘱暂缓赴长春。

先生日记云：

因明日将与蒋特派员同返长春，整理行装，先将行李送往机场。十时忽接蒋主席自宁来长途电话，属暂缓行。

二十日，（一）外交部发表声明，我国不受雅尔达秘密协定之拘束。（二）接外交部王部长世杰抄转蒋主席来电。内开："外交部王部长，昨日两次电话各节，已由周秘书呈报均悉。公权先生及经国仍应暂留重庆，俟余二三天后返渝面商，再成行可也。请分别通知为要。中正。"

先生日记云：

昨晚蒋主席嘱暂缓行之电话，谅系接到王外长报告，与苏联大使之谈话，必须先解决战利品问题之故。又悉蒋特派员曾告王部长云，是否同意苏方要求，否则恐难协议。谅王部长亦以此语报告主席，因此主席不能不重加考虑，故有此变动。在余个人意见，战利品问题在法理上果属重要；但吾方已允与一笔赔偿为替代，故仅属文字上之歧异，于实际无出入也。而最重要者，在于中共在东北势力之膨胀。在此一月中，中共武力已立基础。即使与苏联交涉能致协议，各大都市以外之接收，非用武力不可。如是，对苏方已大让步，而大部分地域仍不能接收。东北人士与国民党内所谓国家主义派势必起而攻击。不特主持交涉者将遭唾骂，即交涉协议亦势难实行。盖东北问题，在一个月以前，仅为对苏交涉，今则夹入中共之军事与政治问题，已形成无法解决之情势矣。

二十一日，（一）据报重庆学界准备明日大游行，对于东北问题有所抗议。（二）军事代表团团长董副参谋长彦平与苏军参谋长特罗增科中将会谈，要求苏方将惨被杀害之张莘夫等八人尸体迅速移交我国当局，并从速逮捕凶犯及一切有关人犯。特中将提出沈阳、哈尔滨两地，自一月十六日起，发生苏军官兵被杀害有六起之多。（当系反对中央者制造此等事件，离间中苏关系）

二十二日，（一）重庆沙坪坝各中学及大学学生三万余人，举行反苏反共大游行，并有人捣毁新华日报社。

先生日记云：

今日自清晨起，沙坪坝各中学及大学学生三万余人，举行大游行。其口号为：(1) 苏联军队一律撤离东北。(2) 领土不许割裂，主权不许破坏。(3) 苏联要归还掠夺物资。(4) 全国一致团结对外。(5) 严格遵守中苏条约。(6) 铲除一切非法地方政权。(7) 铲除一切傀儡政府。(8) 绝对拥护政府接收东北。(9) 请政府澈查张莘夫惨案责任。(10) 拥护蒋主席领导和平建国，拯救东北同胞。(11) 拥护政府采取强硬态度。(12) 中共应该爱护祖国。游行颇有秩序，并阻止游行队前往苏联大使馆、外交部及国民政府。惟游行队中，有人持有各种插画，内有一刺刀刺史太林画像之画。是日新华日报社被人捣毁。

（二）莫德惠来访，深以今日游行将影响中苏邦交及收回东北为虑。

先生日记云：

下午莫柳忱先生来访，谈及今日学生游行，深以将影响中苏邦交，及收回东北为虑。渠意必须蒋主席早定大计，从速与苏方继续谈判。苏联政府向来注重实际，若实际方面有解决可能，则或可挽回不良空气。

二十三日，（一）蒋特派员经国来访，谈及昨日学生大游行，预料苏联政府将有所表示。

先生日记云：

蒋特派员经国兄来访，谈及昨日学生大游行后，晚间中苏文化协会举行庆祝红军纪念节谳会，苏方无人出席。预料苏方必将有所表示。轻则抗议，重则外交方面互不往来，及大使回国，均有发生之可能。必须吾政府早日表示政府态度，与学生游行并无连系。余答以东北问题，演变至此，必须蒋主席阐明态度，外交部有一诚恳表示，使双方空气略有好转。在目前空气之下，吾二人返长，毫无用处。彼亦同意。

（二）李璜来访，亦谈昨日学生大游行事。

先生日记云：

青年党李幼椿先生来访，谓："昨日游行之举，为党（国民党）略反共则得计，为国策则不智。并予蒋主席以极大困难。"渠尚听到国民党中有人，甚至谓若将东北问题化大，可以掀起美苏战争，或于中国有利，更属荒谬。

（三）赴苏联大使馆贺红军纪念节，往贺者甚众。（四）张莘夫夫人偕孙越崎夫人来见，希望早日得到其夫君遗尸。当告以已接董副参谋长电，正在积极交涉中。（五）马林诺夫斯基元帅在长春发表演说，指摘第三国挑拨离间中苏友好关系，颇示愤懑。

先生日记云：

接长春报告，昨日（二十二日）长春苏军总司令部举行红军纪念节，招待宾客。我方应邀出席官员三十名。席间马林诺夫斯基致词，大意谓：“中苏两国实为患难之交，其友谊系经共同流血而结成，切勿受第三国之挑拨离间。现有戴麂皮手套，囊怀金圆之第三者，伸手于中苏之间，亟应加以排斥，斩断其手。苏联只与中国合作，不与任何第三国合作。苏联民性真纯，惟有以鲜血维持友谊。近来某方制造舆论，指斥苏联为赤色帝国主义，劫掠满洲物资，此事当由我的经济顾问予以答复。”随即由经济顾问斯拉特阔夫斯基致词，称：“红军为苏联之长子，苏联对其长子之期望最殷，亦最珍视其成就。满洲之解放全由红军流血而来，因此始有中苏在经济上密切合作之机会。苏联从未提出有损中国人民利益或其主权之要求。苏联之要求，仅在经济方面之平等合作；其目的不在金钱，而在国防。”苏联军事委员会委员特罗增科中将起立谓：“驻在满洲之红军，系保卫苏联领土之前卫，不容任何方面侵犯。”宴毕观剧时，马元帅已有醉意，复向董副参谋长说：“别的国家帮助你们中国，是为了他们本身利益。而我们苏联帮助中国，仅是基于衷心的正义。你们的国家认识不清楚，也是你们的错误。如其他国家挑拨吾人之友谊，侵犯吾人之利益时，我们应当共同起来反抗，并予以教训。”

以上苏方各人发言，其胸中情绪，对于经济合作，不能遂其所愿之愤怒，及对于美国之猜忌，可见一斑。

二十四日，董必武、王若飞来访，探询东北问题关键，究竟在政治，抑在经济。

先生日记云：

今晨董必武、王若飞来访，探询东北问题，究竟关键在政治，抑在经济。在董认为只须政治民主，苏方即可让步。而王则再四推敲。当告以重点在经济。此不解决，苏军恐未必能即时撤退。并告以国内必须先团结一致对外，使苏军撤退，再谈国内政治问题。中央政府决不反对用政治方法解决一切。推测彼等心意，虽曾提出四大要求（见二月十五日（五）条），惟苏联若不撤兵，则彼等武力始终在苏军羽翼之下，无法出头露面，故亟愿一知苏联态度。照此揣度，苏联究竟对于中共在东北能得势力，及占地盘至若何程度，似尚未向中共有所表示。

二十五日，（一）参加国府纪念周。蒋主席出席，阐明对苏态度要点：（1）希望全国民众信任政府，对于东北问题必能有合理的解决，切不可轻听外间无根据之推测，而有激昂过分之言动。此次中苏商谈合作之原则，政府所授予东北行营者；（a）必须遵守我国之法令，（b）尊重中苏友好同盟条约，（c）不抵触我国所签订之一般国际协定。（2）大家须知中苏两国之友谊，不仅于中国，于苏联均有必要，且对世界和平合作，亦属必要。

先生日记云：

纪念周毕后，蒋主席邀我在别室谈话，询我对于宣布各点之反应。答以甚为平妥。主席又说在演讲中，曾提及中苏交涉，将移至中央办理。我说可以如此办理，但不必明白宣布，以免伤及长春苏方官员情感。余离国府后，闻知主席对于日前学生大游行，极不谓然。

（二）与蒋特派员经国会电军事代表团团长董副参谋长彦平。文曰："今日主席返渝，以最近种种演变，似应先由两国政府间开诚交换意见后，弟等再行返长。因此行期展缓。望转告树人、君迈、洁忱、绰庵诸兄，及各省主席诸公。"（三）昆明、南京、武汉、青岛、太原等地，学生为东北问题游行。（四）延安《解放日报》发表社论《爱国与排外——重庆事件与东北问题》。结论（原文）如下："……但是爱国的人民决不允法西斯分子拿了国家民族去孤注一掷。一切爱国的人民终将认识法西斯分子破坏国内和平民主，破坏国内各党各派团结，破坏中苏友谊，挑拨美苏关系的阴谋。重庆反苏反共游行的绝大多数参加者，将有一天从事实真相认识中，觉悟到自己是上了法西斯阴谋家的当。他们将会了解真正救国爱国的道路，不是国际反苏，国内反共，而是国际和苏，国内和共。正如孙中山先生经过毕生奋斗所得到的结论一样（联俄容共）。爱国的人民将要警惕起来，而且奇怪今天的某些政府当局为什么会对于停战谈判和政协会议成功以来，国内法西斯分子的猖獗，采取如此放任，甚至事实上鼓励的政策。真的，国民党内主张国内和平民主，国际中苏友好的领袖们，虽然在法律上得到了胜利，今天确正处于受攻击的地位。今天在事实上有许多方面得势的，暂时还是那些反对国内和平民主，反对国际中苏友好的人们。事情已经严重到极点了。政府当局今天必须表示明显的态度。蒋介石先生今天必须采取明确的方针。对于国内反动派破坏停战命令，破坏政协决议，到处制造恐怖，捣毁新华日报，鼓吹并实行东北问题武力解决，造成中苏间紧张局势的阴谋活动，继续沉默暧昧，就只有使国家民族陷入绝路。危机笼罩着中国，现在是我们看政府紧急行动的时候了，现在是全国爱好和平民主的人民紧急动员起来，推动中国和平民主，维护中国国际地位，维护中国国家民族利益，而与国内法西斯反动阴谋实行严重奋斗的时候了。”

（五）国、共、美签订关于军队整编及统编中共部队为国军之基本方案。十二个月内，东北中共军队编为一个师，次六个月内，东北中共军队再编为一个师。

二十六日，（一）访外交部王部长世杰，谈张莘夫案及本人缓返东北问题。

先生日记云：

上午往访王部长，陈述二点：（1）张莘夫案，必须政府派员会同苏方澈查，否则将受舆论指摘。（2）二月十九日，渠与苏联大使会面，曾提及余与蒋特派员不日返长。今既决定缓行，且蒋主席意中苏交涉移至中央办理，应否将此情形向苏联大使说明，抑电长春请苏方派员来渝。王部长意第二点应请示主席。随即偕同往见主席。主席意暂不与苏方接洽，看今日苏联大使到部态度再说（苏大使午后到部）。随后与经国兄商定我二人决定不即返长。

（二）重庆各界举行张莘夫特派员追悼会，前往吊奠，并述遇难经过。（三）莫斯科广播长春苏军参谋长特罗增科中将对于迟延撤退之辩护。据称：苏军从满洲撤退，将在美国陆军从中国撤退之时完成。无论如何，不能迟于这一时期。

（四）军事代表团团长董副参谋长彦平转来塔斯社二月二十二日长春电，漫骂中国反动分子，并历举种种罪行。原文如下：“在最近这几个月里，剩在东北的日军残部，以及其傀儡，表示出十分积极活动。在日本遭受失败之后头几个月里，在东北只有被毁灭，而不愿投降的小股关东军残部，在活动中。这些部队，时时在袭击苏军部队，而同样的扰害地方居民。当时很大一部分亲日分子，隐藏起来了。等待相当的机会，在（再）干起仇视苏联的活动。自从去年十一月以来，这些日寇残部，开始了积极活动更大规模的，成为更有组织的了。他们展开了仇视苏联的宣传，号召武装袭击苏军部队，以及苏军的单独军人，后来就明显了。在东北的这些日寇残部，以及其走狗，得到了中国内部的反动分子的援助与领导。这些反动分子，直接往东北派遣自己的代表，以便来展开仇视苏联的活动。这些反动分子与被毁灭的关东军，以及被毁灭的伪满军，一块在活动着。上面所指出来的这些匪股，在东北某些城市里所散布的传单里，曾号召消灭苏联军人，以及同红军合作的中国人。自一九四五年十一月下半月以来，在东北许多城市里，奉天，佳木斯，林口等地，就有袭击苏联部队，以及苏军单独军人的事情，并且打死了好多苏联军人。在本年正月中旬，在绥化一带，曾有一队匪贼，乘坐汽车袭击了苏军部队。在二月里哈尔滨市内，也有几次匪贼袭击苏联军人的事情。在这次袭击的结果，曾打死了苏联军官和士兵数名。在本年正月初，携同自己的随员，由抚顺回返奉天的工程师张莘夫（中国人）之被匪贼打死，显然带着一种挑拨的目标。中国反动报纸就利用了这个挑拨，进行其反苏运动。而中国政府则亦于反动刊物的造谣活动上，把打死了张莘夫工程师和其随员的事情，归罪于红军指挥部。匪贼的队伍根本上是由日本鬼子以及过去的伪满官兵所组织的。被苏军所捉住的许多匪贼，自己声明他们是国民党党员，是一九四五年秋天加入国民党组织的。被捉住的人尚声明道，他们之所以成立了这些队伍，是为要同中国民主主义组织部进行斗争。并且关于仇视苏联的宣传，关于组织袭击苏军部队，和苏联单独军人等情事，他们都是由秘密阴谋中央领道的指令。这个中央是专门领导此罪恶的活动。东北的进步分子，竭诚地愿意巩固中苏友好关系，他们痛恨同日寇残部一块儿活动的中国反动分子的罪行。”

（五）长春苏军当局招待当地各报记者，对于东北苏军延期撤退事，发表书面声明。原文如下：“今为在中美许多刊物上登载关于苏军延期撤出东北，各种不正确的曲解真实情状的通知关系，马利诺夫斯基元帅的参谋部申明道，苏军撤退，前曾指定于一九四五年十一月间。但是中国政府第一个请求，以及第二个请求去后，曾决定延期到一九四六年二月一日。从一九四六年正月十五日，苏军又开始撤退；一直到现在，尚在继续撤退中，并且极大部分苏军，已由东北撤退了。但是苏军撤退之所以发生了一点儿耽误，是因为有以下各项原因：中国政府军队十分缓慢的来到苏军所要退出的地带，因此苏军指挥部无法把苏军所要撤退地带的政权交给所要来接收的人。此外还有去年秋季，中国当局屡次向苏军指挥部，提出要求，说：苏军（不能）不等待中国政府军队来到而就撤退。苏军指挥部不能不估计到这种情况。同样还有这样的一种情况，东北铁路和车辆十分被遭受红军所打击而败退的日本军队所破坏，所折断了，石煤不足，冬季的条件，所有的一切，就严重的妨碍了东北铁路照常的运输。最后在一切交通线上，特别是在铁路上，有许多由日满军残部所组成的股匪流动，实行破坏工作，通（同）样给苏军部队的顺利调动，造成了好多的困难。东北苏军指挥部决定苏军撤出东北，一定会在美军指挥部把美军撤出以前。但无论怎么样，也不能迟于他们。这样一来，在许多中外刊物上登载关苏军故意延期撤出东北的各种通知，是反动的，反民主分子的造谣和仇视苏军的结果。这样，这一些分子曾企图切断中国人民对把东北由日寇奴役下，解放出来的红军之信任与好感。”

（六）军事代表团团长董副参谋长彦平致函苏军参谋长特罗增科中将，催询张莘夫案。函云："兹遵照本国政府训令，提出以下各项：（1）于最短期间内，将惨被杀戮之张莘夫等八人尸体，不问其在如何状态，移交本国当局。最好由沈阳市长派员携带棺木，由贵方保护前往被害地点及尸体所在地，自行收殓，运往沈阳。（2）继续采取迅速有效之方法，查明戕杀情形及一切与本案有关事项，逮捕凶犯及一切有关人犯。关于本案调查所得之资料，随时移送本团，俾得转报本国政府，明悉本案进行情形。"

（七）美国务卿员尔纳斯答记者，否认美、英、苏间有任何协定，允许苏联可以没收满洲境内之机器或工厂设备。（八）北平学生，上海、南京民众为东北问题游行。（九）外交部复苏联大使二月十六日照会，建议讨论有关大连港口事宜。

二十七日，（一）苏联大使彼得罗夫向外交部王部长世杰提出书面抗议。要点如下：（1）学生游行系有组织举动，且侮辱苏联最高领导者，中国政府应负责。（2）苏联迟延撤兵，原因不在苏方，乃基于技术上之理由。（3）张莘夫被害系暴徒所为。（二）国民党中央宣传部部长吴国桢答覆新闻记者：政府未曾协助或组织学生游行；外交部就苏军在东北撤退问题提出之询问，尚未获得苏方答覆。（三）苏联与外蒙古订立友好互助协定。（四）美国合众社报告：沈阳四千五百家工厂仅二十家开工，其他大都遭劫掠焚毁。又苏军续增四万人到旅顺。

二十八日，（一）苏军参谋长特罗增科中将函覆行营董副参谋长彦平，关于张莘夫尸体将移交沈阳市长及凶犯未能捕获情由。函称："关于葬埋在抚顺的张莘夫尸体，将经沈阳地区司令转递给沈阳市长。至于张莘夫随员的尸首，则都被匪贼于行凶处烧掉了，而未能找到。此事我已通知阁下。同时谨通知阁下的，是关于苏军指挥部采取办法，以便揭破与捉获杀死张莘夫和其随员的罪犯。现在尚未达到成功。干出这案件的匪贼，连一个也未有捉到。因为这件事情，而于前些日子捉获的几个中国人，经检查的结果，他们并未做杀死张莘夫及其随员的事情。现在他们已经都被释放了。关于交出尸首的命令，我已向沈阳地区司令发出了。”（二）电告驻长春同人，迟迟未能返长原因。文曰：

彦平兄、树人兄并转敬舆兄、君迈兄勋鉴：此次返渝，先以宋院长不在渝，嗣已定十四日左右返长，适主席出巡，临行嘱俟归再行。后以美方发表种种言论，恐更增困难，因由王部长赴宁请示。及返后，决定二十五日北返，忽发生学生游行，中间不无刺激言论，且涉及长春交涉。主席电令缓行。日前主座返渝后，已发表谈话，大致中苏友谊必须增进，东北交涉必须解决。至长春谈判，须秉承中央三大原则办理：（1）顾全中国法律；（2）遵守中苏协定精神；（3）不违背国际协定。舆论略见缓和，惟苏大使昨向外交部提出书面抗议，内容：（1）学生游行系有组织举动，且侮辱苏联最高领导者，政府应负责；（2）苏联迟延撤兵，其原因不在苏联，而基于技术上之理由；（3）张莘夫被害，系暴徒所为。主座意宜待苏方误会稍解。且二中全会开会在即，嘱会后返长。要之此二十日中，不幸事故叠发，先有雅尔达密约宣布，及张莘夫被害事件，继则美外长谈话，及中共对于东北四大要求，以致有学生游行之触发，造成今日现象。恐在长同仁心绪不安，望代慰问，并乞随时电示高见。

（三）电东北经济委员会张秘书主任大同，嘱略告苏方经济顾问不能即返长春原因。电文曰：

顷致一电，详述迟归原因。如耿济之、朱新民两秘书晤斯顾问时，不妨大略告之，俾知我虽费一番苦心，而枝节之来，出人意外。看其反应如何。再中长路议订章程委员会来渝开会，可照办。

（四）美国务卿贝尔纳斯在纽约新闻总会发表演说。要点如下：美国不允用强迫或压力侵略，强国无权擅自驻军于独立国家，亦无权自解放地区取去财产。此种行为，违反联合国宪章；美国决维护此一宪章，如需用武力时，亦将使用。

中国社会科学院近代史研究所·民国文献丛刊

张公权先生年谱初稿

【下册】

姚崧龄 编著

中国社会科学院创新工程学术出版资助项目

社会科学文献出版社
SOCIAL SCIENCES ACADEMIC PRESS (CHINA)

一九四六年（三～十二月）　先生五十八岁

三月一日，（一）国民党六届二中全会在重庆开会。

先生日记云：

> 晨九时，二中全会开幕，于是东北问题自中苏纠缠，美国空言仗义，中共无理要求，国家主义派之反苏反共，将进而入于党内政争。完全表露弱国外交无不引起国内政潮，而友邦之仗义执言，不特不能帮助解决，且增加弱国之进退两难。东北本案，益趋黑暗矣。

（二）西安、兰州学生为东北问题游行。西安第十八集团军（第八路军）办事处被捣毁。

二日，（一）二中全会继续开会，上午党务报告，下午党务检讨。（二）接东北经济委员会耿秘书匡来电。内称："顷晤斯顾问，乘便告以钧座拟俟全会事毕返长。彼表示，钧座离长已多日，因华方无人负责，一切交涉，均归停顿。经济谈判系苏联人民委员会议赋予马元帅及彼两人全权负责办理。苏方专家已齐集此间，故报载在他处另行交涉一说，彼毫无所闻。此事总须解决，且届应从速解决之时等语。窥彼意态，对钧座个人并无偏见。惟对谈判，全未露让步之意。彼续述东北各工矿，苏方已加派多人保护。丰满水电厂因开冻期将届，去岁日人阴谋将大量木材埋放堤边江内，欲乘开江时，冲毁水堤。现已发觉，正设法打捞中。最后提及学生游行，彼指为我政府方面有组织之举动。其理由为（1）事出陪都；（2）仅要求苏军撤退，而未及美军。"

三日，竟日预备二中全会报告稿。

四日，（一）参加国民党中央党部纪念周。蒋主席致词，略谓：党内有人指摘（1）政府过于依赖外人，退回至数十年以前之作风；（2）本党敷衍各党各派，本身力量将为外来力量所摧毁。此类见解，不合潮流。不知本党本身力量增加，势不能不对各党各派让步。再则国际合作，已为世界趋势，中国势难逆此趋势。最后主张维持五权宪法。（二）与郭泰祺、傅秉常谈东北苏联撤兵事。

先生日记云：

> 中午前外交部长郭泰祺，及驻苏联大使傅秉常来寓午餐。傅大使提及三国外长所订协议，涉及苏联自东北撤兵一节，完全对付美国人民，俾知美苏对于中国问题，意见并不一致。再则美人最怕为中国问题，而牵入战争旋涡。

（三）马歇尔将军、张治中、周恩来及北平执行部三委员同到延安。马歇尔表示愿帮助中国实现和平复员之成就，乃彼之愿望与努力之方向。张治中表示最近签订之诸种协定，政府保证贯澈实施。毛泽东表示中共必用全力贯澈三个协定。（四）“中国人民爱国护权总会”在重庆成立。

五日，（一）二中全会开会，检讨财经报告，对于行政院宋院长子文、经济部翁兼部长文灏均多指摘，尤以对于经济部攻击最力。（二）全会继续开会，外交部部长王世杰报告关于东北问题。据报：“苏军的撤退，原定为去年十二月三日以前，此距日本投降之日（九月三日），为三个月。与中苏协定中所规定苏军撤退期限相符。嗣因我军自大连登陆问题，中苏间未获成立协议，兼之地方不规则武力在长春、沈阳等地方威胁我接收人员，遂致接收发生顿挫。后来中苏两国经过两度的商议，乃商定以本年二月一日为苏军自东北撤退完成之期。现在限期已过，苏军尚未撤退。据苏方所表示苏军撤退之延缓，系因技术上之困难。我政府现正向苏方继续催询中。本年一月间，苏联政府曾向我政府提出一个声明，谓东北诸省曾为关东军服务之日本企业，应视为苏军战利品。我方则认为日人在华公私产业，均应视为日本对华赔偿之一部。故中苏两方，对于此一问题之见解，迄未一致。惟苏军之撤退，依照协定，原不附带任何条件。因之此一争议之存在，应不能构成苏军缓撤之理由。中苏亲善，诚如本党总裁所云，不特为中苏两国所需要，抑实为世界的和平安全所要求。本人深望双方同本亲善友好精神，使苏军撤退问题解决。”

先生日记云：

报告毕后，起立质问、指摘者甚多。甚至有人主张修改中苏协定。

（三）外交部复美国二月九日照会，苏联对于东北之要求，越出国际公法及国际习惯一般承认之战利品范围，超出中苏友好同盟协定，不能表示同意。（四）美国再度照会苏联，抗议其单独处理东北之日本工业。（五）英国外相贝文在国会说明日本工厂机器之处置，应由有权获取日本赔款各同盟国协商解决。（六）东北行营主任熊式辉自北平抵锦州。

六日，（一）二中全会继续开会，检讨中苏友好条约。

先生日记云：

上午全会检讨外交报告，对于中苏友好条约，纷纷反对。有人主张应提交安全理事会。亦有谓应要求苏联修改。胡健中对于苏联撤兵问题，谓要知道不撤兵之原因，究竟是体，抑是用。刘健群谓，我方应抱定主权与领土完整立场，对苏上天讨价，落地还钱。谷正纲谓，应发动民众运动。萧铮谓，应请求总裁罢免外交部长，或劝告辞职。有人曾提询问，何以订立中苏友好条约时，不与苏联订立一中苏互不驻兵于外蒙之协定。

（二）蒋主席约晚饭；张群在座，主张不必作东北报告。

先生日记云：

晚蒋主席约晚饭，商议余应否作东北报告。岳军主张不必报告，主席亦同意。

（三）东北行营熊主任式辉电行营董副参谋长彦平：通知苏军总部，国军已到沈阳，即可接防。文云："蒋特派员奉主席面谕，由董副参谋长向马元帅作下列声明：'我国军已到达沈阳，俟苏军由沈阳撤退完竣，即可接防。至于接收长春防务一节，俟苏军由该城撤退后，我军即进驻。'"（四）共方《长春新报》复刊，登载中共黑龙江省政府成立经过。

先生日记云：

今日共方机关报《长春新报》忽复刊，并以显著地位登载黑龙江（九一八以前区域）省政府成立经过，内称："由抗联于天放、王均、陈雷诸将军宣传与组织，在北安、海佛、绥化、黑河、嫩江、纳河等地，在抗联基础上，扩大与建立了新的人民自卫军。十一月初，正式成立了省政府，结束了维持会。先后在克山、克东、通北、德都、北安、海伦、拜泉、明水、绥棱、绥化、望奎、庆城、嫩江、孙吴、黑河成立了新的县政府。"

余自始即疑苏方在边境，将培植一种亲苏武力，由莫斯科领导之共产分子，指挥此黑龙江省政府，即其计画中之一着棋。目前尚与八路军分立。假定中苏不妥协，而苏军撤退，则此武力即与八路军合流矣。

（五）外交部照会苏联大使，询问东北苏军确实撤退日期。（七日发出）

七日，（一）二中全会继续开会，竟日检讨政治协商会议报告；纷纷攻击国民党交涉失败，中共不守信用，且有主张惩处国民党出席政协会议代表者。（二）华盛顿报纸报导：（1）中苏两国处置东北工业之谈判，及（2）美国务院发表国务卿贝尔纳斯二月九日，对于该项谈判致中苏两国之照会内容。

关于中苏谈判：（1）苏联于本年一月二十日，曾声明日本在中国东北之产业为合法之战利品，且提议苏军拆运战利品后，所剩余之企业应由中苏联合经营。（2）惟中国政府覆称，此一要求违反国际公法及国际习惯一般承认之战利品之范围及处理。（3）因此两国政府迄未能就有关之基本原则，商获一致之意见。（4）苏联政府于其致中国长春东北行营之另一备忘录，则称苏联拟以视为战利品之一部分日本企业，交与中国。其余企业（包括指定之煤矿、电厂、钢铁工业、化学工业、机器工业及水泥工业），则由中苏两国共同管理。（5）中国对于苏联此项建议，不能同意。以其超出一九四五年八月十四日所签之中苏协定条款之规定。且与中国政府对于中国境内日本财产及企业所持之立场相违背。(6）美国因闻及中苏两国官员曾讨论东北工业之处置及管制事宜，颇为关切，故对两国政府特致照会。

照会内容："依据目前情势，其他国家人民不得自行前往中国之东北地域，美国及其他盟国人民均无在中国谋经济开发之平等机会。故美国深觉中苏两国政府关于东北方面工业，有所协定之谈判，将违反门户开放原则；而可能予盼获机会发展东北工业之美国人民，以明显之歧视，并可能使美国商业利益，于将来在东北建立贸易关系时，居于不利之地位。"

先生日记云：

> 上述照会，当然引起盟约国与中国之注意。不过对于东北问题本身，依然风马牛不相涉也。

（三）接外交部抄来驻美魏大使道明电，报告美苏两政府关于东北工业处置交换照会。内开："关于东北问题，昨晚美外长再致文苏政府，内容如下：(1）二月九日致文，迄未准复，但据中国复文，苏政府认日本在东北曾供应日军之企业，为苏军战利品。美政府对此见解，不能同意。(2）日本所有在外之资产，应属赔偿范围，并应由各战胜国共同解决。(3）如苏联及中国政府将来订立协定，带有独占性质，不予别国以参加机会，则美政府即将认为与门户开放原则相抵触，不能承认。又今晨美外部已收到苏联复文，要点有二：(1）日本在满洲供应日军之企业，应认为苏军战利品。(2）日本在满洲之一部分产业，已交中国当局接收。其他部分，苏联政府曾向中国政府提议由两国共同经营。"（四）军事代表团团长董副参谋长彦平访苏军参谋长特罗增科中将，商谈黑龙江、合江接收事宜，未得要领。（五）沈阳苏军开始向长春撤退。

八日，（一）二中全会继续开会，竟日检讨政治协商会议报告。与会党员特要求行政院院长宋子文出席报告。及宋氏到会后，大受攻击，体无完肤。质问时，宋氏答复，态度极窘。（二）苏联大使彼得罗夫访外交部王部长世杰，询对溥仪如何处置及经济合作问题。王部长世杰答称："中国极愿诚意遵守中苏条约，但目前国内情形，凡主张中苏友好者，均将遭受挫折。关于经济合作，原拟派张嘉璈、蒋经国赴长春继续商谈。而近接到报告，苏方拆移机械设备甚多，故实无法再谈。"

九日，（一）二中全会继续开会，检讨交通报告。（二）外交部王部长世杰邀谈，报告昨日与苏联大使晤谈经过。

先生日记云：

> 十一时往外交部，系王部长来电话邀谈。告我："七日曾由部方送一照会与苏大使，要求确知苏军撤退日期。昨日苏大使要求见面，先提溥仪如何处置。实意在试探我方态度。当告以中国极愿诚意遵守中苏条约，但照目前国内情形，凡主张中苏友好者，均将遭受挫折。关于经济合作之商谈，我方原拟派张、蒋二位赴长春继续商谈，而近接报告，苏方拆移机械设备甚多，故实无法再谈。"继谈美国务院已收到苏联复文，及美致苏联第二次照会，大致均不出七日美国务院所发，及魏大使来电所报告者。

（三）电锦州行营熊主任式辉，竭力保持锦州沈阳间交通。文曰：

> 雪艇兄嘱告，日前外交部照会苏大使，要求定期撤兵，苏方当有反响。望嘱沈阳方面密切注意对方动向，并竭力保持锦州沈阳间交通。如有新变化，乞电示。

（四）电长春军事代表团团长董副参谋长彦平，注意苏军动向及各地自卫军是否活跃。文曰：

> 日前外部向苏大使提出书面要求定期撤兵。苏方当有反响，望密切注意对方动向。又沈阳苏军有撤退消息，是否各地自卫军又将活跃。如有发生特别变化，哈市中央人员可撤至长春，请随时相机处置。

（五）沈阳苏军继续北移，郊区中共军队前进。（六）哈尔滨中苏友好协会会长、前抗日联军第三路总指挥李兆麟被暗杀。（七）美国照会苏联，抗议苏军迁移满洲工厂机械；处置日本资产应由向日本要求赔偿各国协议。

十日，（一）接长春董副参谋长彦平来电，苏军将领显示不告而别态度。文曰："近两日苏军向北移动，坦克车、大炮、载重汽车等，均随同运来长春。曾约晤马元帅，询问究竟，马答事忙，不克接见。又约特罗增科中将，亦答外出。显示不告而去之态度。"（二）电东北经济委员会耿秘书匡，探询苏军经济顾问愿否来渝。文曰：

> 中外舆论集中撤兵问题。外部最近以书面要求苏方定期撤兵。惟中枢方针仍盼圆满解决，保持友好。鄙意目下情形，与月前迥异。苏方为长久友好计，可否即行定期撤兵，将政权交于中央，再谈经济合作，如是鄙人或可重返长春。若照近日谣传，苏方将撤兵各地政权，任由人民自卫军接收，则无异破裂，即无法来长。又中长路议订章程委员是否尚拟来渝，斯顾问愿否同来一晤，望一并探覆。

（三）马歇尔将军与周恩来谈东北问题。

十一日，（一）参加国府纪念周。蒋主席指示今后一切问题，须用政治方法解决。

先生日记云：

> 蒋主席在纪念周致词，大致谓，日来党中言论，互相攻讦，尤其对于政协代表之诋责，认为党中同志失去互信，即无异失去自信。且不负责者指摘负责者，无异古语所谓怠者不自修，忌人之修。在广东时代，只剩一人负责。今日何能尚事事自理；必须有人分负责任。此次政协会议，均由渠本人决定。又谓今后一切问题，须用政治方法解决，较之用武力更难。必须运用政治手腕，且须忍耐，党中同志似未能深切了解其政策之用意。

（二）接长春来电称：苏联支持之李兆麟被暗杀，哈市甚为紧张。深恐苏方将疑我方在东北之反苏反共分子所主动。

先生日记云：

李兆麟原名张寿籛，辽宁省辽阳人。九一八事变后，与赵尚志等组织抗日联军，辗转进入苏境。此次随苏军重返东北，先任滨江省副省长。去年十二月二十七日，余曾致电熊主任："明日赴哈，拟顺便调查现任滨江省副省长李兆麟情形。此人若不安插，省市政府均有困难。李为苏军支持，与延安并不一致。必须有以位置，方可将其部队收为中央之用。以何种名义为宜，望速指示。"嗣以省政未能接收，未再考虑此事。哈市接收后，李退为哈市中苏友好协会会长。

（三）接董副参谋长彦平自长春来电。文曰："今日午后四时与特罗增科中将会谈，提询沈阳苏军移动情形。渠答称：苏军已开始自沈阳撤退，于三月十五日全部撤完。因受交通工具限制，不能直接撤至国境，而须在长春及哈尔滨暂驻。沈阳市政府及警察均早已由我方接收。现市区已有一部分我方军队，似无须办正式接防手续。态度较前数次好转。"（四）致长春董副参谋长彦平电。文曰：

李兆麟被刺事，深为焦虑。此后形势变化莫测。鄙意留哈未接收省府人员，是否应撤回长春；嫩江、滨江、哈市府人员，今后行动，请与关、彭两主席及杨市长，随时斟酌情形，决定办理。留长人员是否须为撤退之万一准备，望随时请示熊主任。又中行所存古物与清宫旧书（系余所搜得者），均系国宝，亦盼能运出。

（五）沈阳国军部分接防。

十二日，（一）二中全会指定先生改日在大会报告。

先生日记云：

今日全会中先定余与刘为章出席东北中委之小组会，时间为明晨九时。下午以齐世英委员为首之东北中委，不允开小组会，必须在大会报告。齐委员声称反对熊主任已达表面化之程度，原拟俟熊到会，予以难堪；今熊未来出席，但非大会报告不可。

（二）接东北经济委员会耿秘书匡十一日来电。文曰："匡于本日下午晤斯顾问，将钧电所示各点转达。彼表示如下：（1）撤兵问题，初谓不属其职权。继谈苏方非不愿撤兵，问题在于我方有无接防准备。假定苏方定于某日撤离某区，如我方军队不能如期赶到接防，非政府军队不免乘间侵入，事后归咎苏方，似不合理。彼复追问国军迟来原因。（2）谣传苏将撤兵，各地政权交人民自卫军队接收一节，并非事实。彼方从沈阳回长，目睹接防情形，并曾会同董市长将各工厂及苏联机关，移归我方军队警卫中。双方联系颇为圆满。（3）经济谈判，彼主张仍在长春举行，切盼钧座速归主持，彼对于工矿合作条件，稍露商量余地。惟对赴渝一节，不感兴趣。综上各点，窃以为打开目前僵局，应守原则：（1）军、政、经，应同时进行谈判，经济谈判，仅为其中之一环，（2）根据以往经验，接收步骤，似宜以军事为主，政治次之，经济第三。应先派军政大员来长主持。以上各点，敬乞钧座从长考虑。"（三）马歇尔将军离重庆返美报告。（四）夜十二时，沈阳苏军尽撤，中共军队占领昌图、开原。

十三日，（一）终日准备明日出席大会报告。（二）接到外交部转来驻莫斯科使馆陈代办定来电，报告三月四日苏联政府答复美国照会，及三月九日美国政府答复苏联照会及函件。文曰："外交部部次长：据此间美代办面告：关于东北敌产问题，苏方对于美国第一次牒文，已于三月四日答覆，略称中苏双方曾商讨组织一中苏股份公司，以便开发前供日本关东军所用之一部分企业。关东军为苏军所击败，此项企业，苏联认为战利品。苏联不承认中苏间商谈此事，与赔偿问题攸关。盖战利品与赔偿系两问题。上述公司既系开发一部分企业，决不能认为排斥，亦无害于门户开放云云。美代办又遵照美政府训令，于三月九日再致牒文于苏外部，表示美国政府同意中国政府对于东北敌产之观点，而不同意苏政府作为战利品之看法。运走之物品，仍应计算。美政府不反对中苏间直接商谈，惟应在中国管理东北行政之后云云。苏方尚未答复。又美代办于三月九日另致一函于苏外部，表示美政府迭向远东委员会提议，设一日本赔偿委员会，以便处理敌产。其中包括办法七点，欲先与苏方非正式商洽等语。苏方尚未答复。该办法七条，谅美政府亦向我国政府提出矣。职陈定。”（三）国军第二十七师入驻沈阳，击追袭击近郊之中共军队。（四）国、共、美三方军事三人小组商讨调处东北问题。（五）莫斯科《真理报》发表社论：确保苏联安全及拼得之胜利，苏联人民将为国际和平而战。苏军实力必须增强。（六）四平街中苏友好协会会长于树中被暗杀。该地苏军撤退。

十四日，（一）出席二中全会，作东北经济报告。

先生日记云：

出席大会，随刘为章报告东北军事之后，作东北经济报告。简单报告经济方面交涉经过，以及关于国军北进之一切准备，附带报告个人感想。最重要者为教育，如何改造东北人民之思想，即培养其国家观念。约一点钟完毕。报告时，即有请愿团在场外叫喊。主席团推陈诚、陈立夫两委员出去应付。余报告毕时，陈诚上台报告请愿团对于东北问题之要求，以及对于熊主任之种种攻击。其中有熊曾由长春运出行李一百五十件，带有三宝等语。显示对人作用，且为有组织之动作。下午检讨，发言最多者为朱霁青、傅汝霖、王星洲、黄宇人诸委员。结果付审查。军事与经济报告均经中央日报次日登载，补录于后。

中央日报报导如下：“全会到了闭幕的前夕了。经过十三天的报告检讨，一切问题都快要到具体性决定的当儿，大会在十四日的早晨，又听取了全世界都密切关心的东北接收问题的报告。关于苏军撤退的问题，苏军要求在东北经济合作的问题，苏军搬走东北工业设备作为战利品的问题，乃至中共如何利用国军尚未接防之时，扩充占领区，增加武装力量的情形，由刘斐、张嘉璈分别作了一个细密的报告。各委员听完报告后，请求发言的条子，如雪片般送上主席台。而东北十三人民团体也于此时向大会请愿，呈述意见。全场充满严肃紧张的空气……

“刘斐报告东北军事接防的情形：东北接收以外交问题为主，军事接防受尽限制。三个月来进行交涉，常常此路不通，不得要领。国军要动不得。去年行营撤退长春时，苏方说你们不必回去，我们可以在这里协助接防。苏军自对日宣战后，曾分三路由西伯利亚进入东北，并由外蒙进入察热，兵力约在百万左右。日军投降后，苏方允于十一月二十日撤至沈阳之线，十一月二十五日撤至哈尔滨之线，至十二月一日全部撤完。国军为赶往接防，海运至大连准备登陆，不得要领。又拟在营口、葫芦岛、安东三处登陆，都是此路不通。营口虽一度为我军占领，不久即为据有坦克大炮新式武器的中共军占领。防军一营作了牺牲。不得已，国军改由秦皇岛登陆，循北宁路出关，下锦州，迫沈阳，请苏军如期撤防。苏方负责人答以燃料困难，交通不便，只能缓撤。最近马林诺夫斯基答应三月十五日将沈阳苏军撤退完毕，但要在长春、哈尔滨少停，热河方面国军本可早日接收，因苏军驻防未撤，未便前往。后来中共代替苏军，据有赤峰、承德；国军因恪遵停战命令，亦无法接防。至空运长春部队，前后仅运三千保安队，兵力单薄，无法接防。我方所接收者，除长春、沈阳、哈尔滨三市外，实际上，东北九省，只接收了沿北宁线之十三县。东北日俘，朝鲜、台湾战俘二百一十万人，苏方已分别处理。惟我国政府及盟军总部尚未得知处理情形。中共军队刻在东北约有二十万之众，现正加紧训练。刘氏说东北接收的问题，实在复杂，应说的话，不能说，不敢说。中国共产党在东北的作风是，只准他打你，不准你打他。他只增加国军接防的困难。当前的问题，依然未得要领。

“张嘉璈报告东北工矿企业接收的情形：东北工矿与电气工业，大部分的机器已被搬走，大批的苏军管理人员已派到各工厂。他们的看法，认为这些企业资产都是他们的战利品。他们要与中国在东北经济合作：开矿、办工厂、修铁路。我方坚持的原则是，战利品要四国的管制委员会决定，所有东北的敌伪财产，应作为赔偿我国抗战损失之用。苏方与我经济合作，最所欢迎，但合办不是合作，合作尤其不是独占。东北是中国的东北，苏军撤退完毕，我方行政接收完毕后，一切对外经济合作均所欢迎。苏联协助发展，亦不例外。现时尚未得正式结果。张氏报告后，委员们提出检讨。他们认为接收东北，由一个国内问题，变成一个国际问题。我们要随时注意国际环境。”

（二）接董副参谋长彦平自长春来电。文曰：“顷据辽北省刘主席电话，四平街苏军已于十三日夜，全体撤去。市内治安尚好。又闻开原王县长被匪俘去，昌图县政府已被迫撤回四平。”（三）电长春董副参谋长，询四平保卫武力是否充足。文曰：

寒电悉，刘主席处保卫武力是否充足，极为系念。到沈部队，能否分拨一部分至四平。再各省市人员安全问题，盼随时注意，请示熊主任办理。

（四）中共军队进逼四平街，另支占领农安。（五）重庆《新华日报》刊载东北中共军队领袖周保忠谈话，要求整编其东北抗日联军为地方部队，并承认地方民主政权。

十五日，（一）二中全会继续开会，讨论审查委员会决议各报告。

先生日记云：

全会讨论审查会决议报告，对于经济审查报告，萧铮委员起而指摘，谓应查问经济部种种失职的责任；意在使翁咏霓部长不安于位。东北问题审查会，决议应撤换熊主任，取消政务、经济两委员会，停止地方交涉。一篇对人攻击，对事高调而已。

（二）接滨江省关主席吉玉十五日电，报告哈尔滨局势险恶，乞速调国军接防。文曰："顷上委座电文曰：哈市近郊发现番号不明武装二万余众，似有乘隙进占。自中苏友好协会会长李兆麟被害后，情势益趋严重。随时可以发生祸乱。我方仅有保安队四连，实难应付。且一旦苏军撤退，国军未到，更为危险。拟恳（1）急调国军一师，先行来哈接防。（2）要求苏方在我军未到达以前，负责维持地方治安。（3）请苏方先准我方使用哈市机场，以便运输国军及联络人员。（4）经外交方式，请苏方切实保护我方所有接收人员安全。谅邀鉴核饬办，并乞电示等语。查哈市为北满重心，地位冲要，如被侵占，影响太大。我公忠诚谋国，对东北方面素极关心，务乞转陈委座暨熊主任，迅赐核饬办理。至乞电复。"（三）接东北经济委员会张主任秘书大同同日自长春来电，报告东北各地险恶情势。文曰："（1）农安昨晨被共军进占。（2）哈市李死后，联军改委钟子云，宣言拟占哈市。（3）沈阳发现鼠疫，已死八十人。（4）四平中苏友好协会会长亦被刺。（5）沈阳南为争水电站，正发生冲突。（6）合、龙两省人员明返长。（7）董副参谋长促各单位不急需人员，可先撤退。（8）全局不甚乐观。进止似宜从长考虑。"（四）中共军队占领铁岭。沈阳国军逐走浑河南岸变电所中共军队。

十六日，（一）蒋主席出席二中全会，讨论审查案决议。

先生日记云：

今日蒋主席自己出席全会。先讨论政协会议案，结果对于该案无异议通过。宪法审查案，交常会。外交审查案，亦无修改，通过。并于东北问题，渠亲自加以说明，谓：对于苏联只有遵守中苏条约，经外交途径解决。为世界、为中国，均应求得和平。至熊主任等办事，一切均遵守中央指示办理，应由彼个人负责。此案应交常会，由彼个人领导处理。下午选举常委。

（二）接董副参谋长彦平本日自长春来电，报告四平街及哈尔滨最近情况。文曰：“（1）四平街苏军已于十二夜撤退，我保卫武力约六七千人，可望坚守一星期。国军先遣地下部队抵法库，若有危急，尚不难应援。（2）黑、合两省人员即先返长，至留长重要物品，及各单位不必要留长人员，已请准熊主任，可搭机运平，刻正统筹中。钧示库存古物及清宫旧书，自当加意护运。（3）自沈撤出苏军，多在长春停留，现长市情形尚稳定。（4）李案发生后，北满情势确属可虑，惟现尚无扩大情势。省市人员行动，自当妥为注意，随时请示决定。苏方复美照会内容，未悉已否转知我国，并乞赐示。”（三）四平街被围，长春以南交通断绝。（四）二中全会通过外交报告决议案如下：一切国际问题解决，不应有秘密外交与协定；与美、苏、英、法密切合作；中苏必须和平相处，互相信赖，遵守中苏友好同盟条约；东北苏军迅速撤退，交由国民政府派军接防。（五）马歇尔将军在华盛顿招待记者，谓：中国正努力团结，亟需全世界之合作，美国应积极援助中国，东北局势尚待澄清。（六）美国国务卿贝尔纳斯发表演说，重申美国政策，努力保障所有国家平等公正之待遇。

十七日，（一）接董副参谋长彦平十六日自长春来电，报告四平街机场被占。文曰：“（1）顷据刘主席电话，四平街飞机场被匪占据，现仍在战斗中。奸匪正向四平集结，准备大举进攻，情势危急。（2）农安县于十四日失守，详情尚未据报。（3）李兆麟死后，预定二十四日出殡。周保忠及东北北部诸伪首领均将参加葬礼，并声言李死由于中国法西斯阴谋所暗杀，誓为死者复仇。哈市各报曾将上述情形，大事刊载，人心现极不安。”（二）接董副参谋长彦平本日自长春来电，报告苏方军官与中共日共谈话，希望中共日共自力维持。文曰：“本月九日、十三日两日，苏方某上校在长春旧铁道局，召开中共日共会谈，发表重要说明如下：（1）苏军为应付近东问题，将不能驻兵东北。东北问题将依外交方式解决。(2) 除中苏条约外，并要求东北电力钢铁工业及矿业等共管权。联合国态度强硬，亦可撤消此种要求。(3) 希望东北中共日共自力维持。苏方无力直接援助等情。此种流露，甚关重要。”（三）马歇尔将军在美发表谈话，谓：东北形势危急，希望三人小组早日抵达东北。(四）二中全会今日闭幕。

先生日记云：

> 今日全会闭幕，中央日报登载：外交报告决议（1）不受秘密协定约束（指雅尔达协定），(2) 切实履行中苏条约，(3) 日本对盟国赔偿，中国应有优越的分配。

（五）中共发言人谓：政治协商会议决议案，不容国民党改变。(六）中共《解放日报》登载辽宁附近各地，组织群运，攻击国民党反动派杀害李兆麟。又发表东北抗日联军史略，证明其在东北已有武力为抗日而努力。(七）接董副参谋长彦平本日自长春来电，报告四平街情况不明。文曰：“（1）四平街自十七日晨，电信、电话不通，情况不明，判断或已撤出。(2) 黑、哈两省行政人员，韩、吴两主席以下百余人，十七日由哈抵长。(3) 闻哈市苏方喀札阔夫中将调升哈地区司令，遗缺由前沈阳城防司令高福同少将继任。”

十八日，(一）接董副参谋长彦平本日自长春来电，报告苏方对东北问题，渐入厌倦境地。文曰：“本日与苏方特中将会谈，渠对我方由沈向长春进军，及用铁道输送一师兵力至长春，均未表异议。马元帅于红军节时，问候公权先生。今与特中将临别时，特中将又问候公权、经国两先生。彦平观察苏方对东北问题，渐入厌倦境地，有盼两公返长之表情。敬电参考。”（二）覆董副参谋长彦平十六日电。文曰：

> 十六日电悉，(1) 苏方复美照会，仅云苏方认东北敌人工业为战利品，惟现愿以一部分交还中国，一部分中苏合办等语。(2) 辽北援兵能否速到。刘主席暨省府同人安全，望为注意。

如有危险，只好退出。(3) 此次全会，一部分东北同志，攻击熊主任甚为激烈，并有审查决议案。主座出面主持，谓一切由其一人负责。决议案未通过。

（三）覆滨江省关主席吉玉及哈尔滨杨市长绰庵电。文曰：

十五日电敬悉，北满情形，殊为焦虑。国军恐一时不易进达长春以北。要求苏方切实保护我方接收人员一节，已由外交部向苏大使提出，一切诸惟珍摄。

（四）莫斯科广播，抨击国民党二中全会，指斥反动分子嚣张，反对中苏友好同盟条约，反对政治协商会议决议案，并谓受外国支持，作反苏运动。（五）蒋主席夫人组织东北救济会。

十九日，（一）外交部王部长世杰来访，以苏方表示中长铁路目前阻断，应由中国负责，因托代拟声明。先生根据经过，代拟声明如下：

十八日，东北行营董副参谋长彦平与苏军参谋长特罗增科中将会谈，特中将提出严重抗议，谓："苏军自沈阳撤出后，旅顺至沈阳间，因若干回车场及桥梁已被破坏，或已布置炸弹之故，铁路交通即告中断。且抚顺产煤经过沈阳时，现均被截留，以致影响沈阳以北之铁路交通，因此特提出严重抗议。照中苏友好同盟条约，中长路护路之责任系在华方。在苏军撤退之地段，盼贵国政府采取措置，使中长路恢复正常现象。"当时董副参谋长即席予以答复："中长路之所以发生故障，系由于非法武装之破坏，须有一种力量，始克制止。至自抚顺运煤问题，如沈阳长春间可正常通车，当通知主管当局照常放行。"特反诘，谓："阁下所谓一种力量，应出自贵国政府。"董答："故贵方应协助国军早日自沈阳北开。"

（二）外交部王部长世杰又托拟以主席名义电熊主任及董副参谋长，向苏方交涉苏军撤退时，先与我方接洽，及协助我方军队赴长春。因即赴军令部与刘次长斐商量与苏军交涉语气，拟稿如次：

锦州熊主任、长春董副参谋长：密，奉委座手谕，此次苏军自沈阳撤退，事先并未通知我方，并对于沈长间铁路警卫，亦未预先接洽接防手续，中国政府深表遗憾。为维持地方治安，保障铁路交通起见，应请苏方允诺下列各节：(1) 苏军驻在地所，如有变动，应先通知我方。(2) 苏军自各地及中长路沿线撤退时，亦应早为通知，俾我方得布置接防。(3) 国军拟于苏军自长撤退以前，由铁路运送至长，望苏方协助我方，早日开运。希电令董副参谋长照上项指示，即向苏方提出，并要求答复为要。特达。皓。

（三）蒋主席约谈，由先生向苏方经济顾问试探，苏军能否于撤退时，事先通知我方，并协助我方运兵赴长春。

先生日记云：

晚九时半，蒋主席约谈，王外长亦在座，商议结果，由余设法向苏方经济顾问，试探口气能否苏军撤退时，事先与我方接洽，并协助我方运兵赴长。当即拍发一电致张主任秘书大同。

文曰："顷接董副参谋长电，谓特中将问及经国兄及璈，似有盼璈等返长意。上次斯顾问亦有此表示。璈意苏方既已准备由长哈撤退，亟盼将由长哈撤退交由我方接防日期见告，并确实协助我方由铁路运输队伍至长。璈等当即返长一行。璈等处境困难，苏方当亦明了。望嘱济之兄向特中将及斯顾问表示，将其反响如何电复。"

二十日，（一）接东北经济委员会张主任秘书大同及耿秘书匡覆电。文曰："匡奉命晤斯顾问，彼对撤兵问题，以非其职权，不愿倾听，嘱向特中将接洽。拟仍由董副参谋长洽谈后，再电陈。再斯顾问告：沈阳我军于数日前杀死苏联经济机关职员二人，并有恐吓抢劫苏人等情。撤兵前，董市长声明保护苏联人民一节，全属虚言。已报告苏联政府向我方提出严重抗议等语。谈时声色俱厉，内情无法推测。"

先生日记云：

当将此电送呈主席。照此情形，苏方安排非法武力，抗拒我方接收，不愿与我方以任何协助，已十分清楚。

（二）接东北经济委员会耿秘书匡、杨秘书湘年会电，报告中长铁路拒绝运输国军等情。文曰："（1）前钧座在长时，曾与中长路苏方副理事长喀尔根商定铁路运输国军来长办法。今晨董副参谋长向理事会函商，按照原议办理。下午三时，得正式函复，拒绝运输。理由为：（a）沈长间发生鼠疫，奉苏军部令停止交通。（b）四平街事件发生后，路线割断，沈阳附近铁桥亦被炸。（c）煤斤因抚顺供应断绝，异常缺乏。（2）董副参谋长拟明日下午三时再与特中将交涉铁路军运，并重申钧座十九日来电要旨。（3）传闻苏军北撤一列车。明日起，哈长间客车全停。（4）本日下午二时，有人从四平车站通电话与理事会，自称辽北刘主席，托转达董副参谋长，速设法交涉拨车，运回长春。根据今日形势，苏军全部撤退，已在眉睫，而苏方迄未通知。协助运输，恐无诚意。前途暗淡。"（三）接长春董副参谋长彦平电，报告中长铁路理事会拒绝协助国军运输理由，与耿、杨两秘书来电大同小异。文曰："军令部长徐、张主任委员公权先生、蒋特派员经国先生：密，我自沈用铁道运兵至长春事，经于寅号（二十）函达中长路理事会，兹接副理事长卡尔根复函，略称'在原则上，并无不可。前并曾令管理局遵照，但（1）苏军总部为防止沈四两地鼠疫蔓延，曾下令疫区各地，停止一切客货运输。（2）寅铣（十六）至寅皓（十九）铁路业务曾遭破坏。沈阳南浑河铁桥，曾由驻沈军队命令炸毁，以致抚顺产煤无法北运。皇姑屯车站存煤，提用一空。所存中长路机车十二辆，已被运往北宁路。沈阳及其他各段给水设备则被断绝。四平亦有同样情形。（3）沈阳区苏方路员备受压迫，及不法捕逮与凌辱。事实上，在该区已丧失维持秩序之能力，军队对恢复铁路正常业务之工作，不予协助及保障。中长路所派往修复之技术人员，屡受政府军射击，机车伤（十六）孔，客车伤（十）孔，幸免伤亡。在以上各现象未消除前，对运输军队一节，殊难办理等语。'现正继续交涉，据理驳复中。但恐难有结果。谨先电闻。董彦平寅智戌印。”（四）又接董副参谋长彦平自长春来电，报告四平战事结束。文曰：“接辽北电话，四平战事结束，刘主席暨全体职员均平安，望派车接回长春。”

二十一日，（一）接行营熊主任式辉自锦州来电，报告苏军自长春北撤情形。文曰：“限即到重庆，外交部王部长雪艇兄，并转张主任委员公权兄、蒋特派员经国兄：（1）长春以南，已无苏军。（2）长春市苏军已将既设半长久性电线拆除。（3）巧（十八）夜由长撤防，开四列车，满载物资、汽车、战车及少数兵员。饬宽城子准备空车皮五百辆，德惠准备油车六百五十辆。该路局长、大部车站站长，来往长春。苏军预定寅（三月）敬（二十四日）撤完。其机械化部队，由公路北开，先至齐齐哈尔。（4）沈长伪满俘虏数百名，中国百姓两千五六百名，皓（十九）被迫登车北运。（5）判断长春苏军，确有撤退准备。（6）奸匪遂向长春集结，挑衅窜据。敬闻。熊式辉寅（三月）效（二十日）戌（十二时）参杰印。”（二）发致东北经济委员会张主任秘书大同及耿秘书匡电，嘱电沈阳董市长询查苏人被害事件。文曰：

> 二十日电悉，（1）沈阳苏人被害事件，希即电董市长询查，是否属实，抑将借口在沈阳有所举动。二三月来，璥奔走促进中苏友好，不料逆多顺少。照斯顾问语气，将至无能为力之境遇。为双方计，均甚惋惜。便望向斯一提。（2）俟多数撤退后，如形势不佳，兄等可至沈阳，随同王委员办事。济之兄希与刘、万两理事商量同进退。电信员工，除留必要人员外，可撤至沈阳。

（三）连接董副参谋长彦平自长春来电四通。

寅马酉电文曰：“苏军撤退接防事，经遵照公权先生转委座手令，及熊主任手谕，并寅号代电指示，照函马元帅，于寅马会谈时，面致特中将。特对沈阳及中长路未能紧密接防事，表示不愿负责。谓苏方已正式通告，自子删起，开始自沈撤退。且中国军队早已到达沈阳。至长春苏军，确已开始撤退。但因抚顺产煤不能北运，无法确定撤完之日期。（2）职通告中长路已同意我军用铁道自沈阳北进。并声明均注射防疫针。渠提出中国军抵达公主岭时，须停留十日，俟双方医师检查，认为无鼠疫征象后，再进军。职允请示政府。并坚持到达公主岭后，仍须双方正式接防。渠无表示。余容续报。”

寅马戌电文曰：“寅马提照马元师四点，原文如下：（1）苏军驻在地点如有移动时，应请预先通知中国政府所派遣之军事代表团。（2）苏军自东北各地撤退时，应请早日正式通知军事代表团，遵行接防手续。否则地方治安发生混乱，中国政府对苏侨之保护，恐难尽到责任。（3）中国长春铁路为中苏共营，中国在条约上，有保护责任。苏军撤退时，应请确实交中国军队接防。否则铁路如遭破坏，或阻扰，双方均受损失。（4）中国军队拟于苏军自长春撤退以前，由铁路运送至长春，请苏方协助早日照运等语。谨闻。”

寅个亥电文曰：“寅马面请特中将派联络官陪往四平街，接运省府人员返长，往复磋商，渠允日后再答复。会谈后，亲往中长路局向四平通电话联络。因共军势甚汹汹，未获通话。谨闻。”

寅个戌电文曰：“寅马职以代表团今后行止，面询特中将，渠答称自当随苏军进退，并先一星期通知。谨闻。”

（四）外交部王部长世杰照会苏联大使，询苏军撤退情形。（五）东北保安副司令长官代行长官职务郑洞国到锦州。司令长官杜聿明病假。（六）周恩来自重庆飞返延安，声言国民党二中全会决议，违反政治协商之决定。

二十二日，（一）外交部王部长世杰由电话通知与苏联大使关于苏军撤退谈话。

先生日记云：

接王雪艇部长清晨来电话，谓苏大使将于下午到部。及见面后，来电话谓，苏大使表示，“苏军原可早日撤完，只以先有吾方要求（缓撤），后以冬季缺煤迁延。今寒季已过，可加速开撤。拟以四月底为期。”大致一切布置已完，而我军不知将遭受多少抵抗，方可把握中长路线。路线以外更无论矣。且恐将不使我军进至哈尔滨。今苏军撤退矣，我方似得先撤兵，后谈经济合作之胜利。而能否接收东北（政权），尚在渺茫之中。忧心如捣。

（二）分电锦州熊主任式辉及长春董副参谋长彦平。文曰：

顷苏大使通知外部，苏军正逐渐撤退，拟四月底撤完。

（三）接长春董副参谋长彦平致先生及蒋特派员经国电。文曰：“昨晤特中将时，曾告以公权先生致谢马元帅及特中将怀念之意。并述张、蒋两公，如获知苏军撤离长春确期，在时间许可以内，拟返长一行。两公处境困难，苏方当亦明了，特中将表示感谢，并报告马元帅。现长春苏军虽开始撤退，惟渠允于军部移动一星期前，通知我代表团随行，及盼我国军在公主岭停留十日。看来旬日内，似不至遽行撤完。请参考各方情形，以定行止。特氏态度尚好。如何祈电示。”（四）电复董副参谋长彦平来电，申述努力改善中苏关系之愿望。文曰：

电悉，关内空气非苏方所能想像。前电盼苏军表示自长哈撤退日期，预定接防手续，并协助我军抵长，以期空气可以改善。璈等可以返长一行。今苏方既表示四月底撤完，但无明确长哈两地接防日期，且有公主岭停留之条件，尚难祛除众疑。极盼苏方顾到目前中央处境，及百年友好大计，转移全局。璈等始终愿尽最大努力，改善中苏友好关系。斯顾问所提苏方职员在沈被害事，已电澈查，望新民兄等告斯。

（五）接长春董副参谋长彦平电，报告我军已越沈阳若干站，尚无确息。文曰：“电悉，卡尔根已允对铁路运送军队事，下令协助。如沈长间铁路可及时赶修畅通，并顺利解决机车用煤问题，似即可全段用铁路运输。我军已越沈阳若干站，尚未据确报，现估计恐仍在铁岭以南。”

二十三日，（一）莫德惠来谈，建议李杜将军返东北帮助中央担任一部分工作。

先生日记云：

莫柳忱先生来谈。渠意应请抗日之李杜将军返东北，因彼与周保忠、李延禄等有旧交，可帮助中央担任一部分工作。余觉此时已成国共对立，已无私人交情之可言。本月十八日解放日报载东北问题历史真象一文中，曾提及李杜与抗日联军第七军军长夏雪阶部下师长戴鸿宾、第九军军长李华达有旧交。究竟其力量如何，尚不得知。

（二）《解放日报》登载周保忠领衔，发表通电为李兆麟被害，要求国民政府惩凶，承认东北人民自卫军。允许人民自卫军队伍进入长沈哈等地，并保障该队伍之军人安全。

二十四日，（一）接董副参谋长彦平自长春来电，覆二十二日电。文曰："（1）钧意经由朱秘书新民于二十三日婉达斯顾问。渠态度和善，仍流露盼吾公返长之意。并谓张先生不来，余即无事可办，只有返莫斯科等语。（2）电信金融人员调沈锦事，已电熊主任核夺。（3）古物古书，曾奉熊主任核示，暂密存仓库，拟俟有便机时，再与空军洽办运出。"（二）再接董副参谋长彦平自长春来电，报告派车接运辽北省政府人员事。文曰："接运辽北刘主席等返长事，向苏军部及中长路苏方副理事长数度交涉，允派专车，由苏籍路员陪往四平街接运。业于梗（二十三）日十时自长春站出发。行至刘房子站，因鼠疫封锁，稍留难。迨本日晨始抵四平街。"（三）国军自沈阳抵铁岭。

二十五日，（一）外交部王部长世杰电话通知，苏联大使声明苏方同意在重庆商谈中苏经济合作事宜。

先生日记云：

午十二时许，王雪艇部长来电话云，顷苏大使来部晤谈，渠声明：张主任委员于三月十一日派耿秘书往晤斯顾问，询其愿否来渝一游，希望在渝商谈。今苏方同意可如此办，即与斯顾问商谈。

（二）与蒋特派员经国商议应否同回长春一行。

先生日记云：

经国兄来，与之商议应否回长一行。彼此同意如决在渝商谈，可返长一行，表示吾二人对苏之好意。

（三）蒋主席约晚饭，并决定中苏经济合作，可在重庆由中央主持商谈。

先生日记云：

晚蒋主席约晚饭，决定与苏方在渝商谈经济合作事宜，由中央主持。惟先告美方，看其反响。吾等俟外交部答复苏大使后，再行返长。

（四）接董副参谋长彦平自长春来电，报告四平街中共副主席栗又文请求与中央合作。文曰："昨日接四平街电话，伪副主席栗又文面告：渠等之目的在求与中央合作。刘主席可仍留四平主持省政，并拟将附近数县政权交出。并须彦平赴当地谈商等语。职当辞以事忙，不克分身。嗣与刘主席通话，嘱转告栗某，如愿伴送刘主席等来长晤面，当保证其安全自由。现在未获续讯。专车仍在四平等候。"

先生日记云：

读此电，可知共方拟趁此制造联合政府，为东北国共解决政治问题开一先例。共方军区政委为陶铸；谅此系共方全部计划之一环，不可以辽北局部意见视之。

二十六日，（一）接董副参谋长彦平自长春来电，报告与苏军特罗增科中将交涉苏军撤退、我军接防问题。文曰："张主任委员公权先生，并转呈委员长蒋：密，宥（二十六）职与特罗增科中将晤谈后，就东北各地接防问题郑重提出交涉。渠先则多方闪避，不作正面答复。经往复质询，渠始表露真意，谓：既奉令于卯（四月）三十以前撤完，则仅知尊奉命令，完成任务，不遑顾及其他。并声明苏军在长春以北，所警备之区域，不能株待中国国军接防，而只能将防务交付当地现存之武力。如华军不及开到，则苏军不能因此停止撤退等语。关于长春撤退期限，渠称最迟卯（四月）有〔二十五〕，最早卯（四月）删（十五）至卯号（二十），可以撤完，国军可在苏军撤尽前进入长春市区。华军进入市区附近时，仍须停留，检疫人员不限定在公主岭，移至该岭以北地区施行亦可。职继提出满洲里至绥芬河之铁道已改宽轨，我军在该段所用之车辆，亦即接防部队之运输问题，应如何办理。渠称车辆系苏联政府供给，管理权则属于中长路当局。嗣经商定双方报告政府，速谋解决等情，继观苏方意向，对东北北部三省，似别有怀抱。事机甚急，谨报请鉴核。职董彦平寅（三月）感（二十七日）子秘叩。”（二）对于董电内容之分析。

先生日记云：

今日董副参谋长会晤特中将，商询苏军撤退各地时，应正式交与吾方接防。渠答复故作闪避，谓：若是指兵营之移交，只要吾方指定接收部队或机关，自可移交。继告以接防系指治安防务责任之接替，并告以我方实力未充分准备前，无法接替，意欲苏方协助。特答谓苏方对于此点，无法协助。渠最后露出三点：“（1）照目前铁路运输状况，苏军自长春运至国境，须费时十天至十二天。吾人已奉令于四月三十日以前，撤退完竣。（2）不论铁路交通情形如何，长春方面，我军最迟四月二十五日，可以撤退完竣。（3）郑重声明：我军在长春以北所警备之区域，不能等待中国正式国军接防，而只能将吾人之责任交付现有之任何武力。如正式国军不能赶到，吾人不能因此停止预定撤退工作，请贵方特加注意。”所提第三点异常重要，因自谈判开始起，吾即感到苏联对于北满，仍存老观念，即认为系其势力范围。故中苏谈判，即使达到协议，渠等亦必使苏联隐有控制之力量。假使中共得势，苏方亦必培植一种可以暗中操纵之势力。至满洲里至绥芬河之铁路，据报已由标准（一·四三公尺等于四英尺八英寸半）改为苏联铁路之宽轨（一·五二四公尺等于五英尺二英寸）。如是国军即使到达哈尔滨，何能得到车辆向东西两方运输军队。

（三）董副参谋长自长春电告辽北省政府人员安抵长春。

先生日记云：

接董副参谋长电，辽北省刘主席翰东、徐秘书长鼐等一行十四人，已安抵长春，未演张莘夫故事，心中为之稍安。

二十七日，（一）下午五时半，苏联大使彼得罗夫至外交部见王部长世杰，面交提议案之译文。

全文如次：

甲、中苏两国政府曾经协议，共同经营前日人在满洲各企业如下：

一、煤矿企业，密山、抚顺、鸡西、恆山、札赍诺尔，鹤岗。

二、鞍山制铁金属综合工厂，包括炼钢厂、辽阳铁厂、鞍山火砖厂、鞍山神户机械厂。

三、大连炼油厂（原文系复数）。

四、大连及哈尔滨洋灰厂。

五、大连天之川发电厂（原文系复数）。

六、辽东半岛盐场（原文系复数）。

七、大连、沈阳、长春、哈尔滨、齐齐哈尔、牡丹江及佳木斯各地飞机场。上开飞机场将由中苏民航公司经营。

乙、为经营上开各企业，依照平等原则，组织中苏股份公司（原文系用复数）。中苏合办股份公司董事长由华方代表中选任之，副董事长由苏方代表中选任之。

各该公司之执行职权，将由苏方指派之经理及华方指派之副经理担任之。

中苏合办股份公司经营期限定为三十年，期限届满时，所有上开企业，无代价交还中国政府。

一九四六年三月二十七日于重庆。

（二）外交部王部长世杰约谈，并获阅苏联大使面交之节略。

先生日记云：

下午四时半，王外长约谈，适苏大使往晤，递一节略，大旨根据一月间历次与斯顾问所谈，及二月一日余与马元帅谈话，提出至低限度之经济合作企业种类。并预料吾方除抚顺煤矿外，可以答应者，均包括在内。不愿因不正式接防之撤兵，而丧失其可得之合办企业。且预防共方为我击退时，仍能继续与我谈判，达成协议。其深谋远虑，实可佩服。

（三）外交部王部长世杰照会苏联大使，要求苏方按照中苏协定，予中国接防军队以便利与协助。文曰："关于苏联政府通知东北苏军将于本年四月底撤退完毕一节，我方已答复可予同意。现在距离苏军撤完期限，尚有一月余，且东北铁路纵横，交通便利。中国政府军队足能于苏军撤退以前，达到苏军即将撤退之一切地区。中国政府兹请苏联政府电苏军在东北之司令部，依照中苏友好同盟条约之精神，迅速与我军事代表团董彦平中将商订交接各地防务之办法，以便中国政府军队能于接防时，获得苏方之协助。中华民国三十五年三月二十七日。"（四）电行营熊主任式辉及董副参谋长彦平，告知上项外交部致苏联大使照会内容。（五）董副参谋长自长春来电，报告二十七日与苏军特罗增科中将商谈接防问题经过。渠再度声明，苏军在长春以北警备区域，不能待中国国军接防。苏方意向，对东北北部五省，似别有怀抱。

先生日记云：

董电最后有："苏方意向，对东北北部五省，似别有怀抱"数语，甚有见解。与余看法相同。故即使吾方允应苏大使提出之合作条件，吾方军队亦只能到哈尔滨，而对于北部五省之接收，势将受到阻力。甚至有使我方不能不与当地武力妥协，成立联合政府。

（六）国、共、美军事调处三人小组，获致协议，派四个小组赴东北工作：（1）其任务仅限于调处工作。（2）小组应在政府军队及中共军队所在地地区工作。（3）小组应前往军事冲突地点或国共军队密接地点，使其停止冲突，并作必要及公平之调处。

二十八日，（一）约新自延安归来之梁漱溟晚饭，聆其报告在延安所见所闻。

先生日记云：

梁漱溟甫自延安归，约其晚饭。渠云：毛泽东告彼，中共作风非变不可，但求变而不乱。不知其所谓变者，是否指新民主主义而言，借以缓和人民对于共产主义之恐惧。又云：渠见坦白运动，彼此公开批评。公务员均不支薪，各自种菜养鸡。其衣食悉由公家供给，均渐渐见效。至于对东北问题，渠并无所闻。

（二）辽宁省政府自锦州移至沈阳。

二十九日，（一）李杜来访。

先生日记云：

李杜将军来见，告以已与蒋主席谈过。稍候当确定，可邀其同赴东北。渠云：其旧部可与谈者为周保忠与李延禄。

（二）沈鸿烈来谈。

先生日记云：

沈成章兄来谈，告以李杜将军愿赴东北工作。渠不甚赞成，谓恐无甚效力。并云：东北问题，重点仍在苏联，应与苏联先获协议，再与中共协商。将来或让中共武力驻在一部分区域。余告以与苏联已不易达成圆满协议。至中共武力，将来如须予以驻在地点，当在哈尔滨以北。但望调处小组，可生作用。

（三）莫斯科广播，再指斥中国学生之游行示威，乃反动派挑拨之反苏勾当。

三十日，（一）外交部王部长世杰约谈，商拟答复苏联大使三月二十七日所递节略。

先生日记云：

上午王雪艇外长约谈，告我："拟向苏大使提出协助我军进入沈阳以北各地，并抗议非法武力曾得苏军协助，因此得到便利。再苏大使二十七日节略中，有'曾经协议'字样，拟请苏大使予以解释。"王部长意，拟暂存观望。俟安理会开会，看美政府对苏方针有无变更，再行答复苏大使节略。余觉不论安理会开会时，美方采任何方针，对于苏方将不生影响。

（二）周恩来来晤，谈解决东北问题。

先生日记云：

下午周恩来来晤，渠谓东北问题，一误于十二月初中央军进攻热河共军，且进而攻沈阳西南。次误于一月初，三人小组未获协议，以致有二三月间之反苏反共运动。今则共方闻国军大量北上，不能不为防卫之策。因此北上之国军已受阻于铁岭，恐将再受阻于四平。目前解决之道，惟有迅速在政治军事方面，同时谋解决。在政治方面改组东北政治委员会，参加各党各派人士。在军事方面，迅速规定双方驻军地点，及整军方案。连同保安队一并规定在内。至外交仍归中央主持。余答以必须由中央先接收各地政权，再谈政治协商。

（三）《解放日报》登载东北民主联军发表声明，谓国军由长春铁路进兵攻击，国民党应负一切后果责任。（四）军事调处执行部派赴东北之四执行小组，自北平抵沈阳。

三十一日，（一）接董副参谋长彦平自长春来电，报告接防窒碍情形。

先生日记云：

接董副参谋长电，并转王部长。文曰："关于吾军随苏军撤退，进驻东北各地，窒碍甚多：（1）中长路沈长段交通中断，沿线且有共军截击，国军尚不能顺利北运。（2）哈尔滨至绥芬河及满洲里一线，已被苏军改成宽轨，我军不能使用中长北宁两路车辆。（3）中长路以外之铁路，除被破坏拆卸者外，均为共军窃据。(4) 苏方借故检疫，我军尚须在长春以南停留若干时日。(5) 苏军通告，至迟四月二十五日自长撤完。我自长至哈一段之运输，恐亦将受牵制。上述五点，尤以第四第五两点为最重要。如不能获得解决，接防问题，实不易商订妥善方案。除由彦平在此间尽力折冲交涉外，似仍应请外交部与苏联政府详商，俾获根本之解决。"

此电已说明苏方尽管答应撤兵，而能否由国军接防，仍是问题。在外交部以为在撤兵问题上，交涉似已有结果，殊不知苏方在不让我顺利接防方面，早已有其布置矣。

（二）电覆董副参谋长，望告苏方如国军能到达长春，关内空气可为之一变，友好工作仍可继续。文曰：

电悉，王外长已两次向苏大使提出苏军撤退，必须交于吾方接防。苏大使答已电莫斯科。望告苏方：沈长间沿线本无地方非法武力，长春附近亦早不存在。故目下沿途阻碍，及将来设或共军进占长春，不能不谓由于苏方不照协定协助之故。吾军如能到达长春，关内空气可为之一变，友好工作仍可继续。苏方当能领会。希婉达之。

（三）国民参政会议决，请政府对东北采有效措施，以保国权而维民命。（四）中共抗议美舰再运国军赴东北。

四月一日，（一）蒋主席在国民参政会报告政府致力和平统一措施两大要点。第一东北问题：确信必获苏联和平合作，主权行政必须完整；所谓中共之"民主联军"、"民选政府"，决不承认。接收未完成前，无内政问题可言，希望中共部队接受统编。第二训政约法问题：政治协商会议并非制宪，约法为国家根本大法，在宪法未颁行以前，不能废止。扩充国民政府组织，在集中力量，赢得和平，并非推翻国民政府基础。（二）政治协商会议综合小组及宪法草案审议小组开会讨论"省自治法"问题，中共代表与青年党代表发生冲突，青年党代表退席。（三）连接董副参谋长彦平自长春来二电：(1) 报告苏军盼望国军于四日中旬进驻长春；(2) 报告苏军拒绝我军事代表团北行。

第一电文曰："本日与特中将见面，要求协助接防。特答：盼三日再晤，可将撤离长春、哈尔滨及其他各地之确期通知。但因苏军系大规模撤退，亦惧沿途被袭击，故自长哈等撤离之日期，实不容延缓。盼中国军队及时赶到各地。于四月中旬时，苏军在长春数量即将减少至最低限度，不能留驻有力之部队，盼中国军队届时已有相当军力进驻长春。"

第二电文曰："对于军事代表团今后行动一节，特中将表示，不必随苏军总部撤出国境。马元帅总部决定十日至十五日之间离长春返国。沿途联络不便，一切未了事件可在三日会晤时商决。与三月二十日表示相反。特中将并告，总部离长后，军事方面与卡尔洛夫少将，政治方面与巴乌雷车夫政治顾问接洽。卡少将为最后离长者。彦平揣度在十日后，避免与我方作正面接触，并拒绝代表团北行，以便在北部诸省自由布置。"

（四）约吉辽两省党部主委午饭，均希望安插党务人员，予以工作。

先生日记云：

中午约吉林省党部主委石坚、辽宁省党部主委李克忱午饭。渠等均表示希望安插党务人员，予以工作。大局至此，尚谈此等问题。可见党政两方之隔膜。

（五）苏联大使彼得罗夫照会外交部，说明东北各地撤兵程序日期。（六）长春西郊，中共军队进攻，通宵激战。

二日，（一）军事委员会发言人，反驳今日《新华日报》所载延安新闻，谓国军开入东北，未违反任何规定，中共显系企图阻止接收东北主权。（二）国军第七十一军及新编第六军进入营口、鞍山、海城、沙河。（三）沈阳学生游行，反对军调部执行小组来东北，打倒熊式辉，拥护杜聿明、郑洞国。（四）终日休息。

先生日记云：

终日休息，偶尔间，思及四川产生许多伟人，男如大禹，女如秦良玉等。当此大难，四川能产生一二伟人以救人民于水火之中乎？

三日，（一）接长春董副参谋长彦平电，续报与苏军特罗增科中将商洽接防问题经过。文曰："今日已晤特中将，就接防问题提出三点：（1）在铁路交通阻滞之现状下，我军恐难如期到达各地接防，可否在不影响全盘撤退计画之范围内，请苏军在各主要城市，酌留小部队，暂负责维持，俟我军到达后再撤，以符苏方协助国府在东北建立政权之历次声明。（2）沈阳至哈尔滨，我方可用中长路，或北宁车辆运输军队。但哈尔滨至满洲里及绥芬河一线，已改宽轨，我方所需车辆，应请苏方充分协助。（3）为便利双方及早接防起见，我方必要时，可空运部队至长春、哈尔滨、齐齐哈尔等地。特表示：撤退计画不能变更，如我军于撤退前到达，自以一切方法交接防务，否则不能等待。至酌留少数部队事，因长春至国境，需时十五天，恐影响全部撤退限期，歉难照办。且根据过去沈阳之经验，小部队受威胁甚大，亦不愿再蹈覆辙。哈尔滨至满洲里绥芬河一线，宽轨问题已于四月一日请示政府尚未得覆。"（二）外交部将四月一日，苏联大使奉苏联政府命令，对于在满洲苏联公民及机关，所遭受之非礼行为，及对中长铁路缺乏保护，以及工作连遭破坏等情事，提出严重抗议之照会，以快邮代电寄行营熊主任式辉查明真相电复。

代电内开："东日苏大使来照会，略称：'苏政府据报最近苏军已撤之满洲各地区，屡有杀害苏侨，袭击抢劫苏联机关情事。中国治安当局，竟放任此类非法行为。三月十二日至十三日之夜，在沈阳看管苏联商务机关所占之房屋之商方代表处职员科巴摄次被杀。三月十五日，远东对外运输公司职员苏籍公民德敏被杀。三月二十一日苏籍公民勃恭斯基及依利亚宁，以及苏籍女公民利洛利阔瓦，与郭多夫西科瓦被杀。二月十三日十五时，在沈阳街上，中国一警察官员拦阻苏籍女国民菲立浦瓦，掴打其头部。三月二十二日，在沈阳之中长铁路中央材料场场长戴万斯基，及铁路稽查苏斛马斯基曾被中国士兵殴打。三月十七日，在沈阳街上，苏籍公民机械匠切尔卡辛被中国士兵逮捕。将彼缚绑载于车上，运往城外，吊起殴打，并百般侮辱。上述事件发生时，均有中国军队之军官在场。被殴发肿之切尔卡辛次日上午十一时仅着一件衬衣返家。三月十九日，中国当局逮捕中长铁路员工苏籍公民七（六）人：皆列信科、累玛尔、特鲁勃金、沙达也夫，区段长莫洛左夫，及副段长加罗洛夫。嗣经严重抗议后，前者路工五（四）人获释，而后者二人迄今仍在羁押中。三月二十一日，在沈阳被派往旅顺为该地苏联驻军押送辎重之红军士兵布也斯阔，及哥鲁左也多夫二名被捕。沈阳警察局亦曾将未及随军撤退之红军士兵屑列仔聂夫，及亚力山大罗夫二名逮捕。三月二十二日至二十三日夜间，在苏家屯（译音）停车站，所有在该站服务之苏籍公民，其中包括站长玛斯拉科，及机车厂厂长洛帕特秦科均被逮捕，并被运走，不知下落。在沈阳之工程师阿尔玛干阳多次被捕，并遭受侮辱与恐吓。三月二十一日，辽阳站区段长哥尔巴功夫、副段长阿哥波夫，及区段工程师切科科夫斯卡亚并遭逮捕。彼等被绑缚，并被运走，下落不明。迄今彼等之命运犹在未可知之数。在沈阳自从中国政府军队到达以后，对于苏籍公民在街上或其住宅，屡曾发生搜查与掠夺之情事。三月十九日，中长铁路工程师拜多夫之住宅被搜查。三月二十四日，有结伙之中国兵士以抢掠为目的，曾经袭击远东银行沈阳分行经理曷鲁斯达列夫之住宅。在沈阳车站机车厂厂长科仔洛夫亦曾被抢。中国当局之行为，在许多场合下，颇类似日本与德国式之作风。例如三月十八日，在苏家屯（译音），中国当局要求苏籍国民于外出工作及工毕下班时，须按军队方式列队，并由中国卫兵押送之。又沈阳中国当局，要求粮食出口协会远东对外运输公司，及中长铁路之一切苏籍员工，佩带特制之臂章，并在胸前悬挂证牌。中国当局又擅取属于苏联机关之财物。三月十八日，沈阳之中国当局奉陆（译音）将军之命，曾夺占苏联皮毛协会代表处之房屋与货栈。后又夺占属于苏联商务代表处分处之房屋一座，及属于农业机关之房屋两座。中国士兵奉其军官之命令，将苏联国旗自苏联机关汽车及卡车上摘下。并在众目共睹之下，将其蹴踏入泥泞之中。中国当局将中长铁路长春以南一段，未采取必需之措施，加以保护。结果多处路基及设备，皆遭破坏。大批车辆被毁。该段之行车已告中断。中国军事当局并夺取属于中长铁路之财产。已被夺取并开往北宁铁路者，计有属于中长铁路之机车十五辆、货车二百五十七辆及客车七辆。中长铁路之沈阳中央材料厂已被占，并宣告为北宁铁路之产业。若干中国士兵曾自辽阳车站区段长办公室之出纳处，劫去现金八十三万元。本大使兹奉苏联政府命令，对于上述在满洲苏联公民及机关所遭受之非礼行为，对中长铁路缺乏保护，以及其工作遭破坏等情事，提出严重之抗议。苏联政府坚持中国政府应履行下列各项：(1）详细调查上开各事件，并对各该项事件之过失人予以严惩。(2）对被害之苏籍公民之家属，发给恤金。(3）采取必要之措施，对于苏联公民与机关及其财产，予以保护。(4）训令中国当局，将夺自苏联机关之财产，立即归还。并使今后对于苏联公民及机关，不再发生同样之非礼行为。(5）确保中长铁路之警卫，并将自该路所夺去之财产归还该路。苏联政府以防止日后同样非法行为之一切责任加于中国政府负担云云。’除允查明答复，并告以中长铁路在我军队业经到达之地段，始可负责保护外，拟请先（1）电饬所属查明上列各事件真相电复。(2）密令所属军政负责人员，对于苏联官员及侨民力予保护，俾免借口。其所举杀害诸事，如属事实，即予以适当之处置，并将处置情形，报告本部。(3）苏军在东北驻留日期内，及撤退时，诸种残杀劫掠之暴行，并希转饬就十分可靠者，详查当事人姓名、出事地点及时间，从速报告本部，以备向苏方反提交涉。弟王世杰（西）。”

（三）电长春董副参谋长彦平，告以下列事项并分别予以指示。文曰：

(1) 日来苏大使提出对于沈阳苏侨被害，及铁路苏方员工被辱等事，提出抗议。(2) 今日苏使答复吾方照会，苏军撤退，必于期前通知，于可能范围内，协助吾方接防。(3) 三人小组已抵沈阳工作。在苏军未撤退区域，暂不前往。晤特中将时，希提及作为非正式通知。(4) 苏方允将溥仪交还，外部拟告苏方能在沈阳移交最好。否则即在长春移交。若吾军尚未到达长春，可即交军事代表团，随即备机送锦交于熊主任。(5) 据熊主任报告外交部云：苏军在长春将法政大学放火焚毁，及飞机场附近仓库亦被炸毁。实情如何，希电告以便抗议。

（四）接董副参谋长彦平自长春来电，报告苏军自各地撤退日期。文曰："本日特中将约谈，渠称奉令宣布苏军自各地撤退日期如下：(1) 马元帅总部及所有僚属，六日离长返国。(2) 长春苏军于十四日或十五日撤完。卡尔洛夫城防司令最后离长。市郊防疫岗哨，十日即撤去，机场军用机亦于十日撤离。(3) 哈尔滨苏军于二十五日撤完。(4) 吉林市苏军于十三日至十六日间撤完。(5) 齐齐哈尔苏军于二十四日或二十七日撤完。(6) 牡丹江苏军于二十八日或二十九日撤完。(7) 北安、佳木斯、勃利及其以北各地苏军，十日以前撤完。根据以上计画，本月三十日，苏军全部可以撤至国境。"（五）马占山来晤，表示愿往东北服务。（六）国军进抵昌图附近，本溪湖有激战。（七）中共军队袭长春。（八）内蒙古自治运动委员会主席云泽，与东蒙自治政府主席博彦满都，在承德商定组织内蒙古自治运动联合委员会。

四日，（一）蒋主席约午饭，有王世杰、张群、冷御秋、邵从恩诸人在座。饭后谈东北问题。

先生日记云：

中午蒋主席约午饭，有王外长、张岳军、冷御秋、邵从恩诸先生。饭后，谈东北问题。蒋主席意，因据董副参谋长电，苏方已规定撤退日期，马元帅于六日离长，似应即向苏方表示愿意商谈经济合作问题。

（二）外交部王部长世杰约晤苏联大使，告以愿商谈苏方所提经济合作方案。

先生日记云：

是日下午，王外长约苏大使到部，告以中国政府愿即商谈苏方所提之经济合作方案。一俟派定人员，即行开谈。惟望长春、哈尔滨不重演四平街往事，以免中国舆论再行恶化。

（三）参加蒋主席招待安南国王保大晚宴。

先生日记云：

晚间蒋主席谳请安南国王保大，被邀作陪。饭后留宿林园，征询有关东北及政治各方面之意见。余于谈话中，表示愿离政治，而就社会事业。主席不以为然。

（四）接长春董副参谋长来电，请示今后军事代表团行止。文曰："三日与特中将会谈，就军事代表团今后行动问题，与之面商，谓代表团任务，系驻在贵军，保持联络。今后一月，贵我两军接防事务繁多，实为本团执行联络任务之重要阶段。贵军总部六日撤离后，应以何人为交涉对手等语。渠答六日后，军事问题与卡尔洛夫，政治问题与巴罗雷契夫顾问，保持接触。十五日后，卡尔洛夫离长后，可与哈尔滨高福同司令接触。渠将滞哈至二十五日为止。巴顾问则将长期滞留长春。职当称代表团行止，须俟请示政府，应予保留。渠答此事非渠所能解决，亦须由政府决定等语。应如何办理之处，谨报请鉴核示遵。"（五）又接长春董副参谋长彦平来电，报告苏军称苏方民航机仍留长春机场使用。文曰："三日会谈时，特中将称军用机将于十日撤离长春机场，民航机则仍继续使用。并谓民航事已与张主任委员获有谅解等语。彦因渠系附带提及，未便立予答复。事后经嘱朱秘书新民向斯顾问表示否认。"

先生日记云：

就民航一节，可知苏方仍希望经济合作，达成协议。亦可推测苏方仍准备吾方控制哈尔滨以南区域。即外交仍以国府为对象，而北满各地政权之谁属，则让政协解决。

（六）军事调处执行部美方白鲁德少将飞辽北东丰，晤中共军队司令员林彪、政治委员彭真。（七）国军新编第一军入昌图、法库。（八）周恩来发表谈话，指责国民党破坏政治协商会议决议案，破坏停止冲突、恢复交通、整编统编三协定，扩大东北冲突。并声明停战协定及政治协商会议之一切决议，应适用于东北。

五日，（一）参加蒋主席招待安南国王保大及其同行早餐。

先生日记云：

客人离去后，与主席略谈，渠意盼早日与苏方解决经济合作问题，嘱与王部长随时接洽。

（二）与蒋特派员经国致电马林诺夫斯基元帅惜别。文曰：

马元帅勋鉴：闻公将于六日离长，璈等因事不克赶来欢送为歉。敢信公虽离长，而所抱中苏百年友好之精神，则早已留在中国。嘉璈、经国仍愿始终为中苏友好努力。谨表示最崇高之敬意。并向斯顾问道念。张嘉璈、蒋经国。

（三）电长春董副参谋长彦平，告以“昨日王外长面向苏大使提议，长春、哈尔滨不可重演四平街往事。苏大使允即电马元帅”。（四）接长春董副参谋长彦平来电，报告马元帅预定六日离长返国，军事代表团已约定于五日晚在中央银行宴饯苏方宾客二十八人。（五）又接董副参谋长彦平来自长春电，报告苏军无意协助接防。文曰：“本日与特中将会谈，彦平面告三日苏大使答复我方照会，称：通知驻东北苏军，于可能范围内，协助我方接防，请阁下查照等语。渠答接防事，除渠于三日会谈所声明者外，无可置复，亦未接政府任何新指示。”

先生日记云：

可见外交部与苏大使接洽，及苏大使答复，均属外交词令，而实权则在马元帅。故所谓不再重演四平街往事与否，仍系乎经济合作之是否达成协议。

（六）东北行营主任熊式辉自锦州入驻沈阳。

六日，（一）接董副参谋长彦平自长春来电，报告军事代表团宴饯马林诺夫斯基元帅以次各员情况。

先生日记云：

接董副参谋长电，报告：昨晚我军事代表团为马元帅饯行，苏方到马元帅以次二十余人，我方军政人员三十余人。席设中央银行四楼。马元帅答词中强调中苏两国必可永远合作，而不受外力之挑拨与破坏。意指中苏不能协调，由于美方之挑拨与破坏。董电附后：

张主任委员公权先生：卯微（五日）十八时，代表团宴马元帅，宾主五十余人。席间职致词，大意：（1）称扬马元帅及其部属，对击溃德国及收复东北之贡献。（2）对代表团与苏军联络工作，作一简短回忆，并对马元帅之多方协助，表示感谢。（3）马元帅离长后，盼其代表仍本以往和谐之精神，与我方共同商决一切，使中国政府军队及早到达各地接防，而双方彼此之间谈判均得以圆满达成等语。马元帅继致谢词，大意谓：苏军系为解放东北人民而来，并不以战胜者自居。中苏两大民族在蒋委员长、斯大林委员长之领导下，必可永远合作，而不受外力之挑拨与破坏。希望中央政府人员努力建立民主政治。深信中国前途远大等语。渠对外力挑拨破坏一节，往复作强调申述。席间空气尚称欢洽。彦平与马元帅致词全文，容另抄航呈察阅。谨闻。职董彦平卯鱼印。

（二）接董副参谋长彦平自长春来电，报告马林诺夫斯基元帅临行时对于接防意向突变，应请外交部向苏大使商谈。文曰："张主任委员公权先生，并乞转外交部：密，卯鱼辰，卡尔洛夫以电话传达马元帅意，谓：苏军总部在哈拟多留驻数日，难免有重要事务联络，军事代表团是否可全部同往等语。彦以其态度突变，意向不明，即答以可加派张培哲与杨树人先往。彦平等俟后即去。当日午赴车站送行，候马元帅立谈约一小时。渠称昨日席间，阁下致词中，提及接防问题，具体意义为需要苏方何种协助。彦平即答称，盼贵军能酌留一小部队，并协助政府军队及早到达后，再行交接手续。渠称：苏军自各地撤退日期，虽已根据政府四月底撤完之命令，分别拟定，但贵方如有何种需要，例如长春、哈尔滨等地，贵军需我军何日撤退，贵军何日可到达接防，可具体提出由重庆向莫斯科交涉，必可获得圆满答复。将东北交还国民政府之军队为苏方夙所期望。本军原定去年亥江撤退，但因行营离长，无法交涉，乃决定暂缓撤退，以便政府军队接防。嗣后因等待甚久，外间误会滋多，故不得不及早撤退。但因目前情势，深恐误会苏军将各地政权交与共产军。中苏合作为双方之共同需要，吾人今日实不愿双方再发生任何误会，而致不欢而散。并希望军事代表团得随往哈尔滨保持联络。渠在哈尔滨滞留两星期，一切均可商决等语。观察其意态，似甚诚恳。谈后，据特中将称，昨夜宴后，曾接获莫斯科训电，指示苏军应与代表团继续保持联络云云。马元帅意向突变，当系莫斯科对于我外交方针转变之结果。彦平拟日内偕邱楠、朱新民赴哈，继续交涉。至接防问题，似应请外交部即向苏大使具体商谈，俾作根本解决。谨电请鉴核。职董彦平卯鱼申秘。”

先生日记云：

> 根据董电，由马元帅表示推测，在哈等待者为重庆之经济合作谈判结果。如谈判有结果，则长哈间虽有共军阻扰，仍使我军达到接防。否则任令共军进扰，且或暗中帮助之。

（三）接东北经济委员会张主任秘书大同来电，报告各情，与董电大致相同。文曰：“今日苏方联络官向杨作人表示，马元帅今午前往哈埠，尚须在该处住若干时日。军事代表团原有计划派多人前往，以便联络，现在是否实行。杨答以当向董请示。董旋决定军事代表团应随同前往。作人与张培哲先随马同行，董及朱新民拟稍缓数日前往。据职推测：（1）马在哈尚须就北满有所布置，四月底撤兵，势须延搁。（2）可能再造四平一类事变，以为迟缓撤兵之口实。”

（四）草拟对苏联提出各项合作事业之对案：（1）基本条件；（2）经营条件；（3）合办事业；（4）关于辽东盐场合办之意见；（5）关于民航公司之组织。

关于苏联提出合办事业之意见

壹、基本条件：

第一、合办事业，不妨在撤兵前商谈，并求获得协议。惟正式决定，必须在苏军完全撤退，中央接收省市政权之后。

第二、合办事业，完全基于普通经济合作，一切均遵照中国法令及法律手续，不订立任何协定。

第三、合办事业，已由苏方拆卸之机器，应交还恢复原状。

第四、合办事业之资产，应按实际状况由专家估计确实价值。

贰、经营条件：

第一、合办事业不能享有任何专营权利，亦不投资于其他事业。

第二、合办事业之产品，应平均尊重中苏两国之需要，但同时须尽量顾及中国之利益。

第三、合办事业购用苏联器材，或以所产物品运销苏联，均应依照中国政府所订一般进出口货物通常办法办理。

第四、合办事业在中国境内，所有开支，应用当地通用之中国法定通货。

第五、合办事业均为股份有限公司，每年所获纯利应归苏联部分，中国政府允其汇往苏联。

第六、合办事业之一切文件，及款项出入，董事会方面由董事长与副董事长，经理部方面由总经理与副经理共同签字。

第七、合办事业之经营期限，定为二十年。期满前一年，如双方同意得延长十年。期满后，中国政府得无代价收回。

叁、关于合办事业：

第一、煤矿方面，苏方提出密山（包括恒山、鸡西）、扎赉诺尔、鹤岗、抚顺四矿。抚顺一矿必须交还，归中国独办。中国当遵照协定，保证中长路用煤之充分供给。

第二、鞍山钢铁事业，包含鞍山炼钢厂、辽阳铁矿、鞍山火砖厂、鞍山神户机械厂。在中国钢铁事业尚未发展以前，鞍山钢铁事业应由中国政府占股份百分之五十一，苏联政府占股份百分之四十九。董事长由华方代表选任，经理由华方指派之。副董事长由苏方代表选任，副经理由苏方指派之。炼钢厂厂长及铁矿场长得用苏联人充任之。

第三、大连炼油厂与中国将来整个汽油政策有关，应约定该厂须遵从中国政府将来颁布之关于汽油之一切法令。

肆、关于辽东盐场合办之意见：

第一、安东附近为：庄河，有安东盐业公会[illegible]支部所经营，面积二、九[illegible]六百方尺；有满洲盐业公司所经营，面积七七六百方尺。为：大孤山，有安东盐业公会大孤山支部所经营，面积二、九二七百方尺；有满洲轻金属公司所经营，面积四六七百方尺。

第二、营口附近为营口，有营盖盐业股份公司所经营，面积一、三三九百方尺；盖平复县，有盖平复县盐业公司所经营，面积一八七百方尺；有满洲盐业公司所经营，面积六、一六八百方尺。

第三、锦州附近为：锦州，有满洲盐业公司锦州分公司所经营，面积四、五四八百方尺。为：兴城，有锦州盐业公会兴城支部所经营，面积一、〇七七百方尺。为：锦西，有锦州盐业公会锦西支部所经营，面积一、〇〇〇百方尺。为：盘山，有锦州盐业公会盘山支部所经营，面积三八五百方尺。

第四、关东州日本盐田计有一七、三七〇百方尺。日本人所有盐公司计两家：一为满洲盐业株式会社，缴入资本三千二百万元，固定资产四千三百万元，流动资产一千二百万元。一为日本盐业株式会社，缴入资本三千二百万元，固定资产一千七百万元，流动资产一千七百万元。以上两公司营业占辽东半岛盐业百分之八十。

查中国盐政有统一之盐制，向无与外人合办先例，自宜拒绝。若苏联沿海州一带用盐需要，当由财政部按照苏方实际所需，准予每年售给苏方相当数量。万不得已时，可允合办一制造工业用盐之制盐公司。而与盐场截然为两事。

伍、关于民航公司之组织：

关于民航问题，关系中国整个民航政策。其最要者有两点：（1）中国对于现有之中外合办航空公司所采取政策必须一致。（2）不能违反中国政府对于已签字之国际协定。因此中国政府提议下列办法：

第一、在东北九省境内，设立东北民航公司，经营东北九省境内之民航事业，其线路由交通部规定之。

第二、资本总额定为东北九省流通券五千万元，其中百分之八十为中国政府所有，百分之二十为苏联民航局所有。

第三、公司设立董事会，定为董事九人，其中七人由中国政府选任，二人由苏联民航局选任。

第四、董事会议由董事五人出席，方足法定人数。其中至少一人，须为苏方所选之董事。

第五、董事会选任董事长一人，总经理一人，及副董事长二人，协理一人。董事长、总经理及副董事长一人由中国政府提出。另一副董事长及协理由苏联民航局提出。

第六、公司应设监察二人，由中国政府任命一人，余一人由苏联民航局任命之。

第七、公司在所经营航线范围内，所使用之民用航空站及民用机场，均归中国政府设置，并归中国政府所有。公司应缴纳相当租金。

第八、中国设立之航空公司，及凡与中国政府订立互惠民航协定之各国民航公司，均得驶入东北九省，降落于中国政府所指定之民用航站及国际航站，并载卸客货。

第九、公司得雇用苏籍驾驶员及技术人员。最初一年不得超过半数。一年后，须逐年增用华籍人员，至华籍人员占百分之八十以上。

第十、公司飞机之航行应遵守中国之法律及规章，与一切有关国防之法规。

第十一、其他详细办法另订之。

第十二、公司营业限以五年为期。期满时，若任何一方未以书面通知，得再继续五年。

先生日记云：

以上所拟，系为讨论之参考。因不久将开会商谈。今日不能写完，容明日再继续。

（五）《解放日报》登载周恩来声明。文曰："国民党正在扩大东北内战。坚决反对继续增兵东北。从速经政治协商谋和平解决。"又曰："国民党送往东北军队已由二个军增至六个军（第十三、五十二、九十四、七十一、新一、新六），总数为二十八万五千人。现正增派八个军，总数十五（十四）个军，人数共为五十一万二千人。"（六）《解放日报》发表《驳蒋介石》社论。抨击其四月一日演说，谓收复东北无功，丧失东北有罪。（七）马林诺夫斯基自长春抵达哈尔滨。（八）代理东北保安司令长官郑洞国及长官部自锦州移驻沈阳。（九）东北行营主任熊式辉奉命，决于四平街以南与中共军队决战，歼灭其主力。（十）美总统发表演说：决维持庞大武力，保障世界和平，协助远东各国复兴经济，发展建设，支持中国民主自由政府。

七日，（一）外交部王部长世杰嘱电长春董副参谋长彦平，勿请苏方留少数部队，以待国军到达。

先生日记云：

晨往外交部，因王部长见董副参谋长电，有请苏方酌留少数部队，待国军到达之语，认为不妥，恐苏方再借此延缓撤兵。

嘱电董勿再提，并嘱董要求苏方协助中长路早日修复，以利国军运输。外交部将同时向苏大使提出此议。

电董副参谋长文曰："王部长意，关于接防问题，苏方既已宣布各地撤兵日期，吾方不可再要求在各地酌留少数部队。今吾方所要求者：(1) 苏方应迅速设法修复中长路。(2) 应以一切可能方法，协助排除中长路沿线及其他各地障碍，俾国军于苏军撤退前，按期到达各地接防。若苏军撤退，各地让共军侵占，重演四平街故事，不能不认为苏方违背中苏友好精神。王部长即将上述意见，通知苏大使，望以同样坦白口气，告知苏方，请其为中苏友好前途着想，尽力为之。"

（二）中共军队林彪之参谋长伍修权在沈阳宣称：东北民主自卫军（周保忠）、自治军（吕正操）、新四军共三十万人，迄未接到停战令，不知国军接防。（三）东北中共军队攻击临榆、兴宁间之北宁铁路。

八日，（一）整理所拟对苏联经济合作谈判对案完毕，交外交部王部长世杰研究，王仍坚持应候苏方覆到是否协助我军北上接防后，再行开谈。

先生日记云：

对于中苏经济合作谈判对案，及盐场与民航问题之意见草就。午后五时，往王外长处，交其研究。渠仍坚持候苏方覆到，是否协助我军北上接防，再行开谈。彼不知是否协助我军北上接防之枢纽，在经济合作之协议达成与否。且苏方种种阻碍吾军北上之准备，早已布置就绪，静待经济合作谈判之结果，而伸缩操纵。王外长迄见不及此，余实为国家前途忧虑。今交涉移归中央主持，余有何言可说。

（二）《解放日报》登载国军猛攻鞍山、本溪湖等地，被中共军队击退。（三）重庆《新华日报》转载四月五日《解放日报》社论《驳蒋介石》全文。（四）国军进展至四平街附近，遭中共军队顽强抵抗。（五）军事调处部东北执行小组到达国共冲突地区。（六）三人军事小组第七次会议，商讨东北问题。（七）中共要人，王若飞、秦邦宪、叶挺、邓发等自重庆飞延安，在山西兴县因飞机失事殒命。

九日，（一）蒋主席指定外交、经济两部各派次长一人，担任中苏经济合作谈判，并由先生从旁协助。

先生日记云：

十一时，主席约谈，座有吴文官长达铨、王外长雪艇、张省主席岳军、行政院蒋秘书长孟麟等。蒋主席主张早日与苏方开谈，俾中长沿线早日接防。但王外长意一面应候翁副院长返渝，一面候苏大使对于协助接防问题之答复。余主张不妨早日开谈；经济合作与协助接防同时商谈。如是可双方并进。结果由蒋主席指定外经两部，各派次长一人，担任谈判，并派余从旁协助。蒋主席手谕于当日送到，其文如次：

王部长、翁部长、张主任委员：关于中苏在东北之经济合作问题，由外交经济两部各指定次长一人与苏方开始商谈，并指定东北行营张主任委员公权协助该两部规划一切。中正。三五，四，九。

（二）东北行营主任熊式辉、东北保安司令长官杜聿明在沈阳招待军事调处部东北执行小组。共方代表饶漱石致词，人民渴望和平，国共纷争必须和平解决。美方代表致词，东北问题不解决，将影响整个中国问题。

先生日记云：

当日熊、杜未到，由彭壁生代表。据报美方代表曾乘飞机访林彪于其司令部（地址当在佳木斯）。

（三）接董副参谋长彦平自长春来电，报告军事代表团由长春赴哈尔滨。文曰：“九日午，军事代表团职彦平以下官兵十四员名，由长春乘专车赴哈。苏军派联络官一人，卫兵三人随行。”

先生日记云：

余与董副参谋长共事将及六月，其为人谨慎公正，操守不苟。与苏方周旋，不亢不卑。今其任务几乎终了，东北问题前途黑暗，岂国家之运命使然耶。

（四）国军与中共军队激战于四平街。辽阳附近，进攻本溪湖之国军第二十五师受挫。中共军队攻占辽宁之绥中及吉林之九台。

十日，（一）接董副参谋长彦平自长春来电四通，分别报告下列事项。内称：（1）“杨作人、张培哲与哈城防司令商定我方使用哈尔滨机场之地勤人员，可即赴哈设立电台。在未到前，由苏方负责。”（2）“杨张会晤特中将，关于哈至绥芬河及满洲里铁路改宽轨后，吾方军运所需车辆，可径与中长路直接商洽。”（3）“杨张与特中将及中长路局长接洽确保铁路交通问题。特中将意，最好吾方有力部队紧随苏军最后撤离长春之车辆推进，以便适时开入沿线主要地点，确保交通。路局茹局长意，将铁路员工予以武装，分段保护，并保证此项武装，俟国军到达即解除。此项建议，于我方有利无害，应否准予照办，请核示。”（4）“哈城防司令应允已进入市区之非法武装约万二千人，即饬于两天内撤出距市区十公里外之地带。”（二）访晤适返重庆之翁副院长文灏，将日来有关中苏对东北经济合作问题商讨经过告之。（三）《解放日报》登载国军在东北进攻中共军队受挫消息。

十一日，接军事代表团团长董副参谋长彦平自哈尔滨来电六通，报告下列事项。内称：（1）“接长春陈团员家珍电，九台于四月九日上午五时，被非法武装部队攻陷。”（2）“特中将面告杨作人、张培哲，已接收之省市行政人员，如需要随军撤退，无异议。盼将人数、名单、携带物品重量、旅程路线及留驻苏境期间，通知苏方。”（3）“中长路茹局长面告朱新民、张培哲云：路局拟令由工务处及各段暂负警备任务。最低限度应力保沿线重要建筑，如大桥、涵洞、工厂。故路局认为有武装适量路员之必要。此项护路队以工务工人及监工工头组成，受各分局局长之统一指挥，其服装仍着铁路制服。一俟国军依照中苏协定接防，立即解除。并开来应保护之建筑物，与需要人数及武器表一份。建筑物：桥梁十九座、山洞五、中长路局与修理厂。人数：六百人，多数为华人。

武器：苏军供给步枪五百支、机枪十挺，希望吾方供给步枪五百支、机枪二十挺。盼望吾方速予答复，俾于十四日前可着手编组。茹局长又称：公主岭破坏桥梁，已派人抢修，但被非法武装部队阻回。同时希望抚顺西安两厂，源源供给用煤。”（4）“与特中将会谈，就我军运输问题，成立下列谅解：（a）长春至四平街铁路，如有武力掩护，自可令中长路当局予以修复。（b）哈满、哈绥二线，宽轨运送中国政府军队事，莫斯科已复电同意。如有需要，苏军部可予一切协助。（c）我空运部队至哈尔滨及齐齐哈尔等地，苏方无异议，并可协助。”（5）“特中将称已得政府训令，将溥仪移交军事代表团。盼在哈尔滨，或苏军撤退前，在长春移交。当经商定在哈尔滨移交。”（6）“特中将告已奉政府训电，中国军事代表团可随苏军总部撤至伯力。并询可否住中国领馆内，希望用何种交通工具，及采用何项路线，可通知苏军部。”

十二日，（一）与行政院翁副院长文灏、外交部王部长世杰等商讨对于苏联要求若干工矿事业合办之对策。

先生日记云：

> 上午王外长约与翁副院长、经济部何次长淬廉、外交部刘次长一锴，商讨对于苏联要求若干工矿事业合办之对策。十二时始散。所讨论者约分三项：（1）原则声明，（2）合办条件，（3）合办事业范围。

（二）约东北政治建设协会干事宁梦岩等六人午饭，交换对东北问题意见。

先生日记云：

> 中午约东北政治建设协会干事宁梦岩、阎玉衡、王回波、刘吾轩、卢广声、周维鲁等午饭，交换对于东北问题之意见。彼等曾于昨日晤陈部长诚。今日访民主同盟及周恩来，表示要求国共两军停战，长春方面共军不进占。据云，周恩来对于不进占长春一节，似有商量余地。余闻此言，政府已处于下风。若早与苏方达成协议，何至有今日。

（三）访军政部刘次长斐，询问东北国军前进状况。

先生日记云：

> 据告：国军尚距四平街四十余里，由于须加强后继部队，故稍迟延。并云：国军去东北已达六个军。如是，苏军军部早已撤离，而吾军迟迟不能前进，如何阻止共军不进占，岂不已占下风乎。

（四）接董副参谋长彦平十一日自哈尔滨来电，报告在哈第一次与苏军参谋长特罗增科中将会谈要点九项，及请政府惩处飞机延不飞哈之负责人员。内称：（1）“代表团随苏军总部至伯力。”（2）“行政人员必要时，可随苏军撤至苏境。”（3）“中长路沈长段如有武力掩护，路局负责修复。长哈段、哈满段、哈绥段，重要桥梁及涵洞，由苏方路局职员保护。”（4）“哈满、哈绥两段宽轨路，运送国军，苏方供给车辆燃料，并予协助。”（5）“哈尔滨、齐齐哈尔两地，吾空运部队随时可去。”（6）“溥仪在哈尔滨引渡。”（7）“齐齐哈尔中国俘虏三十名，于二十七日交我省政府接收。”（8）“苏方下令哈尔滨、齐齐哈尔等地非法武装，撤出十公里以外，并表示在苏军撤退前，保证安全。”（9）“对三人小组，苏方不感兴趣。”又称：（10）“我方飞机延不去哈尔滨，应请转呈政府惩处负责人员。”（五）电复军事代表团团长董副参谋长十一日来电。文曰：

> （1）（2）（3）（4）（7）各点，无问题。（5）一时恐难实现。（6）已电熊主任就近派机接运。（10）我方飞机不来，恐系航委会必须先派地勤人员设站，然后开始航班。已电熊主任就近与地区司令接洽。再日来沈长间国军，因加强力量，进展稍迟。国共谈判，因中共主张即时停战，政府主张国军抵达长春，再行停战，故无协议。

十三日，（一）苏联大使馆通知外交部：苏方对于修复铁路，当尽力协助；至希望苏方对于国军接防，予以一切可能协助，自当注意。（二）外交部王部长世杰约晤苏联大使，告以关于中苏在东北之工矿合作问题，定于下星期一开始商谈。

先生日记云：

下午，王外长邀晤苏大使，告以中国政府已派定外经两部次长为代表，定于下星期一（今日星期六）开始商谈，并将原则及内容告之。王外长所拟原则内，有敌产均应赔偿中国之损失，及合办事业之苏方所占股份，系为华方所让给两点，苏大使表示不能同意。谓蒋特派员经国最近访苏，与史太林晤谈，史曾一再强调之。又询民航何以不能即谈。最后王外长促其注意，长春不可再演四平街故事。

（三）晚应蒋主席邀，与张群、吴鼎昌同赴黄山官邸晚餐，并留宿一宵，谈东北问题。蒋主席与张、吴二氏谈政协决议实行问题。

先生日记云：

晚蒋主席邀余与岳军、达铨两位同上山，留在官邸住宿一宵。饭前略谈东北问题。询及如与苏方开谈经济合作问题，苏方态度能否略予变更。饭后与岳军、达铨两位谈政治协商决议之实行问题。决定明日，由蒋主席邀各党各派代表茶会，催促进行。

十四日，（一）蒋主席莅先生寓所闲谈，认为东北中共军队必须让出铁路线两旁各三十公里，再行停战。

先生日记云：

晨十一时，蒋主席来寓闲谈。渠意："东北问题，对于共方不能再让，共方必须让出铁路线两旁各三十公里，再行停战。否则政府将为傀儡之傀儡。至回长一节，不妨稍待。"（所谓回长，系指先生）在言语间，可观其忧心如捣。其对于东北问题之见解，较之政府任何主管当局为深切。奈外交方面，只知刻板文章，不善运用，致酿成今日共方占上风之局面。且今届危机一发之际，仍在刻板文章上下工夫，大局不堪设想矣。

（二）密电哈尔滨董副参谋长彦平，望婉达马林诺夫斯基元帅，关于经济合作商谈，希望能获圆满解决，国军早达长春，中苏友好工作，早日开始。文曰：

极密，望照下述口气，嘱新民兄与斯顾问一谈，请其婉达马元帅，大致谓经济问题，吾方大概意见昨已由王部长面告苏大使，并定于明日起详细商谈。希望能获圆满解决。目前最急要者为国军早达长春，及于苏军撤退前抵达哈尔滨。一面中央已郑重向共方声明，必须退出中长路两旁各三十公里。如此，不特战祸可免，中长路及工矿事业，可免损失，而中苏友好局面可以奠定。希望苏方迅速协助国军到长，俾友好工作早日开始。璈极盼于马元帅行前，与经国兄返长来哈晤别等语。上项谈话，望严守秘密。再苏方以苏籍局员武装护路一节，可照办。惟望书面声明，一俟国军通知，即随撤去。

（三）密电行营熊主任式辉，中苏经济合作谈判，明日开始，苏方态度当可改善，并盼沈、长、哈间飞机交通速开。电曰：

极密，经济谈判，昨已由王部长与苏大使初次会议，明日起，再详细讨论。苏方态度当可改善。中共要求停战，主席坚持必须退出中长路两旁各三十公里，尚在督促中。中长路已允保护长哈间交通，并派员工至沈协修。关于沈长哈间飞机交通，望速开始。璈俟会议一二次后，即可决定北返日期。

（四）《解放日报》连日登载国军失利消息。并宣传共方经济政治均在前进中。十三日讯："国军犯四平街不逞，损失颇重。"十四日讯："国军进犯本溪及昌图以北之战役中，受创甚重，千余官兵，不愿内战，放下武器。"又宣传共方在东北之新猷，谓："东北中共中央局发布指示展开大生产运动，以农为主，同时恢复工业生产。再展开民主选举，人民代表选出民主政府，建立临时参议会，各阶层之公正人士纷纷选入政府议会。"

先生日记云：

中共此种宣传，无非表示其军事政治经济，均在前进中。

十五日，（一）接东北经济委员会张主任秘书大同自长春来电，称："共军已逼近长春中央银行，势甚危急。"（二）接董副参谋长彦平目哈尔滨来电，报告长春被匪军围攻。文曰：据长春陈家珍十五日下午电话：（1）长春自十四日晨，受优势匪军大举围攻，迄今尚未停止。（2）飞机场已被匪占，由四郊攻至内围防线。

按陈家珍系新派之长春防守司令，指挥东北行营保安第二、第四两总队及吉林省政府保安队。

先生日记云：

> 照此情形，东北问题，除国共两方武力决斗之外，别无解决之道。苏方为维持其东北势力计，势不能不帮助中共，使其获胜，俾中共不能不依赖苏联。故此一武力决斗，乃国军与中共及苏联之斗争。以东北之地势，国军补给之困难，及国军长途速征之疲乏，与对北方寒冷气候之难受，胜负之数，不难预卜。此余最初申述于政府，而力主必须与苏联达成协议之苦衷也。

十六日，（一）电董副参谋长彦平，望转知喀尔根与甘雨沛，劝告非法武力退出长春。文曰：

> 今日外经二部代表与苏方第一次经济会谈。盼望数次会谈后，可获解决。惟长春为非法武力进占，政府内空气必转恶化，而影响经济商谈。望嘱新民兄与加尔根副理事长，及中苏友好协会会长甘雨沛，劝告非法武力即日退出长春。再长春每日状况，随时电告。

先生日记云：

> 此电明知无效，而姑一试之。希望转机于万一耳。

（二）董副参谋长彦平自哈尔滨来电，报告中共军队企图。文曰：“张主任委员公权先生、蒋特派员经国先生：密，共党动向：（1）共军首脑部奉到林彪密令，苏军撤退，进占哈尔滨市。如少数中央军到，着即予以各个击破，大部到，着即避免冲突，撤出哈市。预定在号（二十）日开始活动。（2）作战指导分为四期，四平街以南为第一期；长春附近为第二期；德惠及陶赖昭附近，松花江河川战斗，为第三期；哈尔滨近郊，蓝陵附近为四期。经此四期后，则撤至牡丹江、佳木斯、延吉等地，誓不屈服。(3) 共党干部钟子云等均已退出哈市，调动部署队伍中。渠等对于苏军下令共军撤出哈市十公里，非常愤懑。哈市共党重要分子，表示国共两军在东北之大规模军事冲突，已无可避免。共军到最后一人，亦将斗争到底。谨闻。职董彦平叩卯铣（十六）戌。”（三）周恩来在重庆发表声明：在东北停战、宪法修正草案、政府改组及人权保障等问题未解决前，中共不参加国民大会。(四)《解放日报》十五日讯：军事三人小组，政府代表秦德纯中将、陈士渠中将，及美方代表吉伦将军抵沈。军调部，政府代表郑介民、中共代表罗瑞卿（代叶剑英）、美方代表罗勃孙亦抵沈。至沈阳小组，政府代表为赵家骧，中共代表为饶漱石，美方代表为陶德兰。

十七日，(一) 访晤苏联大使彼得罗夫，探询对于中苏东北经济合作意见。

先生日记云：

下午五时半，往晤苏大使彼得罗夫，告以余尽数月之力，希望共同出力转圜。渠答谓：吾方提案中，关于敌产应作为赔偿战时损失，及苏方合办股份作为吾方让给一节，苏方已愿抛弃所有为关东军服务之工矿企业，一律作为战利品之要求，并已允许将来合办期限，满期后仍将产业交还中国，吾方何必如此斤斤计较。抚顺煤矿可以剔出，希望换以珲春煤矿。渠对于民航尤为注重，希望先谈原则。余答以：吾政府十分注重长春、哈尔滨两地之接防。若照目下长春情形，势难圆满继续商谈。继之问及三人小组抵东北，能否帮助解决问题；国共两方意见何以不能妥协。

照以上所聆苏大使口气，如经济问题即予解决，长春情势未尝不可借三人小组转圜。在余看来，长春与哈尔滨，苏方仍有意让吾方接防，不过以中共武力之长大，难免中共不发生联合政权之要求。但余始终认苏联对于南北满，有不同之看法。

南满仍以吾政府为主体，而北满则任延安及苏方培植之共产分子参加政权。

（二）接董副参谋长彦平致行营熊主任式辉电抄件。文曰："接公权先生四月十四日电，嘱：职向马元帅转达，请其协助接防，并拟返长来哈晤别，探其意向等因。经于十六日中午访晤马帅于哈市苏军总部。渠以沉穆词调述及：（1）长春军警枪杀中长路苏籍工程师，枪杀苏籍职员，并将苏联代表人副领事基靳氏，故意枪伤，生命危殆。对于史太林像片、苏联国旗，用刺刀戳通。苏联从未对中国领袖、国旗，有此侮辱。中国军警如此行为，尚有何友好可言。（2）中国军队之接防，数阅月既未能前来，苏方无法再予有效协助，深表惋惜。（3）苏军撤退之处，即有不幸事件发生。中国官方未能事先预为防止、约束；而美国人则到处受到周到保护，是否对于同盟国家，有不平等待遇等语。经彦平逐项辩解，渠意逐渐缓和。继谓张蒋两先生可请于二十四日以前来哈一晤等语。"（三）接董副参谋长彦平自哈尔滨转来长春防守司令陈家珍，十五日及十七日来电，报告长春失守。

十五日上午电称："（1）共军彻夜向我攻击，炮击尤烈。截至十五日上午八时止，四周均接近我外围防线。第十四团于竞马场已陷匪围。一部分共军由南长春站渗入市内，向新皇宫突进。（2）南岭大陆科学院已被焚。（3）车站东北共军，拂晓以来，遽增至三千余人，向我压迫益甚。其后方且在陆续增加。"

十七日晚电称："（1）长春四周共军之炮火极为炽烈，我各防御部队均能保守原阵地，匪不得逞。中午战斗稍缓，由南长春侵入之共军，经预备队员反攻，退据车站附近。下午三时起，西北两方共军均以优势炮火掩护，大举进攻。我外防围若干突出目标，遭猛烈炮击，死伤甚多。（2）守飞机场十三团之一部，中午一时撤入市内。该团团长率其主力，现驻于大屯附近，正连络地下军策动中。"

先生日记云：

今日长春未有电来；希望援军速到，或三人小组速去。

（四）接董副参谋长彦平，自哈尔滨电复十六日去电。文曰："卡尔根、甘雨沛现均在长春。钧意已由新民兄向茹拉夫烈夫局长，作人兄向高福同少将透露。十七日晨起，此间已与长春电台失去联络，消息不明。惟据推测，当系电线中断之故。"（五）东北中共军队进占长春市区。

十八日，（一）外交部王部长世杰约谈，认为中苏经济合作谈判应从缓；东北问题宁愿与中共谈判。

先生日记云：

上午，王外长约谈，渠意长春情形如是，显示苏方并无协助吾方接防诚意。吾方对于经济合作谈判，候苏方对于吾方所提协助接防长春，勿重演四平故事一点，明确答覆后再说。对于民航问题，更不愿此时讨论。渠个人意见，微露宁愿与中共商谈。至对余返哈尔滨一行之意，渠认为可以不必。余闻之深为诧异。今日而与中共谈东北问题，何不早日与谈。中共知苏联已拒我而助彼，焉肯让步。

（二）电驻哈尔滨军事代表团董团长彦平，告以长春情形恶化，本人来长无裨益，嘱将留长人员，设法移至哈市。（三）长春电报不通。（四）《解放日报》登载东北十四日电："中共东北中央局指示没收敌伪土地，分给农民。人民之合法土地权及财产，不得侵占。"又东北十八日讯："国军进攻本溪等地惨败，证明内战政策破产。"

十九日，（一）询军令部刘次长斐，据告国军尚未越过四平街。

先生日记云：

竟日长春无电来，必已沦陷无疑。询之军令部刘为章次长，答云："吾军尚未越过四平街。恐在此尚有一场恶战。"

（二）《解放日报》登载长春十八日讯："顺应人民之请，肃清敌伪残余之民主联军已进入长春，成立地方自治政府。"

二十日，（一）接军事代表团董团长彦平自哈尔滨来电，报告下列事项。内称："（1）晤特中将询溥仪移交日期，渠答称未得指示。彼亦愿及早办理，总期在苏军离哈前移交。（2）特中将面告，代表团于本月二十四日，乘苏军用车经绥芬河，直至伯力。省市行政人员于二十四日，或二十三日，由苏军负责保护乘专车直至海参崴，嫩江省人员希于二十四日前到哈，一同出发等语。彦平提出省市人员拟同日在代表团以前数小时出发。齐齐哈尔来哈尔滨车辆，请苏方负责。渠允照办。（3）曾向特中将交涉，长春机场现判明已不在我军保护之下，如苏方派机赴长春接基兹木副领事返哈，顺便请设法准刘哲、万异两理事等人搭机来哈。渠答长春机场情况不明，不悉能否降落，故不能确定派机赴长。"（二）《解放日报》登载：本溪湖中共军队自卫战中，国军两师（五十二军之二十五师及新六军之十四师）全被击溃，伤亡二千余人，缴军械甚多。（三）《新华日报》发表社论，标题为《庆长春》，并宣称四平街仍在中共军队手中。（四）中共军队占领长春，百感交集。

先生日记云：

余所焦虑者为留长僚属之安全问题，必须设法救出，我心始安。

五月余苦心焦虑，奔走于渝长之间，冰天雪地，鸢飞空中，置性命于不顾，而所得之结果如是。不知主管当局所持之政策，祸乎福乎。加上二中全会一幕，国家主义派之褊狭见解，与附和者之利用以作私人斗争，达成今日不可收拾之局面，黑暗耶，光明耶。乃知国家大事，真是一发千钧。恐对于今日局势之负责者，尚沾沾自喜，认为得计，而未尝一加反省也。

同时为苏方计，目前似得一听其指挥之政权，以遂其独霸东北之野心，然亦有若干不利之点：（1）苏方未履行中苏友好条约，东北问题尚属悬案，即使能向东北共产政权取得权利与地位，其权利与地位亦未能合法化。（2）国共两方继续作战，东北继续在战时状态之中，政治无法安定，经济岂能发展。（3）苏联之蔑视条约，不顾信义，阴谋侵略，将为世界舆论所指摘。有此三种顾虑，推测其今后所采政策，可能如下：（1）在国共两军相持不下之际，出而调停，按照政协决议，协商解决。（2）绝对与国民政府为敌，加强援助东北共产武力，阻止国军北上，并在关内煽动中共，使与政府破裂，全面作战，俾中央无法兼顾东北，乃至不得不与中共谋妥协。

二十一日，（一）接军事代表团董团长彦平自哈尔滨来电："特中将面告溥仪不及解哈移交。当商定将来在海参崴，仍移交彦平随轮解回本国。"（二）约秦德纯将军谈话，询其到沈阳后情形。

先生日记云：

中午约秦德纯中将来谈，询其到沈后情形。渠云："三人小组到沈后，曾有小组代表分别至昌图与本溪湖。昌图一组，因当时军事正紧，梁华盛军长不愿将配置军力告知小组，同时不准共方代表利用通讯设备，致无结果。本溪湖一组，因共军施行检查，代表到后，无事可进行，故亦无结果。"又询其共军作战情形。据云："四平街、本溪湖，国军受重创，约二师受损失。至于损失之原因：（1）作战无经验。（2）子弹接济困难。（3）军粮不易采办。"据其观察，国军不易越四平等语。照此情形，国军一开始作战，即受重创，势将影响士气，前途可虑。

（三）《解放日报》登载："东满铁路管理局正式成立，下设五个分局：梅河口（海龙西南）、通化、吉林、拉法、朝阳（延吉附近），管辖抚顺至吉林，梅河口至辑安，四平街至梅河口，长春至图们，拉法至哈尔滨，图们至牡丹江；共长三千公里。"

二十二日，（一）国民政府公布国民大会制宪名单。（二）中共代表周恩来等声明不出席，致国民大会延期召集。（三）中共代表致函政府代表，声明一切问题如非全盘解决，不愿参加国民大会及提出国府委员名单。（四）马歇尔将军约周恩来谈话三小时。（五）接军事代表团董团长彦平自哈尔滨来电，报告下列事项。电称：“（1）接运刘万两理事及其他中央人员离长来哈事，经再向路局方面交涉，茹局长慨允派车，惟恐途中有变，不敢负安全责任。（2）本日五时，与长春刘理事哲，用铁路电话通话，据称：长春情形如下：（A）陈司令家珍负伤住红十字医院，刘副总队长德溥阵亡殉职。官兵伤亡四千余名，余部撤出市外，市民伤亡二千余人。（B）赵市长君迈、张秘书主任大同、曹科长志瑚等暨行营各机关三十余员，被拘禁于吕公馆。刘万两理事以下十七员在理事会，由苏方武装职员保护。（C）刘理事哲请求政府向周恩来提出，派飞机三架，飞往长春接运。”（六）《解放日报》载：高崇民任安东省主席，长春秩序恢复，国军陆空猛攻四平街。

二十三日，（一）周恩来向马歇尔将军表示中共不偏向苏联。

先生日记云：

> 今日（应系昨日）周恩来与马歇尔将军晤面。得悉周告马，“中共不单方面偏于苏联，而愿为美苏两国之桥梁。同时中共亦并不欲独占东北，但不欲东北为国民党反苏之根据地。”

（二）覆军事代表团董团长彦平电。文曰：

> 昨电悉，当即向中共交涉。惟恐辗转需时，可否由茹局长转商喀尔根副理事长，与共军接洽，保障沿途安全，并由路局派武装职员护送到哈。再刘万赵张诸君名单，已早于十六日开送周恩来，电知前方，切实保护。如与刘理事通电话，望代致慰念。

（三）接军事代表团董团长彦平自哈尔滨来电，报告代表团与松嫩哈三省市人员即将离哈尔滨。文曰：“昨特中将面告：‘二十四夜，或二十五晨，军事代表团与松嫩哈三省市人员同车，由苏军保护下开赴苏境伏罗希洛夫城后，省市人员就地换车至海参崴，代表团人员即直赴伯力。’马元帅、特中将二十四晨飞离哈埠。特中将将赴伯力，候与代表团继续保持联络。至省市人员抵海参崴后，系搭商轮，抑苏方派轮护送，或华方自派轮接运返国，则应由双方政府决定。”

（四）电军事代表团董团长彦平，希与苏方接洽，将留长春中央人员护送到哈，同时撤退。文曰：

顷电（二十三日去电）谅达，省市府人员既有撤退办法，留长人员为中央人员之一部，自应同样待遇。务望与苏方接洽，护送到哈，同时撤退，以免偏枯，盼复。

（五）《解放日报》载：东北中共中央局发布指示：部队机关均应进行生产。

二十四日，（一）马歇尔将军与周恩来会谈，提出四项条件。

先生日记云：

今日周恩来与马歇尔将军会谈，得悉马提条件：（1）即刻停战。（2）即时开始整军。（3）除现向东北运送在途之两军外，不再加运。（4）此后双方调动部队，应通知三人小组。如中央已同意此四点，则中央已放弃中央必须接收长春，然后谈停战之条件。

（二）国民大会决定延期。

先生日记云：

今日蒋主席约各党各派代表茶会，并悉国大决定延期。

（三）接军事代表团董团长彦平自哈尔滨来电三通，分别报告下列事项。第一通曰："昨电奉悉，现时间上已不克遵办。长春为苏军撤退区域，亦恐难交涉。已另由刘理事电请主席向周恩来提出，派机赴长接运，或可收实效。乞钧座就近促成。"第二通曰："二十四日特中将答复吾方所询，红军所发钞券数量事，已得政府训电，谓苏军未完全撤退，无法计算总数。根据去年十二月十一日所订财政协定，须俟苏军撤完，由苏政府通知中国政府。"第三通曰："嫩江省彭主席及省府人员三十人，于二十三晨抵哈。正午飞机四架来哈，接运驻哈各机关人员七十余人返沈。此为最后一次我方飞机来哈。今晚中长路刘万两理事及高监事以次八人专车抵哈。"

二十五日，（一）接军事代表团董团长彦平自哈尔滨来电，报告中央留驻哈市人员撤离哈尔滨。文曰："上午十一时，军事代表团彦平以次十五人，松江省政府关主席以次十四人，嫩江省政府彭主席以次二十一人，哈尔滨市政府杨市长以次十二人，中长路理事会刘理事以次八人，共计七十人，分乘三个车厢，随特中将等苏军总部人员，安全撤离哈埠。”（二）马歇尔将军约民主同盟代表及张君劢等会谈。

先生日记云：

> 今日马歇尔将军约民主同盟代表，家兄君劢与罗隆基等晤谈。马云：目前中国形势危殆万分，非和平不可。君劢询问："究竟中共要些什么？"依马意见，中共违背停战协定，阻碍国军进入东北，果属有错；但中央方面亦有许多错处。

（三）周恩来称中央留在长春人员均平安。

先生日记云：

> 周恩来托君劢家兄转达余，关于余希望中共方面将我方留长人员，用飞机接出一节，彼已接复电，人均安全。余心始安。

（四）《解放日报》载：国军六个师猛攻四平街。又称：某美国记者报导，调处工作，如加入苏联，当更有效。

二十六日，（一）马歇尔将军继续与民主同盟及中共两方代表会谈。（二）先生认为本人之东北工作，告一段落。

先生日记云：

> 近五六日来，专为东北中央人员，及余之少数僚属之生命安全，着急谋救。今已全部安全无恙，东北工作告一段落。

二十七日，（一）终日休息。（二）《解放日报》载：周恩来重申东北无条件停战。

二十八日，张君劢与罗隆基应约会晤马歇尔将军，提出办法五项，马允与蒋主席商议。

先生日记云：

> 今日马歇尔将军复约君劢家兄及罗隆基谈话。彼二人建议设一三人委员会，前往东北实地考察，并提出下列数点：(1) 从速停止冲突。(2) 国共两军撤离至距离若干公里。(3) 恢复交通。

(4) 恢复各市之中央政权。(5) 改组东北政治机构。马听后，深以为然，拟俟蒋主席自成都归后，商议再答复。

二十九日，（一）获准返乡一行。由重庆飞抵南京。

先生日记云：

吴文官长达铨告我，已代为向主席报告，余拟返乡料理先室葬事。今日晤主席，已蒙许可。

（二）《解放日报》载：中共军队坚守四平。宁安一区已完成土地分配。宁安牡丹江开欢迎红军大会。

三十日，（一）晨七时一刻，由南京乘火车赴上海。（二）《解放日报》载：民主联军进入哈尔滨。（三）由中苏间之东北交涉，所得到的体认。

先生日记云：

中苏间之东北交涉，因苏联撤兵之限期短促，虽经展限，亦仅六阅月。其间纵横捭阖，常有稍纵即逝之势。最初由于苏方之借口大连为自由港，不允吾方军队登陆，几至无法开始谈判。及开谈后，复由对方提出苛刻之条件，使我方大感失望。迨对方稍稍让步后，似略见曙光。而苏方又复希图利用其在北满边境制造之共产力量，与国共和谈中，共方企图之联合政府相呼应，以期建立亲苏缓冲地带，致遭国民党激烈派之反对，掀起反共反苏狂潮，卒至谈判决裂。尝忆弱国无外交之语，经此一段交涉，乃知国无武力，无富力，固不足与强国折冲樽俎。而弱国政治组织之脆弱，上无有效之决策机构，下无训练有素之统一民意，更无法与强邻谈外交。在交涉期间，执政党内部意见纷歧，且互相攻讦。行政主管部门则惮于负责，致每一决策，惟最高当局是赖；而决策之际，又为党中所指导之舆论所束缚。其行政组织之脆弱，益尽情暴露。最后诉之武力；然以当时东北之天时、地利与形势，均于我不利，一旦失败，势必牵动全局，其危殆孰甚。

五月一日，国民政府颁正式还都令。

五日，本日为国府正式还都纪念日，在南京陵园举行隆重典礼。

十五日，行政院局部改组，以俞大维任交通部部长，王云五任经济部部长，改军政部为国防部，以白崇禧为首任部长，陈诚改任参谋总长，以钱昌照任资源委员会主任委员。

十九日，国军攻占四平街。

二十一日，接张群自南京来电话，转告蒋主席嘱明晚赴南京。

先生日记云：

自五月一日返沪后，连日与亲友欢叙。其中有许多老友，一别七八载。同时以为可从此摆脱政府职务，还我平民生活。不料岳军兄电话，转告适接蒋主席电话，嘱我明日乘晚车赴宁。乃询其可否后日乘飞机前往，因自本月十日起，患感冒至今，热度尚未退尽。岳军兄坚持谓主席要我明晚乘车去宁，不知因何要公。

二十二日，由上海乘晚九时半夜车赴南京。

二十三日，（一）晨抵南京，正午随蒋主席飞沈阳。（二）国军进驻长春。

先生日记云：

晨抵宁，蒋主席派秘书来接，先至中央信托局招待所休息。九时往谒主席，告我渠拟于本日中午乘机飞沈阳，要我同行。当即赶返寓所，整理行李后，即赴飞机场。十二时机起飞，四时抵沈阳。主席宿杜聿明长官官舍。随与同行之白健生兄游北陵及清故宫。晚间往熊天翼主任处，告以重庆方面种种指摘行营言论。

二十四日，蒋主席约见，询问最近地方情形，与今后应付办法。

先生日记云：

蒋主席约于十二时见面，当即准时前往。询问最近当地情形，与今后应付办法。当答以：今苏联不悦，而将军队撤离东北，势必暗中扶助共军，其举动大可注意。（1）吾方切不可有刺激苏方之行为；长春铁路仍应遵照协定办理；当地苏侨应予保护。(2) 已接收地区之交通，应加强维持与保护工作。(3) 东北行营在关内受党方之攻击，不遗余力，不免贬损其地位，妨碍其职权之行使。希望中央设法提高其威信，加强其职权。(4) 东北经济之恢复，以目下中央财力薄弱，加以当地兵事倥偬，恐不易推进，只好先将接收工作，办一段落。

二十五日，(一) 参加东北行营军粮会议。(二) 列席旁听国防部白部长崇禧召集之军需补给会议。

二十六日，(一) 召集行营经济委员会委员及主管，讨论整理苏联在东北发行之军用票办法及协助收购军粮办法。(二) 蒋主席邀东北耆宿张作相、王树翰晚饭，前往作陪。

二十七日，(一) 蒋主席在沈阳省政府主持纪念周。

先生日记云：

蒋主席在沈阳省政府主持纪念周。演词要旨：(1) 收复东北与建设东北，关系国家安危。在东北工作人员须认识其重要性，加倍努力。(2) 对于东北一切法令之颁订，须因地制宜，合乎当地民情与环境。(3) 目前东北在兵灾之后，物质缺乏，须以人力补充之。(4) 接收次序，宜遵照中央规定。(5) 提倡东北人民贡献人力（征兵）与物力（征购粮食）。

(二) 沈阳市政府招待当地绅耆茶会，便其谒见蒋主席。

先生日记云：

下午沈阳市政府设茶会招待当地士绅，便其谒晤蒋主席。出席代表致词，表示希望政府 (1) 扶助中小教育及卫生。(2) 宽待次要汉奸。(3) 沈阳改为特别市。

(三) 参加军粮计核委员会成立会。(四) 谒见蒋主席，报告收兑东北各种钞券办法。

先生日记云：

晚十时，往见蒋主席，报告拟定苏联军用票登记及收兑办法，及军队进入东北时发行盖印法币，截至九月十五日止，收兑办法。请予核准，俾便实行，庶东北流通券成为唯一流通使用之纸币。

二十八日，向蒋主席建议接收敌伪房产，应妥予分配合理使用。

先生日记云：

中央党部张道藩、谷正鼎、郑彦芬三君来沈，蒋主席约晚饭，前往作陪。席间，我建议接收敌伪房屋，应妥予分配，合理使用。并陈述当地物价日涨，即东北流通券日见贬值，殊为可虑。

二十九日，与张道藩等讨论当地政治问题。

先生日记云：

下午往访张道藩、谷正鼎、郑彦芬三位，适熊天翼兄亦到。讨论各项当地政治问题：（1）党务进行，因当地环境复杂，中央党部必须慎选稳健人士主持，不宜专事表面宣传。（2）当地东北人士久在敌伪统治之下，不免失去独立自尊观念，由中央来东北之人士不免趾高气扬。加以吾国人性格，多好倾轧，东北人士与东北人士，及原在东北之人，与来自中央之东北人士，在每一机关，必须妥为分配，参合使用，俾免人事纠纷。（3）接收各项经济事业，用人须以才能为标准，不可因有党员资格，而居优先地位。

三十日，（一）谒蒋主席，建议有关经济各部门派来东北接收经济事业人员，应事事与经济委员会联系，其用款与工作，须受经济委员会之考核。经荷允准。

先生日记云：

晨九时半，蒋主席约见，首表示要我继续留在东北工作。力辞不允。当告以只得担任一短时期。并告以中央有人建议将东北经济委员会名义，改为东北经济专员公署，似不甚妥洽，须再详加考虑。再经济委员会今负统一接收经济事业之责，中央有关经济各部门之接管人员，宜事事与经济委员会接洽，其用款与工作，须受经济委员会之考核，请下一手令，俾该会得遵照执行。当荷允准。

（二）访国防部白部长崇禧，长谈军需问题。（三）蒋主席离沈阳，飞长春。

先生日记云：

往白健生兄处，长谈军需问题，共午饭后，同至机场。蒋主席一时乘飞机离沈赴长春。

六月一日，（一）美国政府所派鲍莱调查团之先遣人员抵达沈阳。

先生日记云：

美政府遣派鲍莱 Edwin M. Pauley 来华，调查苏联在东北拆去工矿机件数值，其先锋人员抵沈。鲍氏本人为一地质专家，所率领之团员，有钢铁专家、矿务专家、人造汽油及化学制造专家、纺织专家、机械专家、电力专家等一共八人。到后即开始工作。

（二）本溪市长及商会会长来见，请求放款救济。据称："市面周转金为共军搜括一空，其数额约二千余万元"。（三）熊主任式辉接蒋主席函，吉林省主席派梁华盛代理。

二日，（一）举行"统一接收委员会"会议，检讨以往缺点及补救办法。（二）偕沈阳市长董文琦，往访张作相长谈。访王树翰与冯庸不值。（三）中央银行特派员王钟偕同沈阳分行经理来见。

三日，（一）赴生产局视察，并为统一接收委员会看定办公房屋。（二）约日本工业协会技术人员谈话，嘱其编制沈阳工厂详表。（三）约经济委员会委员张振鹭来谈，处理已接收之房产办法。

五日，（一）沈阳市长董文琦来见，报告沈市有若干白俄，无法谋生，请求准其回哈尔滨，或大连；又有赤俄技术人员四十余名，请求救济。（二）访晤经济部特派员孙越崎，告以营口及辽阳纱厂应归生产局经营，以符轻工业一律归该局管理之规定。

（三）派刘鸿范为长春统一接收委员会副主任委员。（四）赴行营签批各项支款。

六日，（一）满铁理事铃木及沈阳铁路局局长滨田来见。

先生日记云：

上午满铁理事铃木，及沈阳铁路局局长滨田来见，告以在路日员拟予逐渐减少，嘱其研究并开列裁汰与暂留名单。二人答称：在路日员以在已往数月中，受到种种痛苦，均愿返国。如须暂留，希望予以安全保障。

（二）周舜莘、王念祖来沈阳。

七日，（一）熊主任式辉出示蒋主席来函，内附覆马歇尔将军信。文曰："停战极所愿为。故已下令自本月十五日起，至二十一日为止，在此期间，先在东北整军，并贯澈停战协定之规定。即在东北，国军有行动自由，及政府在东北接收政权，不受阻碍。若共军再有攻击之举，即予反攻。再共军恐难就范，故仍须准备进攻。"

先生日记云：

函中述及郑道儒拟内调，安东主席如有更动，拟以高惜水继之。熊主任建议撤消行营，并辞行营主任，均不准。

（二）经济委员会委员兼生产局局长王树人来告，经委会委员马曼青推荐张潜华为吉林省统一接收委员会副主任委员，当予同意发表。

八日，（一）东北经济委员会选定沈阳警察局第九分局房屋为办公处，前往察看。（二）覆中苏友好协会会长甘雨沛来函，该会可以继续存在。

先生日记云：

原有之"中苏友好协会"会长甘雨沛来函，询问该会应否继续存在，如可存在，欲余任理事长。当覆告：（1）该会可以继续存在。（2）应邀各方加入；例如保安司令长官部之政治部与党团。（3）担任理事长一节，因理事由会员选举，余并未当选，故此时无法表示意见。(4) 该会所发行之光明日报，如欲复刊，可以准许。

（三）经济委员会委员王树人来告：昨日推荐之张潜华，因吉林同乡群起反对，建议澈消任命，因将命令抽回。

九日，（一）约见沈阳铁路局各部分主管人员。（二）经济部特派员孙越崎来见。据告："小丰满水电电力，因清源一带尚有共军出入，未能修复线路，故尚未能引电至沈阳。一俟修复，可能引入五万基罗，供给沈阳及附近南部各地。目前幸有西安煤矿电力，可供给沈阳四千基罗，故沈阳住户电灯用电可稍增加。"

十日，（一）参加行营纪念周后，访杜长官聿明，交换对于接收各项经济事业后之管理与经营意见。（二）沈阳正金银行经理菊泽来见。据称：遗留东北之日本技术人员，均不愿留东北。若返国后，东北重见安定，可仍回来。（三）约经济部特派员孙越崎，商讨对于东北经济事业，应否有一综合性之管理经营机构。

先生日记云：

> 晚约孙越崎兄来谈，告以以前东北经济事业，不属于满铁，即属于满洲重工业公司。今日之经济委员会机构，不适于管理经营。似宜设立一有综合性之管理营业机构。渠意如设一有综合性之管理机构，不免有特殊性之嫌，恐非资源委员会与交通部所能同意。或者各项事业，归当地机构管理，而仍受资源委员会与交通部之监督指导。

十一日，（一）粮食部特派员梁敬錞来谈粮款问题。（二）辽宁省建设厅厅长魏华鹍来商管理日本技术人员办法。据称全东北约计有五万日本技术员工。（三）财政部特派员陈公亮来见，因嘱其拟一节略，条陈维持东北流通券意见，送呈蒋主席。（四）出席军粮计核委员会会议，据报六七两月，军粮可以应付。

十二日，关于管理东北经济事业之新机构，及避免东北流通券之通货膨胀，特拟节略，预备送由行营熊主任式辉转呈中央核夺。节略内容，计分两款：

(1) 管理经营东北经济事业机构——根据中央认为在目前状况之下，须保持其特殊性之意旨，拟将经委会改为经济建设公署。如中央意旨改变，不欲保持其特殊性，则仍保留经委会。并附带声明，如改设经济建设公署，拟请中央另简贤能，主持其事。(2) 减少东北流通券之增发——东北流通券之发行，原为避免关内通货膨胀之侵入东北，扰乱物价，予苏方以指摘之口实。现在军费日增，流通券发行日多，物价益涨。一面招致经济之紊乱，一面增加东北人民之怨怼。所有东北经济事业费，地方行政补助费，应由中央以法币划拨。在关内购入物资，运至东北。尤以欲安定东北物价，必须中央拨一专款。在东北本身，应从速拍卖接收之产业，俾可减少东北流通券之增发。查目前东北每月支出之数，计军费二十亿六千五百万元，政费十一亿四千一百万元，两共三十二亿零六百万元。如此巨额支出，而东北兵事又起，大部省市未能接收，收入寥寥。若继续增发东北流通券，势必变成第二法币，故不得不请中央注意也。

十三日，(一) 赴行营讨论公务人员加薪办法。拟定自六月一日起，每人加薪三分之一，另给补助费三千元。明年一月起，补助费增为五千元。(二) 将昨拟节略送行营熊主任式辉转呈中央。(三) 接张君劢六月十日由上海来函。内容如下："六月九日兄曾赴宁，与马歇尔将军见面，知马与蒋先生常有函电往来。二十七日，蒋夫人传达蒋先生意旨，关于国共停战条件如下：(1) 停战前提：(a) 实行停战协定，(b) 实行整军方案，(c) 实行政协会议决定。(2) 停战步骤：(a) 恢复主权，(b) 恢复交通，(c) 三人小组，中美代表有决定权。

"马氏得此函后，即示周恩来。周复函如下：(1) 三种协定之实行，表示赞同。关于停战协定一项，谓三月二十七日之苏北停止冲突，不可忽略过去。(2) 关于停战步骤三项，表面上均赞同，然其措辞含有反对之意。如恢复主权一项，渠谓日俄均已撤兵，已无主权落于外人之手。在中共言，只须东北民主政府成立，中共自愿服从。关于交通一项，不能但恢复铁路，而置其他公路、电报、碉堡于不问。关于美人决定权一项，可赞同者无不同意。然不能以决定权畀予美人。

“是日我告马氏，中共愿放弃哈尔滨。马氏答云：此言如确，我可代达。但双方不能同意之事项，我不勉强双方。十五日停战之事，谅弟闻之已久。昨日周恩来自延安返京，渠以为十五日休战，系准备此后大打。惟马氏之意，不赞成再打。故马氏主张可听从者，尽量从之。此为周氏对于十五日停战之意见。昨晤亮畴（王宠惠），彼云：如谈判不成，即为再打。故此时和战，真所谓在未定之天也。”

十四日，接待美国战时损失调查委员会满洲组主任委员鲍莱（The 1946 Pauley Mission in Man - churia）。

先生日记云：

> 晨五时许，至机场接美国政府战时损失调查委员会满洲组主任委员鲍莱。到后陪至旧沈阳大和旅馆休息。晚设宴谳之，全体随员均邀参加。

十五日，（一）军事三人小组代表签订东北停战协定。（二）陪同鲍莱参观铁西区，巡视被苏军及中共军队毁坏之工厂。嗣同赴美国领事馆，参加该馆招待鲍莱酒会。（三）参加行营熊主任式辉招待鲍莱一行晚餐。

十六日，（一）赴经济委员会讨论实物配给办法。（二）第一区粮政管理局成立，举行典礼，出席致词。（三）鲍莱招待新闻记者，先生致介绍词。（四）陪同鲍莱乘火车赴抚顺。

十七日，与鲍莱巡视抚顺煤矿及其附属工厂。

先生日记云：

> 与鲍莱巡视抚顺煤矿及其附属工厂。据工程师报告，该矿蕴藏量为五亿吨。其发电厂新装二十一万基罗之电机，已被苏军拆走，只存旧机两部共五万基罗。继参观贝岩炼油厂及煤炭炼油厂。前者损失最大，后者损失较轻。又参观制铝厂，已毁

坏不能开工。下午乘火车经辽阳，参观橡皮制造厂，已荡然无存。晚七时复乘火车至鞍山，宿夜。

十八日，（一）与鲍莱巡视鞍山制铁厂。

先生日记云：

上午九时，陪鲍莱巡视鞍山制铁厂。该厂原有化铁炉九只，五只先被苏军撤走，其余四只近被共军炸毁，根本无法开工。继看电力厂，旧有发电机三部，重要零件悉被苏军拆去。新装之二部，则被苏军全套拆走。再有轧钢厂，全部拆毁。又炼焦厂有四个单位，每一单位有三十六只炼焦炉，连同附属设备，均被苏军拆去。又看大谷（厂附近）重工业会社所属之铁工厂（可制车船钢板）及无缝钢管厂，两厂设备全部被苏军撤走。中午十二时半，乘火车返沈阳。

（二）接蒋主席十七日自南京来函。

先生日记云：

晚十一时，行营熊主任式辉来电话，告以航空委员会周主任至柔到沈阳，带来蒋主席致彼及我之信。致彼信中，嘱注意准备二十一日停战终止后之动员计画。致余之函，文曰：

公权吾兄勋鉴：日来必辛劳异常，未知贵恙已痊可否，复元否？苏方人员近日情绪如何？经国有否回长之必要？皆望详知。中意以为哈尔滨收复以后，苏方外交可进行。此时尚无外交可谈也。最近社会经济与军风纪现状，务请随时函知，以便不断改正也。顺颂近祉。弟中正手启。六月十七日正午。

十九日，（一）今日身体不适，中止陪同鲍莱赴锦州、葫芦岛视察。（二）访航空委员会周主任至柔，托其带陈蒋主席函（未留底）。（三）晚间鲍莱在中美学生会演说，先生被邀往致介绍词。（四）夜间与甫自南京到沈阳之中央银行发行局局长李骏耀商谈，如何收回红军军用票事，无结果。

二十日，（一）晨七时半，赴机场送鲍莱返美。

先生日记云：

鲍莱系旧金山经营石油富翁。杜鲁门总统一度提名任彼为海军部次长，经内政部部长艾克斯反对，作罢。此次派来东北调查，显系酬劳其拥护民主党之故。吾不知美国对于中国所受苏军毁坏东北资产之损失，将如何帮忙。抑欲借此暴露苏联罪行。若其目的为后者，徒然刺激苏联而已。

（二）行营熊主任式辉接蒋主席电，令与北平行营密切联络戒备，以防中共军队突击。

先生日记云：

今日熊主任接蒋主席电，谓共方见吾方积极整军，大为惊骇。深恐猝不及防，出击东北。应与北平行营密切联络准备。似此，和平希望日见渺茫。

（三）与美国新闻记者协会副会长赖德女士 Mary Nancy Wright 午饭长谈。

按赖德女士为调查满洲问题，与研究战后中国之前途，特来沈阳访问先生。赖德女士后来任耶鲁大学教授，撰有《中国革命酝酿史，1900－1913》（*China in Revolution, The Period 1900－1913*）。

二十一日，（一）召集各机关代表，讨论公务员薪俸，一部分改用实物分配办法。

先生日记云：

上午召集各机关代表，讨论公务员薪俸，一部分改用实物配给办法。盖以币值日贬，物价日涨，非此无以使各机关人员安心工作。经决定原则如下：（1）采用点数活动移动办法。（2）按照薪金标准，用递进制。（3）薪金按照北平物价指数，随时调整，取消每人每月三千元补助办法。（4）配给先从米、煤、油、盐做起，再及其他。可见物价已追随北平，是东北流通券已完全失效矣。

（二）蒋主席复将国共停战协定再展十五日。

先生日记云：

侍从室秘书李惟果兄来，约其晚饭。据告国共停战协定，自二十一日起，再展十五日。

二十二日，约米粮煤炭杂货各业领袖，讨论安定物价办法。

二十三日，（一）继续讨论安定物价办法。（二）新一军军长孙立人将军来谈。

二十四日，蒋特派员经国抵沈阳，来谈。

先生日记云：

> 蒋经国兄抵沈，据云："此来系为苏联迭次向中央提出抗议，谓东北苏侨备受侮辱伤害，最近抗议愈烈。深恐有所企图，因特来观察，表示关怀，借以缓和。苏方表示在要求合办工业中，愿将抚顺煤矿抽出，并通知所发红军票，共为九十七亿元。"中饭晚饭均同在杜长官处，三人交换意见。

二十五日，与蒋特派员经国飞抵长春。

先生日记云：

> 上午十时，与经国兄同飞长春，过四平街，下机参观炼油厂，并环游市街一周，至市政府午餐。下午二时启飞，三时半许抵长春，即赴中央银行视查库房损害情形。继赴中长铁路理事会，晤日本技术人员，及中、交两行，志诚、益发两商业银行经理。晚宿长官部公馆，晤廖耀湘军长，梁华盛主席。

二十六日，（一）晨七时，与蒋特派员经国飞返沈阳。十一时三刻，适何应钦将军由北平飞到，接谈后，即送蒋特派员飞返重庆。（二）访赖德女士 Mary Nancy Wright，渠明日离沈阳，返北平。（三）晚行营熊主任式辉谶何应钦将军，往陪。

二十七日，（一）上午赴东北经济委员会及中长铁路局办公。（二）下午赴军粮计核委员会开会，并约日本技术人员讨论实物配给办法。

二十八日，（一）上午继续与日本技术人员讨论实物配给办法。（二）下午统一接收委员会开会。

二十九日，（一）在东北经济委员会研究取缔银楼金店黑市买卖办法，期以防止扰乱物价。（二）继续讨论薪俸调整办法。

三十日，（一）约日本工业协会专家中村及乌部谷二人，讨论接收工厂，如何按照中央各部门性质，予以划分，俾各归所属。当面嘱二人即日开始工作。（二）约哈尔滨市长杨绰庵来见，嘱其主持物价调节会事。

先生日记云：

以上两项措施，在使经济委员会一面迅速中止接收管理工作，一面脱离管理物价及调节物价工作。

（三）约兴安省政府秘书长王墨林午饭，请其担任经济委员会秘书主任。（四）下午五时至行营，与熊主任式辉讨论蒋主席来电，询问如何使东北行政一元化。当决定照下列原则陈覆：（1）撤消一切特殊机关。（2）维持原有机构，惟将权限予以调整。（3）分设四个保安长官，俾对所辖区域负责。

七月一日，（一）接外交部王部长世杰电告："接苏联大使馆通知，中长路苏籍职工，拟全部撤回。"

先生日记云：

即约沈阳分局苏籍局长来谈，据告拟先撤回六十余人。当嘱将撤回员工名单开列。此系中苏关系恶化之征。

（二）约有关经济各部门特派员谈话，宣布东北经济委员会新组织，拟分若干处，即日成立。（三）东北公教人员福利委员会开成立会，通过调整待遇办法、实物分配原则及消费供应社章程。

二日，举行中、中、交、农四银行金融谈话会，规定以后每星期三、五上午十时开会。即席讨论取缔金店、银楼办法及新设银行、银号取缔办法。

三日，赴中长铁路局，召集苏籍职员，听取其对于路局不满意见。

先生日记云：

大致谓剥夺其应有权限，无法执行职务。当告以自今日起，当严令中国职员与苏籍职员，和谐相处，切实合作。

四日，（一）约集中长铁路局中国职员谈话，告以必须与苏联职员和谐合作。（二）东北经济委员会开会，讨论关内外商运应否限制，或开放。佥主张开放。（三）赴沈阳市政府，约集当地商会会长、社会局局长、警察局局长，讨论取缔金店、银楼买卖生金银一切手续。

五日，今日沈阳市金店、银楼，一律停止交易。

六日，鲍莱调查团团员来见，报告调查工作已完竣，只余大连一处，拟乘军舰前往。

七日，下午六时，顾祝同将军抵沈阳，与之长谈。

先生日记云：

据告：国共商谈，现改为先就地商谈。山东由王耀武与陈毅协商，东北由杜聿明与共方代表协商，最后再到中央解决。观察情形，势必决裂，结果或不免不宣而战。马歇尔将军亦渐松懈，惟劝中央不必未战而先事叫喊，尽可就地实际解决云云。

八日，（一）赴东北经济委员会，召集各处处长讨论开放商运问题。（二）约顾祝同将军午饭。（三）约前日本重工业会社社长谈话。

九日，举行金融座谈会，讨论取缔银钱行号办法及汇兑开放问题。

十日，约中长铁路苏籍职员谈话。

先生日记云：

上午约铁路局苏籍职员谈话。据称：工作情形较前良好；并各述工作上应行改进之点。观察各人态度，比前次见面时似有进步。

十一日，（一）接见出席中央财政会议，甫返沈阳之辽宁财政厅厅长杨志信。据告："此次会议系为征实问题，经在会中报告东北中央军队均系由关内派去，全吃大米，而东北只有一小部分地区生产大米，故主张不必在东北实行征实。已与财政部洽定，东北军费可由行营核定报部。行营遇青黄不接时，得向中央银行透支，不计利息。”（二）约军政及经济两部代表会谈，各该部接收之工厂分配问题。

先生日记云：

约军政部代表讨论该部应行接收之工厂。又约经济部代表讨论应归该部接收之工厂，及该部在东北需用款项数目。此两部之工厂分配问题解决后，经济委员会责任可大为减轻。

（三）感觉肠胃不适，赴旧南满铁路医院诊治。（四）访顾祝同将军略谈，同赴杜聿明长官晚宴。

十二日，（一）统一接收委员会开会。（二）约日人高碕达之助及八木商谈在安全区之工矿，如何恢复问题。

十三日，（一）赴东北经济委员会办公。（二）物资调节委员会开成立会，前往致词。（三）约顾祝同将军与高碕达之助见面，并同晚饭。

先生日记云：

顾祝同将军希望听取高碕达之助对于东北经济事业之意见，因备晚饭，并约熊主任天翼、杜长官光亭参加。

十四日，（一）约警察保安队及路警各主管员会商，调整饷章。（二）决定收回额近百亿元之苏军在满洲所发出之军票，以杜苏军将未发行之票来兑之弊。拟发文告，规定持有一千元以上者，先来登记。

十七日，乘火军赴北平，经过山海关时，约保安司令部检查处及中央银行办事处主管人员谈话，并视察秦皇岛码头工程情形。

先生日记云：

晨三时半乘火车南行，九时许至山海关，在车上约东北保安司令部所派之检查主任晤谈，告以决定取消商货检查。此后关内外商货出入，通行无阻。又约中央银行办事处主任讨论法币与东北流通券兑换办法。十一时半至秦皇岛视察码头工程情形。十二时半开车，晚八时半抵北平。熊哲民市长邀讌。晚饭后，至李德邻长官部，有京剧。

十八日，留北平。

先生日记云：

> 晨往西便门外跑马场一视，系旧日星期日骑马之地。回至北京饭店西书店买书。中午熊天翼主任约午饭。晚李德邻主任约晚饭。

十九日，（一）晨访顾祝同将军谈话，并送其赴机场飞返南京。（二）中午河北省孙主席连仲约午饭。（三）午后约后勤部铁道军运指挥官，与华北铁路管理局局长商谈：（1）关内外车辆分配问题。（2）关内外铁路车辆过轨之吨数互顶问题。（3）直达军运问题。（四）约华北铁路局石局长志仁晚饭，详询华北铁路情形。盖今后军事倥偬，华北与东北交通必须打成一片。

二十日，（一）晨约华北铁路局石局长志仁来晤，询其有无适当人才，可往中长铁路工作。（二）赴琉璃厂购买纸笔，并往北京饭店西书店清还旧账。

先生日记云：

> 午前赴琉璃厂购纸笔，再至北京饭店西书店清还抗战前所欠买书价款。顺便问书店主人韦琦 Henry Vitch，有无人愿充英文秘书。渠以德国新闻记者白瑞孙 Dr. Fritz von Briessen 推荐。因约此人晚间来见，决定月薪三百美元。

（三）中午约刘石荪、何其巩同至新东兴楼午饭。三人共费法币四万元。（四）晚赴中央、中国、交通、农民四银行联合招待宴会。（五）夜访经济部孙特派员越崎，谈接收东北工矿事。

二十一日，晨九时半与东北行营熊主任式辉同机飞返沈阳。中央银行顾问塔马喀莱 Frank Tamagna 同行，前往考察东北经济与币制。

二十二日，（一）赴经济委员会办公。美国宾雪凡尼亚大学教授哈柏 Strausse Hoppe 来见，约其晚饭。（二）出席物资供应委员会会议，讨论煤炭、粮食供应数量。（三）与哈柏教授晚餐，听其报告美国对华舆论。

二十三日，后方勤务部陈副司令良来见。询其本月东北军粮需要若干，据答称：须九万大包。

二十四日，（一）上午召集中苏两方铁路职员代表讨论路务。彼此意见较前融洽。（二）下午约中央银行顾问塔马喀莱谈话，询其对于东北金融意见。（三）晚间为塔马喀莱饯行，并约哈柏教授及美国领事馆农具专家芮格 Rigg 作陪。

二十五日，（一）经济委员会开会，议决收回苏军票，依照中央核定办法处理。（二）政务委员会处长文群来见，商询征实问题。先生主张缓办。（三）召集技术专门人员，商讨接收工厂，分配于中央各部门之原则。

二十六日，约中长铁路局副局长王竹亭来见，商拟在关内罗致铁路人员名单。

二十七日，（一）晨行营举行第一次党政军联合会报。（二）经济部代表邵逸周来见，商定中央银行透支办法。据称每月需向中央银行透支一亿五千万元。因与商定透支办法，并告从速运煤来沈。（三）日本技术人员代表来见，为满铁总裁山崎说项。

先生日记云：

> 日本技术人员代表来见，为前满铁总裁山崎希望回国事说项。彼以健康不佳，同时拟返国报告留满日侨之善后问题。当告以留用日本技术人员办法，甫经决定，最好俟接收满铁工业及选择留用人员，告一段落，再行请求。

（四）晚约财政部、中央银行特派员及邮政局局长商订收兑苏军票手续。

二十八日，约沈阳商会会长来见，告以收兑苏军票办法要旨，嘱其向各业说明。

三十一日，（一）经济委员会会议，讨论工厂接收后之分配范围。准备即日办竣后，报告中央，即将接收工作告一结束。（二）召集新闻记者，宣布收回苏军票办法。（三）参加驻沈阳美领事馆介绍新履任之英领事茶会。

八月一日，（一）今日开始兑换苏军票。

先生日记云：

市面舆论对于千元以上先兑十分之一，及兑换期限太短两点，不甚满意。当地商会会长前来陈述意见，当予以解释，并嘱其向各商家说明政府意旨。旋各银行经理前来报告兑换情形。

二日，终日忙于兑换苏军票事。

三日，仍忙兑换苏军票事。

四日，患足大指骨痛。此病起于民国三十二年，已数年未发。

五日，足指仍感微痛，勉能行走。至晚痛加剧。

六日，足指仍痛。

七日，痛稍减。

八日，痛略愈。

九日，中美农业技术合作团来访。

先生日记云：

中美农业技术合作团于上午十时来访。中国方面为邹秉文、顾谦吉、沈宗瀚、刘瑚、杨懋春、罗万森。美国方面为加州大学农学院院长哈契孙 Claude Barton Hutchison、联邦农业部对外关系司远东股股长迈亚 Raymond T. Meyer。

十日，（一）足指痛止，勉强能行走。（二）中央、中国、交通、农民四银行代表来见，商谈关于关内外商汇问题。（三）在沈阳宾馆欢迎中美农业技术合作团，先生致欢迎词，哈契孙院长致答词。

十二日，监察院监察委员钱公来来沈阳，调查东北接收情形。

十四日，（一）经济委员会宣布开放关内外商运及商汇办法。

东北九省工商汇款暂行实施办法（东北行营经济委员会公布）如次：

第一条　本办法依据财政部颁布之东北九省汇兑管理暂行办法订定之。

第二条　凡遵照商货出入调节暂行办法办理之正当工商业者，

均得申请汇款。

第三条　东北九省与关内之工商汇款，由中央银行指定中国银行、交通银行、中国农民银行及中央信托局负责办理。

第四条　凡自东北九省汇款至关内之工商业者，应向中交农三行及中信局申请，惟工业汇款数额在流通券一百万元，或商业汇款数额在流通券五十万元以上者，须由承汇人代向四联总处东北分处申请，经核定后，发给准汇通知书，方得结汇。

第五条　凡自关内各地汇款至东北九省之正当工商业者，应先向当地中交农三行或中信局申请，经核定后，始得承汇。

第六条　东北九省与内地之汇率，由中央银行挂牌布告。

第七条　凡关内外在工商界务服人员，汇寄赡家费用等，得照四联总处东北分处核定之标准办理之。

第八条　凡输入外汇或现钞，其价格等于流通券五万元以上者，应向当地中交农三行或中信局代为申请。

第九条　中央银行指定承办工商汇款之行局，应随时将汇兑情形及数字列表报请经济委员会覆核。

第十条　本办法自公布之日起施行。

（二）中美农业技术合作团在行营与有关机关商讨将来在东北进行办法，并有提案。经认为大致可以采纳。（三）日本技术顾问会举行第一次会议。（四）张君劢自上海来信，报告国共协商情形。

先生日记云：

接君劢二哥自沪九日信，报告国共协商情形，颇难乐观。记其要点如下："自前月三十日后，此间大局日见恶化。所谓马歇尔折衷案八条，中共确已让步不少。但中央则谓我以齐齐哈尔以北三省予之，中共不知感激。中共则谓此乃不毛之地。彼此心理上距离太远，即此可见。中央要求中共退出苏北，此事由我人向周恩来提出，周恩来立答可退出一军，留一军。蒋先生不同意。旋有退至陇海路以北之议。而中共又提出对案三条：

（1）退至淮阴；（2）须留保安队；（3）行政不变更。谭判至此，已在前月三十日之后。马帅不愿参加，乃由三人改为五人会议。王雪艇之意，只须三条中，周恩来方面略有让步，渠主张将八条签字。不料六月初，蒋先生宣布国民大会开会日期，周恩来以为如再迁就，或进一步将自动改组政府，遂有立主政协重开之议。乃蒋先生意如苏北退出，此点或可考虑。然由其力争主动之性格言之，谓其能授人以柄乎？殆不然矣。马帅与司徒大使曾去庐山，但蒋先生坚持收复东北，承认整军案，恢复交通。以意料及之，此三点在中共之意，应以恢复政协为条件。则彼此扞格不相入，不知僵局何时打开。”照此信看来，中央主张在中共军队全部退至齐齐哈尔以北，可以齐齐哈尔以北三省让中共驻兵。而中共则重在参加中央政府，依此为例，参加东北行政；不以据有齐齐哈尔以北三省为满足。东北战事势将延长，尚何经济建设之可言。

十五日，监察院钱委员公来来访。据告：彼今日有谈话发表，并谓有不满意之点二：（1）孙越崎身兼华北及东北两地特派员，（2）统一接收，须奉令分配，不免拖延分配时日。

十六日，（一）经济委员会委员齐世英来谈。彼拟承办盘山农场，并谓农民银行可以参加。当即告以俟与主管机关商洽后，再行答复。（二）统一接收委员会举行例会。（三）约日本技术顾问讨论东北农业金融问题。据称：东北农民最需要者为铁质农具、胶皮底鞋、布匹、洋针；如能充分供给，农民最得实惠。先生因提议设立县农民银行，为农贷之经理机构。至贷款来源，由政府筹划。

十七日，（一）中央派委员金毓黻、蒋复聪、李济等来沈阳，审查前在长春伪皇宫搜出之旧书十三箱。

先生日记云：

上午中央派来之金毓黻、蒋复聪、李济之三委员抵沈。审查余在长春溥仪皇宫搜出之故书十三箱，内有宋元明板书籍，其中完整者有若干部。开阅二箱后，深感满意，拟统送东北图书馆保存。金蒋李三委员告我，将请教育部予以褒扬。

（二）香港汇丰银行代表来见，探询能否在东北设立分行。（三）约日本技术顾问研究煤炭分配方法。（四）行营财务处处长来见，商谈东北各机关人员薪俸，拟照关内例调整。（五）延安中共广播动员。（六）苏联驻沈阳领事馆代理领事伊府金约晚饭。

十八日，（一）约物资调节委员会主任杨绰庵及当地商会会长，商讨委托煤商代理煤斤配给事宜。决定每百斤给予代理费八百元。（二）孙立人将军来晤，为清华中学募捐。（三）参加吴绍曾、王若禧追悼会。

按吴绍曾系交通部新派之中长铁路理事，王若禧系新派之东北区电信局局长。二人于七月十二日同机由南京飞北平转沈阳，中途在济南失事丧生。

十九日，（一）与中国银行总管理处总稽核霍宝树及辽宁财政厅厅长杨志信，交换设立县银行之意见，并与霍氏讨论关内外开通商汇后之各种问题。（二）访行营熊主任式辉，告以时局日趋严重，询其今后军政方针。（三）财政部公布美汇为三、三五〇元。

二十日，召集抚顺、阜新两煤矿主管人员及日本技术顾问高碕、石田、前岛等讨论煤炭增产办法。

二十一日，（一）中央合作金库特派员来见，送陈中央合作金库东北进行计画。（二）物资调节委员会杨主任绰庵及商会会长来见，决定委托煤商代理煤斤分配详细办法。

二十二日，（一）继续与供应煤斤各矿场主管人员及物资调节委员会杨主任绰庵商讨煤斤统筹办法。（二）访行营熊主任式辉，交换对时局意见。（三）访保安司令部杜长官聿明，告以收回苏军票与中长铁路目下运输情形。

二十四日，（一）南京苏联大使馆一等秘书贾丕才来见。据称：此来为调查苏侨情况。谈及收回苏军票办法，认为有损苏联政府威信，似指应不论数自大小，直截了当，一次收回。又谓工厂闲置，未能妥加维护保养。最后复提出苏联在东北各机关，购置房屋事项。（二）美国驻沈阳领事馆农业专员道生 Dawson 来见，交换推进东北农业意见。（三）美国领事馆约晚饭。

二十五日，（一）赴王念祖家中午饭。（二）经济委员会齐委员世英来访。（三）李惟果夫妇来谈。据称：拟在东北设立电影公司，除映放电影片外，包含旧剧、新剧、音乐等项目。

二十六日，（一）约美国驻沈阳领事馆农业专员道生午饭，续谈改进东北农业方针。（二）晚宴苏联大使馆一等秘书贾丕才。

二十七日，接蒋主席二十五日手函。文曰："公权吾兄勋鉴：近日辛劳为念。东北工矿如何使之迅速恢复，不仅关于全国经济之进步，而且于国家建设之能力与声望更大也。务望激励同人，努力奋勉，完成使命也。顺颂时祺。中正手启，三十五年八月二十五日。"

二十八日，（一）召集面粉厂主管人员，商讨面粉增产问题。（二）原留长春之一部分日本技术顾问转来沈阳工作。

二十九日，（一）行营政治、经济两委员会，举行第一次联席会议。讨论省预算问题，核计各省补助支出，迄最近止，已达八亿余元。（二）英国驻沈阳领事馆请求协助，发还亚细亚煤油公司房屋。

三十日，（一）约资源委员会代表邵逸周、中长铁路局副局长刘鼎新及物资调节委员会主任杨绰庵，共同商讨煤斤供应增加问题。（二）约农民银行李经理商谈面粉厂以面粉作押贷款事。

三十一日，（一）向新闻记者发表收兑苏军票经过。收兑苏军票五千元以下之存单，各大市已自本月三日起实行，各县已自五日起实行。今日为截止日期。（二）嘱伪中央银行日本职员中留用各人，研究物价处理办法。日本职员之留用为技术人员者来谈，物价日高，亟须研究办法。因特嘱彼等分别研究处理办法。

九月一日，（一）约安东省主席高惜水、嫩江省主席彭济群谈话，听取对于组织县银行及成立合作管理局之意见。（二）物资调节委员会主任杨绰庵来见，报告煤斤分配及定价办法。（三）四平街商会会长来见，报告四平市面情形。

二日，（一）约物资调节委员会主任杨绰庵及沈阳商会理事陈楚材会商，防止肉商操纵肉价办法。（二）向中长铁路借煤斤四千吨，交物资调节委员会，供给煤商分配。（三）嘱日本技术顾问高崎、山碕两人，分别赴阜新、抚顺两矿场，研究迅速增产办法。（四）约财政部陈特派员公亮来谈，决定自本月份起，收兑全部苏军票。（五）苏联大使馆一等秘书贾丕才请晚饭。

四日，约中央派来视查东北接收之监察院委员钱公来等谈话，听取其对于接收各项措施之批评。

五日，（一）苏联驻南京商务副代表来见，谈话。

先生日记云：

> 上午苏联驻宁商务副代表来见，谈话中提及（1）预备在沈阳设立商务分处，（2）介绍伊府金（沈阳代理领事）将担任商务沈阳分处代表，（3）询问可否在东北开始运购货物。答以出口并无限制。

（二）约新自哈尔滨归来之新闻记者谈话，听取最近哈埠状况。

六日，接张君劢三日自南京来信。

先生日记云：

> 接君劢二哥九月三日信，提及国共和谈情形如下："八月十五日司徒大使得国务院训令，谓：谈判必须继续，其方式自行斟酌。乃上山（庐山）与蒋先生商量，以改组政府为题，取协商方式。下山与周恩来谈，周要求两点：（1）停战，（2）取消五项要求〔（甲）退出苏北，（乙）退出胶济线，（丙）退出承德，（丁）东北以二省半为范围，（戊）山东山西以六月七日防线为范围〕。马歇尔与司徒闻此言，均有难色。告周将第二点暂搁。周答以联合政府如何能在炮火之上建筑。马与司徒亦以此言为有理，但五人会议之议，依然不变。现会议即将开始，如周仍提出上述两点，则会议破裂，指日可待矣。如战事再延长

一月，胜负不分，则十一月国大必再延期。即使开成，将为曹锟宪法。”

十三日，中央银行王特派员钟携示贝总裁祖诒来电。内称：“东北流通券汇率如何修改，可否先陈明行政院核准，再行办理。”

先生日记云：

该电似有不欲即予修改之意。但天津与北平已得总行命令，照一一·五与一二·五汇率挂牌。当于覆电文中提及，如不得已，即照来电办理。盖汇率变更，基于资金出入情况，随时伸缩。若经过行政院，则无法适应市面。

十四日，乘火车赴长春。

先生日记云：

晨九时半乘火车启行赴长春，下午二时半到。孙立人将军、赵君迈市长来接，至杜长官招待所休息。晚赵市长请晚饭。

十五日，（一）上午赴统一接收委员会，询问各组接收情形，并指示迅速结束方针。（二）中午赴中央、中国、交通、农民四银行经理公宴。中央经理韦锡九，中国经理葛祖兰，交通经理汪秉文，农民经理高凤桐。（三）下午约长春市政府社会局萧局长谈话，询问长春市煤炭供应情形。

二十日，离长春，返沈阳。

二十二日，（一）中午约资源委员会钱主任委员昌照谈话，商定资源委员会与东北经济委员会之关系，及资源委员会在东北所需复工经费。（二）下午五时，设茶会招待资源委员会驻东北工作人员。（三）盘山农场设立理事会整理复业，今日举行第一次理事会，特往列席。

二十五日，（一）经济委员会商务处处长王念祖以此间无事可作，特来辞职返上海赴美国。（二）前驻美大使魏道明抵沈阳。（三）约中长铁路高级职员谈话，商讨改进办法，先从人事与组织下手。（四）美国善后救济总署代表毕范宇 Frank Wilson Price 请茶会。

二十六日，（一）约生产局王局长树人，商谈该局改组办法。（二）美国救济总署代表毕范宇来商，与经济委员会合作办法。（三）资源委员会代表来商，向中央银行透支合同文字。（四）日本农业技术专家来见，陈述意见。

二十七日，接张君劢二十四日自上海来函。文曰："最近政局争三人五人会议，毫无结果。中共重在停战，政府怕停。停战令宣布，一切不解决，其症结在此。兄意政府允停战，中共允参加国大，正在商量中。不知后果如何。铁城、达铨来沪要兄去宁，兄已允之。日期俟蒋主席到后再定。"

二十九日，出席行营政治、经济两委员会联席会议，并对新闻记者发表谈话。

三十日，（一）经济委员会举行粮食及其他日用必需品物价讨论会。（二）交通部派王奉瑞、王竹亭递补中长铁路资产委员。

十月一日，经济委员会举行粮食纱布供应及价格讨论会。

二日，（一）参观奉天纺织厂及神光油漆厂。（二）招待沈阳商会联合会代表晚餐。

三日，外交部特派员公署高主任秘书来告，苏联准备撤侨。

先生日记云：

> 晨外交部特派员公署高主任秘书来告：接外交部电，苏联在沈侨民撤退事，已与苏大使馆商定，先撤退二百五十名，并派飞机送至大连。苏联驻大连领事将来沈洽商撤退程序。十一时苏联驻沈代理领事伊夫金，及南京苏大使馆秘书同来见，面告同样情事，希望予以协助。照此情形看来，苏方预料东北国共军事行动，行将爆发，中苏已无重开谈判之望。

六日，约沈阳粮食公会张会长及市政府社会局局长商议紧急措施，平抑物价。

七日，（一）约中长铁路主管运输人员，商议增加运输车辆；决定日内由各产粮集中地点，运粮十车至沈市，平抑物价。（二）陈辉德抵沈阳。

八日，（一）行政院派刘鼎新为中长铁路理事。（二）苏联驻沈阳商务代表，与中长铁路沈阳分局苏籍局长偕苏大使馆随员来见，催询华方准备何时开始派机，遣送苏侨撤退。

九日，新任英国驻沈阳总领事包达德 J. L. Burdett 偕领事芮启 W. W. Ritchie 来见。

按包达德原系驻哈尔滨总领事，曾在英国驻苏联大使馆任职。

十日，（一）约日本技术顾问石田及经济部专员凌显常讨论，尚未处理之工厂，应如何处理。（二）约沈阳商会会长及市政府社会局局长讨论抑止粮价上涨办法，并拟定明日在市出售粮食数量。（三）电外交部王部长世杰，询问中长铁路局苏籍职员，是否准其全部撤退。

十一日，（一）约粮食及煤炭主管人员，商讨对公务人员粮煤配售办法。（二）约沈阳商会理事陈楚材来见，议定指定粮商二十家代售平价粮食。

十四日，交通部设立东北运输总局，以陈延炯任局长，王奉瑞任副局长。

十五日，（一）约新任中长铁路理事刘鼎新及理事王澄、万异开谈话会，推举刘理事鼎新兼主局务。（二）约苏联驻沈阳代理领事及中长铁路沈阳分局苏籍局长来见。告以：接政府命令，嘱劝告苏籍路局职员勿急返国。因中国政府正拟召集中长路章则委员会及路产估价委员会。彼等答称：当即请示苏联大使馆，再行答覆。

十六日，（一）将昨日与苏联驻沈阳代理领事等谈话经过，电告外交部王部长世杰。（二）召集与粮食有关各主管人员及商会代表等谈话，决定米价每斤定为十八元。

十七日，（一）今日沈阳市米价回跌。嘱沈阳市政府严查如粮商有操纵粮价情事，应予处罚。（二）聘杜春宴为生产局副局长，胡安恺为驻局办事常务理事，兼沈阳分局局长。

十八日，（一）资源委员会负责东北电厂主管员，偕同美籍水电工程师来见。报告：最近视察小丰满水电厂未完洋灰工程，及补充机器与添装机器各事，同时并进，需时一年余，方可竣事，并须赶办。（二）约生产局王局长树人及杨之屏、胡安恺谈话，商定各轻工业工厂从速复工，并先将铁工厂、榨油厂、油漆厂复工。

二十日，赴营口视察码头、仓库破坏情形。

先生日记云：

晨七时半乘火车赴营口视察。十二时抵营口，赴中国银行休息。午饭后，乘船视察沿河码头及仓库设备。仓库为军队及暴民炸毁，码头为共军炸毁。估计修理，须费东北流通券二千万元。下午四时乘火车启行，晚九时抵沈阳。

二十一日，（一）上午赴经济委员会办公，筹划粮款，并与主管员研究粮价及香烟价格。（二）下午约粮食管理局局长，商讨民食需粮采购办法。

二十二日，行营熊主任式辉自北平归。

二十五日，（一）约交通部陈特派员延炯，与运输司令刘广济商量整修锦安、沈安、通辽各铁路，需料需款，筹措办法。（二）召集沈阳市米商研究改进粮食收购及平价办法。

二十七日，（一）上午约生产局沈阳分局副局长及专员向俊商讨生产局今后进行计划。（二）下午约中日农业专家研究今后一年农业改进计划，费时甚久，深夜始散。

二十九日，（一）英国商务考察团抵沈阳；除团长外，有团员九人，均系英国实业界有地位、有经验人士。（二）下午英国商务考察团团员来访。（三）晚五时，参加英国驻沈阳领事馆招待英国商务考察团茶会。（四）晚八时，设宴欢迎英国商务考察团团员。

十一月一日，接蒋主席电，嘱赴南京有事面商。

三日，离沈阳，飞南京。

先生日记云：

晨八时自西苑机场启飞，在天津、济南、青岛三地停留。

下午三时抵宁。经国兄奉命来接，先至中信局招待所休息。伯聪兄、君劢二哥先后来告我近日政情，谓：中共方面要求停战与改组行政院，方可提国大代表名单。民社、青年两党以不和平，亦不愿提名单。

四日，（一）晨交通部凌次长鸿勋来晤，商谈有关交通各项问题。（二）中午谒蒋主席，报告最近东北经济情形。

先生日记云：

中午至蒋主席处，先报告最近东北经济情形，继谈大连市长沈君怡调任南京市长，询问何人可继。当答以不得已，薛次莘勉可担任。又告以武人任东北省主席，以不谙政治经济，似不相宜。答云无成见。

（三）蒋主席面告：国民大会能否开会，关键在于民社党；又苏联态度转变，我方应有明确表示。

先生日记云：

主席继告我，此次要我返宁，专为希望我劝君劢家兄采取独立立场，勿受共方影响。如民社党肯提国大代表名单，青年党亦可提名。至政府方面：（1）宪法可照政协决定原则通过；（2）如第三方面（即国共以外）可提出名单，同时要求停战，政府可照办；（3）决定俟国大开会后，改组政府。因此君劢居于举足重轻之地位，可做一历史上有意义之举动。欲我劝君劢促成其事。

又告我苏联最近态度转变，曾与经国兄谈，大致：（1）吾方必须明确表示对美态度，吾方对于日本问题，处处追随美国，为苏方最不满意之举。（2）内政方面，苏方决不偏袒中共，如欲偏袒，国军何能进至长春。再共产主义，中国民众决不信任，即民主主义，亦何能了解。但中国依赖美国，何能解决内政纠纷。（3）中苏友好条约签订后，中国方面视若无其事。应将一切问题提出，从速讨论。如大连、旅顺、中长路及经济合作问题，何不一一提出云云。

（四）访交通部俞部长大维，告以东北邮电路加价，希望从缓。

先生日记云：

> 下午四时，往访交通部俞大维部长，告以东北邮电路加价，希望从缓。并请其拨给枕木，为东北铁路之用。渠答云：加价事，无成见；拨给枕木，绝对无法照办。

（五）晚将蒋主席谈话，告知张君劢。渠答称：仍应与中共全盘讨论。

五日，（一）访吴铁城及王宠惠。

先生日记云：

> 上午往访吴铁城兄，询其政府对于国大开会之方针。渠云：政府已决定按期开会，不再延期。且认为中共决不提名，政府果能实行民主，则不顾中共，亦是一法。又访王亮畴兄，渠云政府正在补充宪法草案。

（二）中午赴蒋主席处午饭。

先生日记云：

> 中午至蒋主席处午饭。先询我已否与君劢谈过。答以已谈过；渠仍主张应与中共继续谈判。渠认为一切问题不解决，即令政府宣布停战，中共恐未必肯提名。而终必出于一战，无裨大局。至民社党提名一节，渠不便单独主张。主席闻之不以为然。嘱仍多多与君劢接洽。

（三）下午四时，赴财政部访俞部长鸿钧、徐次长柏园、戴司长铭礼，接洽东北财政金融问题。（四）下午五时，访苏联大使彼得罗夫，告以撤退中长铁路苏籍员工情形。

先生日记云：

> 五时访苏联大使彼得罗夫，告以撤退苏籍铁路员工，已准备就绪，只待苏方接船抵津，可即离沈。又告以以往如何照料苏侨经过。渠答以东北地方种种情形，使铁路苏籍员工无法继续居住。我答以所说种种情形，实由于各种原因造成：（1）红军纪律欠佳；（2）苏联撤卸工厂机器设备；（3）人民

怀疑苏方帮助共产党。故必须大环境改善，方可改良中国人民对于苏联之感情。苏大使答云："贵国政府方面有许多人领导反苏，故尔造成此种情形，必须贵方改善，方可转变。"吾答以任何国家，均有敌友二方，然必须使亲者有可亲之道。彼答称苏方向来拥护友人。我答以本人到东北有两大目的：（1）为永久保持东北为中国之东北；（2）使中苏合作，自东北开始。彼云："第一目的甚为简单，苏联无侵略野心。第二目的则甚复杂矣。"

（五）周恩来向君劢表示，一切问题，必须同时解决。

先生日记云：

晚君劢约周恩来来寓长谈。周意一切问题必须同时解决，即政治与军事同时讨论。政治方面：为国府与行政院改组问题、宪法问题、地方政权问题。军事方面：为双方驻军地点问题。如各项问题不予以全盘解决，共方无法提出国大名单。

六日，（一）晨访农林部周部长诒春。

先生日记云：

晨访周寄梅兄，告以盘山农场，国防部要办，农林部如要经管，须与国防部讲一明白。

（二）访经济部王部长云五，不值。（三）访粮食部谷部长正伦。告以东北方面军粮，必须由关内每月接济五万大包。渠首肯。（四）中午访行政院宋院长子文，约同午餐。渠注重将关外货物，运入关内，以平抑关内物价。（五）下午五时，访外交部王部长世杰。据告："东北问题不能拖延，必须速决。或与共方妥协，或将共军肃清，均须在三个月内解决。否则欧洲问题告一段落，东北必发生严重问题。且在远东和会会议中，吾国恐无地位有所主张，深以为虑。最近苏联提议，中国应取缔反苏言论，故因亦要求苏联亦须取缔攻击中国之言论。最近苏方似已见诸实施。"

先生日记云：

彼意凡小处遗人口实者，必须力求避免。而大处则必须坚持吾方主张。

（六）约左舜生、李璜、莫德惠晚饭，交换对于国共和谈与国大问题意见。

八日，（一）谒蒋主席，报告张君劢、李璜、莫德惠三人意见。

先生日记云：

上午见蒋主席，报告君劢、幼椿、柳忱三位意见，一致主张与中共继续商谈。主席答谓："中共既不答复吾方提议之八项，何能继续商谈。故必须先由中共答复此八项提议。"返寓后，即约柳忱、幼椿、君劢三位见面，将主席语告之。彼等往晤周恩来，劝其复信。周有转圜意。四人遂同赴司徒大使处，商量答覆文字。

按"八项提议"经于十月十六日提出，大旨如下：（1）根据六月中，三人委员会临时决定，各地交通，应立即恢复。（2）执行部内代表间之歧见，应按照三人委员会所成立之协定解决之。（3）关于在满洲境内军队之重新安置，应照三人委员会于六月中临时协议，准时执行。（4）所有驻在华北及华中之国共军队，暂留原驻地区；一俟三人会议决定整编办法后，即行编制为国家军队。（5）由司徒雷登博士领导之五人委员会，所得到之任何谅解，应由政治协商会议执行委员会立予承认。（6）除东北满洲外，一切地方政治问题，均由新成立之国务会议裁决。（7）制宪委员会应即开会，将决定之宪法草案，交由国民政府，以备提出国民大会。（8）共方对于上列各条同意后，政府宣布停战命令有效，共方同时宣布愿意参加国民大会。

（二）赴苏联大使馆，道贺红军节。

九日，谒蒋主席，报告昨日返寓后与李璜、莫德惠、张君劢等接洽经过。

先生日记云：

下午往见委员长，报告昨日经过。渠答谓上午司徒大使已来报告。嗣告以君劢意，何不要求共军退出中长路沿线，而易以张家口。渠谓不能同意。

十日，（一）财政部俞部长鸿钧、粮食部谷部长正伦、行政院翁副院长文灏，分别来谈。（二）分访邵力子、顾祝同。（三）杜月笙、陈辉德先后来谈，留陈晚饭。

十一日，各党各派对于国民大会，决议政府须予展期召集。

先生日记云：

昨晚民盟及社会贤达，与青年、民社两党决议，政府将国大开会展至下月一日，彼等以政协代表地位提出国大名单。惟加一保留，如月底以前，国共谈判决裂，彼等保留重加考虑之权。彼等将此意告知吴铁城、吴达铨；两位认为保留字样不妥。乃往晤君劢，劝其同意取消，君劢拒绝不允。今日决议备函送陈蒋主席。蒋公拒不收受。同时共方对此决议，亦不赞同。于是民盟方面之沈衡山、章伯钧、张申府等，纷纷取消各人已签之名。社会贤达将此经过报告蒋公后，即召集各方面，询问最后意见，并报告蒋公。（蒋公意）可将国大开会延期三月，但须以提出国大名单为条件。青年党允于三日内考虑提出名单。民盟与民社党均谓须党内开会后，方可答复。君劢当晚返沪。

十二日，（一）蒋主席约见谈话。

先生日记云：

晨委员长来电话，约去一谈。先询问君劢为何返沪。当答以："据君劢临行前，曾告我一切须到沪与党内同志商量，不日返宁。但渠本人仍主张国大开会，展期至下月一日，或先开预备会。"对于彼意，蒋公答云，俟各方提出国大名单再谈。又告以君劢语我，目前急务，在改革目下政治状况，至讨论宪法，及各方参加政府，实非当前急务。蒋公亦首肯。

（二）访张厉生略谈。访陈立夫、谷正纲，未晤。（三）陈立夫、谷正纲随来答访。

先生日记云：

下午陈立夫、谷正纲来答访。立夫兄谈话，批评宋子文之经济政策：(1) 紧缩生产贷款，使生产萎缩，益增通货膨胀。(2) 对于国货工业，认为无足重轻。(3) 国家专重营利。

（四）赴苏联大使晚饭之约。席间，接蒋主席电话，嘱赴上海一行，防止张君劢为人包围。（五）鲍莱调查团 Pauley Mission in Manchuria 将所编之《日本在满洲之资产总报告》General Summary of Report on Japanese Assets in Manchuria 送呈杜鲁门总统鉴核。

报告内叙述苏联军队在满洲，拆卸迁移各种企业之大批机器设备器材，并纵容乱民掠劫及中共军队破坏残余设备及建筑情形。并称苏军在北满对日军战事，为期不过数日，所付代价，微乎其微，然掳略如此巨额资产，认为战利品，极不合理。且于纵容乱民掠劫时，特摄制活动影片，以资宣传，殊不道德。

查关于苏军占领期间，东北企业所遭受之资产损失，早于一九四五年底，由东北经济委员会嘱日本工业协会作初步调查，再由该会覆核，作成报告，送呈中央转送华盛顿，以为鲍莱来华调查张本。兹录该会估计苏军占领期内，东北工矿事业所受拆移与毁坏之损失程度及金额如后：

名目	损毁程度（百分率）	损毁金额（单位：美金千元）
一、电力	六〇	二一〇、五四〇
二、煤矿	八〇	四四、七二〇
三、钢铁	六〇——〇〇	二〇四、〇五二
四、铁路		一九三、七五六
五、机械制造	六八	一五八、八七〇
六、炼油业	九〇	四〇、七一九
七、化学工业	二七·五	七四、七八六
八、食品工业	五〇	五九、〇五六
九、洋灰业	五四	二三、一八七
十、轻金属、非铁金属	五〇——〇〇	六〇、八一五
十一、纤维业	五〇	一三五、一一三
十二、纸及纸浆业	八〇	一四、二五五

十三、无线电、电话、电报　　三〇　　四、三五二

金额共计一、二二四、二二一

上项金额，系按战前满洲伪币四元二角五分合美元一元计算。至毁坏损失，包含中共军队毁坏在内，其数目无法清查。惟苏联所予之损害，当在十亿美元。其中拆卸运走之机件设备，更难估计。假定对折计算，当不下五亿美元。凡此皆照建造原价计算。如照重修重购时价计算，势将加倍。

十三日，（一）外交部甘次长乃光来谈，提及新疆之中苏经济合作。

先生日记云：

晨外次甘乃光来谈，苏方提出在新疆之中苏经济合作办法。张治中主席已将中央拟定之全案修改，允予苏方以若干种矿，如油矿、钨矿，共同合办。但未指明各矿所在地，而允许以华人为经理，苏联技术专家为技术方面之主持人，资本则中苏各半。外交部认为不妥，因恐他处援例之故，现正设法挽救中。

（二）交通部凌次长鸿勋来晤，谈东北铁路财政问题。（三）交通部俞部长大维来晤，因赶乘飞机赴沪，不及多谈。（四）乘飞机抵上海，访张君劢。

先生日记云：

十二时半乘飞机赴沪，往晤君劢，传递蒋公意旨。渠仍坚持国大展期至十二月一日开会，政府必须尽最大努力与中共谈判。同时须实行政协决议，然后方可提国大名单。

十四日，（一）与张君劢飞返南京，同访李璜，并晤吴铁城。（二）与吴铁城同谒蒋主席，报告民社、青年两党共同条件。

先生日记云：

晨与君劢同乘机飞宁，六时半到。先与君劢同访幼椿，后再三人同赴铁城处略谈，返寓。君劢、幼椿二人商谈提出条件：（1）先改组国府与行政院。（2）完成宪法草案审议手续。

(3) 明日国大开幕后，先举行预备会。至下月一日再正式开会。此为民青两党之共同条件。君劢另提附带希望条件：(1) 蒋公约毛泽东见面，作最后商谈。(2) 政府对于共方驻兵地点，作最后让步。(3) 停止国库支出党费。(4) 党部退出学校。我与铁城同往蒋公处，报告上项条件。蒋公意预备会可举行三天。行政院可于水利部外，另立邮电部及农林部，将此三部部长任命中共人员。

（三）周恩来约民盟谈话告别。

先生日记云：

中午周恩来约民盟谈话，告别。如是，君劢希望国共继续商谈，达成和平之希望，已成泡影。

（四）张君劢希望政府实行政协决议。

先生日记云：

下午三时，社会贤达与铁城同访君劢。当时君劢表示在此情况之下，国大展期与否，已无关重要。只须政府实行政协决议。至行政院改组，系政府应办之事，不能视作条件。不过经此变化，彼须返沪与党内同志开会商量。

（五）与吴铁城再谒蒋主席，报告经过；主席望再约李璜、张君劢一谈。

先生日记云：

下午三时半，与铁城同赴蒋公处报告。当时王雪艇兄在旁，认为君劢之意，暗示共方既退出国大，政府应自己改造。蒋公意希望再约幼椿、君劢面谈一次。

（六）报告蒋主席，青年党可提国大代表名单，民社党尚须开会决定。主席希望张君劢担任完成宪法。

先生日记云：

先往询幼椿，渠答谓明日答复，但如君劢方面明日不作决定，青年党可提出国大名单。嗣询君劢，渠答谓须返沪开会商量，再行答复。当以上项情形报告蒋公。渠表示诚恳，希望君劢出而担任完成宪法。

十五日，（一）国民代表大会开会，前往观礼。

按制宪国民大会历经延期，今日始在南京国民大会堂开幕。是日到代表一千三百五十五人（总名额为二千零五十人），推吴敬恒为临时主席，由国府蒋主席致开会辞。

（二）访美国大使司徒雷登博士。

先生日记云：

今日国大如期开会，前往观礼。下午往访司徒大使，渠云蒋公个性坚强，一切只有因势利导，徐图补救。并嘱我劝君劢完成宪法，为国家树一民主初步基础。又云中苏关系，希望继续谈判。

十六日，（一）与甫自上海抵南京之张群，同访吴铁城，谈最近政情。（二）张君劢由上海来南京，表示决定向政府再提条件。

先生日记云：

晨岳军兄抵宁，往机场迎接，同至铁城处谈最近政情。下午君劢由沪来，渠表示决定拟提条件：(1) 继续澈底执行停战命令。(2) 通过宪法草案。(3) 结束党治。(4) 改组国府与行政院。即晚彼拟好信稿，缮送蒋公，并表示希望交换函件。一面约其北平、香港同志来宁面谈。

（三）访晤美国大使馆经济参赞白君，谈话问答如次：

先生问：美国是否应（对华）大胆投资？

白答：应如此办。

先生问：对于中苏交涉，其中涉及苏联提出战利品问题，应否允许？

白答：如彼方坚持，只好应允。

先生问：对目前中国经济情形，看法如何？

白答：非和平不能改善。

十九日，（一）民社党决议与蒋主席互换信函；蒋主席招宴该党领袖。

先生日记云：

今日民社党开会，一致决定与蒋公互换信函之文字。晚间蒋公设宴款待君劢与徐傅霖二位。陪客有哲生先生、岳军、布雷、立夫、镜寰诸位。好似庆祝宴。不过吾知君劢有无限痛苦，认为中共问题不解决，即开国大会议，亦无补于国家统一与政治安定。但彼一生迷信立宪政治，总觉有法胜于无法，以致矛盾环绕于胸中。

（二）邀苏联大使馆武官罗申 N. Y. Rosshchin 及副武官安都格 Stephen Andreger 茶叙，询其对于中苏及国共关系之意见。

先生日记云：

下午五时，约苏联大使馆武官罗申及副武官安都格茶叙。询各人对中苏及国共关系之意见。佥谓最好与中共和平解决，则中长路沿线之战争状态，亦可停止。如用武力，未必能以解决。好在和平之门尚未关闭，国共仍可商谈。苏联始终不干涉中国内政，而最要者，应令美国退出国共间调停工作，由国共直接商谈。

二十日，（一）新由美归来之刘毓棠（思召）来谈。（二）答访齐世英。（三）刘驭万与刘毓棠来谈，太平洋学会开会中国代表人选。（四）美国新闻处顾问吴陶 Votow 来谈。

二十三日，（一）与张群、雷震同谒蒋主席，解释张君劢不能出席国民大会之原因。

先生日记云：

晨与岳军及雷镜寰两位同见蒋公。因蒋公希望两位敦劝君劢出席国大，而君劢则以在重庆时，早已声明不当国大代表，未便变更。托我与张雷两位同向蒋公解释，但谓对于宪法，如需彼解释或说明，彼决不辞，并可将重庆声明，及愿帮忙解释或说明各情，再发表一声明。当将上项意思，面陈蒋公，承答以既然如此，不必再勉强君劢。

（二）张君劢与蒋主席交换函件及民社党所提国民大会代表名单，均于晚间交各报发表。

二十四日，（一）谒蒋主席，略及民社党内部意见分歧，致张君劢不能出席国民大会。

先生日记云：

> 晨往见蒋公，告以拟赴沪一行，料理家事，即返东北。又提及君劢以民社党内部意见分歧，有多人反对提国大名单，是以彼本人不能出席国大。蒋公深为谅解，并面告，如有事，当随时以电话通知。再返东北前，盼来宁一谈，再行。我又告以君劢亦须返沪。

（二）下午四时，飞抵上海。

二十五日，（一）国民大会举行第一次正式会议。（二）访李铭谈话，留晚饭。

二十六日，（一）陈辉德约午饭，有李铭、贝祖诒在座。（二）出席嘉丰纱厂董事会。（三）约上海国货厂家二十余人茶叙，报告东北经济情况。

二十七日，陪张君劢至江湾看地，拟建社会科学研究所。

二十八日，（一）蒋主席向国民大会提出《中华民国宪法草案》，立法院孙院长科逐条说明，制宪工作，正式开始。（二）何廉约午饭。

二十九日，（一）约苏联大使馆副武官安都格茶叙。

先生日记云：

> 下午四时，约苏联大使馆副武官安都格茶叙，以其即将返国，询以对东北问题之最近意见。渠仍持十一月十九日在南京时谈话之意见，大致谓国共纠纷如能满意解决，则东北问题及其他政治外交问题，均可迎刃而解。若用武力，恐一切均难解决云云。当请其将吾方希望解决东北问题之意，转告当局。

（二）中央银行贝总裁祖诒来谈，述行政院宋院长子文意见，认为东北大豆出口，应迅予进行，以助政府取得外汇。

贝氏拟采纳英国大使馆商务参赞之建议，组织一中英公司承办出口。缘目前大豆市场，集中英国，而英商对于大豆出口贸易，向称熟谙。

三十日，中央银行贝总裁祖诒约午饭，商谈组织中英公司，承办大豆出口。

先生日记云：

中午淞孙兄约安利洋行经理马凯 Makay（向在汉口经营出口贸易）在其寓中午饭，并邀余及光甫、馥荪两兄，商谈组织中英公司，承办大豆出口。谈定先由马凯拟一草案，再行会商。

十二月一日，李铭谯李国钦，邀往作陪。

先生日记云：

李国钦兄由美来，馥荪兄约其午饭，邀往作陪，席间听其详述美国最近政治经济情形。

二日，（一）接张群电话，转述蒋主席希望先生赴南京面谈。（二）赴潘光迥处，晤怡和洋行主人凯斯威克 Tony Keswick。（三）访邮政储金汇业局周局长宗良。（四）访浙江新业银行常务董事徐陈冕，同午饭。（五）交通银行赵总经理棣华，中央银行业务局林经理凤苞、祝平、陆荣光等，先后来访。

三日，由上海飞南京，谒蒋主席。

先生日记云：

晨八时乘飞机赴宁，到后往岳军兄处稍坐，即同去见委员长。渠先询君劢情形。当即告以君劢拟办一学校。适君劢有致委员长函，提及购地建筑校址，请其关照上海市长及教育部，予以协助。渠答云并无困难，可照办。次论及金融、经济、当前情势。当将在沪所见所闻告之。大抵一般舆论，认为以往政府政策变更太多，而执行又不澈底，致人民对于政府失去信用。而且各种政策又多偏于局部，所谓头痛救头，脚痛救脚，致金融经济百孔千疮。故在今日，已非局部救急所能奏效，故必须全面改革。嗣蒋公表示拟更动财政主管，我深恐卷入旋涡。且在铁交两部以及东北工作，自问对于政治，既非所长，亦不感兴趣。当答以财长必须为行政院长信任之人，不如俟行政院改组时，由院长选择。

四日，下午乘火车返沪。

七日，（一）晨四时至机场，五时起飞，十二时抵北平。（二）接见新闻记者。（三）梁秋水约晚饭。

按梁氏系北洋政府时代北京《京报》发行人，乃中国报界之先进。

八日，（一）约交通部华北特派员石志仁，讨论关外运输问题。（二）大陆银行总经理谈荔孙（丹崖）约午饭，有北平各银行经理在座。（三）约北平中央、中国、交通三银行经理商谈，稳定东北流通券价值办法。决定：（1）该券市面价格在法币十元五角以下，中央银行向市面收购，在二十一元五角以上，中央银行卖出。（2）收回流通券时，由中央银行委托中交两行代办。（3）流通券行市提至十一元五角后，中交两行可自由开行市，先开十一元七角，提至十三元。

九日，（一）晨九时由北平启飞，下午一时抵沈阳。（二）行营熊主任式辉来访，将蒋主席函面交。（三）外交部特派员张剑飞来见，报告苏侨撤退人数。据称：中长铁路苏籍人员二百零八名，苏联商务代表处二十九名，兵士十四名，沈阳苏侨三十七名，长春苏侨七十八名，共计三百六十六名。尚有未撤之苏籍人民计商务代表处二十二名。此外留在沈阳之白俄计一千四百名，留在长春之白俄计一百零六名，留在中长路之白俄计一百六十六名。再有留在长春之无籍外侨三十名，内十二名将来沈阳，八名欲赴天津。凡由长春撤退之侨民，每人发给流通券五千元，加上留在长春之二十二名，共发给一百万元。中长路撤退人员，共发给一千万元。

十日，（一）晨约生产局驻局办事理事胡安恺来晤，商谈生产局接收工厂之复工计划。（二）约东北运输总局陈局长延炯来晤，商谈经济委员会交通处与运输总局之职掌关系，以及财政问题，与调度车辆计划。（三）冯庸、洪舫、马毅，日本技术顾问高碕、石田先后来晤。

十一日，（一）行营政治委员会开会，决定对敌伪物资即日解冻。（二）约东北运输局陈局长延炯及中长路刘兼局长鼎新讨论铁路财政问题。

壹、铁路当时资产状况如下：

甲、路线里程：

（1）终战时共计：11392.9 公里

（2）1946 年 10 月底共计：2697.5 公里（合终战时 20%）

中长路：595.5 公里

国有路：2102 公里

乙、机车数目

（1）终战时共计：2403 个

（2）1946 年 10 月底共计：808 个（至少须保持可用数 700 个）

中长路：435 个

国有路：373 个

丙、客车数目

（1）终战时共计：3049 辆

（2）1946 年 10 月底共计：658 辆（至少须保持 800 辆方足敷用）

中长路：263 辆

国有路：405 辆

丁、货车数目

（1）终战时共计：39523 辆

（2）1946 年 10 月底共计：7917 辆（内可用者计 6381 辆）

中长路：4120 辆（可用者 2850 辆）

国有路：3797 辆（可用者 3531 辆）

贰、估计每月需要经费如下（据陈局长延炯估计，按东北流通券，以元为单位）：

甲、国有铁路每月营业损失及各局与总局经费如下：

A、各局经费

（1）锦州局：2100 万元

（2）沈阳局：1.6 亿元

（3）吉林局：9000 万元

（4）齐齐哈尔局：5000 万元

B、总局及各机关经费

（1）总局材料款：1 亿元

（2）机局办公费：2000 万元

（3）总机厂：3000 万元

（4）桥梁厂：2000 万元

（5）燃料（每日煤 10 万吨，每吨 4700 元）：4.7 亿元

共计：9.61 亿元

乙、中长铁路每月营业损失：

（1）收入：2.1 亿元

（2）支出（燃料 2.8 亿元，薪工 1.7 亿元，办公费 5000 万元）：5 亿元

（3）损失：2.9 亿元

丙、临时工款支出

（1）沈阳、古锦两路工款：3 亿元

（2）松花江桥修理费：2000 万元

（3）大石、盖平间修理费：4900 万元

（4）盖平、熊岳间修理费：5000 万元

（5）熊岳、普兰店间修理费：1.65 亿元

共计：5.84 亿元

丁、车辆修理费

（1）改造篷车 1000 辆（每辆 60 万元）：6 亿元

（2）改修机车（每月24辆，每辆600万元）1.44亿元

（3）修改货车（每月100辆，每辆200万元）2000万元

共计：7.64亿元

以上甲、乙、丙、丁四项合计，每月共需：25.99亿元

先生日记云：

上述数字，可知维持铁路交通，耗费之巨，实为仅次于军费之一大支出。其影响于流通券之币值，自在意想之中。

（三）法国驻沈阳领事、美国农具专家芮格 Rigg、农场机械设计专家卜柔比 Probeh 分别来访。

十二日，（一）上午赴中长铁路理事会及经济委员会办公。（二）长春市政府徐专员培尧来见，报告：长春市月需煤五万九千吨，因铁路车辆缺乏，供不应求。（三）生产局中纺厂负责人来见，报告：中纺已开工九万纱锭，尚有四万五千锭待开，厂中存布八万疋。（四）美国驻沈阳总领事陪同英国驻哈尔滨领事来见，询问东北大局情形，表示关切。（五）吉林省主席梁华盛来晤。

十三日，今日美国政府在华盛顿发表鲍莱调查，红军在东北拆毁机械损失报告。

先生日记云：

报告内容，大致如下："满洲工业，在苏军占领期内，所受之直接损失，估计在八亿五千八百万美元。若以现在补充新件价值加上，全部机械因拆毁之损伤，合计当在二十亿美元。此项估计，并非过高。若与日本投降时之价值相较，损害如是之巨，殊足惊人。"惟其中若干为苏军拆去之损失，若干为掠夺之损失，若干为内战之损失，若干则为因苏军占领之结果，所造成之损失，调查报告，未加分析说明。仅称："美国预料中国在战后之亚洲，将成为一强大稳定之国家。且在经济方面，力能自给自足。对于战后亚洲经济发展，当能予以助力。"鲍莱继谓："日本在太平洋战事发生前后，在满洲所建立之此一庞大工

业结构，大有助于日本之经济。假使此一工业结构不遭损毁，仍如苏军开始占领时之状况；假使中国国内能够维持和平，则此一满洲之工业结构，正可与中国逐步成长之工业结合，从而加速中国全部工业之发展。且具有大量生产能力之满洲基本工业，将更可消纳日本赔偿中国战时损失之制造设备，同时削弱日本战争能力之重要源泉。如此则中国力能填补战败的日本之经济真空，减低日本之生产能力，使其仅足供和平生存之用。”

以上所述，无异描写我个人决意担任东北经济工作之一场梦想。今日似已至绝望地步。良堪浩叹。

十五日，连日伤风，今日稍愈。

十六日，（一）中长铁路员工补习班，补行开学典礼，前往致词。（二）拟就《敌伪物资解冻令》，并拟定发布新闻稿。

十七日，（一）赴经济委员会办公，将有关各县设立县银行之规章及指导原则，通知各省主席。（二）新任经济委员会工矿处处长，兼资源委员会驻东北办公处主任谢树英来见。（三）交通部新派东北电政局聂局长来见。（四）中国银行沈阳分行经理李紫东来见，商谈行政院宋院长子文希望在东北收购大豆十万吨，以备输出。

十八日，（一）上午赴中长铁路局，与刘理事鼎新、王局长竹亭商讨中长路改进办法及进行步骤。（二）约经济委员会农林处潘处长简良与农林部李司长顺卿商讨东北农林整个计划。

据日本技术顾问核计，国府政权所及地区，农田面积共计七百万公顷 hectare（合七亿公亩），其产销量如下（单位百万吨）：

品名	生产量	农民出售量	农村以外消费量	过或不足
食粮产物	六〇九	一七一	一七六	（一）五
大豆及油类	一〇四	五五	二六	（十）二九
合计	七一三	二二六	二〇二	（十）二四

（三）约日本技术顾问高碕、石田商讨明年度东北轻工业之恢复计划。（四）资源委员会驻东北办事处主任谢树英、鞍山厂矿负责人

邵逸周、电力负责人郭克悌来见，商讨抚顺及鞍山两厂矿，与各电力厂明年度进行计划及用款数目，并定明日继续讨论。（五）为收购大豆出口事，电中央银行贝总裁祖诒。

二十日，与谢树英、邵逸周、郭克悌继续讨论明年重工业进行计划与预算：

甲、电力

A. 战前计：175.8 万 K·W，经苏军撤移一部分后现存如下：

（1）小丰满水力发电：14 万 K·W（其中 12.5 万 K·W 可供沈阳、长春各半）

（2）水丰水力发电：14 万 K·W（经安东供给大连）

（3）抚顺煤矿电厂：4 万 K·W

（4）西安煤矿电厂：1 万 K·W

以上除水丰不计外，可利用者仅 17.5 万 K·W

B. 明年度计划

（1）长春电厂：2.9 万 K·W（由他处移来装置火力发电机两部，增如上数）

（2）西安煤矿电厂：1.1 万 K·W（同样移装，增如上数）

（3）锦西煤矿电厂：1.9 万 K·W（加装电机一部，增如上数）

以上共增 5.9 万 K·W，加上水力发电 17.5 万 K·W，共计 23.4 万 K·W。预计保持目前政治状态，不生变故，至明年底，约须增加至 30 万 K·W，方符需要。

C. 经费预算

（1）移装长春、西安电机费：3 亿元

（2）小丰满水闸加 4 万立方尺：2.28 亿元

（3）抚顺、归西修理电机费：1.25 亿元

（4）修理线路费：7000 万元

（5）小丰满及沈阳 20 万 K·W 高压线变压器 300 公里：

3.75 亿元

以上共 10.98 亿元。（电费拟规定：长春每度 3 元 8 角，沈阳每度 8 元，西安每度 1 元，锦州每度 23 元）

乙、钢铁

终战时，设备能力，每月可产铣铁 252 万吨，钢块 133 万吨。苏军撤去机械后，残存设备可产铣铁 65 万吨，钢块 58 万吨。拟先恢复制钢 20 万吨计划，需经费 45 亿元（包括海外购料需 10 亿元，及经常存煤 5 万吨，需 5 亿元）。

丙、煤

国府控制地区之煤矿为抚顺、阜新、西安、北票、本溪湖、营城子、烟台七矿。

A. 矿区	战前每年产量	1946 年每月产量	现拟恢复每年产量
（1）抚顺	463 万吨	10 万吨	160 万吨
（2）阜新	440 万吨	5 万吨	140 万吨
（3）西安	225 万吨	3.6 万吨	50 万吨
（4）北票	122 万吨	0.8 万吨	50 万吨
（5）本溪湖	95 万吨	0.5 万吨	40 万吨
（6）营城子	39 万吨		
（7）烟台	39 万吨	0.45 万吨	

B. 经费预算	创业费（千元）	流动资金（千元）	收入预计（千元）
（1）抚顺	630 万	1700 万	1600 万
（2）阜新	尚在估计中		
（3）北票	尚在估计中		
（4）西安	尚在估计中		
（5）本溪湖	尚在估计中		

以上三项（电力计 10.98 亿元，钢铁计 45 亿元，煤矿计 130 亿元），1947 年度，共需 185.98 亿元。

先生日记云：

在政局不定中，恢复工矿，仅交通、电力、钢铁、煤炭四项，一九四七年度预算支出，已达五百亿之巨。一旦战事爆发，势将再遭破坏，或使计划进行中止。而流通券增发，自必招致物价工资上涨，预算经费必再增加，趋势如此，真不知何以为继也。

二十一日，东北运输总局之下，成立沈阳、锦州、吉林与齐齐哈尔四局，以王奉瑞、万国宾、高步昆、简文献分任局长。

二十二日，拟将东北遗存钢块半成品，熔化制为成品，运上海。

先生日记云：

上午孙越崎兄商谈，宋院长希望东北所遗存钢块运沪。盖以上海一年内，需钢料进口六十万吨，而当时东北遗存钢块半成品约七万吨。商议结果，不如在东北熔化，以制成品运沪。

二十三日，（一）东北运输总局陈局长延炯自安东视察归来，报告沿途交通情形。（二）催促收买大豆事，从速进行。（三）上海国货厂家胥仰尧、桂季清、蔡承新等来见。（四）英国驻沈阳总领事约晚饭。

二十五日，（一）县级经济干部训练班学生毕业，前往致训词。（二）约各省主席及财政厅厅长谈话。

先生日记云：

日来各方报告，粮价低落，以致人民无力完粮，且无力购买渡岁消费物品。征询各主管意见后，决议由关主席吉玉召集小组会议，讨论补救办法。

（三）国民代表大会三读通过中华民国宪法。

二十六日，（一）约沈阳市政府督察处陈处长旭东谈话。告以：当地青红帮应纳入正轨组织，可成立一“中国新社会事业建设协会”。所有开办费，应自行募集，政府当从旁协助。（二）约经济委员会田粮处、商务处、中央信托局、纱布供应委员会主管人员，研究提高粮价办法，以供关主席召集小组会议之参考。

二十七日，（一）出席沈阳市政府成立一周年纪念会，并致词。（二）经济委员会与市政府公宴沈阳市参议员及新闻记者。

先生日记云：

上午十时半，沈阳市政府举行成立一周年纪念，参加致词。中午经委会与市府合讌市参议员与新闻记者。回忆一年前今日，自长春来沈阳，指导董市长接收沈阳市，兴高采烈，今日纪念，似觉暗淡万分。

（三）参加中央银行纪念周，并致词。（四）与东北运输总局陈局长延炯商议，规定铁路运价事宜。（五）约财政部陈特派员公亮谈话，渠将嘱拟之改组生产局办法交来。

二十九日，行营熊主任式辉约资源委员会驻沈阳同仁晚饭，讨论鞍山今后进行方针及用款数目。先生前往参加。

三十日，（一）赴中长铁路理事会讨论中长路运价问题。（二）经济委员会举行金融座谈会，讨论流通券汇率及汇款办法，与民营工厂复工及贷款办法。

三十一日，约经济委员会高级职员聚餐。

先生日记云：

中午约经委会高级职员聚餐，检讨以往工作，并鼓励各同仁继续抱坚忍不拔之精神，勇往迈进。

是年一月，政治协商会议在渝举行。联合国首届大会在伦敦举行。我国当选为安全理事会常任理事之一。

二月，英、美、苏公布雅尔达秘密协定。

三月，联合国国际法庭在海牙成立。

五月，台湾省参议会成立。

七月，意大利共和国宣告成立。菲律宾正式独立。

八月，马歇尔、司徒雷登发表对我国当前局势声明，认为和平调解难获协议。

十月，制宪国民代表大会在南京开幕。

十二月，国民代表大会正式通过中华民国宪法，并决定三十六年十二月二十五日为行宪日期。

一九四七年　先生五十九岁

一月一日，（一）政府公布中华民国宪法，全国庆祝。（二）上午九时，参加行营新年团拜礼。先由主席宣读宪法完成颂词，嗣行礼如仪。（三）上午十时，中长铁路同仁于中苏联谊社举行团拜礼，即席致词勉励同仁，望于最短期间，改进路政。（四）下午五时，经济委员会同仁举行同乐会。先行团拜礼，由先生与马委员毅分别致词。夜间有同事余兴，九时散会。

二日，接到蒋特派员经国携来蒋主席亲笔函。

先生日记云：

今日原拟竟日休息，将来客一律挡驾。下午五时，经国兄忽与赵市长君迈同来。经国兄携有蒋主席亲笔信。文曰：“公权吾兄勋鉴：国大闭幕以后，政府亟待改组。但各党派尚在犹豫滞延之中，或须待至二月间，方能实现。东北经济重要，人事与组织，务望在最近期间部署完妥，以免临时仓皇。东北可以输出之物资，应积极筹划实施。将来政府之改组，必须对军队与公教人员发给实物，则金融政策方有办法。此一政策，必须排除一切障碍，志在必行。只要粮食、布服、盐、煤与豆粉五者，能发给现品，则军费与政费即可减发纸币，金融乃能稳定也。请兄为余熟筹之。余托经国面达不赘。中正，三十五年十二月三十夕。”

接读此信，心中栗栗危惧。似已定调余至政府担任工作。无论财政，或中央银行，均无法补救。在蒋主席以为关外尚能以粮食供给关内，不知在今日东北情势之下，军粮尚时感不敷。大豆稍有剩余，而车辆不足，运输梗阻，不能有大数输出。煤炭则自给不暇。至通货膨胀，已达恶性阶段，有何能力，可以遏止。再四思维，虽觉东北工作，已感日暮途穷，然究属范围狭小。若到中央，势必出丑。当即拟一函，托经国兄带回面呈。大意如下：“经委会与中长路人事及内部组织，正在加强，关外物资输出，已在进行。至全盘经济，病况已深，非局部治疗所能救治。更非仅恃一二人之才力所能补救。深虑竭蹶，不能胜任，请予谅察。”经国兄在此晚餐，熊天翼兄亦来，十时始散。

三日，（一）与蒋特派员经国同游沈阳清故宫及文溯阁。

先生日记云：

上午陪经国兄游沈阳故宫及文溯阁，看四库全书。又到沈阳图书馆，看蒋主席致张学良信墨迹，及余在长春溥仪伪皇宫寻出之宋元明板书籍。

（二）送蒋特派员经国飞返南京。

四日，（一）出席关主席吉玉召集之常平仓会议。

先生日记云：

晨十时，出席关吉玉主席召集之常平仓会议。余致词说明设立之理由：（1）供应东北所需军米。（2）准备出口大豆。（3）供给关内需要之平价米粮。（4）供给东北主要都市之米粮需要及平价作用。（5）准备粮食配给。为满足上述需要起见，必须有一米粮存贮机关。其管理与营运必须应用商业办法，方能圆活运用，使粮产商业化。各省主管意见，由经委会设立总仓，为业务指导筹调机构。余意照此办法，总仓应许其设立直辖分仓，以备补助省立分仓之不足。惟未作最后之决定。

（二）至中长铁路理事会，召集总务、人事两科主管谈话。讨论如何改进福利，及提高同仁之智、德、体三育。

五日，（一）赴经济委员会，裁定合作事务处章程与监理会人选，以及县银行监理会人选，并催促从速进行。（二）约交通部陈特派员延炯来见，告以交通运输进步甚迟，促其加强人事调度。（三）与蒋硕杰研究加强经济委员会经济研究处办法。（四）召集经济委员会总务处同人谈话。

七日，（一）上午十一时，召集中长铁路车务、机务两处处长及科长谈话。（二）下午四时，商业联合会代表来见，陈请代向四行联合办事总处接洽商业贷款，总额八百亿流通券。当告以此款为数太巨，虽为接洽，但不可过存奢望。同时必须遵照银行贷款惯例。（三）约中国、交通、农民三银行，及当地商业银行代表谈话。当嘱各行从速办理工厂复工贷款，并分别开列详表，向四行联合办事总处申请，同时即由各银行组织贷款委员会，办理放款事宜。

八日，（一）晨起，为行营熊主任式辉拟一节略，向中央报告东北经济情形。（二）约东北运输总局陈局长延炯及各铁路局局长午饭，讨论改进运输办法。

先生日记云：

在场各员意见，不外陈述困难：（1）设备与车辆不足。（2）人事不健全。（3）军队干涉。当答告同仁，此种困难，全国皆然。但今日经济艰困之症结，系乎交通运输。希望不论如何困难，必须想出种种方法，以精神补助物质之不足。谈话约三小时始散。

（三）晚访行营熊主任式辉，将代拟节略面交。

九日，（一）上午十时赴机场送行营熊主任式辉飞北平转南京。（二）赴经济委员会办公，谢树英、邵逸周来见。

先生日记云：

谢树英、邵逸周两君来报告：孙越崎、陈受昌赴宁，见宋子文院长，告以此间意见，将所存钢块制成钢料后南运一节，已得宋院长同意。并将所拟钢铁增产计划，一并报告，亦获赞成。现鞍山亟须开工，正二两月，需用款每月三亿流通券，当允设法拨济。

（三）关主席吉玉常平仓计划审查结束。

先生日记云：

审查报告提议：（1）各省常平分仓组织与制度，均由总仓制定。（2）业务作为总仓委托代办。（3）总仓得在冲要地点设立直辖分仓。余意此项提议，可以采用。

（四）英美烟公司驻沈阳代表请午饭。（五）中央信托局代表邢必信来见，报告大豆已收到二万吨。当告以将来大豆出口售价盈利，须归东北用作农业建设，惟中信局可得定额手续费。（六）晚约邮电各局高级职员聚餐，讨论邮电改进办法。

十日，（一）晨沈阳商会理事陈楚材来见，报告银行任意增加黑市利率，请予制止，经允为调查后酌办。（二）东北合作事务局监理会举行第一次常会，通过延任前中国银行济南支行经理陈隽人主持局务，以陈世灿、喻智东副之。（三）约吉林市参议会代表午饭，各代表咸希望早日实行工商贷款，并将贷款手续放松。

十一日，中午经济委员会举行常会。除在沈阳之各委员外，所有会内各处处长及中央财政特派员，一体列席。通过县银行加强方案及合作事务局规程。

十二日，（一）陪主持前东北神学院之教士福郎敏 John Flaming 与芬德奈 J. W. Findlay 视察被占被毁之各教堂，拟先恢复一二处，以便举行礼拜。（二）晚为蒋硕杰饯行，约周舜莘、王念祖作陪。蒋氏将往北京大学任教。席间讨论经济委员会拟发行一种经济月刊。

十三日，（一）上午在中长铁路局面告刘理事鼎新、王局长竹亭，对于局务路务，于三个月内必须澈底改善。

先生日记云：

> 上午到路局面告刘理事鼎新、王局长竹亭，对于局务路务于三个月内必须澈底改善。先定一实行计划，于次月报告实绩。因三月中莫斯科外长会议，对于东北问题将有一决定也。

（二）约沈阳中国银行经理李紫东来谈，促其将工商贷款早日进行，俾免商民请求，处于被动地位。（三）《纽约论坛报》（*New York Herald Tribune*）施迪尔 A. T. Steele 来见，访问最近中苏有无谈判。

十四日，（一）上午为沈阳《经济生活》杂志撰文。（二）中午约生产局主持人王委员树人，及轻工业专家苏从周、胡安恺、杨之屏商谈轻工业复工计划。（三）国际救济总署派来东北办事之美员孟思来见。据称：总署已得中国政府核准，分配与东北共产区之物资，但此地当局不许其运入共区，颇示不满。又称：中国各地人民逐渐归顺共方，深为可虑。

十五日，（一）上午举行合作事务局监理会常会。决定：每县设立乡村合作分社，俟县层设齐后，再在上层设立联合社。其经费由总局担任，不令农民有丝毫负担。（二）约在沈阳之苏联官员及经济机构代表晚餐。出席人员如下：苏联贸易部驻沈阳代表伊夫金 M. A. Ivkin 及副代表阿罗马作夫 L. V. Almagov、苏联大使馆三等秘书谢列金 S. Seregin（系来办理留在东北之白俄护照）、远东银行经理胡鲁司他列夫 Hunistalef 及其秘书地格脱 M. K. Tegter 夫妇与女秘书加孟斯开 Komanskai、秋林洋行经理宝来果夫 Palaikov 及女职员一名。以上各人，系留在沈阳仅存之苏联高级人员。据谢列金秘书称，彼将留候长春领事到任后，离沈。

十六日，（一）中午举行金融座谈会，讨论复工、增产、贷款办法，历四小时之久。（二）在报纸公布贷款办法。（三）邀法国驻沈阳领事戴阿艾 Duhoui 夫妇及领事馆经济专员夫妇晚餐。

十七日，（一）赴中长铁路理事会，与刘理事鼎新、王局长竹亭商定设立预决算委员会。此后每月支出，均须经该会通过，并每笔支出，须与工作进度对照。（二）经济委员会工矿处处长谢树英来见，讨论工矿处内部组织。（三）约《纽约论坛报》记者施迪尔晚餐。渠频频探询外传中苏谈判，已有成议，是否确实。

十八日，（一）上午十一时，赴沈阳银行公会演讲，题为《东北金融政策之过去与今后》。主要点为必须阻止利率提高。全文交各报发表。（二）下午邀各区民营工厂代表谈话。各代表由董市长文琦陪来，先生告以复工、增产、贷款办法，希望各厂商努力推进，不应观望。各代表陈述各种困难，要求辅助。均经先生一一应允。

十九日，英国驻沈阳领事邀宴，介见南京英国大使馆新闻处处长。

先生日记云：

英国领事为南京使馆新闻处处长来沈考察，并改进沈阳宣传工作，特设宴介绍。饭后谈话，该处长面告：英政府拟致一通牒与苏联政府，表示希望中长铁路与大连各项问题，早日解决，与美政府取平行步骤。

二十日，（一）约日本技术专家讨论物价问题。

先生日记云：

上午约日本技术专家（前满洲中央银行副总裁长谷川，与处长森）讨论物价问题，拟动员对于管制物价有经验之日本技术人员，共同研究对策。因通货膨胀，物价高涨，势难遏止，不能不采取进一步之管理。

（二）下午四时，约驻沈阳之汇丰银行、英美烟公司、美孚及亚细亚两油公司各经理茶叙。听取彼等目前所遭遇之困难情形，以便设法为之解决，俾不至人怀消极之念。

二十一日，（一）至中长铁路理事会，查询日来运输有无改进。（二）至物资调节委员会，查询日来煤斤供应情形。（三）日本技术顾问山崎来见，询问留在中长铁路工作之日籍技术人员，应否减少。先生告以暂缓。（四）约沈阳市董市长文琦与市政府公用局局长，及电车、自来水、公共汽车主管人员商讨加价问题。决定电车准加一倍，惟同时须增加车辆。其余从缓。（五）晚约同事聚餐，共渡旧历除夕。

二十二日，（一）晨起，贺春节者络绎而来。（二）下午访王委员树人、张委员振鹭。

二十三日，（一）上午在经济委员会传见县银行训练班成绩优秀学员。（二）嘱沈阳市政府督察处处长刘惠民及商会理事陈楚材调查金店向本人纳贿谣言之来源。

先生日记云：

得报告，外间有谣言，谓：金店纳贿于余，希图黄金开禁。因嘱市政府督察处长刘惠民调查。据报，外间传说金业公会会长在年尾送年礼，系金手镯，不知数目，为余所拒绝等语。当嘱其将此项谣言向商会宣布，并嘱商会理事陈楚材调查谣言来源。

（三）交通部派邱鸿勋为东北运输总局副局长。

二十四日，（一）粮食部特派员梁敬錞来商今后粮食方针，并询如中央只能运济白米五万大包，应否在当地继续收购。答以应再收购。（二）日籍技术顾问山崎来见，估计本年铁路运输量如次：

甲、估计全年行车四、六七六公里。

（1）中长路占百分之一九。

（2）国有路占百分之八一。

乙、估计全年客运二四、〇〇〇、〇〇〇人。

（1）中长路占百分之三五。

（2）国有路占百分之六五。

丙、估计全年货运一三、二〇〇、〇〇〇吨。

（1）中长路占百分之三一。

（2）国有路占百分之六九。

照此估计，需要机车三百三十辆，客车四百辆，货车五千辆。

（三）下午商会理事陈楚材来见，报告金店纳贿谣言来源。

先生日记云：

> 下午陈楚材来见，答称已托功成银行朱经理调查清楚。其事实为金店方面，曾托商会金会长向有关金融当局请求黄金解禁，如能成功，拟酌送报酬。金会长曾访中央银行韩玉如经理、本会金融处宁家凤处长，均被拒绝。谣言或由此而来。吾闻之始放心，因一生最恨贪污两字。

二十五日，（一）上午与大陆科学院院长志方博士，讨论今后该院工作方针。（二）传见县银行训练班学员八人。（三）出席合作事务局监理会常会。（四）召集有关各机关，讨论下列事项：（1）清查接收敌产办法。（2）组织敌产估价委员会。（3）事业机关人员薪金调整办法。（4）日本技术人员薪给章程。

二十六日，（一）上午答访来贺春节之各省主席，并交换意见。（二）中午，约经济委员会各处长、科长聚餐，并勖勉同仁不应因时局俶扰，而意存消极。（三）下午，约沈阳市基督教中西教友十八人茶叙。（四）物资调节委员会委员孙桂藉、王者栋、狄兆麟来商，明日粮食开市，应定粮价。议定高粱批发价，每斤流通券十六元。

二十七日，（一）上午约集日本技术顾问专家，讨论今后物价对策。决定分别项目，指定专人负责，经常注意。实以通货膨胀，物价高涨，将有燎原之势。（二）农林部特派员郜子举来见，拟接收盘山农场。告以军事当局前有意经营，俟电国防部得覆后，再办。（三）约沈阳市商会金会长来见。面交公函一件，嘱其转劝金银业同业公会，勿得请托馈赠，运动开禁，并将该函在报纸公布。（四）约大陆科学研究院院长志方博士谈话，再告以继续维持院务，勿萌退志。（五）晚间生产局理事陈楚材约同各商业银行经理，公谳先生于寓所。先生即席劝告各银行从速对于民营工厂，开始复工贷款。

二十八日，（一）中央银行特派员王钟来谈，关于在山海关收购流通券，维持价格办法。

先生日记云：

> 上午，中央银行特派员王文蔚兄来见，为接贝总裁电，对于我所主张，将现行在山海关收购流通券，维持价格办法，应予停止；而于收汇一节，表示赞成。对于我所主张在平津收购流通券，使黑市消灭一节，表示应再加考虑。此点与我意见不合。我认为平津流通券黑市，应使消灭。

（二）与中央银行特派员王钟商定民营工厂贷款，由商业银行组织银团合办。（三）中午，约中央信托局代表沈祖同、中国银行总处代表张心一午饭。二人系专为主持收购大豆而来沈阳。（四）下午四时约财政部陈特派员公亮、金阿督及辽宁省政府财政厅杨厅长志信，听取所拟改革税制意见。

二十九日，（一）上午，约交通部特派员兼车辆调配所韩所长、经济委员会工矿处处长谢树英、物资调节委员会主任杨绰庵，会商改良煤运办法。（二）下午，约东北保安司令长官部路政巡察陈少将植琚、南站军风纪检查所所长袁昌业、铁路南站站长赵云梯，商订改善军人干涉运输及破坏纪律问题。（三）晚约日本技术专员牧野及宫崎商讨鸡蛋、猪肉、蔬菜平价办法。彼等认为鸡蛋价格最难管制，惟有向外收购，充裕供应。蔬菜须预防开冻后，供应缺乏。（四）今日下令禁止生猪、活鸡、鸡蛋南运。

三十日，（一）上午，中长铁路刘理事哲来访。

刘氏自去年四月中，四平街发生战事，由长春北撤至哈尔滨，经海参崴，由海道归国后，第一次在沈阳与先生见面。

（二）经济委员会工矿处长谢树英来商产煤成本增加问题。（三）约沈阳中国银行经理李紫东及生产局纱厂经理桂季舫商谈纱布平价办法。决定：先将售与布厂之纱价降低百分之十五，一面由天津购纱三万五千件，到后与本地产纱，折价出售。（四）与物资调节委员会主任杨绰庵，商定成立木材五金供应两委员会。（五）政府公布与中共交涉和平不能成立之经过。（六）美国务院宣布退出军事调处执行部及三人小组。

三十一日，（一）中午，约长春市市参议员赵魁武、何伯超午饭。赵何二氏曾来请求以接收之轻工业工厂，拨交长春市经营，以盈余补助该市财政。（二）日本技术顾问来见，递呈建议以黄豆三千吨，向日本换取本地需要物资之说帖。（三）沈阳中国银行经理李紫东与生产局纱厂经理桂季舫来见，陈述纱布平价意见。

二月一日，（一）上午，约东北森林协会代表宋凤恩、魏恕伦讨论成立木材供应委员会，并由宋魏二氏主持。（二）约中央信托局代表沈祖同、中国银行总处代表张心一讨论大豆涨价，如何抑制。拟定非经特许，不准出口，并请中信局以获利贡献东北，作为增产及平市基金。

二日，（一）上午，约关主席吉玉、吴主席焕章、韩主席骏杰以及三省财政厅厅长，商讨抑制大豆投机办法。决定：（1）非经申请许可，不准输出。（2）凡输出者所得利益，应以一部分归东北，为大豆增产基金。（3）设立大豆增产增运辅导委员会，研究安定价格及增产办法。即日宣布。

先生日记云：

以今日上午，豆价猛涨，至每斤达二十三元，粮食未开行市，故急急决定办法，即予公布。

（二）下午约集米商十家，宣布政府对于管制大豆投机办法，并告以应早日开出粮食行市，不可抬高。

三日，（一）上午，约中央信托局代表沈祖同来谈，决定大豆出口利益归入东北，作为大豆增产基金，当日发布新闻稿。（二）经济委员会齐委员世英来商，拟接办盘山农场。经告以俟国防部决定是否接办，再行商谈。（三）下午参观长春铁路南站改进情形，并往车辆调度所，调查车辆调度，已否改善。（四）约见董市长文琦，询问平抑物价情形。

四日，（一）赴中长铁路理事会，与刘理事鼎新、王理事竹亭，商讨车辆如何改善利用，增加效率。（二）中午，约各银行经理举行座谈会，商讨大豆出口结汇办法，并令各银行定期报告汇款与存款数目。（三）访冯庸，说明大豆特许出口办法之背景。

先生日记云：

下午四时，访冯独慎君。因闻外间有人正在酝酿公开反对大豆特许出口办法，认为无异统销统购。盖不知此一政策之背景，一则预防抬价竞购，以免影响一般物价，及阻止出口。二则帮助中央取得外汇，安定法币价值。

五日，（一）晨与董市长文琦商谈豆油平价问题。（二）赴经济委员会开会，商议大豆出口结汇手续。（三）嘱章友江成立五金供应委员会。（四）嘱胡蒂芬增设消费供应社。（五）东北高等法院李院长、沈阳地方法院岳院长来晤，谈论敌人在东北企业之债权债务如何结束。（六）约三民主义青年团主任刘广谟来晤，商讨今晨报载，昨日国大代表联谊会有人提出反对大豆出口办法，应如何解释，免生误会。（七）约关主席吉玉晤谈，促其速拟大豆增产运输辅导会章程，早日公布成立，俾外间明了大豆特许出口之理由。（八）经济委员会工矿处处长谢树英来见，商谈煤价，订为每百斤流通券六十元。

六日，（一）约经济委员会委员张振鹭、齐世英谈话，告以大豆出口特许政策采用之理由。（二）约县银行监理委员会委员午饭。

先生日记云：

> 中午约县银行监理委员会委员午饭，告以目前中国经济情形，非实行实物配给，不足以解除当前之困难。希望县银行行员薪给，照此原则办理。至县银行工作重点，在辅导合作社，把握实物。

（三）约国大代表单成仪、卢光绩谈话，告以大豆特许出口之理由，并非抑价。（四）沈阳汇丰银行经理请晚饭。

七日，（一）沈阳中国银行经理李紫东与沈阳纺织厂经理桂季舫来见。据称上海天津纱布价均上涨，此间应如何应付。告以仍照现行办法办理。（二）物资调节委员会委员孙桂籍、胡蒂芬来告，拟在沈阳市各区菜场开办消费供应社，贩卖食物。（三）约中央信托局代表来见，告以收购大豆，暂勿在冲要地点收购，应尽量往内地收买，以免引起涨价心理。（四）约沈阳《中苏日报》何总编辑晤谈。

先生日记云：

> 下午约中苏日报何总编辑来谈，告以经济已达恶性通货膨胀开端，日趋困难。经委会方针，在尽量把握实物，供应消费，俾人民衣食无缺，而市面安定。请其照此意传播。

八日，（一）上午，约沈阳营口火柴厂代表谈话。先生询查各厂产量及市价，各代表均以资金缺乏，无力增产。当告以当由经济委员会工矿处协助各厂，取得贷款。（二）下午，《沈阳新报》朱经理来见，请求协助取得贷款。

九日，（一）中午约中央信托局代表沈祖同、邢必信，沈阳中国银行经理李紫东，东北合作事务局局长陈隽人，会商采购大豆进行步骤。（二）鞍山厂矿主管邵逸周自北平归来，报告在平与经济部特派员孙越崎商订鞍山复工进行步骤。

十日，（一）沈阳市董市长文琦偕吉林省党部主任委员李锡恩来见，商请将兴亚银行敌股归省党部收买。（二）财政部特派员陈公亮来告，财政部颁布盐税加征一倍。当即电财政部俞部长鸿钧，勿在东北实行，以免引起物价波动。

十一日，（一）东北粮价逐步上涨，大豆每斤流通券二十五元，高粱米每斤二十二元。（二）粮食部特派员梁敬錞自长春归来，报告当地粮价情形。（三）下午约主管有关纱布人员与日本技术顾问，商谈纱布供应问题。决定办法如下：（1）实行配给，价格照目下市价，每疋为流通券九千五百元。（2）向外收购，照配给价配给。如有亏损，由经济委员会平衡基金贴补之。（3）当地纺织厂，如有余利，须以一部分交与平衡基金。如现款不敷，可由经济委员会代为垫付。（四）接行营熊主任式辉自南京来电，称蒋主席嘱先生即日南下。

十二日，（一）中午，行营熊主任式辉由南京飞返沈阳，带来蒋主席口信，欲先生于十五日返南京，担任中央银行总裁。（二）驻沈阳英国领事来见，为怡和洋行在东北购运大豆，希望凭汇丰银行结汇单，准予出口。（三）下午五时，访熊主任式辉，询问宁沪最近金融情形。据告：最近政府为上海金融风潮，异常焦虑，因此蒋主席希望先生即日南下，商量对策。

按自上月底起，宁沪金融忽然混乱。美金每元原值法币六千七百元，黄金每两原值法币三十万元左右，连日外币一直上升。本月十日，美钞每元值一万七千元，黄金每两则达七八十万元。

十三日，（一）约日本技术顾问商议黄金买卖及布疋配给问题。先生日记云：

> 至经济委员会，约日本技术顾问长谷川与森二人，商议黄金问题。均主张禁止买卖。约技术顾问永井商议纱布问题。渠主张实行配给，先对公务员、生产工人实行，每人配给十码。次及售粮之农民，每吨十码。

（二）约行营政治、经济两委员会委员及各省主席，讨论棉布及大豆对策。

先生日记云：

各人均赞成棉布配给，停止出售。余提议对于纺织厂所得利益，须以一半提充复工经费，一半提充平价增产基金，一致赞成。对于大豆，咸主张由政府统购，交由合作社代办，并由政府统销。其利益半归农民，半归政府建设之用。

（三）行营熊主任式辉来告，称奉蒋主席电，嘱先生暂缓南行，候电进止。

按先生本定十四日南下，兹暂作罢。

十四日，（一）举行军粮计核委员会会议。决定按照市价收购。由于近日粮价高涨，若施行限价，难以采购。（二）邀集粮业公会代表商议粮价问题。

先生日记云：

今日高粱米价，每斤已涨至三十二元。询问各代表何以如是高涨。据称：因政府限价，故市场买卖，均做黑市交易。此三十二元之价，乃黑市买价。余告以阴历正月初五开市，本会只关照可照去年底行市开价，并未限价。乃粮商误认为限价，以致粮不上市。可见官厅与人民之隔阂。当经面嘱自明日起，准市场自由买卖。

（三）经济委员会前秘书主任张大同来见。

先生日记云：

经委会秘书主任张大同在四平战事期间为共军掳去，囚禁八个月，最近归来。谈及苏军马元帅之经济顾问曾与谈判之斯拉特阔夫斯基又返哈尔滨，想来将与共方续谈经济合作矣。

十五日，（一）约日本技术顾问长谷川与森，讨论处置黄金办法。决定：(1) 对查获私自买卖黄金者，以半数充作奖金。(2) 人民持有黄金者，可照中央银行挂牌价，售与中央银行。（二）约粮食管理局局长与日本技术顾问牧野，商议安定粮价办法。决定：不准粮车南下。（三）约粮食管理局局长及中央信托局沈阳分局经理商定，凡机关在各地购粮，其价格须先与粮食管理局会商。

十六日，（一）约王念祖、周舜莘商议实物配给详细办法。（二）约张大同谈话，详询渠被中共军队拘留期间，所得共方情形。（三）《大公报》记者张高峰来谈。（四）国防最高会议对目前经济危机，采取紧急措施：停止黄金买卖及外币流通。

美钞汇价改为一万二千元。照一月份标准，稳定工资。供应公务员日用品。

按二月上旬，弥漫于全国各地之黄金美钞暴涨风潮，引起一般物价之大涨，影响民生非浅。以前各种经济措施，中枢认为有重订之必要。本月十六日，国防最高委员会临时会议通过《经济紧急措施方案》，及"取缔黄金投机买卖"、"禁止外国币券流通"、"加强金融业务管理"、"修正中央银行管理外汇"等办法。"经济紧急措施方案"计分五项，要点如下：

（1）关于平衡预算——本年度政府各部门预算，凡非迫切需要之支出，均应缓发，严格执行征收各种税收，并加辟新税源。政府控制之敌伪产业及购得之剩余物资，应由各主管机关加紧标售。凡国营生产事业，除属于重工业范围及确须由政府经营者外，应即以发行股票方式，公开出卖或售与民营。

（2）关于发展贸易——外汇汇率应予改订。中央银行牌价自即日起，以法币一万二千元合美金一元。至二月六日公布之出口补助及进口附加税办法，即予废止。输出推广委员会应从改良生产技术，采取货品标准化，减低成本，及开发新市场方面入手，以发展输出贸易。输入临时管理委员会应先将本年一至六月之输入限额予以公布。其所需外汇共达美金二亿元，即由中央银行准备支付。现行《中央银行管理外汇暂行办法》，关于买卖黄金及外钞部分，应予修正。

（3）关于取缔投机买卖，安定金融市场——即日禁止黄金买卖，并禁止外国币券在国内流通。加强对于金融业务之管制，以控制信用，安定金融市场。

(4) 关于物价工资——行政院指定若干地点，为严格管制物价之地。各指定之一切日用必需品，严格议价。职工之薪工，按生活指数计算者，应以本年一月份之生活指数为最高指数。亦不得以任何方式，增加底薪。但此项工厂，应就食粮、布匹、燃料三项，按本年一月份之平均零售价，依定量分配原则，配售于各职工。在本办法施行期间，各指定地方政府为制止投机买卖之必要，得暂行封闭市场。

(5) 关于日用品供应——政府以食米、面粉、纱布、燃料、食盐、白糖、食油等项物品，按照定价供给公教人员之正当需要，就京沪两地先行试办，并于市场随时出售，以安定市价。最高经济委员会为调度供应民生日用必需品之督导机关。经济部、财政部、粮食部、资源委员会应各按其主管范围，分别掌管民生日用必需物品之供应。各省市地方政府应负责监督经营民生日用必需物品之各行业，遵行政府政策，供应社会需要。民生日用必需物品之价格，由主管官署核定公布。

国防最高委员会并决定关于国人在国外存款立法一案："凡中华民国之人民、公司、或团体存有外汇在国外者，应向政府申报。此项外汇存款，除有合法用途者外，应由政府定期按照法定汇率收买。其不申报或拒绝收买，或拒绝存于本国银行者，应严予处罚。其详细办法，由行政院迅予拟订呈核。"

（五）立法院与参政会对行政院院长宋子文经济措施不满，要求宋氏引退。

十七日，（一）出席行营扩大纪念周。（二）赴经济委员会研究取缔生金交易公告。

先生日记云：

晨九时行营举行扩大纪念周，散后，至经委会研究取缔生金交易公告。要点如下：(1) 凡发见私自交易者，没收其黄金。

(2) 密告者给予奖赏。(3) 人民持有黄金者，得向中央银行照挂牌行市，换取流通券。(4) 医药用及工业用黄金，得向中央银行购领。

（三）请行营熊主任式辉召集研究物价对策人员，讨论大豆价格及一般粮价。

先生日记云：

下午四时，以中央公布汇率每一元美金为一万二千元法币，影响此间大豆价格及一般粮价。因请熊主任召集最近指定之研究物价对策人员（关吉玉、王树人、张振鹭、胡家凤、文群）开会讨论。余提议先根据铁路运输能力，规定每月运量，俾商民知粮食来源，不敢盲目投机。一致赞成。

十八日，（一）约铁路车辆调度所韩所长，研究每日可能运输大豆最高数量，即据以拟定大豆出口机关，及商行之分配数量。一面通知各出口行，一面发布新闻稿。（二）召集各机关主管人员，研究下列事项：(1) 工资限价；(2) 员工福利；(3) 各机关购料集中议价；(4) 国营事业产品，集中议价。决定分组讨论。

十九日，（一）根据昨日所拟办法，每月大豆出口只许三万吨，中央信托局得七成，各商行得三成。内销大豆，均须以货易货。（二）电行政院宋院长子文，请求中央拨给棉布。（三）电嘱各市政府努力推行以货易货政策。（四）东北一部分国大代表反对大豆出口办法。

先生日记云：

据报明日国大代表一部分又将集会，反对大豆出口办法。当向单君成仪探询。渠云不致有激烈言论，但闻有人不满杨绰庵。当即通知熊主任，请其注意。

二十日，（一）物资调节委员会主任杨绰庵来见。据称：国大代表马愚忱、马毅、王洽民等招待新闻记者谈话，对渠小有指摘之处，尚无激烈言论。（二）访行营熊主任式辉，对于明日行营召集之中央所颁经济紧急措施方案会议，交换意见。

二十一日，（一）上午，行营召集各机关，研究对于中央所颁之经济紧急措施案，在东北应如何执行。决议：设置物价调节会议。至根本方针，由经济委员会设置设计委员会，详细研究。（二）交通部东北运输总局及国有铁路员工，推举代表至经济委员会，请求调整薪给。（三）举行金融座谈会，讨论放松工商贷款额度，以免各地向政府请求救济贷款。（四）接蒋主席二月二十日亲笔函。文曰："公权吾兄勋鉴：经济风潮，本周已渐稳定。但须视周末与下周初余波如何。若无剧变，则请兄于下周二日以前飞京。否则仍可缓行，以不愿兄当此冲也。故行期当再电告。惟下周一日以前，另行电详。恕不赘焉。中正。三十六年二月二十日。"

二十二日，（一）行营熊主任式辉来晤，对于昨日会议决定，商量进行步骤，并托草拟物价调节会议组织大纲。即于当日拟就，送行营研究。（二）决定交通部特派员公署职员薪金调整办法。（三）访资源委员会特派员孙越崎，讨论造车厂为铁路造车办法，及煤炭增产问题。

先生日记云：

> 下午访资委会特派员孙越崎，讨论造车厂为铁路造车八百辆，每辆造价流通券七百万元，先需周转金十五亿元。渠告鞍山钢铁厂之周转资金，已由行政院核准为法币二百亿元。并与讨论煤炭产量问题。

（四）约日本技术顾问讨论物价管制方案。（五）接见吉林请愿代表，为请求救济市面贷款事。

二十三日，接蒋主席电，嘱准备即日赴宁。

二十四日，晨十一时，外交部王部长世杰飞抵沈阳。面称蒋主席嘱其将最近金融风潮详情告知，并叮嘱须于下星期二到达南京。

二十五日，（一）上午，蒋主席派飞机来沈阳，带来昨日上午八时亲笔函。文曰："公权吾兄勋鉴：本日派机来沈，请明日回京。行动仍以不告人为宜。顺颂时祉。中正。卅六年二月二十四日八时。”（二）与关主席吉玉商订经济委员会行将设置之“设计委员会”组织规程。（三）下午，参加各省主席欢迎王部长世杰茶会。（四）参加杜聿明长官招待王部长世杰晚宴。（五）今日九台一带，局势吃紧。

二十六日，（一）赴行营讨论大豆出口盈余分配问题。

先生日记云：

上午十时，在行营讨论大豆盈利分配问题。到会者有关吉玉、王树人、张振鹭、文群，胡家凤诸君。讨论结果，希望盈余一半归地方，一半归中央；但中央仍用以发展地方。我主张以盈余三分之一，归入平价基金；三分之一，充地方建设之用；其余三分之一，归中央。但中央仍用以改进东北运输能力。至洋商收购及内销，均以易货方式处理。一致赞成。

（二）经济委员会开会，通过设计委员会规程。（三）物价调节会议开成立会。（四）准备行装，定明日飞南京。

二十七日，离沈阳，飞抵南京。

先生日记云：

晨八时启飞，王雪艇兄同行。适熊主任须与白部长健生在平见面，亦乘此机。十一时半抵北平机场，十二时半续飞，三时半抵宁。五时往访岳军兄，知已内定蒋主席自兼行政院长，岳军兄为副。将与各党派商量，改组行政院及国府。

今日与东北告别，胸中无限感触。前年十一月（应为十月）赴东北任事，抱有极大志愿。希望以东北已有之工业及丰富之资源，用以重建关内战后之经济，替代日本在亚洲所占之地位。乃以中苏交涉顿挫，四平街国共两军战祸爆发，虽一时敉平，而东北之成为国共战场，已难避免。去年五月间，蒋主席坚嘱重返东北，乃返沈阳以来，终日忙于恢复运输，应付当地日用必需品之供应。而中央发行通货膨胀，波及东北，加以当地军需日见频繁，流通券随之增加，不啻火上添油。于是不得不设法平抑物价，而百孔千疮，顾此失彼，不暇应付。即国府政权所及之工业，均难恢复生产，实无建设之可言。今赴中央工作，心中忧愧交集。愧者，在东北担任经济工作，前后十六阅月，一事无成，实无以对东北三千万同胞。忧者，以东北关系国家全局，万一东北无法挽救，其如国家全局何。

二十八日，晋谒蒋主席，奉命担任中央银行总裁职务。

先生日记云：

清晨岳军兄来，谈及昨晚蒋主席曾以电话询渠，已否晤余，并余对于担任中央银行总裁一席之态度如何。又云将与余于上午十一时见面，邀渠于十二时前往等语。余于十一时半谒见蒋主席。渠云："此次对于余南下行期，一再变更，因不欲使余在金融风潮中，身当其冲。"继云："当贝淞孙接任中央银行总裁时，有黄金五百六十万两，连同其他外汇，总值美金八亿元。现只剩黄金二百六十万两，连同其他外汇，合值美金四亿元，约去其半。"复云：淞孙兄接任时，曾嘱其将黄金、外汇数目，时常报告。在去年初，尚未大减。七月后，在庐山暑期办公之三个月中，外汇骤见减少。至十月底，黄金与外汇总值减至美金五亿元左右。而黄金市价跳跃上升，外汇亦随之飞涨，致一度停售外汇。乃不久，又与宋子文及罗杰士同来，请求准其大量抛售黄金。因思既欲抛售黄金于后，何必中止出售外汇于先；乃决予阻止。此后一个月中，将改组政府，并召开全会，异常忙碌，对于金融事，极不放心，故决定先发表我为中央银行总裁等语。当答以照今日经济、财政、金融情形，非中央银行单独力量所能挽救；且以本人能力薄弱，恐难有所贡献。设政府改组，有通盘计画，当勉尽棉薄。主席继云："如中央银行改组，宋院长必提出辞职，我只好自兼院长。"余再告以金融情形到此地步，余虽勉强担任，而能否有所成就，实无把握。且以向与党部毫无关系，深恐不能取得党方合作，办事难免捉襟见肘，至为忧虑。主席答云："党方上级干部无问题。”并决定明日即发表，促余一俟发表，即赴沪就职。嗣岳军兄亦到，同进午餐。席间曾提及副总裁人选，惟未作决定。主席又提及拟以宋院长担任最高经济委员会主席。今日此一决定，可称为余一生过程中一重大转变，心中栗栗危惧。

三月一日，（一）行政院院长宋子文辞职，蒋主席暂兼行政院院长。（二）政府发表先生任中央银行总裁。

先生日记云：

上午得悉蒋主席通知文官长，谓为宋院长辞职事，定于下午召开中常会，及最高国防会议。中午主席约各院院长午餐，即席发表其本人暂兼行政院院长，及余任中央银行总裁。

（三）贝祖诒来访，谈及宋院长子文辞职经过。

先生日记云：

下午四时半，淞孙兄来，谈及昨日下午六时，蒋主席曾约宋院长谈话，询以明日立法院开会，对渠将大加攻击，是否不必出席。宋答以如不出席，必须辞职。随约九时再谈。及再谈，蒋公告以不必出席为宜。宋谓只好辞职。蒋公允之。

（四）推荐刘驷业任中央银行副总裁。

先生日记云：

八时半，蒋主席约晚饭，有岳军兄在座。主席嘱即赴沪就职。随略谈今后金融问题；关于中央银行副总裁，我推荐刘攻芸担任，得允。

二日，（一）访各院院长及中枢要人。

先生日记云：

上午往访戴院长（传贤）、孙院长（科）、居院长（正）、宋院长（子文）及陈立夫、陈辞修、张文伯三先生。除戴季陶、陈立夫两公外，均见面寒暄而别。

（二）蒋主席希望张君劢早日参加讨论国府及行政院改组问题。

先生日记云：

下午得悉蒋公嘱岳军兄劝君劢早日同意，参加讨论国府及行政院改组问题。

（三）下午乘火车赴沪。

三日，（一）就中央银行总裁职，招待各界来宾茶会，并发表书面谈话。

先生日记云：

下午三时，与淞荪兄同赴中央银行，余就总裁职，与各部主管人员见面，简单致辞。四时与淞孙兄联名举行茶会，招待各界来宾，发表书面谈话如下：

“通货膨胀为战时必有现象，战后整理通货，必有痛苦过程。吾国无大战之经验，又不具备预防基本条件，致有今日之经济现象。欧美各国防止通货膨胀的方法，是一面管制物价，实行配给，扶助生产，节约消费；一面提高所得税率，提倡储蓄，增募公债，以吸收人民之过剩购买力，务求财政收支，物价供应，保持平衡。最近中央颁布之经济紧急措施，即本欧美各国之战时经济政策。希望我国同胞，人人了解此为导入于经济稳定不可避免之过程。其成功之关键，全在人民与政府之互信互助，真诚合作。”

在场记者，频频以中央银行今后措施为问。答以今日所能奉告者，即对央行人事，概不更动。余详书面谈话。

（二）检讨今后任务面对之若干大前提。

先生日记云：

今日接任中央银行工作后，静思检讨，知我之任务，面对若干大前提，实为成败关键之所系。

壹、预算能否平衡——须视本年二月十六日，国防最高会议通过之经济紧急措施方案，是否能有效实行。查该方案要点为：（1）平衡预算，须从撙节开支，增加税源，及标卖敌伪产业，与取得美国剩余物资入手。（2）取缔投机，须从取缔黄金外汇买卖，及加强金融管制入手。（3）发展贸易，须从调整外汇汇率，俾至美金一元合法币一万二千元，推广输出，与准许规定之原料与机器进口入手。（4）物价工资，指定重要地区，为严格管制物价之中心地点，由地方政府负责执行。工资按生活指数计算者，应以本年一月份之生活指数为最高指数，并不得以任何方式，增加底薪。对于职工之食粮、布疋、燃料，按一月份之平均零售价，定量配售之。同时取缔投机垄断，或其他操纵行为。（5）民生日用品，规定以食米、面粉、纱布、燃料、食盐、白糖、食油为民生日用必需品。先以定价供给公教人员之每月正当需要，勿使缺乏，统就京沪两地试办，并于市场随时出售日用必需物品，以安定市价。至于公教人员配售办法，已由经济部会同有关方面拟定，于三月十五日起实行。配售物资，仍由原主管机关分别拨发，即由京沪两地消费合作社负责分站配售，而由市政府及社会部监督物资供应局，负责核发配售证。至于配售物资，公教人员完全一律，计（a）食米每人每月八斗，工役五斗。（b）食糖每人每月四斤，工役两斤。（c）布疋每半年每人蓝布五丈，夏季卡机布一丈五尺，工役蓝布五丈。（d）食油每人一律每月三斤。（e）食盐四斤。（f）煤球一担。（g）各种物品之配售价格，依照三十五年十二月底价格，非经政府核准，不得调整。

又查去年底，中央银行法币发行额，已达四万五千零九十五亿元（4509521775308）。去年全年财政收支短绌达四万六千九百七十八亿元，十之八九，均求之于中央银行垫款，因之法币发行额增加二万五千九百四十二亿元，由一月底之一万一千五百亿，增为年底之三万七千三百亿。本年一月份财政收支短绌八千五百亿元，即系中央银行一月份政府垫款之数。因之法币发行增加七千八百三十四亿元。是以在各项措施中，当以平衡预算为首要。若预算平衡，中央银行政府垫款可以减少，亦即法币发行可以减少。法币价值随之提高，物价自必下降，汇价当可稳定，出口可望增加。

贰、外汇枯竭，能否获致外援——查抗战终了，一九四五年底，中央银行持有美金、英镑、白银、黄金合计共值美金八亿五千八百万元。截至本年（一九四七）二月底止，只存三亿六千四百万元。而本年第一季进口外汇配额，已由政府核定共需美金一亿一千四百六十七万元。其中第一类生产器材等项共需美金六百万元，第二类主要用品（粮食、汽油、棉花等）共需美金九千九百六十七万元，第三类各项必要用品及零星原料等共需美金九百万元。若以四季合计，进口所需外汇，约合美金四亿五千万元。至政府所需外汇，上年度共支出合美金一亿二千五百万元。若是，则全年所需外汇将达美金五亿八千万元。反之出口所收外汇，上年度只合美金一亿四千九百余万元。即所存外汇金银及应收外汇总计，不过合美金五亿一千三百万元，亦只勉强足敷一年之用。纵令樽节使用，同时增加出口收入与侨汇收入，亦不过展长一二年。至改革币制所需准备，更无论矣。情势如此，除仰赖外援外，别无他途。奈可求援之国，唯一美国。而马歇尔将军调停国共之使命，甫告失败，心中至不愉快。且彼任国务卿后，正在集中于欧洲之经济恢复工作，对于中国财经援助，虽不完全放弃，然决不积极。且有暂时听其自然，坐待中国内战之解决，与政治之澄清，再作计较之态度。

叁、军事能否顺利——最近数日，报纸登载吉长间共军被国军击退，德惠收复消息。惟自四平街战事后，共方已有相当时间之整理。在此一年余间，苏联之暗中策划援助共方，要无疑问。故共方势必再接再厉，向松花江以南之国军进攻，乃在意料之中。若国军失利，势须增兵反攻。东北军费固须增加，而关内国共战事，亦必扩大。如是，则法币增发，物资日趋缺乏，距离紧急措施之平衡预算与稳定物价两目标，相去日远。

如上述三项大前提不能解决，则我之任务必告失败。思之几于寝食不安。

四日，（一）访贝祖诒，询问中央银行一年余行务经过。（二）访上海市吴市长国桢，询问上海市平抑物价工作。（三）赴中央银行办公。

五日，（一）就中央信托局理事长职，并简单致词。（二）赴中央银行办公。（三）驻华美大使馆财务专员艾德勒 S. Adler 来访。表示希望此后彼此多多接洽，以便旅华美商能知中国政府财经方针，得以安心营业。（四）约上海市政府警察厅厅长宣铁吾午饭。（五）致电东北行营熊主任式辉及经济委员会王秘书主任墨林，告以就任中央银行总裁经过。

六日至八日，连日在寓，详细考虑中央银行应采措施，俾能配合“紧急方案”抑止恶性通货膨胀。

先生日记云：

> 连日在寓，详细考虑央行应采措施，配合“紧急方案”，抑止恶性通货膨胀。现认为最急要者，莫过于平衡预算。查一九四六年（民国三十五年），国库支出，超过收入，约为法币四万七千亿元，均由央行垫款弥补。一九四七年（民国三十六年），一月份支出，计为法币一万二千亿元，而收入不过三千五百亿元。收支相抵，短绌约八千五百亿元。以十二个月计，全年短绌不下十万亿元。若财政部能开源节流，负责将支出每月减少四千亿元，同时中央银行努力推销公债库券，吸收游资及储蓄四千亿元，当可减少法币发行；而通货膨胀势不致再行恶化。此则有赖于最高当局及财政首长之大勇气与大决心，以快刀斩乱麻手段，毅然行之。则国家前途，或有一线希望。此虽不免书生之见，而日夜思索所得者，除此之外，则别无良策。因决定由此入手。

九日，（一）出席输入临时委员会执行委员会会议。

先生日记云：

> 上午输入临时委员会执行委员会开会。此会于民国三十五

年十一月十八日成立，以最高经济委员会委员长为主任委员，以同会之秘书长为副主任委员，财政部长、交通部长、国防部长、粮食部长、善后救济总署署长、中央银行总裁及资源委员会主任委员为委员。执行委员会下设进口限额分配处，及输入品管理处。对于输入品之许可，及限额分配，由其负责处理。

（二）国营纱厂代表潘序伦、吴味经来商棉纱价格。

按上海市民营纱厂五十家，拥有纱锭一百九十万锭，国营中国纺织建设公司接收敌产九十万纱锭，均归纱花管理委员会管理，中央银行总裁系该会委员之一。

十日，（一）参加吴任苍就中央信托局局长职典礼。

先生日记云：

蒋兼院长指派吴任苍任中央信托局局长。今日上午十时到局就职。前往参加就职典礼，简单致词。

（二）赴中央银行办公。（三）关务署署长张福运、上海市社会局局长潘公展、英国大使馆商务参赞汤姆斯 H. H. Thomas，先后来见。（四）出席输出推广委员会执行委员会会议。

先生日记云：

下午四时输出推广委员会开会。该会于民国三十六年（一九四七）一月一日成立，以最高经济委员会委员长为主任委员，财政、交通、经济、农林等部部长，中央银行总裁、资源委员会主任委员及最高经济委员会委员长指定之人员为委员。下设执行委员会，由中央银行总裁兼主任委员，由最高经济委员会委员长指定一人为副主任委员。交通部代表、中央信托局局长、中央银行业务局局长为委员。该委员会职责为：（1）物价严格管制区之指定；（2）议价限价；（3）禁止投机、垄断及操纵；（4）日用品之生产及运销；（5）公用事业价格之核定；（6）工资问题；（7）一般物价管制事宜。该会委员负责向输出推广委员会，提供各项政策之建议，并执行该会已制定之方案。

（五）资源委员会主任委员钱昌照、英美烟公司董事罗斯 Archibald Ross 先后来访。（六）民营纱厂代表唐星海、刘靖基来商棉花供应问题。决定以“联总”所存棉花十九万包分配厂家。至厂家在国外订购之花，准其进口后，存仓，经纱花管理委员会许可后，方可提出。（七）接行政院翁副院长文灏及经济部王部长云五电，促今日赴南京参加明日举行之物价（管理）委员会会议。（八）晚车赴南京。

十一日，（一）晨抵南京。（二）访国府吴文官长鼎昌，探询监察院调查黄金风潮案，与中央银行贝前总裁责任问题。据告：监察院于院长右任已将四监察委员之调查报告呈送蒋主席，奉批交文官处审查。报告书中，大致谓宋子文应负政策错误之责，贝祖诒、林凤苞（中央银行业务局局长）、杨安仁（中央银行业务局副局长），应负办理不善之责。目前尚未见有弹劾案。（三）与行政院翁副院长文灏同进午餐，坚决建议公用事业应由政府贴补，不能加价，获其同意。（四）财政部俞部长鸿钧来访，谈及拟建议政府发行公债及短期库券，均以美金为单位。

先生日记云：

> 下午三时三刻，俞部长鸿钧来访，略谈，余拟建议发行公债或库券，均以美金为单位。因法币日见贬值，无人愿购法币公债。渠询抗战前发行之金公债，将如何处理。余答以抗战前之金公债，应俟将来整理全部旧债时，再定办法。

（五）出席物价委员会会议，讨论交通部提出公用事业涨价问题。通过不应涨价。

先生日记云：

> 下午四时开物价委员会。此会系《紧急措施案》之产物，隶属行政院。行政院副院长为主任委员，经济、财政、交通、社会、粮食、审计各部部长，中央银行总裁，及上海、南京两市市长为委员。首由交通部俞部长大维报告邮电路航各单位，困难情形。次由经济部王部长云五报告煤炭产运情形。上海市吴市长国桢报告上海最近物价情形，并说明棉纱供应，无虑缺

乏。嗣对于公用事业涨价一事，提出讨论。一致认为邮电交通等公用事业不应涨价，以免刺激其他物价。经二小时之讨论，卒获通过。开会之前，我在翁副院长处用午餐，我即坚决建议公用事业应由政府贴补，不能加价，翁赞同此意。嗣通过评议工资实施办法。对于收买棉纱价格，均主张每件以二十支纱为标准，自二百五十万元提高至三百万元。自由市场价格，拟使其盘旋于二百六七十万左右。

（六）赴外交部晤王部长世杰，研究中长铁路中苏合作问题。

先生日记云：

物价委员会散会后，至外交部晤王雪艇部长。据告：苏联已允将大连、旅顺交还我方接收，惟须将中长路合作问题解决。因研究合作问题之内容。商讨之下，拟答以或则全路照约办理，或则先从沈阳以南办起。一面照约召集章则及财产估价委员会。我总觉苏联此举，系预防我方因沈阳以北区域，无法控制，而大连、旅顺亦未接收，即有理由不予履行中长路合办条约。甚至宣布中苏条约无效，不再恢复中苏谈判。且含有国共分据南北满之恶意。但我亦不愿武断悬揣，故未与王部长明言。

（七）蒋主席邀晚饭，即席告以拟建议发行公债与库券，以美金为本位，均荷首肯。

先生日记云：

八时蒋主席邀晚饭，即席告以拟建议发行公债与库券，以美金为本位，以填补财政短绌。同时希望将接收之敌产，迅速处分，以裕财源，均荷首肯。饭后，物价委员会委员翁文灏、王云五、俞鸿钧、谷正伦各部长，与四联总处秘书长徐柏园同来报告下午开会议决情形。蒋主席表示同意。

十二日，（一）出席四行联合办事总处会议。（二）为中央银行前业务局正副局长林凤苞、杨安仁被捕事，与财政部俞部长鸿钧同谒蒋主席，请准将各员由行方先行查核后，再行法办。得允照办。

先生日记云：

上午四联总处开会，前往出席。散会后，因中央银行业务局正副局长林凤苞、杨安仁被捕，认为林杨二人，尚系中央银行行员，应由主管先行查核，有无弊窦。因约俞鸿钧部长同谒蒋主席，请其准将林杨两员交由行方查核，然后移交法院。得允。

十三日，（一）总税务司李德立 A. Little 来见。告以英大使曾向外交部提出中国货物至香港后，如重出口，仍可视为中国货物。英使认为此举可以保持香港为转口地之繁荣，并可增加外轮之营业。询其意见如何。渠认为中国政府似不宜同意。因嘱其与外交部甘次长乃光一谈。（二）访交通部俞部长大维，告以拟请由交通部特派员陈延炯兼任中长铁路理事会理事。俞不反对。（三）蒋主席约午饭，商讨答复苏联提议接收旅大及中长路合作事。

先生日记云：

中午蒋主席约午饭，有王外长雪艇在座。商量答复苏联提议接收旅顺、大连及中长铁路合作事。决定（1）于最短期内派军政人员经海陆两道前往旅、大，办理接收事宜。（2）迅速召集中长路章则及财产两委员会。

（四）蒋主席嘱告张君劢二事：（1）外间谣传政府将对共方下讨伐令，并无其事。惟政府于全会中，须声明态度。（2）责任内阁，将在全会中宣布。（五）资源委员会主任委员钱昌照来谈，希望来年资委会能得外汇九百万美元。（六）美大使馆财务参赞艾特勒 Solomon Adler 来告，中国政府提议希望将中国人民在美所存外汇，予以冻结一节，美政府不能同意。（七）下午三时，乘火车返上海。

十五日，（一）晤张君劢，将蒋主席嘱转之话，告之。（二）经济部王部长云五来沪，晤谈棉花供应问题。

先生日记云：

渠云：（1）行政院方面决定拨付外汇四千万美元，供给购棉之用，分十个月结汇，货可先运。（2）厂家自购外棉所产之纱，可交由政府收买，但须审查外汇来源。（3）政府收买棉纱价格，拟提高至每件三百十五万元（二十支纱为标准）。自由市场纱价可提高至三百七十万元。

（三）约中国纺织建设公司总经理束云章来晤，研究该公司所需外棉。据告：本年内需外棉四十万担，除联总可供给八万担外，尚缺三十二万担。（四）约陈辉德、李铭商谈应付财政之方针。

先生日记云：

约陈光甫、李馥荪商谈应付财政之方针。告以拟建议当局，照目前估计，财政短绌年约法币十万亿元，由财政部开源节流，减少半数，由中央银行发行公债库券合四亿美元，内美金公债一亿元，以外汇、现金银购买，利息六厘，十年还清。库券三亿元，以美金为单位，而以法币购买，利息亦以法币支付，均照中央银行美金挂牌折合，利息二分，分三年偿还。请帮忙提倡。均认为可行，并愿协助。

（五）中央信托局顾问白恩 E A. Bayne 来见。据称：日本需要白糖与大豆，应设法供应，可得外汇。（六）约出口蛋商郑源兴来见，听取鸡蛋出口及蛋价意见。

十六日，（一）往贺交通银行成立四十周年纪念。（二）出席敌产处理委员会会议。商讨如何迅速将接收之敌产工厂移归民营。

十七日，（一）规定定购外棉结汇办法，通知各纱厂。（二）国民党中央委员中，有人主张改用金本位制。

先生日记云：

市面传说党部中委中，有人提议改用金本位制。嗣经调查，得知三中全会会议，有经济改革方案之草拟。其中关于币制部分，有如下建议：（1）设立金本位制；（2）发行金本位制之新币，至新币与旧币之折算比例，参照战前中美汇率确定；（3）新币之发行有一定限额，可用以兑换黄金；（4）新币发行后，旧币作为辅币，不再增发，并另订逐渐收回计划。

十八日，（一）召开输出推广委员会会议。

先生日记云：

下午召开输出推广委员会会议，通过各组（主任）名单。讨论鸡蛋出口，由本会以定货方式收购。先托郑源兴代为收购五百吨。

（二）召开输入管理委员会会议。

先生日记云：

输出推广委员会会议完毕后，继开输入管理委员会，报告改组办法及今后方针，并欢迎新聘之顾问李馥荪、吴蕴初、徐寄庼三君到会。

十九日，（一）上午九时，飞抵南京。（二）在南京中央银行约见中国、交通两银行经理，询问南京金融情形，并讨论如何节用现钞，及吸收游资办法。（三）立法院委员简贯三、卫挺生来见，谈金融问题。当告以拟发行美金公债，及以美金为本位之短期库券。简卫二氏表示赞同。（四）约财政部李次长及国库署杨署长绵仲，研究本年度预算数字。（五）行政院张副院长群来谈后任财政部长人选问题。

先生日记云：

岳军兄来，提及后任财长问题，我告以不敢有所主张。如必要发表意见，我觉得在目前情况之下，恐除俞鸿钧兄外，无更适宜之人。以其诚实可靠，忠于职守。虽亦有人批评其缺少魄力，与财政金融根底，诚或有之。但世无十全十美之人。

二十日，（一）谒蒋主席，报告前嘱告张君劢之语，已转达；并陈述发行美金公债一亿元，及短期库券以美金为单位，折合法币四万亿元计画。

先生日记云：

晨九时半谒见蒋主席，报告遵嘱转知君劢之语，已达到，并知主席已有亲笔函去敦促，想渠当可即来。主席仍嘱通电话代催。嗣告以君劢最顾虑者，为多数党压迫少数党。主席谓决无此事；彼当政一日当维持公平。

嗣报告我之计画，拟发行美金一亿元公债，及以美金为单位，折合法币四万亿元短期库券。均承许可。

（二）访财政部俞部长鸿钧、徐次长柏园，告以计划发行美金公债及短期库券事，已奉蒋主席允许。（三）约经济学者谷春帆谈话，征询意见，究竟短期库券应以美元为单位，抑以国币为单位，而收付按照美金行市折合计算。谷氏主张应以美元为单位。（四）立法院委员卫挺生关于发行库券事，续来商讨。（五）出席物价委员会会议。通过（1）上海公用事业及交通部事业单位，不加价后之贴补办法；（2）棉纱价格之议价办法。（六）今日政府公布国军于十九日收复延安。（七）东北行营经济委员会主任委员，派关吉玉代理。

二十一日，（一）赴三中全会列席旁听，随返中央银行处理积压公事。（二）约经济学者吴元黎，在中央银行研究政府事业单位之业务进展，与用款情形。（三）我国驻日代表朱世明将军来告，迁拆日本工厂机器停顿原因，及日本需要大豆与菜油甚急。

先生日记云：

> 下午驻日代表朱世明兄来谈，承告：最近美国政府派斯脱衣克将军赴日研究赔款问题。经一月之研究，缮就报告，应拆迁之工业（设备），不及鲍莱报告建议五分之一。其用意一则欲使日本工业宽予保存；二则鲍莱建议中，工业之一部分（设置），已见损坏；三则含有见好日本人民之意。此项建议，已以临时处置办法名义，通过远东委员会。不过该会仍候莫斯科外长会议结果，再作最后决定。故此时拆迁工作概予停止。因之我方提议先拆一部分机件之举，亦尚属理想。日本现时需要大豆、菜油甚为急迫。吾方如能供应，不妨提高售价。

二十二日，（一）财政部俞部长鸿钧、徐次长柏园，来商定美金公债及短期库券条例。（二）立法院经济委员会委员长楼桐孙来询公债库券事。先生详为解说，得其谅解。（三）与财政部俞部长鸿钧、徐次长柏园，同谒蒋主席，报告公债及库券条例内容。获得同意。准定于下星期二提出行政院会议。（四）陈果夫、陈立夫，同约晚饭。（五）乘夜车返上海。（六）今日政府代表与民青两党代表及社会贤达开始会谈。

二十三日，（一）阖家赴真如扫墓。

先生日记云：

> 本日阖家赴真如，先到徐家桥祖父母坟，次到横港父母坟，及陈夫人坟。最后到姚家角曾祖父母坟。

（二）晚约陈辉德、李铭、缪嘉铭等商谈公债库券发行问题。（三）报载华盛顿消息，美政府催促进出口银行，在原保留五亿美元贷款与中国之议，未决定前，先拨借一部分。

先生日记云：

> 此一消息，似外长会议后，美政府已决定反共之反映。

（四）国民党三中全会通过有关东北两案：（1）中国当以友好态度，坚定立场，实行中苏友好同盟条约。（2）东北特殊化一切设施，应即速予撤销。

二十四日，（一）由东北来上海之日本技术人员来见。（二）约中国银行储蓄部经理史久鳌、广州分行经理王振芳、总管理处副总稽核潘寿恒午饭，听取上海钱业及工商业界对于发行美金公债与库券之意见。（三）美商上海电力公司总经理霍普铿 Hopkins 约晚饭，有陈辉德、李铭在座。详述公用事业在限价下感受之困难，及政府贴补办法，非长久之策。（四）乘夜车赴南京。

二十五日，（一）出席行政院例会。财政部提出美金公债及短期库券条例。无异议通过。（二）乘夜车返上海。

二十六日，（一）国防最高会议与国民党中央常务委员会通过美金公债及短期库券条例。当晚各报纸均经揭载。（二）中央银行常务理事会开会。（三）国民党中央常务委员会会议，通过经济改革方案。关于币制问题，并未提及改用金本位，只云：政府应有充分准备，并选择适当时机，以整理币制，期能逐渐恢复常态。

二十七日，（一）立法院通过美金公债及短期库券条例。公债及库券发行之法律手续，顺利完成。（二）研究贴放委员会章程及贴放通则。

按此委员会之设，在希望放款一律公开，及放款用于正当之途。且借此鼓励银行钱庄尽量利用本身资金，并使中央银行成为银行之银行。

二十八日，（一）国民政府命令："兹制定民国三十六年短期库券条例，及民国三十六年美金公债条例公布之，此令。"（二）召开出口推广委员会会议。（三）法国经济考察团代表莫斯 Maux 将离华，特设午宴饯别。即席告以目前中国需要越南之米与煤。此时外汇缺乏，不得不向美国信用购买，故法国之工业产品，暂无输入中国之希望。

二十九日，（一）财政部公债司司长陈炳章来见，商订：（1）短期库券及美金公债监理委员会组织规程，（2）短期库券及美金公债各地募销委员会组织规则，及（3）债款券款报解及填制预约券办法。（二）对于组织募销委员会，发表谈话。先生谓：

> 此次政府发行美金债券推销方式，完全采取自动之劝募，决不采用强迫式之硬派。今后各都市将成立劝募委员会。该项委员会组织细则，亦已拟定，由财政部公债司司长携京，将由部方公布。至于上海方面劝募委员会，四月初可望成立。推销数额，以实销情形为转移，并不作硬性之规定。至发行公债最要者为信用，故政府对于此点，极为注重。今后此项债券，可以在市面自由流行。

（三）约贴放委员会各委员晚饭，讨论贴放原则。

三十日，赴大场拜扫刘氏外祖母墓，又往罗甸拜扫刘氏姨母墓。

三十一日，（一）上海商业储蓄银行自动购买美金公债一百万元，以为提倡。

先生日记云：

> 晨光甫兄来谈，上海银行愿购买美金公债一百万元，以为提倡，盛意可感。

（二）贴放委员会开成立会，并举行第一次会议，通过贴放通则。中央银行贴放委员会正式成立，并举行首次会议，计到张总裁、刘副总裁暨委员秦润卿、徐国懋、李道南、伍克家、骆清华、居逸鸿、潘寿恒、王紫霜等十人。先生即席报告该会成立原因及意义，发表谈话如下：

（1）新办法设立贴放委员会，以中交及商业行庄代表，及准备库、交换所代表参加。并设立工业贷款审核委员会，以工业界代表及与工贷有经验之银行人士参加。又设出口物资贷款审核委员会，以出口业代表及与出口贷款有经验之银行人士参加。使中央银行与国家行局，暨商业行庄之金融界，与工商界打成一片，成为一有机体的金融商业组织。如身之使臂，臂之使指，彼此不特痛痒相关，而且互守纪律，共负经济复兴之使命。

（2）商业行庄或银团提出之申请案件，先由委员会审核，提请中央银行总裁、副总裁批准后，交由业务局办理重贴现，转质押，或转押汇。中央银行办理此项贴放业务，决之于多数，所以期其公允合理。

（3）过去商业行庄向中央银行办理贴放，系按组织银团办法，而由银团向中央银行申请。新办法则以行庄单独向贴放委员会申请为原则。仅经贴放委员会认为有组成银团办理必要者，仍由银团申请，以期各行庄得各自发挥其效能，而免因组织团体，致有牵掣迁延之弊。

（4）过去商业行庄，按组织银团办法，一家重贴现，转质押，以二亿元为限，转押汇以三亿元为限。新办法规定每一行庄申请办理重贴现，转质押，转押汇，其原放款总额，以不超过该行庄实收资本，及上月底存款总额（除去法定存款准备金总额）为度。自较过去为宽。尤其以行庄之存款总额为标准，益可促进行庄致力于吸收存款。

（5）刻下工业界最感困难者，为购得原料后，以迄造成制成品为止之中间过程，无法取得资金之融通。出口商亦有同样困难，即自购得原料后，以迄制为成品可装运出口为止之中间过程，不易得到资金之融通。新办法规定工厂方面，包装或运输至目的地销售，需要流动资金，出口商因收购出口物资，整理提炼或运输至口岸出口，需要营运资金，均可供给。如是则健全之工厂及出口业，可不必虚耗精神时间于解决资金困难，而获专心致力于增加生产与输出。

（6）新办法规定原放款每户总额，以不超过（a）贴现五千万元，（b）质押五亿元，（c）押汇十亿元为限。原贷款申请人在各银团或各行庄请贷款项，最多总额每户不超过该行庄存款百分之八，即一面放宽放款之限度，另一面则视每一行庄实力之大小，酌加限制。

（7）新办法对质押贷款之押品，以原料及在制品、制成品等所值六折作押六成。其余四成，得以办妥公证手续之机器厂房，四折作押。其机器厂房，得提作押品之四成一点，系为鼓励商业行庄，仿照国家行局提倡以机器厂房作押，解决厂家困难之一部分。

（8）新办法规定原押款利率不超过月息三分六厘，而中央银行只取二分八厘，意在使利率逐步降低，而使生产者及出口商摆脱高利贷之桎梏。

（9）新办法规定凡厂商对于增加产量，改良品质，减轻成本，确著成效者，得不受放款限额之限制。换言之，即可多予放款，俾健全进步之厂商，获得切实之鼓励。

至中央银行能否达成其“银行之银行”之使命，国家行局及商业行庄能否达成其辅助国家，促进生产之使命，全视贴放政策之是否完善。切盼共同努力建立一新金融体制。又今后中央银行与商业行庄之关系，由过去之疏松状态而改臻密切，奠定今后公私金融机构合作之基石。

此项贴放办法，先试行于上海，当次第推广于全国各大都市，以期广收效果，而协助全国经济之复兴。

四月一日，（一）与上海银行公会主席李铭，商定美金公债基金监理委员会及募销委员会两会委员名单。（二）约缪嘉铭来谈，请其早日返昆明，设法增加滇锡产量，以备输出换取外汇，并在云南组织美金公债、短期库券募销分会。（三）约钱永铭来谈，请其担任美金公债、短期库券募销委员会主席。

二日，（一）晨约杜月笙来谈，请其担任公债、库券募销委员会副主席。（二）约纱厂同业公会代表讨论纺织业今后业务方针，如何配合政府政策。（三）贴放委员会审查委员会开会。

四日，（一）华盛顿消息，杜鲁门总统已签署对外援助六十亿九千八百万美元法案，其中对华援助计四亿六千三百万美元，内有一亿二千五百万美元为军援。

按此案经过十个月之辩论，始告终结。

（二）上海公债库券募销委员会开成立会。当场银钱两业宣布担任募销美金公债一千万美元，短期库券三千万美元。

五日，（一）今日开始发行美金公债与短期库券。（二）中央银行公布美金公债对各种外币、外汇及黄金种类折合率。

（1）种类：

甲、美钞。

乙、美金电汇或汇票。

丙、港钞。

丁、港币电汇或汇票。

戊、英金电汇或汇票。

己、黄金暂以焓赤及中央造币厂厂条为限。杂金暂不予折收。

（2）折合率：

甲、美钞按国币一二、〇〇〇元折合美金一元。

乙、美汇与美钞同值。

丙、港钞一元按国币二、五〇〇元计算。每港钞四·八〇元折合美金一元。

丁、港钞与港汇同值。

戊、英汇每镑按国币四〇、〇〇〇元计算。每镑折合美金三·

三三元。

己、黄金每两合美金五〇元，成色按九九〇作标准。

（三）往吊耿匡之丧。（耿匡字济之，曾任东北行营经济委员会俄文秘书，民国三十六年三月二日病逝）

六日，（一）往吊中央银行理事叶瑜之丧。（二）经济部王部长云五、上海市吴市长国桢来访，谈上海物价有波动情势，亟宜预防。

七日，（一）中央银行举行业务会议，讨论美金公债、短期库券推销办法。指定由陈副总裁行主持，召集有关主管研究设计。（二）与花旗银行上海分行洽定，由该行垫付美棉进口汇票办法。

先生日记云：

> 经与花旗银行接洽，定议由中央银行存入该行美金四十万元，由该行担任垫付棉花进口汇票，以四千万美元为度。每笔汇款由中央银行分十个月归还。如是可以延缓外汇负担，使中央银行不致即时付出全部棉价，而棉花供给亦不致缺乏。

（三）与联总商定将救济棉花，每包按七十五美元作价，配给纱厂。（四）召集米业、粉业、油业代表，听取供求及价格情形。（五）与粮食部谷部长接洽，拨借无锡存米三万包，交上海市政府抛售平价。（六）财政部俞部长鸿钧来谈，允以各银行存中央银行之准备金之半数，易购美金公债，并提及利用个人所持外汇，购买公债问题，无结论。

先生日记云：

> 财部俞部长来谈，允以各银行存央行之准备金之半数，易购美金公债。又提及如何设法利用个人持有外汇，购买公债问题。以无法调查何人存有外汇，即知之，亦无法强迫购买。未得结果。

九日，（一）约重要纱厂主持人唐星海、王企予、郭棣华、荣尔仁、吴昆生等，讨论政府与人民合作，办理纺织品统销统购问题。

先生日记云：

上午十一时，约主要纱厂主人唐星海、王企予、郭棣华、荣尔仁、吴昆生讨论今后政府与人民合作，办理纺织统销统购。即所有自产或进口之棉花，统由政府收购，配给纱厂、布厂，代为纺纱织布。所产之纱与布，则配售与合格登记之纱布商号，遵照政府配售分销。其目的在（1）平抑纱布市价，（2）消灭囤积，（3）取消黑市，（4）增加纱布出口。明知若无竞争，难求供应适合，囤积黑市，难以彻底消减。且制造厂家惮于增加投资，怠于改进生产效率。而最要者，若不管制消费，难期供求相应，平抑价格。不过战事发生以来，棉花生产减少，兼以运输不便，去年生产皮棉约一千一百万担，除去品质恶劣及供民间需用外，可能供应纱厂者，只有四百万担左右。纱厂所用，大部分仍依赖外棉。以往两年进口，平均年约值一亿五千万美元，实为外汇消耗之大宗。而国内物价波动最剧烈者，乃为花、纱、布。势不得不采取切要措施，以救目前。故有此提议。

（二）乘夜车赴南京。

十日，（一）清晨抵南京。（二）出席四行联合办事总处会议。（三）出席物价委员会会议，核准公用事业加价案。（四）行政院张副院长群来同晚饭，长谈金融问题。

十一日，（一）赴中国农民银行访李总经理叔明，询该行最近实况。据告：农行存款计一千八百亿元，放款计一千六百亿元。因劝其对于放款，应着重于辅助粮食、棉花之产运销。（二）外交部王部长世杰来谈，托为研究美国贷款运用计划。

先生日记云：

外交部王雪艇部长来告，美总统杜鲁门曾宣布进出口银行保留对华贷款之五亿美元，我国拟向美方催促实行。托我研究用款计划。

（三）访交通银行钱董事长永铭，商谈美金公债及短期库券，募销进行步骤。（四）与中央银行上级行员商谈总行驻京办事处人员组织。（五）美大使馆财政参赞艾特勒 S. Adler 来访，询问中央银行内容。当即将每月进出口贸易差额及中央银行外汇情形告之。

十二日，（一）外交部王部长世杰、财政部俞部长鸿钧来访，商谈向美求援步骤。

先生日记云：

> 决定：（1）善后救济总署结束后，希望美国对华援助物资三亿五千万美元。若美方感觉为难，希望不少于一亿美元，并以棉花及粮食为主。（2）进出口银行五亿美元贷款，原来计划购买交通工具、工矿器材；兹希望减为五分之三，而以五分之二购买物资。（3）拟请美方贷予一笔稳定币制款项。托余起草一计划，以便提出。

（二）咨询行政院经济顾问白恩 Bayne，对于目前金融及向美国求援意见。

先生日记云：

> 中午约行政院经济顾问白恩（原任中央信托局顾问）来见，咨询其对于金融问题，与向美国求援意见。渠答以（1）应明白告知美方中国经济已达危机。若不迅速救济，恐将不可收拾。（2）五亿美元进出口银行贷款用途，应改照下列程序：（a）购买建设器材，（b）支付日本赔偿器材拆卸与装置费用。（3）此外应向美国提出几种特别协助：（a）聘用技术顾问费用；（b）联合国救济总署结束后，应再帮助一笔款项，用以帮助国内一切复兴。（4）至币制问题之援助，及重大建设，应向国际货币基金及世界银行提出，请各派专家来华研究，由彼等提出计划。

十四日，（一）约交通部凌次长鸿勋、资源委员会孙副主任委员越崎，讨论如何减少两机关所提在五亿美元贷款内，购买交通及工矿器材之预计数目，以便腾出总数五分之二，作为购买物资之用。（二）设午宴招待公债库券募销委员会委员。

按募销委员会委员计为：张嘉璈、钱永铭、杜月笙、宋汉章、徐陈冕、李叔明、骆清华、秦润卿、沈日新、王启宇、刘靖基、荣鸿元、洪念祖、周宗良、潘士浩、金润庠、陈炳章等十七人。

（三）蒋主席约晚饭。

十五日，（一）赶拟向美请援计画书。（二）上午出席银行公会联合大会，并致词。（三）下午出席银行公会联合大会，听取各地代表发表意见。

十六日，谒蒋主席，报告对于国营民营银行所存美金处理办法。

先生日记云：

上午往谒蒋主席，面陈对各公私银行所存美金处理办法。拟对中国、交通、农民三行，以一部分购买美金公债，一部分移存中央银行。如因业务需要，可向中央银行透支抵用。对于商业银行，以十分之三购买美金公债，余准各行自行保存，俟整理币制时，应听政府支配。主席表示首肯。

又陈花、纱、布价格腾涨，应加紧管制，故纺管会人事应予加强。希望令饬沪市吴市长与我接洽，充实纺管会人事。当蒙允下手令，转交吴市长。

十七日，（一）晨返上海，约吴市长国桢商谈物价问题，并将蒋主席手令面交。（二）美国驻上海总领事戴维斯 Davis 约午饭。（三）约上海花旗、大通两银行经理来谈购买美棉垫款办法。

先生日记云：

下午约上海花旗、大通两银行经理来谈，以大通银行愿照中央银行所订购买棉花垫款办法，同样担任垫款。因提议将四千万元之数，予以增加。花旗经理答称，俟考虑后再覆。

十八日，（一）约英商安利洋行经理马克 Makay 午饭，询取增加出口意见。（二）往访纽约环球贸易公司总经理任嗣达，请其协助陈辉德办理推广出口事宜。（三）上海花旗银行经理来谈，该行愿购短期美金库券十万元。

十九日，（一）输入管理委员会各处长来见，研究改进审核进口外汇办法。（二）无锡丝商代表吴申伯、薛祖康来商收茧贷款办法。（三）乘夜车赴南京。

二十日，（一）晨抵南京。（二）赴行政院访翁秘书长文灏、经济部王部长云五，提议由行政院下令禁止纱、布出口。

先生日记云：

晨抵宁，即到行政院晤翁咏霓、王云五两先生，提议禁止纱、布出口，以抑市价，当荷同意。即赴岳军兄处略为报告经过，发布院令。

（三）赴翁文灏寓晚饭，商谈向美求援方式。

二十三日，（一）国民政府发表行政院改组，以张群任院长。银行界表示盼望新内阁停止内战，俾通货膨胀可以抑止。

按行政院改组后，各部人选如下：院长张群、副院长王云五，内政部长张厉生，外交部长王世杰，国防部长白崇禧，财政部长俞鸿钧，经济部长李璜（后改陈启天），教育部长朱家骅，交通部长俞大维，农林部长左舜生，社会部长谷正纲，粮食部长谷正伦，水利部长薛笃弼，司法行政部长谢冠生，地政部长李敬斋，卫生部长周诒春，资源委员会委员长翁文灏，蒙藏委员会委员长许世英，侨务委员会委员长刘维炽，政务委员常乃悳、李大明、蒋匀田、缪嘉铭（云台）、彭学沛、雷震。

（二）报载联合社二十二日电：美政府对于进出口银行贷华五亿美元案，将暂时搁置。

先生日记云：

今日报载一不利消息。据联合社二十二日电，美政府对于进出口银行五亿元贷款，将暂时搁起。除非中国能获和平与统一，并能提出切实可行之计划，此项贷款，将于本年六月底，予以撤消。推测用意，大致杜鲁门一九四六年二月宣布对华政策时，提议此项贷款，乃系为马歇尔将军至中国调解国共，如能成功，当帮助中国建设。今调停未成，中国和平无望，此项贷款，似无效用可言。如是王外长请求美援之中心部分，已见动摇。

（三）台湾银行董事长严家淦偕财政部钱币司司长戴铭礼来商，拟将台币对法币汇率，由一对三十五，改订为一对四十。（四）访主计长徐堪，听取其平抑物价意见。

先生日记云：

> 下午四时往访徐可亭兄，因张院长请其研究平定物价问题，前往听其意见。谈至十时半始散。

（五）乘夜车返上海。

二十四日，（一）晨抵上海。（二）上海市吴市长国桢来见，报告一切物价飞涨，研究安定纱价、米价步骤。

二十五日，（一）输出推广委员会顾问李铭来商量：（1）进口外汇配额，拟逐步减少；（2）各商业银行购买美金公债如何进行。（二）访交通银行董事长钱永铭，拟请交通银行购买美金公债四百万元。（三）访金城银行董事长周作民，商谈拟请各商业银行将所存外汇，提出一部分购买美金公债。（四）民营纱厂代表刘靖基来，商议纱厂方面承购美金公债数目。

二十八日，（一）刘靖基偕王启宇同来，续商购买美金公债数目。（二）乘夜车赴南京。

二十九日，（一）晨抵南京，赴中央银行办公。（二）访立法院财政组楼委员桐孙，告以美金公债拟在市场公开发行。彼表示同意。（三）与行政院张院长群午饭，告以美金公债拟在市场公开发行。（四）出席物价委员会会议，讨论米粮、纱布平价问题。（五）参加行政院张院长群就任茶会。（六）晤外交部王部长世杰，告以陈辉德意见，对外交部拟径向美政府要求十亿美元财经援助，恐不可能。王氏认为仍应作较大之要求。

先生日记云：

> 下午赴张院长就任茶会，晤王雪艇外长，告以昨晤光甫兄，谈及最近外部主张直截了当，径向美政府提出要求十亿美元财经援助。彼意此时情况，与战时情形迥异，大量财经援助，恐

不可能。不如先就美方进出口银行已保留之五亿美元，作为援华用款做文章，较易说话。应声明该款之五六成，用以在美购买棉花、麦子、肥料等等；其余之四五成，用以购买急需之交通器材。所有棉麦借款，由纱厂、面粉厂等组织一代表团，直接与美进出口银行接洽，中央银行亦派代表参加。其紧急交通器材，由交通部派代表与该行接洽。一切照商业借款手续办理，订明以所制之物品售价，提供还本付息。当询渠如政府希望其赴美一行，有无可能。渠答以可任代表团团员之一。我认为光甫看法，切合实际，较易打开出路。惟王部长答称：就其政治观点看来，仍应作较大之要求，且看对方反应再说。

三十日，（一）出席物价委员会继续会议。（二）在行政院张院长群寓所，商讨所拟平衡预算办法。

先生日记云：

晚在张院长寓所，商讨余建议之平衡预算办法。一面由财政部开源节流，担任弥补目下收支不足之半数；由中央银行担任发行公债库券，吸收储蓄，弥补其余之半数。同时中央银行对每月财部垫款，定一限额。俞部长鸿钧表示财部无法同意。余再强调，除非如此，通货膨胀将不知伊于胡底。

（三）接陈辉德四月二十九日来函（英文），阐述其对于美国进出口银行五亿美元贷款之全盘意见。函曰（译文）：

公权吾兄勋鉴：

今晨计已安抵南京矣。昨日所谈各节，兹特具函补述如次，以供参考。

（1）目前向美政府进行政治借款之可能成功性，殊属渺茫。此点前在南京及上海时，迭经奉告。上周在宁与戴勒 Wayne Taylor 接谈后，随见本星期六上海《大美晚报》所刊高尔德 Randall Gould 由纽约发来通讯，并证鄙见之不谬。理由有二：政治方面，联合政府甫经成立，绩效如何，必须经过时间证明，方足使美政府有所认识。经济方面，则我国无论财政、金融，均去安定甚远。若非国际局势改变，而美国必须展开其对世界各国政治性之普遍援助，则美政府对于贷款中国之立场，势难修改。倘如果然有此必要，则照过去成例，美政府认为应予援助之国家，将不待其请求，而将自发自动。此则必须华盛顿主动，而非南京所可左右。因此务恳吾兄将此种情形，向政府当局说明，并请放弃现时向华府寻取政治性贷款之构想。

（2）我国今日（经济）急需乃复员，而非兴建。最主要者为不断获得原料供应，俾已有之工厂继续开工生产，使民众衣食有着，提高就业机会。如此则恶性通货膨胀之奔放，得以缓和。关于美政府对我国久已保留之五亿美元贷款，应如何进行谈判，经向吾兄说出鄙见。重要之点，吾人应尽其可能，遵照进出口银行迭次表示之愿望，使此项贷款，基于自力偿还原则，而运用于各别计画，借以达到增进民众福利目的。

（3）过去曾向吾兄建议，贷款之半数，应用以采购最急需之物资，如棉、麦、肥料之类。并由国内企业界人士组织代表团赴美谈判，俾进出口银行之主持人，与我国企业界代表团直接交换意见，从而获致援华之切实了解。鄙意代表团人选，如能网罗李君馥荪、永安纱厂之郭君棣华及面粉厂之代表，庶符理想。倘需弟一行，可以中央银行代表名义加入代表团，代表签订贷款契约。弟并建议中央银行应为承还贷款本息之保证人。贷款时期可订为十年至十五年，最初五六年只付利息，七年之后，开始分期拨还本金。经制订一分期付息还本表，俟吾兄返沪后，当送请鉴洽。

（4）贷款之另一半数，鄙意可作为整理战区以外铁路运输之用。此则应由交通部指派代表，协同代表团与美国进出口银行共同谈判。然必须携带二年内所需器材之详确清单前往。此项清单现可着手编制，所需器材必须切合实际，容易使对方了解，而予同意。凡非目前急需，或超出整理原则以外的项目，悉应剔除。

上项建议之进行步骤，系针对现陈整个局势，经过慎密考虑所获之结果。今日美政府对华态度，与吾辈两年前旅美时，迥然不同。彼时华府官方，对于我国将由战争残破局面之后，转变为在远东一种安定力量，极寄厚望。今日则形移势换，此一希望已成泡影，而代以怀疑与失去信心。

然而吾人须知美国人民，根本上与传统上，对于吾人究属友好。而弟建议由企业界代表进行接洽此项贷款者，无非为针对一般有权力给予吾人援助之华府当局的心理需要。至（函内）所用 Using 一字，吾兄谅不致发生误会。盖此字当予以广义的解释，而非意存取悦美国政府。实以此一贷款，其重要性对于我国企业界，与对于我国政府，并无轩轾。双方必须合作互助。

当然尚有不少细节，必须策划。例如吾人必须与纱厂方面研究，如何将其产品运销新加坡、爪哇一带，换取外汇，以资偿还贷款。同时又必须解决如何抛售纱布，吸收法币，减轻通货膨胀。凡此连带有关之问题甚多，均须一一加以探讨。实有组织一小规模委员会，主持其事之必要。总之吾人应向美方表示贷款运用，必得其当，而收良果。

目前弟已说明代表团之任务为谈判贷款契约。至于先决问题，美国政府目前是否愿意将保留之五亿美元贷与我国，此则必须由我驻华府大使馆向美国务院努力折冲。此点即祈转达岳军院长及雪艇、鸿钧两部长加以注意。

在打开谈判之门以前，弟认为应做如下之准备工作：

（1）此案应集中由中央银行办理，而由吾兄主持。如此则一切咨询、商讨及函电往来，可以集中裁决。

（2）此一贷款既系我国战后首次外债，而数额又如此之巨，根据过去经验，弟认为成立一主管机构，隶属于行政院，或中央银行，均无不可。其职掌为推动输出，审核开支，经理贷款还本付息事项。有此一主管机构，庶几对于一切咨询之答覆，资料之搜集与供给，有人负责，不致政出多门，盲无头绪。且可借以加深美方主管人对于吾人之信任，而转移其对于新政府处理各项问题，具有新精神之印象。如美方对于贷款用途有所查询，则此一机构，正可供给正确答案。

以上所述，无非由远处大处着想。在今日之世界，无论在决定国家的政策上，国际的政策上，经济事业所占之重要性，已属与日俱增。例如麦克阿瑟将军现在日本，即对于日本国民的经济生活，已特予注意，而于一个国家的经济机构尤加重视。其实吾人在期望所获之外援中，现在之（五亿美元）贷款，不过其开端而已。总之无论现在或将来，吾人均须有如上述之一种中心机构，具备现代的和有条理的步骤，解决一切有关问题。此实一般前进国家所遵循的途径。

（3）运用贷款，购买物资器材，其手续虽有常轨可循，然仍须在美有一机构，处理各项购买契约之订定。鄙意世界贸易公司适足担负此项任务。据戴勒告弟，世界公司确属中美间交易之良好信用工具，正可加以利用。对于此事，拟俟吾兄返沪后，详加讨论。

弟陈光甫谨启。民国三十六年（一九四七）四月二十九日。

* * * * *

按上述美国进出口银行所保留对华五亿美元之贷款，导源于民国三十五年（一九四六）四月一日马歇尔将军致蒋委员长之公函。函内要点如下：基于中国和平统一之有望，为促进其经济复员起见，美国进出口银行准备对中国国营事业及民营企业，予以五亿美元之信用贷款，以供向美国采购物资、器材及支付技术人员薪津，作为中国经济复员及经济发展 rehabilitation and development of the Chinese economy 之用。此项贷款将分配于经过进出口银行核准之指定计画 specific projects。

陈氏于致函先生后，复于次日补寄所拟贷款谈判节略及贷款还本付息表。

五月一日，与行政院张院长群、财政部俞部长鸿钧、主计处徐主计长堪，同谒蒋主席，报告所拟：（1）每月收支短绌，由中央银行与财政部各半分任弥补，惟中央银行对政府垫款应有限度；（2）所有紧急支付命令，应先经财政部及主计处审核后再付。蒋主席对第二点允予考虑。对第一点，则以俞部长无法同意，未能决定。

先生日记云：

晚间，张院长、俞财长、徐主计长与余同谒蒋主席。报告我建议每月收支不足，央行与财部各半分任弥补，规定中央银行垫款，应有限度。再则紧急支付命令手续，照普通支出办法，宜先经过财政部、主计处审核再付。第二点，主席允予考虑。第一点，俞部长表示反对，谓军费支出，无法拒绝，何能规定中央银行垫款限度。主席亦以俞部长所言为然，无结果而散。此点实为抑止通货膨胀之关键。亦为我担任央行职务之成败所系。实亦政府基础能否稳固之所系。此一建议，不能施行，美金黑市必日见高涨。人民如何肯以美金来购公债，对于库券亦必观望不前。且本息以法币照美金市价偿还，法币支出势必增加，殊不合算。我之发行公债库券计划，将全盘失败，等于一场空梦。诚恐国家恶运，注在今日矣。

二日，（一）决定缓和物价上涨，节用外汇，以待美援办法。（二）乘夜车返上海。

三日，（一）晨抵上海。

先生日记云：

昨晚乘车返沪，终夜未能安眠，左思右想，我之计画既难实行，理应挂冠以去。但就任未久，新阁初成，若即辞职，又恐牵动金融。设有小小波动，人将归咎于我，只为自己而不顾大局。只好忍耐应付，先求缓和物价上涨，节用外汇，以待美援，并望时局好转。明知此非根本办法，亦惟有尽人事而已。因之决定：（1）各大都市实行粮食配给，逐步推广及于其他日用必需品；（2）美金汇率改为随时调整，以免钉住太久，反致黑市汇率日高，影响出口及侨汇；（3）设法增加出口，减少进口。

（二）约财政部俞部长鸿钧午饭。席间俞氏说明彼之困难。先生告以时机危急，实难久任中央银行总裁职务。（三）陈辉德来函，申述不能担任政府代表，赴美商请经援理由。

先生日记云：

接光甫兄信，承告王部长已向蒋主席建议，希其任政府代表，赴美商请援助。彼认为代表一席，必须熟习全般政治军事，且能代表政府发言者，自以王部长亲自出马为适宜。并将对美应付方面，作详尽之分析。

四日，（一）出席输出推广委员会会议，介绍陈辉德副主任委员。

先生日记云：

如是，该会负责有人，私心欣慰。

（二）上海汇丰银行经理葛雷 Gray 来见。据称：该行可与伦敦接洽做出口信用贷款。因嘱其拟具确实办法送阅。（三）上海吴市长国桢、主计处徐主计长堪，来商安定粮价问题。决定上海市，一面配给户口米，一面放任米商自由开价。（四）约陈辉德、李铭来寓，商谈中央银行限制政府垫款计画不能实行后，应如何补救办法。

先生日记云：

晚约馥荪、光甫两兄来寓，商谈限制央行垫款计画未能实行后，如何补救，交换意见。两兄同为叹惜。

五日，访行政院王副院长云五，商谈纺织业管理委员会人事加强问题，并提议以刘驷业任该会副主任委员。

六日，（一）催促上海市政府从速实行配给户口米，并开放米商自由开价。

先生日记云：

今日物价飞涨，尤以粮价为甚。催促沪市府速将配给户口米实行，并开放米商自由开价。希望米商开价为每担二十五万元。但查悉暗市为二十八万元。

（二）上海汇丰银行经理与英商中国机器公司经理来见，声称可做羊毛出口信用贷款二百万镑。经嘱其提出条件，再行洽商。（三）函陈行政院张院长群，以上海物价上涨不已，情形险恶，希望政府从速公布预算，以安人心。

先生日记云：

致函张院长，告以沪市物价上涨，情形险恶，希望政府速将预算公布，以安人心。盖余之原来计画，若财政部与中央银行各半担任预算收支差额，即使不能全部弥补，所差之数当可逐步减少。再将预算公布，人民对于法币信心，可以提高，物价可望不抑而平。

该函缮就后，原托张院长之秘书带宁，后因事不能成行，当将信之内容，以电话告之。

（四）上海汇丰银行经理葛雷约午饭。（五）约中央信托局吴局长任沧来谈，中央信托局应注意之任务。

七日，（一）航业界代表来见，请求增给外汇购料，并请准予增加运价。（二）申新纱厂主人荣鸿元来见，商购美金公债数目，并请求对于该厂已到埠之棉花，准予结汇。讨论无结果。

八日，（一）接华盛顿友人七日来电，申叙进出口银行五亿美元贷款之真象。电称："进出口银行颇以中国方面误解五亿美元保留款项，为一种已定之贷款，感觉诧异。实则此五亿美元，仅为该行划出之一笔数目，予以保留，暂不作别用而已。至于应否贷放，当视（华方）提出之各别计划，是否合乎可贷条件而定。且该项贷款保留期限届满后，可以随时取消，移作别用。中国方面如希望其继续保留，尚须作符合美方意愿之努力。"（二）接纽约世界贸易公司副经理夏鹏，七日来电报告：美众议院议员周以德Walter Judd将发表演说，要求美政府援助中国。电文曰："下议院议员周以德本周将发表演说，要求美政府应援助中国，亦如援助希腊与土耳其一般。并建议中国政府应将政治与财政实际困难情形，严守秘密的告知美国政府，以免左派分子出而反对。"（三）乘夜车赴南京。

九日，（一）晨抵南京。（二）赴行政院张院长群寓邸午饭，客多未得详谈预算问题。（三）外交部王部长世杰抄送驻美顾大使维钧九日来电，报告向美国务卿马歇尔将军提出请求美援十亿美元经过。

先生日记云：

王外长抄送华府顾大使来电，为访马歇尔国务卿，提出向美请求十亿美元援助事。要点如下：(1) 马卿极关切远东情势。(2) 中国行政院改组，虽似有改善趋势，但有关财金部门主管对于借款是否能用以贯澈政府之政策，不为党方阻挠，仍持怀疑。(3) 对于十亿美元借款，吾方所提用途，与马卿意见，无甚出入。其中如整修粤汉铁路、建筑塘沽新港及重建黄河铁桥等，去秋吾方曾向进出口银行提出，惜以整个计画未及实现而罢。惟向美购买棉花，运华出售，收回法币一节，进出口银行对此办法，尚有怀疑。马卿又谓以借款充作拆运、装置日本赔偿之工厂设备费用，数目浩繁，且中国缺乏技术专家，恐将得不偿失。(4) 顾大使提议在大借款未成立之前，可将保留之五亿美元信贷，先予成立，马卿答以保留期限，尚有时日，可于期限届满以前，先将前述三项计画予以解决，给我方以心理上之助力云云。

顾大使维钧九日来电，全文如下："南京外交部王部长密，六七〇号电敬悉。今晨晤马国务卿，遵本照会大要及特别三点，以我政府名义及坚定口吻提出。马帅颇为动容。据告：彼对我国与远东及国际间关系，甚为注意，亟欲予我借款，只候一适当机会。现我政府已扩大改组，可说机会已到。正在研究如何助我，尚未作就结论。所难者，美方财政部、联邦准备银行、进出口银行及全国国际金融问题顾问委员会等有关机关，均虞我国局势未定以前，借款予我，似填无底之壑。欲知此次政府改组后，能否实施确实保障借得之款，以收实际改善我国经济之效，不为党方阻挠，致我政府新政不克贯彻，此点尚须研究。又详谈借款本题，对十亿款额，未言可否。对我所提用途，谓与彼意见大致相同。去秋曾主张由进口银行通过（一）粤汉铁路、（二）塘沽海港、（三）黄河铁桥三项计画借款，助我建设，惜未实现。惟彼对在美购买物资，运华变卖，吸收法币，以充在华装置及初期开办等所需费用一节，谓购买棉花作此运用，银行及专家方面颇多怀疑，不无困难。又对运输及装置自日所得赔偿器材一点，彼盼我注意苏联欲利用自德所取赔偿器材，所得经验。

谓此项运输装置开办等费用，多者计合其价值十分之九，实得不偿失。且又缺乏技术专家，困难更多云。钧谓如十亿借款成立需时，似宜将进出口银行划出六月三十日期满之五亿元，先行成立。彼称时尚不急。彼当于六月底以前，将所说粤汉铁路等三项所需之款，先行通过，预备支付，亦可为我国政府心理上之一助。最后彼请将所提借款性质、用途等具体计画，先开送一非正式说帖，俾便参考。并告我暂勿致正式文件，否则如美有不能接受之处，反使我为难云。顾维钧，五月九日。”

十日，（一）出席物价委员会会议，决定米粮配给，自学生、公教人员及产业工人办起。至工资则予以有条件之解冻。（二）召开政府机关请求外汇审核小组会议。（三）东北局势紧张，中共军队积极活动；同时太原被围，情势严重。连日学界因之不稳。

十一日，（一）与行政院张院长群长谈财政金融根本问题。要点不外减少财政支出，以求预算之平衡，中央银行垫款应有限制，及美援之缓不济急等项。（二）外交部王部长世杰来谈，出示驻美顾大使维钧七日来电。

先生日记云：

王外长来谈，出示华府顾大使七日来电，报告与马歇尔谈话。大致谓马帅对于吾政府表示忧虑：(1) 财政收支不能相抵，通货日益膨胀；(2) 吾国反动派仍见活动，有复炽之势。至吾方拟向进出口银行先谈棉花借款，该行既另有意见，或将我方提议之整修粤汉铁路、建筑大沽新港及黄河铁桥等计画，由美政府提出具体计画，继续讨论云云。余总感觉马帅对于进出口银行五亿美元贷款，并不热心支持，一时无急就之可能，彼或另有计划。

（三）乘夜车返上海。

十二日，（一）晨抵上海。（二）约邹秉文来谈，劝其就纺织业管理委员会主任委员。

十三日，（一）约罗杰士午饭，听取其对于财政金融之意见。

（二）台湾省魏主席道明来谈，拟将台币对法币汇率，改为台币一对法币四十五。（三）上海交通大学学生三四百人，在京沪铁路北站要求开车赴京请愿，车站秩序大乱。

十四日，（一）上海汇丰银行经理葛雷来见，谈进口融通贷款办法。据称：该行可以仿照花旗银行进口棉花融通贷款办法，对于橡皮、羊毛，予以短期信用，以六个月为限，先交进口货价之半数。（二）接陈辉德十二日来函，叙述上海电力公司向美国进出口银行申请借款经过，并表示彼不敢冒昧担任我国代表，赴美向进出口银行交涉贷款问题。

先生日记云：

> 光甫兄来信谓，据上海电力公司总经理霍布铿报告，该公司因与沪西电力公司合营扩充，向美国进出口银行请求借款，该行提出问题如下：（1）联合公司已否组织，（2）中国政府之特许状已否取得，（3）扩充计画如何，（4）新公司本身是否能筹措扩充资金四分之一。准此，可见进出口银行贷款，完全商业性质，而所提条件，十分严格。感觉彼如赴美，即使小数目商业性质之求援，如以前之桐油、钨、锡借款，亦不易获得，故不敢冒昧担任此项任务。

（三）晤联合国救济总署中国局驻沪代表季尔白褚芮克 Donald S. Gilpatrick，得知总署结束后，尚有余款，延展对华救济，或可指供上海市配给粮食之用。

十五日，中央大学学生到行政院滋事。

二十一日，乘夜车赴南京。

二十二日，（一）晨抵南京。（二）出席四行联合办事总处会议，由行政院张院长群主席。（三）访外交部王部长世杰，告以接纽约夏鹏十九日转来驻美大使馆参事崔存璘来电，关于进出口银行贷款问题。来电（英文）称："最近杜总统与马国务卿发见我方希望之进出口银行五亿美元贷款问题，手续异常复杂，不易进行。已决定拟另提法案，类似援助希腊、土耳其方式。但杜总统预料财政界保守派及国会左派议员，将出而反对。”（四）晤粮食部谷部长正伦，商讨本年收买军麦所需款额。

二十三日，（一）接季尔白褚芮克来函，联总同意以结束余款，指供上海市粮食配给之用，但须中国政府出面订立合同。

先生日记云：

> 接读季尔白褚芮克来函，经商得王外长雪艇同意，准备致电华府要求此款。总数计为一亿美元，拟以十分之七拨充粮食，十分之三拨充医药、肥料之用。下午飞沪，即约季氏面谈，告以配给米粮办法，不将公务人员列入，而代以贫民。计上海月需米一万五千吨；南京市及附近区域月需米五千吨；天津、北平、青岛月共需面粉一万吨；广州、汕头、厦门月共需米一万吨。六个月，计共需米、面二十四万吨。每吨平均价值以美金二百元计，共需美金四千八百万元。据季氏估计此项余款总额，约在美金七千万元左右，其中粮食可占五千万元左右，与我方所拟数目，不相上下。

（二）今日上海米价飞涨，每担达法币三十八万元。因即由电话咨照上海市社会局吴局长开先，将上海市食粮配给，早日实行。

二十四日，访外交部王部长世杰，建议向美提出借银方案。

先生日记云：

> 上午往晤王外长，告以接各方报告，美国进出口银行信用贷款，难有希望。美援将归入马歇尔援助方案 Marshall Plan 内办理，需较长时间。余因有向美提出借银方案之建议，以美对于存银，并不甚宝贵，易于商借也。

二十五日，访主计处徐主计长堪，适粮食部庞次长松舟在座，因一同讨论粮食配给问题。结论：一致主张先办局部配给，于各市设置民食调配委员会。

二十六日，（一）主计处徐主计长堪、粮食部庞次长松舟来晤，续谈粮食问题。

先生日记云：

上午徐可亭、庞松舟两兄来，继续谈粮食问题。因粮价日涨，今日米每石，已涨至法币四十八万元。因粮价而波及一切物价，殊为可虑。研究能否可以实行全面配给制，大口每人三斗，小口每人一斗。研究结果，依照上海市社会局吴局长开先意见，局部配给已在上海开始，不宜多所更张。应暂时仍旧，逐步扩充。

（二）财政部徐次长柏园来告，财政部拟在上海设立金融监理处及缉私处。

二十七日，（一）在上海市吴市长国桢寓所，召集粮食讨论会议。参加讨论者，有市参议会主席潘公展、总商会主席徐陈冕、苏沪区监察使严庄、主计长徐堪、粮食部次长庞松舟。

先生日记云：

对于两种意见：(1) 照目下分配对象，（甲）学生、（乙）工人、（丙）棚户，继续分配。(2) 减少每人配给数量，而实行全面配给。究竟应采何种意见。结果多数赞成仍照目下局部配给办法办理，再视粮食供应情形，逐步推广。

（二）约季尔白褚芮克来谈，询其美方对于善后救济总署结束后之援助计画，及对于中国方面之粮食援助意见。

先生日记云：

渠谓，美方希望中国将即实行之粮食配给，勿专赖美援，同时或可由美方供给若干物资，而以之售给农民，易取粮食。

二十九日，（一）与季尔白褚芮克商谈，向美请求于善后救济总署结束后，供给粮食三十万吨之初稿。（二）乘晚车赴南京。

三十日，（一）晨抵南京。（二）访外交部王部长世杰，示以拟就之向美求援粮食节略稿。得其同意。（三）访粮食部谷部长正伦，示以上项节略稿，亦得同意。（四）将上项节略定本送外交部，于当日下午七时，转送美国大使馆。

三十一日，（一）出席物价委员会会议。（二）出席全国经济委员会会议，并无议案，惟嘱各委员预备提案，于下星期一开会再议。（三）将上海市及各地之粮食配给详细办法，备一节略，送美国大使馆参考。（四）华盛顿讯：美国会通过对外救济法案；救济项目包括：粮食、医药用品、已制成及未制成之衣料、肥料、病虫害药剂、燃料及种子等。

六月一日，（一）粮食部谷部长正伦来谈，各地粮价上涨，纷纷禁米出境。据告：安徽宣城乃产米之区，亦禁米出境。该部现往江西采购军米，需付米价计法币五万亿元。问题日见严重。（二）参加行政院王副院长云五召集会议，讨论纺织业管理委员会改组问题。（三）晋谒蒋主席，报告法币发行额日益增加之危险。

先生日记云：

> 五时往谒蒋主席，彼自东北归来。告以法币发行额日益增加之危险。承答以目前军事无虑，本年底，战事或可告一段落。嘱勿忧虑。

按本年一月份法币发行额计四万五千一百亿元，较上月增加百分之二〇；二月份计四万八千四百亿元，较上月增加百分之七；三月份计五万七千四百亿元，较上月增加百分之一八；四月份计六万九千亿元，较上月增加百分之二〇；五月份计八万三千八百亿元，较上月增加百分二一。

二日，（一）访行政院甘秘书长乃光，告以上海地方检察厅近复传讯前中央银行总裁贝祖诒；请转知司法行政部谢部长冠生接洽，勿再重生枝节。

先生日记云：

> 上午往晤行政院甘秘书长，告以前任中央银行总裁贝祖诒被上海地方检察厅传讯，事因参政员罗衡等曾提弹劾案，送到监察院，该院转司法行政部，发交地方检察厅检察。因请其与司法行政部谢部长冠生接洽，勿再重生枝节。

（二）出席全国经济委员会会议，听取各委员意见，分别交小组讨论。（三）乘夜车返上海。

三日，（一）晨抵上海。（二）与浙江实业银行董事长李铭及中国银行国外部经理陈长桐，讨论上海花旗银行进口棉花垫款问题。拟令中国银行与花旗及大通两银行合做，借以提高中国银行地位。（三）今日上海市面银根奇紧，江海银行停止交换。

四日，今日上海银行公会联合准备委员会拆出法币五十亿元，市面银根稍松。

五日，（一）今日米价又稍回涨。（二）与花旗、大通、中国三银行商定第二期进口棉花垫款总额三千万美元。中国与花旗两银行各占半数，由花旗在所占半数中，匀出二成半，让予大通银行。（三）发表进口棉花垫款新闻，首列花旗，次列中国，末列大通。

先生日记云：

> 此项垫款，无非使最近外汇支出略为减少。发表新闻，使市面感觉棉花进口不致缺乏，花纱市价可望稳定而已。

六日，决定业已抵埠、价值十五万美元之羊毛，准其进口。

先生日记云：

> 进口大宗粮食，有美国援助。进口棉花，有银行垫款。今日研究进口羊毛，决定将业已到埠、价值十五万元之羊毛，准其进口，足可供数月之用。次须研究进口汽油问题。因我国需要柴油数量甚多。

七日，经济部陈部长启天，与纺织品调节委员会（纺织业管理委员会改名）主任委员邹秉文来谈。邹氏以陈部长安置不适当之人于委员会，认为不当，颇有争执，不愿就职。经一再调停，始允考虑。

八日，访季尔白褚芮克长谈，商讨联合国善后救济总署结束后，所有遗下之未用或未交物资，如何处理办法。

九日，（一）乘早车赴南京。（二）出席全国经济委员会会议，通过出售国营事业及接收之敌伪产业原则。（三）行政院张院长群约晚饭，有财政部俞部长鸿钧及上海银行公会主席李铭在座，交换对于财政金融问题之意见。

十日，（一）赴全国经济委员会，接洽撤销华南输出入管理委员会事。（二）约驻华美国大使馆财务参赞艾德勒来谈，征询对于我国向美商借白银，用以改革币制之意见。先生与艾德勒谈话时，提出下列四点，询其意见：

> （1）中国过去行使银币，颇具安定物价功效。兹若恢复银币流通，对于人民心理，将有重要影响。（2）过去一年，世界银价由每盎司美金九角跌至六角四分，美国白银生产者亟愿将产品贷予外国。（3）战时美国租贷法案，曾有贷银与印度先例。（4）美国对于白银，并无任何用途。惟对方认为我国向美商借白银，改革币制之先决问题，必须视我国能否平衡预算。否则如仍需发行纸币，填补收支亏绌，则发行之银币，等于纸币之辅币。徒于黄金买卖之外，增加白银买卖，使之成为商品，人民势将竞相窖藏。结果仍无法消灭通货膨胀，稳定物价。

（三）出席全国经济委员会会议，讨论粮食与财政问题。无决议。

十一日，（一）邹秉文来，同赴行政院见张院长群，并约经济部陈部长启天，会拟纺织品调节委员会委员名单。邹氏同意就任主任委员。（二）访财政部俞部长鸿钧，商议中央银行牌价法币汇率问题。

先生日记云：

> 赴财政部访俞部长鸿钧，因中央银行牌价法币汇率，等于固定；黑市日高，侨汇裹足，商议补救办法。因嘱钱币司戴司长铭礼拟具办法。

（三）访粮食部谷部长正伦，请其赞成各市粮食配给办法。

先生日记云：

> 走访谷部长正伦，告以粮食部过于注重军粮，且渠本人对于上海市配给粮食有异议，殊为不当。因民食不足，势将鼓励市民囤积或争购，不特抬高粮价，间接将及军粮采购。请其赞成各市粮食配给办法，俾军粮民食，双方兼顾。

（四）晤外交部王部长世杰，承告美援情况。

先生日记云：

访晤王外长雪艇，据告美政府对于进出口银行五亿美元贷款，至今尚无肯定答覆。马歇尔国务卿对于最近我国内各校学生，罢课游行学潮，殊为忧虑，正在寻觅援华方式。

十二日，（一）出席外汇审核委员会会议。（二）约驻华美国大使馆财务参赞艾德勒 Solomon Adler 来谈，将向美借银以供改革币制说帖，交其研究，并请转送美国务院。

十三日，（一）晨飞返上海。（二）与刘副总裁驷业及业务局副局长邵曾华，研究与香港政府交涉防止华南走私及黄金、美钞黑市交易等问题。（三）约集与出口业务有关之各地中国银行经理，在陈辉德寓所，讨论如何协助出口贸易。

十五日，（一）约纺织品调节委员会主任委员邹秉文与吴味经来谈，商定以吴氏任该会业务处处长。该会主要人事问题，得以解决。（二）约中国银行各地分支行与侨汇有关之主管人员，商讨增加侨汇办法。

十六日，（一）何廉将赴美讲学，特设午宴饯别。（二）约海关总税务司，与九龙关税务司商量防止出口走私办法。决定九龙海关增加缉私汽艇。

十八日，（一）晨飞抵南京。（二）与国府吴文官长鼎昌、行政院张院长群同午饭，谈东北战争，均极忧虑，认为有关全局。（三）晋谒蒋主席，询及币制改革问题。

先生日记云：

下午五时，晋谒蒋主席，承询币制改革意见。当陈述三要点如下：（1）无现金银准备，而以新纸易旧纸，千万不可施行。（2）用金本位，或金汇兑本位办法，至少须有三亿美元借款作为准备。（3）若改用银本位，至少须有价值五亿美元之生银贷款。因此又提及中央银行政府垫款，必须有限制，与财政部尤须画分界线。若中央银行长此为财政部之附庸，予取予求，无论用金用银，均无办法。不久币制仍将崩溃。

二十日，外交部王部长世杰抄送驻美顾大使维钧十八日来电，报告与美国务院主管经济问题之副国务卿，商谈借款经过。来电要点如下：（1）美方愿将几种具体交通计画，与进出口银行磋商，予我贷款。（2）美国会领袖鉴于国内经济情形，主张对外援助从严限制。对我国五亿美元信贷，既须经过国会通过，恐难成立。（3）我国向进出口银行商量购买物资之信用贷款，关于棉花贷款，或可商借，但限于短期。麦子、汽油系属消费品，而非用于生产，恐有困难。（4）五亿美元划出保留期限，六月底届满，未能续展。在此之前，美政府拟另筹援助计画，但未说出计画内容。

二十一日，（一）赴行政院，见张院长群，告以上海市面谣传，院方将宣布新经济方案，有进出口将实行连锁制，及币制改革；因此金价大涨。请其辟谣。（二）约国府吴文官长鼎昌、上海商业储蓄银行总经理陈辉德与浙江实业银行董事长李铭会谈，告以蒋主席询及币制改革问题，征求各人意见。佥谓：无外援，无法改革币制；若政府能减少赤字，中央银行政府垫款，定有限制，即无外援，亦能抑止通货膨胀。（三）草拟改革币制意见及方案。内容计分八项：（1）改革币制之先决条件；（2）改革币制各种方法之比较；（3）采用金硬币稳定币值方案；（4）采用金硬币方案，需要黄金及外汇准备；（5）发行银硬币，以稳定物价方案，附说明；（6）采用银硬币方案，需要生银及外汇准备；（7）无外债，亦不求收支平衡，而求改革币制途径之危险国；（8）改革币制稳定物价时，对于工商业不景气之准备。

兹录全文如次：

壹、改革币制之先决条件

本年一月至五月，支出超过收入四万三千亿元，致钞票增发三万九千亿元。五个月内，几增一倍，为历年钞票增加之最速者。物价升涨之加速以此。发钞愈多，人民之信用愈减。流通之速度愈增，轻币重货之心理益甚。此外军事之不利，生产之减少，则又助长其涨势。故稳定物价，以减少财政岁亏为先决条件。再助以其他办法。

否则财政收入不足，支出不能减少，专赖发钞，则虽发行新币，将仍与旧币一同贬值，速率或甚于旧币。又在军事与政治均未好转，国外又未得到大量经济援助之时，人民信心未复，将视新币为变形大钞，恐更引起物价之继涨。

改革币制，其应有之先决条件：若无充分外援，未尝不可举办。但必须（1）举国上下痛下决心，缩紧肚带，过艰苦之生活，（2）充分把握时机，不可再犹豫因循。

一、减少财政岁亏：

甲、每月财政亏空，以不超过收入百分之三十为度。所有收入，专指税收、国营事业利益与售卖敌伪财产、剩余物资、公有房地产及政府手中之股票为限。售卖外汇与发行硬币，均不作为收入。至亏空之数，应以公债弥补。

乙、除交通、原动力、防灾与农田水利以外，一切政府主办之长期建设，应暂时停止，以减支出。

丙、税收除从价征收者外，其从量征收者，应按照物价指数比例增加。

丁、迅速变卖敌伪产业及以日本赔偿工厂设备，让售民间。

二、收缩银行信用：

甲、对于政府机关之新存款，应严格执行公库存汇办法。

乙、加强中央银行调整金融之权力，如随时提高贴现利率及银行准备金。并得建议提高交易所保证金。

三、增加外汇供应：

甲、奖励外资——如：（1）准许外人在华工业投资之每年合法利润，得以若干汇出国外。（2）私人企业之可靠者，得由政府担保借用外资。（3）国营事业如适于外资参加者，得改为公司组织，中外合办。

乙、节省外汇开支——政府机关及办事处在国外之开支，应一律削减。除为顾全国家体面，或为条约所限，如联合国等关系外，一切会议如非必要，可不参加。其必要者，亦可减少人数。各种考察人员亦均可停派或召回。

丙、防止资金逃避——（1）凡赴香港、澳门者，一律须领护照，视同出国。（2）加强金融检查，凡金融机关之做港汇者，严予处罚。

四、善后救济遗留之事业，可成立一联合公司，仍由重要代表国家参加，开吸收外资之端绪。

五、改善生产及分配方法，安定都市物价：

甲、各重要都市之日用必需品，如米布油盐糖燃料，应对于公务员、学校及工厂工人，予以平价配给。

乙、凡比较品质划一，而又为日用必需之产品，如棉布、面粉等，应采用由政府供给原料，委托代制之方式。

丙、现在对于生产事业之低利放款，应改按产品数量，予以补助，使其资金不致转入投机，并增加产量。

贰、改革币制各种方法之比较

一、发行硬币——硬币之发行，若与法币自由兑换，则有特别优点，即可早日恢复人民对于货币之信念。例如人民之持有法币者，仅保存于手中一日，持有硬币者，保存于手中二日，即减低货币流通速率一半。换言之，同额货币下，即可减低物价一半。硬币与法币既可自由兑换，则人民对于法币之信念，亦将增加。其成功之条件，须有充足之黄金或白银。

如硬币发行后，与法币不能自由兑换，或有少数之硬币，不敷三四个月之用，则结果徒增变相之黄金美钞，增加市面之纷扰。三四月后，物价依然回涨，其上涨之速度，将更甚于往时。

甲、金币——因人民最重黄金，故金币当最为人所乐用。其对于恢复人民对于货币之信念，效用最大。但黄金之供给或借款最难。本办法需黄金五百七十余万盎司、准备二亿四千万美元，共计合美金四亿四千万元。

乙、银币——因人民对于银货，不如金货之重视，故其恢复人民信念之能力，较金为弱。且美国政府购银之价格太高，成本亦较黄金为大。本办法需白银三亿两，与外汇准备二亿四千万美元。如白银按美国官价购来，两共需美金六亿二千七百万元。如按美国市价购来，共需美金四亿五千万元。

二、利用外汇以稳定物价：

甲、无限制外汇本位——本办法在无限制出售外汇，收回法币，输入货物，以抵补财政，稳定物价。第一年需美金六亿元或七亿元，成本巨大。

乙、仍限制外汇与对外贸易——但利用国外物资以稳定物价。所需外汇为美金四亿五千万元，与金币方案相同，物价可以渐趋稳定。以其不能增加人民对于货币之信用，故其稳定物价之作用，不如硬币之速。但以其输入物资，不致如硬币本位之浪费金银货，故对于民生与工商之利益，或反较大。

三、发行新币：

甲、冻结一部分之法币，调换新币——照日本所行办法，发行新币，调换旧币。在调换时，冻结其一部分，作为存款。惟中国幅员过大，人口众多，交通不便，新币之调换，必须相当时间，在未完全调换以前，人民必竞相抛出法币，购进货物，物价势必大涨特涨，对于新币之信用更低。

乙、不经冻结手续，仅发行新币，与旧币一同使用——在物价继续上涨时，此法不能增加人民对于法币之信念，必将认为大钞之一，而更刺激物价，使其更涨。如发行新纸币，必须于物价已有相当时间之稳定以后，始可发行。

总观各种办法之中，发行新币以调换旧币之方法，不能收稳定物价之效。如有充分准备，发行硬币与法币互相调换，最能恢复人民对于法币之信念。但硬货不易得，铸币最少亦须六个月之时间。此其缺点。如能借到四亿五千万元之美汇，则以利用此项外汇输进物资，售于市面，借以弥补财政岁亏，最为稳妥。如能运用得当，而财政岁亏又不增加，则四亿余万元美币之货物，即可弥补岁入一年，物价自可稳定。实则即使采用硬币之方案，在硬币铸造尚未完成时，亦应采用此法，以为过渡。

叁、采用金硬币稳定币值方案

一、新币单位为金，每元法重一二二·五分之一盎司，含金七成，计纯金一七五·〇分之一盎司。

二、硬币之铸造：

甲、金主币——每枚为十元，重一二·二五分之一盎司，含金七成，计纯金一七·五分之一盎司。

乙、银币一种——每枚为一元，重〇·四二五七盎司，成色为七成，计含纯银〇·三盎司。

丙、镍或铝辅币二种——每个十分、二十分。

丁、铜辅币二种，每个一分、五分。

三、人民得无限制以金主币送中央银行，或其指定之银行，按一对五之比率，兑取银辅币，或以银辅币兑取金主币，不收手续费。

四、人民得无限制以黄金向中央银行兑取金币。纯金每盎司兑换金币一二二·五元。人民得按照比价，无限制以金币向中央银行兑取金条。办理兑换时，中央银行得酌收手续费。

上两项兑换，每次不得少于黄金十两。

五、金币每元兑法币一万元。人民得无限制以法币向中央银行，或其代理银行兑取金币、银辅币或等值之金条。金条之兑换，每次不得少于一两。在法币未完全收回前，金币与法币同时在市面流通，皆为无限制法偿币。

六、在金币铸造尚未充足时，得先发行金兑换券，分一元、五元、十元三种。人民得以兑换券无限制兑取等值之金币、银辅币、金条或法币。但如兑取金条，每次不得少于黄金十两。

七、兑换券须十足准备。其中最少须有百分之六十为生金银外币或外汇。其余为证券准备。兑换券之准备，由准备管理委员会保管之。准备管理委员会，由银行公会、商会及民意机关代表参加。加入银行公会之外商银行代表，亦可被邀参加。发行数目、准备金数目，应按期公布。

八、黄金与金条暂禁出口。

九、新币制实行后，现行管理外汇与贸易之办法，仍应照常施行。

肆、采用金硬币方案，需要黄金及外汇准备

假定币制改革后，通货流通总额为三十亿元，其中三分之一为硬币，三分之二为纸币。如硬币每元含纯金一七五分之一盎司，则十亿元共需黄金五百七十一万四千三百盎司，按每盎司美金三十五元计算，计合美金二亿元。如纸币准备之百分之六十为现金准备，以生金银或外汇充之，其余百分之四十为保证准备，则二十亿元之纸币，共需现准备十二亿元。新币按五元合美金一元折算，计合美金二亿四千万元，加铸造硬币所需之二亿元，共需四亿四千万美元。

故如欲采用金硬币方案，必须先由国外借到黄金五百七十一万四千三百盎司，以供铸造金币之用。此外尚须有短期信用贷款二亿四千万美元，以为补充纸币准备之用。

现在黄金之需求较广，各国正在争夺存储，以为充实货币及外汇准备之用。故如欲美国以黄金贷予我国，恐无希望。

伍、发行银硬币以稳定物价方案

一、新币单位为金元——每元法重一二二·五分之一盎司，成色七成，计含纯金一七五分之一盎司。

二、硬币之铸造：

甲、金币——每个十元，重一二·二五分之一盎司，成色七成，计含纯金一七·五分之一盎司。

乙、银币一种——每枚为一元，重〇·四二五七盎司，成色七成，计含纯银〇·三盎司。

丙、镍或铝辅币二种——每枚十分、二十分。

丁、铜辅币二种——每枚一分、五分。

三、发行新兑换券——分一元、五元、十元、五十元。

四、兑换券须有十足准备——其中最少须有百分之六十为金银硬币外汇，或外币。其余为证券准备。兑换券之准备由准备管理委员会保管之。准备管理委员会由银行公会、商会及民意机关代表参加。银行公会之外商银行代表亦可被邀参加。发行数目及准备金数目，按期公布。

五、金币银币与兑换券——每元合法币一万元。在法币未完全兑回时，与法币在市面上一同行使，皆为无限制法偿币。

六、金银货之进出口，仍照常禁止。

七、新币制实行后，现行管理外汇与贸易办法，仍照常施行。

附说明如下：

一、本办法假定（1）能借到白银三亿盎司，且继续得到相当数额之外汇。（2）须迅速取得造币设备，或国外代铸便利。

二、货币单位——单位改小之理由（1）战前之货币过大，致分以下常须找零。本不甚适合于中国之生活程度。（2）现在物价高涨，薪金落后。若恢复战前货币单位，为数过少，则势必仍再提高待遇，而引起物价上涨。（3）将来与美国贸易，势必较多，不妨与美国货币作一简单之联系。故规定新币每元所含纯金，等于美金二角，或每个五元金币合美币一元。

三、银币每个大小约等于战前之半元。

四、新币每元合法币之数额，不应于现在规定。须视发行时之物价。设彼时国内物价尚与现在相当，则可定每元新币合法币一万元。如彼时物价又升涨一倍，则可定为每元新币合法币二万元。

五、货币虽以金为本位，但金货应留作准备。故金币虽可预先铸造，但非为救急，不必发行。市面流通，应以银币为主。

六、如借得白银三亿盎司，可铸银币十亿元。若按现在物价折合，每枚兑法币一万元，即相当于法币十万亿元，超过现在之发行额。

七、银币价值等于战前半元，故十亿枚，相当于战前币值五万亿元。

八、在上项银币以外，如再发行兑换券以补足战前货币十五亿元，则除收回全数法币外，尚可再发行新兑换券二十亿元，相当于法币二十万亿元。

九、如发行新兑换券，为增加信用起见，必须有现金，或外汇准备百分之六十，合美金二亿四千万元。换言之，即得到新增外汇准备一千万美元，可发行新兑换券八千三百万元，等于旧法币八千三百亿元。

十、在新币制之开始，应先发行银币。俟物价稳定二三月后，方可发行新兑换券。

十一、在对于收支不能平衡之时，为节省外汇起见，应仍保存外汇与贸易之统制。其办法当酌加修改。

十二、在财政收支未能充分平衡以前，兑换券应只能兑换银币，或依照规定办法，购取外汇，不能兑取金币。

十三、在物价未稳定前，应仍停止自由铸造。因开放铸造，则市面金条将送入造币厂铸为货币，增加筹码。

陆、采用银硬币方案需要生银及外汇准备

假定币制改革后，通货流通总额为新币三十亿元（此数与战前法币流通量相当），其中三分之一为硬币，三分之二为纸币。如硬币每元含银〇·三盎司，则十亿元银币计需生银三亿盎司。如按美国官价，每盎司一元二角九分美金计算，计值美金三亿八千七百万元。按美国市价每盎司七角折算，计值美金二亿一千万元。按墨西哥市价，每盎司六角折算，计值美金一亿八千万元。

如纸币准备百分之六十为现金准备，以生金银及外汇充任之。其余百分之四十为保证准备，则二十亿元之纸币共需现金准备十二亿元。新币按新币五元合美金一元折算，计合美金二亿四千万元。

故如所需白银部分，按美国官定银价一·二九元计算，铸造银币连同纸币准备，共需美金六亿二千七百万元。如白银部分，按美国市面银价折算，共需美金四亿五千万元。如白银部分按墨西哥市价美金六角折算，共需美金四亿二千万元。

我国存银有限，如欲采用银币方案，必须有友邦之协助。其白银部分之贷款方式，可参照下列原则商定之。

数额：白银三亿盎司。

偿本：分三十年以白银偿还之。自签约后五年起付，合计每年须付白银一千万盎司。如按市价六角计算，约合美金六百万元。如按七角计算，则合美金七百万元。按美国官价一·二九元计算，共需美金一千二百九十万元。

按照美国法律规定，如以银贷与我国，必须按一元二角九分作价。如是，我国债务负担势将加重。故如向美贷银，最好银来银去，避免作价，我国之担负可望减少一半。

利息：最好亦以白银偿付。盖如若付现，本金势必作价。则我国之利息负担，恐亦加重。

担保：以中国出口所得，偿还本息。品目可在事先指定之。

柒、无外债，亦不求收支平衡，而求改革币制途径之危险

假定不能借到外债，其整理币制之可能方法，计有（1）以现有黄金发行硬币。（2）发行新纸币以调换旧法币。兹且就上列两种方式分别究讨之如后：

一、中央银行现存黄金二百四十余万两，如按发行硬币方案所拟，规定每新币一元含纯金一七五分之一盎司折算，二百四十万盎司之黄金，可铸新硬币四亿二千万元。如新币一元合旧法币一万元，则四亿二千万元之新币，计合法币四万二千亿元。

二、四万二千亿元之法币单位，尚不及现有发行额之半数。如金币发行后，人民均以法币争换金币，于极短期内，黄金准备即将全部流散，政府将无以应付允换。金融势必大乱，法币前途，更不堪设想。

三、根据近数月之统计，每月财政收支之差额，约为法币一万亿元。故四亿二千万元之新币，仅能抵补财政四个月之不足。倘物价上涨，收支差额增加，或人民争以法币允换金币。则一部分金币替代法币，而新币抵补财政不足之效用，亦将随之消失。

四、二百四十余万两之黄金价值，约占我国全部外汇准备三分之一。故加以现有存金全部铸造金币，流入民间，则我国之外汇准备，势必骤减。无论使用旧法币，或另发新硬币，其对外价值更将减低。故如就我国现有黄金发行金币，不特对于财政收支无大补助，且将刺激以法币计算之物价，及影响国币对外之价值。似应慎重考虑。

甲、发行新币，在调换时冻结其一部分。

（1）如欲以新纸币兑换旧纸币，并施行冻结一部分现款办法，则必须考虑通货增加倍数，是否超过物价上涨之倍数。若其倍数大于物价上涨之倍数，即表示人民对于货币之信任尚坚。故物价上涨，主要者乃由于货币之增加。在此情形之下，冻结货币与信用之一部分，即可减少购买力，而压低物价。中国现在物价上涨之倍数，大于通货增加之倍数，即表示人民对于法币之信念已失。物价上涨之较速，乃由于人民之急于抛出货币。此时若冻结一部分之货币，则在命令宣布以后，调换完成之前，人民必将加速抛出货币，争购物资，以免除冻结。其结果徒使物价更涨。

（2）国人在银行之存款，多不用真实姓名，极易化整为零。如欲对一定数额以上之现款，予以封存，颇难有良好及公允结果。

（3）如在全国各地调换货币，并冻结一部分旧币，必须有多数兑换机关及大批人员。非短暂期间所能竣事。在此期间，益增紊乱。

乙、不冻结原来货币，仅发新币。

如发行新纸币，规定新旧币之兑换率，将旧币收回。收回以前，新旧币在市面上一同行使。但新纸币仍不能兑为金银或外汇，则人民对于新纸币，仍无信念。且以一元新纸币换千元万元之旧币，将更使人民恐惧而纷扰。物价反致更涨。

综观上述，如不能借到外债，则整理币制，恐惟有由整理财政、减少收支差额、加强金融管制着手。一旦财政收支平衡，发行停止增加，物价自可稳定。然后再发行新币，调整旧币。倘若草率从事，不特不能改善现状，反可引起更大经济波动。希腊曾用此法，最初稳定一时，以一面出售黄金外汇，一面减缩政府支出。嗣以黄金外汇减少，新币又复跌价。日本用发行新币冻结一部分购买力办法，以日本政府严格执行统制物价，实行配给，严禁黑市，人人节约消费。故最初数月，会得稳定物价之效。不可不注意者，希腊与日本人口较少，面积不大，易于管理，不可与中国同日而语也。

捌、改革币制，稳定物价时，对于工商业不景气之准备

无论改革币制与否，在经过长期物价继涨以后，若骤然稳定物价，必将引起一部分工商业与金融业之不景气，甚至倒闭频仍，失业增加。此点在采用任何方法以稳定物价，或改革币制时所不能避免。

在物价继涨时，一切工商生产业，凡先进货而后售货者，皆获得货币之利益。故凡略有资财者，皆愿设立工厂商店，借买卖之转手而获利。故此种厂店，乃借物价之继涨而维持。事实上，厂店数目虽增，但生产总量则未必增加。在物价稳定时，一部分之厂店，即因过剩而被淘汰。又在物价继涨中，凡进货愈早，而售货愈迟者，获利愈大。故生产者多不讲求生产效率。在物价稳定时，其不能改善效率者，亦必受淘汰。此外以物价之上涨率高于利率，凡能得到低利借款者，皆获更大之利益。而银行即为吸收低利款项之最有效工具。故在物价继涨中，银行亦增加设立，往往兼营事业，或囤积物资。在物价稳定时，若干银行亦为过剩，势必因营业减少、资金缩小而被淘汰。

改革币制之目的，在乎稳定物价，适与一般工商业之虚浮繁荣相抵触。彼时政府意志若不能坚决，而大量贷出款项以为救济，则物价将复上涨。而币制之改革或任何稳定物价之方案，将仍归失败。

是以在稳定物价或改革币制之前，必须预为估计此项结果。预算某若干种生产事业，为民生之必需，须予以维持。某种商店或银行可任其停闭。百分之几或令其合并。凡须维持者，预定维持办法。须淘汰者，预计如何使此种淘汰不致过度影响同业与市面。

凡须维持之产业，如贷以低利放款，势必再引起物价之上涨，而破坏币制之改革。在财政收支未能平衡以前，尤其如此。故维持一部分主要产业之办法，宜改用“按照产品数量给予补助”之方式，使其可以增加生产，且不致滥用贷款，以作投机。

在物价继涨之时，生产效率减少，前已言及。故在物价稳定时，非不得已，亦不应对于产业滥予补助。应使其适应环境，而改进效率。

* * * * *

二十四日，泛美世界航空公司 Pan American World Airway 招待美国各大报纸主人环球旅游，由该公司总经理褚芮卜 J. T. Trippe 伴行，今日飞抵上海。

按该公司邀请之上宾，计有《纽约时报》之沙尔斯包格 Arthur Hays Salzberger、《芝加哥论坛报》之麦考米克 Robert MaCormick 及赫斯特报系之霍瓦特 Roy Howard 诸巨头。飞机将在上海耽搁一日。褚芮卜总经理系先生民国三十二年旅美时，结识之好友。

二十五日，（一）设午宴招待泛美世界航空公司总经理褚芮卜，并托其鼓吹美国经济援华。

先生日记云：

> 中午讌泛美航空公司总经理褚芮卜君，告以中国局势危险万分，尤以通货膨胀若不遏止，将至不可收拾。请其在飞机上与各报主人一谈，返美后，鼓吹美政府对于经济援华，不可迟徊观望。渠希望有文字说明，以便带回，向共和党各领袖剀切说明。当即赶缮备忘录 Memorandum on the Chinese Currency 一份，内中着重于用银改革币制，盖以美国存银并无别用，若能借给中国生银一批，可以拯救中国目前危局。泛美飞机在上海仅耽搁一日。

（二）下午赴旅馆访《芝加哥论坛报》主人麦考米克，略谈。（按民国三十三年三月，先生与麦氏相识于芝加哥）除上述 Memorandum on the Chinese Currency 外，并有 Plan for Currency Reform 改革币制意见及方案提要，交褚芮卜氏携美。

按此向美贷生银改革币制建议，二十年后，先生友人前泛美世界航空公司副总经理卜莱雅 S. F. Pryor 于一九七六年一月八日，由夏威夷来函，追述往事，谓："当时本人因病，未能与褚芮卜总经理偕行作环球旅游，嗣相见于檀香山旅馆中，承告经上海时，先生有改革中国币制意见及方案，托其转达同航之美国报界要人，请对此事在美鼓吹。褚氏嘱彼向马歇尔国务卿进言。惟彼认为应先向参议院外交委员会主席范登堡 Arthur H. Vandenberg 提出。如范氏同意，则马国务卿当无异议。经与范氏细读先生所提方案后，乃同访马国务卿，由彼交给属员研究。记得其人似系魏德迈将军。惟彼等将军事与财政援助计画，混为一谈，铸成大错。否则历史势将重写云云。"

二十六日，（一）晨七时，访泛美世界航空公司总经理褚芮卜，略谈，并同至机场握别。八时起飞。（二）约纺织品调节委员会委员邹秉文、王启宇、唐星海、荣尔仁等，讨论该会对于收花、代纺及出品议价各项原则。（三）上海《大美晚报》登载美京消息，进出口银行五亿美元贷款期限，不日届满，不再展期。

先生日记云：

> 似此，五亿美元贷款，已成流产矣。

（四）外交部王部长世杰抄送驻美顾大使维钧二十五日来电，报告美方对于少数借款请求之意见。来电要点如下：依据美方请求，拟提少数借款计画，原则如下：（1）目前受战事影响较大之计画缓提。（2）资料简单、条理欠明之计画缓提。（3）交通与工矿总数，保持原有比例。美方注重农业增产，比例可以略加。（4）总额不宜过大，免致对方拖延。拟列入之计画如下：（1）交通类：计粤汉、浙赣二路，黄河铁桥，机车修理材料，及美国剩余客车，上海、广州两海港，共计一亿一千六百八十万美元。（2）工矿类：计电力、煤矿、石油、水泥、电工、输出矿产等，共计七千零八十万美元。（3）农业类：计肥料、植物油、糖厂三项，共计六千万美元。以上三项，合计二亿四千七百六十万美元。拟通知马歇尔国务卿，于六月底五亿美元贷款保留期限届满前，将上列计画送交进出口银行。（五）上海黄金黑市飞涨。

二十七日，（一）中央银行顾问罗杰士与业务局副局长邵曾华来见，请示赴香港，与香港政府交涉协助防止走私，及取缔黄金、美钞、法币黑市等办法。（二）外交部王部长世杰抄转驻美顾大使维钧二十六日来电，报告美国务院远东、经济两局对于我方提出少数借款计画之意见。电称：美国务院远东、经济两局意，吾方所提较小数目借款计画，应具下列要点：（1）如何能切实利用贷款，直接间接增加出口，易取外汇。（2）如何可使贷款还本付息，不受以前外债偿付影响。（3）棉花贷款较有希望，但期限不能太长，且须说明究有若干成品可以输出；麦子、汽油等均属消费品，难有希望；工业原料及配件，可用以增加输出者，可以列入。（4）贷款总额不可过大。

二十八日，（一）派中央银行顾问罗杰士、业务局副局长邵曾华赴香港，与香港政府交涉协助防止走私，取缔黄金、美钞、法币黑市事宜。

先生日记云：

> 迩来华南沿海走私出口，日见猖獗。上海资金逃港日增。或私运钞票至港出售，易成港币；或由上海、广州等地银行钱庄汇港，掉换港币。同时香港有公开黄金、美钞市场，内地资金纷纷流入，易取黄金、美钞。因此抬高上海黄金、美钞黑市。必须取得香港政府合作，以图补救。

（二）约纺织品调节委员会主任委员邹秉文、委员刘英泗、业务处长吴味经，商讨纱布议价及配销详细办法。（三）上海市社会局吴局长开先来商，工人配给日用必需品方针。

二十九日，（一）约中央银行顾问罗杰士、吴大业，讨论币制改革各方案，以备带宁。（二）继续与纺织品调节委员会各主管人员讨论实施办法。经济部陈部长启天出席参加讨论。

三十日，（一）应善后救济总署署长霍宝树之约，与甫自美来华之联合国救济总署代表克利夫兰 Harlan Cleveland 午饭。席间商谈联合国救济总署结束后，遗存中国之物资处理办法。（二）英国大使馆财务参赞汤姆斯 Thomas 来告，明日飞香港，协助中港经济交涉（防止走私），希望早日获得结果。（三）与纺织品调节委员会主任委员邹秉文、业务处长吴味经，继续商谈各项调节细节。（四）乘夜车赴南京。

七月一日，（一）晨抵南京。（二）财政部徐次长柏园来谈。（三）与行政院张院长群同进午餐。（四）下午访财政部俞部长鸿钧。

先生日记云：

> 今日与张、俞、徐诸公相晤，均谈中央银行对政府垫款事。我告以无限制垫款，通货将日益膨胀，危机即在目前，幸勿漠视也。

二日，（一）财政部钱币司司长戴铭礼来见，称俞部长对于中央银行所拟与香港政府交涉各项办法，悉表同意。（二）墨西哥中央银行研究处副处长过沪来见，称墨西哥年产白银六千万盎司，银行存银五千万盎司。（三）访外交部王部长世杰，承告：驻美顾大使维钧来电，谓美国进出口银行希望我方将（1）外债偿付情形，及（2）国际收支情形编送该行。（四）谒见蒋主席，奉谕从速研究币制改革计画，对于改用银本位，无成见；并嘱可与行政院张院长群、财政部俞部长鸿钧、主计处徐主计长堪、文官处吴文官长鼎昌共同商议。

三日，（一）外交部王部长世杰抄送驻美顾大使维钧二日上午来电，报告与美参议院资深议员范登堡谈话经过。电称："范氏主张美对外国援助，应有一劳永逸计画，不可枝枝节节。对于我国，应照援助欧洲各国办法，同样办理，并须有一通盘打算。除频与马歇尔国务卿讨论此事外，复经去函重申此意。"（二）外交部王部长世杰抄送驻美顾大使维钧二日下午来电，报告在华美商对我国出口贸易管制，深感不便，请勿对华贷款。来电报告：前与马歇尔国务卿谈话时，其远东、经济两局长，提出中国对于出口贸易各种管制，在华美商深感不便，迭电美政府请勿对华贷款，望我国注意。马歇尔国务卿对此事表示关切，希望能有改善。

四日，（一）外交部王部长世杰抄送驻美顾大使维钧三日来电，报告已向美国务院提出贷款具体计画，其项目及细数如次：

（1）交通八项：

（甲）粤汉铁路　三七、六四九、〇〇〇美元

（乙）浙赣铁路　五四、七九五、〇〇〇美元

（丙）车辆修理器材　八、〇〇〇、〇〇〇美元

（丁）黄河铁桥　五、四〇〇、〇〇〇美元

（戊）剩余客车运费　四、〇五〇、〇〇〇美元

（己）上海港　四、八七二、〇〇〇美元

（庚）广州港　二、〇〇〇、〇〇〇美元

（辛）塘沽港　一六、七五〇、〇〇〇美元

以上共计一三三、五一六、〇〇〇美元

（2）工矿八项（东北除外）：

（甲）电力　二〇、三〇〇、〇〇〇美元

（乙）煤矿　一七、五〇〇、〇〇〇美元

（丙）钢铁数额过巨不列

（丁）石油　一一、五〇〇、〇〇〇美元

（戊）机械工具机　四、〇〇〇、〇〇〇美元

（己）电工四项　一〇、〇〇〇、〇〇〇美元

（庚）水泥　五、〇〇〇、〇〇〇美元

（辛）出口矿产　六、五〇〇、〇〇〇美元

以上共计七四、八〇〇、〇〇〇美元

（3）农业经济三项：

（甲）肥料　五〇、〇〇〇、〇〇〇美元

（乙）植物油　五、〇〇〇、〇〇〇美元

（丙）糖业　五、〇〇〇、〇〇〇美元

以上共计六〇、〇〇〇、〇〇〇美元

三项总计二六八、三一六、〇〇〇美元

七日，（一）财政部俞部长鸿钧抄转驻美顾大使维钧五日致外交部电，称：美进出口银行需要下列数字：（1）政府所持黄金及外汇数目；（2）估计人民所持黄金及外汇数目；（3）估计一九四六与一九四七两年黄金、外汇的国际进出数目；（4）公私外债款项（战前及战时）到期应行偿付之本息外汇数目，及过期未付数目（分别列表）；（5）上述公私外债应付本息中，有无敌人债权数目及业经剔出之数目（分类列表）。（二）编制财政一览表。接到顾大使来电后，为答复美进出口银行所需数字，即根据财政部七月一日所集资料，分类列表，编制财政一览表如次：

壹、民国三十六年（一九四七）七月一日，政府持有之外汇、金、银等资产（包括存款、现金、现银、投资及保证金），折合美金，以百万美元为单位。

（一）美元	一七七·三
（二）英镑	二一·九
（三）港币	一二·〇
（四）罗比	〇·四
（五）黄金	八五·七
（六）白银	二九·四

以上六项共合美金三二六·七百万美元

贰、民国三十六年（一九四七）七月一日，政府金融机关所持有之美金数目，以百万美元为单位。

（一）中国银行	九四·八
（二）交通银行	一六·六
（三）中央信托局	四·六
（四）中国农民银行	二·四
（五）邮政储金汇业局	四·二

以上五项共计美金一二二·六百万美元

叁、民国三十六年（一九四七）九月至三十七年（一九四八）九月，中国国际收支状况（估计数），以百万美元为单位。

（一）支出之部：

（1）进口

（甲）原棉	一〇〇·〇
（乙）米、麦、面粉	四〇·〇
（丙）煤、焦炭	二·〇
（丁）第一期准许进口额	二四·〇
（戊）第二期特许进口额	二一五·〇
（己）第三期准许进口额	三〇·〇
（庚）由人民所持外汇支付额	一〇〇·〇

以上七项共计美金五一一·〇百万美元

（2）债务	五五·〇

（3）政府费用

（甲）军用汽油	三一·〇
（乙）军火	一〇·〇
（丙）债务	三五·〇
（丁）工矿器材	二〇·〇
（戊）驻外使领机关费用	二五·〇

以上五项共计美金一二一·〇百万美元

支出总计美金六八七·〇百万美元

（二）收入之部：

（1）出口	二〇〇·〇
（2）侨汇	一〇〇·〇
（3）外人在华费用	二五·〇
（4）海外捐款等	一四·〇
（5）赔款	一〇〇·〇

以上五项收入共计美金四三九·〇百万美元

（三）收支相抵差额计美金二四八·〇百万美元

此项财政一览表编竣，拟俟妥便赴美，托为带交驻华府大使馆。

十一日，飞抵北平。

先生日记云：

> 为平津两市粮食配给事赴北平，与两市当局商订办法。晨八时起飞，下午三时到达。

十二日，约集平津两市市长，讨论粮食与煤炭供应问题。

十三日，访戴维斯 Davis 牧师，商订与周碧霞女士结婚仪式与地点。

先生日记云：

> 下午访已退休之老牧师戴维斯，商议与周碧霞女士结婚地点与仪式。此次在平举行续弦婚礼，为避免本行同人及上海各界馈赠，与还礼宴会等繁文，故两地均不寄发通知。

十四日，娶上海周碧霞女士为继室。

先生日记云：

> 下午五时，在北平美以美教会，与周碧霞女士举行婚礼，由戴维斯牧师主婚，钤妹、蕊妹及国钧，均在场观礼。

十五日，（一）晨八时早车赴天津。（二）赴中央银行津行，与同事晤谈。（三）访天津市杜市长建时长谈，并同参观城防工事。（四）与天津中国、交通、农民三银行，商业银行及钱庄代表谈话。（五）接驻美大使馆参事王守竞十二日来函，报告关于二亿美元棉花贷款，已拟具致美进出口银行函稿，一俟顾大使核定后，即可送出。（六）赴东北保安司令长官部及天津市政府公宴。

十六日，（一）访旧友曹汝霖、任凤苞。（二）与天津市工商业界及进出口贸易界多人晤谈。（三）赴天津工商联谊会午宴。（四）乘火车返北平。

十七日，（一）北平行营李主任宗仁来访，长谈。（二）接见外国新闻记者。（三）赴北平银行公会晚宴。

十八日，乘飞机返抵上海。

十九日，（一）国府颁布实施全国总动员法十八条。蒋主席发表演说，要求军民一致加强“剿匪”工作，为国家民族扫除“百世祸根”。（二）晤驻华美大使司徒雷登，承告美援华方案正由国务院研究，希望中国有专家赴美，以备咨询。

先生日记云：

上午晤美驻华大使司徒雷登，提及美国马歇尔援华方案，正由国务院研究中，希望吾方派一熟悉财经细节之专家赴美，以备商讨。蒋主席原拟派一大员如俞大维部长前往。惟美方属意于熟谙细节之专家，且为避免吾政府有加以压力之嫌。因拟推荐贝淞孙兄赴美。同时请其先拟一修正管理外汇及贸易办法，即日以初稿送来。

（三）贝祖诒送来所拟修正管理外汇及贸易方案初稿。

先生日记云：

下午贝淞孙兄携来托拟之管理外汇及质易方案初稿。所拟方案，系将中央银行之外汇挂牌取消，另设一外汇平衡基金委员会，随市结汇，以免（1）紧急方案偏于将汇率固定，致中央银行挂牌常低于黑市，而有挂牌追随黑市之嫌；（2）因黑市高于挂牌，出口与侨汇为之裹足不前；（3）中央银行不敢随时调整挂牌汇率，免得受人以提高汇率，无异提高物价之指摘。

（四）乘晚车赴南京。

二十日，（一）晨抵南京，访行政院张院长群，告以在平津两地接洽粮食分配办法。（二）访外交部王部长世杰、财政部俞部长鸿钧，告以贝祖诒所拟管理外汇及贸易方案内容。方案大纲如下：

壹、进出口贸易暂行办法：（1）输出物品所得外汇及其他自国外汇入之汇款，准按照市价售给指定银行。（2）输入物品暂时仍采行输入许可制，其所需外汇，除一部分民生日用必需品，准由中央银行供给官价外汇者外，其余准凭证向指定银行按照市价结购。（3）应供给官价外汇之物品种类，由输出入管理委员会随时报请行政院核定之。（4）设立输出入临时管理委员会，隶属于行政院，原有输入及输出两管理委会即予裁撤。（5）改善有关输出入管理办法，手续力求迅速公开。

贰、中央银行管理外汇暂行办法：（1）严格规定银行依照市价买卖外汇之办法。（2）严格规定指定银行之资格。（3）督促经营侨汇银行改善服务。（4）设置外汇平衡基金委员会，负责调节进出口贸易及其他合法外汇买卖之供需，以平衡外汇市价。

叁、行政院应注意下列事项：（1）各级政府机关及国营事业机关申请外汇，应从严审核。并裁减驻在外国之临时机关及人员。（2）取缔黄金投机买卖办法及禁止外国币券流通办法，应严格执行。（3）应严防进出口走私，并应规定逾期进口货不得在市场销售。（4）厉行经济检查，禁止投机、囤积、私抬物价。（5）厉行节约消费。

二十一日，出席全国经济委员会会议，讨论经济改革方案。

二十二日，美政府特使魏德迈将军 Lt. Gen. Albert C. Wedemeyer 抵华，发表书面谈话。

按美总统杜鲁门指派魏德迈将军充任特使，来华调查当时中国政治、经济、军事、社会一切情况及其趋势，曾于七月九日颁发指令如下：（1）进行调查时，应与驻华各地区之美方外交、军事人员保持联系。（2）与中国负责官员及领袖进行讨论问题时，应阐明此行任务，系属调查事实真象。如中国政府能提出令人满意，而可产生效果的复兴计划，与所需任何援助，能在美国政府代表监督之下施行，则美国政府对之将予以考虑。（3）在评判所搜集之一切事实时，对于认为切要之援助，而与中国政府所提出不合美国政策之对华计画，应抛除成见。（4）在报告此行任务中所获得之事实时，对其性质与范围，及应否予以援助的一切可能后果，必须尽量使其正确。（5）出发时，应携带必要之专家、顾问、助理人员同行。

据上海《申报》二十三日报导，魏德迈将军二十二日抵南京，向新闻记者发表谈话如下："余上次在中国荣任蒋委员长参谋长兼驻华美军总司令之职，为时颇久，离华以来，已一年有余。此番重临旧地，在此与诸位老友再度聚首，至为欣慰。余一向期望重领此种友谊之温情，惜余此次留华时期甚短，余之时间与精神，必须不断致力于对中美两国极重要之工作。故余预料彼此把晤之时间不多，未免引为遗憾耳。关于未来六星期应做之工作，余仅作一般性之概述。余奉美总统之命前来调查中国与朝鲜之一般情形，即最近两国之现实局势，及其未来复兴之能力。余之使命，其基本性质为调查事实，由专家一小队襄助一切。此等专家对于经济、财政、工程与政治各方面，均有丰富之经验。我最关切者，为获悉中国政府为期望复兴，而采取之措施，其效能如何。

"完成我等之任务，其期限甚为短促。我使团中之人员必须以全部时间致力搜集，及评估各种报导。此种报导，不但对于中国、朝鲜及美国至关重要，而且对于全世界亦显然具有重要之关系。余决定吾人之工作，将具有真正及时之价值。果尔，则吾人必须以毫无成见之态度，负起此项责任。出于健全与审慎之筹画，最可能获得良好之结果。此种筹画，不但出于吾人所希望为真实之事，而且出于吾人由于客观与澈底之考察，而确知其为真实之事。余此一声明，说明余何以目下尚不能提出任何期望或任何声明。但有一点可以奉告者，即余将尽余之能力，履行杜鲁门总统授余之指令，以确定一切关于政治、经济与军事情形之事实，不论有利或不利者，将此等事实，彼此互作联系，然后加以评估，并在余之使命告终之时，将此事工作之结果，提呈美国总统。"

二十四日，（一）访财政部俞部长鸿钧，讨论本年度第三期外汇分配限额，及今后外汇管理修正办法。俞氏主张将外汇用途分为若干类。每类中，酌给政府机关相当额度之官价外汇。（二）出席外汇审核委员会会议。（三）参加全国经济委员会会议。（四）美国魏德迈将军特使团财务顾问精克斯 David R. Jenks 来访，询问我国发行及中央银行对政府垫款情形。当将下列数字告之。

民国三十六年（一九四七）上期，一月至六月，法币发行额

（单位万亿元）如下：

一月　〇·七八

二月　〇·三三

三月　〇·九〇

四月　一·一六

五月　一·四八

六月　一·五六

民国三十六年（一九四七）上期，一月至六月，中央银行对政府垫款额（单位万亿元）如下：

一月　〇·八五

二月　〇·六六

三月　一·一一

四月　一·五五

五月　〇·九五

六月　一·九四

（五）访国民党中央执行委员陈立夫，询其对于管理外汇修正办法之意见。陈氏不赞成分类办法，并主张将烟草限额减少。

二十六日，（一）外交部王部长世杰抄送驻美顾大使维钧二十五日来电，报告联总结束后，美方决定款额三千万美元，购买粮食运华。来电略以向美政府请求，在联合国救济总署结束后，美国对外救济援助案中，予我援助一亿美元。经与美外交次长及有关各主管商定结果，美方决定款额为三千万美元，分向美国及其他地区，购买粮食运华。

按当时世界缺粮，经国际粮食会议通过，七月至十二月，中国可得米四万三千吨；九月至十二月，可得麦约九万六千吨；另可由缅甸供给米三万吨，由加拿大供给面粉四万吨。总额最多合二十万零九千吨，需款仅二千五百万美元。

（二）外交部王部长世杰抄送驻美顾大使维钧二十五日来电，报告棉花贷款期限，及美进出口银行希望得知我国全盘财政计画。来电称：“（1）棉花贷款，进出口银行按照惯例，须于三十个月内偿还，我方希望七年期，难以办到。（2）进出口银行须接到我国全盘财政计画说帖，方能对贷款详细计画，考虑决定。（3）中央银行编送进出口银行所需数字，已于二十二日收到。一二日内，即可将棉花贷款计画，同时送出。”

三十日，接驻美大使馆参事崔存璘密电，报告魏德迈特使来华任务。文云：“密讯，魏德迈调查团此次来华任务，并不在调查，而系作一有利中国报告，以备作为政府向国会提出援华张本。同时政府深信国会如能通过援华案，必有严厉参加管理条件。为顾全中国体面，拟请中国政府自行提出。若魏使命成功，美总统拟于八月间派史帝尔门 Charles L. Stillman 来华报告援华步骤，魏将任为管理人。又国会虽将于本月底闭会，总统有召开特别会议可能。所有消息，如须转知他人，请告由美友处得来，切勿提及系存璘供给。崔存璘。”

八月三日，（一）接外交部抄送驻美顾大使维钧二日来电，报告：（1）美国对我要求救济款项，决定为三千万美元。（2）棉花贷款计划，已照电示改订。（3）进出口银行所需我国财政一览表已送出。文曰：“九百号电敬悉。（1）美方对我国救济款项决定为三千万元。据上周主管外次口吻，似属专为助我本年年底以前所需。明年所需，或能继续商拨，全视我国届时实际粮产情况如何。按照议院通过之法律，显明其拨款期限系至明年六月三十日为止。而案内所指欧洲六国之中，波兰与匈牙利，以其最近政治变迁，似有除外不予救济之意。因此可有余款增援他国。惟除总额百分之六，可用在他国采购外，余数均须用在美国境内采购。现在我方要向国际紧急粮食会申请增加我国分配数额，包括在美国以外采购配额，俾尽量利用此项美款。已嘱陈参事向该会议提出要求自本年七月至明年六月终，给我国以八十万吨麦面配额。米之配额，须另申请。（2）棉花借款计画，已遵电示改为四年，首先十八个月仅付利息，后二年半，分五期均数还本。所需棉花，本年六个月为五十万包，明年至九月底为五十八万包，两共需款约合二亿元。所需外汇还本，最多年份，均须输出棉花或成品二十七万包，合我国战前输出五分之（又）七点五，当易办到。（3）进出口银行所需我国财政一览表，昨日已送出。棉贷计画拟于日内送去商谈。统祈鉴察，并转俞部长、张总裁公权接洽为祷。上述文件，航寄备考。顾维钧。”

按外交部美洲司九百号去电，系关于联总结束后，美物资援华及棉贷事，与行政院张院长群、中央银行张总裁嘉璈商定结果。（外交部机要室注）

（二）接善后救济总署署长霍宝树一日来函，以该署行将结束，将另组织行政院善后事业委员会，抄送委员会组织条例草案。函曰：“本署结束期近，已举办之各种善后事业，有继续性而仍需国际协助者，如黄泛区复兴工作，及长期之渔业、农业善后计画等项，迭经行政院善后救济联系会议商讨，佥以为本署结束后，实有专设一有力机构，继续集中办理之必要。并经树面陈张院长请示，奉谕许可。遵经拟具《行政院善后事业委员会组织条例草案》呈院核议。抄附草案全份。”

先生日记云：

> 查兹事攸关国际合作，尤其有关今后之中美经济合作，且涉及外汇支出。数月来，联总之中国局驻华代表季尔褚白芮克 Gilpatrick 时来商谈，希我从旁促成。因与亚民兄时时接触，并在行政院方面疏解难题，因得此结果。

按该委员会组织，委员长由行政院院长兼任，副委员长由政府特派，委员十一人，除财政、交通、农林、水利四部部长，资源委员会委员长，中央银行总裁为当然委员外，余由政府聘任。其业务范围如下：（1）黄泛区复兴业务。（2）渔业机轮业务。（3）机耕及农具制造业务。（4）乡村工业示范业务。（5）其他未完成之善后事业，经行政院核准交办者。

四日，起草《中国财政经济现状节略》，以备政府向魏德迈使团提出，请求美国经济援华之参考。该项节略 Covering China's Internal

Economic and Financial Situation，系以英文撰写，内分（1）引言；（2）发行与物价；（3）进口输入；（4）国际贸易；（5）币制改革；（6）附表：（a）一九四〇至一九四七年，政府收支及发行数目表，（b）一九四七年主要输出品分类表，（c）一九四七至一九四八年主要进口货品分类表，（d）一九四四至一九四七年政府正常收入与支出百分比，（e）一九三七至一九四七年钞券发行额与上海及重庆物价指数之关系。

八日，（一）外交部王部长世杰抄送驻美顾大使维钧五日来电，报告棉花贷款计画已面交美进出口银行总裁。来电称："棉花借款计画，已面交进出口银行总裁，并告以原拟七年还本，现减至四年，希望早日通过。对方谓当加研究，惟谓棉花借款与前提各个具体贷款计画，须俟对我国所送整个财政说帖研究得有结论后，分期决定。现正加紧催促。"（二）外交部王部长世杰抄送驻美顾大使维钧七日来电，报告向美国务院催促棉贷计画，早日决定。来电称："下午见美外次，虽非主管经济，惟顺便询以魏德迈将军何时可回华府，并告以我向进出口银行所提各项借款计画，亟盼早日成功，尤以棉贷计画为最急切。请美政府转告银行勿俟魏将军回美后，再行决定云。彼答魏须考察六周，约九月初可回华府，允将钧所言告知主管次长转达银行。"

九日，接陈辉德八日自青岛来函，抄转纽约世界贸易公司总经理任嗣达，关于美援借款问题，三日自美来电。文曰："借款事，曾由旧金山将初步调查感想奉闻。近数日在华府百忙中，再四调查，证实前情，非俟魏德迈返美，此间不致有何具体进行。闻棉花部分，进出口银行亦提出条件，借资延缓。将来小批借款，如何成议，亦必根据商业性质。政治性借款，在整个应付欧亚局势需要下，或有希望。但须经过政府及国会之深刻考虑，而作国策订定，非短时期内所能决定者也。先此奉闻，容续查报。弟嗣达未江（八月三日）。"

先生日记云：

> 此电报告，确系描写华府实情。日来意兴索然，觉得（财

政币制）根本问题之解决，毫无希望。每日工作，多是枝节应付。因之实无兴致写日记，不过断断续续，择其要者，略记一二。

十二日，完成修改管理外汇及进出口贸易办法之建议初稿。

先生日记云：

修改办法要点如下：（1）外汇管理——本年二月，国防最高委员会通过之开放外汇市场案，与中央银行管理外汇暂行办法案，规定中央银行对于外汇汇率，得随时作合理的调整。但以通货日益膨胀，物价不断上涨，财政当局与中央银行当局均不敢随时调整，致遭外汇上涨，领导物价上涨之批评。故半年以来，未予调整，而黑市汇价，则日见高涨，致出口与侨汇日见减少，走私猖獗。因此决定由中央银行设立平衡基金委员会，视市场之变动，随时调整汇率。（2）进出口贸易管理——出口及一般进口商品（除若干民生必需品）悉照平衡基金委员会公布汇率结汇。进口物品仍沿用许可证，手续务求简便公开。输入临时管理委员会，及输出推广委员会合并为输出入管理委员会。

十三日，携带修正管理外汇及进出口贸易办法之建议初稿，乘晚车赴南京。

十四日，（一）晨抵南京。（二）与行政院张院长群、国府吴文官长鼎昌、徐主计长堪、财政部俞部长鸿钧，共同商讨修改管理外汇及进出口贸易办法建议。随即晋谒蒋主席报告，承予同意。

先生日记云：

晨抵宁后，赴张院长处早餐，当即约吴文官长达铨、俞财长鸿钧、徐主计长可亭，同商修改外汇及贸易管理办法建议。徐主计长深虑物价继续上涨，外汇黑市依然存在。再四讨论，除此建议以外，别无良策。嗣与张院长、俞部长同谒蒋主席，报告建议内容，承予同意。

（三）出席全国经济委员会会议，口头报告修改管理外汇及进出口贸易办法之建议要点。原则通过。

十五日，（一）国务会议通过中央银行所拟之改订管理外汇及进出口贸易办法。

中央银行建议案略谓：“谨查官价汇率自本年二月十七日改订以来，因物价不断上涨，以致汇率与物价之比例，相差过多。至所有官价结汇之进口货品，大部分仍系按市价出售予商人，以额外利润而无补于物价之平抑。就出口贸易而论，复因官价汇率所限，外销无利可图，不惟几将陷于停顿，且恐海外市场将为人攘夺。侨汇亦因官价汇率与市价相差太多，相率逃避。影响国际收支与国计民生至巨且大，亟应筹谋补救，恢复正常。最近工商各界纷纷建议，实行进出口外汇连锁制度，期使进口所需外汇，取诸于出口所得之外汇。原则不无可取。然因进出口季节之不同，营出口者又未必兼营进口，其间如何调节与联系，困难甚多。尤恐在目前情形之下，手续愈繁，疏漏愈多。故在技术上，诸多窒碍难行。

“为奖励出口，吸收侨汇，及争取海外市场起见，惟有采取进出口外汇间接连锁之原则，参以平衡基金之运用，使市场外汇供求适应，国际收支渐达平衡。爰拟将现行管理外汇暂行办法及进出贸易暂行办法，酌予修正，以期切合实际。”

国务会议决议全文如下：“中央银行所拟改定外汇管理及进出口贸易办法各节，原则可行，决议办法如下：（甲）、由行政院依照下列原则，修订进出口贸易暂行办法，即日公布施行。（1）输出物品所得外汇及其他自国外汇入之汇款，准按照市价售给指定银行。（2）输入物品，暂仍采行输入许可证制。其所需外汇，除一部分民生日用必需品准由中央银行供给官价外汇者外，其余准凭证向指定银行按照市价结购。前项应供给官价外汇之物品种类，由输出入管理委员会随时报请行政院核定之。（3）输入临时管理委员会及输出推广委员会，应予裁并，改设输出入临时管理委员会，隶属于行政院。（4）关于输出入管理各项办法手续，并应改善，力求迅速公开。（乙）、由行政院依照下列原则，修订中央管理外汇暂行办法，即日公布施行。（1）严格规定指定银行依照市价买卖外汇之办法。（2）从严规定指定银行之资格，并减少指定银行之数目，以便稽考。（3）督促经营华侨汇款银行，改善服务，便利侨胞。（4）设置外汇平衡基金委员会，负责调节进出口贸易，及其他合法外汇买卖之供需，以平衡外汇市价。（丙），为巩固金融，安定物价计，行政院应同时注意下列各项措施：（1）各级政府机关及国营事业机关申请外汇，应从严审核，并裁减派驻国外临时机构与人员。（2）取缔黄金投机买卖办法及禁止外国币券流通办法，应继续严格执行。（3）对于禁止进口物品应严防走私，并应规定期限，逾期不得再在市场销售。（4）厉行经济检查，禁止投机囤积，私抬物价。（5）节约消费案，应即速付诸实施，减省各项物资之消耗。右列各项，交行政院分别办理具报。”

先生日记云：

国务会议照建议提案全部通过。随即准备明日行政院会议之一切文件，及平衡基金委员会主任委员与输出入管理委员会正副主任委员之人选提名。前者拟请光甫兄担任。后者，由余担任主任委员，以李馥荪、李艺均（榦）两兄为副主任委员。

（二）与香港政府签订协定，取缔走私及国币在港黑市办法。

先生日记云：

关于要求香港政府协助取缔走私及法币在港黑市，与设法使香港所得侨汇及其他外汇，得由吾方分润等等，得一解决。由央行业务局副局长邵曾华与香港政府签订协定。其要点如次：（1）凡中国政府颁布出口统制之物品，由港出口，须先证明其所得外汇已售给中国政府。（2）为防止香港走私运货物入中国境起见，香港政府当颁令轮船在启碇以前，将运往中国货物之船舱单，送由港政府海关查核盖章。（3）香港方面收入之美金，立一共同基金户，除香港政府经常美金用款，及中港间转口贸易，必需之美金用款外，每逢年终结算，如有盈余，悉数拨归中央银行。（4）香港政府协助管制一切法币买卖。上述各点，实施日期由双方决定之。此协定签字后，港政府财政司有公函报告，中国统制出口货品有经澳门走私出口情事。

（三）乘夜车返上海。

十六日，（一）清晨抵上海。（二）行政院会议对于国务会议在原则上通过中央银行所拟改订管理外汇及进出口贸易办法，在文字上有所修改。

先生日记云：

晨抵沪后，即到行准备发表全案文件。迨中午接南京电话，知今日行政会议，对改订办法，文字上有许多修改之处。当约贝淞孙兄前来讨论。按照行政院会议之修改文字，重拟可用之条文，至深夜始毕。

十七日，（一）与来上海之徐主计长堪、财政部徐次长柏园及政务委员缪嘉铭，讨论修正管理外汇及进出口贸易办法之最后文字。

先生日记云：

徐可亭主计长、徐财次柏园、政务委员缪云台来沪，相与讨论修改文字。自晨至午，始讨论完竣，即付油印。六时专机送宁，定八时，宁沪两地，同时发表。

（二）晚八时，招待新闻记者，公布修正管理外汇及进出口贸易办法全文，并发表谈话。先生谈话如下：

吾国政府之外汇政策，向以安定外汇市场为主旨。冀借外汇之安定，以保持一般经济之安定。自二月间外汇调整为每美元折合国币一万二千元后，因国内物价之继涨，投机猖獗，致官定汇率失其作用。其结果，一面则输出与侨汇均形缩减，政府外汇收入因而减少。一面则进口商人与制造工业难得到低廉汇率，运入商品。但大部分物品仍以黑市价格销售，从中获取过分利得。政府以外汇收入减少，不得不逐步减低官价结汇数额。正当商业当然受到相当影响。而大部分外汇反落于走私商人之手，消费者未得丝毫利益，以致商业日趋停滞。政府有鉴于此，认为对于外汇及输出入管理办法有加以修正之必要。依照修正后之办法，凡民生日用必需品，其价格可由政府统制者，如棉花、米、麦、面粉、煤及焦煤，仍由中央银行供给官价外汇。其余核准之输入品，及财务上之支付，概由指定银行依市价结售。输出及侨汇所得外汇，亦得依市价售与指定银行。依精密估计，除上列大宗民生日用必需品仍由政府以官价结售外汇，其余输出输入，收付金额几可相抵。故修正办法实行后，外汇市场可望渐臻安定。政府仍顾虑以出入口季节之不同，或以其他原因，出入不能时时相抵，特设立外汇平衡基金委员会，以杜汇价之暴涨暴落。自修正办法实行后，深望输出及汇入汇款得以增加。加以输入仍予严格管制，国际收支当可渐趋平衡，政府之外汇资源充裕，则正当商业自可日见起色。目下举世缺乏美元，吾国自不能不未雨绸缪。一面增加外汇来源，一面节用外汇，并须力事争取海外市场。数月来，工商及人民团体暨经济专家倡类此意见者甚多。政府经慎密考虑，决予斟酌采纳。惟一切办法之成败，均系于民众之合作。此项办法，采之大众公意，想必能得到大众之拥护。深盼经营出口商家不以市价汇率较前优越，乘机竞购抬价，以致影响海外市场，重使输出不振。更盼进口商人，勿以市价汇率之存在，乘机囤积抬价。须知中国人民购买力有限，价格过高，必致销路减少，营业萧条。此理至明，幸予了解。最后有一欣慰之事。即吾国与香港政府关于贸易外汇问题之交涉，业已圆满解决。香港政府已另有声明。此项协定之订立，有裨于中港两方面共同利益者甚大。而于本修正办法之推行，更有相辅之功。鄙人对于香港政府之合作精神，深表忻感。

十八日，（一）指定中国、交通、英商汇丰、美商花旗四银行为准予凭证按照市价结购结售外汇之银行。（二）召集各指定银行代表会议，开出改订管理外汇办法后，第一次汇率每一美元合法币三万九千元，英镑合美金三元六角。（三）外汇平衡基金委员会在中央银行成立。陈辉德任主任委员，徐柏园、沈熙瑞任委员。

《中央日报》报导该委员会成立经过如下："外汇平衡基金委员会今晨十一时在中央银行正式成立。主任委员陈光甫因公在青岛未返，由张总裁主持，到徐柏园、沈熙瑞两委员，及指定结购外汇银行之中国、交通、汇丰、花旗等四行代表。当即决定：（1）外汇基本价目为每一美元合国币三万九千元，每一英镑合美金三元六角。美元远期外汇月息四分。（2）各指定银行关于请购外汇之账目，由中央银行业务局统筹办理。（3）自今日起，外汇平衡基金委员会每日上午九时半开会一次，决定当日美元市价。"

（四）招待外国新闻记者，报告改订管理外汇及进出口贸易办法经过。

十九日，（一）输出入管理委员会在中央银行成立。先生任主任委员，李铭、李榦任副主任委员，俞鸿钧、陈启天、翁文灏、缪嘉铭、徐柏园、沈熙瑞、徐寄庼、张福运等十人为委员。

上海《商报》报导该委员会成立经过如下："首由主任委员张嘉璈致辞，阐述修正贸易办法之经过及意义。并称该委员会将力求业务处理之改进。其要点为：（1）核发输入许可证之户名及外汇金额将按月公布。（2）输出入管理委员会将重行检讨各种输入申请之审核原则及标准。随时公布。（3）输出输入联合办公，增加效能，以便稽核。（4）审核签证手续，将再求简化。旋即进行讨论。修正通过输出入管理委员会内部暂行组织规则草案。"

（二）上海各报对于修订管理外汇办法及平衡基金之评论：

《金融日报》社评："……外汇平衡基金委员会之设置，用意甚佳。但欲该会充分发挥其高度的效能，第一必须有巨额的外汇基金随时出动，以调节市价，方能收具体的效果。其次运用的方式，必须温和而灵活，不要轻易刺激市场。同时要简化手续，使指定银行及买卖外汇客户，减除一切不必要的繁琐手续与留难。再次，平衡外汇之运用，与货物输出入有关。我们一方积极奖励出口，同时对于合法进口货物亦不应稍加留难，刺激物价波动……"

《大公报》社评："……此次重定方案中，对一般贸易外汇，由官价而改为市价，应该明了这是政府对于汇率的一种修正，使他能与较自然的水准相接近，与一般外汇贬值稍异，更与过去逐节调整不同。假定维持得法，则汇价可能有一时期的安定，也可能放长。商人们万不能借口抬价，大做投机，以贻伊戚，增重民生之不安。”

《商报》社论：“……照此次办法预测，外汇头寸应可较前增加。国内物价，就一般而论，因进口的活泼，虽可抑平，若于金钞黑市重起活动，或乘机囤积投机，即不受政府的裁制，将来亦必自食其果。要知此次外汇政策之调整，和从前只改定官价者不同。最后希望经济情形得有好转之时，一切政策，能逐渐的放松起来。”

《中央日报》社论：“……这个办法可使国家外汇增加收入，减少支出。国库外汇存底可以保持于不竭。而一般物价和汇率，自国民政府扩大基础以来，责任内阁之行政院的施政方针何在，久为国人所注目。一星期来，重大的改革已有显明的征兆。由此可见行政院的施政方针，是面对现实解决问题。换句话说，行政院不回避实际的问题，不放任问题的发展，不停止于现状。也不高调于空想。而我们特为称许之一 点，就是行政院对于管制与自由这两个观念，能执中肆应，不墨守一端……”

二十日，（一）出席输出入管理委员会会议，讨论目前各项迫切问题，并决定内部组织及各处处长人选。

按该委员会暂设五处，分别管理业务：（1）输入限额分配处，（2）非限额输入审核处，（3）输入签证处，（4）输出推扩处，（5）秘书处。另设三特种委员会如下：（1）综合业务委员会，处理紧急事项，（2）输出品审价委员会，审查国外出售价格，（3）诉愿委员会，处理进出口商及厂商间之诉愿事宜。

（二）修改四日所拟《中国财政经济现状节略》全稿，改撰《美国援助中国建议书》。

先生日记云：

> 魏德迈使团抵华后，政府应否向其提出希望美国援助之计划，或书面意见，各人主张不同。王外长以魏使到后，并未向

政府提到美援，主张不必提出。张院长主张只提以往之困难，与政府所采之政策。蒋主席主张叙述以往之努力与成就。因此使我难于着笔。结果惟有将本月四日拟就之《中国财政经济现状节略》初稿，依据蒋主席提出之《关于中国政府措施与政策之一般说明》文件，修改撰成《美国援助中国建议书》Proposal for American Aid to China。内分（1）引言；（2）观点；（3）目的；（4）援助方式：（a）成立设计委员会，（b）配合及督促实施，（c）稳定金融及财政，（d）建设计画，（e）中国与远东区域经济之关系，（f）建议。

美国援助中国建议书

引言——中国政府素以促进国家现代化之建设，俾中国国民在工业及农业之民主体系中，提高其生活程度，为无上之职责。爰特对美国政府提出本项计画，希望美国方面，尽量予以协助。中国政府与人民对于美国总统及政府各部门愿意协助中国建立一现代国家之历次表示，深表忻感。兹为配合美国愿以资财协助中国建设之善意，及中国政府与人民之渴望经济建设早日实施起见，特根据事实，草拟计画，以供审核。

观点——中国人民对于美国在战争期间，给予中国之协助，具有无上之热望与感激。但战事停止后，中国虽得善后救济方面有限度之援助，而深感未能如其他盟国得到所应有之充分协助。推其原因，当亦不为无故。因就美国看来，中国刻正困于内战，而建设与开发所需之现代技能尚付缺如，因而尚未具备举债及获得协助之资格。但中国认为如无抗日战事，则其国内经济与社会必已臻充分发达之阶段，共产势力当不致如是之盛。换言之，此时之讨共，可谓完全为抗战所造成。正当民生尚未苏息之际，战乱不幸又遽加其身。中国人民熟知抗战建国之真义，并曾为之戮力苦斗。目前不外欲求恢复和平，自力更生，继续以达成抗战之最后目的耳。

就中国之生产情形而言，目前军费在政府樽节支出之下，并不能谓过巨。尤其此项经费系用于恢复和平，及解除共产主义之威胁。中国若欲阻止共产主义之蔓延，和平秩序之恢复，经济开发不能不有待于美国有效及迅速之协助，正与美国之既定世界经济繁荣政策，不谋而合也。

目的——美国协助中国之方式，可分数种。但本计画仅以有关经济者为限。虽然，如能由经济方面之措施，而能达到改善政治军事，以裁制共产主义之繁殖，当亦在吾人期望之中。中国经长期抗战，及累年共产内战之摧残，人力与地力为其仅剩之资产。惟人民内心之动力，虽尚乏强力组织以供国家建设之用，但并末因受战祸之蹂躏，而稍存衰馁。敢信在现代经济世界中，仍有充分利用之价值。

上述各点，实为先烈发动革命之基本原则，而铲除封建制度，改进农村，振兴工业，尤为革命以来之一贯政策，亦即中国经济民主之基础。惜过去此项政策之推进，时受国内外不良环境之牵制，未能充分发挥。现值战争结束，世界重建之际，中国自应充分利用其国内之资源人力，为人民图福利，为国家谋富强。

援助方式——美国拟予中国以何种协助，正为目下急待讨论及解决之问题。中国政府亟欲明了其为借款，抑或经济之合作协助，以便决定将来款项之支配与运用。如系普通协助，则中国政府欢迎美国政府能早日示其可能。如为借款，则中国政府当与签订合同，并保证如何履行其义务。中国处于债务人之地位，自当极力注意以最经济、最生产之方法，运用其借款。

根据上述意见，中国政府提出下列计划。在原则上，如荷美国同意，极盼早日予以实施。

壹、设计委员会——中国政府拟在行政院内增设一设计委员会，专司建设计划之设计。先从不受内战蹂躏地区着手，然后逐渐推及全国。委员会须与前设之中央设计局完全两事。委员会之唯一目的，在专事审核有关经济建设之各项计划，及配合已决定实行之各项计划。委员会内拟聘请美国专家参加，俾于各种计划之研究及核定，可节省人力与时间。

委员会之工作，应与政府各部会共同合作，可向各处调取资料或索取计划书，以供参考。惟直接对行政院院长负责。

设计委员会中国方面之人选，可在政府机关、学术界或工商业界中选择之。中国政府并拟聘请美国或其他外籍专家、工程师、经济学家、顾问及技术管理人员，与中国人员合作，从事设计工作。外籍人员之聘请，可先由美国政府推荐，由中国政府选聘之。

设计委员会之主要使命，计有两种：第一在数月内，先准备一种安定经济及经济复员之过渡计划，并决定各项措施实施办法，以利推行；第二拟订长期经济建设计划，包括利用国内资源人力之一切办法，以及中国在远东经济方面之关系，与战后日本方面所尽之职责。上述两种计划，实即为中国经济建设之目标，其要点可列举如下：

（甲）拟订过渡性之稳定币制办法，对于一定限额内军费之筹集，以及收支差额之如何弥补。此项稳定币制措施，主要目的之一，乃在稳定各级军政人员之生活，以期政府行政机能与信用之重建，而树今后建设之基础。

（乙）目下美国军事顾问团所建议之军队整编计划，所谓重质不重量计划，应与国内工业、农业之发展计划相配合，俾退伍军人均有职业可就。中国军队在现代机械化之过程中，必须将军火制造、飞机制造及造船等各项工业，同时发展，以便供应。

（丙）拟订中国各种交通计划实施之次序，并对于已经提向美国进出口银行申请贷款之各项计划，可重予检讨。

（丁）拟订改善乡村生活，促进乡村工业，增进农田灌溉，开辟荒地等计划，以增加农业之生产。一九四六年中美农业代表团所提供之各种意见，应酌予实施。

（戊）拟订工业建设，与整理旧厂，建设新厂等计划，及各种轻重工业逐年生产之水准，对于实施初期之经费筹集，应有具体计划。对于乡村电气化之问题，尤应予注意。

（己）对于美国剩余物资、敌产工厂、日本赔款物资以及救济总署之事业物资，有一综合而相互配合运用计划。

（庚）拟订改善政府行政及财务行政等计划，俾便政府机能得与经济建设之发展相配合。

（辛）拟订对外债务之整理计划，俾无论短期或长期之外国投资，均得借国内生产与人民劳力之增加，而逐渐整理。

以上各项过渡时间之复员计划订就，可送交美国政府协同研究，希望得一共同意见后，当由中国政府各主管机关核定施行。即今后拟订之长期计划，亦同样办理。

设计委员会如能照上述办法组织，必能在彼此开诚研究，与真诚合作之精神下，次第实施其计划，并使中美两国政府同感满意。每一计划核定以后，必须按照规定切实执行。无论其为借款或普通协助方式，当一律遵守。中国政府必当诚意努力履行其所订借款合同之一切义务，一如美国之热心支持与协助也。

贰、配合及督促实施——过渡计划经中国政府核准，并经征得美国同意后，中国政府当即授权设计委员会督促施行，各种短期及长期计划。并有权采取必要措施，使计划进行迅速。其私人所不能举办之事业，必须由政府机关举办，较为经济而易举者，委员会有权督促中央各机关及地方行政机关切实配合与合作。

中国政府当根据美国政府之推荐，聘用外籍人员负责办理特种或个别计划之任务。遇有大规模工程如水力发电等，委员会得与美国公司签订建筑合同。在技术上，中国人员能力所不及，而亟须学习之制造工业，委员会得聘用外籍技术人员及管理人员。凡属财务、工业及科学方面范围之事，委员会得聘请美国顾问及专家。凡订立借款合同者，在合同有效期内，委员会并得聘用外籍工程师或稽核员。

委员会当尽量利用中外人员之知识、经验，使工作顺利进行。惟遇有外籍人员担任特种计划之主管执行职务者，应同时训练中国职员，俾一俟时机成熟，即可由中国职员继续其职务。此项原则，谅美国方面必可同意。

委员会在国内之费用，应由政府按照其工作计划，编定预算，由中央银行拨付备用。中国政府并得酌聘财务顾问或其他联系人员，会同主管机关与中央银行贡献意见，务使各项财务计划顺利进行。

叁、稳定金融及财政——中国之通货膨胀，已达严重阶段。谅美国方面亦已洞悉，似非中国政府之财力所能挽救。现中国政府之外汇总数减至美金三亿元左右，而在国际收支方面，即使从宽估计，在下半年度中，其不足之数至少当在美金二亿元以上。其情势之危急，实已无可讳言。如无外援，经济建设固无从说起，而目前难关如何渡过，更无把握。

根据前文叙述，建设计划可分为短期（或过渡）者与长期者两种。在推行任何建设，国内用款须自行筹集。似应先行设法振作中国一般民众之心理，庶几力量可以集中。美国如能正式宣告援助中国，一般民众之信心即可大为提高。虽然如财政收支之不足，及发行仍继长增高，此种心理作用，固难持久。但就目前事实论，在实施短期计划期内，至少限度，必使民生日用必需物资供给无缺。此则非美国之援助不为功，否则倾中国现有之外汇准备，亦无法维持也。

不可不注意者，物价继涨，对于薪水阶级最为不利，尤以公务员为甚。次则私人投资裹足不前。故对于币值、工资、物价，首须予以稳定。各种生产事业之发展与成败，全赖人民切实合作，及各级政府机构之健全。而欲达此目的，必先使人民生活安定为第一条件。

安定民生，鼓励生产，及恢复公务人员之道德与效率，办法计有两种。兹将其要旨分述如次：

（甲）设置临时外汇平准基金，其金额以发行总额百分之七十为度。假定今年年底之发行额为二十七万亿元，按照一九三七年之物价及汇率折算，共需美金五亿三千五百万元。其中一亿美元可由中国现有之外汇准备中拨充外，尚需美金四亿三千五百万元，希望美国能予协助。

此项计划如能实现，外汇稳定，则国人在海外之存款，自将逐渐汇归，得以利用。根据美国联邦准备银行估计，此项外汇资产约有美金数亿元之多。此项资产，因美国财政部无法协助，无由利用。如能借借款以安定金融，则此项资产，自可汇回利用。

有此基金，可使中国人民所需之必需物资供应无缺。中外投资之利得，亦可确保。同时出口与生产增加，出口盈余，将足可抵补预算之不敷。预计两年以后，经过相当期间之稳定，各种长期建设计划，不难大量推行。至平准基金运用时，对于设计委员会各种计划自当兼筹并顾。

（乙）发行银币及其他硬币，如新银币一元等于法币二万元，则假定今年年底二十七万亿元之发行总额，合新币十三亿五千万元。以每元含银〇·二五二盎司，中国现存银四千五百万盎司，尚缺银二亿九千五百万盎司。

在目前中国农业经济之下，恢复硬币可使农产品价格稳定，亦可增加人民对于国家银行及货币信用。

若推行银币计划，同时须顾到国际收支。根据现在情形，中国国际收支每年约亏欠美金二亿余元。此二亿余元之差额，即为中国所需输入之重要物资，棉花、粮食及燃料油等。如美国救济，或其他方法不能得到所需之数，中国政府亟望能有短期借款或长期物资贷款，以资弥补国际收支之不足。同时中国政府仍当以得到物资贷款，配合于短期建设计划之中。

上列办法，不能谓为足以完全获得过渡时期之安定。收支不足如依然继续，而税制及财政行政不加改良，则人民信心仍不能增加。任何经济稳定办法将必归失败。惟如财务、税制均能改善，经济能有一短期之安定，则生产即可增加，成本即可减少，整个收支可有平衡之望。设能达此阶段，则中国之长期建设即可开始，而国际金融机构之协助，当不难获致矣。

肆、建设计划——设计委员会得将前送美国进出口银行之各种计划，重予合并审核，尤其希望其将中国政府视为迫切需要之湖广铁路及浙赣铁路借款，提前办理。余者次序，可随后由委员会研究决定，以之配合于过渡时期之建设计划之内。

开发各种实业，及工程计划所最需要之购置机器及设备之费用，中国目前显然无此财力可以负担。政府拟将若干类企业拨归民营，一面并鼓励私人投资，以期取得公众对于国家整个建设计划及投资之合作。其民营企业之需要协助者，亦得根据基本计划提请进出口银行或其他机关考虑审核。

伍、中国与远东区域经济之关系——美国如有援助中国计划，以其财力及技术援助中国，中国自亦当倾其全力，与美国合作，以推行其在远东之经济措施。

中国政府所有之财力、资源、人力，除供本身建设之用以外，极愿以其余力尽量与美国合作，谋远东区域经济之重建。中国在工业未发展以前，不乏需要若干铁路或工业机件，故尚可利用日本之生产能力，以制造中国所需生产器材之用。此项计划，将来可归纳于赔偿办法之中。同时亦可归入未来整个计划之内，使中国与日本在远东区域经济内，于经济上有相得益彰之效。

中国政府对于日本之重建工作，甚愿与美国政府合作。美国政府对于日本之负担，道义上，可谓亦即中国政府之负担。中国建议愿容纳一部分日本工业之生产力，惟究竟何种日本工业应予恢复，自非先经缜密研究不可。而关于日本之生产计划，希望能与美国政府于若干年内，有一共同监督办法，俾于恢复日本工业之中，不使造成其威胁将来世界和平。换言之，即一面阻止日本黩武主义之滋长，一面协助完成占领日本之民主目标。

中国政府鉴于美国以占领国之地位，救济日本都市失业之负担，与夫中国生产机械之需要，特建议以日本生产力之一部抵付对于中国之赔偿，其办法如下：

（甲）目下日本可出口之货，即衣着、燃料、五金等进口物品之余剩力量。现在美国政府供以食料，并以短期信用供给棉花，此外则以国内劳力抵补进口价额之一部。中国建议在此劳力代价内，应征取一部以抵充赔偿。

（乙）同时中国可以燃料、矿石等物品供给日本，以为制造按照中国所需品类之生产物资，或其他建设材料之用。如对于日本所需之偿付进口价款外汇财源，中国无力供给时，可由美国协助对华贷款，以抵充日本之所需。将来由日本出口价款中偿还之。

上述建议，无论对美国或中国均有两种优点。第一可以改善日本国内之经济情况，可使日本工业不致过于偏重消费品之生产。日本经济状况之改善，间接亦可有利于中美两国。第二可以减轻中国建设费用，缩短货物运输之时间，以减轻其对外之负担。同时中国亦可利用日本赔款之一部分，以抵偿其经济建设费用。

陆、建议——本意见书之目的，本不在阐述计划之细目，而在建议中美两国合作之可能范围及方式，以供美国政府之参考。

推行前述经济建设所需美元贷款确数，目下尚难推测。惟根据各方估计，即使就过渡时期之建设而言，已非美金数亿元莫办。但中国政府愿郑重声明，一切贷款之支用，必须以中美人民共同赞助之计划为根据。

* * * * *

（三）乘晚车赴南京。

二十一日，（一）晨抵南京。（二）修订拟致魏德迈使团节略译文。（三）出席全国经济委员会会议。会议决议要点如下：（1）政府为消灭外汇黑市，迫使美金回笼，决定凡人民持有美钞，可按指定银行市价，扣百分之三至四手续费，向国行兑换国币。（2）凡在国外存有或向国外购得准许进口之物资，但未领有许可证而进口者，政府得按定价收回，以示限制。（3）凡在国外存有或购得未经许可进口之物资前进口者，由政府没收，以示禁止。（4）美金短期库券永久停售。（5）教育部核准之自费留学生，准以官价结汇。（四）停售美金短期库券。

按美金短期库券系由财政部委托中央银行负责办理。自改订外汇管理办法后，中央银行即通知各代售行庄暂行停止，并向政府请示是否仍照原办法出售。截至目前为止，该项库券仅销出二千七百万美元，与原定目标一亿五千万美元，相差甚巨。故如照市价发售，不但有违原定条例，且将不利于推销。而他日偿还，自应照市价折合法币，于政府收入并无裨益。兹经全国经济委员会决议永久停售。

（五）外汇平衡基金委员会核减美汇基本价五百元。

该委员会于十八日成立时，决定美汇基本价目为每一美元合国币三万九千元，兹减少五百元。美汇基本价目定为三万八千五百元，故昨日市价收进为三万八千元，卖出为三万九千元。

（六）约美国大使馆经济参赞艾德勒 S. Adler 及魏德迈使团经济顾问精克斯 Jenks 茶叙。（七）与行政院张院长群讨论所拟致魏德迈使团要求美援节略内容。决定不予送出。

按先生日后语人，所拟致魏德迈使团节略（美国援助中国建议书），内有设立设计委员会为中心之提议，经各方会商之后，觉得魏德迈使团来华，性质不明，对于请求援助，是否应如此具体提出，颇属疑问。是以所拟节略迄未送出。惟先生曾将全文送请美国驻华大使司徒雷登过目，由其转达魏德迈将军。

二十二日，参加蒋主席饯别美国专使魏德迈将军午宴。

先生日记云：

> 中午蒋主席为魏德迈将军返国，设宴饯别，应邀参加。国府委员及各部会首长均被邀列席。魏使谈话颇多指责之词。

上海《申报》于次日，对于魏德迈将军批评我国现势，报导如下：“本报南京二十二日电：蒋主席二十二日柬邀在京国府委员、各机关首长、暨中央银行总裁张嘉璈、国府参军长薛岳等约三十余人，于晨十时许，在黄埔路官邸客厅开座谈会，介绍魏德迈将军与众人晤面。首由主席致词，略谓：魏特使为中国及渠个人之好友，此番奉杜鲁门总统之命来华，为时虽仅匝月，然南北驰劳，见闻必多，盼魏使能坦诚对我国现势加以批评，俾资借鉴，而知所兴革。魏使被邀发言。渠以极度坦白之态度与言辞，叙述完全之真实，批评我国之现势。渠谈话主要论点为：‘人谋不臧’。认为中国之一切向极可为，然终无一事获得预期之后果，其症结悉在人力未尽。关于政治方面，渠认为现政府于人才之罗致、效率之增进，较前已有若干进步。然此种进步之程度显极不足。关于经济方面，渠认为中国资源丰富，财富充足，然以货弃于地，财藏于己，致使目前经济财政几濒破产。渠并举例以证中国之财富。据渠估计，中国侨民等在美财产当有十五亿美元左右。关于商务方面，渠称：不论国内贸易或国际贸易，均应恪守平等原则。官吏在未辞去公务职任前绝不能经营商业。渠认为如能发掘优秀之管理人才，使台湾及东北之工厂、矿场恢复生产，足可使经济财政难关，从容渡过。关于军事方面，渠认为军人待遇过低，一士兵全月之收入与其生活水准，不如一人力车夫。此点必须趁速求取改善，否则殊不易迅速完成任何使命。渠肯定指出中共目前之实力已远较渠去岁四月离华时强大。然自政府方面言，最有效之对策莫过于反求诸己，自求进步。最后，渠并称赞蒋主席之伟大，谓蒋主席之领导及广大民众之拥护，实为中国光明前途之保证。”

按魏德迈将军当日谈话甚长，驻华美国大使馆曾抄送美国务院，兹摘译要点如下：（1）关于赋税与兵役者，则谓兵役法并未认真施行；农民既纳税复当兵，富人既逃税又逃役。（2）关于军民关系者，则谓过去人民敬爱军人，现则仇视鄙视军人。（3）关于政府机构者，则谓如非权责不清，即叠床架屋，既不经济，复缺效率。（4）关于官吏贪污者，则谓涤除之道，必须提高公务人员待遇，养其廉耻。（5）结论：中国政府应有雅量接受批评，应不惮过而能改，应财政公开，应赏罚严明。并谓凡能为中国尽力者，彼决欣然以赴。最后补充四点：（1）中国官场显示困扰。（2）蒋主席日理万机，过于劳瘁。（3）行政院组织不免脆弱。（4）蒋主席左右，应有诤谏勇气。

二十九日，（一）拟具辞卸中央银行总裁职务呈文。文曰：

主席钧鉴，窃嘉璈忝蒙知遇，擢任中央银行总裁。受命之始，深感简拔之殷渥，当分宵旰之忧勤。惟以兹事艰剧，自维材轻，必难负此重任。乃蒙恳挚督促，不得已遵命就职。任事以来，已历半载。兢兢业业，致力于市面之暂时安定，以期军事之好转。但国库支用月有增加。不特券料难以应付，而发行已达去年底之四倍。是通货膨胀之一切恶果，虽竭尽智能，而势难避免。尤可虑者，外汇来源有限，而支出浩繁。长此继续，必难持久。在嘉璈职责所在，无论对于国币外汇，不能不希望撙节使用，以符钧座自力更生之旨。但需款者，均昧于目前之事功，而不能顾及金融之危险。甚至以为银行靳而不予，责难纷至，势将丛脞集于一身。在嘉璈个人，向不计较利害，惟自揣智力有限，日久亦恐技穷。即为金融大局计，自宜早日让贤。兹值外汇管理办法变更，局势可暂维一时安定；人事更易，可无影响。拟恳俯察愚诚，另选贤能。在未觅到替人以前，嘉璈自必照常工作。如蒙不以不材见弃，委以咨诹企划之责，自当继续发挥钧座自力更生之旨，幸甚幸甚。肃叩钧安。职张嘉璈谨上，八月二十九日。

（二）拟具请饬令财政部、审计部会同审查外汇支出账目折呈。文曰：

窃查嘉璈任事之时，适值第一季外汇配额开始之后，计（一）限额分配货物核定美金九九、六七五、〇〇〇元，（二）生产器材每月二、〇〇〇、〇〇〇元，（三）各项必要用品及零星原料每月三、〇〇〇、〇〇〇元。嗣于四月底，又奉钧座核定第二季配额，计（一）限额分配货物美金七二、六一〇、〇〇〇元；（二）各项必须用品及零星原料每月二、五〇〇、〇〇〇元；（三）生产器材每月二、〇〇〇、〇〇〇元。两季共计一八一、七八五、〇〇〇元；截至八月十六日止，即变更外汇管理办法之前一日，实际付出一一一、九二三、一〇五·七六元。较原定额少支出六九、八六一、八九四·二四元。实以外汇来源有限，不能不从严审核，设法撙节。至政府外汇，曾奉核定，除军用器材外，定为每年四千五百万元。截至八月十六日止，已付四千八百余万元，内包括军用器材一百六十万元。所有上项支出外汇，政府方面，均奉钧座或行政院核示。在商汇方面，均遵照核定数目，由各主管审慎核付。惟是各方需用外汇，求过于供，加以官价黑市之差，不特难满人意，且恐猜疑诋毁。为表示政府威信，为明嘉璈责任计，应请钧座饬令财政部、审计部会同将嘉璈莅任之日起，至此次外汇管理办法变更之日止，所有支出外汇账目予以审查，实为公便。谨呈国民政府主席蒋。中央银行总裁张嘉璈，八月二十九日。

三十日，（一）晋谒蒋主席，面陈苦衷，恳请辞职。

先生日记云：

下午五时，往谒蒋主席，面陈苦衷，恳请辞职。并请饬财政部、审计部查核外汇账目。乃主席即以任劳任怨勖勉，嘱勿言辞，并告毋庸请财政部、审计部查核外汇账目。致所备之辞呈，及折呈均未及面陈。

（二）政府改派陈诚为东北行营主任。

九月一日，（一）接顾问罗杰士八月二十五自澳门来函，报告与当地官厅接洽，取缔我国出口货经过澳门走私出口，及法币与美钞在澳门市场公开交易问题。

先生日记云：

上月中，嘱罗杰士顾问前往澳门，与当地官厅接洽三事：（1）取缔中国出口货，经过澳门走私出口；（2）取缔美钞与法币之公开市场交易；（3）设法促成签订一与中港协定相类之中澳协定。上月二十一日，接到罗顾问来函，称经与澳门当局接洽，对方认为该项协定可由双方主管机关签订，不必由中澳政府签订。今又接到八月二十五日来函，报告：当地官厅已接到本国政府训令，嘱一切悉照香港所采取之行动，勿庸自出主张。经与有关各部门主管人交换意见，均表示愿意合作，主张中澳协商同意之事，可由双方主管行政当局执行，不必签订正式协定。再则澳门总督易人，一俟新督到任，即可正式协商，大致可无困难云云。

按顾问罗杰士来函结论，谓（1）应从速增加缉私船舶，由拱北关控制走私，并无任何困难，该关税务司已向总税务司报告一切。惟对于东江方面，应速加注意，以该处江面属于九龙海关范围。（2）澳门主管官厅颇示合作，并同意一俟新督履任，即成立一中澳联合缉私委员会。（3）当地国家海外银行（The Banca National Ultramarino）一俟新督到任后，对于当地市场之美金交易，愿加审查，并建议取缔办法。（4）对于禁止黄金入境，当地官厅难以澈底执行。但葡京当局态度仍属认真，当不难取得有效办法。（5）总之中澳商定之办法，大致不出中港协定范畴。

先生于接阅顾问罗杰士报告后，当日即嘱副总务司丁贵堂与澳门主管官厅接洽具体施行办法。

（二）派中央银行驻香港代表余英杰赴印度，调查印度铸造银币能力。

三日，决定（1）中央银行对于美钞，按照平衡基金委员会公布行市收买；（2）美金公债继续发行；（3）美金库券每月定额发行。

先生日记云：

> 美金公债发行后，共售出二千四百余万美元。此项公债，原定计划系使预算可无赤字而发行。数月中能有此数目，实非易事。及此计划未能实行，而美金步步上涨，人民宁愿持有美金，遂即无人购买。预料此后难于发售，不过不妨任其继续。美金库券则决定每月定额发行。盖以法币日跌，人民利于还本付息时，可以多得法币，自必仍有人愿意购买，不过政府难免损失。因改为每月定额发行，并视市面投资多寡，而定发行数目。

四日，（一）全国经济委员会会议，通过国人存于国外资产申报条例草案。该条例经国务会议通过及完成立法手续后，即可施行。

按该条例草案规定：凡中华民国人民（包括自然人及法人）一律应将所存国外之外汇资产，于本条例公布后三十日内，向中央银行申报登记。如不依照条例规定申报，或作虚伪之申报者，应处以五年以下之徒刑，并没收其外汇资产。

先生日记云：

查此事，中央银行几经与美国财政部交涉，代为调查国人存美银行外汇数字。美财部以事涉银行秘密，无法办理为辞。此项条例，即使公布，对于国人存美外汇申报，无法实施。

（二）善后救济总署署长霍宝树送来善后事业委员会及善后事业保管委员会两机关经过行政会议通过之条例。

二十日，前财政部顾问杨格 Arthur N. Young 签呈《改用银币是否有利于改善或改革中国币制》意见 Can China Advantageously Use Silver to Improve or Reform the Currency Situation?

先生日记云：

阅杨格顾问送来关于《改用银币是否有利于改善或改革中国币制》节略，其要点如下：（1）如仅赖中央银行现有存银（约四千五百万盎司），或向其他方面购银补充（现墨西哥愿贷与中国三千万盎司），此区区之数，若无美国大量资助，而遽发行新银币，将发生恶货币驱逐良货币之现象，徒供人民窖藏，无补于现行币制之改善。（2）若向美国请求大量白银援助，据其所得消息，美财部专家均反对中国用银以稳定币值，而国会方面亦难望通过。故不必浪费时间，以求此不易成功之计划，应另寻其他美援途径。（3）银价涨落无常，为长久计，中国不宜用银。

二十二日，中央银行顾问吴大业签注杨格关于改用银币节略，认为改用银币，乃系暂时救急过渡办法，惟在未得美国大量白银援助，不宜轻率发行银币。

先生日记云：

吴大业签注杨格顾问节略，大致谓：用银计划实为暂时救急办法，并非意图在长久期间，改为银币本位。至于不得大量美国白银援助，不能轻率发行新银币，完全与杨格意见相同。

吾之建议用银，完全基于目睹通货恶性膨胀，已至不可收拾，而美援迟迟无期。因此想到利用美国存库无用之白银，使之化无用为有用，以资救济中国，或者国会议员慨予同情。若就货币理论而言，杨格顾问之言，句句合理。而吴君大业意见，则颇能深知我之苦衷。

二十六日，采纳前财政部顾问杨格意见，拟一节略，备向美国申请临时信贷，以济急需，而待根本援助。先交由外交部研究后，转送驻美顾大使向美国务院接洽。

按先生所拟节略，内列要点九项，计：（1）中国政府截至民国三十七年（一九四八）九月三十日止，预计国际收付至少短绌美金一亿二千四百万元。（2）中国政府亟欲向美国获得信贷美金一亿二千五百万元，以资输入：（a）原棉（七千万美元），（b）烟叶（二千万美元），（c）汽油（五千万美元），（d）肥料及化学原料（一千五百万美元）。该项信贷，希望能由进出口银行或货物信用公司供给。（3）中国政府过去除对美国五亿美元经援，及租借法案各款外，所借美国政府机关款项美金二亿零八百万元。迄今已偿还半数，应付利息，亦已照付。（4）目前中国财政已濒绝境，上述信贷需要迫切。（5）中国政府外汇准备存底约为美金二亿元，加上存银等于美金四千万元。但每月政府除须贴补国际收付所短绌之一千万美元外，尚须支付政府机关及军事所需外汇至少美金一千五百万元。至用以稳定法币市价，贴补进口，平衡物价等项，每月又需支出美金一千五百万元。似此情形，无论政府如何樽节使用，该项外汇准备决难支持至本年年底。（6）为保持外汇准备，以资应付现局起见，中国政府采行下列措施：（a）在内战情势许可之下，尽力节省政府机关及军事所需外汇之支出；（b）中央银行严格限制对于一切公营民营企业之放款；（c）减少国营事业，将国有工厂从速出售；（d）加强鼓励出口；（e）加强变卖美援留存国内或国外资产。（7）为便利上项信贷获得最善之使用，中国政府希望美国政府推荐一适当人选，加入中国输出入委员会，为委员之一。（8）上项建议仅系代替已向美国政府提出之过渡及紧急援助办法，而非取消中国政府向美国政府请求之大量财政援助，及其他戡定内乱与复兴经济援助。（9）中国政府认为目前所处局势，十分危殆。若不能早日取得有效援助，势将加速崩溃。其影响世界大局至为严重。故切盼此项建议能获致迅速与顺利的考虑，并准备提供进一步的资料及说明。

二十八日，接外交部王部长世杰本日自纽约来电，拟将日本所存战时掠劫物资，在美变为现款前，先将我国应得部分提供担保，即在美国向私家银行借款，以济急用，征询意见。

先生日记云：

接王外长自纽约来电，以（1）远东委员会讨论日本国内可供赔偿之工业设备，分配于各盟国，中国可得百分之三十，美国允将所得成分中，让给我百分之六。在台湾及中国国内（大陆），吾所得之日本资产，尚不在内。再日本在占领区劫去之物资，如金、银、宝石、橡皮、锡等，估值在三亿至五亿美元之间，依据上述比例，中国或可得百分之四十以上。美国坚持须先向美借用，作为对日贸易活动资金。至一九四九年底，再实行分配。彼意拟以所得部分作为担保，向美国私家银行押借款项。关于此点，向我征询意见。

二十九日，（一）接顾问罗杰士本日自澳门来函，报告（1）与总税务司接洽，九龙海面缉私设备经费须增加港币一百万元；（2）拟俟中港缉私协定签字，即与澳门官厅交涉缉私问题。（二）缮具节略送呈蒋主席，重提财政部与中央银行各半负担弥补财政收支不足办法。

先生日记云：

国库垫款日增不已，以致发行日巨，物价日涨，外汇支出虽竭力减少，而存底日低，甚至钞票供不应求。种种治标之策，等于杯水车薪。目睹险象，触目惊心。因缮一节略送呈主席备览。重提财部与中央银行各半负责弥补财政收支不足旧事。明知时机已晚，不能不尽我之责任，据实上闻。

谨将近数月来之国库收支、发行、物价、外汇等情形，分呈如后：

节略全文

壹、国库收支及垫借款——根据职行修正统计数字，本年度之国库收支及垫款如下：

	收入	支付	垫款
一月	2021 亿余元	10093 亿余元	3648 亿余元
二月	2716 亿余元	7654 亿余元	1518 亿余元
三月	4335 亿余元	13092 亿余元	8890 亿余元
四月	11722 亿余元	18834 亿余元	7523 亿余元
五月	8931 亿余元	21082 亿余元	15122 亿余元
六月	8952 亿余元	31099 亿余元	25138 亿余元
七月	7629 亿余元	23385 亿余元	11656 亿余元
八月	10612 亿余元	36343 亿余元	28837 亿余元
九月估计	12000 亿余元	45000 亿余元	33000 亿余元
合计	68918 亿余元	206582 亿余元	135332 亿余元

注：前列统计系根据中央银行各地分行旬报编制。

查本年九个月中之法币发行数额，为十二万五千五百二十五亿余元，又东北流通券发行额约为八百三十九亿，几与本年度之国库垫款数相等。

贰、发行——本年各月份之发行统计如后：

	法币发行额	东北流通券发行额
一月	7834 亿余元	87 亿余元
二月	3282 亿余元	39 亿余元
三月	9062 亿余元	73 亿余元
四月	11569 亿余元	83 亿余元
五月	14802 亿余元	83 亿余元
六月	15538 亿余元	102 亿余元

七月	17290亿余元	134亿余元
八月	20331亿余元	143亿余元
九月一日至二十六日止	25822亿余元	91亿余元
本年合计	125530亿余元	835亿余元

查上年年底之法币发行累计数，为三万七千二百六十一亿余元。惟迄本年九月二十六日止，法币发行累计数，已达十二万六千亿余元，几达去年年底发行累计之四倍。预计至今年年底，或明年岁首，每一个月发行数额，即可与去年年底之历年发行累计总数相等。迄九月二十六日止，东北流通券之发行，较去年年底约增三倍。目下每月之发行数额，已超过光复时伪满券之发行累计数。

叁、物价——根据职行所编之上海、重庆批发物价指数，抗战期中及胜利后之物价变动情形，大致如下：

民国二十九年十二月至三十年十二月，约增二倍又十分之六。

三十年十二月至三十一年十二月，约增二倍。

三十一年十二月至三十二年十二月，约增三倍半。

三十二年十二月至三十三年十二月，约增二倍又十分之七。

三十三年十二月至三十四年十二月，约增二倍又十分之六。

以上为重庆物价上涨之情形。

民国三十四年十二月至三十五年十二月，约增六倍半。

三十五年十二月至三十六年九月，约增八倍。

以上为上海物价上涨情形。

综观前列统计，本年度物价上涨之速度，几较抗战时期增二至三倍之多，实为历来所未有。且自去年年底至现在，发行累计数与上年年底发行累计数比较，约增加四倍。而上海之物价，在九个月中竟上涨八倍之多。如通货继续膨胀，则物价上涨之速率，必再继续增加也。

肆、外汇——自本年三月嘉璈接任起，至九月二十七日止，职行外汇概况如下：

一、自三月一日起至九月二十七日止，买入外汇计合美金一亿零七百余万元（一〇七、〇九六、九五七元）。卖出外汇计合美金一亿八千零三十余万元（一八〇、三一三、四六一元）。净出七千三百二十余万元。其中政府机关占用外汇约六千七百万元美金（六六、九八九、六四六元）。商用外汇一亿一千三百余万元美金（一一三、三二二、八一五元）。

二、政府机关占用外汇之主要项目如下（单位美元）：

洋米	一八、二〇〇、〇〇〇元
油料	九、三〇〇、〇〇〇元
偿债	一二、〇〇〇、〇〇〇元
军用器材	四、〇〇〇、〇〇〇元
铁路器材	二、九二〇、〇〇〇元
外交部使领经费	二、八五〇、〇〇〇元
联合国会费	一、二五〇、〇〇〇元
各机关派驻国外人员经费	一、〇〇〇、〇〇〇元
印制钞券等费用	九、六七九、〇〇〇元
其他	五、七九〇、〇〇〇元

三、售出商用外汇分析：

（甲）本行实际售出商用外汇，计合美金一亿一千三百三十二万余元（一一三、三二二、八一五元）。

（乙）输出入管理委员会限额分配处，截至九月二十七日止，核准外汇总值合计美金一亿三千一百七十二万余元（一三一、七二六、〇三九元）。

（丙）输出入管理委员会非限额分配处，截至九月二十七日止，核准外汇合计美金二千二百二十六万元（二二、二六〇、〇〇〇元）。

（乙）（丙）两项总计合美金一亿五千三百九十八万余元（一五三、九八六、〇三九元）。其中已经结售者合美金一亿一千三百三十二万余元（一一三、三二二、八一五元）。尚待结售者合美金四千零六十六万余元（四〇、六六三、二二元）。

四、买入外汇计合美金一亿零七百零九万余元（一〇七、〇九六、九五七元）。出售之商用外汇，为一亿一千三百三十二万余元

（一一三、三二二、八一五元）。出入相抵，仅多支六百二十余万元（六、二二五、八五八元）。

五、迄九月二十七日止，职行之外汇存底如下：

美金　一二二、二一五、〇七〇元

英镑　一、七八三、二八八镑

港币　二一、〇三九、五三〇元

印币　一、一二〇、五六八罗比

金　二、四五〇、九五四盎司

银　四四、五三〇、〇〇〇盎司

共计合美金二亿五千一百八十九万八千六百七十八元（二五一、八九八、六七八元）

前列买卖数额，并不包括平衡基金委员会之交易。

自本年八月十八日新外汇管理办法实施以来，至九月二十七日止，外汇平衡基金委员会买卖外汇之情形如下：

买入：

美金　一三、八三〇、三五五元

英镑　一、八三三、〇一六镑

港币　二、七七二、二六二元

共合美金二千一百八十五万五千余元（二一、八五五、〇〇〇元）

卖出：

美金　一〇、一六六、五二九元

英镑　一、六一八、七八八镑

港币　一、〇五七、八五〇元

共合美金一千六百九十万六千余元（一六、九〇六、〇〇〇元）

卖超净额：

美金　三、六六三、八二五元

英镑　二一四、二二七镑

港币　一、七一四、四一一元

共合美金四百九十四万九千余元（四、九四九、〇〇〇元）

如财政收支差额与垫借款数字继续膨胀，物价势必随之上扬。现在物价已较去年年底高八倍。预料至今年年底时，恐将达十余倍。去年年底，上海之米价每担约为六万元，现已涨至六十万元左右。如按此速率递增至今年年底，米价颇有到百万元之可能。

物价波动愈大，社会愈难安谧，影响戡乱大计，恐非浅鲜。

又查，根据职行原有准备钞票发行额，本以每月两万亿元为最高限度。但自八月份起，发行数额业已超过此项限度。最近对于钞券之供应，已颇感困难。如长此以往，舍发行大票外，恐将无以应付。且如国库垫款数额不能减少，将来整理币制之困难，亦必增大，此不能不审慎者也。

国库垫款，每月拟以一万亿元为度。前经钧座面谕财政部与职行商定。财政部始终以有困难，未允照办。而最近两三个月中，垫款之实际数额，均超出前定限额，达两三倍之多。此后尚不知将增加至何程度。今日几达饱和点。若再无限制增加，其危险实有不堪设想者。

* * * * *

十月一日，将上月所拟请求美国予以紧急援助之节略大意，致电适在美国公干之外交部王部长世杰，请其在美面恳美国政府先予紧急援助一亿二千七百万美元，用以购买必需物资。

先生日记云：

> 将上月二十六日所拟请求美方予以紧急援助之节略，取其大意，致电王部长。希望趁彼在美，面请美政府先予紧急援助美金一亿二千七百万元，用以在美购买必需物资，如棉花、烟业、燃料等，以供填补国际收支一年之亏损。并告以吾方对于节省外汇支出，与增加外汇收入之自助措施。请其迅速磋商。再询其应否将正式节略送交美驻华大使馆，以便转递华府。

二日，中央银行业务局副局长邵曾华为催促香港政府早日实施

“中港协定”，特赴香港与港政府财政司洽商。

会签谈话记录，要点如下：（1）香港政府对于由香港轮运中国之货物，须经香港海关在船舱单上加盖戳记，即日付诸实行。（2）依照协定，若干种中国货物，经由香港出口，必须备有出产地证明书，证明出口所得港币，已交中国之指定银行一节，香港政府可即照办。惟出口货价之美汇，不能令出口商全部交出，须任其保留一部分，作为出口必需之费用。（3）取缔国币交易，当即实施。（4）管制银行法案，准备即予提出立法会议。（5）香港政府同意将所得有关国币黑市交易之个人或行号情报，供给中央银行。（6）香港政府所给进口许可证，当设法令其与中国华南输出入管理委员会所给之许可证，彼此符合。

五日，接外交部王部长世杰三日自纽约来电，报告日本掠劫物资事，已嘱驻美顾大使维钧及谭参事绍华向美国政府交涉。惟据美方表示，价值只一亿四五千万美元。又近来美国对华舆论已渐露转机。电文曰：“急南京外交部次长极机密，转张院长、张总裁：昨晚杰返纽约，两兄电示均敬悉。日本掠夺品事，系远东委员会悬案，为我对日之一要求，与美援华事件有别。杰已嘱顾少川、谭绍华向美表示此一争议，最好趁杰在美之时，觅取解决。故此一交涉，与我之尊严无关。倘美方不给我便利，我自可否决美方原提案。惟如此做法，于我亦无利。现国务院允再考虑答覆。至于掠品总值，美方昨午又云，似只有一亿四五千万元，亦非官式估计。谭绍华等则云必高出此数。总之，我国对美态度，不可采告急求救办法。必须从有权利、有道理之处，切实主张。在华府时，美政府人员如 Harriman 等，议会人员如 Sol Bloom 以及 Byrnes 等，均自动向杰表示愿为援华事尽力。杰均告以中国政府认为道义上的同情心，至少与物质援助同等重要。数年来，美国报纸反对中国政府，大半由于美国政府中人无意之鼓励。美国政府负有立即纠正此事之责任云云。二三日内，杰当再晤马歇尔谈日本和会及东北、韩国等问题。届时彼将谈及魏氏报告及援华等事，容续闻。近十日来，美国对华舆论，已渐露转机，*Foreign Affairs* 论中国问题之论文，《纽约先锋论坛报》对中国关于日本和会政策之社论，《时代》周刊对于魏氏之批评，均于我有利。蒲立德有力之论文，鲁斯已以原文见示，不数日内，将刊出。以上各节，均请秘密，勿与美国顾问或使馆人员商谈为盼。弟王世杰。”

六日，托外交部代发致王部长世杰电，请其提出向美要求援助，不妨由小数入手。电文曰：

雪艇兄：三日来电敬悉。对外贸易缺乏外汇，各国皆公开向美要求援助。此次法国外相向美商借，即其一例。似宜趁兄在美机会提出。日本掠夺物资，据弟所闻，亦在二亿美元以下。故不如照弟所提议之购买物资货款，以此为附加担保。弟意打开美国援助之门，须由小数入手。务祈考虑。弟张嘉璈。

七日，前财政部顾问杨格抄送所呈蒋主席，关于反对采用银币意见说帖。

先生日记云：

杨格顾问对于用银问题之反对意见，曾有说帖呈主席。兹送来说帖抄本。内容与其致余之节略相同。

说帖译文

查采用银本位币制，应先考虑实施之办法。可供考虑者，有下列两端：

一、中国利用现有之存银，或不赖美方资助，而自行购买白银，以供急需。

二、中国从美借到大量白银以供运用。

谨分别加以研究如次：

壹、中国利用现有存银，或不赖美方资助，自行购买白银，以供急需

甲、中国现有存银计四千五百万盎司（英两），约等于银币六千万元（可抵补一个月之赤字财政）。

乙、预测此类银币发行后，必多被人民窖藏（理由详后述）。

丙、实行银本位制，非有充分外汇准备以供兑换，则此项银币恐仅能按其银价在市面流通。如准许兑换，则持币人势必多来求兑外汇。

丁、据闻现存上海之现银，计有四千万两。其中大半为旧银元，其余为辅币。改制后，如有必要，此项现存银币似可应用。

戊、铸造新币，预测将发生下列三种困难：

（一）白银必须于数月前运送海外，且未必能即时铸妥。

（二）重铸银币之费用甚大。

（三）铸币之消息如经泄漏，难免不影响人民对法币之信心。

贰、中国从美国借到大量白银，以改行新币制

如拟利用白银以应付当前之危机，必须有美国之大量援助。但获得此项援助，困难甚多。兹分别说明于次：

（一）此事必须先经美国立法机关之同意。但通过此项案件，美国政府必须先得白银有关各方面之谅解。在两次世界大战中，英国需要大批白银，备向印度购订货物。美国之白银集团，当时利欲薰心，坚持贷予英国之白银，必须于几年内偿还。又如在民国二十二至二十四年间，因图增采银之利润，强行提高银价，虽使中国遭受银价波动之蹂躏，亦在所不顾。故预测白银集团如果同意美国存银贷与中国，其交换条件，必甚苛刻也。

（二）美国之白银，每英两官价为美金九角五分。如予削减，恐非白银集团所能同意。实际目下市价，每英两仅合美金七角一分。但市上来源有限，如中国大量收购，银价势必大涨。中国以贷款所得，无论向美国财政部购买，或直接向市面收购，所费必不在少。反之，如希望美国以白银赠送中国，美国纳税人之负担必因之加重，恐无实现之可能。

（三）中国改用银币，在技术方面，亦多困难（详述于后节）。揣度美国财部之专家及国务院方面，必因此反对上项计划，或提出其他办法，以援助中国。是上项计划，终不能获得美国政府之赞可。况目下美国政治多趋向保守。即使政府当局同意以白银援助中国，保守派亦必反对。同时中国不便与白银集团直接发生关系，因此恐非美国政府所赞同也。

综上所述，中国拟请美国资助大量白银，恐难获得圆满之答复。至技术上之困难，容于下节，加以申述。

叁、中国政府改用银币之利害

甲、发行新银币，实即等于采用银块本位。非有大量外汇准备维持其价值，则此项银币恐仅能按含银价值，在市面流通。

乙、至于发行辅币，则须考虑用银铸造，抑用镍铸造。中国人民习用银币，但以十足硬币为限，对于辅币则不然。又银之成本昂贵，镍则价廉耐用，且可供军用。前曾自铸镍币，成绩甚佳。今后辅币似以仍用镍铸为宜。此则应俟改革币制确定后，再行决定。

丙、白银本位之利弊，当就下列各点，分别研讨：

（一）银价波动甚大，在过去二十年间，每英两最低为美金二角四分，最高时，曾达九角。将来趋势如何，胥视美国政府是否继续吸收其全部银产而定。收购价格亦有关系。目下尚难揣测。美国产银区之参议员对于每英两之九角现价，犹不满足，认为有继续提高之必要。但目下美国保守党派较为得势，此派不主张收购白银。此项主张如获胜利，银价势必大落。中国采用银本位，而银价涨落之权，乃操之他人，则中国切身之利害，势将被漠视也。

（二）一国之本位币，固可作对外支付之用，俾得抵付国际收支之不足。但白银并无此类功能，以其价值多被市场左右。遇有大量买入或卖出时，银价即随之涨落。如中国欲以大量白银折换美金，不特困难繁多，且将蒙受损失。即就现有之四千五百万英两而言，如果出售，则白银市价恐即可因之萎缩。

（三）银块本位之价值过高，于中国似不适宜。按美国官价折合中国之旧银元，约合美金六角八分。如按市价折算，约合美金五角四分。如将单位改小，则非有大量外汇准备维持其价值，恐仅能按含银之价值在市面流通。譬如新币之含银仅为旧币三分之一，其购买力亦随之减少。以新币计算之物价，较使用旧币时，恐将提高三倍。故实行银本位，无论单位大小，中国之物价恐将因银价之昂贵而提高。出口贸易、侨汇回国之资金以及外人投资，亦均将减少。

（四）改用银本位之推进程序，可有下列两种：

（子）先行开铸银币，俟铸有相当数额，足敷应用时，再正式实行改革币制。如以旧银币之尺度为标准，利用海外造币厂铸造，每月至多可产银币七千五百万枚。其中以美、印两国之生产能力最大。如以战前法币流通数额为目标，约需两年后方能铸妥。如铸造小型银币或辅币，则所需时间尚不止于此。如铸造重量等于旧银币三分之一之小型银元，而其流通币额之总值，相等于战前发行额总值之半数，计需铸银币二十亿枚，约合白银五万万英两。所需铸造时间必须超过两年。

尤有可考虑者，倘币制改革骤然发行硬币，则国人对于纸币之信仰，势必摇动。政府势难再借纸币之发行以弥补不足，抵偿军费。况当国家经济尚未复原之际，发行内债，恐亦不易举行也。

（丑）政府一面发行银币，一面仍继续增发纸币，根据“劣币驱逐良币”之经验原理，银元势必全被窖藏，无法在市面流通。倘准许纸币兑换银元，则所有准备势将全部流出，为人窖藏。

（五）根据世界金融会议之约定，中国及世界其他各国，均须以金为本位。当会议时，墨西哥及美国白银集团虽经要求将白银列入合约，终于未得通过。是以美国协助中国建立银本位一事，其中困难甚多。

肆、结论

根据目下情形，缜密观察，获得结论如下：（一）中国不宜以存银铸造银币，或收购白银。（二）美国贷借白银之可能性甚小；商请白银贷款，必致耽误时机，阻碍自助，且或妨碍美国援华之有效措施。（三）应集中力量以谋取美国政府、美国人民共同拥护之援华方式。对于白银借款之企图，似应放弃。

* * * * *

十一日，接外交部王部长世杰自纽约复电。文曰："六日电敬悉，已经提出，业详另电。弟王世杰。"

十四日，行政院调整文武人员待遇，各加百分之一二五。每月国库支出增加约一万亿元。

十五日，电纽约王外交部长世杰，务盼以通货膨胀严重情形，告知美国政府。文曰：

> 雪艇兄：通货膨胀趋势，日形严重。本月物价骤涨一倍，外汇美金黑市达每元合法币九万余元，较平衡会宣布汇率相差三万五千元，因此出口又复停顿。务盼将严重情形告美政府，并促早日协助。此间美使馆亦极谅解。应否由俞财长以所拟紧急援助节略送交司徒大使，谅已有复在途矣。弟张嘉璈。

十六日，（一）外交部送来抄电，内称王部长世杰已将日本掠夺物资，中国应得部分事，向马歇尔国务卿提出。（二）中美救济协定，报载即可签字实施。

据南京《中央日报》通讯："外交部叶次长公超，在昨日（十五日）记者招待会谈称：关于美国救济中国人民之协定，中国政府与美国大使馆谈判，已获成果。此项协定，即将由两国政府代表签字。按照此项救济协定，美国政府供给小麦约十二万吨、米八万吨，及价值五百万美元之医药用品。协定签字后，中国若干大城市即将成立物资分配及价格管理之机构。此项救济方案之实施时期，为目前以迄三十七年六月三十日止。此项物资之分配，以及分配地点与数量之决定，均由中国政府处理。美国仅负管理及监督之责。此外，中国政府亦供给同量之粮食（即小麦、米等约二十万吨），作为救济本国人民之用。所有附带条件，另日公布。"

按上述协定之由来，系先生自五月初，与联合国救济总署中国局驻沪代表季尔白褚芮克迭次磋商所得之结果。故在其日记中，曾有“余所拟之粮食分配计划，兹始能见诸实行”之记录。

十七日，（一）接驻美大使馆崔参事存璘来电，报告：（1）据美友密告，美国援华原则，杜鲁门总统与马歇尔国务卿已同意，现正研究方式。（2）魏德迈呈总统报告，对于中国借银改革币制，表示不反对。（二）接外交部王部长世杰十六日自纽约来电告，本月二十日离美返国。

十八日，接外交部王部长世杰十六日自纽约来电告，请求紧急美援一节，因晤马歇尔国务卿，彼暗示现正积极准备援华计划，而魏德迈建议美政府对华财政援助，必须监督用途，故吾方不宜表示惶急，以免美方侧重监督。电文曰：“急南京外交部密，刘叶次长转呈蒋主席、张院长并转张总裁：800号电计达。接公权兄电，敬悉国内金融紧急情形，美政府目前手中并无自由支配之款。议会委员会须于十一月中旬集会，届时援华问题当可提出讨论。议会方面，杰已有相当接洽。马卿十四日与杰谈话，虽未明言其政策，但显示彼正在积极准备。且暗示或可于杰启程前，有所决定，或表示。今晨杜鲁门对记者言，亦云（?）马卿将即发表声明。闻魏德迈建议予我以财政援助，惟须监督用途。故我此时，似不宜表示惶急，以免美方侧重监督用途。俞财长说帖似宜缓提，俟杰返国，再定如何办理。职王世杰叩。”（附注800号来电——电告离美飞日返京日期）

二十日，关于筹备发行银币经过，及放弃采用银币计划原因，缮具节略，报告蒋主席鉴核。

先生日记云：

> 关于采用银币以救目前通货危机计划，美政府态度已表示反对，则不能实施，可以确定。而用银国之印度铸币厂，在明年六月前，不能代为大量铸造，墨西哥贷银数量复甚微，在此情形之下，只有准备放弃，因将全案经过，缮具节略，呈报主席鉴核。

节略全文

谨将关于筹备发行银币事项节呈鉴核：

壹、银币需要量之改变——在本年六七月计划发行银币时，曾按当时财政收支情形，假定每月支出超过收入之数，为一万亿元。故每元银币若合法币一万五千元，则有银币十二亿元，即可抵补财政十八个月之亏空，共需银货三万二千四百万两。除我国现存银货四千五百万两以外，约再需二万八千两，约合美金二亿元。如能在一年半之内，不必发行钞票，则物价稳定，自可预期。故银货之发行，实费少而效大。但最近八九两月，每月亏空竟达三万亿元之巨。按照现在物价，每元银币若合法币二万元，则需有银币十八亿元，始可抵补一年之财政亏空，计需银货四万九千万两。而除自有银货以外，尚须有四万四千五百万两，约合美金三亿元。若照原定计划，以银币抵补一年半之财政亏空，则须有银币二十七亿元，计合银货七万三千五百万两。除自有之银货外，尚需六万九千万两，合美金四亿八千余万元，此数远在原定计划之上。且美方已间接表示借银一事殊难办到，则利用银货之发行以图稳定物价，是否可能，不得不重新考虑。

贰、拟定银币之重量成色——银币大，则人民易于接受。但在银价上涨时，亦易被熔毁出售。银币小，则可防银价上涨之影响，但不易受人民之欢迎。故为两全起见，暂定两种银币如下：

	重　量	成　色	纯银净重	每元纯银净重
一元币	0.4 英两	纯银七成二	0.288 英两	0.288 英两
二元币	0.7 英两	纯银七成二	0.504 英两	0.252 英两

因一元银币之重量、成色较优，可先发行，以得人民之信任。当银价上涨时，即可发行重量、成色较次之二元银币，以为替代，免被熔化。至于前条估计所需银货之数量，则假定一半为一元，一半为二元币。

叁、与国外接洽之经过——墨西哥银行为欲售出其国内所产之白银，以换取美汇，甚愿贷款与中国，以购其白银，故条件甚优，且免费铸币。惜其能贷中国之款项，仅为美币一千万元，为数甚少。现初步条件经已商妥。但若在他方面不能得到更多之银货，则此项少数借款，应否立即签订合约，似应加以考虑（附件一）。

美国方面，现正委托其代为拟绘银币图案。将来如若开铸，美国造币厂亦可代铸。其铸造产量，约为每年四亿六千万枚，约为中国需要量四分之一。但在非正式讨论中，美方意见似多不赞成贷银与中国。以为此项计划并非根本办法，不能收永久效果。美国《纽约时报》对于银币曾有评论。以为在通货继续膨胀时期中，若发行银币，必将全部为现行法币逐出市面，而被窖藏，不能收到改革币制之效（附件二）。

印度造币厂现须为巴基斯坦政府铸币。在明年六月以前，不能为我之助（附件三）。

肆、结论——由于财政亏空之加大，需银数量较以前之估计增加一倍有余。此项银货，不独非墨西哥所能供给，亦无法在美国市面购买。盖美国大部分存银皆在国库，市面银货甚少。而美国政府则仍继续以每英两九角以上之价格，收买其国内产银。故我国若在美国市面收购，徒足提高其价格，不能于短期内得到所需之数量。唯一之办法，即向美国政府借用其财部之存银。鉴于目前美方对于贷款中国之态度，此项借款，非局势有重大变化，一时不易得有眉目。是以对于墨西哥借款，拟暂缓签约。因少数银币之发行，徒供囤储。其结果将无异于昔日之黄金美钞，不能收稳定之效。惟关于币纹设计及币厂之初步接洽，仍在继续进行，以备美方贷款成功时之准备。

附件一

与墨西哥银行借款，并由墨国代铸银币经过——向墨西哥借款并由墨国造币厂代铸银币一案，由席德懋君在墨京与墨西哥银行接洽，继又在伦敦与墨西哥银行副总裁哥密支 Gomez 继续讨论。双方同意下列各点：

（一）借款数额，墨西哥方面原定为美金五百万元，经磋商结果，先增至七百五十万元，最后再增至一千万元。

（二）为防止将来银价之变动起见，全部借款所需之白银价格，均按照现在市价，定为每英两合美金六角九分五厘。但此项价格必须在本年十二月二十日以前签订借款合同，始可生效。

（三）墨西哥造币厂每月将供给银币五百万枚。自借款用完之日起（约为第十个月），如中国须墨西哥继续代铸银币，须按月付给现款。如停止铸造，则中国必须以按月付款之方法，偿还借款。

（四）墨西哥造币厂将不收铸费，而仅收耗用之银铜成本。

（五）如须墨西哥方面代铸币模，则于花纹决定后七十五日，可以开始出币。

（六）借款使用部分之每日差额，须付以年息四厘之息金。

（七）借款须有美国银行之担保。

以上为电报中所述要点，详细条款已用航空信件寄沪，尚未收到。如我方对于详细条款，完全同意，则正式合同可于十月底在纽约签订。

附件二

与美国造币厂接洽代绘银币花纹，代制币模，代铸银币经过——在美国方面之接洽，由席德懋、任嗣达两君负责进行，结果如下：

（一）代拟银币花纹事，现正在绘制中。

（二）花纹决定后，五星期至六星期可将币模制妥。

（三）美国各造币厂之铸造产量如下：

	每周枚数	每年枚数
旧金山造币厂	2500000	130000000
丹佛造币厂	2500000	130000000
费城造币厂	3500000	182000000
共　计	8500000	442000000

如铸币后，不须每枚分别过镑，则造币数量尚可增加。

（四）币模制成后，数日内即可开铸。

（五）代铸费用在估计中。

附件三

与印度造币厂接洽代铸银币经过——在印度方面之接洽，由余英杰君在印度进行。印度造币厂每日可出币二百万枚，每年可出六万万枚。如能充分利用，可供给我国币制改革时，所需银币三分之一。但巴基斯坦政府须于明年四月发行新币，应先为铸造，故在明年六月以前，不能代我铸币。且印度造币设备甚旧，如须按照我方所规定之币型开铸，则在其停铸现在货币之后，尚须以六个月之时间，改造其铸币设备。故印度造币厂恐无法应付我方之急需。

*　*　*　*　*

二十七日，中美救济协定，今日由外交部政务次长代理部务刘师舜代表中国，与美国驻华大使司徒雷登代表美国，签订条款，即日起生效。

附录《中美救济协定》引言如后：

中华民国与美利坚合众国，关于美利坚合众国救济援助中国人民之协定。

兹因美利坚合众国意欲为中国人民给予救济援助，使其免受苦难，并得继续切实努力，以求恢复元气。

又因中国政府曾向美国政府请求援助，并曾提供情报，使美国政府深信中国政府亟需援助，以获得中国人民生活之基本必需品。

又因美国国会曾以一九四七年五月三十一日，第八十届国会第八十四号法案规定，对于总统认为确系需要此项援助国家之人民，而各该国家对于该项国会法案所需之救济计划，曾作满意保证者，供应救济援助。

又因中国政府与美国政府均愿确定关于处理及分配美国救济物资之若干条件，及了解，并规定两国政府合作之一般办法，以便适应中国人民之救济需要。

十一月二日，将本年八月十九日外汇平衡基金委员会成立之日起，外汇买卖、国库垫款及法币与东北流通券三项情形，签呈蒋主席，请予注意。

先生日记云：

签呈要点如下：（1）平衡基金委员会在二个半月中，外汇买卖相抵，净超四十余万美元。（2）政府需用外汇，二个半月中，达四千余万美元。（3）原存外汇及金银，已减至二亿三千余万美元。（4）本年一月至十月，国库收支短绌十八万余亿元。中央银行国库垫款十七万亿元。法币增发十六万亿元，东北流通券增发一千二百余亿元。十月份之发行额较年初增加五倍，以致钞票时感不敷。

签呈全文

兹将最近外汇、国库及发行三项情形，谨缮报告如左：

壹、外汇部分

（甲）外汇平衡基金委员会买卖外汇情形——自本年八月十九日基金委员会成立时起，至十一月一日止，买进外汇合美金三千九百九十七万九千余元，其中包括：

美金　二千八百六十余万元

英镑　二百三十八万余镑

港币　六百九十八万余元

印币　一万三千余罗比

在同时期内，卖出外汇共合美金三千九百五十三万七千余元，其中包括：

美金　二千七百六十余万元

英镑　二百八十三万余镑

港币　二百零四万余元

印币　十七万余元

净计买超合美金四十四万余元。溯自外汇平衡基金委员会成立以来，二个半月中，买进外汇，得达美金四千万元，除抵补商用进口结汇外，尚能有买超，故此次改订外汇办法，似不无成效。

（乙）中央银行官价买卖外汇情形——除外汇平衡基金委员会之交易外，中央银行并按照官价汇率，买卖外汇，供应军政机关之海外费用，以及购买粮食、棉花、油料之用。同时凡政府机关所缴入之外汇，均入官价外汇买入账。自本年八月十八日起，至十一月一日止，买卖情形如左：

买入外汇

美金　一百九十一万六千余元

英镑　九万二千余镑

港币　三百三十八万一千余元

印币　二千六百余罗比

共合美金　三百一十三万一千余元。

卖出外汇

美金　三千六百六十三万余元

英镑　一百三十三万九千余镑

港币　一千三百五十三万余元

印币　十九万五千余罗比

共合美金　四千一百四十四万余元。

净计卖超共合美金三千八百三十余万元，即中央银行所存外汇减少之数。查卖出官价外汇四千一百四十四万余元之中，主要支出，计有下列数项：

政府机关结汇　合美金一千八百六十余万元

八月前所订购棉花及收购到埠棉花　合美金一千七百七十余万元

印制钞券　合美金一百十四万余元

中国石油公司八月以前订购油款　合美金一百五十余万元

（丙）外汇结存——迄本年十一月一日，外汇结存数额如左：

美金　一亿零七十二万六千余元

英镑　一百八十四万六千余镑

港币　二千九百三十五万五千余元

印币　一百十六万四千余罗比

黄金　二百四十五万余英两

白银　四千二百八十万英两

共合美金　二亿三千一百五十六万四千余元

贰、国库收支及垫款部分

根据中央银行各分行报告，最近三个月之国库收支情形如下：

（甲）国库收入：

八月份　一万零六百二十二亿余元

九月份　一万零九百二十六亿余元

十月份（估计）　约一万五千亿余元。

本年一月至十月收入合计　八万亿余元

（乙）国库支出：

八月份　三万六千三百四十五亿余元

九月份　五万零二百六十三亿余元

十月份（估计）　约五万亿余元

本年一月至十月支出合计　二十六万亿余元

（丙）垫借款：

八月份　二万九千亿余元

九月份　三万二千亿余元

十月份（估计）　三万五千亿余元

本年一月至十月垫借款合计约　十七万亿余元

叁、发行部分

最近三个月中之发行情形如下：

（甲）法币：

八月份增发数　二万零三百三十一亿余元

九月份增发数　三万二千五百零七亿余元

十月份增发数　三万八千四百三十亿余元

本年一月至十月增发合计　十六万二千八百亿余元

十月底累计总数共合　二十万零七千九百十二亿余元

（乙）东北流通券：

八月份增发数　一百四十三亿余元

九月份增发数　一百二十一亿余元

十月份增发数　三百七十四亿余元

本年一月至十月增发数共合　一千二百四十四亿余元

十月底累计总数共合　一千五百二十亿余元

核计法币发行额，约较去年年底增加四倍又十分之六。流通券发行额约较增四倍又十分之二。自东北与关内通汇以来，每月均有巨额汇款流入关内，否则流通券之发行额尚不止此数。

查十月份之法币发行额，约较本年年初增加五倍。东北流通券之情形亦复相仿，故各地钞券，均感不敷应用。

* * * * *

四日，乘夜车赴南京。

五日，（一）晨抵南京。（二）下午出席全国经济委员会会议，审查棉纱同业公会提出联合配销之修改意见。

先生日记云：

会议中，有主张澈底实行联合配销者，有主张将民营纱厂生产暂交同业公会配销者，有以一个月为期者。决将上项意见交明日全会讨论。

六日，出席四行联合办事总处理事会议，由中央银行提出增加中央、中国、交通、农民四银行拆款利率。

先生日记云：

中央银行提出增加中、中、交、农四行拆款利率。中国、交通两行提出反对意见。余主张应将此问题作全面检讨。

按中央银行认为今日国家行局放款利率与一般市场利率相差过巨，极易引起各种流弊，例如（1）合于贷款原则，但其出品并不受物价管制之生产事业，如能贷得款项，或贷款特巨者，显较其他厂商处于优越地位，而其出品售价仍照一般高利计算成本，故低利贷款不啻额外津贴。（2）因此遂易发生贷款拖延不还，或本身资金已相当充裕，或不甚符合规定及实际以下之生产者，亦不免以种种方法企图获得贷款。惟主张不提高利率之理由，计有五项：（1）四联总处自二十八年改组以来，核办国家行局放款，向采低利政策。实以在抗战期间，后方需要自给，国家需要安定，国家行局对于国计民生所需之生产事业，自应以低利方式予以资金之协助。（2）国家行局贷款中，大部分与政府财政负担及经济政策直接有关系，如提高贷款利率，则直接增加政府支出，或直接与平价政策抵触。（3）若干公营事业，其定价取偿均受限制，低利政策庶可减轻其负担，维持其限价，其利益则为当地市民所共同享受。（4）协助出口物资生产运销之贷款，目的在争取外汇补充基金，有时政府且不惜予以补贴，或负担其汇兑上之亏耗。倘贷款利率提高，不免自相矛盾。（5）若干农业改良及增产贷款、合作生产贷款及有关文化教育之贷款，过去既均实行低利政策，今自应仍旧办理。

七日，（一）与四行联合办事总处徐秘书长柏园商讨下午该会审查会议议题。

先生日记云：

晨约四联总处秘书长徐柏园兄来寓，商量本日下午四联审查会议议题。余提出下列问题应一并讨论：（1）调整利率问题——查中央银行贴现利率，在战后向为每月百分之一点八，即每百元为一元八角。而经政府核定市场利率，本年十月已增至每百元为每月十八元，高达十倍。而黑市利率，则为每月二十元。故中央银行贴现率必须提高。各行局利其能得中央银行低利放款，以高利贷出，均不赞成提高。其表面理由，则谓原有客户恐因提高利率而他往。又谓将提高生产成本，使生产降低，以及出口因价高而阻滞。又谓足刺激物价。实则在物价日涨月高之情况下，如十月份已上涨百分之五十七，远超过市场利率之增加率，几与市场利率完全脱节。故中央银行贴现率提高俾与市场利率相近，方为合理。一读下表，可知梗概：

1946—1947年上海月息率及批发物价增加表

（根据中央银行经济研究处及主计处统计数字编制）

单位：%

月份	中央银行贴现月息		核准之市场月息		黑市月息		批发物价每月上涨之百分比	
	1946年	1947年	1946年	1947年	1946年	1947年	1946年	1947年
1	1.8	1.9	7	13.5	11	18	80	19
2	1.8	1.8	8	13.5	19	19	70	60
3	1.8	1.8	8	13.5	19	16	25	5
4	1.8	1.8	8	13	13	12	5	21
5	1.8	1.8	8	15	16	20	11	54
6	1.8	1.8	8	15	13.5	19	4	12
7	1.8	1.8	8	15	15	19	7	15
8	1.8	1.8	13.5	14.25	13	15	8	9
9	1.8	1.8	15	15	16	18	14	27
10	1.8	1.8	16.5	18	16	21	21	57
11	1.8	1.8	15	16.5	13.5	19	2	13
12	1.8	1.8	13.5	19.5	16	23	8	21

照上表所列数字，可知中央银行贴现利率原为调剂金融之重要工具，今已完全失其作用，故无固守成例之必要。（2）国家行局公款存汇问题——一九四六年财政部曾颁布公款存汇办法，迄今尚未切实施行。（3）上海四联分处组织应予加强。

（二）下午四时，四行两局开会审查中央银行所提：（1）调整利率意见；及（2）改善国家行局存汇与其业务问题。决定由四联总处徐秘书长柏园召集小组研究。

九日，（一）上午，中国银行总管理处副总经理卞寿孙来晤，表示该行对提高利率之意见。

先生日记云：

上午，中国银行副总经理卞白眉兄来谈，表示该行对于提高利率之意见。大致谓：该行向不愿提高利率，致失去老主顾。且亦向不利用中央银行低利贷款，高利借出，从中取利。今后宁愿为央行代放。

（二）晚间，徐主计长堪约谈目前金融财政救急方案。

先生日记云：

晚间，徐主计长可亭约晚饭，讨论目前救急方案，提出下列意见：(1) 严格管制物价。(2) 严格管制金融。(3) 设法平衡预算。(4) 改革币制。(5) 统制军需物资。又为免除立法行政相互牵制起见，(6) 拟设立最高经济决策机关，由蒋主席为主席，立法、行政两院院长及民青两党首领任副主席。

（三）电话通知驻华英国大使，政府允聘其推荐之战时英政府襄助配给事宜之专家，为粮食部顾问。

十日，接中央银行业务局局长沈熙瑞及顾问罗杰士自香港来电，建议中港经济协定，关于个人携带现钞，法币原定五百万元，应减为三百万元，请速与财政部洽定，以便通知香港政府。

十一日，（一）接中央银行顾问曾镕圃自香港寄来报告，称："香港政府于七日公布凡由香港赴中国口岸船只，其在港装载往华物品之船舱单，均应于启碇之前，送由香港政府海关盖章。"

先生日记云：

如是，中港经济协定，关于缉私之一部分，已见诸实施。

（二）美国国务卿马歇尔本日在国会参众两院外交委员会联席会议，发表准备在经济上积极援助中国，并将于短期内，将确切计划提交国会。

先生日记云：

大致由于最近美国国会议员认为政府既对欧洲义、法、奥等国予以紧急援助，主张亦应同时援华。马氏因之有此一发表。

十二日，美国国务卿马歇尔又在参议院外交委员会发表援华贷款将为三亿美元。其中包括六千万美元为目前至一九四八年六月底止之援助用款。并由副国务卿补述此后每月将援助二千万美元，至一九四九年六月十九日止。

先生日记云：

查此数仅足弥补每月国际收支差额，而尚感不足。可见美政府尚未澈底了解吾方之危急。同时由于美国舆论中，尚有一部分人不满意于我政府之一部分官员，动辄以贪污诬之。马歇尔尚慊于调和国共之失败，与我国内战之继续。因此仅肯作此有限度之援助。至如币制改革、经济建设，均不提及。然此有限度之援助，若非范登堡（参议院）、周以德（众议院）两人之助力，未必能如此迅速发表也。马氏于答覆若干质问，曾有下述数语："中国之通货膨胀已至非常程度；军事上之耗费占去国家预算百分之七十五至八十。对华援助，必须为一继续不断之计划，而非仅一长期计划。"则其心目中，或有一连串之援助计划。而每一时期之计划，将视吾方政治军事之是否改进；及此三亿美元贷款是否运用得当为转移。吾政府当局不可不深长思之。所可虑者，通货已濒崩溃边缘，将有时不我待之势。

十八日，（一）四行联合办事总处徐秘书长柏园送来今日下午四联总处议程，及所拟各议题草案。

按各议题草案计为：（1）调整利率，（2）国家行局库贴放限额，（3）中央银行修正拆款办法，（4）中央银行加强公款存汇控制办法，（5）加强上海四联分处组织计划。

（二）下午，四行联合办事总处举行各议题审查会议。中国、交通两行对于调整利率问题，仍持不同意见。结果议决利率暂维现状，并酌用差别利率办法。经决定四项原则如下：（1）调整利率主要目的，原为避免非必要之放款，与紧缩信用。惟调整利率一事，有利有弊，故尚须慎重考虑。（2）紧缩信用，衡量目前经济环境，对若干非十分必要之放款，似应严格停办。（3）有关国计民生与国营及民营生产运销，与交通公用事业，似应斟酌实际需要，作为有计划之分配，由国家行局贷助；详细方案定本年内完成。（4）关于军政机关及公营事业存汇款之控制。顷财政部洽商审计部，规定严格考核与惩处办法，切实执行。

先生日记云：

决议所谓差别标准，大致为：(1) 国营事业，已做之低利率贷款照旧；(2) 有关国计民生之企业，贷款利率略予提高；(3) 此外私营企业，贷款利率提高至接近市场利率。以我所见，市面利率几受物价涨跌所支配，银行利率实际已失其作用。所谓金融市场、金融组织，已离崩溃不远。我之提高利率主张不过将太不合理者，略为改善而已。

（三）出席全国经济委员会会议，讨论棉纱联合配销问题。

先生日记云：

决议采取前日会议中王副院长云五之主张：凡民营纱厂产纱，交由同业公会办理，定一最短期限，并由经济部另订暂行办法。

二十一日，外交部王部长世杰对于美国务卿马歇尔之援华声明，缮一节略，送驻华美大使司徒雷登，表示忻感，并申述我政府愿望美政府自明年一月开始，先贷以每月二千五百万美元，并声称中国政府将采取种种改革，同时将派专家赴美，讨论紧急贷款之运用。节略译文曰："（甲）对于马歇尔国务卿之表示，美国对于中国愿给予财政、经济方面之援助，其具体方案正在核拟中一节，中国政府深感欣慰。如欲避免中国经济之崩溃，而求其稳定，此项援助实属切要。（乙）马国务卿亦曾表示，美国贷款数额可能为美金三亿元。其中六千万元得在一九四八年六月三十日以前，即可提用。具体方案将于明年一月提送国会。足征美方援助计议渐见具体，自属欣慰之事。惟就中国现有情形观察，经济日见恶化。美方援助似必须从早实现。如迁延至明春四月，恐将无济于事。关于此类情事之报告，业经于十一月十八日，非正式送由美国驻华大使馆转达美国政府在案。中国政府亟望在全盘援助计划未拟定以前，能先由美国临时国会议定，或用其他方式，通过一种过渡性之紧急贷款，自明年一月份起，每月借贷美金二千五百万元，以资弥补中国国际收支之不足。（丙）中国政府深感，如欲改善中国现在及未来之境况，必须先有缜密之通盘程序，俾外援与自力更生之措施，均能互相配合。目前最急需者厥为紧急援助，俾能采取遏止通货膨胀，防止经济崩溃之措施。至对于内政，亦即需澈底改革。此固中国政府平日所蕲求之目标。此项改革措施应从金融、财政、国际贸易、土地政策、农业经济、主要工业、交通之复兴以及一般行政制度之改善等方面着手。中国因受八年抗战之破坏，继以内战之蹂躏，如无外援，则一切改革措施恐皆无法推行。中美两国之友好，历史悠久。希望美国对于中国改革方案之推行，仍能予以协导。美国如愿推荐优秀外籍人员，以供中国雇用，自亦属中国所愿望者。此项人员，大半当为美籍专家，但亦可能包括少数其他国籍之人员，俾得与联合国之精神符合。（丁）如欲使经济改革措施有成效，中国之军制亦必须改善，俾得配合关于军事方面之改革事宜。中国政府亦愿有美方之援助。（戊）如美方同意，中国政府亦拟指派少数专门人员赴美，商讨紧急援助事宜，并根据上述各项原则，草拟其他援助初步计划，望美国政府能早予示覆。”

二十八日，四行联合办事总处奉到蒋主席手令，国家行局一律停止放款。

先生日记云：

> 此举谅因最近物价上涨剧烈，采此收缩信用之猛烈手段。当经开会议决：“非最必要之贷款，一律暂停贷放。”最必要者，计为（1）农贷；（2）粮食、棉花、蚕茧三种；（3）出口物资；（4）公营事业，视经济情形，随时核定。此举在行局库代表均感怀疑，恐难以持久，均加入“暂停”字样。

十二月四日，接资源委员会委员张兹闿本月一日自美来信，报告美援有望，无非使我国得一短期喘息期间，必须同时注意国内通货膨胀之遏止或减低。函曰：“总裁钧鉴：六千万元美贷，报端语焉不详，不敢妄加揣测，各方似均寄以厚望。惟晚深为担忧者，则此款如仅用以维持国际间支付，使汇率比较稳定，短期内在外汇汇率方面，比较好看。但事实上，国内货币膨胀不已，物价上涨，出口货又厄于外汇之过低，不能出口。同时国内产品成本增加，不能与输入品竞争，国内生产萎缩。虽有输入管制，而差额过大，引诱力过强，走私益甚。又完全走上一年前宋公在位时之途径。故此项贷款，如使我等借此得‘喘息’机会，亦须同时注意国内货币膨胀之制止或减低。始能期于‘喘息’时间过去后仍能维持。不然，又属一场空欢喜，而使以后事更难办。故鄙意以为凡能裕国库收入，而减少‘既得利益者’手中之过剩购买力之方法，必须立即筹划，始能与美贷配合，发生作用。不审一孔之见，有当公意否。耑肃敬颂崇绥。晚张兹闿谨启。十二月一日。”

先生日记云：

张君所见甚是。

五日，（一）重聘业已退休之前财政部顾问杨格 Arthur N. Young 充任中央银行顾问，襄助交涉美援事宜。（二）顾问杨格抄送所呈蒋主席及行政院张院长，有关财政金融意见说帖。

先生日记云：

前财政部顾问杨格在抗战胜利时告老返国。现以美援交涉，需其相助，因请重来，在中央银行充任顾问，襄理美援交涉。渠上月中旬抵沪，即开始工作。今日具一说帖，述其对于财政金融之意见，送呈蒋主席及行政院张院长，特抄副本送来。其内容为：（1）通货与信用，应由中央银行集中管理。（2）现行外汇平衡基金委员会制度，应予维持。（3）进出口贸易管理方法，应予改善。（4）国家行局经营收购物资，应予停止。（5）政府非必要之设施，应予减少，以节支出。（6）军费支出，应设法节省。（7）政府外汇支出，应力求撙节。（8）出售国营事业及美国剩余物资，应从速进行；不易变现之剩余物资，应少购入。（9）财经人员，应多加训练，造就新人，并有良好之赏罚制度。（10）美援应以大部用以输入民生及生产之物资，以及政府之必需物资，即以抵付贸易差额。（11）财政经济管制，应予减少。（12）改革币制应俟国家预算逐渐平衡，方能实行。目前应准备发行大票。

七日，顾问杨格建议中国政府应有一声明表示内政改革，响应美援。意在使美国政府提案，易于通过国会。建议大端为：（1）改革国税与地方税制度。（2）改善中央与地方行政机关。（3）撙节中央与地方支出。（4）控制中央与地方采购机构。（5）土地改革、农业与农村改进。（6）恢复急需之交通与工业，并拟具长期计划。（7）澈底改革军制。（8）改善金融制度，使中央银行成为银行之银行。（9）为求财政、经济、社会、政治各方面相互合作起见，设一财政经济委员会，聘用外国顾问襄助之。

十一日，（一）中央银行发行一千、二千及五千元关金大票，即为法币二万、四万与十万元。（二）是日美金每元黑市为法币十五万元，黄金每两为法币九百万元，港币每元为法币三万元。（三）邮资平信调整由五百元改为一千元，电报费每字由一千元改为三千元。

十五日，下午晋谒蒋主席，请示赴美接洽美援之技术团人选。主席意应派地位较高人员，如俞大维者，较为合格。

十六日，（一）访美驻华司徒雷登大使，告以蒋主席拟派俞大维赴美，接洽美援。渠答谓，国务部希望中国政府派一与财经问题素有经验之专家，如贝祖诒者前往，可备国务部主管美援事宜人员之咨询，以所讨论一切，均涉细节。（二）本日《纽约时报》揭载美国参众两院通过对于奥、中、法、意四国之紧急援助法案。根据该法案，中国可得援助美金六千万元。该报当日登载美国国会通过并送交杜鲁门总统之临时援外法案全文。

十七日，晋见蒋主席，报告司徒大使对于我国派赴美国接洽美援人选之意见。主席表示不以为然。因婉陈以贝祖诒为副，先令准备我方所欲表示之各项计划及文件。得允。

十八日，接顾问杨格十七日自美来电（第一号），需要一九四八年上下期政府外汇支出估计数目。

先生日记云：

杨格顾问受嘱托赴美，与美外部及财部接洽美援。驻华美使馆财务参赞艾特勒同行。昨日抵美。今日来电，需要一九四八年政府外汇支出估计数目，附带提及“美国商业银行”Bank of America 请领在上海设立分行执照，希望早日予以核准，及我国向墨西哥商量白银借款，应即停止进行。

十九日，接顾问杨格十八日自美来电（第二号），需要一九四七年一月至最近，中央银行外汇卖出、买入数目，与支付外债、钞券印刷、军火等数目，以及一九四七年全年国际贸易收付估计数目与进出口主要项目。

二十日，接顾问杨格十九日自美来电（第三号），报告：与美国务部接洽谈话中，得知美可以同意吾方要求，在一九四八年供给美棉六十万包（自购印度棉花十五万包不计入），但须得知一九四九年上半年所需之估计数字，并希知有无充分电力供给纺织厂消受此项七十五万包之棉花。

二十二日，接顾问杨格二十日自美来电（第四号），报告与美国务部接洽情节：“（1）国会通过紧急援华款额为美金一千八百万元，详情函陈。（2）美国务部拟于一月六日国会开会后，尽速将迄一九四九年六月为止之援华计划，提出讨论。如计划就绪，或将不及等待中国技术团之莅临。余曾与国务部及财政部研讨商务方面之国际收支及外汇支出等问题。彼等刻正分集资料，并拟对于下列各项，觅求更详指示：（a）第三号电所述一九四九年上半年所需原棉数量。（b）第一、第二号电所述一九四九年六月底以前，中国政府所需外汇数目。美方亦了解此项估计，不能绝对准确，但必须提出国会，列举重要项目，而其数目当使国会不生疑问。彼等或将参考一九四七年之分类统计为依据，以估计偿债、液体燃料等项目需要之数目，而酌予调整。余曾敦促美方自一九四八年一月一日起，至少平均每月援助美金二千五百万元，援助总数四亿五千万元。彼等表示甚为友善。惟恐在一月一日以前，不能有所决定。（3）彼等似有意以援助款项拨购指定物资。但余敦促采用张院长之建议，将款拨归平衡基金委员会，借以加强中国货币之信用。彼等对此尚在考虑中。（4）技术团之主要任务，将为援助合约之商订。国会对于款项之运用以及物资之采购，必将坚持有充分管理之权。故余建议首席代表在其离华之前，务先征询最高当局之意见，并作签订合约之准备，俾援助得迅速实行，以加强人民信心，及遏止现有准备之枯竭。除李榦及余现已在美外，余以为只需再由国内添派一二人即可，借以节省费用。（5）美国务部认为中国似应就十一月二十一日备忘录所述之各项内政改革准备，宣布实行政策。但此项宣言内容，事前应先与此间商讨。关于宣言内容，当另函拟陈。（6）余建议政府应授权技术团，准予提请美方协助聘请顾问及专家。尤其在税制、贸易、预算、行政以及农业与农村建设等各方面之人员。（7）俟上述各点商妥后，或可再向进出口银行提出特别紧急建设计划，总额或可以美金五千万至七千五百万元为度。”

二十三日，（一）接顾问杨格二十日自美来函两通，报告：（1）因悉美国务部最近曾向国会宣布吾方外汇存底数字，深恐此项数字传达国内影响人心。请该部将此项数字，在国会会议录中剔出。该部答以欧洲受援国家均以国会讨论外援，必需此项数字，无法不予以公开。（2）纽约花旗银行及烟叶出口商与国务部接洽，愿予中国以一笔烟叶信用借款，经告以我方意见：（a）烟叶进口，每季限额五百万美元，不能增加；（b）交易必须经过正常商业途径。现此事暂且搁置，俟美援计划确定后再说。彼意将来美援拨款购买物资，似不宜将烟叶列入。（二）接美国寄来美国实业界组织之“中美工商协会”China America Council of Commerce and Industry, Inc. 与美国国外贸易协会 The National Foreign Trade Council, Inc. 本月二十日联名致送美国务部节略抄本。

先生日记云：

经读该节略，其要点不外指摘吾国国营事业之扩大，与夫进出口贸易之限制，请求美政府向我国政府要求明白公布，何种企业归国营，何种企业归民营，以及外人在华投资之限制。

并建议以后美国进出口银行贷与中国之信用借款，其用途须有一中美合组之委员会负责监督。

（三）接李榦二十二日自美来电（第一号），建议：（1）美国会通过之一千八百万美元紧急援助，最好用以购买燃料、肥料、粮食，如联总结束后援助款同一办法。（2）赞成杨格顾问对于美援建议，美国务部注重租税等改革，以表示美援产生良好结果。（3）美国报载上海纸业公会建议减少上海字林西报与大美晚报纸张进口许可限额，希望进出口委员会不予同意，以免区区小数，发生不良反应。（4）花旗银行以未曾在沦陷区营业，向美国务部表示反对我国所定关于战前存款之折合率新条例，希向汤姆斯 Thomas 一谈。（四）电复顾问杨格第一、第二两号来电。文曰：

> 第一、第二两号来电均悉。（1）截至本年十二月十五日止，政府支出外汇一亿零六千七百万美元。中央银行付出二千五百六十万美元。此外纽约、伦敦中国银行经付外债本息一千六百五十五万美元。尚有政府需用外汇，已核准而迄本月十五日止，尚未付出计九百五十五万美元。估计本年（一九四七）须支出外汇一亿七千万美元。其中包括印钞费二千五百六十万美元、偿付外债费三千六百万美元、购买军械费二千万美元、使领馆经费九百六十万美元、留学生以及派赴国外受训费用四百三十万美元、国际会议费用二百八十万美元、雇用外国人员费用一百七十万美元、工业原料及交通器材一千五百万美元、购买粮食一千九百七十万美元，燃料已付二千二百七十万美元，已订契约尚未交货计一千七百万美元（联总款及剩余物资款均不在内）。（2）国家行局贷款仍在停止中。三种关金券大钞（一千、二千、五千）发行后，市面尚见平稳。基金会汇率，自十五日起，改为每一美元合法币八万三千元。（3）所需一九四七年商用外汇收付数字及一九四八年政府需用外汇估计，一俟编就即寄。（4）关于棉花问题，俟与有关机构商讨后再告。

（五）外交部王部长世杰电驻美顾大使维钧，建议美政府增加援华金额，并将电文抄送驻华大使司徒雷登。

先生日记云：

事缘张院长、王部长与我再四商讨，总觉马歇尔宣布援华三亿余美元之数，主要目的在弥补国际收支差额，而改革币制及其他主要建设，均未顾及。若此二者不急着手，势必贬损美援之效用。马国务卿虽表示援华应有继续不断之计划，但未说出详细办法。深恐枝枝节节无裨大局，反致归咎于中国不知利用美援。故决定对于美援之基本观点，予以申述，希望美政府有一通盘打算，在四年内，援助美金十五亿元。余认为不妨有此表示。电文要点如下：

（1）美国对华援助，宜有一长期五年计划，以期达成中国之政治安定与经济稳定及币制改善。希望美国援助中国：第一年为五亿元，第二年亦为五亿元，第三年为三亿元，第四年为二亿元。

（2）关于救济用款，中国政府应支出与美援物资同额之法币补充之。用途之目的为增加生产，抑止通货膨胀。由中美两方商讨协定办理之。中国政府随时以用款情形，报告美国政府。

（3）中国政府得自己决定聘用美国专家襄助编订财政、币制及其他行政改革方案，并得雇用各门专家参加各项计划之实施工作。中国政府当于适当时机，通知美政府协助，选择人才。惟此类专家聘用，不受国际法律上之拘束，以免损害中国之行政主权。

（4）此项美援计划，除应用欧洲援助之条件外，不含任何政治条件。凡曾应用于欧洲受援国家，而可适用于中国者，均可适用之。

（5）中国得以借款方式，购买美国剩余军用物资及其他军用器材。借款金额暂定一九四八年为美金一亿元。中国政府在提出购单以前，当先与美国军事顾问团商定物品种类，再行采购。

（六）接张君劢十九日自华盛顿来函，报告：与美国务院主管经济事务之巴德握斯晤谈，有关改革币制意见。

先生日记云：

> 今日接君劢二兄自华府十二月十九日来信，谓："昨日国会拨款委员会开会，魏德迈出席作证，虽似有利于我方，惟拨款之权，仍操之国务院。又闻拨款委员会将先拨二千万元，以待下年一月国务院援华方案之提出。再昨晤国务院主管经济之巴德握斯 Butterworth，告以改革币制之重要，若美国能赞成早日开始讨论，可以振起中国上下人心。彼反驳云：目下中国内战范围日益扩大，如何能保证改革后不再膨胀。我告以只须开始讨论，即可维持币值，间接有利于战争。"

二十四日，（一）电复顾问杨格关于棉花事（第四号电）。文曰：

> 与印度以纱易花，在一九四八年不超过十五万包；照市面情形，印度易货，颇成问题。美棉需六十万包，系将纱厂电力供应考虑后之估计。一九四八年秋后，国内棉产如有增加，当可应付纱锭增加之需要。预计一九四九年上半年所需数目，与一九四八年上半年相等，实需三十万包。第一季，长度一寸以上者十万包；第二季，长度一寸以上，及八分之七者，各半，共二十万包；第三季，长度一寸以上，及八分之七者，各半，共二十万包；第四季，长度一寸以上，及八分之七者，各半，共十万包。此间缺乏长纤维原棉，故一九四八年第一季，需要长度一寸以上棉花十万包。

（二）再电顾问杨格，告以政府所需外汇数目，及望美国协助改革币制（第五号电）。文曰：

> 为棉花事复电谅达。（1）一九四七年政府需用外汇数目，已详第三号电。一九四八年政府所需外汇，正在商讨中。一俟议有确数，即电告。依我个人估计：（甲）外债本息七千三百四十万美元、钞票印刷费二千八百万美元、其他一亿美元。以上

数目中，可以剩余物资售价一千五百万元，及矿砂出口二千万元（包括苏联以货易货）抵补一部分，详细数目续告。（2）蒋主席、张院长切望美援拨款交平衡基金会转，用以支付购买物品。如是可以增强基金会实力，提高法币信用。望努力促成。（3）通货膨胀，已使社会问题日益严重。现文武人员要求照生活指数发薪，则通货膨胀益增，物价益高，不特将摧毁社会秩序，且将颓丧士气。虽有每月二千五百万美元弥补国际收支，又将有何裨益。故蒋主席、张院长切望在每月二千五百万美元外，增加数目，用以改革币制。在中国政府本身，将尽一切力量，改善预算与税制。如美政府同意此项意见，当即商请美政府协助聘请专家来华，研究改革币制及改善预算与税制。（4）技术团人选一俟确定，当电告。政府对于美援之基本关键意见，曾电告顾大使转达美政府。关于美援用途之监督以及顾问之聘用，可与顾大使接洽。

（三）接张君劢二十三日自纽约来电，报告与魏德迈谈话详情。文曰："密岳军院长、雪艇部长、权弟同鉴：二十二日十时半，晤魏将军畅谈甚欢。劢先提中美问题〔?〕，开始讨论，以财政币制为中心，美方可请中国整理财政，然后美拨定专款，为改革币制基金。渠即答复：目前中国形势严重，不免稍嫌过迟。然渠曾向马卿提出此议，马不肯采取主动。渠意对欧援助之中，应提三或五 billion 援华，由中美两方各组保管委员会，决定用途。渠云马卿既不肯先提中美洽商之议，惟有请中国自取主动。望我即以此意转达岳军院长、雪艇部长。又云：此保管委员会委员应为公忠不谋私利之人。渠又言：前此去华，多责备之辞，今日颇自悔其愚蠢。我答以，一般人民咸认为此为良友忠告；政府心感。渠重复声明，中国应采取主动，整（准）备方案，向美交涉。劢意，吾方应先派人来美；与魏将军联络，提出方案，作为初步接洽。第二步为正式交涉。雪艇部长能亲来美一行，最为上策。此事应由国中资望素孚之人发端。同时如以胡适、陈光甫、权弟等辅之，则此项财政币制改革基金交涉，可以不至失败。一切请尊裁，早决早行。张君劢亥梗。”（四）接顾问杨格二十二日自华府来第六号电，报告美国务部希望中国政府发表声明，保证内部各项必要改革。文曰：“（1）国务部希望中国政府发表声明，保证各项必要改革。此项声明，最好在美政府之援华方案提出国会之前，以免有与援助交换之嫌，并在中国技术团抵美之前。声明文字，似宜先与国务部非正式接洽。（2）此间国务部及农林部已密切联系援华。援华方案虽未完全告竣，惟进行甚为顺利。鄙人拟返美西渡圣诞节，一月二日返华府，随时可用电报、电话与华府联系。”

二十六日，（一）电复顾问杨格第六号电，关于政府发表声明事（第六号）。文曰：

尊第六号电已悉。（1）关于政府发表声明事，一俟尊拟稿寄到，当设法拟就发表。不知是否应由蒋主席发表一简要声明，由张院长发表一详细声明，希复。（2）关于美援用途之监督以及顾问之聘用，已详致顾大使电，其要点为：（a）中国政府将依其自由意旨，酌聘美国有经验人员，协助设计财政、金融以及其他行政之改革，并将雇用美国专家参加若干指定建设事业之工作。中国政府将于适当时期，以此意愿告知美政府，请其协助选择人员。惟此等任用人员，不受国际法律之任何拘束，以免侵害中国之主权及行政权之完整。（b）美援计画，除欧洲受援国家所接受之条件外，不得含有任何政治条件。至应用于欧洲受援国家之条件，尽可能范围内，应用于中国。

（二）又电复顾问杨格第五号电，关于上海进口纸张分配事（第七号）。文曰：

关于进出口纸张分配。不能徇从上海纸业公会一面之言。已嘱进出口贸易委员会限额分配处，公平处理。

（三）接顾问杨格二十四日自美来第七号电，报告所拟政府声明文字。文曰：“所拟政府声明，内容大致与欧洲受援国家发表者相同。因时机急迫，特由电达。（1）中国政府欣悉美国务部正筹划向国会提出近期援华建议。此项援助，对于遏止财政恶化及准备复兴基础，关系极为重要。（2）中国政府深知内部革新与外来援助，必须密切配合，方克收预期效果。故亟愿采取足以推动内部改革之一切必须步骤。至于最为重要而急切之内部改革，当首推财政与经济事项。财政、经济，既与其他重要兴革事项不能分离；则财政、经济之改善，实为推行民主政治，及革新现行军制之基础。同时对于内部其他方面之各种改革，正可趁此机会，积极奠定继续工作之基础。（3）中国政府对于改善财政、经济之计划，措施如下：（a）控制并调整政府开支，实行节约，编制全部外汇支出预算。（b）改进中央与地方政府行政机构及行政措施，并训练及遴选行政人员。（c）改良国家与地方税收制度，加重富人纳税负担，使税收数额增加。同时改革土地税制。（d）改革金融及信用制度，由中央银行集中管制，维持反通货膨胀政策。除非紧急切要，不轻易放款。改组一切放款机构，使其措施适合中国需要。（e）在各大城市尽量加强物价管制，并推行食粮分配。（f）在不违背国际商约条件之下，严格管制进口输入。（g）尽力推进出口贸易并扫除其障碍。维持有利出口之实际汇率。（h）除特殊情形者外，应减少或取缔一般政府国内国外之商业交易。国营事业之财产应即予出售，以裕国库。（i）采纳中美农业技术合作团建议，实行改良农产品、土地改革、改进农村生活等事项。（j）在可能情况之下，重建各项重要工业，并恢复交通，借以增加生产，减少特殊进口输入。（k）为加速一切改进计划之执行，财政政策与经济政策务必密切联系。（4）由于遭遇八年抗战之损失，复继以共产党之叛变，中国政府实乏充裕力量，推进各种改革计划。基于过去中美两国的悠久友谊，中国政府特向美国政府请求物质的及技术的援助，以便进行一切改革计划。（5）上述项目，乃系对于本年十二月二十四日所送美国国务部请求援助节略之增广。至于内容各点，仍祈电示决定，以便再与美国国务部商讨。来电希在一月六日，美国国会开会之前，与技术团抵美之前发出。（6）由于美国国会与民众对于中国政府时多指责，为争取美援计，此项声明，实有其必要。鄙意认为此一声明，决不容成为纸上文章，必须全部切实执行。对于挽救中国，至为重要。内部若不澈底改革，即令初步计划取得大量美援，仍难望继续产生效果。”

二十九日，接顾问杨格二十二日自华盛顿函寄本月十九日杜鲁门总统关于马歇尔计划致国会咨文摘要，申述欧洲受援各国向美国政府表示，同意在内政方面，采取美国政府所期望之措施。

三十日，（一）接张君劢二十九日自纽约来电，希望政府旬日内派大员携带财政币制改革方案来美，与美国务部洽议，争取主动。文曰：“中央银行密，张总裁译转岳军院长勋鉴：前与魏将军谈，吾国应争取主动一电，想早达览。一月以内，国务院将有方案提交国会。彼时吾政府如不满意，而欲另提对策，恐益困难。关于争取主动一层，政府能于旬日内，派大员带财政币制改革方案来此洽议，最为妥贴。一月四日以前，政府如有委托，当在华府等候。四日以后，即西去教课。张君劢亥艳（二十九）。”（二）接顾问杨格二十八日自加州来电，报告，现适患病，一切有关事务，暂由驻美顾大使维钧及李榦接洽。（三）续接顾问杨格二十八日自加州来第八号电，报告：由顾翊群代译之第五号去电今日收悉。（1）关于外汇数字，已送美国务部，并力促将美援款，依张院长主张，拨交平衡基金会。（2）当与顾大使保持联系；第七号电已抄送副本。（3）此后请电华盛顿。

是年一月，马歇尔离华返美任国务卿。行前发表对华局势声明，并以中共不参加国民政府为不幸。

二月，台湾各地，发生“二二八”暴动，中央派国防部长白崇禧飞台处理。

三月，中共人员由京撤返延安。国军进占延安。毛泽东等向北辙移。

四月，行政院长张群向全国广播施政方针。

五月，国民政府令颁维持社会秩序办法，禁止聚众游行及越级请愿。中共军队大举进攻四平街。

六月，中共军队围攻四平街，战况惨烈。最高法院检察署下令通缉中共首领毛泽东。

七月，吉长路国军会师四平街，中共军队败撤。国民政府明令嘉奖坚守四平街官兵，并优恤死伤军民。

八月，蒋主席派参谋总长陈诚任东北行营主任。

九月，宋子文出任广东省政府主席。

十月，内政部宣布“民主同盟”为非法组织。

十一月，中共军队占领石家庄，国军损失甚重。徐州以北发现中共军队行踪，徐州戒严。国民政府任命傅作义为华北“剿匪”总司令。

十二月，立法院制订《训政结束程序法》及《戡乱时期危害国家治罪条例》。国民政府明令依照宪法实施准备程序，于明年三月二十九日召开行宪国民大会。

一九四八年　先生六十岁

一月二日，电（第一号）李榦，告以：(1) 张院长“声明”一二日内可拟就。(2) 杨格顾问如不在华盛顿，希协助顾大使与美国务部接洽。(3) 俞大维、贝祖诒（技术团代表）将于下周首途，请告知张君劢。(4) 张院长询张君劢能否多留华盛顿。(5) 有关资料将由贝君携美。前电复各项目如须补充，望电告。

五日，电（第二号）李榦，告以：(1) 张院长“声明”将于一月五日由顾大使送美国务部。希非正式向该部友人探询反应如何，及有无须修改之处。(2) 请将“声明”内容邮寄杨格顾问参考；告彼此间不再去电，以免扰其休养。

六日，（一）接香港中央银行代表报告：香港政府发表新闻，自一九四八年一月五日起，(1) 我国产品，如锑、钨、桐油、菜油、猪鬃、棉纱等，运港转口，须呈缴证明书，证明外汇已结交中国政府所指定之银行。（2）禁止携带法币五百万元以上之现钞进口。

先生日记云：

> 以上两点，在去年八月间，中港金融协定中业已订明。惟香港政府一再迁延，今始实行。总之，今后一则可免走私运出，逃避应缴之外汇；一则可以制止大量法币在香港黑市交易。

上海《申报》本日评述该项新闻，谓："此项金融协定，所订一切条款，系彼此联贯之具体办法。双方政府本合作及善意之精神，经过慎重及精密之磋商，务使双方兼顾，方得有此成就。该项协定实为在我国与香港关系上，树立一重要之里程碑。"

（二）行政院会议，决定派俞大维、贝祖诒为赴美技术团代表。（三）行政院会议，决定准先生与李铭辞去输出入管理委员会正副主任委员。（四）行政院会议，决定任命霍宝树为输出入管理委员会主任委员。

先生日记云：

> 今日行政院会议，通过我与馥荪兄辞去输出入管理委员会正副主任委员。任命霍宝树为输出入管理委员会委员兼主任委员。另一副主任委员为李榦，以有任务驻美，亦请辞职照准。至我本人，实以事务太多，不暇兼顾，而馥荪兄则原出于我之邀请，今一再坚欲同去就，只好允之。

七日，（一）晋谒蒋主席，报告：赴美技术团代表，经行政院决议，派定俞大维、贝祖诒，自应早日出发。惟俞大维因事不能即行，可否令贝祖诒先行。得允。（二）接张君劢六日自纽约来电，嘱转行政院张院长。文曰："密中央银行张总裁权弟，转岳军院长：五日下午二时见马将军，已将尊函转交。渠关心中国时局，一如昔日。但言军事须重个人训练，俾能各自为战，方能应付共军。已告俞部长之来美。并云双方开诚商谈，以财政币制稳定为中心，自能鼓励士气，安定人心。七日西飞上课。兄森子（一月）鱼（六日）。"

九日，政府派遣技术代表团前往华盛顿，与美政府交换援华问题意见，外交部发表公告。文曰："中国政府依照中国外交部与美国务部商讨之结果，现派遣技术代表团前往华府，对有关美国援华之问题交换意见。中国政府并经派定前中央银行总裁贝祖诒主持该团任务。此外并派外交部顾问李榦、交通部路政司帮办洪绅、资源委员会驻美代表办事处总代表陈良辅及货币专家朱葆真襄助贝氏。贝祖诒、洪绅、朱葆真一行定一月十四日由沪乘机赴美。李陈两氏已先赴美国，现在华盛顿。"

十日，接李榦九日自华盛顿来电（第四号），报告："（1）对于声明内容反应，国务及财政两部均认为币制改革，确已达成熟时期，惟预算收支短绌，将摧毁新币制之稳定，而使再次改革益臻困难。最好贝代表携来政府同意之整个计划，以便说服美方，认为币制改革确属有利。（2）彼方认为具体行动，如准许外轮直驶汉口及鼓励私人企业，将使国会获得良好反应。马国务卿现正在研究'声明'内容，当视其反应如何。又国务部希知一九四七年进出口物品细数，请分别按美金及英镑编列。再贝代表何时抵华盛顿，乞示。"

十二日，外交部王部长世杰与英驻华大使施蒂文爵士 Sir Ralph Skrine Stevenson 签订中港缉私协定。

中央社南京本日电云："关于阻止中国港口与香港间之走私事，现经中国政府与英国政府成立协议。此项协议已于一月十二日由外交部王部长世杰与英国驻华大使施蒂文爵士以换文方式签订，成为中英间之协定。依此协定，此后严重之华南走私问题，将在中英合作下，获致有效之解决。其内容要点如下：（1）香港政府将拟定办法，按照船只名册及吨数，分别指定船只，于香港境内若干指定地区，装运输华货物，以便中国海关核对查验。（2）中国海关得在香港境内，自由指定地点设立检查处所，并派驻关员。对于输往中国之应税货物，办理预行征收关税，或预予估定税额事宜。（3）香港政府训令香港港务长，除经中国海关与该港务长，双方所同意之中国港口外，拒绝由香港开往任何其他中国港口之船只结关。凡已在香港结关，开往中国某一港口之船只，如经证明其并无充分理由，而未开往该港口时，应于该船驶返香港时，科以处罚。（4）中国海关得在急水门及大鹏湾两区指定之海面上，自由执行巡弋及查验任务。香港政府并将禁止未在香港结关之货船进入该两区之海面。（5）由香港经由北面边界输往中国之货物，香港政府将限定其由沙头角等议定之地点出口。（6）中国海关及香港出口监理员，应尽量相互供给情报，以便侦查及查缉香港与中国港口间之私运。（7）该项协定，至迟应于一月二十日实行。"

先生日记云：

如此，关于中港经济问题之重要二点，业经解决。尚有二点：一为港方取缔凡经营不正当营业之银行钱号之设立。政府已制定法案，准备提交立法会议。二为吾方希望香港美元收入，立一共同美元户，除香港必须使用之美元外，应归吾方使用。此点港方尚踌躇不愿实行。

十三日，电（第三号）复李榦，告以：进出口细数由贝代表携美，并嘱转季尔白褚芮克电。文曰：

第四号来电悉，进出口细数由贝代表带来。渠十四日飞美。下开致季尔白褚芮克 Gilpatric 电，希转致："此间输出入管理委员会需大才襄助，切望在善后救济事宜结束以前，先抽出一部分时间在该会帮忙，于国际贸易发展裨益匪浅。望速取得贵国政府之谅解，并见复。再纺管会亦欲聘用一纺织技术专家，兼有管理经验者充任顾问，希望美政府代为物色。杨格顾问离华之前，曾以此意告之，现渠患恙，即请会同李榦君与美政府接洽。东方局长巴德屋斯 Butterworth 亦接洽此事。"

十四日，电（第四号）李榦，希与美方接洽，在一千八百万美元紧急援华款中，列入小麦四万或五万吨，以代面粉，使粉厂可继续开工。

十五日，（一）接李榦十四日自华盛顿来电（第五号），报告：

季尔白褚芮克已离美；美方需要进出口附表，及一九四七年各种物品细数。文曰："第三号电悉。季尔白褚芮克已离美，经英转沪。当将尊电邮寄伦敦，但恐不能达到。关于纺织顾问事，当与国务部接洽。又美方需要将一九四七年进口附表（一）及附表（三）数字，加以分列。请将主要项目数字，先由电示。"（二）接洽美援技术代表团代表贝祖诒今日飞美，带去两月来政府准备送交美国务院之节略一份。

先生日记云：

今日技术团贝代表飞美，带去两月来准备送交美国务部之我国政府节略一份。款项节略计分六大部分，分别申述我国政府对于美援之愿望。第一节，引言；第二节，过渡期间之紧急援助计划；第三节，安定币值之必要；第四节，希望进出口银行对于目前若干重要建设计划，予以贷款；第五节，希望美国予以技术援助；第六节，总结。随附各项有关统计与预算数字及说明十七宗。兹分别缕述各节内容如次：

第一节、引言——说明我国抗战胜利后，秩序之不能恢复，交通之不能改进，生产之不能增加，税收之不能整理，军费之不能收缩，均由于武装共产党之扰乱所致。因此预算赤字日增月加，物资日见缺乏，而造成恶性通货膨胀。自一九四六年十一月实行统制贸易，一九四七年八月采取公开外汇市场，随时由平衡基金会调整外汇汇率，俾进口有合理之限制，出口不为黑市汇率与基金会汇率之相差而阻碍。政府支用外汇力求节省。是以一九四七年外汇支出已见降低。惟戡乱战事一日不停，通货膨胀势必继续增加；外汇黑市汇价势必继续上腾；出口与侨汇势必日减。在此情势之下，不得不求之外援，以维持国际收支之平衡。

中国通货恶性膨胀已达严重阶段。法币价值低贬之速，不可想象，使政府增加收入、减少支出之政策，几于无从下手。惟有求之外援方能增加物资供应，吸收法币回笼。随而增加国内生产，降低物价，使通货膨胀得以暂时缓和。同时政府努力开源节流，求与外援配合，以达货币及经济之平衡。

共产党策略，在对政府经济全面澈底破坏，以达到最后军事胜利。其手段为选择全国主要经济系统加以摧毁。故非抑止通货膨胀、恢复经济秩序，将无法抵抗共产祸殃。

第二节、过渡期间之紧急援助计划与拨款日期之商讨——美国援华金额确数，刻下尚待决定。目前美政府除紧急援助定为六千万美元外，不久将提出国会之援华计划，总数将为三亿美元，以应一九四九年六月以前之需要。中国政府收受此笔援助，决定用以购买必需物资，以平衡一九四八年商业用及政府用之外汇收支差额，惟尚嫌数目有限，不足应付。

查商业用输出入差额，按照一九四七年估计，为二亿零四百万美元。其中主要输入品包括棉花一亿二千万美元、粮食六千四百万美元、肥料二千万美元。政府用外汇亦照一九四七年估计，为一亿七千一百四十万美元。其中主要支出为一九四八年度外债债务费七千三百四十万美元、燃料五千三百二十万美元、轮胎配件一千六百八十万美元、印钞票费二千八百万美元。如是两者合计，共为三亿七千五百四十万美元。

希望上项援助改为自一九四八年四月起，每月拨二千五百万美元，以十五个月计，共拨三亿七千五百万美元。

再则每月拨款希望拨交外汇平衡基金委员会，转付输入物资购价，俾加强该委员会之实力，随而抑止黑市汇率之猖獗，借此减少对于出口及侨汇之威胁。

第三节、稳定币值有同时进行之必要——非平衡预算，诚不能谈改革币制。然若无一稳定之货币单位，亦难以达到财政收支之平衡。实以政府支出悉以当时之物价计算。而政府税收依固定税额，不能随时随物价调整。故税款不能因物价上涨而增收，以致收支差额，随通货膨胀而扩大。故必须一面有外援以改革币制，一面设法增加收入，减少支出，以达币值之稳定。

恶性通货膨胀之下，物价日涨，人民宁愿投机与囤积，而不愿从事生产。结果，加速物价上涨，生产减少。此一循环作用，必须一面努力增加生产，一面求之外援，方能打破，而使经济趋于正常。

再则物价上涨，使工资、薪水阶级，包括士兵与政府官吏，受到损失，以致军无斗志，公务人员精神颓丧，行政效率降低。此等现象适符共产党策划之目的。故欲求经济康复，必先遏止通货膨胀，稳定物价。庶几有用之资源与人力，由投机囤积，转而用于生产。使效率不及水准之事业可以淘汰，以免人力物力耗于不必要之竞争，而原料与工资及资金利率，均可降低。因此工业生产不特得以恢复，且可增加数量。迨物资供应充裕，物价自趋稳定，上述种种不良现象，自可改善。政府税收可由整理旧税及增收新税，而增加款额。一俟一般人民心理转变，市面好转，且可发行公债。

故稳定币值计划，若与其他援助计划同时并进，较之各个计划，各别施行与分期进行，收效不啻倍蓰。

查改革币制需要基金，若与六千万美元紧急援助，及三亿七千五百万美元援华计划，以及其他工业交通需要援助，三者同时配合进行，估计约需二亿五千万美元。希望美政府予以考虑。如原则同意，当即设置一中美币制委员会，研究详细计划。

第四节、目前切要之若干建设计划，希望进出口银行予以贷款——查有数项建设计划，可于短期内发生相当效果，补救国际收支，并能增加生产以遏止通货膨胀者，盼进出口银行贷予美金一亿零九百万元，作为下列之用途：（甲）粤汉及浙赣铁路增加设备；（乙）赣西及湘潭煤矿设备器材；（丙）修理台湾电力系统；（丁）修复台湾肥料厂；（戊）建造电工器材厂（资委会与西屋公司已有合同）；（己）增加台湾糖厂生产设备；（庚）建立株洲制焦厂；（辛）建造湘潭电厂；（壬）建造上海联合电厂；（癸）完成塘沽新港。

以上各项建设所需经费数目，系暂时估计，详附件。俟与进出口银行或其他美政府指定机关专家商讨后，再定确数。

第五节、技术援助——中国政府将依其自由意旨，雇用美国富有经验之专家，协助财政、币制与其他行政之改革。亦将雇用技术人员参加各项复兴与建设工作。并将商请美政府代为选择适当人材。惟此种雇用，不受国际法律之拘束。

第六节、总结——为援助中国达到政治及经济之稳定，临时援助，应由一千六百万美元，增为六千万美元。紧急援助之十五个月计划，应自一九四八年四月一日起，每月拨助二千五百万美元，共计三亿七千五百万美元。此外尚需贷予二亿五千万美元，作为稳定币值之用。至于建设计划估计所需款额，约为一亿零九百万美元，当俟与进出口银行或其他美国机关专家商讨后，再行决定。

先生日记又云：

除上述准备送交美国务部之节略外，同时拟一改革币制计划草案交贝代表携美，以便美方有意商讨时提出。内分两部分：(1) 发行新币以代旧币；(2) 财政金融之改善，俾新币制继续稳定。要点如下：

第一节、币制改革——凡恶性通货膨胀之国家，其物价高涨速度无不超过纸币发行增加之速度。中国自亦有此现象。今日物价较之战前增加十万倍，而发行增加只二万倍。故如纸币恢复信用，即使发行数目不减，物价或可降低五分之四。或则发行即使增加五倍，物价可以维持不变。

战前全国纸币发行（东三省除外）约为国币十七亿元。一九四七年底，增至三十二万亿元。以物价增加十万倍计，等于战前发行三亿二千万元。假使通货流通速度降低，目前通货流通数量不足维持现在物价水准，是以若增发等于战前币值之纸币十三亿八千万元，物价可不致上涨。此十三亿八千万元，等于战前之美元购买力四亿零八百万元，或目前之美元八亿元。

即使内战一日不停，通货流通速度不能完全恢复常态，然亦必能有相当程度之降低。照此推论，可知改革币制，一旦恢复人民信用，即可不需大量代价，而得以稳定币值。

目前财政收支不敷，约每月六万亿元，即全年计七十二万亿元。按照当前基金会汇率及黑市汇率，折衷计合美金五亿七千六百万美元。现拟之财政整理计划希望减少三成。惟士兵与公务员待遇须加改善，故只能以减少二成计算，即收支差额，将为四亿六千万美元。假定美援能如我政府希望之数为三亿七千五百万美元，其中倘三分之二为物资出售，可以收回通货，即可减少新币发行，降低物价上涨，以及通货流通速度，将更有助于降低物价。此时若再有改革币制之外援，则相扶相助，币值之稳定，自将事半而功倍。

战前，中央与地方及私家银行发行总额为国币二十二亿元，折合美金（国币每元合美金二角九分半）六亿五千万元。由于目下美元购买力比战前贬低及半，故应为十三亿美元。

依战前惯例，通货发行之现金（现金银与外汇）准备，为发行额之百分之四十。如是须有五亿美元（十三亿美元之百分之四十）。若能在数月内实行改革，则中国现有及可能获得之现金准备能达二亿五千万美元。其中包括：中央银行持有现金银计一亿一千三百八十六万美元、其他政府银行持有现金银计一亿美元、其他可望之来源计三千七百二十万美元。上述数字，系指币制改革于一九四八年六月可能实行而言。若改革延迟，则目下所存之数，可能降低。

估计欲保持新币百分之四十之现金准备（金银与外汇），须有一币制借款二亿五千万美元。假使改革延迟，中国目下自有金银与外汇降低，则借款势须比例增加，且须各项美援同时拨到，而与币制改革相辅进行。否则币制借款之效用将形低减；即有四成现金准备，恐未必能稳定币值也。

至币制改革之要点，大致如下：（甲）新币制单位为

"圆"，每圆计值美金二角五分。（乙）新币为法定无限制通货，面额分为：一圆、二圆、五圆、十圆、五十圆、一百圆六种。（丙）新币之辅币有：一分、五分、二十分、五十分四种；在二十圆以内，为法定通货。（丁）新币开始发行，旧币同时止发。新旧之交换率，视当时之物价与外汇汇率情形规定之。中央银行按照规定交换率，在一定限期内，将旧币陆续收回。在旧币未完全收回前，旧币得照交换率流通行使。债权债务均照交换率折算。（戊）发行应有十足准备，其中百分之二十五须为现金银或外汇；百分之七十五得以有市价之证券充之。（己）最高发行额以战前之纸币发行总额为度。超过此数额时，应有十足金银外汇之准备。三年之内，不得变更。此后如有变更，应按照立法程序行之。（庚）超过最高发行额，该行之外汇准备得拨存平衡基金会，充作周转资金。（辛）人民需要外汇，得按照政府规定法令，以新币向中央银行购买。（壬）人民得按照政府法令以生金银外汇，照中央银行牌价，售与中央银行。（癸）中央银行遇有政府垫款，不得超过当年度政府支出之三分之一 。且必须于会计年度结束后六个月以内收回之。（末）设置一币制委员会，由政府及人民代表组织之。其职掌为监督与检查发行与准备。

欲使币制改革成功，有需要专家襄助之必要。如美国政府对于中国政府提议之计划，在原则上同意，中国政府极愿立即设置一中美币制委员会，研究详细办法。

第二节、金融组织之改善——（壹）改善银行组织：（甲）金融市场应由财政部与中央银行会同调节控制。（乙）四联总处应改组为国家行局之协商联系机关。（丙）国家行局应实行专业化，不使业务重复。中国银行办理国际汇兑与国际贸易放款。交通银行办理工业放款。农民银行及合作金库与其各地分支金库，办理农业放款。邮政汇业储金局应利用其邮局机构，办理国内汇兑，并代理中央银行在内地收付政府款项，以及收受民众存款，但不得放款；遇有超额准备金，应存于中央银行。同时将使该局成为唯一之代理中央银行收付国库库款之辅助机关，俾得杜绝公款流入市场。（丁）省银行及地方银行得在其境内继续营业，得与境外银行订立汇兑契约，但不得在境外主要城市设立机构。凡已有省银行之地点，不得再设县银行。如已有县银行者，应与省银行合并。凡与公众有交易之地方银行，不得为中央银行代理收付库款。（戊）商业银行合并，应予鼓励并与以便利。因此应鼓励银行增资，俾合并易于促进。

（贰）改善信用制度——（甲）中央银行应成为唯一之公款存储机关，此则人人久已认为事理之当然。但迄未切实施行。自然应使之澈底实行，以便加强中央银行控制金融市场之能力。（乙）以往十年间，国家行局采取低利放款政策，以辅助生产。现拟改为视市场变动情形，随时调整。而中央银行对于借款银行之超过限额，或逾期不归还者，应增加利率以惩罚之。（丙）中央银行在币制未稳定以前，对于公私银行非有紧急需要，不予放款，或重贴现。四联总处对于中央银行在币制未稳定以前，对于公私银行非有紧急需要，不予放款，或重贴现。四联总处对于中央银行之重贴现业务，不加干涉。（丁）任何银行欲向中央银行予以重贴现，必须证明其业务情形不背下列规定：（一）其放款不超过存款之相当比例。（二）放款之相当比例，用于生产。（三）其业务不涉投机或不合法之行为。（四）其会计制度除经中央银行认为满意外，重贴现票据当然须得中央银行之认可。任何银行或金融机关如不合上列规定者，中央银行得停止其重贴现之权利。

上述规定，通行于经济发展国家。中国若能采用实行，实于信用制度之近代化有极大帮助。

第三节、财政制度之改善——（壹）增加政府收入：在目前恶性通货膨胀之下，只有用下列方法或可使收入增加：（甲）改用从价制度征收税款，较之附加为有效。（乙）估价征收税款，采用按照当时物价计算，或随所得扣缴。照上述两项办法，政府收入可随物价为高下。而不如今日之税额长落于物价之后。同时采取下列各项办法：

（一）所得税与过分利得税——中国所得税之最大缺点，为不能随时征收。凡营利事业所得、薪给报酬所得、证券及存款利息所得、产业租赁所得与一时利得，均采累进制。除上述分类所得税外，尚须征收综合所得税。其超过一定限制时，课以附加税，亦用累进制。分类所得税均可在税源直接扣除，可视为随时征收。产业出售所得，与一时利得两税，则以征收之困难，前者漏税甚多，后者收数寥寥。再则照现在征收所得税办法，凡营利事业于年度终了一个月至三个月内，将营业利得报告收税机关。而收税机关则须费数个月审查其报告，非至夏季或冬季不能收到税款。过分利得亦然。以目下物价年涨十倍以上，国库之损失不知凡几。现为求征税敏捷起见，拟改为按照一九四六年实缴税款，乘以一九四七年与一九四八年总支出之比例，估计一九四七年所得应纳税额，于一九四七年三四两月，分两期缴纳。俟收税机关审定应缴税额，再将差额调整。此为凡可自税源征税者，尽量采用税源课税法。

现在营业利得所得税，依照利得与资本金之比例计算，超过资本额者，其税率提高。但目下物价日涨，而资本重估为法律所限制，不能追踪物价，于是营利所得愈见增大，不特纳税人称苦，且因此引起逃税。因此拟将重估资本法令予以修改，俾得随通货膨胀趋势，作适当之调整。

（二）盐税收入向居关税之次，乃逐年减少。其故由于盐税为一种特定税率，不随物价为转移。年来虽曾屡次提高税率，但无法追上物价。现拟改为从价征收，庶几税收可随物价上涨而增加。好在每人消耗之食盐有限，贫民不致因此而过分增加负担。此税一俟情势许可，似应废止，或代以较为合理之课税。

（三）货物税已成为重要税收之一。现制货物离生产者之手时纳税，系从价征收，每三个月调整一次。故税额较之物价，其落后程度尚不如所得税与过分利得税之严重。现拟改为每月调整一次，俾税收可以稍为增加，不过其缺点则以所包含物品之种类过狭。现只限于卷烟、棉纱、洋灰、洋酒与啤酒、火柴、糖、熏烟业、面粉、茶业、化妆品、饮料、锡箔、土烟丝与土烟叶、土酒等不及二十种之货物。税率最低者为面粉，从价百分之二·五；最高者为烟酒，从价百分之一百。兹拟考虑扩大种类，先从首要都市之产品下手。至内地手工业产品暂缓。

（四）出售国营事业与政府产业——为增加国库收入，及控制金融市场起见，应将国营企业及政府产业从速处分，尤以接收之敌伪财产应尽先出售。处分时，售价应按美金计算，并应力求不为特殊利益集团从中渔利，且须防止购价取之于政府银行借款，或国库支出。如以发行股票方式出售，应经由中央银行或与政府有关之金融机构发行，以免对金融市场发生影响。

（贰）加强控制支出：（甲）实行预算控制——一切政府支出包括国币与外汇，必须在预算范围以内。关于外汇支出，不特其总额须经行政院核定，即各部门所需之数，亦须经行政院特别设置之外汇审核委员会审定，方可支用。关于国币支出，凡经常支出，须求之税款收入及其他经常收入。凡国营企业资本支出，须求之金融市场，不得直接取之于国库。（乙）限制中央银行之政府垫款——中央银行对于政府垫款必须严格限制。每年垫款，不得超过支出预算三分之一，且须于会计年度结束后，六个月以内归还。（丙）控制政府军费及其他支出——军费支出必须严格控制。拟与美国军事顾问团合作研究，如何使军费支出趋于合理而有效。中央银行应密切注意政府机关之支用。务使资金缓缓流入市场，减少通货膨胀之压力。同时拟将军政机关之采购，集中于一机关，以便有一集中之管制，俾公款流入金融市场得以控制，对于政府支出亦得有所稽考。（丁）地方财政自立——现在中央政府对于地方财政予以补助，日增月加，成为中央政府之负担。现政府拟对于中央与地方之税款，重行划分，并对于财产税予以调整，务使此后地方财政能以自立。不过此项办法尚不能适用于贫瘠地区，及近始收复之地区，自不待言。（戊）取消对于政府企业及公用事业不必要之补助——此后补助，应限于政府企业及公用事业之服务，与其价格绝对受政府管制者。同时希望将政府管制范围逐步缩小，限于其事业系为大多数民众生活所必需者。例如人民日常生活所需物资之运输，可称为必要。至于电力、汽油、电报、电话、铁路客车及邮政等，均不能视为绝对必需。若予以补助，无异将使全体民众负担通货膨胀所引起之损失。故就目下政府出售汽油及其他原料所标之售价，低于成本，亦不合理。（己）暂缓举办非急要之事业——若干复兴及开发事业，在平时认为必要者，在财政困难之今日，只好延搁数年。即如遣送国外训练人才之举，亦可从缓。今后行政院分配各部经费时，应对各部应办之事，根据财力，视其缓急，规定举办次序之先后，俾各部制订施政计划时，有所遵循。（庚）公务人员待遇之改善——政府对于公务人员待遇，应按照生活指数，随时调整。希望因此增进办事效率，而冗员可以裁汰。庶几待遇增加，而全体薪额不致庞大。

二十一日，（一）由南京飞返上海。（二）与副总裁刘驷业、业务局局长沈熙瑞商讨恢复银行贷款问题。结论拟采取收购方式，并开放押汇。

先生日记云：

连日在宁，与张院长、俞财长及四联总处徐秘书长磋商恢复银行贷款问题，均认为不宜停止太久。今日返沪，与刘副总裁、沈业务局长商讨，大致结论，宁愿取收购方式，并酌量开放押汇。

（三）财政部同意先生建议，本年度国库收入由各收税及解款机关，按照全年应收、应解款额，每月平均分解国库办法。

先生日记云：

财政都参事梁君敬錞奉俞财长命来告，余建议本年度收入由税收机关，按照全年可望收入数目，每月平均分解国库。其他缴款机关亦同样办理一节，可以照办。如是每月中央银行之国库垫款，可稍减少。

（四）任显群来见，允就上海民食调配委员会主任委员职。（五）应汇丰银行驻华代表克塞尔 W. C. Cassels 晚饭之约。克塞尔不日返英，借此告别。

二十二日，（一）致电（第五号）李榦，希与美进出口银行总裁高斯 C. E. Gauss 商洽，我国今后应还该行到期债款，望仍继续贷与我国，作为采购美棉及其他物资之用。

先生日记云：

外汇存底日见枯竭，望与进出口银行总裁高斯（前任美驻华大使）商量，希准以今后续还到期旧债之款，仍继续贷予我国，以备采购美棉及其他物资之用。惟此项续贷款项，与紧急援华专款，截然两事。本日即有旧锡借款到期。

（二）美国务部希望我国对于接受美援之自助声明文字，已由行政院张院长核定，寄华府征取该部同意，以便发表。

先生日记云：

美国务部希望之吾政府“自助声明”，已由张院长核定，寄华府询取国务部同意，俟得复即发表。今日将十项声明之实际措施，另行编制。中文稿寄行政院，英文稿托王元照君带美交贝代表，以备国务部询问我政府是否有实行计划时，可以答复。

附录行政院张院长群发表中国政府关于美援问题之声明：

中国经历八年有余之长期抗战，益以共党之叛变，故今日遭遇空前之经济困难。中国政府为克服此种困难起见，鉴于中美两国之悠久友谊，已提请美国政府予我以经济的及技术的援助。美国国会所通过之临时援助法案，经将中国列入；美政府并已声明将于美国国会本届会议中提出对华切实援助办法，中国政府对此表示欣慰。

中国政府自知其必须有完备切实的自助计划，乃能使外援充分发挥其功效。此种自助计划，当先着重于最急切的财政经济改革，而使一般行政改革与军事改革之实施相辅以行。

中国政府所准备实施之主要财政经济改革，约如下述：

一、尽可能范围节减政府一切支出——法币与外币支出。

二、改善国税、省税、地方税制，以及管理税务之支出，俾达增加收入与平均担负之双重目标。

三、为增进公务员及军官士兵之工作效率，其待遇将逐渐予以提高；一面并实施员额之逐渐缩减计划。

四、日用品供给之控制必须加强并扩大范围，借以防止投机与物价之暴涨。

五、尽力建立一种使币制趋于稳定之基础，俾外援得收最大功效。

六、改善银行与信用制度，加强中央银行之管制责任，继续推行遏止通货膨胀之政策。

七、鼓励货物出口，尽力排除出口之障碍。

八、改进进口货之管制，俟环境许可时，管制办法之含有紧急措施性者，当酌予变更。

九、发展农业生产，改善农村经济，并实施土地改革；中美农业技术合作团之建议，其可提前实施者，即予采行。

十、尽可能范围恢复交通及重工矿业，以期增加生产，减少过分依赖舶来品之输入。

（三）派刘副总裁驷业赴南京，答复北方请愿开放贷款代表团，开放贷款请求。（四）美国芮洛尔德金属公司 Reynalds Metals Company 代表来见，拟在台湾与资源委员会合办一铝业公司。

先生日记云：

> 美国芮洛尔德金属公司代表由花旗银行经理介绍来见，拟在台湾与资源委员会合作，办一铝业公司。美国政府有炼铝旧

厂出售，只合原价六折，并可向进出口银行借款。当告以容与资委会商洽后再复。

（五）李卓敏来见，表示愿就中央银行顾问，专任研究对日及远东整个经济问题。（六）应美国驻上海领事馆介绍其新任总领事柯博特 John Cabot 晚谦之邀。

二十四日，（一）接行政院张院长函告：对美之“自助十项声明”文字，已得美方同意。（二）北方请愿开放贷款代表团，对贷款决用收购成品方式，表示满意。

二十五日，约刘大中等六人商讨币制及金融管制问题。

先生日记云：

晨十时，约刘大中、谷春帆、周舜莘、方善桂、王念祖、吴大业诸君商讨币制问题及金融管制问题。舜莘、善桂、念祖、大业诸兄继续参加设计，意见大致相同。大中兄因过去不在央行，未曾参加过去一切讨论。今日发表意见，主张改革币制时，效法欧洲国家办法，将存款冻结，放款限制。余则认为须先掌握物资，及统制金融。拟继续讨论，再作结束。

二十六日，致电（第六号）贝祖诒、李榦，希与美国务部接洽，利用花旗与中国两银行购棉花信贷，购长绒棉花十万包，将来归入一千八百万元紧急援助案内计算。

二十七日，（一）接李榦二十六日自华盛顿来电（第七号），报告美国务部对紧急援助一千八百万美元分配内容。文曰：“一千八百万美元紧急援助，国务部已分配如下：（1）小麦二万一千三百万吨，值美金二百万元；缅甸二号米五万吨，值美金一千三百万元；玉米二千吨，值美金五十万元；杀虫剂，值美金二十万元；医药蔗糖，（2）值美金一百万元。但未列肥料。请商季尔白褚芮克转洽国务部。请查敝第四号电，该部已允二月份配给小麦九千三百吨。现正交涉三月份小麦配额，以代面粉。烟叶信贷，暂时不谈。容俟将来列入美援案。尊第六号电悉，正在考虑中。”（二）唐星海来见，对“全国花纱布管理委员会”办法，颇多批评。

先生日记云：

唐星海君来谈，批评纺管办法：(1) 反对派员驻厂；(2) 主张以花易纱，不应以纱易花，以免金融周转为难；(3) 登记存纱、存花，手续过于苛扰，因登记货底，阻碍营业活动，影响银根。

按去年十二月底，行政院决定将“纺织事业管理委员会”改为“全国花纱布管理委员会”，实行统购统销，代纺代织的澈底管制政策。目的在利用花、纱、布为控制金融，平抑物价，并弥补财政之工具。在民营厂家方面，虽因代纺、代织，可以减少资金周转之困难，而仍埋怨管制过于严格，不肯完全接受管制。

（三）约各银行代表谈话，告以工贷改用收购办法。咸表示赞成。

先生日记云：

上午约各银行代表来谈，告以今后工贷，改用收购成品办法，均表示赞成。当日即以决议，送呈张院长核准。

二十八日，（一）行政院张院长群对于美国援华问题之自助十项声明，今日在华盛顿与南京同时发表。

上海《申报》揭载中央社南京二十八日电如下：行政院院长张群顷发表中国政府关于美国援华问题之声明。此项声明，董显光局长于二十八日记者招待会中正式宣布。（全文已见二十二日（二）项附录）

又该报揭载中央社华盛顿二十八日电如下：我驻美大使馆今日在此间发表行政院院长张群所宣布，将由中国政府推行之十点财政经济改革方案。此项声明，在南京同时发表。此复兴方案之发表，适值我国技术代表团在此间与美国官方人士商谈之时，并适值美国援华计划向国会提出之前夕。

（二）美国务卿马歇尔拟于一周内，向“全国顾问委员会”及预算局提出援华计划。《申报》又据中央社华盛顿电，称：马歇尔国务卿上周曾谓，渠拟于“一周内”向“全国顾问委员会”及预算局提出援华计划。马卿所谓之一周，将于二十九日届满。

按“全国顾问委员会”，系 The National Advisory Committee for the China Program，其委员人选为：鲍曼 Isaih Bowman（曾任约翰·霍布金斯大学校长）、胡育 Arthur B. Foye（哈斯铿，塞尔斯国际会计师事务所资深合伙人）、麦克拉特 Paul V. McNutt（曾任美国驻菲律宾高级行政专员）、穆尔夫人 Elizabeth Luce Moore（曾任华美联谊社董事长）、罗伯森 Walter S. Robertson（曾任美驻华大使馆公使及马歇尔使华时之首席助理）。

（三）我国赴美技术代表团代表贝祖诒晋谒美国务卿马歇尔，谈援华计划。

上海《申报》据南京二十八日电，称：据此间获悉：美国务卿马歇尔二十八日午接见我国赴美技术团代表贝祖诒。贝氏系由顾维钧大使陪往者。外部人士表示不能透露晤谈内容，但对于此一予人以鼓励的发展，显然感觉愉快。

（四）杜鲁门总统可望于二月上半月，向国会提出援华计划。

上海《申报》据中央社华盛顿二十七日合众社电，称：某消息灵通人士称：杜鲁门总统可望于二月上半月内，向国会提出援华计划。又谓国务院已将计划送交预算局，然后再送全国顾问委员会，完成其整理预备工作，以便提交立法机构讨论。渠拒不透露援华计划所列之贷款总数，但表示将在三亿美元以上。此三亿之数，乃二月以前马歇尔在国会议员催促之下所提出者。渠又指出，预算局对援华计划应能迅予处理，因并不涉及特别复杂之财政计算也。全国顾问委员会为对此种事务之政策机构，故预料对此一计划，亦将同样迅速予以处理。因国会要求早日提出此项计划之压力，正在与日俱增也。上述各种因素，皆为援华计划可及早提出之预兆。据闻若干官方人士对马歇尔之秘密政策，暨其迟不决定援华计划，皆表不满。除周以德与其他少数向主援华者外，与上述官方人士意见相同者，尚有若干共和党人士，如参议院拨款委员会主席勃里奇等是。

（五）美国克里普斯·霍华德系报纸著评，力促美国加紧援华。

上海《申报》报导：纽约二十八日广播：克里普斯·霍华德系报纸今日著评，力促美国加紧援华。内称：中共势力范围正益扩张中，前途可虞。东北为远东锁钥，不惟控制中国与朝鲜，抑且为通往西伯利亚与日本之门户。第二次世界大战之发生即种因于日本之攫取东北。自经济观点言之，东北之与亚洲，犹如鲁尔之与欧洲。中国在大战中曾牵制日军数百万人，为美国之忠实盟友，当此紧急之际，美国应予援助。

（六）陈辉德归自南京，面告曾谒见蒋主席，贡献意见三点。

先生日记云：

光甫兄自宁归，面告曾晤蒋主席，以下列三点劝之：（1）美援多少，现时不必计较。一经开始，可徐图增加。（2）政府支出，必须减少。（3）对于财政金融不必过于悲观，致乱步骤。又谓与王云五副院长谈话，劝其幸勿主张连锁制，及自由外汇。

（七）纱厂代表来见，陈诉苦衷。

先生日记云：

下午纱厂代表来见，陈诉苦衷，与昨日唐星海君所述相同。

二十九日，（一）约新任全国花纱布管理委员会主任委员袁良谈话，告以纱厂代表诉苦三点。

先生日记云：

上午约新任花纱布管理委员会主任委员袁文钦君来谈，告以纱厂代表诉苦三点。谈后，袁君允（1）驻厂员暂缓派遣，惟要求纱厂方面无偷工减料情事；（2）存纱登记，可允一面登记，一面随时移动。

（二）派郑道儒为中央银行平津区区域行主任。

先生日记云：

本日发表郑道儒为中央银行平津区区域行主任，管辖冀、察、绥、热、鲁五省分行。实缘华北经济情形日见困难，必须有人与五省官民随时联络，明白当地需要中央银行何种帮助。

（三）联合国救济总署中国局驻沪代表季尔白褚芮克自美返沪来

见，报告在美见闻。

先生日记云：

下午四时，联总驻沪代表季尔白褚芮克自美返沪来谈，在美所见所闻。关于我国方面者，大致如下：国务部方面官员对于中国问题，十分冷淡。其原因由于以往中国所予美国种种不良印象，致人人惮于为中国说话。上级官员则抱一种安全感，不愿再予援助而无结果，以致失其个人威信。或则恐继续援助，愈陷愈深，无以自拔。同时各级官员，均思掩饰其以往政策之错误与失败，对于目前援华计划，遂多贬辞，而少建设性的批评。故为中国计，必须设法使国务部主管经援之官员增加其援华兴趣与热忱。中国驻华盛顿代表应不断以本国实际情形，及有关之重要资料，供给国务部。同时亦常将美方对中国之种种希望，据实报告本国，以备斟酌采纳。马歇尔国务卿关于经济问题均委之中级官员，以其本人不谙经济，且亦无暇顾及也。

（四）输出入管理委员会主任委员霍宝树来见，建议将输入限额分配，今后由两期并为一期。予以同意。

先生日记云：

霍亚民兄来谈，拟将输入限额分配之今后两期，并为一期，俾减少外汇支出。予以同意。

三十一日，拟推荐颜惠庆担任善后事业保管委员会主任委员。

先生日记云：

上午十时，善后事业保管委员会举行第一次会议，前往主席。稍缓，拟将主任委员一席，推荐颜君骏人（惠庆）担任，颜君原系委员之一。此实因本人事务太忙，无法兼顾也。

按善后救济总署结束后，成立善后事业保管委员会。据出席当日会议之委员凌鸿勋于散会后至上海复兴岛，见该会所存材料山积，深惜未能善为支配应用。

二月一日，（一）接中央银行驻香港代表寄来香港政府一月二十九日公布之银行条例，要点为政府有权限制银行之设立，及检查银行之业务。

先生日记云：

> 此项条例之公布，可以认为中港经济协定悬而未办之最后一点，今后总算可望全部实施矣。

按香港银行条例，亦称“一九四八年银行条例”，共计十五条，其要点为：（1）任何公司（指依一九三七年公司条例组设之公司）未向总督领有执照，不得在香港继续或开始经营银行业务；（2）未经总督许可，不得使用或继续使用“银行”或“信托”，或其他类似字样为营业名称，或继续使用任何名称，暗示经营银行业务；（3）总督得随时聘任条件相当之人员组织咨询委员会，咨询关于银行业务各项事宜；（4）总督谘商咨询委员会后，得向命令指定之人，在命令指定期内，呈报各该银行之任何账册、账目及文件。

（二）中央银行特订停止贷款期间，暂用收购成品办法，以代工贷。惟上海工商界对此办法，表示不满。

先生日记云：

> 为补救四联总处停止工贷决议，特订上海国家行局代政府收购厂商成品临时办法如下：（1）贷款厂商，以经主管官署登记加入该业同业公会之民生日用必需品工业暨基本工矿业为限。民生必需品，以财政部所规定之十四类为限。基本工矿业，以钢铁、水泥、机器三类为限。（2）国家行局对每一厂商收购之成品，其数量以不超过各厂商过去六个月中之平均按月产品为限。（3）收购价格，依核定申请时之前六日平均市价为原则。惟上海工商界对此补救办法，表示不满，认为在规定工商种类以外之工业，仍属向隅。

五日，接纽约世界贸易公司副总经理夏鹏转来（行政院美籍顾问）白恩 Bayne 电，报告美国援华案已内定总额为五亿七千万美元。文曰：“国务部援华案已内定总额为五亿七千万元，分十八个月支用。每月二千八百万元。用于购买肥料、粮食、化学药品、燃料。另加六千万元，为建设铁路、肥料厂及其他建设事业之用。就中可提小数，用作在日本拆卸赔偿物资。此项计划，在提交国会以前，须经预算局审核及总统核定。务望严守秘密。盖马歇尔援欧计划如有延搁，势将牵动援华计划及其数额。对外援之监督机关，将有新组织。现时暂由季尔白褚芮克 Gilpatric 主持计划。下院拨款委员会主席特褒 Taber 表示，政府方案通过众院，恐略有周折。周以德 Judd 表示乐观。军援并未列入。惟列一百五十万美元为聘用技术顾问费用。”

六日，出席行政院处理美国救济物资委员会，与美代表季尔白褚芮克举行之联席会议。

先生日记云：

> 今日下午三时行政院美国救济物资处理委员会，与美代表季尔白褚芮克举行联席会议，讨论救济物资支配原则，及粮食配售详细办法。当经决定以统一支配为原则。并通过救济粮食配售详细办法如下：（1）暂定先在京沪平津穗五都市实行；（2）不在已往政府实物配售范围以内之平民，均为配售对象；（3）配售采用凭票购买制，每人每月可配米五升；（4）暂以四个月为限，自三月一日起实行。

按政府为配售京沪平津穗五市民食事务，由各市市长负责主持，于是月二十四日经行政院制订通则，并设民食调配委员会办理之。各市如已设有粮食调配机构者，得呈请行政院核准办理配售民食事宜，不另设民食调配委员会。民食调配委员会得由市长兼任主任委员，并设副主任委员一人或二人，行政院处理美国救济物资委员会（简称院委会）、粮食部、社会部、市参议会代表各一人，及其他聘派之必要人员为委员。各市调配会应凭翔实之户口登记，印制以户口或人口为单位之粮食配购证，发予市民，凭证向指定之粮食配售处自行购粮。粮食配售证之印制，以不易伪造、便于携带为原则。粮食配售证不得转让。印制所需费用，由行政院处理美国救济物资委员会于业务费项下核销。

七日，以英文撰述《台湾与中国大陆之经济关系》Economic

Relations Between Taiwan and The Chinese Mainland，寄驻美技术团贝代表祖诒，俾凭以向美方说明中央对台湾财政经济各方面之整理经过。

先生日记云：

近来美国政府及国会与新闻界，有一种论调指责中国政府，不能善治收复之台湾，且剥削台湾以利本土。美国务部亦有同样批评。若不加以解释纠正，不特影响吾政府将台湾建设事业列入美援之希望，且此种不正确论调，传播于台湾居民，将再引起台湾政治之不安。因将中央对于台湾在财政方面、在贸易关系方面以及台币对法币汇率方面，无一不以台湾利益为前提，而加以顾全。且资源委员会与省政府对于主要企业，无不尽能力所及，予以投资。因此台湾全省生产与就业，均见增加。兹特以英文撰述《台湾与中国大陆之经济关系》一篇，逐项附以数字及有关文件，寄示驻美接洽美援之技术团贝代表祖诒，转送美国务部参考。

《台湾与中国大陆之经济关系》译文（附件从略）

一、中国剥削台湾吗?

两年多以前日本投降时，一位美国代表向我国一位高级官员问道：收复后的台湾对于中国究属一种资产，抑为一桩负债？此一询问，对于我国一般心理，殆难想象。我国对日长期抗战，目的为收复失地，包括台湾与满洲，俾国土恢复完整，政治得以独立。抗战既获胜利，台湾必须重归版图，固无所谓资产与负债的问题。且居住台湾的同胞经过五十余年日本之宰制，今得脱其桎梏，回到祖国的怀抱，何等忻幸！须知民族情感之高贵，决非物质利益所能动摇。

近来时有“台湾正被中国剥削”之说。吾人于此，不能不自日本投降后对于吾人所有之记录，作一检讨。下述各节，旨在证实战后我国对于台湾建设，是否毫无贡献，而徒事“剥削”。第一当问国民政府曾否利用台湾供应大宗岁入。如其然也，则来自台湾之赋税收入，必较他处为多。次则当一查我国对于投资台湾，是否一毛不拔，靳而不与？惟知从事掠夺、搜括、迁运其生产设备，一如许多战胜国家，在所收复区内之实际行动。第三，试问国民政府曾否对于台湾施行“定额的输入超过输出”之政策。第四，应查国民政府曾否蓄意一方面压低台湾出口大宗的糖价，而另一方面抬高大陆输入台湾的纱价，从中盘剥当地人民。对于上述四种问题，如能有统计数字或正确报告，足据以作肯定的正面或反面的答案，则不难得到中国对于台湾是否“只取而不与”的结论。其实，即所谓取者，亦有待商榷。倘无事实证明，则“剥削”也者，无稽之谈而已。

本文对于上述各问题，将分别论列。惟首须声明者，吾人之基本观念，认为台湾乃整个中国之一部分，不容分割。至其经济上的特殊性，自当加以合理的考虑。中国不仅希望，而且将努力使之成为全国工业中心之一，俾全岛可以达到高度繁荣。为实现此一愿望，中国在短期内，将不惜任何牺牲，期能在该区域内奠定一稳固之工业基础。庶几全国可以同享久远利益。

二、财政

台湾居民同属中华民国公民。有识之士当不致暗示其不应向国民政府完纳赋税。国民政府在台湾的税收，仅关税与盐税两项。其他税收包括土地税，均由省政府征收使用。由于台湾当地对外国的直接贸易不多，国民政府在该区所收关税，总额甚微。一九四七年初期九个月内，外国对台湾的进口总额合法币二二、三二八、五九八、〇〇〇元，与全国进口总额法币五、一〇八、七一六、七二一、〇〇〇元相较，仅占百分之〇·〇四。食盐原系该省专卖，自一九四六年四月起，始由财政部征收盐税。但自是年一月起，基于产盐成本关系，台湾产盐税率已较其他省份为低（参阅本文附件《台湾盐税说明》）。

国民政府在台湾的政费支出，包括军费在内，悉系汇由台湾银行支付。驻扎台湾担任卫戍的第二百零五师青年军一切费用，完全由中央负担，每月约需法币三百亿至四百亿元之间。

台湾省之土地税，完全由省政府征收，大部分系征实。所收粮食，即由省政府储存，以供平市之用。台湾粮价远较上海者为低。一九四七年十二月底，上等白米每石售价为台币七千四百六十四元一角七分，按九十与一之兑换率，折合法币六十七万一千七百七十七元。在上海，则粗糙之食米每石售价已超过法币一亿元。中央将土地税划归地方，不啻帮助台湾维持较高于内地的生活水准。

国民政府本身财政虽极感困难，然仍愿将一切在台湾应征收之税项划归地方，用意即在使省政府可用以发展工业，改善教育，增进社会福利。参阅本文所附收支对照表及其说明，当可明了支出之大部分均系为达到上述目的。因此省政府财政遂不免发生收支短绌。

由此观之，国民政府未尝利用台湾为其外府，作岁入财源，事实极为明显。中央在台湾征收之赋税项目，既远较在他省者为少，而最重要之土地税又复划归地方；卫戍军费且悉由中央担负，则取之于台湾人民者，仍用以增进当地文化、经济及福利事业。

三、投资、就业、生产

台湾光复后，中国政府不特未尝由该省迁出任何生产设备，反而不断予以大批补充。一查本文附件《国民政府资源委员会投入台湾之外汇及设备一览表》，当知该委员会投入资金计二三、一三〇、四四八·七四美元。此外该委员会对于在台湾所营企业，及与省政府合营事业，复经陆续投入大量法币与台币。按照一九四七年底法币购买力计算，资源委员会投入所属在台湾各种企业之法币数目如下：（1）石油计三、三〇〇、〇〇〇、〇〇〇元；（2）炼铝计二八、九四六、三七〇、〇〇〇元；（3）金矿铜矿计一二、一八二、三三〇、七六九元。资委会投资于省、会合营各种事业之法币数目如下：（1）肥料计八、一〇〇、〇〇〇、〇〇〇元；（2）制硷计一、四四九、九〇〇、〇〇〇元；（3）造船计三、五一〇、〇〇〇、〇〇〇元；（4）电厂计九、〇二三、二九六、三五〇元。糖厂投资数目另节说明。上述投入省、会合营事业之法币，系汇交省政府以资抵付台湾对各省间之贸易差额。

台湾省政府对省营事业之投资，除取给于省库外，并经向台湾银行借贷。其总数共合台币七三七、八三五、二三三元。至与资委会合营事业，该省投资计合台币一四、一〇三、一七一、四五〇元。上述两项投资虽出自台湾居民所纳税款，但如中央政府不听其坐支所收国税，则数额不能如此之巨。

在日本投降之前夕，台湾整个生产机构业已破坏。中国政府前往接收时，大部分工厂均遭轰炸损毁。即稻米产量亦由一九四一年之一五、一四〇、二八八公石，降为一九四五年之七、四七六、〇二四公石。因此食粮顿感缺乏。蔗田生产面积亦由一九四一年之一五七、一九八公顷降为一九四五年之一〇七、六七六公顷。失业人数随之倍增。

经过接收后两年之努力，台湾情形显见好转。一九四七年稻米产量计为一四、一八四、一一一公石，每人合两公石强。蔗糖与茶叶产量均大见增加。茶叶一项，一九四八年可望达到产量一千万磅。所有工业生产由于新增资金之故，悉有显著进步。一九四八年蔗糖产量可望达到三十万吨。樟脑，四百万磅；水泥，三十六万吨；黄金，一万二千盎司；电解铜，一千吨；纸浆，四千三百七十吨。如生产情况稳定，产量水准可以经常维持至一九四八年。

由于海外肥料之输入，农民均已各返耕地。而工业之扩充，人民就业机会随之增加。一读本文附件《台湾公营事业：就业与工资》，当知仅就公营事业而言，雇用人数已达八万五千七百五十人。此项数字并不包括铁路员工。现值收蔗季节，台湾糖业公司全部开工；而中国石油公司于一九四七年十二月运到原油，开始提炼，则就业人数将益见增加。除公营事业外，尚有不少民营事业。故台湾工业的就业人数，当不难达到十五万人。

中国不惟不曾掠夺台湾的工业设备，反而投入大量外汇与法币于各项工业中，使其得以增加生产，增加就业机会。此项对于台湾工业的大量投资，当然可以使用于其他途径。兹则事实既然如此，而中国“未尝剥削台湾”，自属十分正确。

四、贸易与兑换

现在吾人可以根据两种记录，查证台湾与中国大陆的贸易差额。根据基隆及高雄港务局，关于台湾进出口货物重量的统计数字，基隆一埠在贸易上远较高雄重要。基隆港务局记录所载，由该港口运出货物以煤与糖为大宗，运入货物以棉纱与疋头为大宗。台湾输出之煤与糖均价贱而体重；输入之药剂则体轻而价昂。虽输出之重量较输入之重量为巨，但不能谓台湾对大陆之贸易为出超。

按台湾银行为唯一与内地各省互通汇兑之银行，亦为中国银行（国际汇兑银行）委托经营外汇之代理银行。自一九四七年七月一日起，以迄一九四八年一月十日止，台湾银行曾经代理中国银行结进美金一、五三八、〇四二元二二分。此项购入外汇如转售与中央银行，当可增加台湾银行之法币头寸。

至于台湾银行与内地各省互通汇兑，其地位并不占优势。盖汇出数额通常超过汇入数额（参阅本文附件《台湾银行省际汇兑情形》）。结果形成该行时缺法币头寸。一九四六年四月起，至一九四七年十二月止，计缺法币五千六百七十七亿元（参阅本文附件《台湾对于法币来源之变动》）。因此中央银行曾予该行一种短期汇兑周转贷款，以资补救。其额度为法币五千五百亿元。

台湾对大陆的大宗支付，发生于贸易出差。除此，殊无理由将资金调至大陆。总之，台湾对大陆贸易恒为入超，而其差额则经常由中央银行助其应付。

情势如此，大陆遂不得不继续资助台湾。若谓大陆剥削台湾，实属绝对错误。

五、汇率

自台湾观点，若其输出货物之价格能迅速超过输入之价格，自然利莫大焉。换言之，省际汇率将对台湾有利。蔗糖既为台湾出产大宗，而从事糖业人口甚众，糖价涨落，台湾居民对之自然十分关心。在输入货物中，棉纱布疋关系台湾居民生活福利，密切重要，数量亦巨。故纱布价格在台湾进口货物价格指数中，所占成分甚为重要。

一阅本文附件《上海、台北与美国间，蔗糖、棉纱交易比率研究》，不难了解蔗糖对棉纱交易之不利，此乃世界普遍趋势。一九四七年九月，在美国，此项交换比率为八·六一与一之比。换言之，即八·六一磅砂糖始可易棉纱一磅。在上海，因蔗糖供应系由台湾糖业公司定额分配，当月交易比率为蔗糖六·六三磅，易棉纱一磅。此实表示台糖在上海所获价格，较之在世界各地者为优厚。若以蔗糖与棉纱在台北自由市场之交易比率，与在上海者相较，则在上海者，远较在台北者为优厚。亦即说明蔗糖生产者在上海售出其产品，可以获得较丰之利益。

最近台湾糖业公司将其对上海之配额价格，按照当地（台北）自由市场市价，重新调整，使台糖价格对台湾更为有利。

总之，中国政府无意压低台糖价格。惟在施行物价全面统制之下，一切物价均受影响。而蔗糖对棉纱价格，在上海之交易比率，亦迄未能与整个世界趋势异其途径。情况如此，中国政府当然无力违反经济原则，而将糖价特予提高也。

六、“剥削”传说之由来

基于上述事实与论证，一般对于中国剥削台湾之指责，可不攻自破。然而此项传说究从何而起？

经过五十一年日本帝国之宰制，居住台湾青年一代的同胞对于祖国情形十分隔阂。由于习惯日人之管制，对于现政府之措施，不免常以之与过去日据时代者相比较。而目前之经济状况，较之过去又多难以满足人意。其实此种经济困难，全球皆然，非独台湾一隅如此。例如由于国际统制关系，肥料不能尽量输入台湾，即其一端。倘若台湾今日仍归日人宰制，其经济状况，可说完全无望。

此种误解之广播，要为“剥削”传说之基本原因。此则需要相当时间之融洽，然后可以达到相互了解地步。若干台湾开明之士决不置信“剥削”之说。诚能彼此推心合作，则一切误解，即可水释。

* * * * *

十日，赴飞机场，准备飞往台北，嗣以该处天气不佳，改期。

先生日记云：

晨赴机场飞台北，因台湾天气不佳，候至十一时，不能起飞。此行准备久矣。适日前与美使馆经济参赞巴德握斯 Butterworth 谈话，告以吾政府深愧因财政经济困难，对于台湾经济未能予以大量帮助，使其早日恢复一切因战事损坏之工矿事业。渠答云：“深喜阁下提及此事，吾辈屡次想与贵政府当局提及此事，深惧越俎，又恐有染指之嫌，不敢启齿。”我因告以正想请美政府代请一有经验并有地位之工业专家为顾问，帮同省政府设计恢复与开发程序。渠忻然承诺，即为电国务部选择适当人才。最近得到消息，知已觅得妥人名阿姆施徒掾 Armstrong，允来与否未定。在台湾方面，似应有一机构，俾美国顾问可以协同工作，故决定作此一行。

十一日，中午飞抵台北。

先生日记云：

晨八时启飞，十一时抵台北机场。魏主席及各厅长均在机场相晤，即同至魏主席官邸略谈。午后至草山第一宾馆休息。晚应魏主席在北投宾馆晚宴之招。

十二日，（一）在台湾银行俱乐部与台湾知识分子谈话。

先生日记云：

上午九时半至台湾银行俱乐部，由前东北经济委员会同事许建裕君（原籍台湾）代约当地知识阶层人士十余位座谈。谈话中，得知当地人之心中所欲言者，获益非浅。乃知国外批评种种，半由本地人之不满。

（二）视察基隆港口。（三）约省营事业各单位主管聚谈。（四）约台湾银行各部分主管聚谈。（五）应魏主席晚餐之约。

先生日记云：

上午十一时半，到基隆视察港口。二时返台北。下午四时，约省营各事业单位主管聚谈。除建设厅长外，有煤矿公司、机械钢铁公司、樟脑公司、纺织公司、橡胶公司、玻璃公司、农林公司及交通委员会各主管。听取每一单位之产销与财政近况。继约台湾银行各部分主管聚谈。晚魏主席约晚餐，在座有黄朝琴议长、农林处副处长陈世琛。

（六）乘夜车赴台南。

先生日记云：

夜十一时乘南行火车赴台南。严厅长静波与资源委员会吴秘书主任兆洪同行。

十三日，（一）晨抵台南，谒郑成功祠。

先生日记云：

晨七时抵台南车站，晤台南市卓市长高煊，同在铁路旅馆早餐后，导谒郑成功祠。该祠昔称开山王庙，又称延平郡王祠。继游赤崁楼，明崇祯三年（一六三〇）荷兰人所建。郑成功克复台南后，在此设永天府署，嗣后病殁于此。

（二）离台南赴高雄。

先生日记云：

上午十时半抵高雄，晤黄市长强，同去参观市政府及故要塞，并游高雄港口。铝业公司即在附近，赴彼午饭，并由孙经理景华讲述恢复经过，随即引导参观全厂。嗣参观民营之唐荣铁工厂。

（三）赴凤山参观陆军训练营。

先生日记云：

新一军贾副军长幼慧来晤，同乘汽车至凤山，参观陆军训练营，稍坐。

（四）赴屏东糖业公司，研讨有关糖业各问题。

先生日记云：

离凤山，赴屏东糖业公司，在此晚餐，并与张厂长季熙研讨有关糖业各问题。回至火车宿夜。

十四日，（一）参观屏东糖业公司纸浆厂。（二）赴乌山头参观嘉南大圳。（三）赴水里坑参观“大观”及“钜工”两发电所。（四）抵日月潭，听取台湾电力公司刘总经理敬宜报告。

先生日记云：

早餐后参观糖业公司纸浆厂。随乘汽车赴乌山头，参观嘉南大圳。十一时半返新营，改乘火车至集集。再乘汽车赴水里坑，参观“大观”及“钜工”两发电所。二时半抵日月潭，宿涵碧楼。晚电力公司刘总经理敬宜约晚餐。饭后，详细报告该公司恢复经过及其财务状况。

十五日，（一）上午游日月潭。（二）午后返台北。

先生日记云：

早餐后游日月潭一周，回至涵碧楼。午后乘汽车返台北，宿草山宾馆。

十七日，（一）与魏主席道明、严厅长家淦、资源委员会吴主任秘书兆洪举行“台湾企业资金问题”谈话会。

先生日记云：

上午至魏主席处，严静波厅长与吴兆洪主任秘书亦来。因将吾三人在火车上讨论各项财政金融问题，汇总报告后，再将议定各点作成记录。如此中央与台湾省一切重要企业，如电力、铁路、糖业、石油等所需资金均有着落。其他公营、民营企业资金均有安排。台湾大宗产品如米、糖及其他产品出口，国内均予以收购。台省所需外汇，中央银行均担任贷给。从此中央与台湾可和谐合作，地方人士之不满可以消除。外人偶有中央剥削地方之批评，亦可无由发生矣。

台湾企业资金问题谈话记录

时间：三十七年二月十六日

地点：台北宾馆

出席：中央银行张总裁、台湾省政府魏主席、严厅长、资源委员会吴主任秘书

商决事项：

（一）台湾各种交通工矿事业均感资力不足，其所需外币及国币资金须由中央予以扶助。惟中央资力有限，经衡量各事业先后缓急，规定优先程序如左：

第一优先：（1）铁路、（2）电力、（3）肥料、（4）糖业。

第二优先：生产外销物资之工矿事业，需国币或少数外币周转者。

第三优先：生产内销物资之工矿事业，其产品可减少外汇支出者。

以上铁路及电力所需资金均拟发行美金债券筹措之。其所需外国器材应付美金部分，拟向美方厂商设法筹措。

铁路——需要资金约美金二百万元，台币四十亿元（约合美金三百万元），拟发行债券面额美金五百万元，分三年至四年还清，由中央银行分销之。

电力——需要资金约美金二百万元，台币二十七亿元（约合美金二百万元），拟发行债券面额美金四百万元，分五年还清，由中央银行分销之。

（二）糖业——三十七年度除经常所需资金由台糖公司陆续售糖自给外，尚缺乏以下两笔资金：

（1）蔗农分糖收购资金——估计分糖约十万吨，如全部收购，税款缓付，约需台币二百亿元，如只收购八万吨，约需台币一百六十亿元（二、三、四月各需百分之二十，五月需百分之四十），由中央银行出资汇台，委托台糖公司代办收购储运事宜。

（2）蔗农贷款——约需台币一百八十亿元，须于下半年陆续贷放，中央银行原则上允予协助，视以后情形，再行磋商。

台糖公司去年存糖及本年新制糖约共二十二万吨，除供应上海市场外，以一部分尽量外销，以争取外汇。一小部分在台出售以利省际贸易（对上海已有供应，自应限制，办法另定）。无论内销外销，概分十二个月平均出售。除正常供应上海台湾市场外，其余均照上海配销批发价，售与中央银行。

（三）外汇——此后在台各事业进口所需外汇，及出口所得外汇，均集中台湾银行办理，由该行向中央银行汇报。

（四）出口——台湾出口物资，如因国外价格太低，不能出口时，由中央银行收购，贴补出口。贴补金额，另行商定。

关于出口物资结汇、估价、签证问题，再商输出入管理委员会。

（五）民营企业——政府尽量予以扶植：

（1）对生产事业予以贷款。

（2）企业标售后，仍继续予以技术及资金上之扶助。

（3）公营企业，应斟酌情形，视合于开放民营者，陆续发行股票。

（4）上项股票应由省内人民优先承购。但省外人民来台湾建设新厂者，仍予扶助。

（六）行商限制——为避免走私漏税扰乱市场起见，对来台行商，应严格办理登记管制。

（七）公营企业所需外币国币头寸——每三个月作一估计，由台湾银行集中，汇送中央银行查考。

（八）联谊组织——由台湾银行向金融工商人士发起组织，利用台湾银行俱乐部，以沟通国际及省内外人士之情感。

（九）节约——政府及公营企业应力为倡导。例如一小部分小汽车可改用旅行车，宴会应酬应尽量减免。

（十）肥料——

（1）中央银行已代台省垫款订购之肥料八万四千吨，为适合台湾省农业上需要计，拟请全数拨给铔肥。

（2）每批肥料运到台湾时，即交台湾肥料运销委员会提运，同时由台湾银行按照当日挂牌市价折成台币，收入中央银行肥料价款专户。该户并不提现，俟肥料配售农民收回价款交付中央银行时，即将该户存款陆续冲抵。

(3) 目前肥料成本太高，而省内农产品售价较低，为谋配合起见，拟以肥料按利于农民之比率换取农产品，以其中一部分食米运沪，照上海批发市价售与中央银行，供应内地需要。

(4) 台省应将相等金额之出口物资尽速外销，向台湾银行结汇抵还中央银行所垫肥料外汇。如出口外汇不足抵还时，得以食米折算抵还之。

（十一）台糖、台电以外事业资金——

(1) 碱业、纸业、水泥所需资金以预售产品办法筹措之。详细办法，与中央银行业务局另行商订。

(2) 石油需十亿元、油轮需十亿元、肥料需十五亿元、铝业需七亿五千万元、金铜矿需二亿五千万元、机械造船需五亿元（以上共五十亿元，均台币），希望中央银行与台湾银行会商贷助。

（十二）产业金融之联系——台湾银行设产业金融部，并会同资源委员会及省属工矿农林事业、组织委员会办理产业金融联系事宜。其详细办法另定之。

（十三）外币收兑——国外旅客来台游览，其所携外币汇票或钞票，由中央银行委托台湾银行各分支机构及其指定之旅社菜馆等代为收兑。照挂牌市价，加给成数，以示优待。此项加给之成数，由中央银行随时规定之。

（十四）混合汽油——为节省外汇计，先在台省将汽油混合一部分酒精及丁醇行销，以后陆续推行全国，由各省有关机关研究妥善后实施。

（十五）烟叶——台省烟叶增产，下半年有余量运销上海，由台湾省公卖局预为估计，函知中央银行酌将下半年烟叶进口配额减低，以节外汇。

* * * * *

（二）参观台湾大学。（三）邀美国驻台北总领事茶话。

先生日记云：

本拟本日下午乘机飞沪，嗣悉天气不佳停飞。因利用时间于下午先参观台湾大学，四时半由严厅长约台北美总领事茶叙。渠提及魏主席曾告以拟聘一美国工业管理专家，询问仍有无此需要。余答以仍有此需要；并告余曾与魏主席商量拟在台湾银行设一产业金融部，专任研究台湾已有各企业之恢复与发展之单独与综合计划，并对于每一企业负考核之责。在此组织，聘一美国专家为顾问。又拟成立一顾问委员会，以台湾银行董事长、资源委员会代表及建设厅长、农林处长为委员。继询其对于台湾政治经济有无意见。渠答云：对于政治方面，建议军政统一，对于贸易方面，一面应防止上海商人在此投机及种种不法营利，一面应使贸易自由，不宜集中于中央信托局；对于社会方面，应救济失业。晚仍宿草山宾馆。

十七日，（一）与魏主席道明同游淡水一周。（二）往中央信托局与职员谈话。

先生日记云：

上午至魏主席官邸，告以此后中央银行与台湾银行应密切联系。渠表示同意。随即同游淡水一周而返。得知今日飞机以上海天气不好仍不能起飞。乃往中央信托局与职员谈话。

（三）访美国驻台北总领事，请催国务部速觅适当人选来台，担任工商管理顾问。（四）晚应省议会黄议长朝琴与台北市游市长弥坚联合公宴。

十八日，（一）约台湾糖业公司沈总经理镇南来谈糖业公司财务近况。（二）约农林处杨处长宣诚来谈台湾茶叶、凤梨销售情形。（三）约粮食局李局长连春来谈台湾粮食及肥料情形。

先生日记云：

晨九时已上飞机，又因上海天气不佳折回。因利用时间特约沈镇南、杨宣诚及李连春询问各人主管事业情形。

（四）杜鲁门总统以特别咨文向国会提出援华法案，请予通过以五亿七千万美元作为一九四九年六月三十日以前之援华款项。

先生日记云：

据华盛顿讯，杜鲁门总统用特别咨文向国会提出援华法案，请求国会核准以五亿七千万美元作为一九四九年六月三十日以前之援华款项。此宗款项可为借款，亦可为赠予。其中五亿一千万元用以购买中国最需要的物资，如小麦、食米、棉花、石油及石油产品、肥料、烟草、药品、非铁金属、钢铁产品、机器零件等。六千万元，用以资助大规模的工业，如上海电力公司、粤汉铁路、赣西及湖南湘潭煤矿，以及可能包括台湾糖厂、肥料厂、水泥厂及码头设备等等。又谓此次美援系物资而非现金，乃分期支付，而非一次拨交，俾能建立较为稳定的经济力量。美援的条件，即是由中国政府向美国保证将采取切于实际的财政经济和其他措施，期能达到经济稳定和复兴的目标。如果美国认为中国政府并未能实行此项保证，美国可以随时停止此项援助。咨文中有一语："中国的安定对太平洋及全世界持久和平，极关重要。"此语至堪玩味。

十九日，由台北飞返上海，当晚乘火车赴南京。

先生日记云：

晨八时半抵台北机场，九时三刻起飞，下午一时抵沪，随即到行办公。夜九时返家。十一时乘火车赴宁。

二十日，（一）晨抵南京，谒行政院张院长群，报告赴台湾经过。（二）下午出席外汇审核委员会会议。（三）美国务部发表援华法案内容。

先生日记云：

美国务部发布援华法案全文，内分八节，外加附录八条，共七十三页。其中关于援华款项五亿一千万美元，购买物资之分配，大致如下：

甲、小麦二十一万五千吨、食米四十五万一千三百吨　计值一亿三千万美元

乙、棉花七十五万包　计值一亿五千万美元

丙、石油及石油产品　计值一亿一千万美元

丁、肥料　计值三千万美元

戊、烟叶八千四百五十万磅　计值二千八百万美元

己、非铁产品一万七千五百八十八吨
钢铁产品十一万五千三百七十三吨　计值二千四百万美元

庚、药品　计值五百万美元

辛、现用机器零件　计值三千万美元

其余六千万美元作为工业建设之用，内包括上海电力公司、粤汉铁路、赣西湖南湘潭煤矿，及可能包括台湾糖厂、肥料厂、水泥厂、码头设备等等。用于援华法案与用于欧洲受援国家者，大同小异。所堪注意者为马歇尔国务卿在众议院外交委员会之证词。此证词表明马卿对援华法案产生之原因，及应付中国现状之目标，与其胸中对于中国现状之不满与焦虑，尽情披露，殊堪思索。

附录　马歇尔在美国众议院外交委员会对援华案证词全文

（录二月二十二上海《申报》所载）

当讨论对华援助之时，应予认清者，乃中国问题之解决大部分系为中国人民之本身问题。决定援助方案之基础及程序，其巨大困难在于中国之军事及经济情势。

迄今止，中国经济问题解决之主要阻力乃系内战。此内战已使中国政府国内及国外汇兑财源干涸。财产继续受损毁，经济生活经常遭困难，而复兴亦复受限制。共产党军队业已造成可怖之破坏，而伤害中国经济，此乃彼等所宣称之目的——强迫造成一次经济之崩溃。

中国政府在其目前之严重经济困难中，正积极需要援助。惟中国政治、经济及财政情况系如此之不稳与不安，以致不可能制定实际、有效与长期之整个经济复兴方案。虽然如此，美国政府对于中

国目前之严重局势，必须予以援助，以协助延缓其目前经济之迅速败坏。从而使其获得喘息机会，而令中国政府可以发动重要步骤，以求达成比较稳定之经济。

当考虑此一方案之际，其中牵涉有多种因素。而下列因素，则似具有最大重要性者。

中国为地大人众之国家，长江以北之交通，除沿海航行外，几不复存在。地方政府往往腐败不堪，对于救济措施之管理，不能赖其协助。根深蒂固之集团政治控制，实为恢复中国经济稳定所需克服之重大困难。政府目下所进行之内战，特别由于地理上的不利（交通之暴露及蔓长，与应付游击战事之困难），在总部各阶层中，需要一种积极的高明领袖才能。但事实上则缺乏此种领袖才能。内战使国家预算负担增加百分之七十以上。目下财政措施全赖发行纸币，工业生产低落，运输设备窳劣。运输工具之缺乏，尤其影响粮食之运送。结果造成疯狂之通货膨胀，及不可避免之投机与囤积。

在考虑美国所采用援华之措施时，余以为必须注意一 点，即援华不能与援欧并论。目下尚不能预言援助何时可告终止。至于稳定币制之基金，据我国货币专家之意见，需要甚大之数目。而此种基金，在目前内战正在进行之时，大半将为浪费。鉴于此种情形，**援华计划不应包括实际担保中国经济之前途。美国之行动，对于中国政府之行为，及其政治、经济与军事各方面，不应负直接责任。**

建议中之援华计划，将对华提供五亿七千万美元之经济援助，至一九四九年六月三十日为止。其中五亿一千万美元将包括民用物资，大半如粮食与原料之最低限度输入。其余六千万美元，则为主要建设计划之用。援华计划集中于各种物资，确信其对于中国平民经济，能有最高限度之帮助，并保证每一美元能发生最大援助之作用。

中国输入需要之总额，鉴于生产与贸易情形之普遍不安定，以及在若干地区之混乱情形，不能加以准确估计。因此，吾人觉得计划中所列举之各项商品，能相当合理的加以确定。所以该项计划将满足最需要之商品要求。当然中国尚需其他输入品，包括并不纳入计划之内的民用商品及军用供应品。此外，中国尚有若干国际金融负担。

但为满足此等外汇上之额外需求起见，中国可以使用其本身之若干金融资源。此等资源包括从输入方面之收入，自侨汇、出售剩余财产以及外国政府与慈善机关在中国所作费用等方面之零星收入。最后，苟属需要，尚有中国之黄金与外汇准备。此项准备，截止至一九四八年一月一日，估计总额等于二亿七千四百万美元。此一数额，能因中国方面改善外汇方面之纯收入而予以增加，在另一方面，此一数额，能因别无其他资金可以罗致，必须动用准备金以应付一九四八年一月一日以后必须支出之款项，而见减少。

在提出之计划中，建议此项计划由根据法律而成立之机关办理。良以此一机关之成立，即以处理对外各项援助计划为目的，或则在此机关成立之前，暂时由国务院与政府直接有关之其他机关会同办理。给予此项援助之种种条件，应在与中国政府签订之协定中加以规定。此等条件，将与给予欧洲国家援助之条件同样考虑，惟须依照中国情形之不同，而予以调整。

*　*　*　*　*

先生日记又云：

> 所尤堪顾虑者，马卿在众议院外交委员会作证时，颇受质问。其中支持吾国者纷纷提出军援问题。若但加入军援，而不增加总额，则势必削减经援数目也。

（四）美国务部、财政部及联邦准备银行理事会联合声明，对于我国拟用白银改革币制，不予赞成。

先生日记云：

> 美国务部、财政部及联邦准备银行对于我国拟议用白银改革币制，联合发表声明不予赞助之理由。按余之用银计划，最初曾托美友，泛美航空公司总经理及协理，褚芮卜与卜莱雅两君携美，代陈参议院外交委员会主席范登堡考虑赞助。范氏经

将该计划送与马歇尔国务卿阅后，发交国务与财政两部一再研究，并邀联邦准备银行理事会主管参加讨论。结果，咸不赞成。联合声明第称援华法案并无用白银安定中国货币之安排，其理由有三，计：(1) 中国在现况之下，尚无任何可供货币长久安定之基础；(2) 即令已具安定币值及物价之优良基本条件，中国恢复银本位，仍将不切实际；(3) 虽以现时用银乃系一种紧急措施，然所涉及之各种技术困难，所付代价既巨，而结果难期。余之用银计划虽未成功，而美方各有关重要部门均极郑重研究，不予漠视，固不能不深感褚卜两君之友情与范登堡参议员之热忱也。

二十一日，（一）出席四行联合办事总处理事会会议。

先生日记云：

上午四联总处理事会开会，张院长主持会议。议决：(1) 工业放款以收购成品为原则。主要出口物资亦由政府收购。(2) 农贷从宽。(3) 各行局放款，应尽量利用本身资金。(4) 应注意不因放款而增加发行。下午继续开会，讨论农贷详细办法。一切俟请示蒋主席后，再作决定。

（二）与北平、天津两市长及两市社会局长，商谈实行粮食配给两市所需面粉。

先生日记云：

晚约平津两市长及两市社会局长商谈两市需要面粉，以备下月一日起，实行配给。三月份粮食部供给面粉五十万包、米三万包。四月份起，每月供给面粉三十万包，两市每月自筹三十万包。

二十二日，（一）与农业复兴委员会及农林部代表商讨肥料问题，拟增购比国供给之肥料配额。（二）甘肃财政厅厅长李子欣来商粮食贷款。

二十三日，（一）上午赴国防部财务署参观正在实行美国军事顾问之建议收支新制。（二）访外交部王部长世杰，示以驻美技术团贝代表祖诒寄来所拟致美国务部说帖稿，关于运用美援购买物资，及输出结汇事项，应仍由政府采购机关，输出入管理委员会与外汇平衡基金委员会办理等由。

先生日记云：

> 驻美技术团贝代表祖诒寄来所拟致美国务部说帖稿，关于中国政府运用美援采购物资，及对输出结汇等事项，仍以利用政府原有之采购机关，及进出口贸易管理委员会与外汇平衡基金委员会办理，以资方便，而收实效等由。经将英文原稿出示王部长，阅后，表示同意照办。

贝代表祖诒说帖译文

为求美援最适当之运用，以达到中美双方所期望之极度互利，要为两国之共同目标。为使美援产生普遍效果，首须决定其款项之运用方法。

关于美援运用之措施，应力求避免侵犯一般民间商业之正常行为，借符美国向来所抱提携民营企业之方针。倘因执行美国外援法案，而发生侵越民营商业之途径的行为，致引起彼此敌视，势将对于中美贸易之发展，造成久远之不利。

善后救济总署过去所采由政府普遍收购与分配之活动，不免对于民营事业产生严厉竞争，不足取法。一九四七年美国援外法案旨在救济。故一切物资之采购与分配，完全由授援国与受援国之政府机关经理。惟有关物资种类不多，仅限于粮食而已，故办理简易。现则援华计划之性质与范围，与救济总署或一九四七年援外法案所执行者，既不相同，为力求进行顺利成功，必须使用新的方法，以资解决。

吾人深知援华计划之目的，在于改进中国商业，及其他账项未来十五个月中预期之外汇短缺。因此，此一援华计划，必须完成两项目的：一为供应中国所需之粮食与原料，以便推进生产事业之活动；二为便利中国能与世界各国进行国际贸易。如无此援华计划，则中国短缺外汇，将无从进行国际贸易。

中国进口货物可粗分为两类：一为政府机关所采购之物资输入；一为一般商家所输入之货物。前者为粮食、肥料及国营事业如铁路与资源委员会所辖各种生产机构所需器材。后者品类繁杂，诸如五金、化学原料、橡皮、羊毛等等。若非属于生产方面所需之原料，即属于生产所用机械之配件。此外尚有私人直接消耗之物品。

凡属政府使用或由政府分配之原料，由美国政府机关采购，运交中国政府，当然毫无问题。此类交易，可由现有机关办理。当然须先由中国政府发动采购申请，但此惟有中国政府或所辖机关始能明了需要情形。

再则此类采购，亦惟有美国政府机关始能选择适当私家厂商，分别向之采购，从而保持正常交易途径。

至于中国厂商所需物资，种类甚多，若悉须经由政府机关代办，殊不切实际，且亦无此需要。盖惟厂家始能确知在生产过程中需要何种金属、何种化学原料、何种其他原料，及其分量若干，标准若何。经由厂家直接办理，自属正常。政府参预其间，反属多事。且世界上，任何政府机关恐亦无此能力也。

援华法案由国务部提出时，先已划出界线：即一部分物资可由美援款项支付；一部分物资，须由中国所持之外汇支付。此一划分，用意在显示重要的输出品归美援款项支付。但在中国立场，势难有所划分。盖不能谓金属品应归美援款项支付，而化学药品或纸张之类，则否也。最好莫若凡属输入中国之重要物资，均同样处理。

援华计划之有效处理，必须中美两国有关之政府机关通力合作。

中国政府原已设有两个机构：一司外汇管理；一司贸易管理。前者为外汇平衡基金委员会，后者为输出入管理委员会。两者均负有对外汇妥善运用之责任。

在美国方面，国会虽尚未决定成立管理外援款项运用之机构。可能将有独立机构，而与国务部密切合作。关于援华计划中款项之分配与运用，即可由此一行将产生之机关，与上述中国政府已有之两委员会联系合作。

吾人认为援华计划目的之一，在于充裕中国商业上或其他账目所需之外汇，不使短绌。故直接而有效之办法，莫过于不使中国所需外汇发生短缺。办法如下：

甲、输出入管理委员会对于现行之配额及许可证制度，应予继续施行。

乙、输出入管理委员会仍旧公布每季或每半年输入额数字；惟无须划分何者属于美援，何者不属于美援。

丙、向经中国政府机构分配之货物由美国政府机关采购时，应以经过民营商业为宜。

丁、一切货物向经商业途径分配者，输出入管理委员会可根据各商行之经验及其能力，发给进口许可证，使其办理美援或非美援之进口业务。

戊、凡经过许可之进口输入，所需外汇，应向外汇平衡基金委员会指定之银行结购。由该委员会所公布之汇率应随时调整，以资鼓励出口贸易及侨汇。

己、外汇平衡基金委员会对于援华计划下之进口货物，售出之美元，应向美国政府管理援华之机构补充。

庚、为使美国援华计划在执行上成功尽职，中国政府之外汇平衡基金委员会与输出入管理委员会，须与美国政府主管援华之机关密切联系。该两委员会应按期公布进口商号名单及出售与各该商号之外汇数额，并注明其用途。

辛、在分配美援项下之物资时，应尽速向使用者收回法币代价，借求法币价值之稳定。

壬、在援华计划项下售出之外汇或物资，所收入之法币，应设立专户存储，并依据中美双方同意，为协助安定法币币值及收支平衡，而加以支用。为达到反通货膨胀目的，此一专户，得全部或局部予以冻结。

* * * * *

（三）赴粮食部访谷部长正伦，接洽运送华北面粉事。

先生日记云：

至粮食部与谷长接洽运送华北面粉，按期实行。粮食部因此要求中央银行增加透支额。

二十四日，（一）访驻华美国大使馆克拉克 Lewis Clark 公使，希望美国务部代觅工业管理专家，赴台湾担任顾问。

先生日记云：

上午往晤驻华美使馆克拉克公使，告以在台湾时已商定在台湾银行设立一工业金融部，希望国务部早日物色一工业管理专家任顾问，请其代催。

（二）约资源委员会吴主任秘书兆洪及恽处长震，商谈该委员会所需外汇。

先生日记云：

约资源委员会吴兆洪、恽震两君，与商资委会所需外汇。希望该委员会将东北所存日人遗下之钢料设法运出，售成外汇，以资抵用一部分。

（三）与水利、农林两部及中国农民银行等机关人员，商讨增加农贷效率问题。

先生日记云：

晚约水利部薛部长笃弼，农林部左部长舜生，农民银行李总经理叔明，合作金库寿总经理勉成，农业复兴委员会委员沈宗瀚、赵连芳及卢作孚三君，商讨增加农贷效率问题。希望有关机关共同合作，相互配合，在每一区域有一组织，以农林部为主体。各人发表意见，但无具体决议。允考虑后继续讨论。

二十八日，（一）物价上涨，市面混乱。

先生日记云：

一星期来，物价涨风愈演愈烈，市面混乱。工商界认为纸币增发过巨，东北战事失利，沈阳被围已久，对外交通只余空运，游资蜂涌南流，要为主要原因。虽美援已有曙光，五大都市食粮配给即可开始，而于物价无丝毫反应。若战事不能好转，前途真不堪设想矣。

(二）经济委员会会议，通过进出口连锁制办法原则。

三月一日，(一）对进出口贸易采用连锁制办法之批评。

先生日记云：

昨日经济委员会讨论进出口连锁制办法，原则通过。盖以通货日益膨胀，物价日涨，黑市汇率随之不断提高，致平衡基金委员会汇率不得不随之频频调整，有追踪黑市汇率之嫌。且即使频频调整，仍不免与黑市脱节，致出口与侨汇有减无增。而输出入管理委员会不得不紧缩进口限额。于是进出口贸易俱受影响。因此进出口连锁制之说，受一般人之赞许。不知年来进口远超过出口，而出口以内地交通阻滞，不易增加。商人厂家宁愿向国外采购，以运费低廉，交货迅速，故进口有增无减。进口商势必争向出口商竞购连锁外汇，不特将汇率越提越高，且刺激黑市外汇，其情形与目前相同。且政府本身既无出口外汇来源，徒恃少数侨汇，仍不足以使进出口趋于平衡。故实行连锁制仅为减轻政府调整汇率所受之责难，而无补于稳定汇率与消灭黑市。不过若内战不止，通货不能停止增加，黑市汇率猖獗无法消灭，商民对于平衡基金委员会之指摘日多，政府为避免责难起见，或有采取连锁制之一日。

(二）京、沪、平、津、穗五市粮食配售，本日起陆续实施。

先生日记云：

京沪平津穗五市粮食配售，自今日起，分别陆续实施。南京、上海两市，因早已部分配售，且具规模，故即日实行。其他三市，亦已着手准备实施。此事自开始与美国商谈起，至今日实施止，几达旬月，今见施行，深感愉快。尤其上海一市为中外观瞻所系，吴市长国桢、社会局吴局长开先热忱赞助，并得任君显群主持其事，布置周密，使此一划时期之创举得以圆满实行，不特使美方信任中国有自助能力，且足备异日中国对外发生战争时之规范。其办法另详附件。

附录 《京沪平津穗五市民食配售通则》

壹、实施办法：

（1）全面配售：凡具有户籍之市民，均得凭证购买配售粮食。

（2）定量：不分性别年龄，每人每月配售食米1斗（照十五市斤计算）或等量之面粉（十五斤）。

（3）定价：照市价略低，每月规定一次。

（4）定期：暂定为四个月（自三月或四月开始，视各地粮食储备情形而定）。

（5）粮源：中美各半，美国部分由行政院处理美国救济物资委员会供给，中国部分由粮食部统筹供给，其统筹办法另定之。每月共需八万八千吨，四个月共需三十五万吨。每市分配数量详见下表：

市别	人口（万）	每月每人食米1斗 或面粉15斤月需数量	折合吨数	4个月共需吨数
南京	120	120万斤	9600	38400
上海	500	500万斤	40000	160000
广州	140	140万斤	11200	44800
北平	170	2550万斤 合米170万斗	13600	54400
天津	170	2550万斤 合米170万斗	13600	54400
总计	1100	合米1100万斗	88000	352000

贰、组织：此次五市实行粮食配售，除美国救济粮食外，我政府亦自筹粮食配合实施。为适应行政系统及执行便利计，由粮食部统筹主持。关于各市配售工作，即由各市市长负实际责任，或利用现有机构（如民食调配委员会或配售处等类），或另组适当机构，秉承粮食部之督导，负责执行。至行政院处理美国救济物资委员会

（以下简称院委会）原设之各市美国救济物资（粮食）配售委员会，系对各市美国部分粮食之配售负审议与监督之责。兹将五市配售粮食所应设及有关之机构，分列如下：

（1）市美国救济物资配售委员会。

（2）市民食调配委员会（或市配售处），会内（或处内）设稽核、发证、储运、零售、管理、会计等组。

（3）配售粮食议价委员会。

（4）指定银行。

（5）区保发证所。

（6）零售店受院委会办事处供应美国部分之粮食。

（7）院委会办事处供应美国部分之粮食。

叁、粮食之供应：美国救济粮食部分，由院委会办事处负责按月供应。中国粮食部分，由粮食部统筹供应。

肆、配售凭证：实行配售之前，各市应凭详实之户口登记，印制以户口或人口为单位之配售证，由发证所发给市民，依规定日期由零售店凭证配售。配售证限于本户或本人自用，不得转让。

伍、配售价格：

（1）各市应成立一配售粮食议价委员会，由市调配委员会主任委员、粮食部代表、院委会代表共三人组成之。

（2）每月配售粮食之定价，应由各市考察当地当时市价，由议价委员会于每月之前五日议价，于一日公布之，并分报院委会及粮食部备查。前项价格之规定，应比照当时各市市价略低，但不得低过百分之五。

陆、配售费用：院委会征得美方代表同意，对各市配售美国救济粮食所需费用，规定如下：

（1）各市配售证之印制费用，由院委会全部负担。

（2）各市配售机构（市美国物资配售委员会及市民食调配委员会）之管理费用，由院委会负担者，以不超过各市配售美国救济粮食所得价款百分之一为原则。

（3）各市配售机构所需之业务费用，由院委会负担者，以不超过各市配售美国救济粮食所得价款百分之四为原则。

（4）各零售店办理配售美国救济粮食所需手续费，不得超过该项粮食所得价款百分之五。

上列各项费用，应由各市配售机构负责，将实支详细账目表报院委会备查。

柒、配售价款之收存与保管：各市配售粮食所得价款，应由零售店如数于次日交存指定之银行（中国银行），入各该市调配委员会特立账户专户存储。关于美国粮食部分售款之划拨，由院委会与银行另订合同处理之。

前项所述价款，应每日缴存，每月结清。零售店如不于次日将价款缴存者，市调配委员会应负监督、考核、惩处与追索之责任。

捌、配售粮食之会计统计及报告：

（1）配售粮食之一切会计业务，得委托信誉卓著之会计师事务所代办，以示公开，并由粮食部及院委会与美政府中华救济团会同稽核之。

（2）市调配委员会应将配售粮食之物资账目及存款账目，按旬编具报表两份，分寄粮食部及院委会。

玖、配售之考核及视察：院委会应随时派员前往各市视察考核。美国政府中华救济团于派员巡回视察各地配售事宜时，各市调配委员会对于上项视察人员，应予以工作上之便利。

* * * * *

四日，签订中澳金融协定。

先生日记云：

> 中央银行驻香港代表余英杰与澳门总督签订中澳金融协定。该协定系为加强中港取缔走私，及限制携带法币出入协定，并交换公函限制黄金输入澳门。因澳门迄为香港以外华南走私中心，尤为国外黄金经澳门流入中国之中心。今澳门政府既能合作，对于取缔华南走私与黄金黑市，裨益匪浅。

按协定内要点如下：（1）自三月十二日起，我国主要出口货如锑、猪鬃、棉纱、茶叶、锡、钨，及多种植物油，包括桐油、菜油、桂皮油、八角油、萆麻油、棉仔油、菜籽油、胡麻籽油、茶油等，由澳门复出口、转口或转运者，须呈缴证明书，证明该项货物由我国运往澳门所得之外汇已售给或已订明售给国内指定之银行。（2）自同日起，货物运至中国，其价值超过葡币二百元或其等值者，必须先呈验我国输出入管理委员会签发之许可证，方准出口。（3）凡已存在澳门之（1）项列举之出口货，须于四十八小时内向政府登记。此项登记之货，可免呈缴结汇证明书。（4）澳门政府禁止携带法币五百万元之现钞进口。

五日，行政院王副院长云五接见来京请愿之东北籍参政员王化一等。王化一代表请愿各人痛陈两年来政府对东北措施之失当：军事方面，战略错误，只知个别守城，而无联系。只知用兵，而不知用民。加以将帅不和，官民不能合作。对于经济措施，擯击东北流通券政策之不当，以及限制关内外通汇，以致东北流通券发行达一万亿元，概由少数人民负担，引起人民对政府心怀怨怼。

六日，四平街被中共军队围攻数月，势将弃守，长春紧张。

九日，行政院会议决定邮电资费调整。邮政平信每件加至五千元，电报每字加至一万元。

十一日，出席四行联合办事总处理事会会议，决定恢复并通过三十七年度生产事业贷款，及农业土地金融贷款方针，并核定出口贷款新办法。

先生日记云：

四联总处理事会会议，决定恢复并通过三十七年度生产事业贷款方针，包含此后贷款办法。其要点如下：（1）贷款方式——（a）定货或收购制成品；（b）委托产制；（c）短期资金周转，包括出口打包放款等；（d）理事会核定主席交办与经济政策有关之贷款，不在上述三项之内。（2）贷款利率——按照贷款性质，参照市场利率计算为原则；存款利率应比照提高。

(3) 贷款资金来源——(a) 各行局库办理贷款业务，应以其自身头寸调度为原则；(b) 国策贷款经四联总处核定者，得向中央银行办理转抵押、转押汇或重贴现；(c) 政府交办之特殊性质贷款，得径由国库拨款办理；(d) 中央银行对生产事业停止直接贷款；(e) 军政机关公款应一律存放中央银行。此外并通过三十七年度农业土地金融贷款计划，与出口贷款办法。

三十七年度农业土地金融贷款方针，系参酌农林、地政两部工作计划及中美农业技术合作围之建议而订定。其中 (1) 农业贷款部分，着重粮食及棉花生产贷款。同时对办理已著成效之蚕桑、糖、烟叶等特种农产贷款。各种农业合作社包括在内。(2) 土地金融贷款部分，着重扶植自耕农与土地改良及地籍整理等项贷款。

出口贷款经核定新办法如下：(1) 贷款对象以出口物资之在国外确有销路者为限。(2) 经营上述物资出口商人申请贷款时，须提供上年度出口物资数量及结汇记录，以资考核。(3) 贷款行局根据出口商提供之上年度结汇记录，估计其外汇结额，即以结额之一成作为贷款标准，再按平衡基金会基准行市折合国币数，作为贷予之流动资金。(4) 此项流动资金贷款，暂订六个月为有效期间。每次贷款期限最长为一个月，循环续做。惟每月到期，出口商须向贷款行局结售出口汇票，归还欠款。(5) 出口商如不履行按月结汇售出汇票条件，贷款行局即照贷款估价收购押品，清偿欠款本息。

十二日，(一) 国务会议决定拨价值合美金四亿元以上之国有资产，交给中央银行作为法币准备金，并由行政院拟具运用办法。

先生日记云：

国务会议决定拨价值四亿美元以上之资产，交给中央银行作为法币准备金，并由行政院拟具运用办法。该四亿余美元之资产为：(1) 中纺公司资产一部分，价值两亿美元，(2) 招商轮船局资产一部分，价值一亿美元，(3) 资源委员会资产一部分，价值五千万美元，(4) 日本赔偿物资一部分，价值八千余万美元。

查目前发行额已达六十万亿元，较之战事终结时（一九四五年底）之一万零三百十九亿元，增加达六十倍。同时美金照平衡基金委员会汇率，每一美元合法币十九万五千元计算，法币发行额六十万亿元，折合美金约三亿余元。眼看美国对于币制借款不表同意，为自助计，不能不在无办法中想办法。明知此类指拨财产，在目前经济情形之下，无法变现，无异画饼充饥。不过负责中央银行者在良心上对于持券人不能不有所交代，对于国家前途，更不能抱绝望之念。故将此一计划再三向蒋主席、张院长陈述，得到同意，乃有此决议。切盼大局有转机，此类资产有可能变现之一日，不依赖外援，而能改革币制。所谓自助者方得天助，国家之幸焉。

（二）国军本日弃守四平街，长春震动。

十三日，财政部公布东北流通券准在关内按照定价兑换法币，法币亦可出关。

先生日记云：

财政部公布东北流通券，准在关内按照定价兑换法币。法币亦可出关使用。经规定办法如下：(1) 东北流通券行使区域，仍以东北九省为限。(2) 东北流通券与法币之兑换比例，定为流通券一元合法币十元。(3) 自本办法公布之日起，法币准在东北九省与流通券按照兑换比例行使。(4) 入关旅客携带东北流通券，准在山海关、北平两地，向中央银行兑换法币。在山海关，应凭车票；在北平，应凭飞机票副本兑换。其每人兑换额度，由中央银行斟酌拟订，报请财政部核定之。(5) 东北汇往关内汇款，应酌量放宽。其审核办法，由中央银行参酌现行法令拟订，报请财政部核定之。

先生日记又云：

查一九四五年十月，东北行营大员抵达长春时，当地法定通货为红军军用票，法币不能行使，以致人人身无分文，行营无法开始工作。余身任经济委员会主任委员，与苏方接洽设立中央银行分行，发行钞票。预料苏方必以贬值之法币将扰乱当地金融，刺激物价，为拒绝之口实。因缮一节略送交苏方，说明中央银行将发行东北流通券，与红军军票等价使用。得到苏方同意，即由长春中央银行开始发行。当时预计行营经费为数有限，发行当有限度。**按照当地东北物价，与关内物价比例，定为流通券一元合法币十三元。嗣以苏军撤退后，国军在长春以北展开军事活动，支用浩繁，发行渐增。流通券与法币比例，改订为一元对十一元五角。迨一九四七年十月以后，流通券随军事失利与军用日增，而益趋贬值。是年底，发行额竟达三千亿元，较上年底增加十倍。加之国军控制之面积日益缩小，流通券流通区域愈来愈窄，而发行额之增加则愈来愈速。目前发行额已达五千亿元，于是造成流通券加速膨胀，物价上升速度高于关内，当地人民叫苦连天。**最可笑者，一日有百余人拥至我之南京寓所，自称代表东北人民抗议东北流通券之发行，要求速予改善。明知有人指使，纯系政治作用。不过流通券已失其原来作用，今已形成供应东北军费之源泉，与法币大同小异，故一再与财政部长磋商，作此决定。

十九日，美众议院外交委员会通过援华法案，其数额为五亿七千万美元。

先生日记云：

华盛顿讯：本日美众议院外交委员会通过援华法案，其数额为五亿七千万美元，其中经济援助为四亿二千万美元，军事援助为一亿五千万美元。经济援助中，指定以百分之五至百分之十，作为行将设立之中国农村复兴联合委员会经费。

二十二日，美参议院外交委员会通过援华法案，其数额为四亿六千三百万美元。

先生日记云：

华盛顿讯：美参议院外交委员会本日通过援华法案，其数额为四亿六千三百万美元，分十二个月支付，至一九四九年六月底止。其中一亿美元由中国政府自行决定用途。外交委员会范登堡主席称此一亿美元，将以赠予之方式给予中国。其条件由总统决定之。中国政府可运用此项资金购买军用物资，或便利美国在远东区内，剩余物资之流通，或中国所认为对其本身最有利益之任何用途。

二十六日，国务会议通过发行短期库券，定名为民国三十七年短期国库券。

先生日记云：

国务会议通过发行短期库券，总额不加限制，面额分为国币一千万元、五千万元、一亿元、五亿元、十亿元五种。均为不记名式。期限为一个月、两个月、三个月三种。利息为月息五分（即每百元，每月五元），由中央银行在公开市场发行，并视市场资金供求情形得升值或折扣发行，并将于未到期前向市场购回。

附录　民国三十七年短期国库券条例草案

（一）国民政府为安定金融、吸收游资、稳定币值，发行国库券，定名为民国三十七年短期国库券。

（二）本国库券视实际需要，分左列三种期限发行之。总额不加限制。一、一个月期，二、二个月期，三、三个月期。

（三）本国库券面额分为国币一千万元、五千万元、一亿元、五亿元、十亿元五种，均为不记名式。

（四）本国库券利率定为月息五分，于到期日本息一并付给。

（五）本国库券授权中央银行在公开市场发行，并视市场资金供求情形得升值或折扣发行。并得于未到期前向市场回购。

（六）本国库券折扣，以第四条所定月息合计，不得超过银行存款放款利率管理条例之规定。中央银行并应按周将发行数额报告财政部备查。

（七）本国库券还本付息基金，由财政部于国库券到期前五日，就国税收入项下拨充。并由中央银行及其委托之银行经付。

（八）对于本国库券有假造之行为，由司法机关依法惩处。

（九）本条例自公布日施行。

*　*　*　*　*

先生日记又云：

查中央银行建议此项库券之发行，其形式在仿照英兰银行与美国联邦准备银行之公开市场政策。其真意在吸收市场游资，其对象为银行、钱庄、大商号、大富户，在高度通货膨胀之今日，非放大折扣无法吸收游资，更无升值发行之可言，遑论调节金融。惟恐折扣愈来愈大，中央银行负担愈来愈重。但望减少市面游资作祟，物价上涨趋势得以稍稍缓和，在中央银行已算尽其一部分之职责矣。

三十日，华盛顿讯：本日美参议院照外交委员会通过之援华法案，由大会表决通过。

三十一日，华盛顿讯：本日美众议院通过以五亿七千万美元援华，为期十五个月，其中包括军援一亿五千万美元。

四月二日，华盛顿讯：美参众两院联合委员会协议决定以四亿六千三百万美元，分十二个月，拨付援华计划，其中一亿二千五百万美元，凭杜鲁门总统决定，赠予中国政府斟酌使用。

先生日记云：

数月来费尽心力，引颈而望之美援，今始得到最后决定，令人忧喜交集。**忧者对于币制稳定，仍无办法。**恶性通货膨胀，已达最高点，而军事形势无法扭转。**喜者，因此美援，必需进口物资可有补救，不必动用仅存之少数外汇，短期内稍得喘息。**

按此项援华法案，系美国一九四八年对外援助总法案（共六十亿零九千八百万美元）中之一部分。兹录有关中国部分之第四章法案全文如后（据中央社发表之译文）：

第四零二款——鉴于美国与中国间密切之经济及其他关系，并鉴于继战争而发生之分裂，并不限于各国国境之内，议会认为中国目前之局势已危及永久和平之建立、美国之公共福利与国家利益以及联合国目标之达成。议会认为个人自由、自由组织以及完全独立原则，其在中国的进一步发展，主要有赖于强大与民主国家之继续发展，以作为建立健全经济情况，及稳定国际经济关系之基础。

在美国国内大规模市场中，并无美国贸易障碍，故有甚大之优点；美国相信中国可以产生此项相似之优点。美国人民有鉴于此，已宣布其政策。此种政策，可鼓励中国及其人民实施继续性之共同努力。这种努力，将迅速达成中国国内之和平及经济稳定。这些都是世界持久和平及繁荣所必要。

此外并声明美国人民之政策，旨在经由根据自助与合作之援助计划，鼓励中国之努力，以维持中国之真正独立与行政完整，并保持与增强中国境内个人自由与自由制度之原则。但此中拟予中国之援助，务必不致严重妨碍美国之经济稳定。此外并声明美国之政策，乃美国根据本章所提供之援助，应始终依赖中国及人民之合作，以促进此项计划。但根据本章所供给之援助，不应被认为美国对中国之政策、行动或着手之工作，以及中国在任何时期中可能存在之情形，负有任何责任的一种明白的或含蓄的假定。

第四零三款——在本章下所提供之援助，应根据一九四八年经济合作法案中可以适用之各项规定提供之。此等规定，必须与本章之目的相符。本章之目的，并不是说中国为获得本章下所规定之援助，应依附欧洲复兴计划，而成一联合计划。

第四零四款——（甲）为实现本章之各项目的起见，顷核准拨予总统不得超过三亿三千八百万美元之数额，作为对华援助，可在本法案实施之日起，一年之内加以动用。（乙）此外并核准拨予总统不得超过一亿二千五百万美元之数额，不必顾及一九四八年经济合作法案之各项规定，而可在本法案实施之日起，一年之内加以动用。

第四零五款——中美两国须签订一项协定，内含中国所负之保证。此等保证系在保证国务卿与经济合作管理人协商后，认为实现本章目的及改善对华商务关系所必需者。

第四零六款——不顾任何其他法律之规定，金融复兴局在根据第四零四款实行拨款以前，须垫付不超过五千万美元以上之款，以执行本章之目标。其方法与数目须由总统决定。在第四零四款下所核准之拨款中，应扣还金融复兴局所垫付之款，但不计利息。财政部对金融复兴局所垫付之款，亦不收利息。

第四零七款——（甲）国务卿与管理员协商后，有权与中国缔结一协定，设立中国农村复兴联合委员会，由美国总统所委任之美国公民二人及中国政府所委任之中国公民三人组成之。此一委员会在管理人指导与管理之下，须拟定并执行中国农村区复兴之计划，包括必要之研究与训练活动。但美国并不负进一步贡献之责任。（乙）在可能范围内，在第四零四款（甲）节所规定之基金中，须提出最多不过百分之一，用以实行本款（甲）节之目标。此款之支付，可用美金，或出售物资所得之中国法币，或两者并用。

五日，杜鲁门总统命令美国复兴银公司预拨美金十一亿零五百万元，俾援外计划可以立即进行，其中中国占五千万美元。

六日，（一）杜鲁门总统任命霍夫曼 Paul Gray Hoffman 为经济合作公署署长 Economic Cooperation Administrator，管理欧洲复兴计划，兼管援华计划事宜。

按霍氏一九三五年至一九四八年，任司徒贝克汽车公司 The Studebaker Corporation 总经理。一九四八年四月接受杜鲁门之任命，主持“经济合作总署” Economic Cooperation Administration，管理援欧复兴计划。受命后，宣称美国实无救济西欧十六个国家的能力。惟接受美援的西欧国家，因有美援而感受刺激，当自动努力复兴。

（二）美元兑换率本日提高为法币三二四、〇〇〇元。

七日，为美援对于我国财政金融之影响，及五千万美元美援垫款之运用，特缮具两节略，以备送呈行政院院长参考。

先生日记云：

兹经缮具两节略，一为美援对于我国财政金融之影响；一为五千万美元美援垫款之运用，以备送呈张院长参考。前者估计今后一年之国际收支尚不敷一亿一千五百万美元；财政收支，以法币折合美金计算，尚不敷九千六百万美元，两共亏短二亿一千一百万美元。然此必须（1）美援物资或外汇均按市价出售；（2）无巨大之建设支出或银行信用大量膨胀；（3）除农业复兴等经费外，出售美援物资所得法币全部冻结，方能得到上述二亿一千一百万美元之数字。故财政金融前途未可乐观。后者将五千万垫款，用以应付粮食、棉花、油料、肥料四项，急须支付之各项价款。

八日，外间误传输出入贸易及外汇管制将有变更之由来。

先生日记云：

日来新闻报（四月三日）登载外汇及输出入贸易政策，短期内可能有所变更，目前的基准牌价仍将任其存在。惟为鼓励出口争取外汇起见，出口商得以所获外汇向中央银行换取一种外汇证。此证可由持有人自由售给进口商，售价可超出牌价。进口商得以此项外汇证，申请外汇购买限额内输入货品。出口商亦可以其所获外汇，申请购买限额内输入货品，使达成一种出入口联系制度。此项报导虽似是而实非。最近中央银行虽曾有此种讨论，但无定案，不知何以外泄，有此误传。

查本年三个多月中间，平衡基金外汇牌价迭有调整，已达八次之多。去年底牌价为八万九千元，实以数月来法币贬价，物价上涨愈趋愈烈。平衡会若不频频调整，牌价势必与黑市汇价愈距愈远；出口与侨汇愈来愈少。然因调整频频，且调整幅度愈来愈大，各界批评剧烈，主持平衡基金会者处于进退两难。认为大局情况若不能改善，则该会徒有追踪黑市之嫌，而永无达到平衡作用之一日，力主改弦更张。在中央银行亦懔于外汇存底之日减，亟思保存最低限度之外汇，以作他日币制改革之基础，故不得不借压平汇率，以抑止物价上涨之作用，暂时放弃旧制。因嘱刘副总裁攻芸、业务局沈局长熙瑞从速研究补救办法。不料研究及半，而事已外泄。

九日，蒋主席出席国民大会报告：政治基础并未动摇；经济方面，中央银行库存黄金白银尚值美金一亿一千万元，国家行局所持外汇头寸计一亿八千万美元，出售招商局、中纺公司部分股本及国营工厂可得四亿美元。法币发行，至三月底，仅七十万亿元（照美汇率，约合二亿美元）。军事方面，黄河以内，数月内当可解决。

十五日，（一）行政院议决文武职员待遇分区调整，由十三万倍至六十万倍不等。（二）财政部答复国民大会代表质询法币发行数目，是为首次政府当局宣布发行实数。

先生日记云：

财政部对国民大会代表质询发行数目，书面答覆：截止本年三月底，法币发行数目为六十九万六千八百二十一亿元；东北流通券发行数目为五千九百亿元，折合法币五万九千亿元；台币发行数目为二百一十亿元，折合法币四万八千零九十亿元。三项总计，为法币八十万零三千九百一十一亿元（八〇三、九一一亿元）。此为政府当局首次宣布发行实数。

十六日，（一）立法院通过《民国三十七年短期国库券条例》。

先生日记云：

立法院通过民国三十七年短期国库券条例，除将草案第六条，改为“本国库券发行折扣”，与第四条改为“所订月息，合计不得超过市面一般利率，并应按周将发行数额，报告财政部备查”外，其余各条，均照国务会议通过之草案通过。

查上年曾为希望短期内，财政收支可达平衡，发行三十六年美金短期库券及美金公债二种。美金公债以收支平衡计划未能实行，美金高涨，人民宁愿持有美金，应募减少。截至本年三月底止，只售出二千五百九十四万六千二百五十美元。现仍继续发行，但恐鲜有应募。美金短期库券以美金折合法币，随美金汇率提高，而还本付息支出之法币，日涨月大，政府之损失过巨，决定于今日起，停止销售。截至本年三月底，共售出美金四千二百四十八万五千一百四十元，折合法币三万四千零十八亿一千零二十一万六千元。

二十日，国民大会选出蒋中正为中华民国行宪后首任总统，并通过《动员戡乱时期临时条款》，赋予总统以较大之权责。

二十一日，国军退出延安。

二十七日，中央银行贴放委员会重行开始工作。

先生日记云：

自上年十一月银行停止贷款后，贴放委员会停止工作。今根据四联总处理事会议决之放款办法重行改订案，贴放委员会随之改组，于今日重行开始工作。

上海《金融日报》讯：中央银行贴放委员会于四月二十七日举行成立会议，由总裁张嘉璈主席。出席委员有徐柏园、徐寄庼、李铭、霍宝树、赵棣华、刘攻芸、沈熙瑞，及主任秘书方善桂与农业工矿等顾问委员会召集人张兹闿、张心一等。首由张总裁致词，略谓：

中央银行自创立之初，即期以银行之银行为其职责之目标。民国十九年，美国货币专家甘末尔委员会所提报告，将办理重贴现、转抵押，列为中央银行控制金融之主要工具。民国二十四年，政府采行法币制度，李滋罗斯爵士对于改组中央银行为中央准备银行建议中，亦有同样意见。惟抗战军兴，政府须集中金融力量以应付战时种种需要，遂有四联总处之设立。数年以来，抗战建国得同时并进，不可谓非四联总处统筹之功效。最近因戡乱需要，预算收支不能适合，通货膨胀。中外舆论有指摘银行放款流入囤积居奇者之手，主张政府应收缩信用者。政府为求正常生产资金之供给与金融资金之节用，双方兼顾起见，变更四联总处审议贷款办法，并决定由中央银行设立贴放委员会，审议各银行对贴放之申请。

此后中央银行不直接放款，专事办理对各银行之重贴现、转抵押。国家银行与商业银行完全一视同仁。放款对象为健全而适合于国家当前需要之生产事业，从而达到各银行经营之健全。并培养良好之商业票据，以诱导社会资金入于生产之途。贴放委员会所聘委员为财政部及国家行局代表、上海银行公会及商会主席。皆社会公正人士与金融界之领袖。以后审核案件，务求公开。各申请案件须先经顾问委员会之审核，再提贴放委员会通过。至于因配合国策之贷款，仍依向例由四联总处核定。兹值戡乱时期，一切经济因素失其平衡。生产资金日见缺乏。生产事业之经营日见不易。此时推行贴放政策自较平时为困难。但因此而使资金融通造成制度化，俾资金使用之效能得以增加，当亦不失为一进步之措施云。

嗣即进行讨论贴放会办事细则，暨同业贴放规则草案。经决定各委员详细研究后，于下次会议再行讨论。各委员对审核各类贷款范围及原则，均曾交换意见。

二十九日，（一）民国三十七年短期国库券本日开始发行。

先生日记云：

今日短期库券开始发行，折扣定为八七三，即购买每一千万元券面，交款八百七十三万元。一个月到期后，可以收回一千零五十万元，约合月息二角强。

《大公报》讯：中央银行副总裁刘攻芸四月二十九日晚宣布，三十七年短期国库券奉令本日起，在上海开始发行。暂时由中央银行直接经售。关于折扣问题，现已设立国库券利率委员会，由中央银行业务局长、国库局长、稽核处长组织成立，并以国库局长为召集人。利率之拟订，由该委员会逐日核议，呈准施行。目前发行为一个月、二个月或三个月期券。四月二十九日牌价决定按照八七三折发行，约合月息二角强。

（二）国民大会选举李宗仁为副总统。

三十日，驻美技术代表团代表贝祖诒返国述职。

五月三日，中美两国政府同意于本日在南京及华盛顿同时公布美国务卿马歇尔与我国驻美大使顾维钧于今年四月三十日关于执行美援法案换文全文。

先生日记云：

> 关于执行美援华法案，在双边协定未签字以前，为迅速开始执行起见，由顾大使代表中国政府与美国务卿马歇尔先后交换公文，表示同意美方所提之各项建议。

先生日记又云：

> 美援之取得工作，至是幸告一段落。此后问题，端在政府之运用美援，能获美方之满意，以期美援尚能继续，则我个人之一番努力不至枉费。

四日，（一）国民大会东北代表二百余人为东北政治、财政、粮食各问题，赴行政院请愿。

先生日记云：

> 东北国大代表二百余人到行政院，对于东北政治、财政、粮食等问题，有所请愿。由秘书长甘乃光、财政部俞部长鸿钧、粮食部俞部长飞鹏及余接见。其中涉及东北流通券问题，各代表对于本年三月十三日财政部公布办法，表示不满，认为：(1) 流通券与法币比偿，改为一对十，较之当时中央银行汇出汇率十一元五角为低，损害持券人利益；(2) 东北流通券汇入关内有限制，而法币出关无限制，殊欠公允。当由俞财长及余答复如下：(1) 流通券停止发行；(2) 流通券对法币比值，恢复一比一一点五；(3) 流通券在各地之中央银行一律无限制兑换法币；(4) 以上各项，在总统就职之日施行。

（二）行政院会议，通过设立美援运用委员会。

先生日记云：

> 本日行政院会议，通过设立美援运用委员会，由行政院院

长为主任委员，设委员十三人，除以有关主管部会首长为当然委员外，余由行政院聘任，并由主任委员就中指定常务委员三人协助主持会务。

（三）行政院各部会首长决议，于行宪政府总统就职之前，提出总辞职。

先生日记云：

出席行政院会议之各部会首长以行宪政府即将成立，决议于总统就职之前，提出总辞呈。张院长即席表示，最近主席曾以续任行宪后首任行政院长事征询，已力辞。

（四）访行政院张院长群，请其先向蒋主席代达本人辞意。

先生日记云：

当晚往访张院长，告以我虽非阁员，自问一年来心力交瘁，无补时艰，亟宜让贤，以期金融能有转机。请其先向主席提及，不日当另有辞呈送陈主席。

五日，美国经济合作总署署长霍夫曼宣布任命前旧金山市长赖普汉 Roger D. Lapham 为对华经济合作团团长，将于六月一日来华。

联合社华盛顿五月五日电：经济合作总署署长霍夫曼今日宣布任命前旧金山市长赖普汉为该署对华经济合作团团长，主持四亿六千三百万美元援华经费运用事宜。总署即将成立援华司，以便早日开始工作。赖普汉今日宣称：六月一日可抵中国视事，援华经费共计四亿六千三百万元，本人仅将处理其中经济部分之三亿三千八百万元；至于军事部分之一亿二千五百万元，不在其职权范围之内。

七日，中央银行与输出入管理委员会通告指定银行，对于进出口结汇办法有所修正。

按修正之点如下：（1）自接获输入管理委员会通知准发输入许可证之日起，进口商应即以核准金额百分之五十，结合国币存入中央银行。其结算率以存款当日牌价为准。上项存款可以抵作信用状及购买状所载之保证。（2）进出口商须凭上项存款收据，向输出入管理委员会领取输入许可证。（3）自三十七年五月七日起，指定银行应先查明输入货物确已抵达中国口岸，始准与进口商结汇。(4) 指定银行得按信用状及（或）购买证所载汇票金额，向中央银行借贷外汇，惟不得超过贷款当日之国币存款额。所需外汇，超过时，应由指定银行按照借贷当日之牌价结合国币加存。(5) 中央银行所贷放之外汇头寸，应记入指定银行账户，并由该行负担全部责任。(6) 指定银行结贷外汇时，应列（甲）输入许可证，（乙）信用状及购买证，（丙）借贷时限及其延展，须先获得中央银行核准。(7) 指定银行应依照信用状及（或）购买证所列之增加保证金数额，以国币存于中央银行。

先生日记云：

前项办法之宗旨在祛除进口商不合理之利得，即使进口货售价接近成本。以往办法，进口商于取得输管会进口许可证后，即可按照当时牌价结购外汇。但进口物品到达后之售价并非按照汇率成本，而大都按照黑市汇率计算。迩来黑市汇率日涨月高，进口商获得不合理之利润。按照新办法，进口商取得进口证后，先按照当时汇率折合国币，以百分之五十缴纳保证金；于货到达后再结外汇，则其售价与进货成本不至相差过巨。而先筹百分之五十保证金，亦使进口商因此而减少进口。明知此举将引起进口商之不满，但以中央银行外汇存底日减，而必要物资，已可由美援供给，其次要物资进口，凡能减少或展缓者，自应尽力为之。而进口商不合理之利得更不应因本人去职在即，而忽视之。

十四日，行政院会议，通过美援运用委员会职掌与组织规程。

先生日记云：

行政院会议通过美援运用委员会职掌与组织规程。该委员会设主任委员一人，由行政院院长兼任，委员十六人，其中有关主管部会首长为当然委员。其余委员四人由行政院长聘任。聘任委员为王云五、陈光甫、贝淞孙、缪云台。秘书长为郑道儒。

按该委员会职掌为：(1) 编拟运用美援计划。(2) 美援物资之订购、接收、保管及分配。(3) 美援物资出售价款及资金之保管运用。(4) 运用美援之报告、统计、宣传及考核。(5) 与美国代表团之联络。(6) 其他有关美援运用事项。

又按该委员会置主任委员一人，由行政院院长兼任，委员十六人，除外交、财政、农林、经济、交通、社会、卫生、水利、地政各部部长、资源委员会委员长、中央银行总裁为当然委员外，其余由行政院院长聘任之。常务委员三人由主任委员就上项委员中指定之。常务委员中应有一人负责与美国代表团联系。该委员会下设四处：(1) 秘书处，(2) 物资处，(3) 财务处，(4) 审核处。

十九日，行政院院长暨各部会首长提出总辞职。

二十日，行宪首任总统、副总统宣誓就职。

二十一日，接海关总税务司李度 A. Little 报告：与澳门政府商订缉私协定，已于昨日与澳督欧立瓦 A. H. Oliveire 正式签字。

先生日记云：

> 如是，港澳两地之走私与私运黄金入口、法币黑市交易等等，得当地两政府之合作，而有一防止办法。

按此项协定，谈判历时数月，海关副总税务司丁贵堂今春赴华南各地视查，行经澳门时，即与澳门当局开始作初步折冲。嗣订协定条文如次：

中国与澳门关务协定

中国海关与澳门政府为谋双方合作防止走私起见，经委派代表商订协定。澳门政府表示甚愿采取必要之立法及行政措施，以执行下列各条：

甲、澳门政府禁止一切船舶于夜晚 (1) 自澳门境内驶往中国，但经澳门政府与中国拱北关税务司另行商订者，不在此限；(2) 自中国境内驶往澳门，但遇险船舶，及经澳门政府与中国拱北关税务司另行商订者，不在此限。

乙、澳门政府为协助中国政府防止私运属于中国海关所规定之违禁、禁止及限制物品，或中国政府所颁进出口贸易办法附表所列暂行停止及禁止输入物品，前往中国起见，对于该项物品，不发给出口许可证或装船准单。上项物品清表应由拱北关税务司随时送达澳门政府查照。

丙、澳门政府应责令结关前往中国之船主向澳门政府呈递出口舱口单。澳门政府应将出口舱口单签证属实，于该项船舶结关前，以副张送达拱北关税务司查照。

丁、澳门政府应责令由中国到达澳门或由澳门结关前往中国之中国船舶或民船，将行程簿或民船往来挂号簿，呈送澳门政府签证，并注明到达或结关日期。

中澳双方并经同意，上列办法，应于澳门政府完成立法程序五日后，发生效力。

二十二日，辞中央银行总裁职呈文，已奉总统批准，并经发表俞鸿钧接任。

二十四日，（一）蒋总统提名翁文灏为行政院院长，经咨请立法院投票同意。（二）俞鸿钧就中央银行总裁职。

先生到行办理移交，并举行介绍主管人员与新总裁见面仪式。

中央社讯：中央银行新旧总裁移交仪式于上午十时一刻举行。由张嘉璈氏于总裁室内将央行主管人员向新任俞总裁介绍。旋由俞总裁作二十分钟之致辞，表示行内人事无变，希各安心工作，推行央行各项政策。仪式完成后，来宾纷纷道贺。俞总裁并即于会议室内招待记者，发表书面谈话，除称颂前任张总裁之功绩外，并谓目前法币准备充实，政府并将握有大量物资，足以稳定币值云云。

据中央社又讯：俞总裁答复记者所询之诸问题如下：（1）关于外汇方面，政府向采取管制政策，过去平衡基金委员会所推行之工作，颇收成效，今后仍当遵循国策，针对事实，因事制宜。如须改善者，本人当尽量虚心接受，而加以检讨。（2）平抑物价方面，自当标本兼施。例如抽紧银根、抛售物资等，此外政府确已拟具新的有效办法即予实行。（3）东北流通券最初系适应需要，继乃采纳东北人民意见，予以停止，并予收兑。其收兑办法，业经政府通过，并将准备兑换之法币运出关外，着手兑换。其宗旨在求东北金融及人民心理之安定。（4）短期国库券发行不久，亦有相当成效。如地方金融人士供献良好意见，自当采纳，而加改进。（5）关于人事问题，国家人才应为国家服务。中央银行系业务机关，尤不宜因主持人不同，而有所牵动。

（三）先生辞去中央银行总裁职务后之感想。

先生日记云：

在过去一年余岁月，因最初停止中央银行之政府垫款，即中止通货膨胀，因之汇价稳定，从而改善国际收支之梦想无法实现。转而求其次，采取缓和膨胀，减少外汇支出，以待时局好转及获得美援之成功。例如推行实物配给，设置中央银行贴放委员会，使银行信用用于生产之途。同时防止银行信用助长通货膨胀。竭力设法取得美援。设置平衡基金委员会，随时调整汇率，防止黑市汇率之猖獗。同时逐步减少进口，以期保存外汇资金。无奈每一措施无不需相当时日。而东北、山东、河南、绥察、陕北战事日见扩大，军费日增，交通阻滞日广，物资供应日缺。一九四六年政府预算赤字仅四万六千九百一十七亿元；一九四七年增至二十九万三千二百九十五亿元。预计一九四八年六月底，赤字将达四百三十四万五千六百五十余亿元。中央银行对于政府垫款，一九四六年为五万五千一百四十六亿元；一九四七年底，增加二十一万五千六百四十亿元。预计一九四八年六月底，将再增加一百三十八万九千一百余亿元。因之发行随之增加：一九四六年底，发行额只二万六千九百四十二亿元；一九四七年底，增至二十九万四千六百二十四亿元。预计一九四八年六月底，将达一百六十三万三千三百二十余亿元。如是，币值焉得不跌，即物价与美金汇价焉得不涨。每逢物价上涨，各方往往归咎中央银行当局。美金汇价提高，亦以中央银行当局为指责对象。所有缓和膨胀之种种措施，等于杯水车薪，何能扑灭燎原之火。故虽自早至晚，焦头烂额，而不能见谅于人。今能离职，如释重荷。虽私心忻幸，然瞻望国事前途，忧心如捣。奈何奈何。

二十八日，吴文官长鼎昌奉蒋总统命，征询先生愿否担任新内阁财政部长职务。

先生日记云：

上午吴文官长达铨奉总统命，来电话，询问余愿否任新内阁之财政部长。显系一种慰借之意。当复以任职中央银行已感竭蹶，何敢担任财长重任，请其代为婉辞。

三十一日，中央银行宣布采用结汇证明书办法。

按该项办法要点如下：（壹）进口商于领得输管会许可证后，应向出口商洽购出口结汇证明书。其价格除按照外汇平衡基金委员会之挂牌汇率外，双方得自行洽定贴水。其意义即：（甲）以后免除中央银行供给外汇之责任，而使每一笔外汇头寸之获得，须恃出口商之努力。（乙）停止五月七日中央银行需要进口商得到许可证后，先按当时汇率折合法币缴纳百分之五十保证金办法；今后则由进口商以其所得之一部分利益，津贴出口商。（丙）外汇平衡基金委员会牌价依然存在，不过仅适用于米、麦、面粉、棉花、肥料等五种进口。（丁）承认在平衡会牌价之外，可以有合法的公开市场汇率的存在。（戊）进出口商间，具有一种间接连锁关系。（贰）按照当日的贴水行情，指定银行得收购原币汇款（包括侨汇），及在国内的外国货币。其意义即：（甲）以后侨汇得照公开市场汇率折收法币。（乙）在国内之外币虽未准许自由流通，但可按照市场汇率售与指定银行。此种交易不算黑市，亦不算违禁。（丙）国人所有的国外存款，亦可按市场汇率汇回国内。

先生日记云：

查此项结汇证办法，在我任职期内，本年三四月间已着手研究。良以许多政府中人及社会知识分子与工商界领袖，多不满于平衡基金会机动调整汇率办法。批评之要点，在于该会调整汇率等于追踪黑市，而低于黑市。致黑市依然存在，出口与侨汇仍不能增加。而每一次调整提高汇率，引起物价上涨，何不听任市面自由买卖外汇，决定汇率，使进出口商均得其便。政府既可避免追踪黑市领导物价上涨之嫌，而工商界亦可因此而容易取得原料。因之经济委员会有进出口连锁之建议，而经济学者亦遂著论主张开放外汇。平衡基金会对各方压力逡巡瞻顾，未敢适时调整。中央银行主持外汇业务者一再研究，曾拟就结汇证明书方案。余于慎重考虑之下，认为内战继续进行，军费支出浩繁，内地交通阻滞，无论运用任何方法，均不能平抑物价，遏止外汇黑市。外汇黑市一日存在，即无法增加出口与侨汇收入，当然不能充分供给进口外汇。致进口商势必求之于黑市，而黑市汇率因之更高。在如此情形之下，欲求以结汇证明书制度平衡进出口外汇之供求，势所不能。而市场汇率必至愈提愈高，漫无底止。回溯外汇平衡基金委员会成立之后，在九个月内调整汇率（小数调整不计）不下十八次。自每一美元由三万八千元提高至四十四万四千元，何止十一倍有余。且因尚有外汇收入，如援华法案物资之开始到来，则外汇收支情形或可稍见改善。故我对于拟定之结汇证明书办法暂予搁置，而代之以五月七日进口结汇，先交百分之五十保证金办法，以待美国援华法案之实施，再作最后决定。

六月一日，行宪内阁成立，财政当局主张改发新币。

先生日记云：

行宪内阁成立，翁文灏任行政院长，王云五任财政部长。微闻王部长为主张取消法币改发新币之一人。深望新内阁对于此举慎重考虑。

按行宪第一任行政院长，除已由总统提任翁文灏外，以顾孟馀任副院长，张厉生长内政、王世杰长外交、何应钦长国防、王云五长财政、朱家骅长教育、谢冠生长司法行政、左舜生长农林、陈启天长工商、俞大维长交通、谷正纲长社会、薛笃弼长水利、李敬斋长地政、周诒春长卫生、徐堪长主计、刘维炽长侨务委员会、孙越崎长资源委员会、许世英长蒙藏委员会。此为战后规模最大之内阁。

八日，行政院翁院长文灏在立法院报告施政方针，提及政府计划整理币制。

十九日，上海金融发生剧变：美钞每元值四百万元，银元每枚值二百万元，白米每石（一百斤）涨至二千万元。

二十九日，有人攻击先生在中央银行任内支付外汇，有徇私之嫌。

先生日记云：

近有某立法委员攻击余在中央银行任内支付外汇，有徇私之嫌。并指出中国植物油公司〔总经理张禹九（嘉铸）系余胞弟〕及南洋企业公司（总经理朱文熊系余妹夫）因情面关系，得到外汇。不知植物油公司系由实业部会同产油省份之省政府，及油商合资组织成立，并非私人经营之企业。南洋企业公司则系由金城银行及南洋华侨与朱文熊合资设立，并非朱某一人独资创办。乃以彼等与我有亲属关系，横加攻讦，不胜愤慨。因拟一签呈，请总统派员澈查我在中央银行外汇出入账目，并将澈查结果宣布，以明真相。附呈外汇概况节略一份，所有外汇来踪去迹，均详细记载。签呈及附件统送吴秘书长达铨转呈。

附录致吴秘书长鼎昌函如后：

达铨吾兄翰席，日前某立委对弟加以攻讦，其是非真伪，雅不欲自为剖白。惟事关国家用人行政之当否，无论虚实，均当予以查究，宣布结果，昭告国人，借正观听。兹经呈恳总统派员调查。原件附奉，至祈詧阅，并恳代为转陈施行为祷。此颂勋绥。

附录上总统折呈与外汇概况节略：

窃嘉璈任职中央银行之始，以国家外汇来源有限，审核支用时，准驳之间，动辄影响私人利害。为处理周密，杜绝争议起见，经建议于行政院核准设立外汇审核委员会。凡政府机关需用外汇，及有关国策之特别案件所需之外汇，均须经由外汇审核委员会核准，中央银行方予拨付。至输出入所需之外汇，则统由输出入管理委员会核发许可证，指定银行凭许可证核结外汇。其不属于进口货之费用外汇，如留学生学费及出口费用等，则于中央银行设立非进口货外汇申请审核委员会，按照中央规定办法予以审核。为解决外汇申诉案件，则由业务局设立小组会议，开会决定之。所有关系外汇出入，统须遵循以上制度进行，非任何人所能单独决定。而一切决定更非根据法制合理裁定不可。惟是外间不明事实，或误认主持中央银行者有自由准驳外汇之权。挟持成见者，则造作谣言，蜚短流长，曾参杀人，真伪莫判。窃意今日担任财政金融任务者，最易遭人误会。若不宣揭事实，判明真相，小之影响个人名誉，大之影响国家威信。用敢肃呈，恳祈钧座饬院派员，将嘉璈任内有关外汇出入账目，详细澈查，并宣示结果，昭告国人，以明是非，不胜恳祷待命之至。兹令业务局将嘉璈到任后外汇出入情形，缮具节略一份，附呈鉴核。前中央银行总裁张嘉璈。民国三十七年六月二十九日。附件：外汇概况节略撮要。

七月三日，（一）中美双边协定今日由外交部王部长世杰与美国驻华大使司徒雷登在南京签字。（二）上海市各交易市场由军警机关派员监视。

六日，上海市军警机关动员五千人检查仓库。

先生日记云：

上海市军警机关动员五千人检查仓库有无囤积居奇情事。人心惶惶。深恐今后各地物产或进口货品将散藏于上海之外。

十九日，（一）委托法律专家孙晓楼赴南洋企业公司查询该公司取得中央银行外汇经过。

先生日记云：

邀法律专家孙晓楼君来谈，将外界攻击中国植物油公司及南洋企业公司用情面取得中央银行外汇问题，告之。托其详细研究，以备如有进一步问题时，可以应付。渠云：外间指摘似着重南洋企业。因请其亲赴该公司与主持人详细面询一切。当即与朱文熊经理通电话，告知与孙君接洽经过，望其毫无隐藏答覆孙君。如孙君欲看卷宗账目，即交与审阅，并约于二十二日前往。

（二）中央银行发行大钞。计关金券一万、二万五千、五万、二十五万元数种。美钞每元涨至七百四十万元，银元（袁头）每枚涨至四百一十万元。（三）各项物价上涨二、三成不等。计白粳米门市价每石（百斤）达四千四百万元；肥皂每块由四十万元涨至六十万元；香烟每包市价上涨百分之四十。

二十日，（一）接总统十九日代电。内开："张委员公权兄勋鉴：呈暨所附央行任内处理外汇概况节略，均悉。兄主持中行谨严有法，中所深知。一切无稽攻讦，不必介意，亦不必派员审查，徒滋纷扰也。蒋中正午皓府贰。"（民国三十七年七月十九日发）（附原件影印）（二）接吴秘书长鼎昌来函两通。（1）内开："尊件奉批'由来负责，不必另查'八字，特闻。此上公权仁兄。弟吴鼎昌上。"（2）内开："日昨匆抄批语奉闻，觉语意不贯。细审笔划，'来'字系'予'字之误。特此更正。此颂公权仁兄时祉。弟吴鼎昌顿首，七月十九日。"（附原件影印）（三）李卓敏自南京来见。

先生日记云：

李卓敏兄自宁来谈，得悉善后事业保管委员会主委已由蒋君孟麟接任。如是，我可以摆脱一切政府职位。并闻蒋推荐王澂为副。

（四）设宴招待美纺织专家达梯 Tate 。

先生日记云：

美国纺织专家曾任麦克阿瑟军部纺织工业组主任之达梯君来华。渠系余在央行任内，托美国大使馆为纺织管理委员会聘请者，特为设宴欢迎。

二十九日，总统在莫干山召集翁文灏、王世杰、王云五、俞鸿

總統府代電

同文請敘明月日字號

府貳字第0721號

附記

張委員公權兄勛鑒呈悉所附央行任內處理外匯的意見至於中行僅屬有法中所保留一[illegible]款計不必介意亦不必派員審查徒滋紛擾中正午皓府貳

中華民國卅七年七月十九日發

第　頁(共　頁)本頁共　字

總統府秘書長用箋

尊件奉抄由來員
責不必另查八字
特
聞此上
公權仁兄 弟吳鼎昌上

總統府秘書長用牋

日昨匆抄批語奉閲覺
語意不貫細審筆劃來字
係手字之誤特此更正敬
頌
公權仁兄時祉
弟吳鼎昌拜 七月九

钧、徐柏园等谈话。

先生日记云：

据闻系讨论改革币制，已议有大纲，将由王财长及徐财次草拟全部方案。

三十一日，（一）总统特约晤谈。

先生日记云：

蒋总统由莫干山抵沪，邀余于下午六时往晤。准时前往。见面后，总统告我，目下法币日跌，钞票发行日增，致钞票来不及供应，势非另发行一种新币以代之不可。问我意见。当即答以如发行一种新币，必须有充分现金银或外汇准备。或则每月发行额能有把握，较前减少，方可行之。否则等于发行大钞。如谓大钞面额太大，人民将失去对于钞票之信用，而换发一种新币，而又不能有充分准备金，则至少必须能把握物资，有力量控制物价，使新币不再贬值。同时须注意东北流通券能否不因换发新币，而遭人民拒绝使用，及广东省人民因此欢迎港币，而不愿收受国币。总统唯唯未置可否。又云下月十七日将赴庐山，问我可否上山一谈。当即应允前往。

（二）总统在上海指示，对囤积居奇者应严惩。

中央社上海三十一日电："下午六时，总统接见张嘉璈有所垂询。又于六时二十分接见俞鸿钧，曾垂询最近金融经济动态，并指示对囤积居奇、操纵垄断者，应严加惩办。"

八月十四日，《经济评论》杂志揭载先生署名"冰峰"，所撰《战后希腊之经验——币制、外汇、美援》一文。

先生日记云：

今日出版之《经济评论》（第三卷第十八期）载余以"冰峰"署名，撰写之《战后希腊之经验》一文。战后希腊很多方面和我们今日的局面相似。政治方面，内乱不停，行政效率低落。金融方面，通货膨胀，物价日涨月高。财政方面，收支不能平衡，产生巨额赤字。所赖以支持不坠者，厥为美援。过去两年，曾实行币制改革，一再调整汇率，设法改良税制，企图征用国人所持外汇。凡此均与我们今日遭遇的问题相仿佛。最堪注意者，发行新币以代旧币，而一年之内，新币贬值。由原定汇率每一美元合新币一百五十元，涨至五千元。适足供我政府当局主张改革币制之参考。

按《经济评论》系中国经济研究所所主办。主编者为方显廷、吴大业、冯华德三君。研究所创办人为何淬廉兄。当淬廉兄出国时，我告以我脱离中央银行后，决定从事学术研究，愿为经济评论撰文，或进一步协助中国经济研究所之扩充。今日之论文，即吾实现宿愿之开始。

十六日，自上海飞九江，转庐山，宿中央银行。

十七日，总统接见，垂询币制改革意见。

先生日记云：

下午四时晋见总统。总统仍以币制不能不改革为言。我告以根本问题在财政赤字太巨。发行新币，若非预算支出减少，发行额降低，则新币贬值，将无法抑制。总统云：物价必须管制，使其不涨。现决定各大都市派大员督导，澈底实行。我答以：中国地大，交通又不方便，无法处处管到。仅在几个大都市施行管制，无法防止内地各县各镇之物价上涨，从而影响及于都市；或则内地物产不复进入都市市场。故期期以为不可。并告以希腊之痛苦经验，拟将最近所撰文字呈阅。长谈半小时。总统云隔日再谈，即告辞。

十八日，总统交阅《改革币制计划书》。

先生日记云：

晨接总统官邸电话，通知总统嘱中午一时前往。准时到后，总统将《改革币制计划书》一本交我先行阅看，俟渠稍事休息后再谈。我即从头至尾，细细阅读。此项计划包括（1）改革币制，（2）收兑金银外币，（3）登记并管理外汇资产，（4）整理财政并加强管制经济四大部门。要点如下：（a）改革币制——

本位币定为“金圆”，每圆含纯金〇·二二一七公分纯金；每四金圆合美金一元；每一金圆合法币三百万元。人民不得以金圆券兑换金银外汇。(b) 金圆券十足准备——其中百分之四十为金银外汇，余为有价证券及国营事业资产。金圆券发行额最高不超过二十亿元。(c) 限制薪资与物价上涨——民营事业工资不得超过八月上半月之工资率。物价不得超过八月十九日之价格。(d) 限令人民交出金银外汇，兑换金圆券。(e) 整理财政与管理经济所用方法，与以前宣布者，大同小异。

我细读后，认为成败关键在（1）能否保持二十亿元发行额之限度，(2) 能否维持八月十九日之物价限价。总统休息后，来问我意见。其时云雾满天，副官来催上飞机，不便多谈。因答以我已阅过，认为物价绝对无法管制，因之二十亿元发行额无法保持。恐不出三四个月，即将冲破限关。再我所最顾虑者，人民对于法币已经用惯。若对于新金圆券不加信任，势必弃纸币而藏货品。若四亿人民弃纸币而藏货品，则情势实不堪设想。故请总统慎重考虑。总统答以此案将于明日提出国务会议，今日必须赶回南京。明日会议后，看情形再与我通电话云云。

十九日，（一）行政院临时会议，决定经济重要方案。

先生日记云：

得悉币制改革案已通过国务会议，及行政院会议。当晚我在牯岭市街询问物价有无变动，得知鸡蛋已经涨价。

按行政院会议决定之重要经济改革方案如下：（1）自二十日起改发金圆券，每圆合美金二角五分，兑换法币三百万元。（2）规定管制经济及收兑金银与美钞办法。（3）公务员待遇在四十元以下，照支金圆券，四十一元至三百元，其超出四十之数，打二折，三百零一元起，打一折。（4）各项物价悉以本日各地物价为准折算。

（二）蒋经国任京沪经济督导员。

二十日，游牯岭市街，询知米价上涨。

先生日记云：

晨往游市街，询知米价亦涨，乃知金圆券之命运已定，奈何奈何。

九月三十日，行政院会议决定：（1）人民兑换黄金美钞限期延长一个月；（2）兑换银圆，延长两个月。

十月十五日，国军撤出锦州。

十九日，国军撤出长春。

三十一日，蒋总统告美国记者："美国应重视中国局势，无完整之东北即无和平之东亚；拯救亚洲，应以中国为重心。"

十一月一日，（一）国军撤出沈阳、营口。（二）沈阳为中共军队占领，东北局势整个瓦解。（三）行政院公布《改善经济管制补充办法》。

按金圆券日益贬值，政府只好放弃限价政策，由行政院公布《改善经济管制补充办法》，其要点如下：（1）粮食依照市价交易，自由运销。（2）六大都市配售粮食，仍由政府继续办理。（3）纱布、糖、煤、盐由中央主管机关核本定价，统筹调节。其他主要物品及工业原料，授权地方政府参酌供应情形，依核本定价原则，加以管理。（4）禁止阻关阻运。（5）取缔投机囤积、黑市卖买。（6）公用交通事业核本调整价格。（7）公教人员待遇酌予调整。（8）工资酌予调整。（9）参照物价调整税收。（10）政府协助重要生产事业，补充设备原料。以国家银行商业行庄资金，协助重要生产、运销、公用交通及出口事业。但由中央银行严格办理重贴现及转抵押。

先生日记云：

如是，限价政策可谓完全失败。再看金圆券发行，两个月来，增加甚速，已近二十亿限额。九月底发行限额为九亿五千万元，十月底为十五亿九千万元。依此速度递增，不到十一月底即将满限。

物价管制与金圆券限额，乃币制改革成败之两大关键。兹既未能澈底实行，则金圆券之崩溃，已成定局矣。

（四）蒋经国辞卸京沪区经济督导员职务。

四日，《中央日报》发表社论，呼吁政府不可失尽人心。

十日，南京宣布戒严。城内发生抢米。南京米价涨至每石金圆券四百五十元。上海米价每石超过一千元。

十一日，行政院宣布《修正金圆券发行办法》，同时颁布《修正人民所存金银外币处理办法》。

先生日记云：

本月一日政府颁布《改善经济管制补充办法》后，除数大都市外，均未能实行。即此数大都市，只以慑于军警威力勉强奉行。而外埠来货日少，当地商店存货日减，最后形成市民抢购商货，以致十店九空。结果政府不得不放弃限价政策，而物价于是突飞猛涨。例如食米在限价政策修正后之第一日，公开市场之价格较之限价高出三倍。第六日涨至六倍。当局至此，遂不得不颁布《修正金圆券发行办法》，同时并颁布《修正人民所存金银外币处理办法》。

按上述两种修正办法要点如下：

（1）本年八月十九日公布之原案规定，每一金圆的法定含金量为二二·一七公分。现改为四·四三四公分，等于原额五分之一。

（2）原案规定金圆券发行总额最高为二十亿元。现将最高额取消，此后金圆券发行总额以命令定之。

（3）原案规定纯金一两合金圆券二百元，纯银一两合金圆券三元，银币一元合金圆券二元，美钞一元合金圆券四元。现改为纯金一两合金圆券一千元，纯银一两合金圆券十五元，银币一元合金圆券十元，美钞一元合金圆券二十元。

（4）原案规定禁止金、银、外币之流通买卖或持有。现改为准许人民持有，而银币之流通亦不禁止。

（5）原案无开铸金币之规定，现规定由政府铸造金圆，交由中央银行发行之。并规定凡以金圆券存入中央银行指定之银行，存期满一年者，除照章付息外，并得于存款到期时，另以与存款同额之金圆券向存款银行兑换金圆。在金圆未铸成前，得按照规定比率兑取黄金或银币。

（6）原案无金圆券可购买外汇之规定。现改为可以购买，但须按照政府管理外汇之规定。

（7）关于进出口贸易部分，应采取连锁制。

二十日，（一）调整公教人员待遇，照八月十九日所定，五倍发给。（二）王云五辞财政部长职，由徐堪继任。

二十一日，先生六十生日，仲兄君劢特撰寿序致祝。

按君劢先生所撰寿序不下千言。大意谓：数十年中，兄弟怡怡之乐，独彼二人知之最深，诸弟妹皆羡之。抗战期间，相共流离生活亦最长久。而平日纵谈，不离天下国家大事。虽一治经济，一攻政治，然有根本相同之点，则立身处世必本于道义。兄弟姊妹十人，各图自立。彼此之间无银钱交涉。故有聚首之乐，无细故之争。最后则谓：惟小心谨慎，不敢以激烈之言行惑乱当世。尤欲以勤俭洁白之身，内以对祖宗，外以答友朋。

二十二日，中央银行本日开始办理金圆券存兑。

二十六日，（一）行政院下令对于金圆券存兑办法加以限制。

先生日记云：

> 中央银行开始办理金圆券存兑时，人数尚少，不久人数逐日增加。各存兑处拥挤不堪，秩序紊乱，现象恶劣。政府遂不得不下令加以限制。

按该项限制办法如下：（1）每个人三个月只能存兑一次。（2）申请存兑者以成年人为限。（3）存兑额每次不得超过黄金一两。（4）银元每次限二十四元。（5）必须经过固定申请手续。

（二）翁文灏辞行政院长职。（三）总统提任孙科为行政院长。

二十九日，政府命令各部拟具首都公务员疏散办法。

十二月四日，国军黄维及杜聿明兵团在宿县一带被围，中央逐日用飞机投掷粮弹接济，每日辄数十次。

十三日，（一）华北情势紧张，战事迫近北平城郊，空运停止。（二）天津陆空交通断绝。（三）北平城内建筑临时机场，由中央派飞机飞往升降，接运知识分子多人。

二十二日，新内阁组织成立。孙科任行政院长，吴铁城任副院长兼外交部长，洪兰友长内政，徐永昌长国防，梅汝璈长司法行政，刘维炽长工商，林可胜长卫生，吴尚鹰长地政，梅贻琦长教育，钟天心长水利，白云梯长蒙藏，戴愧生长侨务，其余仍旧。张群、翁文灏、陈立夫、张治中、张厉生、朱家骅任政务委员。

二十九日，行政会议决定宣布金圆券存兑新办法。

先生日记云：

> 金圆券存兑限制办法实施后，存兑人数及申请存兑人数越来越多。每日上海黄浦滩中央、中国、交通三银行门前，自清晨至傍晚，鹄立群众拥挤不堪，现象十分恶劣，终于发生挤毙人命。政府遂不得不下令暂行停止存兑数日。特于本日宣布新办法如下：(1) 每人存兑数目照旧，但其价格则改为按照侨汇挂牌，黄金每两合美金五十元计算。(2) 除存兑数目仍为二千元外，差额另收平衡费。（按当时黄金黑市，每两已达金圆券六千元）

三十日，金圆券贬值加速，本日美钞每元值一百六十元，黄金每两值七千余元，银元每枚值九十元。

是年一月，缅甸脱离不列颠帝国独立。

二月，马来亚联邦成立。锡兰获得自主权。

三月，英、法、比、荷、卢等五国签订《西欧联盟五十年公约》。

四月，泛美会议成立“美洲国家组织”。

五月，犹太人正式宣布成立“以色列国”。

六月，大韩民国成立，李承晚当选首任总统。

十月，美国发表声明，认北韩政权为苏俄之傀儡。

十一月，杜鲁门当选美国总统。

十二月，西德选举议会，制定宪法。

一九四九年　先生六十一岁

一月一日，蒋总统发表和平文告，谓愿意在国家主权完整、人民得享自由生活与维持宪法与法统之条件下，与共产党言和，个人地位与出处，无所容心。

六日，政府开始将公物以轮船移运台湾。

七日，行政院会议，决将各机关核心移至广州，将大部分人员疏散于各地或京外各附属机关。

八日，行政院会议，由财政部提出公教人员存兑黄金补救办法。

按该项办法系将兑金每两，除官价二千元外，另加侨汇四千五百元。实则市价已达一万元。京中公教人员以上海仍未停兑，致表不满，遂发生中央银行总裁俞鸿钧责任问题。嗣决定调整文武人员待遇，京沪区加百分之一百二十五。每月增加国库支出十余亿元。

十五日，报载中共提出和平条件八项：(1) 惩办战犯，(2) 取消宪法，(3) 废除法统，(4) 改编国军，(5) 没收官僚资本，(6) 改革土地，(7) 废除卖国条约，(8) 召开政治协商会议。

十六日，（一）政府公布自十七日起，废止金银存兑办法。（二）政府公布发行黄金短期公债。

先生日记云：

> 该项公债定额为黄金二百万两，本息均以黄金付给，两年还清，利息月息四厘，发售价格按照中央银行每日侨汇牌价计算，以金圆券缴购。如是存兑办法完全失败矣。

十九日，中央银行总裁俞鸿钧去职，由副总裁刘驷业继任。

二十一日，（一）蒋总统发表文告，暂时引退，总统职务交由李副总统宗仁代理。（二）李代总统决派邵力子、张治中、彭昭贤、黄绍竑、钟天心等五人为和谈代表，赴北平与中共言和。

二十三日，函外交部吴部长铁城，请发一普通护照，以便出国赴澳洲研究该处经济发展经过。

先生日记云：

函外交部长吴铁城兄，请发一普通护照，以便出国前往澳洲。事缘政府军事节节失利，东北已失，平津危在旦夕，徐州亦已不保。照此情形，预定在国内之研究工作已无法进行。因闻澳洲经济开发已有规模，社会立法比较完善，人民贫富差距不甚悬殊。因之颇动我赴澳实地研究之念。适现任澳洲国立大学校长柯朴兰 Douglas Copland 原系经济学者，不久以前曾任澳洲驻华公使，在宁时相往来，讨论经济问题，颇为意气相投。因函请其向澳洲政府接洽入境旅游手续。

二十四日，中共军队开入北平。

二十五日，政府决定迁广州办公。李代总统、孙院长科、吴副院长铁城、顾参谋长祝同、吴秘书长忠信等五人在京集议，以中共军队南下，距浦口仅十五里，随时可以威胁首都。因即决定政府迁广州办公。定二月五日为在广州开始办公时期，由外交部通告各国驻京使节。

二月一日，行政院开始在广州办公。政府迁穗后，金圆券又大跌。广州港币充斥，市面买卖多以港币为单位。法定金圆券七角五分合港币一元，兹则港币一元可值金圆券一百一十元，一日数价，高至一百八十元。

二十日，李代总统由南京飞抵广州。

二十一日，李代总统飞赴桂林。

二十三日，行政院会议，通过财政经济改革方案，金银准许民间买卖。又拟铸新银圆。

二十五日，财政部徐部长堪在上海约共晚饭，并出示所拟财政金融改革方案。

先生日记云：

徐财长可亭请在中央银行晚饭，出示财政金融改革方案，其要点如下：（1）军饷发给银圆；（2）黄金白银自由买卖；（3）废除结汇证，外汇自由买卖；（4）出口所得外汇以百分之三十交于政府，百分之七十在市场出卖。

二十六日，函澳洲国立大学校长柯朴兰，愿在大学作研究工作。

先生日记云：

军事情势日非，新政权政策是否许我自由研究，实难推测，恐须长期出国。因函柯朴兰校长，告以到澳洲后，愿在其大学作些研究工作。心中现有二题目：（1）一为中国通货膨胀，（2）一为中苏东北交涉。

二十八日，立法院在南京复会，要求行政院长偕同各部长返京报告施政方针，并备质询。

三月九日，孙科辞行政院院长职。按立法院在京复会，与移穗之行政院形成对峙之局。孙院长八日在京出席立法院报告新阁施政方针前，即说明彼已向李代总统辞职获准，得免受质询。两院暗潮始告结束。

十三日，何应钦继任行政院院长。

十八日，应李代总统之约，由上海赴南京。

十九日，李代总统嘱出长财政，婉却。

先生日记云：

晨九时，李代总统来访，详述美援继续尚有希望，目下财政已临最后难关，希望余出任财长。嗣翁咏霓兄亦来参加谈话。当答以余早已决定今后从事研究工作，对于政治工作既无兴趣，亦无勇气。诚恳婉却。旋邀余同赴光甫兄处，继续前谈，并托光甫兄代劝。余仍坚持前意，至一时半，未得要领而散。三时半，余往答访，随即告别，径赴机场，飞返上海。

二十日，（一）李代总统自南京电话，询有无转圜余地。

先生日记云：

李代总统本日自宁来电话，询问有无转圜余地。当答以实难担任，将来惟有从旁贡献意见。渠云，只好请刘攻芸兼任财长。

（二）上海造币厂新铸银圆，定价每枚合金圆券七千元。

二十一日，办妥赴澳洲签证。

先生日记云：

薛次莘兄来告，渠得悉余赴澳洲签证已办妥。

二十三日，柯朴兰来电询问行期。

先生日记云：

柯朴兰来电询问何日动身。当即复电，告以日期尚不能确定。

二十七日，柯朴兰来电，询问研究题材。

先生日记云：

本日又接柯朴兰来函，谓："函悉，尊拟研究题目，本校尚无充分图书材料，可供是项研究。希望台驾抵澳洲后，详细商谈尊拟工作计划。鄙人将于四月二十二日离澳赴英一行。"

二十八日，检理书籍文件，准备出国研究。

先生日记云：

今日起，即准备离沪。首先检理书籍文件，俾供出国研究之用。决定今后以写作谋生。

四月九日，中共军队在长江北岸向龙潭发炮，京沪交通备受威胁，市面混乱，交易用银圆。

二十日，（一）共方提出和平条件，中央无法接受。（二）中共军队已在荻港等处渡过长江。

二十三日，南京守军叛变。

二十四日，清晨中共军队入据南京。

二十六日，离上海，飞香港。

先生日记云：

本日与内子乘中航飞机赴香港，机内拥挤不堪。抵港后，暂寓中国旅行社招待所（新宁招待所）。

二十七日，国民党蒋总裁发表告全国同胞书，重申"戡乱"决心。

五月十一日，自香港赴广州。

先生日记云：

本日赴广州，一面访问亲友，一面探看政府有何设施。

十五日，立法院少数委员联署提议向宋、孔、张借十亿美元。

先生日记云：

本日见报，得知立法院若干委员联署提议向宋、孔、张（余）征借十亿美元。甚为可笑。

十六日，参加联署提议向宋、孔、张三氏征借美元之立法院某委员来访。

先生日记云：

提议征借美元之某立委要求见面。当在中央银行招待所接见。渠表示对于此事愿意帮忙。当告以每人各有嗜好，或名或利。余则一生只好做事业，对于金钱绝不感兴趣。当中国银行给予退职金国币十六万元时，各董事已知我积年累月曾负债六万余元。我之财产情况，可向任何金融界朋友一询便知。谈一小时后，渠仍一再声称愿意帮忙。显示别有用意。

十八日，（一）致函行政院何院长应钦，请求派员澈查本人财产。

先生日记云：

拟一函致行政院何敬之院长，请派人澈查我之财产。如私产超过中国银行退职金数目以外，甘愿一律贡献国家。当将函文送交中央通讯社发表。

（二）中央社报道张嘉璈声明无私人财产。全文如下：中央社广州十八日电：据悉前中央银行总裁张嘉璈因见报载，立法院有人提议向孔、宋、张征借美金十亿元，十八日特函行政院声明，其在社会上及政治上服务经过。自中国银行以及铁道交通两部、东北经济委员会、中央银行，皆系担任以薪公为收入之职务，并以提倡奉公守法，确立会计、出纳、材料、工程等管理制度为任务。从未自营任何产业。除中国银行离职时，董事会给予退职金十六万元，作子女教养费外，并无任何私人财产。特请政院派员彻查。如发见有国内外私人财产，在中国银行所给予退职金以外者，甘愿一律贡献国家。（三）美友葛纶来访，长谈。

先生日记云：

前上海花旗银行副经理葛纶 George H. Greene，Jr. 新由上海撤退至广州来访，长谈。告以今后将从事写作。拟对于“中国通货膨胀问题”著一专书。如川资旅费有着，可能赴瑞士或美国一游。葛纶君希望我能去美国。

（四）晚乘轮船离广州，返香港。

十九日，晨抵香港。

先生日记云：

返抵香港后，仍住新宁招待所。适道德重整会会友艾伦君 Lau Allen 来访，谈及香港圣保罗中学校长胡女士亦系会友。其校不日放假，可以暂住，拟即与胡女士接洽。当予同意。

二十二日，圣保罗中学胡校长欢迎暂住该校。

先生日记云：

艾伦君来告，胡校长极为欢迎，可即迁住。

六月一日，行政院院长何应钦辞职，由阎锡山继任。

十日，迁住香港麦当奴道圣保罗中学。

先生日记云：

本日迁至香港麦当奴道圣保罗中学。胡校长殷勤招待，特指定教室一处以供居住。校址离市中心不远，出入甚为方便。

七月三日，行政院公布改革币制令，发行银圆券。

五日，行政院议决发行爱国公债。

九日，香港中国银行经理郑寿仁来访，并代赁得公寓。

先生日记云：

香港中国银行郑铁如经理来访，谈及我仍系中国银行董事，港行应尽地主之谊。已觅得黄泥涌夹道十号 E 字公寓，可以迁住。并称大陆来人日多，香港房屋不敷应付。租屋须付顶费。该公寓顶费计需港币一万七千元，已由港行垫付云云。

十一日，蒋总裁与菲律宾总统季里诺相晤于碧瑶，发表联合声明，号召远东各国共同抵制共产主义之威胁。

三十日，迁住香港黄泥涌夹道公寓。

先生日记云：

> 本日迁住黄泥涌夹道十号E字公寓。适由民生轮船公司代运之书籍六箱已抵香港，当即提取开箱，整理备用。着手汇集有关通货膨胀各项资料，进行写作。惟近自大陆撤退来港之熟识甚多，络续过访，各人均打算长久计画，并征询意见，殊不易专心工作。

八月五日，美国务院发表“中美关系”白皮书。

八日，蒋总裁与韩国总统李承晚发表联合声明，同意请菲律宾总统采取一切必要步骤，以促太平洋上远东各国联盟，共同奋斗，抵制共产主义之威胁。

十六日，我国对美国“白皮书”，发表郑重声明。

十月一日，中共在北平成立政权，更改国号为“中华人民共和国”。

二日，苏俄承认北平政权。

三日，美国声明继续承认“中华民国政府为唯一合法政府”。

二十日，接澳洲国立大学校长柯朴兰函告入境期限，当为展期半年。

先生日记云：

> 接柯朴兰爵士来信云：“所办入境许可，已届满期限，当为再展期半年。”并谓：“港澳两地均属英领，币制与英镑联系，何不来澳居住。”

十二月五日，李宗仁自香港飞往美国。

七日，国民党政府迁台北。

三十日，旅费有着，决赴澳洲讲学。

先生日记云：

> 过去在政府任公职，除领本职正薪外，不领兼职薪津。现

以中央银行总行、中央信托局总管理处均迁往台北办公，特发给积年未领之理事公费。又中国建设银公司宣布解散，亦发给董事未领公费。总共收到美金一万五千元。数目虽非甚巨，如能节约，应可维持在国外生活一两年。因此决定赴澳洲讲学，兼事著述。因即函复柯朴兰爵士，谢其好意相招，并告以摒挡需时，大约明年秋冬之间，可以启程来澳。但友人中仍有以远适异国，如何维持生活为虑，前来劝阻者。

是年一月，艾契逊继马歇尔任美国务卿。

二月，法国与越南签立协定，承认越南为法国联邦中之独立国。

三月，英、美、法、意、比、荷、卢、丹、葡、挪威、加拿大，与冰岛等十二国，在华盛顿签订北大西洋公约。

五月，西德成立西德联邦共和国政府。

七月，寮国与法国成立协定，为法国联邦中之独立国。

九月，我国向联合国大会提出控苏联侵华案。

十月，阿拉伯联盟七国订立安全公约。

十二月，荷兰承认印尼独立，印尼联邦共和国正式成立。

一九五〇年　先生六十二岁

一月三日，英国承认中共政权，惟在台湾仍驻领事。

二月十四日，中共与苏联签订：(1) 友好同盟条约，(2) 关于中长铁路，规定至对日和约签订或至迟一九五二年底，无条件归还中国条约，(3) 旅顺亦至一九五三年底交还中国条约。

三月一日，蒋介石在台湾复行视事。

同月，函西雅图华盛顿州立大学商学院普芮斯顿 Howard H. Preston 教授，询问该校“远东及苏俄问题研究所”进行情形，表示愿意参加研究工作。

五月，接普芮斯顿教授四月二十四日复信，欢迎赴美一游。关于研究计划，正与主持“远东及苏俄问题研究所”之戴勒 George E. Taylor 教授详加考虑。

六月二十五日，北韩共军越过北纬三十八度线。

二十七日，（一）联合国安全理事会通过对北韩实施军事制裁。（二）美国杜鲁门总统命令美第七舰队协防台湾。

三十一日，联军统帅麦克阿瑟元帅访问台湾。

十月二十五日，携眷离香港赴澳洲。

先生日记云：

今日与内子离港，乘轮赴澳洲。

按先生在香港，自一月至十月，每日均忙于整理有关中国通货膨胀之资料，预备赴澳洲后，进行撰著。数月来，不时约晤留港旧友陈隽人、周舜莘、施纪元诸人讨论写作问题。

十一月五日，中共发动“抗美援朝”运动，动员三十二万武装民众，参加韩战。

九日，抵澳洲雪梨。

先生日记云：

今日晨船抵雪梨 Sidney，由中国银行雪梨经理处卞主任凤年来接。因市内旅馆已告客满，暂在雪梨市附近之曼莱 Manly 镇觅得一旅馆留宿。

十二月十五日，迁住雪梨市郊临时租屋。

二十日，赴澳洲首都坎培拉。

先生日记云：

乘汽车赴澳洲之首都坎培拉 Canberra 。该地居民仅二万余人。在国会开会时，两院议员聚集，居民数目增加。散会后，即见冷静。

二十一日，访晤柯朴兰校长。

先生日记云：

今日访晤澳洲国立大学校长柯朴兰爵士 Sir Douglas Copland，长谈。始知大学正在建筑中，现在校址系暂就旧屋，供作各部分办公之用。图书亦正派员赴香港征集采购，现尚不能谓为有图书馆。至对于亚洲研究，现有二学者开始计划组织。一为福瑞芝吉乐德先生，Mr. Fritzgerald，一为林赛勋爵 Lord Lindsay。柯朴兰校长告我，我所愿研究的东北问题与中国通货膨胀问题之参考书籍，恐不完备。如我能先行利用自己已搜集的资料，在现址从事研究，极为欢迎。

按澳洲国立大学 Australian National University，Canberra 成立于一九四七年，设有医学院、自然科学院及社会科学院。历史不及十年，正在发展中。

二十三日，访晤林赛与福瑞芝吉乐德。

先生日记云：

今日趋访福瑞芝吉乐德与林赛两君。得知前者正在撰写《中国历史》，后者则研究“中共问题”。

二十四日，访晤阿恩特教授。

先生日记云：

今日往坎培拉大学校本部 Canberra University College，晤经济学教授阿恩特 H. W. Arndt，告以拟将十年来中国通货膨胀的经过，撰写专书，希望代觅一位大学毕业生协助。

二十五日，辞别柯朴兰校长。

先生日记云：

往访柯朴兰校长，告以拟返雪梨，俟决定是否居住坎培拉，抑住雪梨，当再函告。

二十六日，乘汽车由坎培拉返雪梨。

是年一月，美国务院发表苏联侵华事实。美国与南韩签订军事协助双边协定。

三月，阿拉伯联盟组成之埃及等国，签立防御公约。

十月，澳洲国会通过共产党非法案。

一九五一年　先生六十三岁

三月十五日，雪梨住宅租约满期，迁居新租之屋。

六月底，接葛纶函告在美加入“自由亚洲委员会”活动。

先生日记云：

接美友葛纶君 George H. Greene, Jr. 六月二十日自旧金山来函，承告参加在当地组织之“自由亚洲委员会”Committee for A Free Asia, Inc.，并附来该委员会缘起 Prospectus 一份，嘱提示意见。因特草一节略寄去。大纲如下：壹、中国人民的要求：（甲）一般民众的，（一）救济贫困，（二）停止内战；（乙）知识分子的，（一）国家独立，（二）国家建设，（三）开明政治，（四）和平；（丙）商人的，（一）和平，（二）改革财政，（三）发展经济——在政府计画之下，发展私人企业，（四）输入外资。贰、国民政府未能做到的：（一）和平，（二）经济建设，（三）廉能政府，（四）救济困穷，（五）领袖资格。叁、中共做到的：（一）统一政府，（二）国家独立，（三）经济建设，（四）土地改革。肆、人民不喜欢中共的：（一）蔑视人格，（二）统制思想，（三）禁止私人企业，（四）参加韩战，（五）过分亲苏。伍、苏联共产势力如何能在中国得势：（一）长期宣传主义，（二）支持中共领袖，（三）了解民众心理。陆、美国在中国何以失败：（一）物质援华，缺乏政治理想，（二）未能尽力支持领袖，（三）对于民情缺乏了解，（四）无忍耐性。柒、“自由亚洲委员会”的进行步骤：（一）不求急功，（二）建立反共产主义的新理论，（三）重视超越政治活动的文化及社会工作，（四）联络中国的邻邦，（五）民之所好好之，民之所恶恶之，（六）建立一个中国的具体建设计画，（七）协助一切反共力量的团结。

七月三十日，迁入自购住宅。

先生日记云：

本日迁入在雪梨购买之屋，22 Tryon Road, Landfield, N. S. W. Australia。雪梨出租之屋不多，大都屋主出门，暂时将住屋赁人，租期不长。因之决定自购一屋，免得时常迁徙。购屋条件与美国相仿。先以现款付屋价百分之二十，其余百分之八十，在二十年内，按月摊付。

九月十日，复葛纶六月二十日来函，附去节略。

先生日记云：

前接葛纶君六月二十日来函，嘱对“自由亚洲委员会”提供意见，当经草具节略。只以一切忙乱，迄未寄出。兹以迁住新屋后，生活正常，特将原稿缮正寄出，借供该会参考。

十月二十日，延聘怀特襄助撰写。

先生日记云：

本日阿恩特教授推荐其高才生怀特君 Gleson White 来寓晤谈。知系坎培拉大学毕业生，学历优秀，头脑清楚，足以胜任撰著助手，当即决定延聘。

十一月十五日，开始撰著。

先生日记云：

本日怀特君开始工作。自此以后，每日集中精神，专事写作。除每月有数日至雪梨大学参加讨论或听讲外，绝少酬应，亦少见客。

是年一月，美国发表声明，凡讨论有关台湾问题的任何国际会议，如无“中华民国”参加，美国绝不出席。

五月，美国军援顾问团抵台湾。

九月，五十九个国家在旧金山与日本签订和平条约（苏联除外）。

一九五二年　先生六十四岁

五月二十九日，接耿艾华自美来函，约赴美国讲学。

先生日记云：

接上海旧友耿艾华 Edward Kann 自美来信，称渠离上海后，即赴美居住。二年前，曾向洛杉矶市洛亚拉大学 Loyola University 建议开设“亚洲经济”一课，每周上课三小时。现以本人年迈，不适宜驾驶汽车，准备退休，并经向大学校长卡沙塞神父Father

Charles Cassassa, J. S. 推荐请我接替。特函询有无兴趣，因我曾表示有意赴美也。当即答以：近在澳撰写《中国通货膨胀》一书，初稿即将完成，拟在美国出版；兹既有此机会，可不计较学校之大小，薪金之多寡，只要天气和暖，与澳洲相仿，甚愿前来担任讲授该课。渠信中并谓须由三人函介，经即提名前美国驻华大使高斯 Clarence Gauss、前中国驻美大使胡适及华美协会驻西岸代表王恭守三人，以备参考。

先生日记又云：

耿君原籍捷克，抗战前在上海业外汇经纪人，曾创刊《财政与商业》*Finance and Commerce* 杂志，系上海当时唯一财政金融期刊，颇受重视。过去不断与我讨论经济问题，近正在编辑《中国银币史》，常来信询问有关问题。

十一月十日，接耿艾华来函，通知洛亚拉大学决定延聘任教。

先生日记云：

接耿艾华自美来函，称洛亚拉大学已收到高斯大使去信，备极赞扬，因不待其他二人信到，已决定延聘。

是年一月，日本政府派河田烈为和约谈判首席代表。

五月，英国宣布退出在中国大陆一切商业。

十一月，美国大选，艾森豪当选总统。英国试炸氢气弹。

一九五三年　先生六十五岁

一月三十日，函复洛亚拉大学校长卡沙塞神父，商讨关于赴美入境身份问题。

先生日记云：

接洛亚拉大学校长卡沙塞神父来信，称目前移民法案中，已将大学教授可以移民身份入境一条取消，只有按照旅客入境手续来美，到美后，再谋改变身份。当复以据调查所得，本人应取得第一优先移民入境身份，仍请与移民局洽办。

三月十三日，（一）赴美入境身份手续办妥。

先生日记云：

接王恭守兄来信，称江易生总领事托为转告：赴美入境证已由总领事馆会同校方向移民局接洽，按照第一优先移民入境身份办妥矣。

（二）作离澳赴美准备。

先生日记云：

自今日起，开始准备离澳工作。首须寻觅买主，将住宅出售。次则将书籍装箱运美。三则向各使领馆申请签证，以备内子乘船直航美洲，我则飞往东南亚各地，搜集资料，然后经香港、东京赴美。

四月一日，刘攻芸汇款佽助。

先生日记云：

带来美金逐渐用罄。因函新加坡刘攻芸兄，告以在北京时，曾购有刻丝画二张，请其代为押借美金二千元。今日得复，由渠汇来英金一千镑，济我急需。

五月十五日，赴坎培拉向各友辞行。

先生日记云：

本日赴坎培拉，向澳洲国立大学及坎培拉大学校本部各友辞行告别。并向阿恩特教授致谢其介绍怀特君盛情。

二十五日，《中国通货膨胀经验》初稿蒇事。

先生日记云：

《中国通货膨胀经验》全书初稿今幸完成，计费时十月。为补充材料，曾托长女未婚夫婿张椿觅抄寄来，助益匪浅。怀特君耐心襄助，尤为感激。

九月九日，（一）离澳洲，飞新加坡。

先生日记云：

晚乘飞机赴新加坡，内子则乘火车赴布芮什班 Brisbane 搭船赴美。当晚平日往来之友人数十位特设宴饯别。宴罢，并先赴车站送别内子，再赴机场，与我握别，盛情可感。

（二）飞抵新加坡。

先生日记云：

当夜飞抵新加坡，华侨银行董事长李光前、总经理陈振传、前中国银行新加坡分行经理黄伯权，均在机场接待，随赴瑞福利 Raffle 大旅馆住宿。

十日至二十四日，接受新加坡华侨银行招待。

先生日记云：

留新加坡之十五日，一切由华侨银行殷勤招待。并由该行董事会通过，决议赠送由星赴美飞机票。复由该行前总经理叶锥馈赠美金二千元，电汇内子，以备抵美后，购置家具。旧友热情令人感动。留星期间，曾乘火车至马来亚，留彼一日，搜集有关经济资料不少。由马来亚归后，宿叶锥君海边住宅，畅谈往事，不胜今昔之感。

二十五日，离新加坡，飞抵曼谷。

先生日记云：

本日离新加坡飞曼谷。抵机场时，前中国银行广州支行经理陈玉潜与中国银行曼谷分行副经理吴鼎芬来接。宿东方旅社 Oriental Hotel。

二十六日至二十九日，访问泰国财经各界人士，并搜集有关经济资料。

先生日记云：

在曼谷逗留四日。先后访晤泰国中央银行副总裁及统计科长，索得该行近三十年报告。嗣访联合国远东经济委员会研究主任方君显廷、统计主任吴君大业，承送资料不少。又访泰国政府美籍顾问高尔德君 J. Gould，对于泰国财政经济，交换意见。渠提及泰国政府大员多数与华侨合伙经营事业。特托我劝谕华侨之经营金融业者勿与泰国政要合伙，借免发生违背泰国国家利益之行为。因访商业界之与政府大员有密切关系者，婉为表达此意。嗣获知此间商业银行较有力量者，如曼谷银行

（总经理陈弼臣）、大成银行（总经理王慕能）、京华银行（总经理余子亮）均与泰国大员有关系。

二十九日，离曼谷，飞抵雅加达。

十月一日至八日，留住雅加达。

先生日记云：

此间因从未来过，熟识较少。适有前中国银行青岛分行副经理杨康祖，现任香港纱厂住印尼代表，及上海康元制罐厂印尼分厂经理项瑞象招呼一切，并介见若干华侨领袖，如梁锡佑、陈兴硕、徐踞清诸人。在雅加达留滞期间，曾访问印尼国家银行总裁、国际汇兑银行总经理及统计局局长等，搜集资料甚多。惜大部分为印尼文字，不能充分利用。

九日，离雅加达飞抵西贡。

先生日记云：

本日离雅加达，飞西贡，当日到达，有当地中国银行经理魏宗铎、副经理陆鸣亚两君来接。

十日至十五日，留住西贡。

先生日记云：

在西贡留六日，曾访法人主持之纸币发行局，索得越南三邦联合发行数字，并与当地金融界人士交换意见。

十六日，离西贡，飞抵香港。

先生日记云：

今日飞抵香港。光甫兄、馥荪兄及其他亲友多人，均在机场候接。

十一月二日，离香港，飞抵马尼拉。

先生日记云：

在香港留十五日，以熟人众多，搜集资料，异常便利。本日离香港，飞抵马尼拉。当地中兴银行董事长薛敏老及侨领杨启泰诸君特来机场相晤。

十一日，离马尼拉，飞抵东京，留住四十日。

先生日记云：

在马尼拉留住九日。曾由薛敏老兄陪往菲律宾中央银行访问，搜集材料。并承介绍会晤当地菲籍华裔各银行经理。今日离马尼拉，飞抵东京。小儿国利夫妇来机场迎接。

先生日记又云：

在东京期间，曾应东洋经济新闻杂志社社长石田湛山之邀，讲述东南亚经济情形，及对日本情感。因特为指出日本若欲消除东南亚各国人民怨恨情绪，重建良好经济关系，必须从速赔偿各地所受之战时损失，出之自动，不可斤斤较量。良以今后日本贸易将赖东南亚市场，以代替丧失之远东市场也。

又曾留中国之日本外交界与金融界友人约五六十人设宴招待。前任驻华大使嗣任外相之重光葵致词欢迎，并向中国人民表示歉意，及感谢国民政府宽待日本之好意。席散后，前朝鲜、台湾两银行之主持人提及两行清理后，存有巨额款项，拟用以重建一机构，向东南亚发展。询余能否来日协助组织，并担任顾问名义。当即复以已答应担任教职，未便更改，婉却之。

自满洲返日之前满洲重工业总裁高碕达之助、前满洲中央银行副总裁长谷川长治邀集曾在东北经济委员会工作之日籍人士约二十余人，聚餐欢迎，畅谈往事。

旧友前任上海三井银行经理土屋计左右现任东京第一旅馆董事长，殷勤招待，陪同访问新旧日友，厚意可感。

在东京期间，曾往神田区旧书店搜购参考书籍，并向外务省、通产省搜集各种出版物。

十二月二十二日，离东京，飞抵檀香山。

先生日记云：

本日抵檀香山时，新加坡华侨银行陈君振传介绍之陈浩（?）君 Chin Ho 到机场接晤。此君在当地与郑友良齐名，经营地产及旅馆，现任一投资公司之董事长。当晚即宿于彼所营之旅馆，并承邀共进晚餐，其夫人及长公子同席作陪。

二十三日，参观檀香山“东西中心”图书馆。

二十四日，离檀香山，飞抵洛杉矶。

先生日记云：

抵洛杉矶机场时，内子及江易生总领事夫妇已在机场相候，即驱车至新租寓所。该宅离洛亚拉大学校址甚远。大学附近，虽有新辟之住宅区，住户为维持地产价格，不愿有色人侵入。内子虽一再向悬有出租招帖之房东询问，均被享以闭门羹。最后只得租赁坐落洛杉矶市中心皓首大道一六一〇号 1610 Hauser Blvd. 楼房暂住。

二十八日，拜访洛亚拉大学校长、副校长及商学院院长。

先生日记云：

本日由江易生兄陪往洛亚拉大学，拜访校长卡沙塞神父。略事寒暄，见其面貌清秀，双目炯炯，和蔼可亲，一望而知为有修养之人。并晤副校长芮德神父 Roland A. Reed, S. J. 。旋晤商学院院长格芮特君 Wilbur R. Garrett，询知下年二月初开课。

月底，接刘子建函告在美教学经过。

先生日记云：

接旧友刘君子建十二月十八日自匹茨堡来信，得悉其尊人石荪先生仍居北平。彼则自一九四六年春间即在东京国际法庭任职，两年后来美，迄未返国。近在匹茨堡大学任教，力图扩充远东方面课程，注意研究两个问题：一为中日战前外交史，一为中国三十年来工业史。

是年一月，美总统艾森豪宣布不再阻止“中华民国反攻大陆”。

三月，史达林病故。

七月，埃及成立共和国。韩战停战协定在板门店签字。

一九五四年　先生六十六岁

一月二日，接吴元黎函告近况。

先生日记云：

接吴元黎兄来信，知彼到美后，在联合国及纽约大学工作。一九五一年起，在斯丹佛大学研究中共经济，迄今将近三年。并告该所胡佛图书馆所藏资料尚称丰富。

三日，（一）接卢祺新函，将偕美友哈契来访。

先生日记云：

本日接前中央社记者、现任美政府安全委员会研究员卢君祺新 David Lu 去年十二月三十一日自华盛顿来信，称将于本月十日至十六日之间，陪同麻省理工学院“国际研究中心”研究中国问题之哈契君 Richard Hatch 来寓访问，交换意见，因与约定于本月十二日相见。

（二）接吉尔白褚芮克贺柬。

先生日记云：

前联合国善后救济总署驻华代表吉尔白褚芮克君 Gilpatrick 寄来耶诞贺柬，附言“现在美，尚未决定担任何种工作。”

十二日，卢祺新与哈契来谈。

先生日记云：

本日卢君祺新偕美友哈契博士来访，畅谈良久。涉及大陆政治及经济各项演变问题。

十六日，接薛光前函告近况。

先生日记云：

薛光前兄本月十二日自纽瓦克来信，报告彼在锡丹霍尔大学研究所工作，正与吴经熊博士合译《弥撒经书》，工作相当繁重。并谓诸子均在大学攻读。

十七日，何廉来函候起居。

先生日记云：

接何淬廉兄本月十三日自新港 New Haven 来函，得知彼在纽约哥伦比亚大学任教授，家住康州新港。

十八日，洛亚拉大学商学院院长嘱编辑所授功课之讲义。

先生日记云：

接商学院院长函，希望我讲授之功课，能编有简要讲义稿，分发学生，俾凭以听讲。颇觉时间太促，深恐准备不及。

十九日，连瀛洲来访，谈南洋大学校长人选。

先生日记云：

新加坡华联银行总经理连瀛洲兄来访，谈及南洋大学拟请林语堂博士担任校长，已得其同意。现赴纽约磋商条件。按我在新加坡临行时，晤该大学创办人陈六使先生，渠提及拟请梅贻琦先生任校长，托我到洛杉矶时代为邀请。及我到洛后，即探询梅君行踪，知彼正在纽约。

二十二日，接陈仲秀函告旅美旧友近况。

先生日记云：

前在东北经济委员会及中央银行任职之陈君仲秀，本月十九日自纽约来函，承告彼现在我国驻联合国代表团任职，并谓旧友周舜莘、王念祖两君亦在纽约。

二十七日，接洛亚拉大学商学院院长通知讲授功课时间。

先生日记云：

接商学院院长来信，通知所任之课“中国经济发展史”The Economic Development of China 每周一、三、五日下午二时至三时，共计讲授三小时，定二月八日开课。

月底，接夏鹏来函，得知连瀛洲已与林语堂谈妥一切条件。

二月二日，接蒋硕杰函候起居。

先生日记云：

接蒋硕杰兄上月二十九日自华府来信，谓仍在国际货币基金会工作，并问我有无机会赴东岸一游。

七日，接洛亚拉大学商学院通知，所授之课改在下学期开课。

先生日记云：

接商学院院长来信，通知选修“中国经济发展史”之学生人数较少，不足开班。因此课系属特别选修，上学期此课中断，学生已改选他课，故本学期人数不足，只好展至下学期（秋季）

开班。此对我甚为合适，因可有充分时间预备讲义。该校系采春秋两季学期制，秋季九月初旬始业，至次年一月下旬结业，春季自二月初旬始业，至六月下旬结业。

先生日记又云：

该校一八六四年由天主教教会创立，设有文、理、工、商、理财、医预及法律等科。教授多系天主教神父，不支薪水，校方只供膳宿。非神父教授领薪水，但甚微薄。

十一日，开始编辑中国经济发展史讲义。

三月七日，接王念祖、孟治来信，存问起居。

十三日，王景春函邀本月二十五日晚餐。

先生日记云：

接王兆熙兄来信，邀于本月二十五日晚餐，由彼与陈受颐兄同作主人，席设陈府。按兆熙兄在余任铁道、交通两部部长时，适在伦敦主持中英庚款购料委员会事宜。襄助两部采购各种材料，贡献良多。及二次大战结束，余于一九四五年夏游伦敦时，曾晤谈多次，迄今已将十载。兹得重逢，至感愉快。渠患气喘，宜在气候干燥地方居住，因移家加州克拉蒙特 Claremont 。经陈受颐兄介绍，现任波慕那学院 Pomona College 亚洲研究班名誉顾问。

四月二日，接周舜莘函告旅美近况。

先生日记云：

接周舜莘兄三月二十八日自纽约来函，得悉渠现以洛氏基金研究员名义，在哥大从事各国通货膨胀之比较研究。明秋可以蒇事。现在纽约市立大学授课。并告张自存（曾在英约定回国后，与蒋硕杰等同来帮忙，嗣以受国联之聘，未果来）、蒋硕杰与刘大中诸君，最近在美发表论文甚多，颇受英美学者重视，创中国学人之纪录云云。

二日，贝祖诒来访长谈。

先生日记云：

贝淞孙兄现在史带 C. V. Starr 主持之保险公司 C. V. Starr & Co. Inc. 任事。兹由纽约来西岸过访，畅谈竟日。当告以我现在住处距离洛亚拉大学校址太远，搭乘公共汽车赴校上课，中间须换车二次。常恐有时不能衔接，耽误上课时间。学校附近住宅区域则以排斥有色人种，无从租屋，除非自行购置住宅。但我手中拮据，因托彼代觅一低利贷款之银行，或向熟友各贷小数，每人以不超过一千美元，凑成整数一笔，作为购屋之款。渠允与中国银行旧同事及光甫与馥荪诸兄商酌办理。

十七日，接沈亦云函谢馈赠绿茶。

先生日记云：

接膺白夫人四月十五日自纽约来信，申谢前寄赠之绿茶一罐。得悉渠旅美已两载，本与婿女同住。现婿任职印地安那波里市礼来药厂 Lilly，偶尔回家。其女改习会计，已有工作。彼本人则分任烧饭洗衣之劳，勉强维持家计。其自强不息之精神，殊可佩服。

月底，函葛纶 George E. Greene, Jr. 托代探询所著《中国通货膨胀经验》书出版手续，并寄去全稿。

五月十二日，参加洛杉矶市玛丽蒙特女子学院历史系讨论会，讲述“最近中国大陆政治经济情况”。

先生日记云：

本市天主教主办之玛丽蒙特女子学院 Marymount College 邀往参加该院历史系讨论会 Colloquium，并为讲述“最近中国大陆政治经济情况”。此系洛亚拉大学校长卡沙塞神父所安排者，寓有为我宣扬之意。

十四日，接刘大中函告近况。

先生日记云：

接刘大中兄五月十二日自华盛顿来信，承告现在国际货币基金会工作，并兼任约翰霍布铿大学课务，讲授“数理经济学”，及“统计学”。希望我有机会往东岸一游。

十九日，卡沙塞校长函邀参加洛市“国际问题讨论会”。

先生日记云：

卡沙塞校长来函，略谓本市“国际问题讨论会”系由市内各界领袖人物发起组织，成立仅数月，无党派彩色，无政治意味。现由大学董事麦康先生 John Alexander McCone 领导，曾邀请本校教授自动加入为会员。随附简章，希洽照云云。

按麦康系加州美孚油公司 Standard Oil Company of California 等企业之董事，一九六一至一九六五年，任美国中央情报局局长。

六月十五日，开始编辑日本经济发展史讲义。

先生日记云：

本月起编纂“日本经济发展史”讲义，因赴波慕那学院图书馆借古代日本经济史（英文本）。得与陈受颐教授长谈，深感愉快。陈君与何淬廉兄相交甚深。

十九日，霍宝树来访长谈。

先生日记云：

霍亚民兄现任我国驻华府技术团代表，兹返台述职，绕道来晤。五年不见，精神依然健旺，可喜。长谈而别。

二十七日，接李宗仁函谢招待。

先生日记云：

接李德邻先生本月二十五日来函，申谢上月聚谈款待之情。

七月十日，韦慕庭来访长谈。

先生日记云：

哥伦比亚大学副教授韦慕庭博士 C. Martin Wilbur 由夏筱芳兄介绍来访，谈数小时，涉及大陆、台湾、香港及东南亚之政治经济情形。渠因有一年例假，将前往日本及东南亚，研究当地各种问题。筱芳兄之女公子在哥大读硕士学位时，曾受其指导。

三十日，（一）刘大中、蒋硕杰相偕来访。

先生日记云：

刘大中、蒋硕杰两兄例假返台，相偕绕道来晤，畅谈国际货币基金近况。多年不见，而两兄学业日进，无任欣慰。

（二）接吴元黎函，询问中国通货膨胀过程中，有无反政府势力阴谋促进整个经济崩溃的事实。

先生日记云：

接吴元黎兄七月二十八日自波罗阿尔托来函，称最近因受麻省理工学院国际问题研究中心之托，研究中国战后一九四六至一九四九年间，通货膨胀过程中“人为的因素”，即除因内战致预算不平衡，而引起之通货增涨、货币贬值之外，是否尚有因反对政府之人士或集团，有意向法币进攻，以促币值的跌落，借达其政治目的。希望能有一二具体事实，以资佐证……目的为研究在何种情况或条件之下，可以运用经济作战方式，作有效之抒解，并拟前来面谈云云。

八月十四日，接韦慕庭函谢招待。

先生日记云：

今日接韦慕庭教授本月十三日自旧金山来函，道谢上周在舍间座谈，讨论各项问题，获益甚多。特别关于东南亚华侨心理，经此次谈话后，增加了解不少，颇恨相见之晚。并告将于最近期间，访问日本、台湾、香港、泰国、缅甸、新加坡等处，希望函介当地熟识导引云云。

十八日，吴元黎来访长谈。

先生日记云：

前接吴元黎兄上月二十八日来信后，渠今日特自波罗阿尔托搭飞机来访。自上午十时起，畅谈至下午五时始散。渠现受麻省理工学院国际问题研究中心之嘱托，写一段关于一九四六至一九四九年间，中国通货膨胀过程中，有无人为因素，如反对政府人士或团体，蓄意向法币进攻，以促其贬值。希望能供给若干事实，以作佐证。

十九日，函纽约戴约翰书局主人瓦尔齐询问出版事。

先生日记云：

函纽约戴约翰书局 The John Day Co. 主人瓦尔齐 Richard Walsh, Jr.，询问能否照一九四四年出版所著《中国铁路建设之奋斗》一书办法，出版最近所著《中国通货膨胀经验》一书。并嘱邮寄《中国铁路建设之奋斗》二册。

九月十六日，在洛亚拉大学正式授课。

先生日记云：

今日开始上课，有学生三十六人。选修科目，有此人数，校长感觉安心。本学期专讲“中国经济发展史”。讲义内容分为引言，及本论八章。(1) 引言概述亚洲国家政治经济之历史背景及其变迁——由殖民地或半殖民地而独立自主，继以共产党势力之渗透，引起经济之衰落，及第二次大战后之混乱。(2) 第一章讨论中国之土地与资源。(3) 第二章讨论中国之外藩——满洲、内外蒙古、新疆、西藏。(4) 第三章讨论中国民族——人口、语文、国民性。(5) 第四章讨论中国古代经济制度。(6) 第五章讨论中国上古时代经济学说与现代思想之关系。(7) 第六章讨论中国中古时代经济制度与学说。(8) 第七章讨论中国现代经济发展之经过。(9) 第八章讨论中共现时的经济状况。

二十五日，接戴约翰书局主人瓦尔齐复信。

先生日记云：

接戴约翰书局主人瓦尔齐君九月二十三日复信，谓年来关于中国的一般刊物，销路不如过去之畅旺。我所著之《中国通货膨胀经验》一书，为免出版后书局遭受损失，应由著者预存款项担保。刻须先看全稿后，方能估计应付数目，大约至少需二千美元。

十二月二十一日，接茂菲函询出版事。

先生日记云：

接美友纽约“信托银行公司”副总经理茂菲 J. Morton Murphy君十二月十七日自纽约来信，承告近晤葛纶君George E Greene, Jr.（前上海花旗银行副经理，系彼此熟友），得知我拟出版所著《中国通货膨胀经验》一书，需要佽助。葛纶君表示愿为设法，以彼在华府熟识甚多，不难向各方联系也。并将葛纶君华府住址开示，以便直接通讯。

二十五日，接贝祖诒函告代为筹集款项经过。

先生日记云：

接淞孙兄本月二十三日自纽约来信，报告代我筹集购屋及补助日用之款，已有成数。赞助者为陈光甫、李馥荪、沈熙瑞、余英杰、贝淞孙、周宗良、项康元、吴昆生，及不愿出名之西人，各一千美元；霍亚民、赵雨圃、夏筱芳各五百美元，共计一万零五百美元。此事承淞孙与王振芳两兄奔走促成，至深感谢。至是款应否运用于购置住宅，或存放生息，曾经赞助诸君一再商磋。认为购置住屋，不免冒屋价涨落风险，不如存放生息，较为稳当。又应否存放香港抑存放纽约，亦经讨论。最后由馥荪兄代为决定，交与前在上海经营证券交易之经纪人施望Joseph E. Swan（现系海顿斯东投资公司Hayden Stone & Co. 之合伙人）代为保管投资生息，以动息不动本为原则。惟以多年在金融界任职之人，不知治生，今日竟然赧颜向人呼助，殊感惭愧。

是年一月，南韩战俘华籍一万四千余人愿赴台湾。

二月，美国邀请十四国参加日内瓦会议，并保证不向中共军队让步。

四月，美国务卿杜勒斯赴欧，促英、法参加东南亚联合阵线。

五月，奠边府陷落。

六月，美、法协议，共同防卫越南。

八月，美国否认共产党组织合法。

十月，美、英、法、德在巴黎签订“防御协定”。

十二月，《中美共同防御条约》在华府签字。

一九五五年　先生六十七岁

一月二十日，洛亚拉大学举行学期考试。

二月十日，洛亚拉大学春季学期始业。

先生日记云：

本学期专讲“日本经济发展史”。计分：（1）引言，略述日本战后由战败而恢复正常，及其进入繁荣之经过。（2）第一章讲日本土地与资源。（3）第二章讲日本文化基础——宗教、语文、教育、美术。（4）第三章讲日本古代经济——上古时期（660 B. C. —A. D. 649）、中古时期（A. D. 650—850）、近古时期（851—1191）。（5）第四章讲日本近代经济——形成时期（1867—1893）、发展时期（1894—1913）、扩展时期（1914—1930）、备战时期（1931—1937）、战争时期（1938—1945）。（6）第五章讲日本战后经济——善后复员时期（1945—1950）、重建时期（1951—1954）。（7）第六章讲现在之日本经济结构。

二十日，长女国兰与张椿在台北结婚。

先生日记云：

本日长女国兰与张君椿在台北结婚。张婿原籍安徽贵池，系前南通中国银行会计主任张君永辉（用中）之公子。张君民元曾在上海神州大学肄业，为余门生。

五月十五日，陈受荣来邀担任斯丹佛大学编纂“中国分区手册计画”顾问。

先生日记云：

斯丹佛大学中文系教授陈受荣（陈受颐胞弟）兄来告，斯大最近受托研究编纂中国分区手册 *China: An Area Manual* 计画，由渠主持其事，拟邀余担任顾问 Consultant 名义，分任有关经济方面一部分工作。并告拟邀家兄君劢及吴元黎兄分别担任政治与经济两部门。当即允诺。

按此项计画，系由在新港耶鲁大学附近设立之“人类关系地区档案社”Human Relations Area Files Inc.（简称HRAF）所发动。该社曾受美国军部委托，编制东欧及亚洲国家各地区国情手册。大致系备一旦发生战事，军队入境之参考。该社对于此一计画，分别与芝加哥、康奈尔、加州、哥伦比亚、华盛顿州、印地安那州及斯丹佛等大学订立契约，分别担任若干区域。斯大承担部分为华中、华南各省，包括河南、两湖、两广及海南岛。

二十日，接吴元黎函商斯大编纂《中国分区手册》工作。

先生日记云：

本日接吴元黎兄来信，称斯大编纂“中国分区手册计画”，希望我能担任撰写中共银行及货币制度，与中共工业社会化两题，又华北、华中、华南、华西南四区政治经济概况。当即函复允诺。

六月二日，洛亚拉大学春季学期结束，举行考试。

先生日记云：

来洛大授课已两学期，本日举行春季结业考试，得知学生对于近代史实，较感兴趣。至于近代以前之经济历史，则觉乏味。故下学期讲授台湾、韩国、香港等地经济发展，将偏重现代。本学期上课，搭乘本校政治系教授陈受康兄汽车来回，受惠不浅，无任感激。陈君系陈受颐教授胞弟。

七月一日，编辑朝鲜、台湾、香港经济发展史讲义。

先生日记云：

今日起，编辑朝鲜、台湾、香港经济发展史讲义。关于朝鲜部分，拟定大纲如下：（1）土地——疆域、气候、山川、天然资源。（2）人民——人口、种族、国民性、生活状态。（3）文化传统——语文、宗教信仰、艺术。（4）旧时代之朝鲜。（5）日本管制时代之朝鲜经济发展——农业、制造工业、水力发电、对外贸易、银行货币。（6）南北朝鲜分治时代——粮食供应，南胜于北；水力发电，北富于南；矿产及重工业，北胜于南；轻工业，南胜于北；铁路线距，南北相等。（7）南朝鲜之经济重建——脱离日制后之经济、最近生产与消费趋势、通货膨胀与物价制度之崩溃、官营事业。(8) 北朝鲜经济受苏联援助而恢复。

关于台湾部分，拟定大纲如下：(1) 土地与人民——疆域、地形、气候、森林、植物、人口、种族。(2) 历史简述。(3) 经济发展——农业、工业、矿业、对外贸易、银行货币、财政、美援。

关于香港部分，拟定大纲如下：(1) 疆域。(2) 人口。(3) 转口贸易与政府政策。(4) 自由外汇市场。(5) 贸易。(6) 工业。(7) 矿业。(8) 农业。(9) 香港与中国的经济关系。

九月十五日，洛亚拉大学秋季学期开学，继续授课。

先生日记云：

今日大学秋季学期开课，除继续讲授中国经济发展史外，加入台湾、朝鲜及香港三部分。

是年二月，东南亚集体防御公约生效。

三月，美国务院发表雅尔达会议记录。

四月，“亚非会议”在印尼万隆揭幕。

五月，西德宣布恢复独立主权，并加入布鲁塞尔公约与北大西洋公约。苏联与东欧七附庸国缔订华沙防御公约。

七月，联合国宣布一九五四年全球人口总数为二十五亿二千万。

一九五六年　先生六十八岁

一月二十二日，为斯丹佛大学“中国计画编纂委员会”撰写关于中共政治经济概况报告，脱稿寄出。

先生日记云：

为斯丹佛大学“中国计画编纂委员会”The Staff of the China Project at Stanford University in Fulfillment of a Twelve Month Subcontract With the Human Relations Area Files, Inc., New

Haven，Conn. 撰写之《中共银行及货币制度》《中共工业社会化》及《华北、华中、华南、华西南四区政治经济概况》八篇研究报告，今日脱稿，专函寄请吴元黎兄收转。

按先生所撰关于《中共银行及货币制度》与《中共工业社会化》等文，经刊载斯大 S－4，5，1956，AF，14，Central China AF，14，页七二九至七五三，又页七九五至八〇一 。

二十四日，吴元黎函告决应密洼契天主教马奎特大学 Marquette University 教席之聘。

二月六日，撰《我与家兄君劢》一文以寿张君劢七十寿诞。

先生日记云：

本日为家兄君劢七十诞辰，在台北家兄之友好事前发起征集论文，以资纪念。先后收到多篇，预备编印《张君劢先生七十寿庆纪念论文集》。因撰《我与家兄君劢》一文，以代寿言，并附入纪念论文集。

按《张君劢先生七十寿庆纪念论文集》内，有先生及王云五、李璜等二十二人文字。由“张君劢先生七十寿庆纪念论文集编辑委员会”印行。先生在《我与家兄君劢》一文中，历述兄弟二人少时同学，及长各人志趣不同，分头为国家事业努力的经过。并感慨地说道：

我由我们两个人的关系，联想到一个国家。只要所有不同地位与不同政见的人们，能够大家都将个人利害抛弃，共同为国家着想，不但不妨碍国家的利益，且能综合各方面的意见，促进国家的发展。善治国者，尤应知道如何培养不同性格，与不同事业的人才，使各在其岗位上努力，使各人自由发挥其天才。国家自然人才辈出，众志成城。国家自然会兴盛起来了。

最后说道：

……我希望今后我们共处于逃亡海外的生活中，他能借此机会，更满足他求知的真兴趣，多所发挥，传诸后世。我也能借此难得与他更多切磋的机会，弥补我过去几十年所未享受的读书生活的损失。那么我们两个人更能最终归结于安贫乐道的共同点了。

十日，洛亚拉大学春季学期开课。

先生日记云：

本日春季学期开课，讲授日本经济发展史，外加朝鲜经济发展史。

三月八日，博尔满来访，交换编纂《二十世纪中国名人字典》意见。

先生日记云：

哥伦比亚大学主持编纂《二十世纪中国名人字典》之博尔满博士 Howard L. Boorman，由何淬廉兄介绍来晤，谓渠建议编纂《二十世纪中国名人字典》，向福特基金募得经费美金五十万元，由哥伦比亚大学总揽其事，彼系主持全部工作之人。以兹事体大而繁重，特来请教，交换意见。长谈半日始别。

十七日，接博尔满来函邀请襄助编辑《二十世纪中国名人字典》。

先生日记云：

接博尔满博士本月十七日自纽约来信，希望对于编辑《二十世纪中国名人字典》工作，予以协助，并附来编辑名人事略纲领。

二十六日，函复博尔满同意协助。

先生日记云：

本日函告博尔满博士，愿予协助，希望知道编辑进行计画，及需要本人研究之人物，当再予考虑。

四月十五日，接葛纶函告麻省理工学院"国际研究中心"愿意出版《中国通货膨胀经验》一书。

先生日记云：

接葛纶君 George H. Greene, Jr. 来函云，渠于去年五月间接到我著之《中国通货膨胀经验》原稿后，即与各方接洽出版问题，最后麻省理工学院国际研究中心愿意接受该稿。不久该中心当与我接洽一切。

五月一日，哈契来访，接洽《中国通货膨胀经验》一书出版事。

先生日记云：

本日麻省理工学院国际研究中心特派哈契博士 Richard W. Hatch 来访，接洽余所撰之《中国通货膨胀经验》一书出版事。渠云："中心"已请白浩博士 Douglas Paauw 担任编修工作。并谓麻省理工学院国际研究中心将预付一笔销书版税。如此，则吾书出版有望，来美之目的可达。且略有收入，对于个人生活费用，不无小补。

十日，接白浩函告接受麻省理工学院委托，校订《中国通货膨胀经验》一书全稿。

先生日记云：

按白浩博士本月八日来函，通知已接受麻省理工学院国际研究中心委托，校订余书全稿，现已开始工作，将逐章阅读修订。希望于六月四日至九日间，能来洛杉矶当面讨论一切。

按白浩博士来函，谓原稿已部分阅过，认为内容丰富，敷陈坦率。至其本人所欲修订者，无非为便利读者着想，将于文法与用字之间有所润色而已。一俟全稿校阅完毕，当提出修改意见，彼此商榷。

十一日，接哈契函告已将面洽各情，通知白浩。

先生日记云：

按哈契博士本月九日自剑桥来函，谓经将在西岸与余面谈经过，通知白浩博士云云。

按哈契博士来函，略谓已嘱白浩博士直接与先生函商一切问题，并拟于五月底，使双方面谈，希望六月内完成定稿，彼当努力使此书在秋末问世云云。

六月四日，白浩专程来洛杉矶，商略全书文字。

先生日记云：

白浩博士本日专程来洛市，寄居旅馆，准备尽一周之力，将余书全稿文字加以润色。彼此磋商后，决定每章作一提要。

九日，全书提要写完。

先生日记云：

本日全书提要写毕，白浩博士东返。彼临行时，希望我能于八月下旬将修正之稿全部寄渠。自九月起，彼将另有新工作也。

十六日，（一）接哈契寄来预付销书版税三千美元。（二）应博尔满之请，开具现代中国财经实业各界领袖人物姓名。

先生日记云：

本日应博尔满 Howard L. Boorman 博士之请，特为开具现代中国（1）财政、（2）金融、（3）交通、（4）经建、（5）实业及（6）海外华侨企业、各方面之领袖人物七十余人姓名，供彼参考。

二十日，不克参加王景春追思典礼。

先生日记云：

王兆熙兄于本月十七日病逝。把晤不久，忽焉辞世，失一可谈之友，至感悲悼。今日举行宗教追思典礼，以路远无车，不及前往吊唁为歉。

七月一日，着手编辑东南亚经济发展史讲义。

先生日记云：

本日起，着手编辑东南亚各国经济发展史讲义。（壹）印度支那部分：（1）国家与人民——政治、疆域、地形、气候、人口、种族、历史简述。（2）经济资源。（3）法国统制期间之经济发展——大规模农场之发展、原有农业之改良；人口增加、生活水准低下；近代工业之发展；对外贸易。（4）南越、北越分治后之政治经济——南越经济发展之可能性，与其遭遇之各种问题；北越经济发展之可能性，与其遭遇之各种问题。（贰）泰国部分：（1）国家与人民——地理之区分、气候、人口、种族、宗教。(2) 经济结构。(3) 生产与发展——农业与灌溉、矿产、燃料与电力、制造工业、交通。(4) 对外贸易。(5) 国际收支。(6) 货币与信用机构。(7) 在泰国之华侨。(8) 政治稳定。(叁) 印尼部分：(1) 国家与人民——土地、气候、人口、种族、语言、宗教。(2) 资源——农业、森林、矿产。(3) 荷兰统制时期之经济发展——部分耕地属于政府代耕制度（政府干预）、出口超过进口。外国投资、所得分配。(4) 独立后之经济发展——最近生产趋势、对外贸易。(5) 经济发展之障碍——通货膨胀、政治不稳定、过度国家主义观念、劳动生产率低下。(肆) 菲律宾部分：(1) 国家与人民——疆域（三大岛）、人口、种族、语言、宗教。(2) 资源——农业、矿产。(3) 美国统治时期之经济发展——对外贸易因美国关税制度而发展、货币制度稳定、农业进步迟缓、近代工业发展裹足不前。(4) 菲律宾独立后的经济发展——生产趋势、国际收支逆差、资本缺乏、摩罗族 Moore 人民对政府不满问题。

六日，函复哈契收到预付销书版税。

先生日记云：

函复哈契博士，告以收到预付销书版税之支票，并告余撰此书，旨在希望亚洲国家得一警觉，勿再蹈中国国民政府的覆辙。至金钱酬报，尚属其次。

七日，接博尔满函告收到六月十二日寄去之中国现代财政经济各领袖人物名单。

十五日，同意兼授南加州大学功课。

先生日记云：

接南加州大学 University of Southern California 亚洲研究系主任陈锡恩教授来电话，告以彼受该校商学院院长之嘱托，请余担任该院“远东贸易市场”一课。每周授课两小时。因原任此课之日本教授忽患肺病辞职，而开学在即，不易觅替，促余接受，但薪水微薄，与洛亚拉大学相同。余以交通不便，本不应兼课，但为多与学术机关发生关系，于本人亦有裨益，因答以愿担任一年，再看情形决定继续与否。

八月一日，着手编辑远东贸易市场讲义。

先生日记云：

今日起，开始编辑“远东贸易市场”讲义，以便赴南加大授课。惟以时间匆促，只得先讲中日两国市场。因将在洛亚拉大学所用之讲义中，抽出历史性部分，专讲与商业有关之经济政治变化。

十五日，博尔满函询有无兴趣参加“中国人物与政治”之专题研究。

先生日记云：

接博尔满博士来信，称哥大有一计画，在编纂中国名人字典之同时，拟作人物与政治之专题研究，即利用字典编纂计画，而补充其口述历史计画。询余有无时间或兴趣，撰写一篇关于中国财政金融制度近代化经过。

三十日，《中国通货膨胀经验》全书修订工作完成，打就清稿二份，邮寄麻省理工学院出版部。

先生日记云：

本日全书修订工作告成，打就清稿二份，邮寄麻省理工学院出版部主任哈契博士，以便再作最后文字上之润色。同时函告白浩博士一切经过。

九月七日，接博尔满来函希望担任哥大专题研究，及《中国名人字典》编纂工作。

十二日，接南加州大学讲师聘书。

先生日记云：

本日接南加大副校长饶本海 A. S. Raubenheimer 本月十日来函，聘任为该校商学院商场学系讲师 Lecturer in Marketing，每星期授课三小时，月薪四百二十元。

二十四日，洛亚拉与南加州两大学同时开学。

先生日记云：

本日此间各大学秋季学期始业，洛亚拉与南加大同时开课。洛大仍照上学期排定时间，讲授日本与朝鲜经济发展史。南加大所排时间，则为同日下午一时十五分。因于洛大正午十二点半下课后，即觅学生开车，赶往南加大。一面在车上吃三明治充饥，约于午后一时到达大学，即往学生餐厅饮咖啡一杯，随至教室上课。如此紧凑忙迫，颇成问题。一则未必每日有学生愿意开车，二则途中倘有阻碍，即难准时赶到上课。学生等待五、六分钟不见教师，即相率离去。

十二月二十二日，接白浩函告《中国通货膨胀经验》全书编审蒇事，过年全稿可送麻省理工学院出版部付印矣。

是年三月，东南亚公约组织理事会开幕。苏联共产党大会激烈抨击史达林独夫统治政策，并由赫鲁雪夫揭发其罪行。

四月，波兰、捷克、匈牙利境内先后发生武装抗暴运动。

八月，美、英、法三国会议决定召集苏彝士运河国际会议。又德国联邦法院宣布共产党为非法组织违宪。

十一月，联合国特别会议通过美国提案，谴责苏俄在匈牙利暴行，命令苏俄军队撤出匈牙利国境。

十二月，日本与苏俄正式复交。

一九五七年　先生六十九岁

二月十一日，洛亚拉大学春季开学，讲授中国及东南亚经济发展情况。

先生日记云：

本日大学春季开课，讲授中国及东南亚经济发展概况。于引言中增加（1）美国对亚洲外交政策之演变；（2）亚洲国家政治思想之分立：资本主义、共产主义及不结盟主义。南加大亦于本周开课，拟对共产中国、日本、朝鲜、香港、台湾及东南亚各地经济进展概况，作一简要叙述，于一学期内讲授完毕。

二十八日，哈契函告《中国通货膨胀经验》全稿，已交代理麻省理工学院出版部之书店约翰卫莱公司 John，Wiley & Sons，可能于九月间出书。

按约翰卫莱公司系美国印刷兼发行科技专门书籍之巨擘，发行之书籍水准甚高。

四月十四日，接陈辉德来函，希望代为整理生平事绩资料。

先生日记云：

> 接光甫兄四月八日自台北来信，略以关于其本人一生工作，积有资料甚多，希望有人为之整理。问余能否在暑假中稍分时间，予以帮忙。当函复既承老友谆嘱，自应勉力从事，惟请不可限以时日。

五月三日，应博尔满之请，为撰《中国财政金融简史纲要》，寄出。

按先生所撰《中国财政金融简史纲要》*A General Outline on Finance, Banking and Currency of Modern China*，计分为（甲）财政，（乙）银行，及（丙）货币三部门。财政部分：（壹）一九一二至一九一六年中央与地方政府的财政改革。（贰）一九一七至一九二七年军阀掌握中的中央与地方财政；及第一次大战时中国财政概况。（叁）一九二七至一九三七年国民政府统制下的理财措施。（肆）一九三七至一九四五年抗战期间的理财措施。（伍）一九四五至一九四九年战后的财政情形。银行部分：（壹）政府银行。（贰）商办银行。货币部分：（壹）货币本位。（贰）钞票发行。

十日，接陈辉德函谢允为渠作传厚意。

先生日记云：

> 本日接光甫兄五日自香港来函，申谢余允为渠作传厚意，并历述昔日创办上海银行之艰难及余从旁赞助之盛情。往事重提，令人不胜今昔之感。

十九日，接哈契函告，已与纽约书店接洽，《中国通货膨胀经验》一书，年内可望出版。

二十日，预付购置住宅定金。

先生日记云：

昨日乘车经过大学附近新住宅区，即一九五三年内子初抵洛市时，曾在该处觅屋不得之处。见有一屋悬挂出卖招帖。今日特与内子同往巡视。询知该屋售价一万五千元，先付三千元，即可成交。惟房屋开间狭隘，但可步行至洛亚拉大学。当即交付定金。

二十二日，徐谢康来访，转达陈辉德谢意。

先生日记云：

本日上海银行代理董事长徐谢康兄来访，转达光甫兄感谢我允为其作传厚意。当告以既承老友谆嘱，遵当勉力从事，惟请不可限以时日。

六月一日，购屋成交。

先生日记云：

今日购屋成交，预付之款（部分房价）三千美元，即系麻省理工学院出版部预付销书之版税。

十六日，函寄博尔满，前允代拟现代中国财政、金融、交通、经建、实业及海外华侨企业界人物名单。

七月一日，（一）迁入新购 6601 - W. 82nd Street, Los Angeles 45, Calif. 住宅。

先生日记云：

本日迁入新购住宅。据邻舍谈及该屋出售于有色人种时，曾引起附近住户反对。嗣知购主系华人，现任洛大教授，反对之声始息。

（二）与麻省理工学院签订销书合同。

该合同规定在美国销书版税 Royalty，按售价百分之二十计算。在国外，则照售价百分之七点五计算。一俟该院将出书成本美金一万元全部收回后，作者即可支取版税。

十五日，辞去南加州大学教课。

先生日记云：

本日由电话通知陈锡恩教授，南加大商学院课务，以交通不便，难于继续担任，请转向商学院院长婉辞。

八月五日，请卫泰宇帮助校对《中国通货膨胀经验》一书中各项表列数字。

先生日记云：

卫挺生兄公子泰宇 David Wei 在美中印地安那州立大学习物理，兹来西岸游览渡假，过访，因请其多留一、二星期，帮同校对我所撰书中各种统计数字表，并予订正。渠忻然允诺。

十六日，接何廉函告，已与博尔满商定，关于参加编纂《中国现代名人字典》酬劳条件如下：(1) 酬金定为两千元，于工作开始时，先付半数。(2) 津贴抄写费为五百元。(3) 文字可用中文。(4) 交件日期为一九五八年底。

九月十六日，(一) 洛亚拉大学秋季学期开学，继续讲授日本、朝鲜、台湾、香港各地经济进展概况。(二) 接吴元黎函，报告马奎特大学决定开设亚洲研究班。

先生日记云：

接吴元黎兄十四日自密沣契 Milwaukee 来信，报告马奎特 Marquette 大学已决定开设"亚洲研究班"，一面授课，一面出版刊物。希望我能将接收东北经过，撰稿寄渠一读，将来可助我完成专著出版。

十月二日，函催南加州大学发表准予辞职。

先生日记云：

本日函南加大商学院市场学系主任，催其速予发表准我辞职。因知院长已聘定马茂瑞君 Louis Maverick 承乏。

十一月二十一日，接何廉函邀赴纽约，参加哥伦比亚大学东亚研究所聚餐晚会。

先生日记云：

何淬廉兄本月十九日来函，告以哥大东亚研究所附属之

“人物与政治研究委员会”拟在哥大举行一小规模之聚餐晚会，希望我能出席参加，并愿供给赴纽约旅费。如拟约熟识一同参加，亦请函告。

二十二日，（一）函告何廉，将于十二月十六日来纽约参加哥伦比亚大学东亚研究所餐会，并拟约纽约银行信托公司副总经理茂菲君 Morton Murphy 参加。（二）函告郭秉文，将于十二月十四日来华盛顿，访晤诸友。

先生日记云：

十二月中旬东行，除应哥大聚餐会之邀外，拟先赴华府，访晤董显光大使、郭秉文兄及许多老同事。因函秉文兄，告以定于下月十四日飞抵华府。

二十八日，接麻省理工学院出版部通知：《中国通货膨胀经验》出版延期。

先生日记云：

麻省理工学院出版部主任布瑞安君 Lynwood Bryant 本月二十五日来函，谓余书全稿虽已上版，但须校对大样 Galley Proof，及编制引得 Index，出书势须延至来年。

三十日，（一）接何廉复信，已代订妥旅馆，抵纽时当在车站迎候。（二）接郭秉文复信，已代订妥旅馆，并准时在机场迎候。

先生日记云：

接秉文兄来信，告以华府诸友得知我东来消息，已排定日期，聚餐畅叙。经代订妥旅馆，将准时至机场迎候。

十二月十三日，麻省理工学院出版部通知《中国通货膨胀经验》一书，大样校对迟缓，逐页校对因之延搁。

十四日，飞抵华盛顿。

先生日记云：

本日晨飞华府，下午到达。秉文兄伉俪已在机场相候，即同驰赴预订之旅馆 Sheraton Park Hotel 休息。

十五日，与华府诸友餐叙。

先生日记云：

晨秉文兄来旅馆共进早餐。中午董显光兄夫妇约在大使官邸午饭。晚间，在华盛顿之旧友及老同事二十余人联合设宴欢叙。

十六日，乘火车抵纽约。

先生日记云：

本日下午由华府乘火车，傍晚抵纽约。何淬廉兄、蕊妹及文熊妹夫来接。即住哥大附近之旅馆 Kings Hotel 。

十八日，出席哥大东亚研究所“人物与政治研究委员会”发起之聚餐晚会。

先生日记云：

晚六时半在哥大俱乐部参加东亚研究所主持之聚餐晚会。由哥大国际问题研究院院长华莱士 Schuyler C. Wallace 作主人，在座有韦慕庭 Martin Wilbur（东亚研究所主任）、何廉（东亚研究所教授）、博尔满 Howard L. Boorman（人物及政治研究委员会委员）诸君。外客有由余指定邀请之茂菲君 Morton Murphy，系余多年老友，现任纽约市信托银行公司副总经理。席间谈及余在该行时常透支，实该行少见之顾客。座中各人咸感觉奇异好笑。

二十一日，由纽约赴波士顿，住剑桥旅馆。

二十三日，往麻省理工学院出版部，访晤哈契与布瑞安，将《中国通货膨胀经验》全书大样逐页校对，当面缴回。

二十四日，（一）访晤杨联陞。

先生日记云：

本日赴哈佛大学访晤经济学系教授杨联陞博士，与其商讨有无如我年纪、且久在事业界工作、平日无理论研究，而可以入哈佛进修博士学位之人。渠云容与同事研究再复。

（二）晤艾克斯汀，并与哈佛经济学系同事餐叙。

先生日记云：

是日中午，晤艾克斯汀博士 Alexander Eckstein，关于中国近代经济问题，交换意见之后，由彼邀集哈佛经济学系同事数人餐叙。

（三）在杨联陞寓中晚餐长谈。

先生日记云：

是晚，承联陞兄邀往其寓中，共渡耶诞前夕。晚餐后，畅谈良久。

二十五日，返纽约，住朱氏女弟嘉蕊家中。

二十七日，返洛杉矶。

二十八日，结识马茂瑞，交谈契合。

先生日记云：

本日在宴会中，晤前南伊利诺大学经济学教授马茂瑞 Louis Maverick 君，交谈契合。渠曾主持编译管子一书（一九五四年出版），对于中国文史甚感兴趣。闻我谈及正在忙于对所撰《中国通货膨胀经验》一书，作出版前之校对，及编制引得 Index 等工作。彼即自告奋勇，谓可于新年假期之后，前来帮忙。

三十一日，岁末杂感。

先生日记云：

回忆此一年来，忙忙碌碌。自觉在工作与谋生方面，略具信心。无论演说或写作，均勉可应付。不致如初到时之彷徨，惟恐不能在美立足。然仍不能与由美国大学出身者相比。一则英语运用不够灵活，二则不易得到长期固定之相当职位。因之仍计划再入有名大学进修，以期深造；或继续撰著，借卖文为活，不必专门任教。且俟《中国通货膨胀经验》一书出版后，再作计较。

是年一月，埃及政府宣布废弃英埃条约。

二月，国民党政府公布台湾全省人口总数计九百二十九万八千三百一十人。

三月，西德、法、意、比、荷与卢森堡等六个国家签订成立欧洲共同市场协约。

八月，马来亚自由联邦独立自主。

十月，苏俄公布第一个人造卫星 Sputnik 发射成功。

一九五八年　先生七十岁

一月十二日，接何廉来函，转达杨联陞意见，劝放弃进修博士学位计画。

先生日记云：

> 接何淬廉兄本月十日来函，谓与杨联陞兄相晤于新港，谈及我有意前往哈佛进修博士学位。杨君认为无此必要。淬廉兄亦以照我过去经历及工作成就与学问造诣，恒为一般拥有博士学位者所不及。在美国大学名教授中，不具博士学位之人正多。如哥大历史系讲座教授纳温斯 Allen Nevins 即无博士学位，然丝毫不损其学术上的权威地位。

十五日，函谢艾克斯汀招待。

先生日记云：

> 去年底，在剑桥访问哈佛经济学系时，多承艾克斯汀 Alexander Eckstein 博士诚恳招待，交换不少意见。并有意邀我参加研究。彼对现代中国经济发展史深感兴趣，且多独到见解。当时以限于时间，不克多谈为憾。兹特专函道谢。

二月三日，麻省理工学院出版部函告：《中国通货膨胀经验》一书全稿逐页校对完毕，如无修改，当交书店开印。

十日，洛亚拉大学春季学期开课，继续讲授中国及东南亚经济发展概况。

五月二十三日，麻省理工学院出版部函告：《中国通货膨胀经验》一书全稿已在印刷中，预计六月至七月底，可以出版。

先生日记云：

> 屈计此书属草于数年之前，费时两载，始告脱稿。嗣经修

改与校正，又费时一年。此一年中，每晚均工作至深夜。内子碧霞帮我核算数字，编制表格，辛苦万分。今日有此结果，正如婴儿呱呱坠地，长幼咸吉，衷心顿觉轻快，好似放下一块巨石。

按先生用英文所撰之书，书名 *The Inflationary Spiral – The Experience in China, 1939—1950*。本年六月，由美国麻省理工学院国际研究中心列入社会科学丛书出版，一九六三年再版。全书分为四篇，凡十五章，内列统计分表九十五种，总表十一种，共二百八十六页，都十五万言。第一篇计五章，论述中国通货膨胀的历史背景。第二篇计五章，分析总合供求之成长。第三篇计四章，阐述政府管制通货膨胀之努力，及其失败的原因。第四篇仅一章，根据中国经验所得的教训，贡献意见予经济落后的国家。书末附录：（甲）物价指数的行为，（乙）产生增涨总合需要的因素，（丙）农、工、矿等生产事业产品的供应，（丁）国际汇兑与国际贸易的统计数字。书之卷首，有麻省理工学院国际研究中心主任米尼坚氏 Max F. Millikan 的导言，直译如下："一九五六年春间，张嘉璈博士所著本书的原稿，曾经引起'国际研究中心'的注意。由于著者系建立中国近代金融组织基础的重要人物，对于中国财政经济问题，有过深长的关系，'中心'的高级研究员们认为此书全稿适足反映著者个人所具富有价值的优越经验，及足以供其运用的独特来源地资料。在研究中国财政管理，与战前、战后和战争期间的通货膨胀问题上，当然具有真实贡献。在本'中心'看来，此一著作，值得提供本界学者的注意。

"因此本'中心'同意经过'科技出版社'The Technology Press 的合作，使此一著作得以梓行问世。惟吾人并不以发表此项研究，即系代表麻省理工学院国际研究中心的观点。然而吾人相信此一著作，对于渴望了解中国历史上底经济背景和新近的通货膨胀问题之学人们，将有甚大的价值。"

先生撰写此书主旨，在自序中有所说明，并概括地将书中要点分别揭出。兹直译自序全文如下："撰写本书，动意于一九四九年五月出国之后。其时中国大陆几于全部沦入中共掌握。由于脱缰奔放的通货膨胀，结果造成中国的经济和政治制度整个废置。笔者因此认为时机已到，萦绕于脑中，形成悲剧的中国通货膨胀底重要因素，亟宜予以注录。使其演进的途径，可备后世史家的探索与考鉴。初稿完成于寄居澳洲雪梨之后，来美之前。在雪梨羁旅，固已三易寒暑矣。

"对于全稿之公布，时感踌躇。缘在中国大陆未沦陷之前，美国对华政策与笔者观点，不免参商，可能因此引起争辩。由于战时和战后此一问题的严重尖锐，尝使当时主持中国财经大计的一班朋友，虽曾尽过最大的努力，而不能为国家扭转危机，对于笔者的全稿，将作如何批评，不免使笔者发生疑虑。倘若叙述全部事实的经过而有所隐匿，不免失去撰写本书用意所在。盖其目的固在阐述中国通货膨胀之真正造因，与实际结果，从而获得教训，以资鉴戒。

"几经催促，全稿终于发表。通货膨胀既已形成奔放无阻、一往直前的现象，则原有的一切政策和管制，显然犯了严重错误。书中特予指出，意在使亚洲新兴国家可以引为前车之鉴，不致再蹈覆辙。笔者庶几可能贡其一得之愚。然于过去的悲剧，殊亦无丝毫谴责，或辩护之念存乎其间。区区用意，不外使此一幕中国悲剧，对于若干幸运的国家，发生有益的影响而已。

"本书之作，旨在阐述中国经济的基本情况，所引起的通货膨胀征候，终于演导国民政府统制下的中国大陆全部沦胥。读者当然明了国民政府所统制的中国，其经济崩溃，不能完全委咎于经济的原因。惟笔者在本书内，着重于通货膨胀之造成，属于经济的原因，经过事后的观察，殆复如此。而总合需求与总合供应的基本逻辑关系，似乎逃过中国领袖们的注意，而未尝加以把握。虽在十年之后，重加检讨，事实仍然如此。

"故在本书首篇，即从事于追循总合需求，如何超过总合供应的发展过程。现代经济分析，恒注意于各种供求的‘变数’。故在中国研究各种供求的行为，正可明了政府政策何以导致一切无可避免的后果，而事前竟然未加勘测。

“至国民政府如何使此一庞然坐大的通货膨胀得以产生，及其如何设法驯伏此一尾大不掉的怪物，至堪注意。今日反观过去，政府的‘反通货膨胀政策’抑何其萎顿无力。然吾人必须了解彼时当国者扭于抗战时紧急情势，不免偏信其政策之正确。政府在若干难以捉摸，而竟视为万应有效的纡回策略，本书将分别详予叙述。如不向本书首篇举出的基本原因，加以究讨，则笔者所描写的一切，当被视为难以针对通货膨胀的病征。

“由于战时及战后各年间正确的有关统计数字，未经公布，笔者所能引用的数字及所作的估计，均系根据只有本人可以得到的统计资料。然其中亦有就本人经验，加以修正者。倘蒙能予指正，无任欢迎……”

全书出版后，引起各国经济学者注意，颇获好评。散见于美、英、法、德、意、荷、马来西亚、香港各地报章杂志的书评，不下二十余篇。兹择其重要者十篇，节译如次：

（一）一九五八年七月十五日，纽约《华尔街日报》刊载布芮吉 John F. Bridge 书评：“张氏所撰之书，应使立法及行政人员各人手置一册。倘使‘真正’的教育应该伸张到社会科学的领域，此书应供每一大学生之阅读。凡是对于所持美国购买力越来越低发生兴趣的美国人，此书有不少可供咀嚼的粮食……”

（二）一九五八年十二月份的《法国经济专刊》*L’ Actualite Economique* 所载梅林 Jean Mehling 书评：“张氏所分析的资料，多系未经公布者。而张氏实系中国金融界之重镇。对于过去二十年间政治与经济制度之缺点，及其所以迅速败坏的原因，书中曾予揭出。足见著者的勇气，与头脑之清楚……”

（三）一九五八年十二月份的美国《每月经济通讯》*Monthly Economic Letter* 所载洛克莱 Lawrence Lockley 书评：“……本书并非十

分专门的著述，非经济学专家的读者亦能阅读。惟阅读时，并非容易。著者曾引用不少统计表，有时很不容易了解，必须仔细究讨。”

（四）一九五九年十一月三十日，伦敦的《经济学人》*The Economist*书评：“……著者认为中国经济的解纽，实为导致政治与军事整个崩溃之先驱。在所著书中，曾以客观态度，敷陈事实。当时经济情况所反映的高度通货膨胀，要为笼罩一切，促成国民政府瓦解的直接因素。由于抗日战争前对于经济的逾分乐观，及至因战争而引起的经济困难，发生供求不能调节的问题，和战后开支的激增，加上共产党势力对于经济的威胁与破坏，无非由于政府过去缺乏一套长远的经济政策。只顾头痛医头，脚痛医脚，终于陷入不可收拾的局面。一九四八年八月，政府发行金圆券，收购民间所藏的黄金和美钞。结果丧失民心，失去‘天与人归’的统制权。著者在战时和战后任过政府要职，并曾一度担任中央银行总裁。但在书中，未尝牵涉到任何个人……此书对于研究现代史和经济学的学者，均属重要著作……”

（五）一九五九年四月十五日，《荷兰经济摘要》*Economic Abstract*，*Netherlands* 书评：“本书目的在申述中国的悲剧，以供一些幸运国家的借镜。由于事后的观察，研究通货膨胀产生的经济原因，追求总合的需求，如何超越总合的供应之程次，从而考究各种‘变数’的行为。证明中国政府当道未能预勘后果，而先事计划对策……”

（六）一九五九年五月六日，《德国国民经济与统计年鉴》*Jahrebucher für Nationalökonomic und Statistike* 书评：“……本书作为一种报告，具有教导性与振发性……惟在分析上，不免失望……”

（七）一九五九年七月，《英国国际政治》杂志 *International Affairs* 所载雷登波艾尔 J. Leighton Boyer 书评：“……著者在最末一章，使读者无疑地认识通货膨胀乃自由社会的敌人。其危险成分，不亚于共产主义。显然的，经济的不安定使国民政府失去整个信用。由于政府当局事前未能认清此点，直到最后，既不能也不愿采取断然的措施，使财政纳入正轨。于是政治与经济的整个崩溃势不能不随之而至。总而言之，繁荣的经济要为安定政府的前提。任何政府均容易感受军事冒险，和浪费建设的诱惑。对于此项引诱，必须趁早遏止。著者对于财政预算和金融管制，主张应该完全公开。如此，不特可以保障健全的货币制度，直接使经济趋于稳定，间接可以维持社会秩序的比较安宁。”

（八）一九五九年九月，美国《财政杂志》*Journal of Finance* 刊载柯思 Jerome B. Cohen 书评：“简短的书评对此一不寻常，而在各方面堪称合乎标准的著作，殊欠公允。书中反映的智慧，可能为事后的见解。然所敷陈的教训，适足备今日若干国家当局的考虑……著者原系正统的经济学者，反对以政治力量控制财政系统。对通货膨胀尤所深恶……著者认为政府既无改进财政的基本策略，而只对于生产、物价、工资、国际汇兑、国际贸易等，施以直接而不分轻重的全面统制，并不考虑内在的各种条件，正如医生仅看病象，而不察病源。”

（九）一九五九年十二月份，《美国经济杂志》*The American Economic Review* 所载艾克斯汀 Alexander Eckstein 书评：“著者为中国资深而廉正的经济政治家，具有撰写此类问题的崇高资格……全书结构，颇为周详，有时略感重复……如能缩短，当然更佳……由于著者在叙述与分析上，未克检讨并估计所陈列的统计数字的可靠性，与其所受的限制，使本书的贡献，稍形减色……”

（十）一九五九年出版的《亚洲研究杂志》*The Journal of Asia Studies* 第十八卷第三号书评：“此书对于一般经济学者及研究近代中国的学人，其题旨显具引诱力，自系一空前而且重要的著作。著者在结论里说：‘第二次世界大战后，许多历史上的势力，足以造成国民政府的瓦解。但直接的近因，虽常被其他因素所掩盖，无疑的要算通货膨胀。’此则无可加以否认者也。”

七月三日，洛亚拉大学校长卡沙塞函谢赠书盛意。

先生日记云：

本日接洛大校长卡沙塞神父本月二日来函，谓余将所著《中国通货膨胀经验》一书面赠彼时，未即尽表感谢之意。兹特专函谢我在该书序文内提到彼名，同时使洛大之名，亦获出现于书中，使其不胜忻感。余深信洛大教授中难得有人发表著作。卡氏表示忻悦感谢，实出至诚。

六日，葛璧来函称《中国通货膨胀经验》一书，具有历史价值。

先生日记云：

今日接香港大学经济学教授葛璧博士 E. Stuart Kirby 本月二日复我五月二十一日去信，谓甚愿一读吾书，认为以吾过去的特出经历，撰写此书，必有其历史上的价值。

九日，葛纶函谢收到寄赠之《中国通货膨胀经验》一书。

先生日记云：

接葛纶君 George H. Greene, Jr. 七日自华府来信，道谢收到余寄赠之书《中国通货膨胀经验》。并以对于该书之撰写与出版，曾经不次鼓励和推动，今获观成，引为荣幸。对于全书内容复备致赞扬，尤属望我能将接收东北经过，著为专书飨世。故人情意殷切，令人感激之余，深觉愉快。

二十四日，塔玛格莱来函申谢赠书。

先生日记云：

本日接华盛顿联邦准备局研究部顾问塔玛格莱 Frank M. Tamagna 君本月二十一日来函，谓阅读吾所寄赠之《中国通货膨胀经验》一书后，回忆抗战前彼在华撰写《中国财政与金融》*Banking and Finance in China* 一书时，彼此曾经讨论未来的中国银行业务问题。抚今思昔，不胜沧桑之感。并告秋季将专任华府亚美利加大学教授，讲授银行货币理论及政策。

八月六日，杨格函谢赠书，对于书中指摘政府战时理财政策之错误，极表同意。

先生日记云：

接前中央银行顾问杨格博士 Arthur N. Young 本日来函道谢

余赠《中国通货膨胀经验》一书。并谓吾书中指摘政府战时理财方面，关于预算与信用的控制，及税制的改进等等措施，彼完全同意。认为书中引用统计数字，直接来自中国源泉，较之一般第二手资料，不独可靠，亦且容易了解。

十六日，函复塔玛格莱，告以撰写《中国通货膨胀经验》一书之目的。

九月十五日，洛亚拉大学秋季学期开课，继续讲授日本、朝鲜、台湾、香港、新加坡、印尼各地经济发展概况。

二十六日，接吴元黎函询，有无机会东游，顺便来马奎特大学演讲。

先生日记云：

接吴元黎兄二十四日自密注契来信，道谢收到由卫约翰书店转去余赠之《中国通货膨胀经验》。并谓余如有机会东游，经过芝加哥时，希望顺道赴密注契马奎特大学演讲。惟该校新成立之亚洲研究所经费有限，恐难供给充分旅费。

十月十日，函复吴元黎，一时尚难东来。

先生日记云：

本日函复吴元黎兄，目前尚难抽身，俟有机会，当设法前来该校演讲。惟愿预先知道学生兴趣何在，及何种题目与演讲次数，以便考虑。

十四日，应哥伦比亚大学东亚研究所嘱托，撰写《中国现代财政金融简史及有关人物》，全文脱稿，今日寄出。

按此文之作，系一九五六年八月十五日，哥大东亚研究所博尔满教授 Howard L. Boorman 所建议。利用该所编纂《中国现代名人字典》计画，特约先生执笔。实属一种口述历史。全文以中文写出，未经刊印，原稿现藏哥伦比亚大学东亚研究所图书馆。纲要如下：

中国现代财政金融简史。

第一章　民国初年之背景

一、财政经济状况

二、中国银行初期发展情形（一九一二——九一五）

第二章　本人入银行前所受之教育，与入银行后所得之经验

第三章　维持中国银行信用与独立之奋斗（一九一六——九二八）

第四章　中国银行业务方向之移转，与内部组织之革新（一九二九——九三五）

第五章　中国银行奉命承受增加官股，丧失独立

第六章　中国近代金融组织之发展

第七章　西原借款及新银行团与中国金融之关系

第八章　中国银行家对于中国近代金融组织之贡献

一、陈辉德，二、李铭，三、周作民，四、吴鼎昌

第九章　中国财政界人物

一、梁士诒，二、叶恭绰，三、曹汝霖，四、廖仲恺，五、梁启超，六、熊希龄，七、孔祥熙，八、宋子文

十二月一日，先生七十晋一诞辰，仲兄君劢远道撰寄寿序。

先生日记云：

今日为我七十晋一生日，收到家兄君劢寄来赠我寿序。全文系托徐亮之先生楷书缮写。引用苏东坡、苏颍滨诗句，表示手足之情。情文并茂，使我深为感动。

按君劢先生所撰寿序，成于欧亚旅途中，全文约一千三四百字。极言二人手足之情，颇似苏轼、苏辙兄弟。因引用二苏历年唱和诗句，譬喻两人一生遭遇。属辞比事，雅正工切。不着雕琢痕迹，而真情毕露。所谓仁者之言蔼如也。

十一日，致函南加州大学商学院洛克莱院长惜别。

先生日记云：

致函南加大商学院院长洛克莱 Lawrence C. Lockley 博士，表示临别谢忱。并以彼每月写一经济通讯 Monthly Economic Letter，评论各种经济问题，当地企业界订阅者甚多。最近一期，评论我所著之《中国通货膨胀经验》一书，颇多称许。特在函中表

示谢意。洛氏哈佛出身，具博士学位，原系研究文学，自任商学院院长后，留心经济。尝撰文分析问题，不特立论公正，文字亦殊流畅。为人极其和蔼可亲。同事近二年，相处甚得。

是年一月，美国放射第一个人造卫星“探险家”一号 Explorer I 。

八月，美国第一个原子能潜水艇 Nautilus 及第二个原子能潜水艇 Skate 先后潜渡北冰洋。

中共炮轰金门。

一九五九年　先生七十一岁

二月二日，金其堡来函报告前铁道、交通两部留台北及香港同事，进行公祝先生七十晋一寿诞经过。

先生日记云：

接金侯城兄一月二十五日自香港来函，得知前铁、交两部留台、港同事，公推凌竹铭、徐仲宣、何墨林、钱公南、夏光宇及其本人为公祝我七十晋一生辰之发起人。决定以寿序表示深切群颂之意。现正搜集序文资料，由凌君竹铭担任路政，陈君树人担任电政，刘君承汉担任邮政，何君墨林与王君洸担任航政。汇由徐君仲宣综合资料，撰拟寿文，经各人评阅后，再由凌君竹铭评定，连同公祝同人姓名楷缮册页成本寄美云云。同人如此厚爱，曷胜感愧。

九日，收到前铁道、交通两部同事所赠寿言。

先生日记云：

去年十二月一日为我七十晋一生辰，前铁道交通两部留台港同事一百一十二人，特公赠寿言一册，表示群颂之意，今日由邮递到。全文不下二千四百字，由徐仲宣（承燠）兄主撰，凌竹铭兄缮书。言词恳切，如家人语，书法复美丽坚挺。序中历述我在铁交两部之成就。其实若非各同事之襄助，曷克臻此。寿序中处处表示共渡患难，相友相爱之情绪，读之几于下泪。

十日，洛亚拉大学春季学期开课，继续讲授中国及东南亚经济发展概况。

十七日，何廉夫妇来访，商定撰写陈辉德、荣宗敬等十二人传。

先生日记云：

何淬廉兄夫妇日前飞抵西岸，访问旧友。昨日到洛杉矶，今日来寓长谈。提及博尔满博士 Howard L. Boorman 托其与我商量，可否为其所主编之《二十世纪中国名人字典》帮忙，担任顾问，撰写金融及实业界知名之人士，就中选择十二至十五人之传记。我一再考虑，觉得许多金融同业中人与我合作，建立中国近代金融组织。并有少数创业人物，兴办新式工业或交通事业，直接为国家增加财富，间接为银行资金谋出路，且替社会创造就业机会，厥功甚伟。若无人为彼等记载其对于国家之贡献，则彼等一生心血，将湮没无闻。益以大陆方面，现视资本主义之人物为刍狗，而在台湾方面，则视未赴台湾者为不足重轻。似此尚有何人为之宣扬。我一生小有成就，得之于彼等之助力实多。若我幸得虚名，而使彼等默默无闻，殊非良心所安。故毅然决定撰写下列各人小传：陈辉德（光甫）、李铭（馥荪）、宋汉章、贝祖诒（淞孙）、徐新六（振飞），吴鼎昌（达铨）、周作民、钱永铭（新之）、卢作孚、王景春（兆熙）、荣宗敬（宗锦）、荣宗铨（德生）等十二人。此十二人中，仅陈光甫、李馥荪、宋汉章、贝淞孙四人尚健在，余均物故。其中与我合作，促进中国金融组织近代化者，为陈光甫、李馥荪、徐新六、吴达铨、钱新之、周作民等六人。开创近代工业者为荣宗敬、荣德生昆仲。对于交通事业有贡献者为卢作孚与王兆熙。对于中国银行有贡献者为宋汉章、贝淞孙。今为诸君作传，实为一生之幸事。

二十七日，接何廉函告已将关于允为《二十世纪中国名人字典》撰写十二人专传事，通知博尔满。

先生日记云：

接何淬廉兄二十五日自波罗阿尔脱来信，谓已将所谈由我为哥大《二十世纪中国名人字典》撰写十二人专传事，及一切条件，函知博尔满。并谓如有意见，应请告知，以便转达。复询可否推荐能为穆藕初（相玥）作传之人。

三月十三日，接博尔满函约担任《二十世纪中国名人字典》编辑顾问，并撰写名人专传若干篇。

先生日记云：

接博尔满三月十一日自纽约来函，提出下列各点，请予同意：(1) 担任名人字典编辑顾问。(2) 撰写十二至十五名人专传。(3) 校阅他人所写属于银行、财政、实业、交通方面名人传稿。(4) 全年报酬三千五百美元，一年为期。

十五日，函复博尔满同意所提条件。

先生日记云：

覆博尔满，大致承诺来信所述各节。惟审阅他人所写传稿，声明限于银行、财政、交通、工业一类人物，仅能摘出重大错误，而不遑问及细节。

七月十四日，赴加州斯脱克登镇参观侨胞周森事业。

先生日记云：

前交通部中国航空公司会计主任周兆元兄，今日邀余往斯脱克登镇 Stockton 参观侨胞周森君 Sam Wahyon 所办事业。周君拥有伙食店 grocery 数处，及肉店、鸡场、农场、食品批发所等。在加州华侨中可称为新兴之企业。彼详告其未来事业计画。我劝其应将大本营迁到金山，逐步向南加州扩充。

二十日，杨联陞函约为《清华学报》撰写文稿，以备编成庆祝何廉六五诞辰纪念集。

二十七日，接陈受颐函告，近有人用“清华学会”名义，寄发传单，攻讦何廉。

先生日记云：

今日接陈受颐兄信云，近接何淬廉兄函告，有无耻之徒用纽约清华学会 Tsing Hua Society 名义，印发传单攻击其本人。甚至诬蔑其在农本局任内侵吞公款入狱。现在担任清华学报总编辑不曾写过一篇论文云云。又有自称沈某者，印发传单，作同样攻击等情。受颐兄为之大抱不平。所谓农本局侵吞公款一节，全属无稽谰言。至于入狱，更无其事。其经过情形，我有记注，毋待赘述。

九月六日，周森函谢指教，并约期回拜。

先生日记云：

接周森君四日自斯脱克登镇来信，致谢晤谈领教，并拟于本月八日或九日来访。

九日，周森来访，希望对其事业，贡献意见。

先生日记云：

本日周森君来访，长谈。提及渠事业重心，迁设金山一节，已在积极进行。一俟部署稍定，希望我时时贡献意见。当答以我一生志愿为人服务。以前在中国银行时代，协助香港之东亚银行、马尼拉之中兴银行及新加坡之华侨银行，皆其明证。今日避地加州，如当地侨胞有志创业，焉有不愿帮助之理。不过本人一无实力，只能略贡意见而已。

十五日，（一）洛亚拉大学秋季学期开学，继续讲授日本、朝鲜、香港、印尼经济发展概况。（二）薛敏老函告，菲律宾中央银行总裁演讲通货膨胀之危险，引用先生所著《中国通货膨胀经验》书中议论不少。

先生日记云：

接薛敏老兄九月十一日自马尼拉来信，并附菲律宾中央银行总裁寇德诺 Michael Cuoderno 在扶轮社演说词，谓寇氏申述通货膨胀之危险时，几于大部分引用我书中的议论，希望各国财政领袖均能阅读我书，善为利用其中教训，不致再蹈覆辙。

是年一月，苏俄放射火箭绕日一周。

三月，西藏达赖喇嘛出奔印度。

十二月，英、奥、丹、挪、葡、瑞、卢等七个国家签立商务协定。

一九六〇年　先生七十二岁

二月十日，洛亚拉大学春季学期开学，继续讲授日本、朝鲜、香港、印尼经济发展概况。

四月十三日，函唁高斯夫人。

先生日记云：

> 本日见报，得悉前美国驻华大使高斯 Clarence Gauss 去世。当即致函高斯夫人唁慰。高斯大使在我国抗日战争时期驻节重庆，不时见面讨论时局。知其对于我国衷心关切。退职后，一度担任美国进出口银行总裁。退休后，定居加州圣巴布瑞 St. Babara 。我接受洛亚拉大学邀任教职时，曾列高氏为参考人之一。承其极力推介。抵美后，曾往访候一次表示谢忱。是为最后一面。其人正直无私，君子人也。

十九日，清华学报编辑委员会函催交稿，以何廉先生六五寿诞纪念论文限期六月底付印。

五月二十三日，接博尔满通知，福特基金对哥大“人物政治研究计画”补助款项，行将停止，所有工作人员于六月底一律解雇。

先生日记云：

> 博尔满十二日自纽约发信通知哥大“人物政治研究计画”服务人员，以福特基金资助该项计画之款，将于六月底届满，现正商请展长。但福特基金董事会须于六月中旬始能开会决定是否继续资助。兹决对全部工作人员于六月底一律解雇。据闻福特基金对于博尔满主持之工作，进行迟缓，不甚满意。幸我所担任撰写之十三名人专传，迅将脱稿，可以交代无误。

六月六日，向洛亚拉大学请假一年，撰写《接收东北交涉经过》。

先生日记云：

今日往晤洛大校长卡沙塞神父，告以我在校任教已将七年，兹拟请假一年，专心致力于撰写我之《东北接收交涉》一书。渠极赞成。

七日，函告博尔满，名人专传十三篇已全部脱稿。

先生日记云：

今日致函博尔满，告以我所担任撰写之十三名人专传，全部脱稿。如日后仍有需我帮忙，极愿继续合作，不计报酬。

按先生所撰十三名人传，计有银行界之陈辉德、李铭、钱永铭、吴鼎昌、周作民、徐新六、宋汉章、贝祖诒、薛敏老；交通界之王景春、卢作孚；实业界之荣宗敬、荣德生。所写各人专传，均弁以提要，兹分录如次：

（一）**陈辉德**（光甫，一八八〇——一九七六）为中国著名银行领袖，系上海商业储蓄银行之创办人。亦为以服务民众为宗旨经营商业银行之创始者。最初以极小资本开办，采用各种新方法，并创设新事业，逐渐扩大其服务范围，成为中国最进步，亦最有力量之商业银行。其采用之方法尝为其他商业银行所采纳，因而有助于一般商业银行之革新。抗战前后曾两次代表政府赴美，与美国政府折冲谈判。第一次在中国实行法币政策之后，与美国商订白银协定。将中国存银售与美国，以充实外汇准备。第二次使命在中日战争开始后，与美国政府磋商对华援助，曾签订借款二宗。两次使命均与加强抗战力量有重要贡献。陈氏一生致力于银行事业，在国际财政金融界，卓著声誉。

（二）**李铭**（馥荪，一八八七——一九六六）为推动中国投资银行业务，及提倡中美经济合作之先驱者。任浙江实业银行总经理及董事长二十四年，同时亦尝兼任上海银行同业公会联合准备库委员会主席，因而创立上海银行票据交换所。曾组织国民实业银团收购浙江杭州电力厂，改组扩充为浙江电力公司，任公司董事长。嗣又与“美国国外电力公司”合组银团收购上海公共租界之发电厂，改组为上海电力公司，任该公司董事。寻复联合上海英美投资银行组织银团为公司发行债券，并募集优先股份。美国国际电报电话公司收购上海公共租界电话公司，改组为上海电话公司，李氏复联合上海英美投资银行组织银团，为该公司募集公司债，并任公司董事以迄一九四九年。大战结束前，曾与美国李曼兄弟、拉柴兄弟等投资银行合组中国工业投资公司。

（三）**钱永铭**（新之，一八八五——一九五八）为中国著名银行家，一生致力于金融及工商事业。在金融方面，对于交通银行之巩固基础，革新业务，在工商业方面，对于中兴煤矿公司之扩充发展，成为中国主要煤铁事业之一，实为其最大成就。当其任职交通银行期间，热心扶助工商事业，有助于中国私人企业之发展甚多。虽屡任政府财政、外交要职，以不感兴趣，均不愿久任，故其成就不如在金融及工商事业方面之显著。

（四）**吴鼎昌**（达铨，一八八四——一九五〇）为中国之著名银行家、新闻报纸之发行人及富有建树之政府官员。民初任中国银行监督，即主张中央银行应有商股参加。担任北京盐业银行总理后，组织金城、大陆、中南、盐业四行联合准备库，巩固商业银行钞票发行信用，并任该库总理。一九二六年接办天津《大公报》，任社长，整顿革新不遗余力，卒使该报蜚声中外，享誉国际。嗣受政府征召，出任实业部长，任内设立农本局、中国植物油公司、中国茶叶公司等，均著成效。抗战时任贵州省政府主席六年之久，整理地方财政，举办生产事业，改进教育及卫生行政，实事求是，均著成绩。一九四五年起任职中央，先充国府文官长，嗣任总统府秘书长，辅佐元首，率多献替。

（五）**周作民**（一八八四——一九五六）为中国著名银行领袖之一，一生尽瘁于银行事业达三十五年。其重要成就一为创办金城银行，由华北推广及于全国，发达滋长，成为华北最大之商业银行，并为华北银行业发展与近代化之先导。一为借金城银行资力协助新兴工商企业之产生。周氏富于企业精神，遇有新兴事业，不避风险，予以放款。并直接投资提倡若干重要企业。其扶助范围，且推广及于国家交通及农村改进事业。故有助于中国之经济发展，实匪浅鲜。

（六）**徐新六**（振飞，一八九〇—一九三八）为中国著名之银行家，亦一学者。时人称之为学者银行家。先后任职于财政金融机关达二十三年。其服务最长久者为浙江兴业银行。于该行之革新发展，贡献最大。徐氏亦一社会事业家。代表上海公共租界纳税市民服务于工部局，前后十年，融洽中外意见，减少国际摩擦，于安定上海市面，改进市民福利，有显著成就。对于国家财政亦多赞助，凡遇有国际财政金融问题，时有稳健之意见贡献于政府，并时为政府尽折冲之劳。最后遇难殒命，即为国际金融使命而遭此不幸。

（七）**宋汉章**（一八七二—一九六八）为中国著名银行家，一生尽瘁于中国银行将近五十年。间接直接对于社会经济之贡献甚多。一为建立中国银行上海分行之基础，辅助中国银行全体之发展，促进上海银行业之滋长。二为树立中国银行上海分行纸币之信用，使国人乐于使用纸币，增加纸币流通，同时抵制外商银行发行之纸币，间接帮助中国银币之统一。三为协助上海中国商业银行与钱庄解决金融上之困难，并助长其发展。四为创办国外汇兑，积储外汇资金，奠定日后中国银行改组为国际汇兑银行之基础。五为创办中国保险公司，提倡国人自办保险，以与外商竞争，挽回权利。六为扩充工业农业放款，辅助国家经济建设，抗战期间，在后方协助政府安定金融，增加生产。

（八）**贝祖诒**（淞孙，一八九三—）为中国银行家，亦为国外汇兑与国际金融专家。一生为中国银行及国家财政金融服务达三十五年，而以在中国银行时间最久，计三十三年。中国银行国外汇兑业务之创办，与中国银行改组为国际汇兑专业银行后，其地位之确立，与业务之扩展，贝氏贡献甚大。中国币制于一九三五年改为法币，及抗战期间法币之维持，一切措施，贝氏参与协助，尤著勋绩。抗战结束时，曾一度任中央银行总裁，为期甚短，未能有所表现。

（九）**薛敏老**（Albina Z. Scycip，一八八七—）为侨居菲律宾之著名银行家及当地社会事业之领袖，系中兴银行之重要创办人，任该行总经理及董事长先后达四十年。主持该行业务及管理力求近代化。对于菲律宾国内经济建设竭力推进，贡献良多。而于融洽中菲民族情感，协助侨胞创业，尤著口碑。

（十）**王景春**（兆熙，一八八二——一九五六）为中国著名铁路管理专家，一生致力于铁路及与铁路攸关之行政改善。其贡献最大者为统一中国铁路会计统计制度，以之替代政府借款所建各路采用各债权国不同之会计统计制度。提高铁路管理人员之知识与道德水准，祛除旧日盲目服从外人，缺乏自尊自动之恶习，并增进中国铁路管理人员在国际上之地位。

（十一）**卢作孚**（一八九四——一九五二）为中国著名企业家，民生实业公司之创办人。以极小资本之轮船一艘开始。抗战前夕，其航运业务已分播四川全省及长江上下游各航路。抗战结束后，进而推展至沿海航路。公司组织力趋近代化，不特资力雄厚，船只增多，足以替代航行长江及沿海之外国轮船公司，为中国收回航运主权。且为中国航业公司之最近代化亦最有力量者。

（十二）**荣宗敬**（宗锦，一八七三——一九三八）系中国著名实业家，为中国面粉工业与棉纺织工业之领袖。具有冒险进取之精神，一生专以扩充事业为职志。在其经营事业过程中，曾迭遭挫折，而始终抱定有进无退之方针，卒致事业膨胀过度，发生资力不敷，应付困难。但荣氏与弟德生在三十余年间，创设面粉厂十二所，纱厂九所，每年所产面粉三千万包，约占全国产量三分之一，拥有纱锭五十万锭，占全国华商纱厂纱锭五分之一强，雇用劳工一万七千人，全体资本额共三千万元。其事业之成就，外则抵制入口洋粉、洋纱、洋布，内则抵制外商在中国设厂制造之产品，同时增加利用中国之农产原料。对于国民经济之贡献，实匪浅鲜。

（十三）**荣德生**（名宗铨，一八七五——一九五二）系著名实业家，亦为中国内地创办工业先驱者之一人。一生努力于面粉及棉纺两工业之扩充改进，对于工业并无素养；所有经验，均从实验中得来，暗中摸索，勤求知识。生平习于内地朴素生活，有志为民众谋福利。在内地创立事业，故与消费民众及原料产地接近，而于如何采办原料，如何使出品适合消费者之需要，得到充分知识。此为当时创办工业者之所不加注意，而适为德生最初事业成功之要诀。荣氏之成就对于中国经济之贡献甚大，小之使无锡成为江苏省内次于上海之工业区，大则促进内地农产资源之开发。复以本人体验所得，深知教育之重要，在无锡创办小学、中学以至大学，为本身事业及国家社会培植人才，尤为难能可贵。

二十九日，为《清华学报》撰写之《中国法家思想对于日本政治经济之影响》一文脱稿。

先生日记云：

> 应清华学报之请，撰写《中国法家思想对于日本政治经济之影响》一文，预备编入《何淬廉先生六五寿庆论文集》，以资纪念。今日脱稿寄出。

按该文依以英文写成，原题 The Influence of Legalism Upon Japanese Government and Economy，刊载《清华学报》*Tsing Hua Journal of Chinese Studies* 第三卷第二期，与第四卷第一期（一九六三年）。全文约七千余字，摘译要点如次："日本之政治经济受中国儒家之影响甚大，固为学者所公认；然受法家思想之影响亦非浅鲜，乃鲜为学者所注意。其故或由日本采用之法家思想适与儒家思想不相抵触乎？抑由于德川时代之社会背景适切合法家学说，应用而不自觉乎？

"中国法家崇尚法治与国家至上之学说，曾于七世纪时为日本所采取，始见于圣德太子宪法之颁布，再见于天智天皇改制之革新（大化革新），继见于文武天皇全部法制之修订与实施（大宝律令）；其主要精神在于实行法治与中央集权。因之在经济方面，除仿行中国之均田制外，对于农业、工业、商业、币制、交通各政，提倡国家统制，国家经营，其受中国法家学说之影响，灼灼可见。日本史学家称此时期（自大化革新至十世纪末皇权没落之日止）为律令政治时代。

“顾日本开国以来之政治与社会制度建立于氏族制度之上，皇室为一氏族，亦为全国民族之首领，各氏族之族长分任政府职位，世代相袭。此与管仲时代之齐、商鞅李斯时代之秦，其封建色彩淡薄或已消灭者，大不相同。此根深蒂固之氏族制度不特使大化革新之新行政制度无法推行，且不得不以新制度之官职加诸有力之族长之身，反而加强氏族族长之地位与势力。于是此等族长利用地位与势力扩充其所有田亩，建立庄园制度，借庄园富裕之收入培养武力，保护产业。其拥有大庄园者，挟其财力、武力夺取政权，乃有十世纪及十一世纪贵族专政之产生。嗣贵族之财力、武力为其部属所侵占，逐渐演变，迄十二世纪产生武人专政之封建制度。在贵族专政与封建制度之下，中国法家学说无法应用，故自十世纪至十七世纪法家理论在日本几于湮没无闻。

“但自德川封建政权建立以后，全国统一，权力集中，俨然成一强有力之集权政府，换言之，封建政治达于最成熟阶段。于时在位者亟求巩固政权之道。此惟有由法家学说中可得不少应用之理论。试一考德川时代之种种设施，无一不含有中国法家思想之浓厚色彩，例如颁布皇室法令、武人阶级法令、宗教法令，以及不时颁布对于平民之谕告，并设立侦察情报机构与商鞅之五家为保互相纠发制度，即上至皇室，下至庶民，无一不受法令之限制与政府之监视，而各项酷刑与秦始皇时代所用者相同。在经济政策方面，无论农工商与币制信用，均采取干涉主义，甚至个人生活方式，亦加干涉，是以德川政府虽尊重中国儒家学说，而实际法制行政方面，采取法家学说之处，比比皆是。德川政权达二百六十余年之久，在此长时期间，中国法家思想对于日本遗有深切之影响，自在意中。

“德川时代学者辈出，在经济思想方面发挥意见者，不乏尊重中国法家学说之辈，其著者，为山鹿素行、荻生徂徕、太宰春台、新井白石、熊泽蕃山、海保青陵、三浦梅园诸氏。

“自明治维新输入西洋文化后，提倡议会政治将及半世纪，但民主制度始终未能澈底实行，一九三一年后且重演军人专政。大战以后，美国对于日本之民主化政策，其成效尚未可必。究竟是否因日本之民族性仍遗留传统之封建思想及中国法家之权力政治思想，致民主政治未能顺利推行，或为学者值得研究之一问题。”

八月三十日，函告洛亚拉大学商学院经济系主任卜舍高达，已承校长准假一年。

先生日记云：

本日函告大学商学院经济系主任卜舍高达神父 Jack Praygoda，我已承校长允许请假一年，希望我之课程照常继续，不生困难。假满后，仍回校工作。

九月一日，开始撰写陈辉德传。

十月二十一日，接马茂瑞函告已迁居故乡，正在寻求教职。

先生日记云：

帮助我编制《中国通货膨胀经验》一书“引得”之知友马茂瑞教授 Louis Maverick 来信，知已迁居故乡德州之安多里阿 Antonio，Texas，并在附近学校寻找教职。当即复信致念。在美国学术界，凡因达到规定年岁，必须退休者，虽有余力，不免强迫赋闲，欲谋新职，殊不容易。此种现象，令人感到六十五岁强迫退休，似嫌过早。

二十四日，将旧藏丝绣寿星一幅赠予洛亚拉大学。

先生日记云：

近得知洛亚拉大学将辟美术廊，因将旧藏多年，我六十生辰，朋友所赠丝绣寿星一幅，举以相赠，借留纪念。特函卡沙塞校长，略以该件系二百年前作品，刺绣需时数载，足征中国手艺之精细美观，与国民性之勤劳忍耐。图中老人号称“寿星”，象征长寿康乐。上端所绣中文，系名人题识。该件保险费约为美金三百至四百元之谱。

二十六日，接纽约斯东投资公司通知，经纪人施望于六月二十一日去世。

先生日记云：

今日接纽约斯东投资公司 Hayden, Stone Co. 函告，为我经管中行友好集资助我投资证券之经纪人施望君 Joseph E. Swan 于六月二十一日，因心脏病去世。现由该公司另行指定人员经管。施望君原在上海任证券经纪人，人颇正直。中国人买卖外国证券，甚多由彼经手。馥荪、淞孙两兄因业务关系，与之交往较密。

十一月一日，与夫人同赴波罗阿尔脱觅租住所，宿黄汉梁家中。

八日，返洛杉矶，开始准备搬家。

十七日，离洛杉矶，乘火车抵波罗阿尔脱。

先生日记云：

乘火车抵波罗阿尔脱 Palo Alto，到后住旅馆。觅得之公寓，建筑尚未完工。

二十八日，迁入所租公寓，尚无电灯。

是年四月，韩国总统李承晚辞职。

六月，刚果共和国脱离比利时管制。

十一月，美国大选，甘乃迪当选为总统。

一九六一年　先生七十三岁

一月五日，与胡佛研究所所长康培尔讨论拟编纂“接收东北与苏联交涉”一段历史，及参加研究“中共工业化之战略因素”。

先生日记云：

本日中午，吴元黎兄为我介绍于斯坦福大学之胡佛研究所所长康培尔博士 W. Glenn Campbell。三人同谈，我告以我曾任东北经济委员会主任委员，参预接收东北。与苏联交涉收回满洲之经过一段历史，拟撰写成书，希能有学术机关之补助。渠答以希望有一纲要，以便凭以考虑。彼随即提出斯坦福研究所接受国防部之委托，研究“中共工业化之战略因素”Strategic Factors of Communist China's Industrialization，将以此项委托，转让于胡佛研究所，拟邀我参加，即聘任为该所研究员。如我同意，彼当致函洛亚拉大学校长。我当即允诺。

按胡佛研究所 Hoover Institution on War, Revolution and Peace 系美国前总统胡佛于第一次大战后在比利时主持实地救济时，收集许多有关战事资料，交与斯坦福大学，备作研究参考资料。嗣以资料愈来愈多，因集资建立一藏书及研究处所。一九四一年，胡佛高塔 Hoover Tower 建筑完成，内有宏敞之图书馆，及若干个别研究室。经过二十年后，胡佛总统以主持者推动不甚积极，工作进展过于迟缓，因推荐康培尔博士担任所长。康培尔到任不过数月，适吴元黎兄辞去马奎特大学教职，返波罗阿尔脱参加斯坦福研究所 Stanford Research Institute 研究工作，知有此项国防部委托研究计画，因以之介绍于胡佛研究所。而我与元黎兄遂自此与胡佛研究所发生直接关系，而与斯坦福研究所及斯坦福大学之关系，则系间接。

十日，与康培尔、吴元黎应斯坦福研究所之邀，开会商讨接受研究计画之一切条件。

先生日记云：

本日中午十二时半，胡佛研究所所长康培尔、元黎兄与余应斯坦福研究所之邀，前往开会讨论接受“研究计画”之一切条件。主席为该所代表司徒理安 Leon Strass，外有贺包尔 Francis P. Hoeber 担任顾问，及卜拉特 William Platt（该所科学管理组主任）与加州大学客座教授、苏联问题专家某君在座。

十二日，吴元黎函告研究工作起始及结束日期与酬报数目。

先生日记云：

接元黎兄今日来信，谓“研究计画”工作自二月开始，九月底交卷，酬劳费为二千五百元。余觉酬报不免太薄，不过为以后与胡佛研究所发生长期关系计，似不必计较酬报之多寡。

十三日，接胡佛研究所任为研究员聘书。

十六日，胡佛研究所致函洛亚拉大学校长，聘请先生担任研究“中共工业化之战略因素”。

十七日，孙男邦衡由东京来美升学。

先生日记云：

次男国利长子邦衡在东京毕业中学，今来美，拟赴东部预备入大学。

二十一日，胡佛研究所所长康培尔通知已接洛亚拉大学校长复信，同意先生在胡佛研究所工作。

三十一日，应圣玛丽学院邀请，出席该院举办之实业座谈会。

先生日记云：

本日下午与斯坦福大学商学院教授克芮卜斯 Theodore J. Kreps，及《夕晖》杂志 *Sunset* 主人莱因 L. W. Lane 同车赴圣玛丽学院 Saint Mary's College，应邀参加该院举办之第四届实业座谈会。该院位于离阿克兰 Oakland 十余英里之慕瑞加山谷 Maraga Valley，系天主教徒所创立，已有九十八年历史。每年举办实业座谈会一次 The Saint Mary's College Symposium for Business and Industrial Executives 。本届座谈会主席，系旧金山太平洋远东轮船公司总经理莫尔斯 Clarence Morse，讨论题目有“太平洋的挑战” The Pacific Challenge 及“美国西顾” America Looks West。

二月一日，参加座谈会讨论并答复问题。

先生日记云：

本日下午四时座谈会揭幕，五时赴院长亚尔培教友 Brother S. Albert，F. S. C. 欢迎会，六时一刻参加宴会。座谈会主席莫尔斯君即席演说，题目为《太平洋对美国的利害关系》Stake in the Pacific。八时半座谈会开始，题目为“检讨太平洋问题” Pacific Review。由我与克芮卜斯教授先后发言，讨论中心为大陆与台湾的关系。圣玛丽学院教授哈寇持 John Wellmuch Hagerty 任“调停人” Moderator 。

二日，继续参加座谈会。

先生日记云：

今日座谈会继续开会。上午九时半，由澳洲驻旧金山总领事卡慈 T. C. Cutts 讲《澳洲在太平洋流域的经济地位》Australia's Role in the Pacific Basin's Economy。继由日本驻美大使馆经济参事大幡哲郎 Tetsuro Ohata 讲《美日经济关系的将来基础》Bases for-Future Japanese – American Economic Relations。最后由加州大学政治学教授施卡拉宾诺博士 Robert Scalapino 讲《亚美政治关系》Asian – American Political Relations，涉及大陆与台湾关系。下午二时至四时，尚有小组讨论会。六时一刻举行闭幕宴会，由美国联邦政府国库署署长卜瑞丝特夫人 Mrs. Ivy Baker Priest 即席演说，题为《综合与批评》Synthesis and Critique。散会后搭原车返家。

三日，开始研究美国国防部委托之问题："中共经济的潜力"。

按国防部委托研究之题目为"中共工业化之战略因素"Strategic Factors of Communist China's Industrialization，嗣改作"中共经济的潜力"The Economic Potential of Communist China 。

六日，晤何廉夫妇于旧金山。

先生日记云：

何淬廉兄夫妇抵旧金山，特往晤谈。渠系应夏威夷大学之邀，前往转学，并指导研究，以六个月为期。

十一日，（一）接圣玛丽学院副院长教友沙维尔 Brother Xavier, F. S. C. 来函，道谢参加实业座谈会讨论。（二）函洛亚拉大学校长卡沙塞神父，告以与胡佛研究所接洽经过，及接受国防部委托研究工作，明年春季势难返校授课。

十五日，接圣玛丽学院历史系教授法兰克尔 Benjamin A. Frankel 来函，道谢参加实业座谈会讨论。

十六日，接洛亚拉大学校长卡沙塞神父函复十一日去信。

先生日记云：

接洛亚拉大学校长卡沙塞神父十五日来函，谓我明年春季不能返校一节，毫无妨碍，可不必顾虑。如为写书，须向福特基金会申请补助款，可与康培尔博士会同具名赞助云云。

三月十三日，（一）接曼德芮国际问题研究院院长卫斯来函，邀往该院演讲七周。

先生日记云：

本日接曼德芮国际问题研究院院长卫斯 President Gaspard Etrènne Weiss，The Monterey Institute of Foreign Studies 来函，邀请为该院暑期班演讲七周，自六月三十日起至八月十八日止。课题为“国际经济”及“人文地理”，全期致酬一千五百元。当以已另有工作，须限期完成，无法兼顾，婉却。

（二）接胡佛研究所所长康培尔来信，通知以限于预算，对所请援助撰写“接收满洲一书”计划，无法帮忙。

十八日，函复曼德芮国际问题研究院院长卫斯歉难担任该院暑期演讲。

十九日，函贺沈亦云完成所著《亦云回忆》，并述与黄郛定交始末。文曰：

膺白夫人赐鉴：连奉二、五；三、六两示，及附件四种，均拜悉。适以二月初起，斯坦福大学嘱以研究工作，未能多分时间细读，致延作覆，歉罪歉罪。今见回忆录已完成三十三章，为公为私，喜不自禁。在公的方面，喜有膺白先生一生救国志愿与其苦心孤诣之真实记录，不特为研究近代史者之参考，且予后代青年以立身处世之模范。在私的方面，喜夫人耐心毅力，在二十年颠沛流离中，成此巨作。以我与膺白先生交谊之深，过从之密，理应述吾所记忆，以为纪念。奈年来迫于生计。忙于教课，未能了此心愿。今得夫人之作，可以稍减吾人有相从之雅而懒于写作之罪。

大稿述及中交票贬值，与民二十四年中行改组一段，乃晓然于膺白先生对我认识，与对我爱护，使我十分感激。回忆自入中国银行后，唯一志愿欲建立一完善之中央银行，为财政改革与经济建设之基础。奈连年军阀当政，财政金融日见紊乱，与我志愿愈离愈远。正在徬徨中，适因公务得识膺白先生。晤谈几次，知其有建设新中国之理想，吾之金融制度理想可为其中之一环。每次论及财政经济，彼此意见几归一致。其见理之明，宅心之公，令我敬为师友。

民国廿四年，中行改组，我当时审察环境，知不能再留中行，亦无法挽救。但亟欲明了蒋先生之真意。故托膺白先生用其密电本代发一电。今方知膺白先生尚加按语，从大处着笔，读之衷心感激。不料十有五载以后，银行纸币等于废纸，中国银行支离破碎，思之不觉无限感慨。

读大稿目录，知膺白先生一生事略，已包括无遗。我有二三记忆所得，兹述之以供参考。（一）国民革命军由粤北进中，膺白先生居上海，中行总处亦迁上海，先生时与我商讨如何帮助北伐军饷糈。及国民政府成立后，又不断与我讨论如何由中国银行联合金融界帮助国府财政。所幸当时金融界久已同情国民革命，吾以膺白先生之意达于同业，均表示竭诚拥护。故国民政府成立初期之财政，得免于匮乏，膺白先生从旁诱掖之功，不可没焉。（二）膺白先生任外长后，告我日本不慊于国府，时有乘机打击之企图，必早日结束宁案，恢复英美邦交，安定国际局势。但同时必须达成修改不平等条约，以满足国民愿望，而提高新政府之国际地位。欲我以民间代表地位，促劝英美两方和衷解决。我当时不顾出位之嫌，往晤美使 J. K. A MacMurry 及英驻沪总领事 Sidney Barter（当时英使蓝普森在北方尚未南移）。晤谈数次后，邀英美两方分别与膺白先生见面磋商，结果决定解决宁案方式。及得到英美同意条约修改之原则表示，分别签有记录。以膺白先生不久离职，由后任于民国十八年秋间与英美交换文件，完成手续。均以记录为蓝本。自此，国际空气为之一变。吾提出上述两点，因国府奠都南京，既须安内，又须攘外，若不从外交财政着手，政权无从巩固。膺白先生着眼于此两大端，可见对于国事之处理，提纲挈领，而又能分别先后缓急。（三）膺白先生之性格，夫人知之最稔。吾所不能忘怀者，为其当仁不让之勇气。膺白先生辞卸实际政务后，较有闲时，吾周末时去请益，知其对于国事不断向政府当局贡献意见。往往言人之不敢言。嗣政府欲寄以华北政务重任，担当对日外交。事前承其相告，我戚焉忧之，谓恐劳而无功。而膺白先生答以国难当前，匹夫有责。其当仁不让之精神，不知不觉流露于词色。窃思晚清以来，世风日漓。在上者喜闻顺耳之言，在下者口出违心之论。遇有权利则相争，遇有责任则相诿，以致国事败坏。当国民革命完成，百事更新之际，膺白先生能言其所当言，行其所当行，不计个人成败利钝。即不能转移当时风气，必可为后代表率。吾性情固执，对于膺白先生之见义勇为，更为钦仰。此点想夫人早已叙及之。（下略）

二十日，致函慰唁李国钦夫人。

先生日记云：

本日接李德燏兄来函，得悉李国钦兄去世。当即致函国钦夫人，及其弟道南慰唁。国钦兄为旅美国人经营事业最成功之一人。太平洋战争期间，供给军用原料甚多，为美国政府所重视。我在一九四三年至一九四五年旅美时，常相过从。今忽以心脏病猝发逝世，失一人才，不胜悼惜。

六月十日，函福特基金会询问该会补助教授研究办法。

七月二十一日，接福特基金会经济发展及商业经理委员会十九日复信，称一九六一至一九六二年教授研究补助，早已核定。应请向基金会社会科学研究委员会询问有无其他办法。

据闻该委员会正在商拟一大规模之研究“中国经济计划”。

八月十七日，致函慰唁耿艾德夫人。

先生日记云：

得悉老友耿艾德 Edward Kann 病逝，当即致函其夫人慰唁，并希望能将彼之写作文稿及有关资料妥予保存。如愿移交胡佛研究所代为保管，亦值考虑。

九月三十日，接洛氏基金会来信，附寄该会国际关系研究补助办法。

先生日记云：

接洛克斐勒基金会二十八日来信，据称系徇老友任茂尔教授 Prof. Carl Remer 之嘱托，寄来该会国际关系研究补助办法。如我之《战后中苏在满洲之关系》著述，有申请补助之意愿，可向该会申请。

十月四日，致函洛氏基金会，告以准备将拟撰之《战后中苏在满洲之关系》一书大纲寄去。

十三日，接洛氏基金会十一日来信，谓一九六二年度补助申请，将于十一月一日截止，恐已来不及办理。下次基金顾问委员会可能在一九六二年秋后集会。

十一月四日，函洛氏基金会申请补助，附去申请书及拟撰之《战后中苏在满洲之关系》一书之大纲。

八日，接洛氏基金会复信，申请书须明春再提出。

先生日记云：

接洛氏基金会六日覆函，谓该会收受申请，限期为十一月一日，所填申请书并不完全。在送交顾问委员会各委员个别审查前，并须函询所提出的参证人之意见，手续相当繁复。故本年度决难送交顾问委员会。惟有待诸明年春季或秋季顾问委员会开会前提出。如是，希望获得一九六二年度补助，从事撰写，已臻绝望，至为怅惘。

十二月十七日，函贺克理夫兰升任国务院助理次长。

先生日记云：

前联合国善后救济总署主持中国部分事务之克理夫兰君 Harlan Cleveland 最近升任国务院助理次长。不久前发表演说，指出与苏俄竞争需要有成熟的国民性。并提出“和平团”的具体方案 Peace Corps Program，富有意义，将与战后救济政策同样收效。特致函申贺。

二十三日，接克理夫兰复信道谢。

三十日，完成"中共经济之潜力"研究之"中共经济主要因素"部分。

按"中共经济之潜力"研究，原称"中共工业化之战略因素"研究。现在完成之部分为"中共经济之主要因素"研究 Factors Underlying the Economy of Communist China，包括（1）中共人口之增加，（2）劳力与公社，（3）耕地与粮食，（4）消费与储蓄，（5）可能利用之矿产与能源，（6）工业基础及技术程度。

是年一月，甘乃迪就任美国总统。

五月，南非正式宣布成为共和国。

十月，苏俄爆炸最大原子弹（五千吨）。

中共军队与印度在边界发生冲突。

一九六二年　先生七十四岁

一月二日，接杨格函告正在撰写《中国战时财政——一九三七至一九四五》。

先生日记云：

接前中央银行顾问杨格函告，渠正在撰写第二本书，书名《中国战时财政——一九三七至一九四五》*China's Wartime Finance*, *1937—1945*。附来该书第一及第五两章原稿，嘱为校阅，并谓全书系其第一本书《中国与外援——一九三七至一九四五》*China and the Helping Hand*, *1937—1945* 之补充。是书已早由哈佛大学出版部印行。

三月七日，应周森之约，陪宴奥斯汀，谢其介绍管理财务人员。

先生日记云：

周森君迭来商询整理所营事业步骤。当告以先将财务管理与人事管理觅请妥人主持，然后逐步求营业发展。彼即叩我代为觅人。因托前在美考察工业建设时所延之技术顾问、现任凯撒钢铁公司副总经理主管财务之奥斯汀君 Atwood Austin 代为物色。经向著名之会计师事务所觅得一位白进诺君 Pechenino，担任财务管理主任。今晚周森君特在克礼夫特旅馆设宴申谢奥君，约余作陪。是为余对周君事业从旁赞助之开始。

十四日，函托卡诺尔神父介绍白进诺参观洛杉矶市范氏食品连锁商店。

先生日记云：

致函洛亚拉大学主持公共关系之卡诺尔神父 Father Joseph Carroll，托其介绍白进诺君参观洛市最著名之“范氏”Von's 食物连锁公司。并请为周森君事业推荐一人事管理主任。

二十日，完成“中共经济之潜力”研究之“投资与输入的潜力”及“将来国民总生产之预测”两部分。

按此次完成部分包括（1）投资支出之重新评价，（2）国际贸易与国际收支，（3）国民总生产与国民总消费之比较及其预测。

四月二十五日，“中共经济之潜力”研究，全部初稿完成。

先生日记云：

按此项“中共经济的潜力”研究，原系美国防部陆军研究室委托斯坦福研究所承担者。嗣以利用胡佛研究所已有之人才及所存之资料，特由吴元黎博士领导，而余以胡佛研究所研究员地位，共同主持研究工作。此外尚有马奎特大学教授巴尔 Prof. Robert J. Bar 及香港大学教授夏修永 Prof. Ronald Hsia 分担部分工作。巴夏两君亦系胡佛研究所研究员。研究工作开始于一九六一年二月，完成于一九六二年四月底，历时一年又两个月。初稿分为三大部分，共计十五章。第一章为引言不计外，第一部分共六章，第二部分共四章，第三部分共三章，第四部分共两章。兹分述各部分大纲如次：

第一部分，中共经济之主要因素：（1）中共人口之增加。（2）劳力与公社。（3）耕地与粮食的供应。（4）储蓄与消费。（5）可能利用之矿产与能源。（6）工业基础与技术程度。

第二部分，国民总生产之估计：（1）国民总生产及其分配。

(2) 农业生产之重估计。(3) 工业生产之重估计。(4) 国民总生产之重估计。

第三部分，投资与输入的潜力及将来的国民总生产：(1) 投资支出之重估计。(2) 国际贸易与国际收支。(3) 国民总生产与国民总消费之比较及其预测。

第四部分，比较与推论：（1）中共经济与美、苏之比较。(2) 中共政治与军事的潜力。

按此一研究，所得之结论如下：

（一）一九六二年底，中共人口计为七亿强。预测一九六七年可达七亿五千万；一九七〇年可增至八亿。

（二）中共劳力约为二亿五千万，如能加以充分训练与指导，足敷其经济发展之需要。在一九五〇年代中间，仅有百分之七十的劳力有实际工作。一九五八年，劳力经由公社组织后，上百万乃至千万的劳力分别参加灌溉、深耕、施肥及在“后院”融铁炼钢的工作。

（三）中共现已庞大而日趋繁殖的人口，悉恃三亿英亩的耕地所产有限之粮食资生。此项可供利用的耕地，平均分配于每一个人尚不足半英亩。至在美、苏两国，则每一个人可得两英亩又半。

（四）中共可以利用耕地，其生产能力，恒较西方标准为低。原因不外（1）缺乏化学肥料，（2）缺乏现代化的耕种方法，包括适当的灌溉，与水患的预防。一九五七年，中共人民由各种食物取得的“卡路理”，每日每人平均不过二千四百单位，其中百分之九十来自大米、小麦及杂粮。故在长期维持健康、活力与纪律上，实属起码水准。

（五）中国大陆的矿产与能源有足够的潜力，对于中共经济的发展，将不呈现任何限制。

（六）中共工业基础的发展，势将受到科学与技术能力的束缚。在一九五〇年代，由于痛下决心，施行大规模的训练计画，集中力量于指定的目标，加上苏联的技术协助，曾有长足的进步。但在十年之后发生经济危机，致使中共工业如与世界工业先进国家比较，则差距至剧。必需相当时间始能赶上。

（七）一九五九年，中共米谷产量开始下降，惟中共报告反是。人民食粮配给额较前益减。一九六〇年农业经济危机益烈，致影响工业经济甚剧。一九六一年工业经济虽形瓦解，而农业经济的堕落，则经过竭力扶持后，已开始表现复苏。

（八）一九六一年，中共的国民总生产较之一九六〇年者，下跌不下三分之二。一九六二者则较佳。此殆由于农产情形转好，而危机至此渡过。

（九）一九五〇年代，中共的高度生产停止，“大跃进”运动崩溃，往往归咎于一九五九年农业经济的退步。此实片面的解释，而不必完全可信。尽管有天灾作祟，而中共政府计画之错误，应负全责。最重要的错误莫过于公社制度的骤然实行，致使家庭耕种与家庭消费配额制度整个崩溃。其次则一切浪费的工作计画的毫无效果。再加上兴作不时，停工不时，及劳力的滥用与调动的不规则。最后则对于重工业的过分重视，致产生畸重畸轻的现象，失去平衡配合的发展。

（十）节约储蓄用于投资，使中共经济得以复兴发展，自极重要。但在最近的将来，中共所需大部分的物资将恃外国输入。输入大量物资需要外汇，此则必须先有输出。复兴与成长能否加速，要视（1）逐年农作物之丰收，（2）恢复苏联援助，（3）取得西方国家的信贷，及（4）善于利用国内的资源。

（十一）使用各种不同方法计算中共国民总生产，结果为一九六〇年增百分之十五，一九六二年增百分之三十。此项差异，系根据相当保守的资料加以估计。

（十二）倘使最低的估计，认为正确，则利用储蓄以供投资，将备感困难。而成长率势将甚为缓慢，难以赶上人口的增加率。如此，则一九七〇年的中共经济复兴，只能等于“大跃进”前一九五五年的水平。此种静态的稳定，可能为发生另一经济危机的前奏。

（十三）假定一九六二年国民总生产的估计正确，则储蓄与投资的恢复，有其可能。一年中的成长率势将接近百分之六。此一速率，虽远较一九五〇年代者为低，但尚能与苏联当前的估计相比拟。恢复程度诚能如此，则一九七〇年的国民总生产势须较一九六〇年的高峰，超过百分之二十，而每一个人的生产势须表示增加。

（十四）最可能的中级恢复率，约为每年增加百分之四。此一合理的进度，足使一九七〇年的国民总生产回复到一九六〇年的水平。然而中共固已失去十年的进步矣。

（十五）际此十年之中，中共势须努力奔竞，始能回到原来的出发点。纵使其努力程度为一与八之比率，俾每一个人的平均生产较一九五七年者略增。然而同时之世界各国，特别苏联与北大西洋公约组织各国，仍将迈步前进。

（十六）在一九五〇年代之末，中共国民总生产仅及美国的六分之一，而每人生产不及美国的二十分之一。一九六二年约为美国的八分之一 。一九七〇年，恐其增加，亦属有限。而中共国民总生产大部分属于农产品，非如美国的属于工业产品。似此，中共自属十分落后。

（十七）中共如有志赶上已经开发的各国，并且希望能在经济力量上与苏联争长，足以威胁西方国家，则一九七〇年代，势须一切从头做起。

（十八）根据本研究所发现的事实，中共能使用其资源，特别工业方面的资源，以供军事的目的，甚属有限。在一九五九年后，虽已发生农业及经济危机，军事支出并未减少。因此在国民总生产中，军事支出所占之成分锐增。故在此恢复原状期间，中共军事支出势将缓进。对于原子能力的发展，仍将继续；但此项能力在近十年内，亦仅徒有其名。中共政权同时仍能继续运用其余力对外寻衅，例如最近与印度的冲突。至若对于邻邦作大规模的进攻，如过去在韩战中的卖命，亦非不可能。总之中共不论其为“真老虎”或“纸老虎”，现时则尚未具备科技的膂力。但在世界各地捣乱，则有其显著力量。

综上各条观之，此一研究所得结论，经归纳如次：

中共军事及军事有关的发展，备受其经济与资源的束缚。此一研究报告的主旨，在评估其经济的最近趋势，与其在一九六〇年代后期之发展潜力。

人口、劳力、工业基础、天然资源、经济组织等项，均经分析。国民总生产与其分配于军事及其他用途的成分，亦曾加以估计，而推算到一九七〇年。所谓“第一五年计画”、“大跃进”，及最近遭遇的经济危机，并经详加检讨。所得结论，似乎经济的危机已过，经济的康复在望。由于“大跃进”所产生的严重损失，经济康复的进度不免平庸。在最近数年中，中共的经济成长自难望能与苏联看齐，更难望追步美国。

在其经济发生危机前之一九五九年，中共国民总生产约抵美国的六分之一，而其工业方面的分数比例则更低。倘使在一九七〇年代中共欲达到称霸世界的野心，而从事整军经武，势须再从一九五〇年代末期的草昧基础上大加努力。中共虽已获得有名无实的原子能力，然欲求整个武力的升腾，尚属有待。使用现存的轻武器对于邻邦作大规模的进攻，一如参加韩战一般，中共政权似优为之。此种可能，或其他有限度的活动，如对印度的骚扰，当然对于世界政治发生不安定的影响。不管是“真老虎”或“纸老虎”的中共，如须发展科技伟大的膂力，尚需要一段漫长时间。

先生日记又云：

研究报告初稿完成后，曾经吴元黎博士及斯坦福研究所经理此项研究计画之贺包尔君 Francis Hoeber 二人加以整理补充，完成共计打字纸五百零三页，装订成两巨册之报告，内附图六十幅，表九十一种。

按该研究报告送出后，斯坦福研究所接到陆军部军事研究室“人事因素及作战研究组”主任沙尔曼 Henry S. Salmon，Jr. 中校，一九六三年十月九日来函嘉许称谢。照译如次：“陆军部阅读此一研究报告后，经加评价。认为内容非常丰富，注释亦极详明。分析中共经济的中期及长期可能成长的趋势，态度谨慎客观。此一报告之主要价值，端为研究员善于运用所集资料，获得结论的方法。在探讨各种经济发展趋势时，所提出的最高与最低数目字，恒使读者警觉其为推测的及估计的，乃系近似的而非绝对的。是以此一报告，对于高瞻远瞩的策划者，估计中共现已存在的力量，与将来可能产生的力量，将成有价值的准绳。

“此一报告所得的结论及其建议，仅系代表‘国防分析中心’（斯坦福研究所）的观点。不能认为已得陆军部明示的或暗示的认可。”

五月五日，胡佛研究所与斯坦福研究所会商希望承受国防部委托，研究“中共经济的真实国民总生产”。

先生日记云：

> 参与胡佛与斯坦福两研究所联合会议，会商完成“中共经济之潜力”研究后，国防部研究室尚有何种工作可以委托。贺包尔 Francis Hoeber 认为胡佛研究所方面如能承担研究“中共经济之真实国民总生产”Real GNP，必可得到国防部之委托。因现在一般估计中共国民所得，完全根据中共发表之数字，而非真实的人民所得。诚能发现真实的人民所得，始有价值。

六日，出席胡佛研究所会议，讨论研究专题以供政府采用。

先生日记云：

> 今日出席胡佛研究所研究员会议，商讨本所应作一专题研究，供政府采用。议定研究“亚洲国家美援之如何有效使用”。决定请我考虑昨今两日提出之问题，是否有研究的可能。

十日，允诺担任研究“中共国民真实所得”及“亚洲国家美援之如何有效使用”两问题。

先生日记云：

今日答复贺包尔君，对其所提关于“中共国民真实所得”一题之研究，愿予一试。彼允可由斯坦福研究所担任调查旅费。因与胡佛研究所接洽，同时正可进行“亚洲国家美援之如何有效使用”之研究。盖以胡佛（研究所）毋庸担任旅费也。本年八月间，国际经济学会将在维也纳开会，因请斯坦福研究所购买环游世界飞机票，俾便顺道出席，经欧赴亚，进行调查。

二十日，为胡佛图书馆募捐添购中文书籍。

先生日记云：

胡佛图书馆东亚部分中国同事，以康培尔所长希望中国同事提倡向华侨募捐，添购中国书籍，前来与我商量帮同设法。我以与金山华侨不熟，因函香港上海商业银行陈光甫兄、菲律宾中兴银行薛敏老兄及纽约华昌公司李氏基金会请为设法捐助。

七月五日，接到香港上海商业银行捐助胡佛图书馆支票美金二千元。

先生日记云：

接香港上海银行董事朱汝堂及总经理徐谢康两兄六月二十七日联署来函，谓奉光甫兄指示，对于捐助胡佛图书馆款项，决定由上海银行以台北总管理处名义捐助一千元，以香港分行名义捐助一千元。

二十五日，接李德燏函告华昌捐款难有希望，另向他处募得美金六百元。

先生日记云：

本日接李德燏兄来函，称华昌公司自李国钦君故后，乏人领导，胡佛图书馆捐款，难有希望。经向沈家桢兄接洽，捐得五百元，另有夏女士认捐一百元。

二十八日，函谢陈辉德捐款，并告将有东南亚之行。

先生日记云：

本日致函光甫兄，谢其以上海银行名义捐助胡佛图书馆二千元。并告以将于八月底赴欧，参加国际经济学会 The International Economic Association Congress 在维也纳举行之年会。会毕将转亚洲访问东南亚各国，抵达香港将在十一月中。

二十九日，接到薛敏老寄来捐助胡佛图书馆支票美金二千元。

先生日记云：

接薛敏老兄来函，附来捐助胡佛图书馆支票二千元。现在收到捐款总共四千六百元，经先后送交康培尔所长收转，并由彼径函各捐款人申谢。

三十一日，（一）函谢薛敏老捐款。

先生日记云：

本日函谢薛敏老兄，并告以已将捐款支票交胡佛研究所所长康培尔博士收转。不久当有谢函直接寄达，兹不另具收据。

（二）函谢沈家桢捐款。

先生日记云：

本日函沈家桢兄，谢其捐助胡佛图书馆款五百元，并告以下月来纽约时当谋良晤。

八月一日，胡佛研究所对于华友捐助图书馆，深表感谢。

先生日记云：

此次经募捐款四千六百元送交康培尔博士后，闻渠向胡佛研究所董事会报告捐款情形时，斯坦福大学校长曾云：该校从未得到中国人分文捐款，此次实属创举，深为感谢。捐款总数虽非甚巨，确已博得校方好感。

二日，函告克里夫兰将来华府奉访。

先生日记云：

本日致函克里夫兰 H. Cleveland 君，告以胡佛研究所有研究亚洲国家经济发展、有效利用美援及区域性合作计画。本人拟来华府奉访一谈，并请其介绍与各地美援机构接洽，予以协助。

五日，接陈辉德函告收到胡佛总统谢信。

先生日记云：

接光甫兄上月底来信，谓收到胡佛总统申谢捐款之信，并谓此项捐款为数甚微，而竟惊动老先生致函道谢，殊不敢当。于此可见美国人之成功，即在此恭敬将事之精神。吾国先贤亦常教人如此，然逃乱来港之同胞已早忘之矣。

八日，接陈辉德函告上海商业银行拟发刊成立五十周年纪念册。

先生日记云：

今日接到光甫兄二日寄来两函，除询问余赴欧及来东南亚各地旅程日期外，并告一九六五年为上海商业银行成立五十周年，拟发刊纪念册以资纪念，暂定内容如下：（1）十九世纪中国通商口岸金融历史，（2）中国金融组织，（3）本行生长之由来与其奋斗之经过，（4）解放后服务之努力。末谓一俟我抵香港后，当面研究一切，且希望能担任主编。

九日，接陈辉德函告所拟纪念册内，对于外汇业务之发展，应有记载。

先生日记云：

本日接光甫兄四日来函，除告拟代租公寓备我等抵港后居住外，并谓上海银行纪念册，对于外汇业务之发展经过，拟请耿艾德君 Edward Kann 执笔。

十五日，接斯坦福研究所送来签就之合同，订明该所聘请先生为顾问，担任研究大陆中共物价制度，自抵香港之日起，月付顾问薪金及有关研究之费用。

十七日，函洛坎那丹 P. S Lokannathan，告以将于十月初来新德里奉访。

先生日记云：

本日致函印度“国家实用经济研究所” National Council of Applied Economic Research 主任洛坎那丹博士，告以将于出席在维也纳举行之国际经济学会会议之后，取道欧洲前往东南亚，大约十月初可抵新德里，届时当约期奉访，借聆印度经济发展之经过。

二十四日，偕夫人由旧金山飞抵纽约。

二十七日，赴华盛顿访克里夫兰 H. Cleveland。

先生日记云：

本日到华府访克里夫兰先生于国务院，畅谈。告以胡佛研究所与斯坦福研究所有研究美援运用效率计画。渠允力予赞助，如须要在各地之美援机关帮忙，可随时函告，当为转饬办理。

二十八日，由华盛顿返纽约，应夏鹏午宴招待。

先生日记云：

本日由华府返纽约，中午夏筱芳兄设宴招待，约有顾少川、何淬廉、缪云台、李馥荪、贝淞孙、董浩云、卓牟来、李德燏诸君聚谈，尽欢而散。

二十九日，偕夫人由纽约飞抵维也纳。

三十日，国际经济学会年会开始登记。

先生日记云：

在维也纳举行之国际经济学会会议本日开始登记。我以该会代定之旅馆过于狭小，要求另觅较为宽敞者。惟以维也纳旅馆不多，今忽骤增千余旅客，致原有上等旅馆均为预告需要二等旅馆者定去。我则预告只须中等旅馆，结果被安顿于一公寓旅社 Pension 。

九月一日，国际经济学会年会在维也纳大学开幕。

九日，（一）国际经济学会年会闭幕。（二）离维也纳飞抵佛郎克府。

先生日记云：

国际经济学会会议一切方式，完全美国经济学会开会型范。到会者以欧洲各国学者为多。我择题听讲。闭幕后，即日飞往西德佛郎克府 Frankfurt，由奥脱·乌尔夫 Otto Wolf 钢铁公司派人招待。回忆一九四五年大战结束不久，曾来参观，但见全市因受轰炸直同废墟。今已完全重建，采用美国式样，有如美国热闹城市。

十日，赴南部巴登 Baden 参观西德联邦统计局。

先生日记云：

本日往西德南部巴登参观联邦统计局。久闻此局统计资料十分丰富，特拜访局长费莱特博士 Dr. Furat，由彼介绍掌管各国消费品价格平价统计之主任。据告工作目的系备各地使领经费按照各地平价发放。同时对各地居留之犹太人，其应接受德国政府赔偿金，亦照此平价发给。德国人民虽对小事，亦处处科学化，即此一端，可以证明。

十一日，参观西德基尔 Kiel 研究所。

先生日记云：

昨晚离巴登赴汉堡宿夜。本日到基尔参观西德闻名之世界经济研究所 Institutefur Weltwirtshalfts，Kiel（一九二九年曾与仲兄君劢访此）。由该所所长引导参观：（1）经济研究室，分理论经济、实用经济、数理经济三部；（2）经济资料室；（3）图书室。该所搜集之经济资料，自一九二〇年起，计有二十五万余件，按照国别、事项、物品、机关分类。事项分为十二类，物品分为六百零七种，公私机关计有一万一千户。所藏图书不下八十万册，内中包括年鉴一万三千册、杂志五千种。订有日报四十种，由办事员四十人一一阅读，分类摘录有关资料。与所长及各室主任共进午餐时，座中经济学者赫克特博士 Dr. Hugo Heccket 告我在一九四八年时，渠曾代表德国赴北京接洽交换教授协定，惟无结果。据其对工技方面之观察，中共生产除大量的粗制品，可与苏联标准看齐外，所有制造品均不尽符合标准。惟中国的技术员、工程师与工人之素质均高出俄人。至于运输方面，渠认为中共如须延长路线，改进运务，需要数年时间，始可步西方国家后尘。

十三日，访问奥脱·乌尔夫钢铁公司主人。

先生日记云：

本日抵科隆 Cologne，访问奥脱·乌尔夫钢铁公司。该公司在抗战前曾协助我国建筑浙赣铁路。先晤该公司已故主人之公子，青年奥脱·乌尔夫 Otto Wolf 。观其外貌，似较其父为进取，而不如其父之稳重（一九三三年，老奥脱·乌尔夫曾游我国）。一九五七年，青年奥脱·乌尔夫曾赴大陆，代表西德厂家与中共订立贸易协定，经往各地参观，包括东北之鞍山钢铁厂在内，对工技人员之能力与知识，印象甚佳。认为中共工业技术之进步，乃自力推动，苏联所予之助力甚微。至于苏联技术人员退出大陆，并非两国间主义正面冲突，实缘中共感觉苏联技术人员的能力殊欠高明，同时也不愿支出大量外汇。况且苏联对于中共总是采取搜括手段，所谓经济援助，异常苛刻。惟万一发生国际战争，两国仍将并肩抗敌。是以西方国家亟愿与中共接近，使之逐渐倾向西方。中共在国外大量购买小麦，证明农产品不敷供应。但如能到期付清价款，将有不少国家与之往来，此在国际贸易上，实属重要因素。据渠观察，如不发生意外灾害，大陆农产可望能保持一九五七年与一九五八年水准，而工业产品将自动追随农产品之恢复生产而有所增加。

十四日，访问奥脱·乌尔夫钢铁公司出口部主任伏拉脱 Gerhard L. Flatow 。

先生日记云：

今日访问奥脱·乌尔夫钢铁公司出口部主任伏拉脱君。承告近数年来，每年均往广州参加该处之商品展览会，对于大陆情形相当熟习。渠谓一九六一年，大陆农产收成不佳，一九六二年较好。去年工业产品亦受农产歉收影响而减产。现在农产一时未能恢复过去之最高产额，实以农民尚不能习惯公社制度。大陆现在的技术人员均系英美留学生。至于苏联技术人员之撤退，系中共为节省外汇支出，要求减少员额，致遭苏联不满，亦原因之一 。此外则苏联经济援助，悭吝苛刻，不愿践约，即对贸易方面，亦处处要占便宜，不顾大体。渠曾晤驻在大陆之瑞士使馆商务参赞，告以中苏两国人民国民性不同，殊难相处。再则苏联所订货币汇率，利苏联而损中共，亦属双方不能协调原因之一 。照其所述各节，昔日列宁、史大林痛诋西欧国家帝国主义之剥削殖民地者，今且悉施之于所谓友邦矣。

继向伏拉脱君询问若干物价问题如下：（1）大陆出口货价是否比照世界市场价格而定。渠答称是，即进口货价亦然。并谓世界市场价格均系由驻伦敦之中国银行供给。（2）大陆出口之工业品，例如纺织品是否因品质较差而贱价出售。渠答称无此现象；尤其纺织品，其品质并不低于其他国家所产之同样货色；不过有若干特定货品，由于买主向来曾购较大数量，故往往予以较廉价格。售给日本之黄豆即其一例。（3）工业产品出口之多寡，系于机械产品之多寡良窳。不知大陆机械产品品质如何。渠答称大陆机械产品之品质，并不亚于日本。除若干机械外，均能制造，包括精确机械在内。（4）中共缺乏外汇由于不能迅速增加出口，如此又何能增加国内投资。渠答称中共与苏联贸易，常见出超，证明大陆有输出潜力，且不断增加出口货种类，例如现有水银出口。（5）大陆有无能力作长期投资，例如建立肥料厂之类。渠答以最近中共曾向奥脱·乌尔夫公司购买肥料制造厂之全部设备，但希望予以信用贷款。惟该公司以无法供给信贷，故未成交。（6）大陆人口增加率高，农产增加率低，如何能提高生活水准。渠答以此确为中共之困难问题；因生活水准低下，人口增加偏高，而欲减低人口增加率，必须提高生活水准。在生活水准未提高以前，恐须依赖外援渡此难关。（7）大陆石油能源是否能自给自足。渠答称恐须经过较长时期。（8）原子能源如何。渠答称中共虽能生产原子能，但欲制造原子弹，是否有充分财力，未敢臆断。（9）台湾如何能够增加就业机会。渠答称必须努力增加出口：（a）必须改良出口物品之品质，俾能与世界产品竞争，（b）必须有世界性的高度效能之贸易组织。前者可与外国厂家合作，取得新的技术，后者可与外国贸易商合作，取得推销途径及方法。总而言之，台湾经济应与世界联系。无论生产技术与商业经营，均应力求合乎世界水准，方能与世界各国抗衡。

十六日，访德友罗德瓦尔德 August Rohdewald。

先生日记云：

本日由科隆飞瑞士之阿斯次拉 Ascona，访昔日曾任中国银行国外部顾问之德籍罗德瓦尔德君。此君在第二次大战之后，异常活跃。在佛郎克府及白芮门两处参加金融及工业组织，担任十余家之董事长及董事职务。在西德金融界颇占地位。近以身体健康欠佳，特于去年底将繁剧职位摆脱，过半退休生活。因在德瑞交界之阿斯次拉地方购置一异常幽静之住宅。邀我留宿其家三晚，且游且谈。在谈话中，得知曾继渠担任中国银行国外部顾问之德籍温德斐 von Winterfeld 已于数年前作古。彼此谈话范围甚广。兹略记其发表之意见如下：(1) 德国复兴之速，由于 (a) 美援供给各种原料，俾工业得以迅速复工；(b) 政府宽予工厂长期信用贷款，期限恒为十年至十五年；(c) 工人努力工作，冀能早日提高生活水准；(d) 企业管理能力及生产技术知识经验，早已具备；(e) 战前之四大商业银行及私立之地方银行咸能迅速复业；(f) 公共储蓄金融机关存款有政府担保，金额日增；(g) 政府对于商营工业不加干涉；(h) 多数工业资本为小额股东投资，大家族资本居极小数；(i) 资本出入自由，除美资输入外，德资可以输出至加拿大及南美；(j) 德国已无需美援。(2) 关于未发展国家之需要外援问题，渠认为必须先求自助：(a) 鼓励人民储蓄；(b) 人民企业所得盈余，应使其再投资；(c) 改进工人技能，应派遣工头至国外工厂实习；(d) 鼓励外人投资；(e) 不可急遽设立规模庞大之事业；(f) 农业方面，耕地不可过于分散，同时务使耕地平均分配；(g) 人口方面务使生育率降低。

彼因顺便谈到印度问题。印度企业管理能力低下，工人效率与技术水准亦同样低微。例如德国曾以最新式设备为之建一钢铁厂，然而印度人无法营运，现仍交由德人管理，故其工业发展计画未著成效。嗣谈到台湾经济，彼意台湾经济有赖于国内消费市场之扩充，及出口贸易之增加：（a）增加出口，最要在改良品质；（b）庞大建设，其设备及原料，既必须求之国外，所耗资金甚巨，不可贸然从事。

经询其对于欧洲共同市场之意见。彼谓共同市场可借以提高六国在世界之地位，加强其在贸易上与他国抗衡之能力。其所以能成立者，由于六国均属工业化国家，工业方面，有许多相辅相成之处。而法国之富于农产，尤足以补其他国家农产之不足。英国不加入共同市场，势将削弱其大英帝国之地位，因其无吸收属邦之农产品的能力。苏联经济独立，足以自给自足，可以不受共同市场之影响。

嗣复谈到亚洲国家能否亦如欧洲六国之组织经济联盟。彼谓不易组织，缘亚洲各国政治制度及人民心理各异，而每一国家之大宗生产均为农产品，彼此无相辅相成之作用。除非有一集团，彼此协定各自建立一不相雷同之工业，互为辅佐，或可成立一经济同盟。

彼对于东西两个德国之统一问题，颇致悲观，认为一时不易统一。不过苏联与东欧国家之压力，未必能长此牢固。盖苏联人民既难永远安于穷苦匮乏之生活，势必促使苏联政府减低其对于卫星国家之军援与经援。

以上谈话，均极切要，其头脑之敏捷，一如在中国银行时代，深感佩服。

十九日，（一）飞抵日内瓦，访问南姆比尔 A. C. N. Nambear 。先生日记云：

本日飞抵日内瓦，当即趋访西德驻印度大使南姆比尔。因在汉堡时，获晤旧友，前德国驻华新闻记者向克 Wolf Schenke 谈及如欲明白印度经济情形，最好与此君一谈。晤谈中，南姆比尔述及印度经济发展困难之点如下：（1）人口增加率高。（2）人民不肯勤劳工作。（3）由于中印边界问题之争执，增加军费。（4）社会阶级制度依然存在。（5）知识分子鲜有机会觅得适当工作。随询其对于欧洲共同市场之看法。渠谓共同市场不特有益于六国，且有益于世界，将逐步调整，臻于适当。继谓此一组织，势非亚洲国家所能抄袭。因亚洲各国主要出产均系农产品，无相辅相成之功效。继而谈到柏林问题。渠坚决主张维持现状，并谓苏联控制柏林，西德将备受压力，不过西德人民不可因西德繁荣，而遂忘记柏林之重要。

（二）访问国际劳工组织各部门，由前中央银行同事朱葆真引导。（三）国际电讯组织中国政府代表、前交通部同事汪德官来访。

二十日，（一）访问国联经济委员会研究组主任。

先生日记云：

闻得国联经济委员会对于共产国家与西方国家国民真实所得成长之比较，正在讨论中，因此往访该委员会研究组主任，询问已否得到结果。渠答谓尚未获结果；其焦点在如何计算劳务所得，而无法得一比较方法。一俟研究得有满意结果，当以奉告。我闻此言后，觉得我将进行之大陆国民真实所得研究计画，势将遭遇挫折，不易着手。

（二）下午飞抵巴黎，由中国航运公司驻法代表马其晋接住该公司招待所。

二十二日，（一）访问经济发展合作组织之研究员麦迪孙 Maidison。

先生日记云：

本日走访经济发展合作组织主持研究国民所得增长之研究员麦迪孙君，同进午餐。渠告我如有意研究大陆与印度国民所得之比较，应从国民生产方面入手，不宜从所得方面研究，并介绍参考书多种。

（二）英友麦克 A. E. Markor 应邀由英飞法晤谈。

先生日记云：

前汉口安利洋行经理麦克应余邀请，由英飞来。因渠在我任中央银行总裁时，曾任输出入委员会顾问，研究鼓励出口问题，颇得其助力。自英国承认中共后，赴英不易得到护照签证，因约其来法相晤，畅谈竟日。谈话中涉及香港问题。渠意香港在一九九七年九龙租借地满期时，香港势难依赖港九两边近海区域生存，维持其固有繁荣。且恐在租约到期前，投资势将开始减少，而繁荣降低，然对于大陆友好政策仍将维持不变。印度经济建设计画过于铺张，犹如中共之大跃进政策。所不同者，印度劳力效率，低于大陆，其进步将落于中共之后。

二十三日，访问孟莱 Joan Monne。

先生日记云：

远在一九三三年至一九三四年间，孟莱君曾来中国，并参与宋子文创立中国建设银公司之计画，经晤谈多次。最近知其不特拥护共同市场，且创议西欧国家政治联邦。见面后，我问其何以共同市场尚未臻巩固，而竟提倡政治联盟，是否切实。渠答谓共同市场最初曾经西欧工业国家所反对，但为政治方面各领袖所促成。现在倡言政治联盟，势将影响每一国家之政治既得利益，自不免遭受政治领袖之反对，但必须有人倡议于前，然后可望得到最后之成功。嗣问及中共与西欧国家之关系。渠谓西欧国家无一愿与中国人民为敌，至其本人则深盼大陆与台湾能以和解。渠对于中共与日本之关系异常注意，频频发问。当告以日本始终希望攫取大陆贸易市场，以所制之消费品、轻工业机械、肥料等，易取中国之煤与铁。惟战后日本依赖美援，而美援物资必须为美国产品，故许多原料均来自美国，不必向大陆购买。渠复问苏联与中共关系，当以所闻告之。

二十四日，（一）晤郭有守，由彼介绍印度友人。

先生日记云：

联合国国际文教组织中国代表郭君有守约午饭，介绍该组织印度代表鼎格瑞君 Baldoon Dhingra，承其好意允致函印度国际研究中心主任德西麦博士 Dr. C. D. Deshmokh 及印度教育部高级职员二人。

（二）飞尼斯 Nice，转赴蒙的加罗休息。

先生日记云：

本日下午飞尼斯，转赴蒙的加罗。此处中国航运公司有一公寓，借住数日，略事休息。闻此间赌场生意衰落，当地政府财政不免困难，正另筹弥补之策。

十月四日，飞抵罗马。

先生日记云：

罗马飞机场检查护照人员少见台湾护照，盘问甚久。致于大使焌吉及舍弟嘉莹来接，在外等候多时，莫名其妙。舍弟在罗马大使馆服务数十年，中国能在教廷设立使馆，实由其推动成功。抵罗马后，即宿其家，朝夕相聚，深感快乐。于大使招待亦极慇懃。微闻使馆负债不少，颇感拮据。

五日，访问前任国民政府财政顾问斯丹法尼 Alberto de Stafani。

先生日记云：

本日往访前任国民政府财政顾问斯丹法尼君，渠年已八旬，每星期为报纸撰文一篇。现正为蒙的加罗政府筹画解决财政困难。谈话涉及共同市场问题，渠意自由世界有三个经济单位：（1）美国，（2）英国及其自治领，（3）共同市场。此三个单位应各自谋强盛，进而彼此合作，则不难抵制苏联。英国不宜加入共同市场，否则势将削弱共同市场之组织，抑且削弱英国自治领之经济。我询其对于中国经济以往历史，以彼观察，何者最为重要。彼答称：一为人口，二为土地租赁制度 Land Tenure，三为内河运输。我复谓中国经济仍以农业为最重要，设立肥料制造厂实为当务之急。

六日，访问联合国粮食及农业组织。

先生日记云：

本日赴联合国粮食及农业组织访问，获晤中国代表杨蔚君，由其介绍与研究苏联农业问题之沙柯夫君 Alexander N. Sakoff 谈话。当询其苏联农村自由市场交易数量占全国零售交易之比例。渠答称：一九五九年为百分之四点零七，金额为四百三十四亿卢布。

十日，办妥赴印度签证手续。

先生日记云：

本日接到印度驻罗马使馆通知，已获该国政府核准入境签证，当即前往办理手续。印度已承认中共，取得签证，颇费交涉。惟事先我曾以个人名义，径函尼赫鲁总理，告以拟研究印度经济进步情形。缘抗战期间，尼赫鲁曾来重庆，常在外交部防空洞与之并坐交谈，彼此认识。同时复函托在印度任教多年之周祥光君，代向尼赫鲁商请，始得核准。且以我研究大陆国民真实所得，如有成就，拟作一大陆与印度国民真实所得之比较，是以必须一行。

十五日，飞抵新德里，宿洛克斐勒捐建之国际旅社。

十六日，访问印度国家实用经济研究所所长洛坎那丹 P. S. Lokanathan。

先生日记云：

晨访印度国家实用经济研究所所长洛坎那丹博士。该所系由马大赫亚卜拉德西省 Madhya Pradesh 资助设立，研究该省之建设计画。洛坎那丹博士过去曾任联合国善后救济总署印度代表，我国设立善后救济保管委员会，聘其为三委员之一，因此相识。此次赴印度前，曾与之通信。渠来信欢迎，对于入境签证，亦从旁帮助。见面后，告以我拟研究大陆国民真实所得，如能成功，将以印度国民之真实所得，与之作一比较。渠因指定所中研究国民所得之专家二人，嘱其秘书代为约定明晤谈。

十七日，赴印度国家实用经济研究所访问沙尔玛 I. R. K. Sarma 及沙特亚拉拉亚拉亚 D. J. Satyananayana 。

先生日记云：

本日赴实用经济研究所，获晤该所理事沙特亚拉拉亚拉亚，及沙尔玛两君，皆系研究国民所得专家。承将最近国民所得各项统计数字见告，并允将来如我需任何资料，均可供给，又开列参考书目。当即往书店分别搜购浏览。

十九日，周祥光自阿拉哈巴得省 Allahabad 飞抵新德里，留住三日，与先生晤谈多次。

二十日，赴印度财政部，向经济事务局国民所得组索取资料。

先生日记云：

本日赴财政部向部长德赛 Desai 作礼貌上之拜访，其人容貌老成练达。随赴所属经济事务局国民所得组索取资料。

二十二日，（一）访问印度经济成长研究所国民所得专家斯瓦索布芮玛尼 Swasubramani。

先生日记云：

今日访问经济成长研究所，获晤国民所得专家斯瓦索布芮玛尼君，询其印度国民所得编制，最弱部分为何。彼答为：（1）小企业，（2）勤劳所得，（3）若干商业与运输。

（二）访问印度经济成长研究所古斯诺 A. M. Khusro 。

先生日记云：

同日往大学区 University Enclave 访问经济成长研究所古斯诺博士。询问其：（1）何以一九六〇至六一年（印度）国民所得降低，彼答因是年农产歉收；（2）投资何以只占国民所得百分之七，彼答以农民储蓄减少；（3）商业与运输部分何以见增，彼答以年来旅行习惯提高，因此铁路客运增加，鞋子需要上升；（4）服务所得因何增加，彼答以银行、保险、仓库事业发达，又以家庭仆役及守门者之雇佣增加；（5）勤劳所得部分之增加，是否消纳一部分不完全雇佣之人力，彼答以此为部分之理由，而人口增加实为主因；（6）印度由美国输入大量食粮，是否因此压低本国所产之食粮价格，彼答谓由美输入者为小麦，幸小麦非印度主要食品，即就小麦言，现在土产麦价已见上升，政府亦正与美国政府交涉小麦入口问题；（7）印度农业是否仍须改进，彼答谓应加改进，如合作社组织及农业推广等改进之余地甚多，但不应考虑所得重分配。继询其对于小农耕地之意见。彼答谓有两事应该做到：（1）鼓励租户自购耕地；（2）使小农设法转移于工业。最后彼告我印度人口在一九五一年为三亿六千一百余万，一九六一年为四亿三千九百余万。

（三）访问美援代表团计画执行主任向克 William E. Schenke。

先生日记云：

今日最后访美援代表团计画执行主任向克君。渠告我印度所订之第三“五年计画”恐须修改，以期着重于（1）运输，（2）乡村农业推广，（3）农产品销售方法。至目前印度在国外储存之食粮达五千五百万吨，已十分敷用，故华府正在商讨减少食粮运印。美国之所以大量供给食粮，并非专为预防荒年，实为防止粮价波动。据渠观察，印度宜扩充金融机构，俾可吸收存款，以之推广农贷，及小企业放款。印度可能自助之处甚多，如改良运输，扩展金融机构，改良产品推销组织，增加农产种类，推广技术训练，使人力不致浪费，保护土壤，不使变质。凡此皆属印度自身所能为力，亟求自助者也。

二十五日，（一）拜访印度总理尼赫鲁 Jawaharlal Nehru。

先生日记云：

本日约定拜访尼赫鲁总理，可谈二十分钟。当时适值中印边界纠纷，发生冲突，渠异常忙碌。晤面后，渠首述应付中印战事颇感忙碌，并谓此一边界弹丸之地，若彼此和衷商议，实一极易解决之事，乃竟至用兵，损及两国邦交，殊不值得。余以不知内容，未便置一词。当告以我来印度目的，系拟研究大陆中共与印度两国国民真实所得。现在仅作初步研究，今后或须再来详细研究。彼即问我对于印度经济目前实行之第三“五年计画”，能否可以达到预定目标。我答以据我所见，不敢不冒昧直说，看来尚须若干个五年计画。彼神色表现疲劳，而我以迟到十分钟，故谈二十分钟，即行告辞。

在谈话中，我曾注意两点：(1) 印度是否将于拉达克 Ladakh 地域准备让步，(2) 印度之“共存”政策，是否愿与共产国家相安共处。据尼赫鲁告我，印度对于拉达克准备作相当让步，但不能听任中共以武力直接占领。彼且认为苏联的共产制度较为保守，中共的共产则殊激烈。意谓印度与苏联可以共存，与中共势难相安。据我旁观，印度或中共目下均无发动大规模战争之凭依，双方咸在期待和平解决。印度表示如非中共军队撤到麦马洪边缘 MacMahon Line，决不进行谈判。中共则对印度让步之诚意，颇致怀疑。因此，问题拖延不决。中共最近进攻，实由梅浓 Menen（国防部长）盲昧妄言所引起。盖彼宣称将以武力解决，驱逐中共军队退出边境。然而印度毫无准备。新加坡与香港报纸对此均有记载。现在中共提议停火，局势业已转变。中共倘能将军队撤至双方同意之边界，则将来的争执将局限于双方对现时业被中共所占地区面积的大小问题，似此尚不难获致和平解决。但如印度能于获得自由世界的充分军援，而加入民主阵线，则对于美国之世界战略，将形成一种特殊收获。此一特殊收获之能否实现，端视印度第三“五年计画”能否成功。此则关系于美国者至巨。诚以中印边界之争能予早日和平解决，则印度即可集中资力于第三“五年计画”之推进，而不必分散力量从事军备。为久远计，无论对印度、对美国，均属有益。我在印度时，曾晤英国前任驻印度高级专员麦克唐纳 M. MacDonald，彼适应中共陈毅之邀请，返自大陆。对于我之看法深表同意，认为印度早日顺利完成其“五年计画”，远较耗费实力于无足重轻的边界战争，自属明智。

我对印度由美援进行的“五年计画”加以研究后，认为印度的经济发展缺乏工作效能，实缘技术水准低落，工人工作怠惰所致。根据最近人口统计，印度每年人口增加率为百分之二，情形略同大陆，将为该国经济发展的一种绊脚索。得到结论如下：印度如须奠定其经济基础，每年需要外援十亿美元，以供三年间继续推进其“五年计画”之用。经将此点面告尼赫鲁。

（二）访问福特基金驻印度代表处，获晤葛洛斯曼 Grossman。

先生日记云：

访问福特基金驻印度代表处，晤葛洛斯曼博士。渠首述印度所得美援，以国民所得总额计，以政府预算计，或以经济发展经费计，所占百分数实不甚巨。可以说印度在其经济发展计画中，大部分经费出之于本身资源。若以由美援所产生之成果，亦即效用而言，则可加以改进之处甚多。第一，中央与地方在工作实施方面，重复甚至冲突之处甚多。第二，人民储蓄甚少。第三，行政效率太低。第四，人口生产率过高。继又述印度过去之经济建设计画集中于铁路、电力、钢铁、机械，与肥料制造等工业及农业之改进。目的在求经济成长率超过人口增加率，希冀能以冲破经济成长逾慢、人口增加逾速之恶性循环。故其计画不能视为过奢。目前每年国民生产所增加之一半，既消纳于人口之增加中，故经济建设计画之范围不能广泛。因此，美援恐须继续至一九七五年。换言之，即需三个“五年计画”。

（三）再访美援代表团，晤研究人力专家克拉克 Robert L. Clark 。

先生日记云：

下午再访美援代表团，获晤研究人力专家克拉克君。渠首告现在新德里成立之“实用人力研究所”，系彼建议成立之一独立研究机构，不属于政府，而可以自由用人，俾能延揽有学识经验之专家。继述印度工业缺乏工程师与工头中间一段之技术人员。福特基金会方面曾选送六百名技术人员赴美国各炼钢厂受训，但未见功效。其理由因美国炼钢厂不敢让彼等运用机器，只许从旁观察。及归国后，又以印度炼钢厂各种条件不同于美国各厂，不能施展各人在美所见所习。故现改为在印度职业学校就地训练。至于解决失业与半失业问题，最好办法为选择富有经济潜力地方，在当地农村中开发工业。例如茂盛森林或丰富矿产区，建立工厂，同时配置各项福利设备、运输设备、金融机关，自然而然变为繁荣之市镇，产生各种职业机会。如是则中小企业之兴起可以受到鼓励。再辅以“家庭计画”，则失业与半失业问题可望逐步解决。至于选送技术人员赴国外受训，应以具有根底之优秀人才为限。

在印度两星期，与各专家谈话，得益匪浅。

二十六日，飞抵新加坡，陈振传、黄伯权、刘攻芸诸友来接，宿瑞福旅馆。

二十八日，遇麦克唐纳 M. MacDonald 于陈振传招待宴中。

先生日记云：

本日陈振传兄作东，设宴招待。席中晤见前英国驻东南亚高级专员麦克唐纳君。承告最近中印边界冲突，其衅由于印方越界开枪射击对方，故其咎不在中国。

十一月四日，飞抵曼谷，吴大业来接。

五日，访问联合国远东经济组织，晤方显廷、吴大业询问东南亚各国最近经济情形，并搜集有关资料。

七日，访问驻曼谷美援代表处，晤主任郁尔 John Ewer。

先生日记云：

本日访问美援代表处晤主任郁尔，详谈泰国运用美援情形。据告最近美援运用计画业已订就，并经泰国内阁核准。要点着重于维持泰国北部边境安全，例如：加强警察力量，增建公路，增加卫生医疗设备，继续改良公共行政及教育设施。又与其助理顾格 Kugel 讨论，如何铲除公务员贪污。渠意惟有加强审核制度及培养下一代青年。又谓过去美援最显著之成绩为消灭疟病 Malaria。

九日，飞抵西贡，魏宗铎、陆鸣亚来接。

十日，雷神父来谈，愿作向导，介见当地政府当局。

十一日，访问驻西贡美援代表处，晤主任布栾特 Joseph Brunt。

先生日记云：

本日访问驻西贡美援代表处，晤主任布栾特君。据告南越目前最急切之问题为保安与生存，经济发展尚属次要，故美援运用集中于建筑防卫寨堡Strategic Hamlet。每一村庄组成一自卫单位，村庄外围绕以钢丝，内置通讯网与瞭望台，由村民武装站岗守望。每晚六时后禁止村民出入，实行坚壁清野，使共产党徒无法隐藏或取得物资。如有大队匪徒来攻，即用无线电通知附近驻防军队，前来进剿。此系采用马来亚所行办法，惟美援在运用上加以相当修改。除保安制度外，对于每一寨堡之教育推广、卫生改良、农业改进、交通便利等同时进行。现有四分之一的乡村已建有防卫寨堡，如须推行于南越全境，势需数年时间及巨额经费。据美援执行人员观察，此项防止共产党游击队策略，较之半年以前已见功效。原来预定的八年计画，现在可望缩短成五年。此一乐观气氛，虽然呈现于南越民众及华侨社会中，惟据一般心情沉重者之观察，此项保安与生存计画能否成功，还须看环绕于南越的各国，如寮国、柬埔寨及中共之态度如何。而中共又最为重要。嗣与其助理福芮年君Burt Fraleign谈话。渠主持乡村改进，认为越南当前急务为改良公共行政、教育、卫生设施。但如乡村安全不能保持，即一切无从下手，故不得不着重建置要隘寨堡。

十五日，飞抵香港，亲友来接者甚众，住董浩云之香港小筑招待所。

十七日，访问友联研究所所长史绳之。

先生日记云：

今日访问友联研究所所长史绳之兄，参观其办公室、图书室，并承介见大陆经济研究主任详谈。据告研究大陆物价，相当困难。

二十日，访问远东经济杂志社 *Far Eastern Economic Review*，晤副总编辑宋凯叟 Kayser Sung。

先生日记云：

本日访问远东杂志社副总编辑宋君，承告欲得大陆批发与零售物价指数，自一九五〇年至一九六二年，继续十二年者，绝不可能。即一九五二年至一九五七年，继续五年之指数，亦不能得。

二十二日，访问中国时事分析出版社 China News Analysis 主持人那丹尼神父 Father Ladany，所告情形，与宋凯叟相同。

二十五日，赴友联研究所，商定借阅大陆各日报。

先生日记云：

本日赴友联研究所，商定借阅大陆各种日报，并邀两位朋友帮忙抄录每日报载物价。同时有友人与大陆通讯，适知其族人中有在建筑业任事者，因托其将若干建筑材料价格抄寄。

十二月六日，函斯坦福研究所主管国防分析中心之贺包尔，并附有关中共经济问题之访问报告。

先生本日自香港去信，略以离美四阅月，旅程遍半个地球。兹将关于中共经济问题，在各地访问所得，先草报告寄奉，以供密存参考。计（1）九月十一日，访问西德基尔研究所所长赫克特 Hugo Hackett 博士谈话记录。（2）九月十三日，访问西德科隆奥脱·乌尔夫 Otto Wolf 钢铁厂主人奥脱·乌尔夫君谈话记录。（3）九月十四日，访问奥脱·乌尔夫钢铁厂出口部主任伏拉脱君 G. L. Flatow 谈话记录。（4）十月二十五日，访问印度尼赫鲁总理谈话记录及个人观感。（5）十一月十一日，访问驻西贡美援代表处主任布栾特君 Joseph Brunt 谈话记录。

按上述各谈话内容，均见先生当日日记。

二十日，接何廉来信，得知台北中央研究院已设经济研究所，将请邢慕寰任所长。

二十七日，接台北陈公亮等联名来电欢迎早日赴台。文曰：“香港张公权先生赐鉴：自违教范，屡易星霜。邦国多难，尘清可俟。我公讲学海外，蜚声杏坛。每接音书，辄深欣忭。比闻星槎抵港，即将莅台。同人等别久思深。而祖国年来经建成果，进步情况，亦公素所关怀。伫望早日命驾，谨电奉达，敬候旅安。陈公亮、高惜水、关吉玉、王世宪、董文琦、刁培然、王钟、卢定中、汪元、王兆民、金绍贤、甘豫昌、董彦平、周文蔚征。”

按来电具名各人，均先生任东北行营经济委员会主任委员及中央银行总裁时之同事。

二十八日，（一）函呈蒋“总统”，报告不日来台晋谒。文曰：

总统钧鉴：自违道范，已十余载。企慕之殷，无时或释。数月前，闻政躬违和，不胜系念。近谛已占勿药，至慰下怀。嘉璈十余年来在海外从事于教授与研究工作，聊以藏拙，并补平日读书之不足。到美后先在洛亚拉大学教授七年，前年起在斯坦福大学任研究工作。此次受该校嘱托，研究亚洲美援国家之自助能力，及印度与中共之经济潜力及其比较。历访欧西各国，及印度、暹罗、南越等地，搜集资料，于上月中抵港。以所任工作，定有限期，拟先在港将已有资料加以整理，编制局部报告。台湾经济在钧座领导之下，日有进步。而于自助能力尤多表现，自应详加研究，俾资参证。一俟此间工作略有头绪，当即来台晋诣崇阶，面承训诲。令值岁序更新，谨先专函恭贺年禧，并请钧安。张嘉璈敬上。十二月二十八日。

（二）函呈陈“副总统”，报告不日来台。文曰：

辞修先生副总统阁下：自违道范，已十余载。前次行旌过金山，适以足疾，不克参加欢迎宴会。曾托家兄致意，并蒙垂注，不胜感荷。嘉璈此次受斯坦福大学之嘱托，研究亚洲美援国家之自助能力，暨印度与中共之经济潜力及其比较。历访欧西各国，及印度、暹罗与南越等地，搜集资料，于上月中抵港。以工作定有限期，因先在港将已有资料，加以整理，编制局部报告。台湾经济在总统与吾公领导之下，日有进步。自助能力尤多表现。当不乏足资参证之良好资料。一俟此间工作稍有头绪，当即来台观光，并聆大教。兹值岁序更新，谨先修函，恭贺年禧，并请公安。张嘉璈拜启。十二月二十八日。

按以上两函系托张群转呈。

是年七月，阿尔及利亚 Algeria 脱离法国统治。

十月，中共在喜马拉雅山边境与印度发生军事冲突。

一九六三年 先生七十五岁

一月四日，根据在香港所得有关中共经济情形资料，编制初步报告，函寄斯坦福研究所主持国防分析之贺包尔，以备参考。

去函略谓：关于中共最近经济发展情形，去年十二月六日函中，业已提及。附来报告，其中资料系得自权威方面。为慎密起见，其人姓名现尚不便披露。报告如次：

最近中共经济发展简报

（A Brief Survey of the Recent Development in Communist China's Economy）（译文）。

壹、一般政策

由于继续的三年农产歉收，结果造成饥荒，原料缺乏，输出减少。过去"多产"、"速产"、"加产"、"廉产"的政策，现代以"调整"、"抽紧"和"提高标准"。工业第一、农业第二，重工业第一、轻工业第二的一切口号，兹则转变为农业第一、工业第二。因此对于重工业须加调整，俾轻工业与手工业可以增产。放弃公社制度，恢复合作社制度，注意互助与联系。百花可以齐放。知识分子、有经验的老农和中产阶级的议论，只要不涉及政治，而语气温和，多少可以引起当权者的注意。政府对于"家庭计画"由于违反主义立场，两年前曾加反对，现在则予以支持。对于过去发表夸大不实的统计数字习惯，亦正从事改正。

贰、工业

为求便利增加农产起见，已将原有"资本建设"和"工业增产”政策，加以修正。新的重工业已停止兴建。农业上需要的机器和工具、肥料与消除病虫害的药剂、灌溉用的机械，均在扩大生产中。钢铁工业方面注意制造各种应用物品，而不着重出产大量钢铁。机器工业方面指定制造轻工业所需的机械。轻工业增产消费品，目的在鼓励农人增加出产。

无论重工业或轻工业所需原料，供应上均感困难，现尚无法解决。由于焦炭的缺乏，钢铁只好减产。在“大跃进”期间，开采煤矿由于缺乏木材（支柱），致全矿毁坏，同时因缺乏食粮，致矿工无法工作。由于钢铁缺乏，轻工业所需机械无从取给。由于农产歉收，轻工业所需大宗原料供不应求。轻工业中最重要之纺织工业，因缺乏棉花，致多数纱厂布厂停工。在一九六一年中，停工时间最长者达一年，短者亦四个月。一九六一年至一九六二年，重工业各厂停工时间约占全年三分之一，轻工业各厂则超过三分之一 。

叁、农业

甲、食粮

一九六二年粮产公认较一九六一年为优。然仍难称丰岁。冬麦在满洲受水灾影响，在西南各省则播种时，受旱灾影响，河南及新疆曾有蝗灾。一九六二年春季，其他各地或有风灾或有霜灾。所幸长江北岸，雨泽适时，春麦收成大部尚佳。北方各省，如东北、内蒙、宁夏、青海，亦因雨泽适时，春麦收成均较冬麦为佳，惟数量略逊。至于早稻，一九六二年收成不如一九六一年，实以长江流域及华南各区，感受寒流所致。惟一九六二年之晚稻，由于雨水均匀，故不论华南、华中、华东南各省，咸较一九六一年为佳，以无风灾虫灾故也。

据权威方面报告，一九六一年食粮收成，较之一九六〇年上升百分之五至百分之十；一九六二年，估计又较一九六一年上升百分之十至百分之十五。兹如以一九六〇年之估计数为基数，则一九六一年食粮收成将合一亿三千六百五十万公吨。此项数字与吾人估计之一亿四千万公吨，极为接近。又如姑以一亿三千七百万吨为基数，则一九六二年收成将在一亿五千万公吨与一亿五千七百五十万公吨之间。准此，可以假定一九六二年谷类食粮收成将不能超过一亿六千万公吨。

乙、棉花

据可靠来源，尽管华北春季干旱，华南严寒，且若干地区发生虫灾，惟一九六二年棉花出产，则较一九六一年增加百分之二十。惜一九六〇年与一九六一年出产数字，难以知道，无从推算一九六二年棉花产量。按照一九五八年不甚可靠之产量数字二百一十万吨，及一九五九年逾分夸大的产量数字二百四十万吨推算，则吾人势将以一九五七年之产量数字一百六十万吨为基数，在基数上增加百分之二十，即得一百九十二万吨。似此三年之内，棉花产量显然未见大量增加。是政府对于农产首重食粮。

至于其他农产如花生、芥子、豌豆、黄豆、黄麻等产量，多不及一九六一年之丰盛，而大豆产量则根本无数字可考。

肆、放弃公社制度，回复园圃种植

公社制度实行期间甚短，现已解体。公社生产权责交由生产队执行。生产队成为管理单位。一切生产回复到一九五二年和一九五三年水准。农民原来可以享受的权益和自由，已经有部分恢复。生产队不独为生产单位，亦为分配单位。除照农民生产所得予以分配之后，再按定额缴纳政府。如此农民可以享受其生产成果，而提高其工作效率。农作活动不受党干的干涉，完全由具有经验的老农指导。

农业生产的改进，基于三种因素：（1）增加耕地面积。（2）改良耕种方法。例如恢复园圃制，遵照有效果的耕种陈法。（3）增加主要农产品地区农民的分配数量。

每一有三口或四口的农家，每口得保留五分之四亩（七分之一英亩）的耕地，由政府担保在三十年内不予变更。

伍、副食品供应增加，农民生活水准略形改良

由于农民对于园圃生产的努力，菜蔬、鸡、鸡蛋、水果等产量增加，流入自由市场后，上述各物市价较之数月前，下跌百分之二十乃至三十。

由于农民在其自有之园圃中所产食物的增加，政府食粮配给额的增加，及市场上日常用品的增加，农民的生活程度较之一九六〇至一九六一年，及一九六一至一九六二年之上半年，提高百分之二十乃至二十五。其提高程度，较之上述一九六三年食粮生产率增加之百分比为高。

陆、政府政策改变，人口增加率降低

北京官方认为全国每年人口增加率约为百分之二。但何所根据，并未说出。可能仅为毛估。降低人口增加率的原因，可能由于人民营养缺乏，生殖能力衰退，死亡增加。一九五九至一九六一年的荒灾，可能为重要因素。据权威方面的报告，在上年春间召开的人民代表大会中，马寅初继续倡议严格统制生育。曾经大会采纳，作为议决案。为推行此一议决案，经规定男子婚年由二十岁改为二十二岁，女子由十八岁改为二十岁。同时加紧宣传节育，而在乡村尤力。政府对此，完全转变其一九五九年的固执立场。

柒、需要继续输入食粮，弥补短缺

中共政府现已承认在乡间每人短缺食粮一百斤，在城市每人短缺三十斤。假定吾人接受中共人口的最低估计数字为六亿八千万，内中百分之一四点六四居住城市，百分之八五点三六居住乡村（一亿人口居城市，五亿八千万住乡村），则一九六一年居住乡村的人民需补给食粮五百八十亿斤，亦即二千九百万吨；居住城市的人民需要补给三十亿斤，亦即一百五十万吨。合计共为三千零五十万吨。假定在一九五七年估计生产为一亿八千二百万吨，足以自给自足；一九六一年生产为一亿四千万吨，则该年势将短缺四千二百万吨；一九六二年势将短缺二千二百万吨。假定一九六一年短缺三千零五十万吨；而一九六二年生产增加二千万吨，则一九六二年只短缺一千零五十吨。中共现正努力于储积食粮，以备万一发生战争。似此势将继续向国外购买食粮，而中共对于人民的食粮配给，在最近仍难望提高。

捌、中共对香港输出及侨汇收入之增加

据权威方面估计，中共对香港的输出，每月可以收进港币一亿元，对于侨汇，平均每月可以收进港币二千五百万元。以上两项全年共合港币一十五亿元，约合美金二亿六千三百万元，足敷支付输入食粮价款。

中共对香港输出之增加，可能由于大陆农产品之增加。侨汇之增加，则由于下列原因：（1）每汇入人民券一百元，可以领到配给大米七十五斤、食油四斤、食糖四斤、黄豆四斤、鱼四斤、猪肉三斤、棉布一十五尺及价值人民券二十五元之日用品（香烟、肥皂等）。（2）各处寄来侨汇，由中共政府的“侨民服务处”经理。汇款人如拟将汇入之款指定购买货物交与收款人，可由“侨民服务处”代办。其货价如下：大米每斤一角五分、黄豆每斤一角七分、食油每斤八角、食糖每斤六角四分、鱼每斤三角三分、棉布每尺六角七分。以上均系人民票。

玖、苏联经援停止，苏联技术人员全部撤回

据权威方面所知，在苏联经援一百六十六种计画中，一九五八年底，计有五十五种未经完成，而终于停止进行。当苏联技术人员全部撤退时，依据一九五八年及一九五九年中共与苏联所签协定中规定之一百二十五项经援计画，已经进行者不过一部分。至苏联技术人员撤退之原因，并非由于主义之冲突，实缘中共认为苏联技术标准不符理想，而一切开支则甚巨。据传有一部分建设工程，由于苏联技术人员将蓝图携走，致工程进行不免迟慢。一部分完工之工厂，由中共技术人员接手管理，极为顺利。

拾、教育政策之改变

教育政策最大的变动为：（1）大学及专科的入学试验提高，重质不重量；（2）政治与党义学习和讨论，在学校内已不甚加鼓励，时间亦经减少，每周为四小时；（3）鼓励学习外国语文，除俄文外，注重英文。

拾壹、经济发展缓滞

据中共官方意见，若欲回复到一九五八年的经济水准，须要三年或五年时间。鉴于由“大跃进”政策，及“公社制度”所产生的物质与精神上的巨创深痛，上述意见，相当正确。然而三年或五年之内，是否可以完全恢复旧观，重新迈进，须视下列因素：（1）农产逐年丰收，中间不发生天灾人祸。（2）逐渐纠正农民与工人过去的冷淡心理。（3）温和而一贯的推行现在合理的经济政策。（4）改善与工业先进国家的贸易关系。

* * * * *

八日，接斯坦福研究所贺包尔函告，收到去年十二月六日寄去之访问报告。

先生日记云：

> 接贺包尔本月三日来函，告以收读我寄去之访问报告，深感兴趣，并谓正与吴元黎君商讨“中印边境冲突问题”研究计画，似觉美国防部误认此事可能扩大，及接我寄报告与尼赫鲁谈话后，始得个中真相。由此可见西方国家观察东方情势，时有错觉。

九日，接张群一月七日函告“总统”询问何日赴台，表示欢迎。函曰：“公权吾兄惠鉴：得去岁十二月二十九日手翰附两函，均敬收悉。呈总统函已即转陈，奉批阅悉，并面告对兄欢迎之意，及询来台日期。辞公函经转去后，据告将作覆托转，并告有关方面为兄准备所需资料。此间友好自均盼早获良晤。惟以上各情，弟尚未向任何人道及。兄在港工作，何时可告段落。行期自可由兄酌定。一俟有定，尚希预为示知。如有嘱办之事，并乞不吝惠告为祷。圣诞佳节暨阳历新年，均已相继过去。据光回兄函云兄现居幽静之处，可资休养，但在港亲友甚多，当亦无法完全避免酬酢也。专此布覆，顺颂俪祺。弟张群拜复。一月七日。”

十七日，接陈“副总统”复函欢迎。函曰：“公权先生道席：献岁发春，敬承起居多祜，为颂无量。顷展瑶笺，借悉台从近曾历访欧西及印越诸邦，搜讨观摩，定多创获。高怀宏识，佩企良深。弟前岁访美，以时间促迫，未克走访请教。仅托君劢先生代为致意，深感歉然。承示不久将返国一行，尚盼大旆早日来台相聚，借慰驰依。特复并致欢迎之意。不尽缕缕，耑此即颂年禧。弟陈诚敬启。五十二年元月十日。”

二十五日，发现大陆报纸自一九五六年至一九五八年所载商品价格，种类逐渐减少，乃至完全停载。抄录物价工作，无法进行。一九五二年至一九六二年之继续指数，不能得到。

二十九日，函斯坦福研究所贺包尔，告以工作发生困难，及目下所拟补救办法，并请函香港移民机关延长居留时限。函曰：

> 贺包尔先生台鉴：关于本人初步工作，原拟寄一报告。嗣以未能决定从何下手，致迟至今。抵香港后，迭与联合研究所友人、中国时事分析出版社社长那丹尼神父及远东经济杂志副总编辑宋凯叟晤谈，始知原拟工作计画难于进行。缘一九五二年至一九五七年间，批发及零售物价指数或重要货物行市，报纸所载，断断续续，东鳞西爪，极不完备。虽承友好介绍，获与曾在大陆办厂甫抵香港之人士十余位晤谈，惟各人对于物价知识有限。除对此问题缺乏兴趣外，实以在中共制度下，工厂中只有主管成本会计人员，可以搜集物价统计数字。不巧所晤各人均系工程及营业人员。各人并称离开大陆时，决不敢挟带任何有关经济数字资料，不论其为印刷品或手抄记录。一经发现，即不能离境。是以经过月余探询，迄无所获。
>
> 鉴于上述情形，兹决照下列办法，勉力从事，纵有困难，亦所不计：
>
> （1）根据一九五二年至一九五七年间，北京及上海日报所载每日物价表，就中选出约百余种，予以计算。
>
> （2）根据报纸所载每日市价，算出每月平均市价。如每日

所载市价，并不完全，即据载有市价计算。每年之平均市价，亦复如此计算。

(3) 利用各地日报所载物价，补充北京上海各报所载之缺漏，并以表示各地物价之差异。

(4) 尽力搜寻每类货物之代表品的市价；例如二十支“青凤”牌的棉纱与“龙头”牌之棉布，即以与香港、日本、美国同类产品的市价相比较。

(5) 根据中共《伟大的十年》所公布的代表物品，胪列如下：

甲、工业品：钢、铁、原油、水泥、木料、硫酸、曹达、烧碱、化学肥料、盘尼西林、切金属品的机器、动力机、电马达、发电机、机关车、摩托车、耕种机车、收刈机车、棉纱、棉布、树胶鞋、脚踏车、纸烟卷、植物食油、糖、盐、水产。

乙、农产品：米、麦、杂粮、马铃薯、大豆、花生、芥子、甜菜、熏过烟叶、蚕茧、山蚕茧、橙、苹果、梨、香蕉、葡萄。

(6) 一九五六年物价表所载项目既属不多，而一九五七年所列者益少，后此几等于无。惟有暂付缺如。同时仍将尽力另觅来源。

(7) 非代表品之市价，仍当记录，以备将来应用。

现经延致二人，根据日报所载，将上述各项货品价格逐项录存。此项工作希能于二月底告竣。同时正与新近来香港、对于大陆经济情况有相当知识之友人接触，冀能获知每一种代表物品之市价。

深知此项工作之匪易，自当尽其所能，以求完成。但同时亦不便期待过切。为求能搜集较多的资料，工作时间势将延长。故于费用，当力求樽节。相信到二月底，对于整个工作，可望得一明白观念。

至于上述所采步骤，是否正确，尚希不吝赐教。倘认为在此困难情况之下，此一研究，殊不值如此费力，亦望坦率见告幸甚。

去年在纽约申请赴香港之入境签证，由于误听人言：留港时间愈短，则获得批准愈速。因此申请在香港居留仅一个月，去年十二月十四日到期。后曾获准延长三个月，至本年三月十五日满期。惟现查工作尚须三个月，应请胡佛研究所及斯坦福研究所会函香港移民局申请延展所需时日。附来代拟函稿，即请洽理。如属可行，希将去函于二月二十五日左右签发，将副本寄给本人。至纫惠助。

斯坦福诸友，均祈代候。张嘉璈具。一九六三、一、二十九。

三月二十日，闻被托在大陆代为搜集资料之人为中共拘询。

先生日记云：

帮同研究之友人接到来自上海消息，其公子因报告建筑材料价格而被拘询。且抄录日报价格，间断不全，欲得每月每年平均数字，不能得到有继续性及有系统之记载。勉强求成，累及他人，殊不值得。因此决定停止进行。兹在友人处得知香港当地出版一种《金融物价》日报，内载大陆产品的港币价格。因设法出价收购自一九五〇年起之日报复印本，约一个月后可以交来。

二十三日，函斯坦福研究所贺包尔，告以调查物价指数困难情形，并嘱转知吴元黎。函曰：

贺包尔先生惠鉴：一月二十九日敝函计已达览，现在对于本人工作，观念澄清，特缮具报告，寄请鉴洽：

壹、搜集完备可靠资料之困难原因

甲、自大陆来香港人士，很少能供给物价的统计数字。缘在中共国营事业中，只主管会计统计人员，因计算成本关系，可以知道物价数字，其他人员无此机会，对之亦不感兴趣。同时更不便从旁探询，自召嫌疑。来港各人何敢冒险将有关经济资料抄写挟带。虽经与抵港各人晤谈，亦曾得知不少消息，然对所需统计数字，则一无所获。

乙、在获读尊二月十九日及吴元黎博士二月二十四日先后来函之前，曾与此间进出口商行接触，极力打听中共出口各货价格。据告此间商行在大陆设有分庄，经营进出口生意者，已于一九五六年前后多数停止营业；其余亦改组为公私合营。所有国外贸易，完全集中于“中华资源公司”China Resources Company独家经营。该公司在香港设有办事处，乃中共在香港经营出口贸易之唯一机关。内分四部：（1）工业品及矿产，（2）纺织品，（3）日用品及家畜副产品，（4）食粮及食油。此外尚辖有两贸易经理处：（1）得胜行Teck Soon Hong, Ltd.，经营茶叶及各种土产出品；（2）五丰行Ng Fung Hong，经营谷米、食品、食油出口。所有华洋商家欲与中共发生贸易关系，必须经过“中华资源公司”，或两贸易经理处。中共在广州设有商品展览会，招徕外商。外国商人如须采购中共出品，可与中共商务官员接洽，但在商品展览会闭幕后，必须离开广州。因此香港商行与大陆不生关系。

丙、自一九五九年起，大陆报纸杂志均不登载各种统计数字。由大陆来港人士中，纵有平时关心经济情形之人，除少数日用品市价外，对于一般物价，一无所知，自亦无从报告。实则自一九五六年下半年，大陆经济发生崩溃后，所有报纸对于物价表，即停止登载。

贰、最后努力，仍归失败

鉴于由大陆刊物上不能搜集所需资料，因特访曾在大陆经营纱厂、现在香港设厂之友人，托其函询留在大陆之旧厂人员，当地二十支棉纱平均市价。原以为此一简单数字，由普通来信报告，应不致引起麻烦。如此则一次、二次、三次通信，可以陆续得知其他物价。第一次来信，颇令人满意。第二次来信，称已搜得所需数字。及二月底，第三次来信，则称所需数字，恐被邮局在信中查出，不敢表列。因此请托大陆朋友搜集资料计画，只好作罢。

叁、尚非绝对无望，惟须多费时间

在目前状况之下，尚有下列进行办法：

甲、访问新抵香港之大陆人士，曾在中共企业内担任重要职务之人员。

乙、寻访由大陆逃至香港之难民，其中或有多少知道物价之人。

丙、等待大陆对经济事项统制松懈时，再行设法搜集资料。在过去四个月中，曾访问大陆来香港旅游之相当重要人物，其中四人原系熟识。彼等对中共企业颇为熟习，对于本人所需物价资料，当能供给相当背景。然此势须耗费相当时间。至于所获资料之量与质，当难预计。为节省精力与金钱计，此一办法，拟予放弃。应俟中共对于经济统制办法放松后，再予进行。再者，为访问人士搜集资料起见，每日均有应酬，既感疲劳，而且费时。兹已规定每日参加餐会一处。

肆、逐渐奠定工作基础

在过去的四个月工作中，曾经编就中共批发平均物价表，内包括一百八十种工业制造品，及三十种农业生产品。

甲、中共物价制度所谓：预定物价、统一物价、工厂物价、移转物价、批发物价、零售物价等等，在各种刊物中，均未明白画分。即刘大中氏之《中共国民所得及其经济发展》一书，亦未曾将中共各种不同之物价制度，加以分析。倘不明白各种物价不同之点，势难了解其整个物价制度。吾人之工作，亦将无从进行。所幸在香港认识两人：一系在上海曾主管某纱厂会计，一系在广东曾主管一化学工厂，均于一年前来港。经加访问，得悉大陆物价制度。最近又获晤两位重要人物：一原系纱厂经理，现任江苏省政府副主席；另一原系棉毛纺织厂主人，现任纺织业统计局华东毛纺部经理。经将本人已经知道的各种物价制度，重行加以解释画分。此则对于我之基本工作，颇多助益。

乙、编制每年、每月、每日平均批发物价表：为求得到继续一贯的物价表起见，经据可能见到的北京、上海报纸所载物价，逐日抄录编制，并检阅其他报纸所载物价参证补充。一九五七年起，报载物价表即欠完全。一九五二至一九五六年之物价表，大体尚称完备。自一九五七年后，不免缺漏甚多。中共自一九五三年起，采行“物价安定政策”，虽表列物价有时不免缺漏，尚不影响一般物价趋势。同时检查一九五七年物价，比较一九五六年者，差别不多。是以采用一九五六年物价表及不完全的报告，编制各类货品的物价指数。根据此项指数，凭以估计现行的物价。此项办法，虽欠完满，但用以校对中共在经济状况改进后所公布之统计数字，颇为有用。

伍、现正从事编制下列两表

甲、在各类货品中，寻出代表货品，例如二十支蓝凤牌的棉纱，与63×64、36×40码的龙头牌棉布，分别代表棉纱与棉布，如此可望得到每类货品的平均市价。

乙、搜集大陆输入香港及香港输入大陆的物价表，借以寻求大陆输出类似洋货之价格。在香港唯一刊物《物价报告》内，可以查出此项市价。此项报告，每月出版一册。发行人存有历年旧刊全份，如须影印，每页需港币七元。现嘱影印每月月初报告十页，自一九五二年以迄一九五七年，共计六年，总计七百二十页，需港币五千零四十元，折合美金八百七十元。

鄙意根据上述各种资料，有关中共在一九五二年至一九五七年间之物价制度，及其动态之研究，庶可进行。如研究结果尚不离谱，则对于中共国民真实所得，可以作进一步的估计。一俟中共对于统计数字之管制放松，对于中共经济发展进一步的研究，固已事先奠定其基础矣。

陆、我的旅程表

抵达香港后，接到总统府张秘书长群来函，转知蒋总统欢迎我赴台湾一游，并接到陈副总统来函，盼望在台北相晤。复迭接张秘书长函询行期。似此台北之行，不便再缓。经已购订四月七日机票，在彼住二周或三周，顺便搜集有关物价资料。返港后，将从事搜集农业产品之统一收购及销售价格资料。约在五月中旬将离香港转赴日本。希望在彼可以搜集更多资料。预计返抵波罗阿尔脱将在六月上浣。

柒、经费总计

由于预测工作前途之困难，故对应支费用，力事撙节。为抄录各种报纸物价表，曾雇用二人工作，月薪一为港币一千元，一为六百元，租用办公室一间，月付租金港币五百元。每月文具纸张费用约港币三百元。上列各项均按六个月计算。本人每月支薪五百美元。过去系由吴元黎博士转来。截至五月十五日止，在香港之工作告一段落，开支办公经费计港币一万四千四百元，约合美金二千四百八十元，另本人薪金计美金三千元，总计美金五千四百八十元。除在一月底前，陆续收到汇来之美金四千八百三十元外，尚希汇寄美金六百五十元，以补不足。至于影印《日用物价报告》所付之美金八百七十元，如认为可以出账，亦请一并汇下，总计美金一千五百二十元。

关于中共物价制度说明报告，及各类货物价格表，一俟缮就，当即寄奉。

随附本函副本，即烦转致吴元黎博士。张嘉璈谨启。一九六三、三、二十三。

二十九日，在香港新亚书院演讲《经济发展之条件与成长率之比较》。

先生日记云：

本日应香港新亚书院之邀，前往演讲。先由吴副校长士选（俊升）致词介绍。我之演讲题目为《经济发展之条件与成长率之比较》。

按演讲全文曾载“民国”五十二年六月香港出版之《社经》第四期。兹摘记要点如下：

> 第二次大战后，研究世界经济者，咸注重各国经济发展问题，均以经济成长率为衡量一国经济强弱之标准，而东西两大集团之政治家，且以此为标榜冷战胜负之工具。所谓经济成长率，指一国国民真实所得之每年增加率而言。惟资本主义国家与共产主义国家计算方法，各有不同。至经济发展之先决条件，经济方面的要点有四：(1) 积聚资本，(2) 开发资源，(3) 维持人口之合理增加率，(4) 改良生产技术。政治方面的要点有三：(1) 开明法治的政府，(2) 善良的经济政策，(3) 适宜的对外贸易政策。社会方面的要点有二：(1) 改良人民生活习惯，(2) 移转人民心理。以上各要点，为建成经济发展之一般抽象条件。至于实际因素，则因时代国情而有异同。资本主义先进国家不特欲维持其现有之经济成长率，且欲提高不使共产主义先进国家赶上，不能不采用人为的刺激，结果难免产生不健全之经济现象。共产主义先进国家既欲提高其经济成长率，以与资本主义国家抗衡，又欲改进人民生活水准，提高劳工情绪，更不能不扩充军备及对外援助，致力量分散，顾此失彼，不能达到理想。至于落后国家，不论其属于资本主义，或共产主义，咸存甚大之奢望，欲求经济早日发展。但往往不能脚踏实地，完成先决条件。又不能解决人口增加问题，致国民每年所得之增加，随即由增加之人口所消耗，无法积聚资本。故全世界之经济发展，各国均有矛盾。

四月六日，撰就《中共工业产品价格制度说明》，寄斯坦福研究所。

按先生以英文所撰《中共工业产品价格制度说明》The Price System of Communist China 一文，系为研究中共人民真实所得之初步工作，先对其价格制度作一广泛之探讨与说明。中共计算其工矿两业产品之价格，名目繁多，不下八种：（1）预定价格 Planned Price，（2）工厂价格 Factory Price，（3）移转价格 Transfer Price，（4）统一价格 Unified Price，（5）批发价格 Whole Sale Price，（6）零售价格 Retail Price，（7）输出价格 Export Price，（8）输入价格 Import Price。中共工厂、矿场、商店完全国营，所有生产、采购、运销，悉由政府机关层层统制。每经过一层统制，即发生一种价格。

七日，离香港，飞抵台北。

先生日记云：

> 本日由香港飞抵台北。以飞机迟到，致亲友来接者，或则久候，或则离而复返。到后乘岳军车至中国银行招待所长谈。承其详告台湾近况，以及应行注意之事。

关于先生抵台北情形，当地《联合报》八日报道如下："曾任铁道部长、交通部长、中央银行总裁的张嘉璈博士，昨日（七日）下午四时搭日航客机自香港抵台北。总统府秘书长张群、财政部长严家淦，及李石曾、董文琦、王钟、蒋匀田等五百余人到机场欢迎……他在台湾将停留四个星期……他昨天在机场告报界说：台湾经济已经一天天的有进步。他这次有机会回国考察，感到愉快。又说：他在这里将和有关机关人士交换意见，并搜集资料。将赴台中、台南、台东各地参观……他的健康情况很好，精神充沛。昨天在机场欢迎他的董文琦（系当年和他一道在东北接收的政府官员）说：张氏一点也不显老，精神也和当年一样。"

九日，旅居台北前东北行营政务与经济两委员会同事及各省主席二十余人设宴招待。

十日，（一）张兹闿邀午饭，并与研究经济的专家多人畅谈。（二）晚赴前交通部旅台同事百余人公宴。

十一日，（一）上午拜访陈"副总统"。（二）下午蒋"总统"约见。

先生日记云：

> 本日上午拜访陈副总统。下午四时，蒋总统约见，垂询在

美工作情形，并嘱多多参观各项建设。

（三）中央银行总裁徐柏园约晚饭，有金融机关各主管在座。

十二日，（一）王新衡约午饭。

先生日记云：

本日王新衡兄约午饭，座中与蒋经国兄长谈。渠慇懃劝我返台，帮助训育经建人才。

（二）参观国防研究院，并讲话。

先生日记云：

国防研究院张晓峰（其昀）先生来访，陪往该院参观，并讲话。先由晓峰先生代表文化研究中心经济研究所致欢迎词。讲话要点为人口众多、资源缺乏之国家，经济发展应循之道路，为努力增加出口及多设工业中心，制造就业机会。

按先生谈话记录未经付印，仅抄录三份，一份留国防研究院，一份呈蒋“总统”，一份送陈“副总统”。

十三日，（一）上午参观中央研究院，并在经济研究所讲述中国金融业发展简史。（二）中午“国家”行局公宴。（三）陈“副总统”约晚饭，有“行政院”各部长在座。

十四日，（一）上午前沈阳市长董文琦陪往参观石门水库。（二）张群邀午饭。（三）接张兹闿函，希望写一《中国银行史》。函曰：“公权先生道席：昨邢慕寰兄请求我公于南游返台北时，再为请益，并承俞允。至深欣幸。晚尚不知慕寰心目中所拟请益之问题内容。但晚之兴趣则在职业性之银行问题。且将来如能对中国银行史写一小册，尤为多年心愿。故将愿知之题目写出呈阅。其中若干题目，如荷指示何处去找资料，即可不必详细讨论。又如有不能全凭记忆以说明者，亦可略去。但拒绝停兑，及整理公债等史实，均为我公当年冒极大困难以完成之者。则当可详为诲示（现时许多人都不知道），以启迪后生也。专肃敬颂崇绥。晚张兹闿谨肃。四月十二日。”

十五日，（一）沈宗瀚上午来访，长谈农业复兴委员会工作。

（二）下午五时，应“财政部长”严家淦邀赴美援运用委员会，听取各部分关于美援运用之简报。晚餐后，并与各部分主管分别谈话。

十六日，前安东省主席高惜冰约往台中，参观所办纱厂，并偕往参观东海大学。

十七日，乘车赴日月潭宿夜。

先生日记云：

> 抵日月潭后，接台北电话，蒋经国兄已为安排飞机，参观金门。奈已预定明日赴高雄参观工厂，只好婉谢。

十八日，与黄朝琴乘车赴高雄。当晚抵高雄宿夜。

十九日，参观“经济部”所辖高雄各工厂及码头。晚乘火车返台北。

二十八日，陈“副总统”来访，长谈。

先生日记云：

> 晚陈辞修先生来长谈三小时，交换对于国是意见。深佩其求治之殷切。

二十九日，离台北，飞返香港。

五月四日，函陈“副总统”道谢招待，并论文武公务员待遇问题。函曰：

> 辞修先生副总统阁下：敬启者，嘉璈此次回国观光，获亲雅教，行前复渥承枉过，备闻谠论，五中佩慰，靡可言宣。而亦以是知中外人士对先生异口同声之褒赞为信非溢美。嘉璈去国多年，偶有论列，大抵诉诸直觉为多，犹之浮光掠影，未足以为重轻。惟是播迁以来，台湾乃由先生之若干安定政策而安定，实中外有识者所共见。而以嘉璈三周旅台之观感，与朋从言谈之所及，似于文武公务员之待遇，尚未能为合时合理之调整。虽其中不免困难重重，如先生对嘉璈所已言。然为振奋人心与提高行政效率，究仍不失为安定政策中重要之环节。故不辞哓哓言之，未谛高明以为如何。至其他有关经济上之愚见，

已略具于嘉璈在国防研究院之讲辞，特奉备省览。临颖神驰，不尽一一，维珍重千万，不宣。专请公安。张嘉璈敬上。五月四日。

六日，函张其昀，辞经济研究所主任，并推荐适当人选。函曰：

晓峰先生阁下：此次在台，畅聆大教，并叨盛筵，感谢无极。复荷不弃，邀弟在国防研究院讲话。只以弟学识浅陋，对于学员不能有所贡献，不免惭愧万分耳。兹遵嘱将讲稿誊清，并将答复在场询问之语加入其中，尚乞指正，并备转呈。又临行前夕，适晤副总统，蒙询及弟对于经济问题之意见，因亦寄去一份，谅荷俯允。此次承过分奖勉，猥以安贫之微尚，而以宝山名路纪念之。自问万万不敢当。尚乞改题以纪念学问道德胜于弟者，不胜盼切。至经济研究中心，弟再四思维，将来工作范围以从事于台湾区域发展（即弟讲稿中所云多设工业中心）之综合研究为主。亚、非、南美国家之经济发展研究为辅。借以培养台湾经济发展工作人才。惟无论任何经济研究机构，最初必需有一年以上之准备工夫。最重要者为搜集有关参考图书杂志之选择及搜购。鄙意目前不妨先聘定正副筹备主任各一人。王作荣兄已参与工作多时，驾轻就熟，似可请其担任主任。副主任似宜选举一本地人任之。彰化银行副经理吴金川兄前服务东北。弟任东北经济委员会主任时，吴君负研究东北经济之责。吾公不妨调查其人，或邀其一谈，以定取舍。不过王吴两君均另有专职，万难抛弃本职而来专任，且亦不能每日到所办公。似宜告以目前只为筹备工作，尽可兼任，且不必每日到所，可由彼等选用二三人任实际工作。将来筹备工作竣事，自当延聘专任之正副主任。再一俟筹备工作稍有头绪后，似宜设一董事会，延聘当地银行实业界巨子为董事，以便筹集经常经费。弟回美后，当与斯坦福研究所接洽，商派一人来台帮同计画组织。以上步骤，是否有当，统请裁酌。再征信新闻曾来询有无演讲稿可以发表。此次讲稿，如尊处认为可以发表，即径送余纪忠兄可也。弟在此尚有二三星期结束收集资料工作。月底离港赴菲，转日返美。如有赐教，烦寄香港深水湾香湾道五十二号转为盼。专此不一，祇颂著祺。弟张嘉璈拜启。五月六日。

二十日，接陈“副总统”函，论发展台湾经济步骤。函曰：“公权先生左右：此次大从归国，获挹清仪，把袂论心，钦慰何量。别后奉到惠书，兼承抄示国防研究院讲辞。其议论之透澈，见解之正确，规划之宏远，极为敬佩。大示以播迁之后，安定社会，谬加奖许，愧未敢承。惟忆自台湾土改前，农民生活陷于极度痛苦。其浮动不安之象，殊非言语所可形容。而于实施三七五减租政策，放领耕地以还，曾不数年，农村顿成殷富。往时一饭不足，今则五袴兴歌。论其成果，自属安定社会之主因，亦即弟所谓从进步中求安定之理。但此与一般从安定中求进步之说，似有出入耳。目前台湾建设之基础虽已粗具。惟如何使农村以其剩余资金投向工业生产，俾经济发展得以逐渐上升，亦仍待努力也。

“台湾原为一农业社会，亦为一亟待开发之区域。而在农村繁荣将次步入工业社会途中，其过分保守与浓厚之家庭观念，尚难急遽力求改变。当兹工业开始发展之际，政府对之扶持培育，一如保母之于婴儿。至如何转移其观念，善用其过剩之劳动力，虽非一蹴可几，要当悬的以赴。

“现阶段政府之既定决策，在以农业培植工业，以工业发展农业。其前途关系之重，莫过于动力与灌溉。近日石门水库已可初期蓄水，进而发挥工程利益。台电负荷日增，农田亦需肥料，亦在求其自给。此后国策重点，当在力谋发展国际贸易。曾预计三期计画，每期分四年。第一个四年计画以减少进口为主，从衣食住行日常必需品谋求自足，防止入超，以杜漏卮。第二个四年计画准备输出，研求不必与人竞争及人所不能竞争之精制产品，争取国际市场。第三个四年计画则加强扩展国际贸易，而最后之目标与愿望，仍在重工业，如钢铁机械等之建设。然全程计之，十余年来之所行，只能说仅在开始阶段，而最后之目标，尚待今后之努力耳。

“反攻复国，经纬万端，筹维补苴，忧深仰屋。承示及文武公务员待遇调整一节，今年仅能做到加一个月之薪俸。明知为迫不及待之举，但为全盘经建着眼，不得不小忍以待之。然相信必有一合理之解决也。

“暑气渐增，希随时珍摄，并盼多锡绪言，专复不尽意。即颂著祺。弟陈诚敬启。五月十八日，台北。”

三十一日，撰就《中共农业产品价格制度说明》一篇，寄斯坦福研究所。

按先生继所撰《中共工业产品价格制度说明》一文之后，复以英文撰《中共农业产品价格制度说明》The Price System of Agricutural Products of Communist China 一篇，亦系为研究中共人民真实所得之初步工作。中共农业产品价格计分七大类如下：（1）政府预定收购价格，（2）政府统一收购价格，（3）自由市场价格，（4）黑市价格，（5）供应及销售站收购价格，（6）政府出售价格，及（7）配给价格。文内对于每一种价格之意义及其形成，均加说明。

六月二日，离香港，飞抵马尼拉。薛敏老与杨启泰来接，住宿杨宅。

四日，薛敏老陪赴中兴银行，与主要职员晤谈。

五日，与薛敏老同访菲律宾中央银行总裁魁德乐 Michael Cuaderno。

先生日记云：

本日与薛敏老兄同访菲律宾中央银行总裁魁德乐君。此君对我所著《中国通货膨胀之经验》一书，深感兴趣。彼在各处演讲，时常引用书中议论，可称为我之文字知己。渠曾来信要求在其所藏该书上签名存念。

十日，离马尼拉，飞抵东京，住宿次子国利家中。

十三日，参观东京“亚细亚研究所”。

按该所系日本实业界捐资所建，规模宏大，出版之书籍、报告甚夥。

十四日，赴前东北行营经济委员会任用之日籍技术人员举行之联合欢迎晚会。

十五日，日本银行总裁山际正道邀请午宴。

十七日，下午参观母校庆应大学。

十八日，前满洲重工业总裁高崎达之助邀请晚饭。

十九日，参观“东洋文库”。

按该文库系以所购前驻北京伦敦泰晤士报通讯员莫礼逊（亦名莫理循）George E. Morrison（澳洲籍）所藏书籍为基本，其中关于东方政治、经济、社会各方面之著作最多。

二十日，游京都。

二十一日，游大阪。

二十二日，返东京。

二十五日，离东京，飞抵檀香山。

二十六日，由檀香山飞抵旧金山，返波罗阿尔脱家中。

二十八日，（一）回家后所见。

先生日记云：

上午至胡佛研究所，见远东图书馆增建的阅览室。斯坦福大学新建的学生食堂大厦亦已落成。相距不过十个月，而校园增加新建筑甚多。同时公共汽车车资则由每趟二角五分，增至三角。此则经济成长与通货膨胀同时并进之现象。

（二）周森公司人事室主任来见，报告该公司近况。

先生日记云：

下午周森公司人事室主任米契莱宜 R. J. Micheletti 来见，报告该公司近况。据称周森君喜欢扩充事业，而不注意内部管理。所有批发事业如制肉厂、宰鸡场等，均不获利。幸零售事业 supermarket 尚有盈余。彼意应设置总经理襄助周君，主持批发与零售两部之人事与业务。此君系余托洛亚拉大学物色介绍。余以系周君邀任顾问，不免负道义上之责任，故时时关心。

（三）侄女小满与其男友董启超来见。

先生日记云：

晚间小满侄女偕其男友董启超来见。彼等似有意订婚。因君劢兄不在此间，希望我略参加意见。

二十九日，赴周森公司探询公司营业情况。

先生日记云：

中午至周森公司，与其总会计白进诺君 Peochenino 谈话。据告公司批发事业之制肉厂（制腊肠及火腿等），去年亏折三十余万元。今年上半年已亏损六十余万元。此则由于其副总经理兼厂长威士卡 Wisecover 经营不善所致。零售部六月底止，可盈五十余万元。而最困难者则为现款短缺。其弱点要为：（1）无组织，各部分各自为政，彼此毫无联系。（2）重情感，顾念旧友交情，不能破除情面。（3）无政策，只知扩充，而不知整理失败之事业。（4）无制度，各单位得自由行动。闻此报告，回忆余在银行时代，所遇事业家均犯此病。咸喜扩充，而不知整理内部。信任亲戚故旧，而不能善善去恶。周君任用威士卡为副总经理兼制肉厂厂长，听其亏损达百万元，而犹任职如故，后患无穷。

七月一日，与贺包尔谈调查中共物价指数困难问题。

先生日记云：

中午斯坦福研究所主持大陆研究计划之贺包尔君 Francis Hoeber 约共午饭，听取余谈在香港搜寻大陆物价指数资料之困难。彼深为谅解。渠告我所任顾问名义将继续至本年底为止。在此期内，一面俟香港将物价表寄到，再研究能否制成每月平均物价指数；一面希望能写一篇大陆物价制度之演变。当同意照办。

二日，向周森建议，应将公司制肉厂停业清理。

先生日记云：

周森君来同晚饭，当劝其速将制肉厂停业清理。渠表示同意。又渠之附属事业中，有一投资公司名 Centro Investment Co.。其资金来自公司职员之储蓄存款，悉为公司移用。当告以职员存款，应视作普通投资，为之生利，以全信用。目前周兆元兄担任总秘书名义，无固定职务，不免枉费人力。不如将该投资公司好好经营，请兆元兄主持其事。渠亦首肯。

六日，本日起，每日读书一二小时，并作简单笔记。

先生日记云：

自即日起，每日抽出一二小时读书，并做摘记。盖二年来忙于工作，读书太少，知识将日见枯竭。

八日，经斯大校医霍克 Houk 检查身体，血压及心脏均正常。

十二日，康培尔拟旅游台湾及香港，希望代为安排行程。

先生日记云：

斯大远东图书馆主任吴文津来告，胡佛研究所所长康培尔博士有游历台湾及香港之意，希望余为之安排行程。

十七日，郭廷以来访。

先生日记云：

下午台北市中央研究院历史研究所所长郭廷以（量予）先生来访。渠近在哈佛及哥伦比亚两大学研究四个月。即将返台北。

二十一日，赴斯脱克顿 Stockton 参观周森公司大本营。

先生日记云：

清晨，周森与周兆元两兄同来，开车往斯脱克顿，即周森公司大本营所在地。途经储莱舍 Tracy，进午饭。二时许，抵斯脱克顿，至旅馆休息。五时兆元兄来陪至太平洋大学 Pacific University 校园游览。该校最近始改为大学，正在扩充中。晚在周森兄府中晚饭。

二十二日，参观周森公司各部内容。

先生日记云：

上午，周兆元兄来陪往周森公司制肉厂，观其内部设备均甚完善，惜经营不当。嗣观宰鸡场，设备亦殊不错。惟近来鸡价不景，以致亏本。又参观其超级市场。下午往沙克莱曼脱 Sacramento，参观加州州长公署及其官邸。后又往观日前始举行开港典礼之沙克莱曼脱商港。

二十三日，（一）赴旧金山访黄膺白夫人。（二）接何廉来信，介绍台北政治大学商学院教授鲁传鼎，将于八月中来访。

二十四日，接李德燏函托照料其子彼得，将来斯坦福大学肄业。

二十九日，（一）托吴逸民代为审阅洛杉矶住宅出售契约。

先生日记云：

洛杉矶房屋房客来信愿意承购，寄来契约。特寄洛杉矶旧友吴逸民兄，请其代为审阅。

（二）接邦衡孙禀告，已获麻省理工学院入学许可。

三十一日，得知周森公司制肉厂已售出，亏损约六十至七十万元。

八月四日，（一）张君劢定于七日往远东讲学，特赴其旧金山寓所晚餐叙别。（二）开始撰写《大陆中共价格制度之变迁》。

八日，（一）函复张其昀询问设立经济研究中心进行步骤。

先生日记云：

接台北国防研究院张晓峰先生信云，将在所主持之文化研究院设立经济研究中心，询问应如何进行。当复以应先购置图书，已函在联合国远东经济委员会主持经济研究之方显廷兄，代为拟具应购图书目录。

（二）函沈熙瑞与宋凯叟协助马逢华，在香港研究中共国际收支问题。

先生日记云：

接西雅图华盛顿大学经济学教授马逢华兄来信谓，现为社会科学研究会撰写大陆贸易及国际收支问题，拟赴香港搜集资料，托为介绍在该地对此问题有研究之友人。当为函介华侨保险公司香港经理沈熙瑞君，与远东经济杂志副总编辑宋凯叟君。

十三日，将由香港寄到有关中共出进口物价表等，面交贺包尔。

先生日记云：

上午至斯坦福研究所晤贺包尔君，将香港寄到之报纸中所登载之物价表，及所购之进出口物价表交彼亲收，并告以可请吴元黎兄一阅，有无可资参考之处。

二十三日，分函沈维经及潘光迥，为康培尔夫妇代定旅游台北及香港旅馆。

先生日记云：

胡佛研究所所长康培尔约谈，渠伉俪已定十月二十日抵台北，滞留六日，再赴香港。托为安排在台旅程及应见之人。当即致函台北上海商业储蓄银行之沈维经及香港之潘光迥两兄，先为预定旅游台港所住旅馆。

二十七日，将代张其昀草拟之“经济研究中心”章程，交史元庆转寄。

九月四日，史元庆来告“经济研究中心”成立经过。

先生日记云：

史元庆君来谈，张晓峰先生原拟举办中国文化研究院。因为教育部章程所限，改为中国文化研究所，附设“经济研究中心”，等于所内之一系。渠曾为之布置一切，并规定聘请大学教授为研究中心之会员。至研究中心之主任，则由会员公决。史君曾在台北国防研究院工作，近由胡佛研究所补助来美研究大陆经济一年。

九日，参加贺包尔夫人追思典礼。

十六日，蒋经国经过旧金山来电话，询问何日再去台北。

先生日记云：

蒋经国先生自旧金山来电话云：适自华府来，只留一日，不及来访。频询何日再去台北，并托向君劢家兄致意，问其已否赴香港。

十九日，（一）约李德燏之子彼得午饭。（二）闻张君劢检查身体结果，认为不应治学过劳。

先生日记云：

接二妹自香港来信云：君劢已抵香港，将在港大演讲十四小时，在新亚演讲二十或三十小时。在东京检查身体，知眼患白内障及贫血，并有 Hyper Topism （?） Prostate 摄护腺症。照此症状，彼实不应治学过劳。

二十七日，（一）接何廉函告近患高血压，颇感不快。（二）接方显廷函告，九月初退休，暂留七个月，在联合国远东经济委员会帮同筹备经济开发训练班。

三十日，接陈受颐函告：近患胃溃疡及十二指肠溃疡，六月间已动手术。

先生日记云：

同辈渐见衰老，令人感触。

十月一日，（一）胡佛研究所所长康培尔交来胡佛前总统致蒋"总统"为彼先容之介绍函，及其夫妇致蒋夫人约期拜访函。均经寄请张"秘书长"群代呈。（二）赴眼科医生处检查，得知前在澳洲所患之白内障，渐见加深。

六日，刘雍华将返香港，特邀共午餐饯别。

先生日记云：

香港友联研究所助理刘雍华君，系由胡佛研究所请求亚洲协会资助，前来该所研究一年。不日期满返港，特邀其午餐饯别。

七日，出席近代中国与日本综合讨论会。

先生日记云：

本日下午四时，与斯大历史系教授斯理凯 van Slyka 及胡佛研究所东方图书馆主任吴文津两君，同乘车至旧金山州立大学，参加"近代中国与日本综合讨论会"。参加者尚有加州大学政治系教授约翰孙 Chalmer A. Johnson、圣荷舍 San Jose 州立大学日本史教授马丁 Harris Martin，及旧金山州立大学远东历史教授郑喆希诸人。

十七日，王世杰来访，陪同参观斯坦福大学及有关机构。

先生日记云：

台北中央研究院院长王雪艇兄来访，陪其登胡佛塔顶一瞰斯坦福大学校园全境景色。随至胡佛图书馆及大学新设之“国际问题研究所”参观。该所研究各种国际冲突与团结 Studies of International Conflict and Integration。其研究方法系将各国领袖发表之言论分别摘要编号，注入计算机，计算出其异同之点。下午参观大学附设之“行为科学高级研究中心”Centerfor Advanced Study of Behavioral Science。此系福特基金资助创办。每年收罗各大学教授或研究员五十名，前来作自由研究。“中心”供给薪金及研究室。研究员中有社会科学家、自然科学家、人类学家及数学家。每日中午聚餐一堂，借此机会交换意见。

二十日，史元庆来谈，张其昀主办之“经济研究中心”现正进行筹募基金。

先生日记云：

史元庆君来告：张其昀先生之文化研究所附设之“经济研究中心”，已指定五人为基金筹募员。按余所拟章程设理事会；筹募基金为理事会职责之一。今理事会尚未成立，而先指定基金筹募员，不知用意何在。

三十一日，接任茂尔 C. F. Remer 函告，获国务院资助赴新加坡南洋大学任教一年。

十一月五日，所撰《陈光甫与上海银行》全稿腾清。

按“民国”四十六年四月八日，先生接陈光甫自香港来函谓：其本人一生行事，积有资料甚多，希望有人能为之整理。先生当即函复可以勉力从事，惟请不可限以时日。次年六月七日，先生应哥伦比亚大学编纂《二十世纪中国名人字典》之约，完成《陈光甫小传》一篇。“民国”五十一年八月二日，陈氏复来函谓：“民国”五十四年（一九六五）将为上海商业储蓄银行成立五十周年，拟发刊纪念专册，希由先生担任主编。本年五月初，先生小住香港，将历年编纂之《陈光甫与上海银行》全稿整理就绪，交由乐君俊鍱誊清，今日承其寄回。全稿约十三万言，除弁言外，分十四章：（1）引言——陈光甫一生概要。（2）家世与学养。（3）银行事业之起始。（4）上海商业储蓄银行之创立与发展。（5）提倡近代化之商业与储蓄业务。（6）银行业务范围之扩充。（7）提倡内地金融与都市金融之平均发展。（8）抗战期间之银行措施与业务。（9）行员之选择训练与管理。（10）陈光甫对于抗战金融之贡献。（11）战后国内外业务之扩充计划与国内业务之顿挫。（12）上海商业储蓄银行之厄运。（13）香港上海商业银行。（14）台北上海商业储蓄银行。（15）余语。

七日，康培尔归自台港，追述旅游经过。

先生日记云：

胡佛研究所所长康培尔博士游历台港返美。今日到办公室晤面，告我此行异常顺利，表示谢忱。渠在金门见到蒋总统，系由总统府安排飞机前往。并承蒋夫人邀渠夫妇在台北官邸茶叙。所欲参观之文化教育机关，亦均看到。凡此皆张岳军秘书长安排结果。在台北曾由上海商业储蓄银行常务董事沈维经兄为之安排一茶会，到会人数甚多。在香港则由潘光迥兄招待茶会，介绍港九教育文化界领袖人物见面。并曾到九龙大陆边境一游。

十五日，蒋“总统”应允康培尔请求，可以利用“政府”档案资料，进行研究工作。

先生日记云：

胡佛研究所所长康培尔约谈，谓渠谒见蒋总统时，曾请求准予利用国防部之抗战资料，及司法部调查局关于共党活动之资料，以供研究，得到许可。欲余致函张岳军秘书长征求如何进行之意见。

二十七日，接香港电告简东浦病故。

先生日记云：

接香港电，香港东亚银行董事长简东浦患心脏病去世。东亚银行为香港首屈一指之华资银行，乃简东浦先生一手创办。余深佩其为人正直，办事谨严。不幸老友又弱一个，倍增感触。

二十九日，请胡佛研究所致函洛亚拉大学校长，说明不能回校继续任教。

先生日记云：

访康培尔所长，请其致函洛杉矶洛亚拉大学校长，说明胡佛研究所留我在该所有所著述，一时不能回校任教。因照通例，离校二年，不能再行续假也。

三十日，赴洛杉矶代周森公司向银行接洽借款，并清理旧寓所存书籍。

先生日记云：

本日搭友人汽车赴洛杉矶，下榻飞机场附近旅馆。此行一为洛杉矶旧寓已有买主，须将堆存车间之书籍加以清理搬移。二为约晤与周森公司往来之加州联合银行 United California Bank 总经理涂威特 Tweter 君。事缘周森君最近在南加州地区购进二店，势须增加周转资金，因托洛亚拉大学卡诺 Carrol 神父介绍，希望该行宽予通融。

十二月二日，（一）卡诺神父代向加州联合银行总经理涂威特约定会晤时间。（二）赴旧寓清理车间所存书籍。

三日，赴加州联合银行访晤总经理涂威特，面交周森公司财务状况资料，并与主管人员交换意见。

先生日记云：

本日上午至加州联合银行访晤涂威特总经理。当将周森公司财务状况资料交渠审阅。渠即介绍该行主管放款之副总经理霍士铿 Hoskin 及北区监察员杜芮特 Turret 两君，对于周森公司财务详细情形，交换意见。

五日，加州联合银行不允对周森公司放款。

先生日记云：

本日上午赴加州联合银行，晤副总经理霍士铿，询其对于周森公司事业之意见。渠答复如下：（1）周森公司负债达八百万美元，而资产净值值一百万元。即使从宽估计为二百万元，负债仍达四倍之多。财务情况殊不健全。（2）该公司每年对外债务，还本付息约计需六十余万美元。设或市面不景，盈余不能达到此数，将不免有搁浅之虞。（3）该公司设或再遭遇一次如制肉厂之损失，可使净值资产荡然无余。故其结论谓：周森事业必须停止续购新店，切实改良营业，增益活动资金，缩减债务。

余询其可否将短期债务及高利债务，设法改为长期债务及低利债务。彼答谓，按照目下决算表所示，负债如是之巨，恐无人愿意接受长期债务，当然更不愿予以低利贷款。

余闻其答复，既属实情，感觉多数企业家易犯此病。一心利用借款扩充事业，认为通货既日趋膨胀，欠债购货或购地产，总可获利。故不惜负担重利，将来尽可以贬值之货币偿还。殊不知市面一旦紧缩，即有周转不灵之虞。

六日，（一）访晤洛亚拉大学校长卡沙塞神父，告以留在胡佛研究所继续撰述，不能返校任教之苦衷，深蒙谅解。（二）分向洛亚拉大学各部主管人告别。

先生日记云：

本日上午至洛亚拉大学，访晤校长卡沙塞神父，将二年来在胡佛研究所工作情形，及自明年起，仍将在彼继续撰述，不能返校任课之苦衷告之。渠答谓：胡佛研究所及斯坦福研究所当局已有来信，盛赞我之工作成绩，并对校方同意借用，表示感谢。渠本人及校方咸引为荣幸。昨日经将两研究所来信，在校方顾问委员会开会时，提出宣读，各委员均表示欣快满意。彼已决定让我暂时离校，仍承认我之教授名义，可以随时返校。

我闻之深为感动。

嗣又访晤副校长、文理学院院长、经济学系主任、商学院院长与同学会秘书，一一告别。

七日，（一）参观周森公司新购之二店。（二）张国浏陪游“狄斯耐”乐园。

先生日记云：

本日国浏侄来约往“狄斯耐”乐园 Disneyland 游览。适周森兄来，以其新购之二店，其一即在附近，因顺便同往一观。及至下午游“狄斯耐”乐园后，再至其另一新店参观。嗣到国浏侄家，看其新居。

八日，赴克拉蒙特 Claremont，参观陈受颐女公子出嫁婚礼。

九日，飞返波罗阿尔脱 Palo Alto。

十八日，函加州联合银行总经理涂威特，谢其晤谈盛意，并说明协助周森公司，意旨在助其成一近代化企业，为华侨投资模范，并以吸引香港游资。

十九日，（一）接到韦慕庭 Martin Wilbur 寄来哥伦比亚大学出版部出版之周舜莘所著《中国通货膨胀》，复函道谢。（二）参加胡佛研究所所长康培尔邀集全体同事二十余人午餐，欢庆耶诞。

二十日，被任为胡佛研究所资深研究员 Senior Research Fellow。

先生日记云：

本晚胡佛研究所所长康培尔邀晚饭，有华盛顿州立大学远东历史系教授梅谷 Franz Michael 及吴元黎兄夫妇同席。餐后康氏告我，明年将任我为该所资深研究员。

是年五月，非洲三十个国家代表在“亚的斯亚巴巴” Addis Ababa 议决成立“非洲国家联合组织”。

十一月，美国总统甘乃迪遇刺殒命。副总统詹森继任总统。

一九六四年　先生七十六岁

一月六日，（一）接何廉函告彼退休后替人，原定顾应昌，近忽中变，须另行物色。（二）所撰《中共价格制度之演变》英文稿完成，惟尚须润饰。

按所撰《中共价格制度之演变》The Price System in Communist China全文计分：(1）导言，及（2）价格结构的演变。关于演变经过，分为五个阶段如下：（a）第一阶段（一九四九年五月底），（b）第二阶段（一九四九年六月至一九五〇年四月），（c）第三阶段（一九五〇年五月至一九五二年十二月），（d）第四阶段（一九五三年至一九五四年），（e）第五阶段（一九五五年至一九五七年）。在导言中，略谓：价格结构在中共社会主义的经济进程中，实属一种不可或缺的工具。举凡指导生产、管理消费、统制分配、左右生产能力、资本缔造标准，莫不赖以核计、考校、裁决。在中共制度之下，所谓"各尽所能，各享所值"To work according to each person's ability, and to receive according to each person's quantity and quality of work rendered，殆即据此"经济会计"制度，考校各人所尽的生产能力，而决定各人应该享受的消费报酬。

七日，应邀陪饯李卓敏。

先生日记云：

> 李卓敏兄将于下星期赴香港。接任香港中文大学校长职务。吴文津、郑喆希、史纯之三君于本晚设宴，为之祖饯，邀往作陪。

十五日，应邀参加加州大学"中国大陆研究中心"同人公宴。

十八日，接陈辉德函催撰《香港上海商业银行史》。

先生日记云：

> 接光甫兄信，催促撰写《香港上海商业银行史》，以备附入《上海商业储蓄银行五十周年纪念册》内。

按大陆易帜后，上海商业储蓄银行总分行之在内地者，业已消灭。香港分行虽仍继续营业，而内部意见纷纭，局势岌岌可危。"民国"三十九年十一月七日，香港分行经香港政府批准注册，易名"香港上海商业银行"，组织董事会，以新名义对外营业，一切始形安定。

二十日，开始撰写《香港上海商业银行史》。

二十五日，侄女小满来告，将与董启超订婚。

先生日记云：

侄女小满，君劢兄次女，今日偕其男友董启超君来告：拟于下月九日在余寓举行订婚礼。董君攻工程学，毕业加州大学。

二月五日，参加胡佛研究所招待“中国大陆问题讨论会”出席来宾宴会。

先生日记云：

华盛顿州立大学远东历史系教授梅谷 Franz Michael 商得胡佛研究所所长康培尔同意，发起一小型“中国大陆问题讨论会”，将于明日开会。今晚胡佛研究所特设宴招待到会来宾。华大方面有梅谷、施友忠、徐道邻诸教授，南加州大学方面有陈锡恩教授，香港友联研究所有史然之君。本所有吴元黎、吴文津两君及余。

七日，（一）出席“中国大陆问题讨论会”。

先生日记云：

本日上午“中国大陆问题讨论会”开会，新来参加者有科罗拉多州立大学教授华克 Walker 及斯坦福大学教授诺尔斯 Robert C. North。首由诺尔斯教授讲大陆土改前后经过，因谈到毛泽东政策注重现实，于是推论到现实派与理论派之分别。下午加州大学陈世骧教授讲大陆文学，南加大教授陈锡恩讲大陆教育。

八日，参加“中国大陆问题讨论会”。

先生日记云：

上午“中国大陆问题讨论会”开会，讨论经济问题。由吴元黎兄作引言后，余发言，大致谓大陆农业虽悲观，但照一九〇〇至一九一四年，农产平均额（每年）增加百加之二，与现在之增加率相较，殊为相近。继由大陆专家霍利斯特 William W. Hollister 发言，大致赞成余说。

三月三日，香港联合书院院长郑栋材来访。

先生日记云：

香港联合书院院长郑栋材先生携冯秉芬兄介绍函来访，参观斯坦福大学。当晚与吴文津兄合宴之。

二十五日，接任茂尔 C. F. Remer 函告，已应张其昀邀请，赴台北文化研究院讲学，并为组织“经济研究中心”。

四月一日，赴斯坦福大学经济学系聆刘大中演讲。

先生日记云：

本日下午赴斯坦福大学经济学系，听刘大中兄演讲。闻斯大有意聘其担任数理经济教授，兼讲“大陆经济”。现正在接洽中。

三日，刘大中来谈应聘斯大教授问题。

先生日记云：

上午刘大中兄来谈斯大延聘事，谓当俟其正式来信邀聘，再与康奈尔大学商量，但不知能否获得康大允许。

六日，《中共价格制度之演变》英文稿全部润饰完竣，函送斯坦福研究所。

七日，杨绍震来访。

先生日记云：

本日下午，台中东海大学历史系教授杨绍震君来访。杨君近得美国富尔布莱特奖学金 Fulbright Fellowship，来美作十个月研究。

十日，（一）约盛岳晚饭。

先生日记云：

前外交部亚西司司长盛岳君来胡佛研究院作短期研究。盛君谙俄文。本晚约共晚饭。

（二）收到台北政治大学银行学教授余建寅寄赠所著《货币与银行》一册。

二十九日，接刘大中函告不能应斯坦福大学教席之聘。

先生日记云：

接刘大中兄来函告，斯大聘函到后，经与康大校长熟商，坚留，并即发表为施密斯讲座教授 Goldwin Smith Professorship。只好婉却斯大之聘。

五月一日，接日友函请叙述与高崎达之助友谊经过。

先生日记云：

本日接日本旧友土屋计之助自东京来信云：前满洲重工业社社长、最近任日本政府通产省大臣之高崎达之助去世，其友人将为撰诔词。欲知我与彼友谊经过。

二日，（一）吴文津来告对于改就哈佛燕京图书馆主任职务，深感左右为难。

先生日记云：

胡佛研究所东方图书馆主任吴文津兄来告，哈佛大学之燕京图书馆邀其就该馆主任。彼以哈佛燕京图书馆声誉高，经费足，有意往就。但胡佛研究所所长力阻其往，并允提高其待遇。彼深感左右为难云。

（二）闻陈受颐最近撞车受伤，致函慰问。

五日，函复土屋计之助，将高崎达之助在东北接收时协助经过，及对彼好感，一一告之。

七日，函告张其昀，关于任茂尔 C. F. Remer 赴台北中国文化研究所经济研究中心演讲，经托人向美国务院商请资助，已获准。

六月五日，婉辞参加华府裁军计划委员会委托综合研究工作。

先生日记云：

华府裁军计划委员会 Arms Control and Disarmament Agency 分函各大学，询问愿否接受委托，担任作一综合研究。胡佛研究所表示愿意接受委托，参加研究有关亚洲部分，并将由吴元黎兄主持。因来函邀余参加关于日本部分。当告以现正为上海商业储蓄银行编辑五十周年纪念册，撰写《香港上海商业银行史》，一时难以兼顾，却之。

十二日，吴元黎为裁军计划委员会委托研究事，特来函恳商协助。允俟明年抽出时间，再行帮忙。

七月三日，经眼医检查，两眼均患白内障，右目最剧。

先生日记云：

往访眼医，据告余两眼均患白内障，右目患处适近眼珠，不易疗治。何时阻碍视力，难以推测。目前只好听其自然发展。颇感忧虑。

十七日，患伤风两旬，未能工作。今日起，始恢复工作。

八月四日，约梅谷 Franz Michael 午饭。

先生日记云：

梅谷将离华盛顿州立大学，改就乔治华盛顿大学“亚洲苏联研究所”主任之职，希望与胡佛研究所合作。今午特邀餐叙。

六日，斯坦福大学历史系教授刘子健改就普林斯顿大学教授，特来话别。

七日，罗吉士 Rogers 来访，交换有关苏俄侵略东北意见。

先生日记云：

哈佛大学硕士罗吉士来访，约共午饭。其硕士论文为《一九四五至一九四六年间苏联在东北侵略企图》。现已出版。特来交换意见。渠曾居住大连十余年。

十日，胡佛研究所创办人、胡佛前总统九十诞辰。

十四日，罗吉士来访，续谈东北问题。

二十七日，吴文津决定改就哈佛燕京图书馆主任职务。

先生日记云：

今日往晤胡佛研究所所长康培尔，告以吴文津已决定改就哈佛大学燕京图书馆主任职务，无法挽回。所遗远东图书馆主任，只好另觅替人。康氏深感不快。

二十八日，孙男邦卫（国利次子）自日本来美升学。

二十九日，侄女小满与董启超在北克利 Berkeley 结婚，前往观礼。

九月五日，女婿张椿（长女国钧之夫）获联合国奖学金，将到洛杉矶加州大学习计算机一年。今日自台北飞抵加州。

二十八日，与沈家祯夫妇同游南加州赫斯特城堡 Hearst Castle 等地。

先生日记云：

沈家桢夫妇自东岸来视其留学斯坦福大学之子，在波罗阿尔脱小住。今日邀同往游赫斯特城堡。晨十时启行，先至蒙特瑞 Monterey 游览，过董显光兄寓所，稍留。显光兄患病，休息已久，精神尚好。随至德尔蒙特 Del Monte 旅馆午饭。饭后启行，经卡密尔 Camel 抵圣西蒙 San Simon。在旅馆宿夜。

二十九日，游赫斯特城堡。

先生日记云：

晨九时乘赫斯特城堡游览车上山，参观城堡全部建筑，约费二小时。即下山返波罗阿尔脱。中途午饭，抵家已傍晚七时。

十月五日，往听牛津大学白林 Sir Isaac Berlin 教授演讲《十九世纪马克斯主义之影响》。

先生日记云：

本晚至斯坦福大学听牛津大学白林教授演讲，题为《十九世纪马克斯主义之影响》。其结论谓：马克斯在当时未尝想到资本主义之有效改善，及国家主义之勃兴，以致所创立之主义未能如其预料得以实现。

六日，往听巴黎高级学院亚朗 Raymond Aron 教授演讲《二十世纪马克斯主义之影响》。

七日，往听德国厚褒娄 Gottfried Horberler 教授演讲《马克斯经济理论之回顾与前瞻》。

十一日，萧铮自德返台经美，来访，谈西德政情。

先生日记云：

萧铮兄自德返台，过美来访，谈及西德政府中分为两派：阿德纳接近法国，艾哈脱接近美国。对于台湾，西德取中立观望态度，或将派一贸易团赴台北。

十六日，（一）中共在大陆爆炸原子弹。（二）往听哈佛大学经济学教授盖布莱斯 John K Galbraith 演讲。

先生日记云：

> 今晨听无线电报告，中共在大陆爆炸原子弹。下午在斯坦福大学听哈佛大学经济学教授、前任美国驻印度大使盖布莱斯演讲，谓大陆原子弹爆炸无军事价值，但对于亚洲弱小国家，则发生心理上之影响。又云美国基本外交政策为保护自由，抵制侵略，同时力求妥协，以谋世界和平。

二十三日，胡佛研究所举行胡佛前总统逝世追悼会，前往行礼。

十一月二日，接陈辉德函告，《上海商业储蓄银行五十年史》可从缓编纂，请尽先撰述《香港上海商业银行简史》。

十日，应允担任华府裁军计划委员会委托之综合研究工作。

先生日记云：

> 吴元黎兄来访，催促早日开始裁军计划委员会委托之研究工作。《上海商业储蓄银行五十年史》既可从缓编纂，当即允诺，即日开始。

二十一日，参加加州大学中国研究中心“近代中国问题讨论会”。

先生日记云：

> 上午至加州大学中国研究中心，参加美西各大学之“近代中国问题讨论会”。昨日开始讨论政治问题。今日讨论大陆经济问题。下午五时散会。

十二月二日，周森来访，称彼系中央豁谷银行 Certral Valley Bank 股东，获得该行信托投票权 Voting Trust Right。并称股东中仅五人享有该项权益。

三日，赴斯坦福大学听哈佛大学经济学系教授杨联陞演讲。

四日，续听杨联陞演讲。

八日，卜克 John Lossing Buck 夫妇来寓长谈。

先生日记云：

本日中午斯坦福大学食粮研究所前所长布朗特博士 Dr. Brandt 宴旧友，前金陵大学农业系教授卜克夫妇邀往作陪。散席后，卜克夫妇来寓长谈。

二十一日，所编《上海商业储蓄银行五十年史》第五章脱稿，函寄陈辉德。

二十二日，开始撰写《香港上海商业银行简史》。

是年一月，法国与中共建交。

十月，苏联首领赫鲁雪夫辞职。中共首次爆炸原子弹。英国工党选举获胜。

十一月，美国大选，詹森 Lyndon B. Johnson 当选总统。

一九六五年　先生七十七岁

一月三日　刘子健将就普林斯顿大学教职，来谈，建议远东图书馆应设馆长。

先生日记云：

斯大历史系兼中国语文系教授刘子健兄，因与该系主任意见不合，决定改就普林斯顿大学中国古代史教授。拟向胡佛研究所所长建议，将吴文津兄所遗远东图书馆主任一席，分而为二：一为馆长 Curator，一为图书管理主任 Librarian 。因知所长康培尔心目中拟令斯大新毕业之杜林 Dennis J. Doolin 为馆长，另延一华籍人士为图书管理员。特来向余征求意见。余告以此席难以分开，应仍维持旧制。

五日，吴文津来谈，不赞成刘子健建议。

先生日记云：

吴文津来谈，对于远东图书馆设馆长事，不赞成刘子健建议，并反对以美人为馆长。

七日，劝外甥女朱仁明研究中国历史。

先生日记云：

嘉蕊妹之幼女朱仁明在斯大任暑期短期工作，七月将返纽约，拟入哥伦比亚大学读硕士学位，来谈。余劝其研究中国历史。

九日，与康培尔所长谈远东图书馆馆长问题。

先生日记云：

> 上午与胡佛研究所所长康培尔谈话，告以拟任杜林为远东图书馆馆长事，请其重加考虑。彼既不谙中文，而美人任馆长，势难物色有资历之华人为图书管理主任。二人且难免不时有意见龃龉。

十四日，万惟英来告，对胡佛研究所远东图书馆主任一席，决定不予考虑。

先生日记云：

> 中午康培尔所长请密西根大学中文图书馆主任万惟英君午饭，邀余陪席。万君系由吴文津兄推荐为其继任之人。晚间万君来告，康培尔所长邀其任图书馆主任 Librarian。彼决定不予考虑。

十五日，斯坦福大学历史系学生某自胡佛塔顶跳下自杀。

先生日记云：

> 今日有一斯大历史系学生年二十二岁，自胡佛塔顶跳下自尽。此为有塔以来第一次发生之不幸事故。

二十日，孙女邦美由东京乘船来美，将抵洛杉矶，特往照料。

先生日记云：

> 国利之女邦美由东京乘船来美，就学于波罗阿尔脱附近之福提希尔学院 Foot Hill College，将抵洛杉矶，特乘友人汽车前往照料。

二十一日，清晨赴码头接孙女邦美上岸。

二十二日，上午赴吴逸明夫人处慰唁吴逸明之丧，下午至其墓前拜奠。

二十三日，往访王征葵同赴陈受颐寓所晚饭。

二十六日，携孙女邦美乘火车返波罗阿尔脱家中。

二十七日，（一）送孙女邦美入学，并往视其住处。（二）《香港上海商业银行简史》脱稿。

二月一日，开始研究“武器限制与裁军计画”与日本经济之关系。

五日，邀何廉夫妇及其子保山午饭并长谈。

先生日记云：

何淬廉兄夫妇及其公子保山，昨日由纽约飞抵旧金山，将赴台湾、香港、日本等处游历。今日特约在斯大同仁俱乐部午餐。餐后来余寓长谈。保山世兄习经济，在耶鲁大学任助教，由校方派往台湾，研究当地经济发展情形。

三月六日，陈诚“副总统”病逝，特慰唁陈夫人。

十五日，函告杨格 Arthur Young，经与胡佛研究所洽妥补助其出版专著。

先生日记云：

函告杨格，渠拟撰写《抗战前国民政府之财政》一书，希望胡佛研究所予以补助，并为出版，经与所长康培尔商妥，允予补助四千美元，惟须在两年之内将全部定稿交到。

十七日，周森公司副总会计詹孙 Robert Johnson 来见。

先生日记云：

周森公司副总会计詹孙来见。渠系由该公司总会计白进诺君新近介绍。事先曾与余晤谈，见其人极诚实，因决意延揽。加入公司工作不久。

十八日，林毓生为撰写博士论文，特来请教。

先生日记云：

芝加哥大学研究生林毓生君正在撰写博士论文，题目为《中国自由思想发展之历史》。专程来访，提出许多问题，经一一答复。

二十八日，（一）函唁罗德瓦尔德 August Rohdewald 夫人。

先生日记云：

前中国银行国外部顾问罗德瓦尔德于三月二日病逝瑞士，

享寿六十八岁。接其夫人寄来讣告，特致函慰唁。

（二）接何廉函嘱转知任茂尔 C. F. Remer，因其允诺赴台北中国文化学院研究所讲学，一再延期，教育部已将补助费取消。

四月一日，参加胡佛研究所招待出席亚洲协会年会之政府机关人员午宴。宴前各部门报告工作情形。

二日，（一）参加胡佛研究所招待亚洲协会各地工作人员来所参观及午宴。（二）接五子国魁自大陆来禀，报告家庭情况。

先生日记云：

> 接国魁儿自大陆来禀。此系大陆易帜后第一次来信，报告已生二子，长邦德十五岁，次邦华三岁。并称其弟国星生有一男邦平，十八岁，两女长怡平十六岁，次健平十三岁。国魁原在上海中央印制厂任摄影工作。上海易手前，适在厂旁，购有一屋居住，因即继续留厂工作，直至今日。现在厂内担任维护机件及一切设备工作。国星原在善后救济北平分署任会计之职。北平易手时，适值媳妇分娩，即继续留平，在一冷热气管厂任会计。一别十五年，今始得家报。

三日，访仲兄君劢长谈。

先生日记云：

> 君劢仲兄新自新加坡讲学归来，仅通过一次电话，尚未见面。今日特往访长谈。渠对星岛总理李光耀甚为赞扬，认为系一有希望之领袖。

六日，陈受颐来访长谈，并共午饭。

五月一日，侄女小艾电话报告，其父君劢大便出血，入医院检查，医生嘱输血。

三日，侄女小艾电话报告，其父大便出血已止，医生谓无胃溃疡病征。

十三日，为“武器限制与裁军计画”所撰之《从最近日本经济成长角度，观察其对于裁军之态度》一文，脱稿。

二十一日，何廉游远东返美，自西雅图电话告以因患高血压症，将径返纽约。

二十五日，白班纳 D. Robert Papana 将赴台北协助辅仁大学筹设商学院，约其餐叙。

先生日记云：

善达克拉芮 Santa Clara 大学商学院教授白班纳博士将由该校派往台北，为辅仁大学筹备设立商学院。前数日，斯大食粮研究所前所长布朗特博士 Dr. Brandt 曾为设宴介绍，希望此间中国学人从旁协助。今日特邀其餐叙，询问需要何种协助。闻辅仁大学文理学院系由于斌主教募捐设立，工学院则由西德天主教捐款设置，派人主持。

二十六日，周森计划利用所持中央谿谷银行信托投票权，取得该行管理权。劝其应郑重考虑。

先生日记云：

周森兄来谈，渠因得到中央谿谷银行五人之一的信托投票权 Voting Trust Right，拟设法进一步取得该行之管理权。余劝其郑重考虑，免招失败。因美国股东人数较多，或有不愿见该行落入华人之手。且其所占股份不多，势必招人忌妒。

六月二日，至旧金山亚洲协会，由郑喆希介绍与会长韦廉 Dr. Hagdon Williams，及新加坡代表缪瑞 Douglas Murray 晤谈。

三日，接孙科函告胡佛研究所商请拨款补助该所远东图书馆辟建中山阅览室事，已洽由王云五径复。

先生日记云：

上月曾函孙哲生先生，告以胡佛研究所拟在建筑中之远东图书馆内，辟建一中山阅览室。希望台北筹募国父百年诞辰纪念捐款委员会酌量拨款补助。今得覆信云：该会主任委员为王云五先生，已将余函寄该会洽复。

四日，斯坦福大学中国语文系教授陈颖将于七月间转往耶鲁任教，设茶会话别。

五日，邀吴春熙午饭话别。

先生日记云：

台北国防研究院派在胡佛研究所作研究之吴春熙君，曾作“华侨汇款之研究”。已满一年。成书将由胡佛研究所出版。不日返台，特邀午饭话别。

八日，致函台北朋友，介绍白班纳 D. Robert Papana。

先生日记云：

白班纳博士不日将赴台北，为写介绍信分致台北诸友，计有：张兹闿、邢慕寰（中央研究院）、鲁传鼎、余建寅（政治大学）、沈宗瀚（农复会）、沈维经（上海商业储蓄银行）、吴金川（彰化银行）等七人。

十一日，接国利儿媳自波士顿禀告，邦衡孙已与钟秋红（西瑞克斯大学毕业）订婚。

十五日，（一）应允亚洲协会驻新加坡代表缪瑞 Douglas Murray 所请，函介星岛各友。（二）接何廉函告：（1）仍须在哥伦比亚大学负责半年，指导研究生论文；（2）蒋廷黻辞卸驻美“大使”职务后，拟在哥大完成回忆录。

十六日，周森公司总会计白进诺 Peccanino 升任副总经理，副总会计詹孙 Johnson 升任总会计，分别前来晤谈。

十九日，张君劢将赴南韩讲学，特往送行。

先生日记云：

君劢仲兄应南韩大学之邀请，将往南韩参加其六十周年纪念会，宣读论文。特往送行。

七月七日，邝景文来见，询问大陆银行货币各项问题。

先生日记云：

前纽约州立大学布佛洛 Buffalo 分校会计学助教邝景文，现任加州赫瓦德 Hayward 州立大学教授，由国家社会科学协会之补助，担任研究大陆银行及货币制度，特来询问各项有关问题。

十二日，痔漏出血，往访医生。

先生日记云：

昨日痔漏出血，往看医生。据告一痔内有血块。当经剪开取出。嘱再往诊治全部。

十六日，往视医生，检查有内痔三个，外痔两个，嘱应即割治，免常出血。

二十日，参观胡佛研究所陈列前胡佛总统及夫人所遗纪念文物。

先生日记云：

胡佛研究所就斯大校园内胡佛高塔下层入门大厅两面，各辟一室，陈列前胡佛总统夫妇所遗纪念文物。今日招待来宾二百余人参观，并有斯大校长、胡佛研究所董事会主席及所长分别致词。

二十四日，为“武器限制与裁军计画”所撰《从日本对于中共原子弹爆炸之反应角度，观察其对于武器限制与裁军计画之态度》一文，初稿完成，尚待修饰。

二十六日，函王云五请捐款助成远东图书馆建置中山阅览室。

先生日记云：

致函台北“筹募中山百年诞辰纪念基金委员会”主席王云五先生，为胡佛研究所拟在新建之远东图书馆内，辟一大阅览室，题名“中山”，纪念国父。请求该委员会捐助十万美元。

八月三日，继续撰写《上海商业储蓄银行五十年史》。

十七日，印地安纳州立大学中国语文系教授邓汝玉来访，约共午饭。

十八日，得悉李光前因病辞去要职。

先生日记云：

香港华侨银行经理陈君来访，约共午饭。据告李光前兄患肝癌，服中药，略见效。现已辞去星大校长，及华侨银行董事长职务。

十九日，函复施友忠、马逢华，不克参加今年举行之“大陆问题讨论会”。

先生日记云：

接华盛顿州立大学中国语文系教授施友忠，及经济学系教授马逢华两兄来信，以今年“大陆问题讨论会”将于九月初在华大开会，希望我去参加。当复以积欠文字债累累，正在清偿，实难抽暇前往，并致歉谢之意。

二十七日，（一）接王云五函复捐助中山阅览室事，不便开例。

先生日记云：

接王云五先生复信谓：中山百年诞辰基金，专充国内文化事业之用，且为数有限，国外大学众多，不便开例等语。当即据以译成英文，送胡佛研究所所长康培尔阅洽。

（二）函告施友忠、马逢华，准来参加“大陆问题讨论会”。

先生日记云：

华盛顿州立大学施友忠及马逢华两兄托人来敦促参加在华大举行之“大陆问题讨论会”，当即函告准时前往参加。

三十日，关于“武器限制与裁军计画”之第三篇论文《从日本对于中共原子弹爆炸之反应角度，观察其对于裁军问题之态度》，修饰完竣。

先生日记云：

查此一远东区域武器限制与裁军计画之研究工作，开始于一九六四年六月。参加研究工作之主要人员为斯坦福大学教授，及胡佛研究所研究员，共约二十余人。此外尚有熟谙远东区域各国语文之协助员，亦约二十余人。研究题目有系综合性者，有系每一国家个别性者。每人担任之研究题目，先撰成书面意见，交与担任综合研究之人，汇总编纂。原撰著人则随时参加讨论，自然不少修改。直至一九六五年底，研究稿件陆续收齐，乃进入综合汇编最后阶段。余所撰论文三篇如下：（1）从最近日本经济成长角度，观察其对于裁军计画之态度。（2）从日本军需工业之发展角度，观察其对于裁军计画之态度。（3）从日本对于中共原子弹爆炸之反应角度，观察其对于裁军计画之态度。

按此一“武器限制与裁军计画”研究报告，系由胡佛研究所资深研究员吴元黎博士主编，曾在报告“前言”中说道：此一研究，目的在指出潜在远东的真实冲突因素，而使之松弛，借以加强人们对于和平的信念与决心。

九月二日，飞赴西雅图参加“大陆问题讨论会”。

先生日记云：

中午至机场，搭乘一时飞机至西雅图。上机后，始记起大衣尚留在洗手间，因下机往寻觅，无着，而飞机已经启飞。乃改乘六时飞机，及抵西雅图旅馆已届九时。幸施友忠与马逢华两兄招待筵席未散，勉强赶往。

三日，出席“大陆问题讨论会”。

先生日记云：

大陆问题讨论会今日在华盛顿州立大学举行。上午讨论教育与文学，由加大教授陈世骧主持。下午讨论政治与社会，由华大教授梅谷 Franz Michael 主持。晚大学公宴。

四日，继续出席“大陆问题讨论会”。

先生日记云：

上午继续开会讨论经济，由吴元黎兄主持。散会前，决定该会于明年九月间由胡佛研究所召集开会。

五日，访友。

六日，游一九六二年世界博览会场旧址。

七日，飞返旧金山，乘公共汽车回家。

九日，（一）马大任来晤。

先生日记云：

新任胡佛研究所远东图东馆主任马大任君来访。其英文职衔为 Curator – Librarian 。另有一主任 Curator – Researcher 为杜林 Dennis Doolin（任命后，始终未就职）。马君曾获哥伦比亚大学图书馆学硕士学位，原任康奈尔大学图书馆版本专员 Bibliographer。

（二）赴胡佛研究所听克拉特 Warner Klatt 演讲。

先生日记云：

本日下午，现在英国外交部服务、研究苏联农业专家克拉特君，在胡佛研究所演讲，特往旁听。晚间同席餐叙。

十四日，应陶鹏飞约，晤来自台北之黄少谷及袁守谦。

先生日记云：

此间中华联谊会主持人陶鹏飞兄邀请晚饭，会晤自台北来之黄少谷与袁守谦两先生。据告本年底，国民政府将召开“反共救国会议”，邀请留美若干国人参加会议。余亦在被邀之列。并云今晨曾晤君劢，经敦请参加。意似欲余代为从旁吹嘘。复告此会将讨论台湾之政治经济改革，以及反攻大陆后之一切建设计画。

十五日，致函慰赫洛曼夫人。

先生日记云：

顷悉旧金山富国银行 Wells Fargo Bank 副董事长赫洛曼 Frederick J. Hellaman 于上周去世。此君系多年老友，我到美国西岸，不时见面，遇事招呼，特函慰唁其夫人。

十七日，陪黄少谷、袁守谦参观胡佛研究所。

二十九日，被邀参加旧金山华侨公宴蒋经国。

先生日记云：

蒋经国先生访华府后，经西岸返台。本晚旧金山华侨设席公宴。散席后，政大同学会在旧金山领事馆开会欢迎。均被邀参加。在领事馆时，与之叙谈。渠谈及在台湾政治方面，希望美国对台湾多予帮助。惟未说明内容。又谓美方对于台湾反攻大陆政策，较前似多了解等语。

十月十四日，蒋廷黻病逝，致函慰唁其夫人。

二十三日，与吴元黎发起编辑《中国经济史》。

先生日记云：

蒋硕杰、刘大中、周舜莘三君赴蒙特瑞 Monterey 开会，经过此间，特备晚饭欢迎。吴元黎兄在座，发起编辑《中国经济史》。我去年原定撰写《大陆经济制度之改革，与旧制度之比较》。嗣以接受光甫兄嘱写《上海商业储蓄银行史》，及参加裁兵计画研究，致未能如愿进行。而晚近大陆经济统计数字，不特杂乱，且日见减少，殊不易着笔。因对元黎兄之创议，表示同意。当即决定由我草拟大纲，再约集发起人分别进行。

二十八日，应白班纳 Robert Papana 晚饭之约，并听西德农民协会主席佛里罕木 Fleihein 演讲东德农业。

二十九日，为张君劢函托张群转告黄少谷与袁守谦，不能赴台北参加“反共救国会议”原由。

先生日记云：

君劢来电话嘱函岳军兄，托其转告黄少谷、袁守谦两先生，以彼本人曾反对蒋先生蝉联三任总统。若出席“反共救国会议”，设有人询及蝉联三任问题，将难以答复，故以不出席为妥当。当即遵嘱发函。

十一月二十七日，胡佛研究所所长康培尔约董浩云午饭，往陪。

十二月二日，约吴元黎与陈仲秀午饭，商拟《中国经济史》大纲。

十三日，拟定《中国经济史大纲》。

十六日，出席旧金山中国新闻分处成立招待茶会，并参加驻美“大使”周书楷晚宴。

二十四日，为美国《政治经济学报》*Journal of Political Economy* 撰写杨格 Arthur N. Young 所著《中国战时财政与通货膨胀》*China's Wartime Finance and Inflation* 书评。

三十一日，写就杨著书评初稿。

是年二月，美国“游骑兵” Ranger 8 及 9 太空船先后登陆月球。

四月，美国务卿鲁斯克访台湾。

五月，中共第二次爆炸原子弹。

六月，日韩建立外交关系。

一九六六年 先生七十八岁

一月四日，（一）陈仲秀来告何廉对于编纂《中国经济史》意见。先生日记云：

陈仲秀兄自纽约归，来告曾晤何淬廉兄，谈及编写《中国经济史》事，渠意拟先正式致函邀约可望参加之人，一俟愿意参加之人数确定后，再议进行办法。

（二）续纂《上海商业储蓄银行五十年史》。

十一日，接陈清治函告未能担任斯坦福大学教职。

先生日记云：

麻省理工学院毕业生陈清治，系邦衡孙同学，来函谓斯大需人教授数理经济学及中共经济，曾邀彼面谈。惟以对大陆经济无素养，未能应聘。

十四日，仲兄君劢七九诞辰，前往庆祝。

十七日，将所拟邀请各地学人参加编纂《中国经济史》函稿，寄何廉酌定。

十八日，圣达克拉芮 Santa Clara 大学教授白班纳 D. Robert Papana 托代物色台北辅仁大学商学院院长。

二十三日，致函张兹闿询问有无可以胜任辅仁商学院院长之人选。

二十六日，（一）日本内阁官房调查室主任本多武雄来胡佛研究所参观各部门工作情形，由主管人招待说明。先生特约其午餐。（二）为美国《政治经济学报》所撰杨格著《中国战时财政与通货膨胀，一九三七—一九四五》书评定稿，本日寄出。

按先生所撰书评 Book Review on "*China's Wartime Finance and Inflation, 1937 - 1945*" by Arthur N. Young, Cambridge, Mass.: Harvard University Press 1965，经登载于一九六六年二月—十二月之《政治经济学报》七十四卷（页三〇四至页三〇五）*The Journal of*

Political Economy，Vol. LXXIV – Feb. – Dec. 1966，The University of Chicago Press，Chicago，Ill.。兹译全文如后：

杨格著《中国战时财政与通货膨胀，一九三七—一九四五》书评

杨格氏在其担任中国政府财政顾问的十七年间，曾经参加过不少次的中外官员间的讨论会议。他不独对于当时中国的实际情况相当了解，亦曾赢得中国官方的信任与器重。他随时所积藏的许多有关文件，适足助成他编著此一具有优越证据的《中国战时财政及通货膨胀》史。

杨格氏书中的首篇致力于阐述政府预算的收入与支出，包括田赋项下田产征实与米谷收购。次篇讨论内外国债及友邦经济援助。著者曾经利用一九三九年至一九四五年间的详细政府财政报告，作为分析书中首次两篇讨论各种项目的根据。

书中第三篇，几占全书页数三分之二，讨论钞票发行之膨胀，与失控制发行膨胀之措施。诸如物价管制、信用管制、汇率稳定、利用美国信贷与黄金，作为发行公债和抛售黄金的后盾。

著者认为维持法币信用的有效方法，莫如保持一九三五年实行的自由外汇买卖政策，实较其他措施，如后来于一九四〇年施行的不公开的外汇稳定政策（中英平准基金及中美平衡基金）为有利。盖以外汇自由买卖，不独在自由区可以抑制一般外汇投机家，集中力量对于通货膨胀所施之压力；而对于沦陷区内行使日伪钞券之流通，可以产生遏止作用，足使日人计划控制占领区经济力量的企图，受到阻碍。惟此项主张，书评作者认为仅能收效于暂时。实缘外汇平衡基金数目既属有限，尤以在上海公共租界地区运用，范围极为狭窄，而通货膨胀之趋势，则漫无止境，结果将终归失败。

在国内遏止通货膨胀之各项政策中，著者主张抛售黄金。此一政策，不独战后遭致批评。即在当时，已然引起不少争辩。抛售黄

金，按照当时市价，自然可以减少相当数额的法币流通。但如同时政府的开支不能紧缩，发行不能减少，则物价纵令一时平抑不涨，然亦仅短期而已。且也，政府抛售黄金，既然参照黑市价格，势必继续提高售价，则此收缩通货，平抑物价政策之基本意义，不免根本丧失。不啻政府业已默认黑市对于法币的评价。此项政策如不纠正，则抛售黄金一举，不特失其效用，且属浪费。诚能保存黄金，留备战后建设复兴之用，岂不更较有益。

著者在讨论整个财政和金融政策上，大体与书评作者对于当时所作的分析，尚属接近（参阅张著《中国通货膨胀经验》）。著者结论谓：中国的通货膨胀，虽不若其他国家所曾遭遇的严重，然而中国应付此一困难的能力，未免薄弱，竟然使其助长中国革命。第二次大战后，此一奔放无羁的通货膨胀，确属促成国民政府崩溃的主要因素，值得一般正在开发的国家的深思熟虑。而对于不知重视通货膨胀利害的人们，尤非例外。

* * * * *

二十七日，接何廉函告杨联陞与何炳棣同意在邀请台北经济学人参加编辑《中国经济史》工作通函上署名。

二十九日，胡佛研究所所长康培尔为该所董事饶希 Roushe 拟赴台湾观光，来托代为安排游程。

先生日记云：

> 康培尔所长为本所董事饶希拟往台湾观光，并赴金门访问，来托为之安排游程。当函告台北上海商业储蓄银行常务董事沈维经兄，及交通部沈君怡部长照应一切。

二月十五日，（一）半月来所患伤风，今日始愈。（二）电致沈维经托向沈君怡催询饶希拟游金门，已否与“国防部”洽妥。

二十三日，（一）胡佛研究所所长康培尔约谈该所拟建中国宫殿式阅览室之困难。

先生日记云：

> 本所所长康培尔约谈拟建筑中国宫殿式之中山阅览室，商

之建筑师，据其答复：阅览室最注重电灯光线，而中国宫殿式之屋顶甚高，电灯装置，难以适合阅览。且中国工人不能来美做工。故此一计画只好作罢。现在只有陈设一些中国古玩，以资点缀，并希望得一幅蒋夫人所绘水彩画。

（二）参加斯坦福大学中国语文系与加州大学东方语文系联合召集之徐志摩与印度诗人泰戈尔关系讨论会。

二十六日，接王云五函复：所请由“台北筹募国父百年诞辰纪念捐款委员会”以小数捐建胡佛研究所东方图书馆中山阅览室一节，难以应命。

二十八日，接何廉寄回彼与刘大中、蒋硕杰、杨联陞、何炳棣诸人签就邀约台湾经济学人参加编辑《中国经济史》工作通函。

三月四日，应特祖劳 Francis L Tetreault 律师午饭之约。

先生日记云：

旧金山葛兰姆、吉木斯、芮福 Grahme，James，Ralph 律师事务所之特祖劳律师来邀同去午饭。因余曾为其介绍董浩云公司生意，并介绍一斯大毕业生在其事务所工作。

八日，接圣达克拉芮 Santa Clara 大学校长窦克孙 Dirkson 来函申谢协助在台北创立辅仁大学商学院。

十九日，写完《上海商业储蓄银行五十年史》第八章。

二十一日，为杨格 Arthur N. Young 检阅所藏有关中国战时之财政、外汇、黄金、外债等卷宗，预备赠给胡佛研究所保存。

二十三日，接潘光迥来信，拟于二十七、二十八两日参观斯坦福大学国际关系研究所，托为先容。

二十八日，康培尔所长为答谢潘光迥对其游香港时接待盛情，款以午晚两餐，特邀先生作陪。

二十九日，圣达克拉芮大学财政学教授白班纳 Robert Papana 招待南加州大学商学院院长洛克莱 Lawrence C. Lockley 午餐，因知先生与之友善，特邀作陪。

三十一日，美国务院主持中美关系之官员来胡佛研究所，解释美国对中共政策富有弹性，悉视对方对美态度以为转移。

四月一日，马大任将往台湾，为函介见当地各要人。

先生日记云：

胡佛研究所远东图书馆主任马大任就职后，将去台北访问，欲余为之介绍各方要人。当缮就致蒋经国、沈君怡、李国鼎三部长，中央银行李艺均副总裁介函。并告以应行注意之事项。

六日，约旧金山葛兰姆、吉木斯、芮福律师事务所律师特祖劳Francis Tetreault午餐，并约其同事卡尔洪Calhoun作陪。餐后参观其事务所办公室，并获晤其首席伙友葛兰姆Grahme律师。

十六日，收到马茂芮克Lewis Maverick所著《一八〇〇年前各学者对于生产及生产力理论辑要》。

五月九日，写完《上海商业储蓄银行五十年史》，共九章。

按先生所撰《上海商业储蓄银行五十年史》，内容大致与所撰《陈光甫与上海银行》一书相同。该行自大陆变色后，早已面目全非。留在香港之该行旧人认为此一著作，暂时应予保留，不予发表。

十八日，与夫人飞往芝加哥，开始作东岸一月之游。

先生日记云：

为邦衡孙与钟秋红女士结婚，及为编辑《中国经济史》与各大学中国经济学教授交换意见，特计划作东岸一月之游。于本日中午偕内子由旧金山飞芝加哥。到达后，由亲戚许君继廉来接至芝大招待所休息。嗣在许寓晚饭。随后何炳棣教授来长谈。

十九日，参观伊利诺州立大学。

先生日记云：

上午乘火车赴匡平镇Champaign，即伊利诺州立大学所在地。侄婿董启超在此教授土木工程，开车来接，参观全校，有学生一万余人。随至其家盘桓半日，小满侄女已生一女。晚由其夫妇驾车送回芝城。

二十日，飞抵若契斯特 Rochester。

先生日记云：

飞抵若契斯特，蒋硕杰兄来接，在旅馆休息复即参观若契斯特大学，有学生八千余人。晚在蒋府晚饭，见其夫人马女士及女公子三人。蒋马缔婚，系余撮合。

二十一日，乘公共汽车赴西瑞口斯 Syracuse。

先生日记云：

乘长途公共汽车至西瑞口斯。邦卫孙在西瑞口斯大学肄业，来车站接到旅馆休息后参观大学。晚与钟秋红女士商定于下月十一日在此与邦衡孙举行婚礼。当即以电话通知邦衡孙，得其同意。

二十二日，乘公共汽车赴绮色佳 Ithaca 。

先生日记云：

乘公共汽车至绮色佳，即康奈尔大学所在地。刘大中与费景汉两兄来接，至大学招待所休息，参观全校。晚与刘费二兄伉俪一同晚饭长谈。

二十三日，飞抵波士顿。

先生日记云：

飞抵波士顿，宿旅馆。国鼐侄（禹九弟之子）与邦衡孙同来省候。略有感冒，在旅馆休息。

二十五日，参观哈佛燕京图书馆及麻省理工学院。

先生日记云：

感冒稍愈。吴文津兄来陪往哈佛燕京图书馆参观。又与邦衡孙同去参观麻省理工学院。

二十七日，（一）访晤杨联陞。（二）参观哈佛燕京图书馆。（三）杨联陞邀请午饭。（四）国鼐侄邀请晚饭。

先生日记云：

本日上午至哈佛燕京图书馆访杨联陞兄。继在图书馆发现余在中国银行时，出版之《中行月刊》，并见有堀江归一所著《支那经济小观》，内曾述及协助修正中国银行则例意见。因托吴文津兄复印一份。中午杨联陞兄伉俪邀在大学俱乐部午饭。晚国鼐侄约往 Joyce Chan's Restaurant 晚饭。旅馆主人陈夫人系嘉定同乡廖星石先生之女公子。

二十九日，乘火车至纽约，宿夏鹏寓所。

六月二日，参观哥伦比亚大学亚洲图书馆。

先生日记云：

连日访友甚忙。今日与何淬廉兄约定参观哥伦比亚大学亚洲图书馆。彼忽感微恙，由图书馆主任唐德刚君陪同参观。午餐由胡昌图教授代作主人，同席有哥大新闻学系教授喻德基君、中国语文系教授夏志清君及王念祖与唐德刚两君。

三日，参加董浩云轮船公司招待会。

先生日记云：

下午，董浩云兄轮船公司之新船“东方明珠”号驶经纽约港口，船上特开招待会，前往参加。获晤袁家骝博士及其夫人吴健雄博士。两人均系闻名之物理学家。

五日，接到胡佛研究所所长康培尔致蒋“总统”夫人函恳为远东图书馆作画一幅。当即代为转递。

七日，居住纽约市之中国银行旧同事公邀晚饭，到有徐广迟、姚崧龄伉俪、夏屏方、李德燏、孔士谔、哈骏文、余鄂宾诸君。

十日，参观纽约市“国家广播电台”N. B. C.。

十一日，（一）飞抵西瑞口斯 Syracuse，参加邦衡孙与钟秋红女士在当地教堂结婚典礼。（二）当晚飞返纽约。

十二日，访何廉谈编辑《中国经济史》事。

先生日记云：

上午访何淬廉兄，告以此行与各友商谈编辑《中国经济史》事，感觉各人均极热心，但均各有日常工作，不易匀出时间，从事于此。纵令能有余暇，亦将用以撰写论文，投登学术杂志，或出版专门著作，以期显扬。似此情形，殊不易要求各人搁置其应付时代之工作，而移情于一种缺乏急切表现之文字。故进行颇感困难。淬廉兄亦有同感。渠因建议不出专书，而发刊杂志或单行本，命名《中国经济史料研究》*Studies of Economic History of Contemporary China*，每年一卷。可请在美之何炳棣、刘广京、侯继明、孙任以都、郑英还、马逢华，及在台北之全汉昇、邢慕寰、郭廷以、方显廷诸君参加。此一建议虽较简易，然亦必须有人经常收集稿件，担任编辑，兼理校订发刊等等工作。邀请何人主持，亦是问题。

十四日，由薛光前陪往参观圣若望大学及其主持之亚洲研究中心。

十五日，（一）由何廉陪往参观哥伦比亚大学商学院新建之图书馆。（二）应陈启源午餐之约。

先生日记云：

中午至陈启源兄处，应其午餐之约。彼与沈家桢兄同为Maritime Trans portation Line, Inc. 之股东，为在国外经营航业之成功者。

十六日，乘火车赴普林斯顿访刘子健，同进午餐后，参观普林斯顿大学。

十九日，乘火车赴华盛顿，经过费城，停留半日，访友游览。

先生日记云：

本日上午乘火车至费城，旧友陆因耕（上海陆伯鸿之世兄）伉俪及其世兄（洛亚拉大学毕业）来接至其家中午饭后，驾车出游。参观美国建国时起草宪法之会议厅故址，及独立厅前之“自由钟”。随至一最老之天主教礼拜堂，并游市区一周。晚饭后，乘火车至华府。郭秉文兄夫妇来接至旅馆。

二十日，（一）赴联邦政府印刷局选购刊物。（二）参观国会图书馆。（三）出席华府旧友公宴。

先生日记云：

上午至联邦政府印刷局搜购各种出版刊物。下午至国会图书馆，中国部主任吴光清君导引参观。晚中国银行、交通部旧同事，及教育部代表张乃维、玛丽兰大学历史系教授薛君度、大使馆参事王蓬及前任参事崔承璘诸君公宴。

二十一日，（一）周书楷“大使”约午饭。（二）再至国会图书馆参观。

二十二日，陈长桐、张悦联招待午饭。

先生日记云：

陈庸孙、张悦联两兄约在世界银行食堂午饭，所有在国际货币基金及世界银行两国际机关任职之中国同人均在座，一一晤谈。

二十三日，（一）吴世英请会签致费正清函。

先生日记云：

旧友吴世英君现任驻华府大使馆参事，来谈，提及有一封公开信致哈佛大学教授费正清 John K. Fairbanks，驳其偏向大陆。问我愿否签名。答以不愿签名。

（二）飞赴洛杉矶。

二十四日，访晤在洛市亲友，并参加马茂芮克七五寿庆。

先生日记云：

晤诸旧友如吴逸民夫人、彭硕民医生伉俪、前驻洛杉矶总领事李孟萍、王征葵、刘广恒、李木园、陈受颐伉俪，或来访，或同席。国浏侄适购新居，特往一视。老友马茂芮克 Lewis Maverick 本月十一日适值七五诞辰，其子婿等为之补祝，前往参加。

二十六日，飞返波罗阿尔脱 Palo Alto。

二十七日，晤吴元黎、陈仲秀，告以接洽编辑《中国经济史》事经过，及其进行困难各点。

二十九日，（一）省视仲兄君劢，询其病情。

先生日记云：

往视君劢哥，知其最近患腹泻。经医生检查，发见兼患轻性糖尿及摄护腺病。兹定两星期后再去检查，并商疗治方法。

（二）探视长子庆元病况。

先生日记云：

本日又去看大儿庆元，彼在柏克利欧芮克 Herrick 医院任总会计，知其近患心脏病，跌倒在地。住医院休息，业已两周。

七月一日，接陈辉德函，以“商业银行之发展”为题，请为上海银行发刊之《海光》杂志撰文。

三日，今日起，每日拟匀出一小时整理《与苏联交涉收回东北日记》。

十五日，张君劢入医院施行手术，割治摄护腺及胆石，经过良好。

二十一日，接孔令侃函告，蒋夫人已允惠赠胡佛研究所一幅自绘水彩画。

二十九日，参加大陆问题讨论会。

先生日记云：

晨九时出席大陆问题讨论会，先由梅谷教授 Franz Michael 致开会词，继由陈世骧、陈锡恩两君主持教育讨论。午饭后，由梅谷及诺斯 North 主持政治讨论。

三十日，继续参加大陆问题讨论会。

先生日记云：

晨九时半，出席大陆问题讨论会。因吴元黎兄无暇，由曾在伦敦政府任职、现正研究中共问题之克拉特君 Werner Klatt 主持经济讨论。散会后，余邀梅谷、克拉特、索尔顿 Dick Thorton（华盛顿州立大学中国历史教授）、马逢华、侯纪民、陈世骧、陈锡恩、马大任诸君在“满大人餐馆” Mandarin 午饭。

八月二日，接到蒋夫人寄赠胡佛研究所亚洲图书馆自绘水彩画一幅，当即面交康培尔所长。

五日，参加欢迎台北国防研究院考察团一行参观斯坦福大学及胡佛研究所。

先生日记云：

下午二时半，台北国防研究院考察团一行前来参观斯坦福大学及胡佛研究所。由大学副校长布鲁克 Brooks 及所长康培尔欢迎于胡佛会议室。四时起开讨论会，介绍考察团张团长晓峰，六时散会。所长康培尔邀请晚饭。考察团人员名单如下：团长张其昀，团员刘安琪、徐培根、张庆桢、罗时实、杨家麟、瞿绍华、项乃光、宋晞、李克昌。

十七日，周森约集侨胞投资援助旧金山通商银行渡过难关。

先生日记云：

金山通商银行系由华侨集资设立。近以部分放款约六七十万元，未能收回，加州银行监理官通知该行已商定与另一银行合并。金山华侨因商请周森君出面援助。兹得知周森君约侨胞凑集资本五十万元，连同旧股东增认股本二十万元，合共七十万元，接济金山通商银行渡过此次难关，俾其可以继续独立存在营业。

二十六日，与胡佛研究所所长康培尔商谈，希望能赴国外大学演讲，借增该所声誉。

先生日记云：

康培尔所长告知余之职位已改为该所“资深研究员”Senior Research Fellow。余告以本人年事已迈，不能担任繁剧工作，深愿指导研究生之博士论文，及校阅本所预备出版之专著原稿，以及本所必要余参加之工作。并希望能至国外大学演讲，增加本所声誉。至于薪金，可毋庸增加。最近颇有意往东南亚一行。

二十七日，为上海商业储蓄银行发行之《海光》杂志所撰之《商业银行之发展》一文脱稿。全文约万余字，略谓：

各国商业银行之发展，恒因其国家之经济背景而互异。然于吸收存款，推行支票，以其余款作为商业上短期资金之融通，帮助国民经济之成长，要为一般基本业务，则无不相同。故商业银行必须具有扩展国民经济之功能，使人民资金得以有效使用。对于短期资金负有酌盈剂虚之责，对于长期资金负有助长聚积之责。业务活动必须以人民福利为对象，须使业务与服务融和为一。至于业务门类，在今日美国商业银行，名目繁多，不胜枚举。而且日新又新，层出不穷。民众有所需要，银行即有所供给。目的在使商业银行业务能与国民生活打成一片，从而增进社会福利，助长国民经济。

三十日，（一）胡佛研究所正式发表先生为该所“资深研究员”Senior Research Fellow。（二）哈佛大学研究生淦木赖 Walter E. Gomlay 以“蒋介石之起落历史”为论文题材，向先生请教若干问题。

十月一日，飞赴檀香山。

先生日记云：

最近多位住在远东及东南亚的好友纷纷来信邀往东方各地游览，劝我不必长期羁滞北美。适逢董浩云兄之中国航运公司有新船在日本下水，寄赠来往飞机票，以便前往观礼。因决定作短期旅行，先飞檀香山，继往日本。

二日，洪家骏陪游檀香山名胜。

先生日记云：

本日夏威夷大学经济学教授洪家骏兄陪同参观岛上风景名胜，及夏威夷州政府、州议会等地，并在洪府晚饭。

三日，（一）洪家骏陪访马克 Shrrley Mark，谈夏威夷资本累积来源。

先生日记云：

十时洪家骏兄陪同访晤其知友马克（华裔，西雅图华盛顿州立大学毕业）君，现在主持此间经济企划局。谈及夏威夷资本累积来源，多为本地投资、增加贸易，及在自由地区设厂与货物转运。

（二）参观夏威夷大学。

先生日记云：

与马克君分别后，即往参观夏威夷大学。该校有学生一万八千人，内中夜校生四千人、研究生二千人。往访大学华文系主任杨觉勇 John Young 未遇。随至“东西中心”West - East Center，见到中心常务理事及高级研究 Advanced Project 主任某君（日裔，兼大学历史系教授），即同往午餐。下午回至中心图书馆 Center Library 参观，见到主任赖特 Joyce Wright。复见到技术交换主任后藤君，又见到英人贝克 Baker。贝克君系由哥伦比亚大学请来，研究“中心”之改进。“中心”之首长琼斯 Jones 去华盛顿公干，未遇。最后参观大学图书馆。五时半返旅馆。

四日，离檀香山飞往东京。

五日，晚七时抵东京国际机场，宿 Okura 旅馆。

六日，上午十一时乘董浩云公司包机飞佐世保。

七日，参加 Pacific Glory 油轮举行下水礼。

先生日记云：

上午八时四十分，七万三千五百吨之油轮 Pacific Glory 举行下水典礼，前往参加，并参观该轮内部结构。十时十五分，参加佐世保市政府茶会。

十一日，（一）武田英克来访。

先生日记云：

前在伪满中央银行服务之武田英克来访。彼回东京后，任山叶证券公司常务董事，现该公司与另一公司合并，改称第五证券公司。

（二）访曾任东京第一旅馆董事长之土屋计左右。

十三日，（一）冈琦嘉平太来访。

先生日记云：

午后，全日航空公司社长冈琦嘉平太来访。彼现继高桥达之助任中日贸易促进事，曾去中国大陆数次。彼大致谓中日两国关系必须密切，苏联必须防备。毛之文化大革命乃一种精神运动，犹如日本明治维新前一部分尊王运动。

（二）晤晏阳初于旅馆餐厅，已十八年未见。（三）傅在源约往其箱根别墅小住。

先生日记云：

傅筱庵之孙傅在源在箱根置有别墅，邀往小住数日，特派其厨司来接。四时到达。

十六日，由箱根返东京。

十七日，（一）访晤高崎芳郎。

先生日记云：

下午一时，往东京制罐株式会社访晤高崎达之助之子高崎芳郎，现任社长，继承其父之事业。承将其父遗作两册，关于彼在中日战争前后，服务满洲之全部经历见赠。记得次女国兰曾在该公司担任过短期工作。

（二）前在东北接收时期之日本技术工作人员邀宴叙旧。

先生日记云：

晚间，前在东北接收时期，在该地为余作研究工作之日本技术人员约在日本餐馆聚餐，以示欢迎，借资叙旧。参加者计有武田因克、长谷川长治（科研化学社社长）、原田方穗（日本原子发电株式会社常务取缔役）、平岛敏夫（现专绘画）、森恒次郎（现任土屋经营之保龄球 Bowling 事业社社长）。

十九日，参加日本经济复兴协会聚餐。

先生日记云：

中午，武田因克来陪往日本经济复兴协会餐会。出席者有：前国铁总裁小河信二郎、庆大教授兼经济评论家武林忠雄、前三井物产社社长及大藏大臣向井忠晴、民社党众议员永末氏、前参议员及铁路大臣堀木谦三、国际文化会馆理事长及前同盟通信社上海支局长松本重治、曾任外务省高等顾问及三菱油化株式会社池田龟三郎、资源整理会社取缔役冢本小一郎、名古屋学院财务理事田中弥之助、川岛织物会社社长川岛甚兵卫。

二十日，（一）访晤酒井杏之助及井上薰。

先生日记云：

上午至第一银行访前头取、现任相谈役酒井杏之助及其会长井上薰，交换对于香港浙江第一银行之业务意见。因该行系浙江第一银行之股东，而余系浙江第一银行之董事。

（二）访晤中山素平。

先生日记云：

下午往晤日本兴业银行头取中山素平。彼系目下日本金融界之有望领袖。彼告我各点如下：（1）现在日本工业设备扩充逐渐减少。（2）依赖外国投资与技术逐渐减少。（3）军备不致大量扩充。（4）对外援助拟注意农业。（5）企业合并趋势不可避免，但须防止以前财阀倾向。（6）亚洲开发银行放款，应经过当地之开发银行，而不直接投资。（7）对落后国家援助，宜注意不助长官营事业。（8）台湾今后发展重工业，须注意大量生产后，与世界竞争之能力。

二十一日，（一）访晤村松裕次。

先生日记云：

往访东洋文库（收购莫礼逊藏书所成立）主持人村松裕次（一桥大学教授），同去午饭。承其代约定于下星期一往访东京大学教授西岛定生及固藤吉之两君。并谓此二人均系研究中国问题专家，颇值前往晤谈。

（二）参观亚洲经济研究所。

先生日记云：

下午三时，偕郑喆希兄（旧金山州立大学历史教授，现在日本研究半年）前往亚洲经济研究所参观，获晤研究员小岛丽逸。该所系由日本财界出资设立，为日本研究亚洲问题之总汇，出版之刊物甚多。

二十二日，（一）富士银行研究室主任红林茂天来访，同进午餐。渠深以自民党执政过久，易于腐化为虑。

（二）获悉李铭昨晚十时在美病逝，年七十九岁。

二十三日，（一）往神田旧书铺盘桓半日，下午二时返寓。（二）获悉长子庆元心脏病重发，在美逝世。

二十四日，访晤西岛定生与固藤吉之。

先生日记云：

至东洋文库，由松前义治参事陪往东大，晤助教授西岛定生、教授固藤吉之。前者专攻宋代经济制度，后者研究宋代以前之经济史。西岛定生著有：《中国古代帝国的形成与构造》、《中国经济史研究》、《宋之土地制度》及《八旗之旗地》。固藤吉之著有：《宋代经济史研究》、《中国土地制度研究》及《唐宋社会经济史研究》。此外尚有仁井田陞著有：《中国法制史（刑法）研究》、《中国法制度史研究》及《土地法取引法》等。又滨口重关著有：《秦汉隋唐史之研究》。

二十六日，（一）约佐藤慎一郎午餐长谈。

先生日记云：

中午约拓殖大学教授佐藤慎一郎午餐。渠赠近著：《日本人农民之在中国农村生活纪录》，系据由满洲返日之日本农民谈话记下；又《中国共产党之农业集团化政策》及《人民公社之组织构造》三书。渠云：最近毛泽东知人民倾向于自由主义，满洲农民有《三自一包》之说，即自留耕地、自由市场、自由企业与包交田税，不受干涉之意。因此毛遂先提倡社会主义教育，但未见功效，乃继之以整风，近则加以整肃。渠认为毛林路线力量并不坚强。林之军队势力在十个军区中仅占五个军区。地方党部则在刘少奇手中。盖六个中央分局中，仅陶铸一人属于林，余均属于刘。红卫兵年龄均为十五至十七岁。此辈只知有毛泽东。最近口号为："发奋图强，自力更生"。而实际对青年宣传为"发恨图强"，即恨苏联。渠又云：向来农民少报地亩，土改后，不能隐瞒，因此耕地增加，收成自亦增加。

（二）与土屋计左右谈浙江第一银行董事长继任人选问题。

先生日记云：

土屋计左右请在第一旅馆晚餐，谈及关于馥荪兄故后，浙江第一银行董事长继任人选问题，第一银行头取长谷川重三郎欲与余商谈。缘土屋系介绍第一银行与浙江第一银行合作之人。

二十七日，松平重治来访，表示希望中共日本间问题有一解决。

先生日记云：

前任日本同盟通信社上海支局长、现任日本国际会馆International House of Japan董事长之松本重治来访。渠之态度为日本希望与中共间之问题有一解决，使东亚能够安定。并将所著一九六五年二月出版之《中国与日本》，及一九六五年十月二十九日之演说稿《日本与美国》及《中国与日本》等见赠。

二十八日，偕次子国利赴大阪医科大学接洽毕业问题。

先生日记云：

午后偕国利乘机至大阪医科大学访晤教师中山。始知大阪医大毕业年限需要再加两年，即自五年增为七年。故劝国利不如将毕业论文转到山口医科大学，如获通过，即无须再加两年。

二十九日，出席亚洲政治经济讨论会。

先生日记云：

晨九时半飞抵京都，出席京都大学举行之亚洲政治经济讨论会（第二十次全国大会）。先由京都大学亚洲研究中心所长岩村忠（文学博士）致开会词，嗣由本冈武（农学博士）演讲《东南亚之农业开发》。继由村松裕次演讲《中国社会主义之革命与传统》。末由市吉宙三演讲《太平天国与革命》。午后，由京都大学某教授演讲《中国之传统与革命，由短期政权而长期王朝》：（1）由秦帝国之短期政权十四年（公历纪元前二二一年至二〇七年）至前汉帝国之长期王朝二百零六年（纪元前二〇二年至纪元从五年）。（2）由新莽帝国之短期政权十七年（纪元后六年至二三年）至后汉帝国之长期王朝一百九十四年（纪元后二六年至二二〇年）。（3）由隋帝国之短期政权三十年

（纪元后五八九年至六一九年）至唐帝国之长期王朝二百八十九年（纪元后六一八年至九〇七年）。

三十日，继续出席亚洲政治经济讨论会。

先生日记云：

讨论继续进行，首由德田教授演讲《人民公社调整阶级之大众路线》，继由谷川荣彦演讲《越南民族运动指导权之推移——由民族主义而共产主义》，古贺正则演讲《民族民生国家与国家资本主义》，松井透演讲《十九世纪印度经济史研究方法论》，本冈武演讲《东南亚之农业开发》。最后由板垣教授致闭会词。晚返东京。

三十一日，与长谷川重三郎谈浙江第一银行董事长继任人选问题。

先生日记云：

下午，第一银行头取长谷川重三郎偕小竹永三来商馥荪董事长出缺后，继任人选。余建议即由其世兄德录暂行兼任。因馥荪在浙江第一银行之投资，乃家庭事业，应由其世兄德录继任。

十一月一日，访庆应母校。

先生日记云：

十时半往庆应大学母校，拜访校长永泽邦男，并得见经济学教授寺尾琢磨博士（兼管国外在校生），常任理事山本登、前原光雄（兼管国际问题研究所）。参观大学创办人福泽谕吉所建之演说厅，照旧保存。该厅系仿照英国议会型式，训练演说辩论。在此与校长摄影，并环游校园一周。

二日，离东京，飞抵香港，住宿董浩云香岛小筑。

三日，（一）访晤陈辉德。

先生日记云：

上午十一时往视光甫兄，身体健康，头脑亦清晰如故。今年已八十有六矣。

（二）访晤李德录，略询浙江第一银行近况。

四日，与浙江第一银行各董事谈话。

先生日记云：

上午十一时至浙江第一银行董事简悦强办公室开会，由浙江第一银行副董事长朱孔嘉主席，到有李德录、许厚钰及胡思纪等。讨论浙江第一银行董事长继任人选问题。结果一致同意由李德录任董事长兼经理。

五日，访晤沈熙瑞，现任汇丰银行经理。得悉该行已取消买办制度，华籍职员与英籍职员同等待遇。

八日，（一）至香港殡仪馆李铭遗像前行礼致敬。十一时出殡至佛教墓场，十一时半下葬。（二）招宴长谷川重三郎与小竹永三。

先生日记云：

午刻在九龙半岛酒店宴请第一银行头取长谷川重三郎及该行取缔役兼国外部经理小竹永三。彼等系专程来向馥荪兄丧葬致祭。经将余与浙江第一银行各董事所谈经过告知。

九日，（一）听取友人叙述大陆文化革命经过。

先生日记云：

晨友人来谈及大陆文化革命，起于一九六四年。当时林彪在解放军中开始学习“毛主席思想”，及进行“文化大革命工作”。一九六六年，毛某八个月未曾露面，即在研究如何作实际行动。决在贫农、劳工、兵队、先烈与干部子弟中，拣选青年组织红卫兵。最初先在学校中选定核心。八月中遂由核心发动号召大都市与无产阶级斗争。选定生活腐化或优越之家庭，抄查搜寻家中所藏黄金、美钞、枪械、手饰等等。所有华美家具、珍奇古玩均予封存。结果，武器金银搜括一空，使反动企图无由得逞。同时并使党内人员之沾染恶习者，不得不销声敛迹。文化二字包括实行“毛思想”。“毛集”以前只印七千本，表示党内对“毛思想”并不重视，且有反对者。故对党内握权分子亦予以打击。自组织红卫兵后，解放军既有新血液可以吸收，即用以取代陈旧分子。现在金融人员中，亦有多数由解放军中转来者，颇有军政合一之现象。然不能即谓以军制政。毛某不说话，并非有病，以彼向少说话也。

（二）浙江第一银行举行董事会议。

先生日记云：

中午，第一银行头取长谷川重三郎在希尔顿 Hilton 旅馆招谳浙江第一银行各董事。餐后，召开董事会议，公推李德录为董事长，朱孔嘉为副董事长。

十一日，访晤冯秉芬，得悉东亚银行概况。

先生日记云：

至东亚银行访冯秉芬及简悦庆两君。冯系简东浦先生之女婿，现任该行总经理，简系东浦先生之长公子，现任该行副总经理。据冯君告我，尚有副经理李福和，系李志芳之子；简悦强，系东浦先生之次公子，现任该行董事长。诸人合作，甚为和谐。该行实收股本为港币二千万元，公积计二千九百万元，存款计三亿三千六百万元，乃香港最大之华资银行。此皆东浦先生教育子弟之成绩也。

二十日，访晤左舜生，承告赴台湾感想。

先生日记云：

访左舜生兄，渠谈及赴台感想：（1）蒋总统脑筋仍机警。（2）严静波兄比以前进步，与张岳军兄同样颇用心。（3）蒋经国兄较前少火气，所办之退役军人辅导会及荣民医院均极有成绩，内中人材不少，将来如掌政，大致无问题。（4）农业教育有进步。台湾大学设备亦多改进。（5）青年学生多知用功，胜过香港。

二十三日，访晤唐星海，据告新加坡纺织业无发展可能，马来亚可容三十万纱锭。香港工业以受各国进口配额所限制，不能充分发展，且人工缺乏。

二十八日，离香港，飞抵曼谷。

二十九日，（一）晤彭（孟缉）“大使”。（二）方显廷来谈。

先生日记云：

> 午后，方显廷兄来谈，渠以准备冬季联合国发展贸易会议，特来帮忙撰写文章，年底事毕返台。又悉吴大业兄因与显廷兄后任日本人不能相处，已改就新加坡政府经济发展局顾问。

三十日，访晤京华银行董事兼总经理郑午楼，据告该行董事长系前任财政部长披耶图。

十二月一日，（一）访晤京华银行副董事长余子亮。（二）访晤在香港认识之布鲁木非而得 Bloomfield 教授，询问泰国社会情形，及远东经济在联合国指导合作之下，进境如何。（三）得悉白崇禧将军本日在台北病逝。

三日，离曼谷，飞抵新加坡，由陈振传接待，住芮福利 Ruffler 旅馆。

五日，（一）赴新加坡经济发展局，访晤唐义方及吴大业。（二）李光前约在华侨银行俱乐部午餐。（三）刘攻芸约往所主持之大地矿业公司与公司各董事晤面。

六日，与陈振传早餐，谈及董浩云拟在新加坡设立公司，发行股票，请其担任董事长。渠表示愿与该公司发生业务关系，但不便担任任何名义。

七日，（一）与黄延康约定明日在其尊人墓地致祭。

先生日记云：

> 黄伯权兄之世兄延康来见，约定明日至伯权兄墓地致祭。伯权兄在中国银行同事数十年，为人正直廉洁，星岛中国银行系由其开办。

（二）李微尘、李廷辉、陈育崧三人来谈。

先生日记云：

> 李微尘君系李光耀总理之得力助手。李廷辉君系政治研究学院副主任。陈育崧君系新加坡侨领。仲兄君劢来星演讲时，承其热诚照料。三人来谈。

八日，（一）访晤新加坡经济发展局及国防部首长。

先生日记云：

上午九时，唐义方兄（星岛经济发展局执行董事）来接至经济发展局，晤局长 Hon Sui Sen、董事长 Lim Ho Hup，表示均希望余能来星为政府帮忙。十一时，李廷辉兄来接往国防部，晤部长吴庆瑞。当告以经济发展局邀余来星，帮助政府发展工业及金融。吴答以新加坡资源缺乏，人口稀少，市场狭隘，工业不易发展。其语气似与经济发展局意见不同。后至李微尘兄处，告以一切经过。渠系赞成余来星帮忙之人，因建议余应与李光耀总理见面谈话。

（二）至黄伯权墓地致祭。

九日，（一）李光耀约见，面谈十分钟。

先生日记云：

晨，李微尘兄来电话，谓李光耀总理因急于与余面谈，特在会议中间抽出十分钟，约于十一时半见面。晤谈时，余告以常读其演说辞，深为钦佩。李总理谓新加坡物质资源不足，惟有加强人力资源。故极希望有经验学识人士能来星政府帮忙。余答以经济发展局有意约我参加，现正在商讨之中。

先生日记又云：

此次来星岛，见到星岛在李光耀总理领导之下，发奋建设，百事更新。唐义方兄才华出众，技术与经济均所擅长。佐以吴大业兄对于金融研究有素。而主持经济发展局之 Hon Sui Sen 先生虚怀若谷，博采周谘，孜孜不倦。经济发展之前途有望，可以预卜。因此触动本人一向热心事业之情感，有心为新加坡政府聊尽棉薄。但已在胡佛研究所工作六年，与康培尔所长相处甚得，必须取得其同意，方可决定舍彼就此。因告知吴大业兄，待我返美后，再行正式决定。

（二）欧阳文约与星岛年青一辈餐叙。

先生日记云：

华联银行总经理欧阳奇兄因我表示愿与星岛年青一辈见面，彼父子特邀晚餐。同席有黄伯权之长公子延康，连瀛洲之长公子少华（任职信托公司）、次公子国华（任职银行），及简东浦之公子（星岛利华银行经理）。

十日，离新加坡，飞抵马尼拉。

十一日，（一）上午访杨启泰。（二）下午访薛敏老。

十二日，访驻菲律宾“大使”杭立武。

十三日，访特克逊 Wilfredo Tucson 。

先生日记云：

上午访晤联合银行信托公司副董事长兼总经理特克逊君。彼曾任菲律宾大学教授。薛敏老兄欲为中兴银行培殖接棒人材，曾邀其至该行任职。嗣以与同事（多系大股东后辈）相处不易，改就今职。此实中兴无形损失。渠陪我参观菲律宾大学，复同往中兴与敏老兄晤谈。

十四日，不期获晤白浩，长谈。

先生日记云：

曾受麻省理工学院国际研究中心委托，校阅余所著《中国通货膨胀经验》一书之白浩博士 Dr. Douglas Paaw，自一九五九年后即未见面。兹忽不期而遇，相与长谈。渠现任华盛顿国民计划协会发展计划中心主任，现在东南亚各地研究当地经济发展计划。

十五日，（一）薛华盛顿 Washington Sycip 来访。（二）当晚离马尼拉，飞抵香港。

先生日记云：

薛敏老之世兄华盛顿来访，据告：自菲币披沙 Peso 贬值后，进口货及外国投资减少。证券市场尚未发达。本地企业人材以曾接受美国教育，颇形前进，工作效率亦佳。当晚离马尼拉，飞抵香港。

十七日，与新自大陆来港友人谈话，据告：毛泽东与刘少奇意见不同之点：（1）对外刘不主张对苏联趋于极端，（2）对内刘不赞同所谓文化革命。大陆来人并称共产党内部多数人倾向于刘。

二十日，（一）访晤刘汉来。

先生日记云：

访晤刘汉来，渠在新加坡办有一裕泰针织厂。据告新加坡政府对于工人要求加班工资，定有限制，对于资方要求，亦颇能实行其诺言。

（二）访晤伟纶纱厂吴昆生，承捐赠胡佛研究所古瓷数件。

二十一日，（一）访晤胡惠春，承捐赠胡佛研究所古瓷数件。（二）出席香港斯坦福大学同学会欢迎斯大校长施德邻 J. C. Wallace Sterling 博士夫妇酒会。

二十三日，参加夏女士谦会。

先生日记云：

夏筱芳兄女公子 Julia How 现在纽约哥伦比亚大学做研究工作。适哥大校长寇克博士 Graysen Kirk 来港出席世界大学校长会议，特设宴招待，邀余作陪。同席尚有斯坦福大学校长施德邻博士夫妇、驻香港美国副领事惠廷君 Whiting 夫妇。

二十四日，在陈辉德寓中共渡耶诞前夕，陈劝先生长住香港。

先生日记云：

晚在光甫兄寓中同吃圣诞晚餐。光甫兄一再劝余离美来港长住。并告上海银行在港正造新厦，将留一层楼作为经济研究室，可供余研究及办公与指教行员之用。复谓余年事已高，应对中国青年多做指导工作，庶几火尽薪传。渠对上海银行之深谋远虑，而对余个人之诚挚关怀，均令人同深感佩。只以在胡佛研究所多年，且波罗阿尔脱地方气候环境对余身心适宜，殊不敢贸然迁移。

二十五日，（一）参观崇基学院，院址倚山临海，风景绝佳，将选作中文大学校址。（二）周舜莘在崇基学院演讲完毕，即将离港返美，特来辞行。

二十七日，（一）访谢启铸，承捐赠胡佛研究所乾隆磁笔筒及磁花盆各一件。（二）约李幼椿夫妇、全汉昇夫妇、邹郑叔夫妇、左舜生、刘裕略、苏继之诸人晚餐。

二十八日，（一）访李翊芹，谈其在新加坡办厂经验。

先生日记云：

上午访上海银行董事李翊芹，谈其在新加坡办厂经验。据告最困难问题，乃最低工资订得过高。曾一再与当局说明，不能了解。结果第一年经营亏本。以之报告当局后，始悟过去之有欠斟酌。适新厂竣工，趁机改组，得劳工当局之了解，将一部分不得力之工人解雇。今年可望盈余。渠认为香港资本家一时不易明了新加坡情形，难以劝诱前往投资。如确有愿往者，不妨先投小额资本，以作试验。最好能由政府对于厂家。在开始之一二年，关于训练工人费用，予以补助，或予若干出口津贴，或予较优汇率。凡此种种办法，均将有助于吸收外来资本。又云：台湾、香港、南韩工资均较星洲为低。

（二）听新自大陆来香港友人谈中共近情。

先生日记云：

有友人新自大陆来港，听所谈中共近情如下：(1) 刘少奇势必去职，缘被认为有资本主义之倾向与修正主义之倾向；(2) 文化革命之发动，原于毛泽东认为资本主义之残余分子，必须根本铲除，尤以在上海为甚。盖以收入定息者多住在上海，常有钱无处可用之感。因之大吃大喝，或收购黄金。致穷人侧目，认为生活标准必须平等。次则 (3) 共党党部权要及一般共干生活腐化，倾向资本主义，必须整肃。至于倾向苏联之干部，亦须加以纠正。以上所述各节，颇与余上年在西雅图华盛顿州立大学大陆问题讨论会所讲中共文化革命原因相似。盖以既有较长时间之安定，则 (1) 党内党外宴安鸩毒，不免倾向资本主义；(2) 党干利用党权，不免营私舞弊，能期享受特殊利益；(3) 基于 (1)(2) 两点，因而赞成苏联修正主义。

友人又谈及年来食米配给，按照各人对于工作所耗用之体力多寡而定。劳动改造者亦有配给。米价每一百市斤为人民票十四元五角，合港币三十二元八角。大陆居民收到国外汇来款项，如在人民票数百元以内者，可以无限制使用，过多则限制使用。

按自一九四九年后，中共接管所谓民族资产阶级的企业，收归国营。但仍将各企业折合资金，分十年以定息名义，逐年归还。一九六〇年后，大陆发生严重灾荒，达三年之久，中共为顾全当时情势，曾将归还时期延长七年。当时一般留在大陆的资本家，生活远较普通人民为优厚舒适，并且受到统战政策的保护。是以如荣毅仁、郭琳爽、刘念义、胡中一、胡厥文之流，虽非中共权要，可以享受中共高级官员也难享受的物质文明，可以进出香港，可以入口西方免税货物。及八月三十日，毛泽东、林彪在北京接见红卫兵后，即展开对中国“四旧”：旧思想、旧文化、旧风俗、旧习惯进攻。先在北京城内对资产阶级人家进行毁灭性的抄家运动，继在上海对当地资本家进攻。所有永安公司之郭琳爽、申新公司之荣毅仁、大中华火柴及水泥公司之刘念义等人，均属进攻的对象。

二十九日，董浩云希望先生对其事业能予帮忙。

先生日记云：

董浩云兄谈及望我能为其事业帮忙。我告以如有需要帮忙之处，请随时示知，当尽力之所能。沈熙瑞兄告我，浩云兄向彼亦曾提及此事，当经告以可不必畀以任何固定名义，尽可临时挽请帮忙。

三十一日，（一）陈辉德拟赠胡佛研究所图书馆地毯两条，征询意见，决定向台湾订制运美。（二）项瑞象有友人近旅游台湾返港，特介绍来谈其对台湾工业之观感。

先生日记云：

项瑞象兄约所识友联研究所研究经济之蒋君来谈。询其游台湾观察当地工业发展之感想。渠谓台湾工人愿意多做工作，对每日原分三班，每班八小时之工作，情愿再加四小时，因此可多得工资。台湾工资比较新加坡工资约便宜三成。华侨在台湾经营工业，较为便利，易得优待。惟一切手续相当烦琐，斯为美中不足。惟港台两地比较接近，故香港企业家在台湾办厂，仍较便利。

（三）晚在陈辉德家中渡岁，同吃年夜饭。

是年一月，美国副总统韩福瑞访台北。

三月，“国民大会”选举蒋中正连任“中华民国”第四任“总统”。

七月，美国国务卿鲁斯克访台北。

八月，中共号召“文化大革命”，打倒四旧：文化、习惯、风俗、思想。

一九六七年 先生七十九岁

一月一日，晤叶渊谈去年大陆农产情形。

先生日记云：

本日晤旧识叶蕖泉兄，彼曾在新加坡华侨银行任职，现任香港浙江兴业银行经理。据云：一九六六年，大陆农产增为一千五百万吨。每日中共可以取得香港外汇不下港币一千三百万元，全年合计港币四十六亿元，折合美金七忆六千万元。由于食粮农作收成日期缩短，中间可以植棉，去年棉花增产。故棉布配给已增为每人一丈二尺。

六日，晤何炳棣谈编辑《中国经济史》事，并听其发抒对中共制度演变之意见。

先生日记云：

本午访晤适在香港中文大学作短期演讲之何炳棣兄，提及编辑《中国经济史》事，渠表示工作繁忙，不能多所协助，拟改约全汉昇君共同商谈。随问其对于：（1）中共将阶级铲除，是否新阶级仍将产生？彼答云：犹如苏联，仍将产生领导阶层，与科学技术人员阶级。（2）家庭制度是否能以维持？彼答云：

以前的大家族制度当然消灭，但父母子女的情爱不能消灭。嗣复谓：中共培植工农兵子弟，使人民有发挥才能，显露头角的机会，不似其他政党对于党外人才深闭固拒。

八日，香港海外信托银行经理曹耀来谈，称该行与马来亚联合银行发生关系，愿与周森主持之旧金山通商银行合作，不知有无可能。

九日，中文大学校长李卓敏约晚饭。

十日，与何炳棣、全汉昇谈编辑《中国经济史》事。

先生日记云：

本日晤何炳棣兄，全汉昇兄亦在座。谈及编辑《中国经济史》事，彼此同意：（1）名称即照何淬廉兄提议：《中国经济史料研究》；（2）时间自鸦片战争起；（3）希望由斯坦福大学胡佛研究所、芝加哥大学，与香港中文大学之中国教授中对于此事有兴趣者分别担任编辑工作。

十二日，（一）参观九龙友联研究所。

先生日记云：

至九龙友联研究所参观，现迁新址较为宽敞，场面亦好。内分文化、政治及经济三部，另有图书馆与新闻通讯出版室。出版室主任仍由燕女士担任。

（二）晤亚洲开发银行总裁边渡毅 Takeshi Watanabe。

先生日记云：

晤亚洲开发银行总裁边渡毅，告以最近曾去新加坡，对其经济发展情况，甚为乐观。希望渠能早日前往观察一番。

十六日，将各方捐赠胡佛研究所瓷器等十件，交香港花旗银行保管，俟胡佛研究所取得入口许可证后运美。

二十一日，李卓敏来告，对于编辑《中国经济史》事，香港中文大学甚愿合作。

二十二日，离香港，飞抵东京。

二十五日，（一）小竹永三来访。

先生日记云：

上午东京第一银行董事兼国外部经理小竹永三来谈，询及（1）香港浙江第一银行有无在台湾设行希望；（2）东京第一银行与香港浙江第一银行关系日增，将来可否以长谷川头取任该行顾问，多负责任。余答以（1）无可能；（2）宜缓办。

（二）访晤土屋计左右。

先生日记云：

下午访晤老友土屋计左右。渠患腰痛症，卧床二月，尚须休息一月。言谈时，对于自身健康殊失信心。颇以难再见面为虑。

二十六日，（一）访晤乐猪早夫谈新加坡经济发展。

先生日记云：

上午访晤东京兴业银行副头取乐猪早夫及其干部。询其对于新加坡经济发展意见。渠谓：（1）新加坡应采用外国原料在当地加工精制成品；（2）工业所用水电，费用应使之降低；（3）新加坡应侧重精细工业；（4）应先行规定发展工业之优先程序；（5）日本在新加坡所办工业，可向东京金融机关接洽融通，东京方面当尽力协助。

（二）访晤庆应塾长，告以所派在香港中文大学之日语教授，该校对之甚为满意。

二十七日，访日本开发银行总裁 Heiichiro Hirata 搜集资料。

二十八日，日本经济评论家武村忠雄来谈。

先生日记云：

日本经济评论家武村忠雄来谈，谓日本经济繁荣，系于越战之能否延长，而日本政治则系于自民党能否继续执政。后者当视能否在众议院取得二百七十以上之票数。

二十九日，离东京，飞返旧金山。

二月二日，访胡佛研究所所长康培尔博士，报告旅行东方经过。

四日，张君劢八旬寿诞，先生率家人在旧金山金亭酒家设宴申庆。

六日，告吴元黎关于在香港商谈编辑《中国经济史》事经过。

先生日记云：

本日晤吴元黎兄，谈及在香港与何炳棣、全汉昇两兄商讨编辑《中国经济史》经过。渠等认为必须有人主持其事。至余因已预定撰写《中共经济制度之变迁，与旧制度之比较》一书，需要充分时间搜集资料，势难担任主编该项刊物职务。当询彼是否可以担任，亦答以事忙无法兼顾。似此只好共同设法物色主编人选。

二十一日，接次媳掌珠来信，得悉次子国利之医学博士论文，已经山口医科大学通过，定于三月中举行学位授予礼。

二十六日，函告唐义方与吴大业，一时不能赴新加坡帮忙。

先生日记云：

本日发致唐义方、吴大业两兄函，告以一再与胡佛研究所所长康培尔博士商讨赴星帮忙问题，渠坚执不予同意，只好暂时搁置。当俟时机成熟再商。请向星洲当局代致歉意。函中并将在日调查有关星岛经济发展意见附告。

三月六日，将旧藏王原祁所绘山水一幅捐赠胡佛研究所图书馆。

先生日记云：

胡佛研究所新建图书馆落成后，经将由香港捐来之瓷器及古玩等件用玻璃橱陈列，置于馆内过厅当中。兹康培尔夫人感觉两橱之间，应悬挂一幅中国名画，以资配衬，庶较完美。今日特检出余旧藏王原祁所绘山水一幅，捐赠胡佛研究所作为纪念。

九日，住入斯坦福大学医院，由威尔伯 Dr. Blake Wilbur 医生施行手术，割除痔患。

十四日，出医院返家。

二十七日，参加胡佛研究所招待王世杰、钱思亮等茶会。

先生日记云：

下午三时胡佛研究所举行茶会招待王雪艇、钱思亮两兄及同来参加在华府召集之中美科学合作会议人员，台大法学系教授马汉宝、史学系教授许倬云、中国石油公司协理郝履成诸位，晚间康培尔博士邀请诸人餐叙。

三十一日，接到哥伦比亚大学出版之《二十世纪中国名人字典》一册。

先生日记云：

今日接到哥伦比亚大学出版、由包尔曼主编之《二十世纪中国名人字典》第一册 *Biographical Dictionary of Republican China*, by Howard L. Boorman, Vol. I。此书自一九五八年间开始编辑，曾得福特基金资助七十万美元，经过九年时间，今日始出版第一册。书中有君劢兄及余传略。余所撰陈光甫与钱新之两兄传略亦在第一册中。

四月一日，侄女小艾偕其男友王大蔚来见。王系斯坦福大学建筑系硕士，在旧金山一建筑公司任职。

三日，接何廉电话谈编辑《中国经济史》事。

先生日记云：

晚间接何淬廉兄电话，谈及编辑《中国经济史》事，何炳棣兄既无暇参加，而杨联陞兄又复多病，实乏人主持。因同意余之建议，暂予从缓。又提及伍启元兄任南洋大学校长事，以联合国关系，恐不克就。

四日，检验两眼视力，均略退步。

先生日记云：

上午去看眼科医生，经检验后，得知右眼珠光度较左眼珠为差，两眼视力均较前退步。右眼内白内障加深，恐此对于余今后之写作将大有影响，颇为焦虑。

七日，对所著之《中国铁路建设之奋斗》及《中国通货膨胀经验》两书英文本二册，寄赠母校庆应大学。

十日，陈受颐来告，将于本年暑假后退休，所遗克莱蒙特 Claremount 大学教席将由星洲大学教授何光忠继任。

二十日，梁发业来谈周森与金山通商银行问题。

先生日记云：

周森兄知友、经营家具业之梁发业兄来谈。提及周森兄近来业务作风，颇多可议。望余从旁规劝。余答以周森兄近来事事自作主张，实难参加意见。彼前投资协助金山通商银行渡过难关，确系好事，富有意义。惟引用韦斯卡吾 Wisecover 任该行总经理，实欠计较。此君任周森兄所营制肉厂之经理，曾亏折一百数十万美元之巨款。办事粗疏，决不适于主持银行业务。再则华埠银行应以华裔人物主持，似较合理。周森兄以韦斯卡吾过去在其困难之际，曾多帮助，故对之偏信，而推任为银行总经理。余以反对任用此人，故自彼任职后，即未踏进该行大门一步。最近周森兄对其本业，日加扩充，负债过重，殊欠稳妥。彼既系周森兄好友，深望能向其恳挚劝告。

五月五日，接曹耀自香港函告马来亚联合银行有意对金山通商银行投资，托为转知周森。

七日，赴旧金山飞机场迎接来美访问之严家淦“副总统”。四年前，先生赴台北时，严曾至飞机场相迎。

十日，与国务院官员克劳孚 Ralph Nelson Clough 交换有关中国问题意见。

先生日记云：

本日下午二时半，国务院计划委员会 Planning Committee 官员克劳孚君来胡佛研究所，与所中研究中国问题人员交换意见。出席者除余外，有斯坦福大学教授布斯 Prof. Buss，及前在国务院任职、曾充史迪威将军驻华时之幕僚、现在斯大任外交问题讲师之恩茂孙 John Emmerson。尚有斯大远东图书馆之职员杜林 Doolin 与马大任等。

十二日，接大陆家书告知先人坟墓情况。

先生日记云：

接七弟（嘉烜）自大陆来信，称四月七日曾到真如扫墓，双亲之坟已被迁到乡下公墓，尚无恙，但无墓碑。嗣由乡下人寻到原立在横冈之石碑，经埋设于旧坟地下土中，意在使将来可知原坟所在。至于姚家角祖茔，下面未动，上面已拉平。经托乡下人觅得石条四根，埋在原坟土中，借资记认。

三十一日，周森公司副总经理白进诺 Pacchinino 来谈，因与当局政策方面意见参差，准备辞职。经劝告周森挽留。

六月三日，侄女小艾与王大蔚订婚。

先生日记云：

君劢二哥一日由新加坡返美。今日其幼女小艾与王大蔚订婚，特往其寓所晚饭。

五日，（一）参加圣达克拉芮大学商学院发起欢迎李国鼎之演讲会。

先生日记云：

本日圣达克拉芮大学商学院院长窦克孙 Charles J. Dirkson 发起开会欢迎李国鼎部长，余被邀参加。上午十时半开会，由圣大校长邓乐厚牧师 Very Reverend P. A. Donohue, S. J. 致欢迎词。继由美国商业银行 Bank of America 国外部经理寇曼 George Cuman 致词介绍李部长演讲。彼报告台湾经济发展情形，及外人在台投资条例内容。十二时午餐，美国商业银行国外部研究室主任夏菲尔 Robert Sheffer 即席致词欢迎美人至台投资。二时至四时讨论一切在台湾投资有关问题。

（二）晚中华联谊会请李国鼎讲述台湾科技问题，由先生致介绍词。

六日，陪李国鼎参观斯坦福大学，并访晤各部门主管。

先生日记云：

本日上午十时，陪李国鼎部长至胡佛研究所访问所长康培尔博士，随至斯大商学院访问副教务长葛莱梧博士 Dr. Graves。中午同在斯大教职员俱乐部进餐。餐后偕往参观斯坦福直线加速器 Linear Accelerator。二时同赴机场握别。

九日，白进诺来告，决定辞去周森公司副总经理职务。

十七日，侄女小艾与王大蔚今日结婚，用天主教仪式，由梁神父主持。特往观礼。

二十五日，饯别陈仲秀夫妇。

先生日记云：

> 在胡佛研究所做研究工作之陈仲秀兄将赴纽约就蔼阿拉学院 Iona College，New Rochelle，N. Y. 教授职。今晚特邀其夫妇及女公子晚饭饯别。

七月三日，陪新加坡政治研究院副院长李廷辉参观斯坦福大学及胡佛研究所，并访问所长康培尔。

十七日，参加胡佛研究所招待西德前总理艾哈德 Ludwig Erhard 宴会。

二十六日，马来亚联合银行总经理张明添、新加坡亚洲商业银行董事长陈锦泉及马来亚移民局局长叶富松来访。陪同参观斯坦福大学各部。

八月二日，接亚洲协会驻台湾代表韩福瑞 Clair Humphrey 君函告愿捐助台北中国文化学院有关经济学书籍。特为开寄书目。

三日，允为台北《征信新闻》十五周年纪念特刊撰文。

七日，李璜来胡佛研究所图书馆搜集参考资料，不期而遇，相与长谈，并约同晚饭。

十七日，闻悉孔祥熙日前病逝纽约，特电唁其夫人。

二十日，曹耀与周森商谈金山通商银行与香港海外信托公司及马来亚联合银行合作问题，希望先生参加意见。

二十三日，曹耀代表香港海外信托公司与金山通商银行协议合作事，今日交换草约，候其返港，往马来亚与有关方面洽商后，于四十五日内答覆。

二十五日，胡佛研究所远东图书馆新址落成，旧胡佛研究室今日由胡佛塔 Hoover Tower 迁入新址二楼办事。

三十日，为上海商业储蓄银行拟在旧金山开设分支事，访问律师特祖劳 Francis L. Treault。

先生日记云：

今日赴旧金山葛兰姆、吉木斯、芮福律师事务所，代表上海银行总经理徐谢康兄访特祖劳律师，托其探听上海银行有意在旧金山设置分行有无可能。当承告以设立经理处 Agency 有希望，设立分行 Branch 无可能。

九月三日，（一）为上海商业储蓄银行拟在旧金山设立分行事，访问加州银行监理官。

先生日记云：

为上海银行拟在旧金山设立分行事，赴金山加州银行监理官办公处访问监理官霍尔 James M. Hall，Superintendent of Bank，Stat Banking Department，California，在座有副监理官亚尔夫 Ahlf 及佐理监理官休满 Sherman。余告以上海商业储蓄银行乃中国首创之近代化商业储蓄银行。创办人陈光甫先生一手经营，成为中国最大之商业银行，非寻常商业银行可比，特为介绍，希望予以便利。如一时不能设立分行，亦可先设经理处 Agency，惟希望该经理处可以收受香港之美金存款。

（二）通知徐谢康与旧金山葛兰姆、吉木斯、芮幅律师事务所接洽准备申请设立机构说帖。

十五日，哈佛大学研究生莱温 Steven Levene 来请教有关接收东北一般交涉经过。

先生日记云：

国鼐侄介绍友人哈佛大学博士候补人莱温君来见，询问一九四五至一九四六年间，余在东北对苏联一般交涉经过，尤以关于经济与政治问题解决之困难。余经酌量予以答复。莱温君之博士论文题目为：《战后苏联占领东北》。

十七日，（一）允为台北《征信新闻》十五周年纪念特刊所撰《国家近代化》一文，今日脱稿，誊正寄出。（二）胡佛研究所所长康培尔嘱将该所远东图书馆开幕情形，函知台湾“行政院”。当即致函严“副总统”家淦兼“行政院院长”。

二十五日，台北中华学术院敦聘先生为该院“哲士”寄来人字第〇三八三号聘书，由院长张其昀署名。

二十六日，康培尔夫人函谢先生代胡佛研究所女职员题赠之“匠心独运”四字。

先生日记云：

> 胡佛研究所全体女职员对于康培尔夫人负责设计远东图书馆内部装饰，表示感谢，特公赠奖状。欲余在奖状上题字达意，因书“匠心独运”四字。今日接到康培尔夫人来函道谢。

二十七日，杜契曼夫人 Mrs. Barbara W. Tuchman 前来访问。

先生日记云：

> 女作家杜契曼夫人预备撰述史迪威将军一九一一至一九四五年间在中国之事迹，特来询余所知蒋总统与史迪威将军间之关系。当即酌情答复。

按杜契曼夫人在所著 *Stillwell and American Experience in China, 1911 -45* 一书之弁言中，对于所访问之人，如先生及商震、俞大维等，均曾提名申谢。

三十日，斯坦福大学研究生波艾尔 John Boyle 以“中日战争问题”为其博士论文题材，希望先生指导，当允所请。

十月六日，经眼科医生检验视力后，据告左眼开始发现白内障，右眼原有白内障较前加深。当即重新配制眼镜。

九日，（一）与张君劢参加胡佛研究所举行之“共产主义在俄国五十年”Fifty Years of Communism in Russia 讨论会。

先生日记云：

> 君劢哥昨晚来寓住宿。今晨同去参加胡佛研究所召开之“共产主义在俄国五十年”讨论会。首由乌尔夫 Bertram D. Wolfe 君演讲，题目为《马克斯主义蜕变为列宁教条》Transformation of Marxism to Leninism As an Ideology。继由克乃恩 George Kline

及密迈尔 Gerhart Miemeyer 两君补充讨论。乌尔夫君系胡佛研究所高级研究员，克乃恩君系波云摩尔 Bryn Mawr 学院教授，密迈尔君系圣母 Notre Dame 大学教授。

（二）参加远东图书馆新厦落成典礼。

先生日记云：

下午四时，远东图书馆新厦举行落成典礼，演说者有胡佛研究所所长康培尔博士、胡佛前总统之公子曾任商务部次长胡佛二世 Herbert Hoover，Jr.、侯莱特拔卡 Hewlett Packard 公司总经理拔卡 David Packard、斯坦福大学校董会主席费勒三世 Palmer Filler，III 及斯大校长施德邻 J. C. Wallace Sterling 诸君。由余宣读严家淦副总统自台北拍来贺电。五时在斯大校长寓所茶话，七时由康培尔所长在斯大教职员俱乐部设宴招待来宾。

十日，（一）与张君劢继续参加“共产主义在俄国五十年”讨论会。

先生日记云：

今晨与君劢哥继续参加“共产主义在俄国五十年”讨论会。由托浪多大学 University of Toronto 教授芬纳尔 Lewis S. Fener 主讲，题目为《苏维埃社会的社会心理转变》The Socio - Psychological Transformation of Soviet Society。补充意见者有德国亚亨政治学会 Institue fur Politische Wissenschaft，Aachen 会员麦纳尔特 Klus Mehnert 及科罗拉多大学 University of Colorado 教授罗舍克 Edward Rozek。下午由克伦斯基 Aleksandr Feodorovich Kerensdy 讲述其回忆。嗣维金尼亚大学 University of Virginia 教授瓦伦 G. Warren 演讲，题目为《回顾与前瞻》Retrospect Spect and Prospect。晚间君劢哥返白克莱寓所。

（二）先生为台北《征信新闻》十五周年纪念特刊所撰《国家近代化》长文，今日在台北该报发表。

按先生所撰《国家近代化》一文，属稿于九月八日、二十七日完成寄出，于本日在台北由《征信新闻》刊布。全文五千余字，计分五点讨论：(1) 近代化之先驱：科学与技术。(2) 近代化过程中，政治、经济、社会及人民心理之变化。(3) 先进之近代化国家。(4) 后进近代化国家遭遇之困难。(5) 后进国家近代化之理想目标。该文发表后，台北《现代国家》杂志特予转载，并有宋益清著文响应，题为《我们要求一个近代化国家》，同时在该杂志发表。复有方以直著文申论《近代化之目标》，发表于十月十四日之《征信新闻》。足见该文在台湾曾引起各方注意，发生影响甚大。据闻蒋"总统"读后，曾有国民党员应读全文之批示。兹摘录文中第四、第五两点如后：

后起近代化国家遭遇之困难——后起之有志于近代化者，因其有多数先进国家之知识经验可以利用，理应成就更易。奈其文化背景与先进国家相距太远，科学技术基础过于薄弱。同时为争取时间，利于技术与机械设备易于取之国外，往往偏于物质上之建设。而于思想习惯之改造，指导人才之培养，社会组织之演化，其必须经长期间之努力方能有所成就者，反置之缓图。致政治、社会之革新时形落后。其结果国内矛盾丛生，近代化不得不遭受顿挫。日本与帝俄即其明证。日本明治维新聘用各国专家，访求各种技术，觅购新式机械，参酌各国成规改订司法与教育制度。甲午战争前，工业交通军备已灼然可观，第一次大战期间已成为世界工业化国家。但政权操于藩阀军人，政党仰承财阀鼻息，致民主政治始终未能培养。资本与企业集中于少数，而大多数之农民与中小工业者资金缺乏，生计困穷，致社会基础始终未臻稳固。及第一次大战终了，国外之共产主义、自由思想侵袭日本，激起新旧思想斗争狂潮。此时国民缺乏民主习惯，难于以舆论定其是非，反由军阀支持极端右倾思想，卒之引起军人专政，发动战争，日本帝国因而崩溃。帝俄于一八六一年解放农奴，改良内政，开始近代化。自一八九〇年起，大举建造铁路，兴建钢铁机械工业，十年之间工业生产增加一倍以上，铣铁与纺织之生产增加率均在英美德之上，故在十九世纪末，已骎骎乎蹈入近代化之阶段。但在政治方面，不顾人民要求民权自由之呼号而坚持君主专制。社会方面，贵族继续享有特权，而农民虽因解放领有土地，仍无资本为改良之用，收入不足以供温饱，生计憔悴，卒致引起一九一七年之革命而产生共产政权。由此观之，可知后进国家之近代化常立于不利之地位，因其后进，乃亟求迎头赶上，然有时因求速效而反后退。加以先进国家仍在日日前进，尚须步步追逐，致无充分时间将传统思想习惯配合政治经济社会等分途并行，而进于更新。此为后起近代化国家所遭遇之困难，不可不知者也。

自最近美苏对立共存共竞以来，对于国家之近代化产生两种近代化模型：（甲）为资本主义之美国模型，其技术进步一日千里，国民总收入与每人收入均甲于全球，教育与人民知识水准日增月高，贫富与智愚距离日见缩短，劳资跻于平等，职业求之即得，近代化之程度超出任何先进国家。良以美国得天独厚，有优越的地理位置，各式齐备之资源，又有来自全球之知识分子。加以美国领土从未遭受战争损害。任何国家不易有此遭遇。（乙）为共产主义之苏联模型，其扫除一切旧思想旧制度旧习惯旧组织之澈底，为以往历史所罕见。今代之以少数控制之集权专政，国家资本之工商企业，集体耕种之农业，生产消费由国家集中计划。五十年间科学发展、教育改进、工业建设均长足进步，自动化、原子能、天空测量等一切技术均能与美国抗衡，工业生产已达美国一半，其工业化之速度超越一切先进国家。苏联政府当局尚夸称现尚落后之农业生产与消费品供给均将改善，以实现共享共有之远景。然在此过程中，人民牺牲民权自由人类尊严与一切享受，而未来幸福尚在渺茫之中。就此二型而言，一则无一国家有力仿效，一则无一国民甘愿付此代价。而后进国家求治心切，往往在二型之中摸索追求，或苏或美，以致内部意见纷歧，冲突时起。此为后进国家之求近代化者所遭遇之重大困难。

后进国家近代化之理想目标——由上述情形观之，先进国家之近代化，或因历史背景之不一，或因近代化过程之分歧，或因根本主义之不同，而模型随之各异，无标准模型可为后进国家取法之资。然以往民主国家之近代化均有其基本精神，后进国家若能采取之而定一理想目标为推行近代化之指导原则，或较之抄袭成规，更有裨益。今就先进国家近代化之基本精神言之，不出于政治、经济、社会及人民心理四端。在政治方面：（一）为增加人民参与政治的机会，以增进其政治知识与政治兴趣，使政治民众化。（二）为鼓励人民发表意见，同时容纳不同之意见，俾国策可决之于健全之舆论。（三）为提倡政团、社团组织之民主化，使其反应及于一切政治机关，加深其民主习惯。在经济方面：（一）为力求轻重工业、农业与交通之长期平衡发展，以避免经济增长率之始升后降，忽上忽下，及各种企业之进展之不能配合。（二）为培养公营、私营企业之社会责任心，使其努力于革新企业组织，培植企业及技术人才，增置技术研究设备，与改进消费者之福利。（三）为注意人口增加率使其不超过经济增长率，俾资本易于蓄积，人民生活可以提高。在社会方面：（一）为扩大社会教育种类，与提高学校程度以增进人民知识水准。（二）为提倡人民之自动启发精神，与自治能力以分担社会改良之责任。（三）为保持工资增长率与劳工生产率之平衡，以便生产而避免刺激物价。在人民心理方面：（一）为消除种族歧视、阶级区别、家族观念，以增进人民之合作精神。（二）为转移人民之利己观念，使其倾向于为民众为国家服务。（三）为提倡人民之拥护成功同情失败之美德，以奖励人人有冒险进取之精神。以上数端，仅举其荦荦大者，不免尚多遗漏。至近代化之一切措施系于领导阶层之推动，故贵乎有完善之选拔人才制度，能在广大之社会基层中吸收有希望之人才，使政府与社会均能不断推陈出新。此乃根本之根本，而为先进国家所重视，则更不待言矣。

十四日，介绍柯威契、乌尔夫诸人与张君劢晤谈。

先生日记云：

晚间在明宫酒家设宴介绍柯威契 Drach Kovitch 君及乌尔夫夫妇与君劢哥会面。柯君系胡佛研究所高级研究员，乃研究苏联及共产主义问题专家。同时韩福瑞君将偕夫人赴新加坡就任亚洲协会代表职务，特为饯别，并谢其对台北中国文化学院捐赠书籍。又前任亚洲协会驻新加坡代表茂芮 Douglas Murry 君辞职回美，将在斯坦福大学攻读博士学位，因一并约其参加。

十八日，参加胡佛研究所接受陈纳德夫人送存其先夫遗留文件典礼。

十九日，周兆元来告拟辞去所任金山通商银行副经理职务。

先生日记云：

周兆元兄来谈，渠任金山通商银行副经理短期以来，与经理威斯柯吾不能相处，拟于月底辞职，托余转告周森兄。周森兄有意挽留，告以待至年底再谈。

二十四日，赴机场迎接李光耀不值，转往旅馆留柬致候。

先生日记云：

上午至金山机场迎接李耀先生，因机场不肯透露飞机降落地点，未能接列。随往金山亨廷顿旅馆 Huntington Hotel 留柬谢其去年在星埠约晤盛意，并告以不就星洲政府顾问之理由，同时代表斯坦福大学校长因公去东岸，为致不能来迎歉意。

二十六日，晨赴旧金山机场送别李光耀，李氏希望先生再访星洲。

二十七日，与吴元黎商谈，对于奇异公司 General Electric Co. 在加州圣达巴伯芮 Santa Barbara 设立之顿卜尔 Temple 研究所，颇有加以联络共同合作之意。

三十日，阅书时，眼球上因有白内障，视力日差，至为焦虑。

十一月二日，前亚洲协会驻星洲代表茂芮介绍新加坡南洋大学副校长卢曜来谈，因约同进午餐。

三日，陪卢曜参观斯坦福大学图书馆。卢氏希望先生能至南洋大学作短期讲学。

六日，拟在斯坦福大学旁听欧洲经济史课程。

先生日记云：

余于中日经济史略有根基。但对欧洲经济史所知颇少。因此欲至斯大旁听“欧洲经济史”课程。乃往见斯大经济学系主任邵博士 Dr. Edward Shaw 接洽，承允余前往旁听。

七日，赴斯坦福大学旁听柯治教授 Professor Coates 讲授欧洲经济史。

十二月四日，台北国际关系研究所派来胡佛研究所作研究之孙德和来谈。

二十一日，参加辅仁与圣达克拉芮两大学交换计画顾问委员会会议。

先生日记云：

圣达克拉芮大学 Santa Clara Uuiversity 为设立台北辅仁大学商学院筹款，今日在旧金山布西街一号 one Bush Street 克朗遮娄巴黑制纸公司 Crown Zellerbach Paper Corporation 举行圣达克拉芮与辅仁两大学交换计画顾问委员会 Santa Clara – Fu Jen Exchange Program's Advisor Council 会议。出席者有委员会主席梯考莱特 G. J. Ticoulat（前任克朗遮娄巴黑制纸公司国外部经理），及委员因哥尔德 E. Ingold、布克尔斯 B. Buckles 及马克舍伦 Masellen。该会特约余参加，乃由圣达克拉芮大学白班纳教授陪同前往。

二十八日，白班纳计划组织美国银行界赴台湾访问团。

先生日记云：

白班纳教授约余与芮尔夫先生 A. J. Ralph 同进午餐。芮氏系前任美国商业银行副总经理，现任世界银公司董事兼总经理 Ex-Vice President, Bank of America; Presidentand Director, World Banking Corporation。白班纳教授拟组织一美国银行界团体，赴台湾旅行，与台湾政府及金融界对于投资问题交换意见，同时并赴当地名胜观光。

三十日，将函托律师为上海银行询问加州银行监理官，外国银行在美之代理店能否收受国外存款一节，抄写副本寄香港朱如堂。

先生日记云：

徐谢康兄前托余请律师拟函致加州银行监理官，询问外国银行在美之代理店能否吸收美国存款一节，兹因查知不能办到。现又请律师拟函改询外国银行之代理店能否收受国外存款，出立期票而不称存单。今早将所拟之函抄写副本寄与香港朱如堂兄。

三十一日，（一）接薛光前函告张群将于一月五日在纽约接受圣若望大学名誉博士学位后，经由西岸返台北。（二）年终感想。

先生日记云：

今日除夕，回忆今年可以告慰者，即读书时间增多，加以在斯大旁听“欧洲经济史”课程，得益不少。同时《东北接收日记》已整理过半，殊觉身心愉快。

是年六月，中东以阿战争爆发，埃及封锁苏彝士运河。

十月，北大西洋公约组织盟军总部由巴黎迁比利时布鲁塞尔。

十一月，叶门宣布独立，定名为南叶门共和国。

一九六八年　先生八十岁

一月一日，（一）与薛光前论文化复兴工作。

先生日记云：

接薛光前兄来电话，谈及岳军兄来美事。并谓适与陈立夫先生通电话，光前兄表示深不以将文化复兴工作交与文化局，及完全党化为然。又提及张晓峰先生希望余同意将余前复光前兄函发表。按该函，余主张文化工作应邀集纯粹学者一、二十人殚思竭虑，仿照日本往昔研究汉和并用，及创造和字之苦心，脚踏实地的进行。余答以该函可以发表。

（二）应允赴新加坡南洋大学作短期演讲。

先生日记云：

去年十一月中，南洋大学副校长卢曜兄曾面邀余前往该大学作短期演讲。现接通知，已洽妥由亚洲协会补助旅费，南洋大学供应膳宿。余当即应允。今日开始搜集演讲资料。讲题暂定为《国际收支与主要国家货币之变迁》。

日记又云：

余之所以应允前往南大作短期演讲者，实以前拟编辑《中国经济史》刊物计画，现既不能开始进行，而拟撰写之《大陆经济制度之变迁》一书，又以大陆经"文化大革命"之役，有关经济资料已残缺不全，无法进行。尤以上次新加坡政府诚意请留星洲协助经济建设，未能应聘，迄今耿耿于怀，深为抱歉，因决于应允。预测此次赴星，将有一次公开演讲，故特拟对于英镑贬值与美元风潮之关系，加以讨论。

二日，与胡佛研究所所长康培尔洽商招待张群程序。

先生日记云：

十时访晤康培尔博士，告以岳军兄将来西岸，应优予接待，请其仿照招待西德总理艾哈德 Ludwig Erhard 成例，有招待会及午宴。并请斯坦福大学施德邻校长 A. Wallace Sterling 出席致词欢迎。渠允与洽商。下午五时，得知施德邻校长只十一日有暇，乃电告纽约，定于十一日在斯大欢迎岳军兄。当晚与何淬廉通电话，请其向岳军兄接洽。

四日，出席胡佛研究所职员会议。

先生日记云：

上午参加胡佛研究所职员会议。所长康培尔报告，图书及研究两部分基金已筹到三百三十五万元，短缺之数，盼望同人能鼓吹设法筹足。同时拟将出版物改进。有人提议应组织一委员会研究进行计画。

五日，胡佛研究所定期招待张群。

先生日记云：

晨接岳军兄电话，告以在纽约留到七日，赴华府留三日，再转往芝加哥探视其侄女，约于十二日可到旧金山。十三日应华侨招待，十四日至白克莱访顾孟馀及君劢哥，当晚有中华联谊会公谯。十五日可来斯坦福大学。随即通知翟因寿总领事及康培尔所长。康培尔所长告以俟与施德邻校长商洽后，再决定一切。午后渠电话告以仍以晚餐为宜；先举行酒会，由校长致欢迎词，继以晚餐。当晚接何淬廉兄电话，谓今日圣若望大学授岳军兄荣誉博士学位。在典礼中，先由该校校长致词，继由薛光前兄致介绍词，末由岳军兄致答词，均极得体。

六日，接曹耀函告马来亚联合银行拟对金山商业银行投资事，因双方所提条件相差甚远，难望有成。

九日，台北中央研究院近代史研究所所长郭廷以来访。

十五日，胡佛研究所盛大招待张群。

先生日记云：

午后陪岳军兄参观斯坦福直线加速器 Linear Accelerator 及胡佛研究所后，偕赴在大学教职员俱乐部举行之欢迎会。由斯大校长施德邻博士致词欢迎。晚餐由康培尔所长作主人，致欢迎词，随由岳军兄致谢词。斯大方面，凡研究中国问题有关之教授均来参加晚会。其中有新任教授、远东问题专家路易士 John Lewis 曾对远东大局发表意见。

十九日，金其堡病逝台湾。

先生日记云：

接台北来信，得知老友金侯城兄在台病故。余与侯城兄先在北京高等工业学堂同学，旋同赴日本留学。在余主持中国银行，及铁道、交通两部期间，曾任余之机要秘书，数十年如一日。一生淡泊，获享高年。今闻噩耗，不胜哀悼。

二十三日，托张君劢代拟挽金其堡挽联。

先生日记云：

托君劢哥代余拟送侯城兄挽联，文曰："异处异地异洲，海洋遥隔，潮汐相通，孰无零落之苦；同里同学同党，心气和平，艰危与共，一生谨事如兄”。

二十六日，写完准备赴南洋大学公开演讲稿“英镑贬值”一段。

三十一日，旁听斯坦福大学教授迈尔博士 Dr. Gerald M. Meier 之国际经济课程。

先生日记云：

今日开始旁听迈尔博士主讲之“国际经济”课程，为写赴南洋大学演讲稿之准备。

二月十一日，接霍邱真蔼函请撰文纪念霍宝树。

先生日记云：

接到霍亚民夫人邱真蔼女士来信，告知亚民兄去世经过，希望余撰写追悼文字，列入纪念册。

二十一日，周森来告在台湾开设屠宰场计画，已得政府许可。

先生日记云：

晤周森兄，渠因在美经营超级市场，竞争剧烈，工资高，盈余低，难于获利，乃计划在台湾开设新式屠宰场，兼营制肉厂。本日来告该项计画，已得台湾政府许可，颇为高兴。

二十六日，（一）函复南洋大学副校长卢曜，允去该校演讲半年。（二）接台湾大学校长钱思亮来函，约往该校演讲。

先生日记云：

接台湾大学钱思亮校长来信，谓余在赴南洋之前，请先来台北演讲。演讲日期及讲题，一切悉由余决定。

三月十一日，函复霍邱真蔼，附去所撰《悼念霍君亚民》全文。

按先生所撰《悼念霍君亚民》全文，经刊印于《霍宝树逝世五周年纪念文集》，并曾在台北《传记文学》杂志第十二卷第六期发表。

十二日，与迈尔教授 Prof. G. M. Meier 谈英美经济情形。

先生日记云：

今日迈尔教授讲课时，余问其对英美经济情形之看法。据告：英国经济一二年后可能好转。美国经济只须节省国内外开支，可望无问题。

十四日，与迈尔教授续谈世界经济情形。

先生日记云：

上午至斯大，晤迈尔教授。渠云：最近世界先进国家未见不景气，是为最新演变。余问欧洲共同市场对国际经济有多少影响。渠云：有影响。又询渠提高金价之影响。渠云：金价高，鼓励私人囤藏，使政府银行黄金存底，非但不增加，反而减少。及问其今后若干开发国家，因英国之紧缩政策，无力投资，美国之收缩政策，减少投资，势将困于无外资，及减少外援；是否情形如此。渠对余之看法表示同意。

三十日，美总统詹森宣布将不竞选下任总统。

四月十八日，陪台北“国防部政治部”副主任王昇参观胡佛研究所，并招待午餐。

十九日，写毕南洋大学演讲稿第一篇：《国际收支》。

二十日，接杨格 Arthur N. Young 函告所撰《中国艰苦建国十年》*China's Nation Building Effort, 1927－1937* 全书已定稿。

按该书经先生介绍，将由胡佛研究所为之出版。

二十三日，接南洋大学聘函，并附致胡佛研究所所长函，请允先生赴新加坡讲学。

二十五日，函谢钱思亮邀赴台湾大学演讲。

先生日记云：

致函钱思亮兄，谢其邀请赴台大演讲盛意。并告抵台日期当在明年正月以后。因南大学期自八月起，至次年一月止，当俟离星日期定夺后，再定来台日期。

五月二十二日，杨格撰《中国艰苦建国十年》一书全稿，今日收到。

二十七日，接薛光前函邀于七月中担任演讲《中国金融建设》。

先生日记云：

接光前兄函，据告七月十四日至二十五日在纽约圣若望大学开会，讨论中国抗战前各种建设，邀余担任演讲《中国金融建设》。

二十八日，陪徐谢康访周森谈银行合作。

先生日记云：

上海银行徐谢康兄闻悉金山通商银行与曹耀兄商谈合作事，未能有成，上海银行愿意一试。今日由余两度陪谢康兄往访周森兄面商合作问题。并有香港上海银行深水埗分行经理谢志晖君同来，准备细阅账目。

二十九日，邀新加坡政府政治研究中心主任汤姆生 George G. Thomson 来胡佛研究所演讲。

六月二日，写完南洋大学演讲稿第二篇：《流动能力》Liquidity。

五日，代徐谢康赴旧金山通知周森要求查阅金山通商银行资负表，及银行监理官检查报告。

六日，孙男邦杰准备入圣克拉大学商学院攻读。

先生日记云：

国贞次子邦杰孙台大经济系毕业，由台北来美，经白班纳博士 Dr. Papana 安排，准备进圣达克拉芮 Santa Clara 大学商学院攻读。

十二日，金山通商银行不同意上海银行先看账目。

先生日记云：

赴旧金山晤周森兄，得知金山通商银行总经理威斯卡吾 Wisecover 认为须在与上海银行初步协议完成后，始能交阅该行资负表，及银行监理官检查报告。

十六日，（一）由电话通知徐谢康与周森谈话结果，徐谢康认为两行合作事，无法进行。（二）外甥女朱仁香来告将与谭兆灿订婚。

二十日，接外甥女朱仁香电话，报告彼与谭兆灿婚期，定在九月五日。

二十三日，写完南洋大学公开演讲稿中“英镑贬值”一段关于“英国经济病源”部分。

二十八日，代薛光前函约杨格参加“抗战前中国各种建设讨论会”。

先生日记云：

连日为胡佛研究所审查杨格所著《中国艰苦建设十年》一书全稿。今日特代薛光前兄函约彼于明年七月中旬参加在纽约圣若望大学举行之“中国抗战前各种建设讨论会”，并请其演讲《中国财政建设》。

七月八日，函薛光前，告以吴元黎及杨格均允参加明年七月中在纽约举行之“中国抗战前各种建设讨论会”。

十一日，宴请谭兆灿与外甥女朱仁香，并邀亲友作陪。

先生日记云：

仁香外甥女婚礼将于九月初举行，届时余适在星洲讲学，不克观礼。今晚特邀请其未婚夫谭君兆灿及其母与弟（兆诚），与仁香在孔雀餐厅晚餐。谭君父已故，因请其父挚周君锐作陪，以示预祝嘉礼。

十四日，写完南洋大学演讲稿“德国马克之演变”一段。

二十五日，写完南洋大学演讲稿“苏联卢布之演变”一段。

八月十五日，离旧金山，飞抵檀香山，当晚晤陈浩 Chinn Ho，一同晚餐。

十六日，（一）陈浩有意在新加坡经营地产事业。

先生日记云：

陈浩君来谈，据告拟在新加坡芮福尔 Raffle 广场购地建筑与纽约市洛克斐勒中心相同之商场中心，由其募集资金五百万美元，分作普通与优先股各半。托与陈振传兄一谈，探询有无合作之意。

（二）离檀香山，飞东京。

十七日，飞抵东京。

先生日记云：

十六日下午离檀香山，下午七时半抵东京，已是十七日。

临行时，余之飞机票忽由二等改为头等。查明始知系陈浩兄代为更改，盛意可感。

十八日，（一）访晤土屋计左右，并见其家人。

先生日记云：

下午访老友土屋计左右（前上海三井银行经理，现任东京第一旅馆董事长），渠精神尚佳，惟患腰骨疼，行动不自由，至以为苦。渠命其夫人及两子并媳与孙女等全家出来拜见。照日本习惯，此为最亲切之表示。余颇为之感动。此君温文儒雅，毫无市侩习气，并擅长中国书法。对余之清寒，渠知之最深，广向日本朝野称誉，名余为最清寒之银行家。渠之旅馆事业，现全归其子主持。

（二）离东京，飞抵香港。

二十日，访晤陈辉德。

先生日记云：

晨至光甫兄处长谈，述及与周森及徐谢康两兄商洽上海银行与金山通商银行合作之挫折经过，午饭后始告别。光甫兄神色似较去年见面时为逊，记忆力亦减。今年八十八矣。能有如此身体，已属不易。

二十二日，（一）闻友人谈大陆近况。

先生日记云：

友人来谈，据告大陆文化大革命，现尚有新疆、西藏、四川、广西四处未成立革命委员会，希望明年可全部成立，庶能召开代表大会。内地供应稍宽，最近开始分配布匹。运到香港货物渐多，现估计在香港所吸收之外汇当在四亿至六亿美元之间。

（二）离香港，飞抵新加坡，宿芮福尔旅馆 Raffle Hotel。

二十三日，方显廷陪往南洋大学访晤各主管人员。

先生日记云：

上午方显廷兄来，陪往南洋大学，先晤经济学系周开仁主任，晤晤卢曜副校长。最后往视南大为余所准备之住所。

二十五日，方显廷在北京饭店招待午餐，并介绍南洋大学经济学教授李任杰。

二十六日，迁入南洋大学准备之住所。

二十九日，（一）卢曜招待午餐。

先生日记云：

中午，卢曜副校长约午餐，有显廷兄夫妇、吴相湘兄（前台大教授，现任南大历史系主任）及朱文长兄（经农先生之长公子，前匹兹堡大学语文系教授，现在南大教近代史及历史研究方法）。

（二）郑衍通（南洋大学辅导主任）来访。

三十日，陈振传来谈建筑市中心计画。

先生日记云：

陈振传兄来访，据告对于陈浩 Chinn Ho 兄建筑计画深表欢迎，愿由与彼有关系之公司出资二千万叻币，再由华侨银行贷款二千万叻币，收购芮福尔旅馆 Raffle Hotel 旁边属于政府之地皮，兴建此一中心。但希望完全商办，政府不予参加。俟探询经济发展局局长意见后，再作决定。

三十一日，吴大业招待晚饭，并与唐义方谈建筑中心计画。

先生日记云：

晚至吴大业兄家中晚饭，遇南大经济学系教授兼经济研究中心主任游保生兄，及经济学系讲师范叔钦兄（将往香港大学任教）。饭后与唐义方兄谈陈振传与陈浩两兄之大建筑计画。

九月一日，奠拜李光前。

先生日记云：

今早至李光前兄骨灰缸前献花奠拜。光前兄患癌症，曾至大陆服中药见效，有数年之久。后来终于不治。彼系陈嘉庚先生之女婿，一向在新加坡经营橡胶生产事产。二次世界大战星洲沦陷于日人手中时，渠适在美，常赴哥伦比亚太学旁听课程，与余相遇，遂多往来。曾戏言如日人将其橡树园焚毁，则战后返星洲，渠将一无所有，只好为公共事业服务。惟战后，渠之橡树园依然存在，即继续经营。新加坡政府颇重视其人，任命为新加坡大学校长。渠亦向华侨银行投资，被推为该行董事长。为人勤俭有方，善于经营事业。不幸早逝，否则对于星洲工商业方面当有更多贡献。

二日，晤刘孔贵（南洋大学会计学系主任）与郭午峤（南洋大学商业管理系主任）。

四日，吴相湘与朱文长合请晚饭。

先生日记云：

赴吴相湘兄及朱文长兄夫妇晚讌，同席有南大大学院院长邹豹忠君（地理学者）、连士升兄夫妇（南洋商报主笔，及南洋学会主持人）、方显廷兄夫妇、陈稚农兄（植庭，友联书局董事兼经理）及郭午峤兄。

九日，访晤南洋大学校长黄应荣，及经济系教授闵建蜀。

十日，卢曜陪往教育部访部长王邦友。

十三日，晤新加坡政治研究所主任汤姆生 George G. Thomson。

先生日记云：

晤汤姆生君，渠之职务系为新加坡政府训练文官、武官及教员，增强其政治意识，振发其新国家精神。

十六日，（一）接陈浩来函，以陈振传建筑中心计画过于狭隘，恐不合星洲政府之意。（二）预备在南洋大学公开演讲《英镑贬值与美元风潮中所得之教训》之讲词，今日写完。

十七日，商定南洋大学课程时间。

先生日记云：

晤经济学系周开仁主任，商定余之授课时间：自十月一日开始，至十二月中终止，每星期二、星期五共计两次。公开演讲定于十二月二十日举行。

二十七日，演讲稿《国际收支》一篇，今日写完。

二十八日，访晤费景汉。

先生日记云：

答访费景汉兄，彼现在任康乃尔大学讲座教授。此次系来东南亚游历。一年后将返耶鲁大学任教。

三十日，陈浩抵新加坡。

先生日记云：

陈浩兄自夏威夷来星洲。据知已与陈振传兄接洽进行建筑大中心计画，并经与经济发展局商谈一切。

十月一日，开始在南洋大学授课。

先生日记云：

今日上午十一时三十分上课，是为第一课。教室中光线不足，看讲义稿颇不容易，殊感滞涩。十二时二十分下课。

按先生讲题为《国际收支之平衡》。大意谓：

国际收支在金本位时代，因黄金流动而得到矫正。输入超过输出，须要输出黄金。国内通货收缩，物价下降，输出增加，恢复均衡。输出超过输入，黄金内流。国内通货增加，物价上涨，输入增加，恢复均衡。休穆 David Hume，1911—1776 曾阐发此一理论，认为无贸易收支不平衡问题。在一国纸币实行兑现时代，要须视金银准备而定发行额之多寡。政府既不敢滥发纸币，不易发生通货膨胀，即不易引起国内经济之反常。因此二者，不易发生国际收支之不平衡。自改行管理通货以后，输出入不平衡时，无调节进出口工具，且政府得随意增发纸币。二次大战之后，强国亟求经济复原，支出无度。弱国亟求经济发展，赶上强国。一则国民支出无度，大于收入。一则投资大于储蓄。于是国际收支不均衡问题，层见叠出。兹将国际收支之世界趋势，按照三种国家分别讨论：（甲）美国与英国，（乙）西欧国家，（丙）正在开发之国家。

先讲美国国际收支：自一九五七年以来，几于年年短绌，一九六七年更甚。原因甚多：（一）欲完成之目标甚多，如

(1) 维持充分就业，(2) 加速经济成长，(3) 安定美元购买力，(4) 加强西方军备，(5) 防止共产侵略，(6) 援助落后国家经济发展，(7) 增进世界贸易自由。(二) 美货在世界市场之竞争降低。(三) 通货膨胀。(四) 美国流入共同市场之资金太多。结果一九六七年，美国国际收支不利，差额达二十三亿美元。

次讲英国国际收支，亦几于年年逆差，原因如下：(一) 工业进步落后。(二) 福利社会政策开支太大，降低劳动生产率。(三) 工资上涨，超过生产率增加之上。(四) 大英帝国步入瓦解，仍须维持国外军力。结果一九六七年，英国国际收支不利，计差三亿六千五百万英镑，合十亿美元。

兹讲西欧各国，如西德、意大利、瑞士、荷兰等国，自一九五〇年以来，工业技术，突飞猛进。一面生产品足以代替进口之货品，一面同时吸收美国资本，继续扩充工业设备。共同市场成立后，自成一经济单位。在劳力、资金、生产各方面，彼此自由通融，互相观摩。经济效率日见进步。因此西欧国家之国际收支，日趋有利。一九五八至一九六三年均见盈余。一九六四年略形不利，近已改善。一九六七年前三季，计盈余七亿美元。

此外，加拿大与日本之国际收支亦均有利。二者并计，一九六七年当在十亿美元左右。

后进国家，除石油输出国家外，国际收支大都不利。原因不外：(一) 出口大宗为原料品，价格上落之巨，远在制造品之上。或因天时所限，或为生产能力所限，缺乏伸缩力。(二) 原料品出口数量之增加，落在制造品之后，其价格上涨程度，不及制造品之速。(三) 服务收入，如运输、保险、投资等收入不多，而每年应付债务本息为数极巨。(四) 治安不宁，不易吸收私人外资。(五) 不时发生通货膨胀，妨碍出口。

五日，接陈辉德函介花旗银行香港分行经理史佩莱 Henry Sperry

来访。

先生日记云：

接光甫兄来函，介绍花旗银行香港分行经理史佩莱来见。彼系应星洲大举银行之邀请，前来作短期之帮忙。

十一日，（一）晤盖布莱斯 John Galbraith。

先生日记云：

至美国使馆访该馆一等秘书马歇尔君 Bremcnt Marshall。渠因接胡佛研究所哈布孙君 Hobson 来函，知余在星，特约在该馆与美国驻印度大使盖布莱斯一谈。

（二）访唐义方谈陈浩所拟建筑市中心计画。

先生日记云：

余以星埠缺乏市中心建设，以致游客仅是过埠，而不驻足，致不能吸引旅客作较长时间之勾留。如能照陈浩君计画，在海滨沿芮福尔旅馆 Raffle Hotel 一带，建筑一游览商业中心，当可发展旅游事业，以补工农生产之不足。唐义方兄闻余意见后，告以如能由世界著名建筑师如贝聿铭君前来设计，则经济发展局可同意考虑。

二十二日，举行公开学术讲演，讲题为《英镑贬值与美元风潮中所得之教训》。

先生日记云：

下午三时在南洋大学文学院第一讲堂作公开演讲。讲题为《英镑贬值与美元风潮中所得之教训》。演讲约一小时又十五分钟。

据新加坡本地报纸当日通讯："南洋大学张嘉璈教授今日下午在该校文学院第一讲堂举行公开学术演讲，其讲题为《英镑贬值与美元风潮中所得之教训》。该演讲原文如下……"

按先生演讲大意如下：英镑贬值及美元风潮好似资本主义国家，自己在摧残自己的货币，葬埋资本主义的经济组织。英镑贬值后，英国政府宣布不再担任苏彝士以东的防卫责任。英国人民始知英国已非世界强国之一。英镑贬值后，全世界对于美元开始怀疑。美国于是不得不出售价值十亿美元的黄金，将风潮平息。但又引起争购黄金风潮，使美元无形贬值。因此吾人获得下列教训：（一）必须避免国家财政收支与国际贸易收支的双重亏损。（二）任何国家不可过于仗恃其国力与国际信用。（三）枝节治标有损无益。必须还诸治本，即回到量入为出的理财原则。（四）国际必须合作，否则世界金融势将陷于大紊乱。（五）后进国家必须发挥本身力量，在货币稳定中求发展。至于经济学者之责任则为将研究所得结果，随时贡献于政府，贡献于社会。新加坡有两大学府，有许多经济学者，有资格负此责任。

二十五日，访陈振传谈聘贝聿铭设计建筑市中心。

先生日记云：

往晤陈振传兄，谈及唐义方兄建议请贝聿铭君来星，设计建筑市中心计画。渠表示赞同，当即通知义方兄。

二十六日，经济发展局托代邀贝聿铭来星。

先生日记云：

接唐义方兄电话，谓经济发展局赞成邀请贝聿铭君来星，托余即雷代邀。因知贝君适在香港，来星方便，遂即发电。

二十九日，在南洋大学授课，讲通货贬值。

按先生讲通货贬值时，先说明贬值系政府明令公布降低货币所含之金属成分，英文为 Devaluation。与货币跌价 Depreciation 意义不同。后者系出于市场之影响力量。经分作三点阐释如下：（一）货币贬值之目的不外：（1）补救国际收支之不平衡；（2）挽救不景气；（3）抵消他国之货币贬值；（4）纠正本国货币之高估 Overvaluation；（5）寻求较长期间汇率之稳定。（二）货币贬值之相消作用 Neutralizing Effect：（1）如他国不予追随，可无相消作用；（2）如他国追随而幅度较低，虽不改变汇率，亦等于追随贬值，可以发生相消作用。（三）货币贬值虽由于通货膨胀，但并不能减轻通货膨胀之压力，而可能发生两种情形：（1）国内物价上涨，而出口货价降低，使贬值之利益抵消；（2）因进口减少，而国内消费品之成本增加，使贬值之利益抵消。故必须节省政府支出，节约人民消费，减少投资，方可收到贬值利益。（四）贬值之不利：（1）货币贬值若行之于主要货币（如英镑、美元）国家，将使存储英镑、美元之国家大受损失，阻碍其国际经济发展；（2）一次贬值之后，易启投机者之探测心理，助长投机行为。（五）贬值目的在求出口增加，如是必须有货物出口。欲求货物出口，必须限制国内需要，即须减少消费，减少投资，包括政府支出。再则欲使以美元计算之出口货价降低，必须不使国内成本高涨。

十一月六日，通知唐义方：贝聿铭可于十八日至二十日来新加坡。

八日，日本使馆秘书川口偕横滨来客岩田冷铁来访。

九日，（一）访市屋建筑发展部主席侯应昌。

先生日记云：

晨赴市区复兴建设局 Urban Renewal Authority 访卓艾伦 Allen Choe，由其约见市屋建筑发展部主席侯应昌君 Howe Young Chang，商谈贝聿铭来星，应行准备之事。

（二）设宴招待岩田冷铁，并约日本大使及东京银行经理相陪。

十日，获悉前中国银行副总经理卞寿孙于十一月六日在美国西岸逝世。

十五日，赴前中国银行旅星洲旧同事公宴。

先生日记云：

晚七时，赴前中国银行在星洲同事公谦。到有吴鼎芬、黄延康、徐承勋、田宝青（汉美敦贸易公司董事兼经理）、李永宽（亚洲水泥公司及马来亚制衣公司董事）、王伯洪（崇峤银行国外部经理）、马贯一、何汉雄、林振雄诸君。

十八日，贝聿铭飞抵新加坡。

先生日记云：

与卓艾伦同至飞机场迎接贝聿铭君。晚间崇峤银行总经理李志诚君与 C. Y. Koh 君设宴为贝君洗尘。崇峤银行拟建新厦，欲请贝君设计。

十九日，陪贝聿铭往访侯应昌。

先生日记云：

上午陪同贝聿铭君至市区复兴建设局晤侯应昌兄，由卓艾伦与贝君讨论陈浩君所拟市中心发展计画。晚间侯君公宴贝君，因与贝君同往。同席有经济发展局长韩瑞生、副局长唐义方、E. W. Barker（Ministry of Law and National Development）及市屋建筑部主任卓艾伦诸人。贝君表示在参观星埠全市后，以为芮福尔旅馆之古老建筑，乃全市之一景，可以保留。

二十日，（一）赴经济发展局晤韩瑞生，得知其对贝聿铭意见，甚为同意。（二）晚至机场，送贝聿铭返香港。

二十一日，南洋大学拟设立经济研究机构。

先生日记云：

下午二时半，南大商学院举行谈话会，讨论有无设立经济研究机构之可能性。结论均赞成设立，并推定起草委员五人，由方显廷兄召集。

二十二日，参加南洋大学经济学系主任周开仁招待该系全体同人宴会。

二十七日，接陈受颐函询南洋大学如有意邀其前来作短期演讲，渠愿应邀。

二十八日，参加设立经济研究中心讨论会。

先生日记云：

下午二时，方显廷兄召集设立经济研究中心讨论会。参加者有周开仁、谢哲声、方展雄、黄宏壮诸君。余以顾问资格列席。决定英文名称为 Business Research Center。会后应义安工艺学院院长刘英舜之邀，参观该院新建筑，该院系由潮州同乡捐款建立。

十二月十一日，先生八十岁生日。

先生日记云：

余八十岁生日，接到君劢哥、禹九弟、尤甫、淞孙、如堂、筱芳、谢康、维经、光迥诸兄，及小艾、大维、国贞、邦杰、国利、掌珠诸晚辈贺电，或长途电话。

十三日，与卢曜谈经济研究中心事，并建议将南洋研究所改组为中西文化交流研究中心。

十九日，致函陈受颐，告以南洋大学决定聘其为短期客座教授，希早答复。

二十日，南洋大学演讲结束。

先生日记云：

此次来南大作短期演讲，共计十三讲：（一）国际收支之平衡。（二）流动能力，流动汇率。（三）通货膨胀。（四）通货贬值。（五）世界货币组织。（六）黄金。（七）美元。（八）欧洲美元。（九）英镑。（十）法国法郎。（十一）西德马克。（十二）卢布。（十三）日元。今日为最后一课。以限于时间，未能深入，只可作为世界金融常识。

二十六日，（一）接张嘉铸函告张君劢病况。

先生日记云：

接禹九弟手函，据告君劢哥胃溃疡 ulcer 复发。十二月十五日曾往探病。午餐时，君劢哥只吃两块醉鸡，谓近日来，胃口全无，吃东西毫无味道。原定十二月二十一日照 X 光，但十九日，觉得不舒服，即搬进阿尔塔白地斯 Alta Bates 医院。二十一、二十二两日输血两瓶。据医生云：胃尾肠首交结处，破口出血，故须输血及服药，借补创口。现在尚不知肝部有无问题。

（二）接陈受颐函告，因病不能旅行，请代婉谢南洋大学邀请。

二十八日，设宴邀请南洋大学同仁话别。

先生日记云：

设晚宴邀请南大同事告别，并致谢忱。计到有卢曜副校长夫妇、文学院邹豹忠院长、理学院钟盛标院长、经济学系周开仁主任、方显廷兄夫妇、朱文长兄夫妇、吴相湘教授等。

是年三月，美国政府撤销美元黄金准备规定。黄金同盟七国决定建立两种金价制度：私人自由贸易，国际汇兑维持原价。协议对英镑给予支持。

七月，五十一国家分别在华盛顿、伦敦与莫斯科三地签署《禁止核子武器扩散条约》。

十一月，美国大选尼克森当选总统。

一九六九年 先生八十一岁

一月三日，与陈振传谈南洋大学“商业研究中心”捐款事。

先生日记云：

晤陈振传兄，谈及南大“商业研究中心”事，希望华侨银行捐助五万元。渠云如余负责主持，彼愿认捐，李氏基金捐款亦无问题。否则须看计画如何再定。

七日，接张嘉铸电报张君劢病状恶化。

先生日记云：

晨接八弟电，谓君劢哥病状恶化。即至周开仁兄处报告。决定下午买飞机票返美。

九日，晨离新加坡，飞返美国。同日晚（美国时间）抵达旧金山。

十日，赴医院探视张君劢病况。

先生日记云：

本晨赴医院探视君劢哥病状，见其神志甚清，惟不思饮食，状至疲倦。今日准备输血。余看后，似觉其身体内部机能多已不能工作：不能饮食，欲吐痰而不得。甚为担忧，恐其存亡在呼吸之间。

十一日，张君劢病况略见好转。

先生日记云：

君劢哥今日精神与昨日相比，等于两人，大致系昨日输血之功。谈话亦多，并云：“病胡里胡涂来，胡里胡涂去，现在觉得已能恢复……”

十二日至十六日，先生按日至医院采视张君劢病况，按日摘记如次：

（一）君劢哥神气甚旺，惟语言无次序。

（二）君劢哥面色较前清白，语言亦有次序。

（三）君劢哥本日较昨日多食少许。

（四）君劢哥今日饮食仍不多。

十七日，张君劢起坐一小时半。

先生日记云：

君劢哥略饮鸡汤，系八弟送去，其余未食多少。起坐于摇椅一小时半。护士云下午再起坐，系医生所嘱。

二十日，张君劢仍不能进饮食。

先生日记云：

君劢哥午餐饮鸡汤一小碗，菠菜二三小匙，似饮食仍不能多进。

二十一日，张君劢胃口仍然不好。

先生日记云：

君劢哥昨晚睡得甚好，仍饮鸡汤。据云食味已见回转，但仍不能畅饮，胃口仍然不好。惟其谈话似有气力。

二十二日，张君劢饮食略多。

先生日记云：

君劢哥今日饮食略多，说话亦较清楚。病况似可稳定矣。

二十三日，张君劢说话更见清楚。

先生日记云：

君劢哥今日饮食略多，说话更见清楚。自谓胃口已开，能饮汤，及其他烂熟食物一二匙。

二十五日，张君劢迁入疗养院。

先生日记云：

君劢哥今晨迁入疗养院，因医院照例如病人无需特别疗治，即须出院。此疗养院在夏图克 Shattuck，三人合住一房。

二十六日，赴疗养院探视张君劢。

先生日记云：

上午至疗养院探视君劢哥，适医生惠丁博士 Dr. Whitting 在院，渠谓君劢哥饮食不能恢复，不易加强体力，乃是问题。后问其病因，是否在胃溃疡。渠答云："是"。渠在君劢哥进院时之病状项下，注明疑系癌症。

二十七日，周森来告：在台湾领地建筑屠宰场发生问题。

先生日记云：

周森兄来告，渠在台湾经营之屠宰场领地，被总统府命令划为禁区，因政府将在林口预备建一新市，又云将建原子能电厂。嘱余为函请岳军兄调查实情，予以协助。

二十八日，张君劢不惯疗养院饮食。

先生日记云：

君劢哥在疗养院饮食仍不多，且因晨餐无鸡蛋，午餐不加盐，颇不耐烦。下午小艾送去鸡汤面等，下咽过多，大部分吐出。

二十九日，张君劢饮食略多。

先生日记云：

君劢哥饮食略多，劝其仍吃院中备餐，多多忍耐。

三十日，（一）张君劢饮食略多。

先生日记云：

君劢哥今晨能饮牛奶，中午略吃些鱼。惟不愿多坐。

（二）闻周开仁辞去南洋大学经济学系主任职。

先生日记云：

闻周开仁兄因与南大副校长卢曜语言发生冲突，已辞去经济学系主任职务。南大校长已发表黄丽松君接替。

三十一日，张君劢食量增加甚缓。

先生日记云：

君劢哥饮食虽略见增加，惟增加甚缓。据告晨只饮牛奶一杯，仍喜流汁，多坐颇感吃力，而医院则照章按时起坐。

二月一日，张君劢饮食无进步。

先生日记云：

君劢哥饮食无进步，且以食时较快，夹以药品，致所食全部吐出。

二日，张君劢饮食仍如旧。

三日，（一）访胡佛研究所所长康培尔，告以拟早日退休。

先生日记云：

晨至胡佛研究所，晤康培尔所长，报告提前返美原因，及在新加坡讲学情形，并告以本人体力日衰，原拟撰写之书，因大陆大跃进与红卫兵风潮，一切政策无继续性，不易下笔。本年拟撰写圣若望大学七月间举行之“中国建设十年”讨论会之演讲稿，及整理《接收东北日记》。如有余暇，当写《中国经济史》，但不愿常居高级研究员 Senior Research Fellow 名义，拟请早日退休。渠答以一切随余所欲，不必顾虑。

（二）接薛光前寄来杨格对于“中国建设十年”有关财方政面之演讲稿。

四日，张君劢体气日见衰弱。

先生日记云：

君劢哥仅饮流汁，午餐所食亦仅少许。观其情形，体力将日趋衰弱，难以支持，令人担心。问过医生，彼谓希望病人能恢复饮食，俾增加抵抗力；照此情形，能够支持多久，无法预言。

五日，张君劢精神显差。

先生日记云：

君劢哥午餐片点未进，并云有痰。精神显差，深为忧虑。

六日，接李卓敏函，约张君劢病愈后，赴香港中文大学演讲。

先生日记云：

君劢哥午餐仍食鱼少许，精神照旧萎顿。前曾函询李卓敏兄，关于君劢哥至香港中大大学演讲事。今日得复函，据谓欢迎于病愈后赴港演讲《中西文化哲学之比较》。余特将李函交君劢哥过目。希望彼能得到鼓励，在心理上可以增加其复原自信力。渠阅该函后，甚为高兴。

二七日，张君劢饮茶甚多。

先生日记云：

君劢哥觉口渴，饮茶甚多，想系虚火上升。

八日，张君劢气力日降。

先生日记云：

君劢哥气力日降。医生惠丁博士 Dr. Whitting 来，对于病人不能纳食以增加培养力量，深感棘手。君劢哥曾提及有无中医药方可治。

十二日，张君劢八十有二岁生日，家属聚餐庆祝。

先生日记云：

今晚家属聚餐，为君劢哥庆祝生日（昨日生日，阴历十二月二十五日）。

十三日，丁仲英为张君劢诊脉。

先生日记云：

晨八时，八弟陪丁仲英国医至疗养院为君劢哥看病。渠云：脉尚顺，似可有救。十二时半，君劢哥服中药三分之二。午餐略饮粥汤。疗养院照料颇差，乃特托指定一看护照管其饮食。

十四日，（一）张君劢服中药后，似见好。

先生日记云：

君劢哥似见好。渠云：服中药后，内热见减。

（二）卡沙塞神父 Father Cassassa 改任洛亚拉大学名誉校长。

先生日记又云：

接洛亚拉大学通知，得悉校长卡沙塞神父任职已二十年，现改任名誉校长。校长职务，另派新人。

十五日，应杨午晴之邀，至其家度阴历除夕。

先生日记云：

圣和社 San Jose 之州立大学心理学教授杨午晴兄接至其家晚饭，共渡阴历除夕。同席有该校同事王仁煜教授（环境学院主任，Director，Environment Science Institute）、严明教授（洽波特 Chabot 学院）、马潮生教授（商学院）等。

十九日至二十二日，张君劢病况日趋危笃，先生逐日探视，均有记注：

（一）君劢哥精神日降，深为忧虑。

（二）君劢哥谈话日少，食物丝毫不进。

（三）君劢哥精神疲倦万分，饮流汁较多。据云胃口略开，欲食冰淇淋。想系服中药之偶然结果。

（四）君劢哥精神更差，言语更不清楚。带去中药，只饮少许，其他汤水均不感兴趣。

二十三日，张君劢逝世。

先生日记云：

君劢哥似已达灯尽油干之境，因与家属商量后事。下午君劢哥睡觉不醒，推唤无应声。至六时半，撒手而去。

日记又云：

君劢哥身体素健。自民国十九年（一九三〇）在上海被绑（政治性）时，两足被捆绑数星期之久，因而受伤，以致行动不便，步履艰难。而终日埋头读书，写作终身。后以胃之一部分因病割去，虽曾出血一次，依然读书写作不倦。最近发行《自由钟》杂志，其中文字几由君劢哥一人撰写。又往新加坡演讲，从不以宿病为意。此次患病，实系胃疾已至最后阶段，真所谓灯尽油干。每日赶医院见其病体日衰，医生束手，回想多年手足，相依为命，今一旦分手，人天两隔，不觉泪涔涔流入心坎，欲哭无声。遗体由白克利麦克拉芮殡仪馆 MacNary Chapel，3030

TelegraphAve；Berkeley，Calif. 停放室内，决定于二十六日（星期三）在此设奠。

二十四日，张君劢丧奠改在三月一日举行。

先生日记云：

君劢哥丧仪日期，经商榷后，改在三月一日（星期六）举行。与八弟同拟讣告及新闻稿。

二十七日，张君劢遗体决定土葬。

先生日记云：

关于葬事，君劢哥诸女偏向于火葬，但友辈如蒋匀田兄适在美，意不赞成。薛光前兄则来电话，亦反对火葬，并谓胡适之先生遗嘱火葬，但故后经友人反对而终止。郑喆希教授面告，渠亦不赞成火葬。余忆君劢哥赠我七十寿言中，曾有“不知何年何月复返故土，上祖宗丘墓”之句，似其脑中，仍蓄有棺墓之思想。因而决定不火葬。

二十九日，查询美西报纸报道张君劢生前不返台湾理由之根据。

先生日记云：

旧金山及波罗阿尔脱两地报纸 *San Francisco Examiner*，and *Palo Alto Times* 曾在讣告栏登载有关君劢哥丧礼新闻。中有君劢哥不返台湾，系为蒋先生不守宪法之报导。余乃请此地中央社一查此项新闻何从而来。据答云：此大致系根据美国旧日新闻记载而来。

三月一日，张君劢丧仪完成。

先生日记云：

晨十一时，君劢哥丧礼开始。先由梁士琦神父报告君劢哥病情经过，及彼所认识君劢哥之为人。嗣由蒋匀田兄报告君劢哥一生经历。继由周总领事代表政府致词，并宣读蒋总统及严副总统唁电。末由余报告君劢哥病中遗言。然后来宾瞻仰遗容，礼成盖棺，由亲属至友陪送灵柩至加州阿克兰追思礼拜堂 Chapel of Memories，4401 Howe Street，Oakland，Calif. 暂厝，将来希望能归葬真如祖坟。

先生于报告张君劢先生病中遗言后，特撰《张君劢先生的遗志》一文，经在报纸披露，兹录全文如次：

家兄君劢，一生不治生产，并无遗产。子女均已成家立业，并无挂虑。终身著书立说，平生志愿，均见诸发表之文字，并无丝毫隐衷，故临终无遗嘱。惟嘉璈闻其病重，自新加坡讲学赶归，适病有转机，陪侍月余。渠在精神较好时，偶有断断续续之谈话，述其胸中所怀。兹录述之，以告亲友：

（一）对国事时时提及光复大陆，频颈问我照现在趋势，何时有机会光复大陆。现在政府布置，是否尽善，再有无久远之策。并云依彼意见，光复大陆必须国内政治与国际外交同时加强。国内政治必须培养民主与法治。国际外交必须知彼知己，其对象必须政府与人民并重。

（二）东方国家对抗共产主义，必须每一国家以其固有之文化为基础，吸收西方思想与科学方法，融合而建一合于时代之新文化，以之熏陶人民，使之深信不移，庶几任何害国害民之主义不易浸入。若任令国民抛弃自身固有之文化，一味西化，则皮之不存，毛将焉附？在吾国，对于国学尤须注重，教法读法均须改进，俾我国文学哲学之精髓，可以普及于大众。

（三）中国数千年保持民族独立，抵御外来侵略，由于社会组织之稳固，而社会组织为其核心。今日许多工业化、城市化国家，发生家庭离散，子女奔放，青年走入歧途，以致社会不宁，皆由家族伦常观念之衰落。故吾国家族组织之优点，必须发扬而光大之。

（四）散布海外之中华民族，人人刻苦奋斗，朴实真诚，求生存，立事业，其才能无不一以当百。必须辅以中国文化，使其继续保存美德，帮助中国民族复兴。

（五）关于其个人者有三事：（1）希望将他一生文字，汇集编一文集。（2）《自由钟》彼一人独立主编，费尽心力，且承少数知友赞助，希望继续出版，并望蒋君匀田担任其事。

(3) 彼前年在新加坡演讲社会主义，欲使当地各界领袖认清真正之社会主义，如保持人民自由，增进人民福利之社会主义。并非假借社会主义之名，而剥夺民权，攫取民财。此项演讲稿，希望在《自由钟》分期刊登。最后有一篇，尚未完成，希望补充之。(4) 所有书籍文件等一切遗物，统交给其大女公子效华保存。

（六）家兄病中，蒋君匀田代表民社党同人来美观疾，送彼美金二千元医药费，系党内同人所凑集。家兄告我此款留作奖学金。因体会其意，希望至亲好友，如惠赙仪，请概指充奖学金。

一九六九年三月十七日纽约《华美日报》专载。

二日，准备圣若望大学“中国建国十年”讨论会演讲稿，以《一九二六至一九三七年银行币制进步》为题。

六日，台北、香港定期为张君劢举行追悼会。

先生日记云：

接王世宪兄二月二十八日函云，将于三月二十三日在台北为君劢哥举行追悼会，当即将《君劢哥遗志》寄去。又接香港梁友衡、罗香林、任益年诸兄来函云：港方，张向华、左舜生、唐星海、吴俊升诸位将于三月十六日为君劢哥举行追悼会。

八日，撰制挽联寄香港追悼会。文曰：

追惟素节，生平淡泊于名于利，劬学求阐明真理，持志在匡济兴邦，终不挠一贯初衷，穷且益坚，老而弥笃；相契白头，兄弟切磋亦师亦友，爱国夙同抱热忱，著书晚共羁异域，恨未能重光故宇，邈矣永别，恸也何涯。

十七日，哈佛学生莱温来访。

先生日记云：

哈佛学生莱温 Steven I. Levine 为撰博士论文，关于满洲与苏联交涉经过，曾去苏联搜集资料。今来继续上次谈话，并询问若干问题。

四月十七日，接薛光前电话，得知纽约圣若望大学 St. John's University通过授予荣誉博士学位，并定于六月八日举行赠授仪式。

十八日，接纽约圣若望大学校长函告该校董事会通过赠授先生荣誉学位。函曰："敬启者，圣若望大学定于一九六九年六月八日，星期日，下午三时在吉美卡本校举行第九十九届毕业典礼，并纪念本校成立一百周年。

"兹本校董事会经一致通过于是日赠授台端荣誉学位。特此布达，至希届时贲临接受，并盼示覆。专上张嘉璈博士。圣若望大学校长卡海尔神甫谨启。一九六九年四月十五日。"

二十二日，函复圣若望大学校长卡海尔神父，申谢该校赠授荣誉学位。函曰：

> 敬覆者：奉四月十五日大函，敬悉贵校董事会决议赠授鄙人荣誉学位。自惟浅陋，膺此殊荣，无任感愧。除届时趋前接受外，用特函恳代向贵校董事会诸公先此申谢。覆上卡海尔神父校长。张嘉璈再拜。一九六九年四月二十二日。

二十五日，准备出席圣若望大学"中国建国十年"讨论会演讲稿，部分写完。

五月三日，检验视力。

先生日记云：

> 上午检验目力后，得知右眼几于不能看近。若非施行手术。将难多看书籍。左眼白内障幸尚不深。

十三日，梁和钧来访。

先生日记云：

> 梁和钧兄来访。彼为撰写《史迪威事件》一书，特来胡佛图书馆搜集资料。

十六日，（一）吴元黎来告，决定参加圣若望大学"中国建国十年"讨论会，演讲题目为《一九二七至一九三七年之工业进步》。（二）与琼斯同进午餐。

先生日记云：

前美国驻印尼大使琼斯 Jones，后改任夏威夷之东西文化中心之主持人。兹于退休后，来胡佛研究所任高级研究员。今日特约其共进午餐。

十七日，应韦斯尔晚餐之约。

先生日记云：

波罗阿尔脱市丁维特证券公司 Dean Witter，Palo Alto 之韦斯尔君 Glen E. Vassel 约请晚餐，介绍与哈泊尔博士 Dr. F. H. Harper 见面。哈泊尔博士系人道研究所所长 President of Institute of Humane Studies，希望余对该所发生兴趣。

二十日，接次媳掌珠来信，报告日本举行张君劢追悼会，有五十余人参加。

六月二日，参加胡佛研究所话别吴元黎茶会。

先生日记云：

吴元黎兄将就美国国防部帮办司长 Deputy Assistant Secretary 职。胡佛研究所所长康培尔博士今日午后举行茶会话别，余往参加。

六日，与夫人飞抵纽约。

七日，参加圣若望大学校长招待本届接受名誉学位各人晚宴。

先生日记云：

今晚圣若望大学卡海尔校长 Very Rev. Joseph T. Cahill 宴请明日接受名誉学位者六人，计有：纽约枢机主教顾克 Terence Cardinal Cook（代表宗教）、政府大众广播公司总经理梅赛 John W. Macy，Jr.（代表政治）、纽约州人权部主席曼恭 Robert J. Mangum（代表社会）、美孚油公司总经理达乌拉芮斯 William P. Tavoulareas（代表实业）、高音歌唱家涂寇 Richard Tucker（代表艺术）、胡佛研究所高级研究员张嘉璈（代表学术）。同席者尚有该校副校长数人。

八日，（一）接受纽约圣若望大学赠授“人文博士”荣誉学位。

先生日记云：

下午三时，纽约枢机主教到校，同至礼坛。先授本届毕业学生学位，嗣授荣誉学位。由校长向接受荣誉学位各人分别致颂词，最后由枢机主教致词，对于青年及老年之如何融洽，详为阐明。礼成，继以茶会。

先生日记又云：

查该校于一八七〇年在纽约市布鲁克林区成立，原为普通学院。一九〇六年升格为大学，计有文理学院、法学院、商学院、教育学院、药剂学院及研究院。自薛光前兄加入该校之后，在文理学院中设立“亚洲研究中心”，由光前兄主持，为该校增加声誉不少。今日该校举行赠授荣誉学位典礼，接受各人除余外，均系天主教徒。至余虽曾在洛亚拉 Loyola 任教七年，与天主教教友有相当关系，但余今日获授荣誉学位，不得不谓为系光前兄对于该校贡献之功绩所致，使余因缘分享其荣誉。

（二）圣若望大学卡海尔校长对先生所致之颂词照译如次：“中国亚圣孟子有言曰：‘行之而不著焉，习矣而不察焉，终身由之而不知其道者，众矣。’张嘉璈先生绝非众人也。先生先任中国银行副经理、副总裁、总经理；嗣任中央银行副总裁、总裁。以经济学名家者六十年。对于孟子所论仁、义、礼、智、恻隐、羞恶、辞让诸端，实最能体验力行，而加以阐扬之一人。固尝运用其深邃之经济学识导致国家进于繁荣，且贻世人以无量之有关智慧。对于陈旧的中国金融组织，使之改革扩充，促其日趋于现代化。而于新式之商业银行，则鼓励其尽量投资于国货生产，出口贸易途径，俾国民经济日臻富裕。故一九三七年，中国内在财力的显著进步，要足供正在开发的国家之借镜。先生的理财政策，一贯主张平衡收支预算，控制通货膨胀。蒋介石总统炯于孟子：‘入则无法家拂士，出则无敌国外患者，国恒亡’之儆戒，特征辟先生入阁参政，于一九三五至一九四二年间，联任铁道、交通两部部长。及一九四九年，中国大陆沦入共产主义，先生避地来美，担任洛杉矶洛亚拉大学客座教授。出其超人的智慧，丰厚的经验，与各方学人探讨切磋。一九五九年加入斯坦福大学胡佛研究所，任高级研究员，先后发表不少论著。对其著书之一，纽约《华尔街杂志》至谓：‘……应使立法及行政人员及大学学生，各人手置一册。’兹对于学贯中西的现代哲人张嘉璈先生，圣若望大学能获机会授予荣誉的人文博士学位，实感荣幸。”

十四日，（一）丁熊照送来所作自传，请为修正。（二）访晤黄膺白夫人，目睹其身体康健，操作勤能。（三）赴缪嘉铭与梁敬錞夫妇招待晚宴。

十五日，探视长女国钧家庭。

先生日记云：

到大女国钧及女婿张椿家中，见到三外孙女：衣莲、亭亭及爱琳，问及各人读书情形。

十六日，赴普林斯顿大学参观。

先生日记云：

上午邦衡孙来，接至普林斯顿 Princeton 大学参观。彼在麻省理工学院毕业后，来此攻读博士学位。获晤前斯坦福大学学生阿蒂士 Wallace Oates，现在普大任经济学副教授。

二十七日，赴纽约中国银行招待午宴。

先生日记云：

纽约中国银行经理孔士谔兄约集中国银行旧同事午宴。余由顾善昌兄陪往。同席有陈长桐、徐维明、夏屏方、王振芳、项馨吾、余鄂宾、林崇镛、林维英诸兄。

七月二日，访波斯娄医生 Dr. Adolph Posner 检查眼疾。

先生日记云：

上午去看眼科医生波斯娄。据渠诊断，右眼白翳障并不太深，毋庸施行手术，因动手术，即不能保无危险。（惟照过去的医生诊查，则谓余右眼白翳障靠近眼球，很是讨厌）眼镜仍可换。（不如莱因哈特医生 Dr. Reinhart 所告之不能再换）惟渠云余眼球较大，可试点药水，看其能否缩小。

三日，约朱汤木午饭。

先生日记云：

约黄膺白夫人外孙朱汤木 Tommy Chu（熙治之子）午餐。渠喜写作，偏重于电影方面。毕业于米西根大学，现在时代杂志 *Time* 出版部任职。

四日，趋贺卓府喜事。

先生日记云：

卓牟来联襟与周映霞姨妹之长女公子 Emile，今日在卓府与一美国人某君（在一广告公司工作）举行结婚礼，前往道喜。

六日，袁道丰来访。

先生日记云：

袁道丰君来访问，欲为余撰述生平事迹。袁君前在外交部服务，曾任夏湾拿总领事。现在常写短篇文字，见诸报端。

九日，再访眼医。

先生日记云：

下午一时，往访眼科医生，据告：点药水后，眼珠缩小，视线可离开白内障 Cataract 少许。因此决定继续点药水，暂不开刀。将来如有必要，再说。

十七日，在纽约圣若望大学举行之“中国建设十年”讨论会今日开始，由杨格 Arthur N. Young 演讲《中国的财政改革》。

十八日，在“中国建国十年”讨论会演讲《中国货币与银行在一九二七至一九三七之现代化经过》Modernization of Chinese Currency and Banking，1927－1937。

先生日记云：

今日在圣若望大学举行之“中国建国十年”讨论会，由余主讲。题目为《中国货币与银行在一九二七至一九三七之现代化经过》。内容分为九节如下：（一）前言。（二）一九二七年以前之货币与银行。（三）国民政府初步调整中国全融制度（一九二八年）。（四）中国之银行业在银本位制度下，加强实力，维持安定（一九二七至一九三四年）。（五）统一银币，废除银两（一九三三年三月）。（六）政府对中央、中国、交通三银行的控制（一九三五年三月至四月）。（七）中国币制从银本位改为外汇本位（一九三五年十一月）。（八）银行业在农村金融方面的发展（一九三三年开始）。（九）前途展望（一九三七年）。

按演讲全文系以英文写出，收入圣若望大学发行之亚洲研究丛书《艰苦建国的十年》，一九七一年出版。

二十日，美人阿姆斯壮驾阿波罗 Appolo 太空船十一号于本日下午四时十七分在月球登陆。

先生日记云：

本月十六日上午，阿姆斯壮 Neil A. Armstrong、艾德林 Edwin Aldrin, Jr. 与柯林斯 Michael Collins 三人共乘阿波罗十一号太空船，上附登月小艇，自佛罗里达州甘乃迪角，假农神五号 Satum 5 火箭升空。经历航程二十五万英里。于本日下午四时十七分，阿姆斯壮步下登月小艇，遂以人类第一人踏上月球。

二十二日，参加宋汉章追悼会并致悼词。

先生日记云：

今日旅纽约中国银行同人，假座联合国礼堂举行故董事长宋汉章先生追悼舍，群推余代表致悼诗，因详述宋先生平生行谊，以为后生矜式。

二十三日，（一）赴华盛顿探视郭秉文。

先生日记云：

晨由纽约乘快车赴华府，十时到达。专诚往视郭秉文兄病况。一进病房，渠即呼我璈哥。据璐德夫人云：秉文兄久不谈话，今日一见，即呼余名，可见我两人情谊之深。

（二）晚赴旧友公宴。

先生日记云：

晚间旅居华府旧友招宴。主人计有：张悦联兄、郭夏璐德夫人、陈庸孙兄夫妇、崔存璘兄夫妇、张孟令兄夫妇、篝庆云兄夫妇、乔志高 George Kao 世兄夫妇（李馨荪兄婿女）、王莲兄夫妇、陈隽人兄夫妇、高宗武兄夫妇。

二十四日，（一）赴国防部访晤杜良及吴元黎。

先生日记云：

赴国防部访前胡佛研究所同人杜良君 Mr. Dullion，现任国防部帮办司长 Deputy Assistant Secretary 主管远东问题。嗣访吴元黎兄，现任该部帮办司长，主管裁军问题。

（二）晚乘火车返纽约。

二十五日，（一）朱汤木陪往参观生活与时代杂志大厦。

先生日记云：

上午往访黄膺白夫人之外孙朱汤木，由彼陪往参观生活与时代杂志大厦 Life and Time Building。参观后，乃知生活与时代两杂志对于每一国家之历史，及其演变之资料，收集异常丰富，可以随时编辑成书出版。现又编一部每十年之美国时事记，插入图片甚夥。

（二）出席圣若望大学招待酒会。

先生日记云：

午后四时，参加圣若望大学招待酒会，所有由大陆出来之熟识，均一一见到。

（三）薛光前设宴预祝先生八十寿诞。

先生日记云：

今晚光前兄为余预祝八十寿辰，设宴两桌。周书楷大使特由华府赶来参加，争作主人，并有演说。何淬廉兄亦有演说，叙述余抵美后奋斗经过，使我深为感动。余在美遇事均与彼商量，故对余情况，知之最详。

三十日，晤贝聿铭，谈新加坡芮福尔中心计画。

先生日记云：

晤贝聿铭兄，详谈新加坡芮福尔 Raffle 中心计画。知其

"总设计" Master Plan 将于九月间竣事。惟有两大问题尚待解决：（1）交通运输 Rapid Transit，（2）政府欲在纪念碑海滨前面填地五百亩，以求增加陆地面积。渠对于填海之举，大为反对。认为既然填地，势必建筑崇楼广厦，则芮福尔中心计画中所包括的海滨美景，将人为减色，失去原意。据告此点正在讨论中。

八月一日，访晤卜莱雅。

先生日记云：

本日赴康州格茵维契 Greenwich, Conn. 访卜莱雅君 Mr. Samuel Pryor。此君系前泛美世界航空公司副总经理。余于一九四五年来美，在纽约城内遍寻旅馆，未能得到。最后承彼介绍，始获住入格茵维契之建德公寓 Kent House。余深感其盛情，至今不忘。此次见到，晤谈甚欢。并获观览所收藏之洋囡囡 Doll 为数不下八万余个，包罗世界各地之洋囡囡，可谓洋洋大观。旋同赴"游艇俱乐部"（Yacht Club）同进午餐，稍谈即别。

日记又云：

此君与储瑞朴 Tripp 同为泛美世界航空公司创办人。退休后，对于泛美公司事务，绝对不予过问，对于各种事业，亦不染指。确是"拿得起，放得下"人物。对于退休后生活，随兴趣之所近，能妥予安排，不令其枯索寡味。现又拟在夏威夷种植兰花消遣。可谓对于退休生活，能尽情享受者也。

五日，飞抵波士顿。

六日，赴哈佛燕京图书馆，搜集东北工作时期有关新闻资料，作为整理《东北日记》之参考。

七日，飞抵洛杉矶。

八日，存问洛市诸友。

先生日记云：

赴波摩拉 Pomona 访晤陈受颐兄，在其家中长谈。嗣访晤王征葵兄。晚在吴逸民夫人家晚饭，同席有江易生夫妇，及李木园兄。

九日，飞抵旧金山，旋即回家。

二十一日，余瑞础约晚饭。

先生日记云：

交大校友余瑞础兄约晚饭。得知渠辞去洛克希德 Lockheed 飞机制造公司工程师职务，改就洛杉矶加州大学 U. C. L. A. 教席。

二十二日。吴德器来访。

先生日记云：

美友吴德器 Maurice Votaki 君来访。不见此君者已二十六年。抗战期间，渠服务于中央宣传部，曾以余时为余补习英文。离中国后，回其母校米苏里大学 University of Missouri 任教已十九年矣。

二十六日，袁道丰来访问。

先生日记云：

上午袁道丰君为撰写余生平事迹，又来作第二次访问。彼问我答约二小时之久。

二十九日，电唁郭秉文夫人。

先生日记云：

闻郭秉文兄今晨病逝，享年九十有二岁。当即去电唁慰其夫人。

九月三日，《自由钟》杂志停刊。

先生日记云：

君劢哥临终时，嘱托请蒋匀田兄担任所办《自由钟》杂志继续刊行事务。今接匀田兄来函，告以因身体不适，不能担任该杂志发行事务。照此情形，《自由钟》杂志，只好听其停刊。

八日，琼斯借阅张君劢所著《第三势力》。

先生日记云：

胡佛研究所同事，前美国驻印尼大使琼斯君 Mr. Jones 来访，借阅君劢哥所著《第三势力》一书。因渠欲知中国国民大会组织，借资与渠正在撰写印尼一书中，关于印尼国民大会，有所参证。

十九日，接丁熊照函告已另请人作传，可以不劳执笔。

二十二日，往访施达。

先生日记云：

胡佛研究所增置副所长一席，由斯坦福大学教授施达 Richard Staar 担任，主管图书馆事宜。本日特往访晤。

二十三日，胡佛研究所所长康培尔设茶会招待各国来该所作短期（半年或一年）研究之学人。应邀参加。

二十七日，旧金山侨领余天休主持之“中美学会”，邀请中美学人作公开演讲。前往旁听。

二十九日，《中国币制与银行》演讲稿整理完竣。

先生日记云：

圣若望大学拟将上次“建国十年”讨论会之演讲词合订成书，公开发表。余因将所讲之《中国货币与银行》全稿，加以修改。此稿全文虽非甚长，然自起草以迄修订，已费时四个月之久。今日整理完竣，适薛光前兄来西岸参加昨日“中美学会”之公开演讲，即交渠携回。

十月一日，参加斯坦福大学欢迎新校长来曼博士茶会。

先生日记云：

斯坦福大学校长施德邻博士 Dr. Wallace Sterling 退休，由来曼博士 Dr. Richard Lyman 接任。今日午后在校长官邸举行欢迎新校长茶会，前往参加。

三日，接袁道丰函寄所撰《张公权先生谈往录》全稿，请为审阅。

四日，（一）接薛光前函寄凌鸿勋所撰“建国十年”讨论会关于中国铁路建设演讲稿，请为审阅。（二）接丁熊照函请为其传作序。

二十四日，庆应大学拟赠授先生荣誉学位。

先生日记云：

> 晨接国利自东京电话，报告：庆应大学有赠授余荣誉学位消息，正在进行审查工作，望余将所著英文版之《中国铁路建设之奋斗》，及《中国之恶性通货膨胀》二书，迅为寄去，当即照办。

二十八日，函复袁道丰，附还所撰《张公权先生谈往录》修正稿。

按袁撰《张公权先生谈往录》长达两万余字。执笔前曾访问先生三次，脱稿后，复寄请审阅订正。经先生同意后，曾在台北《传记文学》杂志第十六卷第一、第二两期发表。

二十九日，写定《张君劢先生奖学金简章》。

十一月四日，函复丁熊照允为其传作序。

十六日，邀宴魏道明夫妇。

先生日记云：

> 魏伯聪兄偕其新婚夫人返台北定居，今日路过此间，特邀请晚餐。

十七日，参加胡佛研究所成立五十周年庆祝会。

先生日记云：

> 今日为胡佛研究所成立五十周年纪念。所长康培尔博士设宴庆祝，计到客人三百余位。席间有斯坦福大学校长来曼博士 Dr. Richard Lyman 及海军上将司徒尧斯 Admiral Strauss 演说。

二十一日，整理《东北日记》至一九四六年（民国三十五年）四月底止，告一段落。

二十四日，开始撰《丁熊照传》序文。

三十日，（一）先生八十华诞，旅居旧金山海湾区亲属晚间聚餐庆祝。（二）《丁熊照传》序文脱稿寄出。

按丁熊照氏出身寒素，于私塾启蒙后，即从事小规模工厂经营。

虽经失败，而气不馁。嗣在上海创办汇明电池厂，经过五年之奋斗，成绩卓著，继办保久小灯泡厂，出品足与美国奇异公司之小灯泡竞争。随在香港设立开达塑胶厂，产品精良，而价格公道，能立足于世界市场。而所制造之玩具，且能盛销美国。因以保久及开达等厂之盈余，增设广达塑胶厂、精达五金厂、明达电池厂及义达毛织厂等。在台湾则有开达分厂，在日本则有西京伸铜厂，在美国则参加加州谭骏声氏之建筑事业投资。所营事业莫不蒸蒸日上，而其本人从未有越分之享受。近著《事实与真理》一书，不啻其自传。记述一生所受之教育，所得之经验，与经营事业之方法，服务社会之目标，从而推论于宇宙人群之真理。先生以其语语根据事实，字字出于至诚，尤以对于如何发挥企业精神，创办事业，运用企业才能，经营事业，阐发至为详尽。不独为后起之实业家树一模型，抑且可供给后进国家之借镜。固特序其梗概，介绍于读众。

十二月八日，晤吴俊才，谈大陆问题讨论会每年轮流在美、台举行。

先生日记云：

台北国际关系研究所主任吴俊才君来美，马大任兄邀请午饭，约余作陪。俊才兄表示拟请胡佛研究所将主持之“大陆问题讨论会”，每年轮流在美国和台北举行。邀请学人名单，在美国方面，由胡佛研究所拟定，在台湾方面，由台北国际关系研究所拟定。

二十三日，赴拉斯维加斯度耶诞节。

先生日记云：

王恭守襟兄患脑瘤已将一载，近已不省人事，医生束手。绿霞夫人向余夫妇提及每年与恭守欢渡圣诞节，今年不知置身何处。情辞悲惨，闻之不能坐视。因此特约其与余夫妇同去拉斯维加斯 Las Vegas 共渡嘉节，略换环境，稍释愁思。

二十五日，下午由拉斯维加斯飞旧金山，返寓。

二十七日，薛祖衡自巴西来访。

先生日记云：

旅巴西实业家薛祖衡兄来访。渠离大陆后，即赴巴西。在彼办有毛纺厂及玉蜀黍粉制造厂。经营颇为成功。

二十八日，致函张群请转告台湾大学校长钱思亮，拟于明年五月赴台北演讲。

三十日，接方显廷函告，南洋大学希望能于台北演讲完毕后，赴新加坡多留时日。

是年二月，美国空军发射可向全球战斗部队传令通信之巨型战术通讯卫星。

三月，“国民政府”明令褒扬民主社会党主席张君劢。美国前总统艾森豪逝世。

八月，美国国务卿罗吉斯访台北。

一九七〇年　先生八十二岁

一月二日，起草赴台湾大学演讲稿，题为《现行中国银行制度及组织之由来，与今后之展望》。

八日，函台北亚洲协会代表韩福瑞 Clare Humphrey，询其能否补助此次赴台北演讲来回飞机票费。

十三日，接袁道丰函告所撰先生生平事迹，标题《张公权先生谈往录》。

先生日记云：

接袁道丰兄函，据告刘绍唐函渠，说明《传记文学》惯例只登本人所写自传，或他人所写已故世之人事迹，但不登他人所写在世之人文字，恐借此为人鼓吹。此次所登袁君文字，出乎惯例，故改题为《张先生谈往录》，并在“编辑后记”中声明此系特稿。此篇文字，殊非余愿。缘袁君托人介绍来作访问，未便拒却，故有此文。但从题目看来，似余有自我宣传之嫌。

二十日，收到中国“大使馆”寄来美金五千元支票一纸，指作捐助胡佛研究所图书馆五十周年纪念和平奖学金。经即送交胡佛研究所所长康培尔 Clenn Campbell。

二十五日，探视赵元任病况。

先生日记云：

今日下午，探视赵元任兄病况。彼最近曾患心脏病，近已痊愈，惟心跳稍快。今年七十五岁，小余五岁。

二月六日，接到丁熊照寄来所著《事实与真理》。

先生日记云：

接到丁熊照兄自香港寄来所著《事实与真理》一书，内有余序。熊照兄在书中叙述其本人对所办事业奋斗之经历甚详。自无而有，由小而大。承认一切事实，无不符合真理。渠认为大陆中共经济政策，与此相反，难于发展。

八日，函告张其昀，已将张君劢所遗日用书籍二十四包运台湾，捐赠中国文化学院。

十七日，王恭守病逝。

先生日记云：

绿霞夫人来电话，得知恭守襟兄今晨逝世。

三月五日，亚洲协会来函允负担先生赴台北演讲来回飞机票费。

九日，新加坡公布管制银行新法令。

先生日记云：

接中国航运公司星洲代表王慎名兄来函，得知新加坡政府最近颁布法令，不准本地银行将股票售与外人；如外人所办银行，其股份该国政府占有六成以上，不许在星洲设立分行。

四月九日，参加谭骏声山景市 Mountain View 大厦揭幕典礼。

先生日记云：

谭骏声兄在山景市耗资二千余万美元兴建大厦，其中包括出租之公寓、办公室及商店。今日举行揭幕礼，宴请该市绅商，余被邀参加。

十八日，（一）赴旧金山机场迎接蒋经国。

先生日记云：

蒋经国副院长应美国务院之邀，来美作七日访问。今晨抵旧金山，余往机场迎接。在接收东北期间，余任东北经济委员会主任委员，蒋副院长当时任东北外交特派员。彼此同寅协恭，相处甚得。

（二）函告张群，定于五月初赴台北。

先生日记云：

接岳军兄转来台大钱校长函，据云：因六月大考，希望能提早前往，并称留台费用，当由台大担任。当即函复岳军兄转告，将于五月五日左右抵台。

十九日，应蒋经国邀，同进早餐长谈。

先生日记云：

应蒋经国副院长之邀请，于上午十时同进早餐。首由蒋副院长致词，大致谓二十年来，在总统指导之下，沉着克服难关。现值国际环境不良，只要万众一心，仍可制胜。中美邦交，应维持到底。

五月一日，离旧金山，经檀香山飞东京。

二日，飞抵东京，住银座东京旅馆。

三日，访土屋计左右。

先生日记云：

访土屋计左右，渠最近由楼梯坠下受伤，睡在床上，不能多言，精神大不如前。

五日，飞抵台北。

先生日记云：

今日飞抵台北，岳军兄、光甫兄、台大钱校长思亮、法学院韩院长忠谟，均在机场候接。

七日，与台湾大学法学院主管商定演讲时间。

先生日记云：

晨台大法学院韩忠谟院长、经济学系主任华严女士来访，商定演讲时间及次数。每星期一次，共四次；时间为下午三时半。自下星期三（十三日）开始。

十三日，在台湾大学演讲《银行制度与银行任务》。

先生日记云：

今日下午三时半，在台大经济研究所开讲，题目为《银行制度与银行任务》。

演讲要点如下：

每一国家之银行制度，由历史演变而来。银行任务随时代之变迁而求适应。二次大战以后，国际交通及通讯日见发达，各国彼此互采所长，竞求争胜。银行制度在形式上渐趋一致。大致以中央银行为中心，补之以商业银行，助之以特殊银行与特种金融机构。各国银行制度虽有若干不同之点，惟有一共同目标，即（一）须获得人民之信用，（二）须培养人民乐与交往之习惯。至于银行任务，则随经济发展之先后，而有所不同。然仍不外配合生产、消费、储蓄、投资之过程，作金融之帮助。

（演讲词全文见《张公权先生学术演讲录之一》，一九七〇年七月，台湾银行经济研究室辑印）

二十日，在台湾大学演讲《最近美国通货膨胀所得之经验》。

先生日记云：

今日为在台大之第二次演讲，题目为《最近美国通货膨胀所得之经验》。

演讲要点如下：

美元对内价值虽迭见贬低，但与黄金之比价，自一九三五年来，始终保持。故其对外价值，三十六年来未见贬低。美国最近之通货膨胀，为全世界所注目。美国政府在应付此问题之过程中，有许多经验值得研究。一九六八年，消费物价上涨百分之四点七，美国经济学者始纷纷忧虑，建议补救之策：（1）加深充分就业；（2）增税及发行公债，吸收人民多余的购买力；（3）减少不急之政费。惟在执行上，颇感困难，而未能收到预期效果。故詹森总统任内之金融政策，目标为如何使工资物价安定，缓和通货膨胀。然并无裨于赤字预算与通货膨胀之缓和。在尼克森总统任内，虽施行反通货膨胀政策，亦不能避免经济萎缩。后进国家正可对于美国经验，加以研究，而获致教训。

（演讲词全文见《张公权先生学术演讲录之二》，一九七〇年七月，台湾银行经济研究室辑印）

二十七日，在台湾大学演讲《经济成长与经济安定》。

先生日记云：

今日在台大作第三次演讲，题目为《经济成长与经济安定》。

演讲要点如下：

先进国家竞求经济之继续成长，后进国家力图经济之加速成长。后进国家经济基础薄弱，欲求经济成长之加速，结果引起经济之不安定。势难避免物价上涨，反致阻碍成长。即先进国家亦难逃此厄运。而且经济成长，亦有其必然之限制：即资金之限制、劳力之限制、物价之限制。倘不顾此限制，必致物价上涨，而发生经济之不安定。经济成长实与经济安定相辅而行。必须注意：（1）平衡发展；（2）巩固成长基础；（3）维持适当之成长速度。

（演讲词全文见《张公权先生学术演讲录之三》）

六月三日，（一）在台湾大学演讲《新经济政策及新新经济政策理论与凯因斯经济政策理论之异同》。

先生日记云：

今日在台大作第四次演讲，亦即此来最后一次。题目为《新经济政策及新新经济政策理论与凯因斯经济政策理论之异同》。

演讲要点如下：

每一种经济理论，经过相当时期，常认为不合时宜，遂有新理论出现。及时代演变，又有更新的理论。惟每一新理论并不能完全脱离旧理论，无非加以引伸，或修正，或补充。凯因斯经济理论之中心：(1) 为有效需求；(2) 为消费倾向；(3) 为投资预期，投资差距，与投资乘数。中心 (1) 否认向来有供给即有需求之说。中心 (2) 认为国民所得之升降，不与消费成为比例。中心 (3) 认为企业家对于投资，预期可于每年所得利润中收回而有余，或至少不低于原来之投资，使之辗转增加所得。从以上理论所得之结论，为：(1) 生产水准与劳力雇用率，在某种供给状况之下，决之于消费与投资数量。(2) 一国之富力上升，国民所得增加，则消费亦增；但其增加不如国民所得增加之速。(3) 因此如欲使消费与投资之需求，能达到生产能力之充分利用，以及劳力之充分就业，必须由投资来填补消费与所得比例上升之距离。(4) 如欲企业家之投资能填补此一差距，必须一国之经济滋长发扬足予投资者以乐观之预期，即其资本之边际效率大于市面利率。(5) 如企业家无乐观之预期，即国家银行降低利率，放松贷款，亦不足以鼓励其投资之兴趣；且在自由企业制度之下，将亦无从强其所难。如是惟有由政府利用赤字财政以填补此项投资距离，但政府投资须用于私人所不欲为之事业，而非用以代替私人投资。是以凯因斯之经济政策着重于财政政策，对于金融政策之运用，在其理论中，并不等量重视。

第二次大战之后，美国许多经济学者认为凯因斯理论，只应用于挽回不景与救济失业，而不足促进经济成长，因有所谓新经济政策之引伸：(1) 工业国家之经济自然趋势为经济继续上升；(2) 潜在生产力之见诸实际，有赖于积极而有伸缩性之财政政策；(3) 增加潜在的生产力；(4) 保持经济安定。一九六一至一九六五年间，美国采行新经济政策，收到相当效果。由于越战使通货膨胀，而新经济政策失其效力，于是有新新经济政策之抬头，恢复凯因所以前之货币数量学说。其理论要旨：(1) 增加需求，不能仅依赖政府增加支出，必须同时增加货币供给量。(2) 降低需求，不能仅赖政府减少支出，必须同时收缩货币供给量。(3) 货币供给量之忽减忽增，引起经济之不安定，其效果须经二三年，始起作用。(4) 维持正常之经济成长率。(5) 维持相当稳定之通货供给量增加率。(6) 鼓励自由竞争，提高生产能力。

（演讲词全文见《张公权先生学术演讲录之四》）

（二）应毛松年晚饭之约。

先生日记云：

今晚台湾银行总经理毛松年兄邀请晚饭，承允将余四次在台大演讲由台湾银行经济研究室印成单行本，备供索阅。

四日，蒋经国代表蒋“总统”约晚饭。

先生日记云：

蒋经国副院长奉总统命来招待，备晚餐，在座有岳军兄及黄少谷兄。

五日，参观国际关系研究所并演讲。

先生日记云：

午后至国际关系研究所演讲，报告胡佛研究所十年来之工作进展，及今后之展望。散会后，参观该所新建筑之图书馆及研究室，大致均整齐。并见到曾来胡佛研究所作一年研究之张栋材、李天民、吴春熙诸君。

六日，（一）赴国防研究院访晤张其昀。（二）参观中国文化学院。（三）应陈清治晚宴。

先生日记云：

晚间台大教授陈清治兄（系国鼐侄及邦衡孙在麻省理工学院同学）设宴款待。同席者有女主人陈林璎华夫人、华严教授、陈正澄、薛天禄、李登辉、柳复起、于宋允、梁国树及夫人梁侯金芳各学者。

九日，赴台湾铁路局晚宴，庆祝铁路节。

先生日记云：

凌竹铭兄来陪赴台湾铁路局陈树曦局长晚宴，庆祝铁路节。自唐山铁路修造日起，至今日适为八十九周年纪念。

十二日，赴圆山饭店交通部旧同事五十人公宴。

十四日，参加中国文化学院毕业典礼，接受哲士学位。

先生日记云：

下午赴中国文化学院，参加该院毕业典礼，并接受所赠哲士荣誉学位，致词申谢。同时将君劢哥西文书籍九百余册赠予该院。经特别陈列，命名“君劢文库”。

十五日，王新衡陪同徐有庠来访，报告台湾工业情形。

十七日，访刘大中，并参观赋税改革委员会。

先生日记云：

访刘大中兄，参观所主持之赋税改革委员会。该会使用电子计算机整理资料，可称为台湾最新之组织。回忆大中兄在唐山交通大学毕业时，余适长铁道部，其舅父张炳仁兄介绍来见，希望派往国外留学。余查其成绩虽未见特出，但觉其头脑清晰，气度恢宏，当即允其所请。不意三十五年后，大中兄已成为国际著名之经济学者。数年前，斯坦福大学有意邀请其任该校经济系教授，因此前来斯大面商，并作一次公开演讲。后以原任教之康乃尔大学坚留不放，只好作罢。当其在斯大演讲时，余亦在座，彼因指出张某在其身上之投资，幸得获利云云。盖指学业成就，不枉过去提携。余闻之不禁沾沾自喜。今日复见对台湾建立所得制度，及征收组织，新颖周密，其成就殊非一班经济学者所能望其项背。

十八日，参加国民党中央党部美洲研究小组讨论会。

先生日记云：

下午中央党部宣传组陈裕清兄召集美洲研究小组讨论会，约余参加，发表意见。当将美国对大陆及对台湾之态度，作简单报告。出席有中央社马星野、立法委员陈绍贤、政治大学教授李其泰、外交部美洲司司长钱复、中华日报董事长萧自诚诸君。

十九日，赴黄朝琴晚宴。

先生日记云：

晚间第一业商银行董事长兼省议会议长黄朝琴兄邀请晚饭。同席者除岳军兄外，均系台湾工业家，计有杜万全（万源纺织，谦顺川）、何传（永丰余造纸，台东食品）、陈云龙（中国发酵）、黄烈火（味全食品，和泰汽车，南港轮胎）、陈逢源（台北合会储蓄）、颜钦贤（台阳矿业）、林挺生、王永庆诸君。

二十日，参加明志工专学校毕业典礼并致词。

先生日记云：

晨至王永庆兄所办之明志工专学校，参加该校毕业典礼，并致词。

二十一日，接东京消息，日本政府将赠授勋章。

先生日记云：

掌珠媳由东京来电，告以日本政府有意赠余勋章，欲知余在中国曾受过何种勋章。当托岳军兄查出：（1）二十五年八月六日受二等庆云勋章，二十五年十一月十二日受二等彩玉勋章，三十三年一月一日受一等景星勋章。当即电复。

二十四日，蒋“总统”有意任先生为“国民政府”顾问。

先生日记云：

今日岳军兄转达蒋总统意，欲余返台任国府顾问。余以在胡佛研究所任事多年，一时难于离开。但余可以每年来台演讲一次。请岳军兄婉为解释。

二十五日，旁听“经济部”所辖各单位主管会报。

先生日记云：

经济部孙运璿部长邀去听取该部所辖各单位主管报告工作情形。备知年来台湾经济发展详细经过。

二十六日，（一）参加“财政部”月会并致词。

先生日记云：

晨八时半，财政部李国鼎部长来接至财政部，参加该部月会，并致词。大意为台湾各金融机关当前之任务。

（二）晋谒“总统”。

先生日记云：

蒋总统十时半约见。先谢其莅临君劢哥追悼会之盛情，继谢经国兄代表招待之厚意。复告以承总统关怀，约余返台定居，并予以名义。本应遵命，惟以在胡佛研究所工作已逾十年，与该所各人相处甚得，未便遽离。现拟每年来台大演讲一次。总统答以了解余之困难。嘱在台时，多与各部首长交换意见，并注意国防科学研究之发展情形。又云国内对于学人待遇，业已改善，望留意多约专家返国。

先生日记又云：

回忆去国后，第一次到台北时，新闻记者曾问如政府有意约余任公职，是否愿就。余答以一生在中国银行服务二十四年，继担任铁道、交通两部职务七年，每任一职，必久于其任。今在海外任研究工作，亦近十年，颇合本人性格与兴趣，不愿再改途易辙。今后仍当谨守此旨。

（三）午后飞抵花莲观览，到后乘汽车至天祥。

二十七日，（一）晨乘车至花莲参观大理石工厂及港口。（二）午后飞抵高雄。

二十八日，参观台湾电力公司大林分处、中国石油公司炼油厂、高雄加工区及高雄铝厂，并听取各主管所作简报。

二十九日，晨乘火车至台中，午后乘汽车至梨山。

三十日，参观梨山宾馆及荣民住宅，午后乘汽车返台中。

七月一日，（一）上午参观台湾省议会及中兴新村。（二）应熊式辉、高惜水夫妇午饭之约，并畅谈东北往事。（三）午后乘火车返台北。

二日，出席台湾大学法学院招待茶会。

先生日记云：

午后四时，台大法学院韩忠谟院长、经济学系华严主任、博士班秘书主任梁国树联合邀请茶会。到有新校长阎振兴兄、前校长钱思亮兄，并有李超真、王师复（经合会顾问）、黄锦和、潘志奇（台湾银行经济研究室副主任）及邢慕寰（中央研究院经济研究所主任）诸位学者。

十日，“交通部部长”张继正邀往“交通部”听取各主管会报。

十四日，与陈辉德、贝祖诒同赴照像馆摄影以留纪念。

十五日，（一）赴中山科学院参观，并听取报告。（二）赴清华大学及交通大学参观，并与其校长及各系主任会谈。

十七日，请台北眼医检查眼疾。

先生日记云：

今日经台湾著名之眼科林医生检查眼疾。据其检查所得，与在纽约所看医生之诊断相类。

十八日，往访邢慕寰，参观所主持之中央研究院经济研究所新近落成之办公室。

十九日，与凌鸿勋同往探视久病不愈之交通部旧同事夏光宇。

二十一日，晨飞抵汉城，有中国航运公司代理行新韩海运株式会社社长玄永源招待。

二十二日，赴汉城庆熙大学，参观中国文化学院院长宋晞接受该大学勋章典礼。

二十三日，（一）上午赴高丽大学亚细亚研究所，访晤教授金俊烨 Jun Yop Kim。（二）下午赴汉城国立大学，访晤群众通讯研究院院长金教授 Professor Kim Kyn Whan，Dean，Graduate School of Mass Communication，Seoul National University。

二十四日，（一）赴韩国总统府，访晤郑韶永。

先生日记云：

上午赴韩国总统府，访晤总统府经济事务高级秘书郑韶永博士 So Yong Chun，Ph. D. Senior Secretary to the President for Economic Affairs，问其韩国农业如何改进。渠答称：先从事于

“化零为整” Consolidation of Land，约需四年，其经费除人工外，由政府担负。然后再行机械化，由政府设置机械站。又问日人投资问题。渠答云：外资不得超过百分之五十。又问关于第三个五年计画。渠答云：或须将成长率降低为每年百分之八。

（二）参观韩国科学技术研究所，晤副所长申应均。

先生日记云：

午后参观韩国科学技术研究所，晤副所长申应均 Iung Kyun Shen。据告该所鼓励韩籍海外技术专家返国服务，待遇优渥，并尽量收集海外科技杂志，以备参考。

二十五日，（一）访韩国银行副总裁裴秀坤。

先生日记云：

晨至韩国银行，与副总裁裴秀坤晤面，并由其介绍与该行研究室主任周银植君一谈。

（二）午后飞抵东京。

二十九日，参加张国利招待庆应大学校长佐藤朔等宴会。

先生日记云：

中午次男国利谳请庆应大学校长佐藤朔、经济学系主任中钵正美、常任理事大熊一郎、经济学教授山本登及平野绚子诸君。余前往作陪。因国利已知该校正在筹划赠授余名誉博士学位。

三十日，赴新日本证券株式会社常务取缔役峰岛安午饭之约，并谈该会社拟在香港推广证券买卖业务。

八月四日，访庆应大学校长佐藤朔与经济学系主任中钵正美长谈。

六日，访驻日“大使”彭孟缉。

七日，飞抵北海道。

八日，中国航运公司新运货船在函馆 Hakotat 举行下水典礼，应邀前往观礼。

九日，飞返东京。

十日，赴第一银行访晤井上头取，并同进午餐。

十一日，接受庆应大学经济系教授平野绚子等访问。

先生日记云：

> 本日上午，庆应大学经济学系教授平野绚子，与校长室情报课主任宫城一勇，带同速记员与摄影员来作访问，预备撰文登载校内杂志《三田评论》，以便将余一生事迹介绍与校内教职员及学生。因余离校已六十余年，无人能知余之姓名及生平事迹。

按该项访问完成后，由庆应大学经济学教授平野绚子撰成《中国银行制度现代化与庆应义塾》（中国の银行制度の「近代化」と庆应义塾）一文，于昭和四十五年（一九七〇）十一月发表于《三田评论》第六九八号。历述先生建立中国现代化银行制度之经过。

十四日，日本政府阁议通过赠授先生一等瑞宝勋章。

十九日，荣膺日本天皇颁赠一等瑞宝勋章。

先生日记云：

> 本日九时半，到日本外务省，晤森治树事务次官，承告：爱知外务大臣适出国公干，牛场政务次官外放驻美大使，均不克在场，特代致歉意。今日由其代表天皇奉赠勋章，并宣读褒词。兹将褒词节译如下："张嘉璈先生：天皇陛下因阁下于战事结束时，对于满洲日本居民撤退，曾作种种努力。战后屡次驾临日本，与财政界交换意见。敝国经济金融界获益非浅。加以战前战后，阁下对于日华两国友谊之增进，贡献良多。今特以一等瑞宝勋章奉赠与阁下。"
>
> 随后，余致答词，大致谓："余在金融界及政界近三十年，与贵国朝野人士接触频繁。一向以中日两国永久和平亲善为职志。自问贡献无多，乃承贵国政府予以崇高勋章。以一留学日本国学生受此特别荣誉，不仅惭愧而且感激，尚望贵次官代为对天皇陛下与总理大臣阁下，致感谢之忱。"

二十五日，特设晚宴，答谢与授勋有关日本人士。

先生日记云：

今晚宴请与余受勋一事，直接或间接有关之日本人士。到者有外务省政务次官甫被任命为驻美大使之牛场信彦、及事务次官森治树、前大藏大臣贺屋兴宣、及东京银座旅馆主人五岛畀、前三井银行会长佐藤喜一郎、东京旅馆总经理星野直树、横滨东京旅馆甫退休之过又一郎、钟纺化学纺织公司总理中司清、前驻中国南京总领事日高信六郎、仪典局河崎珪一、及有野芳郎、满洲归来之武田英克、石田芳德、平岛敏夫、永岛胜介、长谷川长治、Japan Times 社长福岛慎太郎及在外务省供职之岩田冷铁。先由余致感谢诸友促成授勋之意。次由佐藤喜一郎略述推重之意。饭后由平岛敏夫申说余在东北协助日侨撤退种种情形，日高信六郎述余在中日关系紧张期间，不存躲避日友之态度，星野直树提及中国改革法币时，李滋罗斯与日方接洽经过，武田英克述余助其个人种种情形。

二十八日，参观日本大阪万国博览会。

先生日记云：

本日由中国银行大阪分行经理叶元亨兄陪同至大阪万国博览会，参观三菱馆、朝鲜馆、中国馆、加拿大馆、英国馆、富士馆、苏联馆、美国馆。叶君安排周列，毫不吃力。

三十一日，飞抵香港。

九月一日，友人来谈中共对外政策将有改变。

先生日记云：

友人来谈，据云：现中共对外政策将有改变，命令驻外人员多与外界接触，多听意见。又云：林彪未必能为全体军人所拥戴，江青痛恨周恩来之声浪日高。

四日，晤吴大业，得知渠已辞去新加坡职务，将赴台湾，就经合会顾问，及赋税改革委员会委员。

十一日，访晤香港大学亚洲研究中心主任金教授 Professor Frank H. H. King。

先生日记云：

晨香港大学经济学系讲师范叔钦兄陪至港大访晤亚洲研究中心主任金教授（港大经济学系教授）。渠请午饭，同席有叔钦兄、黄朝翰（港大经济学系讲师）夫妇（黄夫人系中文大学讲师）、阿文 Nicholas G. Owen 及研究员刘君等。

十五日，为协助南洋大学成立工商经济研究所，飞抵新加坡。

十六日，晤方显廷，长谈南洋大学情形。

先生日记云：

方显廷兄来谈南大情形甚详。新任校长黄丽松学历甚好，系习化学，曾任星大教授、马大教授及院长，亦有应付能力。惟对于社会科学方面，尚缺少用人经验。同学会现由一派学历平常而喜欢出风头之人物所把持。时常对黄氏加以指摘，使彼颇感烦恼。显廷兄以夫人身体欠佳，决于明春二月，三年期满，辞职返台。南大现已设立工商经济研究所，惟尚未筹到经费，且亦无人主持。希望余此次来星，能作长久居住计画，使该所能底于成云云。

十八日，赴南洋大学黄校长丽松午饭之约。

先生日记云：

上午赴南大访显廷兄，后同访卢曜兄，再至商学院，晤工商经济研究所有关人员。中午黄丽松校长请午饭，得知南大现有学生三千二百人，已设立自然科学、亚洲、工商经济及数学四研究所。机械工程学院亦在建筑中。似年有进步。

二十三日，访陈振传，谈捐助南洋大学工商经济研究所事。

先生日记云：

晨访陈振传兄，询其前次余临行前，南大请其捐助商学院工商经济研究所叻币九万元，分三期支付，是否仍然如此。渠云：然，当俟黄校长二十五日返星后，面谈决定。渠并云：曾问黄校长，张先生如何。黄校长答以校方无问题，只看张先生能否来南大。嗣渠谈及余如来星，华侨银行将请余任顾问，并代为物色人材，以备将来彼之继任人选。余答以无法即来；俟明年向胡佛研究所请假得准后再定。照振传兄口气，似以余能来星洲作为捐款条件，与余之从旁协助原意，大不相同。余本拟推荐方显廷兄为此研究所之中坚，现显廷兄既将辞职离星，研究所势将无人主持，则余更不敢强振传兄捐款。余觉此行难望有何结果。

二十四日，晤李微尘，谈最近新加坡政府内部人事调动意义。

先生日记云：

李微尘兄来访，谈及吴庆瑞由财政部长调任国防部长，系因明年英、澳、纽、马、星将会商联合防守问题之故。至于韩瑞生接任财政部长，则以其态度温和，细心谨慎，而王邦文担任内政部长，则以其年少有为，含有储备人才之意。又告李光耀总理对于南大甚为注意，觉得该校毕业生成绩不错，而为人勤谨。惟认为需要注意机械及应用科学部门。

二十八日，晤南洋大学校长黄丽松，谈华侨银行捐款事。

先生日记云：

上午与南大黄丽松校长晤面，告以与陈振传兄谈话结果，可捐助叻币九万元，分三年交付。至余个人可担任华侨银行顾问，随时来星，仅支旅费，不领薪水。黄校长允于日内致函振传兄约期面谈。

三十日，赴华联银行总经理何宪成午饭之约。

先生日记云：

华联银行总经理何宪成兄请午饭。何君系中行老同事。进行时年纪甚轻，管理上海分行虹口办事处出租公寓，异常整洁。余往参观，暗中嘉许，决意加薪奖励。余自离中行，不相见者已数十年。今日见其为华联银行十分倚重，殊感欣悦。不意何君竟忆及加薪之事，而余则久已忘却此事矣。

十月二日，晤星洲市屋建筑主任卓爱伦 Allen Cho，谈芮福尔国际中心建筑事。

先生日记云：

上午晤市屋建筑主任卓爱伦，据告芮福尔国际中心 Raffle Intemational Center 进行情形。得知贝聿铭兄认为第一计画有不尽完善之处，而有第二计画。惟星政府加以修改，将会议厅由容纳一万人改为容纳五千人。目下对于此一计画，是否由贝兄完全主持建筑，抑由其担任顾问，尚未决定。贝兄拟于圣诞节来星。

六日，访陈振传，参观其行屋建筑图样，并谈南洋大学捐款事。

先生日记云：

至陈振传兄处，看其行屋建筑图样，并谈南大捐款事。整个建筑将耗资叻币五千万元，计为四十四层楼大厦，下层专供银行营业使用，其上为出租之公事房，共计二百间。关于南大捐款数目，彼仍认捐叻币九万元，分三年支付。并表示拟积极训练人才，培养干部。中午振传兄请午饭，在座有南大黄校长、卢副校长、谢院长、方显廷兄、刘攻芸兄、唐义方兄诸位。席间未曾提及南大捐款事，亦未谈及捐款何时起付。因恐振传兄心目中仍将以余来星为条件。故余不便在席上提出，以免弄成僵局。

十六日，晤开发银行董事长侯善昌，谈贝聿铭来星洲会商芮福尔国际中心建筑事。

先生日记云：

本日上午晤开发银行董事长侯善昌兄，据告：贝聿铭兄来电话，表示在芮福尔国际中心建筑期间，星洲政府拟请其任顾问 Consultant，渠意顾问有责无权，无法指挥，拟改为协调员 Coordinator。并称将于十九日来星，可与面谈。

十七日，飞吉隆坡，赴何宪成晚饭之约。

先生日记云：

午间飞抵吉隆坡，由华联银行何宪成兄招待晚饭，有该行副董事长、橡胶园主人郑棣及兴业银行董事兼总经理陈葆灵诸君在座。

二十日，飞抵曼谷。

二十一日，飞抵香港。

二十五日，飞抵东京。

二十九日，应庆应大学经济系之邀，演讲《新经济政策及新新经济政策与凯因斯经济政策理论之异同》。

先生日记云：

午后至庆应大学经济系，晤中钵教授，应其邀请，于一时半起，用英语演讲约三刻钟。因日语不流畅，故用英语。题目为 Keynesian Economics，the New Economics，and Beyond the New Economics。

按先生此次演讲大旨，与六月三日在台湾大学所讲之《新经济政策及新新经济政策理论与凯因斯经济政策理论之异同》，内容大致相同。

三十一日，约晤小崎昌业与岩田冷铁谈话。

先生日记云：

约日本外务省文化第二课课长小崎昌业及岩田冷铁来谈。据云日本政府希望在新加坡设立日本研究中心 Japanese Research Center，拟委托一大学代办。余告以可否以南洋大学来办。在日本方面，则以庆应大学为主体。渠复称：一俟日本政府预算核准，即可决定设置。日本方面，则须由各大学前来申请，方能决定。

十一月三日，飞抵旧金山，随返寓所。

八日，接何廉电话，得知渠心脏小有不适，不能多走路，多食物，须静养。

十一日，（一）函台北吴俊才，告以康培尔所长已允出席本月举行之“大陆问题讨论会”，如临时须赴华府公干，当由施达 Mr. Staar 副所长代表。（二）函复余纪忠，允为《中国时报》二十周年纪念撰文。

十七日，晤神户大学教授宫下忠雄，彼专研究中共经济，近著有《文革与中国经济》。

二十四日，访康培尔所长，报告此次旅行经过。

先生日记云：

访晤康培尔所长，告以此次旅行经过：在台北时，蒋总统希望余返台担任政府顾问；在新加坡时，南洋大学设立工商经济研究所，有一家银行愿捐款协助，但以余能在彼主持为条件。惟余以个人年岁已高，不愿多所迁动，故均加以婉辞。似将来不免常往来台北及星岛作短期演讲。

十二月八日，访斯坦福大学当局，探询有无参加襄成董浩云拟办海上大学之可能。

先生日记云：

董浩云兄创办海上大学，由其供给客轮，希望美国著名大学能来参加，襄成此举。因往晤斯坦福大学副校长罗森保Dr. Rosenberg，探询意见。据告：斯大在海外已有六处分校，难以参加此举，但不反对在斯大校刊登载招生广告，或单独与各学系接治。继谓办理大学，需要图书设备，及物色各系教授，兹事体大，并非容易；何若将此款捐赠大学，可以收获实际效用。

二十二日，接庆应大学法学系内山正熊教授来函，询问关于中国抗战前夕，封锁天津英法租界原因。

按来函大意谓：据日本军部方面解释，认为此两租界藏有抗日分子。但渠揣想系因大批白银存放在英租界内，而华北伪组织之储备银行希望利用此项存银作为发行准备。英租界究竟有无此项白银，同时希望知道当时英国政府如何协助中国抗日。

是年十一月，美国政府重申“对华条约”承诺。

二月，大哲学家罗素逝世，享寿九十七岁。

十一月，意大利与中共建交。

十二月，新加坡国会选举谢理斯为总统。

一九七一年 先生八十三岁

一月五日，函复董浩云，不能担任海上大学协会主席。

先生日记云：

> 接董浩云兄函，关于海上大学应组织一协会主持一切，希望余担任该会主席。余复以难于脱离胡佛研究所，婉却之。

六日，接薛光前函告“建国十年演讲集”已出版，定名《苦难的十年》。并附来《中国时报》元旦特刊所载该书摘要。

十一日，胡佛研究所庆祝联合国成立二十五周年纪念。

先生日记云：

> 胡佛研究所举行联合国成立二十五周年纪念庆祝会。所长康培尔博士设晚宴招待来宾二百余人。原定有由前驻越南大使洛奇 Henry Cabot Lodge 演讲，为斯大校内反越战激烈分子所阻作罢。

十二日，去年十月二十九日在庆应大学经济系演讲《新经济政策及新新经济政策与凯因斯经济政策理论之异同》Keynesian Economics，the New Economics，and Beyond the New Economics 之全稿整理就绪。

十三日，答复内山正熊去年十二月二十二日询问，关于日军封锁天津英法租界原因节略写就。节略要点如下：

> 天津英法租界乃欧洲列强支持中国抗日之前汛站。英法反对日本控制中国华北经济，故对在天津流通之中国法币，力予支持。中国国家银行保存在英法租界内之白银四千万盎司，代表法币之信用，日军亟欲攫取，借以破坏法币信用，杜绝其流通，而代以华北伪组织之中央储备券，以达到控制华北经济之目的。日军因对租界当局施加压力，实行封锁租界对外交通。经将原因及事实分月叙述：（1）白银移交问题；（2）法币与伪币竞争；（3）日军封锁英法租界；（4）租界当局让步。

十四日，将庆应大学演讲稿及致内山正熊节略交次媳掌珠带往东京转交。

十九日，接董浩云函，论推动海上大学校务办法。

先生日记云：

按浩云兄函，据告本意海上大学协会拟设在香港，以便鼓励东南亚一带青年在此大学就学。嗣以香港采用英国学制，无法进行，只可在美国设立。现希望设法罗致美国著名大学，以及天主教大学前来参加此一协会，以便推进校务。

二十日，开始整理一生之日记。

先生日记云：

接吴相湘兄来函，盼余撰写自己一生事迹，供其正在编辑之《中国百人传》。因此促我自本日起，开始整理余一生日记。

三十一日，孙女邦美与高重生订婚。

二月一日，飞抵纽约。

二日，参加外甥女朱仁明与秦林肯结婚喜宴。

六日，参观沈家桢在康州所建佛寺。

八日，飞返旧金山。

九日，斯坦福大学学生抗议美军侵入寮国，游行示威，将胡佛研究所之办公室玻璃窗户，击毁甚多。先生之办公室亦所不免。

十二日，（一）函陈辉德，关于其传记印行办法。

先生日记云：

致光甫兄函，告以渠之传记，余早已写就，惟闻关于一九四八年后事略，上海银行同人颇多意见。因此建议将一九四八年后之各章删去，然后将此稿译成英文，由上海银行印行，署名《近代金融家陈光甫》。至于用英文对外发表，为求适应读者胃口，必须重新编写。

（二）开始准备下半年赴台湾大学演讲题材。

二十五日，晤蔡增基，同往参观旧金山中国文化中心会址。

先生日记云：

晤蔡增基兄，据告：渠已年逾八旬，在联邦储蓄银行任总经理逾十四年，现拟于年底退休。该行存款计五千六百万美元，在旧金山华埠储蓄会中，首屈一指，随即陪往参观中国文化中心会址，约于四五月后可以竣工。渠谓此文化中心会址，得来不易，系彼努力争取结果。缘于华埠之旧警察局拆卸时，增基兄力争将该地址划入华埠范围之内，由华裔人士投资发展，预备在其地面建筑旅馆（即今日之“假期旅馆”Holiday Inn），以资繁荣华埠市面。并将架设天桥以便华埠与蒙特哥茂 Montgomery 金融区之交通。中国文化中心会址则由旅馆捐助，拨出两楼备用。以上由增基兄提倡，联合申请，而陆续获得实现。对于华埠之繁荣，贡献殊大。

二十七日，张君劢忌日为二月二十三日，已过四天。先生今日特至坟前拜扫。

三月五日，南洋大学校长黄丽松函告，华侨银行捐助工商经济研究所款项，须待该所所长人选决定后再议。

十八日，胡佛研究所拟请董浩云担任该所董事，托先生函询。

二十六日，应庆应大学《经济研究》英文季刊 *Keio Economic Studies* 之请，开始撰写《中共经济发展策略之过去及未来》。

四月十一日，先生日记经整理至民国二十四年（一九三五）四月，即先生离开中国银行之日。

十七日，赴旧金山参加刘广斌董亦萍婚礼。

先生日记云：

本日下午至旧金山 Crace Cathedral 礼拜堂，参加刘攻芸兄之哲嗣刘广斌与董浩云兄之令嫒董亦萍结婚典礼。礼成后，在 Francis Hotel 有酒会招待。广斌世兄与邦衡孙在麻省理工及普林斯顿两大学同学，专攻物理，现在斯坦福大学附设之直线加速器中心工作。

十八日，董浩云同意担任胡佛研究所董事，并愿认捐五万美元。

十九日，通知胡佛研究所所长康培尔，董浩云允任该所董事。

先生日记云：

晤康培尔博士，将董浩云兄意思转达。渠随即告余关于与台北国际关系研究所轮流召集之“大陆问题讨论会”，渠在台北时经在会中宣布此会于一九七二年由胡佛研究所主办。

二十二日，（一）开始整理在铁道部任内日记。（二）孙男邦衡任贝尔研究所 Bell Laboratories 之科学技术研究员。

先生日记云：

邦衡孙于一九七〇年获得普林斯顿大学电浆物理博士学位后，留在该校继续作超博士研究工作。现被聘任纽泽西州茂莱山贝尔研究所 Bell Laboratorie，Murray Hill，N. J. 之科学技术研究员 Member of Technical Staff，研究电浆与薄膜。

二十六日，宋子文暴卒。

先生日记云：

报载昨晚宋子文兄在其俞氏女婿之兄俞爱华 Edward Yu 家中晚餐，因鸡骨填塞食道，不救暴卒。据医生云，恐系心脏病所致。

二十八日，与胡佛研究所同事筹商明年“大陆问题讨论会”事宜。

先生日记云：

胡佛研究所所长康培尔博士约集本所同事筹商，明年由本所主持之“大陆问题中美讨论会”事宜。议定先约请各大学中国问题专家，组织一委员会讨论召集办法，于九月中开会。即将讨论经过，函告台北吴俊才兄。

五月一日，至抗战为止之日记已整理完毕，寄交台北吴相湘。

三日，由香港新亚书院拣选优秀学生，研究张君劢之政治与哲学思想。

先生日记云：

接唐君毅兄复函，据称：允由其会同牟宗三兄等拣选优秀学生，研究君劢哥之政治与哲学思想。其费用即由君劢哥奖学金中拨付新亚学院港币一万元支用。

十日，参加交通大学校友会欢迎校友钟皎光晚宴。

按钟氏前任台北“国府教育部长”，现任“科学发展委员会”副主任委员。此次出国考察工业教育。

二十七日，（一）闻加州大学中国文学教授陈世骧逝世。（二）孙女邦如将于下学期与台湾大学牙科毕业生郑之博订婚。

二十八日，为庆应大学《经济研究》英文季刊所撰之《中共经济发展策略之过去与未来》The Strategy of Economic Development in Communist China – Retrospective and Perspective，全文脱稿。该文纲领如下：

> （一）一九四九年之中国经济。（二）中共经济发展之策略：（1）巩固势力——统一全国与稳定物价；（2）一九五三至一九五九年间，对工业发展之重视；（甲）苏联经济援助与第一个五年计画；（乙）集体农耕；（3）一九五八至一九五九年间之“大跃进”；（4）一九六〇至一九六五年间之失败与调整；（甲）苏联经济援助之撤消；（乙）继续三年之天灾与“大跃进”所产生的影响；（丙）新经济政策。（三）一九六六至一九六八年间之文化大革命。（四）中共经济评价：（1）工业对农业；（2）投资对消费；（3）物质的鼓励对精神的鼓励；（4）政治的成长对经济的成长。

全文（英文）载日本庆应大学《经济研究》英文季刊 *Keio Economic Studies*, pp, 13 – 31, Vol. Ⅶ , No. 1, 1971, Published by the Keio Economic Society, Keio University, Mita, Memato Ku, Tokyo, Japan.

二十九日，探视邦杰孙新生曾孙（五月二十四出生），命名“明德”，Theodore。

三十日，离旧金山，飞东京。

六月五日，参加孙女邦美与高重生在东京天主教礼拜堂结婚礼，随赴银座旅馆喜宴。

十七日，在庆应大学经济学会演讲《美国经济之今后趋势》。

先生日记云：

下午至庆应大学经济学系主持之经济学会演讲，题目为《美国经济之今后趋势》。听众多为该大学研究生。演讲内容包括下列各项：（一）通货膨胀持久之原因与其影响：（甲）越战不能获得举国一致之拥护；（乙）通货膨胀已由需要膨胀，转入成本膨胀；（丙）尼克森政府未能及时采取所得政策，亦不欲付景气后退代价。（二）通货膨胀对于美国之影响：（甲）对美国国内外经济之影响；（乙）对美国社会之影响；（丙）对美国国内政治之影响。（三）今后之经济趋势：（甲）景气下降将于本年年底恢复，通货膨胀将于明年停止；（乙）美国素以担负世界和平之责自任，今经过越战及通货膨胀之经验，除直接影响美国国家安全之外，不致再向外使用武力；（丙）为恢复出口能力起见，将用各种力量辅助出口，并为维护受到进口货竞争之本国工业起见，将用各种方法辅助其增加竞争能力，即偏向于保护政策；（丁）美国工业将利用此不景气机会，节省开支，增加生产，以期减低生产费用，提高其对外竞争能力；（戊）积极结束越南战事，并缩减驻外军队，以省出之款，移充国内消除公害，建筑黑人及贫民住宅区，以加速失业工人与贫民之技术训练；（己）大企业改变其营业观念，视营利与社会责任并重；（庚）美国青年经过此次越战及通货膨胀之经验，对于人生价值，不仅以物质进步为满足，于精神上之快乐亦相当注意，将来可能有所改变。

二十二日，晤日本国际问题研究所所长岛津久大，约往该所演讲。

先生日记云：

晤日本国际问题研究所所长岛津久大。此君曾任日本驻台北第三任大使。渠邀余于下月五日到该所演讲。当予承诺。

七月五日，赴日本国际问题研究所演讲。

先生日记云：

本日下午在日本国际问题研究所演讲，讲题为（一）美国最近对大陆政策之转变；（二）文化革命后之大陆经济策略。该所理事长岛津久大为主席，到有该所之副理事长佐藤喜一郎、常务理事庆大教授山本登，及该所研究员等二十余人。演讲内容如下：（一）美国最近对大陆政策之转变：（甲）美国方面之变化：（1）亟欲解决越战——认为如无大陆之赞同与支持，无法达成停战协议；（2）对抗苏联——希望大陆继续采取现时之独立态度，可以牵制苏联之扩张势力；（3）国内下列一般舆论，引起美国政府及国会之注意——（a）对大陆应取与对苏联相等关系，不应取敌视态度；（b）隔离大陆使之无法接近自由世界，反使该地人民对自由世界完全隔阂；（c）大陆人口多，资源尚未开发，可能是一有望之贸易市场；（d）美国民众富好奇心，对于中国古老文化，及中国人民之友好态度，颇为向往，希望能到该地旅行观光；（4）联合国之若干自由国家会员国，久欲与大陆和好，碍于美国对大陆政策之领导地位，屡为美国劝阻，现以等待过久，似有不耐，可能将取个别行动，美国需相机行事。（乙）大陆情势之变更。（1）大陆迄未正式参加越战；与韩战时情形大不相同，使美国少所顾虑；（2）大陆对苏联所采取之坚定独立立场，对于美苏两国之权力平衡，美国认为对美国有利；（3）大陆政权之稳定，及其一再重申与世界和平共存之宣言。（二）文化革命后之大陆经济策略：第一阶段——一九五三至一九五七年，第一个五年计画，采取苏联模型；第二阶段——一九五八至一九五九年，“大跃进”策略；第三阶段——“大跃进”失败；一九六〇至一九六一年之天灾；一九六〇年，苏联技术人员撤退；一九六二至一九六五年，刘少奇补救策略；一九六六至一九六九年，文化大革命；一九七〇年，恢复平常，采用上述三阶段之混合经济策略，比较接近现实，大陆情形渐趋稳定。但为下列因素拘束其经济成长：（1）防止资本主义复活，采用人民公社及人民所得平等化之制度；但行之过度，使人民之自动积极性，及创造性之降低，而阻碍生产之向上；(2) 防备外来侵略，制造原子武器，增设地方中小工业，仅为国防之用，使一般工业制造失去平衡；(3) 因苏联中止技术援助之刺激，不敢信赖任何国家，乃图自力更生，使新的科技不易导入，以致迟延技术进步；(4) 大量利用人力以解决人口庞大问题，多办地方小工业及乡村公共事业，迫使城市青年及知识分子下乡；以所得均分以解决人口问题，但采用落后的生产方法，闭关自守；人民生活程度低下，势难解决人口问题。(三) 大陆经济策略之展望：以上四种因素为大陆经济策略之重要背景，亦即大陆政治与外交之背景。由此推测，将来之大陆经济或由周恩来之调和政策，进一步采取积极政策，改善国际关系，俾无外力侵入之虞，且可得到足以信赖之友邦。更进一步，得到国外技术及经济援助，则人口问题，可望解决。至于大陆之社会主义，是否可能变质，自有其自然解决之一日。如仅维持现在之政策，则大陆之经济无法加速成长，人民困苦颠连，将长此继续下去。则所谓三结合政权将被推翻，而来一新政权。是时可能对外冒险搅乱世界和平，亦未可知。一切有赖于大陆自身之自觉；然国际关系之变更，可以影响及于大陆政策之转变。今后东亚局势系于美苏日三国，对大陆之关系者甚大，愿拭目俟之。

七日，赴霞山会馆演讲，讲题为《最近东南亚华侨社会之变化》。

先生日记云：

今日霞山会馆邀请演讲，讲题为《最近东南亚华侨社会之变化》。由会长近卫通隆主席，事业部长井崎喜代表致介绍词。听众甚为踊跃。按霞山会会员均系与中国有直接或间接关系人士。上海同文馆毕业生多数参加此会。现在该会对于中国问题，依然亟感兴趣。

演讲大纲如下：

（一）华侨在东亚各地区之分布情形。（二）东南亚各地区华侨中上层思想、观念、职业及社团组织之变化。（三）东南亚各地区华侨文化之同一化。（四）东南亚华侨资金流转方向之变化。（五）东南亚华侨民族观念与国家观念之变化。（六）新兴之新加坡对于邻国之影响。

九日，应霞友会岩田冷铁午餐之约，并与外务省官员晤谈。

先生日记云：

霞友会岩田冷铁约请午餐，同席有外务省中国课课长桥本，副课长渡。此二君，去年余过东京时，曾一度晤谈。今日桥本君表示，日本方面对于大陆与台湾问题，各派意见对立。日本民众缺乏耐性，欲求早日解决此一问题。尤其认为中国大陆如是之大，必须接近。故官方应付目前局面，左右为难。渡边君提及一部分研究中国问题人士，以为文化大革命时期，台湾如采取自成一独立国家政策，必得世界之同情，加以赞成。

二十六日，赴驻日“大使馆”，与张群同进午餐。

先生日记云：

岳军兄于二十四日来东京，访问日本政府各领袖。今晨到大使馆与渠同进午餐。渠将于八月二日返台北。

八月十五日，（一）美总统尼克森宣布新经济措施，允许汇率浮动，停止官价兑换黄金，附加进口关税百分之十，冻结工资物价，以便美国经济恢复活力。（二）日本金融市场，因美国宣布防止美元下落政策，微有波动。

二十日，探视土屋计左右病况。

先生日记云：

今日趋访土屋计左右视疾。渠身体远不如去年，卧病不起，说话使人几于不能听见。现年八十有六。

二十一日，飞抵台北。

二十三日，与台湾大学法学院院长韩忠谟等商定演讲次数。

先生日记云：

台大法学院院长韩忠谟与经济学系主任华严教授来访，商定演讲二次，于九月下旬举行。去年在台时，曾告蒋总统，每年将来台演讲一次。此次来台践约。

九月三日，与李煜瀛同访顾孟馀。

先生日记云：

李石曾先生来，同访顾孟馀兄。渠不良于行，坐在轮椅上，说话不多。据告能睡能食，惟脑筋不灵。

二十四日，接到凌鸿勋送来《抗战前后中国铁路建设之奋斗》中文译本内摘出之错误及修正意见。

先生日记云：

余所撰《抗战前后中国铁路建设之奋斗》英文本，于一九四三年在美国出版。后由杨湘年兄译成中文，由商务印书馆出版。其中有须改正及补充之处。余最近将全书交凌竹铭兄过目。今日承其将译本中错误之处摘出交来，并附修正意见。

二十九日，在台湾大学经济学系演讲，题为《尼克森之新经济政策》。

先生日记云：

本日午后三时至五时，在台大法学院经济学系，作本年第一次演讲，题为《尼克森之新经济政策》。演讲纲要如下：（一）尼克森政府遏止通货膨胀失败之原因。（二）景气回升之迟缓。（三）美国黄金准备降落之由来。（四）新经济政策之是否不可避免。（五）新经济政策之成果：（1）反通货膨胀可望缓和；（2）人民消费可略见增加；（3）失业未能迅速下降；（4）黄金准备可望中止降低，各大工业国家货币可望升值。（六）结论——新经济政策之成功，仍有待于通货膨胀之缓和，而其关键仍在于预算支出及海外支出之紧缩、工资与物价恶性循环之终止、通货膨胀之适量、人民对于政府信心之恢复。此数者为遏止通货膨胀之基本条件，新经济政策之目标与作用亦不出此范围，不过表示之形式略有不同。再加上二种强心剂：一为冻结工资与物价，一为停止美元兑换黄金。至于美国经济情况之改善，仍有待于国内外经济归于均衡，为期当在一年之后。

（演讲词全文见一九七二年元月台湾银行经济研究室辑印之《张公权先生学术演讲录之五》）

十月七日，与台湾大学法学院经济学系教授餐叙。

先生日记云：

今晚台大法学院韩忠谟院长约余与经济学系教授餐叙，同席计有施建生、华严、林苹书、张果为、梁国树、于宗先、孙震、李庸三诸教授。

十三日，在台湾大学法学院经济学系演讲，题目为《美元、黄金与国际货币基金组织》。

先生日记云：

本日下午三时，赴台大作此行第二次演讲，题目为《美元、黄金与国际货币组织》。听众甚为拥挤。演讲纲要如下：（一）美元：(1) 美元之特点——美元与其他国家管理通货制之货币有下列不同之点：（甲）美国财政部对于管理黄金出口并未严格执行；（乙）美元以黄金为唯一准备；（丙）美元汇价并不钉住于黄金价格；（丁）美元之黄金平价，如需改订，须得国会之同意。(2) 美元之由盛而衰——（甲）一九四八年马歇尔对外援助计画，在十年中，美元由不足变为有过剩；（乙）一九五八年十二月二十八日，西欧十四国家宣布其货币得自由兑换美元，美元之优越地位，于是发生动摇；（丙）一九六〇年发生黄金风潮；（丁）一九六五年越战升级，美元对外债务日增月巨，因而产生“欧洲美元”；(3) 美元之将来——（甲）系乎其经济实力，与世界人民之需要；（乙）在国际金融市场仍然被视为强势货币。（二）黄金：(1) 黄金之供求；(2) 黄金货币用途之削减与其未来。（三）国际货币基金组织：(1) 国际货币基金组织之演变；(2) 特别提款权之内容与替代美元之可能性；(3) 国际货币基金组织，当前之任务——（甲）美元兑现问题；（乙）主要通货之汇率调整问题；（丙）多数通货准备制之建立问题。

（演讲词全文见一九七二年元月台湾银行经济研究室辑印之《张公权先生学术演讲录之六》）

按国际货币基金 International Monetary Fund 成立于一九四七年，其目的在促进会员国保持充分通货准备，维持固定汇率，以求国际外汇市场之稳定。内部组织随财源之扩充而逐步演变。最初会员国所缴基金为七十五亿美元，经三次增资，计达二百八十九亿美元。其中百分之二十五为黄金，百分之七十五为会员国之货币。一九五二年，基金与十一个会员国订立借款协定，其总额为六十二亿美元。此十一个会员国中，如有发生货币风潮时，基金得支借救济之。一九六七年，基金复拟定一提用总额，按照各会员国摊额比例分配，准予自由提用。基金财源竟增至四百五十亿美元。由于临时借款协定与特别提款权之成立，基金组织遂由怀德案之安定外汇基金进而包含凯因斯之变相银行组织。惟特别提款权不能用于国际商业交易，无法在金融市场存放生息，不能为私人之准备资产，不能用以在汇兑市场操纵汇兑。故不能代替美元，仅能与黄金、美元并列为通货准备资产。

十四日，李熙谋来访。

先生日记云：

李熙谋兄来谈。渠现任东吴大学工学院院长，兼商务印书馆编辑。现编纂《自然科学大字典》，翻译尼丹姆之《中国科技史》，并帮译《天工开物》。再为原子能委员会委员之一。

十六日，应交通大学校友会晚宴之约。

先生日记云：

交大校友会请晚饭，由李熙谋兄致词，对余在抗战时期，在重庆协助交大复校，表示感激之意。

十七日，离台北，飞抵东京。

十一月三日，离东京，飞返旧金山。

八日，周森公司在台湾经营之电动屠宰场不日可以开工。

先生日记云：

周森公司副经理詹生 Bob Johnson 来告，周森兄在台湾经营之电动屠宰场，不日可以开工营业。惟股本尚未交足，因政府命令催缴，此间公司勉为凑足。余在台北时，财政、经济两部部长及行政院秘书长，均曾向余表示，政府对于华侨投资事业，无不竭力协助。即如周森兄之屠宰场址，本已划入政府征用地区，乃因其为华侨投资，予以特别通融免征，准其使用。该屠宰场乃得成立。但对于该场用人之标准，似可加以改善，应以对于事业有经验者为主。

九日，马大任来谈南越经济情况。

先生日记云：

马大任兄曾赴南越，帮同建立图书馆。在彼耽搁三月余，最近归来。据告现在战事在高棉，因北越一时兵力不足南侵。南越经济全赖美国支持，一旦停止，即可垮台。

十四日，闻黄膺白夫人病势沉重。

先主日记云：

今晨接膺白夫人女公子熙治电话，告知夫人病症证明为癌症，在肝胃之间。因体力衰弱，无法割治。现只能饮流汁，无非拖延时日而已。

十五日，得悉黄膺白夫人逝世。

先生日记云：

晨接王绍垓夫人电话，膺白夫人已于今晨五时逝世。夫人生前表示丧葬愿用佛教仪式。因特与沈家桢兄通电话，托其照料丧事，采用佛教仪式。

十七日，托卓牟来代表参加黄膺白夫人丧仪。

先生日记云：

特请牟来兄代表参加今日膺白夫人丧仪。嗣据告知：当日仪式先由其外孙朗诵遗嘱，指示丧仪须一切简单，火葬，骨灰将来运与膺白先生合葬。次由其弟沈君怡略述病情经过。

十二月一日，参加胡佛研究所“中美大陆问题讨论会”之筹备会。

先生日记云：

今晨十时，在胡佛研究所参加举行“中美大陆问题讨论会”之筹备会。出席十余人，决定讨论问题，及美方撰写论文与参加讨论之人选及日期。至于地点，明年再定。同时通知台方将出席宣读论文之人选决定后，通知胡佛研究所。希望能以年轻及有研究能力者出席参加。

十五日，台湾中国银行改组为民营“中国国际商业银行”。

二十七日，接南洋大学商学院院长谢哲声函告：（一）该院拟设学生就业辅导处，每年需款叻币一万元，希望支用华侨银行前允捐款；（二）该院缺乏师资，希望能予推荐介绍。

三十日，函托刘驷业转商华侨银行陈振传，南洋大学商学院希望动用该行允捐之款，每年叻币一万元，以供学生就业辅导处支用。

是年七月，美总统尼克森宣称将于次年五月之前，访问中国大陆。

十月，“中华民国”退出联合国。

十二月，美元贬值百分之七点八九，黄金每盎司价三十八美元。

一九七二年　先生八十四岁

一月九日，中国航运公司之“伊丽沙白皇后”号轮船在香港焚毁。

先生日记云：

董浩云兄经营之中国航运公司所辖之“伊丽沙白皇后”号轮船，在香港装修，拟作海上大学之用。昨晚失慎，在香港船坞焚毁。起火后，爆炸三次，幸人员已全部离船，尚无死伤。全船继续燃烧，所有新的装修全毁。该船投有保险，所有损失，将由保险公司赔偿。

十三日，台湾大学法学院经济学系来函，拟约先生本年赴台北作较长时期演讲，并担任研究指导。

十七日，（一）斯坦福大学学生为校方免除左派英文教员富兰克林 Franklin 教职，游行抗议。（二）斯坦福大学学生游行抗议胡佛研究所邀请右派人士担任董事。

二十一日，黄熙治拟将黄郛遗留文件，制成副本，送交胡佛研究所保存。

先生日记云：

> 黄膺白夫人女公子熙治函告，拟将膺白先生一切文件，除日记外，于五月间带至台北，送交中央研究院近代史研究所保存。并拟将全件复印一份，送交胡佛研究所保存。当即函复俟与胡佛研究所接洽后，再为决定。

二十二日，开始整理张君劢在新加坡演讲稿。

先生日记云：

> 君劢哥生前曾嘱余将其在星洲之《社会主义演讲稿》加以整理，以备付印。今日开始校阅。

二十四日，函告黄熙治，胡佛研究所同意接受保管黄郛遗留文件复印本，并愿担任运费。

二十七日，访眼科医生检查眼疾。

先生日记云：

> 本日上午至波罗阿尔脱诊疗所 Palo Alto Medical Clinic，访眼科医生谭纳 Dr. Tanner 检查竟日。据云：余患三种眼病：（1）白内障 Cataract；（2）绿内障 Glaucoma；（3）神经压迫 Nerve Pressure。若用医治第二、第三两种病症之药水缩小眼珠，则视线强，而眼球四围亦缩小。今姑试用前年纽约医生所开之药方 Almocarpine（Pilocarpine HCE），由现在每晚滴一次，改为每日滴三次（实则纽约医生原要余每日滴三次，余自己改为滴一次）。且看能否将二三两种病症减轻，而使余能看书，否则只有施行手术割治。

二十八日，全日点滴眼药水三次，仍不能看书。

先生日记云：

今晨八时点滴药水，不能看书，下午三时再滴一次，五小时后，仍不能看书。晚十时再滴一次。终日无法作事。

二十九日，函告台湾大学经济学系主任华严教授，不能决定来台北日期。

先生日记云：

函复台大经济学系主任华严教授，告以现正检验目疾中，无法决定能否允诺本年赴台作长时间之演讲。

二月二日，访眼科医生，检查滴药水后之效验。

先生日记云：

本日上午往访眼医，据告：绿内障 Glaucoma 自每日滴药水三次后，上星期三已降低，因嘱继续滴用。并嘱应服 Diamox 250mg，于每日饭后服半片，早起滴 Eppy 12（Free Base）药水。经过三星期后，再去检查。如绿内障继续退下，可免施行手术割治白内障。

十九日，旧金山律师海顿 David Hayden 拟往新加坡及台湾执业，托为函介当地人士。

先生日记云：

旧金山葛兰姆及吉木斯 Graham and James 律师事务所之海顿拟往新加坡及台北设立事务分所，执行业务，托为介绍当地人士。当允即函新加坡华侨银行、华联银行及台北中国国际商业银行。

二十日，美总统尼克森抵北京，访问中共。

二十三日，访眼科医生检验目疾，承告服药反应。

先生日记云：

本日上午访眼医谭纳博士 Dr. Tanner 检查绿内障，得知未再下降。当告以服 Diamox 后，于胃不适。因嘱将 Almocarpine 加为每日服四次，即晨一次，午饭后一次，晚饭后一次，临睡一次；同时滴 Eppy 药水，即晨一次，午饭后一次。过两星期，再往检查。

二十五日，访眼医李特尔博士 Dr. Little，询问眼疾疗治方法。

先生日记云：

本日上午往访乌尔夫先生 Mr. Wolf 介绍之眼医李特尔博士，据告谭纳博士之疗治方法正确可靠，可以信赖。经查出绿内障稍高，可加服药片。

二十八日，（一）尼克森与周恩来联合发表《上海公报》，对于台湾地位问题，措词含混。（二）吴大业拟撰述《东南亚各国之经济发展》一书。

先生日记云：

吴大业兄拟在胡佛研究所利用现存设备，撰写《东南亚各国之经济发展》一书。当与胡佛同事商量，均表欢迎。大业兄希望于必要时，前往各地搜集资料，由胡佛研究所资助旅费。余告以此事随后再谈。

三月八日，访眼医谭纳博士，指示疗治方法。

先生日记云：

本日上午访眼医谭纳博士，据告因停服药片，绿内障增高百分之二十。因嘱改服 Daranidi 50mg，每饭后服一片半。药水只滴三次；Eppy 减为一次。

十日，拟将在中国银行二十四年之经历详细写出。

先生日记云：

年来眼疾渐见沉痼，视力日差，深恐今后不复能继续写作。因拟将本人一生事业，趁早见诸文字。对于《抗战前后中国铁路建设之奋斗》一书之中文译本，加以整理补充，不久即可付印。至于余在中国银行二十四年，尤为一生事业最重要之一页，亟盼能详细写出。因与中行旧同事姚崧龄兄商量任此工作。渠慨然应允。乃决将手中所存有关中行事业资料，陆续送交崧龄兄，参考应用。

十三日，介绍邝景文任南洋大学商学院短期客座教授。

先生日记云：

加州州立大学赫瓦尔德Hayward分校经济系教授邝景文兄，函托余介绍其往南洋大学商学院任短期客座教授。曾函谢哲声院长。今得复函，据告已经校务会议通过。并告学生就业辅导处拟用华侨银行捐款事，暂可作罢。

十四日，函复薛光前出席“中美大陆问题讨论会”旁听，已向筹备委员会接洽，应无问题。

十七日，张国利自东京电话报告，庆应大学经济学系会议，及全体教授理事会议通过赠授先生荣誉经济学博士学位。

先生日记云：

次男国利来电话，报告：据庆应大学理事会理事，兼国际关系主任山木登教授通知渠，已向庆应大学经济学系会议（由教员及学生三百余人参加）提出授余名誉经济学博士学位，已获通过。嗣向大学全体教授理事会提出，亦获通过。回忆庆大校方当局，早有赠余名誉学位之意，只以该校校务行政采取民主制度，须经过多种手续；例如先在校刊介绍余之履历，再在经济学系、法学院、经济学会三处演讲，又在庆大经济英文季刊发表论文，然后在经济学系全体教授及学生代表会议，与该大学全体教授理事会提出通过，始成定案。此事校方煞费苦心，盛意至为可感。在余个人则为庆应开校以来，第一位中国人得此名誉学位，愈感荣幸。

二十四日，访医生艾克特博士Dr. Ecket检查身体。

先生日记云：

本日下午，访艾克特博士检查身体，得知：(1)自患目疾以来，体重减轻五磅；(2)血压高为一八〇，低为八〇，乃前此所未有；(3)心脏正常；(4)经注射一针，清理肝内积存药性；(5)星期一，渠允与眼医谭纳博士会商今后治疗方法。

二十八日，访泌尿专科葛雷博士Cary Gray检查身体。

先生日记云：

日来小便频繁，有时小便有焚热现象。因访泌尿科专家葛雷博士检查。据告须照X光，方可决定病源。

四月一日，经葛雷博士检视所摄X光照片，查出摄护腺有病。

先生日记云：

葛雷博士检视所摄X光照片，查出摄护腺有病，宜施手术。俟其休假返来，再行决定割治日期。

十七日，利比特 Victor D. Lippit 在《论中共铁路建设》一文内，谓中共建筑之铁路，系根据先生在铁道部任内所拟新路建筑计画。

先生日记云：

在斯坦福大学图书馆查出《幸福》杂志 Fortune 在一九四三年十一月份一期内，载有余所著《抗战前后中国铁路建设之奋斗》一书之摘要，标题：《中国战后铁路扩建展望》。又查得美国国会联合经济委员会中共经济问题报告（*An Economic Profile of Mainland China*，Vol. II）内，附印有伦敦出版之《中国季刊》*China Quarterly*，一九六六年七月至九月一期内，载有利比特 Victor D. Lippit 所著《论中共铁路建设》一文，内称中共建设之铁路，完全采取余在铁道部任内所拟新路建设计画。

十八日，函凌鸿勋转托徐名植将《中国战后铁路扩建展望》及《论中共铁路建设》两文译成中文。

先生日记云：

函请凌竹铭兄转托徐名植兄（铁道部旧同事）将《幸福》杂志对余所著《抗战前后中国铁路建设之奋斗》英文本之摘要，及利比特所著《论中共铁路建设》二文，译成中文，作为行将出版之《抗战前后中国铁路建设的奋斗》中文本之附件。

五月一日，访葛雷医生，研究割治摄护腺。

先生日记云：

今日往葛雷博士处，告以亲友多不赞成施行手术，问其意见。渠乃约艾克特博士会商。艾克特博士认为必须早日割治，否则膀胱发炎，蔓延肝部，有性命之虞。

三日，函告台湾大学经济学系主任华严教授，以健康情形，今年赴台日期，无法决定。

四日，接吴大业函告，辞去台湾经济合作委员会顾问职务，即日携眷来美。

十一日，移住斯坦福大学医院，预备施行手术。

十二日，由葛雷博士施行手术，费时一小时半，一切顺利。

十九日，遵医生嘱，出医院返家。

二十日，梁伯乐偕子来访。

先生日记云：

余在澳洲时相识之梁伯乐兄，今日偕公子来访。其公子 Daniel Lang 在加州大学攻读“食物科学”，现在洛杉矶 Sweco Inc. 任工程师。据梁君告前驻雪梨总领事黄良坤兄已于四年前病故。旧友 Simpson Lee 夫妇亦已病故，其公子在雪梨大学经济系毕业后，在该校任助教，年少有为。

二十六日，访医生葛雷博士检查小便。

先生日记云：

今日赴葛雷博士处，检查小便。据告颜色已趋正常，内部肌肉约三个月，方可恢复。

三十日，庆应大学定于九月二十至三十日之间授与名誉学位。

先生日记云：

接国利函告：庆应名誉学位定于九月二十至三十日之间，择日授与，询问届时是否能来。当即答以可如期前往，不需另发通知。

六月六日，访眼医福乐克博士 Dr. Milton Flock，检查眼疾。

先生日记云：

今日往访凌宪常兄介绍之眼科医生福乐克博士。检查结果，青光眼压力为百分之十七，尚不甚高，若欲改进视力，并使易于控制青光眼，应先将白内障除去。目前只好照谭纳博士点药水办法。福乐克博士本为斯坦福大学医学院眼科教授，现自开诊所，病人较少（谭纳博士处，病人拥挤，常须坐候一小时之久），同时语言亦较谭纳博士温和。

八日，接庆应大学校长函告：五月二十二日该校理事会议决授先生名誉学位，并定于九月底举行授与式。希望届时抵东京。细节当另函续告。

九日，约郅汝玉同进午餐。

先生日记云：

印地安那州立大学 University of Indiana 郅汝玉教授来胡佛图书馆搜集中国近代政治思想资料，今日特约同进午餐。

十二日，参加欢迎台湾出席“第二次中美大陆问题研究会”人士午餐。

先生日记云：

第二次中美大陆问题研究会后日开幕，今日特往参加胡佛图书馆欢迎台湾出席人士午餐。餐后一同参观该馆。兹将台湾出席人士姓名及职衔抄录于后：

提出论文人士：

吴俊才（政治，国际关系研究所主任）、叶楚生（教育，教育部国民教育司司长）、林尹（文学，师范大学教授兼东亚研究所教授）、郭乾辉（军事，国际关系研究所副主任兼东亚研究所教授）、项乃光（政治，东亚研究所及国防研究院教授）、高向杲（政治，淡江文理学院教授兼国际关系研究所研究员）。

参加讨论人士：

韩忠谟（政治，台湾大学法学院院长）、许智伟（教育，彰化教育学院院长）、汪学文（教育，国际关系研究所研究员）、金开鑫（教育，淡江文理学院教授）、彭歌（文学，师范大学教授）、李天民（军事，国际关系研究所顾问）、朱文琳（军事，国际关系研究所匪情组）、姚孟轩（政治，东亚研究所）、连战（政治，台湾大学政治系教授）、刘轴青（政治，东亚研究所教授）、陈森文（经济、政治大学讲师）。

十四日，出席“第二次中美大陆问题研究会”。

先生日记云：

第二次中美大陆问题研究会本日开幕。为避免斯大学生反对越战在校园游行示威之干扰，会场假座旧金山“假期旅馆”Holiday Inn。首由康培尔博士 Dr. Glenn Campbell 致开会词，由吴俊才兄致答词。下午讨论中共政治军事趋势，由加州大学斯卡拉宾诺教授 Prof. Robert Scalapino 任主席，郭乾辉君及惠特孙上校Colonel William Whitson 提出论文。晚由胡佛研究所招待晚餐。

十五日，继续出席“中美大陆问题研究会”。

先生日记云：

本日上午讨论教育，由林赛教授 Prof. Michael Lindsay 任主席，有胡昌图君及叶楚生君提出论文。下午讨论文学，并邀请前加州州长雷根 Ronald Reagan 出席演讲，强调尼克森政府力主保持台湾安全。

十六日，继续出席“中美大陆问题研究会”。

先生日记云：

上午讨论经济，由刘大中兄任主席，有迈亚米大学 Miami University 迈尔斯教授 Prof. Raymon Myers 及高向杲君提出论文。下午讨论如何研究中共之方法。

十七日，继续出席“中美大陆问题研究会”。

先生日记云：

上午讨论中共中央集权地方分权问题，由加大洛市分校包穆教授 Prof. Rickard Baum 任主席，有宾雪尔凡尼亚大学张阿礼教授 Prof. Harris Chang 提出论文。讨论完毕，全会闭幕。

十九日，接张国利函，报告庆应大学当局告以该校赠授名誉学位，选择严格。

先生日记云：

接国利信，得知庆应大学当局告彼，该校去年曾授麻省理工学院山姆尔孙教授 Prof. Paul A. Samuelson 以经济学名誉博士学位。渠系荣膺诺贝尔奖金者。足见该校对授与名誉学位人选之严格。对余今年获此荣誉，特表贺忱云云。

二十一日，商得吴俊才同意，欢迎巴尔克博士 Dr. Dennis Bark 赴台北演讲。

先生日记云：

胡佛研究所研究员巴尔克博士有意赴台北演讲，曾面商吴俊才兄，今得复函，表示欢迎。巴尔克君系柏林大学毕业，专攻欧洲政治。

二十六日，致函庆应大学校长，申谢授与名誉学位盛意。

七月十三日，将《抗战前后中国铁路建设之奋斗》一书，中文译本修改增补完竣，拟交台北传记文学社出版。

先生日记云：

余所著之《抗战前后中国铁路建设之奋斗》英文本，曾由前交通部旧同事杨湘年兄译成中文，交上海商务印书馆出版。现将前译重加修订补充，拟交由台北传记文学社出版。适王世宪兄由美返台过此，因面托到台时向王云五先生接洽，征求同意。

十八日，（一）接琼斯 Roger B. Jones 函称拟研究张君劢思想。

先生日记云：

乔治华盛顿大学毕业生琼斯拟以君劢哥思想为主题，写其博士论文。来函请予指导，并托代为搜集资料，当即复允。

（二）接吴俊才函附致邀巴尔克博士赴台北国际关系研究所演讲一星期公函，当即转致。

八月二十四日，离旧金山，飞东京。

二十九日，飞佐世保。

三十日，参加董浩云主办之中国航运公司新造二十二万五千吨油轮下水典礼。

三十一日，飞返东京。

九月六日，（一）应岩田冷铁午餐之约。

先生日记云：

> 中午岩田冷铁约请午餐，有日本内阁官房内阁调查室次长原富士男、内阁官房调查官松桥忠光及国际关系研究所所长岛津久大在座。原富士男问：如日本与中共订和约，如何缓和台北之不满？余答以此等事难有两全之道。听其谈话，似日本有与中共订和约之意。

（二）应法眼晋作晚餐之约。

先生日记云：

> 本晚外务省事务次官法眼晋作约请晚饭。有外务省参事官中江要介（外务省亚洲局）、岩田冷铁及次男国利在座。法眼晋作提及去年联合国通过中共加入联合国一事，日本曾竭力设法维持台湾席次。终以中共拉票得力，造成多数。

十日，访庆应大学校长佐藤朔，面致胡佛研究所有与庆应合作之意。

先生日记云：

> 本日中午往庆应大学拜访佐藤校长，有常务理事大江晁、经济学系主任气贺健三博士及山本登教授在座。首代斯坦福大学校长致候，次将胡佛研究所康培尔所长所赠之世界共产年鉴面陈，并表示胡佛研究所有意与庆应合作。后由余将图章一枚赠送佐藤校长。气贺博士云十年前，曾参观胡佛研究所。大江常务理事云：三十日名誉学位授与礼，自十时起，继以发给本校学生毕业文凭，最后茶会。

十四日，访国际关系研究所所长岛津久大，承允该所愿与胡佛研究所发生联系。

二十日，晤李卓敏，拟邀先生赴香港中文大学演讲，允予考虑。

二十九日，与李卓敏参观庆应大学校园。

先生日记云：

今日李卓敏兄特约余同往参观庆应大学校园。庆应由日本政府补助，曾供给彼在香港所主持之中文大学日语中心教授。余等先至佐藤校长办公室，大江及大熊两常务理事（即副校长）及山本教授在座。复由山本教授引导参观校内各项建筑，并留同进晚餐。同席有曾在中文大学教日语之两教授。

三十日，赴庆应大学接受名誉学位。

先生日记云：

本早至庆应大学，先在校长室小坐，随至福泽谕吉所建之演说馆，先由校长致式辞（颂词），后由余致简单答词。大意谓："六十年前，以贫苦无钱买书，常在图书馆坐读至关门前，始行离去。有时步行至神田，将教科书出售，缴付学费。今日得在此领受名誉学位，不胜感激。尤其一生大半时间从事实际工作，与其他领受同样名誉学位之学者，如山姆尔孙辈相较，深滋惭愧。庆应教育注重外国语文，及精神训练，集中于'独立自尊'四字，余一生受益匪浅。当余在北京任中国银行副总裁后，曾对庆应教育精神，广为传播。惜中日关系恶化，未能多收效果，作进一步努力。今后太平洋两岸国家之文化交流，方兴未艾，余极愿尽其所能，为母校尽力。"嗣有博士班毕业生授与文凭典礼及茶会。

庆应大学校长式辞（颂辞）译文

一九七二年九月三十日

今日由本校经济教授会之推荐，经大学评议会之决议，对于推进学术文化著有贡献之张嘉璈博士，赠与名誉博士学位，特介绍其履历与事迹：

张嘉璈博士一八八九年生于中国江苏省宝山县。在上海北京就学后，明治末年（一九〇四）时，来日入庆应义塾大学理财科肄业，师事故堀江归一博士，专攻银行货币。一九〇九学年末期，因无力继续学业，辍学回国。一九一九年，本校以其在中国之优异业绩表现，虽尚未补足数月学分，推选为特选塾员（毕业生）。张博士可称为本校之老前辈。

张博士归国后，于一九一二年，任上海中国银行副经理，一九一六年，升为副总裁。殆国民政府成立后，中国银行改组，擢升为总经理。对于中国金融之近代化，建树殊多。后改任为铁道、交通两部部长。一九四五年，中日战争结束，任东北行营经济委员会主任委员，对于日侨撤退事，尽力协助，予以便利。一九四七年，就任中央银行总裁，翌年辞任。此后不再担任任何政府工作，专心作学术上之研究。一九五三至一九六〇年，在美国南加州洛亚拉大学任经济学教授。七年后，改至斯坦福大学胡佛研究所任高级研究员，以迄今。一九六九年，美国纽约圣若望大学赠予文学博士学位。曾来本校经济学会作多次演讲；对于中国之金融、日美经济关系等问题，阐发详尽。张博士将其数十年来对中国金融货币之经验，对中国财政及金融之变迁，以及对世界发展中诸国之经济分析，有多种专题著作，亟受各界重视。张博士在金融上之建树，与其在经济学上之研究业绩，已如上述，而其人格高超，识见优越，亦素为人所钦佩。庆应大学以赠予老前辈张嘉璈博士名誉学位（名誉法学博士），深为荣幸。昭和四十七年九月三十日　佐藤朔

* * * * *

十月三日，接吴俊才函告已辞去国际关系研究所所长职务，改任国民党中央党部文化工作会主任。

五日，赴庆应大学向佐藤校长辞行，未遇。晤大熊副校长谈庆应与胡佛研究所合作事宜。晤石川忠雄教授，彼希望得到胡佛研究所有关中国问题资料及书目。

先生日记云：

> 本日上午至庆应大学，向佐藤校长辞行，未遇。晤大熊副校长，告以关于庆应与胡佛研究所交换学者事，一俟余收到胡佛研究所寄来函稿后，当即奉上，请庆大照该稿具函致胡佛研究所，即可完成手续。嗣晤石川忠雄教授，渠原拟约全部有关中国研究之教授十余人会谈。以多数已有先约，到者仅法学部

池井优（中日外交）、德田教之（中共政治）、山田辰雄（一九二〇年前后中国政治史）。所谈大致集中于希望得到胡佛研究所免费赠送之重要中国问题资料缩影胶片，及胡佛图书馆全部中文书籍目录，与每年所增中文新书书目。

六日，应岩田冷铁之约，与日本时报社社长福岛及鹿儿岛和平研究所常务理事倭岛英文同进晚餐。

八日，离东京，飞抵香港。

十日，晤中国银行旧同事郑寿仁，听其详述在中行之功绩。

先生日记云：

本日中国银行旧同事郑铁如（寿仁）兄来见，报告渠已卸任中国银行香港分行经理。随即详述其在行之功绩如下：抗战时期，日本占据香港后，港行宣告停业。而日本军部则勒令继续营业，当告以港行资金缺乏，必须由日本军部供给资金，方能开业。日军部因借给港行港币七百万元。嗣以同数日本军票归还，港行因此获利港币三百万元。实则港行将暗藏之港币三千万元，分存各地，日军退出香港后，即于其中提出一千四百万元建筑今日之新行址。该项地产系向香港政府以港币三百四十万元购得，依目前香港之房地产价格估计，港行获利殆不知有若干倍。再以暗藏之准备，贷与由大陆迁来之各纱厂。今日香港纺织业之繁荣即基于此。惟渠一生为中行、为社会尽力，从不自我宣传，实亦不便宣传。今特向老上司一述多年之苦衷云云。

十二日，听友人谈香港经济情形。

先生日记云：

本日友人来谈香港经济情形如下：（1）香港工业将逐渐下降，而成为台湾与大陆之转口港；（2）香港将成为东南亚各地之资金吞吐港，香港如能废除“扣留税”Withholding Tax，新加坡之“亚洲元”可以尽量调到香港；（3）汇丰银行拟与日本银行合作，设立“商人银行”Merchant Bank，利用日资承受香港政府债券作建设经费，然后组织公司，在市场发行股票，从中获利；(4) 香港旅客将继续增加，与大陆贸易者将以香港作大本营，故地产及旅馆事业，尚有一时之繁荣。

十四日，赴中文大学参观汉英词典办公处及中美电脑中心（现仅能译数学文字）。

十八日，赴中文大学之中国文化馆，参观乐在轩收藏明末清初人物手书对联展览会。

十九日，晤李璜，听其评论中共外交。

先生日记云：

本日晤李幼椿兄，据其评论中共外交政策，认为畏惧苏联，采取以夷制夷政策，联美日以对苏联。此项政策如能成功，台湾将处于不利地位。

二十日，应邀参加中文大学毕业典礼。

先生日记云：

本日上午，李卓敏校长邀请参加中文大学毕业典礼。一切采用英国殖民地仪式：由香港总督任主席。先由校长推荐授给名誉博士学位各人，次由各学院院长推荐授给硕士与学士学位各人。经过港督认可后，领受学位之人，一一行经总督座前致敬。卓敏兄兼谙中国学校习俗，与美国学校作风，且善迎合香港人士好尚，颇能得到当地领袖人物支持，故年来捐款成绩不恶。学校建筑已具规模。新亚学院明年可以迁入。图书馆年内可以完成。

二十三日，访晤黄丽松。

先生日记云：

本日访晤香港大学校长黄丽松兄。渠历诉在南洋大学受尽学生联合会之气，及南大董事会之无能。改就香港大学校长后，对于港大方针，取渐进主义，注重国文。港大已有六十一年历史，三千二百余名学生，四百余位教职员。

二十四日，（一）晤刘汉东。

先生日记云：

晤东南纱厂主人刘汉东世兄，谈及其尊翁国钧先生，今年八十五岁，身体甚健，在大陆照常活动，对于家乡公社，极为尽力。

（二）晤袁伦仁。

先生日记云：

晤亚洲协会驻香港代表袁伦仁兄，得悉近任星岛日报总编辑。据云对于中文大学之林语堂汉英词典及中译英电脑，亚洲协会继续帮助。对于中文大学，认为应充实内容。至于港大，则认为一时不易修改传统。

二十五日，何鸿毅来作访问。

先生日记云：

香港工商日报社长何鸿毅（何世礼兄之公子）世兄来作访问，询及有关时事，及香港前途各问题。此位青年头脑清晰，颇有希望。

二十七日，离香港，飞东京。

二十九日，飞抵旧金山，返寓。

三十一日，访康培尔，报告与庆应大学及日本国际关系研究所接洽经过，并拟辞去研究员职位。

先生日记云：

晤康培尔所长，告以在东京与庆应大学及日本国际关系研究所接洽经过。随后提出年来旅行时间过多，同时眼疾加剧，不能多事研究工作，可否辞去高级研究员，改为顾问。渠不赞成，只好照旧。

十一月四日，吴大业不拟撰写《东南亚各国经济发展》一书。

先生日记云：

吴大业兄来谈，渠原拟写之《中南亚各国经济发展》一书，尚需时日，方能完成。至时，东南亚各国情况变迁，恐与书中所述大不相同，难受读者欢迎。经数度考虑后，决定放弃。请余婉告胡佛研究所当局。

七日，台北国际关系研究所仍望巴尔克 Dr. Dennis Bark 前往演讲。

先生日记云：

巴尔克博士升充胡佛研究所助理所长。渠原拟赴台北演讲一节，兹接新任国际关系研究所所长杭立武兄来函，表示欢迎前往演讲。

二十一日，与刘遵义合宴蒋彦士。

先生日记云：

本日中午，与斯坦福经济系刘遵义教授合请教育部蒋彦士部长午餐，并介绍斯大教授及学生代表三十余人见面。蒋部长报告其教育方针，及最近台湾政治经济情形，随即一一答复学生询问。彦士兄为余知交蒋卮（鸿林）兄（浙江兴业银行常务董事）之侄孙。年富力强，在农复会任职多年，治事井井有条，为不可多得之行政干才。

二十二日，访眼医福乐克博士 Dr. Milton Flock，检查眼疾。

先生日记云：

今早访眼医福乐克博士检查眼疾后，得知青光眼未见加深，压力在十八、十九之间，白内障稍加深。结论仍以除去右眼白内障为宜，时间可稍缓，待至明夏，再动手术。

二十六日，王征葵夫妇自洛杉矶来访。

先生日记云：

王征葵兄夫妇自洛杉矶来晤。近已三年未见。余在洛杉矶任教时，征葵兄夫妇常加照料。现渠已自加大洛杉矶分校U. C. L. A. 退休，今年已七十余矣。据告当地旧友如陈受颐（巴摩拉大学历史教授）、陈受康（洛亚拉大学政治学教授）、陈锡恩（南加大历史教授）诸兄，均已退休。莫泮芹兄（西方大学历史教授）则已逝世。

二十七日，接康培尔所长交来日本国际关系研究所复信，同意交换学者，一俟人选指定，即行通知。

二十八日，胡佛研究所办公室修理完竣，气象一新。

先生日记云：

二年前斯坦福大学学生反对越战，游行示威，经过胡佛研究所办公室，几于将全部玻璃窗户打碎。后经用本板钉上以避风雨。近以学生风潮停息，始将碎破玻璃窗户修理复原。余之办公室今日修理完竣，气象焕然一新。

二十九日，董浩云拟仿照“欧美银行”办法，在旧金山创办“美亚银行”。

先生日记云：

董浩云兄拟在旧金山创立“美亚银行”，盖仿照纽约“欧美银行”European－American Bank，以欧洲六大国之大银行为股东之办法，托余函盘谷银行董事长陈弼臣兄，请其参加。

十二月十三日，中共新华社社长、副社长同来参观斯坦福大学，与研究中国问题有关教授六人晤面，询问各教授研究之题目，并答复各教授提出之问题。

十六日，接董浩云函告，新加坡利华银行已允诺参加“美亚银行”股份三分之一。

十七日，接姚崧龄函告所撰《中国银行二十四年发展史》，已完成初稿九万余字。

先生日记云：

本年初，姚崧龄兄来加州探视子女，获与见面，谈及有意撰写中国银行发展史。此书余蓄志已久，因即鼓励其完成此事。今日接读来函，据云已写就九万余字，乃复信嘉慰。

是年二月，美总统尼克森访问中国大陆，与毛泽东、周恩来见面。

五月，冲绳岛经美国占领管制二十七年后，退还日本。

九月，以色列运动选手十一名在西德慕尼黑奥灵比克竞技村，被阿拉伯恐怖分子屠杀。

十一月，美国与苏联外交人员在日内瓦举行第二期战略武器限制谈判。

一九七三年　先生八十五岁

一月二日，斯坦福大学新设立之亚洲研究中心函邀先生为研究会员。

三日，赴旧金山机场接严家淦。

先生日记云：

本早至金山机场接严副总统来美。同赴总领事馆安排之午餐会，约有学术界二十余人参加。严副总统演说，报告行政方针，与经济近状，甚为详尽。并谓台湾本年出口较去年畅旺，增加六亿美元，外汇存底已达十六亿美元。由余致答词。散会后，至其旅馆略谈。

四日，（一）新加坡大华银行收买利华银行股票。

先生日记云：

星洲报载大华银行收买利华银行股票，等于合并。惟利华名义仍然保存。大华银行总经理即黄耀祖，系商会会长，乃行动党党员，与政府接近。大华资产仅次于华侨银行。

（二）接董浩云函告："美亚银行"设立申请书正托律师准备，一俟就绪，即送加州银行监理官。

十日，接刘驷业函告：新加坡华侨银行不拟加入"美亚银行"股份。

先生日记云：

接刘攻芸兄来信，据告董浩云兄所托邀请华侨银行参加美亚银行股份事，陈振传兄认为大华银行已经加入，渠意华侨似可不必参加。

十七日，参加上海商业银行旧金山经理处开幕礼，并致祝词。

先生日记云：

本日上海商业银行旧金山经理处举行开幕礼，被邀参加，并致祝词。后有酒会招待。

十八日，访斯坦福大学亚洲研究中心主任田恩 Mr. Albert E.

Dien。

先生日记云：

上午至亚洲研究中心，晤主任田恩君，作首次访谈。询知该中心仅注意语言与甲骨文研究，每三个月开会一次，平时有简单通讯。

十九日，由电话通知董浩云，允对“美亚银行”列名为发起人，暂不列名董事

二十一日，（一）参加胡佛研究所同事佛里曼 Roger A. Freeman 欢迎盛斐尔 Arthur A. Shenfall 茶会。

按盛斐尔系伦敦 Mont Peloin Society会长，兼国际经济研究社执行干事 Executive Director of the International Institute for Economic Research, London 。

（二）董浩云坚请应以董事名义列名“美亚银行”申请书。

二十三日，函告庆应大学关于与胡佛研究所交换学者用费等事项办法。

先生日记云：

关于庆大与胡佛研究所交换学者用费，及庆大教授希望得到胡佛研究所有关中国之书籍目录两事，函告如次：(1) 交换学者来往飞机票费由亚洲协会担任；留美费用由胡佛研究所补助六个月，每月四百美元，共二千四百美元。(2) 至于书籍目录，已将有关中国之重要书籍目录寄交石川忠雄教授，并告详细书目，俟交换学者来美后，可以亲自检阅卡片。

二月二日，赴旧金山参观上海商业银行经理处。

先生日记云：

上海商业银行旧金山经理处上月十七日开幕，曾往观礼。今日特由经理郑贤永君陪同参观内部布置。该行系在旧金山富国银行 Wells Fargo Bank 对门之十层楼大厦中，办公室面积共占二千五百方英尺，有职员十人，存款三百余万美元。

五日，出席胡佛研究所研究员月会，并听斯卡拉宾诺 Prof.

Scalapino报告最近中共政治经济状况。

先生日记云：

本日所中举行研究员月会，邀请适自中国大陆归来之加州大学政治学教授斯卡拉宾诺演讲。据告：（1）农业生产平均年增百分之五；工业生产平均年增百分之十；国民生产毛额GNP平均年增百分之六。（2）人口增加率，年为百分之三；工资最低每月五十元，最高一百五十元；教员薪金最低每月五十元，最高每月三百元（均为人民币）。（3）毛泽东继承人尚不知为谁，恐将为集体政治；军人占重要位置，有把持地方情势。（4）畏苏仇苏至于极点。（5）教育制度自文化大革命后，尚未恢复；知识阶级不敢发言；重视科学技术，轻视社会科学。其结论：政治不安定，文化水准低，许多精神和财力耗于防苏。

十五日，接到姚崧龄寄来所撰《中国银行二十四年发展史》初稿。

先生日记云：

本日接到姚崧龄兄寄来所写《中国银行二十四年发展史》初稿。拟于每日分出数小时校阅。

十六日，参加斯坦福大学远东研究中心招待驻美日本大使茶会。

先生日记云：

斯大远东研究中心为驻美日本牛场大使来校参观，设茶会招待，邀余参加。牛场大使述及美国美元贬值之前途，与日本之关系。会中有人询问日本政府设置捐赠美国学术机关之基金，将如何运用。渠答云，应先注重交换学者，然后补助图书馆。亦有问及中日贸易关系者。渠云中国政策在出入相抵，惟中国产品不多，殊为贸易发达之障碍。

十七日，（一）上海商业银行函请将旧金山经理处开幕祝词全文寄交该行发行之《海光》杂志发表。

先生日记云：

上海商业银行函请将余在该行旧金山经理处开幕时，所致祝词全文交由该行发行之《海光》杂志发表。今日将全文抄就即交经理处经理郑贤永兄寄香港。全文如下：

一九七三年元月十七日，上海商业银行金山分行开幕。是日下午假富国银行 Wells Fargo Bank 总行宴会室举行鸡尾酒会，中西来宾到贺者二百余人，鄙人亦被邀参加。徐代董事长谢康、陈总经理克恭亲来主持，金山分行郑经理贤永帮同招待，济济跄跄，极一时之盛。香港华资银行在美国设置分行者以上海商业银行为首，不特为上海商业银行之光荣，抑亦香港中国金融业历史中光明之一页。

尝忆陈光甫先生与我述及上海商业储蓄银行创办外汇业务之前后经过，大致谓在银行成立后之第四年，一九一八年即着手创办外汇业务。于总行设立国外汇兑处，并在土产出口要埠或西人观光避暑胜地如汉口、天津、青岛、济南等地之分行设立分处。光甫先生本人复于国外汇兑处设立之前，邀请熟谙外汇业务之西友为之讲述经营业务之基本知识。一九二〇年又聘请德华银行柏乐卫 Gustav Baerwald 氏为顾问，协助训练外汇业务人员。一面在英国伦敦、美国纽约、旧金山三地指定代理银行；在法国、德国、日本、新加坡及其他重要地点，指定通汇之银行。不数年，经营外汇之机构已具规模，乃进而谋外汇资金之充实与业务之发展。当时中国为银本位国家，银行所有资金均以银代表，势不能另筹外币资金。于是从套汇业务中博取微利，如近远期之套汇，各种不同外汇间之套汇等，以组织完备，经营得法，年有获利。由于积少成多，外汇资金日见充裕，始得逐步扩展业务。一面在南洋各地委托银钱行庄，代为吸收华侨汇款，并在香港设立分行，增加与南洋各地之联系。一面兢兢业业为代理银行与南洋各地之银钱行庄服务。遇有委托代收票据、押汇等事务，必尽力使对方满意。经十余载之努力，在海外之信用日著，业务之数量日增，于是更进一步经营进出口业务。此时国外代理银行如伦敦之“国家省银行” National

Provincial Bank，纽约之欧文银行Irving National Bank、旧金山之富国银行Wells Fargo Bank，均愿以优越条件供给周转资金，俾便进出口业务之扩大。在中日战事爆发之前夕，上海商业储蓄银行之外汇业务已为上海各商业银行之冠。光甫先生并不以此为满足，蓄意再向海外发展。原拟在旧金山设立中国旅行社分社为设行之先声。设无战事发生，上海商业储蓄银行或早有旧金山分行之出现。证之此段历史，可知今日上海银行外汇业务经验之丰富，海外关系之密切，盖皆种因于此二十年之奋斗，而光甫先生之远大眼光及其创业精神，尤足供吾人景仰不已者也。

徐代董事长谢康兄有志于向外发展，以贯彻光甫先生之宿愿，已非一朝一夕。一九五五年渠来美西，在洛杉矶时，见日本在加州注册之东京银行资产负债表中所列存款数字，不到二年已近二千余万元，即怦然心动，向我言及上海商业银行亦应来美设行，不过目前尚非其时。因人事与资金均需充分准备，更须有一当地之大银行密切合作，庶几推进业务不至有捉襟见肘之虞。嗣于一九六七年、一九六八年两度来美研究设行手续，同时与富国银行讨论合作办法。该行为上海银行之代理行已数十年，彼此相知已久，商议自不难就绪，而一经合作之后，关系十分融洽。加以香港上海商业银行之资力日见雄厚，乃于一九七一年派郑贤永君为驻旧金山代表，驻在富国银行总行办公，以为设行之准备。一九七二年底选定行址，经朱如堂与徐谢康两兄亲至旧金山核定内部组织与营业方针，终于今日见上海商业银行之旧金山分行呱呱堕地。观乎上述情形，可知当局对于国外设行之慎重，宁愿缓进而期于必成，不愿躁速而中途挫折。旧金山分行同仁均属训练成熟之人才，其必能循此原则处理行务，无待赘言。西谚有云："事之善始者已告半成"，故旧金山分行前途之成功殆可预卜。上海银行开办之始，即以服务社会为行训之一，六十年来，无论何地，莫不致力于发挥其服务精神而为顾客所称道。旧金山有侨胞七万余人，自东南亚各地前来之中国游客不计其数，其中更不乏来此投资、置产或送子女就学者，银行可供服务之处不可胜计。旧金山有华资银行三家，虽具服务之志愿，而行员尚缺乏服务之训练，因此中国顾客多为欧美银行所吸收，上海银行旧金山分行设能继续其传统服务精神，兼采美国各银行之各种服务方法，以提高其服务效率，则旧金山分行不特可成为旧金山首屈一指之华资银行，抑且其声誉将传播于全美焉。是为祝。

（二）董浩云送来设立“美国亚洲银行”申请书，请先生在发起人及董事名下签署，经照办送还。

二十二日，美国务卿季辛吉 Henry A. Kissenger 宣布将于华盛顿及北京两地互设联络机构，加速美国与中共国交正常化，并交换学术文化。

二十三日，听李□□ Victor Li 在斯坦福大学远东研究中心主办之大陆讨论会讲述旅游中国大陆名胜经过，及路易 John Louis 与古斯莱 John Gusley 讨论中共问题意见。

二十四日，续听斯坦福大学四位教授在远东研究中心演讲中共之外交关系。

三月五日，（一）接日本国际关系研究所交换学者安藤政治来函，报告来美日期及研究题目。（二）香港友联研究所发起人史绳之病逝。

先生日记云：

香港友联研究所发起人史绳之兄，数年前应加州大学“中国研究中心”之聘，来美工作。最近发现癌症，昨日病故。友联研究所为中国研究大陆问题最早机构，收集资料甚为丰富，欧美学者获益不浅。

七日，参加史绳之丧仪，并致悼词。

先生日记云：

史绳之兄丧仪本晚在达来市 Daly City 殡仪馆举行，八时半开始，邀余致词。乃将绳之兄一生求真理与事实之经过，加以述说。郑喆希与马大任两兄继之。加大“中国研究中心”教授谢伟志 John Service、约翰孙 Chambers Johnson 及夏吾曼 Schavman 等亦相继讲话。

九日，纽约大学社会科学教授张□□ Mabel L. Chang 为编辑《留美有贡献之中国人》一书，拟来访问。

十日，拟推荐刘驷业主持“美国亚洲银行”。

先生日记云：

> 自董浩云兄创议设立“美国亚洲银行”以来，余代为思索，可以主持行务之人，除刘攻芸兄外，似无第二合适之人。余因一再劝其来美。今日接其复函，表示决定来美。但以负债累累，除大数五万美元外，须有八千美元偿付零星小债，方得离星。当即告知浩云兄设法帮助。按攻芸兄于一九五〇年应陈振传兄之邀，到星后，先在华侨银行工作，嗣任华侨保险公司总经理，一切顺利。乃忽动意募股，创办纱厂，未曾注意棉花来源（新加坡不产棉花），同时遭遇香港纱厂之剧烈竞争，以致失败。继而转营矿场，又非内行，亦未成功。其实攻芸兄乃银行专才，经营工商业，非其所长。今能来美主持美亚行务，重返本业，当可展其所长。

十一日，收到程辑之托人带来张君劢在新加坡之《社会主义演讲稿》。

十五日，董浩云同意邀刘驷业来美主持“美国亚洲银行”。

先生日记云：

> 中国航运公司星洲代表王慎名兄来告，董浩云兄已决定请刘攻芸兄来美，主持旧金山之“美国亚洲银行”。至其私人困难，由星洲公司方面加以照料。

二十四日，校对台北传记文学社寄来《抗战前后中国铁路建设之奋斗》一书排印稿。

四月七日，接高文瑞、侯铮来函发起中国银行同仁聚餐会，复允参加。

十二日，接任家诚来函报告：董浩云已允具函向加州银行监理官声明，“美国亚洲银行”如须增加资本，或弥补损失，由彼负责。

十六日，孙男文津今日与邓女士举行婚礼。

二十六日，胡佛研究所通知庆应大学，该所赠给庆应研究员之奖学金额，已商得亚洲协会同意补助旅费。

五月九日，董浩云来访，坚请担任彼所创办之“美国亚洲银行”董事长。

十日，参加董浩云招待柯诺寇银行总经理之午宴。

先生日记云：

董浩云兄拟请加州柯诺寇银行 Crocker National Bank 为其所办“美国亚洲银行”之往来银行。今日特设午宴招待该行总经理裴可克 Leslie C. Peacock，邀余作陪。同席有该行国际部执行副总经理达卜堪 A. Taapkan、柯诺寇国际公司副总经理欧登纳 Hugh O'Donnell、马可纳公司 Marcona Corporation 董事兼执行委员会委员鲁滨孙 Charle N. Robinson 及国家公司 National Corporation 董事兼副总经理福利哈寇 Mortimes Flushhacker。

十一日，函告纽约大学教授张□□ Mabel L. Chang，目前研究工作颇忙，不能抽暇撰写个人背景，方命至歉。

十四日，接庆应大学政治系教授石川忠雄函，托代搜集一九四五至一九四九年间中国内战参考书目录。

十八日，函复石川忠雄，并寄去有关中国一九四五至一九四九年间内战书目卡片。

十九日，参加巴尔克 Dr. Dennis Bark 婚礼。

先生日记云：

胡佛研究所同事巴尔克君本日中午，在卡美尔谷 Carmel Valley 其岳母家之山顶牧场草坪露天，举行婚礼，由牧师主持。余与同事乘车前往观礼。

二十一日，接香港来讯，中国银行旧同事郑寿仁病逝。

二十六日，斯坦福大学研究生瓦寇 Walker 以早年华侨在美工作情形，为其博士论文题材。由于一八七二至一八八二年间，华侨来美人数较多，欲知际此期间，广东政治经济背景，请予查告。

六月二日，校对完毕《抗战前后中国铁路建设之奋斗》一书排印稿，并撰序文。

先生日记云：

《抗战前后中国铁路建设之奋斗》一书之排印稿，本文及附件今日全部校对完毕，并撰写序文。两月以来，半部时间化在校对此书。此后可用全部时间，校订姚崧龄兄之《中国银行二十四年发展史》初稿。

先生日记又云：

本日致函台北传记文学社长刘绍唐兄，告以所有排印稿，均已校对完毕，即日托中华航空公司带台。

三日，函告程缉之，已收到送来张君劢《社会主义演讲稿》，现正开始加以整理。

二十日，“美国亚洲银行”决定聘请史佩莱 Henry Sperry 任总经理。

先生日记云：

董浩云来告：已决定邀请前花旗银行副总经理兼香港分行经理之史佩莱，担任所创办“美国亚洲银行”总经理。

二十二日，“美国亚洲银行”登记批准，可能延搁。

先生日记云：

任家诚兄来告，据探知最近加州州议会某议员提出外国银行在加州设立分行或代表处，或在加州立案之银行，必须在其本国能予加州之美国银行以同等权利。此系若干小银行运动之结果。对于“美国亚洲银行”登记批准，或许延搁。

二十三日，参加中国银行旧同事聚餐会。

先生日记云：

今日赴旧金山参加中国银行旧同事聚餐会，到有王德恩兄夫妇、高文麟兄夫妇、张福运兄、八弟禹九与弟媳肖梅及发起人高文瑞、侯铮两兄等二十余人。

二十四日，孙男邦杰任凯撒铝业公司 Kaiser Aluminum Corporation 稽核。

先生日记云：

邦杰孙在圣达克拉芮大学得商业管理硕士后，考取执业会计师执照 C. P. A.，曾在某会计师事务所任职数年，现调至凯撒铝业公司任稽核之职。

二十八日，孙男文津任职台北中联信托投资公司。

先生日记云：

文津孙来信，报告：已由中联信托投资公司副总经理陈朝亨君派其在该公司基隆地区之建筑工程工作，自九月十六日开始。文津孙在台湾军校土木工程系毕业，现得此职，可谓学能致用。

七月一日，参加交通大学同学会聚餐。

先生日记云：

今日赴旧金山参加交通大学同学会聚餐，并欢送行将赴台北担任交大校长之盛广钟兄。余略致词。

七日，孙女邦如与陈之博将在香港结婚。

先生日记云：

邦如孙女与陈之博君来信，定于本月内在香港结婚。陈君在台湾大学医学院习牙医，不久即可毕业。

十六日，访眼医检查眼疾，据告：两眼视力大减，青光眼压力增高至二三至二四。

二十九日，刘驷业病源不明。

先生日记云：

刘攻芸兄夫人飞返新加坡，经过旧金山，来告攻芸兄腿肿，住医院，但医生诊查不出病源。

八月二日，刘驷业病势严重。

先生日记云：

今晨接董浩云兄电话，据告：刘攻芸兄病势严重。医生云内脏出血，只有数星期寿命。闻之落泪。

六日，刘驷业病故。

先生日记云：

刘攻芸兄今日病逝。攻芸兄得此不可思议之病症，完全因为经营矿业失败，心神不宁，起居失常，有以致之。攻芸兄误于认为若干华侨可以赤手空拳致富，渠为何不能。不知彼于矿业毫无经验，加以人地生疏，又乏财力。在此情势之下，何能成功。今不幸去世，浩云兄拟办之银行失一主持人，而余个人则失一良友，不胜惋惜。

七日，黄汉梁病势沉重。

先生日记云：

友人来告、黄汉梁兄于摄护腺动手术后，发现癌症，现身体衰弱，语言不清，不能多食，乃由肛门内灌注某种药水后，始略能下食，人已消瘦不堪。

十一日，台湾大学经济学系教授黄国澍来访，询问何时赴台大演讲，经答以目疾治愈后，再定。

十四日，黄汉梁病故。

先生日记云：

黄汉梁兄今晨病故。汉梁兄在抗战前任新加坡和丰银行上海分行经理。抗战后来美住家波罗阿尔脱 Palo Alto 。余由洛杉矶迁至波罗阿尔脱时，先在汉梁寓所暂住，款待甚殷。迨余在该城定居后，复时相过从。波城地面甚小，旧友不多，今又弱一人，深感悲悼。

十五日，庆应大学经济学系主任中钵正美来访。

先生日记云：

庆应大学经济学系主任中钵正美教授赴西雅图参加讨论“日本工业化与社会之影响”，今日来访。陪同往见斯坦福大学经济学系主任，一同午餐。据告庆大校长更动，新任校长为久洋 Kuno Hiroshi。经济学系主任气贺教授年届退休，国际关系系主任山本登教授现调专任常务理事，继任者为平良 Rio Tonia 教授。

二十日，接德友布芮孙 Dr. Fritz von Briessen 函告离华返德后，曾在外交部供职，嗣在“德国之音”作亚洲语之广播。

二十四日，（一）函告薛光前以工作繁忙，不克抽暇应圣若望大学之邀，参加九月八日举行之中山堂落成典礼。（二）接到蒋硕杰寄来所作“对于台湾外汇积聚过多引起通货膨胀”之对策。

九月五日，与琼斯 Howard Jones 讨论中共及日本对于东南亚之政策。

先生日记云：

前胡佛研究所同事、现任《基督教箴言报》总经理之琼斯博士来访，同进午餐，讨论中共及日本对东南亚之政策。

六日，任家诚来告：加州银行监理官发出公告，对于三家新银行申请书，正在审核中，其中第一家即“美国亚洲银行”。

按六月二十二日先生日记，曾谓“美亚银行”申请书或许延搁一节，嗣以州议员所提议案将妨碍美国大银行在国外设立分行，经由各大银行反对而撤销。银行监理官乃恢复审核新银行申请书。

十二日，访眼医谭纳博士 Dr. Tanner 检查眼疾后，据告青光眼之压力为二六至二八，较前又增高。

十五日，董浩云拟邀李德燏任“美国亚洲银行”董事。

先生日记云：

董浩云兄来谈，拟请李德燏兄为其新办银行董事。余建议在银行立案尚未批准以前，可请其为筹备员。按德燏兄在中国银行伦敦分行先任会计，嗣升副经理、经理，后调任纽约分行经理。数年前离中行后，改就美国一家股票公司经纪人。最近退休，迁居孟洛柏克 Menlo Park，距余寓不远。如能参加浩云兄之新银行，当有裨助。

十六日，约李德燏与董浩云晤谈，彼表示愿意参加“美国亚洲银行”。

十九日，闻《基督教箴言报》总经理琼斯 Dr. Howard Jones 逝世。

三十日，接李德燏夫人电话，李德燏昨晚因心脏病去世。

十月三日，参加李德燏丧仪，并致挽词。

十日，致函庆应大学常务理事山本登，表示欢迎所选交换学者。

十九日，飞纽约，参加外甥女朱仁明与秦林肯 Lincoln Chin 结婚礼。

十一月二十日，约梁嘉潮谈话，询其能否参加“美国亚洲银行”。

先生日记云：

约北美银行 Bank of North America 纽约华埠经理梁嘉潮兄午餐，询其能否参加董浩云兄之银行。渠云在北美银行相处甚得，未便脱离。梁君曾在中国银行夏湾拿分行任事，长于营业，在北银行招徕存款，颇有成绩。

二十六日，赴纽泽西慕礼原 Morris Plains，N. J. 访姚崧龄，长谈竟日。

二十八日，离纽约，飞抵洛杉矶。

三十日，赴波摩纳 Pomona 访陈受颐。晚应旧友邀请，与王征葵夫妇、江易生夫妇、彭医生 Dr. Samuel H. Phang 夫妇及吴逸民夫人同晚饭。

十二月一日，飞抵旧金山，返寓所。

三日，函约裘启明女士参加“美国亚洲银行”工作。

先生日记云：

台湾中央信托局银行部经理裘启明女士，经人介绍表示愿意来美，参加美国亚洲银行工作。董浩云兄在台北时，曾经晤面，认为系可用之才，因特代函聘其为新银行之副总经理兼国外部经理。

十一月，参加亚洲研究会讨论中日问题。

先生日记云：

今日下午，斯坦福大学与加州大学合办之亚洲研究会开会，前往参加。先由斯大东亚研究中心主任田恩教授 Prof. Colbert Dien 及斯大国际研究中心主任瓦尔德教授 Prof. Ward 相继致词。嗣分组讨论，以中日两国问题为主。

十八日，访晤胡佛研究所所长康培尔，恳请准予退休。

先生日记云：

本日访晤康培尔所长 Dr. Glenn Campbell，告以年来被邀旅行各地演讲，虽于本所不无宣扬之益，但究属缺少在所内工作时间。加以目力日差，体力亦渐就衰弱，对于本所难望有所贡献。本人一生事迹，在尚能写作之时，应及早着手。故恳请准予退休。康培尔所长仍予挽留。经再四商量，始允停止薪水，名义照旧保留，办公室继续使用，遇有重要问题，仍当随时咨询。

二十五日，孙男邦杰夫妇携同两月前所生之女明慧来谒。

二十八日，接次媳掌珠函告土屋计左右于十二月初逝世。

是年一月，大不列颠参加欧洲共同市场。

二月，美元对世界主要货币贬值百分之十。

八月，美国停止轰炸柬埔寨，结束十二年在东南亚之战争。

十月，埃及与叙利亚联合进攻以色列。

十二月，美国众议院议员福特经众议院以三八七票对三五票通过，出任美国副总统。

一九七四年　先生八十六岁

一月一日，拟订本年工作计画。

先生日记云：

去年大部分时间用在修订与补充姚崧龄兄所写之《中国银行二十四年发展史》全稿，一小部分时间用在整理君劢哥《社会主义演讲稿》之准备工作，一面看书，一面搜集资料。今年拟用更多时间校订嵚龄兄所撰之稿。

七日，接卜莱雅 Samuel Pryer 来函，希望在夏威夷晤谈。

先生日记云：

前泛美航空公司副总经理卜莱雅自夏威夷来信，告以现住茂益岛 Maui 之牧畜场，名 Ranch Kipahula，希望下次余经过夏威夷时，见面一谈。

八日，忽感不适。

先生日记云：

晚饭时，觉得无食欲。十时半上床，睡至二时半，觉得不能呼吸，并愈来愈急。乃急通知医生艾克尔博士 Dr. Ecker，不到半时后即来打药针。一小时后，气平可睡，渠始离去。据告病名 polenionary edema。

十二日，连日服药片，今日遵医嘱停止服药。

十四日，庆应大学交换学者福岛义久教授到胡佛研究所报到工作。

十七日，董浩云偕任家诚来谈"美国亚洲银行"董事长人选问题。

先生日记云：

董浩云兄本日下午偕任家诚兄及同事二人来谈美国亚洲银行人事问题。余告以身体日见衰弱。已向胡佛研究所恳请准予退休，停支薪水。美亚银行董事长一职，请另选别人。浩云兄坚持不允，并谓可请王慎名兄在董事会帮忙。

二十二日，身体康复，访福岛义久。

先生日记云：

身体日见复原，惟两腿软弱，脚力几减一半。今日赴胡佛研究所，访晤福岛义久教授。

二十四日，阅报得悉熊式辉因脑充血，于二十日逝世。

二十九日，接胡佛研究所所长康培尔来函，正式确定退休。

先生日记云：

接康培尔所长来函，据云："去年十二月中，曾面谈商定阁下停支薪水，仍继续保留高级研究员名义，并照旧使用办公室各节，兹特由书面正式确定。至于阁下仍愿以其卓越的学识与智慧，继续参加本所工作，鄙人深感荣幸。此后遇事咨询，至盼不吝指教。"

二月十四日，台湾大学决定聘萧艾德教授 Prof. Edward S. Shaw 任客座教授一年。

先生日记云：

斯坦福大学经济学系刘遵义教授来告：渠与余向台大经济学系推荐斯大最近退休之经济学系主任萧艾德教授，担任客座教授一年，已得台大同意延聘。除由学校供给宿舍外，薪金为二万元，由国家科学发展委员会与财政部各半分担。现已通知萧艾德教授。

二十七日，探询黄长江愿否就任"美国亚洲银行"执行副总经理职务。

先生日记云：

董浩云兄创办之新银行拟物色一执行副总经理。今日适遇"美国商业银行"旧金山华埠分行经理黄君长江，因询其能否考虑担任此席。渠以"美国商业银行"待遇优厚，恐非新办之小资本银行所能担负。

三月五日，胡佛研究所远东图书馆职员向斯坦福大学人事室及工会控诉馆长马大任三点：（1）待遇不公；（2）态度不检；（3）积压事务。

十五日，接胡佛研究所通知：远东图书馆馆长马大任辞职照准。遗职由副所长施达 Dr. Richard Staar 兼代。

十六日，与马大任长谈。

先生日记云：

本日与马大任兄长谈，关于渠辞职原因。据告系由于斯坦福大学人事室主任认为彼侮辱女职员，因此促其辞职。实则未将事体原委详细调查清楚，遽尔作此决定，似欠公允。

十九日，胡佛研究所所长康培尔约谈马大任辞职事。

先生日记云：

本日下午，康培尔所长约谈马大任兄辞职事。据告实以举动轻浮，管理不善，有女职员数人向斯大人事室及工会控诉。设或举行公听，登载校刊，均将有损本所及马君尊严，只好促其自动辞职。渠复询及前任远东图书馆馆长吴文津兄（现任哈佛燕京图书馆主任）能否回来，托余探询。

先生日记又云：

数年来马大任兄对于有关中国之书籍文件之搜集，与招待来所参观或研究之各地学人，均甚努力。兹遭此不幸事件，令人惋惜。

四月二日，黄长江不能参加"美国亚洲银行"。

先生日记云：

董浩云兄所办之新银行，邀请黄君长江担任执行副总经理一事，一月以来，商谈多次。卒以退休养老问题未能解决，今日黄君来告，经多次考虑，歉难应邀。

五日，远东图书馆馆长人选，拟组织委员会推荐。

先生日记云：

康培尔所长来告，关于马大任兄继任人选，拟由斯大及研究所合组委员会推荐。似此，对于吴文津兄事，已有变更。

六日，向白班纳 Dr. Robert Papana 探询有无可以任"美国亚洲银行"执行副总经理职务之人选。

先生日记云：

今日与白班纳教授通电话，询有无适当人选，可以担任董浩云兄新办银行之执行副总经理。实以中国人有此资格者，如李德燏兄惜已去世，梁嘉潮与黄长江两君又均不能来，而该行开业在即，不得不求之于西人担任此职。白班纳教授与加州银行界时有接触，因作此请托。

十一日，远东图书馆馆长人选，决设委员会解决。

先生日记云：

本日施达博士 Dr. Richard Staar 来告，关于马大任兄继任人选，决定设一委员会，由渠任主席，研究所方面由吴元黎兄与笃芮契柯韦契博士 Dr. Drachkovitch 代表。斯大方面由瓦尔德博士 Dr. Ward 及刘博士 Dr. James Liu 代表。共同推荐。

二十日，函董浩云请通知“美国亚洲银行”股东，本人由于体力日衰，耳目不灵，不能担任银行董事长名义。

二十六日，“美国亚洲银行”执照领到，定于五月二十七日召集董事会，六月中收足股款，七月中开业。

二十九日，应允马大任请托，函致台北“教育部长”蒋彦士，建议在台湾大学设置图书馆管理讲座，由渠担任。

五月八日，函复山本登请为福岛义久向胡佛研究所商洽研究展期事。

先生日记云：

接庆应大学常务理事山本登来信，欲为福岛义久教授向胡佛研究所请求研究展长一年。当即函复请由庆应大学校长出面，径函康培尔所长商请展期半年，或可有成。同时本人当从旁协助。随附代拟致康培尔所长函稿寄去。

十四日，向陈弼臣表示本人参加“美国亚洲银行”，实为帮助海外华人事业。

先生日记云：

盘谷银行董事长陈弼臣兄来旧金山参观“美国亚洲银行”，谈及盘谷银行可担任新银行股份百分之五至百分之十。余告以即定为百分之十，并告以马尼拉中兴银行已参加百分之十。新加坡利华银行（现与大华银行合并）亦已参加百分之十。弼臣兄表示无异议。余以所言一切，不免负道义上之责任。因到其所住之旅馆，表示余之参加美亚银行，实为帮助海外华人事业。至担任董事长一职，非余本意。盼盘谷银行可以增加股份，共同合作。

十六日，孙男邦建来告已辞去航空公司职务，改入一家地产公司工作，此后拟专心致力于地产事业。

十七日，与苏联东亚研究所所长斯拉特阔夫斯基 Mikhail Slattkovsky 畅谈往事。

先生日记云：

民国三十四年（一九四五），余在东北与苏联交涉收回满洲一切经济事业之对手方，马林诺夫斯基元帅之经济顾问斯拉特阔夫斯基，当时负谈判之责，今日来访。据告现系苏联科学院院士，任东亚研究所所长。此次来美参观美国所设研究亚洲机构。今日参观胡佛研究所，并面赠所著《中苏贸易》一册。彼此不相见者已二十八年，见面时几于不能相识，因畅谈往事。与之同来之韦西尼夫 Nikoly V. Vasiliev 系该所之执行秘书。

十八日，函何廉询问郭廷以可否协助编辑年谱。

先生日记云：

与何淬廉兄通电话，渠向余建议，与其写回忆录，不如编辑年谱，并推荐郭廷以兄（量宇，前任台北中央研究院近代史研究所所长）帮忙。现以《中国银行二十四年发展史》不久可以修订完毕，决意进行编辑年谱。因函淬廉兄询问郭廷以兄是否有暇帮忙，以便将日记整理，俾资根据。

二十五日，应允暂任“美国亚洲银行”董事长。

先生日记云：

本日午后二时，在旧金山葛兰姆、吉木斯、芮德 Graham, James, & Reed 律师事务所举行“美国亚洲银行”第一次董事会。余被举为董事长。即席声称只能暂时担任。随即通过银行业务细则、职员名单、预算，及延聘史佩莱君 Mr. Henry Sperry 任总经理。四时散会。

按史佩莱君历任美国纽约花旗银行远东各地分行经理，后升任香港分行总经理，兼总行副总经理。对于远东及东南亚各地情形，甚为熟习，深得当地华侨信任，最近由花旗银行退休。

二十六日，勉允担任“美国亚洲银行”董事长，以一年为期。

先生日记云：

> 今日上午，董浩云、王慎名二兄来晤，劝余就“美亚银行”董事长职。余以彼等一再来商，情词恳切，为顾全大局起见，勉允暂予担任，以一年为限。

二十九日，接何廉函告郭廷以住址，并谓协助编辑年谱，不愿受酬。

三十日，函贺薛光前升任纽约圣若望大学副校长。

六月七日，施达 Dr. Richard Staar 来告日本政府捐助美国大学款项分配情形。

先生日记云：

> 胡佛研究所副所长施达博士来告，日本政府捐赠美国各大学款项，其中斯坦福大学分得一百万元，用途指供补助研究“日本”之毕业生，及延聘教授日本历史与日本经济之学人。胡佛远东图书馆不在所定范围之内，故未能分润。

十日，“美国亚洲银行”展期开幕。

先生日记云：

> 任家诚兄来告，联邦存款保险局以“工作委员会”Working Committee 人数不足法定，未能开会讨论“美亚银行”问题。即令经该委员会通过后，尚须经过复核部 Review Board 通过。是以新银行未能在预定之七月十日开幕。

十九日，访眼医福乐克博士 Dr. Milton Flock 检查眼疾。

先生日记云：

> 今日往看眼医福乐克博士，据告：右眼白内障已深，左眼尚能看书，青光眼无甚变动。如愿用手术，可从右眼起，并嘱配制较能远视眼镜。

二十日，《抗战前后中国铁路建设之奋斗》一书由台北传记文学社重印出版。

兹录先生再版自序全文如次：

此书之作，始于民国廿九年秋，完成于民国卅一年之冬。其动念由于在铁道、交通两部执役之经验，深知抗战胜利以后，铁道建设为国家复兴之枢纽，无论政治秩序之重建，文化水准之提高，国民经济之发展，无一不唯铁道之恢复与扩建是赖。奈我国经此次长期抗战，民力疲敝，国库空虚，环顾世界各国其能有余力资助他国者，仅美国一国而已。中国为及时开始复兴大业，争取国际地位，惟有以战后铁道建设之重要，向美国朝野呼吁，以期不误时机，取得援助。因之此书用英文出版，在出版之前将全书送时代杂志主人亨利·鲁斯先生请其批评，承备致称许，认为此书切合时机，允将内容摘要载入民国三十二年十一月号之幸福杂志，题为《中国战后铁路扩建展望》，以期唤起美国人民之注意。及此书问世，各方反应良好，适我于此时抵美研究中国战后经济建设，东西两岸之工商团体，纷纷来邀演讲，知此书已引起美人对于中国之兴趣，同时美政府建议联合国对于战事被害国家作大规模之善后救济，于是击动我希望美国援助中国全部交通建设之奢念。民国卅四年初美国外交协会出版之外交季刊邀我作文，即以《中国交通建设之重要》为题，将铁路、水运、航空、公路四项战后建设之政府计划、需要资金估计以及其重要性发表一文，希望取得美政府与国会之同情，将对于中国善后救济之配额，予以扩充。其不能列入配额者由美国设法单独援助，庶几战后交通各部门之恢复与扩建可一气呵成。嗣后联合国善后救济总署对于我政府提出之交通需要三亿三千万美金价值之器材预算，虽只通过一亿美金，而进出口银行及其他民间金融机关，均表示对于中国经济建设有投资兴趣。继有美政府之对华援助计划，且一俟欧洲经济稍稍恢复，各国之旧有铁路借款银团必不愿居美国之后。故战后两年之恢复扩建费用不难补足，此后十年计划，敢信亦不难实现。无如抗战胜利，内战又起，一切计划尽付流水。假使无此不幸，今日大陆新建之铁路、公路，固早已完成于吾辈之手。此于美国参众两院联合经济委员会大陆问题报告中附载之《中共运输发展概况》一文，足以证之。

此书承前交通部同事杨湘年先生为之译成中文，于民国三十四年九月由重庆商务印书馆出版，并承王云五先生予以序言。嗣以商务印书馆东迁，旧版不存，未能再版，而各方颇多索阅译本者，觉得此书虽似明日黄花，而尚有历史价值。诚如《幸福》杂志所云："此书对于国际金融政治商业涉有重要史料，而于中国铁路建设战前战后刻苦奋斗经过提供丰富资料，几若一读中国铁路史，如读一部中国近代史。"素悉传记文学社以保存近代史料，服务史学界为职志，因就商于刘绍唐先生，承其慨允再版，并忻得王云五先生之同意，在付印之前承凌竹铭先生为之初校，又承徐名植先生覆校，并翻译载在书后附件之三篇文字，谨向诸先生表示谢意。

英文原本中各项里程数字，以英美习用英里制，将公里折成英里。此次中文重版，以时间匆促，不及将英里易回公里，及将折合英里数字重予覆核，深恐折合之间或有参差，尚请读者原谅。

张公权六二、六、一，美国

二十一日，万惟英审阅胡佛研究所藏书。

先生日记云：

胡佛研究所邀请米西根大学东方图书馆馆长万惟英兄来此，审阅所中所藏图书是否适合大学研究工作之要求。惟英兄事后来谈，对于所中所藏书籍，大致认为满意。

二十三日，检出有关满蒙政治经济等书籍，拟连同《东北接收日记》一并送交胡佛研究所保存。

先生日记云：

检出有关满蒙政治经济各种书籍（多数为日文），及日本专家所拟各种满洲工业、农业及金融重建计画资料（多数为日文），拟连同余所写之《东北接收工作日记》一并送交胡佛研究所保存。

二十四日，庆应大学交换学者福岛义久来告，胡佛研究所允对其研究工作，可以延展六个月。

二十六日，白班纳 Dr. Robert Papana 推介葛兰姆 Victor Gramholn 任“美国亚洲银行”执行副总经理。

二十八日，任家诚通知“美国亚洲银行”定于七月十七日开幕。

七月一日，与葛兰姆长谈。

先生日记云：

本日约葛兰姆君午餐，详询其何以要离现在服务之银行（按渠原任加州圣和舍太平安全银行总行副总经理 Vice - President and General Manager, Main Office of San Jose, Pacific Security Bank）。渠云在该行任职十年，五年在洛杉矶，五年在圣和舍，因将升迁有重返洛杉矶之说，而渠无意前往。交谈后，觉其人小心谨慎，已有二十年银行经验。在服务太平安全银行之前，曾在加拿大某银行工作，亦已十年。对于管理内部工作，当无问题，甚为可用。随即通知史佩莱君 Henry Sperry，请其约谈。

四日，史佩莱与葛兰姆晤谈后，认为葛兰姆可以延用。

六日，访问美国商业银行董事霍福满夫人 Mrs. Claire Giannini Hoffman。

先生日记云：

今日往访旧友，美国商业银行 Bank of America 创办人之女公子霍福满夫人（现任美国商业银行董事），告以余已允任“美国亚洲银行”董事长，请其介绍彼行之主管人员，取得联络。渠允介绍与该行之董事长麦德白瑞 P. J. Medberry 晤谈。

九日，与美国商业银行董事长麦德白瑞谈“美国亚洲银行”之任务。

先生日记云：

美国商业银行派车来接至旧金山总行，晤董事长麦德白瑞

P. J. Medberry。渠问董浩云先生为何创办银行。余答以创办银行本意，希望联络远东及东南亚各地华侨之银行，发展出口贸易及投资事业。请其介绍该行与亚洲业务有关之主管人，以便将来取得联络。渠即介绍主管亚洲业务及与当地同业往来之副总经理，均承允予尽力帮忙。

十五日，“美国亚洲银行”举行董事会及股东会。

十六日，“美国亚洲银行”开幕前夕，在麦克霍布铿旅馆Mack Hopkins Hotel举行酒会，招待来宾六百余人。

十七日，“美国亚洲银行”正式开幕。

先生日记云：

本日上午十一时半，美国亚洲银行开幕。先由余致辞欢迎市长亚力阿脱Mayor Alioto与观礼来宾。并声述银行应尽之责任：(1)服务，(2)得顾客信任，(3)得股东支持。希望“美国亚洲银行”对于美国及三藩市，能尽棉簿，请各界人士指教。继由市长亚力阿脱致辞，谓：“美国商业银行”Bank of America创立迄今，已六十年，成为美国最大之银行，希望“美国亚洲银行”能步其后尘。

二十九日，将《东北接收工作日记》及有关满蒙政治经济文件与书籍等送交胡佛研究所保存。

先生日记云：

今日将《东北接收工作日记》（一九四五年八月二十三日起，一九四六年四月三十日止），连同有关满洲政治经济文件送交胡佛研究所，并函康培尔所长，对于《东北接收工作日记》，在十年之内，暂不公开。如有专家研究满洲问题，需要阅读，须得余同意。另有日人所撰关于满蒙藏书一百零九本，捐赠远东图书馆。

八月八日，任隽来访，希在银行方面谋一工作。

先生日记云：

任隽（静仁）君携蒋匀田兄函来访，希望在银行方面谋一工作。任君系香港中文大学新亚书院社会学系主任，来美后，曾在圣和舍 San Jose 及犹大 Utah 州立大学任客座教授各一年。

十日，董浩云拟在洛杉矶设立“美国亚洲银行”分行。

先生日记云：

董浩云兄来谈，希望在洛杉矶设立分行。如得银行监理官核准，拟将银行股本增至五百万元。现时股本为三百万元，另加公积七十五万元。

十五日，窦丁 Tillman Durdin 来访，声称拟撰述东北接收经过。

先生日记云：

前纽约时报驻香港通讯员窦丁来访，拟利用余之《东北接收工作日记》资料，撰写专书。并晤胡佛研究所康培尔所长商谈，经告以先拟一计画书，再行考虑。

二十二日，接胡佛研究所所长康培尔函谢捐赠各书，并同意保存《东北接收工作日记》，十年之后方予公开。

九月十六日，接台北传记文学社社长刘绍唐函告，姚崧龄所撰《中国银行二十四年发展史》，已开始在《传记文学》杂志分十二期登载。

二十二日，与陈振传在旧金山畅谈。

先生日记云：

陈振传兄伉俪偕女公子及侄儿 Tony Tan 夫妇一行五人来美，出席在华盛顿举行之国际货币基金会议，特在旧金山停留二日，以便与余见面，余今晚因在金山留宿一夜，俾得充分时间，与彼畅谈。

二十五日，赴飞机场送陈振传赴华府。

先生日记云：

今日上午至飞机场送陈振传兄赴华府开会。前日振传兄曾来“美亚银行”参观，昨日又至胡佛研究所参观，并在余之办公室及寓所小坐。故人情深，关怀备至，令人感动。

二十九日，接凌鸿勋函告，《抗战前后中国铁路建设之奋斗》一书一百本已代分送有关各友。

先生日记云：

《抗战前后中国铁路建设之奋斗》再版出书后，曾购一百本，函托凌竹铭兄分送铁道、交通两部旧日同事，以志不忘昔日患难与共之忱。今日接竹铭兄函告，均已分别送妥。

十月十日，“美国亚洲银行”董事会通过在洛杉矶设立分行。

先生日记云：

“美国亚洲银行”今午举行董事会议，通过在洛杉矶设立分行。总经理史佩莱君深以增加开支为虑，不甚赞成。董浩云兄则认为设立分行，可以增壮声势，亟力主张，并允加股一百万元。

二十九日，为蔡增基向金山《少年中国日报》解释招商局资产售与美商原因。

先生日记云：

蔡增基兄在抗战时期任招商轮船局局长，奉行政院核准将招商局所有轮船及码头等出售与美商。原系烟幕式出售，防止敌人截夺。金山少年中国日报曾诬告增基兄私吞售价。增基兄特来请余为之解释。当予出函说明此举奉令办理之经过。

十一月二十七日，物色“美国亚洲银行”总经理继任人选。

先生日记云：

美国亚洲银行总经理史佩莱兄来信，拟于明年三月退休，并建议后继之人，以得一年龄较轻者为宜。在未觅得后继人之前，暂以王慎名兄代理。

十二月二十七日，闻蒋硕杰被选为美国经济学会月刊编辑委员会委员。

先生日记云：

蒋硕杰兄闻被选为美国经济学会月刊编辑委员会委员。此为我国经济学者获膺此职之第一人，足见其在经济学界地位之高。

二十八日，（一）参加在旧金山举行之美国经济学会年会。（二）参加年会之中国经济学者，庆祝刘大中六十寿诞。

先生日记云：

上午赴旧金山参加美国经济学会年会，并听演讲。上午总题为“财政国际化”，下午总题为“世界通货膨胀”。晚由参加此届年会之中国经济学者联合为刘大中兄庆祝六十寿诞。饭后由余致词，称赞其学术上成就之高，其所著有关中国国民所得一书，可称不朽之作。在康奈尔大学，由经济学教授而升任系主任。美国各大学中国经济学教授得其从旁协助者为数不少。台湾所得税制度之建立，出于彼一人之手。其为人做事之热忱，令人钦佩。大中兄答词，谓：“由交大毕业后，向铁道部申请资助赴美留学，深以毕业考试成绩并非甚优为虑，不料公权先生（当时铁道部长）见面以后，即予核准。此事念念不忘。希望公权先生庆祝百年寿辰时，予夫妇不论在何处，定要来拜寿。”

是年二月，十三个国家举行能源会议，美国国务卿季辛吉建议七项策略，以渡能源难关，及保持世界经济秩序。

三月，东德西德同意建立外交关系。

八月，美总统尼克森因水门事件，被迫辞职，由副总统福特继任。

一九七五年　先生八十七岁

一月三日，拟订本年工作计画。

先生日记云：

本年除从速订正姚崧龄兄所撰《中国银行二十四年发展史》之最后部分，俾得早日出版外，同时将继续整理历年日记，以便寄交郭量予兄进行编辑年谱。

二十二日，参观旧金山联邦准备银行研究室。

先生日记云：

今日赴旧金山联邦准备银行，由高级研究员程杭生兄陪同参观该行研究室。

二十四日，胡佛研究所所长康培尔来商增建胡佛故总统百年诞辰纪念馆，如何在台湾募款。

二十七日，与董浩云谈“美国亚洲银行”董事长与总经理人选问题。

先生日记云：

> 晤董浩云兄，告以余之“美亚银行”董事长任期，本年六月底届满一年，史佩莱君将于五月底准其辞卸总经理职务。对于继任人选均应先事安排。渠答以董事长一职可由王慎名兄担任，总经理一职由任家诚兄担任。余闻之深感欣悦，适如所愿。

二十八日，董浩云来告，改以王慎名继任“美国亚洲银行”总经理，任家诚任董事长。

三十日，苏联驻旧金山之副领事贝舍尼夫 Eugene Bazhaniv 来访，询有关大陆中共各项问题。

先生日记云：

> 今日苏联驻旧金山副领事贝舍尼夫来访，询问此次大陆中共政府改组，毛未露面，是否毛周分裂，毛被打倒；及美国对于大陆有无进一步接近可能。余告以毛周二人关系甚深，不致分裂。美国与大陆关系，焦点在台湾问题，甚难揣测。余随询以中苏边界问题，何以不能解决。渠答以大陆要求双方将边界驻兵撤退相当距离，再行谈判。苏联则坚持谈判成功后，即行撤兵。因此弄成僵局。

二月一日，斯坦福大学经济学教授刘遵义在旧金山教堂举行结婚礼，前往观礼，并赴喜宴。

三月十二日，马大任来告：台湾大学聘其任图书管理研究客座教授，同时台湾国际关系研究所聘其任顾问，定于下星期五赴台北。

十四日，胡佛研究所聘请前加州州长雷根 Ronald Reagan 为名誉会员，特设晚宴欢迎，先生被邀参加。

二十一日，对于《中国银行二十四年发展史》最后一章末段，略有补充，将文稿邮寄姚崧龄。

按补充文字如下：

最后尚有一事，足资记述。即张氏脱离中国银行之际，全体同事不免惘然若失。顾均能体认个人去就，不必牵动事业发展。因谆谆以维持中国银行之传统精神相勖勉，期能无负于张氏历年建设中行之苦心孤诣。而所谓传统精神者，似极抽象，然粗知中行历史之人，则无不领会其意义，了解其体系。盖张氏在行常以三大道德纪律期励同人："一曰行员在行服务，不仅以保护股东、存户、持券人之利益为满足，必须进而为社会谋福利，为国家求富强；二曰职位不拘高低，必须人人操守廉洁，摈除恶习，更须公而忘私；三曰任事不能仅以但求无过为尽职，必须不避艰险，不畏强御，战胜难关。"以上三原则，张氏尝纳于"高"、"洁"、"坚"三字，以为每一行员座右箴铭。此种熏陶，为时既久，不知不觉中形成一种风气，使每一行员于待人接物之顷，不期然而然，表现无遗，博得众人信任。张氏经常昭告同人曰："中国银行之能渡过无数难关，建立强固基础，绝非少数人聪明才智之产物，实为数千百行员气质变化，力争上游之收获。"是其对于所谓"传统精神"，不能不耿耿于怀，良有以也。

四月四日，项瑞象来谈印尼一般情形。

先生日记云：

项康元先生之公子瑞象兄在印尼主持康元制罐厂多年，在该国政治动荡之下，幸免波及。此次来美为其公子拟入斯坦福大学肄业，来访。据告康元厂现经美国制罐公司及日本东洋制罐会社参加股份，营业甚好。至于印尼一般情况，以当地产油产木，外汇充裕，币值稳定。去年物价只涨百分之二十。政府各部部长均系国外留学生。苏哈托总统重在掌握军权，各部行政悉由部长负责执行，故政治安定。银行除政府银行外，有两家私立银行较有力量。但其负责人均与政府有关，故可谓半政府银行。华侨势力较以前不及一半，且将逐步下降。

五日，“总统”蒋公薨于位。

六日，（一）电唁蒋经国。

先生日记云：

国外拍发中文电报不便，特以英文电唁蒋经国兄。大意如下：惊悉蒋总统逝世。蒋公一代伟人，在历史上占重要地位。嘉璈追随多年，承其予以信任，更感伤悼。目疾将施手术，不能来台吊唁，特致唁电，表达悼忱。

（二）追忆蒋公伟绩。

先生日记又云：

余追随蒋公，参加各种行政，十有二载。在职务范围以内，凡所建议，十之八九均荷采纳，深感知遇。追忆蒋公一生政绩，最伟大之成就为：（1）完成北伐，摧毁军阀，统一全国，推行近代政制；（2）对日抗战，坚持到底，获得胜利，提高中国之国际地位，对于中国，对于世界，其功绩均不可磨灭。在中国历史上实占最重要之一页。

十日，“美国亚洲银行”董事会议。

先生日记云：

今日举行“美国亚洲银行”董事会议，宣布史佩莱君 Henry Sperry 辞卸总经理职务，由王慎名兄代理。余本人以右目行将施行手术，请病假两个月，由史佩莱君代理董事长。至史佩莱君辞去总经理后，仍任执行委员会委员。

三十日，入斯坦福大学医院，准备施行右眼手术。

五月一日，由眼科医生福乐克博士 Dr. Milton Flock 对右眼白内障施行手术。

五日，中午出医院，返家。

十四日，眼医来告，不知右眼有无因青光眼而受损伤，缘视力并未因除去白内障而有所改善。

二十日，眼医今早来取去缝线，但右眼视力未见改进。

二十四日，董浩云来谈"美国亚洲银行"增资问题。

先生日记云：

董浩云兄来谈关于"美亚银行"增资问题，拟请盘谷银行陈弼臣兄担任一百万元。渠允派其公子来美视察后，再行答复。

六月四日，高尔 Mark M. Goule 来函询问一九三〇年代中国政府与上海金融界及实业界之关系。

先生日记云：

接伊利诺大学学生高尔来信，据称正在撰写博士论文，题目为《一九三〇年代中国国民政府与上海金融实业两界之关系》，提出若干问题，请予指导。

六日，任家诚来告盘谷银行透露对"美国亚洲银行"加股条件。

先生日记云：

任家诚兄来告：盘谷银行陈弼臣兄透露对"美国亚洲银行"加股条件如下：股份比例及董事人数比例，应与董浩云兄相等；由其幼公子任执行副总经理，其长公子与幼公子即日来旧金山看账。

十四日，约冷隽帮同整理张君劢《社会主义演讲》稿。

十八日，任家诚来告陈弼臣对于董浩云所提条件，不能同意。

先生日记云：

任家诚兄来告，关于陈弼臣兄加入"美亚银行"股份事，董浩云兄提出条件如下：（1）洛杉矶设立分行，增股一百二十五万元，浩云兄方面占百分之五十二，陈氏方面占百分之三十二；（2）陈氏方面承付股份加价十二万五千元；（3）董事（人数分配）按成比例；（4）陈氏公子任执行副总经理。陈方对于上列条件，不能同意。大致此事，难望达成协议。

二十九日，胡佛研究所远东图书馆由迈尔 Ramon H. Meyer 继任馆长。

先生日记云：

吴元黎兄来告：远东图书馆馆长一职，经“选任委员会”最后决定由佛罗里达大学经济系教授迈尔继任。迈尔君研究农业经济，其夫人日本籍，据闻略语华语。

七月八日，薛光前电话报告何廉于五日清晨逝世。

先生日记云：

接薛先前兄电话，得悉何淬廉兄于五日清晨去世。余与淬廉兄在其主持南开经济研究所时，即已相识。抗战期间，淬廉参加政府工作，时相过从，深佩其学识高超，待人真挚。余来美后，遇事请益，多承指示。今不幸失一良友，曷胜痛悼。

十七日，“美国亚洲银行”董事会议，对先生辞职，一致通过挽留。

二十五日，与施达 Dr. Richard Staar 谈远东图书馆人事。

先生日记云：

今日晤胡佛研究所副所长施达博士，谢其来函问病。渠随告以远东图书馆馆长已由迈尔教授 Prof. Ramon H. Meyer 接任。余当告以应请一语习参考源流及精于选择书籍之得力中国助手，佐理一切。

二十八日，王慎名来告：“美国亚洲银行”已获加州银行监理官核准，在洛杉矶设立分行。

八月四日，致函“美国亚洲银行”董事会，为尊重董事会决议起见，勉将辞职事展缓至明年三月股东会开会之日。

八日，魏镛来电话通知已经抵美，下月初来访。按魏君曾在胡佛研究所任短期研究员，即将担任台北国际关系研究所副所长。

十日，台北传记文学社社长刘绍唐来访，告知姚崧龄编著之《中国银行二十四年发展史》将于年内在《传记文学》杂志分期登载完毕，明年初可以出版全书。

二十二日，赴卡美尔 Carmel 太平丛林 Pacific Grove，出席交通大学同学会聚会。

二十三日，在全美交通大学同学会大会演讲。

先生日记云：

本日上午十时，全美交通大学同学会开会，由杨裕球兄致开会词。凌竹铭兄不能亲到，特寄录音带致词。余与赵曾珏兄先后演讲。下午休息，晚宴有李国鼎部长演说。

二十六日，魏镛来访，并告不日返台北，就国际关系研究所副所长职。

九月二十三日，接纽约电话，得知郭廷以于周前病逝。

十月三日，接读薛光前寄来陈家骥所撰《胜利后之东北》一文。

先生日记云：

薛光前兄寄来台北刊行之九月份《中外杂志》，内载陈君家骥所撰《胜利后之东北》一文，称扬余主张发行东北流通券，以一元对法币十三元，使东北人民免受贬值法币之苦，又谓余无官僚作风。

十八日，史佩莱 Henry Sperry 来告决辞“美国亚洲银行”总经理职务。

先生日记云：

本日上午，史佩莱君来谈，决定辞去“美亚银行”总经理职务，不日飞往夏威夷。余告以准于十二月董事会开会时，将其辞职事提出。因问对于副董事长一职，是否继续担任。渠云不必。渠又表示现在行务赖葛兰姆 Victor I. Gramholm 一人支持，应予鼓励。

二十日，访医生克拉克博士 Dr. Clark，听取检验身体报告。

先生日记云：

今日下午，往访医生克拉克博士，听取检验身体报告。据告一切无恙，仅胃肠上有一泡，名 Diverticulum，可能引起气胀。

二十四日，伊利诺大学研究生柯布尔 Parks M. Coble 以“宋子文”为其博士论文题材，来函询问若干有关问题，请予指导。

二十八日，维金尼亚大学研究生吴费丽 Miss Phyliss Waldman 以

“张嘉璈与国民政府之财政金融”为其博士论文题材，来函询问先生一生事迹，并请予指导。

十一月一日，致函姚崧龄询问能否继续郭廷以编辑年谱。函曰：

崧龄吾兄惠鉴：兹有奉商者，二年前，淬廉兄原拟担任写弟之一生，因事忙，未及开始。病前曾在哥大“口述历史”Oral History会议中，宣布渠不久开始。乃不久即发生心脏病。当弟在纽约时，告我已商郭廷以先生改写“大事记”，已允担任。郭先生与弟当面商定。随将弟所抄日记寄去。去年六、七月间来信（淬廉兄故世前），谓本年开始，惟有数问题，拟面商。弟本拟去纽约，一面视淬廉兄病，一面与郭先生洽谈。不料两公相继突然去世。郭先生故后，其夫人将寄去日记（至东北交涉停止为止），及若干中行材料（曾寄我兄参考者），送还何夫人处。至郭先生开始工作后，已否写有文字，郭夫人不甚了了。何夫人不便追问。不悉吾兄近来有无余时及有无兴趣，将寄去日记取来，略为过目。如工作不见繁重，是否有意照大事记格式，赐撰。前次刘绍唐兄在Palo Alto晤面时，问弟可否将日记交兄一阅，并云其中不乏可另写文字之处（部分曾应吴相湘兄之嘱寄台，渠曾过目）。当告以俟写至中央银行时代，可寄我兄（作一专题文字）。再郭先生担任时，曾向一二友人商量，集笔资三千五百元以赠。吾兄如可担任，不妨请人抄写，以省精力，即以此款移赠。属在深交，敢以直告，幸不见责。尚祈不吝赐示为幸。匆请著安。弟张公权启。十一月一日。

三日，哥伦比亚大学研究生卜芮佳 Richard C. Bush 以“一九二七—一九三七中国之纺织业”为其博士论文题材，来函询问若干有关问题，并请指导。

十日，接姚崧龄函复允任年谱撰写工作，声明不受报酬。

十八日，马大任来告决定接受荷兰莱顿大学 Leiden University 图书馆远东部主任之聘。

十九日，参加胡佛研究所副所长施达 Dr. Richard Staar 招待新任台北国际关系研究所所长蔡维屏宴会。

十二月十一日，“美国亚洲银行”董事会开会通过史佩莱 Henry Sperry 辞去总经理及副董事长本兼两职。由王慎名补实总经理职务。

是年一月，欧洲经济团体支持中东产油国家，将岁收余款投资国际货币基金。

二月，欧洲共同市场与四十六个正在开发中的国家，签订五年友好关系协定。

四月，“中华民国总统”蒋中正逝世，享年八十九岁。

八月，联合国拒绝南韩申请加入为会员国。美国对北越申请为会员国，行使否决权。

一九七六年　先生八十八岁

一月八日，无线电报告周恩来病故。

二十日，日本多急（铁路）会社社长五岛升来访，讨论其拟在檀香山“大岛”建筑旅馆，如何筹款问题。

先生日记云：

> 日本多急（铁路）会社社长五岛升来访。其夫人与其派驻檀香山之同事二人，亦相同偕来。谈及渠在檀香山建有旅馆一所，附近置有空地，并在“大岛”置有地产，相当广大。旅馆附近之空地，政府限期建筑，需要资金。大岛空地，久未建筑，年耗借款利息，亟须筹措资金发展。特来询余意见。余告以檀香山空地，政府既有限期，似应早日建筑。“大岛”地产似不易觅人投资。商谈时，特介卓牟来兄参加，以其年来主持兴建纽约华尔街 Wall Street 附近董浩云兄之大楼，甫告竣工，于建筑及筹款方面具有经验。相谈数小时，最后其同事发表意见，认为檀香山旅馆附近空地，扩建旅馆，不难筹款。而所需外界帮助者，乃为发展“大岛”地产。牟来兄告以“大岛”地方尚未充分发展，美国金融界可能不愿投资。

二月十八日，苏联科学院远东研究所高级研究员莫若茹夫 Anatoly P. Morozov 来访，谈及中共工业近十年退化情况。

先生日记云：

苏联科学院远东研究所高级研究员莫若茄夫博士来访，据告渠最近与前在满洲任马林诺夫斯基元帅之经济顾问、现任远东研究所所长兼科学院委员之斯拉特阔夫斯基合写一书，题名《中共工业之矛盾问题》。内中提及中共工业近十年来显然退化，工业化迄今未能达成。且最近注重军事工业，更形矛盾。农业方面，苏联七千五百万农民，每年生产农产品约两亿吨，中共五亿农民，每年仅生产二亿五千万吨。

按斯拉特阔夫斯基与莫若茄夫合著之《中共工业矛盾问题》，议论颇多与先生一九七一年二月二十八日应日本庆应大学《经济研究》英文季刊所撰《中共经济发展策略之过去与未来》之观察接近。

十九日，华侨银行王延康来信，称新加坡华侨银行新建大厦，不久可以完工，将于十月二日正式迁入。

三月七日，孙男邦杰来告，已升任凯撒制铝公司 Kaiser Aluminnm 之高级稽核员。

十九日，台北中央银行副总裁李榦来谈，据告台湾通货增加年约百分之二十，通货膨胀率年约百分之十二至十四，放款利率年息一分。

二十五日，胞侄国鼐晋升耶鲁大学正教授。

先生日记云：

禹九八弟来告：国鼐侄已经耶鲁大学教授会议通过升任正教授 Full Professor，在未满三十六岁而已任著名学府之正教授，殊属可喜之事。国鼐侄于一九五五年由巴西来美，在纽约读中学，后入麻省理工学院，于一九六一年获学士学位，一九六三年获硕士学位，一九六五年获哈佛大学电机系博士学位，即留哈佛，在布伦白尔根教授 Prof. Nicholas Boembergen 指导之下，任研究员。嗣于一九六六年任耶鲁大学助教授，一九七〇年升任副教授。今年晋升正教授，同时获授耶鲁名誉硕士学位，因耶鲁正教授例须有该校学位。

二十七日，张君劢之《社会主义演讲》经冷隽校订，并补充注脚 Foot Notes，由先生覆校，今日蒇事。

四月二日，卓牟来来告已代五岛升洽妥路德维格公司职员那芮浩 Norihao 帮同筹划海外投资事宜。

十四日，斯坦福大学政治系研究生汤玛斯 Steve Thomas 之博士论文为“晚清李鸿章、盛宣怀举办实业，发展中国经济，若非庚子赔款，是否能继续发扬光大”。前来请予指导。

二十四日，周森于四月十二日在台北病逝。

先生日记云：

周森兄一生事业，先由建立超级市场，继则兼营养鸡场，及肉类加工等副业。后因为便利资金周转，踏入银行事业。一九六五年前后，为其事业高峰时期。迨巨型超级市场逐步扩大，工资高涨，中型市场感受威胁，生存日见困难。其收买之金山通商银行，付托非人，对于本身事业，不生作用。乃转向台湾发展，创办电化屠宰场。心力交瘁，身体日见衰弱，又患血癌症 Leukemia，以致一病不起。周森兄以一贫苦青年，刻苦耐劳，白手创业，在美国侨界，实为不可多得之人。惜美国经济景气与不景气循环往复，变化无常。如无得力助手，将难以把握应付。幸有公司副总经理詹孙 Bob Johnson 在景气衰弱时，力主将超级市场逐步出售，得以保存资力，使所创立之公司幸免于坠。在台湾经营之屠宰场，因得政府之维护，当能逐步发展。由其掌握之金山通商银行，在其病中，将总经理韦斯卡吾 Mr. Wisecover 辞去，幸能挽回颓势。余与周森兄相识，系由其族人周兆元兄（中国银行及交通部旧同事）所介绍。交往二十余年，时以金融问题前来询商，因知其对于事业发展，颇具雄心，故不惮时常贡献意见，至其能否完全采纳，亦惟勉尽余心而已。今见其宏愿未酬，赍志以殁，不胜惋惜。

二十二日，向“美国亚洲银行”董事会提出辞去董事长职务。

先生日记云：

本日美国亚洲银行董事会开会，余因病不能出席，托王慎名兄代为提出本人任董事长已逾一年，下半年将赴新加坡参加华侨银行新厦落成典礼，并拟在沿途各地小作勾留。离职太久，因此提请辞职。

二十七日，飞抵洛杉矶。

二十九日，主持“美国亚洲银行”洛杉矶分行开幕礼。

先生日记云：

美国亚洲银行在洛杉矶比屋莱希尔区 Beverly Hills 设立分行。今日举行开幕礼，由余简单致词，并介绍当地分行经理魏寇莱君 Mr. Leo Weckerle。复请来宾加州州政府政务部主任余江月桂夫人致词。

五月二日，与洛杉矶旧友欢聚。

先生日记云：

昨今两日，与洛杉矶旧友欢聚。其中有前任洛市总领事江易生兄，后任南美数国大使，退休后，定居洛市。现为当地公私机关担任中英文翻译工作。刘攻芸兄之长公子广恒世兄在洛市执行会计师业务。据告业务尚好，顾客中十分之六为西人。可见熟识在美奋斗之一般情形。

三日，离洛杉矶，飞抵纽约。

四日，接澳洲友人怀德 Mr. Glessen M. White 来函叙旧。

先生日记云：

今日接怀德君来信云：在新加坡华侨银行陈振传兄之办公室书橱内，见到余所著英文版《中国通货膨胀之经验》一书，方知渠帮助余撰写之书，业已出版，并在导言中，提及其姓名。现探知余在美住址，因特来函叙旧。计彼此不通音问者已二十二年。回忆前在雪梨见面时，渠甫自大学毕业，乃一青年学子，现已任澳洲 Shroder Darling & Co. 董事长兼总经理。

七日、八日、九日，维金尼亚大学研究生吴费丽 Miss Phyliss

Waldman为撰写其博士论文题材（中国国民政府财政金融与张家璈），连续访问先生三日。

十日，（一）赴纽约河边礼拜堂Riverside Church何廉骨灰瓶前拜奠。（二）向何廉夫人借阅何廉回忆录英文底稿。（三）将郭廷以所写部分大事记稿面交姚崧龄。

先生日记云：

> 本日与何淬廉夫人同赴哥伦比亚大学附近之“河边礼拜堂”，向淬廉兄骨灰瓶前行礼。嗣向渠借到淬廉兄回忆录英文底稿，携回细阅。又承何夫人交出郭廷以夫人交渠之廷以兄所写部分大事记稿复印本。当即面交姚崧龄兄参考。

二十七日，接受圣若望大学亚洲研究中心孙中山史料研究室录音访问。

先生日记云：

> 纽约圣若望大学教授艾伦Prof. Len Allen与该校毕业生曹介甫Philip Tsao及白正华女士代表圣若望大学亚洲研究中心孙中山史料研究室，来作录音访问。提出问题十七条，经依次答覆，由录音带记录。当时决定俟录音带整理后，寄来由余核定，再行发表。

按此项访问之录音带整理后，先生适有东南亚之行，未经亲自核定，即由薛光前先生送台北《传记文学》杂志发表（第三十卷第二期）。嗣发现其中颇有漏误，爰经先生亲自更正，复由《传记文学》杂志第三十卷第四期刊布。兹录全文于次。

张公权先生自述往事答客问

一、请问张先生看见过国父中山先生么？跟他谈过话或是听过他演讲没有？你对他的印象如何？你觉得他有什么与众不同的地方？

答：他当全国铁路督办的时候，年份我记不太清楚，经过上海，各界欢迎他，在一家外国旅馆里，发表演讲，听众约有五六百人，他讲的就是《中国的铁路计划》。在座的听众有的人觉得他说得空洞，有的人认为不切实际。可是我觉得他这个十万哩铁路的计划，并不是一下子就建筑成功，必须假以时日，所以并不见得是不可行。我听过他的演讲以后，感想是：①他是一个懂得研究的人，说话综理精赅，纲举目张，中国人向来不会演说，而他却懂得如何表达自己的意见，如何吸引群众，这一点，他是有深刻研究的，我觉得他是一位了不得的人物。②他的身材高大，声音洪亮，婉转表达，所以他演讲的时候，气概雄伟，很能吸引听众的注意力。③因为他所表现出来的雍容风度，令人一望而知，他有很深的修养。我那时候年纪还轻，也不懂得什么革命，不过听了他的演讲，总觉得他是一位伟大的领袖。

二、张先生第一次见到蒋总统是什么时候？为了什么事？他给你的印象如何？你觉得他有什么与众不同的地方？

答：民国十六年二月，我母亲病故上海。六月，蒋总统率领北伐军到上海，到我家来吊我母亲的丧。于北伐军出发之前，我任中国银行副总裁，由北京到上海，综管东南各行的业务，他知道后，到了上海即到我家，向我母亲灵位行礼，对我曾经在他北伐时，中国银行帮他的一点小忙，表示谢意。因为我正在服孝之中，灵堂内也不便讨论，所以我们也没有深谈，不过他在百忙之中还抽空到我家，他这种谦卑礼下的风格和爱人的情操，使我十分感激。匆忙之间，我和他谈了一谈，说是我所以能稍尽微劳，完全是因为中国银行的信用，其实我的出力是微不足道的。就好像他创办黄埔军校，培植国家的栋梁，为北伐增加新生的力量。中国所谓“礼贤下士”，他就是具有领袖的风范，那种谦逊的态度，为他以后成功的大事业奠定了基础，这一点，我觉得他很了不得。第二点，他有当机立断的明智，有远见，有魄力，在北伐军戎马匆忙之际，他还抽空特别到我家来致意，一定是在财政方面有需要我帮助的地方，所以我当时决定，无论如何，一定要出力。他才长心细，而且待人周到，我相信，不但是在财政金融方面，其他工商界等各方人士，都会知所感奋，共同出力助成他北伐的功业。我一个人是这么想，相信其他的人也都和我的想法相同，人人都认为他北伐一定会完成，事实上他的确为中华民国完成了一番伟大的勋业。这是我当时对他的印象。

三、张先生在国民政府担任过很多重要工作，特别在铁道部长和交通部长任内，你觉得蒋总统对你作了些什么最重要的指示？因为有了这些指示，使你为国家完成了所担当的任务？

答：我在铁道部任内的时候，因为那时候国家处境艰难，一切均以国防为重，所以我所拟筑的几条路，都是依照他的指示，就国防上的需要，先后缓急，依其重要性，逐条地去计划和实行。最好的，是他具有“用人不疑”的精神，一件事他交给你去办，就对你完全信任，令你能放心大胆去做。后来我在交通部长任内，国家更是困难，那时候，日本人将中国的铁路或是占据，或是破坏，我们以有限的力量要去修筑铁路，实在不容易。可是蒋总统却能马上选择出重要的路线，督促我们赶工完成。这种指示，英明果断，使部属都能有所遵循。第二，他很清楚日本人将会一步一步地侵略我国本土，所以对于以空间换取时间，往西南、西北后退的路线，他经常有指示，要我们预先赶工修筑。比如说，日本人攻打广西，他要我们赶紧修筑西康公路，以为后退防守之备。由此可见，他具有先见之明，总是先人一着。他从不干涉小的地方，对于大的方针，总能深谋远虑，烛照机先。

四、请问张先生最早期所受的教育是在何处？那一位是你的启蒙老师？你在日本求学，最得益的地方是什么？

答：小时候，在家塾里，跟着当地的先生读四书五经。十三岁，我就到上海广方言馆，跟着我的家乡宝山名师袁希涛先生学。他对国学十分有研究，用浅显的话给我们解释。那时，我们对于性理之学感悟良多，对后来的待人处世助益很大。过了两年，就到宝山县小学堂求学，袁先生也到那儿去教书；同时，嘉定县的旧学名师沈恩孚先生讲五经，也是用深入浅出的方法。由于袁沈二位先生的教导，我对中国性理之学的研究，得益匪浅。到了日本以后，先是去学工科的，听说俄国吃了败仗，我也想去研究造船。学工之基础在数理，所以进了一家数理学校，三个月下来，岂知对数学理论一窍不通，所以转到庆应大学读经济。我研究明治维新以后，日本人如何将国家的财政刷新，币制调整。当时，日本的财政部长是松芳正义，关于日本的财政制度和币制，均由他一人建立，我受了他很大的影响，也希望自己将来回国后，能够设计一套完整的财政制度，像日本明治维新以后，能使中国成为世界富强的国家。所以我决定学经济，打定主意朝那一方面去努力。

五、请问张先生，你为什么进入金融界，成为中国最著名的银行家？

答：讲个笑话，我在回国的时候，中国“国会”正在闹事。我由梁启超先生的介绍，去当参议院的秘书长，一段短时期后，袁世凯因为怀恨国民党的国会议员，所以解散国会。我看清楚了政治界的复杂，知道自己的个性并不适宜从政，既在日本学经济，何不回到自己的本行，贡献所学。梁任公先生当币制局总裁，他的好友汤睿（觉顿）当中国银行总裁，他来问我，是否愿到上海中国银行当副经理，我随即答应，并旋即到任。

六、张先生对梁启超先生的印象如何？他对中国近代化尽了些什么力量？

答：梁任公先生读书非常渊博，居留日本时，博览群书，翻译了许多日文著作，以旧学的根底，加上流畅的中国文笔，译出外国的新知识，而输入到中国，依我想，他是有系统的介绍新知的第一人。由于他的新知介绍，将外国的政治、经济、风土人情等等，注入中国的文学领域中，可以说，中国新时代的知识阶级，皆受到他的影响，对于中国近代化的推进和成功，他的功劳很大很大。

七、张先生对袁世凯先生的功过，作何感想？

答：我见过几面。未进中国银行之前，我在浙江都督府当秘书，曾代表浙江都督到北平去见他。他的相貌很有意思，上身很长，腿很短，很矮，但是他具有中国大官的风度，眼光如炬，精神饱满，比起当时一般旧官僚，他倒是显得高人一筹。因为他受了满清政府的熏陶，思想离不了“名”和“位”，我当时看到他以后的感想，就是：他虽不想做皇帝，不过想掌握权力。我在参议院当秘书长时，他汲汲于当总统，希望参议院的选举赶紧通过，可是国民党的议员反对他，总使开会开不成功。他就令内政部长天天坐在国会里，勿使国会议员“流会”，要赶紧开会通过选举法。选举那一天，第一次投票、第二次投票，均不到三分之二的人数，无法通过选举法案。他就派了许多便衣军警在国会外头，屋顶上也是，意思是强迫大家选他为总统，否则，就不得出门。那时我感觉他完全是旧思想，而无近代新知识。第三次投票，过半数即可，选举通过后，他马上宣布解散国会。所谓解散，就是所有国民党籍议员，完全解职。由以上我的叙述，可以大概了解袁世凯的为人，他只想做大官、掌权，对于现代政治知识，他尚不够充实。

八、请问张先生在主持中国银行时，最感满意的成就是什么？最感棘手而力有未逮之处若何？

答：最感满意的，第一，中国向来没有大公司，几千万的资本，千百人的股东，这种组织在从前的招商局略具规模，但仍非现代化的企业。中国银行成立，资本二千万，股东好几千，遇事依照法律，大家都能合力解决，为公司的利益着想。这种大公司的企业组织，可以说是从中国银行开始。没有大公司的组织，兴不起大的实业计划，所以这是第一点我所满意的。第二点，从前中国银行以外，还有许多银号，其中有许多腐化的地方，中国银行成立，首先树立道德和纪律，其次，将金融界的风气改造。第三点，培植了许多新的银行从业人员，以新从外国吸取的知识，配上本来旧有的基本技术，发展了一套新的方法。这些人，后来无论是服务银行界，或是在其他方面，均有杰出的表现，亦受人尊重。第四点，中国以前发行钞票，总是不断的供应，经常造成币制紊乱。中国银行对于处理财政部的贷款，并不依照旧的方法，而以发行公债等有限制的借贷，并不滥发行钞票而引起通货膨胀。像这样，便能使得财政近代化。

九、请问张先生离开中国银行转任政府官职后的感想如何？当时离开的真正原因何在？假使不离开而继续主持中国银行一直到最后，你觉得对国家的贡献，比以后在政府里担任官职会更大么？

答：民国十八、十九年，国民政府奠定，政府商量将中国银行改为中央银行，我劝政府另外成立中央银行，因为中国银行的信用在全国早已建立，而中央银行原来在广东所经营的业务，并不顺利，如果将中国银行和中央银行一合并，老百姓并不了解其中原因，反而会影响中国银行原来的信誉。那时，政府的财政困难，需要靠银行来赞助，如果中国银行信誉下降，连带的会影响政府的财政，所以我坚持另外成立中央银行，把中国银行改成国际汇兑银行，交通银行改为发展工商业银行。不料政府的财政年年亏损，总是要依赖银行发行钞票来帮忙，所以中国银行不能纯粹地做国际汇兑的业务，还是协助中央银行做一些有益国家的事业，而在一般社会上的信誉，中国比中央要高。可是财政当局，觉得国家的财政和军费等，还得依靠银行，而与我的筹款不能依靠发行的主张，不能相合。财政首长一再认为三个银行应该统一，归国家管理，如是政府可随时命令银行贷款，比较容易。换句话说，财政当局要拿银行当做国库，我却以为银行是银行，国库是国库，这一点，意见不合，所以造成了我离开中国银行的最大原因。

如果我一直在中国银行，后来的情形也是很难说。当时有一位英国顾问李兹罗斯建议将中央银行改为中央准备银行，政府股份占少数，将中央银行独立，不要受国家的财政所控制。假定我不离开中国银行，李兹罗斯的计划能够实行，中国银行仍然办理国际汇兑业务，那对国家金融界的贡献一定很大。可是有一点我们无法预见，就是日本的侵略。因为中日发生战争，所以引起了通货膨胀，使中国经济无法与英美并驾齐驱。这一点，是谁也预料不到的。

十、请问张先生在铁道部长任内，感觉最满意的成就是什么？最感棘手而不易处理的问题是什么？

答：在铁道部长任内，我最感满意的事，是第一，将新的管理方法输入到中国政府机关。中国政府过去官僚气氛太重，缺乏效率，我将管理中国银行的方法，用在中国政府机关里，使中国政府机关的效率提高。这一点，我做到了一部分。第二，我整理了铁道部的财务，特别是外国债信，以前，每一条铁路向某一国借款，这条铁路就好像属于那个债权国所管，我先整理了铁道外债，恢复国外的信用。整理中，将许多债权国的权利除去，打破了外国在中国铁路沿线一带的势力范围。第三点，我介绍一种新的筹款方法，就是向外国赊借材料和一切设备，向中国银行界商借当地人工和国产材料用款，故为一种新的中外共同投资方法。第四，开始建筑新的铁路，比如说将杭江铁路延长到江西，同粤汉铁路接轨，另外京赣铁路，这些新路修筑的目的，主要在帮助抗日作战。这以上几点，是我在铁道部长任内最感满意的几件事情，那时候，棘手的事情倒还没有。

十一、请问张先生在交通部长任内感觉最满意的成就是什么？最感棘手而不易处理的问题是什么？

答：在交通部长的任内，可以说经过一段最艰巨的时代，不过员工们都能各尽职守。比如说，陇海铁路通过潼关的地方，日本人想切断陇海铁路，所以天天在黄河对岸对着我们放炮，想要令我们的火车不能通过山洞。可是我们的员工沉毅勇敢，日军一破坏，我们马上就修理好，如果山洞打坏，我们就在旁边另修一条路。此外，沿长江并行的铁路，也经常遭受轰炸，差不多没有一天中断修筑。这一点，铁路员工如此奋勇的实行他们的任务，很令我感到满意。第二点，湘桂铁路，由湖南到广西，经八个月完工，这一条路对抗战有绝大的帮助，这是我第二点安慰之事。第三，那时只有中国、欧亚两家航空公司，飞机并不多，只剩下寥寥几架，但是由于我们的管理严格，飞行员也很奋勇，加上航空公司的不断修理飞机，所以一直到抗战结束，我们的内外航线没有中断过。这一点，也是我很感满意之事。但是有许多棘手之事：第一，材料和汽油，因国际补给线的切断，不能尽量进口，使我们的铁路公路及航空各方面，艰难到极点。许多配备补给也运不进来，最后集中运输在滇缅公路，军队要运货，商人要运货，政府各机关也要运货，各人的主张不同，政策也不易统一，使交通部难以应付，很感棘手。

十二、请问张先生在主持东北行辕经济委员会任内，最感满意的成就是什么？最棘手不易处理的问题是什么？

答：对东北的交涉，可以说是没有成就的。苏联对于战后的东北，虽未表明，但实际有两大野心：一、名义上交还中国，实际上变成“满洲国”以前日本在东北的势力一般；二、始终不信任国民政府对苏联的态度，始终防备国民政府与他们不友好。所以总想在“满洲国”的边界上造成一种势力——亲苏势力。所谓亲苏势力，就是无论是共产党员或非共产党员，由他们一手培植出来的军事力量，好像欧战结束后，他们在伊朗边界造成的亲苏势力一样，这是他们最大的野心。在去那里，在经济方面，磋磨再三，总算有了结果，在工矿事业方面，我方让步，将若干少数事业与苏合作。但是在边界上，他们因为培植共产势力为亲苏势力，而国共谈判中共方有联合政府之要求，所以又引起纠纷。起初，他们并不承认，只是假装他们在培植维持地方治安的队伍，同时又不让我们行政人员前往接收，其实亲苏军力已经逐渐形成。后来，大家都知道马歇尔的国共调停，说是共党要求和国民党成立联合政府，此一问题牵涉到东三省方面，共产党要求中央，他们在东北也成立联合政府，引起国内反苏反共运动。这也就是苏联将亲苏势力的扩大，与将来的马歇尔调停不成功，东北交涉的失败，均连带相关。

十三、请问张先生在主持中央银行任内，最感满意的成就是什么？最感棘手而不易处理的问题是什么？

答：和东三省问题一样，可以说是没有什么成就。重要的关键是，我到中央银行去的时候，已经是恶性通货膨胀时期，想用快刀斩乱麻的办法，把中央银行对政府垫款即时停止，一面由财政部开源节流，负担一半赤字，一面由中央银行发行公债，吸收储蓄来负担另一半赤字，以期减少每月的垫款，如此通货膨胀可以逐渐解决。这个问题，我到央行任职后，一再同财政部、主计处商量，和总统、行政院长也讨论几次。后来，财政部长不答应负担一半赤字，他说：

假定军费增加，我们必须要付出，不能停止；所以这个快刀斩乱麻的办法无法实行。当初，我有点怪财政部长不够勇气，后来想：他的理由也是真的，军费增加，他无法不付军费。这样一来，我到中央银行，想帮助政府把通货膨胀压下去的工作，做不成功了。这一点，我为国家很感可惜。可是，事实上财政部长也是必须要顾及国家的军费，这最要紧的一点不能实行，就可以说没有什么成就可言。以后，就专做些缓和物价上涨减少外汇支出两方面的工作，譬如各都市粮食与日用品的配给，花纱布统购统销以及外汇平衡基金委员会之设立，进口外汇之减少，这都不是根本办法，不过使通货膨胀稍为缓和而已，故无功可论。

十四、请问张先生对当年发行金元券的看法如何？假使你能作最后的决定，你主张发行金元券吗？如果不发行金元券，你的补救办法是什么？

答：这是一桩困难的事情。当初，蒋总统天天焦虑着物价上涨，军费开支庞大，那时的钞票，每天增加发行的数目，连印刷都来不及了。总统着急非凡，几位与国家财政有关首长，就主张发行金元券。因为那时中央银行的金银和外汇，还有相当的数目，就拿这些钱做准备金，来发行金元券。那时我已离开中央银行，蒋总统还常常找我去商量，问我发行金元券如何。我说：没有用处，因为物价不能抑制不涨，即金元券发行不能限制，如果有很多的准备金，金元券发行数目确予限制，那么新券不致跌价。可是金银准备有限，物价无法停止不涨，金元券的币值，依然会要跌价。我记得在决定发行金元券的前一天，总统在庐山，他约我去，我说：新的金元券等于发行大钞，可是现在的法币，老百姓已经用惯了，而新的钞票，百姓们如果不习惯使用而予拒用，那样的后果更糟，所以金元券的发行，可能没有什么用处。总统说：此事大家已经商量定了，非实行不可。到后来结果失败，大家才知道，这件事情实在没有法子产生效力的。

十五、根据张先生的回忆和经验，你觉得蒋总统最伟大的地方是什么？他老人家最大的成功在何处？

答：第一，是他的智慧，一切的事情他都注意，并且清清楚楚。对一件事情的是非，辨别分明；关于用人，他是知人善任。这是“智”的方面。第二，他具有百折不回的勇敢精神，对所决定之事，一定贯彻到底，同时“意志集中”去实行。这是“勇”的方面。第三，“仁”，他仁民爱物，关心百姓们的起居饮食及生活习惯，纵使对某人十分不满，但是从不轻易处分。他老人家可以说“智仁勇”三德兼全。

十六、请问张先生，在主持东北经济委员会时期，曾和苏联代表谈判东北经济合作问题，听说一切非常顺利，但是突然有一天，苏联变更了态度，谈判中止，从此中苏关系趋于恶化，当时张先生的感觉如何？有没有想到或知道苏联究竟为什么突然变更了态度？或是现在回想或推断起来，其原因何在？

答：当苏联在东北经济合作谈得差不多之时，国内注意到政治的问题，就是所谓“亲苏势力”的扩大，如果苏联不让步，即使经济合作也没用处。苏联希望签订经济合作，但我国政府却以为政治问题亦应同时解决。苏联的看法是，我们如果不先签订经济合作，就是不够诚意，所以他们的军队在撤退期限到了的时候，并不撤退，而将武器转给予中共。本来苏联军队未撤之前，中共只得在边界活动，在接收苏联武器之后，中共就武装起来，逐步向内地攻击。苏联有意培植中共势力，他们要先签订经济合作条约，而我政府要求苏军撤退与东北的全部接收，与经济合作同时实行，这不过是中苏关系转化的一个关键罢了。

十七、请问张先生，假使苏联不变更态度，谈判顺利，中苏在东北实行经济合作，您估计这种合作是否能顺利进行？美国对于这种合作，可能采取何种态度？其足以影响国共的关系又如何？

答：美国对于东北问题，不予过问，任凭中苏自行解决。而苏联却恐怕美国的势力延伸到东北。他们看待东北，就好像以前的日本看待“满洲国”，所以中苏在东北的谈判，和美国完全无关。我在东北，苏联代表问我的意见，我答以对于东三省，好似英国对加拿大，这是英国的土地，可是并不一定凡事都顺从英国，且也可以与美国发生平等互惠的经济关系，这是我对东北的主张。我希望苏联抛开政治的因素，完全以经济合作来协助我们，共同开发东北市场，而苏联始终怀疑美国参与其事，他们很怕美国的经济势力侵入。我就和他们说：只要有我在职一日，就会以中国的银行家自行投资开发，不会靠外资的，不过技术人才倒是可以聘用国际上的优秀人士。对于这一点，苏联相当明了。不过，牵涉到政治问题，就没办法了。如果真的和苏联合作，老实说，他们也不会有多少资金可以投入的，因为经过那次大战，苏联本身也穷困不堪。但是，东北的资源，可以作为国内开发的基础，因为东三省向来是出口多于进口，许多农产物品可以输入国内，而所有东北能够开发出来的资源，可以算是我国战后开发的一笔巨大财产，当初我去东北的时候，是抱着开发东北以助国内战后重建的大目标去的。至于说苏联将会给予何等的协助，那是根本不是那么一回事；而有了东三省的农产矿产等资源，是很可以帮助战后国内的复元。苏联在东三省之时，不承认有共产党，他们是两面做人，如果中国对他好，他就会压制中共的势力；如果不好，就尽量培植中共势力。举足轻重，从中渔利。如果中苏经济合作条约签订，那末苏联在那时或许不会进一步帮助中共，只是让他们保持当时的现状而已。东北后来所发生的情形，当然又是不同了。可是，话又得说回来，苏联居心叵测，对于东北，自帝俄以来，即有野心。中苏经济合约即使签订，苏联能否本乎平等合作精神，贯彻始终，仍在未定之天。总之，与苏联打交道，是天生一件难事，为常人所难以推断。

* * * * *

六月四日，离纽约，飞返旧金山。

八日，“美国亚洲银行”董事会勉准先生请假半年。

先生日记云：

与王慎名兄通电话，得知上次“美亚银行”董事会议，对于余辞职，不予同意，勉准请假六个月，自本年七月起。

七月一日，陈辉德在台北逝世。

先生日记云：

陈光甫兄识见远大，志趣恢宏，求知不懈。以极少数之资本，在外商银行巨大压力之下，创建一最新式首屈一指之商业银行。三十余年来，事业正在发扬光大之际，不幸大陆易帜，一生心血，付之流水。然因能把握时机，虽环境困难，仍获在香港设立“上海商业银行”，在台北恢复上海商业储蓄银行，均有成就，使其毕生事业，永垂不朽。而其个人既尝得中外金融界之信任，在抗战期间，辅助政府，首启美援之门。嗣复参加政府各种维持法币工作，其有助于稳定抗战金融，功实非浅。余与光甫兄于民国三年定交，志同道合，六十年来，互相砥砺，情同手足，无时不以裕国厚民、振兴民族经济为共同志愿。今闻其遽归道山，曷胜哀悼。谨撰挽联如下，借志哀思。联文曰：“论交六十年前，往复绸缪，以裕国厚民相期，得君伟业垂型，堪偿宿愿；闻凶数千里外，生死相隔，往异域殊乡为客，假我余年著述，以证心期。”

四日，美国今日纪念开国二百周年，举国欢庆。

七日，薛光前在台北发现患胃癌症，返美入施隆凯德林纪念医院割治，于开刀前一小时，寄函报告。

九日，离旧金山，飞抵夏威夷。

先生日记云：

今日飞抵夏威夷，拟在檀香山、东京、香港等处，略作勾留。最后到新加坡参加华侨银行新厦落成典礼。

八月五日，离夏威夷，飞东京。

十九日，晤中国国际商业银行东京分行经理叶元亨。

先生日记云：

晤中国银行旧同事叶元亨兄，现任中国国际商业银行东京分行经理。告以希与美国亚洲银行多有往来。渠答称同意照办，惟谓美国利率较之日本利率为低，美亚银行对于此点，须特别注意。

二十二日，离东京，飞抵台北。

二十三日，赴陈辉德墓前奠祭。

二十四日，姚崧龄编纂之《中国银行二十四年发展史》出版。先生日记云：

> 姚崧龄兄编写之《中国银行二十四年发展史》，由台北传记文学社承印，业已出版。此书以中国银行案卷全部留存大陆，仅凭余个人手中资料，与记忆所及，自难十分详尽。但关于重要事实，均已包括在内。承崧龄兄费时一年有半，完成此书，不但可以了余心愿，且可为研究中国金融史者，供给可靠参考资料。

按该书署名《中国银行二十四年发展史》，附目曰“张公权先生建立近代金融组织之成就”。全书十万言，计分十章，外附录六种。叙述（1）革命前后我国财经概况。（2）中国银行初期发展之经过（民元至民四）。（3）上海中国银行抗拒袁世凯停兑钞票止付存款命令，及北京停兑券之存在与股东对总裁之不信任（民五至民六）。（4）中国银行奠定行基之奋斗（民六至民九）。（5）军阀混战时期中国银行继续巩固行基工作，及维护金融全局（民十至民十五）。（6）中国银行赞助国民革命军北伐，武汉政府扰乱金融，上海中国银行发行全部公开（民十五至民十七）。（7）中国银行改组为国际汇兑银行，转移业务方向，强化内部组织，革新工作机构（民十七至民十九）。（8）中国银行专业化之难即实现，与新旧双重责任之担负（民十七至民二十）。（9）国难当头——中国银行全力与同业合作共同挽救财政经济危机，防止金融组织基础动摇（民二十一至民二十三）。（10）政府命令中国银行接受增加官股，改为国营（民二十四）。出版后，浦薛凤（逖生）曾撰长篇“书评”，加以推许，在台北《传记文学》杂志发表。

二十八日，赴慈湖“总统”蒋公灵前致敬。

九月五日，离台北，飞抵香港。

九日，毛泽东病故。

十二日，与董浩云同赴夏宅吊夏鹏（筱芳）之丧。

十三日，离香港，飞抵曼谷。

十五日，离曼谷，飞抵新加坡。

二十六日，晤唐义方长谈。

先生日记云：

晤前新加坡政府经济发展局副主席唐义方兄。渠在联合国借用期满时，曾辞去政府职务，改就纽约华昌公司星洲经理。现复辞去华昌职务，回任经济发展局副主席名义（义务职不支薪）。同时与科威特 Kuwait 及印尼方面取得联络，担任技术设计。今日来谈：星洲政府拟在美国投资高度技术工厂，以便提高星洲技术水准，并拟另组织公司，由其主持。渠希望华侨银行能予参加此新公司，托余向陈振传兄探询意见。余告以到新加坡后，曾与振传兄提及华侨银行对于新加坡小工业，应予帮忙。振传兄答以乏人主持。义方兄如愿意担任华侨银行中小工业辅导发展顾问，庶可促其早日实现。义方兄技术与管理兼长，在联合国任职时，新加坡政府向联合国借调，请其计划发展新加坡经济。所拟计画，均属实事求是，颇能吸收国外资本与技术，增加人民就业机会，星洲经济为之焕然一新。义方兄可称为杰出人材。

二十九日，出席华侨银行招待参加新厦落成典礼之重要来宾宴会。

先生日记云：

陈振传兄今晚宴请参加十月一日华侨银行新厦开幕典礼之重要来宾。前英国驻新加坡高级专员麦克唐爵士 Sir Malcolm MacDonald，及余被指定将在报端发表祝词，并于开幕时演说。按麦克唐爵士系前英国工党首领、曾任首相老麦克唐 Ramsay MacDonald 之哲嗣，在其高级专员任内，代表英国政府签订新加坡独立协定。

十月一日，参加华侨银行新厦落成开幕典礼，先在报端发表祝辞，并即席演说。

先生日记云：

本日下午，华侨银行在新建大厦举行落成开幕典礼。先由主席致词，继由麦克唐爵士及余相继演说。大厦设计人贝聿铭兄亦出席观礼。聿铭兄原系由星洲政府邀来设计星埠芮福莱Raffle中心建筑计画。陈振传兄因缘敦聘聿铭兄设计银行大厦，可称巧遇。

兹录先生演说词（即献词）全文于次：

新加坡华侨银行新建华厦落成开幕典礼演说词

一九七六年十月一日

鄙人自美国承董事长陈振传先生邀来新加坡，参加华侨银行新建华厦落成典礼，深感荣幸。

鄙人与华侨银行之交谊，早已发生于四十四年之前。当时承乏中国银行总经理，希望将海外华侨汇款业务，由外国银行移转于新加坡“华商银行”。因此亟谋与“华商银行”合作。

在华侨银行前身的三家银行合并改组之前，中国银行原系三家中“华商银行”的股东。当华侨银行、华商银行与和丰银行合并改组时，鄙人适在星埠。在不计较中国银行本身利益之下，对于三家银行合并改组之举，毅然全力支持。在改组后的新银行中，本人未曾参加分文股份，但自始即不断祈祷其发扬光大，进步成功。

今日此一崇宏瓌丽巍然峙立的五十二层楼华侨银行新厦，庆祝落成，适足以象征华侨银行在国内与国外，历年奋斗所赢得的地位。

早年之华侨银行，不过殖民地区一中国旧式银钱庄号。嗣以同业相继成立，竞争日趋激烈，不得不在组织及业务方面力图改进，不断扩充，演变为今日之现代银行。

第二次世界大战之后，国际关系既日益改进，华侨银行乃开始推广其外汇业务。除在上海、厦门、香港已有分行外，并在伦敦、东京增设机构。在新加坡取得独立之早期，当地经济在过渡期间，需要财力支持，华侨银行率先加以挹注。英人退出远东，将所营各种企业脱手，由当地收购，或转变为附属机构，所在需要资金。华侨银行又莫不尽力协助，使原来的殖民地经济，转变而为一独立自主的经济。

新加坡共和国成立之后，华侨银行既尝协助政府觅取外国投资，因而获得与外国知名银行合作，在星洲成立投资机构，对于各种工商事业予以辅导与援助，俾国民经济在政府领导之下，日臻发达。华侨银行于是不独成为新加坡财经界之枢纽，实亦今日全球知名之有力银行。

据华侨银行年报所载，第二次大战之后，其资产与存款总额，较前计增加二十六倍，放款总额则较前增加五十三倍，纯益增加十七倍，股本增加十二倍，公积增加四十一倍。

面对如此辉煌的成就，显然的，华侨银行的地位固已提高，而其基础与信念自亦日臻巩固与坚强。

上述种种光荣成绩，无疑的当归功于董事长、总经理与全体同仁历年的苦干实干。而今日华侨银行之成功，尤不能不认为系曾任董事兼总经理、现任董事长之陈振传先生三十多年的领导能力之具体表现。

关于华侨银行新厦的建筑，愿意提出两点：

其一，此一宏伟建筑所费计一亿元，全数出于股东的增资，未尝动用分文顾客存款。其二，此一美丽建筑，乃系由世界驰名之建筑师贝聿铭君设计。

上述两点，可以正确的强调银行对于顾客，采取的政策至为保守而安全。

此一抱负不凡的梦想终于实现，足使有关各人感觉满意。而董事长陈振传先生所表现的辛劳与贡献，尤值特别钦佩与敬崇。

鄙人谨祝新加坡共和国国泰民安，繁荣富庶，华侨银行自强不息，日新又新。谢谢。

* * * * *

六日，访晤李氏兄弟：成义、成智、成伟。

先生日记云：

往访故友李光前兄之三位公子：成义、成智、成伟。长公子成义现总理李氏橡胶公司全部业务。次公子成智管理黄梨。三公子成伟管理橡胶，兼任华侨银行常务董事。三人怡怡和睦，分工合作，咸能勤谨专心，不问外事。公司设有李氏基金会，辅助教育及慈善事业。

十二日，应陈振传之约，与唐义方谈辅助中小工业问题。

先生日记云：

陈振传兄约唐义方与余午餐。振传兄表示有意辅导中小工业。唐义方兄答以星政府久有此意，并提及星政府拟设立投资公司，向国外高度技术之工业投资，以便获得高度技术。至于担任华侨银行中小工业辅导顾问一职，表示须与政府当局协商。

二十二日，离新加坡，飞抵香港。

十一月五日，赴中文大学参观最近建筑；新亚与联合两书院校舍均已完成，三校合并，可即实现。

九日，晤李璜，谈美国对中共态度。

先生日记云：

晤李幼椿兄，依其观察，美国民主党政府在两三年内，将与中共建交。中共与苏联一时难以言归于好。

十五日，离香港，飞抵东京。

二十二日，离东京，飞返旧金山。

十二月二日，购置手杖，以助步履。

先生日记云：

渐觉足力见弱，购得手杖，以助行路。

九日，徐谢康患肺癌，开刀，去世。

十七日，函“美国亚洲银行”董事会，请辞董事长职。

先生日记云：

今日函致美国亚洲银行董事会，告以目疾见深，体力见衰，在六个月假期满后（七月一日至十二月三十一日），恳请准予辞卸董事长职。

是年一月，周恩来病故。

二月，华国锋继周恩来为中共国务院代理总理。美国被迫辞职之总统尼克森以私人资格访问中国大陆。

九月，毛泽东病故，由华国锋继任主席。

十月，北京使馆传出消息，江青等四人被捕拘禁。

一九七七年 先生八十九岁

一月一日，拟订本年工作计画。

先生日记云：

本年拟从事加速整理日记，因姚崧龄兄为余编写年谱，进行甚快，必须尽量供给资料，以求配合。

十四日，修正圣若望大学亚洲研究中心孙中山史料研究室录音访问。

先生日记云：

今日接《文荟》杂志，将余答复圣若望大学亚洲研究中心孙中山史料研究室录音访问有十七条问题，全部发表。除第一至第五、第八及第十五各条外，其余各条均有错误，或与事实有出入，或语气不符。因将修正之处，逐一标出寄回薛光前兄，请其更正重刊。

按去年（一九七六）五月二十七日谱内所录《张公权先生自述往事答客问》全文，系根据先生亲手更正之定稿。

十五日，勉允担任“美国亚洲银行”董事长职务。

先生日记云：

今晨董浩云、王慎名、任家诚三兄来访，要求余对“美亚银行”董事长职务，取消辞意，并拟请史佩莱君兼任副董事长相助一切，开会事务，随时由其代理。情辞诚恳，余实难坚却，只好勉为允诺。

十九日，眼科医生告知右眼白内障加深，恐不久须用手术减轻压力。

二十日，“美国亚洲银行”董事会议通过增加副董事长一席，由史佩莱担任。

二月十三日，台北传记文学社社长刘绍唐函告：《先生自述往事答客问》全文，已于二月份《传记文学》（第三十卷第二期）刊出。

按该文经过更正之后，复由《传记文学》杂志第三十卷第四期刊出，标题《张公权先生自述往事答客问刊误补述》。

二十二日，胡佛研究所同事乌尔夫 Dr. Wolf 为研究马克思主义专家，不幸在浴室触电丧生。

四月二十八日，由眼科医生用 Neo - Synephrine Hydrochloride 药水将眼珠放大，增加视力。

五月七日，拟约刘广斌任“美国亚洲银行”总经理之特别助理 Special Assistant to President 。

先生日记云：

> 刘广斌兄（攻芸兄之子，浩云兄之婿）专攻物理，得普林斯顿大学博士学位，在斯坦福直线加速器 Stanford Linear Accelerator 机构工作，将及十年，无何进展。自加入“美亚银行”为董事，对于银行业务，甚有心得。尤其对于投资事业，以其长于数理，颇有贡献。因劝其加入银行，予以总经理之特别助理名义。余与行中同事商量，均表同意。今日与浩云兄谈及此事，亦复赞成。

六月十三日，华盛顿与李 Washington and Lee 大学教授靳斯 Prof. Roger B. Jeane 来访，询问有关所写《张君劢传》之问题。

十六日、十七日，靳斯连日来访，继续询问有关《张君劢传》问题。

二十一日，“美国亚洲银行”继续聘用葛兰姆 Victor Gramholm 任副总经理。

先生日记云：

“美亚银行”执行副总经理葛兰姆君合同，不久满期。当与商定略增薪水，继续聘用。

七月二十一日，董浩云决定在纽约创立新银行。

先生日记云：

董浩云兄来谈，决定在纽约创立银行，希望调刘广斌兄前往纽约，短期帮同筹备。兹浩云兄既将在纽约另创新行，不免分散资力。旧金山银行增资之举，势难有望。

二十四日，函谢程缉之搜集并发表张君劢所有著述及论文。

先生日记云：

今日函《再生杂志》总编辑程缉之兄，告以见杂志内载有所撰《罪言》一篇，似有自责之意，是否党内发生意见，深为《再生杂志》惋惜。缉之兄为君劢哥于以往六年间将所有著述散文搜集整理、刊布，十分辛劳。衷心感激，特函表达谢悃。

二十九日，惊闻郑喆希之女公子罹车祸身亡。

先生日记云：

今日得信，惊闻郑喆希兄伉俪及男女公子驾车往南方旅游，在得州达拉斯市 Dallas，Texas 郊外山顶翻车，惊险万分，其女公子遇难亡故。最近彼曾以学校成绩优异，考取斯坦福大学，今忽遭此意外，令人痛惜。

八月十四日，陈受荣电话报告其兄受颐患肠癌，入医院割治，切去大肠数寸。

十九日，覆校冷隽校正并补注张君劢之《社会主义演讲》全稿完毕，邮寄程缉之。

二十九日，参加吴元黎惜别凌显常宴会。

先生日记云：

凌显常兄在胡佛研究所襄助吴元黎兄一切研究工作，十有八年。今届退休年龄，元黎兄特设宴纪念，邀余参加。显常兄前在交通部、东北经济委员会、中央银行等机关，与余同事。到美后又复共事，相处甚得。今以年龄关系，离开胡佛研究所，甚感可惜。

十一月二十日，国民党中央委员会委托王绍堉访问先生一生事迹。

先生日记云：

台湾国民党中央委员会委托王绍堉兄代为访问余之一生事迹，尤其对余在银行及政府机关，推行近代化之工作经过。余告以因患目疾，且正在整理日记，可否稍待。一俟有暇，再行答复。

十二月一日，八十晋九寿诞，宴请亲友。

先生日记云：

今日为余八十九诞辰，亲友按照中国俗例，以“九”与“久”同音，因此重视八十九生日，特在旧金山皇后酒家设宴庆祝。参加者计一百五十余人。余先致词，对于亲友多年以来，种种帮助，表示谢忱。继由胡佛研究所所长康培尔博士 Dr. Glenn Campbell、美国商业银行创办人吉安理尼 A. P. Giannini 之女公子现任美国商业银行董事霍福满夫人 Mrs. Claire Giannini Hoffman、前泛美航空公司创办人之一及副总经理卜莱雅先生 Mr. B. Pryar（现已退休）、前国民政府财政顾问杨格博士 Dr. Arthur N. Young、前任余之技术顾问（一九四五年，余旅美考察工业建设）后任凯撒实业公司 Kaiser Industries 副总经理奥斯汀先生 Mr. Atwood Austin（现已退休）、旧金山联邦准备银行高级经济研究员程杭生先生、卓牟来兄分别致词。嗣由林同琰、杨裕球两兄代表交通大学同学会及陶鹏飞兄代表中华联谊会致词，并分别以银盾及银盘见赠。最后由孙男邦衡代表家属答谢来宾。

兹录各报报导如次：

张公权在美度八九诞辰

【中央社旧金山一日专电】今天为我国金融界耆宿张公权（嘉璈）八十晋九华诞，旅居旧金山区亲友今晚在华埠皇后酒家设宴庆祝，到中美来宾一百五十余人。席间多人讲话，对张公权过去对国家和社会的卓越贡献，倍加赞扬。

张公权在宴会中表示，数十年来无论在从政或治学方面，得各方友好爱护与协助之处甚多，愿借此机会申致谢意，并对远处世界各地之亲友申致怀念。他并逐一介绍在座许多曾经共事的同僚和部属。

张公权曾任我国中央银行总裁及中国银行总经理，对我国金融银行事业基础之奠定，尤其在对日抗战期间，在稳定国家金融以及发展交通建设方面，有很大的贡献。近十余年来，旅居美国，仍孜孜于研究及著述，至今仍为史丹福大学胡佛研究所高级研究员。

（台北《中央日报》一九七七年十二月三日）

张公权先生八秩晋九，亲友百余人设宴庆贺

【三藩市讯】十二月一日为金融界耆宿张公权先生八十晋九华诞，旅居旧金山区亲友在华埠皇后酒家为之设宴庆祝，到中美来宾一百五十余人。胡佛研究所所长坎培尔、美国国家银行创办人吉阳尼之女公子霍夫门夫人及前国府财政顾问杨格等，与张先生均有数十年交谊，相继致词，对张先生过去对国家及社会之卓越贡献，在学术上之造诣及其为人处世，倍加赞扬。公权先生亦在席间对其生平友好于数十年来无论从政或治学，在祖国或海外所予之爱护、协助及安慰，深表感谢，并对远处世界各地之亲友殷致怀念。

公权先生历任中央银行总裁、中国银行总经理、交通及铁道部长等要职，现任美国亚洲银行董事长。对国家经济及交通建设颇多献替，采撷欧美现代银行制度，奠定祖国金融银行事业之基础，厥

功尤伟。近年息影美西，仍孜孜于研究著述，以七十高龄担任史丹福大学胡佛研究所高级研究员，历时十七载，最近方告退休。

交通大学校友会及中华联谊会有鉴于过去对交大之支持与奖掖及对联谊会之鼓励与协助，特以银牌及银盘分赠张先生，以留纪念。美国亚洲银行全体同仁则特定大蛋糕，恭祝张先生万寿。

（旧金山《世界日报》一九七七年十二月八日）

张公权博士八十晋九华诞纪盛

中华民国六十六年十二月一日，是我国财经界耆宿张公权先生的八十晋九大寿，早在两个月前，友好王慎名、任家诚、杨裕球等，就想发起“罗汉请观音”式的宴会，庆祝他的生日，并且起始筹备，没想到老先生坚持“不敢当”，他不但不接受庆祝，反说早已定好，他自己于该日举行“谢友会”，答谢多少年来帮他忙的、照顾他的中外友好，并且说明：不接受礼物——尊敬不如从命，这样又像几年前中华联谊会，为赵元任夫妇庆祝金婚的情形一样，变成观音请罗汉了。报载“旧金山区亲友在皇后大酒家设宴，为张公权先生庆祝寿辰”，祝寿是对了，可是设宴的不是亲友，而是寿星，被请的都是客人，既不出饭钱，又不送礼品，不怪有人说笑话：“公权先生这样祝寿，不能算是一位好的理财专家啊！”

公权先生历任中央银行总裁、中国银行总经理、交通及铁道部长及东北接收等要职，对于改革币制，创设银行及金融制度，经济及交通建设，贡献颇多。退休后息影美西加州，现任美国亚洲银行董事长，并在史丹福大学胡佛研究所担任高级研究员十七年，孜孜不倦，著作甚多。近年来虽然眼睛开刀后，视力仍未见进步，但精神甚好，记力尤强，每日阅报看书，关心国事，并常由学校步行回家，需要近两小时的时间，多年如一日。

“人生七十古来稀”，也可说“人生九十今来稀”，就是照张岳公的说法：“人生七十方开始”，九十岁也算成年了，值得大庆祝。可是公权先生不愿意铺张，他本人也不是富有，所以起初只好打算请几十位接近的亲友，聚聚谈谈。没想到远来的家人、亲戚、中外友好，比他想象的多的多，因此名单越加越长，最后一百五十多位，济济一堂，好酒好菜，充满了庆祝的气氛。

饭后节目开始，有：轻松的音乐助兴，程杭生博士报告公权先生的功绩及著作，张氏老友曾任我国财政部多年顾问的杨格先生、胡佛研究所长坎培尔博士、美国银行创办人吉亚尼尼的女公子霍夫门夫人等，均致词述说各人和张氏多年交谊的经过，提到张氏对于国家及社会的贡献、在学术的造诣以及其为人处世方面等，倍加赞扬。公权先生亦即席对其生平好友，数十年来，无论是从政或治学，在祖国或海外，所予的爱护、协助及安慰，都深表由衷感谢，对于远处的亲友特别殷勤怀念，和祝他们健康。

中华联谊会、交大学友会，鉴于张氏过去的鼓励、协助、支持、奖掖，特各赠银牌及银盘答谢。美国亚洲银行全体同仁赠送三尺高的大蛋糕，由张氏亲自切分，最后卓牟来领导全体举杯，祝贺公权先生“万寿无疆”。

（《中华联谊会通讯》第二十四期，一九七八年九月一日。随庆）

* * * * *

是年一月，世界人口突破四十亿，西非塞内加尔出生率最高。

三月，美总统卡特主张分批自南韩撤军。

四月，《纽约时报》社论反对废除《中美条约》。

七月，西贡堤岸十万华侨受越共迫害。

一九七八年　先生九十岁

一月四日，闻悉中国国际商业银行总经理余建寅在台北病故。

二月十一日，函董浩云，“美国亚洲银行”亟需增资以利业务。先生日记云：

今日函董浩云兄，告以“美国亚洲银行”业务，正在步步上升，奈资金太小，不敷营运，难以施展，亟需增加资本一百万元，及盈余准备金二十五万元。庶几（1）可以放宽放款限度

（目前限度为三十万元，合资本十分之一），以便争取稍优借户；（2）可以申请添设分行，增收存款；（3）可以对日见增加之国外业务，有宽裕的融通资金；（4）可以提高行员工作兴趣，改进服务精神。否则一旦市面消沉，本行业务，势将停滞不前。至时虽再增资本，不免事倍功半。函中复提及本人体力日衰，董事长一职，难以胜任，务请早日物色年岁较轻者替代。

二十八日，接董浩云复信，谓以往加入之股款，利息损失，担负甚重，加股一节，难以照办。

三月二十日，接杨格 Dr. Arthur N. Young 函告近成一书，署名《在中国时期人与事之回忆及感想》，已请胡佛研究所为之出版，希代校阅。

四月十六日，侄女婿王大蔚来告，在台湾推动之地能发电计划，初步业已完成。

先生日记云：

王大蔚侄婿（君劢哥之婿）去年应台湾国家科学建设委员会之聘，返台协助推进地能发电计画。今日来告，在台地能生产机具初步业以完成，现已进入第二步工作。此次来美调查有关第二步工作各项问题。如第二步工作顺利完成，即可移交台电应用，约可供应能源十分之一 。大蔚于毕业斯坦福大学后，曾在旧金山电力公司 P. G. & E. Co. 工作。

五月三日，惊悉陈受颐于二月七日病逝。

先生日记云：

闻陈受颐兄于二月七日去世。余一九五三年抵洛杉矶后，与寿颐兄时相往来，深佩其学问渊博，性情笃厚。每次把晤，必畅谈竟日，获益良多。自一九六〇年离洛市后，书信往来不绝，今闻噩耗，不胜悲痛。

六月九日，闻薛敏老去世，即电唁薛夫人。

先生日记云：

接信知菲律宾中兴银行董事长薛敏老兄去世。当即电薛夫人唁慰。敏老兄与李清泉兄共同创办中兴银行，曾任中国银行监察人多年。为人中正和平，一生服膺中庸之道。中兴银行在日本占领菲律宾时期，备受严重打击。战后重整旗鼓，恢复战前地位。年来衰老多病，终于不起。噩耗传来，深痛失一知己。

十二日，闻中国银行旧同事陈隽人病逝，即电陈夫人唁慰。

十四日，孙男邦家（国贞之子）由香港来美。

二十九日，哈佛大学研究生寇璧 William C. Kirby 以“一九二〇年代中德之经济关系”为其博士论文题材，今日接其来函请予指导。

七月二十日，参加胡佛研究所增建之胡佛总统纪念馆 The Herbert Hoover Federal Memorial 落成典礼。

先生日记云：

胡佛研究所在胡佛塔与远东图书馆之旁，增建“胡佛总统纪念馆”，今日举行落成典礼。此馆除由国会通过，联邦政府补助七百万元外（同时政府补助米苏里州独立镇杜鲁门总统纪念馆九百万元），胡佛研究所自筹同数，作为建筑及维持费用。此馆落成后，胡佛研究所之研究员办公室、会议室、资料室，以及一切有关研究设备，均经大事扩充。参加落成典礼人物，有福特前总统、阿内岗州参议员赫持斐 Mark Hatfield、斯大校长理曼 Richard W. Lyman 及董事会主席平彼得 Peter S. Bing、胡佛前总统之哲嗣胡佛艾伦 Allen Hoover、胡佛研究所所长康培尔及董事长戴维思 Paul Davies, Jr. 诸人。胡佛艾伦在结束其演说时，朗诵其父亲之小诗如下：

For this Fullness of life,（这样丰富的生活，
For the chance to serve……（和服务的机会……
I am indebted to my Country（我叨承国家的恩典
Beyond any human power to repay.（超乎人力所能报答。）

二十四日，将与史佩莱往来函件，托王慎名、任家诚转交董浩云。

先生日记云：

今日将有关美亚银行董事长继任问题，余与史佩莱君 Henry Sperry 往来的信件，托由王慎名与任家诚两兄转交董浩云兄。史佩莱君来函略谓：九月至明年二月因有旅行计画，请辞美亚银行董事及副董事长职位。余复以本人之辞职勉可展延至明年三月，届时希望由渠继任。至其旅行计画仍可照旧进行。渠已表示同意。

九月十三日，董浩云同意“美国亚洲银行”董事长继任问题解决办法；向先生申谢，并希望担任名誉董事长。

十一月十日，台北中国时报派员访问。

先生日记云：

台北中国时报派访员邱秀文女士前来访问，声称该报拟于一九七九年元旦，发行增刊，侧重民国初年开国时期，政治经济之各项问题。希望余对于民初金融，作一怀旧谈话。今日曾作三小时记录访问。其问题如下：

（1）请问中国金融事业，是否从民国初年开始发展？其继续发展之原因何在？

（2）请问民初以来，在中国的外国银行是否势力强大，足以压倒中国之银行？

（3）中国之旧式钱庄，何以能与外国银行及中国新式银行同时并存？

（4）中国新式银行处于外国银行与钱庄之间发展，是否遭遇困难？而其能继续滋长，是否有特殊因素？

（5）请问张先生在管理中国银行任期内，所采取的各项措施，当必千头万绪，可否将认为最获成效者见告？

当予以逐条答复，并约定将记录寄来校阅，然后寄台发表。

按该项访问记录，于“民国”六十八年（一九七九）一月一日，在台北《中国时报》刊布，标题《民国初年的我国金融事业——张公权先生中国金融怀旧谈》。

十二日，近患小肠不适，医生诊断为小肠疝气，目前尚可不动手术。

二十二日，闻悉薛光前在台北病逝。

先生日记云：

> 薛光前兄在台北故世。光前兄天资聪颖，求知好学，知过必改，一心向上。自毕业东吴大学后，在上海总商会任事。余于《上海总商会月刊》读到其所写文字，明白通畅，娓娓动人。余在中国银行开始举办新生活运动，发行一小型行刊，名为《中行生活》，当即聘光前兄主持其事，成绩斐然。此后又在交通部任秘书，建议创办驿运，以补新式运输之不足。渠抵美后，在纽约圣若望大学任教，创立亚洲研究中心，募资建筑中山堂，宣扬中华文化，俨然成为中西文化交流重镇。光前兄患癌症后，医生发现已告蔓延，不敢割治，仅告以外科手术成功。渠亦信以为真，照常写作，并草成回忆录（故人与往事），其勇气殊可钦佩。天不与年，命也运也。

十二月十五日，今日美国总统卡特宣布美国与中共建交。

二十七日，外甥女朱仁娴与贾果达结婚。

先生日记云：

> 蕊妹长女朱仁娴与波兰裔美人贾果达君 Mr. Jagoda 在纽约市犹太教堂结婚。仁娴在 NBC 电台工作，主持早场电视节目，二十余年，颇具成绩。

是年二月，苏联在古巴兴建核子潜艇基地。

四月，新加坡总理李光耀倡导新加坡人民讲中国国语。

五月，美国探金星太空船发射成功。

十二月，美国与中共外交关系正常化。

一九七九年　先生九十一岁

一月二十八日，邓小平抵华盛顿。

二月七日，外孙女张爱琳 Eileen 获选列名西屋电气公司举办之

“科学天才竞赛” Science Talent Search 决赛名单。

先生日记云：

接外孙女张爱琳（国钧女之第三女）来信报告，两年来彼所作之科学研究已告完成，并写就论文，参加西屋电气公司 Westinghouse Electric Co. 举办之第三十八届全美高中毕业生“科学天才竞赛”。该项竞赛系从一千篇应征论文中，选出三百篇，再复选出四十篇，以备决赛。彼之论文已被选在四十篇之中（彼系纽约州唯一之女生取得决赛资格）。将于三月一日，前往华府应最后甄别考试，以决定前十名得奖人（第一名奖金一万二千元；第二及第三名奖金各一万元；第四、第五及第六名奖金各七千五百元；第七、第八、第九及第十名奖金各五千元）。彼认为获此特殊机会，深感兴奋。

三月十六日，外孙女张爱琳荣获“科学天才竞赛”决赛第三名奖金。

先生日记云：

又接爱琳来信报告，三月一日至五日在华府由八位著名科学家担任裁判，举行面试。其中以希布格博士 Dr. Glenn T. Seaberg（一九五一年诺贝尔奖金得奖人）饱学和蔼，最为彼所钦佩。决赛人并可自选一机构，前往参观，或一人士，前往访问。彼选定参观美国农业部，因其论文系《比较 Scajaquada Creek（Buffalo, N. Y.）Culex Pipiens 蚊虫繁殖情形，及其应用昆虫荷尔蒙（6, 7 - Dimethoxy - 2, 2 - Dimethyl Chromene）控制其生殖之研究》（“A Comparative Population Distribution and Mosquito Control Study Along Scajaquada Creek [Buffalo, N. Y.]: The Effects of 6, 7 - Dimethoxy - 2, 2 - Dimethyl Chrome on Culex Pipiens,” the dominant mosquito species in the Buffalo area, and transmitter of St Louis encephalitis a Condition, in which the brain is inflamed.）。盖此种蚊虫传染“圣路易脑炎”，危害人类健康，是以该部主管人对彼之论文备加赞许，并即修函致哈佛大学一位教授加以推介。甄试

结果，在正式晚宴宣布，彼被选为第三名奖金受领人。获得如此荣誉，彼内心十分感动，照其来函所述获选经过，确属难能可贵，实乃殊荣。余亦深为高兴。

按张爱琳荣获西屋教育基金会 Westinghouse Education Foundation 主办之第三十八届“科学天才竞赛”第三奖经过，大英百科全书最近出版之《一九八〇年科学与将来年报》*1980 Yearbook of Science and the Future*，曾在“本年科学家”Scientist of the Year 栏内（页四一九）有详细记载，并附前三名获奖人小照。

二十六日，允任“美国亚洲银行”名誉董事长及高等顾问。

先生日记云：

美国亚洲银行举行股东会，余当场提出辞卸董事长及董事职位，众无异议，通过。董事安德生君 Mr. Victor Anderson 提议，股东对于余任职五年，确立银行基础，应对余之成就，表示感谢。全体一致赞成。余随即推举史佩莱君 Mr. Henry Sperry 为董事长候补人。于是在股东会后举行董事会，选出史佩莱君为董事长，并通过聘余为名誉董事长及高等顾问。

二十七日，接外孙女张爱琳电话报告，已获哈佛大学录取肄业该校，并年予奖学金五千元。

二十八日，约熊大绛协助整理日记。

先生日记云：

三月以来，余视力日减，读书写字，均有困难，因与熊大绛君商量，请其经常来寓，帮同整理日记，以期早日完成此项工作。

四月十日，接长女国钧电话报告其大女伊兰 Elaine，获得康奈尔大学化工系奖学金及助教职位。

七月二十八日，侄孙邦华获得哈佛大学奖学金，并允准径入大学二年级攻读经济系。

先生日记云：

国鼐侄在加州大学 Lawrence Livermore Laboratory 暑期研究

工作完毕，来寓告知邦华侄孙本年中学毕业，已获哈佛大学奖学金，准许插入大学二年级专攻经济。邦华天资聪明，已将大学一年级课程在高中毕业前读完。余托国鼐侄带去斯密亚丹所著《原富》*Wealth of Nations* by Adam Smith一书，此书系四十九年前，渠祖父送余四十生日之寿礼，象征其希望余成为一经济学者。今举以转赠邦华保存，希望余所未能实现者，由邦华完成此志。

八月四日，将所藏一部分书籍，捐赠纽约圣若望大学图书馆。

先生日记云：

三年前，曾允许薛光前兄将余所存日文书籍捐赠纽约圣若望大学亚洲研究中心。嗣以目疾，迁延未办。六月初，勉力将有关亚洲研究之书籍全部拣出，运交该大学图书馆。今日金山时报登载此事，当系该校所传出之消息。

按《金山时报》八月四日报导如下：“（纽约讯）。现达九十一岁高龄的我国旅美金融界耆宿张公权，顷将其全部私人藏书一千余册，捐赠圣若望大学图书馆亚洲文库。已于本年六月由加州运抵纽约该校。此项藏书包括有关中英及日本经济、财政、金融与美、加和东南亚侨情的重要著作。搜罗丰富，有些早已绝版，更为名贵。刻正由该馆亚洲文库主任冯豁然整理编目。即将陈列开放，以供众览。”

十三日，孙男邦衡应日本帝国大学之邀，前往作学术演讲。

先生日记云：

邦衡孙应日本帝国大学之邀，前往作学术演讲，经过旧金山，以旅程匆促，未克来见。彼系于一九六五年获得麻省理工学院物理学科学学士学位，一九七〇年获得普林斯顿大学电浆物理学Plasma Physics博士学位。一九七〇至一九七一年在普大作超博士研究。一九七一年至今，在贝尔研究所Bell Laboratories，Murray Hills，N. J. 任科学研究员Member of Technical Staff，研究电浆Plasma与薄膜Thin Film。除发表多篇论文外，拥有三项基本专利，均有关氧化半导体 Semi - Conductors，以便制造电子器。其三项基本专利为：（1）“Native Growth of Semi - Conductor Oxide Layers”（Dec. 13，1977）；（2）“Fabrication of Ga As Mos Devices”（March 20，1979）；（3）“Controlling the Properties of Native Films Using Selective Growth Chemistry”（March 23，1979）。

九月一日，后辈学业进步，颇感欣慰。

先生日记云：

本年自三月起，目力衰退，读书写字，均感困难。自问此后，学业将毫无进步。所幸小辈均知力学上进，颇感欣慰。每闻彼等学业进步，有所成就与贡献，亦聊足自娱。近承熊君大绛帮忙整理日记，今日大部完成，使姚崧龄兄为余编辑之年谱，得以早日蒇事，了一心愿。

十月十三日，病卒，享年九十一岁。

先生是日按时晨兴，一切如常。上午十时四十五分，突感身冒冷汗，呼吸困难。当即延医至寓打针，伴送斯坦福大学医院施行急救。终以高龄，心脏病发，于下午二时二十六分逝世。

先生毕生尽瘁国事，服务人群，孜孜学问，著作等身，未尝有一日之闲逸，亦从无居积以遗子孙之企图。对人心平气和，治事无怨无尤。故临终既无遗憾，亦无痛苦。

十六日，《纽约时报》揭载讣告。全文如次：

Kia Ngau Chang, at 90; Economist and Banker

Kia Ngau Chang, an economist, banker and former senior research fellow at Hoover Institution, Stanford University, died Saturday in Palo Alto, Calif. He was 90 years old.

Born in China, Dr. Chang received his higher education abroad, obtaining doctoral degrees from St. John's University in New York and from Keio University in Japan, where he was also an undergraduate.

Later Dr. Chang served as governor of both the Bank of China and the

Central Bank of China, as well as director of several commercial banks. In World War II, he served the Nationalist Government of China first as Minister of Railways and then as Minister of Communications.

He was a senior research fellow at Hoover Institution for more than 10 year sand was a visiting professor at Loyola University at Los Angeles.

Dr. Chang is survived by his wife, Pihya Chow; four sons, Kuo Li, Kuo Chen, Kuo Kuei and Kuo Ching; two daughters, Rosemary and Nancy, and 17 grandchildren.

Funeral services will be held 1 P. M. Thursday at the Roller, Hapgood & Tinney Funeral Parlor in Palo Alto. Memorial contributions may be sent to the Hoover Institution, Stanford University, Palo Alto.

十八日，安葬于加州屋仑公墓 Chapel Memorial, 4401 Howe Street, Oakland, California 。

《金山时报》报导公祭及出殡经过如次："著名经济学者与银行家张公权先生之丧，于十月十八日下午一时，在柏拉阿图举行公祭，中西友好参加者三百余人，仪节肃穆，历一小时。随即出殡，至屋仑公墓安葬。

"中华民国总统蒋经国、前总统严家淦，及政要张群、蒋彦士、毛松年等，与北美事务协调会驻金山办事处处长钟湖滨，均分别赠送花圈。钟处长并亲往致祭。

"参加公祭之国人中，有卓牟来、陶鹏飞、吴大业等多人。美国友人中，包括胡佛研究所所长康培尔、斯坦福大学东方学系系主任梅谷等均亲往致奠。按张先生曾任胡佛研究所高级研究员十七年之久。

"公祭时，曾由吴元黎教授报告张先生一生行谊。最后由张先生胞弟嘉铸，暨胞妹嘉鈖、嘉蕊代表家属，答谢来宾。"

十二月五日，蒋"总统"亲临参加追思礼拜。

中央社台北五日电，报导台北追思礼拜经过如下："张公权先生追思礼拜，今日上午在台北市怀恩堂举行。蒋总统经国在八时二十分，曾亲临参加。追思礼拜由周联华牧师证道，中美经济合作策进会理事长张兹闿报告张公权先生生平事迹。严前总统家淦，总统府资政张群、陈立夫、中央银行总裁俞国华、财政部长张继正及亲友故旧二百余人参加追思礼拜。”

是年十一月，伊朗拘禁驻该国美国大使馆职员于馆内，以为人质。

十二月，美国本年通货膨胀率达百分之一十三点三，内中百分之二点二缘于汽油价涨。苏联进兵占据阿富汗首都，枪杀阿总统阿敏。

编辑后记

本谱于1979年年底脱稿后，张夫人周碧霞女士即决定醵资付印，并拟于谱主逝世周年忌日出版，分赠亲友，用资纪念。惟以全部谱稿不下百万余言，估计印制费用，为数甚巨，所集金额，仅敷三分之二，一时无从进行。嗣经台北传记文学出版社刘绍唐先生审阅全稿，认为内容丰富，多系第一手史料，足供史家搜采，亟应刊布；因慨允由该社承印，并欣愿预垫一部分印费，以促其成。其传布史料之宏愿与热忱，令人感佩。兹幸进行顺利，出书有日。不特张夫人可以完成一大心愿，即编者对于谱主生前之委托，亦有所交代。至一向以本谱何时出版为问的友好们，不久即可披阅全书，尚祈读后不吝指教。

记得胡适之先生在所撰《梁任公先生年谱长编初稿》的序文中说过："年谱不过是'传记的长编'而已；不过是传记的原料，依照年月的先后编排着，准备为写传记之用。"编者深知不少研究我国近代政治经济史的学人，有意撰写一本《张公权传记》。现在张先生的年谱即将出版，资料有所取给，似可开始着笔了。

九年前。谱主为鼓励编者编纂《中国银行二十四年发展史》，曾来信感慨地说："深盼大作完成，能使从事金融业者，知经营银行必须有：为国为民服务之信念；不为威逼利诱所动摇之德行；广收人才之器量；坚守原则，与适应环境，并行不悖之智慧；洞悉国内外政治经济变迁之学识。不可自卑以一公仆或商人自居，庶几银行可成为国民经济发展之枢纽。吾辈随有此抱负，而始终未克臻此。"他的此一感慨，是有所谓而发的，固不仅对于他曾经从事过的金融事业而言。在他所担任过的各种公职上，类似的感慨，正复不少。希望有志为他撰写传记的学人，善能探索他所谓“始终未克臻此”的关键，从而考究其所处的环境和所接触的各种人物，庶几可以获知公平之论断，不致劳而无功。

本谱全稿曾经蒲生（薛凤）先生过目，并蒙撰序。梁和钧（敬錞）先生对于本谱编纂，极为关怀，且允撰跋。刘绍唐先生对于本谱出版刊行，热心协助，已如上述。谨此一并致谢。传记文学出版社同仁张源与赵克森两先生，对于谱稿抄写错误，多所校正，备著辛劳。张夫人对于本谱印行，推动甚力，并提供不少图片和墨迹，允值佩谢。

编者补识

1981 年 8 月 1 日

图书在版编目(CIP)数据

张公权先生年谱初稿：全2册／姚崧龄编著．—北京：社会科学文献出版社，2014.7
（中国社会科学院近代史研究所·民国文献丛刊）
ISBN 978－7－5097－4791－9

Ⅰ．①张…　Ⅱ．①姚…　Ⅲ．①张公权（1889～1979）－年谱　Ⅳ．①K825.34

中国版本图书馆CIP数据核字（2013）第142631号

中国社会科学院近代史研究所·民国文献丛刊
张公权先生年谱初稿（上、下册）

编　　著／姚崧龄

出 版 人／谢寿光
出 版 者／社会科学文献出版社
地　　址／北京市西城区北三环中路甲29号院3号楼华龙大厦
邮政编码／100029

责任部门／近代史编辑室（010）59367256　　责任编辑／徐碧姗　宋　超
电子信箱／jxd@ssap.cn　　责任校对／甄　飞
项目统筹／徐思彦　　责任印制／岳　阳
经　　销／社会科学文献出版社市场营销中心（010）59367081　59367089
读者服务／读者服务中心（010）59367028

印　　装／三河市东方印刷有限公司
开　　本／787mm×1092mm　1/16　　印　　张／85.5
版　　次／2014年7月第1版　　插图印张／1.5
印　　次／2014年7月第1次印刷　　字　　数／1200千字
书　　号／ISBN 978－7－5097－4791－9
定　　价／398.00元（上、下册）